Emmet Connor

Rote Pandemie:

Der globale marxistische Kult

OMNIA VERITAS®

Emmet Connor

Emmet Connor ist ein irischer Autor und Youtuber. Seine Arbeit konzentriert sich auf Themen wie Patriotismus, Ideologie, Indoktrination, Globalismus, Zeitgeschehen und Geopolitik. In seinem ersten Buch - *Red Pandemic: The Global Marxist Cult* - entlarvt Connor die Quelle all des verrückten revolutionären Aktivismus in der heutigen Welt - die Ideologie des Marxismus - und hebt deren unvergleichlich giftigen Einfluss auf das Weltgeschehen und die Menschheit im Allgemeinen hervor.

RED PANDEMIC:
The Global Marxist Cult,
2024, Omnia Veritas Ltd

ROTE PANDEMIE:
Der globale marxistische Kult

Übersetzt ins Deutsche und veröffentlicht von
OMNIA VERITAS LTD
ⓄMNIA VERITAS.
www.omnia-veritas.com

Dieses Werk ist den Hunderten von Millionen Menschen gewidmet, die im Laufe der Geschichte des Marxismus „revolutionäre", „fortschrittliche" oder „aktivistische" Irritationen, Unannehmlichkeiten, Verurteilungen, Ausgrenzungen, Belästigungen, Einschüchterungen, Sachbeschädigungen, Übergriffe, Folter, Vergewaltigungen, erzwungenen Selbstmord, Mord und Völkermord ertragen mussten; und allen aufrichtigen Liebhabern von Wahrheit, Freiheit und Gerechtigkeit, wer immer Sie sind und wo immer Sie sich in dieser infizierten Welt befinden.

> „(Religion) Der Marxismus ist der Seufzer der unterdrückten Kreatur, das Herz einer herzlosen Welt und die Seele unserer seelenlosen Zustände. Er ist das Opium des Volkes"
>
> KarlMarx

> „Mein Volk wird aus Mangel an Wissen vernichtet"
>
> Hosea 4:6

> „Wenn in der Hölle kein Platz mehr ist, werden die Toten auf der Erde wandeln"
>
> Peter Washington, *Morgendämmerung der Toten*, 1978

Rote Pandemie: Die globale marxistische Sekte - Inhaltsverzeichnis

VORWORT

Wir können feststellen, dass die Welt in jüngster Zeit tiefgreifende, außergewöhnliche Veränderungen erfahren hat. Wir haben auch gesehen, dass diese kolossalen Veränderungen nicht nur zufällig sind oder das Ergebnis einer Art organischer gesellschaftlicher Entwicklung oder anderer Faktoren, die sich der Kontrolle der Menschheit entziehen, sondern Veränderungen, die von bestimmten motivierten Bewegungen, Organisationen und Einzelpersonen gefördert und unterstützt wurden.

Im Jahr 2020 erlebten wir, wie die Covid-Pandemie zu einem Ereignis wurde, das das Leben der gesamten Weltbevölkerung beeinflusste. Die Black-Lives-Matter-Proteste und -Unruhen im selben Jahr beherrschten die Schlagzeilen in der westlichen Welt und hatten Auswirkungen in vielen Ländern, wenn auch am stärksten (und vorhersehbarsten) in den USA. Wir haben erlebt, wie die Klimaalarmismus-Bewegung noch mehr an Schwung gewonnen hat; uns wurde gesagt, dass „grünes Handeln" so wichtig ist, dass es, wenn es nicht erreicht wird, zu einer unvermeidlichen globalen Katastrophe führen wird, wenn nicht sofort gehandelt wird. Dies gilt anscheinend sogar für Länder, deren CO2-Ausstoß im globalen Vergleich verschwindend gering ist, wie z. B. Irland.

Wir haben erlebt, wie massive Veränderungen in Fragen von Sex, Sexualität, Geschlecht und Beziehungen vorangetrieben wurden; und das betrifft nicht nur Erwachsene, sondern seltsamerweise auch Jugendliche und Kinder. Die LGBTQ-Bewegung hat sich intensiviert, und es gibt immer mehr „Trans-Rechts-Organisationen". Die so genannten Pride-Märsche sind in vielen Städten der Welt zu einem festen Bestandteil des Straßenbildes geworden.

Wir haben auch eine beunruhigende Betonung des Themas Pädophilie in einigen Kreisen erlebt; und zwar nicht eine Verhärtung in dieser Frage (wie jeder vernünftige Mensch behaupten würde), sondern tatsächlich eine Aufweichung, eine „Normalisierung". Es ist seltsam, dass etwas, das früher von vielen als Geisteskrankheit oder schlichtweg als böse angesehen wurde, jetzt von einigen als eine andere Form der sexuellen Orientierung angesehen wird.

Die Massenmigration ist weltweit und insbesondere in Europa ein Thema, das die Gemüter spaltet und große Auswirkungen hat. Es handelt sich dabei jedoch nicht um eine Zweibahnstraße: Es handelt sich überwiegend um eine Massenbewegung von Menschen aus Gebieten der Dritten Welt in die im

Allgemeinen wohlhabenderen, stabileren und zivilisierten westlichen Länder. Dies wurde manchmal als eine vernünftige, natürliche, organische Bewegung großer Mengen von Menschen von einem Gebiet in ein anderes verpackt, doch wird sie vom Establishment auf nationaler Ebene (und auch von internationalen Konglomerat-Organisationen wie den Vereinten Nationen und der Europäischen Union) unterstützt, gefördert, koordiniert und gerechtfertigt. Sie wurde auch als eine Bewegung von Flüchtlingen aus Kriegsgebieten verpackt, was aber angesichts der schieren Anzahl und der (nicht von Kriegen betroffenen) Herkunftsländer für die Mehrheit der Masse eindeutig nicht zutrifft; andere erwidern vernünftigerweise, dass es sich um Wirtschaftsmigranten handelt, die auf der Suche nach einem besseren Leben in den Westen kommen. Auch die anti-weiße Rhetorik hat zugenommen. Auf den ersten Blick ist sie in den USA am deutlichsten zu erkennen, was dem Interesse des englischsprachigen Westens an amerikanischen Angelegenheiten zu verdanken ist, aber diese rassistische Rhetorik ist auch in anderen Teilen der Welt in unterschiedlichem Maße vorhanden.

In einigen Ländern vollzieht sich der Wandel drastischer als in anderen. In Irland, einem Land, das im Vergleich zum restlichen Europa geografisch relativ isoliert ist und früher als christlich-katholisch und bis zu einem gewissen Grad traditionell galt, hat sich der Wandel in einem alarmierenden Tempo vollzogen: Zwischen 2015 und 2018 gab es bemerkenswerte Verfassungsreferenden zur Änderung des Gesetzes über die Homo-Ehe und die Abtreibung; und die Änderungen sind noch nicht abgeschlossen. In Anbetracht der Geschwindigkeit, mit der sich das Land verändert, ist es fast so, als ob es gezwungen ist, mit anderen „aufzuholen", da es nicht schnell genug „progressiv" wurde.

Betrachtet man das Weltgeschehen, so könnte man sagen, dass nicht jeder mit diesen Veränderungen einverstanden ist, aber das ist eine massive Untertreibung. In der Tat gibt es eine wachsende Bewegung von Individuen aus der ganzen Welt, die gegen diese globale „Revolution" protestieren - oder sich ihr aktiv widersetzen. Wenn wir alle Ablenkungen beiseite schieben, können wir erkennen, dass es sich um nichts Geringeres als einen Konflikt handelt: zwischen denen, die diese kolossalen Veränderungen - diese „Revolution" - begrüßen, und denen, die sie ablehnen.

Die wichtigste Frage nach dem „Warum?" muss gestellt werden: Warum geschehen diese Veränderungen? Und warum geschehen sie gerade jetzt, in dieser Zeit und in relativ schneller Folge? Warum so viel revolutionäre Aktivistenmentalität? Warum so viele Spaltungen zwischen verschiedenen Gruppen und in der Gesellschaft im Allgemeinen? Warum behaupten so viele dieser Gruppen, dass sie in irgendeiner Form unterdrückt werden? Warum hören wir all dieses Gerede über soziale Gerechtigkeit?

Woran liegt es, dass man, wenn man in der Öffentlichkeit eine Meinung äußern will, die nicht „politisch korrekt" ist, fast schon standardmäßig mit sofortigem

Widerspruch rechnen muss? Wie kommt es, dass man sich oft schon bei dem bloßen Gedanken, eine solche Idee zu äußern, unwohl fühlen kann? Warum scheint politische Korrektheit heute ein Eckpfeiler der Gesellschaft zu sein, dem unser Verhalten entsprechen muss? Warum kann die Nichteinhaltung oft schlimme Folgen für diejenigen haben, die diesem Status quo widersprechen?

Warum erleben wir eine Intensivierung des Phänomens der Tugendhaftigkeit? Warum wird dieses Verhalten von allen, die in unserer Welt eine einflussreiche Position innehaben, bevorzugt? Warum beobachten wir es in einem erschreckenden Ausmaß und mit einer erschreckenden Häufigkeit? Handelt es sich bei denjenigen, die Tugendwächter sind, tatsächlich um außergewöhnliche Menschen (wie sie uns glauben machen wollen), oder gibt es andere Gründe, warum sie sich so verhalten?

Warum bestehen die Staatsapparate in den westlichen Ländern darauf, dass wir einen pathologischen Altruismus betreiben und versuchen, die Welt auf Kosten unserer eigenen Länder und Bevölkerungen zu retten? Warum wird diese Botschaft ständig neu in die Psyche der Massen injiziert? Warum wird uns gesagt, dass die westlichen Länder verpflichtet sind, einen nicht enden wollenden Strom von Migranten aufzunehmen, obwohl unsere Regierungen nicht einmal in der Lage sind, ihre Länder mit den derzeitigen Bevölkerungszahlen zu verwalten?

Warum sind Länder wie Schweden und Deutschland - die sich in einem viel fortgeschritteneren und katastrophaleren Stadium der Migrationssättigung befinden - immer noch gezwungen, sie zu importieren, obwohl diese Länder jetzt in einer Notlage sind? Warum wird dieses selbstmörderische Verhalten ungeachtet der offensichtlichen Folgen fortgesetzt? Warum diese extreme Dominanz der Emotionen über die Logik?

Warum zeigen uns die Mainstream-Medien in den westlichen Ländern ständig, wie wunderbar der „Multikulturalismus" ist, und stellen regelmäßig Ausländer vor, die sich in unsere Gesellschaften „integriert" haben, während die fast systematischen Übergriffe, Vergewaltigungen und Morde an einheimischen Europäern, die täglich von Migranten begangen werden, kaum in den Nachrichten erscheinen?

Wie kommt es umgekehrt, dass die Tötung oder Erschießung von Bandenmitgliedern, gefährlichen Junkies und anderen Kriminellen von den Mainstream-Medien als schreckliche Verbrechen gegen die Menschlichkeit dargestellt wird, wenn sie nicht weiß sind? Warum werden wir regelmäßig an das Leid nicht-weißer Menschen in Afrika oder im Nahen Osten erinnert, während die von der Regierung gebilligte Diskriminierung und Gewalt gegenüber weißen Menschen in Südafrika ignoriert wird? Warum wird uns in den westlichen Ländern gesagt, wir sollen uns um andere Gruppen kümmern und sie respektieren, aber diese Haltung wird im Allgemeinen nicht erwidert? Warum diese Doppelmoral? Woher kommt diese eklatante, rassistische

Missachtung der weißen Bevölkerung? Warum wird man, wenn man diese Punkte anspricht, widersprüchlich (und bizarrerweise) als Rassist abgestempelt?

Warum wird uns trotz der zahlreichen, tatsächlich bestehenden Probleme und Übel in unserer Welt immer wieder gesagt, dass der Rassismus eines der schlimmsten, wenn nicht sogar das schlimmste ist?

Wie kommt es, dass die ganze Welt auf die Knie geht, wenn der Kriminelle George Floyd in den USA von einem weißen Polizisten getötet wird? Wer (oder was) trifft die Entscheidung, welche Vorfälle der Welt zur Kenntnis gebracht werden sollen und über die sie sich aufregen soll? Warum werden in einer Welt, in der es alle paar Sekunden einen Todesfall gibt, einige auf diese Weise hervorgehoben?

Warum verwenden unsere Regierungen und Institutionen Zeit, Energie und Ressourcen auf bizarre, perverse Initiativen wie die „Sexualerziehung" unserer Jugend? Warum ihre fast räuberische und zwanghafte Haltung, wenn sie dies tun? Warum hören wir Dinge wie „Queer-Theorie" und „Heteronormativität"? *Warum gibt es* in letzter Zeit das Phänomen, dass Männer und Frauen sagen, dass sie nicht geschlechtsspezifisch sind und glauben, dass sie weder männlich noch weiblich sind? Wo sind all die Experten, die erklären, dass dies unmöglich ist? Warum bestehen einige Regierungen mit Nachdruck darauf, dass Kinder, die sich einer „geschlechtsangleichenden" Operation unterziehen wollen, ihre Eltern nicht konsultieren müssen, bevor sie ihren Körper verändern, ihre Genitalien abschlachten lassen und steril werden? Warum wird uns gesagt, dass wir eine Person, die eindeutig männlich ist, als „sie" bezeichnen müssen? Oder eine Person, die eindeutig weiblich ist, als „er"? Warum müssen wir andere mit den Pronomen „sie" oder „ihnen" ansprechen? Warum bekommen Eltern und Lehrer Ärger, wenn sie ihre Kinder mit dem (scheinbar) falschen Begriff ansprechen?

Warum werden Fächer, die in den Schulen stärker betont werden sollten, wie Geschichte, nationale Kultur und indigene Sprachen, jetzt an den Rand gedrängt oder ganz vernachlässigt zugunsten von „progressiveren" Fächern? Warum werden unsere Kinder ermutigt, öffentlich aktive quasi-politische Revolutionäre zu werden und sich in Themen wie den Klimawandel einzumischen, wenn sie kaum alt genug sind, um ihre eigenen Schnürsenkel zu binden? Warum wird uns gesagt, dass Jungen dazu erzogen werden müssen, Mädchen nicht zu vergewaltigen, um etwas zu bekämpfen, das „Rape Culture" genannt wird? Warum gibt es die seltsame, unangemessene Praxis der „Drag-Queen Story Time"? Was soll damit erreicht werden? Welches Wissen, welche Qualifikationen oder Lebenskompetenzen besitzen Drag-Queens, die unseren Kindern von Nutzen sind? Erfordert der Versuch, wie eine Frau zu erscheinen (wenn man ein Mann ist), Wissen oder Fähigkeiten? Warum sind es ausgerechnet diese seltsamen, unscheinbaren Gestalten, die unseren Kindern als Vorbilder dienen könnten, obwohl es so viele brillante Männer und Frauen auf der Welt gibt?

Wie kommt es, dass die offene Kritik und staatlich genehmigte Ausgrenzung des Christentums erlaubt ist, die Kritik an anderen religiösen Bekenntnissen aber nicht? Wie kommt es, dass darüber hinaus, wie im Falle des Islam, eine nicht-christliche Konfession aktiv vom Staat gefördert und unterstützt werden kann? Warum diese Doppelmoral, insbesondere in einer Zeit, in der der Begriff der Gleichheit sakrosankt ist? Warum haben wir überall im Westen weiße, nicht-muslimische politische Persönlichkeiten gesehen, die in falscher „Solidarität" mit dem Islam und den Muslimen sprechen und handeln? Warum gilt jede Kritik am Judentum oder an Juden als verwerflich und „antisemitisch", während Kritik am Christentum und an Christen nicht nur erlaubt ist, sondern sogar gefördert wird und in Mode ist? Warum diese Voreingenommenheit?

Warum hören wir ständig Begriffe wie „Gleichheit", „Vielfalt", „Multikulturalismus", „Mitgefühl" und „Solidarität"; und sie werden immer als positiv hervorgehoben? Warum werden sie ständig skandiert wie das Gebrabbel einer Sekte? Warum hören wir im Gegensatz dazu eine schier endlose Liste von Begriffen, die als Schimpfwörter verwendet werden, wie z.B.: „Homophob; frauenfeindlich; fremdenfeindlich; islamfeindlich; transphobe; rassistisch; Klimawandel-Leugner; Anti-Vaxxer; Verschwörungstheoretiker; Faschist; Nazi" usw.? Warum tauchen Begriffe wie „Impfgegner" auf, als der Covid-Impfstoff auf der Bildfläche erschien?

Warum wird so oft von „Hassrede" gesprochen? Warum wird das Wort „Hass" verwendet, wenn es um Kritik geht? Warum wird es verwendet, um Kritik von vornherein abzulehnen? Und welche Art von Kritik wird genau damit abgetan/neutralisiert? Alle Arten oder nur bestimmte Arten?

Warum hören wir all diese Menschen davon sprechen, dass sie „unterdrückt" sind, oder über die „Unterdrückung" anderer sprechen? Warum wird so viel Wert auf Identitätspolitik gelegt? Warum sprechen so viele Organisationen, Politiker und Medien von der „extremen Rechten"? Warum hören wir andere Begriffe, um bestimmte Konzepte zu beschreiben, wie „Victim Blaming" und „Slut Shaming"? Warum hören wir Dinge wie „toxische Maskulinität", aber nicht „toxische Femininität"? Warum hören wir Dinge wie „Man-Splaining", aber nicht „Woman-Splaining"? Warum hören wir Dinge wie „weißes Privileg" oder „männliches Privileg", aber nicht „schwarzes Privileg" oder „asiatisches Privileg" oder „weibliches Privileg"? Liegt es daran, dass nur weiße Männer all diese „Privilegien" haben? Sind weiße Männer privilegiert, aber Schwarze oder Asiaten oder Frauen nicht? Oder gibt es einen anderen Grund, warum wir diese ungleichen, mit zweierlei Maß gemessenen Begriffe hören? Warum hören wir Begriffe wie „Kritische Rassentheorie", „Kulturrelativismus" und „moralischer Relativismus"? Woher kommen all diese relativ neuen Begriffe?

Warum scheint es in den letzten Jahrzehnten so, als würde sich die Welt mit revolutionären Aktivisten füllen? Warum sind viele von ihnen irgendwie mit Universitäten verbunden oder sind selbst Studenten? Warum sind diese studentischen Aktivisten während der Black-Lives-Matter-Unruhen in den USA so fanatisch, dass sie sich selbst verletzen oder von Fahrzeugen überfahren lassen? Warum sind sie so bereit, sich selbst zu verstümmeln oder zu töten? Warum sind diese Aktivisten, viele von ihnen Kinder, so völlig von dieser revolutionären Energie besessen und von der Realität losgelöst? Warum scheinen sie so stark gehirngewaschen zu sein? Wie kommt es, dass die USA wegen des Todes einer Person in so großem Umfang in gewalttätige Unruhen verwickelt wurden, wo doch dort ständig Menschen sterben? (wie dies auch in anderen Ländern der Fall ist). Warum sind gewöhnliche, alltägliche Menschen gezwungen, auf die Straße zu gehen und sich mit diesem „revolutionären" Mob auseinanderzusetzen? Warum sind diese Menschen gezwungen, den Job zu machen, den die Polizei/Staatsmacht (in vielen Fällen) nicht machen will, um diese aggressiven Mobs davon abzuhalten, ihre Häuser und Geschäfte zu zerstören? Warum greifen diese „Revolutionäre" diese gewöhnlichen, alltäglichen Menschen an, als ob sie das Problem wären, wenn sie doch selbst das Problem sind? Wie kann es sein, dass sie es so völlig verkehrt machen?

Wie kommt es, dass die weltweite patriotische Bewegung - die sich gegen den internationalen Totalitarismus/"Globalismus" wendet - von diesen „revolutionären" oder „rebellischen" Gruppen bedrängt wird, die standardmäßig dem System dienen, gegen das sie angeblich sind? Wie kommt es, dass sie nun (scheinbar widersprüchlich) dem System dienen und es schützen? Noch einmal: Wie können sie die Dinge so verkehrt herum sehen? Warum die Umkehrung?

Warum sind all diese „revolutionären" Aktivisten im Grunde genommen identisch, als ob sie alle vom selben Fließband in einer Fabrik kämen? Warum denken die in Kanada scheinbar genauso wie die in Australien? Warum verwenden die in den USA die gleiche Terminologie und die gleichen Schlagworte wie die in Irland? Warum verhalten sich die Neuseeländer genauso wie die Schweden? Ob Sie nun in Toronto oder Tokio, Perth oder Portland, London oder Los Angeles, Stockholm oder Stanley, Dublin oder Dubai, Kapstadt oder Canberra, Amsterdam oder Aberdeen, Seattle oder Sevilla, Paris oder Prag, Moskau oder Monaco, Rom oder Reykjavik, San Paulo oder San Francisco sind, Santiago oder San Jose, Edmonton oder Edinburgh, Berlin oder Peking, Buenos Aires oder Bangkok, New York oder Neu-Delhi, Chicago oder Shanghai, Washington oder Wellington, Helsinki oder Hell's Kitchen - warum sind diese Menschen in ihrer Einstellung, ihrem Verhalten und ihrer Sprache praktisch identisch?

Wie kann das sein, trotz all der Vielfalt an Orten, Sprachen und Kulturen? Warum sind sie so uneinheitlich? Warum haben sie alle die gleichen Ansichten und verfolgen die gleichen Ziele? Warum bezeichnen sie alle Menschen, die nicht mit ihnen übereinstimmen, als „Rassisten", „Faschisten", „Nazis" usw., und zwar mit dem gleichen Maß an Feindseligkeit?

Warum verhalten sich die Mainstream-Medien in Irland mehr oder weniger genauso wie in anderen westlichen Ländern? Warum verhalten sich die Mainstream-Medien im Vereinigten Königreich, in Kanada, Australien, Frankreich, Spanien, Italien, Deutschland, Schweden usw. auf sehr ähnliche Weise, wenn auch mit leichten Abweichungen? Warum singen sie alle mehr oder weniger vom selben Notenblatt?

Wie kommt es, dass eine Person fröhlich die degeneriertesten, dümmsten Dinge twittern/veröffentlichen kann, solange sie mit der politischen Korrektheit übereinstimmen, aber wenn sie die „PC-Kultur" mit Gehässigkeit kritisiert, können diese Meinungen unterdrückt werden? Wie kommt es, dass die einen online verboten werden, die anderen aber nicht? Wer entscheidet in diesem Fall, was richtig und was falsch ist, und wie wird dies begründet? Warum sind einige Meinungen erlaubt, während andere unterdrückt werden, und um welche Arten von Meinungen handelt es sich dabei?

Wie kommt es, dass in der Gesellschaft derzeit ein staatlich geförderter Schwerpunkt auf die „geistige Gesundheit" gelegt wird, obwohl wir das enorme, globale Problem der geistigen Gesundheit durch Indoktrination haben, das aus demselben System kommt? Warum haben wir dieses Problem der grassierenden Massenpsychopathie in der Welt, das die überwältigende Mehrheit der „Experten" nie anspricht?

Warum scheinen all diese „politisch korrekten" Begriffe/Konzepte/Agenden in den letzten Jahrzehnten den politischen, sozialen, kulturellen, erzieherischen und medialen Diskurs zu beherrschen, und zwar mit einer alarmierenden Zunahme der Sättigung in diesen Bereichen? Warum können wir nicht einmal in eine Zeitung schauen oder den Fernseher oder das Radio einschalten, ohne ständig an sie erinnert zu werden? Diese Dinge, auf die wir uns angeblich konzentrieren müssen - Klimawandel, soziale Gerechtigkeit, Ungleichheit, Rassismus usw. - sind das ernsthafte Themen, über die wir uns wirklich Sorgen machen sollten, oder wird uns gesagt, dass wir uns aus anderen Gründen mit ihnen beschäftigen sollen? Warum treten all diese Probleme und Verhaltensweisen global und fast gleichzeitig auf, als ob sie koordiniert wären?

Warum scheint es, als lebten wir in einer Zombie-Apokalypse, in der Millionen hirnloser Menschen leben, die nicht in der Lage sind, sich eine eigene Meinung zu bilden, und die alle auf dieselbe Weise denken, sprechen und handeln? Warum erleben wir diese Pandemie von verrücktem, koordiniertem, zivilisationszerstörendem Verhalten, als ob wir es mit einer massiven globalen Sekte zu tun hätten?

Einführung

„So habe ich den Himmel verwirkt, ich weiß es sehr wohl. Meine Seele, die einst Gott treu war, ist für die Hölle bestimmt."

Karl Marx, Das *blasse Mädchen*, 1837[1]

Nur ein Kernproblem ...

Die Ursache all dieser aufgeführten Veränderungen und Probleme ist eine globale ideologische Infektion namens Marxismus.

Das Hauptproblem in Ihrem Land ist nicht die Regierung oder die politische Klasse, die Staatsorgane, die Polizei, die Vereinten Nationen, die Europäische Union, die multinationalen Konzerne, die „Eliten", der Kapitalismus, die Banker und das internationale Bankensystem, die „Bourgeoisie", die NGOs/Non-Profits, George Soros, die Mainstream-Medien, Migranten, Muslime, Zionisten, die Freimaurer, Illuminaten usw. usw. Das Kernproblem in Ihrem Land (und den meisten anderen) ist die Infektion mit dem Marxismus. Sie werden sich schwer tun, irgendein Problem in der heutigen Welt zu finden, das nicht mit dieser Ideologie zusammenhängt, von ihr beeinflusst wird oder ihren Ursprung in ihr hat. Der marxistische „rote Faden" zieht sich durch die gesamte Gesellschaft und die ganze Welt. Das Kernproblem in Ihrem Land besteht darin, dass die einheimische Bevölkerung dieser giftigen, fremden Ideologie gegenüber einen selbstmörderischen Mangel an Feindseligkeit aufweist (oder in der Vergangenheit aufwies). Dies ist das Grundproblem, und alle anderen aufgeführten Hauptprobleme, die wir derzeit erleben, haben ihren Ursprung in diesem einen Problem.

Das Wort, das hier betont werden muss, ist Feindseligkeit. Wie uns die Geschichte zeigt, ist jede andere Haltung unzureichend, um eine Nation vor den schädlichen Auswirkungen dieser Ideologie zu schützen. Jede Art von Toleranz oder Kompromiss ihr gegenüber wird nur als Zeichen der Schwäche angesehen, und man wird trotzdem überrannt; jede Toleranz gegenüber ihrer Präsenz wird voll ausgenutzt. Toleranz ihr gegenüber ist in der Tat selbstmörderisch für ein Volk und eine Nation. Wenn wir uns die heutige Gesellschaft ansehen, können wir feststellen, dass es nicht nur an Feindseligkeit gegenüber dieser souveränitätsfeindlichen,

---

[1] Marx, M. „Bleiches Mädchen", 1837 („Junger Marx-Schriften von Karl Marx vor der Rheinschen Zeitung", 1975).

internationalistischen Ideologie mangelt, sondern dass sie sogar eine beunruhigende Faszination ausübt. Sie hat sich in unseren Ländern so weit verfestigt, dass sie sozusagen zum Inventar geworden ist. Aufgrund dieser Verankerung reicht es nicht aus, sie höflich zu bitten, zu gehen. Ohne eine extrem harte Haltung in dieser Frage ist es unmöglich, sie überhaupt zu entfernen. Außerdem wird die Ideologie ohne diese harte Haltung erneut infiziert werden, da sie unweigerlich die schwächsten Punkte in der Gesellschaft (d. h. bestimmte Personen und Gruppen) finden und diese nutzen wird, um sich erneut durchzusetzen. Dies ist in der Geschichte unseres Kampfes gegen diese Ideologie schon viele Male geschehen.

„Viel Glück..."

Allen (einigermaßen) freien Menschen, die versuchen, diese internationalistische „globalistische" Maschinerie an der Zerstörung ihres Landes zu hindern, sage ich: Viel Glück bei dem Versuch, sie zu stoppen, ohne sich zuerst ausreichend mit der marxistischen Infektion in Ihrem Land zu befassen. Sobald sie von einer ausreichenden Zahl von Menschen erkannt und verstanden wird, muss sie frontal angegangen werden.

Der Versuch, mit einer pro-souveränen/patriotischen/nationalistischen (nennen Sie es, wie Sie wollen) Bewegung in Ihrem Land wirklich etwas zu erreichen - ohne sich zuerst mit dem Problem des Marxismus zu befassen - wird äußerst schwierig sein. Egal, wie viel Energie/Enthusiasmus Sie aufbringen, Sie würden vielleicht nur Ihre Räder durchdrehen.

Vielleicht könnte die Freiheit noch erreicht werden, ohne sich zuerst mit der marxistischen Infektion zu befassen, aber das wäre ineffizient und würde mehr Zeit in Anspruch nehmen, als es sein müsste; und ist es nicht so, dass Zeit das Wesentliche ist?

Der Zweck dieses Buches ist es nicht, die monotonen dogmatischen Ins und Outs der (offiziellen) marxistischen Theorie und all die verschiedenen Interpretationen zu untersuchen; das würde Bände in Anspruch nehmen und würde sowieso nur zu einer Schlussfolgerung führen - es verdient diese Art von Analyse nicht. Das wäre so, als würde man jahrelang mit bloßen Händen eine stinkende Müllhalde durchwühlen, um nach Kleinigkeiten zu suchen. Außerdem, welchen Unterschied würde das machen? Es hätte keinerlei Auswirkungen auf diejenigen, die bereits indoktriniert sind, und für diejenigen, die nicht indoktriniert sind, wäre es so, als würde man „den Schwulen predigen" (ich weiß, dass das niemand wirklich sagt). Nach all dem bin ich zuversichtlich, dass die Botschaft dieses Buches denjenigen, die die richtige Einstellung haben, einen enormen Wert, Klarheit und Vergnügen bereiten wird. Diejenigen, die in der Lage sind, dieses Werk zu verstehen, werden es auch tun. Es richtet sich natürlich nicht an die indoktrinierten Typen, denn die haben sich ihre Meinung bereits gebildet (oder für sie gebildet, um genau zu sein); es richtet sich an diejenigen, die dieser globalen Pandemie des Wahnsinns Einhalt gebieten wollen.

Im Laufe dieser Arbeit wird deutlich werden, warum wir uns speziell auf den Marxismus konzentrieren sollten. Für welche Sache Sie sich auch immer einsetzen, ein tiefes Verständnis dieses Themas wird Ihnen (und denen, die von Ihren Bemühungen profitieren) zugute kommen. Oder wenn Sie einfach diejenigen schützen wollen, die Ihnen nahestehen, wird diese Arbeit Ihnen das Gegenmittel an die Hand geben, falls sie diesem Erreger „ausgesetzt" werden.

In den letzten Jahren wurde aufgrund von Covid oft gesagt, dass die Welt so etwas noch nie erlebt hat; dass dies eine noch nie dagewesene Zeit ist. In der Tat. Diese Zeiten sind auch aus einem anderen Grund einzigartig, einem weniger offensichtlichen: Nie zuvor in der Geschichte haben wir eine solche globale Pandemie psychotischen, zivilisationszerstörenden Verhaltens erlebt.

Eine wichtige Zutat

Der Marxismus ist nicht das einzige Problem in unserer Welt oder der Ursprung jedes einzelnen Problems, aber er ist ein großes Problem. Er ist selbst, wie wir sehen werden, der Ursprung vieler Probleme (von denen einige im Vorwort erwähnt wurden). Wenn wir uns nur auf eine Sache konzentrieren müssen, um die größte Wirkung zu erzielen, sollten wir uns auf diese konzentrieren. Im Vergleich dazu ist es reine Zeitverschwendung, über andere Dinge zu diskutieren, um unsere Gesamtsituation zu verbessern.

Da dieses Thema in gewisser Weise ein logisches Knäuel sein kann, müssen wir etwas entwirren, bevor wir weitermachen. Wir müssen uns mit den psychologischen Tendenzen auseinandersetzen, die wir haben, wenn wir entscheiden, welche Haltung wir zu großen Themen wie diesem einnehmen sollen. Auf die Aussage „Der Marxismus ist ein ernsthaftes Problem, und wir sollten uns vor allem darauf konzentrieren!" können Antworten wie „Es gibt mehr Schuldige als nur den Marxismus!" und „Der Marxismus ist nicht der Ursprung des Problems!" zurückkommen. Das ist in gewisser Weise richtig, und einiges davon wird später noch angesprochen werden; aber wir müssen Prioritäten setzen. Außerdem sind solche Haltungen unkonstruktiv, da sie es nicht ermöglichen, einen Konsens zu bilden (den man unbedingt braucht, um das Problem des Marxismus zu lösen).

Aufgrund dieser Tendenz bei einigen (und denjenigen, mit denen der Leser möglicherweise zu tun hat), müssen wir den Punkt noch einmal klarstellen: Dieses Buch will nicht behaupten, dass der Marxismus die einzige Zutat der internationalistischen „globalistischen" Maschinerie ist oder dass er der Ursprung des weltweiten Chaos ist. Es hebt jedoch hervor, dass der Marxismus eine wichtige, universelle Zutat ist, die es der internationalistischen globalistischen Maschinerie ermöglicht, in unseren Gesellschaften auf der Basis zu funktionieren.

Alle drängen in dieselbe Richtung

Außerdem ist es nicht gut, zu viele abweichende oder antagonistische, widersprüchliche Meinungen zu haben; man braucht wirklich jeden, der in eine Richtung drängt. Zu viele widersprüchliche Ideen/Lösungen machen die möglichen Auswirkungen einer Idee/Lösung zunichte, und es werden keine Fortschritte erzielt. Um bei der Beseitigung des Schlamassels, in dem wir uns befinden, voranzukommen, ist daher ein breiter Konsens erforderlich.

Stellen Sie sich einige fleißige Männer vor, die in früheren Zeiten versuchten, einen großen Felsbrocken von einer Straße wegzuschieben, ohne die Hilfe eines Tieres (z. B. eines Ochsen) oder von hilfreichen Werkzeugen. Es spielt keine Rolle, wie viele Männer es sind oder wie stark sie sind - wenn sie alle in verschiedene oder entgegengesetzte Richtungen schieben, ist es eine große Verschwendung von Zeit und Energie. Wenn sie jedoch gemeinsam in die gleiche Richtung schieben, ist das etwas anderes. Hier geht es um die Effizienz der Kraft, weil sie ihre Anstrengungen bündeln. Es gibt effiziente und ineffiziente Wege, Dinge zu tun, und unser kollektives Streben nach etwas Freiheit von diesem globalistischen Monster ist nicht anders. Wenn wir alle eine bessere, freiere und gesündere Welt wollen, müssen wir in dieser Frage zusammenarbeiten, um effizient zu sein und einen Konsens zu finden.

Bedenken Sie auch, dass wir uns in einer Welt voller marxistischer Täuschung/Propaganda und Demoralisierung befinden, die immer versucht, jede Schwäche ihrer Opposition auszunutzen, indem sie aus jeder Uneinigkeit in ihr Kapital schlägt. Deshalb muss unsere Botschaft klar und einheitlich sein - Nein zum Marxismus, keine Ausnahmen. Sobald wir dieses Problem in den Griff bekommen, werden wir in der Lage sein, einige Verbesserungen in unserer kollektiven Situation zu sehen.

Wie wichtig es ist, den Fokus zu behalten

Wir müssen uns auf dieses Problem konzentrieren und es dauerhaft aufrechterhalten, ohne uns durch andere Themen ablenken zu lassen. Die marxistische Indoktrination versucht immer, uns dazu zu bringen, uns auf andere Dinge zu konzentrieren (und die Schuld zuzuweisen): die religiösen Institutionen (z.B. die katholische Kirche); das Bankensystem/den Kapitalismus; das „US-Imperium"; die Bourgeoisie/Eliten oder die multinationalen Konzerne usw. Darüber hinaus werden wir ständig von den verschiedenen, vom Marxismus unterstützten Initiativen oder „Sub-Agenden" (von denen einige im Vorwort erwähnt wurden) gespalten und erobert. All diese Divergenz und Unschärfe ist also nicht förderlich für den Aufbau eines Widerstands gegen dieses große internationalistische System, mit dem wir es zu tun haben. In der Tat ist der Marxismus gut darin, alle gegensätzlichen Energien aufzunehmen und sie zu zerstreuen oder abzulenken, bis zu dem Punkt, an dem es überhaupt keine geschlossene Opposition gegen ihn gibt.

Ein weiterer Grund, warum wir uns auf die marxistische Ideologie (und ihre Anhänger) konzentrieren sollten, ist, dass dies ein Problem ist, das wir in unseren Ländern relativ leicht angehen und aufzeigen können. Es ist auch so, dass der Marxismus die erste Verteidigungslinie ist, die von der internationalistischen globalistischen Maschinerie benutzt wird, um die Entwicklung eines echten Widerstands in der Gesellschaft zu verhindern. Wenn das große „globalistische" Monster eine ausnutzbare Lücke in der Rüstung hat, dann ist es diese...

Ein Schlüsselelement der Kontrolle

Der Marxismus ist ein Schlüsselelement für die globale Kontrolle und ein massiver Kausalfaktor für das weltweite Chaos, und zwar wegen der Elemente, die diese Ideologie ausmachen: die Konzepte der Gleichheit, der „Revolution", des Internationalismus (und der Eine-Welt-Regierung) und der Formel Unterdrücker gegen Unterdrückte, um nur einige zu nennen. Dies waren von Anfang an ihre Kernelemente, aber es gibt auch noch andere. Es ist wichtig, darauf hinzuweisen, dass es die Kombination dieser Elemente ist, die die Mischung der marxistischen ideologischen Indoktrination so wirksam macht. Insbesondere die Formel Unterdrücker gegen Unterdrückte (und ihre vielen Erscheinungsformen) lässt sich sehr gut mit den anderen Elementen der „Revolution" und der Gleichheit kombinieren.

Die von Karl Marx (1818-1883) und Friedrich Engels (1820-1895) vertretene dramatische, zynische und grobe Vereinfachung der Funktionsweise der Gesellschaft - der „Klassenkampf" zwischen der „unterdrückenden" „Bourgeoisie", den reichen Kapitalisten, und dem „unterdrückten" „Proletariat", den armen Arbeitern - war eine grobe Vereinfachung, die im *Kommunistischen Manifest* (1848) *ihren* Widerhall bis in die Ewigkeit fand.[2] Diese grobe Vereinfachung - die seither von „Intellektuellen" und anderen auf der ganzen Welt hochgejubelt wird - hat sich nun in dieses Monster verwandelt, das die Zivilisation zerstört und dessen Auswirkungen die Welt in immer dunklere Gefilde führen werden, wenn nichts dagegen unternommen wird. Um das klarzustellen: Wir sprechen nicht nur von dem, was man „Kulturmarxismus" oder die *Frankfurter Schule* nennt. Wie wir sehen werden, ist jede Form des Marxismus (egal zu welchem Zeitpunkt in seiner Geschichte) ein Problem für die Gesellschaft, einschließlich des Sozialismus oder des demokratischen Sozialismus und der vielen anderen Erscheinungsformen/Etiketten, unabhängig davon, wie gutartig sie zu sein scheinen oder wie viele Menschen sie mögen.

Alle Spuren müssen verschwinden

Deshalb müssen alle Spuren des Marxismus verschwinden. Wenn Sie die Kontrolle über Ihr Land zurückgewinnen wollen, indem Sie dieses globalistische totalitäre Monster stoppen, müssen Sie und Ihre Landsleute den Marxismus in all seinen Formen vollständig ablehnen und hassen. Aufgrund

---

[2] Marx und Engels, *Das Kommunistische Manifest* (1848).

der Gesamtsituation, in der wir uns befinden, brauchen wir eine starke Null-Toleranz-Haltung ihm gegenüber: aufgrund der Funktionsweise des individuellen menschlichen Geistes und aufgrund der hochgradig kontaminierten sozialen Landschaft in unseren Ländern zur Zeit. Daher das Wort „Hass": Mit dieser emotionalen Wucht wird es dazu beitragen, die erforderliche Mentalität in der Bevölkerung zu erzeugen. Je mehr Menschen Feindseligkeit gegenüber dem Marxismus empfinden und zum Ausdruck bringen, und je mehr die Ideologie als giftig angesehen wird, desto besser. Dann habt ihr eine Chance zu kämpfen...

Die Auswirkungen dieser parasitären Ideologie auf unsere Welt zu verstehen - und danach zu streben, gegen sie „immun" zu sein - ist ein gewaltiges Unterfangen. Sie ist heimtückisch und drückt dies mit einer Vielzahl von Methoden aus. Es handelt sich um eine allgegenwärtige, sich wandelnde Bedrohung, die eine lange, stolze Tradition der Anpassung und Subversion hat. Es gibt mehrere „Stämme", und er passt sich auch heute noch an. In jüngster Zeit hat sie sich angepasst, um die patriotischen/nationalistischen Bewegungen weltweit zu unterwandern. Daher ist es umso besser, je geeinter eine Bevölkerung in ihrer Feindseligkeit gegenüber der EU ist.

Kann eine Gesellschaft nicht einfach immun sein und bleiben?

Ist der Durchschnittsmensch ohne diese einheitliche, feindselige, fast allergische Ablehnung in der Lage, dagegen immun zu bleiben? Ist das der Grund, warum sie sich trotz ihres schrecklichen Lebenslaufs so effektiv in unseren Gesellschaften verbreitet und verankert hat? Kann eine Gesellschaft nicht einfach immun sein, ohne wachsam zu sein? Kann eine Gesellschaft weniger als eine Null-Toleranz-Haltung gegenüber dieser Ideologie einnehmen und insgesamt unbeeinflusst bleiben? Dies sind große und wichtige Fragen.

In Anbetracht des Modus Operandi des Marxismus (in der Vergangenheit und in der Gegenwart) ist es für viele Menschen vielleicht schwierig, dieser Ideologie zu begegnen, ohne in die Irre geführt zu werden; sie werden sozusagen „in den Kult hineingesogen". Damit soll die Einsichtsfähigkeit vieler Menschen nicht einfach abgetan werden, sondern es soll nur veranschaulicht werden, wie gut sich der Marxismus in die Gesellschaft bzw. in die Köpfe der Menschen hineinschlängelt und sich dort einnistet, wie es jeder gute Parasit tut. Er infiziert diejenigen, die psychologisch nicht immun sind, und breitet sich dann von einer „anfälligen" Person zur anderen aus.

Die vielen Wege, auf denen diese Ideologie die Wahrnehmung einer Person verzerren und ihre emotionalen Reaktionen diktieren kann, könnten es für jemanden sehr schwierig machen, davon unbeeinflusst zu bleiben, vor allem, wenn er sich in einem pro-marxistischen Umfeld befindet (z. B. an einer infizierten Universität).

Für manche wäre der Versuch, in einem solchen Umfeld immun zu bleiben, eine psychologische Gratwanderung, bei der sie versuchen, auf dem rechten

Weg zu bleiben. Manche müssen sich entscheiden, ob sie sich anpassen oder geächtet werden, oder ob sie einfach beschließen, diese Umgebung so schnell wie möglich zu verlassen!

Sich dieser Ideologie auszusetzen, kann für jeden riskant sein, besonders aber für junge Menschen. Wir können deutlich sehen, wie die Indoktrinationspolitik dieser Sekte auf die ahnungslose Öffentlichkeit in immer jüngerem Alter abzielt. In jüngster Zeit haben sie die verrückte Klimawandelbewegung genutzt, um Teenager und Kinder im Vorschulalter zu kleinen Revolutionären zu machen. Das ist kein Zufall: Je jünger ein Mensch ist, desto anfälliger ist er für Indoktrination, insbesondere durch eine emotional manipulative Ideologie wie den Marxismus. Lebenserfahrung, emotionale Kontrolle und allgemeine Reife können helfen, eine Person immun zu machen, und das sind Dinge, die junge Menschen im Allgemeinen nicht in ausreichendem Maße haben. Sie brauchen die Anleitung und den Schutz von reiferen Menschen, um diese Fallstricke zu vermeiden, und hier kommen Eltern und Lehrer ins Spiel (und sollen es auch). Wenn diese „Erwachsenen" natürlich selbst indoktriniert sind, haben die Kinder keine Chance... In anderen Fällen reicht die Unkenntnis der Eltern über den Marxismus aus, um eine Katastrophe zu verursachen.

Diese Ideologie kann in die weichen Köpfe von Schülern und Studenten jeden Alters gepumpt werden. Es gibt mehrere andere Medien, über die sie die Köpfe der Menschen erreichen kann, und „Bildung"/Akademie ist nur eines davon. Es ist jedoch vielleicht das effektivste, da es sich als „Bildung" tarnen kann, um sein wahres Gesicht zu verbergen - die Indoktrination.

Prioritäten...

Lassen Sie uns Prioritäten setzen und die Dinge aus der Sicht der Staatsführung in eine rationale Perspektive rücken. Ist es in Anbetracht des Schadens, der den westlichen Ländern durch internationalistische/marxistische Haltungen zugefügt wird, nicht ein wenig albern, sich auf innenpolitische Themen zu konzentrieren und dabei das große Ganze zu vergessen? Im Falle Irlands zum Beispiel ist es irrelevant, sich auf Dinge wie Wohnungspreise/Mietkosten, Kriminalität, den Zustand des Gesundheitswesens, psychische Gesundheit, Geierfonds oder Obdachlosigkeit zu konzentrieren, wenn das Land aufgrund der marxistischen Ideologie, die am Steuer sitzt, schrittweise auf eine Klippe zugetrieben wird. Ist es eine gute Prioritätensetzung, sich auf diese Dinge im Vordergrund zu konzentrieren, während im Hintergrund die verschiedenen Folgen einer ernsthaften marxistischen Infektion (und die verschiedenen „Sub-Agenden", die sie unterstützen) das Gefüge der Gesellschaft zerreißen?

Zum Beispiel wird die Masseneinwanderung in ein Land (die auf die marxistische Infektion zurückzuführen ist) alles zerstören, und die bereits vorhandenen innenpolitischen Probleme werden sich extrem verschärfen (z. B. Verfügbarkeit und Kosten von Wohnraum, Gesundheitswesen, Wirtschaft, Schulbildung usw.). Wenn wir diesen innenpolitischen Problemen Priorität einräumen und versuchen, sie in einer Gesellschaft zu lösen, in der sich die rassische Demografie ständig verändert und die Bevölkerungszahl steigt (weil der Marxismus die Kontrolle hat), verschwenden wir nur unsere Zeit! Prioritäten. Es muss auch angemerkt werden, dass die verschiedenen marxistischen Bewegungen in einem bestimmten Land es lieben, sich in diese Art von innenpolitischen Problemen zu verwickeln, als Teil ihrer Tugendhaftigkeits-DNA; glücklicherweise nicht wissend, dass die Ideologie, der sie anhängen, sicherstellen wird, dass diese Probleme niemals gelöst werden! Naivität in Reinkultur.

Warum wir #Notomarxismus sagen sollten

> „Du kannst den Scheiß-Linken keinen Zentimeter geben, wenn du ihnen einen Zentimeter gibst, werden sie ihn nutzen, um dich zu zerstören!"
>
> Der argentinische Präsident Javier Milei während eines Fernsehinterviews[3]

Wenn Patriotismus/Nationalismus/nationale Souveränität (wählen Sie Ihre Bezeichnung) die Idee ist, dass ein Land ein souveränes Recht hat, über seine eigene Zukunft zu entscheiden, dann ist dies eine rationale ideologische Antwort auf den internationalistischen Totalitarismus, der unseren Ländern heute aufgezwungen wird. Diese „rechtsgerichteten" Positionen geben einem Land im Allgemeinen mehr Freiheit, sich den Plänen der Internationalisten zu verweigern. Das liegt daran, dass sie dafür eintreten, dass ein Land einen angemessenen Grad an Abgrenzung vom Rest der Welt haben sollte (aka Unabhängigkeit). Das sollte für alle offensichtlich sein!

Umgekehrt führt eine internationalistische Ideologie - wie der Marxismus - dazu, dass ein Land weniger in der Lage ist, über seine eigene Zukunft zu entscheiden. Und warum? Weil der Marxismus (im Allgemeinen) dafür eintritt, dass ein Land anderen Ländern „gleichgestellt" sein sollte und sich nicht vom Rest der Welt abgrenzen sollte/kann. Im Wesentlichen sollten die Länder „Einheit" oder „Solidarität" mit anderen Ländern zeigen, und jedes Land würde entsprechend der Ideologie/dem Kult geformt werden. Man denke nur an die naive „Wer braucht schon Grenzen?"-Mentalität. Darüber hinaus reicht es aus, sich dieser Ideologie (auch nur teilweise) anzuschließen, um sicherzustellen, dass das eigene Land von der internationalistischen ideologischen roten Welle mitgerissen wird; und genau das ist es, was sich derzeit auf der ganzen Welt abspielt. Die Sekte will im Allgemeinen eine „sozialistische" Föderation der Welt.

Wenn ein Land in erheblichem Maße mit dem Marxismus infiziert ist, bedeutet dies einfach, dass ein erheblicher Teil der Bevölkerung psychologisch von

---

[3] *Milei, J., „Javier Milei: you can't give sh*t l3ftards an inch!", YouTube.*

dieser Ideologie verseucht ist. Dies führt zu einem Mangel an Willen, Überzeugung (und Konsens!), dass dieses Land unabhängig sein und sich überhaupt als eine separate, eigenständige Einheit identifizieren sollte! Diese indoktrinierten Typen neigen dazu, das Land als Teil des internationalen Kollektivs zu sehen und seine Souveränität an Organisationen wie die Europäische Union und die Vereinten Nationen abzugeben. All das, weil der Marxismus eine internationalistische Ideologie ist. Natürlich könnten die Apologeten des Marxismus erwidern, dass nicht alle Formen des Marxismus internationalistisch sind, aber das ist irrelevant. Der Marxismus führt unweigerlich dazu, dass ein Land sich der internationalen Sektenbewegung anschließt, von der „Revolution" mitgerissen wird und die Kontrolle über seine Angelegenheiten verliert.

Der Marxismus ist die gefährlichste, fast universelle Kernideologie der heutigen Welt. Er ist wirklich global und hat im Laufe seiner Geschichte überall dort, wo er Fuß gefasst hat, zerstört. Er ist extrem giftig für ein Land. Der Marxismus (oder sein Auswuchs, der Sozialismus) ist kein alternatives wirtschaftliches oder politisches System oder ein System der „Philosophie" oder Analyse. Er ist eine sektenähnliche Ideologie, die das Gegenteil von dem tut, was sie behauptet - er dient den wahren bürgerlichen „Eliten", den internationalistischen Typen, und stellt sich nicht gegen sie; er unterdrückt das Proletariat, die „arbeitenden Klassen", und befreit sie nicht; er macht ein Land und seine Menschen nicht stark - er macht sie schwach.

Der Marxismus ist der innere Abfluss der souveränen, patriotischen Energie eines Landes. Er ist die Antithese zur wahren, gesunden, natürlichen Freiheit und zum Patriotismus und sabotiert ein Land von innen heraus. Patriotismus ist das Gegenmittel gegen den globalistischen Internationalismus, und der Marxismus ist das Gift, das das Gegenmittel neutralisiert, indem es das Land lange genug besetzt hält, damit die globale Maschinerie ihre Agenda in einem bestimmten Land durchsetzen kann.

Schauen Sie sich nur an, wie marxistische Sektenmitglieder auf der ganzen Welt in letzter Zeit versucht haben, den nicht-marxistischen/patriotischen Widerstand gegen den „Globalismus" zu unterdrücken - das ist eigentlich der einzige Beweis, den Sie brauchen. Es spielt keine Rolle, was sie glauben zu sein, oder was sie behaupten zu sein - was sagt uns ihr Handeln? Es sagt uns, dass sie im Wesentlichen Verräter sind, auf nationaler Ebene.

Der Marxismus ist internationale totalitäre Kontrolle. Er ist nicht das Gegenteil von Dingen wie dem internationalen Bankensystem, er ergänzt es sehr gut; er ist kein Gegner des Weltkontrollsystems, er ist ein wichtiger Aspekt davon; er ist nicht die Antithese zur oligarchischen imperialistischen Herrschaft, er dient ihr.

Diese Ideologie steht im Mittelpunkt dieses Buches, denn sie ist der rote Faden, der sich durch die ganze Welt zieht: Sie ist der rote Elefant im regenbogenfarbenen, dildoförmigen Schwulendisco-VIP-Bereich eines Raumes, in dem wir uns alle befinden.

Der Marxismus ist die Wurzelideologie der verschiedenen zivilisationsfeindlichen Agenden, die in unseren Gesellschaften aktiv sind: Ob wir nun die anti-weiße marxistische Bewegung in Südafrika, die Legalisierung der Abtreibung in Irland, die Black-Lives-Matter-Unruhen in den USA oder in London, das Masseneinwanderungsproblem in den westlichen Ländern, die wirtschaftliche Misere der sozialistischen Länder oder die globale Klimawandel-Teilagenda betrachten - der Marxismus ist die Ideologie auf gesellschaftlicher Ebene, die all dem zugrunde liegt. Ohne die Millionen von Anhängern dieser roten Sekte weltweit gäbe es diese destruktiven, gesellschaftszerstörenden Bewegungen nicht.

Hinter dem Marxismus stehen andere Ideologien, die bis in die Menschheitsgeschichte zurückreichen, aber gerade diese ist der Schlüssel zur Bekämpfung des Chaos. Das Konzept der Revolution ist heute noch genauso wirksam wie im Vorfeld der *Französischen Revolution* (1787-1799), als aufrührerisches, psychologisch manipulatives Werkzeug. (Damals lautete das Schlagwort „Liberté! Égalité, Fraternité!", was so viel heißt wie „Freiheit, Gleichheit, Brüderlichkeit (Solidarität)!".)[4] Was die Wirksamkeit der Ideologie angeht, so könnte man sich kaum eine effizientere Form der Gehirnwäsche ausdenken, selbst wenn man es versuchte! Es ist ein fantastisches System, das (zunächst) schwer zu erkennen und in der Bevölkerung zu neutralisieren ist.

Der Marxismus ist die Hauptzutat im Eintopf des globalistischen Totalitarismus (mmm, totalitärer Eintopf!). Genauer gesagt, wenn dieser globale Totalitarismus ein alchemistischer Trank ist, dann ist der Marxismus das Bindemittel, das alle anderen Zutaten zusammenhält. Ohne dieses Bindemittel wird der Trank nicht funktionieren. Wie lautet also die Gleichung für die Freiheit? Die goldene Formel, der Generalschlüssel, die magische Kugel lautet: Je weniger Marxismus man in seinem Land hat, desto größer ist die Chance, dieses globalistische Monster zu stoppen. Umgekehrt gilt: Je höher der Grad der Verseuchung, desto schwieriger wird es, es zu stoppen.

Diese Linie im Sand zu ziehen ...

Wenn wir den marxistischen Indoktrinationsfaktor in der größeren Gesellschaft entfernen und nur die politische Klasse und einige andere globalistische Fanatiker hätten, die versuchen, uns ihren Willen aufzuzwingen, wären sie zahlenmäßig weit in der Unterzahl (viel mehr als jetzt!)! Und da die Mehrheit der Menschen vernünftig, antiglobalistisch und antimarxistisch wäre, würde diese Minderheit von Verrätern wie ein böser Daumen herausstechen. Das gilt auch für ihre Ansichten, Programme usw. Es wäre viel einfacher, sie

---

[4] „Die Einheit und Unteilbarkeit der Republik. Freiheit, Gleichheit, Brüderlichkeit oder Tod", Wikipedia.

im Auge zu behalten und sicherzustellen, dass sie machtlos sind. Mit anderen Worten, es wäre einfach, eine klare Linie im Sand zu ziehen.

Leider ist es aber nicht so einfach, und hier kommt die marxistische Ideologie ins Spiel. Sie ist der Faktor, der die Dinge zu Gunsten der Globalisten verschiebt.

Sie kann nicht nur eine globalisierungsfreundliche Einstellung in der Bevölkerung im Allgemeinen fördern, sondern macht die Menschen sogar zu Mini-Globalisten. Da Zahlen eine Rolle spielen, müssen wir die Zahl der Menschen mit dieser Einstellung in der Gesellschaft schrittweise verringern.

Dies ist ein Buch des „Hasses", richtig?

Zweifellos würden die gehirngewaschenen Menschen dies als ein Buch des Hasses bezeichnen. „Das ist Hassrede! " und „es ist ein schreckliches Buch des bösen, faschistischen, rassistischen, bösen, wertlosen, bösen, beschissenen, schrecklichen, bösen, bösen!" (Liste der marxistischen „Beleidigungen" hier einfügen). Wenn wir wissen, was der Marxismus wirklich ist, was er bereits angerichtet hat und was er unserer Welt weiterhin antut, wird dies amüsant; es sollte uns zum Kichern bringen über die Heuchelei solch kindischer, widerwärtiger Tugendhaftigkeitspseudo-Logik.

Das ist, als würde ein Pädophiler einen Vater dafür kritisieren, dass er eines seiner Kinder anschreit. Oder wie ein Vergewaltiger, der versucht, einen Mann dafür zu beschämen, dass er nicht ritterlich die Tür für eine Dame aufhält. Oder wie eine oberflächliche, narzisstische Frau, die eine Freundin beschimpft, weil sie zu viele Selfies macht. Psychotisch. Heuchlerisch. Doppelte. Maßstäbe.

Wie rote Motten zu einer „Nazi"-Flamme

Ist Ihnen schon einmal aufgefallen, dass, wenn jemand öffentlich Ansichten äußert, die den „PC"-Narrativen (politisch korrekt/marxistisch) widersprechen, er das zickige Parasitenverhalten der marxistischen Drohnen anzieht? Sie sind gezwungen, sich auf die Person zu stürzen, wie Motten auf die sprichwörtliche Glühbirne. Sie sind durch die marxistische Indoktrination darauf programmiert, (bewusst oder unbewusst) jede Quelle des Lichts (der Wahrheit) anzufliegen. Sie schwärmen aus, um zu versuchen, das Licht zu blockieren oder zu zerstreuen. Diejenigen von uns, die die Wahrheit sagen, die sich gegen das Verhalten der Sekte aussprechen: Wir sind das Licht, wir sind die Wahrheit, und wir werden unweigerlich diese kleinen roten marxistischen Motten anziehen. „Das ist eine faschistische, nazistische, rassistische Glühbirne! Holen wir sie uns!" (Einfügen von Motten, die auf die Glühbirne einschlagen, SFX und sojabedingte Wutanfälle). „Diese Glühbirne ist hasserfüllt!... sie strahlt rassistisches, hasserfülltes Licht aus!" (usw. usw. bis zum Überdruss)

Wenn wir die Sekte/Ideologie (oder ihre Initiativen und Auswirkungen) kritisieren, geraten wir unter Beschuss - wir stellen eine Bedrohung dar, mit der man umgehen und sie so schnell wie möglich zum Schweigen bringen muss. Da es sich hier um ein ideologisches Schlachtfeld handelt, muss Ihre Stimme mit noch mehr marxistischer Rhetorik übertönt werden, damit sie dominieren können. Das kann bedeuten, dass Ihnen widersprochen, „debattiert" oder sogar niedergeschrien wird. Kleinliche, zickige Schikanen gegenüber ihren politischen/ideologischen Gegnern sind eine marxistische Tradition; der Einsatz von „Lächerlichkeit". Jede Bedrohung wird durch kollektivistische, rudelartige Vergeltungsmaßnahmen von Sektenmitgliedern abgewehrt. Dies ist äußerst wichtig, um jede abweichende Meinung zu den verschiedenen Unterprogrammen/Initiativen der Sekte/Ideologie zu unterdrücken, oft schon in dem Moment, in dem sie im öffentlichen Diskurs auftaucht.

Diese Vergeltungsmaßnahmen sind oft kindischer Natur und können von einfachen Ad-hominem-Angriffen bis hin zu komplizierteren Formen reichen. Es kann sich um Beschimpfungen über das Aussehen der Zielperson, ihre Sprechweise/ihren Akzent, ihr Sozial-/Familienleben, das Verspotten ihrer Kinder/Familie/Partner usw. handeln; oder es kann Dinge wie Desinformation, Verleumdung, berufliche Rufmord, Versuche, Menschen zu entlassen (oder ihre Beschäftigungsfähigkeit oder ihr Einkommen anderweitig zu beeinträchtigen) oder einfach nur Lügen beinhalten. Für Marxisten heiligt der Zweck die Mittel. Das ist die übliche Heuchelei dieser Sekte des „Mitgefühls", des „Humanitarismus", der „Toleranz" und der „Menschenrechte".

Regelmäßige Wiederholungsanträge sind erforderlich

Diese antimarxistische Botschaft muss so lange wiederholt werden, bis jeder (der dazu in der Lage ist) sie versteht. Die Warnungen wurden entweder unterdrückt oder blieben ungehört. Ungeachtet dessen, was zuvor gesagt oder geschrieben wurde, fallen immer noch zu viele Menschen auf den Betrug herein und werden indoktriniert, weshalb diese Botschaft regelmäßig wiederholt werden muss, bis es für eine Gesellschaft zur zweiten Natur wird, so zu reagieren. Wann immer in der Weltgeschichte diese antimarxistische Botschaft an eine Wand geritzt wurde, kam, sobald das Graffiti in Vergessenheit geriet (oder sogar in dem Moment, in dem man die Augen davon abwendete!), ein zombifizierter marxistischer Lakai daher, um pflichtbewusst die rote Farbe aufzutragen... Die antimarxistische Botschaft muss anscheinend regelmäßig wiederholt werden. Der Philosoph George Santayana (1863-1952) sagte einmal: „Diejenigen, die sich nicht an die Vergangenheit erinnern können, sind dazu verdammt, sie zu wiederholen"[5] ; eine relevante Variante ist: „Diejenigen, die die Vergangenheit nicht verstehen können, sind dazu verdammt, sie zu wiederholen".

Ein Fehler, der in jüngster Zeit begangen wird, besteht darin, dass manche nicht

---

[5] Santayana, G., *Leben der Vernunft, Vernunft im gesunden Menschenverstand* (1905), S. 284.

glauben, dass sich die Schrecken der vergangenen Jahrhunderte in ihrer Zeit wiederholen können. Dies ist eine sehr gefährliche Vermutung. Wenn die Geschichte nicht verstanden wird, kann und wird sie sich auf die eine oder andere Weise wiederholen. Naivität wird für uns alle das Ende sein. Das ist generell eine vernünftige Einstellung, aber besonders dann, wenn wir es mit einer gefährlichen Ideologie zu tun haben, die eine so schreckliche Erfolgsbilanz hat wie der Marxismus. Es handelt sich um eine Ideologie, die nicht nur Teil unserer Geschichte ist oder irgendwie abgenommen hat, sondern eine Ideologie, die mächtiger wird als je zuvor.

Magische Anti-Rot-Sonnenbrille

Der Marxismus ist ein ideologisches Programm zur Gehirnwäsche von Menschen. Es handelt sich also um ein psychologisches Problem, ebenso wie um ein politisches, geopolitisches usw. Ersteres können wir nicht abtun, es ist von zentraler Bedeutung. Sich nur auf die Politik/Geopolitik zu konzentrieren, ist einfach nicht gut genug. Wir müssen klüger und tiefer gehen und dieses Problem mit einer neuen, frischen Denkweise angehen.

Um die besten Freiheitsverfechter/Patrioten/Nationalisten/Souveräne/Globalisierungsgegner zu sein, die wir sein können, müssen wir die marxistische Indoktrination bekämpfen; und deshalb müssen wir vollständig verstehen, womit wir es hier zu tun haben; wie der ganze Prozess funktioniert. Idealerweise sollten wir uns bemühen, das Programm, das Programmierte und die Programmierer besser zu verstehen. Wir müssen dieses Thema auf breiter gesellschaftlicher Ebene betrachten und dabei auch die betroffenen Individuen genau unter die Lupe nehmen. Mit einer neuen Perspektive und dem erforderlichen Wissen können wir leicht feststellen, wer in welchem Maße indoktriniert ist und wer nicht. Entscheidend ist, dass wir auch erkennen können, wann jemand Gefahr läuft, indoktriniert zu werden, und zwar auf der Grundlage einer Analyse seiner Persönlichkeit, seines Umfelds, seines Hintergrunds, seines Alters usw. Mit etwas Übung können wir all diese Dinge in Sekundenschnelle erledigen. Im Wesentlichen werden wir in der Lage sein, zu erkennen, wer infiziert ist und wer nicht, und wie groß das Problem ist, das sie für den Rest von uns darstellen werden.

In dem Film *They Live* (1988)[6] findet die Hauptfigur heraus, dass die Eliten, die die Gesellschaft beherrschen, in Wirklichkeit als Menschen getarnte Außerirdische sind (zwei Worte: David Icke). Und wie hat er das gemacht? Indem er diese erstaunliche Sonnenbrille aufsetzte - eine Brille, die einem zeigt, was das Wesen, das man betrachtet, unter seiner Verkleidung wirklich ist. Das ist es, was wir kollektiv in unseren jeweiligen Gesellschaften tun müssen: unsere Anti-Marxismus-Brille aufsetzen.

---

[6] *Sie leben* (1988).

Abschnitt I - Definitionen

„Der Kommunismus ist eine Krankheit des Intellekts. Er verspricht universelle Brüderlichkeit, Frieden und Wohlstand, um Humanisten und Idealisten zur Teilnahme an einer Verschwörung zu verleiten, die durch Betrug und Täuschung an die Macht gelangt und sich mit brutaler Gewalt an der Macht hält. Der Kommunismus verspricht eine Utopie. Er hat seinem eigenen Volk Massenhunger, Armut und Polizeistaatsterror gebracht und weltweit Zwietracht und Hass geschürt, indem er Rasse gegen Rasse, Klasse gegen Klasse und Religion gegen Religion ausspielte. Verrat, Terror, Folter und von Moskau gelenkte Kriege der „nationalen Befreiung" verbreiteten kommunistische „Brüderlichkeit, Frieden und soziale Gerechtigkeit in der ganzen Welt".[1]

John A. Stormer, *Keiner wagt es, es Verrat zu nennen* (1964)

Einführung

Da der Marxismus eine schlüpfrige Angelegenheit ist, ist es ratsam, in diesem Abschnitt einige Definitionen durchzugehen; sogar das Wort „Marxismus" selbst ist insofern problematisch, als es die Meinungen auseinander treiben kann (zum Vorteil der Sekte/Ideologie). Im nächsten Abschnitt werden wir auch einige der relevanten Hintergründe und Elemente der Ideologie durchgehen. Wir sollten uns stets bemühen, nicht auf das pseudo-intellektuelle Geschwätz dieser Ideologie hereinzufallen, aber einige Elemente müssen untersucht werden. Dies soll den Leser auf die späteren Abschnitte vorbereiten, in denen wir uns damit befassen, wie die marxistische Infektion die heutige Zivilisation vernichtet. Bei der Betrachtung der Definitionen in diesem Abschnitt ist zu bedenken, dass unsere bisherigen Vorstellungen davon, was Marxismus ist, auf Definitionen, Interpretationen und Analysen beruhen können, die aus dem System stammen, das selbst von Marxisten/Marxisten durchsetzt ist (vor allem im „Bildungswesen").

In Abschnitt III („Unsere Geschichte der globalen Infektion") werden wir uns die geografische Ausbreitung der Ideologie/Infektion ansehen und einen allgemeinen Überblick über ihre Präsenz im Laufe der Geschichte geben. Im weiteren Verlauf des Abschnitts „Die roten Stufen zur Utopie" werden wir uns mit den Vorzügen der marxistischen Theorie in wirtschaftlicher Hinsicht (auch bekannt als Sozialismus) befassen, damit wir uns in diesem Abschnitt nicht verzetteln. Es ist eine weit verbreitete Fehlinterpretation, dass es beim

---

[1] Stormer, J., *Niemand wagt es, es Verrat zu nennen* (1964), S. 16.

Marxismus hauptsächlich um Soziologie, Wirtschaft und Politik geht, aber das stimmt nicht. Dies ist nur ein Deckmantel, der ihm Legitimität verleiht, um sein wahres Wesen zu verbergen, wie wir sehen werden.

Theorie und Wirklichkeit

Das Problem zwischen Theorie und Realität ist ein Werkzeug, das wir verwenden können, um zu verstehen, warum manche Menschen den Marxismus verteidigen, trotz seiner bösartigen Natur, Geschichte und Auswirkungen. Viele marxistische Apologeten (Gelegenheits- oder Fanatiker), die versuchen, uns davon zu überzeugen, dass wir uns in der Ideologie irren, verstehen nicht, dass sie nicht verteidigt werden sollte. Ebenso wenig verstehen sie (etwas ironisch), dass es in unserem kollektiven Interesse liegt, dies nicht zu tun (im Gegenteil, wie dieses Buch feststellt, sollte die Ideologie aktiv kritisiert, unterdrückt und beseitigt werden). Aber warum ist dies der Fall? Warum liegen diese Leute so völlig daneben? Wie kann jemand so verkehrt liegen? Liegt es einfach daran, dass sie eine verzerrte Vorstellung von ihrem Wesen haben?

Das Problem besteht für einige darin, dass die Realität und die Ergebnisse des Marxismus nicht mit dem übereinstimmen, was sie für den Marxismus halten und was er bewirkt. Sie sind gefangen in der theoretischen, hypothetischen, akademischen Analyse dessen, was einige Tote (oder ihre Anhänger) gesagt haben. Sicherlich spielt die marxistische Indoktrination hier die Schlüsselrolle. Wir werden dieses Konzept im Folgenden als das Problem zwischen Theorie und Realität bezeichnen.

Definitionen

Es ist wichtig, dass wir uns ein wenig Zeit für die Definitionen nehmen, denn es gibt mehrere verzerrte Wahrnehmungen verschiedener Konzepte im Zusammenhang mit diesem Thema, die für einige Leser problematisch sein könnten. Problematisch nicht nur in Bezug auf das eigene Verständnis, sondern auch, wenn man versucht, den Kult/die Ideologie in der Welt um uns herum zu analysieren und, was noch wichtiger ist, ihn aktiv zu entlarven. Es gibt buchstäblich haufenweise Definitionen und Interpretationen des Marxismus, daher werden wir eine Auswahl der gebräuchlichsten und/oder relevantesten behandeln. Dies wird auch für Leser von Nutzen sein, die mit diesem Thema noch nicht vertraut sind und die mit den verschiedenen Begriffen vielleicht nicht vertraut sind. Sie werden sich kurz fassen, und viele/meisten werden in späteren Abschnitten ausführlicher behandelt.

Bevor wir die Definitionen auflisten, muss angemerkt werden, dass auch die verschiedenen Etiketten/Namen, die mit dem Marxismus verbunden sind, verwirren können. Sie leisten wirklich gute Arbeit, um die Menschen von der grundlegenden Wahrheit abzulenken - es handelt sich um eine gefährliche, subversive Ideologie, der wir unsere volle Aufmerksamkeit widmen sollten, und diese verschiedenen Bezeichnungen tragen dazu bei, die allgemeine

Bevölkerung davon abzuhalten, zu dieser Schlussfolgerung zu gelangen. Es ist ziemlich passend, dass sogar diese verschiedenen Bezeichnungen für den Marxismus Verwirrung stiften können, was eines der Hauptmerkmale der Ideologie - Subversion - unterstützt. Dieses Attribut selbst beinhaltet oft Verschleierung: die wahre Bedeutung einer Sache absichtlich zu verbergen.

Wie können wir also ein Problem lösen, wenn wir es nicht zuerst klar benennen können? Wie können wir anderen zeigen, dass es überhaupt existiert, wenn wir uns nicht darauf einigen können, wie es genannt werden soll (ganz zu schweigen davon, sie von der Ernsthaftigkeit des Problems und seinen negativen Auswirkungen usw. zu überzeugen)? Während wir uns mit Definitionen beschäftigen....

Was ist eine Ideologie?

Bringen wir es zunächst auf den Punkt: Eine Ideologie ist ein Glaubenssystem, eine Art, die Welt um uns herum zu betrachten, eine Art, die Realität wahrzunehmen, eine bestimmte Art, uns selbst, andere, das Leben usw. wahrzunehmen. Aber sind Ideologien schlecht? Das hängt davon ab, ob sie positiv oder negativ sind. Wir können dies anhand der Wirkung(en) beurteilen, die sie haben. Klingt einfach, oder? Damit wir noch nicht zu sehr in die Tiefe gehen, hier eine Definition von *Dictionary.com*:

„*1.* die Gesamtheit der Doktrin, des Mythos, des Glaubens usw., die ein Individuum, eine soziale Bewegung, eine Institution, eine Klasse oder eine große Gruppe leitet". Diese Definition ist ausreichend. Wenn wir also sagen: „Der Marxismus ist eine Ideologie", dann sagen wir damit, dass es sich um eine Überzeugung handelt, die von einer Gruppe vertreten wird/werden. Lustig, die zweite Definition ist diese: „2. eine Gesamtheit von Doktrinen, Mythen usw., die sich auf einen politischen und sozialen Plan wie den des Faschismus beziehen, zusammen mit den Mitteln zu seiner Umsetzung".[2] Die Verwendung des Wortes „Faschismus" hier ist amüsant. Es gibt kein Entkommen, oder? Selbst Online-Wörterbücher sind zugunsten des Marxismus voreingenommen, und sein alter Feind wird hier stattdessen erwähnt. (Faschismus und Marxismus sind nicht dasselbe. Es gibt einige allgemeine Ähnlichkeiten, aber sie sind nicht dieselbe Ideologie. Auf diesen Punkt wird später noch eingegangen).

Was ist ein Marxist?

Hier herrscht eine gewisse Verwirrung bei der Etikettierung. Sie werden andere Begriffe wie „sozialistisch" oder „kommunistisch" oder sogar „liberal" sehen/hören (in den USA wird manchmal der Begriff „Neo-Con" verwendet). Lassen Sie sich davon nicht verwirren und lassen Sie alle vorgefassten Meinungen beiseite; lassen Sie uns die Sache von Grund auf neu aufbauen.

---

[2] https://www.dictionary.com/browse/ideology

Da wir uns auf die Ideologie selbst (und ihre Sektenanhänger) in der modernen Welt konzentrieren, ist die Bezeichnung „Marxist" vollkommen korrekt. Im Interesse des Konsenses und der Effizienz (wie bereits erwähnt) und um die Dinge bei der Lösung dieses Problems einfach zu halten, sollten wir sie alle einfach „Marxisten" nennen.

Ein marxistisches „Sektenmitglied" ist jemand, der - wissentlich oder unwissentlich - eine beliebige Form der marxistischen Ideologie (siehe unten) befürwortet/unterstützt und somit zur allgemeinen ideologischen Infektion des Marxismus in unserer Welt beiträgt. Aufgrund ihrer Überzeugungen geben sie der Ideologie Energie und unterstützen sie daher in dem einen oder anderen Maße (ob sie sich dessen bewusst sind oder nicht). Ihre Überzeugungen helfen der Infektion, sich zu verbreiten. Je mehr solcher Menschen es auf der Welt gibt, desto einflussreicher/mächtiger wird die Ideologie, desto mehr Menschen können potenziell beeinflusst werden, und desto einflussreicher/mächtiger wird die Ideologie usw. ad infinitum. Daher die ideologische „Pandemie".

Diese Menschen können in allen Formen und Größen auftreten, und sie können nur leicht infiziert/indoktriniert oder schwer infiziert/indoktriniert sein, und alle Stufen dazwischen. Das ist keine Schwarz-Weiß-Sache; es ist nuanciert; eine gleitende Skala von Fanatismus und Indoktrination. Sie können ein offener Befürworter oder ein Apologet sein. Sie können ein begeisterter Apologet oder ein nicht begeisterter Apologet sein (manche können Apologeten sein, ohne es zu merken oder überhaupt zu wissen, was Marxismus ist). Sie können politisch bewandert und aktiv sein oder auch nicht. Sie können jung oder alt, reich oder arm, gebildet oder ungebildet sein und jeder Nationalität, Ethnie oder religiösen Überzeugung angehören. Sie können ein Ladenbesitzer, ein Polizist, ein Lehrer, ein Arzt, ein Schreiner, ein Schauspieler, ein Student, Ihre Freundin/Ihr Freund, ein Familienmitglied, ein lang vermisster Cousin, ein Arbeitskollege, ein Nachbar usw. sein. Die Sekte/Ideologie macht in dieser Hinsicht keinen Unterschied. Sie ist nicht wählerisch.

Der Begriff „Marxist" umfasst nicht nur diejenigen, die die traditionelle, oberflächliche Interpretation des Marxismus mögen/befürworten/unterstützen - d. h. diejenigen, die den Marxismus als eine Form der Revolution gegen das System oder als ein alternatives politisches oder wirtschaftliches System (auch bekannt als „Sozialismus") sehen. Dazu gehören auch diejenigen, die die moderneren soziologischen Aspekte des Marxismus mögen/befürworten/unterstützen, die gemeinhin als „Kulturmarxismus" bekannt sind (wo sich die auf dem Marxismus basierenden Theorien wohl wirklich auf die Gesellschaft auswirken und den wahren Schaden anrichten). Diese Typen werden oft fälschlicherweise als „Liberale" bezeichnet (mehr dazu später).

Auch wenn alle diese Menschen miteinander verbunden sind, da sie Anhänger des Marxismus sind, bedeutet das, dass sie alle identisch sind? Nein, natürlich nicht. Wenn wir dies als eine große, internationale Sekte oder Quasi-Religion betrachten, dann sind nicht alle von ihnen „wahre Gläubige"; einige folgen nur irgendwie der Masse. Und es ist auch nicht wahr, dass alle diese Menschen degeneriert, böse, nihilistisch, unethisch, destruktiv usw. sind. Sie irren sich jedoch alle (in dem einen oder anderen Maße), unabhängig davon, welchen Aspekt des Marxismus sie vertreten. Da der Marxismus viele verschiedene Varianten/Interpretationen hat, können sie sich auf viele verschiedene Arten irren (so viele, wie sie wollen! Es ist ein freies Buffet der falschen Überzeugungen!).

Es ist eine marxistische Tradition, ideologische und politische Feinde zu verwirren, indem sie verwirrende oder ablenkende Begriffe verwenden, auch um sich selbst zu beschreiben. Sie verwenden vielleicht nicht den Begriff „Marxist", aber andere Begriffe wie (aber nicht nur): Die Linke, Progressive, Antirassisten, Radikale, Revolutionäre, Antifaschisten, Antifaschistische Partisanen, Partisanen; oder andere Begriffe wie Social Justice Activists, Black Lives Matter Activists, Feminists/Radical Feminists; oder andere Kombinationen der Wörter „Radical", „Activist", „Progressive", „Revolutionary", „Left", „Socialist" usw. Andere Begriffe wie „Workers" oder „League" oder „Party" oder „Anti-Fascist" werden vor allem bei der Bezeichnung von Clubs, Organisationen, Gewerkschaften usw. verwendet. Die Realität ist natürlich, dass es sich um eine einzige große Bewegung handelt. Die Tatsache, dass die Sekte/Ideologie eine solche Vielfalt an Bezeichnungen hat, hat dazu beigetragen, diese Wahrheit ausreichend zu verbergen, bis jetzt...

Was ist Marxismus?

Das ist ein sehr wichtiger Punkt. Das ist im Grunde jede Form von verrücktem „revolutionärem" Aktivismus.

Einige, die sich das Buch und seinen Titel nur angesehen haben, werden durch das Wort „Marxismus" abgeschreckt oder verunsichert sein. Das Wort „Marxismus" bedeutet jede Variation von: Sozialismus, Kommunismus, Kulturmarxismus, Neomarxismus, klassischer Marxismus (der wiederum den orthodoxen Marxismus und den revisionistischen Marxismus enthält), libertärer Marxismus, Sozialdemokratie (die mit dem revisionistischen Marxismus verwandt ist und von einigen als „kapitalismusfreundliche" Strömung angesehen wird), demokratischer Sozialismus, Fabianischer Sozialismus, Westmarxismus, Leninismus, Marxismus-Leninismus, Maoismus, Castroismus, Guevarismus, Hoxhaismus, Eurokommunismus, Titoismus, Chruschtschowismus, Ho-Chi-Minhismus (auch bekannt als Ho-Chi-Minh-Gedanke), Juche-Kommunismus, Gulaschkommunismus, Trotzkismus, Luxemburgismus, Anarchokommunismus, libertärer Sozialismus, Progressivismus, politische Korrektheit usw. usw. bis zum Überdruss.

(Auch der Anarchismus verdient hier eine Erwähnung; es handelt sich um eine

Bewegung, die mit dem Marxismus/Marxismus kontaminiert ist. Während man argumentieren kann, dass der „reine" Anarchismus theoretisch die Idee einer Gesellschaft ohne Herrscher ist (was sich irgendwie nett anhört), dient er zufällig auch sehr dem Marxismus, indem er will, dass die Strukturen der Zivilisation aufgebrochen werden, um das zu erreichen. Der „reine" Anarchismus ist insofern utopisch, als er sich eine ganz andere, bessere Gesellschaft ohne Herrscher vorstellt. Viele Varianten des Anarchismus sind einfach nur destruktiv und nihilistisch um ihrer selbst willen.)

Diese sind alle miteinander verbunden, da es sich um verschiedene Interpretationen/Variationen derselben Kernideologie handelt; einige sind den ursprünglichen Ideen von Karl Marx und Friedrich Engels treuer als andere (was irrelevant ist; sie sind alle Teil des Problems). Andere haben ihre Wurzeln weiter zurück in der Geschichte, da die sozialistischen Ideen natürlich nicht mit diesen beiden Männern begannen; tatsächlich plagiierten sie viele Konzepte.

Einige von ihnen sind Weiterentwicklungen früherer Strömungen. Der Marxismus-Leninismus zum Beispiel - selbst eine Verschmelzung/Interpretation der Ideen von Karl Marx und Wladimir Lenin (1870-1924) - hat mehrere Strömungen hervorgebracht. Im Großen und Ganzen laufen sie alle auf dasselbe hinaus; sie sind alle nur verschiedene Schattierungen desselben Scheißes, wie wir in Irland sagen. Die Anhänger einer bestimmten Sorte können darauf bestehen, dass sie sich von den anderen unterscheiden und dass jegliche Kritik am Marxismus, Sozialismus oder Kommunismus nicht auf ihre spezielle Sorte zutrifft (kleine Verwirrungen wie diese sind im Abschnitt „Ausreden von (marxistischen) Menschen" aufgeführt).

Denken wir daran, dass all diese verschiedenen Bezeichnungen nur die Interpretationen oder Ideen einer Person sind, die auf den Interpretationen oder Ideen einer anderen Person basieren. Einige der Stämme sind Ideen, die auf den Ideen der Ideen von jemand anderem über die Ideen von jemand anderem basieren (nein, nicht wirklich).

Wenn die ursprünglichen, grundlegenden Ideen fehlerhaft sind, ist das logischerweise so, als würde man eine schäbige Mauer bauen, bei der eine Schicht auf der anderen liegt: Die erste Schicht besteht aus Eiscreme-Riegeln, die zweite aus B.L.T.-Sandwiches, die dritte aus verfaulten Bananen, die vierte aus kleinen, lunchboxgroßen Tüten mit Erbrochenem usw. Viel Glück bei dem Versuch, diese Wand zum Stehen zu bringen, besonders an einem heißen Sommertag!

Denken Sie an all die unzähligen verschiedenen „Geschlechter", die sich einige der gehirngewaschenen Verrückten heute einfallen lassen: Nur weil eine Menge Bezeichnungen verwendet werden, erhöht das nicht die Legitimität des grundlegenden irrigen Konzepts (d. h. dass es mehr als „männlich" und „weiblich" gibt)! Mit dem Marxismus ist es dasselbe: Man kann sich eine

Million Namen für ihn ausdenken, wenn man will, es ändert nichts an der Tatsache, dass er ideologisches Gift ist.

Einige der Strömungen sind Neuinterpretationen derselben Kernideologie (z. B. der „Kulturmarxismus" der Frankfurter Schule) oder verschiedene Methoden zur Verbreitung dieser Ideologie (z. B. der Fabianische Sozialismus). Einige können auch verschiedene Phasen desselben Prozesses darstellen, durch den der Marxismus ein Land erobert: Dieser Prozess beginnt mit einer leichten Infektion und reicht bis zur Vorherrschaft des Marxismus in diesem Land (z. B. ist „politische Korrektheit" ein Zeichen für eine leichte Infektion).

Welchen Eindruck erweckt diese ganze Etikettierung bei uns? Dass viel experimentiert wird, als ob die Zivilisation selbst - und wir, die wir in ihr leben - experimentiert werden sollten. Es wurde gesagt, dass Wahnsinn darin besteht, dieselben Fehler wiederholt zu machen und andere Ergebnisse zu erwarten. Was bedeutet das für den Marxismus in Anbetracht seines Lebenslaufs des ständigen Scheiterns? Hätten marxistische Theorien einen wirklichen Wert, müssten sie nicht ständig geändert und immer wieder aufs Neue ausprobiert werden. Die massiven, kontrollsüchtigen Egos, die in dieser Sekte traditionell vorherrschen, versuchen immer wieder, uns vom Gegenteil zu überzeugen.

In Anbetracht des Modus Operandi der Sekte ist es möglich, dass Marxisten (bewusst oder unbewusst) Begriffe wie „Stalinismus", „Leninismus" und „Maoismus" erfunden/verwendet haben, um uns von der eigentlichen Wahrheit abzulenken (dass die Ideologie selbst immer das eigentliche Problem war). Da diese Aufteilung der Begriffe die Sekte/Ideologie schützt, indem sie diese Wahrheit vor uns verbirgt, ist dies ein ernstes Problem. Sie hindert uns daran, sie anzugreifen und zu unterdrücken.

Marxismus, Sozialismus, Kommunismus - was ist der Unterschied?

Zunächst einige grundlegende Interpretationen:

Der „Marxismus" ist der Kern, die Ursprungsideologie und das Fundament für alle anderen Varianten; der gemeinsame (rote) Faden, der sich durch sie alle zieht. Es geht nicht nur darum, was Autoren wie Marx und Engels in ihren Schriften sagten. Er ist die ideologische Triebfeder für die gesamte marxistische revolutionäre Gesinnung.

„Sozialismus" ist die politische, wirtschaftliche und soziologische Methode zur Umsetzung der marxistischen Theorien in die Praxis, d. h. zum Aufbau einer Gesellschaft nach den Marxschen Prinzipien. Einigen Interpretationen zufolge ist der Sozialismus die Phase, die eine Gesellschaft in ihrem hypothetischen „Übergang" vom Kapitalismus zum Kommunismus durchläuft.

Der „Kommunismus" ist die „utopische" egalitäre Gesellschaft, die Marx und seine Jünger anstrebten, sobald der Sozialismus vollständig umgesetzt und der Kapitalismus vollständig ersetzt ist. Natürlich ist nach dem Marxismus im Allgemeinen eine Art „Revolution" erforderlich, um diese Veränderungen herbeizuführen und diese „Utopie" zu erreichen. Der „Kommunismus" ist das Endziel des Marxismus.

Im Kommunistischen Manifest (1848) bezeichnen Marx und Engels diese „neue" revolutionäre Bewegung und ihre Anhänger als „Kommunismus" und „Kommunisten". [3] In gewisser Weise ist es auch richtig, Marxisten als „Kommunisten" zu bezeichnen, aber da die Worte „Kommunist" und „Kommunismus" im Laufe der Geschichte meist mit bestimmten Regimen und dieser hypothetischen zukünftigen „Utopie" gleichgesetzt werden, ist es für uns nicht so vorteilhaft, stattdessen diese Begriffe zu verwenden (sowie aus anderen Gründen, wie wir noch sehen werden). Außerdem ist Marx selbst der Hauptverantwortliche für diese Ideologie.

Um unseren kollektiven Fokus auf das Problem (die Sekte/Ideologie im Allgemeinen) zu richten, ist es effizienter, die Begriffe „Marxismus" und „Marxisten" zu verwenden (unabhängig davon, ob sie echte Jünger von Marx sind oder nicht). Sie sind die bessere Wahl.

Was ist Sozialismus?

Offiziell ist der Sozialismus ein revolutionäres, gegen das Establishment gerichtetes, alternatives politisches, soziologisches und wirtschaftliches System. Sein Ziel ist es, eine „sozialistische" Gesellschaft zu schaffen, in der die Produktions-, Verteilungs- und Tauschmittel im Besitz der Gemeinschaft („des Volkes") als Ganzes und nicht von Privatpersonen sind. In der Praxis bedeutet dies, dass die Produktions-, Verteilungs- und Tauschmittel (im Namen des „Volkes") zentral verwaltet werden und in staatlichem Besitz sind. In einigen Auffassungen (z. B. im klassischen Marxismus) ist der Sozialismus eine Übergangsphase zwischen Kapitalismus und Kommunismus, so dass eine sozialistische Gesellschaft theoretisch bis zu ihrem Endziel, dem Kommunismus, „fortschreiten" würde.

Der Sozialismus wurde als eine ethische Verbesserung gegenüber früheren Systemen dargestellt, insbesondere für das „Proletariat" der Arbeiterklasse, das im Allgemeinen die Mehrheit der Bevölkerung bildete. Es ist die Idee, dass es ein kollektives öffentliches Eigentum an den „Produktionsmitteln", Ressourcen, Land usw. geben sollte, das dieser Mehrheit zugute kommt, im Gegensatz zum Privateigentum bzw. der Kontrolle dieser Dinge durch die wenigen reichen „Bourgeoisien". Marx war der Ansicht, dass das neue, industrielle kapitalistische System, das im 19. Jahrhundert dank der Fortschritte in der industriellen Technologie entstand, eine unerträgliche Situation schuf, in der die reichen kapitalistischen Unternehmer die Arbeiter (in industriellem Maßstab) ausbeuten konnten. Dieses äußerst wichtige Konzept des „Klassenkampfes" war eine frühe Ausprägung des Prinzips „Unterdrücker gegen Unterdrückte" (einer der zentralen und allgegenwärtigen

---

[3] Marx und Engels, *Das Kommunistische Manifest* (1848).

Pfeiler der Ideologie).

Es muss an dieser Stelle angemerkt werden, dass der Sozialismus noch nie ein effektives, funktionierendes System war, das in der Praxis funktioniert (obwohl die marxistische Propaganda das Gegenteil behauptet). Wir werden den Sozialismus in einem folgenden Abschnitt („Rote Schritte zur Utopie", unter der Unterüberschrift „Die Zerstörung des kapitalistischen Systems") betrachten.

Was ist demokratischer Sozialismus?

Offiziell zielt der demokratische Sozialismus auf die Errichtung einer demokratischen Gesellschaft mit einer sozialistischen Produktionsweise ab. Es bedeutet einfach, dass der Sozialismus in einem Land durch das demokratische System eingeführt wird, im Gegensatz zu einem Militärputsch, einer Diktatur oder einer Invasion durch äußere Kräfte. Natürlich spielt es keine Rolle, wie dieses System umgesetzt wird, die zerstörerischen Endergebnisse - die sozialen und wirtschaftlichen Auswirkungen - sind die gleichen. Also immer noch Sozialismus, aber die Illusion von Demokratie wird aufrechterhalten, da diese Art von Sozialismus (theoretisch) „unparteiische" Wahlen ermöglicht. Demokratie, wo Marxismus im Spiel ist, bedeutet in Wirklichkeit „Demokratie" - eine Situation, in der scheinbar „das Volk" wählen kann, wer seine Führer sind und wie die Gesellschaft strukturiert ist; aber in der Praxis dominiert der Marxismus.

Die Frage ist also: Wenn die Marxisten die Kontrolle haben, wird dann eine echte antimarxistische Opposition erlaubt sein? Offensichtlich nicht. Wir können diesen Prozess heute überall auf der Welt in „demokratischen" Ländern sehen, die eine signifikante marxistische Infektion haben (z.B. westliche Länder im Allgemeinen).

Kommunismus

Der Kommunismus (das „Ziel" des Sozialismus) strebt eine Gesellschaft an, die auf marxistischen Grundsätzen beruht: eine egalitäre („gleiche") Gesellschaft ohne soziale Klassen, in der Privateigentum und Erbrecht, Religion und das kapitalistische System (einschließlich des Geldes selbst) abgeschafft sind. Eine „Utopie".

Auch das ist alles nur Theorie, und die Sektenmitglieder werden sagen, dass der Kommunismus (wie er von Marx und Engels und anderen erdacht wurde) historisch gesehen nie wirklich erreicht wurde. Wenn wir dies als wahr ansehen, dann waren die verschiedenen heute berühmten „kommunistischen" Regime des 20. Jahrhunderts nicht „kommunistisch".

Dies ist ein äußerst problematisches, irrelevantes und falsches Argument, das es der Ideologie des Marxismus ermöglicht, in der Gegenwart zu überleben, indem sie sich ständig „aus der Affäre zieht" (dies wird im Abschnitt „Ausreden der (marxistischen) Menschen" näher erläutert).

Diese „kommunistischen" Regime waren äußerst repressiv gegenüber den Einwohnern ihrer jeweiligen Länder, weshalb der Kommunismus den Ruf hat, ultra-totalitär zu sein. Dies beinhaltete eine Zentralisierung der Macht, einen Einparteienstaat und die unvermeidliche Abschaffung von Demokratie, Freiheit usw. Massenmorde an der Zivilbevölkerung und Kriege waren ebenfalls typische Folgen eines hohen Infektionsgrades in diesen Ländern (da die Infektion sich natürlich ausbreiten will). Beispiele finden Sie im historischen Teil.

Der Begriff „Kommunismus lite" bedeutet eine „weiche" totalitäre Diktatur. Wenn „Kommunismus" eine offene totalitäre Kontrolle durch den Staat ist, dann ist Kommunismus lite eher verdeckt. Also nicht die harte, mit dem Stiefel ins Gesicht getretene Version, sondern eine „nettere" und subtilere Variante. Insgesamt das gleiche Kontrollsystem und die gleichen Ergebnisse, aber unterschiedliche Methoden. Ein etwas verwandter Begriff ist „schleichender Sozialismus": eine allmähliche, schrittweise, relativ langsame Übernahme im Gegensatz zu einer plötzlichen oder sofortigen Übernahme (d. h. eine militärische Invasion durch „sozialistische" oder „kommunistische" Kräfte).

Offizielle Interpretationen

Eine Definition von „Marxismus" von *Dictionary.com*: „Das von Karl Marx und Friedrich Engels entwickelte System wirtschaftlichen und politischen Denkens, insbesondere die Lehre, dass der Staat im Laufe der Geschichte ein Mittel zur Ausbeutung der Massen durch eine herrschende Klasse war, dass der Klassenkampf die Hauptursache für historische Veränderungen war und dass das kapitalistische System, das von Anfang an den Keim seines eigenen Verfalls in sich trug, nach der Periode der Diktatur des Proletariats unweigerlich durch eine sozialistische Ordnung und eine klassenlose Gesellschaft abgelöst werden wird".[4]

Komisch, dort wird nicht erwähnt, dass es sich um eine Ideologie handelt... Bedeutet das, dass ich falsch liege? Wie wäre es mit einem anderen. Dieses Mal verwenden wir *Merriam-webster.com*: „Die von Marx vertretenen politischen, wirtschaftlichen und sozialen Prinzipien und Maßnahmen, insbesondere die Theorie und Praxis des Sozialismus, einschließlich der Arbeitswerttheorie, des dialektischen Materialismus, des Klassenkampfes und der Diktatur des Proletariats bis zur Errichtung einer klassenlosen Gesellschaft."[5] Ok, noch keine Erwähnung der Ideologie... Vielleicht packen wir es ein und geben gleich auf? Nein, ich denke nicht.

Welchen Eindruck vermitteln uns die Definitionen bisher? Beide besagen im Wesentlichen, dass der Marxismus ein politisches, wirtschaftliches und

[4] https://www.dictionary.com/browse/Marxism

[5] https://www.merriam-webster.com/dictionary/Marxism

soziologisches Konzept ist, das von einem Mann namens Karl und einem anderen Mann namens Friedrich entwickelt wurde. Es gibt diesen schicken Begriff des „dialektischen Materialismus" und dieses aggressive Konzept der „Diktatur des Proletariats", das diese Rachegefühle hervorruft. Das ist in etwa der Eindruck, den wir hier bekommen. Es wird ein großer Wandel suggeriert, mit einem fast aufrührerischen Ton.

Warum bestehe ich also darauf, dass dies eine Ideologie ist? Hier ist die Definition von „Ideologie" von vorhin, aber lassen Sie uns das Wort „Marxismus" anstelle von „Faschismus" einsetzen: „1. die Gesamtheit der Doktrinen, Mythen, Überzeugungen usw., die ein Individuum, eine soziale Bewegung, eine Institution, eine Klasse oder eine große Gruppe leiten. 2. eine solche Gesamtheit von Lehren, Mythen usw., die sich auf einen politischen und sozialen Plan wie den des Marxismus beziehen, zusammen mit den Vorrichtungen zu seiner Umsetzung".

Wenn wir uns nun ansehen, was heute in der Welt vor sich geht, welches Wort passt dann besser in diesen Bereich? Ist der Marxismus der Korpus von Lehren/Mythen/Glauben, der Einzelpersonen/soziale Bewegungen/Institutionen/Klassen/große Gruppen leitet? Ja, absolut - das ist offensichtlicher denn je.

Hat der Marxismus so etwas wie einen politischen und sozialen Plan, und gibt es Mittel, ihn in die Tat umzusetzen? Ja, das ist unbestreitbar; die meisten Staatsorgane weltweit sind seiner Sache gewidmet. Wie wir sehen werden, passt der Marxismus nach diesen Definitionen einer Ideologie sehr gut ins Bild.

Was die Definitionen des Marxismus betrifft (laut *Dictionary.com* und *Merriam-webster.com), so* spiegeln sie die offizielle, „politisch korrekte", alltägliche Wahrnehmung dessen wider, was Marxismus ist. Die Wahrheit ist, dass der Marxismus eine Ideologie ist, die weit über das Politische, Finanzielle oder Soziologische hinausgeht. Er wirkt sich auf den Einzelnen und die Gesellschaft in vielerlei Hinsicht aus, die bisher nicht untersucht wurde. Außerdem lässt sich so ein großes, rotes, blutiges ideologisches Durcheinander leider nicht in ein paar Sätzen mit einer einfachen Definition zusammenfassen.

Außerdem geht es nicht nur darum, was Marx oder Engels dachten oder sagten, oder was im Kommunistischen Manifest und *Das Kapital* (Marx, 1867) stand,[6] oder was irgendein anderer marxistischer/marxistischer Apologet (in der Vergangenheit oder Gegenwart) gesagt hat; es geht auch nicht nur um die verschiedenen so genannten kommunistischen Regime, die Frankfurter Schule oder den demokratischen Sozialismus usw. Es geht um viel mehr als das! Die meisten Definitionen oder offiziellen Artikel, die Sie im Internet finden werden, um zu beschreiben, was Marxismus ist, sind durch den Marxismus selbst

---

[6] Marx, K. *Das Kapital* (1867).

verdorben. Voreingenommenheit ist nicht das richtige Wort.

„Kult"

Das Wort „Kult" kommt vom lateinischen Wort „cultus", das „Anbetung" bedeutet, und dem Wort „colere", das „kultivieren" bedeutet. Aus *Dictionary.com* (auf die relevanten Teile reduziert, zur Hervorhebung unterstrichen): „eine große Verehrung einer Person, eines Ideals oder einer Sache, insbesondere durch eine Gruppe von Bewunderern; eine Gruppe oder Sekte, die durch die Verehrung derselben Sache, Person, desselben Ideals usw. verbunden ist; eine Gruppe mit einer heiligen Ideologie und einer Reihe von Riten, die sich um ihre heiligen Symbole drehen; eine Religion oder Sekte, die als falsch, unorthodox oder extremistisch gilt".[7]

Betrachten wir das marxistische Kollektiv im Allgemeinen, zeigen sie große Verehrung für bestimmte historische Persönlichkeiten und halten sie als Quasi-Propheten hoch (Marx, Lenin, Trotzki, Guevera, Mao usw.)? Ja.

Verwenden sie bestimmte universelle heilige Symbole und Bilder (geballte Faust; die Farbe Rot; Hammer und Sichel; der rote Stern)? Ja.

Sind sie durch die kollektive Verehrung bestimmter Ideale verbunden (Revolution, Gleichheit, Solidarität, „Mitgefühl", Internationalismus, Klassenkampf/der Grundsatz „Unterdrücker gegen Unterdrückte" usw.)? Ja. Sind sie extremistisch/fanatisch und sehen sich selbst als anders (und überlegen) als die Menschen außerhalb der Sekte? Ja.

Eine weitere Definition des Begriffs „Sekte" von *merriam-webster.com* (an den relevanten Stellen bearbeitet): „eine Religion, die als unorthodox oder unecht angesehen wird. Auch: eine Gruppe von Anhängern. Der Voodoo-Kult. Ein satanischer Kult; eine große Verehrung für eine Person, eine Idee, ein Objekt, eine Bewegung oder ein Werk (z. B. einen Film oder ein Buch); eine gewöhnlich kleine Gruppe von Menschen, die sich durch eine solche Verehrung auszeichnet".[8]

Wir können diese Definitionen verwenden und sie mit unseren allgemeinen Vorstellungen davon, was Sekten sind, kombinieren. Ist der Marxismus eine Religion, die als unorthodox oder falsch angesehen wird (d.h. „äußerlich ähnlich oder entsprechend einer Sache, ohne deren echte Eigenschaften zu besitzen" und „von betrügerischer Natur oder Qualität")? Passt die Idee der „Utopie" (und das Versprechen darauf) zu dem Teil „betrügerischer Natur"? Da der Marxismus eine Utopie verspricht, fällt er in die Kategorie einer „falschen" Religion (auch Sekte genannt).

Ist Marxismus eine „große Hingabe an eine Person (Marx und andere), eine

---

[7] https://www.dictionary.com/browse/cult

[8] https://www.merriam-webster.com/dictionary/cult

Idee (Sozialismus/Kommunismus) oder ein Werk wie ein Buch" (Das Kommunistische Manifest, Das Kapital, das *Kleine Rote Buch* (Mao Zedong, 1964) usw.)? [9] Könnte man all die verschiedenen Ausprägungen/Interpretationen des Marxismus als „Sekten" bezeichnen?

Was sind die Merkmale einer Sekte? Eine Sekte ist oft eine Gruppe, die einen Überlegenheitskomplex hat. Sie kann auch ein starkes Gefühl der Brüderlichkeit oder „Liebe" unter ihren Mitgliedern haben, das für diejenigen außerhalb der Gruppe nicht gilt (was auch immer sie behaupten mögen). Eine Gruppe mit Größenwahn, der den Größenwahn der Menschen anspricht, die sich zu ihr hingezogen fühlen (und ihr angehören). Eine Gruppe, die glaubt, für ein wichtiges, ungelöstes Problem zu „kämpfen", auf das die Welt aufmerksam gemacht werden muss, oder für ein anderes erhabenes Ziel! Daher ist sie oft „revolutionär" - sie will die Welt beeinflussen oder verändern, indem sie sie zwingt, sich zu verändern.

In Sekten erzählen sie dir vielleicht, dass du etwas Besonderes bist, und füllen deinen Kopf mit hochtrabenden Vorstellungen - dass du die Welt verändern/retten wirst; dass du Dinge verstehst, die andere nicht verstehen (vor allem diejenigen außerhalb der Sekte). Das ist eine sehr wirksame Methode der Gehirnwäsche, weil sie das Ego ausnutzt/stimuliert, und wir alle haben ein Ego! Darüber hinaus möchten sich viele Menschen tatsächlich auf irgendeiner Ebene ihres Seins besonders und/oder mächtig fühlen.

Sekten können Sprechchöre oder Mantras haben, wie z. B. „Macht dem Volke", „Eine Rasse, menschliche Rasse!", „Häuser für Menschen, nicht für Profite!" oder „Nazi-Abschaum von unseren Straßen!". Hinzu kommen die häufig verwendeten marxistischen Begriffe wie „Gleichheit", „Vielfalt", „Solidarität" usw. Es ist wie ein religiöser Gesang, eine Trance...Rote (im Gegensatz zu schwarzer) Magie. Die Begriffe und Schlagworte, die der Kult weltweit verwendet, sind eine Art Beschwörung, um den „Geist" der Revolution zu beschwören.

Sektenmitglieder können aus allen Gesellschaftsschichten kommen: reich/arm, schwarz/weiß/asiatisch, groß/klein, männlich/weiblich/sonstige/nicht-binäre/tertiäre/hermaphroditische trans-bi-schwule/queere, die sich gerne einmal pro Woche das dicke Ende einer Champagnerflasche in den Arsch schieben, um zu beweisen, dass sie nicht homophob sind. Die Mitglieder kommen in allen Formen und Größen, weil es sich um eine Ideologie handelt, die eine Gehirnwäsche durchführt.

Alles, was man braucht, ist ein Gehirn, das sich einer Gehirnwäsche unterziehen lässt; weitere Voraussetzungen gibt es nicht, und die Ideologie ist (offensichtlich) nicht wählerisch, welches Gehirn sie infiziert. In einem

---

[9] Zedong, M. *Das kleine rote Buch* (1964).

pseudo-spirituellen Sinn sind sie alle eins innerhalb der Sekte.

Trotzkismus

Der Trotzkismus ist eine weitere Strömung des Marxismus, benannt nach einem „Mann" namens Lew Dawidowitsch Bronstein oder Leo Trotzki (1879-1940), wie er genannt werden wollte. Trotzki war neben Wladimir Lenin einer der wichtigsten Protagonisten der Russischen Revolution von 1917. Der Trotzkismus ist gemeinhin mit dem Konzept der „permanenten Revolution" und der Idee verbunden, dass der Sozialismus eine internationale und nicht nur eine nationale Angelegenheit sein sollte. Die Anhänger dieser Strömung sind Trotzkisten (in Großbritannien umgangssprachlich als „Trots" bezeichnet).

Marxismus-Leninismus

Diese Strömung ist eine Verschmelzung von Ideen zweier unterschiedlicher Persönlichkeiten - Karl Marx und Wladimir Lenin - und der beiden unterschiedlichen Auslegungen des Marxismus, die nach ihnen benannt sind: Marxismus und Leninismus. Sie kombiniert Marx' Idee einer zentralisierten Wirtschaft (und das Eigentum des „Volkes" an den Ressourcen und Produktionsmitteln) mit Lenins Idee einer „proletarischen Avantgarde" (marxistische Sektenmitglieder als Führungsgruppe). Diese ideologische Monstrosität wurde von einer biologischen Monstrosität namens Joseph Stalin (1878-1953) unterstützt, der in Lenins Gefolge an die Macht kam. Diese Strömung steht häufig im Mittelpunkt der Kritik am totalitären Ruf des „Kommunismus".

Der Begriff ist wichtig, weil er problematisch ist, wenn es darum geht, das Wesen der marxistischen Infektion weltweit zu verstehen. Warum? Weil die katastrophalen und geradezu üblen Folgen der Ausbreitung des Marxismus in einem Land oft dieser „marxistisch-leninistischen" Variante des Marxismus zugeschrieben werden.

Dies ermöglicht es den Sektenmitgliedern, sich von diesen Regimen zu distanzieren und zu behaupten, sie hätten nichts mit dem „wahren" Marxismus/Kommunismus usw. zu tun.

Im Wesentlichen ist der Marxismus-Leninismus das, was man erhält, wenn man die Ideen von zwei gestörten Persönlichkeiten kombiniert. Es ist schwer zu sagen, welche dieser Persönlichkeiten mehr Schuld an der Etablierung der Ideologie in der Welt trägt: Obwohl Marx selbst früher an dem Prozess beteiligt war, führte Lenins Beitrag zur Gründung der Sowjetunion (und allem, was dies mit sich brachte), zusätzlich zu den späteren Nachahmungen durch Leute wie Mao Zedong (1893-1976) und sein Rotes China (was zu Ereignissen wie dem Koreakrieg (1950-1953), dem Vietnamkrieg (1954-1975) und zahlreichen anderen Erscheinungen führte). Hätte es die Sowjetunion nie gegeben, hätte sich die Ideologie vielleicht nicht so weit verbreitet.

Zentristischer" Marxismus

Dies ist ein beschreibender Begriff, der im Allgemeinen verwendet wird, um eine Art von Marxismus zu bezeichnen, der zwischen zwei Arten von Strategien liegt, die typischerweise von der Sekte verwendet werden: Revolution - Angriff und Zerstörung des bestehenden Systems, um es dann durch ein marxistisches System zu ersetzen. Und Reformismus - die Durchdringung des bestehenden etablierten Systems mit Marxismus, um es marxistisch zu machen. Letzteres ist oft heimtückischer und wohl auch eine viel schwieriger zu bekämpfende Strategie. Der zentristische Marxismus ist nicht weniger destruktiv als andere Strömungen/Interpretationen. Zentristisch bedeutet in diesem Zusammenhang natürlich nicht „gemäßigt", da der Marxismus in keiner Form als gemäßigt gelten kann.

Westlicher Marxismus

Dies ist mit dem „Neomarxismus" verbunden. Dies ist nur ein anderer Name für eine andere Richtung oder Interpretation der marxistischen Ideen, die sich von der blutigen Arbeiterrevolution hin zu einer „zivilisierteren" und schließlich akademischen Strategie zu bewegen begann. Die Zeit nach dem Ersten Weltkrieg und der Russischen Revolution markierte eine neue Phase des Marxismus, in der Sektenmitglieder wie der Italiener Antonio Gramsci (1891-1937), der Deutsche Karl Korsch (1886-1961) und der Ungar Gyorgy Lukacs (1885-1971) mit ihren eigenen Interpretationen an die Macht gelangten. Später trat eine berüchtigte krypto-marxistische Gruppe namens Frankfurter Schule auf den Plan, die das Gleiche tat und die ideologische Infektion weiter verbreitete.

Das Wort „Kult" in „Kultur" einsetzen: Kulturmarxismus

Dies ist ein häufig verwendeter Begriff für das Erbe der „Westmarxisten" der Frankfurter Schule oder anderer Einzelpersonen/Gruppen, die einen deutlich marxistischen Einfluss auf die westlichen Länder hatten/haben. Der Begriff kann verwendet werden, wenn jemand die von diesen Personen/Gruppen propagierten Initiativen/Konzepte und ihre Auswirkungen beschreibt, wie z. B. das, was als Multikulturalismus, politische Korrektheit und kritische Theorie usw. bezeichnet wird.

Marxisten/Apologeten behaupten (vorhersehbar), dass diese offensichtliche Agenda zur Zerstörung der westlichen Länder eine Verschwörungstheorie sei. Andere versuchen, den Begriff „Kulturmarxismus" zu diskreditieren oder abzutun, indem sie sagen, er sei nicht zutreffend usw. All das spielt keine Rolle - er ist sehr real, unabhängig davon, wie er genannt wird. Wir könnten es „Sozialer Gruppenmarxismus" oder „Gruppenkonfliktmarxismus" oder „Klassenkampfmarxismus" nennen, aber das klingt nicht so cool, oder? Wir können ihn nicht „Sozialmarxismus" nennen, weil frühere Inkarnationen des Marxismus auch ein soziales Element hatten.

Der „Kulturmarxismus" übernimmt die Formel Unterdrücker gegen Unterdrückte aus dem Klassenkampf und wendet sie auf andere Gruppen in der Gesellschaft an. So geht es nicht mehr um Reich gegen Arm (wie im traditionellen Marxismus), sondern um Mann gegen Frau (Feminismus), Schwarz gegen Weiß („Rassismus"), heterosexuell gegen schwul/bisexuell (Schwulenrechte), „Trans" gegen Nicht-Trans (Trans-Rechte), „cis gender" gegen „gender non-binary" (??? Rechte), Tiere gegen Menschen (Veganismus), Menschen gegen den Planeten (Klimawandel) usw. Dies hat den ewigen, allgegenwärtigen Marx'schen Effekt, Konflikte zwischen verschiedenen Gruppen zu schaffen, damit sie sich gegenseitig zerstören (Teile und herrsche).

PC" und „Hate Speech

In seiner heutigen Form ist dies ein weiterer wichtiger Aspekt des Marxschen Totalitarismus. Es ist ein Mechanismus, um die Öffentlichkeit unter Kontrolle zu halten, insbesondere diejenigen, die Meinungen haben, die den Status quo (den der Marxismus geschaffen hat) in Frage stellen. Einfach ausgedrückt: Wenn Sie eine Meinung äußern, die vom System nicht gebilligt wird, werden Sie (und Ihre Meinung) gezielt unterdrückt.

„Politisch korrekt" (PC) oder „Political Correctness" ist für die marxistische Sekte auch ein sehr wirksames Mittel, um ihre politischen Gegner im Auge zu behalten, indem sie den Sprachgebrauch in der Gesellschaft kontrolliert. So können diese potenziellen politischen Gegner buchstäblich in dem Moment identifiziert werden, in dem sie den Mund aufmachen. Es handelt sich auch um eine Form des subtilen psychologischen Terrorismus, da eine Person (bewusst oder unbewusst) Angst davor haben kann, eine Meinung zu äußern, die nicht mit dem marxistischen Programm übereinstimmt. Dies kann in den Köpfen der potenziellen Gegner der Sekte in der Gesellschaft Stress erzeugen und die Entstehung von Moral in jeder antimarxistischen Bewegung, die sich entwickeln könnte, unterdrücken.

Das hier ist ein Klassiker! Heutzutage ist „Hassrede" im Wesentlichen jede Meinung, die nicht marxistischer Natur ist; oft bedeutet es einfach, die Wahrheit zu sagen. Es verkörpert die Ideologie sehr gut - Tugendhaftigkeit und die typischen heuchlerischen Doppelstandards, alles in nur zwei Worten! Großartig, nicht wahr? Die Ideologie ist allergisch gegen die Wahrheit; sie kann in ihrer Gegenwart nicht funktionieren, also muss sie zerstört werden. Ergo, die sprachliche Propaganda-Ladung „Hassrede".

Es ist ein Weg, den öffentlichen Diskurs zu kontrollieren, indem alle nicht-marxistischen Meinungen als schlecht/negativ/böse abgestempelt werden. Ein Weg, die schlafenden Massen (die weder für noch gegen den Marxismus sind) zu programmieren und davon zu überzeugen, dass nicht-marxistische Meinungen schlecht sind (und durch Suggestion, dass marxistische Meinungen gut sind). Dies geschieht durch die emotionale Kontrolle ihrer Wahrnehmung dieser Meinungen.

Es liegt auf der Hand, dass die Einführung von Gesetzen gegen „Hassreden" in einem Land die Schaffung von Gesetzen zugunsten des Marxismus bedeutet und somit ein klares Zeichen dafür ist, dass die Sekte/Ideologie in diesem Land die Oberhand gewinnt.

Wir haben gehört, wie sich Sektenmitglieder über die „Rechtsextremen" geäußert haben, indem sie sagten: „Wir sind mit der Politik des Hasses nicht einverstanden"; das ist so, als würde ein Brandstifter sagen: „Überprüfen Sie regelmäßig Ihren Feueralarm". Für sie ist alles, was „rechts" oder nationalistisch ist, die Politik des Hasses, was impliziert, dass der Marxismus die Politik der Liebe ist (!). Für Völkermord, Rassenkonflikte, Anti-Kultur und eine Weltregierung zu sein, ist „Liebe", oder? Oh, ich verstehe, jetzt verstehe ich (Handfläche). In gewissem Sinne geht es beim Marxismus tatsächlich um Liebe: Liebe zur Ideologie, zur Revolution; Liebe zu den Sekten-/Kultmitgliedern (von Sektenmitgliedern); Liebe zum Ego, zu Wahnvorstellungen, Konflikten, Anarchie, Entartung, Ungleichgewicht usw. Die Phrase von der „Politik des Hasses" ist eine typische marxistische Tugendhaftigkeit, ein Wolf im Schafspelz, eine Täuschung. Es ist ein Klassiker, und die Leute fallen immer wieder darauf herein.

Kultureller oder moralischer Relativismus

Dies sind Konzepte, die auf eine andere Ausprägung des Marxismus, die Postmoderne, zurückgehen. Relativismus" kommt von der Idee der Subjektivität: dass die Realität für individuelle Interpretationen offen ist, da sie nicht unbedingt in Stein gemeißelt ist. (Die Postmoderne wird in einem eigenen Abschnitt näher untersucht). Aus Wikipedia: „Kulturrelativismus ist die Vorstellung, dass die Überzeugungen und Praktiken einer Person auf der Grundlage ihrer eigenen Kultur verstanden werden sollten. Befürworter des Kulturrelativismus neigen auch dazu, zu argumentieren, dass die Normen und Werte einer Kultur nicht anhand der Normen und Werte einer anderen bewertet werden sollten".[10]

Kulturrelativismus ist die vom Marxismus inspirierte Idee, dass alle Kulturen gleich sind und als gleichwertig betrachtet werden sollten. Er besteht vor allem darauf, dass wir nicht entscheiden sollten, dass einige Kulturen/kulturelle Praktiken anderen überlegen sind (vor allem, wenn wir die westliche(n) Kultur(en) in irgendeiner Weise als den nicht-westlichen überlegen erachten). Außerdem lehnt die Sekte/Ideologie Hierarchien ab und kann daher nicht zulassen, dass jemand auf diese Weise denkt. Es ist offensichtlich, dass Konzepte wie diese benutzt werden, um die Massen zu indoktrinieren, damit sie marxistische Unterkonzepte wie „Multikulturalismus" und Massenmigration akzeptieren.

Aus Wikipedia: „Moralischer Relativismus oder ethischer Relativismus (oft umformuliert als relativistische Ethik oder relativistische Moral) ist ein Begriff, der verwendet wird, um mehrere philosophische Positionen zu beschreiben,

---

[10] https://en.wikipedia.org/wiki/Cultural_relativism

die sich mit den Unterschieden in moralischen Urteilen zwischen verschiedenen Völkern und ihren jeweiligen Kulturen befassen". [11] Moralischer Relativismus" ist also eine weitere Wortschöpfung, mit der verhindert werden soll, dass Menschen über das Verhalten von Kulturen oder Gruppen urteilen, die sich von ihrer eigenen unterscheiden.

Wenn sich beispielsweise eine Person in einem westlichen Land gegen die Genitalverstümmelung von Frauen ausspricht, die in ihrem Land durchgeführt wird, können ihre Einwände mit diesen Begriffen des kulturellen und moralischen Relativismus abgetan werden. Man kann sie mit Dingen konfrontieren wie: „Es ist nicht falsch, ihr denkt nur, dass es falsch ist, weil eure Kultur anders ist als ihre!". Das ist absoluter Unsinn - weibliche Genitalverstümmelung ist falsch.

Interessanterweise besteht die Sekte in anderen Fällen (wenn es ihr passt) oft darauf, dass alle Kulturen gleich sind (z. B. im „Multikulturalismus"), aber in Fällen wie diesem (FGM) betonen sie, dass sie unterschiedlich sind und diese Unterschiede einfach akzeptiert werden müssen. Eine gewisse Rosinenpickerei ist hier offensichtlich.

Natürlich ist diese Akzeptanz der Unterschiede zwischen den Kulturen keine Zweibahnstraße: Die westlichen Länder müssen diese „kulturellen Unterschiede" akzeptieren und ihr Verhalten bzw. ihre Einstellung entsprechend anpassen, während von Nichtwestlern, die in westliche Länder einwandern, nicht verlangt wird, dass sie ihr Verhalten bzw. ihre Einstellung anpassen (denn das hieße, sich den Launen der „Rassisten" zu beugen, nicht wahr?) Rosinenpickerei und Doppelmoral sind ständig wiederkehrende Themen innerhalb der Ideologie. Ersteres ist mit Propaganda - der selektiven, kreativen Nutzung von Informationen/Intelligenz - verknüpft.

„Champagner-Sozialist"

Ein gemeinsames Thema in der Geschichte der Ideologie ist, dass sich Menschen aus privilegierten Verhältnissen mit sozialistischen Anliegen verbünden und behaupten, sie seien „Verfechter der Armen" usw. Wie bereits erwähnt, sind Menschen aus allen Gesellschaftsschichten in den marxistischen Kult hineingezogen worden, nicht nur Arme oder Privilegierte. Abgesehen davon ist die Präsenz dieser „bürgerlichen" Typen beachtlich.

Sind diese Menschen echte Menschenfreunde, die sich wirklich um die weniger Glücklichen kümmern? Sind sie wirklich einfühlsam, oder romantisieren sie nur Armut und Verderbtheit? Glauben sie wirklich, dass der Marxismus wohlwollend ist? Oder sind sie sich vielleicht bewusst, dass er in Wirklichkeit die Massen unter Kontrolle hält?

Beim Verständnis der Ideologie mag bei einigen die Auffassung herrschen,

---

[11] https://en.wikipedia.org/wiki/Moral_relativism

dass Kapitalismus und Sozialismus/Kommunismus polare Gegensätze sind und dass man, wenn man sich für das eine einsetzt/befürwortet, das andere hundertprozentig ablehnen muss. In der Praxis bedeutet dies, dass eine Person nicht reich sein und gleichzeitig dem Marxismus dienen/unterstützen/ermutigen kann.

Dies ist eindeutig nicht der Fall, wenn wir uns die weltweite Mitgliedschaft in der Sekte ansehen. Die Welt der Politik zum Beispiel ist voll von heuchlerischen Charakteren, die marxistische Konzepte befürworten, aber glücklich sind, stinkreich zu werden (in der Regel während sie sich an verräterischem Verhalten und anderen kriminellen Unternehmungen beteiligen). Das gilt auch für das endlose Fließband von Prominenten und Mediensprechern, die sich das ganze Jahr über in der Öffentlichkeit ideologisch aufplustern, um für marxistische Anliegen zu werben (dazu später mehr). Der Ideologie selbst ist es egal, ob man reich ist oder nicht, Hauptsache, man hilft ihr, sich zu verbreiten.

Dieser scheinbare Widerspruch ist in der Tat ein Eckpfeiler der Ideologie, seit sie zum ersten Mal ihr hässliches Haupt erhoben hat. Betrachtet man die verschiedenen Bewegungen in aller Welt, die marxistische Konzepte propagieren, so kommt man zu dem Schluss, dass die Initiatoren häufig aus relativ privilegierten Verhältnissen stammen, so auch Marx und Engels. Nein, der Marxismus ist also keine Bewegung der „Armen" oder „der Arbeiter", die ausschließlich von den „niederen" Arbeiterklassen bevölkert wird.

„Nützlicher Idiot"

Dieser Begriff impliziert zwei Parteien - den Manipulator und den Manipulierten. Er wird oft geprägt, um diejenigen zu beschreiben, die benutzt werden, um eine Sache (z.B. ideologisch/politisch) voranzutreiben, während sie sich dieser Tatsache nicht vollständig (oder vielleicht sogar teilweise) bewusst sind. Er beschreibt perfekt diejenigen am naiven Ende des Spektrums, die wissentlich oder unwissentlich dazu beitragen, die marxistische Infektion zu verbreiten, sogar zu ihrem eigenen Nachteil.

Was ist ein „SJW"?

Abkürzung für Social Justice Warrior - eine Person, die glaubt, dass sie sich zum Wohle der Gesellschaft verhält; ein Held der Geknechteten, der „Unterdrückten". Die SJW-Kultur gibt es nur wegen des Marxismus, daher könnte man einen SJW als nützlichen Idioten der Ideologie bezeichnen.

All die Demonstranten, die in dieser Zeit in Städten und Gemeinden auf der ganzen Welt mit geballten Fäusten, Bannern und Megaphonen auf die Straße gehen und marxistische Unterprogramme unterstützen, gehören zu dieser Kategorie.

Amüsanterweise hat die Wikipedia-Seite für Social Justice Warrior eine offensichtliche marxistische Voreingenommenheit in ihrer „Definition":

„Social Justice Warrior" (SJW) ist ein pejorativer Begriff und ein Internet-Memo, das meist für eine Person verwendet wird, die sozial fortschrittliche, linke oder liberale Ansichten vertritt, einschließlich Feminismus, Bürgerrechte, Schwulen- und Transgenderrechte, Identitätspolitik, politische Korrektheit und Multikulturalismus. Der Vorwurf, jemand sei ein SJW, impliziert, dass er eher nach persönlicher Bestätigung strebt als nach einer tief verwurzelten Überzeugung und sich auf unaufrichtige Argumente einlässt".[12] Willkommen in der Hölle, Leute. Man beachte, dass „liberal" verwendet wird, aber „Marxismus/Marxismus" nirgends zu finden ist. Wie bereits erwähnt, versucht die Ideologie, das Narrativ zu kontrollieren, indem sie die Wahrnehmungen steuert.

„Aufgewacht"

> „Du bist eine Infektion, die Definition von Schwäche. Alles, was in der Welt nicht stimmt, ist deinetwegen. Die Welt kauft dir den Scheiß nicht ab, den du verzapfst. Dieser Typ ist der Feind. Wenn du den Feind unserer Welt sehen willst, dann ist es dieser Wichser da drüben.[13]
>
> UFC-Kämpfer Sean Strickland antwortet auf „aufgeweckten
> Journalisten auf einer Pressekonferenz, Jan 2024

Von der Website des *Macmillan-Wörterbuchs*: „Wachsam gegenüber sozialen und politischen Fragen in Bezug auf Rasse, Geschlecht, Klasse usw.".[14]

Die Verwendung des Begriffs „woke" ist ein Versuch der Sekte/Ideologie, sich selbst als eine Form von höherer Intelligenz und Bewusstsein zu vermarkten. Er suggeriert, dass die Unterstützung der Ideologie (und ihrer Untergruppen) ein Zeichen für eine Person mit einem höheren Sinn für Ethik ist, insbesondere in sozialen Fragen (was das genaue Gegenteil der Wahrheit ist; eine Umkehrung). Im weiteren Sinne wird suggeriert, dass die Zugehörigkeit zu einer Sekte eine Form des höheren Bewusstseins oder des „Erwachens" ist (hier gibt es natürlich eine Verbindung zur „Spiritualität" und zur „New Age"-Bewegung). Wenn man „wach" ist, ist man im Grunde ein „spirituell entwickeltes" Sektenmitglied (rollt mit den Augen).

Das ist nur ein weiteres Beispiel dafür, wie die Sekte/Ideologie versucht, ihre Wahrnehmung durch eine propagandistische Sprache zu kontrollieren. Auch dieser Begriff wird von Nicht-Sektenmitgliedern als abwertender Begriff verwendet, während er gleichzeitig eine indirekte Quelle des Stolzes für einige Teile der Sekte ist.

---

[12] https://en.wikipedia.org/wiki/Social_justice_warrior

[13] MMAWeekly.com, „Sean Strickland SLAYS Reporter 'You are an INFECTION',", 18. Januar 2024.

[14] https://www.macmillandictionary.com/dictionary/british/woke_2

Was ist ein „Fundamentalistischer Ideologe"?

Das ist im Grunde ein Fanatiker. Jemand, der einen Tunnelblick auf die Ideologie hat, die er vertritt, der intolerant gegenüber anderen Ansichten ist und sich mit religiöser Inbrunst äußert, wenn er seinen „Glauben" verteidigt.

Nicht jeder, der mit dem Marxismus infiziert ist (in dem einen oder anderen Ausmaß), ist ein fundamentalistischer Ideologe, aber es gibt viele in der Sekte, die das sind; viele verschiedene Ebenen des Fanatismus innerhalb der Sekte.

Die Tatsache, dass nicht alle Beteiligten echte Fanatiker sind, ist jedoch irrelevant, wenn es um die Gesamtauswirkungen der Sekte auf die Gesellschaft geht, denn die fundamentalistischen Ideologen, die sich in Positionen der Dominanz/des Einflusses befinden, diktieren, wie sich die Bewegung insgesamt verhält. Außerdem gibt jede infizierte/indoktrinierte Person, die irgendeinen Aspekt der Ideologie unterstützt (unabhängig von ihrem Indoktrinierungsgrad), der Ideologie etwas von ihrer Unterstützung/Energie. Jeder Beitrag dieser Art, ob groß oder klein, erhöht die Gesamtmacht der Sekte/Ideologie.

Kognitive Dissonanz

Kognitive Dissonanz ist ein Geisteszustand, der für das Thema der marxistischen Indoktrination absolut relevant ist. Jemand kann in diesen geistigen Zustand geraten, wenn er gleichzeitig widersprüchliche Überzeugungen in seinem Kopf hat, was zu einem „psychologischen Konflikt" führen kann. Aus der Website *psychologytoday.com*: „Kognitive Dissonanz ist ein Begriff für den Zustand des Unbehagens, der empfunden wird, wenn zwei oder mehr Denkweisen einander widersprechen. Zu den kollidierenden Kognitionen können Ideen, Überzeugungen oder das Wissen gehören, dass man sich in einer bestimmten Weise verhalten hat".[15]

Wenn eine Person nur leicht indoktriniert und/oder jung ist, kann sie vielleicht recht leicht in diesen Zustand abrutschen, da der Gehirnzement (die Ideologie in der Gehirnverdrahtung) sozusagen noch nicht vollständig „gesetzt" ist. Umgekehrt ist es für jemanden, der schon länger indoktriniert wurde und älter ist, viel unwahrscheinlicher, dass dies passiert. Bei einigen kann es sein, dass sie diese „neuronale Plastizität" mit der Zeit verlieren. Daher der Spruch: „Man kann einem alten Hund keine neuen Tricks beibringen". Stolz und/oder Angst können in diesem Fall ebenfalls eine Rolle spielen, und natürlich ist eine Person, die ihren freien Willen bewusst einsetzt, um sich durchzusetzen und stur zu sein, eine ziemlich mächtige Sache.

Mit anderen Worten: Wenn Sie es mit jemandem zu tun haben, der einer vollständigen Gehirnwäsche unterzogen wurde, wird er nicht den geringsten

---

[15] „Kognitive Dissonanz„. https://www.psychologytoday.com/us/basics/cognitive-dissonance

Zweifel daran haben, dass er Recht hat und Sie im Unrecht sind (wenn Sie nicht mit ihm übereinstimmen). Diese Menschen sind das, was ich liebevoll als „Abschreiber" bezeichne (wie ein zerstörtes Unfallauto). Eine zerstörte Persönlichkeit, die wahrscheinlich nicht mehr zu retten ist - die Indoktrination hat ihr Werk an ihnen getan. Sie sind als authentisches menschliches Wesen erledigt. Ein Nicht-Individuum. Leider füllt sich die Welt aufgrund der Infektion mit ihnen...

Um dieses Konzept der kognitiven Dissonanz aus einer optimistischen Perspektive zu betrachten: Vielleicht ist eine Person, die Anzeichen dafür zeigt (wenn wir versuchen, sie zur Vernunft zu bringen), im Umgang mit Sektenmitgliedern nicht unrettbar?

Vielleicht trifft dies aufgrund der neuronalen Plastizität besonders auf junge Menschen zu? Künftige Studien und Experimente mit den Indoktrinierten werden diese (und andere) Fragen beantworten.

„Meinen Sie nicht „Liberalismus"?

„Wenn wir bereit sind, die Vereinigten Staaten zu übernehmen, werden wir sie nicht unter dem Etikett des Kommunismus übernehmen; wir werden sie nicht unter dem Etikett des Sozialismus übernehmen. Diese Bezeichnungen sind dem amerikanischen Volk unangenehm und wurden schon zu sehr aufgepeppt. Wir werden die Vereinigten Staaten unter den Etiketten einnehmen, die wir sehr liebenswert gemacht haben; wir werden sie unter „Liberalismus", unter „Progressivismus", unter „Demokratie" einnehmen. Aber wir werden sie uns nehmen".[16]

Rede des millionenschweren Sektenmitglieds Alexander Trachtenberg, Mitglied des Zentralen Kontrollkomitees der CPUSA, auf dem Nationalen Parteitag der Kommunistischen Parteien im Madison Square Garden, 1944 (wie von der Whistleblowerin Bella Dodd in einer Vorlesung an der Fordham University 1953 wiedergegeben)

Nein. Eine marxistische Infektion und die daraus resultierenden Folgen werden oft dem Liberalismus zugeschrieben. Dies ist eine häufige Fehldiagnose. Sie kann häufig auftreten, wenn einige der Auswirkungen des „Kulturmarxismus" in der Gesellschaft offensichtlich werden, wie z. B.: die ständige Betonung der „Gleichheit" (von der viele fälschlicherweise annehmen, dass sie etwas mit echtem Humanismus zu tun hat); die Auswirkungen von Massenmigration/Multikulturalismus und „Vielfalt"; die Prävalenz der LGBTQ-Bewegung und des Feminismus usw. Für einige können diese Auswirkungen (neben anderen) den Anschein erwecken, dass der „Liberalismus" die Ursache ist, aber in Wirklichkeit ist es der Marxismus.

---

[16] „Bella Dodd erklärt den Kommunismus Enten",
https://www.YouTube.com/watch?v=VLHNz2YMnRY

Wenn eine Person/Gesellschaft die Ideologie nicht versteht und nicht in der Lage ist, zu erkennen, wo und wie sie sich auswirkt, wird sie oft zu dieser falschen Schlussfolgerung gelangen.

Diese falsche Etikettierung kann eine Vielzahl von Gründen haben, aber in erster Linie ist sie auf diesen Mangel an Wissen/Verständnis zurückzuführen (der, um fair zu sein, sehr verbreitet ist). Man kann diese falsche Bezeichnung „Liberalismus" verwenden, wenn man versucht, die oben genannten sozialen Veränderungen zu erklären, indem man nur die unzureichende offizielle, oberflächliche Definition des Marxismus verwendet (d. h. keine bösartige, subversive Ideologie, sondern eine wohlwollende revolutionäre politische und sozioökonomische Denkschule usw.).

Mit anderen Worten, diese Person denkt vielleicht: „Nun, beim Marxismus/Sozialismus geht es um wirtschaftliche Gleichheit und darum, wie die Gesellschaft als Ganzes politisch strukturiert ist usw., und nicht so sehr um moderne Bürgerrechte und die Freiheit, den eigenen Glauben, das eigene Sexualverhalten usw. zu wählen, also sind diese gesellschaftlichen Veränderungen, die wir hier sehen, auf den Liberalismus zurückzuführen, nicht auf den Marxismus". Und das ist die Schlussfolgerung, die sie ziehen. Andere machen es ihnen dann nach. (Nochmals: Wenn wir nicht wissen, was der Marxismus in Wahrheit ist, woher sollen wir dann wissen, was wir ihm vorwerfen sollen? Wie werden wir in der Lage sein, ihn von anderen Dingen (wie dem Liberalismus) zu unterscheiden? Wie können wir die Auswirkungen erkennen, die er hervorbringt? Bezeichnungen sind wichtig! Falsche Etiketten = falsche Identifizierung).

Zu dem Problem, dass man nur die offizielle Interpretation des Marxismus kennt, kommt noch ein weiterer Faktor hinzu: Wenn jemand nicht einmal die Frankfurter Schule und den „Kulturmarxismus" kennt, ist er möglicherweise nicht in der Lage, den Marxismus für diese gesellschaftlichen Veränderungen verantwortlich zu machen. Sie verstehen die subversive Natur des Marxismus nicht, daher scheint „Liberalismus" eine passende Bezeichnung zu sein. Sie können nicht erkennen, wie der Marxismus für diese gesellschaftlichen Veränderungen verantwortlich sein könnte, weil der Liberalismus eine offiziell anerkannte, offen diskutierte Sache in der Mainstream-Bildung/Gesellschaft ist, während der subversive Einfluss des Marxismus dies nicht ist.

Darüber hinaus kann der Begriff „Liberalismus" auch von bewussten Desinformationsagenten (Sektenmitgliedern) verwendet werden, um die Aufmerksamkeit und die Schuld vom Marxismus abzulenken (eine bereits erwähnte Taktik).

Liberalismus und Marxismus sind sehr unterschiedlich (abgesehen von unterschiedlichen Ausrichtungen/Auslegungen dessen, was diese Dinge sind). Der Liberalismus kann als eine politische Philosophie beschrieben werden, während der Marxismus (in Wahrheit) eine revolutionäre Bewegung ist, die darauf abzielt, die Gesellschaft zu verändern, indem sie sie zur Veränderung zwingt. Es stimmt, dass der Liberalismus zu seiner Zeit als revolutionär angesehen werden konnte, aber der Marxismus hat einen dauerhaften revolutionären Aspekt, der niemals zufrieden ist.

Der Liberalismus betont bestimmte Ideen, die mit der persönlichen Freiheit verbunden sind, wie z. B. Eigentum, das Recht, eine Religion zu wählen oder nicht religiös zu sein, und auf gesellschaftlicher Ebene Dinge wie Frieden, Demokratie, Redefreiheit, Gleichheit vor dem Gesetz, begrenzte Regierung, Toleranz und andere Bürgerrechte. Dies wäre die allgemeine Definition des „klassischen" Liberalismus.

Der letzte Punkt - „Toleranz" und „Bürgerrechte" - mag bei einigen für Verwirrung sorgen. Setzt sich der Marxismus nicht für Toleranz und Bürgerrechte ein? Nein, er scheint es nur zu tun, um „Gleichheit" zu erreichen. Setzt sich der Marxismus nicht für die Demokratie ein? Nein, aber er nutzt das demokratische System gerne, um politische Dominanz zu erlangen. Der Marxismus ist größtenteils gegen die Idee der Eigentumsrechte. Er ist auch, wie wir in jüngster Zeit gesehen haben, gegen die Idee der freien Meinungsäußerung, sobald er ausreichend dominant ist. In wirtschaftlicher Hinsicht unterstützt der Liberalismus die Idee des freien Marktes, während der Marxismus den Kapitalismus insgesamt ablehnt.

Ein wesentlicher Unterschied zwischen Marxismus und Liberalismus besteht darin, dass ersterer (wie wir noch sehen werden) die „Revolution" nutzt, um die Grundpfeiler der westlichen Zivilisation - Kapitalismus, Christentum und Kultur - anzugreifen, zusätzlich zu anderen damit verbundenen Komponenten (z. B. die traditionelle Familieneinheit).

Ein weiterer Grund ist, dass der Liberalismus für die Freiheit des Einzelnen eintritt, während der Marxismus der Gesellschaft Gleichheit und Veränderung aufzwingen will; und Freiheit wird nur gewährt, wenn man sich dem Marxismus anpasst. Die Schaffung einer „gleichen" Gesellschaft erfordert die Anwendung totalitärer Kontrolle, da Gleichheit ein von Menschen gemachtes, künstliches Konzept ist (d. h. es spiegelt nicht wider, wie die Gesellschaft in der Praxis funktioniert).

In diesem Punkt ist der Liberalismus nicht rücksichtslos und militant in seiner Haltung, so dass er nicht aktiv die Unterdrückung der politischen Opposition verfolgt. Der Liberalismus verfügt auch nicht über ein langes Erbe professioneller, systematischer Subversion mit einem weltweiten Netzwerk von Organisationen, die versuchen, die Welt zur Anpassung an ihre Ideologie zu zwingen(!). (Auch dieser Punkt wird von jemandem, der den subversiven Charakter des Marxismus nicht kennt, nicht gesehen). Schließlich ist der Liberalismus die Idee der Freiheit des Menschen von totalitärer/staatlicher Kontrolle, während der Marxismus (wie die Welt jetzt herausfindet, aber auch die Sektenmitglieder nicht wissen) tatsächlich pro-totalitär ist.

Vor allem aber, und das ist ein sehr wichtiger Punkt für diese Arbeit: Der Liberalismus kann das Ausmaß der systemischen, koordinierten Indoktrination, die wir in der Welt erleben, nicht erklären. Er erklärt nicht, wie wir es mit einem massiven, globalen Kult zu tun haben, der Fanatismus vorlebt! Wenn das dem Leser bis zu diesem Punkt noch nicht klar ist, wird es im weiteren Verlauf der Arbeit klar werden.

Versteckt sich der Marxismus hinter dem Liberalismus? Tarnt sich die zerstörerische Natur dieser Ideologie unter der Maske des sozialen Liberalismus? Der Marxismus täuscht Wohlwollen vor, so dass der Liberalismus diesen angenehmen Anschein erweckt. Mit anderen Worten: Der Marxismus kann den Anschein erwecken, er sei für die „Freiheit des Einzelnen" usw., aber er tut dies nur, weil er weiß, dass diese „Freiheiten" nur zerstörerische Auswirkungen haben. Die Abtreibung fällt in diese Kategorie. Die marxistische Subagenda des Feminismus fördert/unterstützt sie unter dem Deckmantel, im Namen der „Gleichheit" das Beste für die Frauen zu wollen, aber was der Marxismus wirklich will, ist die Zerstörung der Familieneinheit, die Verringerung der Bevölkerung, die Förderung des „radikalen" Feminismus, die Zerstörung der Männlichkeit usw., da sie alle zur Zerstörung der Zivilisation beitragen.

Ein Indiz dafür, dass es sich um Marxismus und nicht um Liberalismus handelt, ist, wenn diese scheinbar „humanitären" oder „Bürgerrechts"-Bewegungen sehr übertrieben sind und anscheinend absichtlich Zerstörung verursachen. Das zeigt uns, dass die Vorstellung, die betreffende Bewegung würde irgendjemandem helfen, nur ein Vorwand ist; die wahre Absicht ist die Zerstörung. Ein sehr deutliches Beispiel dafür war die marxistische Black-Lives-Matter-Bewegung in den USA im Jahr 2020. Sie gab vor, es ginge um Bürgerrechte, aber am Ende ist sie nur destruktiv und fordert die komplette Umgestaltung der Gesellschaft. Manche würden das fälschlicherweise als OTT-Liberalismus bezeichnen oder sie als „Liberale" bezeichnen. Das ist falsch! Die Ideologie tut das, was sie am besten kann: Sie findet eine Sache und versammelt die nützlichen Dummköpfe, um ihre eigene Agenda voranzutreiben; dann folgt das Chaos und die Zerstörung.

Es beginnt mit einem katalytischen Ereignis (Tod von George Floyd), und sie behaupten dann, dass es bei ihrer Reaktion um Gerechtigkeit, Menschenrechte, Gleichheit usw. geht (und einige werden das dem „Liberalismus" zuschreiben); aber schon bald sprechen die Leute über die Zerstörung des bösen, unterdrückenden, kapitalistischen, faschistischen Polizeistaats, Geschäftsinhaber und Privateigentum werden angegriffen/zerstört, und es wird dazu aufgerufen, das ganze Land zu zerstören und umzustrukturieren usw.! Das ist Marxismus, nicht Liberalismus!

Wir müssen uns bewusst sein, dass hier marxistische Taktiken angewendet werden. Die marxistischen Betrüger werfen gerne den Begriff „Liberalismus" in die Runde, um zu verhindern, dass die Massen erkennen, wer der wahre

Feind ist. Wir sehen dies die ganze Zeit online in einer Vielzahl von Diskussionen, sogar in konservativen/rechten/nationalistischen/patriotischen Kreisen. Ob wissentlich oder unwissentlich, die Sektenmitglieder wollen nicht, dass wir über Marxisten/Marxismus sprechen und sie als das Problem identifizieren, da dies für sie der Anfang vom Ende ist...

Wie bereits erwähnt, ist diese falsche Etikettierung ein ernstes Problem. Wir müssen bedenken, dass das Wort „Liberalismus" im öffentlichen Diskurs aus verschiedenen Gründen verwendet werden kann, darunter Ungeschicklichkeit, Gewohnheit, mangelndes Verständnis/Bewusstsein für die Sekte/Ideologie oder die bewusste Verwendung dieses Begriffs durch Sektenmitglieder aus den oben genannten Gründen. Denken Sie daran, dass sie sich selbst nicht als Marxisten bezeichnen, und das aus gutem Grund (weil es für sie von Vorteil ist). Aus demselben Grund wollen sie auch nicht, dass wir sie so nennen.

Bolschewiki

Dieser Begriff bezeichnete die Mitglieder einer russischen politischen Fraktion, die zu Beginn des 20. Jahrhunderts, zur Zeit Wladimir Lenins, entstand. Bolschewiki bedeutet auf Russisch einfach „Mehrheit" (bolschinstvo) und ging aus einer Spaltung mit den Menschewiki („Minderheit") hervor; beide Gruppen waren im Wesentlichen Fraktionen der Sozialdemokratischen Arbeiterpartei - einer marxistischen Partei in Russland zu jener Zeit.[17] Die Bolschewiki erlangten Berühmtheit, weil sie die treibende Kraft der beiden umwälzenden Revolutionen in Russland im Jahr 1917 waren. Der Bolschewismus ist der Begriff, mit dem die Vorgehensweise dieses Mobs beschrieben wird.

Ist es also zutreffend, Marxisten auf der ganzen Welt heute als „Bolschewiken" zu bezeichnen? Nein. Und es ist auch nicht konstruktiv/praktisch, da Marxisten sich nur zu gerne von dem distanzieren, was in den großen „sozialistischen" Katastrophenstaaten wie Russland nach 1917 geschah.

Ja, es gibt eine Verbindung zwischen den Bolschewiki, dem Bolschewismus und dem Marxismus, aber der Marxismus ist eher der Kern des Problems. Wir konzentrieren uns hier auf die zentrale, allgegenwärtige Ideologie, nicht auf eine Gruppe, eine Bewegung, ein Regime usw.

Böse Begriffe

Hier sind einige Definitionen von Begriffen für Dinge, die Sektenmitglieder nicht mögen. Die Propaganda der Sekte hat im Laufe der Jahrzehnte wirklich gute Arbeit geleistet, um die Wahrnehmung von nicht-marxistischen Konzepten zu verzerren (das ist keine Überraschung!). Tatsächlich betrachten wir in diesem Buch, dass der Marxismus in weiten Teilen der modernen Welt

---

[17] „Bolschewismus",
https://www.oxfordreference.com/display/10.1093/oi/authority.20110803095516209

für eine durchweg verzerrte Wahrnehmung dieser Konzepte gesorgt hat, einschließlich der Konzepte, die für uns von Vorteil sein könnten (d.h. „rechtsgerichtete" Ideologien wie „Nationalismus"). Aber eins nach dem anderen... Außerdem müssen wir uns im Interesse des Lesers darüber im Klaren sein, was diese Begriffe bedeuten. In späteren Abschnitten werden wir vielleicht (einige) dieser Begriffe näher erläutern, aber für den Moment ist es ratsam, sie zumindest zu erwähnen.

Was ist „rechtslastig"?

Nicht marxistisch. Dazu gehören auch politische oder soziale Ansichten, die als nationalistisch, konservativ oder traditionell angesehen werden können. Wir werden die politische Dichotomie von links und rechts später untersuchen. Für den Moment genügt es zu sagen, dass „links" und „rechts" nicht gleich sind! Die „Linken" sind die wahren Unruhestifter in der heutigen Welt, nicht die „Rechten" (wie uns die Sekte natürlich glauben machen will). Die „Linken" sind diejenigen, die am meisten am Steuer sitzen, nicht die „Rechten", und wir steuern alle auf die Klippe zu.

Was sind „Nationalismus" und „Patriotismus"?

Nationalismus ist die Vorstellung, dass ein Land als Nation unabhängig und souverän sein kann und dass es eine von anderen Ländern getrennte Einheit sein kann. Das bedeutet, dass es sich selbst regieren kann, ohne seine Kontrolle an eine fremde Einheit abgeben zu müssen. Zum Beispiel ein europäisches Land, das nicht von der Europäischen Union kontrolliert wird und daher sein eigenes Schicksal bestimmen kann. Aufgrund der Verwirrung, die der Marxismus stiftet, sind manche der Meinung, dass man nationalistisch sein kann, aber in bestimmten Dingen auch „links" sein kann (z. B. eine marxistische „republikanische" Bewegung, die behauptet, nationalistisch zu sein, aber auch sozialistisch/marxistisch ist; dazu später mehr).

Wir müssten dies von Person zu Person untersuchen, um zu verstehen, was genau diese Interpretation bedeutet. Das Einzige, was zählt, ist, wie sehr diese Person den Marxismus unterstützt. Der Rest ist nur Etikettierung und Diskussion.

Was ist Patriotismus? Die Einstellung eines Individuums/einer Gruppe, die die Souveränität für ihr Volk, ihr Land will. Ein Patriot ist auch jemand, der stolz auf seine nationale Identität (Kultur, Traditionen usw.) ist und sie bewahren will, der das „Beste" für sein Land/Volk will und sich um die Bedingungen darin sorgt. Leider hat nicht jeder die richtige Vorstellung davon, was das „Beste" ist; es hängt wirklich davon ab, ob jemand ein Gewissen hat oder nicht. Wenn jemand ein indoktriniertes Sektenmitglied ist, mit einer verzerrten Wahrnehmung von Recht und Unrecht (einem minderwertigen Gewissen), wird seine Wahrnehmung dessen, was das Beste für ein Land/eine Gruppe/einen Einzelnen ist, natürlich geringer sein als die von jemandem, der nicht indoktriniert ist.

Dies ist ein sehr wichtiger zentraler Punkt in unserem Kampf mit der Sekte/Ideologie - wie wichtig es ist, dass das, was ethisch „richtig" ist, sich in unserer Realität manifestiert.

Die marxistische Interpretation dieser Dinge

Später werden wir die verschiedenen marxistischen Begriffe (und „Beleidigungen") eingehender analysieren. Für den Moment hier die Kurzversion: Die marxistische Propaganda hat im Laufe ihrer Geschichte immer wieder versucht, uns davon zu überzeugen, dass bestimmte Dinge schlichtweg böse sind. Alles, was sich der Sekte/Ideologie widersetzt, ist im Grunde „böse". Sicherlich ist Ihnen das alles bekannt, dank des jüngsten erbärmlichen Verhaltens von Sektenmitgliedern auf der ganzen Welt.

Der Sekte zufolge bedeutet „rechts", dass man kein Marxist ist und deshalb böse ist. Man ist faschistisch, autoritär, potenziell mörderisch und völkermordend usw. Natürlich bedeutet „links" Humanität, Frieden, Liebe, Mitgefühl usw. Grundsätzlich gilt: Wer „rechts" ist, ist schlecht, und wer „links" ist, ist ein fantastischer Mensch. Links" ist also gut, und „rechts" ist schlecht. Jeder, den die Sekte nicht mag, wird als 'rechts' ('schlecht') oder - noch schlimmer - als 'rechtsextrem' ('sehr schlecht') bezeichnet. Im Grunde ist es also eine sehr kindische Art für die Sekte, ihre Feinde als schlecht zu bezeichnen. Das ist alles, was es ist! Hier gibt es nichts intellektuell Komplexes: nur psychologisch elementare Beschimpfungen im Spielplatzstil, mit einer Portion Kindlichkeit und Tugendhaftigkeit, plus einer großen Portion Ego. Es ist sehr traurig, dass ein großer Teil der Weltbevölkerung auf diesen Wortspiel-Betrug hereingefallen zu sein scheint. Jugendlicher Schwachsinn.

Wenn du ein „Nationalist" bist, bedeutet das, dass du kein Marxist bist und du bist genau wie die Nazis, die die Welt übernehmen wollten, also willst du auch die Welt übernehmen, weil du ein Nazi bist und du wirst in Polen einmarschieren und den dritten Weltkrieg beginnen und 666 Millionen Juden vergasen (und atmen und entspannen). Das ist alles böse!! Böse, böse, eeeeeviiiiiilllllll!

Wenn man ein „Nationalist" ist (laut Marxisten), bedeutet das, dass man sein Land und sein Volk für so großartig hält, dass man unweigerlich andere Länder angreifen will usw. Ergo, „Nationalismus" = böse. Die Millionen vernünftiger, intelligenter, gutmütiger Menschen auf der ganzen Welt, die sich „Nationalisten", „Patrioten" oder anders nennen (und die sich weigern, sich dem „Globalismus"/Marxismus anzupassen), haben natürlich nicht die Absicht, militaristische, weltumspannende Mörder zu sein, wie die Sekte unterstellt! Sie wollen einfach nur in Frieden gelassen werden!

Abschnitt II - Überblick und relevante Informationen

„Das Kapital ist eine internationale Macht. Um es zu besiegen, ist ein internationales Arbeiterbündnis, eine internationale Arbeiterbrüderschaft notwendig. Wir sind gegen nationale Feindschaft und Zwietracht, gegen nationale Exklusivität. Wir sind Internationalisten"[1]

Lenin, „Brief an die Arbeiter und Bauern der Ukraine", 1919

„Marxismus ist Internationalismus. Unser Ziel ist es nicht, neue Grenzen zu errichten, sondern alle Grenzen in einer sozialistischen Föderation der Welt aufzulösen"[2]

Artikel auf *socialist.net* (*Socialist Appeal*)
von Alan Woods, Juli 2001

Wofür oder wogegen sie ist

Unter Berücksichtigung der verschiedenen Strömungen des Marxschen Denkens wird im Folgenden die Haltung der internationalistischen Sekte zu verschiedenen Themen im Allgemeinen dargestellt (wir untersuchen hier die Ideologie, nicht die speziellen Meinungen eines Einzelnen oder einer Gruppe).

Der Marxismus ist dafür: Revolution und Veränderung der Gesellschaft nach seinem Willen; „offene" oder nicht vorhandene Grenzen, da Länder ohnehin nicht existieren sollten, und im weiteren Sinne Länder/Regionen, die Teil großer internationaler Organisationen sind (z. B. die UNO, die EU); „Gleichheit"; Aufteilung der Menschen in Gruppen; Kollektivismus und Uniformität; „Multikulturalismus"/multiethnische Gesellschaften; eine Regierung im sozialistischen Stil und dass „das Volk" „kollektives Eigentum" am Eigentum, an den Ressourcen, der Infrastruktur, den Versorgungseinrichtungen usw. eines Landes haben sollte. (auch bekannt als „Gemeinschaftseigentum"); eine „fortschrittliche" Haltung zu sozialen Fragen und „Bürgerrechten", einschließlich Feminismus, LGBTQ-Fragen, Abtreibung usw.; Entartung (in den Bereichen Gesundheit, Beziehungen, soziales

---

[1] Lenin, W.I., „Brief an die Arbeiter und Bauern der Ukraine", 28. Dezember 1919.

[2] Woods, A., „Marxismus versus Feminismus - Der Klassenkampf und die Emanzipation der Frauen", 18. Juli 2001. https://socialist.net/marxism-feminism-class-struggle-emancipation-women/

Verhalten, Drogenkonsum, Recht und Ordnung usw.); freie Meinungsäußerung (wenn sie nicht die Kontrolle bzw. den Aufstieg zur Vorherrschaft hat).

Der Marxismus ist gegen: Grenzen/Trennung von anderen Ländern; Kapitalismus, freier Markt, Reichtum, Profite, Privateigentum und Erbschaftsrechte; alles, was als rechts, faschistisch usw. gilt, einschließlich allem, was als „rassistisch", fremdenfeindlich usw. angesehen wird; „Verschwörungstheoretiker" und alles, was das System als „Verschwörungstheorie" ansieht; Nationalismus, nationale Identität und Kultur (die Idee, dass ein Land Souveränität besitzt, Stolz auf seine einzigartige Identität, ethnisch oder anderweitig); freie Meinungsäußerung (oder genauer gesagt, alle nicht-marxistischen Standpunkte), wenn es die Kontrolle hat; Religion (im Allgemeinen, aber insbesondere das Christentum); rassische Homogenität (ein Land/eine Bevölkerung, die überwiegend einer Rassengruppe angehört). Dies gilt nur für traditionell/vorwiegend weiße Länder); jede wahrgenommene Kritik oder Misshandlung von Personen/Kreaturen, die einer „unterdrückten" Gruppe angehören (einschließlich Frauen, nicht-weiße Menschen, LGBTQ-Kategorien, bestimmte Tiere usw.); Privatisierung von Dienstleistungen (im Gegensatz zu staatlichem Eigentum/Verstaatlichung); Hierarchien; amerikanischer „Imperialismus"/Außenpolitik.

Das Versprechen der „Utopie

Der Marxismus verspricht die Verwirklichung einer „Utopie", sobald die erforderliche „Revolution" stattgefunden hat, was ein gewaltiges psychologisches Zuckerbrot ist, das den Menschen vor die Nase gehalten wird. Es ist das Versprechen einer besseren Welt in einer hypothetischen fernen Zukunft. Einige Formen der Ideologie drängen angeblich auf „Reformismus", was dennoch eine Art von Revolution ist: Es handelt sich um eine absichtliche Veränderung der bestehenden Ordnung in einer Gesellschaft, um sie marxistischer zu machen. Für welche Methode sich die Sekte/Ideologie auch immer entscheidet, diese Utopie ist immer in greifbarer Nähe, wie eine Fata Morgana in der Wüste.

Hat es jemals wirklich eine „Utopie" auf der Welt gegeben? Neigen wir als Menschen dazu, die Idee der Utopie zu mögen? Auf jeden Fall, das klingt sehr schön. Und wegen dieser Tendenz bietet die Idee der Utopie die Möglichkeit der emotionalen Manipulation in den Köpfen derjenigen, die dieser Ideologie ausgesetzt sind. Sektenmitglieder haben das Gefühl, dass sie eine wunderbare Revolution einleiten und dass am Ende eine quasi-utopische Gesellschaft übrig bleibt (vorausgesetzt, die Revolution ist erfolgreich und vollständig). Dieses edle Streben kann einem Menschen einen „Sinn" in seinem Leben geben. Wie der große bolschewistische marxistische Prophet Leo Trotzki einmal schrieb: „Das Leben ist keine leichte Angelegenheit... Man kann es nicht durchleben, ohne in Frustration und Zynismus zu verfallen, es sei denn, man hat eine große Idee vor Augen, die einen über persönliches Elend, über Schwäche, über alle

Arten von Niedertracht und Niedertracht erhebt". Das ist sehr wahr, aber das gibt einem Menschen natürlich nicht das Recht, ein degeneriertes marxistisches Sektenmitglied zu sein.[3]

Zerstörung zur Schaffung einer Utopie

> „Ein Marxist beginnt mit seiner Hauptwahrheit, dass alle Übel durch die Ausbeutung des Proletariats durch die Kapitalisten verursacht werden. Davon ausgehend geht er logischerweise zur Revolution über, um den Kapitalismus in eine neue Gesellschaftsordnung der Diktatur des Proletariats zu überführen, und...(dann) das politische Paradies des Kommunismus".

Saul Alinsky, Reveille für Radikale (1946)[4]

> „Die Revolution ist kein Apfel, der fällt, wenn er reif ist. Man muss ihn fallen lassen"[5]

Argentinisches Sektenmitglied Ernesto „Che" Guevara

Das Konzept der Zerstörung der Gesellschaftsstruktur, um eine ungerechte, egalitäre kommunistische Utopie zu schaffen, stand schon immer im Mittelpunkt der marxistischen Revolution, auch wenn sich die genauen Methoden, mit denen dies erreicht werden sollte (laut den Propheten der Sekte), im Laufe der Zeit weiterentwickelt haben.

Karl Marx und Friedrich Engels sagten voraus, dass sich die Arbeiter erheben und ihre kapitalistischen Oberherren in einer blutigen Revolution stürzen und eine Diktatur des Proletariats errichten würden. Im Kommunistischen Manifest schrieben sie: „Die Kommunisten verschmähen es, ihre Ansichten und Ziele zu verbergen. Sie erklären offen, dass ihre Ziele nur durch den gewaltsamen Umsturz aller bestehenden gesellschaftlichen Verhältnisse erreicht werden können. Mögen die herrschenden Klassen vor einer kommunistischen Revolution zittern. Die Proletarier haben nichts zu verlieren als ihre Ketten. Sie haben eine Welt zu gewinnen. Arbeitende Menschen aller Länder, vereinigt euch!".[6]

Später erkannte einer der Hauptakteure der Russischen Revolution von 1917 - Wladimir Lenin -, dass sich die Arbeiter des Proletariats nicht einfach „erheben" würden, ohne eine gewisse „Anleitung" zu erhalten.

---

[3] Trotzki, L., *Tagebuch im Exil* (1935). https://libquotes.com/leon-trotsky/quote/lbq4f3f

[4] Alinsky, S., *Reveille for Radicals* (1946). https://libquotes.com/saul-alinsky/quote/lbt7s4h

[5] Che Guevara spricht: Ausgewählte Reden und Schriften (1967). https://libquotes.com/che-guevara/quote/lbi9v5x

[6] Marx und Engels, *Das Kommunistische Manifest* (1948), Abschnitt 4, Absatz 11.

Daraufhin entwickelte er die Idee einer „proletarischen Avantgarde" (auch bekannt als „revolutionäre Avantgarde" und andere Bezeichnungen), was bedeutete, dass eine Gruppe engagierter marxistischer Sektenmitglieder den Weg zur Revolution anführen würde.

Sie würden dann (zwangsläufig) weiterregieren, sobald das bisherige Establishment gestürzt und zerstört sei. Dieser Gedanke taucht bereits in seinem 1902 veröffentlichten Pamphlet „What is to be Done? Brennende Fragen unserer Bewegung". Darin vertrat Lenin die Ansicht, dass eine politische Partei gegründet werden müsse, die diese revolutionäre Bewegung verkörpern sollte. Sie könnte dann die Klasse des Proletariats „beeinflussen"/indoktrinieren, sich an der Revolution zu beteiligen.

Er schrieb: „Alle sind sich einig, dass es notwendig ist, das politische Bewusstsein der Arbeiterklasse zu entwickeln. Die Frage ist nur, wie das geschehen soll und was dazu erforderlich ist.[7] Er sprach von der Idee, „unter die Arbeiter zu gehen", und davon, dass „das politische Bewusstsein der Klasse den Arbeitern nur von außen, d.h. von außerhalb der Sphäre der Beziehungen zwischen Arbeitern und Arbeitgebern, vermittelt werden kann". [8]

Er sprach von Subversion (zur Hervorhebung unterstrichen): „Wir müssen als Theoretiker, als Propagandisten, als Agitatoren und als Organisatoren unter alle Klassen der Bevölkerung gehen",[9] und „Die Hauptsache ist natürlich Propaganda und Agitation in allen Schichten des Volkes".[10] Und schließlich: „Wir müssen es uns zur Aufgabe machen, einen umfassenden politischen Kampf unter der Führung unserer Partei so zu organisieren, dass alle oppositionellen Schichten den Kampf und unsere Partei nach Kräften unterstützen können. Wir müssen unsere sozialdemokratischen praktischen Arbeiter zu politischen Führern ausbilden, die in der Lage sind, alle Erscheinungsformen dieses umfassenden Kampfes zu leiten". [11]

Am 14. November 1917 sagte er in seiner Rede zur Agrarfrage: „Eine Partei ist die Vorhut einer Klasse, und ihre Aufgabe ist es, die Massen zu führen und nicht nur das durchschnittliche politische Niveau der Massen widerzuspiegeln".[12]

Nach all den Reden und großen Auftritten, nach all den Unruhen und dem Blutvergießen bleibt also im Grunde nur ein Einparteienregime übrig, das

---

[7] Lenin, W. I. „Was ist zu tun? Brennende Fragen unserer Bewegung", 1902, S. 48.

[8] Ebd. P. 48.

[9] Ebd. P. 50.

[10] Ebd. P. 50.

[11] Ebd. P. 52-53.

[12] Lenin, W.I., „Rede über die Agrarfrage", 14. November 1917.

niemandem Rechenschaft schuldig ist und das mit zivilisationszerstörenden marxistischen Theorien das Land in Grund und Boden stampfen wird.

In seinem 2008 erschienenen Buch *The World on Fire: 1919 and the Battle with Bolshevism (Die Welt in Flammen: 1919 und der Kampf mit dem Bolschewismus)* schreibt der Historiker Anthony Read: „Der Bolschewismus wurde auf einer Lüge gegründet und schuf einen Präzedenzfall, der für die nächsten neunzig Jahre Gültigkeit haben sollte. Lenin hatte keine Zeit für Demokratie, kein Vertrauen in die Massen und keine Skrupel vor Gewaltanwendung. Er wollte eine kleine, straff organisierte und streng disziplinierte Partei von hartgesottenen Berufsrevolutionären, die genau das tun würden, was man ihnen sagte.[13]

So begann Lenin, als eine der wichtigsten marxistischen Persönlichkeiten, diese Idee zu fördern, dass das „Proletariat" zur Revolution „geführt" (gedrängt) werden müsse. Eine gewisse Abkehr von den Ideen von Marx und Engels, dass es sich um einen natürlichen, evolutionären Prozess handeln würde (man erinnere sich: „Ideen basieren auf Ideen, die auf Ideen basieren").

Lenins Vorstellungen über die Revolution und die Klasse des Proletariats entwickelten sich im Laufe der Zeit. Ursprünglich hatte er geglaubt, dass sich die Arbeiter spontan erheben würden, wie es Marx und Engels taten; aber zur Zeit seines Pamphlets „Left-Wing" Communism: An Infantile Disorder. A Popular Exposition of Marxist Strategy and Tactics" (Eine populäre Darstellung der marxistischen Strategie und Taktik) erkannte er, dass seine früheren Ansichten darüber, wie sich die Klasse des Proletariats verhalten würde, zu „optimistisch" waren (d. h. sie verhielten sich nicht so, wie ein Marxist es sich wünschen würde).[14] Und hier haben wir die Idee, dass diese Arbeiter einfach zu sehr im Bann des bürgerlich-kapitalistischen Systems standen, um eine Revolution zu wollen. Nun, wie verdammt praktisch!

Später in der Entwicklung der Ideologie entwickelten die Sektenmitglieder die Idee, dass die Massen sich nicht erheben oder den Sozialismus vollständig annehmen wollten, weil sie zu sehr an die vermeintlichen Säulen des Westens - Kapitalismus, Christentum und Kultur - gebunden und von ihnen beeinflusst seien. Damit die Massen den Sozialismus (und schließlich den Kommunismus) akzeptierten, musste daher zunächst die westliche Zivilisation zerstört werden. Diese Ideen wurden dann von Leuten wie Herbert Marcuse (1898-1979) und Theodore Adorno (1903-1969) von der *Frankfurter Schule weiterentwickelt.*

Diese zerstörerische „kritische" Natur des Marxismus erklärt einen Großteil des zivilisationsfeindlichen Verhaltens, das wir heute in der Welt erleben.

---

[13] Read, A. *The World on Fire: 1919 and the Battle with Bolshevism* (2008). P. 5.

[14] Lenins „linker" Kommunismus: Eine infantile Störung. A Popular Exposition of Marxist Strategy and Tactics", 1920.

Diese Natur ist in dem Produkt des Marxismus, dem Sozialismus, offensichtlich. Der Sozialismus trägt zur Zerstörung der westlichen Zivilisation bei, indem er den Kapitalismus angreift und eine nicht lebensfähige „Alternative" zu ihm anbietet; eine Alternative, die zu einer „gerechteren" (utopischen) Gesellschaft führen könnte. Es sollte auch angemerkt werden, dass „sozialistische" Bewegungen nicht nur antikapitalistisch sind - sie sind im Allgemeinen auch antichristlich und antikulturell.

„Der Zweck heiligt die Mittel „

> „Um Böses zu tun, muss ein Mensch zunächst einmal glauben, dass das, was er tut, gut ist, oder dass es sich um eine wohlüberlegte, naturgesetzkonforme Handlung handelt. Glücklicherweise liegt es in der Natur des Menschen, nach einer Rechtfertigung für seine Handlungen zu suchen... Die Ideologie ist es, die der bösen Tat ihre lang ersehnte Rechtfertigung gibt und dem Übeltäter die notwendige Standhaftigkeit und Entschlossenheit verleiht.[15]

> Aleksandr Solschenizyn, *Der Archipel Gulag:*
> *Ein Versuch einer literarischen Untersuchung* (1973)

Die Idee, dass „der Zweck die Mittel heiligt", ist ein weiterer wichtiger Aspekt des Marxismus, der mit seiner Neigung zur Zerstörung verbunden ist, um eine „Utopie" zu schaffen. Das bedeutet im Wesentlichen, dass jegliches Leiden, jeder Tod und jede Verderbtheit, die während dieser Zerstörung auftreten, nicht nur völlig gerechtfertigt, sondern sogar positiv sind! Es ist die Umkehrung dessen, was ethisch/moralisch ist (nach Ansicht eines jeden vernünftigen Menschen), so dass das, was früher als schlechtes Verhalten galt, jetzt eigentlich gut ist. Wenn Sie sich jemals gefragt haben, warum Marxisten aller Couleur auf der ganzen Welt täglich die unverzeihlichen Verbrechen begehen können, die sie an ihren Landsleuten begehen (wissentlich oder unwissentlich), dann ist das der Grund. Sie werden „für das Allgemeinwohl" begangen.

Was wir über die Mitglieder der Sekte verstehen müssen, ist, dass die meisten von ihnen an die angeblich wohlwollende, marxistische (sozialistische/kommunistische) Utopie glauben, aber die tatsächlichen bösartigen Auswirkungen der Ideologie in der realen Welt nicht wahrnehmen (das Problem von Theorie und Realität). Manche sind nicht in der Lage, die Realität von einem bewussten, pragmatischen, ethischen Standpunkt aus zu verarbeiten. Diese Menschen sind vielleicht einfach nur indoktriniert, und es fehlt ihnen vielleicht trotzdem etwas an Menschlichkeit.

Andere sehen zwar, dass es zerstörerisch ist, aber es ist ihnen egal, und sie genießen die Zerstörung vielleicht sogar. Diese Typen sind sadistische Psychotiker. Der Marxismus spricht viele Arten von geschädigten Menschen

---

[15] Solschenizyn, A., *Der Archipel Gulag: Ein Versuch einer literarischen Untersuchung* (1973).

an, und seine zerstörerische Natur gibt zerstörerischen Persönlichkeitstypen die Entschuldigung, die sie brauchen... um zu zerstören. Wir können diesen Prozess in Aktion sehen, wenn wir die „gerechten" Aufstände beobachten, an denen marxistische Gruppen im Laufe der Geschichte beteiligt waren.

Die Idee einer Revolution, um die bestehende Ordnung zu zerstören und sie durch eine utopische Gesellschaft zu ersetzen - oder die Gesellschaft zu „reformieren", um sie „utopischer" zu machen - ist ein wichtiger, zentraler Aspekt der Ideologie. Das Chaos, das wir jetzt in unseren Gesellschaften erleben, ist die Folge dieses fehlgeleiteten, irrigen Prinzips. Der Kult/die Ideologie glaubt, dass er/sie uns in den Himmel bringt, aber in Wirklichkeit zieht er/sie uns alle in die Hölle (nicht notwendigerweise in einem „religiösen Leben nach dem Tod", sondern in ein buchstäbliches Scheißhaus-Dasein hier auf der Erde, in diesem Leben).

Zusammenfassend lässt sich sagen, dass der Marxismus alles, was gut ist oder funktioniert, zerstören oder umwandeln wird, um dann die Gesellschaft auf der Grundlage eines Haufens fehlerhafter Theorien neu zu errichten. Mit anderen Worten, er wird alles ohne guten Grund zerstören, wie er es schon immer getan hat.

Einiges, was Karl und Freddy gesagt haben

Gemeinsam verfassten Marx und Engels zahlreiche Werke, von denen das berühmteste das Kommunistische Manifest von 1848 ist (Marx' berühmteste andere Schrift ist Das Kapital von 1867). Ihre Ansichten darüber, wie der aufkommende Kapitalismus ihre Welt gestaltete, waren im Allgemeinen negativ, und ihre Ansichten über die Motive von Geschäftsleuten, Grundbesitzern und Reichen (der „Bourgeoisie") waren gelinde gesagt zynisch. Dieser Zynismus ist der Ursprung des Hasses der Sekte auf den Kapitalismus und alles, was mit ihm verbunden ist, einschließlich Profiten, Landbesitz, Unternehmenshierarchien und jeder wahrgenommenen „Ausbeutung" usw. Der Gedanke, dass ein Mensch dankbar dafür sein könnte, etwas Geld zu verdienen und sich und seine Familie ernähren zu können (oder auch nur zu überleben), wurde insgesamt nicht betont.

Marx und Engels hielten es für unethisch, dass eine Person von der Arbeit einer anderen Person in der Weise profitiert, wie es die Kapitalisten ihrer Zeit taten. Marx hat diesen Gedanken später noch verstärkt, indem er in seinem Buch „Das Kapital" (das von vielen als geniales Werk angesehen wird) irrige Konzepte wie die „Arbeitswerttheorie" und die lächerliche Theorie der „Entfremdung" propagierte. Wegen solchem Mist sehen wir die „Profite sind böse!"-Mentalität, die von Sektenmitgliedern ausgeht.

Aufgrund der Unzulänglichkeiten des Kapitalismus und der „nackten, schamlosen, direkten, brutalen Ausbeutung"[16] innerhalb dieses Systems seien dieses System - und die bürgerlichen Unternehmer/Grundbesitzer, die es beherrschten - dazu bestimmt, von den arbeitenden Klassen („dem Proletariat"), die die Kapitalisten (scheinbar) ausgenutzt hätten, gewaltsam gestürzt zu werden.

Dieses negative, stark vereinfachende, aufrührerische Konzept der Aufteilung der Gesellschaft in zwei verschiedene Klassen - Unterdrücker (reich) gegen Unterdrückte (arm) - war die Saat, die zu diesem Moloch von Chaos gewachsen ist, der jetzt die Zivilisation zerstört; es ist die schäbige Grundlage, auf der alle marxistischen „Revolutionen" und Institutionen aufgebaut sind.

Es ist anzumerken, dass der „Mittelstand" im Marxismus traditionell als mit der „Bourgeoisie" verbunden angesehen wird, was ihn unweigerlich zur Zielscheibe macht; im Grunde jeder, der über Reichtum verfügt. (Natürlich hat sich die Definition des Begriffs „Mittelschicht" im Laufe der Zeit geändert).

Wir werden dieses Konzept „Unterdrücker gegen Unterdrückte" im Laufe des Buches eingehend analysieren und anwenden. Für den Moment genügt es zu sagen, dass dieses Konzept unzähligen Menschen in den letzten Jahrhunderten ein Ventil für ihre Gefühle der Entrechtung und einen Vorwand zum „Aufstand" und zur Zerstörung gegeben hat: „Wir sind die armen, unschuldigen Unterdrückten, und wir rächen uns an den Unterdrückern".

Hegel

Teile der theoretischen Arbeit von Marx und Engels wurden von der Arbeit des deutschen Philosophen G.W.F. Hegel (1770-1831) beeinflusst. Der Hegelsche Dialekt zum Beispiel ist zu Recht als Teil der DNA des Marxismus identifiziert worden. Dieser Dialekt wurde mit dem Dreiklang der Begriffe These, Antithese und Synthese beschrieben, allerdings nicht von Hegel selbst (die Beschreibung stammt von einem anderen deutschen Philosophen namens Heinrich Moritz Chalybaus (1796-1862)). Hegel verwendete die Begriffe abstrakt, negativ und konkret (eine andere Interpretation lautet Problem-Reaktion-Lösung). Dialektische Manipulation liegt im Wesentlichen dann vor, wenn einem Subjekt (Individuum oder Gruppe) eine „Wahl" mit einem Hintergedanken präsentiert wird und die Partei, die diese „Wahl" präsentiert, ein bestimmtes Ergebnis wünscht. Das Prinzip Unterdrücker gegen Unterdrückte basiert auf diesem Prinzip - es ermutigt Sie durch emotionale Manipulation, sich für eine Seite zu entscheiden (wird an anderer Stelle erklärt). Auch andere bekannte Konzepte finden sich in Hegels Werk wieder: „Die Katholiken waren in der Position der Unterdrücker, die Protestanten in der der

---

[16] Marx und Engels, *Das Kommunistische Manifest* (1848). P. 16.

Unterdrückten".[17]

Obwohl die Arbeiten von Marx und Engel stark von dem weitgehend philosophischen Werk Hegels beeinflusst waren, enthielten sie weniger philosophische Aspekte und legten den Schwerpunkt mehr auf eine materialistische Perspektive der Gesellschaftsstruktur und der Dynamik zwischen diesen Komponenten (Arbeit, Klasse, Wirtschaft usw.). Interessant ist, dass für Marx die Zivilisation vor allem auf materialistischen Dingen, einschließlich Geld, beruhte (wahrscheinlich, weil er in seinem Leben nie wirklich gearbeitet oder Reichtum geschaffen hat und diesbezüglich einen Komplex hatte).

In ihren Arbeiten verbanden sie das dialektische Element und die Idee des „Klassenkampfes" mit ihren Ansichten über Geschichte, Gesellschaft und Wirtschaft. Ihre primär materialistische Analyse dieser Themen (und des Themas Natur) führte schließlich zur Schaffung des „Dialektischen Materialismus" und des „Historischen Materialismus" als eine Art Subideologie innerhalb des Marxismus.

Man kann auch sagen, dass Marx und Engels die Ideen Hegels auf eine weniger idealistische Weise neu interpretierten; ihre Arbeit wurde „wissenschaftlicher". Dies ist ein sehr wichtiger Punkt und erklärt zum Teil das Wesen der Ideologie: Mangel an echten menschlichen Qualitäten (einschließlich echter Empathie); mangelnde Wertschätzung für natürlich vorkommende Einzigartigkeit, Ungleichheit und Vielfalt; übermäßig „logisch" in Bezug auf bestimmte Themen wie Religiosität usw.

Ein weiteres einflussreiches Konzept Hegels war das Herr-Sklave-Verhältnis. Damit wurde die Grundlage für das Prinzip Unterdrücker gegen Unterdrückte im Marxismus gelegt.

Wir können die Marxsche DNA erkennen, wenn Hegel schreibt: „Der Herr ist im Besitz eines Überschusses des physisch Notwendigen; dem Knecht fehlt es, und zwar so, dass der Überschuss und der Mangel nicht zufällige Aspekte, sondern die Indifferenz notwendiger Bedürfnisse sind".[18]

Wir können „Herr" gegen „Unterdrücker" oder „Bourgeoisie" und „Knecht" gegen „Unterdrückte" oder „Proletariat" austauschen. Außerdem bezieht sich dieses Zitat auf die „Arbeitswerttheorie", die Marx in seinem Werk Das Kapital verwendete - die Idee, dass der „Herr" den „Mehrwert" der Arbeit eines Arbeiters zu Unrecht behält.

---

[17] Hegel, G.W.F., *Die deutsche Verfassung* (1802). https://libquotes.com/georg-wilhelm-friedrich-hegel/quote/lbr3v8e

[18] Hegel, G.W.F., *System des ethischen Lebens und erste Philosophie des Geistes* (1802).

Unterdrücker" gegen „Unterdrückte

Dies ist ein ursprünglicher Aspekt des Marxismus, der noch heute als Grundlage für die meisten marxistischen Teilbewegungen und Agenden besteht. Ursprünglich *wurden die* Begriffe „Unterdrücker" und „Unterdrückte" verwendet, um die reiche Klasse der Kapitalisten/Unternehmer (die Bourgeoisie) und die arme Arbeiterklasse (das Proletariat) zu beschreiben. Wir können auch sagen: der Benutzer gegen den Benutzten; der Beherrscher gegen den Beherrschten; der Dominante gegen den Beherrschten; oder Herr und Sklave.

Entscheidend ist, dass diese Formel mit den Emotionen der Menschen spielt, indem sie jegliche Gefühle des Grolls oder der Entmündigung, die sie gegenüber anderen, dem Leben usw. empfinden könnten, ausnutzt. Sie lockt und fördert die Opfermentalität und benutzt sie, um die Person zu manipulieren, damit sie sich aktiv an „revolutionären" (marxistischen) Aktionen beteiligt (oder sie zumindest unterstützt). Das Endergebnis ist Zerstörung durch Chaos. Ein großer Teil der Weltbevölkerung erlebt diesen Prozess nun schon seit vielen Jahrzehnten, wobei viele nicht einmal wissen, dass es ihn gibt.

Wir alle haben uns im Laufe unseres Lebens schon einmal entrechtet oder als Opfer gefühlt; das ist einfach eine psychologische Tendenz, die der Mensch hat, die aber unter Kontrolle gehalten werden muss! Manchmal ist dieses Gefühl jedoch gerechtfertigt (wenn wir wirklich in irgendeiner Weise schlecht behandelt wurden), aber manchmal ziehen wir voreilige Schlüsse und müssen uns selbst in den Griff bekommen; manche Menschen haben offensichtlich einfach nicht die nötige Konstitution dafür. Bis wir diese Tendenz in unserem Leben mit der Zeit und Reife in den Griff bekommen, kann es ein echter Balanceakt sein, zu entscheiden, ob wir uns zu Recht als Opfer fühlen. Es bedarf nur eines Anstoßes in die falsche Richtung (zum richtigen Zeitpunkt), damit eine Person beschließt, die Opferrolle gewissermaßen als ihre Standardeinstellung zu wählen.

Aus diesem Grund tappen viele in die psychologische/emotionale Falle der marxistischen Unterdrücker-gegen-Unterdrückte-Indoktrination. (Es sollte allgemein bekannt sein, dass Menschen, die sich gegenseitig misshandeln, ein natürliches Merkmal der Existenz der Menschheit sind - der Versuch, dies irgendwie auf gesellschaftlicher Ebene zu verhindern, kann selbst als „utopisches", revolutionäres Verhalten interpretiert werden).

Die Ideologie nährt diesen Mechanismus, indem sie ein bequemes Ventil für unsere Gefühle bietet. Wenn wir diesen Mechanismus in uns selbst nicht verstehen und nicht in der Lage sind, ihn zu kontrollieren, kann die Aufnahme der Ideologie dazu führen, dass wir nicht nur dumm und irrational sind, sondern auch emotional aufgeladen. In diesem „niederfrequenten" Geisteszustand sind wir dann berechenbarer, leichter zu manipulieren und daher leichter zu kontrollieren.

Wenn man sich die weltweite marxistische Aktivisten- und „revolutionäre" Sektenbewegung ansieht, sind diese Leute dann nicht das perfekte Beispiel dafür? Wenn wir einen Begriff wählen müssten, um sie zu beschreiben, wären Worte wie „kontrolliert" und „berechenbar" genauso angebracht wie „Marxist" oder „Sektenmitglied" oder irgendetwas anderes.

Dieses Element der emotionalen Manipulation war schon immer ein Merkmal des Marxismus. Ob wir uns nun einen Mob verärgerter Fabrikarbeiter irgendwo im Europa des 19. Jahrhunderts vorstellen, die vor den Werkstoren in Aufruhr sind, oder den aggressiven Mob während der Black-Lives-Matter-Krawalle im Jahr 2020, der Ladenbesitzer angreift oder den Verkehr anhält und Autos beschädigt - es ist derselbe Mechanismus am Werk. Es ist derselbe Mechanismus. Man muss nur: den Menschen etwas Marxismus einimpfen (über Regierungsinitiativen, Hochschulen, Medien, Gemeindegruppen usw.); ihnen sagen, was sie hören wollen („Ihr seid unterdrückt!") und ihr Ego streicheln; ihnen sagen, wer der Feind ist; sich zurücklehnen und dem Gemetzel zusehen!

Der Beginn des Kommunistischen Manifests zeigt deutlich die Betonung der Spaltung zwischen den Gruppen in der Gesellschaft; verkörpert in dem zentralen, destruktiven, allgegenwärtigen Konzept von Unterdrücker gegen Unterdrückte (zur Hervorhebung unterstrichen): „Die Geschichte der gesamten bisherigen Gesellschaft ist die Geschichte von Klassenkämpfen. Freier und Sklave, Patrizier und Plebejer, Herr und Leibeigener, Zunftmeister und Geselle, mit einem Wort, Unterdrücker und Unterdrückte, standen in ständiger Opposition zueinander, führten einen ununterbrochenen, mal verborgenen, mal offenen Kampf, einen Kampf, der jedes Mal entweder in einer revolutionären Neuordnung der Gesellschaft als Ganzes oder im gemeinsamen Ruin der streitenden Klassen endete".[19]

Er unterteilt die Gesellschaft nicht nur in Gruppen/Klassen, sondern suggeriert auch einen Konflikt und dass es entweder eine Revolution geben wird oder alle Gruppen vernichtet werden. Eines der Schlagworte der Französischen Revolution lautete „La Liberté ou la mort", *Freiheit oder* Tod. Stellen Sie sich vor, wie viele beeinflussbare Menschen diesen Satz im letzten Jahrhundert gelesen haben. Gleich am Anfang des Manifests. Können Sie sich das vorstellen? Selbst der faulste Leser hätte ihn verinnerlicht, obwohl das ganze Werk nur 68 Seiten umfasst.

Marxisten lehren auch, dass die historischen Kräfte eine Ursache für die Unterdrückung sind, da sie ihnen ohne ihre Zustimmung aufgezwungen wurden, was sie zu der Notwendigkeit einer vollständigen gesellschaftlichen Revolution führt, um diese Kräfte loszuwerden. Aus dem Vorwort der deutschen Ausgabe von 1883, geschrieben von Engels: „Dieser Kampf hat aber

---

[19] Marx und Engels, *Das Kommunistische Manifest* (1848), S. 14.

jetzt ein Stadium erreicht, wo die ausgebeutete und unterdrückte Klasse sich nicht mehr von der Klasse, die sie ausbeutet und unterdrückt, emanzipieren kann, ohne zugleich die ganze Gesellschaft für immer von Ausbeutung, Unterdrückung, Klassenkämpfen zu befreien".[20] Das heißt, man trinkt sein eigenes Kool-Aid! Dies legt nahe, dass die gesamte Gesellschaft „befreit" werden muss und dass die Revolution total sein muss.

Denken Sie an die Mitglieder der marxistischen Sekte („Aktivisten") von heute - wiederholen sie immer noch diese Konzepte wie Papageien ständig? Ja, und zwar auf ekelerregende Weise. Das ist auch der Grund, warum das ganze Zeug auf den Müll gehört. Die Grundprinzipien, die von Anfang an dabei waren, sind das Problem, nicht irgendeine bestimmte Interpretation oder Fraktion.

Auch hier müssen wir es vermeiden, uns von dem pseudointellektuellen Geschwätz über den Marxismus anstecken zu lassen, insbesondere von den nicht nützlichen Teilen. Das sind alles nur Menschen mit Meinungen und Theorien. Daran ist nicht unbedingt etwas auszusetzen, aber die Probleme beginnen, wenn gehirngewaschene Sektenmitglieder die Gesellschaft um diese Meinungen herum aufbauen wollen. Wenn die Theorien fehlerhaft sind (oder wenn sie nützlich sind, aber falsch interpretiert werden), können sie schädlich werden. Vor allem, wenn ihre Anwendung in der Gesellschaft erzwungen werden muss (d. h. wenn versucht wird, die künstlichen Konzepte der Einheitlichkeit und Gleichheit durchzusetzen).

Die Zentralisierung der Macht

Die Kollektivierung ist eines der Grundprinzipien dieser Ideologie. Der Marxismus (durch sein Vehikel Sozialismus) besteht darauf, dass, wenn eine Gesellschaft in eine „gerechtere", egalitärere Gesellschaft umgewandelt werden soll, mehr Macht und Reichtum an „das Volk" (d. h. an Menschen, die nicht reich sind und/oder keine „Freiheit" oder „Macht" haben) gegeben werden muss. Das ist der Weg zur „Gleichheit". Das Konzept des „Kommunismus" ist in gewissem Sinne die Gemeinschaft dieser relativ „entmachteten" Typen, die sich zu einem Kollektiv zusammenschließen könnten (je nach Ideologie).

Die Theorie besagt, dass ein Regierungssystem geschaffen werden kann, um dieses Ideal zu verwirklichen, wobei die kollektive Verantwortung/Lenkung vom „Volk" ausgeht. In der Praxis ist es unvermeidlich, dass jemand/eine Gruppe die Show tatsächlich leitet. Offensichtlich kann „das Volk" - als Gesamtbevölkerung von Millionen von Individuen - kein Land leiten; jede andere Vorstellung ist einfach lächerlicher kollektivistischer Unfug. So funktioniert die Realität einfach nicht. Wenn die Gesellschaft ein Schiff ist,

---

[20] Engels, F., *Das Kommunistische Manifest* (1848), Vorwort zur deutschen Ausgabe 1883, S. 6.

dann hat jemand das Ruder in der Hand.

Wo immer und wann immer der Marxismus genug Schwung gewonnen hat, um die Kontrolle über ein Land zu übernehmen, führt dies zu einem marxistischen Einparteiensystem (oder einem ähnlichen System). Selbst wenn es nicht genau diesem Format entspricht, ist die Ideologie immer noch am Ruder. Die Kontrolle der Wirtschaft, die Verstaatlichung von Industrie und Infrastruktur, die Beschlagnahmung von Land und Ressourcen usw. sind in der Regel die Folge. Abgesehen von den persönlichen, individuellen Machtgelüsten (der beteiligten Sektenmitglieder) verlangt die Ideologie selbst in gewisser Weise die Kontrolle über diese Dinge.

Obwohl es im Marxismus angeblich darum ging, „dem Volk die Macht zu geben", führte er historisch gesehen unweigerlich zu dieser Zentralisierung der Macht, in der Regel in den Händen gewalttätiger marxistischer Schläger/Krimineller/Terroristen der einen oder anderen Art, denen (schockierenderweise!) die erforderlichen Fähigkeiten fehlten, um ein Land zu verwalten, sobald sie die Kontrolle darüber erlangt hatten. Und warum? Weil sie dafür nicht qualifiziert sind; das einzige Wissen, das sie über Wirtschaft und Unternehmen haben, sind fehlerhafte marxistische Wahrnehmungen und Theorien über sie. Die Teilnahme an einer zerstörerischen Revolution verleiht einem nicht widersprüchlicherweise, wie von Zauberhand, konstruktive Fähigkeiten!

Die Mitglieder der Sekte mögen bestreiten, dass dies kein echter Kommunismus ist, und darauf beharren, dass eine totalitäre Ein-Parteien-Regierung nicht das ist, was Marx und Engels (und ihre treuen Jünger) sich vorgestellt haben, dass es eine Regierung sein sollte, die sich aus „dem Volk" zusammensetzt. Wen interessiert schon, was sie sich vorgestellt haben oder nicht! Wenn marxistische Revolutionäre die Macht übernehmen, haben sie in der Praxis natürlich die Kontrolle. Wann immer es ein Machtvakuum gibt, wird immer jemand in dieses Vakuum eintreten: So hat es immer funktioniert, lange bevor der Marxismus auf der Bildfläche erschien.

Wenn man die bestehende Ordnung zerstört, entsteht ein Machtvakuum. Und wenn die Gesellschaft im Chaos versinkt, dann kommen die brutalen Psychos ins Spiel.

Die Geschichte von Macht und Kontrolle in der Welt reicht Jahrtausende zurück, bis zu den Anfängen der Menschheit. Wir hatten schon immer psychopathische Kontrollfreaks in der Gesellschaft, lange bevor der Marxismus aufkam. Doch seit seinem Auftauchen hat er diesen Typen ein bequemes Mittel an die Hand gegeben, um die Zügel der Macht in die Hand zu nehmen. Wenn wir über die vielen marxistischen Regime im Laufe der Geschichte sprechen - Lenin und Trotzki (dann Stalin) in Russland, Mao Zedong in China, Fidel Castro (1926-2016) in Kuba, Nicolae Ceausescu (1918-1989) in Rumänien, Pol Pot (1925-1998) in Kambodscha, Robert

Mugabe (1924-2019) in Simbabwe und die vielen anderen Regime in Afrika und Südamerika -, so weisen sie alle (in dem einen oder anderen Maße) das gleiche Muster auf.

Das Muster ist: Der Marxismus überzeugt genügend Menschen davon, dass der Marxismus die Antwort ist, was eine Zerstörung aller (nicht-marxistischen) Opposition durch die führende marxistische Gruppe bedeutet. Diese Dominanz führt dann zu einer Situation, in der der Psycho-Führer dieser Gruppe in der Lage ist, ein ganzes Land zu regieren. (Es ist auch wahr, dass nicht alle diese Revolutionen hundertprozentige Volksbewegungen waren und dass keine externen Parteien beteiligt waren. Zum Beispiel wurden die Bolschewiki von Parteien außerhalb Russlands finanziert und ermutigt; der Aufstieg von Mao und die Entstehung von Rotchina wurden von ähnlichen Parteien unterstützt usw.).

Jede Art von Zentralisierung der Macht birgt natürlich dieses Risiko in sich, aber es kommt darauf an, wer die Zügel in der Hand hält, nicht wahr? Sicherlich ist es schlecht, wenn ein Haufen extrem parteiischer Fanatiker mit zerstörerischen Tendenzen das Sagen hat, vor allem für jeden, der nicht Teil der Bande/Kult ist. Da der Marxismus schon seit geraumer Zeit in unserer Welt aktiv ist, müssen wir immer wachsam sein, denn Macht und Kontrolle sind das A und O.

Wenn wir auf globaler Ebene nach Anzeichen für diese Dinge suchen, sollten wir alle großen internationalen Organisationen, die versuchen, ihre Macht zu konsolidieren, mit Misstrauen betrachten (mit unserer speziellen antimarxistischen Brille). Wenn eine Organisation wie die Vereinten Nationen - ein großes globales zwischenstaatliches Konglomerat mit 193 Mitgliedsländern - anfängt, von „Einheit" oder „Solidarität" zu sprechen, sollten wir dies natürlich als eine massive rote Fahne der Kommunisten betrachten. Die Ideologie ist hier präsent, und Sie - und Ihr Land - sollten besser verdammt aufpassen.

Der Versuch, eine „gleiche" Gesellschaft zu schaffen, erfordert natürlich Zwang, da Gleichheit ein künstliches, marxistisches Konzept ist. Wir erleben derzeit, wie sich dieser Zwang auf der ganzen Welt durch die Durchsetzung der Kontrolle über unser Leben manifestiert. Gleichheit" ist der marxistische Code für Uniformität und Konformität (was zur Passivität und Kontrolle der Massen führt). Sie hat nichts mit Wohlwollen oder Wohltätigkeit jeglicher Art oder „Humanität" zu tun. Dutzende von Millionen Menschen weltweit - die, ob sie es merken oder nicht, Sektenmitglieder sind - werden mit dieser einfachen, Tugend signalisierenden Täuschung kontrolliert. („Gleichheit" wird später noch näher erläutert).

Konspiration und Subversion: eine marxistische Tradition

„Der Kommunismus wird häufig als Philosophie beschrieben - aber es ist keine Philosophie, an die intellektuell ehrliche Menschen lange glauben können. Er ist eine Verschwörung, an der hassgetriebene Menschen teilnehmen. Lenin hat dies bestätigt. In seinem wichtigen und maßgeblichen Werk „Was ist zu tun?", das er 1902 schrieb, legte er seine Ansichten über die Struktur der Kommunistischen Partei dar und sagte „Die Konspiration ist eine so wesentliche Bedingung für eine Organisation dieser Art, dass alle anderen Bedingungen ... ihr angepasst werden müssen", mit anderen Worten, die Philosophie des Kommunismus muss nach Bedarf gebogen und verdreht werden, um den konspirativen Bedürfnissen der Situation zu entsprechen.[21]

John A. Stormer, *Keiner wagt es, es Verrat zu nennen* (1964)

„Es ist notwendig, jedes Opfer zu bringen und sogar - wenn nötig - zu allen möglichen Tricks, Manövern und illegalen Methoden, zu Umgehungen und Ausflüchten zu greifen, um in die Gewerkschaften einzudringen, in ihnen zu bleiben und die kommunistische Arbeit in ihnen um jeden Preis fortzusetzen.[22]

Wladimir Lenin, *W.I. Lenin Ausgewählte Werke* (1938)

Betrachten wir das Ganze einmal von einem rationalen Standpunkt aus: Ist der Begriff „Verschwörung" an sich schon lächerlich? Oder ist er nur eine erfundene Sache, die uns zum Kichern bringen soll? Ist dies etwas, das nur hysterischen, paranoiden Typen vorbehalten ist, oder sollten wir es ernst nehmen? In jüngster Zeit hat der Begriff „Verschwörungstheoretiker" eine Rolle dabei gespielt, wie das Konzept einer „Verschwörung" heute wahrgenommen wird.

Der Begriff „Verschwörung" ist im Strafrecht enthalten. Aus Wikipedia: „Im Strafrecht ist eine Verschwörung eine Vereinbarung zwischen zwei oder mehreren Personen, zu einem bestimmten Zeitpunkt in der Zukunft eine Straftat zu begehen".[23] Aus der Website des *Legal Information Institute*: „Eine Vereinbarung zwischen zwei oder mehr Personen, eine illegale Handlung zu begehen, zusammen mit der Absicht, das Ziel der Vereinbarung zu erreichen. Die meisten US-Gerichtsbarkeiten verlangen auch eine offene Handlung zur Förderung der Vereinbarung".[24] Es muss angemerkt werden, dass Hochverrat ein Verbrechen ist, und das ist es, was marxistischer Umsturz und Aktivismus ist: Hochverrat. Dies ist ein Punkt, der im Nebel des Krieges oft übersehen wird, dank der Wirkung der Ideologie auf die Wahrnehmung der Menschen (zu Themen wie Nation, Recht, Ethik usw.).

Konspiration und Subversion sind das Herzstück des Marxismus. Ursprünglich war es eine Bewegung, die sich gegen das System richtete, und die frühen Befürworter waren konspirativ und subversiv in ihrer Denkweise. Um ihre

[21] Stormer, John A., *None Dare Call It Treason* (1964), S. 16.

[22] Lenin, W.I., Ausgewählte Werke, Bd. 10, (S. 95), 1938.

[23] https://en.wikipedia.org/wiki/Criminal_conspiracy

[24] „Verschwörung„. https://www.law.cornell.edu/wex/conspiracy

Treffen abzuhalten und eine Bewegung zu entwickeln, war dies eine Notwendigkeit. Dies war also die ganze Zeit über ein Merkmal der Aktivitäten der Sekte. Die frühsozialistische Bewegung in Deutschland ist ein Beispiel dafür: Marx und Engels schlugen vor, dass diese Gruppe ein Bündnis mit den Liberaldemokraten eingehen sollte. Dies würde es ihnen ermöglichen, die Macht von den Konservativen zu übernehmen, die damals an der Macht waren. Sobald dies erreicht war, sollten sie sich gegen ihre „Verbündeten" wenden.[25]

Die Fabian Society wurde auf dem Prinzip des subversiven „reformistischen" Sozialismus gegründet (später erweitert). Die *Dritte Internationale* oder *Komintern war eine* professionelle, vom sowjetischen Staat finanzierte, internationale subversive Organisation. Die späteren Versuche (einiger) Amerikaner, ihr Land von der marxistischen Fäulnis zu befreien, unterstrichen die konspirativen und subversiven Aspekte („McCarthyismus"). Alle verschiedenen marxistisch inspirierten Revolutionen und Regime in der Geschichte dieser Ideologie waren mit Konspiration und Subversion verbunden. Wir gehen an anderer Stelle auf diese Elemente/Gruppen ein. Dies alles sollte deutlich machen, warum der Begriff „Verschwörungstheoretiker" ein wertvolles Verteidigungsinstrument für die Sekte/Ideologie ist.

Ein (rotes) Trojanisches Pferd

> „Genossinnen und Genossen, ihr werdet euch an die antike Geschichte von der Einnahme Trojas erinnern... Das angreifende Heer konnte keinen Sieg erringen, bis es mit Hilfe des berühmten Trojanischen Pferdes in das Herz des feindlichen Lagers eindrang. Wir revolutionären Arbeiter sollten uns nicht scheuen, die gleiche Taktik gegenüber unserem faschistischen Feind anzuwenden.[26]

> Georg Dimitrow, Generalsekretär der Komintern, August 1935

Eine passende Metapher für die Ideologie - und ihre Auswirkungen auf die Gesellschaft - ist das Trojanische Pferd aus der griechischen Mythologie und eine Begebenheit, die sich offenbar während des *Trojanischen Krieges* (ca. 13th und 12th Jahrhunderte v. Chr.) ereignete.

Der Legende nach wurde die antike Stadt Troja von den Griechen angegriffen, die nach einer jahrzehntelangen Belagerung einen raffinierten Plan entwickelten, um die Verteidigungsanlagen der Stadt zu umgehen: Sie bauten ein riesiges Holzpferd, das groß genug war, um einige Soldaten aufzunehmen, und ließen es vor den Toren der Stadt zurück. Ein durchdachtes Friedensangebot, wie es schien.

Als die Griechen schon aufgegeben zu haben schienen und davonsegelten,

---

[25] Marx und Engels, „Ansprache des Zentralkomitees an den Bund der Kommunisten", März 1850 (*MESW*, Bd. 1, S. 175-85).

[26] Dimitrov, G., „Die faschistische Offensive und die Aufgaben der Kommunistischen Internationale im Kampf der Arbeiterklasse gegen den Faschismus", 2. August 1935.

brachten die Trojaner das Pferd in die Stadt, ohne zu ahnen, dass es in seinem unscheinbaren Bauch eine versteckte Ladung feindlicher Krieger beherbergte. Als die Zeit reif war, stiegen die Männer aus dem Pferd und öffneten die Stadttore. So konnte das griechische Heer in die Stadt eindringen und sie einnehmen, da es im Schutz der Dunkelheit in das Gebiet zurückgekehrt war. Der Vorfall war entscheidend und beendete den Krieg.[27]

Der übliche Modus Operandi der Ideologie ist eine ähnliche Art des heimlichen, penetranten Angriffs auf eine bestimmte Gesellschaft. Sie wird als etwas Gutartiges angepriesen: ein Geschenk, ein Retter, eine Lösung für alle (tatsächlichen oder vermeintlichen) Probleme. Sie wird Teil der Umgebung, Teil des Mobiliars. Sie wird nicht als das gesehen, was sie ist, und gerät dann in Vergessenheit. Ohne dass die Zielgesellschaft es merkt, handelt es sich um einen Parasiten, der sich in das Herz einer Nation einnistet und den Wirtsorganismus von innen heraus verrotten lässt. Nach der Trächtigkeit zerfrisst er die Gesellschaft wie ein Krebsgeschwür und verschlingt die Organe des Organismus, die für seine Gesundheit wichtig sind: gesunde Beziehungen, Familie, Tradition, kulturelle Identität, Patriotismus, Souveränität, physische und psychische Gesundheit, konstruktive Formen von Religiosität und Spiritualität usw. Er kann viele Gesellschaften auf der Welt infizieren und zerstören, daher der Begriff „Pandemie". In einem Computersystem ist ein Trojaner eine Art bösartiger Virus; die Gesellschaft ist in diesem Fall das „System".

Das Prinzip des Roten Trojanischen Pferdes ist entscheidend für das Verständnis der Wirksamkeit der ideologischen Unterwanderung einer bestimmten Gesellschaft. Dieses Konzept ist durchgängig präsent.

---

[27] https://www.britannica.com/topic/Trojan-horse

Abschnitt III - Unsere Geschichte der globalen Infektion

„Wir sind unbesiegbar, weil die proletarische Weltrevolution unbesiegbar ist"

Wladimir Lenin, „Brief an die amerikanischen Arbeiter", August 1918[1]

Einführung

Die marxistische Infektion ist global und das schon seit geraumer Zeit. Historisch gesehen war sie in der einen oder anderen Form leicht erkennbar in: Europa und Russland, Asien, Afrika, dem Nahen Osten, den Vereinigten Staaten sowie Mittel- und Südamerika. Natürlich ist sie dort auch heute noch präsent, unabhängig vom Status oder der offiziellen politischen Haltung der Länder in diesen Regionen (denn eine Ideologie ist in den Köpfen der Bevölkerung verankert, nicht nur in der politischen Sphäre eines Landes). Auch in anderen Ländern/Regionen außerhalb dieser Zonen, wie Kanada und Australasien, war sie präsent, wenn auch nicht so eindeutig auf den ersten Blick erkennbar. Australien und Neuseeland zum Beispiel - obwohl sie nicht auf der Liste der Länder stehen, die normalerweise als historisch marxistisch angesehen werden - sind bedeutende Ansteckungspunkte für den „fabianischen Sozialismus" und den „kulturellen Marxismus". Das Gleiche gilt für Kanada - es ist selbst für den Laien offensichtlich, dass dieses Land heute von „Kulturmarxismus" oder „Progressivität" durchsetzt ist.

Ideologien haben keine Grenzen

Da wir in diesem Abschnitt einige geografische Aspekte einbeziehen, sollten wir nicht vergessen, dass es hier nicht nur um Länder geht. Es geht um Ideologie, Mentalität, Indoktrination, Überzeugungen usw. Die Ideologie ist in der einen oder anderen Form seit mehr als zwei Jahrhunderten fast überall auf der Welt präsent, und sie setzt sich über von Menschen geschaffene Grenzen hinweg (wie Pandemien). Ich spreche diesen Punkt an, weil dieses Thema von einigen Menschen wahrgenommen werden kann, insbesondere wenn sie die Worte „Sozialismus" oder „Kommunismus" hören. Einige (vor allem ältere Generationen) können dieses Thema mit bestimmten Ländern in Verbindung bringen, z. B. mit den gemeinhin als „kommunistisch" bezeichneten Regimen: UdSSR, China, Nordkorea, Kuba, Vietnam, Kambodscha usw.; oder die weniger bekannten Beispiele in Afrika, Südamerika, Indien, Rumänien, Albanien usw.; oder an welche anderen Beispiele jemand denken mag, wenn

---

[1] Lenin, W.I., „Brief an die amerikanischen Arbeiter", 20. August 1918.

er die Worte „Marxismus", „Sozialismus" oder „Kommunismus" hört.

Eine Ideologie kann in verschiedenen Arten von Personen, Orten, Kulturen usw. existieren. Sie kann allgegenwärtig sein und unabhängig von ungünstigen Veränderungen in ihrem Umfeld gedeihen. Sie kann in den Köpfen der Menschen existieren, wo auch immer sie sich befinden oder welche demografischen Gegebenheiten auch immer vorliegen mögen.

Ereignisse im historischen Kalender der Kommunisten

Hier ist eine Auswahl bemerkenswerter Ereignisse in der Geschichte des Marxismus. Dies gibt dem Leser einen gewissen Überblick über das, womit wir es hier zu tun haben, einen Panoramablick.

Auch wenn das Kommunistische Manifest als ein Meilenstein in der Entwicklung des Marxismus und der Revolution angesehen werden kann, reicht ähnliches revolutionäres Denken weiter zurück. Da wir uns mit der Ideologie des Marxismus (und seinen zentralen/verwandten Konzepten, einschließlich des „Sozialismus") befassen, umfasst der Begriff „Marxismus" mehr als nur das Werk von Marx und Friedrich Engels, und er geht diesem erheblich voraus.

Wir werden nicht direkt in die Geschichte zurückgehen, da dies zu zeitaufwändig wäre und für unsere Zwecke kontraproduktiv ist. Allerdings hat der athenische Philosoph Platon in der *Republik* (ca. 375 v. Chr.) Ideen wie eine quasi-utopische „gerechte" Gesellschaft entwickelt. [2]

Alexander „der Große" von Makedonien, selbst ein Schüler von Aristoteles, wollte eine Art Utopie schaffen.[3] Sir Thomas More verfasste 1516 die *Utopie*.[4] Der französische Philosoph Jean Janques-Rosseau (1712-1778) schrieb den *Diskurs über die Gleichheit* (1755) und den *Gesellschaftsvertrag* (1762).[5]

Um auf die Zeit von Karl Marx zurückzukommen, wurde er von den Proto-Marxisten seiner Zeit beeinflusst, darunter die französischen Sozialisten Charles Fourier (1772-1837), Rousseau und Pierre-Joseph Proudhon (1809-1865). Er besuchte das *Trierer Gymnasium*, die *Universität Bonn* und später die *Universität Berlin;* er wurde von Menschen ausgebildet, die selbst von der Französischen Revolution beeinflusst waren. [6]

Außerdem wurde Marx 1818 in einer Zeit großer revolutionärer

---

[2] Platon, *Republik* (ca. 375 v. Chr.).

[3] https://www.britannica.com/biography/Alexander-the-Great

[4] More, T. *Utopia* (1516).

[5] https://www.britannica.com/biography/Jean-Jacques-Rousseau

[6] https://en.wikipedia.org/wiki/Karl_Marx#Influences

Veränderungen in Europa geboren, nicht lange nach den *Napoleonischen Kriegen* (1801-1815) und dem darauf folgenden *Wiener Konzil* (1814-1815). Die Ideen von Hegel beeinflussten das akademische Denken zu dieser Zeit stark (insbesondere nach seinem Tod 1831). Natürlich war Marx selbst ein SJW (social justice warrior), der während seiner „Ausbildung" „radikalisiert" wurde, genau wie Wladimir Lenin und die Millionen von marxistischen Sektenmitgliedern seitdem.

Zu dieser modernen „Revolution" und ihrer Langlebigkeit äußerte sich die britische Schriftstellerin Nesta Webster (1876-1960) in ihrem 1921 erschienenen Buch *World Revolution: The Plot Against Civilisation* (Hervorhebung durch Unterstreichung): „Die Wahrheit ist, dass das Feuer der Revolution seit einhundertfünfundvierzig Jahren unaufhörlich unter der alten Struktur der Zivilisation schwelt und bereits in einigen Momenten in Flammen aufgegangen ist und droht, das soziale Gebäude, das achtzehn Jahrhunderte lang aufgebaut wurde, bis auf seine Grundmauern zu zerstören. Die heutige Krise ist also keine Entwicklung der Neuzeit, sondern eine bloße Fortsetzung der gewaltigen Bewegung, die in der Mitte des achtzehnten Jahrhunderts begann. Mit einem Wort, es handelt sich um ein und dieselbe Revolution - die Revolution, die 1789 in Frankreich ihren ersten Ausdruck fand. Sie unterscheidet sich sowohl in ihrem Wesen als auch in ihren Zielen völlig von den früheren Revolutionen, die ihren Ursprung in einer lokalen oder vorübergehenden Ursache hatten. Die Revolution, die wir jetzt erleben, ist nicht lokal, sondern universell, sie ist nicht politisch, sondern sozial, und ihre Ursachen sind nicht in der Unzufriedenheit des Volkes zu suchen, sondern in einer tiefgreifenden Verschwörung, die das Volk zu seinem eigenen Verderben benutzt". [7]

Webster schrieb dies, als die Sekte/Ideologie in der Zeit nach dem Ersten Weltkrieg wirklich zu wuchern begann. Es besteht kein Zweifel, dass die Aktivitäten der Sekte in Russland und ganz Europa sie zu dieser Zeit inspirierten.

Die Französische Revolution

> „Die Unterdrücker der Menschheit zu bestrafen ist Gnade, ihnen zu vergeben ist Grausamkeit.[8]

> Maximillien Robespierre, *Grundsätze der politischen Moral*, 1794

Was hat dieses historische Ereignis mit dem Marxismus zu tun? Abgesehen davon, dass es als revolutionärer Meilenstein internationale Berühmtheit erlangt hat, ist es auch deshalb erwähnenswert, weil bestimmte Aspekte dieses Ereignisses in der späteren Geschichte der Ideologie nachhallten. Es ist auch

---

[7] Wester, N., *Weltrevolution: Das Komplott gegen die Zivilisation* (1921)

[8] Robespierre, M. „Über die Grundsätze der politischen Moral" (1794).

deshalb von großer Bedeutung, weil es eine wichtige Inspirationsquelle für die frühen Galionsfiguren der kommunistischen Bewegung in den folgenden Jahrzehnten war.

Zu den wichtigsten Aspekten dieser Revolution gehörten: Gewalt durch den Mob, Diebstahl von Privateigentum, Massaker an katholischen Priestern und Nonnen und natürlich einprägsame Slogans. Der Slogan „Unity et Indivisibilite de la République. Liberté, Égalité, Fraternité ou la Mort", was so viel bedeutet wie „Freiheit, Gleichheit, Brüderlichkeit oder Tod". Wie die marxistische Sprache von heute: Solidarität (Einheit und Unteilbarkeit), Gleichheit, Kollektivismus/'Liebe'/Brüderlichkeit (Fraternität) und der Zwang zur Anpassung oder der Tod (Mort). Die „Conjuration des Égaux" (Verschwörung der Gleichen), die während der Revolution von 1796 stattfand, war einer von mehreren Putschversuchen zur Ablösung des regierenden Direktoriums („le Directoire"). Diese Gruppe wollte eine Art sozialistische, egalitäre Republik errichten.[9]

Die Französische Revolution führte zu den Napoleonischen Kriegen, die Napoleon selbst zu einer Art proto-marxistischem Diktator gegen die Monarchie und für die „Republik" machten. Er kam nach einer Periode der „Revolution" und der dadurch verursachten Instabilität an die Macht - ein gemeinsames Thema mit marxistischen Diktatoren in der Geschichte der Ideologie.

1800s

Das 19.th Jahrhundert war geprägt von revolutionären Umwälzungen, als das Zeitalter der traditionellen kaiserlichen, oligarchischen und staatlich gebundenen religiösen Systeme durch Demokratie und Liberalismus ersetzt wurde. Die Napoleonischen Kriege, die aus den Nachwirkungen der Französischen Revolution (und dem großen Ego des kleinen Napoleon) hervorgingen, gaben den Ton für diesen Wandel an. Der Wiener Kongress strukturierte Europa nach der Niederlage Napoleons neu.[10]

Der *Kommunistische Bund* wird am 1. Juni 1847 gegründet. Er entsteht aus dem Zusammenschluss zweier anderer Organisationen - dem *Bund der Gerechten* und dem *Kommunistischen Korrespondenzkomitee* -.[11] Das Kommunistische Manifest wurde von Marx und Engels für diese Gruppe verfasst. Das Jahr 1848 war ein Schlüsseljahr der revolutionären Umwälzungen in ganz Europa, die jedoch unterschiedlich erfolgreich waren.[12]

---

[9] https://www.britannica.com/event/French-Revolution

[10] https://www.britannica.com/event/Napoleonic-Wars

[11] https://www.history.com/this-day-in-history/marx-publishes-manifesto

[12] https://en.wikipedia.org/wiki/Revolutions_of_1848

Im Jahr 1850 wurde in Großbritannien eine sozialistische Zeitung mit dem Namen *The Red Republican* veröffentlicht. Sie wurde später unter dem Namen *The Friend of the People* weitergeführt.[13]

Die Erste Internationale (1864-1876) war eine Organisation, die gegründet wurde, um eine Vielzahl marxistischer Gruppen in der ganzen Welt zu vereinen.[14] Marx veröffentlicht 1867 den ersten Band seines ebenfalls berühmten Werks Das Kapital (zwei weitere Bände erscheinen 1885 und 1894).[15] Im April 1870 entsteigt Wladimir Iljitsch Uljanow (alias W.I. Lenin) dem Schoß der Hölle.[16]

Im Jahr 1871, nach der Niederlage Frankreichs gegen germanische Truppen im *Deutsch-Französischen Krieg* (1870-1871), gründete eine Gruppe, die sich „Die Kommunarden" nannte, *die Pariser Kommune*.[17]

Diese Gruppe sah eine Gelegenheit, eine proletarische Revolution vor dem Hintergrund des Krieges zu versuchen (ein weiteres wiederkehrendes Thema bei diesen „Revolutionen"); die Kommune dauerte von März bis Mai desselben Jahres. Dies war eines der wenigen Beispiele für eine sozialistisch inspirierte „Revolution", die Marx selbst miterleben durfte. Er kommentierte: „Wenn die Kommune zerstört würde, würde der Kampf nur aufgeschoben. Die Prinzipien der Kommune sind ewig und unzerstörbar; sie werden sich immer wieder zeigen, bis die Arbeiterklasse befreit ist".[18] Der elende Mistkerl hatte recht, als er „ewig" sagte - wir haben es heute noch mit diesem ewigen Scheiß zu tun (er irrte sich allerdings, als er „unzerstörbar" sagte).

Am Dienstag, dem 5. September 1882, findet in New York City der erste US-amerikanische *Tag der Arbeit statt, der* von der *Central Labor Union organisiert wird*.[19] Die Zweite Internationale wählte 1889 den ersten Mai als „Internationalen Tag der Arbeit", der in den meisten Ländern der Welt an diesem Datum begangen wird, daher der Name „Maifeiertag".[20] (Übrigens ist dieses Datum in der deutschen Folklore die *Walpurgisnacht* und das Gründungsdatum der heute berüchtigten bayerischen Illuminaten im Jahr

---

[13] https://en.wikipedia.org/wiki/The_Red_Republican

[14] https://www.britannica.com/topic/First-International

[15] https://www.britannica.com/money/Das-Kapital

[16] https://www.britannica.com/biography/Vladimir-Lenin

[17] https://www.britannica.com/event/Commune-of-Paris-1871

[18] Marx, K. „Aufzeichnung einer Rede über die Pariser Kommune", 1871.

[19] „Geschichte des Tags der Arbeit,". https://www.dol.gov/general/laborday/history

[20] Chase, E. „Die kurzen Ursprünge des Maifeiertags", 1993. https://archive.iww.org/history/library/misc/origins_of_mayday/

1776).[21] Im März 1883 kommt Karl Marx (zurück) in die Hölle.[22] Im Januar 1884, weniger als ein Jahr später, als eine dämonische Monstrosität die Erde verlassen hat, nimmt eine andere ihren Platz in Form der Fabian Society ein.[23]

Im Jahr 1886 starben Lenins Bruder und Vater, als er gerade fünfzehn Jahre alt war. Wladimirs Bruder Alexander, der selbst ein aktiver Unruhestifter war, war Teil eines Komplotts zur Ermordung von Zar Alexander Romanow III (1845-1894). Für seine Beteiligung an dieser Verschwörung wurde er gehängt, und die Hinrichtung fand im Mai desselben Jahres statt.[24] Lenin war zu diesem Zeitpunkt offenbar nicht an Politik interessiert und wurde dadurch nicht „radikalisiert" (er sollte sich viele Jahre später an Alexanders Sohn, Zar Nikolaus Romanow II, und dessen Familie nach der bolschewistischen Revolution von 1917 rächen). Die *Zweite Internationale* wird 1889 gegründet (und 1916 wieder aufgelöst).[25]

1900s

Im Juni 1908 fand in Tokio, Japan, eine Demonstration statt, die als *„Red Flag Incident"* bezeichnet wurde. Dieses Ereignis war eine Solidaritätsbekundung der japanischen Sektenmitglieder für die Freilassung ihres „anarchistischen" Genossen Koken Yamaguchi (1883-1920). Dem Staat gelang es, gegen diese Sektenversammlung vorzugehen und mehrere Teilnehmer zu verhaften.[26]

Kurz darauf kam es im Jahr 1910 zum *Hochverratsvorfall*. Dabei ging es um den Plan der Sekte, den japanischen Kaiser Meiji (1852-1912) zu töten, und mehrere von ihnen wurden hingerichtet.[27] (Es ist ein gängiges historisches Thema, dass der Staat Gesetze schafft, um gegen solche Aktivitäten von Sektenmitgliedern vorzugehen, und die in den Hochverratsvorfall verwickelten Personen wurden nach dem japanischen Strafgesetzbuch von 1908 verfolgt, das die Sekte im Wesentlichen selbst provoziert hatte).

Es ist nicht wahr, wie manche glauben, dass Japan von der Infektion relativ unberührt geblieben ist. Tatsächlich *hat die Kommunistische Partei Japans*

---

[21] https://www.britannica.com/topic/Walpurgis-Night

[22] https://www.britannica.com/biography/Karl-Marx

[23] https://www.britannica.com/topic/Fabian-Society

[24] https://www.britannica.com/biography/Vladimir-Lenin

[25] https://www.britannica.com/topic/Second-International

[26] https://en.wikipedia.org/wiki/Red_Flag_Incident

[27] Mackie und Yamaizumi, „Einleitung: Japan und der Hochverratsvorfall", 2013.https://ro.uow.edu.au/lhapapers/832/

(JCP) heute rund 250.000 Mitglieder und ist die älteste Partei des Landes.[28] Zu den frühen Schlüsselfiguren dieser Gruppe gehörten Hitoshi Yamakawa (1880-1958), der wegen des Zwischenfalls mit der Roten Fahne verhaftet wurde, und Fukumoto Kazuo (1894-1983), der während seines Studiums in Europa 1922 infiziert/indoktriniert wurde.[29]

In der Geschichte Japans gibt es einen symbolträchtigen, brutalen Akt des Antikommunismus, der einen chronologischen Sprung darstellt. Am 12. Oktober 1960 tötete der 17-jährige Schüler Otaya Yamaguchi (1943-1960) den Vorsitzenden der *Sozialistischen Partei Japans*, Inejirō Asanuma (1898-1960), vor laufender Kamera mit einem Samurai-Schwert.[30] Dies ist das Äquivalent dazu, dass ein Ire die Vorsitzende der offen marxistischen Partei Irlands - *Sinn Fein* Präsidentin Mary Lou McDonald - mit einem Pint Guinness „ausschaltet".

Russland

Im Jahr 1905 scheitert ein Revolutionsversuch in Russland (eine Generalprobe für den Blödsinn von 1917). [31] Mit der *Februarrevolution* 1917 und der *Oktoberrevolution* 1917 der Bolschewiki unter Wladimir Lenin beginnt eine große revolutionäre Periode in Russland, die bis 1923 andauert, als die *Sowjetunion* gegründet wird. Die Revolution bedeutete das Ende der monarchischen Herrschaft des Hauses Romanow und des Zaren Nikolaus II (1868-1918).[32] Auf heimlichen Befehl von Lenin wurden der Zar und seine Familie von den Bolschewiki in einen Keller gelockt und dort erschossen. Schalten Sie immer die Verwandten/Nachkommen Ihres Ziels aus, sonst werden sie sich eines Tages rächen (wie es Lenin tat).[33]

Im Dezember 1917 wird eine brutale Polizeitruppe namens *Tscheka* gegründet. Der vollständige Name bedeutet auf Russisch „Allrussische Außerordentliche Kommission zur Bekämpfung von Konterrevolution und Sabotage" (mit anderen Worten: „jeden zum Schweigen bringen/umbringen, der sich dem Kult widersetzt"). Sie war bis 1922 aktiv und war die erste in einer Reihe von sowjetischen Geheimpolizeikräften. Unter dem Kommando von Felix

---

[28] „Was ist die JCP? A Profile of the Japanese Communist Party", 1. November 2022.
https://www.jcp.or.jp/english/what-jcp.html

[29] https://en.wikipedia.org/wiki/Fukumoto_Kazuo;
https://en.wikipedia.org/wiki/Hitoshi_Yamakawa

[30] https://en.wikipedia.org/wiki/Otoya_Yamaguchi

[31] https://www.britannica.com/event/Russian-Revolution-of-1905

[32] https://www.britannica.com/event/Russian-Revolution

[33] Remnick, D., „Historiker sagt, Lenin befahl den Tod des Zaren", 20. November 1990. https://www.washingtonpost.com/archive/politics/1990/11/21/historian-says-lenin-ordered-/

Dserschinski (1877-1926) *hatte* diese Gruppe die Aufgabe, jede politische Opposition gegen die Bolschewiki zu zerschlagen und jeden zu ermorden, der sich einer „antisozialen Gesinnung" schuldig machte (d. h. jeden, der nicht mit ihnen übereinstimmte).[34]

In der Revolution von 1917 kämpften verschiedene Gruppierungen um die Kontrolle. Sie führte schließlich zu großen Konflikten, an denen mehrere Gruppen beteiligt waren, darunter die marxistische, für Lenin eintretende bolschewistische *Rote Armee* und die *Weiße Armee*, die ihrerseits verschiedene politische Positionen vertrat, darunter pro-demokratische, pro-kapitalistische und pro-monarchische. Eine dritte Gruppe - bestehend aus einer Mischung aus nicht-bolschewistischen Sozialisten und parteilosen Milizen usw. - kämpfte auf beiden Seiten. Zum Leidwesen Russlands (und der Menschheit) waren die Bolschewiki siegreich. Die Rote Armee - angeführt von dem „intellektuellen" Psychopathen Leo Trotzki - verübte daraufhin einen „Roten Terror" gegen das russische Volk. Dies führte schließlich zum Tod von Millionen von Menschen und wurde anschließend von den marxistisch infizierten Geschichtsschreibern vertuscht.[35]

Der bolschewistische Einmarsch in Polen - der *Polnisch-Sowjetische Krieg - findet* 1920 statt. Lenin und Stalin waren der Ansicht, dass Polen die russische Revolution von der europäischen trennte und dass das christliche Polen im Weg stand; deshalb musste es liquidiert werden.[36]

In diese Zeit nach der Russischen Revolution fällt ein wenig beachtetes, aber bedeutendes Ereignis: der Einmarsch amerikanischer Streitkräfte in die Sowjetunion (1918-1920). Präsident Woodrow Wilson (1856-1924) entsandte Truppen, um verschiedene Ziele zu erreichen, darunter die Eindämmung des bolschewistischen Regimes. Die gescheiterte Mission und die generelle Einmischung der USA und ihrer Verbündeten (die sich im russischen Bürgerkrieg auf die Seite der Weißen Armee gegen die Bolschewiki stellten) führten zu Lenins ablehnender Haltung gegenüber dem kapitalistischen Ungetüm.[37]

Die Komintern

Die *Dritte Internationale* oder *Kommunistische Internationale* (oder

---

[34] „Die Tscheka„. https://alphahistory.com/russianrevolution/cheka/

[35] https://www.britannica.com/event/Russian-Revolution

[36] Centek, J., „Polnisch-sowjetischer Krieg 1920-1921", 8. Oktober 2014.

https://encyclopedia.1914-1918-online.net/article/polish-soviet_war_1920-1921

[37] Hoslter, Roderick A., „Die amerikanische Intervention in Nordrussland, 1918-1919".

https://armyhistory.org/the-american-intervention-in-north-russia-1918-1919/

„Komintern") bestand zwischen 1919 und 1943. Diese Gruppe ist von entscheidender Bedeutung für die Geschichte der marxistischen Subversion in der ganzen Welt. Lenin begnügte sich in seiner Arroganz nicht damit, seine marxistischen Theorien nur in Russland auszuprobieren (und es damit in den Ruin zu treiben); er wollte diesen Wahnsinn international exportieren. Zu diesem Zweck wurde die Komintern gegründet. Zu ihren Aufgaben *gehörte* unter anderem die Gründung (und Kontrolle) verschiedener kommunistischer Parteien auf der ganzen Welt. Diese Parteien fungierten dann als lokale Zweigstellen/Abteilungen der Komintern in ihren jeweiligen Ländern. (Da diese Organisation 1919 gegründet wurde, gilt dies natürlich nicht für marxistische Parteien/Gruppen, die vor diesem Datum gegründet wurden; allerdings wurden diese Gruppen natürlich weiterhin von Sektenmitgliedern gegründet).[38]

Die Komintern war eine bahnbrechende, professionelle, staatlich finanzierte Organisation mit einem eindeutigen Auftrag: die „Revolution" - die Ideologie - zu exportieren und andere Länder von innen heraus anzustecken, wobei alle erforderlichen Mittel, einschließlich Subversion, eingesetzt wurden. Sie hat auch eine Unzahl anderer internationaler Organisationen hervorgebracht. Später werden wir die marxistischen Gruppen Land für Land und Kontinent für Kontinent auflisten, einschließlich der Parteien, die von ihnen gegründet und/oder kontrolliert wurden (zuerst nationale Gruppen, dann internationale Gruppen).

Das Bananenmassaker

Ein interessantes Beispiel für einen anderen marxistischen „Protest", der 1928 in Kolumbien stattfand. Es handelte sich um Arbeiter der *United Fruit Company* und einen Streik, bei dem es angeblich um Arbeitsbedingungen ging. Die *Kolumbianische Liberale Partei* und die *Kolumbianische Sozialistische Partei* - zusätzlich zu Mitgliedern der bald entstehenden *Kolumbianischen Kommunistischen Partei* - waren daran beteiligt (das Sektenmitglied Mariá Cano wurde in der Folgezeit inhaftiert). Die USA waren über die Entwicklungen informiert und übten einen gewissen diplomatischen Druck aus, um sicherzustellen, dass die Situation gelöst wurde, und drohten offenbar mit einer Invasion, falls dies nicht gelingen sollte.

Nachdem die kolumbianische Regierung festgestellt hatte, dass die Proteste eine ideologische Komponente hatten, setzte sie die Armee ein, um gegen die Demonstranten vorzugehen. [39]

Wie in allen Fällen, in denen sich die Sekte im Unrecht fühlt, wurde behauptet,

---

[38] „Die Kommunistische Internationale (1919-1943), Organisationsgeschichte".

https://www.marxists.org/history/usa/eam/ci/comintern.html

[39] https://www.britannica.com/event/Banana-Massacre

dass bis zu 2.000 Menschen getötet wurden, dass Leichen in Massengräbern vergraben wurden, dass Kinder erschossen wurden usw. Dies ist ein Beispiel für die marxistische Taktik, aus Arbeitern nützliche Idioten zu machen, um die Ideologie voranzutreiben.

Stalins Russland

> „Genosse Stalin, der Generalsekretär geworden ist, hat unbegrenzte Macht in seinen Händen, und ich bin mir nicht sicher, ob er immer in der Lage sein wird, diese Macht mit ausreichender Vorsicht einzusetzen.[40]

Wladimir „Mr. Understatement" Lenin, „Brief an den Kongress", 1922

Ein Mann aus Stahl ist geboren

1878 wird in einem Land zwischen Europa, dem Nahen Osten und Asien, zwischen dem Schwarzen und dem Kaspischen Meer, ein weiteres marxistisches Verdienst für die Menschheit geboren. Ioseb Dshugaschwili entsteigt dem Schoß der Hölle in der Stadt Gori in Georgien, die zum Russischen Reich gehört. Als junger Mann, der ein russisch-orthodoxes Priesterseminar besucht, beginnt Ioseb, die Werke einflussreicher revolutionärer Schriftsteller wie Marx und Nikolaj Tschernyschewski (1828-1889) zu lesen. Im Alter von zwanzig Jahren verlässt er das Seminar, um ein marxistischer Aktivist zu werden. Später engagiert er sich in der Industriearbeiterbewegung, um Unruhen zu schüren, und schließt sich den Bolschewiki an. Schließlich lernt er 1905 Wladimir Lenin kennen, der ihm den Auftrag erteilt, Gelder für die Revolution zu beschaffen. In der Folgezeit geht er einer Reihe krimineller Aktivitäten nach, darunter Bankraub, Erpressung, Körperverletzung, Diebstahl und sogar der Betrieb von Bordellen („der Zweck heiligt die Mittel").

Nach zahlreichen Namensänderungen im Laufe seines Lebens (um den Behörden im zaristischen Russland zu entgehen) nahm er schließlich in seinen Dreißigern den Namen Joseph Stalin an („Stalin", russisch für „Mann aus Stahl"). Er blieb ein Anhänger Lenins, stand ihm nahe und wartete mit seinem Streben nach Macht ab. Mit einer Größe von 162 Zentimetern litt er eindeutig unter dem „Kleinmann-Syndrom".[41]

Führer von Rotrussland

1924, nach dem Tod von Lenin, manövriert sich Stalin - inzwischen Generalsekretär der Kommunistischen Partei - de facto an die Spitze der Sowjetunion und leitet damit die wohl despotischste Tyrannei aller Zeiten ein. Eines seiner ersten Ziele war es, politische Rivalen zu neutralisieren, darunter

---

[40] Lenin, W.I., „Brief an den Kongress", 1922.
https://www.marxists.org/archive/lenin/works/1922/dec/testamnt/congress.htm

[41] https://www.britannica.com/biography/Joseph-Stalin

Leo Trotzki (den er ins Exil schickte und 1940 in Mexiko ermorden ließ).[42]

1929 hat Stalin seine erste große Idee, die sich in den üblichen wahnsinnigen marxistischen Besessenheiten von Klassenkampf, Privateigentum, Arbeitern, Landwirtschaft und jedem vermeintlichen Mindestmaß an Wohlstand manifestiert. Er identifiziert die Kulaken - landbesitzende Bauern - als eine Klasse, die ausgerottet werden muss. Sie werden dann massenhaft ausgerottet.

Nachdem die Kulaken rücksichtslos aus dem Spiel genommen wurden, zwingt Stalin die Bauernklasse zur Kollektivierung, indem er sie mit Hilfe seiner Schergen zur Arbeit auf großen landwirtschaftlichen Flächen zwingt, die nun dem Staat gehören. Die Erzeugnisse werden dann konfisziert und anderweitig verwendet. Das System bricht unweigerlich zusammen, und Millionen sterben.[43] Dank verlogener Sektenmitglieder wie dem Journalisten Walter Duranty (1884-1957) wurde die Situation vor der westlichen Welt verborgen. Stattdessen berichtete er über die großen Erfolge der kommunistischen Experimente und wurde für seine „Arbeit" mehrfach mit dem Pulitzer-Preis ausgezeichnet. Duranty war Korrespondent der New York Times und leitete das Moskauer Büro der Zeitung.[44]

Der Holodomor

Unter Stalins Führung verübte die Sowjetunion 1932 und 1933 ein schreckliches Verbrechen an der ukrainischen Bevölkerung. Es handelte sich um einen Völkermord durch erzwungene Hungersnot, der als *Holodomor* bekannt wurde.[45] Die Schätzungen über die Zahl der Todesopfer schwanken, und da die marxistische Sekte ihre Verbrechen entweder ständig vertuscht oder lügt, gibt es keinen breiten Konsens über die Zahlen. Es scheint vernünftig, die Schätzung zwischen fünf und zehn Millionen anzusiedeln.

Das Verbrechen der Ukrainer war, dass sie sich der Kollektivierung widersetzten. Die Sekte sorgte auch dafür, dass die hungernden Massen kein Getreide aus den Kolchosen in die Hände bekamen. Das „Gesetz der drei Ährchen" wurde eingeführt - wer beim Stehlen von Getreide erwischt wurde, wurde entweder erschossen oder für zehn Jahre ins Gefängnis gesteckt.[46] Am 16. November 1933 wird die *Union der Sozialistischen Sowjetrepubliken*

---

[42] https://www.britannica.com/biography/Leon-Trotsky/Exile-and-assassination

[43] https://www.britannica.com/topic/kulak

[44] „Erklärung der New York Times über den 1932 an Walter Duranty verliehenen Pulitzer-Preis".

https://www.nytco.com/company/prizes-awards/new-york-times-statement-about-1932-pulitzer-prize-awarded-to-walter-duranty/

[45] https://www.britannica.com/event/Holodomor

[46] https://en.wikipedia.org/wiki/Law_of_Spikelets

(U.S.S.R.) international anerkannt.[47]

Der Gulag

Zum Regime gehörte auch ein brutales System von Zwangsarbeitslagern, die über ganz Russland verteilt waren und als *Gulag bezeichnet wurden* („Das Wort ist russisch und kommt von G(lavnoe) u(pravlenie ispravitel'no-trudovykh) lag(ereĭ) 'Hauptverwaltung für Zwangsarbeitslager').[48] Millionen von Menschen wurden in den Lagern zu Tode geschuftet, starben an Krankheiten oder Hunger oder wurden (teilweise auf dem Transport) hingerichtet. Viele Lager befanden sich in abgelegenen, unwirtlichen Gegenden des Landes, was die meisten, die eine Flucht in Betracht zogen, abschreckte. Dieses Gulag-System wurde von W.I. Lenin erdacht und zu dem Zweck errichtet, Feinde der Sekte einzuschüchtern oder zu inhaftieren, aber erst Stalin hat seine Fähigkeiten wirklich getestet. Andere Mitglieder der Psychosekte, die zu Stalins Zeiten aktiv waren, versuchten, dieses System nachzuahmen, wie Enver Hoxha (1908-1985) in Albanien und Mao Zedong in China.

Diese Art von Zwangsarbeitslager-Gefängnissystem ist auch heute noch in Betrieb - Chinas Laogai-Netzwerk. Es beherbergt glückliche Mieter aller Art, einschließlich politischer Dissidenten (z. B. Kritiker der Kommunistischen Partei Chinas - der ständigen Regierungspartei Chinas). Es gibt mehr als 1.000 dieser Gefängnisse, in denen nach Angaben der *Laogai Research Foundation* im Jahr 2008 zwischen 500.000 und 2.000.000 Gefangene inhaftiert waren.[49]

Rotes China

1917 beginnt der 24-jährige Mao Zedong (alias Mao Tse Tung), marxistische Literatur zu lesen, darunter das Kommunistische Manifest. Während seines Studiums an der *Universität Peking wurde er einer* weiteren Gehirnwäsche unterzogen und war 1921 Gründungsmitglied der *Kommunistischen Partei Chinas* (KPCh). Im Jahr 1927 erhält er von der KPCh-Führung den Ehrentitel „Oberbefehlshaber der Roten Armee".

Diese kleine Gruppe (die eher einer Miliz ähnelt) zieht dann durch die Lande und verbreitet die ideologische Infektion, indem sie bei den ahnungslosen Bauern revolutionären Eifer weckt: Sie indoktriniert sie, schürt den Hass auf die Großgrundbesitzer, gewinnt Unterstützung, rekrutiert neue Mitglieder usw. Dies waren die kleinen Anfänge, die über das Schicksal Chinas entscheiden

---

[47] „Anerkennung der Sowjetunion, 1933„. https://history.state.gov/milestones/1921-1936/ussr

[48] „Gulag", Oxford Reference. https://www.oxfordreference.com/display/10.1093/oi/authority.20110803095912832

[49] https://en.wikipedia.org/wiki/Laogai

sollten. (Die gezielte Ansprache der Ungebildeten, der „Unterdrückten" ist eine gängige Taktik).[50]

Zu Beginn des 20. Jahrhunderts befand sich China in einem tiefgreifenden Umbruch: der Übergang von der kaiserlichen Vergangenheit und der Herrschaft der *Qing-Dynastie* (1644-1912) zur Gründung der *Republik China* (1912-1949), die Fraktionskriege der *Warlord-Ära* (1916-1928), die Invasion Japans und der anschließende Konflikt (1937-1945) und schließlich der *chinesische Bürgerkrieg* (1945-1949), der letztlich über das endgültige Schicksal des Landes entscheiden und das heutige China schaffen sollte.[51]

Die Sektenmitglieder in der Sowjetunion waren sehr daran interessiert, aus den Unruhen in dieser Zeit Kapital zu schlagen. Über die Komintern und das *Fernöstliche Büro* der Kommunistischen Partei der Sowjetunion waren sie an der Gründung der KPCh beteiligt, wobei sie auf Persönlichkeiten wie Li Dazhao (1888-1927) und Chen Duxiu (1879-1942) zurückgriffen. Mao würde sich schließlich an die Spitze der KPCh manövrieren.[52]

Die Nähe Chinas zu den gut etablierten Sektenmitgliedern in der Sowjetunion bedeutete, dass es immer hochgradig infiziert werden würde. Trotz all der kriegerischen Auseinandersetzungen in China in diesen ersten instabilen Jahrzehnten des 20. Jahrhunderts war es der Einfluss und die Unterstützung der sowjetischen Sektenmitglieder, die es den chinesischen Sektenmitgliedern ermöglichten, sich an die Spitze zu setzen. Das ist ein gutes Beispiel dafür, wie sich die Ideologie selbst verbreitet.

1949, nach jahrzehntelangen Konflikten und der Niederlage der nationalistischen Kuomintang-Truppen unter der Führung von Chiang Kai Shek, wird von Mao die *Volksrepublik China ausgerufen*. Endlich hatten die Sektenmitglieder die militärische Kontrolle über China, und die nationalistischen Kräfte zogen sich auf die Insel Taiwan (auch bekannt als *Republik China*) zurück.[53]

Diese marxistische Übernahme des Landes schuf einen zweiten großen globalen Ursprungs-/Infektionspunkt für die Ideologie (neben der UdSSR). Das bedeutete, dass China ein entschiedener Unterstützer marxistischer Übernahmen in anderen nahe gelegenen Ländern wie Korea, Kambodscha,

---

[50] https://www.britannica.com/biography/Mao-Zedong

[51] „Timeline of China's Modern History", 30. April 2012. https://www.chipublib.org/timeline-of-chinas-modern-history/

[52] Jianyi, L., „The Origins of the Chinese Communist Party and the role played by Soviet Russia and the Comintern", März 2000. https://etheses.whiterose.ac.uk/9813/1/341813.pdf

[53] „Die chinesische Revolution von 1949„. https://history.state.gov/milestones/1945-1952/chinese-rev

Vietnam usw. sowie in weiter entfernten Gebieten wie Afrika sein würde. Rotchina würde auch heftige Grenzstreitigkeiten mit Indien haben. Die Infektion dieses Landes markiert nicht nur einen bedeutenden Punkt in der Geschichte Chinas, sondern auch in der Weltgeschichte, da es nun wohl der Hauptinfektionsherd auf dem Planeten ist. Eine Situation mit potenziell katastrophalen Folgen...

Maos große Führung

Die Herrschaft Maos führte über Jahrzehnte despotischer Herrschaft zu einer der schrecklichsten Perioden der chinesischen Geschichte. Ein Beispiel dafür war der *Große Sprung nach vorn* (Ende der 1950er bis Anfang der 1960er Jahre). Dieser „große" Sprung beinhaltete die Anwendung des marxistischen Kollektivismus auf die Infrastruktur Chinas, um sie nach den Wünschen von Mao und der Kommunistischen Partei Chinas zu formen.

Sie bestand darin, den Schwerpunkt auf die industrielle Produktion zu legen, die Chinesen zu zwingen, in kollektivistischen landwirtschaftlichen Systemen mit Sklavenarbeit zu arbeiten, und die staatliche Aneignung von Ressourcen und landwirtschaftlichen Erzeugnissen (auch Diebstahl von Privateigentum genannt) zu betreiben.[54]

Im ganzen Land operierende Sektenmitglieder, die Mao gefallen wollten, setzten die Pläne in die Tat um und stahlen landwirtschaftliche Erzeugnisse von den Massen, die für ihre Ernährung darauf angewiesen waren. Mao regierte aus Angst, und anstatt ihn über die tatsächlichen Mengen an landwirtschaftlichen Erzeugnissen zu informieren, stahlen seine treuen Kommissare einige davon, um Mao den Eindruck zu vermitteln, dass sie im Überfluss vorhanden waren. Darüber hinaus wurde die Bevölkerung gezwungen, sich an Maos Industrialisierungsplänen zu beteiligen (u. a. an der Stahlproduktion), anstatt das Land selbst zu bewirtschaften. Stahl ist natürlich nicht essbar (er ist hart zu den Zähnen und schmeckt ein bisschen „eklig").

Eine weitere vogelwilde Idee von Mao war die Kampagne „Vier Schädlinge". Dabei wurden bestimmte Nagetiere, Fliegen, Mücken und Spatzen ins Visier genommen (die für die Pest, Malaria bzw. den Verzehr von Getreidesamen verantwortlich gemacht wurden). Die Chinesen mobilisierten ihre Solidarität und töteten die Spatzen in Massen, weil sie glaubten, dass dies die Reisernte verbessern würde. Idioten.

In Wirklichkeit bewirkte es genau das Gegenteil, denn Spatzen fressen auch Insekten. Infolgedessen hatten die Insekten - einschließlich pflanzenvernichtender Raupen und Heuschrecken - einen großen Tag (Wortspiel) und vernichteten die Ernten im ganzen Land. Wenigstens haben

---

[54] https://www.britannica.com/event/Great-Leap-Forward

die Chinesen eine gewisse Solidarität erreicht, oder?[55] Diese Ereignisse lösten eine Massenhungerperiode aus, die als *Große Chinesische Hungersnot* bezeichnet wird und an der etwa 30 Millionen Menschen starben.[56]

Diese törichten Initiativen waren Beispiele dafür, was passiert, wenn Theorien/Ideen auf die Realität treffen; wenn sie erzwungen werden, stören sie das natürliche Gleichgewicht, das in der Gesellschaft und der Natur besteht. Die Zerstörung von Leben ist die Folge (ein weiteres gemeinsames Muster mit der Ideologie). Das Töten der Spatzen ist nicht nur unglaublich dumm und kurzsichtig, sondern auch fast schon amüsant, da es zum verrückten Modus Operandi der Ideologie passt - Dinge zerstören/umbringen, um das Leben besser zu machen! In der Tat ist es überraschend, dass Mao den Massen nicht befohlen hat, die Reiskörner mit Samurai-Schwertern zu töten, damit sie schneller wachsen. Oder Eisenerz mit Karateschwertern zu zertrümmern, um Stahl herzustellen. Abgesehen von rassistischen asiatischen Klischees war das, was sie taten, falsch.

Blumen und Kulturrevolution

Die *Hundert-Blumen-Kampagne* Ende der 1950er Jahre war ein Versuch, die Kontrolle der Sekte über das Land zu festigen. Mao erreichte dies, indem er hinterhältig suggerierte, dass Kritik am Regime nicht nur akzeptabel, sondern sogar wünschenswert sei.

Diese Vertreibung Andersdenkender funktionierte, als ein Sektenmitglied namens Wang Shiwei (1906-1947) seine Meinung äußerte. Er wurde brutal gefoltert und hingerichtet und diente als Exempel für alle anderen, die sich der Führung widersetzten.[57] Mao war ein durchtriebener, hinterhältiger Mistkerl.

Eine andere war die *Große Proletarische Kulturrevolution* (oder *Kulturrevolution*) von Mitte der 1960er bis Mitte der 1970er Jahre. Das Regime unterzog die jüngeren Generationen einer Gehirnwäsche, um das Land von den älteren (und nicht indoktrinierten) Generationen zu säubern (Achtung!). Eine Organisation namens *Rote Garde erhielt einen* Freibrief, um zu terrorisieren, anzugreifen und zu töten. Jeder, der nicht der Sekte angehörte, war Freiwild. Vandalismus und die Zerstörung von kulturellem und historischem Kulturgut wurden gefördert. Dieser „Säuberungsprozess" umfasste auch die Säuberung von Maos politischen Rivalen innerhalb der

---

[55] https://en.wikipedia.org/wiki/Four_Pests_campaign

[56] Brown, Clayton D. „Chinas großer Sprung nach vorn", 2012.

https://www.asianstudies.org/publications/eaa/archives/chinas-great-leap-forward/

[57] King, G. „The Silence that Preceded China's Great Leap into Famine", 26. September 2012. https://www.smithsonianmag.com/history/the-silence-that-preceded-chinas-great-leap-into-famine-51898077/

Kommunistischen Partei. [58] Vergessen Sie nicht, dass es sich hier um gehirngewaschene Chinesen handelt, die sich gegenseitig in Scharen umbringen und sogar andere Sektenmitglieder umbringen - und das für nichts!

Mao der Mann

Mao war einer der brutalsten Führer in der Geschichte der Sekte. Ein herzloser, manipulativer, sadistischer Psychopath und Fanatiker. Definitiv einer meiner Kandidaten für die Auszeichnung „schlimmster menschlicher Abschaum aller Zeiten", gleichauf mit seinem Vorbild Stalin. Er wusste, wie man Tod und Terror auf breiter Front herbeiführt; ein echter Jünger der marxistischen Maxime „der Zweck heiligt die Mittel".

Maos Herrschaft war bekannt für die Taktik, politische Gegner zu neutralisieren, bevor sie sich materialisieren konnten, und zwar durch Arbeitslager, Folter und die Ermordung der „Intelligenz" („Gebildeten") des Landes. Was die Zahl der Toten des Regimes angeht, so stammt die höchste Schätzung von mehr als siebzig Millionen aus einem Buch der Autoren Jung Chang und Jon Halliday mit dem Titel *Mao: The Unknown Story* (2006). Diese Schätzung wurde mehr oder weniger von Professor R.J. Rummel (1932-2014) unterstützt, einem Spezialisten für die Schätzung der durch den Kommunismus verursachten Todesfälle (dazu später mehr). (Laut Chang und Halliday wurde die Sekte offenbar teilweise durch Opium finanziert. Treten Sie näher und holen Sie sich Ihren Kommunisten-Schluck, Leute).[59]

Natürlich spielt die Sekte die Zahl der Todesopfer herunter, wenn es sich um „kommunistische" Regime handelt. Es geht nur um PR-Schadensbegrenzung. Der Versuch, eine ehrliche, genaue Schätzung zu erhalten, wie viele tatsächlich gestorben sind, ist fast unmöglich, da die Sekte es liebt, zu lügen und Dinge unter den Teppich zu kehren. Die Kommunistische Partei Chinas wird eine echte Untersuchung natürlich nicht zulassen.

Maos Herrschaft führte auch zur Entstehung einer weiteren Interpretation/Spannung der Ideologie - des Maoismus. Im Jahr 1964 gab er eine Sammlung seiner Reden und Reden im *Kleinen Roten Buch* heraus. Es wurde in Milliardenauflage herausgegeben und hatte natürlich vor allem die Jugend im Visier. [60] Diese Generationen, die als verletzliche Kinder einer Gehirnwäsche unterzogen wurden, sollten in den folgenden Jahrzehnten die Ideologie weitertragen und dazu beitragen, das China der Zukunft zu schaffen. Mao überlebte bis zu seinem zweiundachtzigsten Lebensjahr. Herausragend,

---

[58] Lamb, S. „Einführung in die Kulturrevolution", Dezember 2005.

https://spice.fsi.stanford.edu/docs/introduction_to_the_cultural_revolution

[59] Chang und Halliday, *Mao: The Unknown Story* (2006).

[60] https://en.wikipedia.org/wiki/Quotations_from_Chairman_Mao_Tse-tung

nicht wahr? Als wohl schlimmster Massenmörder aller Zeiten hätte man ihn bei lebendigem Leibe verbrennen und ein paar hundert Exemplare seines Buches als Brennholz verwenden sollen.

Die Indochina-Kriege

Dabei handelte es sich um eine Reihe von Konflikten in ganz Asien, die von der Sekte geschürt wurden und in der Zeit nach dem Zweiten Weltkrieg im Jahr 1946 begannen und bis etwa 1991 andauerten (der bekannteste war der *Vietnamkrieg von 1955 bis 1975).*[61] Diese Konflikte erstreckten sich über das Gebiet mehrerer Länder der Region, darunter Kambodscha, Laos, Thailand und Vietnam. Die Konfliktparteien waren im Allgemeinen entlang marxistischer und antimarxistischer Linien gespalten. Die Ideologie war der Schlüssel, um potenzielle Sektenmitglieder davon zu überzeugen, dass die Unabhängigkeit von den schwindenden Kolonialmächten (z. B. Frankreich) erstrebenswert war. Einige dieser Konflikte (z. B. der kambodschanisch-vietnamesische Krieg) veranschaulichen auch, wie verschiedene Fraktionen der Sekte sich manchmal gegenseitig auslöschen.

Im Wesentlichen waren alle Konflikte in dieser Region das Ergebnis der sich in diesen Ländern entwickelnden marxistischen Fäulnis, die von den größeren, zuvor infizierten Einheiten im Norden (Russland und China) unterstützt wurde. Im Falle Vietnams zum Beispiel war Mao mit dem vietnamesischen Sektenmitglied Ho Chi Minh (1890-1969) in Nordvietnam verbündet.[62] In dem dortigen Konflikt standen sich die von Frankreich unterstützte Vietnamesische Nationalarmee und die kommunistischen Streitkräfte Ho Chi Minhs gegenüber. Minh bekämpfte die VNA viele Jahre lang, bis etwa 1954. Dies war der erste Indochinakrieg, der mit einem Genfer Abkommen endete. Die Franzosen und die Chinesen schlossen ein Abkommen, und Vietnam wurde in zwei Teile geteilt. Obwohl sie die Kontrolle über den Norden erlangten, waren die Sekte/Ideologie damit offensichtlich nicht zufrieden und strebten die Kontrolle über den Süden an; das Ergebnis war der Vietnamkrieg. Der Rest ist Geschichte.

Der Koreakrieg

Ein Konflikt, der durch die Infektion des heutigen Nordkorea ausgelöst wurde. Er dauerte von 1950 bis 1953 und führte zur Teilung Koreas in einen Norden und einen Süden (eine Teilung, die bis heute andauert): im Norden die *Demokratische Volksrepublik Korea* und im Süden die *Republik Korea.*[63] Dieser Konflikt war nicht unabhängig von den Indochinakriegen, da sich die marxistische Fäulnis mehr oder weniger über ganz Asien ausbreitete. Wie in den Indochinakriegen/Vietnamkrieg waren die Konfliktparteien entlang

---

[61] https://www.britannica.com/event/Indochina-wars

[62] https://www.britannica.com/biography/Ho-Chi-Minh

[63] https://www.britannica.com/event/Korean-War

marxistischer und antimarxistischer Linien gespalten, wobei Rotchina und die UdSSR die Infektion im Norden unterstützten.

Nordkorea wurde dann von der Kim-Dynastie (einer Linie von Sektenmitgliedern) regiert. Das führte sogar zu einer eigenen Interpretation der Ideologie, dem *Juche-Kommunismus*[64] (China und Nordkorea haben dasselbe System: Offiziell ist es ein Mehrparteiensystem, aber in Wirklichkeit regiert eine einzige Partei dauerhaft. Ist die Verwendung des Wortes „demokratisch" im Titel deshalb nicht amüsant?).

In Südkorea war ein prominenter Antimarxist namens Syngman Rhee (1875-1965) am Ruder. Während seiner Amtszeit als Präsident der *Ersten Republik* (1948-1960) hatte er mit einem ernsten Problem des marxistischen Aktivismus und der Subversion zu kämpfen. Dies führte zu der *Aprilrevolution* von 1960, die ihn schließlich stürzte. Verräterische Sektenmitglieder innerhalb Südkoreas (insbesondere an den Universitäten) waren die treibende Kraft hinter den ständigen Unruhen.[65]

Der *zweite Koreakrieg fand* von 1966 bis 1969 statt. Es handelte sich um einen Versuch der Sekte in Nordkorea, Südkorea einzunehmen, da der Großteil der US-Streitkräfte in Vietnam gebunden war und ein Teil ihrer Ressourcen dorthin verlegt wurde. Im Vergleich zu anderen Vorstößen der Sekte in Asien war dies ein relativ kleiner Konflikt. Er erwies sich als erfolglos, und die Infektion breitete sich nicht auf den Süden des Landes aus.[66] Dies ist ein Beispiel dafür, wie die Ideologie ungeachtet der Meinungsverschiedenheiten zwischen den verschiedenen Fraktionen der Sekte immer wieder versucht, Wege zur Ausbreitung zu finden.

Heute gilt in Nordkorea „Juche" als offizielle Staatsideologie, bei der es sich lediglich um die Interpretation des Marxismus durch die Kim-Dynastie in Verbindung mit ihrer Interpretation des Nationalismus handelt. Juche bedeutet „Selbstverantwortung". [67] Die Verfassung wurde 2009 geändert, um die traditionellen Begriffe und Passagen zu streichen, die normalerweise mit der marxistischen Ideologie in Verbindung gebracht werden, wie etwa das Wort „Kommunismus". Aber warum die Mühe? Vielleicht, um zu verhindern, dass schlafende Nordkoreaner merken, dass sie in einem kommunistischen

---

[64] „Eine kurze Einführung und Bewertung der Juche-Ideologie", November 1980.

https://digitalarchive.wilsoncenter.org/document/brief-introduction-and-assessment-juche-ideology

[65] „Erste Republik Südkorea„.
https://countries.fandom.com/wiki/First_Republic_of_South_Korea

[66] Lerner, M. „Der zweite Koreakrieg„.
https://digitalarchive.wilsoncenter.org/essays/second-korean-war

[67] https://en.wikipedia.org/wiki/Juche

Gefängnisstaat leben? Oder es könnte auch daran liegen, dass dem Führer des Regimes, Kim Jong Un (auch bekannt als Fatboy Kim), das äußere Erscheinungsbild wichtig ist. (Nicht sein persönliches Aussehen, natürlich).

Ceausescus Rumänien

Ein weiteres marxistisches Fiasko, diesmal in Graf Draculs Revier (Wortspiel?) in Osteuropa, in einem Ort, der einst das Königreich Rumänien hieß. Diese Scheißshow wurde von einem anderen sektiererischen Irren namens Nicolae Ceausescu geleitet, der in Schande (und einem Kugelhagel) untergehen sollte.[68] Wie üblich begannen sich die Dinge zu ändern, als zu Beginn des 20. Jahrhunderts die marxistische Fäulnis auf der Bildfläche erschien. Jahrhunderts die marxistische Fäulnis auf der Bildfläche erschien. Daran waren mehrere Sekten beteiligt, von denen die bedeutendste die *Rumänische Kommunistische Partei (Partidul Comunist Roman)* oder PCR war. Sie wurde 1921 gegründet und stand unter der Kontrolle der Komintern, war jedoch viele Jahre lang nicht aktiv.[69]

Natürlich war Rumänien im Zweiten Weltkrieg Teil der Achsenmächte, mit Ion Antonesu an der Spitze. Er wurde 1944 entmachtet und hingerichtet. Von diesem Zeitpunkt an geriet Rumänien nach und nach unter die Kontrolle der Sekte. Die PCR konnte sich nun offen und unbehelligt ausbreiten (denn niemand will von den Nazis belästigt werden). König Michael wurde im Dezember 1947 unter dem Druck der Sekte zur Abdankung gezwungen (er behauptete später, sie hätten gedroht, eintausend Studenten, die sie in Gewahrsam hatten, zu töten, wenn er sich nicht fügen würde). Das Königreich Rumänien wurde nun zur *Sozialistischen Republik Rumänien* und zu einem Satellitenstaat der Sowjetunion. In den folgenden Jahren kam es zu zahlreichen Umstrukturierungen in der Regierung.

Die Sektenmitglieder gingen mit Hilfe der *Securitate*, einer 1948 gegründeten staatlichen Geheimpolizei nach dem Vorbild des russischen NKWD, gewaltsam gegen politische Gegner (Nichtsektenmitglieder) vor. Die Securitate verfügte über ein ausgedehntes Netz von Spionen und Spitzeln in der rumänischen Bevölkerung, um jeden Dissens mit dem Regime zu überwachen. Sie war eine der größten Gruppen ihrer Art (im Verhältnis zur Größe der Bevölkerung, die sie terrorisierte): Mitte der 1980er Jahre lebten in Rumänien zweiundzwanzig Millionen Menschen, und die Securitate soll etwa 500.000 Informanten gehabt haben, die ihre Landsleute verrieten. Die Securitate war für ihre Brutalität bekannt, und viele Rumänen haben dies

---

[68] https://www.britannica.com/biography/Nicolae-Ceausescu

[69] https://dbpedia.org/page/Romanian_Communist_Party

bezeugt.[70]

Von den frühen 1940er bis zu den frühen 1950er Jahren versuchten die Sektenmitglieder im Gefängnis von Pitesti, Antimarxisten von ihrer offensichtlichen „Gehirnwäsche" zu „befreien". Unter den Gefangenen befanden sich viele Christen, die vorhersehbar ins Visier genommen wurden, weil das neue kommunistische Rumänien den staatlichen Atheismus durchsetzen wollte. Sie wurden gefoltert und von den Sektenmitgliedern mit Urin und Fäkalien „getauft".[71] Die Sekte setzte auch die Kollektivierung der Landwirtschaft durch, was für diejenigen, die sich der Revolution widersetzten, Konsequenzen hatte. Gegen alle antimarxistischen Widerstandsgruppen, religiösen Elemente oder Bauern wurde mit Folter, Inhaftierung, Mord, Zwangsumsiedlung oder Verbannung vorgegangen.

Mit dem Ceausescus mithalten

Das Jahr 1965 war ein Wendepunkt für die PCR, als der Generalsekretär Gheorghiu-Dej starb. Obwohl es zunächst eine „kollektive Führung" gab, begann Nicolae Ceausescu - wie es bei fanatischen Sektenmitgliedern oft der Fall ist - sich an die Spitze zu manövrieren. Nach einem Machtkampf setzte er sich als Führer durch und verkündete, dass Rumänien nun eine sozialistische Republik (und keine „Volksdemokratie") sei. Daraufhin begann er, dem rumänischen Volk das Bild eines „nationalistischen", von Moskau unabhängigen kommunistischen Führers zu vermitteln. Dies verschaffte ihm einen gewissen Rückhalt in der Bevölkerung, und die Mitgliederzahl der PCR stieg beträchtlich.[72]

Schließlich verwandelte sich Ceausescu in einen extremen Kontrollfreak, der das rumänische Volk fest im Griff hatte. Unterstützt wurde er dabei von seiner Frau Elena (1919-1989), einem weiteren engagierten Sektenmitglied. Während ihrer Herrschaft lebten die Ceausescus ein Leben in extremer Opulenz. Ihr Palast in Primaverii, Bukarest, verfügte über geschnitzte, verzierte Holzwände, Seidenteppiche, ein Kino und ein mit Gold verziertes Badezimmer.[73] Sehr elitär, sehr „bürgerlich", wie ich finde. Während also der Großteil der rumänischen Bevölkerung gezwungen war, zu rationieren und ein Leben in extremer Unterdrückung und Armut zu führen, taten die hochrangigen Sektenmitglieder genau das Gegenteil. Das ist nicht untypisch für die

---

[70] https://balkaninsight.com/2019/12/25/keys-mikes-spies-how-the-securitate-stole-romanias-privacy/

[71] Mihai, Königliche Hoheit, „Was Rumänien zwischen 1945 und 1947 angetan wurde, wird seit 1989 getan" (rumänischer Artikel), 23. August 2000.

[72] https://www.britannica.com/biography/Nicolae-Ceausescu

[73] Euronews, „Sehen Sie Nicolae Ceausescus goldenes Badezimmer", 20. Juni 2016. https://www.YouTube.com/watch?v=M4XLXzUmZHw

Übernahme eines Landes durch eine Sekte, aber im Fall Rumäniens haben Ceausescu und seine Frau das Ganze auf eine ganz neue Ebene gebracht.

Das Ego dieses Mannes war unwirklich. Im Jahr 1974 ernannte er sich selbst zum Präsidenten der Sozialistischen Republik, und das zusätzlich zu seiner Funktion als Generalsekretär der PCR. Er bestand darauf, eine Vielzahl von Ehrungen und Titeln im In- und Ausland zu erhalten, und machte sich schließlich quasi zum Präsidenten auf Lebenszeit.

Die Entscheidungen, die der neue Präsident ab den 1970er Jahren traf, führten dazu, dass die Risse sichtbar wurden, und in den 1980er Jahren wurden Sparmaßnahmen und Rationierungen zum beherrschenden Thema.[74] Dies war zum Teil darauf zurückzuführen, dass Ceausescu darauf bestand, die Auslandsverschuldung abzubauen und nicht nur Geld zu verprassen. Zu seinen unnötigen, bargeldverschwenderischen Entscheidungen gehörte *Sistematizarea* (Systematisierung) - ein massiver Umbau der städtischen und ländlichen Landschaft im sozialistischen Stil; dazu gehörte der Abriss von Städten und Dörfern und der Bau einheitlicher und hässlicher Hochhäuser (Wohnblocks") in hoher Dichte. Im Geiste des Sozialismus sollten diese „effizienter" und „gleicher" für die darin lebenden glücklichen Genossen sein. Ein Erdbeben im Jahr 1977 und die dadurch verursachten Schäden lieferten Ceausescu einen Vorwand, um kulturelle und historische Strukturen zu zerstören.

Obwohl Rumänien Zugang zu großen Erdölvorkommen hatte - und daher in der Lage war, Erdöl in großem Maßstab zu raffinieren - musste es das Erdöl rationieren (!). Selbst grundlegende Versorgungsleistungen wie Strom wurden knapp, und die Umweltverschmutzung war sehr hoch (auch hier wurde die Industrialisierung zu sehr betont!). Das Regime erklärte den Massen, dass die Rationierung von Lebensmitteln gut sei, um die Fettleibigkeit zu bekämpfen (Handfläche). Rumänien hatte den niedrigsten Lebensstandard in Europa. Was für ein verschwenderisches Durcheinander. [74]

Das Ende

1989 hatten die Rumänen genug. Die antikommunistische Stimmung wuchs und richtete sich gegen die Ceausescus und die PCR. Dies wurde zweifellos durch die zunehmende Unterdrückung, die sie durch die Securitate erdulden mussten, noch beschleunigt. Ceausescu, der die wachsende Unzufriedenheit spürte (und anstatt die edle Tat zu begehen und einen eingesteckten Toaster in sein abendliches Schaumbad zu werfen), drängte seine Schläger, ihr Informantennetz auszubauen und ihre Überwachungstechniken zu verbessern. Was für ein Mistkerl.

Trotz der Bemühungen des Staates, die rumänische Öffentlichkeit von

---

[74] https://www.britannica.com/place/Romania/Communist-Romania

Informationen abzuschirmen, die nicht von der Sekte gebilligt wurden, verbreitete sich das Bewusstsein der Unzufriedenheit allmählich in der breiten Masse. Proteste und Streiks wurden organisiert. Ironischerweise war einer der Katalysatoren dieser neuen Revolution zum Sturz des Regimes ein Streik, an dem Arbeiter aus Trucks Brasov beteiligt waren. Da diese Proletarier der Sekte feindlich gesinnt waren, wurde rasch gegen sie vorgegangen. Es folgten weitere Proteste und Unruhen, die dazu führten, dass die Polizei und die Securitate-Kräfte noch härter durchgriffen. Bei den Protesten in Timisoara am 17. Dezember wurden viele Demonstranten erschossen. [74]

Es überrascht nicht, dass Ceausescu aufgrund der Gehirnwäsche über die Unruhen ungläubig war und am 21. Dezember im Gebäude des Zentralkomitees eine unglaubliche, wahnhafte Rede hielt (auf YouTube verfügbar!).[75] Er wurde von der riesigen Menge verhöhnt. Das Militär stellte sich schließlich auf die Seite der Demonstranten, und Ceausescu wurde gestürzt. Er und seine Frau Elena wurden schnell vor Gericht gestellt und am 25. Dezember hingerichtet. Was für ein festliches Geschenk für das rumänische Volk! Der Bann der Kommunisten war endlich gebrochen, Gott sei Dank!

Ceausescu war einer der wenigen Sektenführer in der Geschichte, die ihre gerechte Strafe erhielten; die meisten von ihnen entkamen der Strafe durch einen relativ angenehmen Tod. Das Faszinierendste an seinem Ende war, dass er fast bis zu seiner Hinrichtung immer noch trotzig war und protestierte, als er die kommunistische Hymne „Internationale" sang. Ein Beispiel dafür, wie die Indoktrinierten nicht verstehen können, was sie sind, selbst wenn sie kurz vor dem Tod stehen.[76]

Kommunistisches Albanien

> „Keine Gewalt, keine Folter, keine Intrige kann den Marxismus-Leninismus aus den Köpfen und Herzen der Menschen tilgen.[77]

> Enver Hoxha, *Eurokommunismus ist Antikommunismus* (1980)

> „Das sozialistische Weltsystem... ist heute der entscheidende Faktor in der Entwicklung der Weltgeschichte geworden. Es übt einen ungeheuren Einfluss auf die Welt aus; es ist zu einer großen anziehenden und revolutionären Kraft geworden... (es) zeigt mit jedem Tag seine unbestreitbare Überlegenheit gegenüber dem kapitalistischen System. Sie ist zum Schutzschild aller fortschrittlichen Kräfte der Welt geworden, zum uneinnehmbaren Bollwerk von

[75] „Nicolae Ceausescus letzte Rede„.
https://www.YouTube.com/watch?v=TcRWiz1PhKU

[76] TVR (Öffentlicher Rumänischer Rundfunk), „Prozess und Hinrichtung„.
https://artsandculture.google.com/story/HQVhRMp6MAUA8A?hl=en

[77] Hoxha, E., „Eurokommunismus ist Antikommunismus", 1980.
https://www.marxists.org/reference/archive/hoxha/works/euroco/env2-1.htm

Freiheit und Frieden, Demokratie und Sozialismus.[78]

Enver Hoxha, Ansprache zum 20.th Jahrestag der Partei (1961)

Eine weitere monströse Infektion fand auf dem Balkan, an der Küste der Adria, in Form der *Sozialistischen Volksrepublik Albanien* statt. Sie existierte von 1946 bis 1992. [79] Der marxistische Psycho-Chef war Enver Hoxha (ausgesprochen „hoe-ja", J für „Jennifer"). Dieser Typ erhält fünf Kommunistensterne für Fanatismus.

Das Einzige, was ihn davon abhielt, eine große Zahl von Toten zu verursachen, waren die Grenzen seiner Macht und seines Einflusses aufgrund der relativ isolierten Lage Albaniens und seiner Größe/Bevölkerung (im Vergleich zu anderen kommunistischen Ländern jener Zeit). Wenn es einen großen roten Knopf gäbe, mit dem man den Dritten Weltkrieg auslösen könnte, hätte dieser Mann diesen Knopf bei der nächsten Gelegenheit um ein Vielfaches betätigt. Er verkörperte die Tendenz der Ideologie, immer extremere Versionen von sich selbst zu manifestieren, da er schließlich andere Formen des Kommunismus als zu „weich", ja sogar als verräterisch für die Sache ansah! Amüsanterweise bezeichnete Hoxha an einer Stelle sogar Mao Zedong (den wohl schlimmsten kommunistischen Drecskerl aller Zeiten) als „Kapitalistenschwein", um Ihnen eine Vorstellung davon zu geben, wie extrem dieser Typ war.[80]

Die Anfänge der Infektion

Mit Hilfe anderer Sektenmitglieder im bereits infizierten Nachbarland Jugoslawien half er 1941 bei der Gründung der *Kommunistischen Partei Albaniens* (die später 1948 in *Partei der Arbeit Albaniens* (oder PLA) umbenannt wurde); der Auslöser dafür war der deutsche Einmarsch in Jugoslawien im selben Jahr. Der Sektenführer in Jugoslawien war Josip Broz (alias „Tito"), und seine Unterstützung bei der Ausbreitung der Infektion in Albanien wurde von der sowjetischen Komintern gefördert.

Hoxha war auch der Führer der *Nationalen Befreiungsbewegung* (schon wieder dieses Wort), einer marxistischen Gruppe, die sich während des Zweiten Weltkriegs gegen die Nazi-Besetzung Albaniens wehrte. [81] Obwohl sich Albanien der weltweiten kommunistischen Partei erst relativ spät anschloss (in Bezug auf den Zeitpunkt, zu dem es eine echte marxistische Partei wurde), sorgte Hoxha dafür, dass das Land sehr schnell aufholte. Zu den ersten Aktionen der Sekte gehörte vorhersehbar die Eliminierung aller Gegner, von

---

[78] Hoxha, E., Rede zum 20. Jahrestag der Partei, 1961.
https://en.wikiquote.org/wiki/Enver_Hoxha

[79] https://www.britannica.com/topic/history-of-Albania/Socialist-Albania

[80] https://www.britannica.com/biography/Enver-Hoxha

[81] https://en.wikipedia.org/wiki/National_Liberation_Movement_(Albanien)

denen viele bequemerweise als „Nazi-Kollaborateure" oder „Volksfeinde" bezeichnet wurden. Ein weiterer vorhersehbarer Schritt war der Angriff auf die Religion. Eine frühe, typische Erklärung von Sektenmitgliedern - im Zentralkomitee der PLA - beinhaltete die Vorstellung, dass sie „gegen den Versuch des Faschismus kämpfen sollten, das albanische Volk mit Hilfe der Religion zu spalten". [82] Richtig (rollt mit den Augen), die alte Kommunistenkiste.

Wie bei der Gründung der Sozialistischen Föderativen Republik Jugoslawien nebenan wurden auch in Albanien Scheinwahlen organisiert, um den Anschein zu erwecken, dass die Gründung des Landes vom „Volk" beschlossen wurde.

Der Hoxhaismus ist die nach Enver Hoxha benannte Interpretation/Strömung der Ideologie.[83]

Sie wird als eine „anti-revisionistische" Variante charakterisiert, die den Interpretationen von Joseph „Little Bastard" Stalin treu bleibt. Mit anderen Worten: Hoxha war Anhänger der Hardcore-Version.

Das Regime

Es war ein besonders brutales und repressives Regime, selbst für die Verhältnisse der Sekte. Die Zahl der direkt Hingerichteten und der „politischen Gefangenen" (die ein unterschiedliches Schicksal hatten) ging in die Zehntausende. Viele starben auch bei dem Versuch zu fliehen - entweder durch Schwimmen nach Griechenland (über die Insel Korfu) oder durch Wandern über die Berge nach Jugoslawien. Arme, verzweifelte Bastarde. Revolution oder Tod. Die Bevölkerung Albaniens ist relativ klein - sie betrug 1946 etwa 1,2 Millionen und stieg bis 1991 auf fast 3,3 Millionen.[84]

Die staatliche Schlägertruppe bzw. die nicht ganz so geheime Polizeitruppe war in diesem Fall die berüchtigte *Sigurimi*. Sie überwachte, terrorisierte, folterte und „verschwand" Albaner während der gesamten Regierungszeit von Hoxha. Zum Regime gehörten die üblichen Dinge, wie die Sicherstellung der Vorherrschaft der Ideologie, die der Staat durch Einschüchterung, Zwang, Gewalt und Mord durchsetzte.

Außerdem überwachte sie die Bevölkerung, erzwang die „Umerziehung" Andersdenkender, leitete Ressourcen für den Bau militärischer Infrastrukturen um und trug so zur Aushungerung der Bevölkerung bei, errichtete beengte Unterkünfte im „sozialistischen Stil", rationierte Ressourcen und Lebensmittel und errichtete Arbeitslager im Stil des Gulag, in denen Gefangene zur Arbeit

---

[82] Tonnes, B., „Albanien: Ein atheistischer Staat,,.
https://biblicalstudies.org.uk/pdf/rcl/03-1_3_04.pdf

[83] „Hoxhaismus,,. https://en.prolewiki.org/wiki/Hoxhaism

[84] https://www.statista.com/statistics/1076307/population-albania-since-1800/

in den Minen eingesetzt wurden (das Arbeitslager Spac ist eines der berüchtigtsten). Viele von ihnen „verschwanden" oder wurden zu Tode gefoltert und dann massenweise in geheimen Gräbern unter Verwendung schwarzer Plastiksäcke verscharrt.[85]

Albaner durften nicht reisen - es sei denn, sie hatten einen offiziellen Auftrag - und wurden verhaftet, wenn sie versuchten, das Land zu verlassen; die Bewegungen ausländischer Besucher im Land wurden kontrolliert und überwacht. Während dieser faktischen Gefangenschaft genossen die Sektenmitglieder - einschließlich Hoxha selbst - ein relativ bürgerliches Leben im wohlhabenden Stadtteil Ish-Blloku in Tirana. Die Sekte war von einer Mauer umgeben, um sie von den umliegenden Gebieten (und damit von der allgemeinen Bevölkerung, die sie ausbeutete) zu trennen. Darüber hinaus verbot das Regime den privaten Besitz von Autos (es sei denn, man war Parteimitglied). Eine „antibürgerliche" bürgerliche Sekte?

Anti-Religion und Meinungsfreiheit

In der reinsten Tradition des Kults war Hoxha extrem antireligiös, und der Atheismus wurde vom Staatsapparat durchgesetzt, wobei die religiöse Praxis 1967 effektiv verboten wurde. In einer Rede im selben Jahr erklärte er selbstbewusst, Albanien sei der „erste atheistische Staat der Welt". Ähnlich wie Mao in Rotchina während der dortigen Kulturrevolution förderte Hoxha die Zerstörung von Moscheen und Kirchen im ganzen Land durch (sektenartige) Jugendorganisationen.[86]

Da Albanien seine Version einer „Kulturrevolution" zu ertragen hatte, musste natürlich auch die Kunst die Brillanz des Marxismus preisen. In einem Interview mit *NBC Left Field* sprach 2018 ein prominenter albanischer Künstler namens Maks Velo über seine Schikanen durch Hoxhas Regime.[87] Im Jahr 1978 wurde er von Sektenmitgliedern überwacht, die sich dann an ihn wandten. Velo produzierte nicht die Art von pro-marxistischer Arbeit, die von Künstlern erwartet wurde - seine wurde als „regimefeindlich" betrachtet. Zur Strafe wurde er in ein Gefangenenlager geschickt und erhielt eine zehnjährige Haftstrafe. Die hängenden Drecksäcke der Sigurimi versuchten daraufhin

---

[85] Abrahams, F., „Communist-Era Disappearances Still Haunt Albania", 17. März 2021. https://www.hrw.org/news/2021/03/17/communist-era-disappearances-still-haunt-albania

[86] Bezati, V., „How Albania Became the World's First Atheist Country", 28. August 2019. https://balkaninsight.com/2019/08/28/how-albania-became-the-worlds-first-atheist-country/

[87] „Was wäre, wenn der Verrat Ihrer Liebsten Sie ins Gefängnis bringen würde? | NBC Left Field", Juli 2018.

https://www.YouTube.com/watch?v=OHfg2mog2sk

erfolglos, ihn als Informanten über seine Landsleute anzuwerben. Die Sekte schaltet jeden vermeintlichen Dissens aus, indem sie versucht, alle Formen der Meinungsäußerung zu kontrollieren.

Die Sigurimi

Die Sigurimi waren eine ebenso fanatische und grausame Gruppe wie ihre staatspolizeilichen Gegenstücke in Rumänien (Securitate), Ostdeutschland (Stasi), Ungarn (AVH) oder der UdSSR (KGB) und ruinierten das Leben von Generationen von Albanern. Sie unterschieden sich von diesen anderen Gruppen insofern, als ihre Befugnisse relativ uneingeschränkt waren - jede Handlung war akzeptabel, wenn sie das Regime unterstützte. Ein weiterer Unterschied bestand darin, dass sie aufgrund der geringen Bevölkerungszahl bzw. Fläche Albaniens ihre Absicht, die gesamte Bevölkerung zu überwachen (und zu kontrollieren), tatsächlich in die Tat umsetzen konnten (wohingegen die oben genannten Gruppen durch Indoktrination, Propaganda, Angst usw. den Anschein erwecken mussten, sie hätten diese Fähigkeit).[88] [89]

Die Organisation war in verschiedene Abteilungen unterteilt, die sich mit allem befassten, von Zensur über Spionageabwehr bis hin zu öffentlichen Akten und Verhören usw. Sie untersuchten sogar andere Sektenmitglieder in den Reihen der PLA, um ideologisch abtrünnige Parteimitglieder auszusondern. Zu den Zielpersonen gehörten beispielsweise diejenigen, die pro-sowjetische, pro-jugoslawische oder pro-chinesische Sympathien hegten. Dazu gehörten auch Mitglieder des Zentralkomitees und des Politbüros.

Neben dem herkömmlichen Abhören von Telefonen wurden auch Wanzen eingesetzt, um die Gespräche der Bevölkerung zu überwachen, sogar in deren eigenen Wohnungen. Tausende dieser Geräte wurden im ganzen Land platziert, manchmal in Schuhen, Taschen, Krawatten, Möbeln, Vasen, Schmuck und sogar in Tabakspfeifen (im Grunde überall, außer in Hoxhas Arschloch). Die Gespräche wurden dann im Sigurimi-Hauptquartier, dem Haus des Laubes, aufgezeichnet. Diese Drecksäcke ermutigten die Albaner, ihre eigenen Freunde und Verwandten zu verraten, wobei sie in einigen Fällen Zwang ausübten. Kurz gesagt, sie versuchten, eine Kultgesellschaft von Ratten zu schaffen. Diese Form der Kontrolle macht sich die Neigung vieler Menschen zunutze, andere zu kritisieren oder über sie zu lästern, wenn dies nicht gerechtfertigt ist. Die Ideologie bringt das Böse in den Menschen zum Vorschein und ermutigt sie, sich gegenseitig zu zerstören.

---

[88] https://www.wikiwand.com/en/Sigurimi

[89] Gjoka, B. „Declassified Documents Show Power of Albania's Communist Secret Police", 16. November 2021.

https://balkaninsight.com/2021/11/26/declassified-documents-show-power-of-albanias-communist-secret-police/

Das ist alles ziemlich erstaunlich, wenn man sich diesen Knaller von Hoxha vor Augen hält: „Ein Land, in dem ein Mann Angst hat, einen anderen zu kritisieren, ist kein sozialistisches Land".[90] Offensichtlich duldete Hoxha keine echte Kritik an seiner Person. Auf dem Ersten Kongress der Kommunistischen Partei im November 1948 bezeichnete Hoxha die Sigurimi als die „liebevolle Waffe" der Partei. P.s.y.c.h.o! Am Ende des kommunistischen Albaniens waren zu viele Albaner von ihnen terrorisiert worden. So viele Leben wurden ruiniert.

Erbe

Am 11. April 1985 verließ Hoxha dieses Reich und begab sich in die Feuer der Hölle, um von Marx und anderen liebevoll vergewaltigt zu werden (wahrscheinlich sein lebenslanger Traum). Mit dem weltweiten Zusammenbruch des Kommunismus, der 1988 begann, hielt das Regime in Albanien - vielleicht im Sinne des (verrückten) Trotzes von Hoxha - etwas länger durch als in anderen nicht-sowjetischen Ländern. Ein weiterer Faktor war, dass das Regime den Informationsfluss - einschließlich der Nachrichten aus der Außenwelt - immer noch streng kontrollierte, so dass die Albaner nicht einmal vom Fall der Berliner Mauer erfuhren! Die PLA ließ schließlich im Dezember 1990 freie Wahlen und Oppositionsparteien zu. Hoxhas Statue in Tirana wurde 1991 gestürzt.[91]

Da es vielen Sektenmitgliedern gelungen ist, nach dem Sturz des Regimes in der albanischen Politik präsent zu bleiben (und ihre Versuche, die Wahrheit zu verbergen), wurde die Suche nach allen Opfern und deren Identifizierung leider stark behindert. Der Versuch, an die von den Sigurimi gesammelten Informationen heranzukommen, ist ein Thema der politischen Diskussion.

Im Jahr 2008 blockierte die Sozialistische Partei Albaniens solche Versuche im albanischen Parlament (was nicht überrascht, da die Sozialistische Partei Albaniens eine Fortsetzung der PLA ist, die während des Einparteienstaats von Hoxha regierte). Die Dinge könnten sich ändern - die Website *Balkaninsight* berichtete im Juni 2023, dass eine Untersuchung zu den Opfern des Arbeitslagers Spac geplant sei.[92]

Es ist fast unglaublich, dass eine Gruppe, die sich *Kommunistische Partei Albaniens* nennt, immer noch existiert und an den Wahlen teilnehmen darf, was eine weitere schamlose Beleidigung des albanischen Volkes darstellt. Sie

---

[90] https://www.azquotes.com/quote/770880

[91] Cavendish, R., „Tod von Enver Hoxha", 4. April 2010. https://www.historytoday.com/archive/months-past/death-enver-hoxha

[92] Erebara, G., „Albania to Start Searching for Remains of Communist Camp Victims", 2. Juni 2023. https://balkaninsight.com/2023/06/02/albania-to-start-searching-for-remains-of-communist-camp-victims/

nennen sich auch „Volunteers of Enver".[93] Diese Schwachköpfe sollten zu Ehren der Opfer von Hoxha lebendig in riesigen, haltbaren, schwarzen Plastiksäcken begraben werden! Wie andere postkommunistische Länder erholt sich auch Albanien noch immer von der Verwüstung durch die Sekte/Ideologie. Es war - und ist immer noch - eines der ärmsten Länder Europas.[94]

Ungarische Revolution

Am 4. November 1956 marschierten sowjetische Truppen in die Ungarische Volksrepublik ein und beendeten die *ungarische Revolution*.[95] Die unzufriedenen Ungarn waren unzufrieden mit dem Leben unter der einzigen Partei des Landes - der *Ungarischen Arbeiterpartei* -, die unter direkter Kontrolle des Kremls stand.

Angeregt durch die Rede von Nikita Chruschtschow zu Beginn des Jahres, in der er das Stalin-Regime anprangerte, begannen die Proteste, die Demokratie und Freiheit von der sowjetischen Unterdrückung forderten, ernsthaft. Der Anführer der Rebellion war das lebenslange Sektenmitglied Imre Nagy (1896-1958). Nagy hatte die Absicht, Mehrparteienwahlen zuzulassen und Ungarn sogar aus dem Warschauer Pakt auszutreten.[96] Der größte Teil des Konflikts dauerte nur zwölf Tage, bevor die Aufständischen von der weit überlegenen Sowjetarmee besiegt wurden.

In der Folge wurde Nagy hingerichtet, und Tausende wurden vor Gericht gestellt und inhaftiert; es gab auch eine Massenhinrichtung. Dies führte zur Gründung der *Ungarischen Sozialistischen Arbeiterpartei*, die bis zum Fall des Kommunismus im Jahr 1989 als einzige Partei regierte.

Die Sowjets würden später behaupten, dass das, was als ehrlicher, vernünftiger Protest begann, von faschistischen, vom Westen unterstützten Kräften unterwandert wurde. Die Sowjets seien nur auf Wunsch der „echten Patrioten" (d. h. der Mitglieder der prosowjetischen marxistischen Sekte) einmarschiert, mit denen sie sich zusammengetan hätten, um diese Konterrevolution niederzuschlagen. Oh... also waren der Faschismus und der westliche Imperialismus schuld, richtig? (rollt mit den Augen). (Nebenbei bemerkt, in letzter Zeit hat der russische Präsident Wladimir Putin behauptet, die Ukraine sei voll von „Nazis" ....).

---

[93] https://en.wikipedia.org/wiki/Communist_Party_of_Albania_(1991)

[94] https://worldpopulationreview.com/country-rankings/poorest-countries-in-europe

[95] „Die Sowjets setzen der ungarischen Revolution ein brutales Ende", 24. November 2009. https://www.history.com/this-day-in-history/soviets-put-brutal-end-to-hungarian-revolution

[96] https://www.britannica.com/event/Hungarian-Revolution-1956

Die große Mauer des Kommunismus

> „Man muss anerkennen, dass der Untergang der Sowjetunion die größte geopolitische Katastrophe des Jahrhunderts war.[97]

Der russische Präsident Wladimir Putin,
Rede vor dem russischen Parlament, 25. April 2005

1961 beginnt der Bau der berüchtigten *Berliner Mauer*, die Deutschland in das angeblich demokratische „Westdeutschland" (*Bundesrepublik Deutschland)* und das kommunistische „Ostdeutschland" (*Deutsche Demokratische Republik)* teilt.[98]

Die Mauer, die schließlich durch die Teilung Berlins am Ende des Zweiten Weltkriegs entstand, war eine symbolische, physische Manifestation des trennenden und kontrollierenden Charakters der Ideologie. Sie hatte die doppelte Funktion, Nicht-Marxisten fernzuhalten und gleichzeitig die Menschen in Ostdeutschland daran zu hindern, das Land nach Belieben zu verlassen. Sie war Teil des so genannten *Eisernen Vorhangs - einer* physischen und ideologischen Barriere, die alle Menschen östlich davon im „Ostblock" gefangen hielt *und* sie vom „freien" Westen trennte.

Als physische Barriere erstreckte sich dieser „Vorhang" mit einer Länge von rund 7.000 Kilometern fast vollständig über Europa - von der deutschen Küste im Norden bis nach Jugoslawien im Süden. Videos im Internet, die Menschen zeigen, die versuchen, durch den Stacheldraht zu entkommen, veranschaulichen die Verzweiflung besser, als es Worte je könnten. Der Fall der Mauer im November 1989 symbolisierte das Ende des Kalten Krieges und befreite die Völker östlich davon von wirtschaftlicher Stagnation und ideologischer Unterdrückung.

Die chinesisch-sowjetische Spaltung

Eine ideologische Meinungsverschiedenheit innerhalb der Sekte, zwischen Mitgliedern in der Sowjetunion und in China. In der UdSSR nach Stalin prangerte Ministerpräsident Nikitia Chruschtschow 1956 in einer Rede viele Aspekte von Onkel Joes Regime öffentlich an (er nannte ihn nicht wirklich Onkel Joe; sie waren nicht verwandt). Dies markierte den Prozess der „Entstalinisierung" der Sowjetunion, wie er später genannt wurde. Diese Abkehr vom früheren Ansatz/System (dem so genannten Stalinismus) löste in der weltweiten Sekte einen Welleneffekt aus, der den Führer von Rotchina -

---

[97] Associated Press, „Putin: Zusammenbruch der Sowjetunion ist eine echte 'Tragödie'„, 25. April 2005. https://www.nbcnews.com/id/wbna7632057

[98] https://www.britannica.com/topic/Berlin-Wall

Mao Zedong - dazu veranlasste, dies als „Revisionismus" zu bezeichnen.[99]

In diesem Zusammenhang bedeutete Revisionismus eine Abkehr von den traditionellen marxistischen Grundsätzen, eine Art „Aufweichung" in bestimmten Fragen (insbesondere in Bezug auf die Idee, dass kommunistische Nationen friedliche Beziehungen zu nichtkommunistischen Nationen unterhalten sollten, in denen beide koexistieren könnten). Diese Entwicklung wirkte sich auch auf andere kommunistische Länder aus und führte zur Entwicklung neuer Ausprägungen/Interpretationen der Ideologie (die an anderer Stelle aufgeführt sind).

Die Rede, die Chruschtschow 1956 hielt, trug den Titel „Über den Personenkult und seine Folgen".[100] Die Ideologie/der Kult selbst ist der Kult von Marx. Interessanterweise lautete der Alternativtitel für das Buch, das Sie gerade lesen, „Der Kult der Fotzen und seine fotzenhaften Folgen".

Der Prager Frühling

Im Jahr 1968 wurden in der *Tschechoslowakischen Sozialistischen Republik, die damals* ein Satellitenstaat der Sowjetunion war, interne Reformversuche unternommen. Diese Zeit der politischen Reformen und die Massenproteste, die im Land stattfanden, sind als *Prager Frühling* bekannt.[101] Auslöser dieses Aufstandes war der damalige Vorsitzende der *tschechoslowakischen kommunistischen Partei* Alexander Dubcek. Wie bei der ungarischen Revolution von 1956 wollten die Tschechoslowaken eine Liberalisierung ihrer Gesellschaft: Redefreiheit, Freizügigkeit, Dezentralisierung der Wirtschaft usw. Wie zuvor wollten die Fanatiker im Kreml nichts davon wissen, und so kam es in der Nacht des 20. August zum Einmarsch in die Tschechoslowakei.

Anders als bei der ungarischen Revolution kam es nicht zu Kämpfen zwischen den Einwohnern und den Eindringlingen. Es kam jedoch zu einem Massenexodus, bei dem mehr als eine Viertelmillion Menschen flüchteten (ich frage mich, warum die Menschen vor der heldenhaften, glorreichen Roten Armee fliehen sollten?) Am 25. August 1968 protestierten acht Personen auf dem Roten Platz in Moskau gegen die Invasion.[102] Die sowjetische Regierung betrachtete diese Aktion als Verrat und unterdrückte sie mit äußerster Härte. Einige Demonstranten wurden in die brutalen Gulag-Gefangenenlager in

---

[99] https://www.britannica.com/topic/20th-century-international-relations-2085155/The-Sino-Soviet-split

[100] Chruschtschow, N. „Rede vor dem 20. Kongress der C.P.S.U.", 1956.https://www.marxists.org/archive/khrushchev/1956/02/24.htm

[101] https://www.britannica.com/event/Prague-Spring

[102] Kramer, M. „The August 1968 Red Square Protest and Its Legacy", 24. August 2018. https://www.wilsoncenter.org/blog-post/the-august-1968-red-square-protest-and-its-legacy

Sibirien geschickt, andere in psychiatrische Kliniken. Wenn die Sekte/Ideologie die volle Kontrolle hat, sind Proteste nicht erlaubt.

Demokratisches Kampuchea und die Roten Khmer

> „Bin ich gewalttätig? Nein. Was mein Gewissen und meinen Auftrag betrifft, gab es kein Problem.

> Das letzte Interview von Saloth Sar (alias Pol Pot), 1979[103]

Eine weitere absolute Ungeheuerlichkeit, selbst nach marxistischen Maßstäben, ereignete sich in dem Land, das heute Kambodscha heißt und in Südostasien liegt. Dieses Land war eine Zeit lang ein „marxistisch-leninistischer" Einparteienstaat namens *Demokratisches Kampuchea*, der zwischen 1975 und 1979 existierte. Es wurde von der *Kommunistischen Partei Kambodschas* (auch bekannt als die *Roten Khmer*) regiert.[104] Diese Gruppe trat auf den Plan, als sich die marxistische Fäulnis in der Zeit nach dem Zweiten Weltkrieg und nach dem Kolonialismus in Asien ausbreitete. Zu ihren Verbündeten gehörten zu verschiedenen Zeiten Mao Zedongs China, der Vietcong, Nordkorea und die *Pathet Lao* (*Laotische Volksbefreiungsarmee*) im benachbarten Laos.

Der Name „Khmer Rouge" bedeutet „Rote Khmer": „Rouge" ist natürlich „Rot" auf Französisch, und die „Khmer" waren die dominierende ethnische Gruppe in diesem Gebiet. Im Grunde also eine weitere Kultgruppe.

Die Führung der Roten Khmer bestand aus kambodschanischen Sektenmitgliedern, von denen viele während ihrer „Ausbildung" in Frankreich dem Marxismus ausgesetzt waren. Der Psychopath an der Spitze war in diesem Fall ein Kambodschaner namens Saloth Sar (der sich später in Pol Pot umbenannte). [105] Mr. Pot stammte aus einem relativ wohlhabenden landwirtschaftlichen Umfeld und erhielt schließlich eine Art champagner-sozialistische Erziehung. Er lernte historische Figuren wie Maximillian Robespierre (1758-1794) aus der Französischen Revolution kennen und wurde ein Fan von Onkel Joe Stalin. Nachdem er als Student in Paris einer Gehirnwäsche unterzogen worden war, kehrte er 1953 nach Kambodscha zurück, um das zu tun, was Sektenmitglieder normalerweise tun: ihr Heimatland infizieren.

Als die Roten Khmer die Kontrolle übernahmen, ließ Pol Pot die Hauptstadt Phnom Penh räumen und zwang die Menschen in die ländlichen Gebiete, die in Zonen eingeteilt waren. Er wollte, dass alle Bauern sind, damit sie alle gleich

---

[103] „Das letzte Interview mit Pol Pot (englische Untertitel)". https://www.YouTube.com/watch?v=CQ9_BMshyiw

[104] „Rote Khmer". https://www.britannica.com/topic/Khmer-Rouge

[105] „Pol Pot", 21. August 2018. https://www.history.com/topics/cold-war/pol-pot

behandelt werden konnten (schon wieder...).[106] Wohlhabenden Menschen, die versuchten, ihre Besitztümer mitzubringen, wurde dies verwehrt. Das Regime zeichnete sich durch den üblichen marxistischen Autoritarismus aus: erzwungene „Gleichheit", Zwangsarbeit, Kollektivierung, Liquidierung vieler Wohlhabender (d. h. der Mittelschicht oder höher), Intellektueller und politisch Andersdenkender usw. Als das beschissene System, das das Regime durchsetzte, nicht funktionierte, nahm Pol Pot die Schuld natürlich nicht auf sich. Stattdessen beschuldigte er politische Feinde und Infiltratoren, alles ruiniert zu haben. Ehemalige Mitglieder der Roten Khmer wurden in den Vernehmungszentren selbst getötet. Gemessen an der Bevölkerungszahl hat das Regime eine der höchsten Opferzahlen aller marxistischen Sekten. Die Schätzungen für die Zahl der Toten schwanken zwischen 1,5 und 3 Millionen.[107] Es war eine weitere Erscheinungsform der Ideologie, die aus der Instabilität und den Konflikten resultierte, die sie in ganz Asien hervorrief.

Den Auftakt zu diesem Fiasko bildete der *kambodschanische Bürgerkrieg,* der zeitgleich mit dem Vietnamkrieg von 1968 bis 1975 stattfand. Er fand zwischen den Roten Khmer und ihren marxistischen Verbündeten (Vietcong und Nordvietnam usw.) und dem Königreich Kambodscha und seinen Verbündeten (Südvietnam, USA usw.) statt.[108] Leider setzte sich die Sekte durch und die Roten Khmer übernahmen die Kontrolle. Da sich die marxistischen Kräfte während des Vietnamkriegs häufig über die Grenze nach Kambodscha und Laos zurückzogen, war ein offizielles oder inoffizielles Eingreifen der USA über die Grenze unvermeidlich. Obwohl ihre Streitkräfte mit der *Operation Menu* (1969-1970) und der *Operation Freedom Deal* (1970-1973) (halbherzig) nach Kambodscha vordrangen, wurden die Roten Khmer leider nicht richtig bekämpft. Natürlich nutzte die Sekte diese Militäraktionen, um sowohl regional als auch international Sympathien für ihre „Sache" zu gewinnen. Die Kommunisten spielen das Opfer, indem sie sich beschweren, dass jemand versucht, sie zu stoppen. Sie versuchen, den USA die Schuld zu geben, weil sie der Bösewicht in dieser Gleichung sind. Typisch.

Der politische Druck, der von den Sektenmitgliedern auf internationaler Ebene - einschließlich der „Friedensbewegung" auf amerikanischem Boden - erzeugt wurde, trug dazu bei, dass sich die USA aus der Region zurückzogen, und die daraus resultierende schwindende öffentliche Unterstützung bedeutete, dass eine effektivere Invasion in Kambodscha natürlich nie stattfinden würde.

---

[106] Deth, S.U., „Aufstieg und Fall des demokratischen Kampuchea", 2009.

https://www.asianstudies.org/publications/eaa/archives/the-rise-and-fall-of-democratic-kampuchea/

[107] „Kambodscha,,. https://cla.umn.edu/chgs/holocaust-genocide-education/resource-guides/cambodia

[108] https://www.britannica.com/place/Cambodia/Civil-war

Die Infektion blieb, und die Kambodschaner waren der Gnade der Sekte ausgeliefert, die nicht nur Millionen ihrer eigenen Zivilisten abschlachtete, sondern auch die Vietnamesen an der Grenze. All diese gehirngewaschenen Hippie-Idioten und Studenten auf amerikanischen „Friedens"-Protesten hatten also Blut an ihren Händen... genau wie all die marxistischen Verräter in den USA zu dieser Zeit.

Das Regime der Roten Khmer wurde schließlich 1978 im *kambodschanisch-vietnamesischen Krieg* von den Vietnamesen gestürzt, *also* in den Jahren nach dem Abzug der US-Truppen aus der Region.[109] Der Konflikt zwischen diesen beiden Gruppen dauerte noch lange nach der Entmachtung der ersteren an, und die Feindseligkeiten hielten bis 1989 an, als sich die Vietnamesen aus dem Land zurückzogen. Interessanterweise (und bezeichnenderweise) erkannte die UNO das Demokratische Kampuchea während der vietnamesischen Besetzung (!) als rechtmäßige Regierung an.

Diese Situation zeigt, dass die Ideologie in der Lage ist, verschiedene Regime hervorzubringen, die dann um die Kontrolle der Region konkurrieren und sich gegenseitig ausschalten. Es ist auch ein Lehrstück dafür, welche Schrecken sich ereignen können, wenn man nicht vollständig eingreift und Sektenregime beseitigt.

Rhodesien/Simbabwe

Eine weitere marxistische Horrorshow, diesmal in Simbabwe, Südostafrika. Dieses Land wies die typischen komplexen Merkmale vieler postkolonialer afrikanischer Nationen auf, einschließlich der Spaltung der nicht-weißen Bevölkerung (der Shona- und Ndebele-Völker). Formal von der *British South Africa Company* kontrolliert, erklärte es 1965 seine Unabhängigkeit als Rhodesien und wurde 1979 zu Simbabwe-Rhodesien.[110] Während eines Großteils dieses Zeitraums hatte die weiße Minderheitsregierung die Kontrolle über ein international nicht anerkanntes Land inne. Diese Situation war das Ergebnis der britischen Politik, ihren afrikanischen Kolonien nur dann die Unabhängigkeit zu gewähren, wenn eine Mehrheitsregierung vorhanden war. Mit anderen Worten: Die weiße Minderheit hatte Pech.

Die weiße Minderheit war dann weitgehend auf sich allein gestellt, um mit der wachsenden mörderischen Flut des schwarzen Marxismus fertig zu werden, wobei sie etwas Unterstützung aus dem benachbarten Südafrika erhielt. Dieser Konflikt bildete den *Rhodesian Bush War* oder *Zimbabwe War of Liberation* („Befreiung", um marxistisch zu sein; wir können ihn auch die „marxistische

---

[109] „Vietnam-Kambodscha-Krieg | Überblick, Hintergrund und Geschichte,".
https://study.com/learn/lesson/vietnam-cambodia-war-causes-effects.html

[110] https://www.britannica.com/place/Zimbabwe

Übernahme von Rhodesien" nennen).[111] In diesem Krieg standen sich die beiden wichtigsten marxistischen Fraktionen - Z.A.N.L.A. (*Zimbabwe African National Liberation Army*) und Z.I.P.R.A. (*Zimbabwe People's Revolutionary Army*) - *und die* weiße Minderheit gegenüber. Die ZANLA war der militärische Flügel der ZANU (*Zimbabwe African National Union*); die ZIPRA war der militärische Flügel der ZAPU (*Zimbabwe African Peoples Union*).

Sowohl die ZANU als auch die ZAPU bildeten eine Koalition mit der Bezeichnung *Patriotische Front*. Die marxistischen Fraktionen wurden von der *FRELIMO* (aus dem benachbarten Mosambik) und dem *Afrikanischen Nationalrat* (aus dem benachbarten Südafrika) *sowie* von der *FROLIZI* (*Front für die Befreiung Simbabwes*) unterstützt. Söldner wie die amerikanischen „*Crippled Eagles*" kämpften für die rhodesischen Sicherheitskräfte.

Die ZANLA startete ihren Feldzug von Mosambik aus, das östlich von Simbabwe liegt. Sie setzte sich hauptsächlich aus der Volksgruppe der Shona zusammen und wurde von Rotchina versorgt. Die ZIPRA, die hauptsächlich aus Ndebele bestand, hatte ihren Sitz in Sambia (im Norden/Nordwesten von Simbabwe). Diese Gruppe wurde von den Sowjets unterstützt. Auch Fidel Castro aus Kuba bot seine Unterstützung an.

Es handelte sich also im Wesentlichen um mehrere Sektengruppen auf der einen Seite und die rhodesischen Sicherheitskräfte (und ihre Verbündeten) auf der anderen Seite. Die marxistischen Fraktionen bekämpften sich manchmal gegenseitig. Der Konflikt dauerte etwa fünfzehn Jahre von 1964 bis 1979 und endete mit einem Patt. Die Briten schalteten sich am Ende des Krieges als Vermittler zwischen allen beteiligten Parteien ein, was zum *Lancaster House Agreement* führte. [112]

Dies führte schließlich zur schwarzen Mehrheitsherrschaft, wobei die marxistische ZANU-PF-Partei die ersten Wahlen im nun international anerkannten Simbabwe gewann. Es war also nicht wirklich eine „Pattsituation" - die Sekte war siegreich. Infolgedessen wurde ein Mann namens Robert Mugabe zum ersten Staatsoberhaupt des Landes, und zwar als Premierminister.

Eintritt Mugabe

Robert Gabriel Mugabe war ein weiterer an der Universität „ausgebildeter" Afrikaner, der die Geschicke seines Landes in die Hand nahm und es in eine herrliche marxistische Utopie führte. Dieser Idiot besuchte 1949 mit einem Stipendium die *Universität von Fort Hare* in Südafrika. Dort infizierte sich Mugabe zunächst bei Sektenmitgliedern. Er trat dem *Afrikanischen Nationalkongress* bei und wurde mit den Ideen des „afrikanischen Nationalismus" vertraut gemacht. Später zeigte er Interesse an den Schriften

---

[111] „Bush-Krieg„. https://www.rhodesianstudycircle.org.uk/bush-war/

[112] https://en.wikipedia.org/wiki/Lancaster_House_Agreement

der Genossen Marx und Engels. Nachdem er einen BA-Abschluss in Geschichte und englischer Literatur erworben hatte, kehrte er 1952 nach Südrhodesien zurück.[113]

Danach begann er seine Lehrtätigkeit an verschiedenen Orten (arme Kinder!) und landete schließlich 1958 in Ghana. Dort erhielt er seine zweite Dosis Marxismus, als er das *Kwame Nkrumah Ideological Institute* in Ghana besuchte. Kwame Nkrumah (1909-1972) war ein weiteres an der Universität „ausgebildetes" Sektenmitglied, das 1960 der erste Präsident von Ghana wurde. Nkrumah schuf einen Einparteienstaat und führte sein Land durch die Durchsetzung des „afrikanischen Sozialismus" in den Ruin.[114]

Mugabe begann sein politisches Engagement in den 1960er Jahren. 1964 wurde er aufgrund seiner Aktivitäten inhaftiert und verbrachte die nächsten zehn Jahre im Gefängnis, aus dem er 1974 entlassen wurde. Er floh nach Mosambik, wo er einige Jahre im Exil verbrachte, während der Buschkrieg in Rhodesien tobte. Nach dem Konflikt errichtete Mugabe nach seiner Machtübernahme eine Einparteiendiktatur, und die unvermeidliche Verfolgung der Ndebele-Minderheit begann.

Seine Politik führte zu neuen staatlichen Kontrollen der Wirtschaft und der staatlichen Unternehmen sowie zur Konfiszierung (natürlich ohne Entschädigung) des Besitzes weißer Farmer. Dieser Landraub folgte der marxistischen Formel „Anti-Kolonialismus"/"Anti-Kapitalismus" im Namen der „Gleichheit". Niemand dachte daran, dass die weißen Farmer am besten geeignet waren, die Farmen zu führen (aufgrund ihrer Erfahrung und ihres Know-hows), und die Nahrungsmittelproduktion kam zum Stillstand, was zu einer weit verbreiteten Hungersnot führte. Millionen Menschen flohen. Der kurzsichtige, unbeholfene Fanatismus des Marxismus schlägt wieder zu.

(Ein weiteres Beispiel für diesen idiotischen und typisch marxistischen Tunnelblick ereignete sich während des Buschkriegs in Rhodesien, als die marxistischen Kräfte auf der anderen Seite der Grenze in Sambia verblüfft feststellten, dass sie von der Wasserversorgung aus Simbabwe abgeschnitten waren - einer Wasserversorgung, die von den bösen, unterdrückerischen, nicht-marxistischen, kolonialistischen Weißen gebaut und aufrechterhalten wurde).

Später führte die *Nationale Armee Simbabwes die* Gukurahundi-Massaker durch, die sich hauptsächlich gegen die Ndebele-Minderheit richteten (1982 bis 1987).[115] Abgesehen vom ethnischen Völkermord waren die Ndebele in der Regel ZAPU-Anhänger; abgesehen von der Bezeichnung der Parteien und der

---

[113] https://www.britannica.com/biography/Robert-Mugabe

[114] https://en.wikipedia.org/wiki/Kwame_Nkrumah_Ideological_Institute

[115] Boddy-Evans, A. „Was war Gukurahundi in Simbabwe?", 12. Februar 2019. https://www.thoughtco.com/what-is-gukurahundi-43923

Innenpolitik handelte es sich um eine politische Unterdrückung derjenigen, die in Opposition zur marxistischen Regierung standen (typisch für die Sekte, wenn sie an der Macht war). Angemessene Schätzungen für die Massaker schwanken zwischen acht- und zwanzigtausend. Ein weiteres Beispiel dafür, wie die Maske verrutscht - die Sekte/Ideologie kümmerte sich in diesem Fall nicht um die Rechte der Schwarzen/Afrikaner.

Einst als „Juwel Afrikas" bekannt, hat Mugabes Herrschaft Simbabwe in ein relatives Höllenloch verwandelt. Denjenigen, die für die Sekte kämpften oder sie anderweitig unterstützten, kam nie in den Sinn, dass es unklug war, die Infrastruktur zu zerstören, die die weiße Minderheit aufgebaut hatte. Das ist wirklich ein unglaubliches Maß an Dummheit, denn sie haben buchstäblich fünfzehn Jahre lang bis zum Tod gekämpft, um dieses Ziel zu erreichen. Das ist ein weiteres gutes Beispiel dafür, was passiert, wenn die organische Ordnung der Infrastruktur durch marxistische Theorien ersetzt wird.

Perestroika

In der zweiten Hälfte der 1980er Jahre, gegen Ende der Ära der UdSSR, bemühte sich die sowjetische Verwaltung offensichtlich um eine Änderung ihrer Geschäftspolitik. Dies beinhaltete Veränderungen in einer Vielzahl von Bereichen. Das vorgebliche Ziel war nicht die Abkehr vom Sozialismus, sondern die Einbeziehung von Aspekten der „liberalen Wirtschaft". Der Begriff „Perestroika" wurde durch den sowjetischen Ministerpräsidenten Michail Gorbatschow (1931-2022) bekannt und bedeutet „Wiederaufbau" oder „Umstrukturierung".[116]

Ein anderer Begriff, der verwendet wurde, war „Glasnost", was „Offenheit" oder „Transparenz" bedeutet (klingt schön, nicht wahr?). Ich glaube, dass dies ein Versuch der Sekte war, ihre Absichten zu verbergen, indem sie vorgab, dass der „Kommunismus" weicher wurde, im Wesentlichen wohlwollender wurde und die westliche Kultur widerspiegelte. Dieses Thema wird in *Die Perestroika-Täuschung* behandelt: *Memoranda to the Central Intelligence Agency* (1998) von einem hochrangigen KGB-Überläufer namens Anatoliy Golitsyn.

Um all dies in den richtigen Kontext zu setzen: Das russische Regime von heute hat in manchen Kreisen das Image, viel „netter" zu sein als frühere Regime, aber wir sollten keine Annahmen treffen. Es ist klar, dass Putins Russland Allianzen mit China, Nordkorea und anderen Ländern unterhält, was beunruhigend ist. Zum Zeitpunkt der Erstellung dieses Artikels befinden sich russische Streitkräfte in der Ukraine. Ich bete dafür, dass sie das Land nicht annektiert haben, wenn Sie dies lesen. Das würde bedeuten, dass die „kommunistische" Allianz einen weiteren Schritt nach Westen gemacht hat,

---

[116] https://www.britannica.com/topic/perestroika-Soviet-government-policy

und eine weitere Figur auf dem Schachbrett...

Zusammenfassung für den historischen Teil

Manch einer mag meinen, dass diese „kommunistischen" Regime der Vergangenheit keine Parallelen in den Gesellschaften von heute haben; dass es sich um eine vergangene Ära handelt. Das ist falsch - es gibt viele Ähnlichkeiten. Es mag Unterschiede in den Methoden der Sekte/Ideologie geben, aber wichtig ist der Grad ihres ideologischen Einflusses/ihrer Dominanz insgesamt.

Einige Dinge, die in jüngster Zeit geschehen, erinnern an diese Regime: die Kontrolle der Bewegungsfreiheit innerhalb eines Landes und die Möglichkeit, ein Land nur unter bestimmten Bedingungen zu verlassen/zu betreten (d.h. (z.B. wenn man bereit ist, sich etwas (Covid) injizieren zu lassen); der Staat entscheidet, welche Arten von Lebensmitteln, Dienstleistungen und Arbeitsplätzen „unverzichtbar" sind (Covid-Sperren); Belästigung/Bestrafung durch staatliche Polizeidienste, wenn man die Sekten-/Kultmitglieder offen kritisiert („Hassrede"-Vollstreckung), und/oder der Schutz von Sektenmitgliedern durch den Staat; die Schaffung „politisch korrekter", gehirngewaschener Rattengesellschaften und der Einsatz von Technologie zur Überwachung der allgemeinen Öffentlichkeit.

Außerdem: die Mainstream-Medien, die ständig Propaganda verbreiten, und die Zensur von allem, was dem widerspricht; die Kontrolle der Bildungssysteme durch die Sekte und die Indoktrination der Jugend mit verschiedenen Methoden; die Versuche, mehr Einfluss auf die Jugend zu gewinnen, indem man sie „legal" von ihren Eltern trennt; die Kontrolle der Sprache in der Gesellschaft; die Kontrolle von Kunst/Kultur/Unterhaltung und deren Marxisierung; der Angriff auf Religion und Spiritualität, insbesondere das Christentum; die Versuche, Gleichheit durchzusetzen; die Förderung/Verwendung des Sozialismus als Wirtschaftssystem; die ständige Betonung des offensichtlichen Imperialismus der Vereinigten Staaten/NATO-Länder (als eine Form der Ablenkung und Propaganda etc. usw.).

Die Ideologie als Ganzes ist daran schuld.

Es wurde nicht jedes einzelne Vorkommen der Infektion aufgenommen; das war nur ein kurzer Überblick. Sie sind an anderer Stelle untersucht worden und würden Bücher und Bücher erfordern. Denken wir an einen wichtigen Punkt: Wenn es den „revolutionären" Marxismus nicht gäbe - oder zumindest, wenn er als die giftige Ideologie behandelt würde, die er ist - dann hätte es all diese Regime/Zwischenfälle nicht gegeben.

All diese Einschüchterung, Folter, Diebstahl, Terror, Gewalt, Hunger und Tod hätten nicht all diese Millionen Menschen betroffen oder all diese Länder zerstört. Ich schließe die negativen Auswirkungen jeder Ausprägung der Ideologie mit ein, ob es sich nun um die Folgen der wirtschaftlichen

Katastrophe handelt, die durch den Sozialismus verursacht wurde, oder um die Invasion/Kriegsführung durch marxistische Kräfte usw.

Moderne Sektenmitglieder auf der ganzen Welt versuchen ständig, sich von dieser Geschichte der Ereignisse zu distanzieren. Sie können sich als jede Art von „Linken", Sozialisten, Marxisten, Trotzkisten usw. identifizieren und behaupten, sie seien von all dem getrennt. Lasst sie nicht vom Haken! Schreien Sie es ihnen zu, stopfen Sie es ihnen in die Ohren und rammen Sie es in ihre Kehlen. Es ist keine Zeitverschwendung, nur weil sie nicht zuhören oder nicht verstehen wollen, denn andere Nicht-Kult-Mitglieder werden dich hören und mitmachen.

In vielen Fällen versuchen wir nicht zu überzeugen, sondern wir versuchen zu kritisieren und zu unterdrücken. Es ist Ihr/unser gutes Recht, sich auf diese Weise über sie lustig zu machen, weil sie dummerweise diese Ideologie unterstützen. Es ist ihre Ideologie/Kult.

Das ist es, was sie uns heute aufzwingen wollen. Das ist ihre Sache, wissentlich oder unwissentlich, und worauf sie stolz sind. Das ist ihr marxistisches Erbe, und wir werden ihnen den Spiegel vorhalten.

Verschiedene Stämme (für verschiedene Leute)

> „Beginnend mit dem Revolutionär Marx etabliert sich eine politische Gruppe mit konkreten Ideen. Sie stützt sich auf die Giganten Marx und Engels und entwickelt sich schrittweise mit Persönlichkeiten wie Lenin, Stalin, Mao Tsetung und den neuen sowjetischen und chinesischen Machthabern weiter, um einen Korpus von Lehren und, sagen wir, Beispielen zu schaffen.[117]
>
> Fanatisches argentinisches Sektenmitglied Ernesto „Che" Guevara, Aufzeichnungen über die kubanische Revolution (1960)

Werfen wir einen Blick auf die marxistischen „Stämme" - verschiedene Interpretationen, „Marken" oder Sekten der Sekte -, die zu verschiedenen Zeitpunkten in der Geschichte der Ideologie weltweit entstanden sind. Der Schwerpunkt liegt auf der Idee, dass die ideologische Infektion in all diesen Situationen präsent war (in der einen oder anderen Form und in dem einen oder anderen Ausmaß), unabhängig davon, wie diese Gruppen sich selbst bezeichnen oder wie sie jetzt genannt werden. Die Ideologie selbst spielte die entscheidende Rolle, lassen Sie sich also nicht verwirren oder täuschen, wenn Ihnen jemand etwas anderes erzählt. Was hier wichtig ist, ist die Frage, wo die ideologische Infektion stattgefunden hat, und nicht die Unterschiede zwischen den einzelnen Systemen, Regimen, Gruppen usw., auf die sich andere (insbesondere Sektenmitglieder) gerne konzentrieren.

In der folgenden Tabelle sind einige der verschiedenen Stämme aufgeführt: der

---

[117] Guevara, E., *Aufzeichnungen über die kubanische Revolution* (1960).
https://libquotes.com/che-guevara/quote/lbd0b8u

Variantenname, der Namensgeber, der Herkunftsort und der ungefähre Zeitraum der Entstehung und/oder des Bestehens.[118]

Variante/Belastung	Namensgeber	Herkunft	Zeitspanne
Fabianischer Sozialismus	Fabianische Gesellschaft	U.K.	ab 1884
Leninismus	Wladimir Lenin	Russland	vor/nach 1917
Luxemburgismus	Rosa Luxemburg	Deutschland	vor 1919
Marxismus-Leninismus	Karl Marx, W.I. Lenin (Stalin)	Russland	vor/nach 1924
Trotzkismus	Leon Trotksy	Russland	ab 1927
Stalinismus	Josef Stalin	Russland	ab 1927
Maoismus	Mao Ze Dong	China	Ab den 1920er Jahren
Titoismus	Josip Broz (auch bekannt als „Tito")	Jugoslawien	1945- 1980
Castroismus	Fidel Castro	Kuba	1959-2008
Guevarismus	Ernest „Che" Guevara	K.A.	1960s
Hoxhaismus	Enver Hoxha	Albanien	ab 1978
Ho Chi Minh dachte	Ho-Chi-Minh-Stadt	Vietnam	ab 1991

Kontinentale Tische

Wie kann man versuchen, eine ideologische Infektion zu quantifizieren, die in den Köpfen der Menschen existiert? Ist das überhaupt möglich? Nun, wenn wir uns nicht mit jedem Menschen auf der Erde einzeln hinsetzen und ihn befragen, wie sollen wir dann wissen, wer infiziert ist und in welchem Ausmaß? Vielleicht könnten wir in Zukunft einen Star-Trek-Ansatz verfolgen, mit einer Art automatisiertem System, das bestimmte Fragen stellt usw. Eine Person setzt sich in einen Stuhl und - bumm! - erhält sofort ihre Infektionsergebnisse. Oder ein Gerät wie eine Schnellfeuerwaffe, die man einfach auf jemanden richtet und die einem dann sagt, wie sehr derjenige ein gehirngewaschener

---

[118] https://en.wikipedia.org/wiki/List_of_communist_ideologies

Spinner ist.

Leider haben wir diesen Luxus nicht. Dennoch wissen wir, dass diese Sekte weltweit verbreitet ist. Nun...wie global? Dieser Abschnitt soll dem Leser nur eine allgemeine Vorstellung von der geografischen und historischen Verbreitung der Ideologie vermitteln. Da es sich nicht um ein historisches Buch handelt, ist der Versuch, die gesamte Geschichte des Marxismus zu dokumentieren, nicht Teil des Auftrags und auch nicht notwendig (es kann jedoch den Appetit auf weitere Studien wecken).

In den folgenden Tabellen finden Sie daher eine Auswahl marxistischer politischer Gruppen in jedem Land, um eine klare chronologische Präsenz zu zeigen, etwa von ihrem Auftreten bis zum heutigen Tag. Dies zeigt, dass der „Kommunismus" nicht nur im 20. Jahrhundert existierte und seinen Höhepunkt erreichte (eine höchst irrige Auffassung); er ist heute lebendig und stärker denn je! In der Tat gibt es keine andere Bewegung in der Geschichte, die mit ihm in Bezug auf Umfang und Struktur vergleichbar wäre.

Darüber hinaus ist die Verwendung politischer Gruppen ein einfacher Weg, um eine klare marxistische Organisationspräsenz in jedem Land und (in vielen Fällen) die Beteiligung subversiver internationaler Gruppen (z. B. der sowjetischen Komintern) zu zeigen. Natürlich sind die politischen Gruppen (so wichtig sie auch sein mögen) nur der offensichtlichere Teil der gesamten internationalen Sektenbewegung.

Wenn man ein bestimmtes Land in diesem Zusammenhang betrachtet, sind die Personen, die marxistische Gruppen/Organisationen gründen, natürlich keine Sesselmarxisten (d.h. sie sitzen nicht zu Hause und lesen die Literatur der Sekte und behalten ihre Ideen für sich, oder sie beeinflussen/infizieren lediglich ihre Umgebung, was schon schlimm genug ist!) Sie schließen sich mit anderen Infizierten zusammen und beabsichtigen, den Rest der Bevölkerung in ihrem Land anzustecken. Daher ist es für unsere Zwecke ein guter Ausgangspunkt, sich zunächst auf diese Gruppen zu konzentrieren, um die globale Reichweite der Ideologie zu verstehen.

Auch das Vorhandensein (oder Nichtvorhandensein) marxistischer Organisationen kann den Grad der Toleranz zeigen, den die Bevölkerung gegenüber dem Marxismus/Marxisten hat: eine vehement antimarxistische Gesellschaft wird es diesen Individuen nicht erlauben, sich zu organisieren und mit ihrer Verseuchung/Zerstörung des Landes fortzufahren (ungewöhnlich in der heutigen Welt); umgekehrt wird eine naive Gesellschaft es ihnen erlauben, sich zu organisieren, an Schwung zu gewinnen, stärker zu werden, in die Regierung zu kommen usw. (leider häufig). Es wird den Leser wahrscheinlich nicht überraschen (wie die Tabellen zeigen werden), dass fast jeder Teil der Erde zu irgendeinem Zeitpunkt in diesem Marxschen Zeitalter infiziert worden ist. Der „Infektionspunkt" eines Landes ist der Zeitpunkt, an dem marxistische Ideen dort erstmals auftauchen (z. B. Einzelpersonen in einer Gesellschaft, die

Marxismus schreiben oder verbreiten).

Wie bereits erwähnt, scheint es, dass die Sekte/Ideologie gerne dann zuschlägt, wenn sich Länder in einem Zustand des Übergangs, der Instabilität und der Schwäche befinden; mit anderen Worten, sehr günstige Bedingungen für eine Übernahme (z. B. Europa nach dem Ersten Weltkrieg). Oft schafft sie diese günstigen Bedingungen selbst (an anderer Stelle erläutert). Wie bereits an anderer Stelle erwähnt, trat der Marxismus an die Stelle des traditionellen Imperialismus; dieser Prozess ist in Afrika deutlich zu erkennen. Die „Unabhängigkeits"-Bewegungen vieler Länder wurden oft vom Marxismus geschaffen. Die Namen der aufgelisteten Gruppen - und die Zeitspanne - werden dies widerspiegeln.

Verspätete Sicherung und externe Einflüsse

Die Auswirkungen einer marxistischen Infektion haben in der Regel eine verzögerte Zündschnur. Wenn beispielsweise eine marxistische Organisation (z. B. eine sozialistische/kommunistische politische Partei oder Gewerkschaft usw.) in einem südamerikanischen Land im Jahr 1920 gegründet wird, kann es Jahre, oft Jahrzehnte dauern, bis sich die Infektion landesweit so weit ausbreitet, dass sie einen wirklichen Einfluss auf die Angelegenheiten des Landes ausübt. Es gibt viele Variablen, die sich auf diesen Prozess in einem bestimmten Land auswirken, darunter der Grad der politischen Stabilität und die Anfälligkeit der Bevölkerung für eine marxistische Machtübernahme. Darüber hinaus kann der Fortschritt eines Landes hin zu einer größeren Infektion durch den Einfluss anderer Länder beschleunigt werden, die sich in einem späteren, fortgeschritteneren Stadium der Infektion befinden. Dies äußert sich darin, dass das größere Land die „Revolution" unterstützt, indem es Hilfe anbietet, sei es in Form von Beratung und Diplomatie, Personal, Finanzen, militärischer Ausbildung und Ausrüstung usw. Beispiele für diesen Prozess wären die UdSSR oder Rotchina, die im 20. Jahrhundert eine Vielzahl marxistischer Aufstände in Afrika und Südamerika schufen/unterstützten/beeinflussten.

Eine hartnäckige Infektion

Wenn die Infektion eines Landes erst einmal eingesetzt hat und nicht gestoppt wird, beginnt sie sich zu verbreiten, gewinnt die Kontrolle und beginnt den Prozess, das Land unweigerlich mit dem Sozialismus zu ruinieren (neben anderen Dingen). Oft kommt es zu einer „rechten" Gegenreaktion, wenn die Öffentlichkeit zur Vernunft gekommen ist; sobald der Zauber nachgelassen hat und das Versprechen, das die Marxisten ihnen über eine sozialistische Utopie gegeben haben, nicht in Erfüllung geht, wachen sie auf und erkennen, was (und wer!) das Problem ist. Welches Regime auch immer dann eingeführt wird, wenn es ausreichend antimarxistisch ist, kann die Infektion dann in Schach halten.

Leider kann diese Periode nicht unbegrenzt andauern, und früher oder später kommt die Infektion wieder zum Vorschein. Genau das geschah in Spanien in der Zeit zwischen der Gründung der pro-marxistischen *Spanischen Republik* im Jahr 1931, der Herrschaft des antimarxistischen Generalissimus Francisco Franco vom Ende des Spanischen Bürgerkriegs 1939 bis zu seinem Tod 1975 und dem unvermeidlichen Wiederauftauchen des Marxismus zu diesem Zeitpunkt. Ein weiteres Beispiel ist das, was vor, während und nach dem Regime von Augusto Pinochet in Chile während des größten Teils der 1970er und 1980er Jahre geschah.

Ein weiteres Beispiel ist die Geschichte des Sozialismus und von *Bela Kun* in Ungarn von 1919 bis zum Ende der Sowjetunion im Jahr 1989: 1919 war es kurzzeitig die *Ungarische Sozialistische Republik*, dann, nach einigen Umwälzungen in der Zwischenkriegszeit und als Verbündeter der *Achsenmächte* im Zweiten Weltkrieg, stand es jahrzehntelang unter vollständiger Kontrolle der Sowjets. Ein weiteres offensichtliches Beispiel ist Italien vor, während und nach Mussolinis Herrschaft. Es gibt viele weitere Beispiele und Variationen dieses Musters von Infektion, Desinfektion und erneuter Infektion. Parteien/Gruppen können in einem Land von einem bestimmten Regime verboten und vielleicht sogar in den Untergrund gezwungen werden (sie können während dieser Zeit ruhen oder illegal aktiv sein), um dann zu einem späteren Zeitpunkt wieder aufzutauchen. Wir sehen dies häufig bei marxistischen Gruppen in der Geschichte.

Und hier ist ein Punkt, der für dieses Thema (und ich wage es zu sagen, für die Menschheit) von größter Bedeutung ist: Sobald Nicht-Kult-Mitglieder eine dominante Stellung einnehmen, wird die Infektion unweigerlich wieder auftauchen, wenn der Wille, sie zu unterdrücken, in einer bestimmten Gesellschaft nicht stark genug ist. Wir müssen diesen Kreislauf ein für alle Mal durchbrechen...

Wie die Geschichte zeigt, kommt es häufig vor, dass Länder, die eine katastrophale Periode der völligen marxistischen Infektion hinter sich haben (d.h. eine sozialistische Regierung haben, die das Land unweigerlich ruiniert), anschließend in eine Militärdiktatur fallen. Dies ist in Südamerika mehrfach geschehen. Ein berühmtes Beispiel ist die Präsidentschaft des demokratisch gewählten Sektenmitglieds und chilenischen Marxisten Salvador Allende (1908-1973).

Nach einigen Jahren der Zerstörung wurde er durch eine Militärjunta ersetzt, aus der Augusto Pinochet als Führer hervorging. Ob dies etwas Schlechtes ist, hängt von der Haltung des neuen Regimes gegenüber dem Marxismus/der Sekte ab (Pinochet war ein entschiedener Antikommunist).

Was in den Tabellen enthalten ist

Das Hauptziel dieses Abschnitts ist es, die Präsenz/Einfluss/Dominanz der Ideologie in diesen Ländern/Staaten aufzuzeigen, entweder historisch oder gegenwärtig. Obwohl die Zusammenstellung dieser Tabellen viel Zeit in

Anspruch genommen hat, handelt es sich nicht um eine erschöpfende Liste; es gibt unzählige kurzlebige oder gescheiterte Gruppen, die hier nicht aufgeführt sind.

Ebenfalls nicht enthalten sind die zahllosen Jugendflügel jeder dieser Gruppen (von denen viele die heutige Jugend aktiv beeinflussen). Dazu gehören auch einige der marxistischen „revolutionären" oder „Befreiungs"-Terror-Guerillagruppen, die im 20. Jahrhundert weltweit aktiv waren. Jahrhundert weltweit aktiv waren. Auch einige „grüne" Parteien und einige feministische Parteien sind enthalten, da diese Bewegungen ohne den Marxismus nicht existieren würden.

Nicht eingeschlossen sind anarchistische Gruppen, obwohl viele (wenn nicht alle, auf einer gewissen Ebene) bis zu einem gewissen Grad mit dem Marxismus kontaminiert sein können (auf ideologischer Ebene/personell/beides). Auch wenn sie aktiv am Angriff auf „das System" beteiligt sind, können sie (wissentlich oder unwissentlich) dem Marxismus dienen. Wir könnten also Gruppen dieser Art als Teil der weltweiten marxistischen Struktur von Organisationen betrachten, die mit der Ideologie infiziert sind.

Dazu gehören auch einige Parteien, die sich selbst als „liberal" oder „progressiv" bezeichnen, denn auch sie können kontaminiert sein. In der Tat ist der Marxismus/Marxismus in diesen Gruppen stark vertreten, und sie können (wissentlich oder unwissentlich) dem Marxismus mit Ideen von „sozialer Gerechtigkeit", Gleichheit usw. dienen. Unabhängig davon, ob sich die Partei/Mitglieder offiziell mit dieser Ideologie identifizieren oder nicht, können sie mit ihrer marxistischen Mentalität/ihrem marxistischen Ansatz dennoch einen Beitrag leisten. Die marxistische Fäulnis breitet sich gerne aus, während sie sich hinter diesen Etiketten versteckt. Dies ist ein sehr ernstes, weit verbreitetes und komplexes Durcheinander, das wir irgendwie entwirren müssen. Wir tun dies, indem wir die Ideologie verstehen und diejenigen, die sie vertreten, als Marxisten identifizieren, unabhängig davon, wie sie sich selbst nennen oder welchen Gruppen sie angehören. Nicht eingeschlossen sind die vielen Arbeiter-/Arbeiterorganisationen/-verbände oder Gewerkschaften oder andere Arten von Organisationen, die als „kommunistische Tarnorganisationen" in einem Land vorhanden sind/waren.

Ist es wichtig, ob eine marxistische Partei an der Macht ist oder nicht?

Wir haben es hier mit einem quasi geheimen Netzwerk globaler ideologischer Einflussnahme zu tun; es ist gleichzeitig offen und verdeckt. Es ist ausreichend versteckt, um die Massen unbemerkt zu halten.

Unabhängig davon, ob eine marxistische Partei an der Macht ist, oder ob sie sogar Teil der Regierung/des Parlaments ist, kann sie immer noch Einfluss auf die Angelegenheiten eines Landes ausüben. Dies ist möglich, wenn sie Verbindungen zu anderen ideologisch kontaminierten Einrichtungen hat

(Universitäten, Gewerkschaften, NRO usw.). In Irland zum Beispiel agieren marxistische politische Gruppen wie *Solidarity-People Before Profit am* Rande und werden nie „in der Regierung" sein, aber sie tragen auf andere Weise zur Marxifizierung Irlands insgesamt bei. Gruppen wie diese fungieren auch als „Opposition" zu den großen (offiziell nicht-marxistischen) Parteien im allgemeinen politischen Diskurs.

Auch hier geht es um die Ideologie des Marxismus und alle seine Varianten. Daher kann er auch in Gruppen vorkommen, die sich als „konservativ" oder „rechts" bezeichnen, und zwar aufgrund der marxistischen Taktik der „ideologischen Subversion" oder des so genannten „Entryism" - der Unterwanderung gegnerischer Gruppen (ersteres wird im Abschnitt Verschiedene Gruppen und Inkarnationen beschrieben).

Kann eine nicht-marxistische Gruppe trotzdem irgendwie kontaminiert oder pro-marxistisch sein?

Ja, das ist möglich. Um unsere Wahrnehmungen noch komplexer zu machen, ist es möglich, dass Gruppen (die offiziell nicht marxistisch sind) relativ unbeschadet von direkter Subversion/Eintritt erscheinen, aber diese Individuen/Gruppen können bereits mit einer marxistischen/sozialistischen Mentalität kontaminiert sein. Dies ist darauf zurückzuführen, dass die Mitglieder selbst kontaminiert sind (vielleicht sogar völlig unbewusst, dass sie die Bemühungen ihrer Gruppe insgesamt sabotieren).

Dies kann unabhängig von der offiziellen Position eines Individuums/einer Gruppe gelten (z.B. ob sie offiziell „nationalistisch" oder „patriotisch" sind); ob sie reiche Kapitalisten sind; oder sogar, wenn sie in einigen Fällen offiziell „antikommunistisch" sind. Nur weil sich eine Gruppe als „patriotisch" oder „nationalistisch" vermarktet, heißt das nicht, dass sie nicht bewusst oder unbewusst mit dem Marxismus in der einen oder anderen Form hausieren geht. Es hängt wirklich von der Mentalität und Wachsamkeit der Persönlichkeiten ab, die den Kurs der Gruppe bestimmen. Das macht den Umgang mit der marxistischen Infektion so komplex: Die Dinge sind nicht so, wie sie an der Oberfläche erscheinen, und leider nehmen viele in der Gesellschaft die Dinge für bare Münze (zu unserem kollektiven Nachteil).

Auch wenn in den folgenden Tabellen im Allgemeinen nur die rein sozialistischen und kommunistischen Gruppen aufgeführt sind, bedeutet das nicht, dass es in den Parteien der „Mitte" oder der „Rechten" in einem bestimmten Land keine marxistische Kontamination gibt. Die Auflistung aller Vorkommnisse würde eine ganze Weile dauern, vermute ich...

In der Republik Irland werden zwei der größten Parteien - *Fianna Fáil* und *Fine Gael* - nicht als marxistische Organisationen angesehen (offiziell sind sie „Mitte bis Mitte-Rechts" bzw. „Mitte-Rechts"; bedeutungslose Bezeichnungen), aber auch sie sind durchsetzt von marxistischem Gedankengut und Marxisten, die sich als Nicht-Marxisten ausgeben, oder

„Internationalisten"/"Globalisten". Eine weitere große Partei, *Sinn Fein* - eine pseudopatriotische marxistische Partei - wurde oft als „Opposition" bezeichnet. In der irischen Regierung gibt es keine Opposition zum internationalistischen Marxismus! Wie bereits erwähnt, reicht es leider aus, wenn die Gruppen unterschiedlich erscheinen, um die Massen glauben zu lassen, dass es eine gewisse Vielfalt im System gibt oder dass sie eine Wahl haben, wenn es an der Zeit ist, an die Wahlurne mit dem roten Stern zu gehen.

Die Namen dieser Gruppen

In Sachen Marketing muss man der Sekte wirklich die volle Punktzahl geben (Karl). Die Tugendhaftigkeit dieser Ideologie zeigt sich sogar in den Namen, die sie für sich selbst kreiert. Viele der Partei-/Gruppennamen versuchen, sie als wohlwollende Menschenfreunde, Retter, „Radikale", Krieger usw. darzustellen.

Neben den eher vorhersehbaren Begriffen „Sozialist", „Arbeiter", „Kommunist", „Revolutionär", „Volk" oder „Arbeiter" werden auch andere Begriffe verwendet: „Arbeiter", „Werktätige", „Werktätiger". (Natürlich ist „People's" eine suggestive Art zu sagen: „Wir unterstützen euch! Die kleine, machtlose, statuslose, arme, unterdrückte Person! Natürlich gibt es in jeder Gesellschaft immer viele solcher Menschen, so dass die Verwendung dieser Begriffe dazu führt, dass ein erheblicher Teil der Bevölkerung in den Bann gezogen wird). „Demokratisch" ist ein wichtiger - und ironischer - Begriff, da der Marxismus das demokratische System manipuliert, um die eigenen Leute hineinzubringen (wo keine abweichenden (nicht-marxistischen) Stimmen erlaubt sind).

Für den Durchschnittsbürger auf der Straße suggerieren Begriffe wie „progressiv" einen konstruktiven Wandel oder eine wohlwollende Bewegung nach vorn; dass diese Gruppe die Dinge irgendwie verbessern will. Viele „fortschrittliche" Parteien sind Mitglieder der *Progressiven Internationale* (die selbst ein Laie erkennen kann, dass es sich um eine eindeutig marxistische Organisation handelt). [119] Also ja, „fortschrittlich". Fortschrittlich in einer marxistischen Richtung. Fortschritt für den Marxismus.

Dies steht im Zusammenhang mit dem bereits erwähnten Punkt, dass marxistische Gruppen/Organisationen sich selbst als alles Mögliche außer „marxistisch" bezeichnen. Wir können Namen von Gruppen sehen, die die Worte „sozialdemokratisch" und „republikanisch" enthalten. Andere Schlüsselbegriffe sind Befreiung, Freiheit, Kampf, Einheit, Solidarität, Radikalität, Unabhängigkeit, Gerechtigkeit, Revolution. Oh, und habe ich „Volk" erwähnt?! (Ich weiß, das habe ich bereits getan). Das dürfen wir nicht vergessen!! „Volk" dies und „Volk" das mal tausend (ironisch für eine menschenfeindliche Ideologie). Sind das nicht alles manipulative, irreführende

---

[119] „Wer wir sind„. https://progressive.international/about/en

Begriffe, wenn man davon ausgeht, dass die Ideologie in Wirklichkeit bösartig ist (im Gegensatz zum Wohlwollen, mit dem sie sich selbst vermarktet)? Der Trojanisches-Pferd-Faktor ist hier offensichtlich - es ist emotionale Manipulation durch Sprache.

In einigen Teilen der Tabellen, in denen vollständig infizierte marxistische Einparteienstaaten/Länder erwähnt werden, heißen sie: (Ländernamen einfügen) _____ Sozialistische Republik, Demokratische Republik _____, Bundesrepublik _____, Vereinigte Republik _____, Volksrepublik _____, Demokratische Volksrepublik _____, Demokratische Sozialistische Republik _____, Revolutionäre Volksrepublik _____ usw. usw.

Stellen Sie sich vor, eine Welt voller rein marxistischer Länder, wie langweilig! Selbst wenn ein Staat/Land seinen Namen geändert hat (von einem der oben genannten), bedeutet das natürlich nicht, dass dieser Ort nun frei von Marxismus ist. Trotz des Schadens, den die marxistische Infektion den Ländern zufügt, werden einige erstaunlicherweise immer noch eine Zuneigung zu ihr haben (das gilt für die ganze Welt).

Patriotische, nationalistische und marxistische Parteien?

Einige Gruppen verwenden Wörter wie „patriotisch" und „nationalistisch" in ihren Titeln. Das ist der „rechte" Anstrich, der den marxistischen Motor unter der Haube verbirgt. In Ländern, die (bis zu einem bestimmten Zeitpunkt) von einer fremden Macht/einem fremden Reich kontrolliert wurden, haben sie Begriffe wie diese mit großem Erfolg verwendet.

Der Begriff „Nationalist" ist eine gute Wahl, denn er kann die Massen in diesem Land als Gruppe vereinen und sie glauben lassen, dass sie an etwas teilnehmen, das für sie selbst von Vorteil ist. Leider sind sie in diesem Fall nur dazu verleitet worden, sich an einer marxistischen Übernahme ihres eigenen Landes zu beteiligen bzw. diese zu unterstützen (was unweigerlich zu seiner Zerstörung bzw. ihrer Zerstörung führt). Ihr Land wird dann - wie so viele im 20. Jahrhundert weltweit - von einer oligarchischen imperialen Kontrolle zu einer Kontrolle durch die marxistische Ideologie/Sekte übergehen (Beispiel: die Republik Irland).

Fast der gesamte afrikanische Kontinent wandelte sich von einer gewissen imperialen Kontrolle hin zum Einfluss des Marxismus. Dieses Muster wiederholte sich dort immer wieder, wenn Länder von den verschiedenen oligarchischen europäischen Imperien unabhängig wurden, darunter Großbritannien, Frankreich, die Niederlande, Portugal, Spanien und Italien. In der Tat schienen viele Länder zunehmend in den Griff des Marxismus zu geraten, sobald die betreffende Kolonialmacht dem Land die Unabhängigkeit gewährte. Offensichtlich entstand ein Machtvakuum, als die Kolonialmächte beschlossen, sich aus diesen Ländern zurückzuziehen; ein Vakuum, das der Marxismus stets zu füllen beabsichtigte.

Wie bereits erwähnt, war der Marxismus selbst dafür verantwortlich, dass die Rufe nach „Unabhängigkeit" überhaupt erst entstanden sind. Um diesen Punkt zusammenzufassen (mit unserer neuen antimarxistischen Perspektive): Als die marxistischen Bewegungen in diesen Ländern den Begriff „Nationalismus" für ihre eigenen Zwecke verwendeten, bedeutete das nicht „Freiheit und Unabhängigkeit, um frei zu sein", sondern „Freiheit und Unabhängigkeit, um marxistisch zu werden" (und seine Freiheit und Unabhängigkeit zu verlieren). Das ist ein großer Unterschied.

Technische Hinweise zu den Tabellen

„Unbekannt": Manchmal wird der Zeitraum, in dem eine Gruppe aktiv war, z. B. als „1928-unbekannt" angegeben. Wenn ich „unbekannt" sage, bedeutet das nicht, dass die Informationen nirgendwo zu finden sind, sondern eher, dass ich sie nicht schnell genug finden konnte. Es ist auch gut möglich, dass ich mir nicht die Mühe gemacht habe, sie zu finden. Das bedeutet im Grunde „mir nicht bekannt". Beunruhigend ist auch, wie viele Gruppen es heute noch gibt (z. B. „1928-present").

Parteien der Komintern: Die meisten Gruppen/Parteien, die von der Komintern gegründet wurden/mit ihr verbunden sind, werden mit „(Com)" hervorgehoben.

Geolokalisierung: Schauen Sie sich eine Weltkarte an, während Sie diese Tabellen lesen, um einen Eindruck von der Reichweite der Ideologie zu bekommen.

Nordamerika und Grönland

Die Geschichte des Marxismus in den USA ist lang und wurde bereits an anderer Stelle ausreichend behandelt. Obwohl die Ideologie im 19. Jahrhundert ihren Weg in das Land fand (wie in den meisten anderen Ländern auch), wurde das Land erst in der Zeit nach dem Ersten Weltkrieg von Wladimir Lenins Regime direkt zur ideologischen Subversion missbraucht. Dies ist ein umfangreiches Thema, über das bereits viele Bücher geschrieben wurden.

Die USA sind stark infiziert; ein fünfminütiger Blick auf den aktuellen Stand der Dinge dort bestätigt dies. Das Ausmaß der sozialistischen Bewegung spiegelt sich ein wenig in der schieren Zahl der Parteien in der nachstehenden Tabelle wider, die bis in die Mitte des 19. Jahrhunderts zurückreicht. Jahrhunderts zurückreicht. Die Geschichte der Arbeiter- und Gewerkschaftsbewegung in den USA, aber auch andere relevante Bereiche der Gesellschaft (Wissenschaft, Medien usw.) deuten auf einen hohen Grad der Durchdringung hin. Kanada - als Teil des britischen Commonwealth - war aufgrund seiner Nähe und Ähnlichkeit zu den USA sowie seiner Verbindungen zur britischen Gesellschaft und Politik immer hochgradig infiziert.

Mexiko, das für Mittel- und Südamerika die wichtigste Landbrücke zu den USA darstellt, war dazu bestimmt, einer Infektion zum Opfer zu fallen. Beachten Sie die Gruppen auf Hawaii, weit draußen im Pazifik. Selbst

Grönland, weit oben im Nordatlantik, ist nicht unberührt geblieben. Interessant ist, dass Grönland 1979 von Dänemark die Selbstverwaltung erhielt, etwa zur gleichen Zeit, als die marxistischen Parteien gegründet wurden. Viele Länder sind diesem Muster gefolgt.

Standort	Bemerkenswerte Gruppen
Kanada	*Sozialistische Arbeiterpartei* (1898-2005);
	Sozialistische Partei von British Columbia (1901-1905);
	Sozialistische Partei Kanadas (1904-1925);
	Kanadische Arbeiterpartei (1917-1942);
	Kommunistische Partei Kanadas (1921 bis heute); (Com)
	Sozialistische Partei Kanadas (1931 bis heute);
	Genossenschaftlicher Commonwealth-Verband (1932-1962);
	Neue Demokratische Partei (1961 bis heute);
	Partei der Sozialistischen Demokratie (1963-2002);
	Kommunistische Partei von Quebec (1965 bis heute);
	Kommunistische Partei Kanadas - marxistisch-leninistisch (1970 bis heute);
	Revolutionäre Kommunistische Partei Kanadas (2000 bis heute);
	Solidarität mit Québec (2006-heute)
Grönland	*Gemeinschaft für das Volk* (1976 bis heute);
	Stürmer (1977 bis heute);
	Arbeiterpartei (1979-1983)
	Grönland erhielt 1979 die Selbstverwaltung von Dänemark.
Mexiko	*Mexikanische Kommunistische Partei* (1917-1981);
	Bolschewistische Kommunistische Partei (1963-unbekannt);
	Revolutionäre Partei des Proletariats (1964-unbekannt);
	Vereinigte Sozialistische Partei Mexikos (1981-1987);
	Sozialistische Mexikanische Partei (1987-1989);
	Kommunistische Partei Mexikos (seit 1994)
U.S.A.	*Sozialistische Arbeiterpartei* (1876 bis heute); (Com)
	Sozialdemokratische Partei von Amerika (1898-1901);

Sozialistische Partei von Amerika (SPA. 1901-1972);

Sozialistische Propaganda-Liga von Amerika (1915-unbekannt);

Sozialistische Weltpartei der USA (1916 bis heute);

Kommunistische Partei der USA (1919 bis heute);

Workers World Party (1959-heute);

Progressive Arbeiterpartei (1962 bis heute);

Sozialistische Freiheitspartei (1966 bis heute);

Marxistisch-leninistische Partei der USA (1967-1993);

Sozialdemokraten (1972 bis heute);

Kommunistische Arbeiterpartei (1973-1985);

Sozialistische Partei der Vereinigten Staaten von Amerika (1973 bis heute);

Revolutionäre Kommunistische Partei (1975 bis heute);

Democratic Socialists of America (eine gemeinnützige Organisation, die aus der *SPA* hervorgegangen ist. 1982 bis heute);

Amerikanische Partei der Arbeit (2008-heute)

U.S. Bundesstaat Hawaii:

Demokratische Partei von Hawaii (1900 bis heute);

Kommunistische Partei von Hawaii (1937-1958);

Grüne Partei von Hawaii (ca. 1992 - heute)

Lateinamerika und die Karibik

Lateinamerika und die Karibik wurden seit dem 19. Jahrhundert durchseucht und folgen damit einem typischen Infektionsmuster. Da diese Region auf eine umfangreiche koloniale Vergangenheit und das daraus resultierende Erbe zurückblicken kann, war es für die Ideologie ein Leichtes, hier Fuß zu fassen (d. h. die Heldentaten der Spanier und Portugiesen in dieser Region in den vergangenen Jahrhunderten, sowie der Franzosen, Niederländer und Briten in geringerem Maße). Anders als in Afrika, wo die Länder dieser Region ihre Unabhängigkeit von den fremden Imperien im Allgemeinen viel früher erlangten als ihre afrikanischen Pendants.

Die Nähe Lateinamerikas zu den USA bedeutete, dass Lenin und die Komintern sehr daran interessiert waren, das ideologische Feuer an der geografischen Schwelle zu entfachen. In den 1920er Jahren nahm die Ansteckung immer mehr zu und stürzte diese Regionen in ein „revolutionäres" Chaos. Die falschen Versprechungen des Sozialismus für die weniger Begüterten waren wie üblich das Zuckerbrot, das den weniger Wohlhabenden vor die Nase gehalten wurde, und so wuchsen die Flammen. Die traurige Folge: Bürgerkriege, Attentate, Militärputsche und wirtschaftliches Elend prägten die Geschichte Lateinamerikas für den größten Teil des 20.th Jahrhunderts und darüber hinaus.

Die Ideologie spielte eine Rolle bei: die Führung von Juan Peron in Argentinien; den „fortschrittlichen" Einfluss von Jorge Gaitan in Kolumbien und seine Ermordung, gefolgt von einem Jahrzehnt der Unruhen - La Violencia; die Geschichte von Jacobo Arbenz in Guatemala; die Zusammenarbeit von Fidel Castro und Che Guevara und die Kubakrise (die die Welt beinahe in einen Atomkrieg geführt hätte); das antimarxistische Regime von Alfredo Stroessner in Paraguay die von den USA unterstützten Contras gegen die sandinistische Junta in Nicaragua; die Präsidentschaft des Sektenmitglieds Salvador Allende in Chile, auf die das Regime von Augusto Pinochet folgte; eine massive, multinationale, grenzüberschreitende Anstrengung zur Bekämpfung der Infektion in ganz Lateinamerika mit der Bezeichnung „Operation Condor"; die rebellischen zapatistischen autonomen Zonen in Mexiko; die Bolivarische Revolution und Hugo Chavez in Venezuela; und so viele weitere Beispiele.

Südamerika ist auch für die Anzahl der marxistischen Terrorgruppen - auch „Freiheitskämpfer" oder „revolutionäre" Gruppen genannt - und die daraus resultierenden Dramen im 20. Die Aufnahme all dieser Gruppen würde eine zusätzliche Tabelle erfordern.

Süd- und Mittelamerika

Standort	Bemerkenswerte Gruppen
Argentinien	*Radikale Bürgervereinigung* (1891 bis heute);
	Sozialistische Partei (1896 bis heute);
	Kommunistische Partei Argentiniens (1918 bis heute);
	Arbeiterpartei (1964 bis heute);
	Revolutionäre Kommunistische Partei (1968 bis heute);
	Partei der Unnachgiebigen (1972-heute);
	Bewegung für den Sozialismus (1982-2003);
	Sozialistische Arbeiterpartei (1988 bis heute);
	Außerordentlicher Parteitag der Kommunistischen Partei (1996 bis heute);
	Bewegung „Free of the South" (2006-heute);
	Projekt Süd (2007-heute)
Belize	*Vereinigte Schwarze Vereinigung für Entwicklung* (1969-1974);

Belize People's Front (2012-heute)

Bolivien
Revolutionäre Arbeiterpartei (1935 bis heute);
Partei der Revolutionären Linken (1940-1979);
Kommunistische Partei Boliviens (1950 bis heute);
Revolutionäre Partei der Nationalistischen Linken (1963-1985/unbekannt);
Revolutionäre Linksfront (1978-heute);
Sozialistische Partei-1 (1978-2003);
Bewegung für den Sozialismus (1995 bis heute);
Bewegung ohne Furcht (1999-heute)

Brasilien
Kommunistische Partei Brasiliens (1922 bis heute);
Kommunistische Partei Brasiliens - marxistisch-leninistisch (1922 bis heute); (Com)
Sozialistische Partei Brasiliens (1947 bis heute);
Arbeiterpartei (1980 bis heute);
Grüne Partei (1986 bis heute);
Staatsbürgerschaft (1992-heute);
Vereinte Sozialistische Arbeiterpartei (1994 bis heute);
Partei der Arbeitersache (1995-heute);
Populäre Einheit (2016-present)

Chile
Demokratische Partei (1887-1941);
Sozialistische Arbeiterpartei (1912-1922);
Kommunistische Partei Chiles (1922 bis heute); (Com)
Sozialistische Partei Chiles (1933 bis heute);
Sozialistische Partei der Arbeiter (1940-1944);
Humanistische Partei (1984 bis heute);
Partei für Demokratie (1987 bis heute);
Revolutionäre Arbeiterpartei (1999-2018);
Partei der Grünen Ökologen (2008-heute);
Gleichstellungspartei (2009-heute);
Fortschrittspartei (2010-heute);

Demokratische Revolution (2012 bis heute);

Patriotische Union (2015-heute);

Broad Front (2017-present);

Sozialgrüner Regionalistenverband (2017-gegenwärtig)

Kolumbien   *Kolumbianische Liberale Partei* (1848 bis heute);

Sozialistische Partei Kolumbiens (1860-1936);

Kolumbianische Kommunistische Partei (1930-gegenwärtig); (Com)

Revolutionäre Streitkräfte Kolumbiens-Volksarmee (ca. 1964-2017);*

Nationale Befreiungsarmee (seit 1964);*

Kommunistische Partei Kolumbiens - marxistisch-leninistisch (1965/2009 bis heute);

Revolutionäre Unabhängige Arbeiterbewegung (1970 bis heute);

Marxistisch-leninistische Liga von Kolumbien (1971-1982);

Marxistisch-leninistisch-maoistische Tendenz (1974-1982);

Revolutionäre Partei der Arbeiter Kolumbiens (1982-1991);

Revolutionäre Kommunistische Gruppe Kolumbiens (1982 bis heute);

Patriotische Union (1985 bis heute);

Verborgene Kommunistische Partei Kolumbiens (2000-2017);

Grünes Bündnis (2005 bis heute);

Alternativer demokratischer Pol (2005-heute);

Gemeinsame Alternative Revolutionäre Kraft (2017-heute)

* Berüchtigte marxistische Terrorgruppen, bekannt als *ELN* und *FARC/FARC-EP*

Costa Rica   *Partei der Volksvorhut* (1943 bis heute);

Nationale Befreiungspartei (1951 bis heute);

Volkspartei Costa Ricas (1984-2006);

Demokratische Kraft (1996-2010);

Partei der Bürgerinitiative (2000 bis heute);

Broad Front (2004-heute);

Arbeiterpartei (2012 bis heute)

Ecuador   *Kommunistische Partei Ecuadors* (1925 bis heute);

Sozialistische Partei Ecuadors (1926 bis heute);

Marxistisch-leninistische Kommunistische Partei (1964 bis heute);

Demokratische Volksbewegung (1978-2014);

Pachakutik Plurinationale Einheitsbewegung - Neues Land (1995-heute);

Arbeiterpartei Ecuadors (1996-heute);

Partei der Patriotischen Gesellschaft (2002 bis heute);

PAIS-Allianz (2006 bis heute);

Bewegung der Volkseinheit (2014-heute)

El Salvador   *Kommunistische Partei von El Salvador* (1930-1995);

Farabundo Marti Volksbefreiungstruppen (1970-1995);*

Nationaler Widerstand (1975-1992);

Revolutionäre Partei der Zentralamerikanischen Arbeiter (1975-1995);

Nationale Befreiungsfront Farabundo Martí (1980 bis heute)

* Marxistische Terroristengruppe, bekannt als FPL

Guatemala   *Partei der Revolutionären Aktion* (1945-1954);

Guatemaltekische Partei der Arbeit (1949-1998);

Sozialistische Partei (1951-1952);

Guatemaltekische Nationale Revolutionäre Einheit (1982-1998);

Nationale Einheit der Hoffnung (2002 bis heute);

Begegnungen für Guatemala (2007-2020);

Winaq (2007-heute);

Bewegung Neue Republik (2009-2015)

Guyana   *Ausschuss für politische Angelegenheiten* (1946-1950);

Labour Party von Britisch-Guayana (1946-1950);

Progressive Volkspartei-Bürgerpartei (1950-heute)

Honduras	*Revolutionäre Demokratische Partei von Honduras* (1948-1955);
	Kommunistische Partei von Honduras (1954-1990);
	Revolutionäre Partei von Honduras (1961-1993);
	Partei für den Wandel in Honduras (1967-1992);
	Bewegung für den Sozialismus (1976-1978);
	Sozialistische Partei von Honduras (1978-1983);
	Revolutionäre Volkskräfte Lorenzo Zelaya (1980-1990);
	Partei der patriotischen Erneuerung (1990-1992);
	Demokratische Vereinigungspartei (1992 bis heute);
	Frente Amplio (2012-heute)
Nicaragua	*Sozialistische Partei Nicaraguas* (1944 bis heute);
	Sandinistische Nationale Befreiungsfront (1961 bis heute);
	Marxistisch-leninistische Partei Nicaraguas (1967 bis heute);
	Kommunistische Partei Nicaraguas (1967 bis heute);
	Marxistische Revolutionäre Liga (1971 bis heute);
	Revolutionäre Einheitsbewegung (1988 bis heute);
	Sandinistische Erneuerungsbewegung (1995 bis heute);
	Ökologe Grüne Partei Nicaraguas (2003-heute)
Panama	*Arbeiterpartei* (1927-1930);
	Volkspartei von Panama (1930-1991);
	Arbeiterpartei (1934 bis heute);
	29. November Nationale Befreiungsbewegung (1970 bis heute);
	Sozialistische Arbeiterfront - marxistisch-leninistisch (1973-1980);
	Demokratische Revolutionäre Partei (1979 bis heute);
	Kommunistische Partei Panamas, marxistisch-leninistisch (1980 bis heute);
	Breite Front für Demokratie (2013-heute)
Paraguay	*Sozialistische Partei* (1860-1936);
	Kommunistische Partei Paraguays (1928 bis heute);

Revolutionäre Febrerista-Partei (1951 bis heute);

Arbeiterpartei (1989 bis heute);

Partei für ein solidarisches Land (2000 bis heute);

Progressive Demokratische Partei (2007-heute)

Peru   *Kommunistische Partei Perus* (1928 bis heute);

Revolutionäre Vorhut (1965-1984);

Kommunistische Partei Perus - Leuchtender Pfad (1969 bis heute);

Kommunistische Partei Perus - Rotes Vaterland (1970 bis heute);

Revolutionäre Kommunistische Partei (1974-1977);

Revolutionäre Sozialistische Partei (1976 bis heute);

Revolutionäre Arbeiterpartei (1978 bis heute);

Kommunistische Partei Perus - marxistisch-leninistisch (2001 bis heute);

Sozialistische Partei (2005 bis heute);

Nationale politische Partei Freies Peru (seit 2007);

Breite Front für Gerechtigkeit, Leben und Freiheit (2013-heute)

Surinam   *Kommunistische Partei von Surinam* (1973-unbekannt);

Progressiver Arbeiter- und Bauernverband (1977 bis heute);

Nationale Demokratische Partei (1987 bis heute)

Surinam wurde erst vor relativ kurzer Zeit, nämlich 1975, von den Niederlanden unabhängig, daher sind die Infektionsjahre im Vergleich zu den meisten anderen aufgeführten Ländern länger.

Uruguay   *Sozialistische Partei Uruguays* (1910 bis heute);

Kommunistische Partei Uruguays (1920 bis heute);

Orientalische Revolutionäre Bewegung (1961 bis heute);

Nationale Befreiungsbewegung der Tupamaros (1967-1972); *

Breite Front (1971 bis heute);

Bewegung des 26. März (1971-2013);

Arbeiterpartei (1984 bis heute);

Bewegung der Volksbeteiligung (1989 bis heute);

Uruguayische Versammlung (1994 bis heute);

Neuer Raum (1994-heute);

Anti-Imperialistische Einheitskommission (2008-heute);

Popular Unity (2013-heute);

Radikale Intransigente Partei der Ökologen (2013-heute)

* Eine marxistische terroristische Organisation, bekannt als die *Tupamaros*

Venezuela   *Revolutionäre Partei Venezuelas* (1926-1931);

Kommunistische Partei Venezuelas (1931 bis heute);

Demokratische Aktion (1941 bis heute);

Wahlbewegung des Volkes (auf der Insel *Aruba*. 1967-2007);

Partei der Roten Fahne (1970 bis heute);

Radical Cause (1971 bis heute);

Bewegung für den Sozialismus (1971 bis heute);

Revolutionäre Bewegung Tupamaro (1992 bis heute);

Eine neue Ära (1999 bis heute);

Für die Sozialdemokratie (2002-2012);

Venezolanische Volkseinheit (2004 bis heute);

Ökologische Bewegung von Venezuela (seit 2005);

Vereinigte Sozialistische Partei Venezuelas (2007-heute);

Vorhut der Republikaner zur Zweihundertjahrfeier (2007-heute);

Populärer Wille (2009-heute)

Karibik und Bermuda

Standort	Bemerkenswerte Gruppen
Bahamas	*Arbeiterpartei* (1962-1987); *Nationalistische und Sozialistische Partei der Vorhut* (1971-1987)
Barbados	*Barbados Labour Party* (1938 bis heute); *Demokratische Arbeiterpartei* (1955 bis heute); *Fortschrittsbewegung des Volkes* (1956-1966);

	Arbeiterpartei von Barbados (1985-1986);
	Clement-Payne-Bewegung (1988 bis heute);
	Partei der Volksermächtigung (2006-heute)
Bermuda	*Progressive Arbeiterpartei* (1963 bis heute)
Kuba	*Volkspartei* (1900-1902);
	Sozialistische Arbeiterpartei (1904-1906);
	Sozialistische Volkspartei (1925-1961);
	Vereinigte Partei der Kubanischen Sozialistischen Revolution (1962-1965);
	Kommunistische Partei Kubas (1965 bis heute);
	Demokratische Sozial-Revolutionäre Partei Kubas (mit Sitz in Miami, seit 1992)
Dominica	*Dominikanische Arbeiterpartei* (1955 bis heute);
	Volkspartei von Dominica (2015-heute)
Dominikanische Republik	*Dominikanische Revolutionäre Partei* (1939 bis heute);
	Dominikanische Kommunistische Partei (1944-1996);
	Dominikanische Arbeiterpartei (1979-2019);
	Broad Front (1992-heute);
	Grüne Sozialistische Partei (2009-heute);
	Länderallianz (2011-heute);
	Moderne Revolutionäre Partei (2014-heute)
Grenada	*Vereinigte Arbeiterpartei von Grenada* (1950 bis heute);
	Nationaler Demokratischer Kongress (1987 bis heute)
Haiti	*Haitianische Kommunistische Partei* (1934-1936);
	Haitianische Sozialistische Partei (1946-unbekannt);
	Sozialistische Volkspartei (1946-1948);
	Vereinte Partei der haitianischen Kommunisten (1968-1971);
	Organisation des kämpfenden Volkes (1991 bis heute);

Fwon Lespwa (1995-2009);

Neue Kommunistische Partei Haitis - marxistisch-leninistisch (2000 bis heute);

Zusammenschluss der haitianischen Sozialdemokraten (2005 bis heute);

Inite (2009-heute)

Jamaika	*Nationale Volkspartei* (1938 bis heute);

Kommunistische Partei von Jamaika (1975 bis heute);

Arbeiterpartei von Jamaika (1978-1992)

Puerto Rico   *Sozialistische Partei* (1899-1956);

Kommunistische Partei von Puerto Rico (1934-1991);

Puerto Ricanische Unabhängigkeitspartei (1946 bis heute);

Sozialistische Partei Puerto Ricas (1959-1993);

Partei „Puertoricaner für Puerto Rico" (2003 bis heute);

Partei der Arbeitenden Menschen (2010-heute)

Puerto Rico ist ein nicht inkorporiertes Gebiet der Vereinigten Staaten.

St. Kitts und Nevis   *St. Kitts und Nevis Labour Party* (1932-heute)

St. Lucia   *St. Lucia Labour Party* (1949-heute)

Trinidad   *Arbeiterpartei von Trinidad* (1934-1957);

und Tobago   *Arbeiter- und Landwirtepartei* (1966-unbekannt);

Nationale Union der Freiheitskämpfer (1972-1974);*

Vereinigte Arbeitsfront (1976-1986);

Kommunistische Partei von Trinidad und Tobago (1979-unbekannt);

Bewegung für soziale Gerechtigkeit (2009 bis heute);

Patriotische Front (2019-heute)

* Marxistische Terrorgruppe, bekannt als *NUFF*

Europa

Nun... hier hat eigentlich alles angefangen. Europa hat eine Infektion von Norwegen bis Malta und von Island bis Moldawien durchgemacht, die einen langen Atem hat. Der Infektionszeitpunkt ist viel früher als in anderen Kontinenten insgesamt.

Die Ideologie spielte eine Rolle bei: die Zeit nach der Russischen Revolution und dem Ersten Weltkrieg, als die Sekte versuchte, die Kontrolle über Länder auf dem gesamten Kontinent zu erlangen; die Gründung der Sowjetunion und die Errichtung des Eisernen Vorhangs, der Europa bis zum Fall der Berliner Mauer in zwei Hälften teilte; den Aufstieg des Faschismus in Italien unter Benito Mussolini und den italienischen Bürgerkrieg; den spanischen Bürgerkrieg und das Regime von Francisco Franco; der Aufstieg Adolf Hitlers, das nationalsozialistische Deutschland und der Ausbruch des Zweiten Weltkriegs; die Aktivitäten der marxistischen Terrorgruppe ETA im Baskenland und der Bretonischen Revolutionsarmee in der Bretagne, Frankreich; der jahrzehntelange brutale Konflikt in Nordirland, an dem mehrere marxistische Organisationen beteiligt waren; die wirtschaftliche Stagnation oder der Ruin von Ländern aufgrund ihrer Mitgliedschaft in der U.S.S.R, wie z. B. die Volksrepublik Polen; die Ausbreitung der Ideologie auf dem Balkan, mit der Sozialistischen Föderativen Republik Jugoslawien als Kernstück; die brutalen Regime von Nicolae Ceausescu in Rumänien und Enver Hoxha in Albanien; die zahlreichen antikommunistischen Aufstände und Bürgerkriege, einschließlich derer in der Tschechoslowakei, Georgien, Griechenland und Finnland; die Paneuropa-Bewegung, die Römischen Verträge, *die* Europäische Wirtschaftsgemeinschaft und die Gründung der Europäischen Union; die Aktivitäten der vielen verräterischen, grausamen marxistischen Geheim-/Staats-"Polizei" und „Sicherheitskräfte", die von der Sekte in ganz Europa eingesetzt wurden, darunter der KGB in Russland und die Stasi in Ostdeutschland (und andere, die erwähnt wurden); die deutsche Kanzlerschaft des ehemaligen Mitglieds der Kommunistischen Jugend, Angela Merkel, die den Präzedenzfall für die staatlich genehmigte Masseneinwanderung nach Europa schuf; und viele, viele andere Beispiele.

Standort	Bemerkenswerte Gruppen
Albanien	*Partei der Arbeit Albaniens* (1941-1991);* (Com)
	Nationale Befreiungsbewegung (1942-1945);
	Sozialistische Partei Albaniens (1991 bis heute);
	Kommunistische Partei Albaniens (seit 1991)
	* Albanien war von 1946 bis 1992 die *Sozialistische Volksrepublik Albanien* - ein marxistischer Einparteienstaat. Die *Partei der Arbeit Albaniens* war in dieser Zeit die Regierungspartei.

Andorra	*Sozialdemokratische Partei* (2000 bis heute);
	Die Grünen von Andorra (2003-heute)
Österreich	*Sozialistische Partei Österreichs* (1889 bis heute);
	Kommunistische Partei Österreichs (1918-heute) (Com)
Weißrussland	*Kommunistische Partei Weißrusslands* (1918-1991);* (Com)
	Belarussische Linkspartei - „Eine gerechte Welt" (1991 bis heute);
	Belarussische Grüne Partei (1994 bis heute);
	Kommunistische Partei von Belarus (seit 1996)
	* Weißrussland war Teil der *UdSSR,* und diese Partei war der lokale Zweig der *Kommunistischen Partei der Sowjetunion (KPdSU/KPSS)*
Belgien	*Kommunistische Partei Belgiens* (1921-1989);
	Belgische Arbeiterpartei (1979 bis heute);
	Kommunistische Partei Belgiens (1989-heute)
Bulgarien	*Bulgarische Sozialdemokratische Partei* (1891-1894);
	Bulgarische Sozialdemokratische Arbeiterpartei (1903-1919);
	Bulgarische Kommunistische Partei (1919-1990); (Com) *
	Partei der bulgarischen Sozialdemokraten (1989-heute);
	Sozialistische Partei Bulgariens (1990-heute);
	Kommunistische Partei Bulgariens (1996 bis heute)
	* Bulgarien war zwischen 1946 und 1990 die *Volksrepublik Bulgarien* - ein marxistischer Einparteienstaat. Die *bulgarische kommunistische Partei* war in dieser Zeit die regierende Partei.
Tschechoslowakei (1918-1993)	*Kommunistische Partei der Tschechoslowakei* (KSC. 1921-1992) (Com)*
	Tschechische Republik
	Tschechische Sozialdemokratische Partei (1878 bis heute);
	Kommunistische Partei Böhmens und Mährens (1990 bis heute);

Grüne Partei (1990 bis heute);

Sozialistische Alternative Zukunft (1990-heute);

Partei des Demokratischen Sozialismus (1997-2020)

Slowakei

Kommunistische Partei der Slowakei (1939-1990);

Grüne Partei (1989 bis heute);

Partei der Demokratischen Linken (1990-2004);

Kommunistische Partei der Slowakei (1992 bis heute);

Gewerkschaft der Arbeiter der Slowakei (1994-heute);

Dawn (2005-heute);

Slowakische Grüne Partei (2006 bis heute);

Progressive Slowakei (2017-heute)

* Die Tschechoslowakei wurde von 1948 bis 1990 *Tschechoslowakische Sozialistische Republik* genannt - ein marxistischer Einparteienstaat. Die *KSC* war in dieser Zeit die Regierungspartei.

Dänemark *Kommunistische Partei Dänemarks* (1919 bis heute);

Sozialistische Volkspartei (1959 bis heute);

Linke Sozialisten (1967-2013);

Kommunistische Partei Dänemarks - Marxisten-Leninisten (1978-2006);

Sozialistische Arbeiterpolitik (1979 bis heute);

Rot-Grüne Allianz (1989-heute);

Kommunistische Partei in Dänemark (seit 1990);

Kommunistische Arbeiterpartei (2000 bis heute)

Estland *Estnische Radikale Sozialistische Partei* (1917-1919);

Sozialtravaillistische Partei (1917-1919);

Kommunistische Partei Estlands (1920-1990); *(Com)

Estnische Linkspartei (1990-2008);

Partei der Vereinigten Linken Estlands (2008-heute)

* Estland war Teil der *UdSSR*, und diese Partei war der lokale Zweig der *Kommunistischen Partei der Sowjetunion* (*KPdSU/KPSS*).

Färöer Inseln (Königreich Dänemark)	*Fortschritt für die Inseln - marxistisch-leninistisch* (1968-unbekannt); *Kommunistische Partei der Färöer* (1975-1993)
Finnland	*Sozialdemokratische Partei Finnlands* (1899 bis heute); *Kommunistische Partei Finnlands* (1918-1992); (Com) *Sozialistische Arbeiterpartei Finnlands* (1920-1923); *Sozialistische Einheitspartei* (1946-1955); *Sozialistische Arbeiterpartei* (1973-1990); *Kommunistische Partei Finnlands* (1984 bis heute); *Grüne Liga* (1987 bis heute); *Kommunistische Arbeiterpartei - Für Frieden und Sozialismus* (seit 1988); *Linkes Bündnis* (1990-heute); *Feministische Partei* (2016-heute)
Frankreich	*Föderation der sozialistischen Arbeiter Frankreichs* (1879-1902); *Französische Arbeiterpartei* (1880-1902); *Revolutionäre Sozialistische Arbeiterpartei* (1890-1901); *Sozialistische Partei Frankreichs* (1902-1905); *Französische Sektion der Arbeiterinternationale* (1905-1969); (Com) *Republikanisch-Sozialistische Partei* (1911-1934); *Sozialistische Partei Frankreichs* (1919-1935); *Kommunistische Partei Frankreichs* (1920 bis heute); (Com) *Kommunistische Union* (1939 bis heute); *Sozialistische Partei* (1969 bis heute) Da es sich um überseeische Departements/Regionen Frankreichs handelt, sind in einigen Fällen neben den folgenden Gruppen auch die oben genannten Parteien dort vertreten (oder haben lokale Niederlassungen): Französisch-Guayana (Nordküste von Südamerika) *Sozialistische Partei Guyanas* (1956 bis heute);

Dekolonisierungs- und soziale Emanzipationsbewegung (1991 bis heute);

Alternative Libertaire Guyane (2004-heute)

Guadeloupe (Inselgruppe in der östlichen Karibik)

Kommunistische Partei von Guadeloupe (1958 bis heute);

New Jewel Movement (1973-1983);

Progressive Demokratische Partei von Guadeloupe (seit 1991)

Martinique (Insel in der östlichen Karibik)

Martinikanische Kommunistische Partei (1957 bis heute);

Martinikanische Unabhängigkeitsbewegung (1978 bis heute);

Aufbau des Landes Martinique (1998-heute)

Réunion (Insel vor der Ostküste Afrikas, in der Nähe von Madagaskar):

Kommunistische Partei von La Réunion (1959 bis heute);

Marxistisch-leninistische kommunistische Organisation von Réunion (1975-unbekannt)

Georgien
Sozialdemokratische Partei Georgiens (1890-1950);

Mesami Dasi (1892-1920);

Kommunistische Partei Georgiens (1920-1991);*

Kommunistische Partei Georgiens (1992 bis heute);

Vereinte Kommunistische Partei Georgiens (seit 1994);

Neue Kommunistische Partei Georgiens (2001 bis heute);

Sozialdemokraten für die Entwicklung Georgiens (2013-heute)

* Georgien war Teil der *UdSSR*, und diese Partei war der lokale Zweig der *Kommunistischen Partei der Sowjetunion* (*KPdSU/KPSS*)

Deutschland
Kommunistischer Bund (1848-1852);

Allgemeiner Deutscher Arbeiterverein (1863-1875);

Sozialdemokratische Arbeiterpartei Deutschlands (1869-1875);

Sozialdemokratische Partei Deutschlands (1875 bis heute);

Spartakusbund (1914-1919); (Com)

Kommunistische Partei Deutschlands (1918-1946/1956); (Com)

Ostdeutsche Kommunistische Partei (1946-1989);*

Sozialistische Einheitspartei von West-Berlin (1962-1991);

Kommunistische Partei Deutschlands (1968 bis heute);

Partei des Demokratischen Sozialismus (1989-2007);

Bündnis 90/Die Grünen (1993-heute)

* Auch als *Sozialistische Einheitspartei Deutschlands* bekannt, regierte sie die marxistische *Deutsche Demokratische Republik* (oder *Ostdeutschland)* bis zum Fall der Berliner Mauer.

Gibraltar	*Sozialistische Partei von Gibraltar* (1978 bis heute)
(Britisches Überseeterritor ium)	

Griechenland   *Kommunistische Partei Griechenlands* (1918 bis heute);

Sozialistische Partei Griechenlands (1920-1953);

Sozialistische Arbeiterpartei Griechenlands (1971 bis heute);

Panhellenische Sozialistische Bewegung (1974 bis heute);

Koalition der Radikalen Linken - Progressive Allianz (2004 bis heute);

Bewegung der Demokratischen Sozialisten (2015-heute)

Ungarn   *Sozialdemokratische Partei Ungarns* (1890-1948);

Ungarische Kommunistische Partei (1918-1948); (Com)

Ungarische Partei der Werktätigen (MDP. 1948-1956); *

Ungarische Sozialistische Arbeiterpartei (MSzMP. 1956-1989); *

Ungarische Sozialistische Partei (1989 bis heute);

Ungarische Arbeiterpartei (1989 bis heute)

* Ungarn war von 1949 bis 1989 die *Ungarische Volksrepublik* - ein marxistischer Einparteienstaat. Die *MDP* und (ihr Nachfolger) die *MSzMP* waren in dieser Zeit die

regierenden Parteien.

Island

Sozialdemokratische Partei (1916-2000);

Kommunistische Partei Islands (1930-1938);

Partei der Volkseinheit - Sozialistische Partei (1938-1968);

Volksallianz (1968-1998);

Sozialistische Partei Islands (2017-gegenwärtig)

Irland

Republik Irland:

Irische Sozialistische Republikanische Partei (1896-1904);

Sozialistische Partei von Irland (1904-1923); (Com)

Sinn Féin (1905 bis heute);

Arbeiterpartei (1912 bis heute);

Irische Arbeiterliga (ca. 1923-1933); (Com)

Kommunistische Partei Irlands (1933 bis heute);

Republikanischer Kongress (1934-1936);

Kommunistische Partei Irlands - marxistisch-leninistisch (1965-2003);

Arbeiterpartei (1970 bis heute);

Socialist Workers Network (1971 bis heute);

Irisch-Republikanische Sozialistische Partei (1974 bis heute);

Grüne Partei (1981 bis heute);

Sozialistische Partei (1996 bis heute);

Menschen vor Profit (2005 bis heute);

Allianz der Vereinigten Linken (2010-2013);

Vereinigte Linke (2013-2015);

Solidarität (2014 bis heute);

Sozialdemokraten (2015-heute);

RISE („Revolutionary Internationalist Socialist Environmentalist"). (2019 - heute)

Nordirland:

Belfaster Arbeiterpartei (1892-1924);

Sinn Féin (1905/1970 bis heute);

Sozialistische Partei von Nordirland (1935-1940);

Kommunistische Partei von Nordirland (1941-1970);

Offizielle Irisch-Republikanische Armee/Offizielle IRA (ca. 1969-1972/1998);*

Irische Nationale Befreiungsarmee/INLA (ca. 1974-1998/2009)*

* Die *Offizielle Irisch-Republikanische Armee (Official Irish Republican Army, Official IRA)* und die *Irische Nationale Befreiungsarmee (Irish National Liberation Army,* INLA) waren marxistische Terrorgruppen.

Italien *Sozialistische Partei Italiens* (1892-1944);

Kommunistische Partei Italiens * (1921-1926); (Com)

Kommunistische Partei Italiens (1943-1991);

Demokratische Partei der Linken (1991-1998);

Kommunistische Neugründungspartei (1991 bis heute);

Italienische Sozialisten (1994-1998);

Italienische Demokratische Sozialisten (1998-2007);

Partei der italienischen Kommunisten (1998-2014);

Sozialistische Partei Italiens (2007-heute);

Kommunistische Partei Italiens (2014-2016);

Kommunistische Partei Italiens (2016-gegenwärtig)

Lettland *Kommunistische Partei Lettlands* (1904-1991);* (Com)

Sozialdemokratische Arbeiterpartei Lettlands (1918 bis heute);

Sozialistische Partei Lettlands (1994 bis heute);

Sozialdemokratische Partei (2009-heute)

* Lettland war Teil der *UdSSR*, und diese Partei war der lokale Zweig der *Kommunistischen Partei der Sowjetunion (KPdSU/KPSS)*

Liechtenstein *Freie Liste* (1985-heute)

Liechtenstein ist ein 25 km/15,5 m langes Fürstentum mit 40.000 Einwohnern.

Litauen	*Sozialdemokratische Partei Litauens* (1896 bis heute);
	Kommunistische Partei Litauens (1918-1991);* (Com)
	Demokratische Arbeiterpartei Litauens (1989-2001);
	Sozialistische Partei Litauens (1994-2009);
	Sozialistische Volksfront (2009-heute);
	Litauische Grüne Partei (2011-heute):
	Sozialdemokratische Arbeiterpartei Litauens (2018-gegenwärtig)
	* Litauen war Teil der *UdSSR*, und diese Partei war der lokale Zweig der *Kommunistischen Partei der Sowjetunion (KPdSU/KPSS)*.
Luxemburg	*Sozialistische Arbeiterpartei Luxemburgs* (1902-gegenwärtig);
	Kommunistische Partei Luxemburgs (1921 bis heute);
	Radikale Sozialistische Partei (1925-1932);
	Sozialdemokratische Partei (1971-1984);
	Die Grünen (1983 bis heute);
	Die Linke (1999-heute)
	Luxemburg hat eine Bevölkerung von etwa 660.000 Einwohnern.
Malta	*Arbeiterpartei* (1920 bis heute);
	Kommunistische Partei Maltas (1969 bis heute)
	Malta hat eine Bevölkerung von etwa 540.000 Menschen.
Moldawien	*Kommunistische Partei der Republik Moldau* (1940-1991);*
	Sozialistische Partei der Republik Moldau (1992 bis heute);
	Partei der Sozialisten der Republik Moldau (1997-heute)
	* Moldawien war Teil der *UdSSR*, und diese Partei war der lokale Zweig der *Kommunistischen Partei der Sowjetunion (KPdSU/KPSS)*
Niederlande	*Sozialdemokratische Liga* (1881-1900);

Sozialdemokratische Arbeiterpartei (1894-1946);

Kommunistische Partei der Niederlande (1909-1991); (Com)

Arbeiterpartei (1946 bis heute);

Pazifistische Sozialistische Partei (1957-1991);

Grüne Linke (1989-heute)

Norwegen *Arbeiterpartei* (1887-heute)*; (Com**)**

Kommunistische Partei Norwegens (1923 bis heute);

Sozialistische Linkspartei (1975 bis heute);

Gesellschaftspartei (1985 bis heute);

Grüne Partei (1988 bis heute);

Rote Partei (2007-heute)

Polen *Internationale Sozialrevolutionäre Partei* (1882-1886);

Polnische Sozialistische Partei (1892-1948);

Sozialdemokratie des Königreichs Polen (1893-1918);

Kommunistische Partei Polens (1918-1938); (Com)

Polnische Arbeiterpartei (1942-1948);

Polnische Vereinigte Arbeiterpartei (1948-1990);*

Sozialdemokratie der Republik Polen (1990-1999);

Gewerkschaft (1992 bis heute);

Allianz der Demokratischen Linken (1999 bis heute);

Polnische Linke (2008-heute)

* Diese Partei regierte die *Polnische Volksrepublik - einen marxistischen* Einparteienstaat - von 1948 bis 1989.

Portugal *Sozialistische Partei Portugals* (1875-1933);

Kommunistische Partei Portugals * (1921-heute); (Com)

Kommunistische Arbeiterpartei Portugals (1970 bis heute);

Sozialistische Partei (1973 bis heute);

Arbeiterpartei der Sozialistischen Einheit (1976 bis heute);

Linker Block (1999-heute);

Sozialistische Alternativbewegung (2000);

Partei der Ökologen (seit 2004);

Portugiesische Arbeiterpartei (2009-heute)

Rumänien   *Sozialdemokratische Partei Rumäniens* (1910-1916);

Sozialistische Partei Rumäniens (1918-1920);

Kommunistische Partei Rumäniens (PCR. 1921-1989); * (Com)

Sozialdemokratische Partei Rumäniens (1927-1948);

Sozialdemokratische Partei (2001 bis heute);

Sozialistische Partei Rumäniens (2003-heute);

Kommunistische Partei Rumäniens (2010-gegenwärtig)

* Die *PCR war eine Zeit lang* auch als *Rumänische Arbeiterpartei* bekannt. Ihr berühmtester Generalsekretär war *Nicolae Ceausescu,* der Rumänien bis 1989 als Diktator regierte. Rumänien war zwischen 1947 und 1989 die *Sozialistische Republik Rumänien* - ein marxistischer Einparteienstaat.

Russland   *Der Wille des Volkes* (1879-1884);

Emanzipation der Arbeit (1883-1903);

S.B.O.R.K. (1895-1900); #

Allgemeiner Jüdischer Arbeitsbund (1897-1921);

Russische Sozialdemokratische Arbeiterpartei (RSDLP, 1898-1912);

Sozialistische Revolutionäre Partei (1902-1921);

Menschewistische Fraktion der *RSDLP* (1912-21 in Russland und bis 1965 außerhalb Russlands);

Kommunistische Partei der Sowjetunion (aus der *bolschewistischen* Fraktion der *RSDLP.'*17-'91); *

Kommunistische Partei der Russischen Föderativen Sozialistischen Sowjetrepublik (1990-1991);

Kommunistische Partei der Russischen Föderation (1993 bis heute);

Allrussische sozialpolitische Bewegung (auch bekannt als *Spirituelles Erbe*) (1995-2003);

Vereinigte Sozialistische Partei Russlands (2003-2008)

* Herrschende Partei der *Union der Sozialistischen Sowjetrepubliken* oder *U.S.S.R.;* diese Partei kontrollierte die lokalen Zweige in anderen Sowjetländern (an anderer Stelle

hervorgehoben)

 # SBORK: St. Petersburger Liga des Kampfes für die Emanzipation der Arbeiterklasse

San Marino   *Kommunistische Partei Sammarins* (1921-1990)

Spanien   *Sozialistische Arbeiterpartei Spaniens* (*PSOE*. 1879 bis heute);

Kommunistische Partei Spaniens (1920-1921); (Com)

Kommunistische Partei Spaniens (1921 bis heute);

Arbeiterpartei der marxistischen Vereinigung (1935-1980);

Kommunistische Partei der Balearischen Inseln (Mallorca, 1977 bis heute);

Progressive Föderation (1984-1988);

Kommunistische Partei der Völker Spaniens (1984 bis heute);

Tierschutzpartei gegen die Misshandlung von Tieren (:)))(2003-heute);

United We Can (2016 bis heute);

Kommunistische Partei der Arbeiter Spaniens (2019-gegenwärtig)

Kanarische Inseln:

Unabhängigkeitsbewegung der Kanarischen Inseln (ca. 1964-1979);

Kommunistische Zellen (1969-1984);

Sozialistische Partei der Kanarischen Inseln (Kanarischer Zweig der *PSOE*. 1970 bis heute);

Kommunistische Partei der Kanarischen Inseln (1973-1991);

Partei der kommunistischen Vereinigung auf den Kanarischen Inseln (1975-2012);

Kanarische Volksunion (1979-1986);

Kanarische Versammlung (1982-1987);

Vereinte Kanarische Linke (1986/1993-heute);

Azarug (1992 bis heute);

Sozialistische Kanarische Partei (1995-unbekannt);

Kanarische Nationalistische Alternative (2006 bis heute);

Inekaren (2008-heute)

Schweden   *Sozialdemokratische Partei Schwedens* (1889 bis heute);

Linkspartei (1917-heute); (Com)

Kommunistische Partei Schwedens (1924-1926);

Sozialistische Partei (1929-1948);

Kommunistische Partei (1970 bis heute);

Kommunistische Partei Schwedens (1977-1995);

Grüne Partei (1981 bis heute);

Feministische Initiative (2005-heute)

Schweiz   *Sozialdemokratische Partei der Schweiz* (1888 bis heute);

Kommunistische Partei der Schweiz (1918 ca.-1940); (Com)

Schweizerische Partei der Arbeit (1944 bis heute);

Kommunistische Partei der Schweiz - marxistisch-leninistisch (1969-1987);

Grüne Partei der Schweiz (1983 bis heute);

Solidarität (1992 bis heute);

Alternative Linke (2010-2018)

Türkei   *Kommunistische Partei der Türkei* (1920-1988); (Com)

Arbeiterpartei der Türkei (1961-1987);

Vereinigte Kommunistische Partei der Türkei (1987-1991);

Sozialistische Einheitspartei (1991-1995);

Arbeiterpartei (1992-2015), dann *Patriotische Partei* (2015-heute);

Kommunistische Partei der Türkei (1993 bis heute);

Partei der Volksbefreiung (seit 2005);

Demokratische Volkspartei (2012 bis heute);

Kommunistische Volkspartei der Türkei (2014-2017);

Arbeiterpartei der Türkei (2017-gegenwärtig)

Ukraine   *Kommunistische Partei der Ukraine* (1918-1991);* (Com)

Sozialdemokratische Partei der Ukraine (1990-1994);

Sozialistische Partei der Ukraine (1991 bis heute);

Bauernpartei der Ukraine (1992 bis heute);

Kommunistische Partei der Ukraine (1993 bis heute);

Progressive Sozialistische Partei der Ukraine (1996-heute);

Kommunistische Partei der Arbeiter und Bauern (2001-2015)

* Die Ukraine war Teil der *UdSSR*, und diese Partei war der lokale Zweig der *Kommunistischen Partei der Sowjetunion* (*KPdSU/KPSS*).

U.K.	*Kommunistischer Bund* (1847-1852);

International Workingmen's Association (*IWA* oder *Erste Internationale* (1864-'76);*)

Sozialdemokratische Föderation (*SDF.* 1881-1911);

Fabian Society (1884 bis heute);

Sozialistische Liga (Hervorgegangen aus der *SDF.* 1885-1901);

Arbeiterpartei (1900 bis heute);

Sozialistische Arbeiterpartei (1903-1980);

Sozialistische Partei Großbritanniens (1904 bis heute);

Britische Sozialistische Partei (1911-1920);

Sozialistische Propaganda-Liga (1911-1951); (Com)

Kommunistische Partei Großbritanniens (1920-1991); (Com)

Walisische Kommunistische Partei (1920 bis heute);

Kommunistische Partei Großbritanniens (1988 bis heute);

Demokratische Linke (1991-1998);

Kommunistische Partei von Schottland (1992 bis heute);

Sozialistische Partei (1997-heute);

Schottische Sozialistische Partei (1998-heute)

*Sitz in London bis 1873 und dann in New York von 1873 bis 1876

Jugoslawien (1918-1992)

Bund der Kommunisten Jugoslawiens (*SKJ/CKJ.* 1919-1990). (Kom)

Bosnien und Herzegowina:

Bund der Kommunisten von Bosnien und Herzegowina (1943-1990); *

Sozialdemokratische Partei von Bosnien und Herzegowina (1992 bis heute);

Sozialistische Partei (1993 bis heute);

Kommunistische Arbeiterpartei von Bosnien und Herzegowina (2000 bis heute);

Die Grünen von Bosnien und Herzegowina (2004-heute);

Kommunistische Partei (2012 bis heute)

Kroatien:

Bund der Kommunisten Kroatiens (1937-1990); *

Sozialdemokratische Partei Kroatiens (1990 bis heute);

Unabhängige Demokratische Serbische Partei (1997 bis heute);

Sozialistische Arbeiterpartei Kroatiens (1997-heute);

Kroatische Arbeiterpartei (2010-gegenwärtig);

Arbeiterfront (2014-heute);

Neue Linke (2016-gegenwärtig);

Zagreb ist UNSER! (2017-present);

Wir können! Politische Plattform (2019-present)

Mazedonien (auch Nordmazedonien genannt):

Bund der Kommunisten Mazedoniens (1943-1991); *

Kommunistische Partei Mazedoniens (1992 bis heute);

Union der Linken Kräfte Titos (2005 bis heute);

Die Linke (2015-heute)

Montenegro:

Bund der Kommunisten von Montenegro (1943-1991); *

Demokratische Partei der Sozialisten von Montenegro (1991 bis heute);

Sozialistische Volkspartei von Montenegro (1998-heute)

Serbien:

Bund der Kommunisten Serbiens (1945-1990); *

Sozialistische Allianz der Werktätigen Jugoslawiens (1945-1990);

Sozialistische Partei Serbiens (1990 bis heute);

Kommunistische Partei (seit 2010)

Slowenien:

Bund der Kommunisten Sloweniens (1937-1990);*

Sozialdemokraten (1993 bis heute);

Initiative für demokratischen Sozialismus (2014-2017);

Die Linke (2017-heute)

* Der *Bund der Kommunisten Jugoslawiens* (*SKJ/CKJ*) hatte die Gesamtkontrolle über die 6 Teilrepubliken Jugoslawiens. Das Symbol * steht für die Ortsgruppe des *SKJ/CKJ*.

Afrika

„...das böse System des Kolonialismus und Imperialismus entstand und gedieh mit der Versklavung der Neger und dem Handel mit Negern, und es wird sicherlich mit der vollständigen Emanzipation des schwarzen Volkes zu Ende gehen"[120]

Führer des Kommunistischen Chinas Mao Zedong, „Erklärung zur Unterstützung der amerikanischen Neger in ihrem gerechten Kampf gegen die Rassendiskriminierung durch den US-Imperialismus", 8. August 1963

Wir in Afrika müssen genauso wenig zum Sozialismus „bekehrt" werden, wie wir zur Demokratie „belehrt" werden müssen. Beide sind in unserer Vergangenheit verwurzelt, in der traditionellen Gesellschaft, die uns hervorgebracht hat.121

Julius Nyerere, *Uhuru na Umoja (Freiheit und Einheit): Aufsätze über den Sozialismus* (1969)

„Die traditionelle afrikanische Gesellschaft wurde auf den Grundsätzen des Egalitarismus gegründet. Jeder sinnvolle Humanismus muss vom Egalitarismus ausgehen. Daher der Sozialismus. Daher wissenschaftlicher Sozialismus"[122]

Kwame Nkrumah, *African Socialism Revisited* (1967)

Afrika ist der Inbegriff eines Ortes, der von der imperialen Fremdherrschaft

---

[120] Zedong, M. „Erklärung zur Unterstützung der amerikanischen Neger in ihrem gerechten Kampf gegen die Rassendiskriminierung durch den US-Imperialismus", 8. August 1963. https://www.marxists.org/subject/china/peking-review/1966/PR1966-33h.htm

[121] Nyerere, J., *Uhuru na Umoja (Freiheit und Einheit): Essays über den Sozialismus* (1969). https://www.juliusnyerere.org/resources/quotes

[122] Nkrumah, K., *African Socialism Revisited* (1967). https://www.marxists.org/subject/africa/nkrumah/1967/african-socialism-revisited.htm

zur marxistischen Herrschaft und Selbstzerstörung überging. Mehrere europäische Mächte waren dort präsent, darunter Großbritannien, Frankreich, Belgien, Portugal, Italien und die Niederlande. Die Auffassung mancher Kreise, dass der Marxismus (und sein Produkt, der Sozialismus) für Afrika nach dem Kolonialismus notwendig sei, war ein schwerer, fataler Fehler. Er hat diesen Kontinent in den Ruin getrieben; die Folgen davon hat die marxistische Propaganda vorhersehbar der kolonialen Vergangenheit Afrikas oder dem modernen westlichen „Imperialismus" angelastet.

Wenn man jedoch bedenkt, wie die Ideologie instabile Ziele auswählt, stimmt es, dass Afrika zu diesem Zeitpunkt seiner Geschichte im Allgemeinen sehr verwundbar war. In der Tat war es ein leichtes Ziel. Es überrascht nicht, dass afrikanische Akademiker, die für die Vorteile des Sozialismus eintraten, eine Rolle spielten; Julius Nyerere (1922-1999) zum Beispiel, der erste Präsident von Sambia.

Zweifellos gab es einige egomanische imperiale Individuen europäischer Herkunft - wie den berüchtigten britischen Elitisten Cecil Rhodes (1853-1902) -, und dies wird in der vom Marxismus infizierten PC-Kultur oft erwähnt (da der „koloniale" Imperialismus ein Übel ist, an das sie uns oft erinnern). Was nicht hervorgehoben wird, ist, dass es im postkolonialen Afrika viele schreckliche afrikanische Regime gegeben hat, die von Afrikanern geführt wurden, katalysiert durch eine fast kontinentweite marxistische Infektion. Die Figuren, die an diesen Regimen beteiligt waren, waren schlimmer als Rhodes.

Tatsächlich waren viele der Führer der afrikanischen Länder nach der „Unabhängigkeit" marxistische Aktivisten, Terroristen und Diktatoren afrikanischer Abstammung: Nelson Mandela (1918-2013), Robert Mugabe, Julius Nyerere und der erste Premierminister und Präsident Ghanas, Kwame Nkrumah, um nur einige zu nennen. Cecil Rhodes starb im Jahr 1902! Es ist typisch und amüsant, dass Sektenmitglieder uns heute ständig an Personen aus dieser Zeit erinnern, während sie die vielen afrikanischen Sektenmitglieder von damals, die ihr eigenes Volk unterdrückt und zur Zerstörung des Kontinents beigetragen haben, bequemerweise ignorieren.

Natürlich war die in einigen Teilen Afrikas bestehende ethnische Trennung zwischen Weißen und Nicht-Weißen - wobei die weißen Minderheiten die Kontrolle über die Regierung, die Infrastruktur usw. hatten - ein offensichtlicher Ansatzpunkt für die Sekte/Ideologie. - war ein offensichtlicher Ansatzpunkt für die Sekte/Ideologie. Sie konnte diese Spaltung leicht ausnutzen, da die Weißen die „Unterdrücker" waren.

Diese besondere, lokal begrenzte Form der Ideologie - der afrikanische Sozialismus - entstand in den 1950er und 60er Jahren. Dies führte zu einem kaum zu beziffernden Ausmaß an Instabilität und Not auf dem gesamten

Kontinent.[123] Ein weiterer bedeutender Begriff, der aus dieser Sekte/Ideologie hervorgegangen ist, ist „Panafrikanismus".[124] Ein anderer ist „Ujamaa" - *ein* Begriff, den das Sektenmitglied Julius Nyerere verwendete, um seine Version des Sozialismus in Tansania zu beschreiben. Er schrieb Ujamaa: Essays über den Sozialismus im Jahr 1969.

In einem Brief an den *Tanjanyika Standard* im Juli 1943 sagte Nyerere: „Der Afrikaner ist von Natur aus ein sozialistisches Wesen".[125] Nicht alle Afrikaner schenkten den Argumenten der Gegenseite Glauben, darunter George Ayittey (1945-2022), der unter anderem die Bücher *Africa Unchained: the blueprint for development* (2004) und *Defeating Dictators: Fighting Tyrants in Africa and Around the World* (2011).[126]

Die zahllosen marxistischen Revolutionen, die auf diesem Kontinent stattfanden, folgten natürlich dem üblichen Muster: Tötung der „Unterdrückerklasse" (der Weißen); Tötung der Christen; Zerstörung der Symbole der westlichen Kultur und Zivilisation (einschließlich der Infrastruktur, die die Weißen in Afrika aufgebaut hatten); Enteignung der Weißen, um es im Namen der „Gleichheit" an die schwarze Mehrheit umzuverteilen, was zu Hungersnöten führte (da die Weißen die landwirtschaftlichen Kenntnisse/Erfahrungen hatten). Dies alles geschah im Namen von „Gerechtigkeit" und „Gleichheit" und wurde mit der angeblich unterdrückten Geschichte Afrikas gerechtfertigt.

Marxistische Propaganda versteckt, was in Afrika passiert ist

Eine Hauptursache für die wirtschaftliche Stagnation Afrikas ist die marxistische Infektion, insbesondere die Durchsetzung des Sozialismus auf dem gesamten Kontinent. Ein typisches Manöver dieser Ideologie ist es, von der eigenen Schuld abzulenken, indem sie ihre Feinde (in diesem Fall den Kapitalismus, den Imperialismus und die Weißen) verantwortlich macht.

Indem sie den gegenwärtigen Zustand Afrikas auf solche Dinge zurückführt, kann der Kult/die Ideologie seinen/ihren „Ruf" schützen und gleichzeitig seine/ihre anti-weiße, anti-europäische, anti-bürgerliche und „anti-rassistische" „Botschaft" verbreiten. Das von dieser Ideologie verursachte Chaos ist auch heute noch offensichtlich - wir können sehen, wie ihr Erbe in den letzten Jahrzehnten im Wesentlichen den Zusammenbruch der Zivilisation in Südafrika verursacht hat.

Auf dem gesamten Kontinent führte die Infektion zu folgenden Ergebnissen:

---

[123] https://www.britannica.com/money/topic/African-socialism

[124] https://www.britannica.com/topic/Pan-Africanism

[125] https://en.wikipedia.org/wiki/Julius_Nyerere

[126] https://en.wikipedia.org/wiki/George_Ayittey

dem „Suppression of Communism Act" (Gesetz zur Unterdrückung des Kommunismus) von 1950, mit dem die *Kommunistische Partei Südafrikas* verboten wurde; der vierundzwanzigjährigen Diktatur von Julius Nyerere in Tansania; dem Aufstieg des *Afrikanischen Nationalrats* (berühmt geworden durch das bekannte Sektenmitglied und den verurteilten Terroristen Nelson Mandela); das Ende der Apartheid in Südafrika (ein wichtiger Faktor für den heutigen Zustand des Landes); die Herrschaft von Kwame Nkrumah als Präsident von Ghana; Patrice Lumumba in der damaligen Republik Kongo; der Aufstieg des Diktators Robert Mugabe in Simbabwe; der *äthiopische Bürgerkrieg* (1974-1991), der *Derg* als äthiopische Vorhut und der *äthiopische Rote Terror* (1976-1978); der *portugiesische Kolonialkrieg* (1961-1974) in Guinea-Bissau, Angola und Mosambik und die anschließende Dominanz der marxistischen *FRELIMO*; die *Märzrevolution* in Mali 1991 der *angolanische Bürgerkrieg* (1975-2002) - ein Konflikt mit vielen Toten und Vertreibungen; die staatlich genehmigte rassistische Diskriminierung (und Ermordung) weißer südafrikanischer Farmer (als marxistische Tradition in Afrika); und viele, viele andere Ereignisse.

Viele der „nationalistischen" und „Befreiungs"-Bewegungen auf dem ganzen Kontinent, die so viele zum Kampf gegen die „bösen, unterdrückerischen imperialen Mächte" anspornten, waren lediglich marxistische Bewegungen; es handelte sich lediglich um eine neue Form des Imperialismus, der die Macht übernehmen wollte. Darüber hinaus hat die verzerrte Wahrnehmung dessen, was dort geschah (dank des Einflusses der Ideologie), zweifellos zu einer verzerrten Wahrnehmung des „Rassismus" in den westlichen Ländern beigetragen, mit dem die Sekte/Ideologie heute hausieren geht und den sie ewig aufrechterhält. Was in Afrika aufgrund des Marxismus geschah, hat im gesamten Westen einen Welleneffekt ausgelöst, auch bei den rassischen Spannungen in den USA.

Nelson Mandela wurde in der zweiten Hälfte seines Lebens, nach seiner Inhaftierung, aufgrund des extremen Ausmaßes an marxistischen Tugenden in der ganzen Welt als Quasi-Messias verehrt. Er erhielt zahllose Auszeichnungen und Ehrungen, darunter den Friedensnobelpreis und den Lenin-Friedenspreis (das ist so, als würde man vom Teufel eine Auszeichnung für „Nettigkeit" erhalten).[127] Seine Amtszeit als Präsident Südafrikas von 1994 bis 1999 war symbolisch für den Erfolg der Sekte auf dem Kontinent. Viele der terroristischen Gruppen der Sekte operierten in Afrika und erhielten ausländische Unterstützung von größeren marxistischen Organisationen wie Rotchina, der U.S.S.R. und Fidel Castros Kuba. Der Aufstieg der *FRELIMO (Mosambikanische Befreiungsfront)* war ein gutes Beispiel dafür, wie

---

[127]

https://en.wikipedia.org/wiki/Nelson_Mandela#Orders,_decorations,_monuments,_and_honours marxistische Gruppen sich als „nationalistisch" tarnen können, dann aber ihr wahres (rotes) Gesicht zeigen, sobald sie an der Macht sind. Kurz nachdem Mosambik 1975 die Unabhängigkeit von Portugal erlangt hatte, beschlossen sie, den Weg der Kommunisten einzuschlagen und das Land in einen marxistischen Einparteienstaat zu verwandeln.[128]

Standort	Bemerkenswerte Gruppen
Angola	*Partei des Vereinigten Kampfes für die Afrikaner in Angola* (1953-1956);
	Angolanische Kommunistische Partei (1955-1956);
	Volksbewegung für die Befreiung Angolas (*MPLA*. 1956-gegenwärtig);*
	Nationale Union für die totale Unabhängigkeit Angolas (1966 bis heute);
	Sozialdemokratische Partei (1988 bis heute);
	Liberal-Sozialistische Partei (1993 bis heute)
	* Angola war von 1975 bis 1992 ein marxistischer Einparteienstaat mit der Bezeichnung *Volksrepublik Angola*; die *MPLA* war während dieser Zeit die Regierungspartei.
Algerien	*Algerische Kommunistische Partei* (1920/1936-1962);
	Front der Sozialistischen Kräfte (1963 bis heute);
	Sozialistische Arbeiterpartei (1989 bis heute);
	Arbeiterpartei (1990 bis heute);
	Algerische Partei für Demokratie und Sozialismus (1993 bis heute)
Benin	*Sozialistische Revolutionspartei von Benin* (1959-unbekannt);
	Revolutionäre Volkspartei von Benin (*PRPB*. 1975-1990); *
	Kommunistische Partei von Benin (1977 bis heute);
	Sozialdemokratische Partei (1990 bis heute);
	Gewerkschaft für Heimat und Arbeit (1997-heute)
	* Benin war von 1975 bis 1990 ein marxistischer Einparteienstaat mit der Bezeichnung *Volksrepublik Benin*; die *PRPB* war während dieser Zeit die regierende Partei.

---

[128] https://www.britannica.com/topic/Frelimo

Botswana	*Botswanische Volkspartei* (1960 bis heute);
	Nationale Front von Botswana (1965 bis heute);
	MELS-Bewegung von Botswana (1984-heute);
	International Socialists Botswana (unbekannt);
	Botswanische Kongresspartei (1998-heute)
Burkina Faso	*Afrikanische Unabhängigkeitspartei* (1963-1999);
	Voltaische Revolutionäre Kommunistische Partei (1978 bis heute);
	Marxistisch-leninistische Fraktion (1983-1984);
	Burkinische Kommunistische Gruppe (1983-1991);
	Bund der burkinischen Kommunisten (1984-1989);
	Organisation für Volksdemokratie-Arbeiterbewegung (1989-1996);
	Sozialistische Partei Burkinas (1992-2001);
	Afrikanische Unabhängigkeitspartei (1999-2011);
	Union für Wiedergeburt - Sankaristische Partei (2000 bis heute);
	Partei für Demokratie und Fortschritt (2001 bis heute);
	Sozialistische Einheitspartei (2001 bis heute);
	Partei für Demokratie und Sozialismus (2002-2012);
	Konvergenz für die Sozialdemokratie (2002-heute);
	Sankaristische Demokratische Front (2004-heute);
	Partei für Unabhängigkeit, Arbeit und Gerechtigkeit (seit 2011)
Burundi	*Freie Sozialistische Partei von Burundi* (1961-unbekannt);
	Burundische Arbeiterpartei (1979-1986);
	Front für Demokratie (1986 bis heute);
	Pan Africanist Socialist Movement-Inkinzo (unbekannt)
Kap Verde	*Afrikanische Partei für die Unabhängigkeit von Guinea und Kap Verde* (1956 bis heute);
	Afrikanische Partei der Unabhängigkeit von Kap Verde (1981 bis heute);

Partei der Arbeit und der Solidarität (1998-heute)

Kap Verde erlangte 1975 die Unabhängigkeit von Portugal.

Zentralafrikani sch Republik	*Bewegung für die soziale Entwicklung von Schwarzafrika* (1949-1979);
	Bewegung für die Befreiung des zentralafrikanischen Volkes (1978 bis heute);
	Zentralafrikanische Demokratische Versammlung (1987 bis heute);
	Sozialdemokratische Partei (1991 bis heute);
	Patriotische Front des Fortschritts (1991 bis heute);
	Nationale Konvergenz - Kwa na Kwa (2009-heute)
Kongo	*Kongolesische Fortschrittspartei* (1945-unbekannt);
	Afrikanische Solidaritätspartei (1959-1965);
	Unified Lumumbist Party (1964 bis heute);
	Kongolesische Partei der Arbeit (PCT. 1969-gegenwärtig);*
	Union für Demokratie und sozialen Fortschritt (1982 bis heute)
	* Der Kongo war von 1969 bis 1992 ein marxistischer Einparteienstaat mit dem Namen *Volksrepublik Kongo*; die *PCT* war in dieser Zeit die Regierungspartei.
Chad	*Tschadische Fortschrittspartei* (1947-1975);
	Unabhängige Sozialistische Partei des Tschad (1950-1956);
	Abspaltung der Unabhängigen Sozialistischen Partei des Tschad-1955 (1955-unbekannt);
	Tschadische Aktion für Einheit und Sozialismus (1981 bis heute);
	Nationale Union für Demokratie und Erneuerung (1992 bis heute);
	Erneuerte Afrikanische Sozialistische Bewegung (2006-ungefähr - heute)
Komoren	*Übereinkommen zur Erneuerung der Komoren* (2002-heute)
Dschibuti	*Partei der Volksbewegung* (ca. 1958-1974);

Volksversammlung für den Fortschritt (1979 bis heute);

Front für die Wiederherstellung der Einheit und der Demokratie (1991 bis heute);

Sozialdemokratische Volkspartei (2002 bis heute)

Äquatorialguinea

IPGE (ca. 1958-1970);

Vereinigte Nationale Arbeiterpartei (1970-1979);

Konvergenz für die Sozialdemokratie (1990-heute)

Eritrea

Eritreische Befreiungsfront (1961 bis heute);

Eritreische Demokratische Volkspartei der Arbeit (1968-1982);

Volksfront für Demokratie und Gerechtigkeit (1994 bis heute)

Eswatini

Swasiländische Fortschrittspartei (ca. 1959-1973);

Ngwane National Liberatory Congress (1963-1973);

Vereinte Demokratische Volksbewegung (1983 bis heute);

Kommunistische Partei von Swasiland (1994 bis heute);

Kommunistische Partei von Swasiland (2011-heute);

Swasiländische Demokratische Partei (2011-heute)

Äthiopien

Sozialistische Bewegung Gesamt-Äthiopien (1968 bis heute);

Äthiopische Revolutionäre Volkspartei (1972 bis heute);

Äthiopische Marxistisch-Leninistische Revolutionäre Organisation (1974-1979);

Volksbefreiungsfront von Tigray (1975 bis heute);

Der revolutionäre Kampf der unterdrückten Völker Äthiopiens (1975-1978);

Revolutionäre Flamme (1976-1979);

Union der marxistisch-leninistischen Organisationen Äthiopiens (1977-1979);

Kommission für die Organisation der Partei der Werktätigen Äthiopiens (1979-1984);

Marxistisch-leninistische Liga von Tigray (1983-1991);

Arbeiterpartei von Äthiopien (WPE. 1984-1991);*

Revolutionäre Demokratische Volksfront Äthiopiens (1988-2019);

Somalische Demokratische Partei (1998-2019);

Vereinigte Äthiopische Demokratische Kräfte (2005-2008)

* Äthiopien war von 1987 bis 1991 ein marxistischer Einparteienstaat mit der Bezeichnung *Demokratische Volksrepublik Äthiopien*; die *WPE* war in dieser Zeit die regierende Partei.

Gabun	*Gabunische Partei der nationalen Einheit* (1958-unbekannt);
	Gabunische Fortschrittspartei (1990 bis heute);
	Gabunische Sozialistische Partei (1991 bis heute);
	Afrikanisches Forum für Wiederaufbau (1992-heute)
Gambia	*Sozialistische Revolutionäre Partei Gambias* (1980-1981);
	Demokratische Volksorganisation für Unabhängigkeit und Sozialismus (1986-heute)
Ghana	*Konventionelle Volkspartei* (1949 bis heute);
	Nationale Volkspartei (1979-1981);
	Partei des Volkskonvents (1992-1996);
	Demokratische Volkspartei (1992 bis heute);
	Nationaler Demokratischer Kongress (1992 bis heute);
	Nationaler Volkskonvent (1992-heute)
Guinea	*Sozialistische Partei von Guinea* (1946-unbekannt);
	Demokratische Partei Guineas-Afrikanische Demokratische Versammlung (1947 bis heute);
	Sozialistische Demokratie von Guinea (1954-1958);
	Kundgebung des guineischen Volkes (ca. 1965 bis heute);
	All-African People's Revolutionary Party (1968-heute)
Guinea-Bissau	*Afrikanische Partei für die Unabhängigkeit von Guinea und Kap Verde* (1956 bis heute);
	Revolutionäre Streitkräfte des Volkes (1964-1973);
	Sozialistische Partei von Guinea-Bissau (1994 bis heute);
	Arbeiterpartei (2002 bis heute);

United People's Alliance (2004);

Demokratische Sozialistische Partei (2004-heute);

Bewegung für eine demokratische Alternative (2018-gegenwärtig)

Elfenbeinküste   *Revolutionäre Kommunistische Partei von Côte d'Ivoire* (ca. 1965 - nicht bekannt);

Ivorische Volksfront (1982 bis heute);

Ivorische Partei der Arbeiter (1990-heute);

People's Socialist Union (1996 bis heute, Sitz in London)

Die Elfenbeinküste erlangte 1960 die Unabhängigkeit von Frankreich.

Kenia   *Kenya People's Union* (1966-1969);

Kommunistische Partei Kenias (1992 bis heute);

Mazingira Grüne Partei von Kenia (ca. 1997 bis heute)

Liberia   *Afrikanische Revolutionäre Partei* (1861-1936);

Kommunistische Partei von Liberia (1878-1936);

Vereinigte Volkspartei (ca. 1985 bis heute)

Libyen   *Libysche Kommunistische Partei* (1945-1952);

Libysch-arabische sozialistische Baath-Partei (ca. 1950er-1980er Jahre);

Libyscher Revolutionärer Kommandorat (1969-1977);

Arabische Sozialistische Union (1971-1977);

Libysche Nationale Volksbewegung (2012 bis heute)

Lesotho   *Basutoland-Kongresspartei* (1952-gegenwärtig);

Kommunistische Partei von Lesotho (1962 bis heute);

Lesotho Congress for Democracy (seit 1997);

Demokratischer Kongress (2011-heute)

Madagaskar   *Kommunistische Partei der Region Madagaskar* (1936-1938);

Kommunistische Partei Madagaskars (1958-unbekannt);

Partei des Unabhängigkeitskongresses von Madagaskar

(1958 bis heute);

Bewegung für den Fortschritt von Madagaskar (1972 bis heute);

Verein für die Wiedergeburt von Madagaskar (1976-heute)

Mali *Sudanische Union-Afrikanische Demokratische Versammlung* (1945-2010);

Malische Partei der Arbeit (1965 bis heute);

Demokratische Union des malischen Volkes (1975-1991);

Allianz für Demokratie in Mali (1990-heute);

African Solidarity for Democracy and Independence (1996 bis heute);

Rallye für Mali (2001-heute)

Malawi *Sozialistische Liga von Malawi* (1964-1991);

Allianz für Demokratie (1993-heute)

Mauretanien *Union der Kräfte des Fortschritts* (1991 bis heute);

Sozialistisch-Demokratische Unionistische Partei (1994-heute);

Progressive Volksallianz (2002 bis heute);

Versammlung der Demokratischen Kräfte (2002 bis heute);

Allianz für Gerechtigkeit und Demokratie (2007-heute)

Mauritius *Arbeiterpartei* (1936-heute);

Unabhängiger Vorwärtsblock (ca. 1958-1976);

All-Mauritius-Hindu-Kongress (1964-1967);

Mauritian Militant Movement (1969 bis heute);

Mauritian Militant Movement - MMMSP (ca. 1973-1980);

Sozialistische Partei von Mauritius (1979-1983);

Lalit (1981 bis heute);

Militant Socialist Movement (1983 bis heute);

Mauritian Militant Socialist Movement (1995-2008);

Fraternal Greens (2002-heute);

Liberator-Bewegung (2014-heute);

Militante Plattform (2018-present)

Marokko   *Kommunistische Partei Marokkos* (1943-1964);

Partei der Befreiung und des Sozialismus (1968-1974);

Vorwärts (ca. 1970-1974);

Bewegung des 23. März (ca. 1970-1983);

Partei des Fortschritts und des Sozialismus (1974 bis heute);

Aktionspartei (1974 bis heute);

Sozialistische Union der Volkskräfte (1975 bis heute);

Sozialistisch-demokratische Vorhut-Partei (1991 bis heute);

Demokratischer Weg (1995 bis heute);

Front der Demokratischen Kräfte (1997-heute);

Nationale Ittihadi-Kongresspartei (seit 2001);

Arbeiterpartei (2005-2013);

Sozialistische Einheitspartei (2005 bis heute);

Sozialistische Partei (2006-2013)

Westsahara

Polisario-Front (1973 bis heute)

Mosambik   *Mosambikanische Befreiungsfront-FRELIMO* (1962-heute);*

Kommunistische Partei von Mosambik (1995-unbekannt);

Partei der Grünen von Mosambik (1997-heute)

* Mosambik war von 1975 bis 1990 ein marxistischer Einparteienstaat mit der Bezeichnung *„Volksrepublik Mosambik"*; in dieser Zeit war die *FRELIMO* die Regierungspartei.

Namibia   *Südwestafrikanische Nationale Union* (1959 bis heute);

South West Africa People's Organisation (1960-heute);

Kommunistische Partei von Namibia (1981-1989);

Revolutionäre Arbeiterpartei (1989 bis heute);

Kongress der Demokraten (1999 bis heute);

All People's Party (2008-heute);

Namibian Economic Freedom Fighters (2014-heute);

Affirmative Neupositionierung (2014-heute)

Niger   *Union der Volkskräfte für Demokratie und Fortschritt* (1956 bis heute);

Nigerianische Partei für Demokratie und Sozialismus (1990 bis heute);

Partei für Sozialismus und Demokratie in Niger (seit 1992)

Nigeria   *Progressive Union der nördlichen Elemente* (1950-1964);

Kommunistische Partei von Nigeria und Kamerun (1951-unbekannt);

Aktionsgruppe (1951-1966);

Kommunistische Partei von Nigeria (ca. 1960-1966);

Sozialistische Arbeiter- und Bauernpartei von Nigeria (1963 bis heute);

Nigerianische Kommunistische Partei (unbekannt - ca. 1966);

Partei der Volkserlösung (1978-heute);

Unity Party of Nigeria (1978-unbekannt);

Demokratisch-Sozialistische Bewegung (1986-heute);

Sozialdemokratische Partei Nigerias (ca. 1989 bis heute);

Sozialistische Partei von Nigeria (2013-heute);

Junge Fortschrittspartei (2017-heute)

Ruanda   *Sozialistische Partei Ruandas* (1991 bis heute);

Sozialdemokratische Partei (1991 bis heute);

Demokratische Grüne Partei Ruandas (2009-heute)

Sao Tomé
und Principe   *Bewegung für die Befreiung von São Tomé und Príncipe* (1960 bis heute);

Sao Taoméan Workers Party (2002-unbekannt)

Die Einwohnerzahl dieser Inselgruppen beträgt knapp 234.000.

Senegal   *Unabhängige Sozialistisch-Republikanische Partei* (1919-unbekannt);

Sozialistische Partei Senegals (1934-1938);

Senegalesische Demokratische Union (1946-1956);

Senegalesische Partei der sozialistischen Aktion (1957-1958);

Afrikanische Unabhängigkeitspartei (1957 bis heute);

Sozialistische Partei des Senegal (1958 bis heute);

Kommunistische Partei Senegals (1965-unbekannt);

Komitee für die Initiative für eine permanente revolutionäre Aktion (ca. 1970);

Bewegung junger Marxisten-Leninisten (1970-unbekannt);

Demokratische Liga-Bewegung für die Arbeiterpartei (Mitte der 1970er Jahre);

Sozialistische Arbeiterorganisation (1973-1991);

Und-Jef Revolutionäre Bewegung für Neue Demokratie (1974-1991);

Kommunistischer Arbeiterbund (1977-unbekannt);

Partei der Unabhängigkeit und der Arbeit (1981 bis heute);

And-Jef/Afrikanische Partei für Demokratie und Sozialismus (1991-2014);

Bewegung der Linksradikalen (2004 bis heute);

Vereinte Sozialisten für die Renaissance des Senegal (seit 2004)

Seychellen   *Progressive Volksfront der Seychellen* (1978-2009);

Parti Lepep - Vereinigte Seychellen (2009-heute)

Sierra Leone   *Allgemeiner Volkskongress* (1962 bis heute);

Revolutionäre Einheitsfront (1991-2002)

Somalia   *Partei Arbeit und Sozialismus* (1960-1969);

Oberster Revolutionsrat (1969-1976);

Somalische Revolutionäre Sozialistische Partei (SRSP. 1976-1991);*

Grüne Partei Somalias (1990 bis heute);

Somalische Partei der sozialen Einheit (seit 2004);

Somalische Arbeiterpartei (2011-heute);

Kosmopolitische Demokratische Partei (2015-heute);

Wadajir-Partei (2016-gegenwärtig)

* Somalia war von 1969 bis 1991 ein marxistischer Einparteienstaat mit der Bezeichnung *Somalische Demokratische Republik*; von 1976 bis 1991 war die *SRSP* die Regierungspartei.

Somaliland

Für Gerechtigkeit und Entwicklung (2001-heute)

Südafrika   *Südafrikanische Arbeiterpartei* (1910-1958);

Afrikanischer Nationalkongress (1912 bis heute);

Kommunistische Partei Südafrikas (1921 bis heute);

Arbeiterpartei Südafrikas (1935-unbekannt);

Panafrikanistischer Kongress von Azania (1959 bis heute);

Black People's Convention (1972-unbekannt);

Azanische Volksorganisation (1978-heute);

Arbeiter- und Sozialistische Partei (1979 bis heute);

Internationale Arbeiterpartei der Avantgarde (1985 bis heute);

Links halten (1987 bis heute);

Workers Organisation for Socialist Action (1990-unbekannt);

Ecopeace-Partei (1995 bis heute);

Sozialistische Partei von Azania (1998-heute);

Grüne Partei Südafrikas (1999 bis heute);

Afrikanischer Volkskongress (2007-heute);

Women Forward (seit 2008);

Economic Freedom Fighters (2013 bis heute);

Vereinigter Kongress (2013-heute);

Black First Land First (2015 bis heute);

Nationale Botschafter des Volkes (2015-heute);

Bolschewistische Partei Südafrikas (ca. 2016 bis heute);

African Content Movement (2018-present);

Gut (2018-present);

Sozialistische Revolutionäre Arbeiterpartei (seit 2019);

Landespartei (2019-present)

Südsudan *Kommunistische Partei des Südsudan* (seit 2011)

Der Südsudan ist erst seit 2011 unabhängig vom Sudan, daher gibt es nur eine Gruppe

Sudan *Sudanesische Kommunistische Partei* (1946 bis heute);

Anti-Imperialistische Front (ca. 1952-1958);

Führung der sudanesischen kommunistischen Partei-Revolutionäre (1965-unbekannt);

Arbeiterkräfte (1967-unbekannt);

Sozialistische Union des Sudan (1971-1985);

Sozialistische Volksfront des Sudan (1984-unbekannt);

Sudanesische Bewegung der revolutionären Komitees (ca. 1985-1987)

Tansania *Tanganjika-Afrika-Vereinigung* (1929-1954);

Tanganjika African National Union (1954-1977);

Chama Cha Mapinduzi (1977 bis heute);

Bündnis für Wandel und Transparenz (2014-heute)

Sansibar

Afro-Schirazi-Partei (1957-1977);

Umma-Partei (1963-unbekannt)

Togo *Sozialistische Revolutionspartei von Benin* (1959-unbekannt);

Kommunistische Partei von Togo (1980-unbekannt);

Demokratische Konvention der afrikanischen Völker (1980-unbekannt);

Panafrikanische Sozialistische Partei (1991 - nicht bekannt);

Arbeiterpartei (1998 bis heute);

Kollektiv Lets Save Togo (2012-heute)

Tunesien *Tunesische Kommunistische Partei* (1934-1993);

Sozialistische Destourianische Partei (1964-1988);

Bewegung der Volkseinheit (1973 bis heute);

Bewegung der Sozialistischen Demokraten (1978-heute);

Partei der Volkseinheit (1981-heute);

Einheitspartei der Demokratischen Patrioten (1981 bis heute);

Arbeiterpartei (1986 bis heute);

Union der Demokratischen Union (1988-heute);

Ettajdid-Bewegung (1993-2012);

Grüne Tunesien-Partei (seit 2004);

Sozialistische Partei (2006 bis heute);

Demokratische Strömung (2011-heute);

Sozialdemokratischer Weg (2012-heute)

Uganda	*Uganda National Congress* (ab 1952-1960); *Uganda People's Congress* (1960 bis heute); *Nationale Widerstandsbewegung* (1986 bis heute); *Fortschrittspartei des Volkes* (seit 2004)
Sambia	*Vereinigte Nationale Unabhängigkeitspartei* (1959 bis heute); *Bewegung für die Mehrparteiendemokratie* (1990 bis heute); *Revolutionäre Sozialistische Partei* (1991-1998); *Patriotische Front* (2001 bis heute)
Simbabwe	*Rhodesische Arbeiterpartei* (ca. 1923-1950er Jahre); *Kommunistische Partei Südrhodesiens* (1941-unbekannt); *Afrikanische Nationale Union-Patriotische Front von Simbabwe* (1953 bis heute); *Afrikanische Volksunion von Simbabwe* (1961 bis heute); *Demokratische Volkspartei* (2015 bis heute); *Bewegung für Demokratischen Wandel* (2018-gegenwärtig)

Naher Osten (und Westasien)

Standort	Bemerkenswerte Gruppen
Armenien	*Kommunistische Partei Armeniens (CPA.* 1920-1991);* (Com)
	Kommunistische Partei Armeniens (1991 bis heute);
	Demokratische Partei Armeniens (1991 bis heute);
	Volkspartei von Armenien (seit 1998);
	Erneuerte Kommunistische Partei Armeniens (2002-2003);
	Vereinigte Kommunistische Partei Armeniens (2003-heute);
	Bürgerentscheid (2018-gegenwärtig)
	* Armenien war Teil der *UdSSR,* und diese Partei war der lokale Zweig der *Kommunistischen Partei der Sowjetunion (KPdSU/KPSS).*
Aserbaidschan	*Kommunistische Partei von Aserbaidschan (KPA.* 1920-1991);*
	Vereinigte Kommunistische Partei Aserbaidschans (1993-heute);
	Kommunistische Partei Aserbaidschans - CPA-2 (seit 1996)
	* Aserbaidschan war Teil der *UdSSR,* und diese Partei war der lokale Zweig der *Kommunistischen Partei der Sowjetunion (KPdSU/KPSS)*
Bahrain	*Arabische Sozialistische Baath-Partei* (1947-1966);
	Nationale Befreiungsfront-Bahrain (1955 bis heute);
	Volksfront für die Befreiung von Bahrain (1974-2001);
	Nationale Demokratische Versammlung (1991 bis heute);
	Progressive Demokratische Tribüne (2001-heute)
Zypern (Rep. und Northern)	*Fortschrittspartei der Werktätigen* (1926 bis heute);
	Bewegung für die Sozialdemokratie (1969 bis heute);
	Neue Zypern-Partei (1989 bis heute);
	Vereinigte Zypernpartei (2003-heute);
	Zyperns Bewegung für soziale Ökologie (2009-heute);
	ERAS - Komitee für eine radikale linke Kundgebung (2011-2014);
	Koalition der radikalen Linken - Progressive Allianz (2012-heute)
Ägypten	*Ägyptische Sozialistische Partei* (1921-1923);
	Arabische Sozialistische Union (1962-1978);

Ägyptische Kommunistische Partei (1975 bis heute);

Arabische Demokratische Nasseristische Partei (seit 1984);

Revolutionäre Sozialisten (1995 bis heute);

Sozialistische Volksallianz-Partei (2011-heute);

Arbeiter- und Bauernpartei (2012 bis heute);

Revolutionäre Demokratische Koalition (2012-2015);

Partei für Brot und Freiheit (2013-heute)

Iran

Sozialdemokratische Partei (1904-1910);

Kommunistische Partei Persiens (1917-1921);

Sozialistische Partei (1921-1926);

Revolutionäre Republikanische Partei Irans (1925-unbekannt);

Tudeh-Partei des Iran (1941 bis heute);

Iranische Partei (1941 bis heute);

Kameraden Partei (1942-1944);

Liga der iranischen Sozialisten (ca. 1960-1980);

Partei der Arbeit im Iran (mit Sitz in Deutschland. 1965 bis heute);

Partei der Werktätigen Irans (mit Sitz in Schweden. 1979 bis heute);

Kommunistische Partei des Iran (seit 1983);

Arbeiterkommunistische Partei des Iran (mit Sitz in Deutschland. 1991 bis heute);

Grüne Partei des Irans (1999-heute);

Kommunistische Partei des Iran - marxistisch-leninistisch-maoistisch (seit 2001)

Irak

Irakische Kommunistische Partei (1934-heute);

Vorwärts (1942-1944);

Arabische Bewegung der Werktätigen (1962-1964);

Irakische Arabische Sozialistische Union (1964-1968);

Partei der Arabischen Einheit (1967-1971);

Sozialistische Demokratische Partei Kurdistans (1976 bis heute);

Kurdische Partei der Werktätigen (1985 bis heute);

Arbeiterkommunistische Partei des Irak (1993 bis heute);

EMMET CONNOR

Kommunistische Partei Kurdistans/Irak (1993 bis heute);

Grüne Partei des Irak (2003-heute);

Linke Arbeiterkommunistische Partei des Irak (2004-heute);

Volksunion (2005-2010)

Israel   Maki (1948-1973);

Israelische Kommunistische Partei (1965 bis heute);

Israelische Arbeitspartei (1968 bis heute);

Moked (1973-1977);

Demokratische Front für Frieden und Gleichheit (1977 bis heute);

Da'am-Arbeiterpartei (1995-heute)

Da Israel 1948 gegründet wurde, siehe „Palästina" unten für Gruppen vor 1948.

Jordanien   Kommunistische Partei Jordaniens (1948 bis heute);

Jordanische Demokratische Volkspartei (1989 bis heute);

Jordanische Kommunistische Werktätige Partei (1997-heute)

Kuwait   Kuwaitische Fortschrittsbewegung (1975 bis heute)

Libanon   Libanesische Kommunistische Partei (1924 bis heute);

Syrisch-libanesische Kommunistische Partei (1924-1964);

Sozialistische Fortschrittspartei (1949 bis heute);

Sozialistischer Libanon (1965-1970);

Liga der Werktätigen (1968 bis heute);

Kommunistische Aktionsorganisation im Libanon (1970 bis heute);

Palästinensische Kommunistische Arbeiterpartei (1978-1991)

Oman   Volksfront zur Befreiung des Oman (1974-1992)

Oman ist eine absolute Monarchie; politische Parteien sind nicht zugelassen.

Palästina   Sozialistische Arbeiterpartei (ca. 1919-1921);

Palästinensische Kommunistische Partei (1922-1923);

Kommunistische Partei Palästinas (1923-1982);

Volksfront für die Befreiung Palästinas (1967 bis heute);

Demokratische Front für die Befreiung Palästinas (1968 bis heute);

Palästinensische Volkspartei (1982 bis heute)

Katar	K.A.

Katar ist de facto eine absolute Monarchie (offiziell im Übergang zu einer konstitutionellen Monarchie). Zuvor waren keine politischen Parteien zugelassen.

Saudi-Arabien	*Volksunion der Arabischen Halbinsel* (ca. 1959-1990);

Arabische Sozialistische Aktionspartei - Arabische Halbinsel (1972-1990);

Kommunistische Partei in Saudi-Arabien (1975-unbekannt)

Saudi-Arabien ist eine absolute Monarchie; politische Parteien sind nicht erlaubt.

Syrien	*Kommunistische Partei Syriens* (1924-1986);

Arabische sozialistische Bewegung (1950-1960er Jahre);

Socialist Unionist Party (1962 bis heute);

Arabische Revolutionäre Arbeiterpartei (1966 bis heute);

Arabische Kommunistische Partei (1968-unbekannt);

Kommunistische Aktionspartei (1976 bis heute);

Vereinte Kommunistische Partei Syriens (1986 bis heute);

Kommunistische Partei Syriens - Bakdasch (1986 bis heute);

Partei des Volkswillens (2012-heute)

Vereinigte Arabische Emirate	K.A.
	Die VAE sind eine föderale Monarchie; keine politischen Parteien

Jemen	*Jemenitische Sozialistische Partei* (1978-heute)

Südjemen (südliche und östliche Provinz des Jemen sowie die Insel Socotra)

Südjemen war von 1967 bis 1990 ein marxistischer Einparteienstaat mit der Bezeichnung *Demokratische Volksrepublik Jemen.*

Asien

Dieser Kontinent wurde von der Infektion völlig verwüstet und verursachte im 20. Jahrhundert viele Spaltungen und Konflikte, die bis heute andauern. Hier befindet sich auch eine der größten Hochburgen der Infektion - die

Volksrepublik China. Darüber hinaus befinden sich in Asien einige der bevölkerungsreichsten Länder der Welt, wobei China und Indien beide die 1,4-Milliarden-Grenze überschreiten. In Indonesien leben 273 Millionen Menschen, und in Pakistan sind es 220 Millionen.[129]

Tatsächlich wird die Bevölkerung Chinas auf über 1,4 Milliarden Menschen geschätzt (1.445.327.346). Das ist besonders beunruhigend, denn wenn wir davon ausgehen, dass nur die Hälfte dieser Bevölkerung indoktrinierte Sektenmitglieder sind, sind das 722.663.673 Menschen (fast die aktuelle Bevölkerung Europas). Wenn es nur ein Viertel ist, sind es 361.331.836,5 (mehr als die derzeitige US-Bevölkerung von fast 340 Millionen).

Es überrascht nicht, dass auch Indien aufgrund seiner britischen Kolonialvergangenheit eine lange Geschichte der Faszination für diese Ideologie hat und (wie die Tabelle zeigt) eine beträchtliche Anzahl von Sektengruppen aufweist. Dazu gehören auch einige der an Asien angrenzenden Länder des Nahen Ostens, wie Afghanistan, Kasachstan, Kirgisistan, Tadschikistan, Turkmenistan und Usbekistan, von denen die meisten den größten Teil des 20.

In Asien spielte die Ideologie eine Rolle bei: dem *Chinesischen Bürgerkrieg* und der Bildung von Rotchina; dem *Zweiten Chinesisch-Japanischen Krieg;* Siam und seinem Übergang zu Thailand und den Konflikten und Machtkämpfen, die bis in die letzten Jahre andauerten; der *Kommunistischen Partei von Malaya,* der *Malayan General Labour Union* und der Unterwanderung der Gewerkschaften in Singapur; der *sowjetisch-afghanische Krieg* (1979-89) während des Kalten Krieges; der *Koreakrieg;* die Indochinakriege, einschließlich des *Vietnamkrieges*; der *Pathet Lao* und die Gründung eines weiteren marxistischen Einparteienstaates - der *Demokratischen Volksrepublik Laos* (auch bekannt als Laos); die Invasion und Annexion Tibets durch Rotchina, die als *Friedliche Befreiung Tibets* bezeichnet wird (giggles. 1950-1951); die Präsidentschaft von Sukarno in Indonesien, die *Gerakan-Bewegung vom 30. September* und eine antimarxistische Säuberung namens *Pembunuhan;* die *Roten Khmer* und das Regime von Pol Pot in Kambodscha; die Gründung des *Wa-Staates* in Birma; die *Kommunistische Partei Nepals* und der *nepalesische Bürgerkrieg* (1996-2006); Velupillai Prabhakaran (1954-2009) und die *tamilischen Tiger* in Sri Lanka; Chinas Unterdrückung aller Nonkonformisten innerhalb seiner Grenzen, sein Expansionismus und seine Pläne, in diesem Jahrhundert die Weltmacht Nummer eins zu werden.

Standort   **Bemerkenswerte Gruppen**

---

[129] https://www.worldometers.info/world-population/population-by-country/

Afghanistan   *Progressive Jugendorganisation* (1965-1972);

                Demokratische Volkspartei Afghanistans (PDPA. 1965-1992);*

                Progressive Demokratische Partei Afghanistans (1966 bis heute);

                Organisation zur Befreiung Afghanistans (1973 bis heute);

                Organisation zur Befreiung des Volkes von Afghanistan (1977-1989);

                Watan-Partei von Afghanistan (seit 1997);

                Republikanische Partei Afghanistans (1999 bis heute);

                Nationale Vereinigte Partei Afghanistans (2003-heute);

                Solidaritätspartei Afghanistans (2004 bis heute);

                Kommunistische Partei Afghanistans - Maoistisch (seit 2004)

                * Afghanistan war von 1978 bis 1992 ein marxistischer Einparteienstaat mit der Bezeichnung *Demokratische Republik Afghanistan*; die *PDPA* war in dieser Zeit die Regierungspartei.

Bangladesch   *Kommunistische Partei von Bangladesch* (1968 bis heute);

                Kommunistische Partei von Bangladesch - Leninisten (1971-1980);

                Nationale Sozialistische Partei von Bangladesch (1972 bis heute);

                Bangladesh Krishak Sramik Awami League (1975);

                Sozialistische Partei von Bangladesch (1980 bis heute);

                Arbeiterpartei von Bangladesch (1980 bis heute);

                Nationalsozialistische Partei (2002 bis heute);

                Revolutionäre Arbeiterpartei von Bangladesch (2004-gegenwärtig)

                Bangladesch wurde 1971 eine „souveräne" Nation

Bhutan   *Bhutanische Volkspartei* (1990 bis heute, im Exil in Nepal);

                Bhutan Communist Party-Marxist-Leninist (2003-gegenwärtig);

                Bhutan Kuen-Nyan-Partei (2013-heute);

                Partei des einfachen Volkes von Bhutan (2013-2018)

Brunei   *Brunei-Volkspartei* (1956-1962)

Birma/Myanmar   *Kommunistische Partei Birmas* (1939 bis heute);

                Sozialistische Partei Birmas (1945-1964);

                Kommunistische Partei Rote Fahne (1946-1978);

Burma Workers Party (1950-1962);

Revolutionärer Rat der Union (1962-1974);

Sozialistische Programmpartei Birmas (1962-1988);

Nationale Einheitspartei (1988 bis heute);

United Wa State Party (1989-heute);

Volkspartei der Landwirte und Arbeiter von Myanmar (2014-heute);

Konföderierte Bauernpartei (2015-heute)

Kambodscha   *Vereinigte Issarak-Front* (1950-1954);

Kambodschanische Volkspartei (1951 bis heute);

Kommunistische Partei von Kampuchea (1951-1981);*

Volksgruppe (1954-1972);

Partei des Demokratischen Kampuchea (1981-1993);

Kambodschanische Partei der nationalen Einheit (1992-1997)

* Regierungspartei des *Demokratischen Kampuchea* (marxistischer Einparteienstaat. 1975-1979)

China (auch   *Kommunistische Partei Chinas* (*KPCh*. 1921-heute);*
bekannt als
Volksrepublik   Minderjährige Parteien:
China)
China Zhi Gong Partei (1925-heute);

Demokratische Bauern- und Arbeiterunion Chinas (1927 bis heute);

Demokratische Liga Chinas (1941 bis heute);

Jiusan-Gesellschaft (1945 bis heute);

Nationale Vereinigung für den demokratischen Aufbau (1945 bis heute);

Chinesische Vereinigung zur Förderung der Demokratie (1945 bis heute);

Demokratische Sozialistische Partei Chinas (1946-2020);

Taiwanische Demokratische Selbstverwaltungsliga (1947 bis heute);

Revolutionäres Komitee der chinesischen Kuomintang (1948-heute)

Andere Parteien:

Kommunistische Partei Chinas (1976-1978);

Maoistische Kommunistische Partei Chinas (2008 bis heute);

Zhi Xian Party (2013)

* Die KPCh ist die Regierungspartei in der *Volksrepublik China*. Sie kontrolliert alle kleineren Parteien über die *Vereinigte Front - eine* Organisation, die auch andere Gruppen unter der Kontrolle der *KPCh* umfasst.

Hongkong:

Revolutionäre Kommunistische Partei Chinas (1948 bis heute);

Hongkong Federation of Trade Unions (1948 bis heute);

Fünfte April-Aktion (1988-heute);

Kommunistische Partei von Hongkong (seit 1997);**

Sozialistische Aktion (2010-heute);

Volksmacht (2011-heute);

Land Justice League (2011-heute)

** 1997 änderte sich der territoriale Status von Hongkong, das vom Vereinigten Königreich an China abgetreten wurde.

Osttimor	*Revolutionäre Front für ein unabhängiges Osttimor* (1974 bis heute); *Sozialistische Partei von Timor* (seit 1990)
Indien	*Indischer Nationalkongress* (1885 bis heute); *Kommunistische Partei Indiens* (1925 bis heute); *Sozialistische Kongresspartei* (1934-1948); *Revolutionäre Kommunistische Partei* (1934 bis heute); *All India Forward Bloc* (1939 bis heute); *Revolutionäre Sozialistische Partei* (1940 bis heute); *Bolschewik-Leninistische Partei Indiens, Ceylons und Birmas* (1942-1947); *Kisan Mazdoor Praja Party* (1951-1952); *Sozialistische Partei Praja* (1952-1972); *Nationale Mizo-Front* (1961 bis heute); *Kommunistische Partei Indiens - marxistisch* (1964 bis heute); *Kommunistische Partei Indiens - marxistisch-leninistisch* (1969-1972); *Kommunistische Partei Indiens - Marxistisch-Leninistische Befreiung* (1974 bis heute); *Marxistische Kommunistische Partei Indiens* (1983-2005); *Kommunistische Partei Indiens - marxistisch-leninistische Rote*

Fahne (1988-2005);

Demokratische Front von Sikkim (1993 bis heute);

Nationale Volkspartei (1997 bis heute);

Demokratische Volksfront (2001 bis heute);

Janata Dal-United (2003 bis heute);

Kommunistische Partei Indiens - Maoistisch (seit 2004);

Manithaneya Makkal Katchi (2009 bis heute);

Revolutionäre Front von Sikkim (2013 bis heute);

Janta Congress Chhattisgarh (2016-heute);

Apna Dal Sonelal (2016 bis heute);

All India Women's Empowerment Party (2017-gegenwärtig);

Jannayak Janta Party (2018-heute);

Sozialistische Fortschrittspartei-Lohia (2018-heute)

Indonesien   *Kommunistische Partei Indonesiens* (1914-1966);

Bauernfront in Indonesien (1945-65);

Indonesische Volksunion der Marhaen (1945-1955);

Sozialistische Partei Indonesiens (1945);

Sozialistische Volkspartei (1945);

Sozialistische Partei Indonesiens (1948-1960);

Murba-Partei (1948-1973);

Arbeiterpartei (1949-1956);

Acoma-Partei (1952-1965);

Demokratische Volkspartei (1996 bis heute);

Neue indonesische Kampfpartei (2002 bis heute);

Indonesische Grüne Partei (2012-heute);

Indonesische Solidaritätspartei (2014-gegenwärtig)

Japan   *Sozialdemokratische Partei* (1901);

Sozialistische Partei Japans (1906-1907);

Kommunistische Partei Japans (1922 bis heute); (Com)

Japanische Arbeiter- und Bauernpartei (1926-1928);

Sozialistische Massenpartei (1932-1940);

Proletarische Partei Japans (1937);

Sozialistische Partei Japans (1945-1996);

Sozialdemokratische Partei (1996 bis heute);

Neue Sozialistische Partei Japans (1996 bis heute);

Grüne Japan (2008-heute)

Kasachstan   *Kommunistische Partei von Kasachstan (QKP.* 1936-1991);*

Sozialistische Partei von Kasachstan (1991 bis heute);

Kommunistische Partei von Kasachstan (1991-2015);

*Rukhaniyat-Partei (*1995-2013);

Sozialistischer Widerstand von Kasachstan (2002-heute);

Kommunistische Volkspartei von Kasachstan (seit 2004);

Landesweite Sozialdemokratische Partei (2006-heute)

* Kasachstan war Teil der *UdSSR,* und diese Partei war der lokale Zweig der *Kommunistischen Partei der Sowjetunion (KPdSU/KPSS)*

Kirgisistan   *Kommunistische Partei Kirgisistans (KPK.* 1924-1991);*

Sozialistische Vaterlandspartei (1992 bis heute);

Partei der Kommunisten Kirgisistans (1992-heute);

Sozialdemokratische Partei Kirgisistans (1993 bis heute);

Kommunistische Partei Kirgisistans (seit 1999)

* Kirgisistan war Teil der *UdSSR,* und diese Partei war der lokale Zweig der *Kommunistischen Partei der Sowjetunion (KPdSU/KPSS)*

Laos   *Die laotische Nation* (1950-1975);

Laotische Revolutionäre Volkspartei (LPRP. 1955 bis heute);

Laotische Front für den nationalen Aufbau (LFNC. 1979-heute)

Laos ist ein Einparteienstaat, und die *LPRP* ist die Regierungspartei. Der *LFNC* ist der *LPRP* als nationales Organisationsorgan unterstellt.

Malaysia   *Kommunistische Partei Malawis* (1930-1989);

Kesatuan Melayu Muda (1938-1945);

Malaysische Volkspartei (1955 bis heute);

Partei der Demokratischen Aktion (1965 bis heute);

Kommunistische Partei von Malaya-Revolutionäre Fraktion (1970-

1983);

Kommunistische Partei von Nord-Kalimantan (1971-1990);

Kommunistische Partei Malayas - marxistisch-leninistisch (1974-1983);

Nationale Treuhandpartei (1978 bis heute);

Kommunistische Partei Malaysias (1983-1987);

Sozialistische Partei von Malaysia (seit 1998)

Malediven   *Nationale Einheitspartei* (2013-heute);

Sozialistische Kommunistische Bewegung der Malediven (2016-gegenwärtig);

Maledivische Arbeiter- und Sozialdemokratische Partei (seit 2019)

Mongolei   *Mongolische Volkspartei* (MPP. 1920 - heute); (Com) *

Sozialdemokratische Partei der Mongolei (1990 bis heute);

Mongolische Grüne Partei (1990-heute);

Mongolische Demokratische Neue Sozialistische Partei (1992 bis heute)

* Die Mongolei war von 1924 bis 1992 ein marxistischer Einparteienstaat mit der Bezeichnung *Mongolische Volksrepublik*; die *MPP* war während dieser Zeit die regierende Partei.

Nepal   *Kommunistische Partei von Nepal* (1949-1962);

Nepali Congress (1950 bis heute);

Nepalesische Arbeiter- und Bauernpartei (1975 bis heute);

Kommunistische Partei Nepals - Vereinigte Marxisten-Leninisten (1991-2018);

Nationale Volksfront (1999 bis heute);

Sanghiya Loktantrik Rastriya Manch (2007 bis heute);

Kommunistische Partei Nepals (2013-gegenwärtig);

Föderales Sozialistisches Forum (2015-2019);

Partei der neuen Kraft (2016-2019);

Nepal Federal Socialist Party (seit 2016);

Kommunistische Partei Nepals (2018-gegenwärtig);

Sozialistische Partei Nepals (2019-2020);

Sozialistische Volkspartei (2020-gegenwärtig)

Pakistan	*Sozialistische Partei Pakistans* (1948-1958);
	Kommunistische Partei Pakistans (1948 bis heute);
	Kommunistische Partei Ostpakistans, marxistisch-leninistisch (1966-1978);
	Pakistanische Volkspartei (1967 bis heute);
	Awami Nationale Partei (1986-heute);
	Arbeiterpartei Pakistan (1986-2012);
	Pakistanische Volksbewegung (1989 bis heute);
	Kommunistische Mazdoor Kissan Partei (1995-2015);
	Awami Workers Party (2012-heute);
	Barabri-Partei (2018-gegenwärtig)
Philippinen	*Kommunistische Partei der Philippinen* (1930 bis heute);
	Arbeiterpartei auf den Philippinen (1963 bis heute);
	Kommunistische Partei der Philippinen (1968 bis heute);
	Philippinische Demokratische Sozialistische Partei (1973 bis heute);
	Demokratische Partei-Volksmacht (1983-heute);
	Akbayan-Bürgeraktionspartei (1998 bis heute);
	Bayan Muna (1999 bis heute);
	Ang Ladlad LGBT Party Inc (2003-heute);
	Patriotische Koalition des Volkes (2009-heute);
	Partei der werktätigen Massen (2009-heute)
Singapur	*Kommunistische Partei der Südsee* (1925-1930);
	Kommunistische Partei von Malaya (1930-1989);
	Arbeiterpartei (1948-1960);
	Arbeitsfront (1954-1960);
	Liberale Sozialistische Partei (1956-1963);
	Arbeiterpartei von Singapur (1957 bis heute);
	Allianz der Völker Singapurs (1958-1965);
	Sozialistische Front (1961-1988);
	Demokratische Fortschrittspartei (1973 bis heute);
	Sozialistische Front (2010-2011);

Partei der Volksmacht (2015-heute)

Sri Lanka   *Lanka Equal Society Party* (1935 bis heute);

Kommunistische Partei Sri Lankas (1943 bis heute);

Kommunistische Partei Ceylons - Maoistisch (1964 bis heute);

Volksbefreiungsfront (1965 bis heute);

Kommunistische Partei Sri Lankas - marxistisch-leninistisch (1972 bis heute);

Neue Partei für eine gleichberechtigte Gesellschaft (1977 bis heute);

Vereinigte Sozialistische Partei (1989-heute);

Demokratische Linksfront (1999-heute);

Allianz für die Freiheit des Volkes (2004-2019);

Sozialistische Partei Sri Lankas (2006 bis heute);

Sozialistische Frontpartei (2012-heute);

Sri Lanka People's Freedom Alliance (seit 2019)

Taiwan   *Kommunistische Partei Taiwans* (1928-1931);

(Republik China)   *Partei der Arbeit* (seit 1989);

Grüne Partei Taiwan (1996-heute);

Taiwan Solidarity Union (2001 bis heute);

Kommunistische Partei Taiwans (2008-2020);

Taiwanische Demokratische Kommunistische Partei (2009-2020);

Kommunistische Partei der Republik China (2009-2018);

Sozialdemokratische Partei (2015 bis heute);

Taiwan Statebuilding Party (seit 2016)

Tadschikistan   *Kommunistische Partei Tadschikistans* (1918 bis heute);*

Sozialistische Partei Tadschikistans (1996 bis heute)

* Tadschikistan war Teil der *UdSSR*, und diese Partei war der lokale Zweig der *Kommunistischen Partei der Sowjetunion* (*KPdSU/KPSS*)

Thailand   *Kommunistische Partei der Südsee* (1925-1930);

Kommunistische Partei Thailands (ca. 1942-1990);

Sozialistische Partei Thailands (1974-1976);

Partei der Neuen Kraft (1974-1988)

Turkmenistan	*Kommunistische Partei der Turkmenischen Sozialistischen Sowjetrepublik* (1924-1991);*
	Kommunistische Partei Turkmenistans (1998-2002)
	* Turkmenistan war Teil der *UdSSR*, und diese Partei war der lokale Zweig der *Kommunistischen Partei der Sowjetunion* (*KPdSU/KPSS*)
	Das Land erklärte 1990 seine Unabhängigkeit von der *UdSSR*. Seit der Unabhängigkeit ist es ein Einparteienstaat, bis vor kurzem
Usbekistan	*Kommunistische Partei Usbekistans* (1925-1991);*
	Sozialdemokratische Partei der Gerechtigkeit (1995 bis heute);
	Ökologische Partei Usbekistans (2008-gegenwärtig)
	* Usbekistan war Teil der *UdSSR*, und diese Partei war der lokale Zweig der *Kommunistischen Partei der Sowjetunion* (KPdSU/KPSS).
	Das Land erklärte 1991 seine Unabhängigkeit von der UdSSR. Seit der Unabhängigkeit ist es ein Einparteienstaat, bis vor kurzem
Vietnam	*Kommunistische Partei der Südsee* (1925-1930);
	Neue Revolutionäre Partei Vietnams (1925-1930);
	Vietnamesische Revolutionäre Jugendliga (1925-1929);
	Kommunistische Liga Indochinas (1929-1930);
	Kommunistische Partei von Annam (1929-1930);
	Kommunistische Partei von Indochina (1929-1930);
	Kommunistische Partei Vietnams (*KPV.* 1930-gegenwärtig);*
	Kommunistische Partei Indochinas (1930-1945);
	Kommunistischer Jugendverband Ho Chi Minh (1931 bis heute);
	Internationale Kommunistische Liga (1932-1946);
	Demokratische Partei von Vietnam (1944-1988);
	Sozialistische Partei Vietnams (1946-1988);
	Vietnamesische Vaterlandsfront (1977 bis heute)
	* Die *Kommunistische Partei Vietnams* (*KPV*) ist die Regierungspartei; Vietnam ist ein Einparteienstaat.

Australasien

Standort   **Bemerkenswerte Gruppen**

Australien	*Australische Arbeiterpartei* (1901 bis heute);
	Sozialistische Arbeiterpartei (1901-1940/1970er Jahre);
	Kommunistische Partei Australiens (1920-1991); (Com)
	Australische Fabian-Gesellschaft (1947 bis heute)
Fidschi	*Fidschianische Arbeiterpartei* (1985-heute)
Neukaledonien	*Kanak und Sozialistische Nationale Befreiungsfront* (1984 bis heute)
Neuseeland	*Sozialistische Partei Neuseelands* (1901-1913);
	Unabhängige politische Arbeiterliga (1904-1919);
	Vereinigte Arbeiterpartei (1912-1916);
	Kommunistische Partei Neuseelands (1921-1994);
	Sozialistische Einheitspartei (1966-1990)

Internationale Organisationen

Hier sind einige wichtige internationale Organisationen aufgeführt. EP = Fraktion des Europäischen Parlaments. (Com) = Von der Komintern gegründet/kontrolliert:

Zeitraum	Organisation
1847-1852	*Kommunistischer Bund*
1864-1876	*Erste Internationale oder Internationale Vereinigung der Arbeiter* (IWA)
1889-1916	*Zweite Internationale*
1904 bis heute	*Sozialistische Weltbewegung* (WSM)
1919-1943	*Dritte Internationale* (alias Komintern)
1920-1937	*Rote Internationale der Gewerkschaften, oder „Profintern"* (Com) *
1920-1930s	*Kommunistische Fraueninternationale* (Com)
1921-1923	*Internationale Arbeitsgemeinschaft der Sozialistischen Parteien* (IWUSP)

1922-1938	*Internationale Rote Hilfe* (MOPR) (Com)
1922-1933	*Workers International Relief* (WIR)
1923-1939	*Bäuerliche Internationale oder Krestintern* (Com)
1923-1940	*Arbeiter- und Sozialistische Internationale* (LSI)
1927-1936	*Liga gegen Imperialismus und koloniale Unterdrückung* (Com)
1932-unbekannt	*Internationales Revolutionäres Marxistisches Zentrum oder das Londoner Büro*
1938-mehrere	*Vierte Internationale* (FI) (erlitt mehrere Spaltungen)
1947-1956	*Informationsbüro der Kommunistischen Partei und der Arbeiterpartei (auch bekannt als Kominform)*
1951 bis heute	*Sozialistische Internationale* (SI)
1973 bis heute	*Partei der Europäischen Sozialisten* (SPE)
1974 bis heute	*Komitee für eine Arbeiterinternationale* (CWI)
1979 bis heute	*Ständige Konferenz der politischen Parteien Lateinamerikas und der Karibik* (COPPPAL)
1984-unbekannt	*Revolutionäre Internationalistische Bewegung* (RIM) (Marxismus-Leninismus-Maoismus)
1886 bis heute	*SAMAK - Gemeinsamer Ausschuss der nordischen sozialdemokratischen Arbeiterbewegung*
1989-heute	*Liga für die Fünfte Internationale* (L5I)
1990 bis heute	*Forum Sao Paulo* (FSP)
1990 bis heute	*Arbeiterinternationale zum Wiederaufbau der Vierten Internationale* (WIRFI)
1992-2014	*Internationales kommunistisches Seminar* (ICS)
1992-heute	*Internationale Marxistische Tendenz* (IMT)
1993-heute	*Union der Kommunistischen Parteien -*

	Kommunistische Partei der Sowjetunion (UPC-KPdSU)
1994-heute	Internationale Konferenz der marxistisch-leninistischen Parteien und Organisationen (IKMLPO)
1995-heute	Europäische Vereinigte Linke/Nordische Grüne Linke (GUE) EP
1995-unbekannt	Internationale Arbeiter-Union - Vierte Internationale
1998-heute	Internationale Konferenz der marxistisch-leninistischen Parteien und Organisationen (IKMLPO)
1998-heute	Internationales Treffen der Kommunistischen Parteien und Arbeiterparteien (IMCWP)
2000-heute	Europäische Antikapitalistische Linke (EACL)
2001-heute	Globale Grüne (GG)
2004-heute	Bolivarische Allianz für die Völker unseres Amerikas (ALBA)
2004-heute	Nordische Allianz der Grünen Linken (NGLA)
2004-heute	Partei der Europäischen Linken (PEL) EP
2004-heute	Europäische Grüne Partei (EGP)
2010-heute	Internationale Koordinierung der revolutionären Parteien und Organisationen (ICOR)
2012-heute	Progressive Allianz (PA)
2013-heute	Initiative der kommunistischen Parteien und der Arbeiterparteien
2018-gegenwärtig	Progressive International (PI) #
2019-gegenwärtig	Komitee für eine Arbeiterinternationale (CWI)
2020-heute	Internationale Sozialistische Alternative (ISA)

Der Slogan dieser Organisation lautet „Internationalismus oder Aussterben". Eine vielleicht unbeabsichtigte subtile Drohung, versteckt im Offensichtlichen („Kommunismus oder Tod!").

* Die Profintern wurde gegründet, um über die Gewerkschaftsbewegungen Sektenmitglieder zu rekrutieren und zu kontrollieren. [130]

Der Blutzoll des Marxismus

Eine der schrecklichsten Folgen der weltweiten marxistischen Infektion ist die Zahl der Toten. Dieses Thema ist an anderer Stelle hinreichend untersucht worden, muss aber hier kurz erwähnt werden. Normalerweise wird dieser Punkt angesprochen, wenn es um die katastrophalen Auswirkungen geht, die sich ergeben, wenn die Sekte ein Land kontrolliert, einschließlich der Zwangskollektivierung und Gleichmacherei in der Industrie, der Landwirtschaft usw.; und dann gibt es noch Todesfälle durch andere Mittel (Mord, Kriegsführung, ethnische Säuberungen, Massenhinrichtungen von Politikern/Parteimitgliedern usw.).

Ist die Ideologie der größte Mörder aller Zeiten? Hat irgendetwas in der Geschichte der Welt in einem Jahrhundert mehr Menschen getötet als der Marxismus? War irgendetwas, was die Auswirkungen angeht, schlimmer? Obwohl diese Ideologie relativ neu in der Welt ist, hat sie in Bezug auf die Zahl der Opfer tatsächlich nichts Vergleichbares. Mehr als Religionen/Religionskriege oder andere politische Ideologien usw. Vielleicht sogar mehr als viele dieser Ideologien zusammen. Wie viele Menschen hat das Römische Reich getötet? Das Osmanische oder das Britische Reich? Im 13. Jahrhundert töteten das Mongolenreich von Dschingis Khan und die Mongoleninvasionen, die sich über große Landstriche in Eurasien ausbreiteten, angeblich mehr als 30 Millionen Menschen. Die Gesamtzahl der Todesopfer in den Napoleonischen Kriegen wird auf 3,5 Millionen bis 6 Millionen geschätzt. Im 20. Jahrhundert: Die *Influenza-Pandemie* oder *Spanische Grippe* von 1918 wird im Durchschnitt auf 50 Millionen, im oberen Bereich auf 100 Millionen geschätzt. Die Zahl der Opfer des Zweiten Weltkriegs wird auf 60 bis 85 Millionen geschätzt, die des Ersten auf etwa 15-20 Millionen. (Alle Kriegszahlen beinhalten auch die zivilen Todesopfer).[131] [132] [133]

---

[130] https://en.wikipedia.org/wiki/Profintern

[131] „Ausgewählte Todeszahlen für Kriege, Massaker und Gräueltaten vor dem 20. Jahrhundert".

http://necrometrics.com/pre1700a.htm#Mongol

[132] „Liste der Kriege nach Anzahl der Toten".

https://military-history.fandom.com/wiki/List_of_wars_by_death_toll

[133] https://www.britannica.com/event/influenza-pandemic-of-1918-1919

Wenn die Frage nach den Todesopfern des Sozialismus/Kommunismus aufgeworfen wird, versuchen die Sektenmitglieder in der Regel, sich mit dem Hinweis auf die Propaganda der „Roten Angst" aus der Affäre zu ziehen, oder sie versuchen, die Aufmerksamkeit auf ihren alten Feind - die katholische Kirche - zu lenken, indem sie die Kreuzzüge (ca. 1095-1291) oder die spanische Inquisition (ca. 1478-1834) erwähnen. Obwohl es unmöglich ist, verlässliche Zahlen zu erhalten, wird allgemein geschätzt, dass den Kreuzzügen einige Millionen Menschen zum Opfer fielen[132] ; drei sind die obere Zahl (interessanterweise wurde die abwegige Zahl von neun Millionen von einem schottischen Sektenmitglied und Anti-Jesus-Fanatiker John M. Robertson (1856-1933) vorgeschlagen).[134] Die spanische Inquisition war eher ein Folterfest, aber realistische Schätzungen gehen nur in die Tausende.

Natürlich kann man im modernen Zeitalter dank der Technologie die Zahl der Toten etwas erhöhen. Die Sekte wird auch auf den amerikanischen „Imperialismus" verweisen. Wie bereits an anderer Stelle erwähnt, hätten viele der hochkarätigen Konflikte, in die die USA im 20. Jahrhundert verwickelt waren (Korea, Vietnam usw.), nicht stattgefunden, wenn es den Marxismus nicht gegeben hätte. Was die verschiedenen Einsätze des US-Militärs im Nahen Osten in der Neuzeit seit der *Operation Wüstensturm* (1990-1991) betrifft, so gehen grobe Schätzungen davon aus, dass die Zahl der Todesopfer (in den eigentlichen Konflikten) weit unter zwei Millionen liegt. [132]

Es liegt auf der Hand, warum die Sekte diese Todeszahlen oft hervorhebt - es ist ein Ablenkungsmanöver, um von der Zahl der Toten abzulenken, die die Sekte zu beklagen hat (auf die leider viele hereingefallen sind). Die buponische Pestpandemie - oder der *Schwarze Tod* - des späten 14. Jahrhunderts scheint der einzige Konkurrent für die Gesamttodeszahl der Sekte zu sein; es gibt keine zuverlässigen Zahlen, aber sie soll bis zu 200 Millionen Menschen ausgelöscht haben (obwohl ein Artikel der New York Times vom Februar 2022 hervorhob, dass frühere Schätzungen der Todeszahl in Frage gestellt werden)[135] . Das nenne ich eine Pandemie! Stellen Sie sich vor, wie viele Masken und Impfstoffe Sie dafür brauchen würden.

Kleines schwarzes Buch

Ein französisches Buch mit dem Titel *Le Livre noir du communisme: Crimes, terreur, répression* oder *Das Schwarzbuch des Kommunismus: Verbrechen, Terror, Repression*, wurde 1997 veröffentlicht. Es wurde von einer Gruppe europäischer Akademiker unter der Leitung des französischen Professors Stephane Courtois zusammengestellt und dokumentiert die Geschichte der Verbrechen gegen die Menschlichkeit, die von den verschiedenen kommunistischen Regimen begangen wurden. Die Zwangskollektivierung und

---

[134] https://en.wikipedia.org/wiki/J._M._Robertson

[135] https://www.britannica.com/event/Black-Death

die Zentralisierung der Macht, einschließlich der Kontrolle über die Mittel zur Nahrungsmittelerzeugung, führten bei diesen Regimen häufig zu einem fast unglaublichen Ausmaß an Leid, Schrecken und Tod.

Ein sehr nützlicher Begriff in diesem Zusammenhang ist „Demokratiemord". Er wurde von dem verstorbenen Autor, Professor und Politikwissenschaftler R.J. Rummel (1932-2014) in seinem Buch *Death by Government: Genozid und Massenmord seit 1900* (1997). Der Begriff wurde verwendet, um „die vorsätzliche Tötung einer unbewaffneten oder entwaffneten Person durch Regierungsbeamte zu beschreiben, die in ihrer autoritativen Funktion und gemäß der Regierungspolitik oder dem Oberbefehl handeln". [136] Laut The Black Book of Communism beläuft sich die inoffizielle Schätzung der durch kommunistische Regime verursachten Todesfälle durch Demozid auf fast 100 Millionen. Rummels Schätzung lag höher.

Auf der WND-Website vom 15. Dezember 2004 wurden Rummels einschlägige Worte wiedergegeben: „Von allen Religionen, säkularen und anderen, war die des Marxismus bei weitem die blutigste - blutiger als die katholische Inquisition, die verschiedenen katholischen Kreuzzüge und der Dreißigjährige Krieg zwischen Katholiken und Protestanten. In der Praxis bedeutete der Marxismus blutigen Terrorismus, tödliche Säuberungen, tödliche Gefangenenlager und mörderische Zwangsarbeit, tödliche Deportationen, von Menschen verursachte Hungersnöte, außergerichtliche Hinrichtungen und betrügerische Schauprozesse, regelrechte Massenmorde und Völkermord. Insgesamt ermordeten die marxistischen Regime zwischen 1917 und 1987 fast 110 Millionen Menschen. Um diese unglaubliche Zahl zu verdeutlichen, muss man bedenken, dass in allen in- und ausländischen Kriegen des 20. Jahrhunderts etwa 35 Millionen Menschen getötet wurden. Das heißt, wenn Marxisten Staaten kontrollieren, ist der Marxismus tödlicher als (*sic*) alle Kriege des 20. Jahrhunderts, einschließlich des Ersten und Zweiten Weltkriegs sowie des Korea- und Vietnamkriegs. Und was hat der Marxismus, dieses größte soziale Experiment der Menschheit, für seine armen Bürger erreicht, und zwar zu diesem blutigen Preis an Menschenleben? Nichts Positives. Er hinterließ ein wirtschaftliches, ökologisches, soziales und kulturelles Desaster". [137]

Auf Seite vier des Schwarzbuchs des Kommunismus sind neben den Schätzungen (aus Platzgründen formatiert) auch die Methoden aufgeführt, mit denen diese Regime ihre Opfer in den jeweiligen Ländern getötet haben: „Diese Verbrechen neigen dazu, einem erkennbaren Muster zu folgen, auch

---

[136] Rummel, R.J., *Death by Government: Völkermord und Massenmord seit 1900* (1997).

[137] Rummel, R.J. „The Killing Machine that is Marxism", 15. Dezember 2004. https://www.wnd.com/2004/12/28036/

wenn die Praktiken je nach Regime bis zu einem gewissen Grad variieren. Das Muster umfasst Hinrichtungen durch verschiedene Mittel, wie Erschießungskommandos, Erhängen, Ertränken, Schläge und in bestimmten Fällen Vergasung, Vergiftung oder „Autounfälle"; Vernichtung der Bevölkerung durch Verhungern, durch von Menschen verursachte Hungersnot, Vorenthaltung von Nahrungsmitteln oder beides;

Deportation, bei der der Tod auf der Durchreise (entweder durch körperliche Erschöpfung oder durch das Eingesperrtsein in einem geschlossenen Raum), am Wohnort oder durch Zwangsarbeit (Erschöpfung, Krankheit, Hunger, Kälte) eintreten kann. Zeiten, die als „Bürgerkrieg" bezeichnet werden, sind komplexer - es ist nicht immer einfach, zwischen Ereignissen zu unterscheiden, die durch Kämpfe zwischen Machthabern und Rebellen verursacht wurden, und Ereignissen, die eigentlich nur als Massaker an der Zivilbevölkerung bezeichnet werden können. Dennoch müssen wir irgendwo anfangen.

Die folgende grobe Schätzung, die auf inoffiziellen Schätzungen beruht, vermittelt ein Gefühl für das Ausmaß und die Schwere dieser Verbrechen: UdSSR: 20 Mio. Tote; China: 65 Mio. Tote; Vietnam: 1 Mio. Tote; Nordkorea: 2 Mio. Tote; Kambodscha: 2 Mio. Tote; Osteuropa: 1 Mio. Tote; Lateinamerika: 150.000 Tote; Afrika: 1,7 Mio. Tote; Afghanistan: 1,5 Mio. Tote; Die internationale kommunistische Bewegung und die nicht an der Macht befindlichen kommunistischen Parteien: etwa 10.000 Tote. Die Gesamtzahl nähert sich 100 Millionen getöteten Menschen".[138] Selbst wenn wir diese Zahl halbieren, ist das immer noch absolut entsetzlich für eine Ideologie, die angeblich der Befreier der Menschheit sein soll!

Die Reaktion der Sekte auf das Buch war, dass es offensichtlich antikommunistische Propaganda sei, was ebenso typisch wie wahnhaft ist. Es wird immer eine nicht enden wollende Schlange von Sektenmitgliedern - Akademikern oder nicht - geben, die versuchen werden, diese Gräueltaten zu verharmlosen (dies war offensichtlich, wenn man sich ansieht, wie das Buch zu der Zeit aufgenommen wurde). Die Tatsache, dass jemand versucht, ein Buch zu kritisieren, das kommunistische Gräueltaten dokumentiert, entlarvt ihn als Sektenmitglied. Courtois' Einleitung traf auch eindeutig einen Nerv, indem er andeutete, dass ihr geliebter Kommunismus genauso schlimm sei wie ihr gefürchteter Feind - der Nationalsozialismus - und das könnten sie nicht tolerieren. Interessanterweise war Courtois selbst einmal Mitglied einer Sekte - ein Maoist - aber er ist „aufgewacht" und hat stattdessen bewundernswerterweise diesen Weg eingeschlagen.[139]

Zu diesem Thema muss hinzugefügt werden (obwohl es unmöglich ist, dies zu quantifizieren), dass die tatsächlichen Zahlen für die Ideologie höher sind als

---

[138] Courtois (et al), *Das Schwarzbuch des Kommunismus* (1999), S. 4.

[139] https://fr.wikipedia.org/wiki/Stephane_Courtois

die oben genannten. Nehmen wir zum Beispiel die Abtreibung - in der heutigen Zeit hat die Unteragenda der Ideologie, der Feminismus, dazu beigetragen, sie zu normalisieren und zu popularisieren, was zur massenhaften Tötung der Ungeborenen geführt hat. Daher ist die Abtreibung ein aus der Ideologie resultierender Mord, der jedoch nicht in den oben erwähnten konventionellen Diskurs über die Zahl der Todesopfer des „Kommunismus" einbezogen wird (die Zahlen zur Abtreibung werden später diskutiert). Denken Sie daran, dass es in diesem Buch um die marxistische Ideologie in ihrer Gesamtheit geht, nicht nur um „kommunistische" Regime und die daraus resultierenden Todesopfer (wie in Le Livre noir du communisme). Sozialistische" oder „kommunistische" Regime sind nur eine Art der Manifestation der Ideologie.

Hinzu kommt das Problem der Sterilität in der westlichen Bevölkerung - das durch die Sekte/Ideologie noch verschärft wird - durch die Subagenda Transgender/Gender-Nonbinary und die Subagenda Tierrechte/Veganismus. Zusammengenommen tragen sie dazu bei, Gesellschaften voller Individuen zu schaffen, die kein Leben erschaffen können. Der Kult/die Ideologie tötet nicht nur das, was bereits lebt, sondern wir müssen ihn/sie auch dafür zur Rechenschaft ziehen, wie er/sie verhindert, dass Leben überhaupt erst entsteht. Deshalb ist der Marxismus viel, viel schlimmer als jede andere Form von Ideologie, Kriegsführung, Imperialismus oder Pest, wie oben aufgeführt! Der Marxismus ist eine Seuche ganz eigener Art.

Zu sagen, die Ideologie sei lebensfeindlich, ist eine gigantische Untertreibung. Die Ideologie ist sowohl lebensfeindlich als auch ein Erzeuger von Konflikten und Tod. In gewissem Sinne manifestiert sie nicht nur den Tod, sie ist der Tod.

Wie viele Leben zerstört

Der Marxismus hat eine nicht bezifferbare Anzahl von Leben zerstört/beendet. Niemand kann die Antwort darauf wissen; es sei denn, wir hätten die Möglichkeit, durch die Zeit zu reisen und die gesamte Weltbevölkerung der letzten paar Jahrhunderte zu befragen.

Wir müssen auch nicht nur diejenigen einbeziehen, die gegen den Kommunismus gekämpft haben, sondern auch diejenigen, die für ihn gekämpft haben - denken Sie daran, dass wir es mit einer aggressiven, gefährlichen, gewalttätigen Sekte zu tun haben, die das Leben all derer zerstört hat (und weiterhin zerstört), die sich ihr anschließen... Ein Beispiel dafür wären all die Marxisten, die im Laufe des 20. Jahrhunderts bei den zahlreichen marxistischen „Protesten", „Rebellionen" und Kriegen geschlagen, verstümmelt, eingekerkert, gefoltert, versehentlich getötet oder hingerichtet wurden (z.z. B. von staatlichen Kräften während dieser Ereignisse erschossen oder danach hingerichtet wurden). In den meisten dieser Fälle brachten sich diese Menschen durch ihre eigene Leichtgläubigkeit, ihren Egoismus und ihre Unwissenheit freiwillig in Schwierigkeiten. Dieser Prozess war in vielen Situationen auf der ganzen Welt deutlich zu sehen, wo die Sekte versuchte, die

Kontrolle zu übernehmen, aber scheiterte, oder die Kontrolle hatte, aber entmachtet wurde; ich beziehe mich auf die verschiedenen „rechten" Regime - Pinochet in Chile, Franco in Spanien, Mussolini in Italien, Hitler in Deutschland, Salazer in Portugal usw.

„Der Kapitalismus ist viel schlimmer!"

Eine weitere typische Reaktion der Sektenmitglieder auf all dies ist, dass der Kapitalismus mehr Menschen getötet hat als der Marxismus. Diese Mentalität ist teilweise inspiriert von W.I. Lenins *„Imperialismus: Der höchste Zustand des Kapitalismus"* (1917). Die Regierungen kapitalistischer Länder beteiligen sich nicht an der Massendemokratie - der Vernichtung der Bevölkerung eines Landes! Wo im 20. Jahrhundert kann es zutreffen, dass der Kapitalismus mehr Menschen getötet hat als der Marxismus?

In Bezug auf die Kriegsführung in einem modernen Kontext werden die Sektenmitglieder darauf verweisen, dass das, was im Nahen Osten geschah/geschieht, auf den angeblich imperialen Charakter des Kapitalismus zurückzuführen ist (Lenin wäre stolz). Sie werden über den Golfkrieg, *den* Irakkrieg, die Unterstützung Israels durch die USA usw. sprechen. Sie werden all diese Ereignisse mit dem Kapitalismus in Verbindung bringen und die Schuld darauf projizieren, ohne die Handlungen bestimmter mächtiger Gruppen dafür verantwortlich zu machen. Um die von den USA angeführten Invasionen im Nahen Osten als Beispiel zu nehmen, werden nach dieser Logik nicht die Handlungen der Bush-Familie in den USA zusammen mit der Pro-Israel-Lobby und dem militärisch-industriellen Komplex verantwortlich gemacht, sondern das gesamte Wirtschaftssystem des Kapitalismus! Wie lächerlich!

Marxisten verkennen, dass der Kapitalismus in vielen Ländern der Welt funktioniert und keine internationalen Militäraktionen erforderlich sind, um ihn aufrechtzuerhalten (trotz der gegenteiligen Meinung von Herrn Lenin); fragen Sie nur die Schweiz! Als Wirtschaftssystem würde er auch ohne die Golfkriege, den Vietnamkrieg, die Gründung Israels, multinationale Konzerne oder andere Beispiele für die scheinbar imperiale Natur des Kapitalismus, die Sektenmitglieder anführen, existieren und funktionieren! Ebenso werden im historischen Kontext die Aktionen der europäischen Imperien rund um den Globus von Marxisten benutzt, um den Kapitalismus anzugreifen und den Sozialismus (als Lösung) zu befürworten.

Seien wir doch mal rational - alle Verbrechen gegen die Menschlichkeit oder ungerechtfertigte Verhaltensweisen dieser Gruppen in der Vergangenheit haben nichts mit dem heutigen Kapitalismus zu tun. Das heißt, nein, wir sollten den Kapitalismus nicht durch das marxistische System des Sozialismus ersetzen, nur weil es in der Vergangenheit passiert ist! Jedes wirklich gierige, unmenschliche Verhalten dieser imperialen Mächte war das Ergebnis von Entscheidungen, die von elitären Typen in ihren jeweiligen Ländern getroffen wurden, nicht vom gesamten globalen kapitalistischen System.

Imperiale Armeen in der Geschichte (ob in Europa oder anderswo) wurden von einer relativ kleinen (und identifizierbaren) Gruppe von Individuen kontrolliert, nicht von einer vergleichsweise nebulösen Sache wie dem Kapitalismus! Im Mittelpunkt steht natürlich die Auffassung der Sekte, dass jede Art von Gewinnstreben von Natur aus böse ist und dass ipso facto alle, die davon profitieren, ebenfalls böse sind (rollt mit den Augen). Heißt das, dass ein moderner, stinkreicher Unternehmer genauso böse ist wie ein inzüchtiger oligarchischer Freak, der in vergangenen Jahrhunderten auf dem Thron eines imperialen Landes saß? Oder ein britischer elitärer Spinner wie ein Cecil Rhodes?

Alles in allem ist es völlig lächerlich zu behaupten, dass der Kapitalismus mehr Menschen getötet hat als die Ideologie. Es gibt hier überhaupt keinen Wettbewerb, wenn wir sie in Bezug auf den wirtschaftlichen Wohlstand oder die Zahl der Todesopfer vergleichen. Das ist nur eine weitere Ablenkung. Hinzu kommt, dass es in wirtschaftlich wohlhabenden Ländern unter normalen Umständen nicht zu einem Mangel an Nahrungsmitteln oder Gesundheitsdiensten kommt (im Gegensatz zu marxistischen Regimen), was in der Regel zum Tod/frühen Tod führt.

Schließlich haben Sektenmitglieder manchmal dem Kapitalismus vorgeworfen, dass er eine nicht quantifizierbare, hohe Sterblichkeitsrate hat, die auf Überarbeitung, Stress, sklavenähnliche Bedingungen und/oder Unterdrückung zurückzuführen ist, oder dass die Menschen einfach zu jung sterben (weil sie von der unterdrückenden Bourgeoisie ausgebeutet werden usw.). Ich habe eine umfassende Widerlegung in drei Worten: kommunistisches Arbeitslager.

Bevölkerungsaustausch als Völkermord

Manch einer mag nicht sehen, inwiefern die völkermörderische Bilanz der Ideologie auf die heutige Zeit übertragbar ist, vor allem auf westliche Länder, aber das ist sie, denn moderne Programme, die als „Entvölkerung" oder „Bevölkerungsersatz" bezeichnet werden, sind Formen des Völkermords, nicht wahr? (Letztendlich laufen sie auf dasselbe hinaus - einen Mangel an bestimmten Menschen/Gruppen). Moderne Formen des Völkermords werden durch die Präsenz der Sekte/Ideologie in den betroffenen Regionen ermöglicht.

Je weiter die Ideologie weltweit verbreitet und verankert ist, desto mehr Länder/Völker beteiligen sich an internationalistischen, rassistischen, völkermordenden und gesellschaftsverändernden Initiativen wie der „multikulturellen" (auch: anti-weißen) Masseneinwanderung. Diese völkermörderische Anti-Weiß-Agenda ist ein Paradebeispiel dafür, wie die Ideologie Zerstörung und Tod - in diesem Fall den Tod einer Rasse - schafft. (Wir betrachten die „Masseneinwanderung" in einem separaten Abschnitt).

Abschnitt IV - Die roten Stufen nach Utopia

> „Eine Weltkarte, die Utopia nicht enthält, ist nicht einmal einen Blick wert,
> denn sie lässt das eine Land aus, in dem die Menschheit immer landet. Und
> wenn die Menschheit dort gelandet ist, schaut sie hinaus, und wenn sie ein
> besseres Land sieht, sticht sie in See. Fortschritt ist die Verwirklichung von
> Utopien".[1]

Schriftsteller und Dramatiker Oscar Wilde,
„Die Seele des Menschen im Sozialismus", 1891

Einführung

In diesem Abschnitt werden wir die wichtigsten Ziele der Ideologie und die
Methoden, mit denen sie ihre „Utopie" verwirklichen will, erläutern. Wir
beginnen mit einigen historischen Artefakten wie den Zehn Planken des
Kommunistischen Manifests und den interessanten Beobachtungen von
Willard Cleon Skousens „Current Communist Goals". Dann konzentrieren wir
uns auf die „drei K's" - die drei Hauptbereiche der westlichen Gesellschaft, auf
die die Ideologie abzielt: Kapitalismus, Christentum und Kultur. Hinzu kommt
die Zerstörung der Familieneinheit.

Markey Marx's n' freaky Freddy's terrible ten red planks

Aus dem Kommunistischen Manifest, „Kapitel II - Proletarier und
Kommunisten", Seite 26: „Diese Maßnahmen werden natürlich in den
verschiedenen Ländern unterschiedlich sein. Dennoch werden die folgenden
Maßnahmen in den meisten fortgeschrittenen Ländern ziemlich allgemein
anwendbar sein.

1. Abschaffung des Privateigentums und Verwendung aller Bodenrenten für
öffentliche Zwecke; 2. eine hohe progressive oder gestaffelte
Einkommenssteuer; 3. Abschaffung aller Erbrechte; 4. Konfiszierung des
Eigentums aller Emigranten und Rebellen; 5. Zentralisierung des
Kreditwesens in den Händen des Staates durch eine Nationalbank mit
staatlichem Kapital und exklusivem Monopol; 6. Zentralisierung der

---

[1] Wilde, O. „Die Seele des Menschen im Sozialismus", 1891, S. 3.

https://web.seducoahuila.gob.mx/biblioweb/upload/the_soul_of_man_under_socialis
m.pdf

Kommunikations- und Transportmittel in den Händen des Staates; 7. Ausdehnung der Fabriken und Produktionsmittel, die sich im Besitz des Staates befinden, die Kultivierung von Ödland und die Verbesserung des Bodens im Allgemeinen nach einem gemeinsamen Plan; 8. Einrichtung von Industriearmeen, insbesondere für die Landwirtschaft; 9. Kombination von Landwirtschaft und verarbeitender Industrie, allmähliche Aufhebung des Unterschieds zwischen Stadt und Land durch eine gerechtere Verteilung der Bevölkerung über das Land; 10. kostenlose Bildung für alle Kinder in öffentlichen Schulen. Abschaffung der Fabrikarbeit für Kinder in ihrer jetzigen Form. Verbindung von Bildung und industrieller Produktion".[2]

Kommunistische Ziele für die Übernahme Amerikas

> „Der Westen mit seinen imperialistischen Unholden ist zu einem Zentrum der Finsternis und der Sklaverei geworden. Die Aufgabe besteht darin, dieses Zentrum zu zerstören, zur Freude und Erleichterung der Arbeiter".[3]

> Joseph Stalin, *Zhizn Narsional'nosti*, Nr. 6, 1918

In den 1940er und 1950er Jahren ergriffen amerikanische Patrioten, die mit einer ernsten, Jahrzehnte alten Infektion zu kämpfen hatten, Maßnahmen, um ihr Land vor kommunistischer Infiltration und Subversion zu schützen. Dies führte zu Ermittlungen der Regierung, um das Problem in den Griff zu bekommen. Ein Beispiel dafür sind die Bemühungen von Senator Joseph McCarthy (1908-1957). Obwohl diese Bemühungen - später als „McCarthyismus"[4] bezeichnet - nicht ausreichten, um die marxistische Unterwanderung und Fäulnis insgesamt zu stoppen, brachten einige Amerikaner dennoch öffentlich (und mutig) ihre antikommunistische Einstellung zum Ausdruck. Diese Periode ist von anderen Autoren ausführlich analysiert worden, so dass wir hier nicht näher darauf eingehen werden. Dennoch gibt es ein absolutes Juwel der Analyse aus dieser Zeit, das für unsere Zwecke nützlich ist.

Am Donnerstag, den 10. Januar 1963, sprach der Kongressabgeordnete Albert S. Herlong Jr. aus Florida vor dem Repräsentantenhaus. Auf Ersuchen von Patricia Nordman - einer Wählerin und prominenten antikommunistischen Stimme - fügte er dem Kongressprotokoll eine Liste der „aktuellen kommunistischen Ziele" bei.[5] Diese Liste wurde von dem amerikanischen

---

[2] Marx und Engels. *Das Kommunistische Manifest* (1848). P. 26.

[3] Suvorov, V., *Icebreaker* (1988).
https://ia801301.us.archive.org/10/items/IcebreakerWhoStartedTheSecondWorldWar/SuvorovVikto r-Icebreaker.WhoStartedTheSecondWorldWar.pdf

[4] https://www.britannica.com/event/McCarthyism

[5] Congressional Record-Appendix, S. A34-A35, „Current Communist Goals", 10. Januar 1963. https://cultureshield.com/PDF/45_Goals.pdf

Autor Willard Cleon Skousen in seinem 1954 erschienenen Buch *The Naked Communist zusammengestellt.*

Obwohl die *Kommunistische Partei der USA* (CPUSA) in der Erklärung nicht direkt erwähnt wird, wird sie angedeutet, da sie eine Schlüsselorganisation war. Es ist eine ausgezeichnete Analyse des Modus Operandi der Sekte/Ideologie. Während wir die Liste durchgehen, fragen Sie sich, ob dieses Ziel in Ihrem Land erreicht wurde (wenn es relevant ist). Viele dieser Ziele wurden in den westlichen Ländern bereits erreicht, andere sind (wohl) überholt, da der Kalte Krieg nicht mehr existiert (z. B. diejenigen, die sich auf den Atomkrieg beziehen).

In Skousens Buch, „Kapitel 12 - Die Zukunftsaufgabe", Seite 259, lautet die Liste:[6]

„1. die Akzeptanz der Koexistenz durch die USA als einzige Alternative zum Atomkrieg.

2. Die Bereitschaft der USA, zu kapitulieren, anstatt sich auf einen Atomkrieg einzulassen.

3. Entwickeln Sie die Illusion, dass eine vollständige Abrüstung [durch] die Vereinigten Staaten eine Demonstration moralischer Stärke wäre.

4. Ermöglichung des freien Handels zwischen allen Nationen, unabhängig von der kommunistischen Zugehörigkeit und unabhängig davon, ob Gegenstände für den Krieg verwendet werden könnten oder nicht.

5. Gewährung langfristiger Darlehen an Russland und die sowjetischen Satellitenstaaten.

6. Bereitstellung amerikanischer Hilfe für alle Nationen, unabhängig von der kommunistischen Vorherrschaft.

7. Gewährung der Anerkennung von Rotchina. Aufnahme von Rotchina in die U.N.

8. Gründung von Ost- und Westdeutschland als getrennte Staaten, obwohl Chruschtschow 1955 versprochen hatte, die deutsche Frage durch freie Wahlen unter Aufsicht der UNO zu regeln.

9. Verlängerung der Konferenzen zum Verbot von Atomtests, da die Vereinigten Staaten zugestimmt haben, die Tests auszusetzen, solange die Verhandlungen laufen.

10. Allen sowjetischen Satelliten eine individuelle Vertretung in der U.N. zu ermöglichen.

---

[6] Skousen, W.C., *Der nackte Kommunist* (1954). P. 259.

11. Fördern Sie die U.N. als einzige Hoffnung für die Menschheit. Wenn ihre Charta umgeschrieben wird, fordern Sie, dass sie als Eine-Welt-Regierung mit eigenen unabhängigen Streitkräften eingerichtet wird.

12. Widerstand gegen jeden Versuch, die Kommunistische Partei zu verbieten.

13. Abschaffung aller Treueschwüre.

14. Russland weiterhin Zugang zum US-Patentamt gewähren.

15. Erfassen Sie eine oder beide politischen Parteien in den Vereinigten Staaten.

16. Nutzung technischer Gerichtsentscheidungen zur Schwächung grundlegender amerikanischer Institutionen, indem behauptet wird, dass deren Aktivitäten gegen die Bürgerrechte verstoßen.

17. Übernahme der Kontrolle über die Schulen. Benutzen Sie sie als Transmissionsriemen für den Sozialismus und die aktuelle kommunistische Propaganda. Aufweichung des Lehrplans. Übernahme der Kontrolle über die Lehrerverbände. Bringen Sie die Parteilinie in die Lehrbücher ein.

18. Erlangung der Kontrolle über alle Schülerzeitungen.

19. Studentenunruhen nutzen, um öffentliche Proteste gegen Programme oder Organisationen zu schüren, die unter kommunistischem Beschuss stehen.

20. Infiltrieren Sie die Presse. Erlangung der Kontrolle über Buchbesprechungen, redaktionelle Beiträge und politische Positionen.

21. Erlangung der Kontrolle über Schlüsselpositionen in Radio, Fernsehen und Film.

22. Fortgesetzte Diskreditierung der amerikanischen Kultur durch Herabwürdigung aller Formen des künstlerischen Ausdrucks.

23. Kontrolle von Kunstkritikern und Direktoren von Kunstmuseen. „Unser Plan ist es, hässliche, abstoßende und bedeutungslose Kunst zu fördern".

24. Abschaffung aller Gesetze, die die Obszönität regeln, indem man sie als „Zensur" und Verletzung der Meinungs- und Pressefreiheit bezeichnet.

25. Abbau kultureller Moralvorstellungen durch Förderung von Pornografie und Obszönität in Büchern, Zeitschriften, Filmen, Radio und Fernsehen.

26. Darstellung von Homosexualität, Entartung und Promiskuität als „normal, natürlich, gesund".

27. Unterwanderung der Kirchen und Ersetzung der Offenbarungsreligion durch „soziale" Religion. Diskreditieren Sie die Bibel und betonen Sie die Notwendigkeit intellektueller Reife, die keine „religiöse Krücke" braucht.

28. Abschaffung des Gebets oder jeglicher Art von religiösem Ausdruck in den Schulen mit der Begründung, dass dies gegen den Grundsatz der „Trennung

von Kirche und Staat" verstößt.

29. Diskreditierung der amerikanischen Verfassung, indem man sie als unzureichend, altmodisch, nicht mehr zeitgemäß und als Hindernis für die weltweite Zusammenarbeit zwischen den Nationen bezeichnet.

30. Diskreditieren Sie die amerikanischen Gründerväter. Stellen Sie sie als egoistische Aristokraten dar, die sich nicht um den „einfachen Mann" kümmerten.

31. Verharmlosung aller Formen amerikanischer (fügen Sie hier Ihr Land ein) Kultur und Entmutigung des Unterrichts in amerikanischer (auch hier) Geschichte mit der Begründung, dass sie nur ein kleiner Teil des „großen Ganzen" sei. Legen Sie mehr Gewicht auf die russische Geschichte, seit die Kommunisten die Macht übernommen haben.

32. Unterstützen Sie jede sozialistische Bewegung, die darauf abzielt, einen Teil der Kultur - Bildung, soziale Einrichtungen, Wohlfahrtsprogramme, psychiatrische Kliniken usw. - zentral zu kontrollieren.

33. Abschaffung aller Gesetze oder Verfahren, die das Funktionieren des kommunistischen Apparats behindern.

34. Abschaffung des House Committee on Un-American Activities.

35. Diskreditierung und schließlich Auflösung des FBI.

36. Unterwanderung und Übernahme der Kontrolle über weitere Gewerkschaften.

37. Unterwanderung und Übernahme der Kontrolle über große Unternehmen.

38. Übertragung eines Teils der Verhaftungsbefugnisse von der Polizei auf soziale Einrichtungen. Behandlung aller Verhaltensprobleme als psychiatrische Störungen, die nur von Psychiatern verstanden [oder behandelt] werden können.

39. Beherrschung des psychiatrischen Berufsstandes und Verwendung von Gesetzen zur psychischen Gesundheit als Mittel zur Erlangung von Zwangskontrolle über diejenigen, die sich kommunistischen Zielen widersetzen.

40. Die Familie als Institution in Verruf bringen. Ermutigung zu Promiskuität und leichter Scheidung.

41. Betonen Sie die Notwendigkeit, Kinder außerhalb des negativen Einflusses der Eltern zu erziehen. Führen Sie Vorurteile, geistige Blockaden und Verzögerungen bei Kindern auf den unterdrückenden Einfluss der Eltern zurück.

42. Erwecken Sie den Eindruck, dass Gewalt und Aufruhr legitime Aspekte der amerikanischen Tradition sind; dass Studenten und Interessengruppen sich

erheben und [„]vereinte Gewalt[„] anwenden sollten, um wirtschaftliche, politische oder soziale Probleme zu lösen.

43. Sturz aller Kolonialregierungen, bevor die einheimische Bevölkerung zur Selbstverwaltung bereit ist.

44. Internationalisierung des Panamakanals.

45. Aufhebung des Connolly-Vorbehalts, damit die Vereinigten Staaten den Weltgerichtshof nicht daran hindern können, die Zuständigkeit [für innerstaatliche Probleme zu übernehmen. Dem Weltgerichtshof die Zuständigkeit] für Nationen und Einzelpersonen gleichermaßen zu übertragen".

Die Zerstörung des kapitalistischen Systems

> „In einer höheren Phase der kommunistischen Gesellschaft, nachdem die versklavende Unterordnung des Individuums unter die Arbeitsteilung überwunden ist, nachdem die Arbeit nicht nur ein Lebensmittel, sondern das Hauptbedürfnis des Lebens geworden ist, nachdem mit der allseitigen Entwicklung des Individuums auch die Produktivkräfte gewachsen sind und alle Quellen des genossenschaftlichen Reichtums reichlicher fließen - erst dann kann der enge Horizont des bürgerlichen Rechts in seiner Gesamtheit überschritten werden und die Gesellschaft sich auf ihre Fahnen schreiben: Jedem nach seinen Fähigkeiten, jedem nach seinen Bedürfnissen!"[7]

> Karl Marx, „Kritik des Gothaer Programms", 1875, Teil 1

Von den drei erwähnten Hauptpfeilern der westlichen Zivilisation - Kapitalismus, Christentum und Kultur - ist der Kapitalismus vielleicht derjenige, der von der Sekte am häufigsten und offensten angegriffen wird. Ich bin mir sicher, dass Sie bemerkt haben, wie kritisch die Sektenmitglieder ihm gegenüber sind (und zwar in dramatischer, ekelerregender Weise) und wie er für alles verantwortlich gemacht wird (natürlich mit Ausnahme von Problemen, die ausschließlich der Religion, dem Rassismus, der „extremen Rechten", dem Nationalismus, dem Faschismus usw. angelastet werden).

Und wie bereits erwähnt, präsentiert sich der Marxismus - als Ideologie - als eine Art politische, soziologische und wirtschaftliche Alternative zu den bereits bestehenden Strukturen. Eine wohlwollende, rebellische Antithese zur bestehenden Ordnung, richtig? Daher glauben viele seiner Anhänger, dass das Marxsche „wissenschaftliche" System des Sozialismus die Antwort auf die von der Gesellschaft - und in der Tat von der Welt - wahrgenommenen Übel ist. In der Tat wird der Sozialismus nicht nur als Alternative zum Kapitalismus dargestellt, sondern auch als besser als dieser. Ist das wirklich so? Hat er überhaupt irgendeinen Wert, oder handelt es sich nur um weitere marxistische

---

[7] Karl Marx, „Kritik des Gothaer Programms", 1875, Teil 1.

https://www.marxists.org/archive/marx/works/1875/gotha/

Propaganda? In diesem Abschnitt werden wir uns einige der Auswirkungen des Sozialismus ansehen. Natürlich würde es nicht nur den Rahmen dieses Buches sprengen, sondern auch Zeitverschwendung sein, das marxistische sozialistische Denken in allen Einzelheiten zu analysieren. Wir durchforsten schon genug Schund.

Sie kann uns vor den Übeln des Kapitalismus bewahren

In einigen Kreisen herrscht die Auffassung, dass der Marxismus einen enormen Wert hat, weil er uns den Sozialismus gebracht hat, der (unter anderem) ein alternatives Wirtschaftssystem ist, wie man uns sagt. Es ist vielfach bewiesen worden, dass die Umsetzung marxistischer Theorien (über den Sozialismus) garantiert zur Zerstörung eines Landes führt, insbesondere in wirtschaftlicher Hinsicht. Das liegt daran, dass diese Theorien, obwohl sie für manche attraktiv und wertvoll sind, die menschliche Natur und die Motivation der Menschen, zu arbeiten, zu überleben und sich selbst zu übertreffen, falsch einschätzen.

Der Autor vertritt die Auffassung, dass die Vorstellung, der Marxismus (über den Sozialismus) sei ein alternatives Wirtschaftssystem, nur ein Vorwand ist - ein weiteres Ablenkungsmanöver. Wie bereits erwähnt, besteht der eigentliche Zweck der Ideologie darin, die westliche Zivilisation zu zerstören, um sie nach ihrem Vorbild wieder aufzubauen. Das wirtschaftliche Argument wird nur als Zuckerbrot verwendet, das den ahnungslosen Massen als Köder vor die Nase gehalten wird, damit die Menschen die Ideologie als Ganzes akzeptieren: „Wenn wir diese Revolution haben, wird sie unser Leben verbessern! Wir werden mehr kostenlose Dinge bekommen und grundlos mehr Geld haben" usw. Es handelt sich um ein trojanisches Pferd, das mit einer Unzahl von „Fakten" überzogen ist, die den ahnungslosen Leser von den Übeln des Kapitalismus überzeugen und ihm erklären, warum der Sozialismus die Lösung ist. Während der Leser liest, schärfen die Dämonen im Inneren ihre Klingen.

Was Sozialismus wirklich ist

Bevor wir fortfahren, was ist „Sozialismus"? Wie bereits erwähnt, handelt es sich um ein theoretisches System, das die Anwendung der marxistischen Prinzipien beinhaltet. Ein System, das dann auf die verschiedenen Bereiche einer Gesellschaft angewendet werden kann, einschließlich der Wirtschaft (Ressourcen, Handel, Industrie, Gewerbe usw.) und natürlich auch der Regierung. Zu den Grundsätzen gehören Dinge wie Egalitarismus/Gleichheit/"soziale Gerechtigkeit", Kollektivismus/Solidarität, „gemeinschaftliches Eigentum an den Produktions- und Verteilungsmitteln", eine Regierung, die „dem Volk" dient (eine „Diktatur des Proletariats"), die gleichmäßige Verteilung des Reichtums, Klassenkampf/Unterdrücker gegen Unterdrückte, die Ablehnung von Hierarchien usw. Er wird als ein scheinbar günstigeres System im Vergleich zur bestehenden Ordnung dargestellt. In gewissem Sinne vertritt der Sozialismus angeblich die Idee einer ethischeren

Verteilung von Ressourcen und Reichtum.

Eines der berühmtesten Schlagworte, das mit dem Kommunismus und Karl Marx in Verbindung gebracht wird, ist „Jeder nach seinen Fähigkeiten, jedem nach seinen Bedürfnissen".[8] Marx hatte die Idee, dass die Massen in dieser „utopischen" Gesellschaft Zugang zu kostenlosen Gütern und Dienstleistungen haben würden, je nachdem, was sie benötigen. Dies wäre aufgrund des Überflusses an Ressourcen möglich, zu denen eine auf dem Sozialismus aufbauende Gesellschaft angeblich Zugang haben würde. Die Ironie solcher Konzepte besteht darin, dass der Sozialismus genau das Gegenteil bewirkt: Knappheit. Der Kommunismus ist (nach den meisten Definitionen) der Endzustand einer Gesellschaft, die erfolgreich von einem kapitalistischen Land über die Phase des Sozialismus bis hin zur letzten Phase (Kommunismus) übergeht. Eine Gesellschaft ohne die „Übel" der Klassen, des Geldes, der Religion, des Privateigentums, der Gewinne usw. Eine „Utopie".

Das Gemeinschaftseigentum an Eigentum, Ressourcen usw.

Die Besessenheit der Sekte von Kollektivismus und Gleichmacherei macht sie blind für bestimmte gesellschaftliche Realitäten, wie etwa die Bedeutung und Notwendigkeit von Hierarchien. Wenn der Sozialismus „eine Gesellschaft ist, in der die Produktions-, Verteilungs- und Tauschmittel im Besitz der Gemeinschaft als Ganzes und nicht von Privatpersonen sind" (die diese bösen Profite wollen!), wie würde das funktionieren? Wer würde die Entscheidungen treffen? Wie können Entscheidungen getroffen werden, wenn es keine Hierarchie/Befehlskette gibt? Auch hier gilt, dass in der Praxis jemand die Zügel in die Hand nehmen muss.

Die Gemeinschaft, die versucht, diese Dinge als Gemeinschaft zu besitzen/zu verwalten (ob sie nun von einer „proletarischen Vorhut" repräsentiert wird oder nicht), ist nur eine marxistische Fantasie. Wir sind nicht alle gleich, und wir sind nicht alle gleichermaßen in der Lage, Entscheidungen zu treffen. Es gibt natürliche Dynamiken und Gleichgewichte, die sich in einer Gesellschaft entwickeln können, wenn es um Dinge wie Führung, Infrastruktur, Ressourcen, Eigentum, persönliche/berufliche Leistungen und Ambitionen, Wirtschaft, Produktion usw. geht. Die Geschichte des Marxismus veranschaulicht die katastrophalen Folgen einer Störung dieser Dynamik.

Der Marxismus und das antikapitalistische Narrativ

Sollten wir der Meinung der Sekte über den Kapitalismus vertrauen? Wenn Sie eine Person um eine unvoreingenommene Meinung über eine andere Person bitten - von der Sie wissen, dass sie sie hasst - könnten Sie dieser Meinung

---

[8] Der Satz stammt nicht von Marx, sondern ist in seiner „Kritik des Gothaer Programms" *von* 1875 enthalten.

https://www.marxists.org/archive/marx/works/1875/gotha/index.htm

vertrauen? Nein, Sie müssten ihre Einstellung zu ihr (auch Voreingenommenheit genannt) in Betracht ziehen, oder? Würden Sie einer Ideologie vertrauen, die dem Kapitalismus seit seiner Geburt offen feindlich gegenübersteht, wenn es um die Analyse des kapitalistischen Systems geht?

Mit anderen Worten, wenn wir diese globale marxistische Sekte haben - mit Millionen von gehirngewaschenen antikapitalistischen Sprachrohren überall auf der Welt in unseren jeweiligen Ländern - ist unsere Umwelt dann nicht gesättigt mit marxistischen antikapitalistischen Meinungen?

Hier ist ein ironischer Aspekt der Präsenz dieser Ideologie in den heutigen Gesellschaften, insbesondere in den relativ wohlhabenden westlichen Ländern: Diese Gesellschaften enthalten alle eine beträchtliche Anzahl dieser gehirngewaschenen Sektenmitglieder, die (im Allgemeinen) sagen, dass sie die Idee von Profiten, Privateigentum, Großunternehmen und finanzieller Ungleichheit usw. hassen. Doch die Fähigkeit, Gewinne zu erzielen oder Privateigentum an Unternehmen/Eigentum zu haben, oder die Fähigkeit, eine große Industrie und große Unternehmen zu haben, sind die Garanten für eine erfolgreiche Wirtschaft und ein erfolgreiches Land. Sie sind die Schlüsselaspekte der Wirtschaft, die das Funktionieren der Zivilisation ermöglichen. (Sogar die (böse!) wirtschaftliche Ungleichheit ist ein wesentlicher Bestandteil einer gesunden Wirtschaft, da sie die Tatsache widerspiegelt, dass die Menschen nicht von Natur aus gleich sind.)

Die Ironie liegt darin, dass das Leben, die Freuden und die Freiheiten, die diese Sektenmitglieder während ihrer Zeit in wohlhabenden (westlichen oder anderen) Ländern genießen, einschließlich der Redefreiheit (und damit der Möglichkeit, Kritik zu üben), nur existieren, weil die Ideologie dieses Land nicht vollständig verseucht hat.

Sie propagieren also ständig eine Ideologie, die ihr Leben, ihr Vergnügen, ihre Freiheit und die ihrer Angehörigen, Freunde usw. zerstören würde. Natürlich sind sie sich dessen, was sie tun, überhaupt nicht bewusst. Es ist widersprüchlich, denn die antikapitalistische Gehirnwäsche führt dazu, dass die Menschen in kapitalistischen Ländern eine antikapitalistische Haltung einnehmen, während sie gleichzeitig unbewusst glücklich sind, in einem kapitalistischen System zu leben (und all die Vorteile zu genießen, die es ihnen bietet!). Das ist eine undankbare, respektlose und kurzsichtige Haltung.

Es ist ein sehr amüsantes Element der marxistischen Gehirnwäsche, wenn wir sehen, wie trotzige Sektenmitglieder bei verschiedenen Demonstrationen, die oft für den Sozialismus werben, versuchen, „allein" und „getrennt vom System" zu sein. Das ist extrem naiv und von der Realität abgehoben. (Während der von der BLM inspirierten Unruhen in Portland im Jahr 2021, nachdem die Sektenmitglieder auf amüsante Weise versucht hatten, ihre kleine „unabhängige" marxistische Gemeinschaft zu gründen, habe ich, glaube ich, in den Medien gesehen, wie sie versuchten, Gemüse anzubauen, um sich selbst zu versorgen, und das in einem Stadtgebiet mit sehr wenig Boden. Es gibt nichts Besseres, als die Arbeit selbst zu machen, um die Arbeit zu schätzen und zu respektieren, die hinter der Produktion von etwas steckt.)

Wenn man eine gesamtgesellschaftliche Perspektive einnimmt, müssen sich diese antikapitalistischen Einstellungen sicherlich auf die Angelegenheiten eines Landes auswirken. Man kann nur spekulieren, inwieweit sich diese bizarren und widersprüchlichen Einstellungen auf das Wohlstandsniveau und die wirtschaftliche Gesamtleistung eines Landes auswirken. Obwohl dies unmöglich zu quantifizieren ist, ist es für mich ein weiterer Grund, warum diese Ideologie aus der Gesellschaft entfernt werden muss - sie wird einem Land helfen, ein höheres Wohlstandsniveau zu erreichen.

Sollten wir den Kapitalismus „ersetzen"?

Wenn der Kapitalismus als einer der Eckpfeiler der westlichen Zivilisation gilt und der Sozialismus als Wirtschaftssystem nie erfolgreich war (dazu später mehr), ist es dann klug, das erstere durch das letztere zu ersetzen? Würde es Forderungen geben, das kapitalistische System durch etwas anderes zu ersetzen, wenn es nicht um die Ideologie ginge? Wir müssen uns vor Augen halten, dass der Marxismus von Anfang an versucht hat, uns davon zu überzeugen, dass der Kapitalismus das Problem ist, und dass wir zu diesem Zweck einer immer stärkeren Propaganda ausgesetzt worden sind.

Hinzu kommt, dass die Sekte/Ideologie während des gesamten Zeitraums versucht hat, das System von außen und innen zu sabotieren, und zwar durch: die Manipulation der Gewerkschaftsbewegung durch die Sekte; die Unterwanderung des Großkapitals; die progressive Einkommenssteuer/Bestrafung des Reichtums; die Versuche, der Industrie über die Kohlenstoffsteuer die Gewinne zu entziehen; die Förderung und Ausweitung des Wohlfahrtsstaates (der ein Land wirtschaftlich ausbluten lässt); die Einspeisung von Geldern in den geldverschwenderischen marxistischen NGO/Non-Profit-Komplex; die Entsendung von Auslandshilfe aus humanitären Gründen; und die Erleichterung der Masseneinwanderung durch die Sekte usw.

Marx und Engels glaubten, dass der Kapitalismus den Keim zu seiner eigenen Zerstörung in sich trug, und wenn in diesem System seit dem Auftreten der Sekte negative Situationen auftraten (Krisen, Depressionen, Zusammenbrüche, finanzielle Rettungsaktionen usw.), werden diese als „Beweis" dafür angesehen, dass die Vorhersagen richtig waren; das lässt Marx und seine Jünger wie Propheten erscheinen (außerdem können diese Arten von Ereignissen, wie andere hervorgehoben haben, tatsächlich fabriziert worden sein und sind in einem kapitalistischen System nicht unbedingt die Regel).

Man beachte, dass sie als Bewegung im Allgemeinen nicht daran interessiert sind, irgendwelche wahrgenommenen Probleme innerhalb des Kapitalismus zu lösen; sie bestehen lediglich darauf, dass er zerstört, ersetzt oder stark verändert werden muss. Ist das nicht seltsam? Ist es intelligenter/effizienter, ein ganzes System (um das herum die Gesellschaft derzeit aufgebaut ist) vollständig zu zerstören und zu ersetzen, als es nur zu reparieren/zu modifizieren? Das glaube ich nicht. Der Kult/die Ideologie will nicht aufbauen, verbessern oder reparieren, sondern nur zerstören.

„Diesmal wird es funktionieren..."

Ein wichtiges, immer wiederkehrendes Thema: Es wird immer eine neue Welle von indoktrinierten Sektenmitgliedern geben, die glauben, dass sie diejenigen sind, die es schaffen. Sie sind die Besonderen, die die fehlerhaften Theorien des Sozialismus nehmen und irgendwie Wohlstand schaffen können. Der Sozialismus kann nicht „repariert" oder modifiziert werden, so dass er funktioniert. Auch hier sind die Prinzipien des Marxismus selbst fehlerhaft, und es spielt keine Rolle, welche Variante versucht wird, sie wird zum Scheitern verurteilt sein. Was die jüngste Generation von Marxisten betrifft, so ist es irrelevant, wie viel Intelligenz (für die Standards der Sekte), Erfahrung oder Talent sie besitzen. Um eine ekelhafte Analogie zu verwenden - es spielt keine Rolle, wie gut man kochen kann und wie viele leckere Desserts man zubereitet hat - wenn die Zutaten, die man verwendet, buchstäblich dreckige, verrottete Säcke voller Scheiße sind, dann wird der ganze Kuchen stinken.

Den Sozialismus in den Papierkorb werfen

Wir müssen den Sozialismus in den Papierkorb werfen, und zwar immer wieder, denn nur so können wir verhindern, dass sich die marxistische Infektion weiter ausbreitet. Das ist entscheidend und eine meiner besten Empfehlungen.

Der Sozialismus - und die quasi-utopische Gesellschaft, zu der er (nach Ansicht der Sektenmitglieder) letztendlich führen wird - ist das immer wieder verlockende Zuckerbrot, das den Massen (insbesondere potenziellen Sektenmitgliedern) vor die Nase gehalten wird. Es verspricht eine bessere Gesellschaft, eine bessere Lebensweise, mehr Wohlstand für „das Volk" usw. Der Sozialismus ist das Zuckerbrot, das als Keil dient, um eine Gesellschaft (in einem bestimmten Land) für diese „Revolutions"-Ideologie zu öffnen. Wenn dieser Keil erst einmal da ist und die Menschen im Allgemeinen denken, dass der Marxismus/Sozialismus gutartig ist, dann öffnet das die Lücke, um den totalen Marxismus zuzulassen (mit allem, was das mit sich bringt). Das ist das Prinzip des trojanischen Pferdes in Aktion. Das gilt besonders für die jungen und beeinflussbaren Menschen. Sie werden ständig von der Sekte ins Visier genommen und ihnen wird gesagt, dass der Sozialismus cool ist, insbesondere an den Universitäten.

Aus diesen Gründen müssen wir den Sozialismus als Konzept ins Visier nehmen/zerstören und ihn auf den Müll werfen, wo er hingehört. Dadurch wird die Marktfähigkeit - und damit die Potenz - des Marxismus als Ideologie insgesamt massiv reduziert, indem seine wahrgenommenen Vorteile geschmälert werden.

Beim Marxismus geht es um Betrug und Täuschung, und der Sozialismus, der als eine Art überlegene Alternative zum Kapitalismus dargestellt wird, ist ein schlechter Scherz, den man schon eine Million Mal gehört hat. Die Sekte/Ideologie greift den Kapitalismus an, weil sie weiß, dass er den westlichen Ländern ein gewisses Maß an Stärke, Stabilität, Lebensqualität usw. verleiht, zusätzlich zu einem Gefühl der Abgrenzung von nicht-westlichen Ländern. Da die Ideologie die Zivilisation nach ihrem Bild zerstören und dann wieder aufbauen will, wird der Kapitalismus zu einem der Hauptpfeiler, der zuerst zerstört werden muss. Nur ein realitätsfremder Idiot käme auf die Idee, dass ein Haufen von Theorien, die in der Vergangenheit immer wieder gescheitert sind und nichts anderes als Not, Instabilität, Chaos und Tod verursacht haben, ein ganzes System, das das Rückgrat der Zivilisation bildet, ersetzen soll!

Ein ethischeres System als der Kapitalismus ?

Die Dinge, die Marxisten dem Kapitalismus vorwerfen - unterdrückerisch, versklavend, gewalttätig, ineffizient, autoritär, unmenschlich usw. - sind in einem sozialistischen System noch stärker ausgeprägt. Alles, was der Kapitalismus schlecht macht, macht der Sozialismus noch schlimmer. So versucht die Sekte/Ideologie im Allgemeinen (abgesehen von unterschiedlichen Interpretationen/Spannungen), uns davon zu überzeugen, dass der Kapitalismus ein von Natur aus unterdrückerisches System ist, während der Sozialismus das nicht ist. Drei Worte für Sie: Topf. Teekessel. Schwarz. Mehr Tugendhaftigkeit, Doppelmoral und Propaganda.

Wer kann heutzutage in einem zivilisierten, stabilen, westlichen Land wirklich behaupten, dass er aufgrund des Lebens in einem kapitalistischen System wirklich schrecklich unterdrückt wird (oder wurde)? Umgekehrt, wie viele haben uns ihre Geschichten von echter Unterdrückung erzählt, während sie in einem Land lebten, in dem die Sekte am Ruder ist? Der Kapitalismus ermöglicht eine gewisse Freiheit, Geld zu verdienen, Eigentum zu besitzen usw. Diese Freiheiten gibt es in einem sozialistischen System nicht. Theoretisch wäre das Land, die Ressourcen, die Produktionsmittel im kollektiven Besitz des Volkes usw., aber in der Praxis funktioniert das nie so.

Natürlich wird die Sekte immer wieder versuchen, diese Kritik zu umgehen, indem sie behauptet, dass der echte Sozialismus oder Kommunismus nie ausprobiert wurde oder existierte, und dann geraten wir wieder in denselben Kreislauf, in dem sie ständig für ihr alternatives System werben können (wieder das Problem „Theorie gegen Realität"). Welche Probleme auch immer in einem kapitalistischen System auftauchen, die Sekte/Ideologie wird ständig darauf aufmerksam machen, um die marxistische Alternative zu fördern. Vielleicht würden diese Probleme auch unabhängig von dem von uns verwendeten System auftreten. Der Unterschied besteht darin, dass wir in einem kapitalistischen System viel mehr Freiheit haben, die Fallstricke zu vermeiden.

„Wir brauchen den Sozialismus!"

Sektenmitglieder behaupten, dass wir an marxistischem Gedankengut festhalten müssen, weil wir die Fehler und Übel des Kapitalismus sehen. Wenn genügend Menschen dem zustimmen und marxistisches Gedankengut nicht als giftig angesehen wird, dann wird es natürlich nicht aus der Gesellschaft entfernt. Das wiederum führt zu all den anderen Problemen, die in diesem Buch beschrieben werden.

Darüber hinaus sind einige der Probleme, die als Ergebnis des Kapitalismus wahrgenommen werden, in Wirklichkeit auf die Tatsache zurückzuführen, dass wir in einer stark kontrollierten, internationalistischen, globalisierten Welt leben (die dem Wohlstand auf nationaler Ebene von Natur aus entgegengesetzt ist). Ein wichtiger Schritt, um diese Situation zu ändern, wäre es, den Marxismus so weit wie möglich aus unseren Gesellschaften zu entfernen.

Wir brauchen keine Form des Marxismus, um Probleme innerhalb einer Nation zu lösen! Alle Probleme, die mit dem kapitalistischen System verbunden sind, könnten durch patriotische, souveräne, nationalistische Regierungen gelöst werden. Es gäbe keine Notwendigkeit, den Marxismus wieder in die Tür zu lassen.

Aus diesem Grund müssen wir uns auf die ideologische Zusammensetzung einer Nation konzentrieren - sie ist wichtiger als die Wirtschaft. Wenn Sie in Ihrem Land eine internationalistische, globalisierungsfreundliche Regierung haben, werden Sie immer anhaltende Probleme (wirtschaftlicher oder anderer Art) haben. Dabei ist zu bedenken, dass die Wirtschaft keine Rolle spielt, wenn das Land aufgrund der anderen Auswirkungen des Kults/der Ideologie, die an anderer Stelle erwähnt wurden, auseinanderbricht (Irland zum Beispiel sinkt als Nation aufgrund der Masseneinwanderung, die wiederum auf die EU-Mitgliedschaft zurückzuführen ist. Viele würden wirtschaftliche Gründe für den Verbleib in der EU anführen, was in diesem Fall eine schlechte Prioritätensetzung ist). Im Grunde genommen ist der Nutzen dieser Ideologie gleich Null, aber der Schaden, den sie anrichtet, ist katastrophal. Deshalb sollte man ihr keine Schonung gewähren.

Der Sozialismus wird Ihr Land wirtschaftlich zerstören

Ist es nicht offensichtlich, dass eine Ideologie, die den Hass auf Profite, das Privateigentum an Unternehmen und Privateigentum (und an Produktionsmitteln usw.) fördert, eine Wirtschaft ruinieren wird? Natürlich sollten wir die Vorzüge des Sozialismus anhand seiner Auswirkungen in der realen Welt beurteilen, nicht anhand seiner theoretischen oder hypothetischen Anwendungen. Daher sind die Auswirkungen des Sozialismus (in der Vergangenheit oder Gegenwart) überwiegend negativ.

Sektenmitglieder werden natürlich versuchen, dies vor uns zu verbergen, indem sie jede Betonung dieser Tatsache unterdrücken, oder sie werden vorhersehbar die offensichtlichen Vorteile betonen. Ein Beispiel dafür ist, wenn marxistische Stimmen die Existenz „erfolgreicher" sozialistischer Länder hervorheben.

Der amerikanische „fortschrittliche" Politiker Bernie Sanders hat bekanntlich einige nichtssagende Behauptungen über den Erfolg des Sozialismus, insbesondere in den skandinavischen Ländern, aufgestellt: „Wenn ich von demokratischen Sozialisten spreche, denke ich nicht an Venezuela. Ich denke nicht an Kuba. Ich schaue mir Länder wie Dänemark und Schweden an",[9] und verweist auf deren sozialstaatliche Politik usw. Wir können sehen, wie das für sie funktioniert hat. Sanders ist ein begeistertes Sektenmitglied, das sich in Moskau aufgehalten hat und für seine antiamerikanischen Ansichten zu verschiedenen Themen bekannt ist, einschließlich der US-Außenpolitik, Waffenkontrolle usw.

Die Einführung des Sozialismus in der Wirtschaft eines Landes führt nur zu dessen Zerstörung. Es kann sich nur über Wasser halten, wenn es entweder von den Vorteilen des Reichtums lebt, den es erworben hat, als es noch nicht sozialistisch war, oder wenn es finanzielle Unterstützung von außen erhält. Ersteres trifft auf Schweden zu, das seinen Reichtum erwirtschaftet hat, als es noch kapitalistisch war, bevor Sektenmitglieder begannen, die Geschicke des Landes zu lenken. Im Grunde genommen war es als Land nur vorübergehend erfolgreich, weil es zuvor Fortschritte gemacht hatte. Nach dem Zweiten Weltkrieg begann man, sich dem Sozialismus zuzuwenden. Es konnte nur aufgrund der BIP-Gewinne funktionieren, die es erzielte, als es einen kapitalistischeren Ansatz der freien Marktwirtschaft verfolgte.

Letzteres gilt für viele Länder in der Geschichte des Marxismus, die dann Hilfe von anderen Ländern (auch kapitalistischen (!)) erhielten. Lenins Russland erhielt ausländische Hilfe und war schließlich gezwungen, ein begrenztes privates Unternehmertum zuzulassen. Dadurch konnte die industrielle Maschinerie wieder normal funktionieren.[10][11]

Castros Kuba war auf die finanzielle Unterstützung durch die Sowjetunion angewiesen, um sich über Wasser zu halten (was eigentlich nicht überrascht, denn ich glaube, dass der psychotische Che Guevara (1928-1967) zu einem bestimmten Zeitpunkt für die Wirtschaft zuständig war. Eine gute Wahl, denn

---

[9] MSNBC, „Hillary Clinton-Bernie Sanders Town Hall Part 1 | MSNBC", 19. Februar 2016. https://www.YouTube.com/watch?v=w1cuTmJh8xM

[10] „Enthüllungen aus den russischen Archiven,". https://www.loc.gov/exhibits/archives/sovi.html

[11] https://www.britannica.com/money/New-Economic-Policy-Soviet-history

er hatte Medizin studiert).[12]

Ein Beispiel für ein hochgradig kontaminiertes Land, das seine Einstellung zur Wirtschaft auflockert, ist China. In der Zeit ab 1979 beschloss die Kommunistische Partei Chinas, vielleicht motiviert durch die Wirtschaftskraft der relativ nicht-marxistischen (damals britischen) Kolonie Hongkong, die Übernahme kapitalistischer Grundsätze zuzulassen, wodurch China sich modernisieren und zu dem werden konnte, was es heute ist.[13]

Im Jahr 1989 trug die (bald ehemalige) Sowjetrepublik Estland dazu bei, den Schneeballeffekt auszulösen, der zum Zusammenbruch der UdSSR führte. Die Esten erkannten, dass die Entwicklung ihrer Wirtschaft durch die Mitgliedschaft in der „Union" eingeschränkt war. Es gab viele Gründe, warum sich die Mitgliedsländer während der Sowjetära aus dem Griff Moskaus befreien wollten; wirtschaftliche Freiheit und Wohlstand waren einer davon. [14]

Andere Länder der Sowjet-Ära waren zwar nicht Teil der UdSSR als Mitgliedsstaaten der Sowjetrepubliken, wurden aber als Satellitenstaaten betrachtet. Dazu gehörten Polen, Ostdeutschland, Rumänien, Ungarn, Bulgarien, Albanien und die Tschechoslowakei. Sie alle durchliefen nach dem Kommunismus schwere Anpassungsphasen, wobei einige Jahrzehnte brauchten, um sich von den Auswirkungen der Zentralisierung zu erholen.

Der Sozialismus hat Lateinamerika verwüstet. Von früheren Beispielen wie dem Argentinien von Juan Peron in den 1940er und 1950er Jahren bis hin zu Kuba, Chile, Kolumbien und zahlreichen anderen.

Ein aktuelleres Beispiel ist das Venezuela von Hugo Sanchez und anderen, auch wenn es über so viel Öl verfügt. Indien beschloss nach seiner Unabhängigkeit von Großbritannien, den sozialistischen Weg einzuschlagen, mit katastrophalen Ergebnissen. Auch Großbritannien selbst - unter der Führung des Sektenmitglieds Clement Atlee - entschied sich nach dem Zweiten Weltkrieg für einige Experimente, die zum wirtschaftlichen Ruin führten.

Sozialismus ist Diebstahl

Da der Erwerb von „ungerechtfertigtem" Reichtum - in Form von Gewinnen - durch Privatpersonen und Unternehmenseigentümer nach dem marxistischen

---

[12] Anderson, J. „Sowjetische Hilfe für Kuba: 11 Millionen Dollar pro Tag", 18. Juni 1983. https://www.upi.com/Archives/1983/06/18/Soviet-aid-to-Cuba-11-million-a-day/2328424756800/

[13] Coase und Wang, „How China Became Capitalist", Januar/Februar 2013. https://www.cato.org/policy-report/january/february-2013/how-china-became-capitalist

[14] Der Zusammenbruch der Sowjetunion - Ein Dokumentarfilm (2006).

https://www.YouTube.com/watch?v=OYD6ouVHXbo

Dogma unmoralisch ist, müssen die Gewinne solcher Unternehmen konfisziert werden, angeblich für das „höhere Wohl". Aus diesem Grund geht die Sekte/Ideologie mit der Idee hausieren, dass Gewinne böse sind. Das ist eines der vielen Dinge, die sie falsch verstehen - Gewinne sind nicht böse; sie ermöglichen das Funktionieren der Wirtschaft eines Landes.

Diese Mentalität ermutigt zu Zerstörung, Gewalt und Diebstahl von Privateigentum im Namen von „Gerechtigkeit" und „Gleichheit". Sie erlaubt auch denjenigen, die nicht über Reichtum verfügen, ihre Emotionen an denjenigen auszulassen, die über Reichtum verfügen; ihre persönlichen Unsicherheiten manifestieren sich in mörderischen Gefühlen und Handlungen. Die Geschichte der Sekte zeigt, wie dies in der Praxis aussieht: Inhaftierung und/oder Ermordung aller, die nicht zur Klasse der Armen/Proletarier gehören. Dies geht oft mit der Eliminierung der „Intelligenz" einher, die zu Andersdenkenden oder politischen Gegnern werden kann, wenn sie nicht unterdrückt/eliminiert wird.

Hier sind die Punkte eins bis fünf des Kommunistischen Manifests: Abschaffung des Privateigentums und Verwendung aller Bodenrenten für öffentliche Zwecke; eine hohe progressive oder gestaffelte Einkommenssteuer; Abschaffung aller Erbschaftsrechte; Konfiszierung des Eigentums aller Emigranten und Rebellen; Zentralisierung des Kredits in den Händen des Staates durch eine Nationalbank mit staatlichem Kapital und exklusivem Monopol.[15]

Die Punkte eins bis vier - Beschlagnahmung von Eigentum, Besteuerung und „Abschaffung aller Erbschaftsrechte" - sind allesamt Formen des Diebstahls. Punkt fünf ist die zentralisierte Finanzkontrolle/Dominanz im Namen „des Volkes". Das ist zwar kein direkter Diebstahl, trägt aber dazu bei, den Erwerb von Reichtum durch diejenigen zu verhindern, die nicht mit der Regierung verbündet sind (was marxistisch sein mag; im Grunde genommen darf also jeglicher Reichtum oder jede Macht, die nicht der Sekte gehört, nicht entstehen). Ein aktuelles Beispiel für marxistischen Diebstahl, der im Verborgenen stattfindet, ist die Kohlendioxidsteuer, die von der Bewegung für den Klimawandel eingeführt wurde.

DiLorenzos Probleme mit dem Sozialismus

> „Ein moderner Befürworter des Sozialismus zu sein, bedeutet, jede solide wirtschaftliche Logik, mehr als ein Jahrhundert Geschichte und die Worte ehrlicher sozialistischer Intellektueller wie Heilbroner zu ignorieren, die schließlich gezwungen waren, sich der Realität zu stellen, nachdem sie diese den größten Teil ihres Erwachsenenlebens ignoriert hatten.[16]

---

[15] Marx, Engels. *Das Kommunistische Manifest* (1848). P. 26.

[16] Di. Lorenzo, T., *Das Problem mit dem Sozialismus* (2016), S. 28.

Thomas DiLorenzo Autor und Professor für Wirtschaftswissenschaften,
Das Problem mit dem Sozialismus (2016)

Lassen Sie uns näher darauf eingehen, warum der Sozialismus zerstörerisch ist. Mein Lieblingsanalytiker auf diesem Gebiet ist Thomas DiLorenzo. DiLorenzo ist Autor und Professor für Wirtschaftswissenschaften an der *Loyola University Maryland* in Baltimore, Maryland, USA. Er gilt als Vertreter der Österreichischen Schule der Wirtschaftswissenschaften (d. h. „Laissez-faire" oder minimale staatliche Eingriffe).[17] Seine Vorträge am *Mises Institute* in Alabama sind leicht online zu finden. In seinen schriftlichen Arbeiten hat er eine Vielzahl von Themen behandelt, aber zu den wichtigsten für dieses Buch gehören *The Problem With Socialism* und *How Capitalism saved American* (2004). Ein von ihm verfasster Artikel mit dem Titel Why Socialism Causes Pollution" (Warum der Sozialismus Umweltverschmutzung verursacht) ist ebenfalls relevant.

Wer eine umfassende Zusammenfassung der wirtschaftlichen Auswirkungen dieser Ideologie in der realen Welt sucht, dem kann ich The Problem with Socialism wärmstens empfehlen. Das Buch beleuchtet auch die negativen Auswirkungen des Sozialismus in verschiedenen anderen Bereichen, einschließlich Politik, Gesellschaft, Umwelt usw.

Für unsere Zwecke ist es sehr nützlich, die wichtigsten Punkte aufzulisten, die Lorenzo in seinem Werk darlegt. Ich werde sie natürlich, wo es sich anbietet, mit dem „großen Ganzen" verknüpfen (da es hier nicht nur um Wirtschaft oder Sozialismus geht). In diesem Unterabschnitt geht es darum, den Sozialismus als Produkt der Ideologie hervorzuheben - als physische Manifestation der Ideologie in den Bereichen Regierung, Wirtschaft, Infrastruktur, Versorgungseinrichtungen, Bildung, Gesundheit usw.

DiLorenzo wies einmal darauf hin, dass zu Beginn des 20. Jahrhunderts Sozialismus im Allgemeinen als staatliches Eigentum an den Produktionsmitteln (im Namen des „Volkes") definiert wurde, die Definition später jedoch auch den Wohlfahrtsstaat (und seine Institutionen) und die progressive Einkommenssteuer einschloss. Dies wurde durch die Arbeit des Wirtschaftswissenschaftlers Friedrich von Hayek (1899-1992) in *Road to Serfdom* (1944) hervorgehoben.[18]

Da es im Marxismus um Kontrolle durch die Durchsetzung einer (künstlichen) Gleichmacherei geht, sind dies nur verschiedene Methoden, um dieses Ziel zu erreichen. Die drei zentralen Probleme des Sozialismus. Obwohl diese Konzepte nicht von ihm stammen, verweist DiLorenzo in seiner Arbeit auf die drei Hauptprobleme eines sozialistischen Systems und darauf, warum es in

---

[17] https://en.wikipedia.org/wiki/Thomas_DiLorenzo

[18] Hayek, F., *Der Weg zur Knechtschaft* (1944).

dem einen oder anderen Maße unweigerlich zum Scheitern führt, unabhängig davon, wie es umgesetzt wird:

Das Problem der Anreize

In einem egalitären sozialistischen System gibt es keinen Anreiz, ehrgeizig zu sein, Erfolg zu haben oder steuerlich oder anderweitig erfolgreich zu sein. Wenn der Staat der Allgemeinheit die Freiheit verwehrt, mit ihren eigenen Methoden zu schaffen/produzieren, führt dies zu einem ernsten Problem. Ohne den Anreiz, durch die Ausbeutung der eigenen Arbeitskraft Wohlstand zu erlangen (oder überhaupt seinen Lebensunterhalt zu verdienen!), warum sollte sich jemand die Mühe machen, sich in unternehmerischen Bemühungen und Geschäften usw. hervorzutun? In einem sozialistischen System wird Erfolg sogar bestraft, so dass es keinen Anreiz gibt, erfolgreich zu sein.

Die Sekte wird entgegnen, dass die Menschen in einer sozialistischeren Gesellschaft nicht so „egoistisch" wären und diese Dinge aus der Güte ihres eigenen Herzens, zum Wohle ihrer Kameraden und kostenlos tun würden (rollt mit den Augen. Typische Tugendhaftigkeit und Bevormundung). Wie dem auch sei, selbst wenn das praktisch/möglich wäre, entspricht das einfach nicht der Realität, was die Menschen motiviert. Ihr Beharren darauf, dass die Erzielung von Gewinnen zum persönlichen (privaten) Nutzen irgendwie unmoralisch ist (gemäß dem marxistischen Dogma), macht sie blind für diese Tatsache.

Das Anreizproblem ist ein Teil der Erklärung dafür, warum die verschiedenen marxistischen Sektenregime in der Geschichte Zwang (einschließlich Einschüchterung, Gewalt, Mord usw.) anwenden mussten, um die Menschen zur Arbeit zu zwingen und andere Dinge zu erledigen; Dinge, die eine Person in diesen Situationen nicht tun würde, wenn sie nicht gezwungen wäre. Ein Beispiel dafür ist die Sklavenarbeit auf den kollektivistischen Bauernhöfen in der Sowjetunion, China, Kambodscha, Nordkorea, Albanien usw.

Das Wissensproblem

Wenn ein zentralisierter Staat (mit einem Haufen marxistischer Sektenmitglieder an der Spitze) beginnt, die Macht im Namen „des Volkes" zu zentralisieren, führt dies zu einem weiteren Problem. Die Individuen, die mit diesem zentralisierten Staat zu tun haben (und all ihre individuellen Talente), können nicht die Vielzahl von Fähigkeiten, Talenten, Wissen, Berufen usw. ersetzen, die die Masse (in einem kapitalistischen System) in Form von Geschäftsinhabern, Unternehmern, Dienstleistern und der Vielzahl von Spezialisten in allen Sektoren bereitstellt. Dies ist ein Konzept, das Friedrich von Hayek in seinem 1945 erschienenen Artikel „Die Verwendung des Wissens in der Gesellschaft" hervorgehoben hat.[19]

DiLorenzo führt dies weiter aus und betont, dass selbst etwas so Einfaches wie die Herstellung eines Pizzastücks (das selbst aus vielen Zutaten besteht) mehrere Branchen und Prozesse umfasst, die jeweils spezielle Fähigkeiten, Technologien und Geräte erfordern. Natürlich sind an diesem ganzen Prozess viele Personen und Unternehmen beteiligt (Landwirtschaft, Logistik, Marketing usw.), die miteinander interagieren, damit Sie Ihr Stück Pizza bekommen können. „Die Lektion hier ist, dass das, was die wirtschaftliche Welt - ja, die menschliche Zivilisation selbst, so wie wir sie kennen - möglich macht, die internationale Arbeitsteilung und das Wissen ist, in der wir uns alle auf etwas auf dem Markt spezialisieren, damit Geld verdienen und dieses Geld verwenden, um Dinge von anderen „Spezialisten" zu kaufen.[20]

Er fährt fort, dass der gesamte Prozess spontan abläuft, ohne dass es einer staatlichen Planung bedarf. Das Schlüsselwort dabei ist „spontan", was bedeutet, dass dies alles auf natürliche Weise innerhalb der Gesellschaft geschieht und unabhängig davon funktioniert.

Dies hängt mit der Tendenz der Ideologie zusammen, sich in Dinge einzumischen (und sie möglicherweise zu zerstören), die perfekt funktionieren (sei es die Infrastruktur, die Wirtschaft, die Natur, die sozialen Interaktionen usw.)! Wenn Sektenmitglieder Macht erlangen, führt das unweigerlich zu immer mehr zerstörerischen Eingriffen. Natürlich verstärkt ihre übliche eingebaute Arroganz (in Verbindung mit dem Tunnelblick der Indoktrination) ihren Glauben, dass sie bereits alles haben, was es braucht, um die Dinge zu lenken, einschließlich des Wissens, was absoluter Unsinn ist!

Das Berechnungsproblem

Das „Berechnungsproblem" besteht darin, dass es Privateigentum und Marktpreise geben muss, um eine rationale, effiziente wirtschaftliche Berechnung zu ermöglichen. In einem sozialistischen System, in dem die Regierung alle Ressourcen (und Land) besitzt, gäbe es keinen Handel und keine Preise für Ressourcen, Investitionsgüter usw. Das wiederum bedeutet, dass es keine Möglichkeit gibt, Preise für Waren und Dienstleistungen zu berechnen. Finanzanalysten (in einer Marktwirtschaft) können anhand von Marktpreisen feststellen, ob ein Projekt/eine Initiative z. B. finanziell vernünftig oder rentabel ist. Kurz gesagt, ein sozialistisches System (das kein Privateigentum, keine Marktpreise usw. vorsieht) entzieht einer Wirtschaft die grundlegenden Elemente, was zu Chaos führt.

Der Wirtschaftswissenschaftler Ludwig von Mises (1881-1973) beleuchtete

---

[19] Hayek, F., „Die Verwendung des Wissens in der Gesellschaft", September 1945. https://www.cato.org/sites/cato.org/files/articles/hayek-use-knowledge-society.pdf

[20] Di. Lorenzo, T., *Das Problem mit dem Sozialismus* (2016), S. 24.

dieses Thema in seinem Werk *Socialism: An Economic and Sociological Analysis* (1922). Er wies auf die Beziehungen zwischen den Akteuren einer freien Marktwirtschaft hin - Unternehmern, Förderern, Spekulanten (und den Verbrauchern) - und auf die Tatsache, dass sie persönlich an ihren Investitionen beteiligt sind, die das Kapital in einer Marktwirtschaft verteilen.

Wie DiLorenzo hervorhebt: „Ihr unverzichtbares Instrument sind die Marktpreise, die sie dazu anleiten, auf rationale und rentable Weise zu investieren und die Nachfrage der Verbraucher zu befriedigen". Er fügte hinzu, dass im Sozialismus, „wo die Regierung alle Produktionsmittel, das 'Kapital', besitzt, Märkte nicht existieren und die Ressourcen von Bürokraten zugewiesen werden, um 'Pläne' zu erfüllen, die möglicherweise keine Grundlage in der wirtschaftlichen Realität haben".

Auch die Verbrauchernachfrage war hier ein Faktor: „In einer kapitalistischen Wirtschaft müssen die Unternehmer die Verbrauchernachfrage befriedigen oder in Konkurs gehen... Dieser Anreiz fehlt jedoch in einer sozialistischen Wirtschaft völlig".[21]

Auch hier handelt es sich, wie beim „Wissensproblem" (wenn wir einen Moment herauszoomen), um einen Fall, in dem die Ideologie in die organischen, funktionierenden Prozesse innerhalb der Gesellschaft eingreift. Wie DiLorenzo einmal sagte: „Wenn die Preise willkürlich von der Regierung diktiert werden und nicht die Knappheit oder Angebot und Nachfrage im Allgemeinen widerspiegeln, dann macht man einfach alles zufällig. Das ist so, als würde man versuchen, in einer fremden Stadt ohne Straßenschilder herumzufahren und herauszufinden, wo man hin will. Das ist ein Ding der Unmöglichkeit".[22] (Google Maps oder GPS-Technik mal beiseite).

Das „public choice"-Problem

Ein weiteres Problem, das mit der Kontrolle der Gesellschaft durch den Staat (mit der Sekte an der Spitze) zusammenhängt, ist die fehlende Macht der Allgemeinheit. Friedrich von Hayek hat dieses Problem hervorgehoben. Da alle Freiheiten, als Individuum erfolgreich zu sein oder Macht und Reichtum zu erlangen, verboten sind, besteht der einzige Weg für jemanden, der diese Dinge anstrebt, darin, Teil des Staatsapparats der Sekte zu werden. Man kann sich nicht dafür entscheiden, Reichtum anzuhäufen oder sich als Unternehmer, Geschäftsinhaber oder Geschäftsmann/-frau usw. auszuzeichnen, da dies keine Optionen sind.

Das wird deutlich, wenn man sich all die willigen Kommissare, Aktivisten, Agenten, Organisatoren, Soldaten und Politiker ansieht, die im Laufe der

---

[21] Ebd. P. 27.

[22] Misesmedia, „Zehn Dinge, die Sie über Sozialismus wissen sollten | Thomas J. DiLorenzo 20. Juli 2018. https://www.YouTube.com/watch?v=hTvQBhYoJms

Geschichte der Sekte für das System gearbeitet haben. Als modernes Beispiel können wir uns die Nordkoreaner ansehen. Schauen Sie sich die Zahl der erbärmlichen Diener des dortigen Regimes an, von denen viele zu einem bestimmten Zeitpunkt ihres Lebens vielleicht davon geträumt haben, etwas anderes zu werden.

Zerstörungswut

Dies ist ein grundlegender Aspekt des Sozialismus, den Ludwig von Mises in *Socialism: an Economic and Sociological Analysis* (1922) hervorhebt: „In Wirklichkeit ist der Sozialismus nicht im Geringsten das, was er zu sein vorgibt. Er ist nicht der Wegbereiter einer besseren und schöneren Welt, sondern der Verderber dessen, was Tausende von Jahren der Zivilisation geschaffen haben. Sie baut nicht auf, sie zerstört. Denn die Zerstörung ist sein Wesen. Er produziert nichts, er verbraucht nur, was die auf dem Privateigentum an den Produktionsmitteln beruhende Gesellschaftsordnung geschaffen hat".[23] Mit anderen Worten: Der Sozialismus ist kein Erzeuger von Reichtum und Wohlstand, sondern dessen Zerstörer, ja sogar ein Parasit. Die unvermeidliche Folge für jedes Land, das seine Wirtschaft nach sozialistischen Grundsätzen aufbaut, sind leere Kassen und sinkende BIP-Zahlen.

Dann wird versucht, die Probleme mit verschiedenen, vorübergehenden Finanzpflastern zu beheben - mehr Steuern, mehr Geld drucken usw., was zu noch mehr Instabilität und Problemen führt. Es ist ein immer wiederkehrendes Thema in der Geschichte des Sozialismus, dass er, sobald er zusammenbricht, versucht, sich selbst aus dem Schlamassel herauszudrucken, was zu einer katastrophalen Inflation, steigenden Lebenshaltungskosten usw. führt. Diese chaotische Situation wird durch die Tendenz sozialistischer Regierungen/Politiken, Dinge „umsonst" zu verschenken (z. B. Sozialhilfe, Dienstleistungen, Auslandshilfe, Wohnraum usw.), um die sich aufbauenden Frustrationen der breiten Öffentlichkeit zu beschwichtigen, noch verschärft.

Die antikapitalistische Mentalität

Um kurz von der Wirtschaft wegzukommen und zum Thema Indoktrination zurückzukehren, hat DiLorenzo einen guten Punkt über antikapitalistische Gefühle und Neid verwendet. Er verweist hier auf Ludwig von Mises' Buch *The Anti-Capitalist Mentality* von 1956. Mises führte diese Mentalität auf mehrere Dinge zurück, darunter die Tatsache, dass einige Menschen wohlhabender und erfolgreicher in der Gesellschaft sind und dass dies Neid und Hass bei denjenigen hervorruft, die dies nicht sind.

In seinem Buch wies Mises auch darauf hin, dass in einer freien Marktwirtschaft, in der der eigene Erfolg (theoretisch) nicht begrenzt ist, der Einzelne für seinen Erfolg oder Misserfolg selbst verantwortlich ist. Die

---

[23] Von Mises, L. *Sozialismus* (1922), S. 458.

weniger Erfolgreichen können dann ihren Hass auf das kapitalistische System zum Ausdruck bringen, was es für sie zu einem leichten Sündenbock macht. Diese Mentalität hängt auch mit dem „Unterdrückten/Opfer"-Aspekt der Ideologie zusammen - es ist viel einfacher, jemandem/etwas anderem die Schuld für sein Versagen zu geben, als selbst die Verantwortung dafür zu übernehmen.

Das ist eindeutig ein Faktor in der heutigen Welt. Man muss sich nur fünf Sekunden lang anhören, wie giftig die Sektenmitglieder gegen jeden vorgehen, den sie als „bürgerlich" bezeichnen (es sei denn, dieser bürgerliche Typ gibt marxistische Tugenden im Stil der Champagnersozialisten zum Besten. Dann wird ihnen verziehen! Manche dieser Typen fühlen sich sogar schuldig, weil sie wohlhabend sind; ein Gefühl, das durch die Ideologie/den Kult noch verstärkt wird). Natürlich hängt das alles mit der „Gratis"-Mentalität der Anhänger des Sozialismus zusammen - es ist ein Gefühl des Anspruchs, das den oben erwähnten Neid sehr gut ergänzt. Diese Logik besagt, dass die Menschen kostenlose Dinge als eine Art „Rache" gegen die Bourgeoisie erhalten sollten.

Zu dieser Sündenbockfunktion schrieb Mises: „... im Kapitalismus ist es etwas ganz anderes. Hier hängt die Lebensstellung eines jeden von seiner eigenen Leistung ab... Die Herrschaft des Prinzips „Jedem nach seiner Leistung" lässt keine Entschuldigung für persönliche Unzulänglichkeiten zu". [24] Da diese „Gratis"-Mentalität existiert, bietet sie den Politikern die Möglichkeit der psychologischen Manipulation, indem sie den Menschen Dinge wie kostenlose Gesundheitsversorgung, kostenlose Bildung usw. anbieten.

DiLorenzo bringt diese Sündenbockfunktion auf den Punkt (Hervorhebung durch Unterstreichung): „Die vielleicht beliebtesten Sündenböcke sind „gierige Kapitalisten", denen oft vorgeworfen wird, dass sie sich mit ruchlosen, skrupellosen oder illegalen Mitteln finanziell bereichern. Natürlich gibt es solche Leute, aber das ist keine allgemeine Eigenschaft der Märkte. Es gibt Sünder in allen Lebensbereichen, nicht nur in der Geschäftswelt; und in einer Marktwirtschaft (im Gegensatz zu einer sozialistischen, staatlich-monopolistischen Wirtschaft, in der Bestechungsgelder oft eine Tatsache sind) will niemand mit unehrlichen Menschen Geschäfte machen, also bestraft der Markt die Betrüger, und Produkte mit schlechtem Ruf werden nicht gekauft". [25]

Diese zickige, missgünstige antikapitalistische Mentalität ist die Meinung eines Verlierers und lässt sich auf Karl Marx selbst zurückführen. Ein verbitterter, unglücklicher, relativ verwöhnter und nutzloser Mann, der nicht erfolgreich sein konnte und deshalb darauf bestand, dass die Welt sich ändern

---

[24] Von Mises, L. *Die antikapitalistische Mentalität* (1956), S.11-12.

[25] Ebd. P. 39.

müsse und nicht er.

Dinge können nicht „frei" sein

Marxistische Stimmen propagieren oft die Idee von kostenlosen Sachen, aber können Dinge tatsächlich „kostenlos" sein? Seit wann kostet etwas, das etwas wert ist, nichts? (seien Sie kein Klugscheißer und sagen Sie „Liebe" oder „Frieden" usw.:). Die Wahrheit ist, dass nichts (was etwas kostet) umsonst verschenkt werden kann, ohne dass dies Folgen für die Wirtschaft hat. Die Kosten sind irgendwo zu spüren.

Zum Thema staatlich geführte Unternehmen im Vergleich zu privat geführten Unternehmen schrieb DiLorenzo: „Man sagt uns, dass die Regierung eine Dienstleistung kostenlos erbringt, aber natürlich ist nichts kostenlos, denn irgendjemand muss alle Regierungsangestellten, ihre Gemeinkosten und alles andere, was die Regierung tut, kauft oder sich aneignet, bezahlen. Dieser „Jemand" sind natürlich die Steuerzahler. Wann immer sozialistisch gesinnte Politiker von „kostenlosen" Dienstleistungen sprechen, meinen sie in Wirklichkeit, dass die Dienstleistung in den Steuern versteckt wird".[26]

Dies gilt auch für staatliche Gesundheits- und Bildungssysteme usw.: Alles und jeder, der an diesen Systemen beteiligt ist, kostet entweder Geld oder erhält einen Lohn/eine Vergütung. Die Versorgungsleistungen (z. B. Strom, Wasser), die Instandhaltung von Gebäuden, Ausrüstung, Rohstoffen und Ressourcen usw.

Das Ergebnis all dessen ist ein zusätzlicher Druck auf diese „kostenlosen" Dienstleistungen, da sie ja kostenlos sind, und das ist nur die einheimische Bevölkerung - man darf nicht vergessen, dass die Sekte ein fanatischer Befürworter der Masseneinwanderung ist, was tendenziell noch mehr dazu beiträgt. Das Ergebnis sind schwerwiegende Verzögerungen und eine Verringerung der Verfügbarkeit von Dienstleistungen für die normale Wohnbevölkerung.[27]

Frei" sein und verwöhnt werden gehören zusammen

Obwohl es Sektenmitglieder in allen Formen und Größen gibt, ist der Sozialismus bei den jüngeren Generationen von heute sicherlich sehr beliebt. Vielleicht hängt diese „Gratis"-Mentalität mit der Tatsache zusammen, dass Marxismus und Verwöhnung oft Hand in Hand gehen. Tatsächlich fördert die Ideologie Dinge wie Oberflächlichkeit, Egoismus, Selbstsucht und Materialismus bei der heutigen Jugend - Dinge, die die Mentalität der verwöhnten Gören begünstigen.

Hier besteht ein Zusammenhang zwischen diesem Problem und dem

---

[26] Ebd. P. 46.

[27] Ebd. P. 47.

Anspruchsdenken, das die Menschen zu der Überzeugung bringt, dass wir Dinge „umsonst" haben können (d. h. wenn jemand anderes dafür bezahlt). Natürlich sind nicht alle Menschen der jüngeren Generationen verwöhnt oder indoktriniert, aber nichtsdestotrotz - diese kombinierten Gründe müssen ein Faktor dafür sein, warum die verwöhnteren unter ihnen dem Sozialismus verfallen sind. Ist es, weil sie glauben, dass materielle Dinge einfach vom Himmel fallen?

Obwohl diese Ideologie seit jeher alle Menschen betrifft, ist seit langem bekannt, dass Menschen mit einem „privilegierten" Hintergrund oft die eifrigsten Verfechter des Sozialismus sind. Es besteht ein Zusammenhang zwischen diesem Umstand und der Indoktrination junger, privilegierter Kinder von heute - ihre eigene, ignorante Wahrnehmung, woher materielle Dinge kommen, hinterlässt bei ihnen einen Geist, der glaubt, dass Dinge (Dienstleistungen usw.) kostenlos abgegeben werden können.

Darüber hinaus führt eine verwöhnte Persönlichkeit oft dazu, dass es einer Person an Wertschätzung und Respekt dafür fehlt, wie die Dinge in der Gesellschaft produziert und organisiert werden. Daher bestehen sie gerne darauf, dass die Ressourcen/der Reichtum oder die Produkte/Dienstleistungen, die andere (durch ihre eigene Arbeit) produzieren, umsonst und ohne Gegenleistung verschenkt werden sollten. Kurz gesagt, wenn man lernt, wie man Dinge für sich selbst tut/erwirbt, kann man eine gewisse Bescheidenheit entwickeln - eine Tugend, die Sektenmitgliedern im Allgemeinen sehr fehlt.

Ein weiterer Faktor ist die bereits erwähnte antikapitalistische Indoktrination, die von der Ideologie ausgeht. Wir können dies zu all den vorhergehenden Faktoren hinzufügen, wenn es um indoktrinierte junge Menschen geht: Sie haben eine so dumme Feindseligkeit gegenüber Kapitalismus, Geld, Reichtum, Privateigentum usw., dass sie froh sind, wenn all diese Dinge kostenlos verschenkt werden, unabhängig davon, wem sie gehören; insbesondere, wenn dies (scheinbar) zu „Gleichheit" und einer „besseren" (marxistischen) Welt führen wird. Das ist eine utopische Verschenkung! Sie betrachten diesen Prozess als fair und gerecht, sogar als humanitär; vor allem, wenn er irgendwie den „Unterdrückten" zugute kommt.

Wohlfahrt zum Schaden der Proletarier

Apropos „kostenlos": In The Problem with Socialism (Das Problem mit dem Sozialismus) stellt DiLorenzo fest, dass Wohlfahrtszahlungen den Armen eher schaden als nützen. Bevor wir fortfahren - ich habe volles Verständnis dafür, dass es auf der Welt eine Vielzahl von Menschen gibt, die aus den unterschiedlichsten Gründen nicht arbeiten können oder wollen und die möglicherweise finanzielle Unterstützung vom Staat erhalten. Es gibt keinen Grund, dies persönlich zu nehmen und diese Energie (wissentlich oder unwissentlich) zur Rechtfertigung des Sozialismus (!) zu verwenden.

Der springende Punkt ist, dass in einer gesünderen, wohlhabenderen und ausgewogenen Gesellschaft der Einzelne finanziell unabhängig und wohlhabend wäre, wenn er die Wahl hätte. Der Sozialismus nützt (für manche vielleicht kontraintuitiv) nicht „den Menschen"; er verwehrt ihnen Wohlstand.

Eine der Hauptaussagen dieses Buches ist, dass sich die Gesellschaft erheblich verbessern würde, wenn der Marxismus stark zurückgedrängt würde (wobei das Ziel immer seine vollständige Ausrottung ist). Dies würde sich in vielen Bereichen positiv auswirken, u. a. in Bezug auf Enthusiasmus, Produktivität, Ehrgeiz, Chancen, persönliches Vertrauen usw. Dies wiederum würde eine Vielzahl positiver Auswirkungen haben. Mit anderen Worten: In einer gesünderen, marxismusfreien Gesellschaft wäre der Wohlfahrtsstaat, wie er heute existiert, nicht mehr nötig!

Nebenbei bemerkt hatten wir die Covid-Zahlungen während der Covaids-Betrugsdemie. Die weltweite marxistische Sekte spielt also eine zentrale Rolle bei der Verursachung des Covid-Betrugs (kommunistisches China, unsere verseuchten Regierungen, offene Grenzen, Sektenmitglieder in den Mainstream-Medien auf der ganzen Welt etc.), und fängt dann an, Dinge zu tun wie: den Menschen das Recht zu verweigern, zu arbeiten und Geld zu verdienen, indem man ihnen die Fahrt zur/von der Arbeit verweigert, es sei denn, sie sind „unentbehrliche" Arbeitskräfte; ihnen das Recht zu verweigern, ihre Geschäfte zu eröffnen, was zu ihrem Bankrott führt; sie zu zwingen, staatliche Zahlungen zu akzeptieren, um über die Covid-Zahlung zu überleben; diejenigen, die sich dem Druck der Regierung widersetzen, Impfstoffe zu bekommen, als „Verschwörungstheoretiker" zu bezeichnen; zu sagen, dass alle Proteste/Aufstände gegen all dies von „fehlgeleiteten rechtsextremen" Denkern angeheizt werden usw. Es liegt auf der Hand, dass es ein Angriff auf den Kapitalismus und die finanzielle Unabhängigkeit des Einzelnen vom Staat ist, wenn man den Menschen das Recht verweigert, arbeiten zu gehen oder ihr eigenes Unternehmen zu führen, und sie dazu ermutigt bzw. zwingt, Covid-Zahlungen anzunehmen.

In Wirklichkeit ist dies jedoch nur ein weiteres Beispiel für die schädlichen Auswirkungen der Ideologie auf die menschliche Psyche, einschließlich der Einschränkung der persönlichen Souveränität. Wenn wir davon ausgehen, dass der Sozialismus nur die Umsetzung der zerstörerischen Marx'schen Revolutionsprinzipien in die Gesellschaftsstruktur ist, ist er nicht nur zerstörerisch für die Individuen in ihm, sondern auch für das „böse" kapitalistische System selbst.

Obwohl sich der folgende Punkt von DiLorenzo auf die Auswirkungen des Wohlfahrtsstaates auf eine kapitalistische Gesellschaft konzentriert, unterstreicht er auch die Punkte, die ich oben angeführt habe - dass die Ideologie ihre Macht und Kontrolle ausbaut, während sie gleichzeitig ihren alten Feind, den Kapitalismus, angreift: „Der Wohlfahrtsstaat hat hervorragende Arbeit geleistet, indem er einen wichtigen Eckpfeiler einer unternehmerischen, marktwirtschaftlichen, kapitalistischen Gesellschaft lahmgelegt hat: den Anreiz zur Arbeit. Stattdessen hat er eine abhängige Klasse geschaffen, der er (mit Programmen) dient und von der er profitiert (Rechtfertigung von Regierungsprogrammen und Arbeitsplätzen)".[28]

Der Wohlfahrtsstaat und die Zerstörung der Familie

DiLorenzo spricht einen sehr wichtigen Punkt an, der den Wohlfahrtsstaat mit anderen Teilbereichen der Ideologie verbindet. Im Wesentlichen hat die Einführung von Sozialhilfe für Alleinerziehende zum Angriff der Sekte auf die traditionelle Kernfamilie beigetragen (obwohl DiLorenzo nicht sagt, dass dies unbedingt das beabsichtigte Ziel war, sondern eher eine Folge): „Zwischen 1960 und 2000 stieg die Zahl der außerehelichen Geburten um mehr als 400 Prozent, und ein wichtiger Grund dafür, insbesondere in den schwarzen Gemeinden, war, dass Alleinerziehende staatliche Leistungen erhalten. Im Jahr 1950, vor dem „Krieg gegen die Armut", bestanden etwa 88 Prozent der weißen Familien und 77 Prozent der schwarzen Familien in den Vereinigten Staaten aus Haushalten mit Ehepartnern.

Bis 1980 war der Anteil schwarzer Familien mit Ehemann und Ehefrau auf 59 Prozent gesunken; bei den weißen Familien lag er bei 85 Prozent. Und die Zahlen werden immer schlechter. Im Jahr 1960 lebten 73 Prozent der Kinder in einer traditionellen Zwei-Eltern-Familie. Im Jahr 2013 lag die Zahl bei 46 Prozent.[29]

Er schreibt auch, dass Sozialhilfezahlungen im Wesentlichen das Einkommen eines berufstätigen Ehemanns/Partners ersetzen können. Er wirft auch die Frage der Stigmatisierung und deren Auswirkung auf die gesamte Situation auf - neben dem Wegfall des Stigmas, Sozialhilfe vom Staat zu erhalten (im Gegensatz zur Arbeit), ist nun auch das Stigma der unehelichen Kinder („Unehelichkeit") verschwunden. All dies sind Marxsche Angriffe auf das Traditionelle durch den Sozialismus - das Sozialleistungssystem fördert den Zerfall der Gesellschaft durch den Zerfall der traditionellen Familieneinheit.

DiLorenzo fügte hinzu, dass Kinder aus Ein-Eltern-Familien mit größerer Wahrscheinlichkeit eine Reihe von Problemen haben, darunter „Verhaltens- oder emotionale Probleme", dass sie selbst außereheliche Kinder haben, in die Kriminalität verwickelt sind usw. Die Abhängigkeit von der Sozialhilfe „hat einen Dominoeffekt", der nicht nur der Gesellschaft schadet, sondern auch das Leben der Menschen zerstört".[30] Die Ideologie ist zerstörerisch.

Die Beziehung zwischen der reinen Mutterfamilie und der Ideologie

Was die Indoktrination und die Verbreitung der Ideologie angeht, so sind die

---

[28] Ebd. P. 47.

[29] Ebd. P. 91.

[30] Ebd. P.92.

Sozialleistungen für Alleinerziehende auch auf andere, heimtückischere Weise destruktiv. Sie fördern die außereheliche Geburt von Kindern, was insgesamt dazu führt, dass die Kinder in erster Linie von der Frau aufgezogen werden (die meisten Einelternfamilien sind von dieser Art). Diese Situation trägt auch dazu bei, die Gesellschaft insgesamt zu verweiblichen, da Frauen offensichtlich nicht in der Lage sind, die männliche Dynamik zu bieten, die ein Mann bieten kann.

Dies ist besonders in Gesellschaften von Bedeutung, die von dieser Ideologie durchdrungen sind, da Männer im Allgemeinen besser in der Lage sind, ihre Kinder vor den Auswirkungen der marxistischen Indoktrination zu schützen. Dies steht im Zusammenhang mit dem oft hervorgehobenen „Angriff auf die Männlichkeit". Je mehr es einer Gesellschaft an Männlichkeit mangelt, desto anfälliger sind ihre Mitglieder für die marxistische Indoktrination (da diese stark auf emotionaler Manipulation beruht, nach dem Prinzip Unterdrücker gegen Unterdrückte). Ich spreche diesen Punkt an, denn wenn er wahr ist, dann wird das Phänomen der Alleinerziehenden von der Ideologie geschaffen, von ihr unterstützt und trägt letztlich dazu bei, eine Gesellschaft zu schaffen, die auf lange Sicht dem Marxismus zugeneigt ist. Ihre kurzfristigen Initiativen nähren ihre langfristigen Ziele.

Zur Veranschaulichung dieses Punktes können wir sehen, wie sich das Thema der Ein-Eltern-Familie gut mit anderen marxistischen Unterströmungen wie der „Frauenbefreiungsbewegung" und den von ihr geförderten Dingen wie weiblicher Promiskuität, nicht-monogamen Beziehungen, außerehelichem Sex, dem Angriff auf die Institution der Ehe, dem Angriff auf die Männlichkeit usw. verträgt.

Nochmals, dies ist kein Angriff auf Einzelpersonen! Offensichtlich gibt es viele fantastische alleinerziehende Mütter da draußen, die mit ihren Kindern großartige Arbeit leisten. Es ist wahr, dass nicht alle Einelternfamilien (männlich oder weiblich) gleich sind, oder dass die Beteiligten die gleichen Persönlichkeiten/Absichten haben, oder dass jede Situation die gleichen Auswirkungen auf die Entwicklung der Kinder hat (oder daher, dass jede Situation die gleichen Auswirkungen auf die Gesellschaft hat usw.). Diese Dinge müssen nicht gesagt werden. Alleinerziehende Familien sind jedoch weder für die Beteiligten noch für die Gesellschaft ideal, und die Ideologie profitiert in mehrfacher Hinsicht davon.

Ideal für die Schaffung starker, gesunder, glücklicher und wohlhabender Gesellschaften ist dagegen die Betonung traditioneller Werte, einschließlich der Kernfamilie. Die Tatsache, dass solche Dinge einer Gesellschaft Stärke und Stabilität verleihen, ist genau der Grund, warum die Ideologie versucht, sie zu zerstören. (Auf die traditionelle Familie gehen wir später ein).

Staatlich geführte Unternehmen vs. privat geführte Unternehmen

Zur Frage staatlicher und privater Unternehmen erklärt DiLorenzo, dass es für staatliche Unternehmen keine negativen Konsequenzen oder „Strafen" gibt, wenn sie schlechte finanzielle Entscheidungen treffen (anders als bei privaten Unternehmen). Sie können einfach mehr Mittel beantragen, um ihr Personal besser zu bezahlen, in die Steuerkasse zu greifen usw. Dies hat zur Folge, dass staatlich geführte Unternehmen im Allgemeinen weitaus schlechter sind als privat geführte Unternehmen. Im Grunde genommen gibt es für staatlich geführte Unternehmen keinen Anreiz (oder „Druck"), gute Leistungen zu erbringen. Privat geführte Unternehmen, die keine gute Arbeit leisten (indem sie Produkte oder Dienstleistungen für die Verbraucher bereitstellen), machen keine Gewinne und gehen unter. Dies gilt nicht für staatlich geführte Unternehmen, die unabhängig von ihrer Leistung(!) Haushaltsmittel erhalten. Wenn sie Geld verprassen, erhalten sie sogar oft mehr: „In staatlichen Unternehmen gibt es keinen solchen Mechanismus, denn es gibt keine Gewinn- und Verlustrechnungen im buchhalterischen Sinne, sondern nur Budgets". In der Tat.[31]

Ein sozialistisches Gesundheitssystem

DiLorenzo weist darauf hin, dass die sozialistischen Gesundheitssysteme in Ländern wie dem Vereinigten Königreich (*National Health Service*) und Kanada (*Medicare*) anderen Systemen unterlegen sind, da sie verstaatlicht sind und unter der Kontrolle der Regierung stehen (Anmerkung: wir können auch die irische *Health Service Executive* (HSE) einbeziehen). Die typischen Merkmale dieser Systeme sind: geringere Qualität der Leistungen, längere Wartezeiten (für Fachärzte, lebensrettende Operationen), geringere Lebenserwartung, weniger medizinische Spezialgeräte, höhere Sterblichkeitsraten, Abwanderung von Fachkräften ins Ausland, um bessere Beschäftigungsmöglichkeiten zu finden. Einige mögen entgegnen: „Sicher, es ist nicht perfekt, aber es ist doch kostenlos, oder? In diesem Zusammenhang ist es sicherlich besser, etwas Gutes zu haben als etwas „Kostenloses".

„Frei" = Rationierung

Eine „kostenlose" Dienstleistung klingt zwar auf den ersten Blick nett, human und attraktiv (insbesondere für die Patienten/Kunden), führt aber unweigerlich zu Ungleichgewichten im System, was wiederum einen Kreislauf von Folgewirkungen auslöst, dessen Endprodukt typischerweise Rationierung ist (was typisch für die Ideologie ist). DiLorenzo erklärt, dass der Eindruck, die Dienstleistung sei „kostenlos", unzählige negative Auswirkungen hat und dass „die Erklärung einer Ware oder Dienstleistung als „kostenlos" zu einer Explosion der Nachfrage führt, was wiederum die Kosten für die Bereitstellung der Ware oder Dienstleistung in die Höhe treibt". Weitere Auswirkungen sind

---

[31] Ebd. P. 94.

die rücksichtslose Verschwendung von Zeit und Ressourcen usw.[32]

Die nächste Stufe im Zyklus ist die Reaktion der (Sektenmitglieder in) der Regierung auf die offensichtlich steigenden Kosten dieser „kostenlosen" Dienstleistung: „Um diese Kosten zu decken, legen sozialistische Regierungen in der Regel Preisobergrenzen für alles fest, von Arztbesuchen und Gehältern bis hin zu den Preisen für Krankenhauszimmer und Technologie. Eine Preisobergrenze ist ein von der Regierung festgelegter Preis, der unter dem bestehenden Preis liegt".[33]

Dies hängt mit der Auferlegung künstlicher staatlicher Preise für Dinge zusammen, die nicht die Realität widerspiegeln, einschließlich ihres tatsächlichen Wertes (wie bereits im „Berechnungsproblem" erwähnt).

DiLorenzo sagt, dass diese auferlegten Preisobergrenzen dazu führen, „dass die Nachfrage nach Gesundheitsdienstleistungen noch stärker angekurbelt wird", und da das Angebot nicht mit der Nachfrage Schritt halten kann, führt dies zu Engpässen „von Ärzten bis hin zu MRT-Geräten"; *hinzu kommt der* „Brain-Drain"-Faktor - die Abwanderung von Fachkräften ins Ausland, wo sie bessere Löhne für ihre Arbeit erhalten können. Und dann kommt das Unvermeidliche: „Die Regierungen reagieren auf die von ihrer Politik verursachten Engpässe immer mit einer Art Rationierung".

Lorenzo stellte fest, dass ältere Patienten die Auswirkungen dieser Rationierung am stärksten zu spüren bekommen. Er schildert, wie der NHS älteren Patienten lebenswichtige Leistungen wie Krebsvorsorgeuntersuchungen verweigert, wenn sie eine bestimmte Altersgrenze (65) überschreiten. Er fügt hinzu: „Einige Kommentatoren haben dem britischen National Health Service vorgeworfen, „Euthanasie" zu praktizieren. Auch wenn Euthanasie nicht die Absicht der britischen Regierung war, so ist sie doch die Folge des Gesundheitssozialismus in diesem Land".[34] Ein sehr interessanter Punkt. In Anbetracht der Erfolgsbilanz dieser Ideologie in Bezug auf den Tod sollte uns nichts überraschen. Sie versucht auch, die älteren Generationen durch jüngere zu ersetzen, die sich leichter formen lassen (um die Sekte/Ideologie zu unterstützen/anzuschließen). Darüber hinaus unterstützt die Ideologie/der Kult die Masseneinwanderung/den „Bevölkerungsaustausch" in den westlichen Ländern, der durch diese Praxis (der Vernachlässigung der älteren Menschen) gefördert wird. Dadurch wird der Prozess im Wesentlichen beschleunigt, da jüngere Generationen von Migranten in das betreffende Land gebracht werden, während man ältere Generationen von Einheimischen im Wesentlichen aussterben lässt.

---

[32] Ebd. P. 95.

[33] Ebd. P. 96.

[34] Ibid. 101.

Verstaatlichter „Gesundheitsdienst" und Covid

Ein weiteres Problem eines staatlich kontrollierten Gesundheitssystems hat sich während des Covid-Fiaskos gezeigt. Der britische NHS, die irische HSE (und ihre Pendants in anderen Ländern) werden offensichtlich beide den Anweisungen der Regierung und der „Experten" oder „Spezialisten" folgen, wie mit der Covid-Pandemie umzugehen ist - ohne Fragen zu stellen, ohne abweichende Stimmen (jedenfalls nicht in der Nähe der Spitze der Führungsstrukturen). Und viele (wenn nicht alle) der Mitarbeiter, die diese Organisationen leiten und kontrollieren, sind selbst Sektenmitglieder, die durch das marxistische Bildungssystem gegangen sind. Organisationen wie diese sind ein integraler Bestandteil des Kontrollsystems, mehr als bereit, Millionen von Menschen in ihren jeweiligen Ländern zu injizieren, ohne sich die Frage zu stellen, ob sie das sollten.

Sozialistische Bildungssysteme

Offensichtlich ist die Kontrolle über die Bildungssysteme ein wichtiges strategisches Ziel für die Sekte, und das war sie schon immer (der erste Teil von Punkt zehn des Kommunistischen Manifests lautet „Kostenlose Bildung für alle Kinder in öffentlichen Schulen"). Sie ermöglicht die Schaffung von Generationen von unterwürfigen, dem Staat gehorchenden Drohnen, die mit der Ideologie infiziert werden. Wir können dies heutzutage deutlich an der „Lehre" degenerierter Sex- und Sexualitäts-"Erziehung" sehen, zusätzlich zur Förderung von Feminismus, Klimawandel, „Diversity"-Programmen usw. Es wird versucht, so viel Mist hineinzustopfen, wie der empfindliche Geist eines Kindes verkraften kann. In einem sozialistischen, staatlich kontrollierten Bildungssystem, so DiLorenzo, sind die öffentlichen Schulen finanziell vom Staat abhängig - und werden daher vom Staat kontrolliert. Der Staat kann dann diktieren, was sie lehren und wie sie es lehren. Anders ausgedrückt - sie haben nicht die Möglichkeit, von den Plänen der Regierung abzuweichen und keinen marxistischen Mist zu lehren.

Darüber hinaus erklärt DiLorenzo, dass diese Einrichtungen ähnliche Probleme haben wie andere staatlich geführte Unternehmen oder Dienstleistungen: „Eine Privatschule muss um Schüler konkurrieren...(andernfalls)... verliert sie Geld und könnte schließlich in Konkurs gehen. Eine staatliche Schule genießt praktisch ein Monopol, vor allem bei den Armen, die sich keine Privatschule leisten können; und wie bei allen Monopolen kommt die Bequemlichkeit der Verwalter und Angestellten vor den Bedürfnissen der Kunden, denn die Kunden werden immer da sein. Sie haben keine andere Wahl".[35]

Staatliche Schulen können sogar mehr Geld für mittelmäßige oder sogar unterdurchschnittliche Leistungen erhalten, weil immer behauptet werden

---

[35] Ibid. 173, 174.

kann, dass mehr Mittel/Personal benötigt werden (anders als bei Privatschulen). DiLorenzo wies darauf hin, dass höhere Ausgaben nicht unbedingt zu einer Verbesserung des Bildungsniveaus führen. Er stellte fest, dass sie im Grunde genommen ihre Kosten in die Höhe treiben, weil sie selbst nicht „gut genug" sind!

Dazu schreibt er: „Man wird kaum ein privates Unternehmen finden, dessen Produktion, Leistung oder Umsatz nach massiven Kapitalzuführungen zurückgegangen ist. Nur in monopolistischen, sozialistischen Unternehmen wie den öffentlichen Schulen findet man die Absurdität, mehr für die Dienstleistung zu bezahlen und nichts dafür zu bekommen".[36] Er fügte hinzu, dass Privatschulen ihr Geld „effizient ausgeben" müssen, weil sie versuchen, Gewinne zu erzielen, während öffentliche Schulen dazu neigen, mehr auszugeben, um Haushaltserhöhungen zu rechtfertigen.

Die progressive Einkommensteuer

> „Die Theorie der Kommunisten lässt sich in einem einzigen Satz zusammenfassen: Abschaffung des Privateigentums"[37]
>
> Marx und Engels, *Das Kommunistische Manifest* (1848)

Eine progressive Einkommenssteuer ist im Kommunistischen Manifest (Punkt zwei) aufgeführt und ist unter anderem eine Form des Diebstahls; außerdem ist sie ein Versuch, Gleichheit durchzusetzen. Die meisten Menschen in diesem System werden buchstäblich gezwungen, Steuern zu zahlen, oder es wird Konsequenzen für sie geben, einschließlich Gefängnis (oder die Androhung davon). DiLorenzo schreibt, dass es sich um eine „diskriminierende Einkommenssteuer" handelt, die „die Produktivität bestraft, indem sie höhere Einkommen mit immer höheren Steuersätzen belastet", weil sie „die Realität der menschlichen Ungleichheit leugnet". Ein fantastisches Argument! Es ist unglaublich, dass diese Steuer in (den meisten) unserer Gesellschaften seit mehr als einem Jahrhundert (in der einen oder anderen Form) existiert, ohne dass die Mehrheit sich ihrer ideologischen Ursprünge bewusst ist. Sie wird einfach als normaler Teil des Lebens akzeptiert.[38]

Obwohl uns gesagt wird, dass diese progressive Einkommensteuer gerecht und vernünftig ist, ist sie es nicht. Auch hier werden die Massen durch Indoktrination vom Gegenteil überzeugt und davon, dass die Besserverdienenden (auch bekannt als „bürgerliche Unterdrücker") es verdienen, bestraft zu werden. Wie DiLorenzo erklärt: „Das Ideal einer „progressiven" Einkommenssteuer ist es, mehr „Gleichheit" zu schaffen,

---

[36] Ebd. P. 175-176.

[37] Marx und Engels, *Das Kommunistische Manifest* (1848). P. 22.

[38] DiLorenzo, T., *Das Problem mit dem Sozialismus*, S. 123.

indem man die Menschen ungleich behandelt".[39] Er fügt hinzu, dass dies das genaue Gegenteil des „Grundprinzips der Fairness in einer Gesellschaft, nämlich der Gleichheit vor dem Gesetz" ist. Eine progressive Einkommensteuer ist eine Politik der Ungleichheit vor dem Gesetz". Sie ist Teil der Destabilisierung kapitalistischer Gesellschaften, erklärt er, und die Ausnutzung von Neid ist ein großartiges Mittel, um dies zu erreichen.

Die progressive Einkommensteuer wird auf der Grundlage der allgegenwärtigen Vorstellung durchgesetzt, dass das Proletariat/die arbeitenden Klassen von der Bourgeoisie/der wohlhabenden Klasse ausgebeutet werden.[40] Diese Steuer wirkt auch dem Prinzip der „Entwicklung des Humankapitals" entgegen (das DiLorenzo erwähnt) - der Idee, dass eine erhöhte Produktivität in einer kapitalistischen Wirtschaft mit höheren Löhnen belohnt wird, weil „die Arbeitgeber um ihre Dienste konkurrieren werden".[41] Dies schafft einen Anreiz für die Menschen, ihre Fähigkeiten als Arbeitnehmer usw. weiterzuentwickeln; kurz gesagt, „der Kapitalismus fördert die Mobilität nach oben".[42] Die progressive Einkommensteuer wirkt dieser positiven Eigenschaft des Kapitalismus aktiv entgegen, indem sie Besserverdienende bestraft (ipso facto ist sie ein Angriff auf den Kapitalismus).

Ein zentralisiertes Bankensystem

„Das Zentralbankwesen ist einer der wichtigsten Punkte des Kommunistischen Manifests. Wir sprechen davon, dass Amerika ein kapitalistisches Land ist, aber gleichzeitig haben wir eine Zentralbank.[43]

Der verstorbene amerikanische Filmproduzent Aaron Russo über das Federal Reserve System, 2009

Gibt es so etwas wie eine „kommunistische Bank", oder ist das ein Oxymoron? Obwohl das Zentralbanksystem als kapitalistisch angesehen werden kann, hat es seinen Ursprung in der Ideologie, was oft übersehen wird. Punkt fünf des Kommunistischen Manifests lautet: „Zentralisierung des Kredits in den Händen des Staates durch eine Nationalbank mit Staatskapital und exklusivem Monopol". Das bedeutet, dass mit der Gründung der *Federal Reserve* im Jahr 1913 (nach dem berüchtigten Treffen der Bankmagnaten auf der Insel Jekyl im Jahr 1910) das fünfte Ziel des Kommunistischen Manifests erreicht wurde.

DiLorenzo schrieb, dass es in den USA bis zu diesem Zeitpunkt eine

[39] Ebd. P. 124.

[40] Ebd. P. 124.

[41] Ebd. P. 124.

[42] Ebd. P. 125.

[43] TruthTube1111, „Alex Jones interviewt Aaron Russo (in voller Länge)", 8. Juni 2011. https://www.YouTube.com/watch?v=N3NA17CCboA

funktionierende Wirtschaft mit einem Wettbewerb zwischen verschiedenen Banken gab: „Die Fed ist, wie alle Zentralbanken, im Wesentlichen eine sozialistische Zentralplanungsbehörde, die behauptet, die Wirtschaft zu „stabilisieren" und „fein abzustimmen". Während des größten Teils der amerikanischen Geschichte gab es keine solche zentrale Planungsbehörde... Es gab zwar eine gewisse Regulierung des Filialbankwesens... aber im Großen und Ganzen verfügten die Vereinigten Staaten über ein marktwirtschaftliches Kapitalsystem ohne eine Armee von zentralen Planern."[44]

Er wies auch auf die falsche Vorstellung hin, dass die Fed die Wirtschaft stabilisiert und dass sie in Wirklichkeit die verschiedenen Boom-and-Bust-Zyklen geschaffen hat, einschließlich der „Aktienmarktblase (und deren Platzen) im Jahr 2000 und der Immobilienblase, die in die große Rezession von 2008 mündete". Ihre Politik in den 1920er Jahren „erzeugte eine Börsenblase, auf die der berühmte Börsenkrach vom Oktober 1929 folgte".[45] Die Existenz (und Macht) einer Zentralbank in einem Land führt zu dieser Art von Problemen.

Genau wie die anderen in diesem Abschnitt erwähnten sozialistischen Elemente (Gesundheitswesen, Bildung, Land- und Ressourcenmanagement usw.) sind die von ihnen verursachten Probleme auf die Zentralisierung zurückzuführen - eine zentrale Kontrolle, die Einschränkungen und Instabilität innerhalb des Systems schafft. In diesem System fehlt es an Freiheit, damit sich echter Wohlstand entwickeln kann, der sich aus dem Wettbewerb auf dem freien Markt ergibt. Natürlich ist diese Vergesellschaftung der Banken international, nicht nur in den USA.

Zum Abschluss dieses Themas: Beachten Sie, wie die oben aufgeführten Probleme, die durch diese kommunistischen zentralisierten Systeme verursacht werden, von den Sektenmitgliedern dem Kapitalismus angelastet werden? Wie oft haben Sie gehört, wie sie die Schuld für Finanzkrisen usw. auf ihren alten Feind schieben, während sie nach „einem alternativen System" rufen?

Sie rufen dies aus, weil sie glauben, dass der Kapitalismus die Saat seiner eigenen Zerstörung in sich trägt, ohne zu wissen, dass der Kapitalismus seit dem Auftreten des Marxismus im 19. Jahrhundert nur selten unbehelligt von ihm funktionieren konnte. Im Wesentlichen sehen sie, was sie zu sehen erwarten - und wollen -, sind aber blind für alles andere (einschließlich der Wahrheit). Aufgrund der Indoktrination können viele nicht sehen, dass der Kapitalismus so viele Menschen aus der Armut der modernen Zeit befreit hat.

Die Zerstörung der Kirche und der Religion

---

[44] Ebd. P. 162.

[45] Ebd. P. 163.

„Der Sozialismus ist genau die Religion, die das Christentum überwältigen muss"46

Antonio Gramsci, Gefängnis-Notizbücher, 1929-1935

„Wir Kommunisten sind wie Judas. Es ist unser blutiges Werk, Christus zu kreuzigen. Aber dieses sündige Werk ist zugleich unsere Berufung: Nur durch den Tod am Kreuz wird Christus zu Gott, und das ist notwendig, um die Welt retten zu können. Wir Kommunisten nehmen also die Sünden der Welt auf uns, um dadurch die Welt retten zu können.47

Gyorgy Lukacs im kommunistischen Ungarn 1919

„Der Kommunismus ist diejenige Stufe der geschichtlichen Entwicklung, die alle bestehenden Religionen überflüssig macht und sie ablöst.48

Friedrich Engels, Die kommunistische Frage des Glaubens, 1847

„Die Religion ist der Seufzer der unterdrückten Kreatur, das Herz der herzlosen Welt und die Seele der seelenlosen Zustände. Sie ist das Opium des Volkes.49

Karl Marx, „Kritik der Hegelschen Rechtsphilosophie", 1844

Der Marxismus ist ebenso antichristlich wie antikapitalistisch. Warum ist das so? Ja, weil der Marxismus die westliche Zivilisation zerstören will und das Christentum (wie der Kapitalismus) traditionell als eine seiner Säulen angesehen wird. Aber gibt es noch andere Gründe? In der Tat war der antireligiöse Aspekt der Ideologie von Anfang an ein Merkmal.

Moses Kiessel Marx Mordechai Levi (alias Karl Marx) war selbst ein beunruhigender Kerl und ein Satanist. Er war unbestreitbar, verbittert und fanatisch gottfeindlich und schrieb mehrere Werke, in denen er seine Ansichten zum Ausdruck brachte, was fast schon merkwürdig erscheint, da er von einer langen Reihe jüdischer Rabbiner abstammte.

In seinem Gedicht „Menschlicher Stolz" (vor 1837) schrieb er: „Die Worte, die ich lehre, sind alle durcheinander in einem teuflischen Durcheinander. So kann

46 *Selections from the Prison Notebooks* (1999), (geschrieben 1929-1935). https://abahlali.org/files/gramsci.pdf

47 Lopez, D., „Die Bekehrung von Georg Lukács„. https://www.jacobinmag.com/2019/01/lukacs-hungary-marx-philosophy-consciousness

48 (48) Engels, F., „Entwurf eines kommunistischen Glaubensbekenntnisses", 9. Juni 1847.

https://www.marxists.org/archive/marx/works/1847/06/09.htm

49 Marx, K. „Kritik der Hegelschen Philosophie des Rechts", 1844. https://www.marxists.org/archive/marx/works/download/Marx_Critique_of_Hegels_Philosophy_of_Right.pdf

jeder denken, was er zu denken beschließt. Mit Verachtung werde ich der Welt den Fehdehandschuh ins Gesicht werfen und den Zusammenbruch dieses pygmäenhaften Riesen sehen, dessen Fall meinen Eifer nicht dämpfen wird. Dann werde ich gottgleich und siegreich durch die Trümmer der Welt wandern. Und indem ich meinen Worten eine aktive Kraft gebe, werde ich mich dem Schöpfer gleich fühlen". [50] Hmm, das klingt nach einem verrückten, verbitterten Kerl mit einem massiven Egoproblem, der sich für einen Gott hält, der entschlossen ist, die Erde zu ruinieren... Interessant, dass die ersten beiden Sätze darauf hindeuten, dass seine Werke nur manipulatives Kauderwelsch sind und der Leser seine eigene Interpretation wählen kann (postmodernistisches Denken; wird später erörtert) und wahnhaft ist. In der Tat. Das fasst die heutige Sekte/Ideologie perfekt zusammen. Er war also doch ein Prophet. Außerdem bezieht sich der Titel „Menschlicher Stolz" auf das Ego - die wichtigste psychologische Triebfeder des Kults.

Ein Auszug aus einem anderen Gedicht von ihm namens „The Fiddler" (vor 1837): „Bis das Herz verzaubert ist, bis die Sinne taumeln: Mit Satan habe ich meinen Pakt geschlossen. Er kreidet die Zeichen an, schlägt den Takt für mich, ich spiele den Todesmarsch schnell und frei".[51] Ein Pakt mit Satan, was? Ich würde sagen, es war toll, mit ihm ein Bier zu trinken. Es gibt viele Beispiele für solche Texte. Vergessen wir nicht, dass dieser Mann in vielen Kreisen weltberühmt ist, als eine Art Genie gilt und als Gott(ähem)vater der Soziologie usw. Beten wir jetzt also Satanisten an? Moses Hess war offenbar dafür verantwortlich, Marx und Engels in den Satanismus einzuführen.

Interessant ist, dass Marx nach seinen Schriften zu urteilen kein Atheist war (wie die Sekte/Ideologie für sich selbst wirbt) - er glaubte eindeutig an Gott, hasste ihn jedoch und stellte sich auf die Seite Satans. Ob jemand an Gott oder den Teufel glaubt oder nicht, ist hier irrelevant - wenn die Ideologie/der Kult satanische, zerstörerische Ursprünge hat (und das hat sie), betrifft das uns alle. Kenne deinen Feind, Mensch.

Marx konzentrierte sich schließlich auf die wirtschaftliche und soziologische Seite der Dinge, und sein Werk drehte sich vordergründig um Arbeit, Klassenkampf usw. Darüber hinaus war Marx ein Fan von Charles Darwin (1809-1882), der 1859 (11 Jahre nach dem Kommunistischen Manifest) die Theorie von *der Entstehung der Arten durch natürliche Auslese* veröffentlichte. Marx mochte Darwins Theorie, weil sie eine Schöpfung leugnete (eine weitere Missachtung Gottes). Sie legitimierte einen „wissenschaftlichen" Ansatz und den Atheismus in einem populären Buch. Vielleicht waren Marxismus und

---

[50] Marx, K. „Der menschliche Stolz" (frühe Werke von Karl-Marx Buch der Verse, vor 1837).

[51] Marx. K. *„Wilde Lieder", „Der Fiedler"*, (Frühwerk von Karl Marx: Gedichtband, vor 1837).

Darwinismus die einflussreichsten Faktoren, die zum Atheismus in diesem Zeitalter beitrugen. In einem Briefwechsel mit dem deutschen Sozialisten Ferdinand Lasalle schrieb Marx, dass Darwins Werk „sehr wichtig ist und meinem Zweck entspricht, da es eine naturwissenschaftliche Grundlage für den historischen Klassenkampf liefert". [52] Natürlich ist Darwins Evolutionstheorie „wissenschaftlich" in dem Sinne, wie es die Ideologie ist - theoretisch, auf Annahmen beruhend und nicht die Realität widerspiegelnd, aber auch weitgehend vom intellektuellen Establishment als legitim und brillant akzeptiert.

Dies ist ein umfangreiches Thema, aber der Hauptpunkt ist, dass der Marxismus nach außen hin (in gewissem Sinne) religionsfeindlich ist, und zwar speziell gegen das Christentum. Insgesamt steht die Ideologie auch anderen Arten von spirituellen Überzeugungen feindselig gegenüber (es sei denn, es ist für sie vorteilhaft, anders zu handeln). Zu den modernen Beispielen gehören Chinas Behandlung der Buddhisten in Tibet, der Falun Gong und der uigurischen Muslime in Xinjiang. [53]

Die Ideologie hat eine lange Geschichte, in der religiöse oder spirituelle Praktiken nicht nur kritisiert oder verurteilt wurden, sondern ein fast unglaubliches Ausmaß an Bösartigkeit an den Tag legten, das von Übergriffen über Folter und Verstümmelung bis hin zu brutalen Vergewaltigungen und der massenhaften Liquidierung von Praktizierenden reichte. Diese extreme antichristliche Gewalt war ein Merkmal aller großen marxistischen Revolutionen seit der Französischen Revolution. Die Vorstellungen der Sekte von „Vielfalt" und „Gleichheit" werden typischerweise nicht auf das Christentum angewandt.

Ungeachtet dessen scheinen sich bestimmte Auslegungen der Spiritualität gut mit der Ideologie zu vertragen. Zum Beispiel alle Arten von spirituellen Praktiken, bei denen es um falsche Interpretationen von „Liebe" und „Mitgefühl" geht, das ganze „Wir sind alle eins"-Konzept (Einheit, Solidarität, Gleichheit) oder darum, Hedonismus oder Glück zum Mittelpunkt der eigenen Existenz zu machen; alles, bei dem es hauptsächlich darum geht, emotional statt rational zu sein. Diese Ideologie lässt sich gut mit falschen Alternativen zu echter, wohlwollender Spiritualität oder Religiosität kombinieren. Die New-Age-Bewegung enthält viele Beispiele für diese Scheinalternativen oder Pseudo-Spiritualität.

An dieser Stelle sollte erwähnt werden, dass der Autor weder Christ ist noch einer Religion angehört, aber dennoch der perfekte nichtchristliche Verbündete

---

[52] Marx und Engels, *Ausgewählte Korrespondenz 1846-1895* (1975), Bd. 41: 246-47.

[53] Cook, S. „Falun Gong: Religiöse Freiheit in China", 2017.

https://freedomhouse.org/report/2017/battle-china-spirit-falun-gong-religious-freedom

für Christen ist. Dies wird gesagt, damit der Leser nicht annimmt, dass die schützende Haltung des Autors gegenüber dem Christentum auf persönlicher Voreingenommenheit beruht. Nein, meine Argumentation ist viel klarer und strategischer als das. Ich vertrete eine schützende Haltung, weil es in unser aller Interesse liegt, dies zu tun, unabhängig davon, ob Sie Christ oder religiös sind oder nicht, oder ob Sie sich als spirituelle Person betrachten oder nicht. Wenn Sie kein Christ sind, müssen Sie mich verstehen und mir folgen, und auch die Christen müssen das verstehen. Dies ermöglicht ein starkes Bündnis.

Diejenigen von uns, die gegen diese Ideologie (und den Internationalismus/Globalismus, die Eine-Welt-Regierung usw.) sind, sollten sich dem Angriff auf das Christentum in der ganzen Welt widersetzen, ob wir Christen sind oder nicht. Wir sollten dies tun, weil es Teil der Marxschen Agenda ist, die globale Vorherrschaft zu erreichen. Wenn wir uns offen über das Christentum oder die Christen lustig machen, verhalten wir uns tatsächlich so, wie die Sekte/Ideologie es von uns verlangt. Wenn wir uns zurücklehnen und zulassen, dass das Christentum von der Sekte systematisch aus unseren Ländern/Kulturen entfernt wird, machen wir uns mitschuldig an dieser speziellen Teilagenda. Die Gründe dafür werden im weiteren Verlauf deutlich werden. Man muss alle persönlichen Vorurteile beiseite schieben, um das Richtige zu tun.

Speziell antichristlich

Die Ideologie/Kult ist spezifisch antichristlich. Sie wird das Christentum und die Christen bei jeder Gelegenheit angreifen, wie sie es schon immer getan hat, und zwar mit verschiedenen Methoden. Obwohl es in der Vergangenheit unverhohlenes marxistisches Gemetzel an dieser religiösen Gruppe gab, gibt es heute in den westlichen Ländern keine offenen Morde; dennoch ist die antichristliche Mentalität offensichtlich. Der Einfluss des Christentums wird zunehmend marginalisiert und unterdrückt.

Die Sekte behauptet (im Allgemeinen), atheistisch zu sein und dass Religion schlecht für die Menschheit ist usw., was ihre Haltung zum Christentum zu erklären scheint; dennoch behandeln sie andere Religionen nicht auf dieselbe Weise. Tatsächlich greift die Sekte nicht nur das Judentum/Juden oder den Islam/Muslime nicht an, sondern kritisiert Sie dafür und lässt ihre gefürchteten Beleidigungen wie „antisemitisch" und „islamophob" los. Das bedeutet also im Wesentlichen, dass es in Ordnung ist, das Christentum/Christen anzugreifen, aber es ist nicht erlaubt, andere religiöse Gruppen anzugreifen.

Erscheint das nicht seltsam? Ist das nicht eine eklatante Doppelmoral? Selbst ein Neuling sollte das sehr schnell herausfinden. Man braucht nur fünf Minuten auf die marxistisch geprägte Popkultur zu achten, um sie in Aktion zu sehen, auch in den antichristlichen Medien, die von der Sekte über die „Unterhaltungs"-Industrie produziert werden. Die Jagd auf das Christentum ist eröffnet, aber auch hier wird anderen Konfessionen die gleiche Behandlung verwehrt.

Christentum und Islam im Vergleich

Um ihre antichristliche Haltung zu rechtfertigen, führen sie außerdem ständig Beispiele für böses Verhalten an, das vom Christentum inspiriert wurde (z. B. die Inquisition, die Kreuzzüge), haben aber nichts über die blutige (manchmal imperiale) Geschichte des islamischen Dschihad zu sagen. Man könnte argumentieren, dass sie sich der gewalttätigen Geschichte des Islams einfach nicht bewusst sind, aber wenn sie sich der Kreuzzüge bewusst sind - einem verwandten Konflikt, der hauptsächlich zwischen Christen und Muslimen ausgetragen wurde - gibt es eigentlich keine Entschuldigung.

Außerdem würden sie wahrscheinlich jede islamische Dschihad-Stimmung auf den „Imperialismus" der USA/NATO schieben (ich habe einige Sektenmitglieder gesehen, die solche dummen Behauptungen aufstellten!), obwohl es den Dschihad schon lange vor der „Entdeckung" Amerikas durch Christoph Kolumbus im Jahr 1492 gab! Mohammed starb um 632 nach Christus, und der Dschihad war zu seinen Lebzeiten in vollem Gange. Die Unabhängigkeitserklärung der Vereinigten Staaten stammt aus dem Jahr 1776! Wir kritisieren hier nicht den Islam/die Muslime, sondern weisen nur auf die Doppelmoral hin.

Wenn es um das Christentum geht, wird die Sekte jede vermeintliche Schwäche/jeden negativen Punkt hervorheben, wie z. B. Pädophilie/Vergewaltigung von Minderjährigen, Verbrechen und Korruption, dass es unterdrückend ist und für so viele Kriege, Hinrichtungen, Gemetzel usw. verantwortlich war. Auch wenn man diese Dinge gleichermaßen über den Islam sagen könnte, wird dies nicht hervorgehoben. Die Geschichte des Islam - zur Zeit seines Propheten Mohammed - ist die Geschichte der Eroberung, der Zwangskonvertierung und des Abschlachtens der Kafir (nicht-muslimische „Ungläubige" oder „Ungläubige").

Außerdem gibt es in der heutigen Welt keine christlichen Folterungen, Verstümmelungen, Morde, Extremismus und Terrorismus, aber wir können nicht dasselbe über den Islam sagen. Auch dies wird bequemerweise ignoriert, während die Sekte versucht, Vorfälle von islamischem Extremismus in westlichen Ländern herunterzuspielen oder zu vertuschen. Das ist nur die übliche Rosinenpickerei und das Messen mit zweierlei Maß, wie es für die Sekte typisch ist. Es ist auch verräterisch, da sie sich im Grunde auf die Seite derer stellen, die nicht ihrer eigenen Nationalität oder Rasse angehören, und sie benutzen, um sich selbst voranzubringen.

Der christliche Glaube ist albern, aber der muslimische oder jüdische Glaube nicht?

Der marxistische Mob liebt es, sich über das Christentum und die Christen mit ihren Gebeten und Ritualen und ihrem Glauben an Gott oder der Verehrung von Jesus Christus lustig zu machen, indem er behauptet, dies sei abergläubischer Hokuspokus; aber wenn einige Muslime Salah (Gebet) verrichten oder über den Koran oder Allah sprechen, heißt es plötzlich: „Oh, es ist so wunderbar, es ist so vielfältig! Ich meine, ich teile euren Glauben nicht, aber ich respektiere ihn" usw. usw. blah blah; noch mehr „Arschkriecherei" (wie wir in Irland sagen).

Das Gleiche gilt für die andere abrahamitische Religion, den Judaismus. Wenn man öffentlich behauptet, das „auserwählte" Volk sei in Wirklichkeit nichts Besonderes oder verdiene keine Sonderbehandlung, oder wenn man erklärt, dass man die Brit Milah (Beschneidung von Jungen) für barbarisch hält, wird man als „antisemitisch" abgestempelt. Die Sekte behandelt nicht alle Religionen gleich, sondern betrachtet das Christentum - und insbesondere die römisch-katholische Kirche - als Feind.

Die Sekte wird sich „atheistisch" geben und sagen, dass Irland nach der Trennung von Kirche und Staat jetzt viel fortschrittlicher ist, aber sie wird überhaupt kein Problem damit haben, wenn die Muslime unweigerlich anfangen, die politischen Angelegenheiten zu dominieren und dem Islam und den Muslimen oder Nicht-Muslimen in den westlichen Ländern Vorrang zu geben.

Offensichtlich unterstützt die Sekte die Islamisierung des Westens, insbesondere in Europa. Dies könnte als Angriff auf das Christentum gewertet werden, da der Islam unweigerlich beginnen wird, die religiöse Landschaft zu dominieren (dank einer schnell wachsenden Bevölkerung). Allerdings scheint dies nicht im Widerspruch zu der Vorstellung zu stehen, dass ihre Ideologie atheistisch ist - sie sind darauf programmiert, Muslime (ihrer Meinung nach) aus humanitären Gründen zu unterstützen (Gleichheit, Vielfalt, Mitgefühl usw.).

Die Programmierung der Ideologie ist hier die treibende Kraft. Es wäre interessant, einige Sektenmitglieder zu befragen, ob sie die religiösen Überzeugungen eines Moslems mehr respektieren als die eines Christen (insbesondere eines Katholiken) oder nicht. Wenn nicht, warum nicht? Natürlich ist man dank der Indoktrination und der von der marxistischen Fäulnis geschaffenen „PC"-Kultur ein „Islamophobe", wenn man diese Punkte anspricht. Es ist wahr, dass diese ignoranten Sektenmitglieder nicht wirklich über Wissen verfügen und die Geschichte nur aus einer pro-marxistischen Perspektive kennen; aber dennoch sind Dinge wie diese eine offensichtliche Doppelmoral; eine weitere (kommunistische) rote Flagge. Die antichristliche Voreingenommenheit ist offensichtlich.

Pädophilie als Propagandawaffe

Ein weiteres Beispiel für die Doppelmoral ist die Frage der Pädophilie. Bei den Angriffen der Sekte auf die katholische Kirche und den Vatikan wird immer wieder das Thema Pädophilie hervorgehoben. Dies ermöglicht es der

Propaganda, das Christentum/Christen mit Pädophilie gleichzusetzen. Wenn wir Pädophilie mit dem Christentum gleichsetzen, weil sie in der katholischen Kirche vorkommt, dann sollten wir sie auch mit dem Judentum und dem Islam gleichsetzen, da es in diesen religiösen Gruppen in der Vergangenheit und in der Gegenwart viele Fälle gegeben hat.

Auch hier gilt: Die Ideologie kümmert sich nicht um Menschen, auch nicht um Kinder, sondern nur darum, sich selbst zu erhalten. In diesem Fall wird also die vorgetäuschte Sorge um das Wohlergehen der Kinder benutzt, um eines der Ziele der Ideologie/Sekte zu erreichen (die Zerstörung des Christentums).

Warum sie das Christentum zerstören muss

Der wichtigste Grund, warum die Ideologie das Christentum angreift (ohne jetzt zu sehr in die Tiefe zu gehen oder esoterisch zu werden), ist, dass es sich um einen ideologischen Gegner handelt, der ein fest verankertes Glaubenssystem hat. Die weltweite Ausbreitung der Infektion wurde durch die Präsenz dieses Glaubenssystems immer etwas behindert.

Im Allgemeinen war das echte Christentum - insbesondere der Katholizismus - gegen viele der degenerierten, zivilisationszerstörenden Dinge, die die Ideologie/der Kult fördert, während es gleichzeitig gesunde, zivilisationsfördernde Dinge befürwortet, gegen die die Ideologie/der Kult ist (siehe weiter unten). Im Grunde genommen haben Christentum und Marxismus eine antagonistische Beziehung und können nicht nebeneinander existieren.

Warum sie den Katholizismus angreift

Der römische Katholizismus und der Vatikan sind seit jeher ein vorrangiges Ziel für die Sekte/Ideologie. Das Christentum ist weltweit die beliebteste Religion und macht etwa 30 % der Weltbevölkerung oder 2,36 Milliarden Menschen aus (die Gesamtbevölkerung der Welt beträgt zum Zeitpunkt der Erstellung dieses Berichts 7,88 Milliarden).[54]

Es gibt zwar viele Konfessionen des Christentums, aber die überwältigende Mehrheit sind Katholiken mit etwa 1,3 Milliarden Anhängern.[55] Damit ist die katholische Kirche, die ihren Sitz im Vatikan hat, die größte, einflussreichste und mächtigste christliche Organisation der Welt. Obwohl die Kirche und der Vatikan selbst aus verschiedenen Gründen in vielerlei Hinsicht verbogen wurden (ein umfangreiches Thema für Forschung und Diskussion, das von

---

[54] Hackett und McClenon. „Christen bleiben weltweit die größte religiöse Gruppe, aber sie nehmen in Europa ab", 5. April 2017. https://www.pewresearch.org/fact-tank/2017/04/05/christians-remain-worlds-largest-religious-group-but-they-are-declining-in-europe/

[55] https://en.wikipedia.org/wiki/List_of_religious_populations

anderen Autoren behandelt wird), ist das Christentum nach wie vor sehr einflussreich und hat in Amerika, Europa, Afrika südlich der Sahara, Russland und Australasien weiterhin Anhänger.

Diese gut verankerte, globale Präsenz des Christentums stellt für den Marxismus ein großes strategisches Problem dar, allein schon aufgrund der Zahl seiner Anhänger (und damit seines globalen Einflusses). Zur Veranschaulichung: Die Zahl der Christen auf der Welt ist mit 2,3 Milliarden größer als die Bevölkerung Chinas. Selbst wenn wir davon ausgehen, dass jeder einzelne Mensch in diesem Land mit seinen etwa 1,4 Milliarden Einwohnern einer vollständigen Gehirnwäsche durch die Ideologie unterzogen wurde (was nicht stimmt), können wir erkennen, dass das Christentum ein Problem darstellt.

Die Christen sind über den ganzen Globus verstreut, ebenso wie die Mitglieder marxistischer Sekten (mit oder ohne chinesische Abstammung). In gewissem Sinne ist dies ein globaler religiöser Revierkampf, mit dem Team Gott/Jahwe/Allah auf der einen und dem Team Luzifer/Satan auf der anderen Seite. Da wir gerade von Zahlen sprechen, kann man nur spekulieren, wie viele Menschen es auf der Welt gibt, die als marxistische Sektenmitglieder eingestuft werden können...

Christentum/Religiosität steht der Ideologie entgegen

Nun können wir genauer darauf eingehen, wie das Christentum (und andere Religionen im Allgemeinen) gegen diese Ideologie vorgeht. Traditionell befürwortet das Christentum Dinge wie die Ehe (und damit die traditionelle Familieneinheit), ist aber auch gegen Empfängnisverhütung, Abtreibung, Homo-Ehe usw. All diese Positionen sind in jeder Gesellschaft positiv zu bewerten, da sie dazu beitragen, eine Kultur zu fördern, in der Männer und Frauen zusammenkommen und eine sinnvolle, monogame Beziehung zum Kinderkriegen führen. Das ist gut für die Integrität von Nationen, Völkern und Kulturen, ganz zu schweigen von der langfristigen Lebenszufriedenheit des Einzelnen!

Die Ideologie hat natürlich das Gegenteil dieser Dinge durch ihre verschiedenen Unterströmungen gefördert, einschließlich des Feminismus und der „Befreiung" der Frauen (was wiederum für eine große Verbreitung von Verhütungsmitteln und Abtreibung gesorgt hat) und der LGBTQ-Bewegung, die versucht, die Idee zu fördern, dass nicht-heterosexuelle Beziehungen gleichwertig mit heterosexuellen sind (was sie in einem Erziehungskontext natürlich nicht sind); zusätzlich zu anderen Unterströmungen, wie z. B. die Verwischung der Grenzen zwischen „männlich" und „weiblich" insgesamt(!).

Im Grunde genommen fördert der religiöse Einfluss also höhere Geburtenraten und ermutigt zu persönlicher Reife und Pflichtbewusstsein (indem er monogame, gebärfreudige Beziehungen und die Ehe fördert), während der Marxismus alles andere als das fördert. Sogar in diesem einen Bereich - der die Geburtenrate und ein stabiles familiäres Umfeld betrifft - ist es klar, dass es keinen Wettbewerb zwischen Christentum und Marxismus gibt, wenn es darum geht, wer von beiden schlecht für die Zivilisation ist.

Auf einer anderen Ebene können wir sehen, wie der Kult/die Ideologie sich gegen Gott/den Schöpfer/die Natur im Allgemeinen wendet, mit seinen verschiedenen Unterströmungen. Der Veganismus widerspricht der Vorstellung, dass Gott/der Schöpfer uns die Herrschaft über andere Lebensformen gegeben hat und dass es für uns mehr als akzeptabel ist, Tiere für landwirtschaftliche Zwecke zu nutzen, da sie deshalb hier sind.

Es ist offensichtlich, dass die Unterstützung von Abtreibung und Empfängnisverhütung so lebens- und schöpfungsfeindlich ist, wie man nur sein kann - sie verhindert direkt, dass menschliches Leben als Teil von „Gottes Plan" geschaffen wird. (Übrigens sind beide auch symbolische Handlungen, da sie die persönliche Befriedigung und das Ego einer Person über den „Willen" Gottes (das, was das Beste für die Menschheit ist) stellen, was eine Form des Satanismus ist - die Religion des Egos, der Selbstanbetung).

Und dann ist da noch die Tatsache, dass Religion und Spiritualität ein nicht-materialistisches Denken fördern können. Da der Marxismus auf einem seelenlosen Materialismus beruht, stellen natürlich auch die spirituellen Aspekte des Christentums ein Problem für die Ideologie dar; dazu gehört auch der Glaube, dass Moral/Ethik nicht etwas ist, das wir als Menschen einfach erfinden können - sie ist ein fester Bestandteil des Lebens, der Schöpfung.

Auch die Vorstellung, dass die Menschheit das Ergebnis einer Schöpfung ist und nicht nur ein „wissenschaftlicher" materialistischer atheistischer Zufall (auch bekannt als Evolution, Entropie usw.), steht im Widerspruch zum Marxschen Dogma. Die Vorstellung, dass etwas Göttliches (wenn wir dafür empfänglich sind) unser Leben und unser Handeln lenken kann, ist ein weiteres Problem für die Ideologie.

Schließlich wird in vielen Religionen (einschließlich des Christentums) traditionell davon ausgegangen, dass das, was wir in unserem Leben hier auf der Erde aus freiem Willen tun, von Bedeutung ist und dass wir hinterher gerichtet werden; außerdem werden wir von unserem Schöpfer beobachtet. Dies impliziert natürlich, dass es einen universellen, objektiven Moralstandard gibt, dem der Mensch irgendwie entsprechen muss.

Man beachte, dass dies vor dem Aufkommen des Marxismus eine weit verbreitete Überzeugung in der ganzen Welt war, insbesondere im Westen, und dass solche Gefühle in Gesellschaften, die dank der ideologischen Infektion „atheistisch" werden, offensichtlich verschwinden. Es liegt auf der Hand, dass ein Mensch, der von der Sorge um dieses Urteil „frei" ist, einen Weg der Entartung wählen oder auf die eine oder andere Weise zum Verräter an der Menschheit werden kann. Sektenmitglieder, ob wissentlich oder unwissentlich, entsprechen oft standardmäßig dieser Vorstellung. Der Marxismus beseitigt, wenn man so will, den Anreiz, ein guter Mensch nach den traditionellen moralischen Maßstäben zu sein, die Teil von „Gottes Plan" sind.

Das Christentum enthält moralische Normen

Dieser Punkt ist entscheidend. Wie bereits erwähnt, verzerrt die Ideologie die Wahrnehmung der Menschen in vielerlei Hinsicht, einschließlich der Wahrnehmung von objektivem, universellem, tatsächlichem Richtig und Falsch (auch bekannt als „Gut und Böse"). Wenn wir uns das psychotische, unmoralische Verhalten der Sekte in der ganzen Welt ansehen, können wir die Auswirkungen dieser Verzerrung erkennen. Die Ideologie kommt mit einem vorgefertigten Paket unethischer, beschissener Glaubenssätze, die in der Indoktrination enthalten sind. Es versteht sich von selbst, dass sie im Widerspruch zu den Glaubensvorstellungen des Christentums stehen. (Und bevor wir fortfahren - natürlich kann ein Mensch ein Gewissen haben, ohne christlich/religiös, spirituell usw. zu sein, aber das ist hier nicht das Thema).

Die Religion bringt oft bestimmte Auslegungen von richtig und falsch, bestimmte Normen und Verhaltensregeln mit sich. Der Marxismus muss dir seine eigenen Verhaltensregeln aufzwingen (einschließlich der Frage, wie du denkst, sprichst, fühlst, was du glauben sollst usw.), daher muss er alle konkurrierenden Ideologien ausschalten, die versuchen, die gleiche Aufgabe zu erfüllen. Ein Mensch kann immer nur ein Glaubenssystem haben, das seine Gedanken, Worte, Handlungen und Überzeugungen bestimmt. Wir können dies mit dem Austausch eines Betriebssystems (OS) gegen ein anderes auf einem Computersystem vergleichen (z. B. Windows oder Mac gegen Linux oder umgekehrt).

Glauben Sektenmitglieder also an Moral/Ethik, an die Idee von „richtig" und „falsch"? Ich habe gesehen/gehört, wie sich Sektenmitglieder über das Christentum/Christen in Bezug auf die objektive Moral lustig gemacht haben. Die allgemeine christliche Interpretation ist, dass es ein objektives, universelles, gottgegebenes System gibt, das Teil der Schöpfung selbst ist; eine Vorstellung, die die Sektenmitglieder für lächerlich und „irrational" halten. Andere Sektenmitglieder scheinen einfach nicht an die Idee einer objektiven Moral zu glauben, abgesehen vom Christentum.

Doch der Fanatismus und der Aktivismus der Sekte beruhen auf ihrem Glauben, dass sie den Unterschied zwischen richtig und falsch kennen! Nicht nur das, sondern sie glauben sogar, dass sie das Recht haben, dies der Gesellschaft aufzuzwingen. Das ist insofern widersprüchlich, als wer weiß schon, was richtig und falsch ist? Wer sagt das? Mit wessen Autorität? Andere Sektenmitglieder? Marxistische „Experten"? Vielleicht ist ihr Maßstab, dass Unrecht begangen wird, wenn jemand „Unterdrückung" schreit?

Atheismus und die Anti-Weiß-Agenda

Interessanterweise ist eine der vielen verschiedenen Teilstrategien, die der

Marxismus unterstützt, die rassistische, gegen Weiße gerichtete Teilstrategie. Tatsächlich unterstützen viele der anderen Unterthemen der Ideologie dieses Ziel: Feminismus, Abtreibung, Multikulturalismus/Diversitätsprogrammierung usw. tragen alle dazu bei, die Geburtenraten vor allem in den westlichen Ländern zu senken, die ihrerseits hauptsächlich kaukasisch sind (wir befassen uns an anderer Stelle ausführlicher mit Masseneinwanderung und Multikulturalismus).

Bevor der Marxismus aufkam, war die Mehrheit der weißen Bevölkerung auf der ganzen Welt in irgendeiner Form christlich. Seit der Marxismus auf den Plan trat und einen bedeutenden kulturellen Einfluss ausübte (während des 20. Jahrhunderts), gab es einen massiven Anstieg des Atheismus in diesen Bevölkerungen. Dieser Atheismus war ein wichtiger Faktor für die Dominanz dieser Ideologie, die ihrerseits zu den vielen zerstörerischen, zivilisations- und rassenzerstörenden Folgen geführt hat, die wir heute in den westlichen (überwiegend weißen, christlichen) Ländern erleben. Dies ist kein Zufall.

Da sie weiß, wie die Ideologie funktioniert, wäre es töricht, wenn sie es zuließe, dass diese entgegengesetzte Ideologie des Christentums existiert und mit ihr um den Einfluss auf die Massen konkurriert. Es ist taktisch viel effizienter, ihren Einfluss vollständig aus der Gleichung zu entfernen. Und das ist genau das, was sie getan hat. Leider haben Millionen und Abermillionen von Menschen auf der Welt (ob Sektenmitglieder oder nicht) aufgrund mangelnden Verständnisses/Bewusstseins die Ideologie während ihres Lebens bei dieser Beseitigung unterstützt und dadurch die Sekte/Ideologie gestärkt und ihre eigene Zerstörung herbeigeführt.

Mörderisch gegenüber Christen sein

„Die führenden Bolschewiken, die Russland übernahmen, waren keine Russen. Sie hassten die Russen. Sie hassten die Christen. Getrieben von ethnischem Hass folterten und schlachteten sie Millionen von Russen ohne ein Fünkchen menschlicher Reue. Man kann es nicht genug betonen. Der Bolschewismus beging das größte Menschengemetzel aller Zeiten. Die Tatsache, dass der größte Teil der Welt unwissend und gleichgültig gegenüber diesem enormen Verbrechen ist, beweist, dass die globalen Medien in den Händen der Täter sind.

Aleksandr Solzhenitsyn, *Der Archipel Gulag*, 1973[56]

Ist es nicht seltsam, dass sie das Christentum immer direkt anzugreifen scheinen? Wenn es bei diesen Revolutionen darum geht, die Gesellschaft besser, egalitärer usw. zu machen, warum ist es dann eine solche Priorität, Christen zu töten? Wenn wir diesen Aspekt der marxistischen Revolutionen beobachten, ist das ein großes Warnsignal für die Kommunisten. Wir können

---

[56] Solschenizyn, A. *Der Archipel Gulag* (1973).

sehen, dass es nicht nur um Wirtschaft oder Politik geht - es gibt ein religiöses/antireligiöses Element in ihrer Agenda.

Seit der Französischen Revolution haben sich die Revolutionäre immer wieder gewaltsam auf die Christen gestürzt, um sie mit allen verfügbaren Mitteln zu ermorden (den Klerus und die christliche Bevölkerung im Allgemeinen). Das Christentum war nicht nur ein ideologischer Gegner des Marxismus, sondern zuweilen auch ein physischer, militärischer Gegner. Da die Marxisten stets bestrebt waren, die Christen bei jeder sich bietenden Gelegenheit zu liquidieren, war es klug, dass sie sich, wenn möglich, physisch zur Wehr setzten oder sich zumindest auf die Seite eines schützenden Verbündeten stellten: Fotos aus dem Spanischen Bürgerkrieg zeigen zum Beispiel bewaffnete Geistliche, die mit spanischen Nationalisten gegen die internationale Sekte kämpfen. Bei anderen Gelegenheiten haben Sektenmitglieder Gewalt angezettelt, indem sie die Kirche über die Politik angriffen und die Trennung von Kirche und Staat vorantrieben: Im Mexiko der 1920er und 1930er Jahre führte das Vorgehen von Präsident Calles (Sektenmitglied) zum *Cristero-Krieg* (1926-1929).[57]

Weitere Beispiele für kultische Angriffe auf das Christentum: Ein bekanntes Merkmal der Französischen Revolution war nicht nur der brutale Angriff auf das Privateigentum der Kirche, sondern auch die Abschlachtung des Klerus;[58] kurz nach der Machtübernahme der Bolschewiki in Russland brach ein Bürgerkrieg aus, mit Trotzkis Roter Armee auf der einen und der christlichen Weißen Armee auf der anderen Seite. Die Verfolgung und Ermordung von Christen durch die Bolschewiki war an der Tagesordnung; [59] während des Spanischen Bürgerkriegs kämpften die katholische Kirche und Francisco Francos nationalistische Kräfte gegen die einheimischen und internationalen marxistischen Kräfte;[60] in der Sowjetukraine wurden zwischen 1932 und 1933 Millionen von Christen durch Joseph Stalins Regime im *Holodomor* (bereits erwähnt) ausgehungert. Es gibt unzählige weitere Beispiele.

Es handelt sich um einen Kampf zwischen Atheismus und Christentum, und die Sekte versucht, das Christentum und die Christen auszurotten. Dabei geht es nicht nur um bloße Unterdrückung oder Hinrichtung, sondern um entsetzlich unmenschliche Folterungen und Verstümmelungen mit einem fast satanischen Element (d. h. blutige, unnatürliche Abscheulichkeiten).

Das Werk von Richard Wurmbrand (1909-2001) geht auf solche Dinge ein. Als lutherischer Pfarrer und Kritiker der Sekte war Wurmbrand nach dem Zweiten

---

[57] https://www.britannica.com/biography/Plutarco-Elias-Calles

[58] https://www.britannica.com/event/French-Revolution

[59] https://www.britannica.com/event/Russian-Civil-War

[60] https://www.britannica.com/event/Spanish-Civil-War

Weltkrieg 14 Jahre lang im kommunistischen Rumänien inhaftiert.

Er verfasste mehrere Werke, darunter *Marx & Satan* (1976), in dem er brutale Verbrechen dokumentierte, die von Sektenmitgliedern an Christen begangen wurden, darunter ein Fall von „Kreuzigung".[61] Hier wird eine enorme Menge an Hass deutlich. Und warum? Die fanatischeren Sektenmitglieder werden darauf bestehen, dass dieser Völkermord die Dinge verbessert, dass er Teil der wunderbaren „reinigenden" Wirkung der marxistischen Revolution ist. Sie werden auch die Vorstellung wiederholen, dass das Christentum selbst eine inhärent mörderische Ideologie ist, so dass in gewissem Sinne alles auf den Kopf gestellt wird. Auge um Auge, richtig?

Der Marxismus als Quasi-Religion

Die Ironie der Haltung der Sekte gegenüber religiösen Anhängern ist ihnen entgangen. Sie machen sich über religiöse Menschen lustig, indem sie sie als irrational bezeichnen; dass ihr Glaube nicht durch Wissenschaft, Wahrheit/Realität gestützt wird. Aber nach diesen Maßstäben ist ihre Ideologie auch ein irrationales quasi-religiöses Glaubenssystem.

Die Ideen der Sekte - von der sozialen Dynamik über die Wirtschaft, die Biologie, die Wissenschaft bis hin zur Revolution selbst - sind genauso unwissenschaftlich und realitätsfern, wie sie es den traditionellen religiösen Überzeugungen vorwerfen. Sie werfen den religiösen Anhängern vor, dass sie glauben, die Wahrheit zu kennen, doch die Sektenmitglieder sind genauso. Sie glauben, dass sie ein überlegenes Glaubenssystem haben, das sie anderen ethisch überlegen macht (ob sie es nun offen zugeben oder nicht), und genau das werfen sie auch den Religionsanhängern (insbesondere den Christen) vor.

Sie machen sich auch darüber lustig, dass diese Anhänger ihre jeweiligen Priester, Pastoren usw. respektieren oder ihnen sogar blindlings folgen, weil sie von deren Autorität geblendet sind. Inzwischen hat auch ihre Ideologie ihre Priesterklasse: die unzähligen Sektenmitglieder auf der ganzen Welt, die sich zum Beispiel als Lehrer/Professoren in Schulen, Hochschulen und Universitäten ausgeben. Es ist ihre Position als Autoritätspersonen - die zu Räumen voller verletzlicher, naiver junger Menschen sprechen -, die zu dem blinden Glaubensfanatismus der Sekte führt!

Andere - Freunde, Partner, Familienmitglieder - können diejenigen sein, die sie in die Sekte „einweihen", wenn diese Autorität vorhanden ist, vorausgesetzt, sie glauben blind, was ihnen erzählt wird. Diese Beeinflusser können von dem neu Eingeweihten sogar als wunderbare Menschen hochgehalten werden, obwohl sie ihn im Grunde mit der Ideologie infiziert (und damit möglicherweise sein Leben für ihn ruiniert) haben! Stellen Sie sich vor, Sie bewundern jemanden, der Ihr Leben ruiniert hat, ohne sich dieser Tatsache

---

[61] Wurmbrand, R. „Die Stunde der Zeit/Marx & Satan" (1976).

bewusst zu sein...

Propheten und Märtyrer

Die Sekte macht sich über die Verehrung religiöser Idole lustig, weil sie sich fragt, warum jemand eine tote Person verehrt, die irgendetwas gesagt oder getan hat. Es ist offensichtlich dumm, jemanden wie Jesus Christus zu verehren, oder? Doch in allen kommunistischen Regimen der Geschichte können wir die Verehrung der kommunistischen Propheten Marx, Lenin, Mao usw. beobachten. Sogar Leo Trotzki (Lev Bronstein) wurde vom trotzkistischen Subkult verehrt. Die Verehrung eines Jesus (der kein mörderischer Schurke war, der ein Massensterben um sich herum verursachte) ist traurig und rückständig, aber die Verehrung eines mordenden Psychopathen wie Bronstein nicht? Wir haben die Verehrung von Che Guevera - dem marxistischen Jesus - gesehen, dessen Gesicht eine Million billiger T-Shirts und mit Graffiti beschmierter Wände ziert (ein weiterer mordender Fanatiker).

Die Sekte liebt es auch, andere längst verstorbene „revolutionäre" Typen wie Rosa Luxemburg und Antonio Gramsci zu verehren, oder sogar angesagte, einflussreiche Intellektuelle wie Noam Chomsky, Herbert Marcuse oder Christopher Hitchens (1949-2011). Auch heute noch sehen wir die Götzenanbetung fanatischer Sektenmitglieder wie des chinesischen Ministerpräsidenten Xi Jinping und des nordkoreanischen „Führers" Kim Jong Un. Die Sekte liebt es einfach, ihre eigenen Idole anzubeten, und das war schon immer so.

Sie will eine Religion sein

Die Sekte verspottet die Christen dafür, dass sie an etwas Größeres (eine höhere Macht usw.) glauben und mit anderen Christen vereint sein wollen, doch sie selbst haben „religiöse" Überzeugungen und wollen auch Teil von etwas Größerem sein. Wenn das Wort „Religion" vom lateinischen „religare" oder „religio" kommt, was „binden" oder „Vereinigung" bedeutet (Solidarität!), dann sind die Sektenmitglieder selbst in einer Vereinigung und wollen, dass die Welt sich dieser Vereinigung anschließt, zusammengebunden wird („Eine Rasse, menschliche Rasse!"; einer ihrer Protest-Slogans).

Liegt das daran, dass (viele) Menschen zu etwas Größerem gehören wollen? Sie wollen sich mit anderen verbunden fühlen, die das Gleiche fühlen wollen. Darin sehe ich kein Problem. Wenn die einzige Wirkung wohlwollend ist, warum nicht? Interessant ist, dass die Ideologie auch diese Art von Religiosität/Verbundenheit zulässt, nur dass es dabei nicht um eine höhere Macht oder Göttlichkeit geht, sondern um den Glauben an eine egalitäre Eine-Welt-"Utopie" und darum, mit anderen verbunden zu sein, die an dasselbe glauben. Es geht darum, sich in diesem Glauben an eine bessere, ethischere Welt (vom Marxschen Standpunkt aus) zu vereinen. Natürlich sind die Marxschen Interpretationen dieser Ideen nicht schön; sie sind hässlich und fehlgeleitet (und gefährlich!).

Zehn Bretter und zehn Gebote

Interessanterweise hat die Ideologie ihre Version der Zehn Gebote - die zehn Punkte des Kommunistischen Manifests. Darüber hinaus verstößt die Ideologie/Kult auch offen gegen diese Gebote, die da lauten: Du sollst keine anderen Götter haben vor mir; du sollst dir keine Götzen machen; du sollst den Namen des Herrn, deines Gottes, nicht missbrauchen; du sollst den Sabbat heiligen; du sollst deinen Vater und deine Mutter ehren; du sollst nicht morden; du sollst nicht ehebrechen; du sollst nicht stehlen; du sollst nicht falsch Zeugnis reden gegen deinen Nächsten; du sollst nicht begehren.[62]

In Missachtung dieser, die Ideologie/Kult: ermutigt angeblich zum Atheismus, fördert jedoch das, was wir Satanismus oder Luziferianismus nennen können (Anti-Gott/Anti-Schöpfer/Anti-Natur und das Selbst/Ego); ermutigt zur Anbetung von Idolen (einschließlich marxistischer Idole); hat eine Geschichte, in der Religion offen als ein großes Übel bezeichnet wird; hat immer versucht, Kinder von ihren Eltern zu trennen und ermutigt Kinder, sich ihnen zu widersetzen; ist, was Ideologien angeht, der größte Killer aller Zeiten, Pfund für Pfund; hat versucht, die Ehe, die Monogamie und normale Beziehungen zu zerstören; ermutigt zu Diebstahl in vielen Formen im Namen von „sozialer Gerechtigkeit" und „Gleichheit"; ermutigt die Menschen, einander durch Verleumdung und Täuschung zu verraten (insbesondere, wenn sie die Ideologie in Frage stellen), und macht die Menschen zu Verrätern gegen die menschliche Rasse; ermutigt zu Begehrlichkeit, Neid und Eifersucht, insbesondere gegenüber allem/jedem, der erfolgreich oder wohlhabend ist usw.

Hier zeigt sich wieder einmal die böse, satanische Taktik der Umkehrung - sie stellt die Dinge auf den Kopf und widersetzt sich dem, was gut ist.

Heuchelei und Pädophilie

Da der Marxismus die Religion und insbesondere das Christentum zerstören muss, hat er versucht, jede (vermeintliche oder andere) Schwäche auszunutzen, um sein Ziel zu erreichen. Dies ist der typische Modus Operandi der Ideologie in taktischer Hinsicht. Wenn es um die katholische Kirche geht, ist ein Thema, das die Ideologie zu ihrem Vorteil nutzt, die Pädophilie. Es wird in ähnlicher Weise verwendet, wie die feministische Subagenda das Thema Vergewaltigung nutzt und es verstärkt, um den Anschein zu erwecken, dass alle Männer Vergewaltiger/potentielle Vergewaltiger sind oder dass es sich um einen häufigeren Akt handelt, als es in Wirklichkeit der Fall ist. Mit einem Wort: Propaganda. Betrachtet man die Zahl der Männer in der Welt, so hat offensichtlich ein verschwindend geringer Teil von ihnen eine Vergewaltigung begangen. Das ist der Fall bei den Priestern, die sich im Laufe des Christentums an Pädophilie beteiligt haben. Da wir die Marx'sche Taktik

---

[62] „Liste der Zehn Gebote„. https://www.bibleinfo.com/en/topics/ten-commandments-list

analysieren - wie könnte man seinen Feind besser angreifen, als ihn als ekelhaft, böse, bereit, Kinder zu missbrauchen usw. darzustellen?

Die Frage der Pädophilie in der Kirche ist mit dem Thema der Unterwanderung der katholischen Kirche durch die Sekte verbunden, das von anderen Autoren behandelt wird. Darüber hinaus ist die Freimaurerei mit dem Marxismus verbunden, und obwohl dieses Thema außerhalb des Rahmens dieses Buches liegt, kann hier festgestellt werden, dass der „Gott" von beiden Luzifer ist. Die freimaurerische Unterwanderung der Kirche wird in mehreren Werken beschrieben, darunter *The Permanent Instruction of the Alta Vendita* (John Vennari, 1999) und *Freemasonry and the Vatican: a Struggle for Recognition* (Leon De Poncins, 2000). Es handelte sich dabei um eine Agenda, die darauf abzielte, die Kirche mit „liberalen", degenerativen und antichristlichen Ideen und Praktiken zu infiltrieren. Katholiken sind sich der bizarren Richtungsänderungen und der Abkehr von traditionellen Praktiken in der Kirche bewusst, wie etwa das Zweite Vatikanische Konzil (1962-1965). Es scheint einen klaren Zusammenhang zwischen dieser Unterwanderung und dem Problem der Pädophilie zu geben.

Abgesehen davon ist es, selbst wenn es wahr wäre, dass Pädophilie ein Eckpfeiler der organisierten Religion ist, heuchlerisch von der Sekte, dies zu betonen, als ob sie gegen sexuelle Entartung wäre! Schauen Sie sich nur an, welchen Einfluss sie heute auf die Gesellschaft in Bezug auf Sex, Sexualität und Beziehungen haben, einschließlich der Förderung/Normalisierung von: Homosexualität (für Heterosexuelle); Polyamorie (mehr als einen Partner zu haben); Promiskuität (besonders bei Frauen); nicht-binäres Geschlecht (was selbst auf Kindesmissbrauch durch Selbstverstümmelung hinausläuft) usw. All diese Dinge haben zwar bestimmte Ziele erreicht, waren aber auch nur „fortschrittliche" Sprungbretter auf dem Weg zu noch schlimmeren Dingen. Die Sekte/Ideologie wird nun aktiv Pädophilie fördern und unterstützen, während sie Pädophile verteidigt und diejenigen, die sich der Agenda widersetzen, als „homophob" oder „mitleidslos" oder anderen bizarren, irrationalen Unsinn bezeichnet. Bezeichnenderweise wurde Pat Corcoran, ein ehemaliger Beamter und Gründer der Antifa in Irland, 2009 mit Tausenden von kinderpornografischen Bildern erwischt. Er erschien vor Gericht, kam aber nicht ins Gefängnis.[63]

Wie bereits erwähnt, weist die Sekte/Ideologie nicht auf ein (vermeintliches oder anderes) Problem mit der Pädophilie in der katholischen Kirche hin, weil sie „Mitleid" mit Kindern hat! Sie tun dies, weil es dazu beitragen wird, die Kirche zu zerstören, indem sie ihr öffentliches Image zerstören. Es ist nur ihre bewährte Methode der heuchlerischen Tugendbekundung, um bestimmte

---

[63] „Ehemaliger Beamter mit 7.000 Kinderpornobildern gefasst, vermeidet Gefängnis", 14. November 2013. https://www.independent.ie/irish-news/courts/former-civil-servant-caught-with-7000-child-porn-images-avoids-jail/29755182.html

taktische Ziele zu erreichen. Sie haben beschlossen, die umstrittenste und abscheulichste Sache, die die Öffentlichkeit mit der katholischen Kirche verbindet, aufzugreifen (und ständig hervorzuheben) - Pädophilie. Dann wird es von den Sektenmitgliedern ständig wiederholt, bis es schließlich durch Konditionierung das erste ist, woran man denkt, wenn jemand „katholische Kirche" sagt (wie es gerade in diesem Moment geschah, als einige Leser diese beiden Worte lasen).

Die Zerstörung von Kultur und nationaler Identität

> „Die revolutionäre Kultur ist eine mächtige revolutionäre Waffe für die breiten Massen des Volkes. Sie bereitet den Boden ideologisch vor, bevor die Revolution kommt, und ist eine wichtige, ja wesentliche Kampffront in der allgemeinen revolutionären Front während der Revolution.[64]

> Mao Zedong, „Über die neue Demokratie", Ausgewählte Werke, Bd. II, (1940)

> „Jede Aufzeichnung wurde vernichtet oder gefälscht, jedes Buch umgeschrieben, jedes Bild neu gemalt, jede Statue und jedes Straßengebäude umbenannt, jedes Datum geändert. Und dieser Prozess setzt sich Tag für Tag und Minute für Minute fort. Die Geschichte ist stehen geblieben. Es gibt nichts außer einer endlosen Gegenwart, in der die Partei immer Recht hat.[65]

> George Orwell, 1984 (1949)

Die Zerstörung der Kultur und der nationalen Identität ist ein weiteres wichtiges strategisches Ziel der Sekte, was sie zu einer Anti-Kultur-Sekte macht. Dies ist ein umfangreiches Thema, das eine gesonderte, tiefgreifende Analyse verdient, aber hier in aller Kürze aufgeführt werden muss. Auch dies ist, ebenso wie der Angriff auf den Kapitalismus und das Christentum, ein Merkmal des Verhaltens der Ideologie im Laufe ihrer Geschichte gewesen. Aus dem Schwarzbuch des Kommunismus: „Der Kommunismus hat eine Vielzahl von Verbrechen begangen, nicht nur gegen einzelne Menschen, sondern auch gegen die Weltzivilisation und die nationalen Kulturen. Stalin zerstörte ... Dutzende von Kirchen in Moskau; Nicolae Ceausescu zerstörte das historische Zentrum von Bukarest, um seinem Größenwahn freien Lauf **zu lassen**; Pol Pot ließ die Kathedrale von Phnom Penh Stein für Stein abtragen und erlaubte dem Dschungel, die Tempel von Angkor Wat zu übernehmen; und während Maos Kulturrevolution wurden unschätzbare Schätze von den Roten Garden zerschlagen oder verbrannt".[66]

Dieser Marxsche Angriff auf die indigene Kultur steht in Verbindung mit

---

[64] Zedong, M., „Über die neue Demokratie", Ausgewählte Werke, Bd. II, (1940). https://www.marxists.org/reference/archive/mao/works/red-book/ch32.htm

[65] George Orwell, G. (Eric Blair), 1984 (1949).

[66] Courtois et al, Das Schwarzbuch des Kommunismus, S. 3.

mehreren anderen Zielen der Ideologie, darunter: die Unteragenda Masseneinwanderung/Multikulturalismus durch die Zerstörung der nationalen Identität; die Durchsetzung von Gleichheit auf kultureller Ebene (der Mythos „alle Kulturen sind gleich"); die Auslöschung des Verständnisses eines Volkes für seine eigene Geschichte, um es durch historische Erzählungen zu ersetzen, die von der Sekte/Ideologie gebilligt werden; die Unterdrückung der Kunst, da diese eine Form des politischen Ausdrucks sein kann (und damit eine potenzielle Quelle des Widerspruchs gegen die Sekte/Ideologie); die Schaffung langweiliger, uniformer, lebloser Gesellschaften, um den Menschen buchstäblich die Menschlichkeit zu entziehen, indem man ihrer Umgebung jeden Anschein von Schönheit nimmt (in Gebäuden, Wohnungen, Infrastruktur usw.); und die Zerstörung der westlichen Zivilisation im Allgemeinen.

Ein weiteres damit verbundenes Ziel des Kults ist die Aushöhlung jedes echten souveränen, patriotischen, nationalistischen Gefühls, das die Bevölkerung eines Landes inspiriert/befähigt, dem Kult/der Ideologie auf internationaler Ebene zu widerstehen. Dies ist vielleicht die wichtigste Auswirkung der Zerstörung der Kultur/nationalen Identität. Kultur/Nationalität" bedeutet in diesem Fall, dass die Erinnerung an wirklich patriotische, nationalistische und rebellische Aktivitäten in der Vergangenheit begraben wird. Bei Masseneinwanderung/Multikulturalismus/Vielfalt muss natürlich die etablierte einheimische Kultur und der religiöse Glaube eines jeden Landes hinter denen der ankommenden Migranten zurückstehen.

Aus diesem Grund sehen Sie beispielsweise, wie die marxistisch geprägten Institutionen in den westeuropäischen Ländern gleichzeitig die Zerstörung des Christentums (und alles, was dies mit sich bringt) zulassen und gleichzeitig dem Islam entgegenkommen (oder ihn bevorzugen). Dies wird durch den Bau von Moscheen symbolisiert, kombiniert mit physischen und ideologischen Angriffen auf das Christentum, einschließlich der physischen Zerstörung und Schändung von christlichem Eigentum, Denkmälern, Artefakten usw.

Die Zerstörung von christlichen Gebäuden

Der Marxsche Angriff auf die westliche Kultur hängt auch mit der bereits erwähnten Zerstörung der Religion zusammen, da die Religion (insbesondere das Christentum) ebenfalls zu einem wichtigen Bestandteil der westlichen Kultur geworden ist. Dies wird durch den Vandalismus und die Zerstörung von Kircheneigentum in den westlichen Ländern deutlich.

In einem Artikel auf der Website der *Katholischen Nachrichten-Agentur* vom 4. Mai 2021 ( ) wurde dieses Thema hervorgehoben, wobei auch der Präsident des *Observatoire du Patrimoine Religieux* Edouard de Lamaze zu Wort kam. Lamaze sagte, dass in Frankreich im Durchschnitt alle zwei Wochen ein religiöses Gebäude verschwindet.[67] In dem Artikel heißt es laut Lamaze, dass es zwar mehrere Gründe für das Verschwinden dieser Gebäude gibt - darunter Abriss, zufälliges Feuer, Umbau und Einsturz -, aber „etwa zwei Drittel der Brände in religiösen Gebäuden sind auf Brandstiftung zurückzuführen". Ich bin sicher, dass viele der „zufälligen" Brände nur scheinbar zufällig entstanden sind. Der Artikel enthält auch kriminalpolizeiliche Zahlen der französischen Behörden, aus denen hervorgeht, dass allein im Jahr 2018 „landesweit 877 Angriffe auf katholische Gotteshäuser verzeichnet wurden". Der vielleicht aufsehenerregendste Brand war die Kathedrale Notre Dame im April 2019.[68]

Hass erzeugt Verwahrlosung und zerstörerische Handlungen. Es ist nicht schwer zu erraten, wer und was den Hass schürt. Der Geist von Maximilien Robespierre lebt weiter, wie es scheint.

Warum sie Kultur und nationale Identität zerstören

Wenn die Sekte die Macht übernimmt, ist es wichtig, alle Verbindungen zur Vergangenheit zu zerstören. Dies muss geschehen, um die Vorstellung zu zerstören, dass die Gruppe/Nation/Volk einzigartig ist und sich von anderen unterscheidet. Das wiederum führt dazu, dass die Gruppe eher bereit ist, sich der internationalen Sekte anzuschließen, da derselbe Prozess auch in anderen infizierten Ländern abläuft. Das ist erzwungene Gleichmacherei und Uniformität auf kultureller Ebene. Offensichtlich ist nach dem marxistischen Dogma im Allgemeinen (abgesehen von unterschiedlichen Interpretationen) die Vorstellung einer nationalen Trennung von anderen Gruppen/Ländern nicht nur unerwünscht, sondern geradezu böse (und faschistisch, rassistisch, ____phobisch, weißvorherrschaftlich usw.)!

Da jedes Land seine eigene Geschichte, Statuen/Denkmäler, Artefakte, Kunst, Musik, Sprachen usw. hat, die für das jeweilige Land einzigartig sind, müssen diese entweder zerstört, vereinnahmt oder aus einer marxistischen Perspektive neu interpretiert werden. Um aus der Sicht der Sekte die größtmögliche Wirkung zu erzielen, muss dies international und gleichzeitig geschehen (wie es bereits seit Jahrzehnten weltweit geschieht). Ein Beispiel für ein berühmtes historisches Ereignis In Irland fällt der *Osteraufstand* von 1916 in diese Kategorie - er wird jetzt von vielen im vom Marxismus infizierten Mainstream durch eine marxistische Linse interpretiert (d.h. Revolution gegen das Imperium ist gut). Das lässt sich auch auf andere historische Rebellionen anwenden.

---

[67] Tadie, S, „Warum Frankreich alle zwei Wochen ein religiöses Gebäude verliert", 4. Mai 2021. https://www.catholicnewsagency.com/news/247514/why-france-is-losing-one-religious-building-every-two-weeks

[68] Gray, Shamsian. „Erschütternde Fotos der verkohlten Überreste der Kathedrale Notre-Dame zeigen, was im Inneren noch übrig ist", 17. April 2019.

Die zugrundeliegende Wahrheit, dass es bei Rebellionen dieser Art um die wahre Souveränität Irlands ging - was die Freiheit einschließt, wirklich irisch zu sein und sich von anderen Ländern zu unterscheiden, und frei von fremden Ideologien (!) zu sein - wird natürlich nicht betont (da dies potenziell die Idee des Nationalismus fördern kann): Der ewige Feind des Marxismus). Auch hier pickt sich die Ideologie die Elemente heraus, die sie braucht, um ihre eigene Agenda voranzutreiben.

Materielle Dinge - wie Statuen - können zerstört, ersetzt, verunstaltet usw. werden. Mit immateriellen Dingen, wie der Sprache, wird anders umgegangen: Veränderungen in der Kultur - durch veränderte Einstellungen (durch marxistischen Einfluss) - führen zu den gewünschten Ergebnissen.

Die irische Sprache

Die vollständige Zerstörung der irischen (gälischen) Sprache in Irland wird ein weiteres Opfer der marxistischen Infektion sein, auch wenn die Besetzung Irlands durch das britische Empire diesen Prozess eingeleitet hat. Obwohl Irisch offiziell immer noch ein allgemeines Pflichtfach ist, hat das Bildungsministerium in den letzten Jahren schrittweise Änderungen eingeführt. Es lässt Ausnahmen für bestimmte Schüler zu.

Dies wird unweigerlich zu immer mehr Ausnahmeregelungen führen, zumal sich die rassische Demografie der irischen Schulen dank der Massenmigration (für die die Ideologie/Kult verantwortlich ist) weiter verändern wird. Es ist vorhersehbar, dass nicht-irische Eltern und Kinder kein Interesse an der irischen Sprache haben werden. Wenn die Zahl der nicht-irischen Schüler in den Schulen steigt, wird es schließlich als völlig unrentabel angesehen werden, überhaupt Irisch zu unterrichten.

Das Gefühl, dass es „unpraktisch" ist, wurde (und wird) vom marxistischen Mainstream im Lande enthusiastisch vertreten. Ist Irisch für den täglichen Gebrauch praktisch? Wenn man nicht in oder in der Nähe eines der irischsprachigen „Gaeltacht"-Gebiete in Irland lebt, nein, ist es nicht. Es ist weder praktisch noch notwendig, aber das ist hier nicht das Thema. Die irisch-gälische Sprache ist eines der Dinge, die das irische Volk (und Irland) im weltweiten Vergleich mit den westlichen Ländern relativ einzigartig machen. Auch das Schottische und Walisische sowie die Insel Man (Manx) und Teile Englands (Cornish) haben ihre Dialekte und keltischen Einflüsse. Die Wurzeln dieser Sprachen reichen viele Jahrtausende zurück. Natürlich muss diese Einzigartigkeit ausgerottet werden, wenn Gleichmacherei und Einheitlichkeit erreicht werden sollen. In einem Artikel vom Januar 2024 auf der Website *rte.ie* mit dem Titel „Soll Irisch weiterhin Pflichtfach in den Schulen sein?" heißt es, dass „die Zukunft des Irischunterrichts in den Schulen auf dem Prüfstand steht". Und weiter: „Nach Angaben des Bildungsministeriums wurden zwischen 2022 und 2023 fast 60.000 Schüler vom Fach befreit".[69]

Von G.A.A. zu G.A.Y.

Ein weiterer einzigartiger Aspekt der irischen Kultur sind die gälischen Sportarten, darunter Gaelic Football, Hurling und Camogie. Diese Sportarten sind in Irland nach wie vor sehr beliebt, und es gibt sogar Vereine in anderen Ländern (insbesondere in den USA). Die *Gaelic Athletic Association* ist die führende Organisation für diese Sportarten. Traditionell ist sie hauptsächlich nationalistisch, konservativ und katholisch.

Da der gälische Sport ebenso zur irischen Kultur gehört wie die irische Sprache, hat die G.A.A. dadurch eine zentrale Stellung eingenommen. Es überrascht nicht, dass diese Organisation, die seit Jahrzehnten fest im Fadenkreuz steht, zunehmend dem marxistischen Verfall zum Opfer fällt.

In den letzten Jahren gab es Forderungen nach mehr „Vielfalt" und „Inklusion" der LGBTQ-Gruppen in der G.A.A. und im gälischen Sport. Die Organisation nahm (zum ersten Mal) an der Dubliner Pride-Parade am 29. Juni 2019 teil.[70] Im selben Jahr wurde die *Gender Diversity Working Group* (Giggles) als Teil der G.A.A. gegründet, zusammen mit anderen ähnlichen Organisationen wie der *Ladies Gaelic Football Association* (L.G.F.A.). Ihr Vorsitzender ist Gearóid Ó Maoilmhichíl, der auch der nationale Kinderbeauftragte der GAA ist (eine weitere Person mit Einfluss auf Kinder, die die Ideologie unterstützt). Ende 2020 wurde in den irischen Medien berichtet, dass ein LGBTQ-freundlicher Verein bei der GAA registriert werden würde.[71] Der gewählte Name war Na Gaeil Aeracha, was übersetzt „Regenbogen-Gaels" (ausgesprochen „Gayles") bedeutet; sie versuchen eindeutig, das „gay" in „Gael" zu integrieren.

Mekka-Park

Dieser Artikel könnte in der Rubrik „Zerstörung von Religion/Christentum" stehen, aber da er die G.A.A. betrifft, steht er hier. Der Hauptsitz der Gaelic Athletic Association - und wichtigster Austragungsort für gälische Sportarten in Irland - ist Croke Park. Es ist das größte Sportstadion des Landes mit einem Fassungsvermögen von über 82.000 Plätzen. Dieser ikonische Sportplatz ist seit 1891 ein Synonym für den gälischen Sport und damit ein Symbol der

---

[69] Upfront, „Sollte Irisch weiterhin ein Pflichtfach in den Schulen sein?", 10. Januar 2024. https://www.rte.ie/news/upfront/2024/0108/1425307-should-irish-still-be-a-compulsory-subject-in-schools/

[70] „GAA nimmt am LGBTQ+ Pride Festival in Dublin teil", 24. Mai 2019.

https://www.gaa.ie/hurling/news/gaa-to-take-part-in-dublin-lgbtq-pride-festival

[71] „Die Regenbogen-Gaels: Die erste ihrer Art", November 2020.

https://www.rte.ie/gaeilge/2020/1123/1179874-the-rainbow-gaels-the-first-of-its-kind/

irischen Kultur. Wie die G.A.A. selbst wurde auch der Croke Park früher oder später zur Zielscheibe des Kults. Am Freitag, den 31. Juli 2020, wurde hier ein sehr symbolträchtiges und unverhohlenes marxistisches Manöver durchgeführt; und zwar nicht in einem Veranstaltungsraum irgendwo auf dem Gelände, sondern mitten auf dem Spielfeld.

Nach Angaben der MarxiStMedia in Irland nahmen rund 200 Muslime an diesem „historischen" Gebetsgottesdienst anlässlich des *Eid al-Adha-Festes* teil.[72] Natürlich wurde die Veranstaltung von den irischen Sektenmitgliedern als eine wunderbare Demonstration von „Einheit" und „Vielfalt" usw. gefeiert. Symbolisch für die Islamisierung der westlichen Länder, einschließlich Irlands, zeigte diese Veranstaltung die Bereitschaft der G.A.A., sich der „Fortschrittlichkeit" anzupassen, die das Land zerstört. Die Idee, an die G.A.A. heranzutreten, stammt offenbar von Dr. Shaykh Umar Al-Qadri, einem prominenten Mitglied der muslimischen Gemeinschaft in Irland und Vorsitzenden des *Irish Muslim Peace & Integration Council*. Er ist nicht von Bedeutung; wenn er es nicht wäre, wäre es jemand anderes. Der wichtige Punkt hier ist, dass solche Dinge nicht passieren würden (und sollten), wenn das Land nicht institutionell marxistisch (und daher patriotischer/nationalistischer) wäre.

Schändung und Zerstörung von Denkmälern

Erscheint es nicht bizarr, dass während der Black-Lives-Matter-Unruhen in den USA und Großbritannien Denkmäler angegriffen wurden? Was in aller Welt hat der Tod von George Floyd mit Statuen zu tun? Wenn wir den Gehirngewaschenen zuhören, geht es natürlich um die böse Kultur des institutionellen Rassismus gegen Nicht-Weiße, richtig? Es geht also um Rassismus, ja? (rollt mit den Augen). Nein, darum geht es nicht, das ist nur die Ausrede. Wie bereits erwähnt, ist Sachbeschädigung/Vandalismus Teil des stilvollen Erbes der Sekte. Das Hauptziel des Marxismus ist es, zuerst die westliche Zivilisation zu zerstören, bevor er seine Utopie aufbauen kann; die Zerstörung oder Ersetzung der etablierten Kultur ist daher entscheidend. Aus diesem Grund greifen sie alle Symbole dieser Kultur an, auch Denkmäler.

Während der marxistischen BLM-"Proteste", der Unruhen und des Chaos usw. begann ein Trend, Statuen im Vereinigten Königreich, in den USA und anderswo abzureißen oder zu zerstören. Die Statuen, die von den Sektenmitgliedern ins Visier genommen wurden, gehörten zu denen, die auch nur im Entferntesten mit „weißer institutioneller Unterdrückung" usw. in Verbindung gebracht wurden. In London wurde eine Statue von Winston Churchill (1874-1965) angegriffen. In Oxford eine Statue von Cecil Rhodes. In Washington DC die Statue von Albert Pike (1809-1891). Andere Statuen

---

[72] Ní Aodha, G, „Muslime beten zum ersten Mal im Croke Park zur Feier des Eid al-Adha", 31. Juli 2020. https://www.thejournal.ie/eid-celebrations-in-croke-park-5164698-Jul2020/

waren die von Christoph Kolumbus (1451-1506), dem Sklavenhändler Edward Colston (1636-1721) und König Leopold II. von Belgien (1835-1909). Angeblich wurde dies getan, weil diese Menschen böse sind und der Abriss der Statuen dem Wohl der Gesellschaft dient, oder? Oder gibt es einen Hintergedanken?

Es gibt eine britische Website namens *toppletheracists.org*.[73] Die Überschrift auf der Homepage: „Eine von der Bevölkerung erstellte Karte der britischen Statuen und Denkmäler, die Sklaverei und Rassismus feiern". Statuen, die Sklaverei und Rassismus feiern? Was ist das? Zu den Initiativen dieser Gruppe gehörten die Entfernung von Statuen, die Umbenennung von Gebäuden und die Entfernung von Tafeln und Schildern im gesamten Vereinigten Königreich. Dazu gehören (zum Zeitpunkt der Erstellung dieses Artikels): eine Statue eines knienden Afrikaners, der eine Sonnenuhr in Cheshire hält; die Umbenennung der Gladstone Hall an der Universität von Liverpool (benannt nach William Gladstone); das Kneipenschild „The Black Boy" in East Retford, Nottinghamshire; die Umbenennung der Colston Hall in Bristol (benannt nach Edward Colston); die Statue von Robert Milligan in East London; und eine blaue Plakette im Namen von Edward Codrington in Brighton.

Wie sollten wir uns fühlen, wenn diese Statuen verunstaltet, beschädigt, entfernt oder abgerissen werden? Waren diese Männer nicht verkommene Individuen? Churchill war ein Kriegsverbrecher, offenbar mit elitärem königlichem Blut (seine Mutter war die Tochter von Königin Victoria und Nathan Meyer Rotschild). Er war maßgeblich an der Auslösung und Verlängerung des Zweiten Weltkriegs beteiligt und billigte die Brandbombenangriffe und die Verbrennung von mehreren hunderttausend deutschen Zivilisten während dieses Konflikts; Cecil Rhodes war ein arroganter Imperialist, der die Weltherrschaft Großbritanniens anstrebte. Die Tafelrunde wurde als Teil seines Vermächtnisses gegründet (zu der auch Gruppen wie das Royal Institute of International Affairs und der Rat für auswärtige Beziehungen gehören); Albert Pike war ein General der Konföderierten während des amerikanischen Bürgerkriegs und ein führender Freimaurer. Er war der Autor von *Morals and Dogma* (1871) - einem sehr einflussreichen Freimaurerbuch - und bekleidete gleichzeitig die drei Ämter des Welt-, Landes- und Staatsführers der Freimaurerei.

Sollten wir uns nun darüber aufregen, dass Statuen von Männern wie diesen angegriffen werden? Jedem das Seine, aber ich persönlich - nein, ich bin nicht verärgert darüber, abgesehen vom Kontext. Wir müssen jedoch, wie bereits erwähnt, verstehen, dass die Ideologie verlangt, dass diese Dinge getan werden, um die Landschaft zu dominieren/annihilieren. Wir sollten also alle sehr besorgt sein, wenn wir sehen, wie diese Dinge vor unseren Augen geschehen. Aus dem oben genannten Grund sollte der Sekte nicht erlaubt werden, diese

---

[73] https://www.toppletheracists.org/

Dinge zu tun! Es ist eine weitere Form der Tugendbekundung in Verbindung mit gewalttätigem, zerstörerischem Verhalten, und - was am wichtigsten ist - es nährt den Kult und die Ideologie. Die Statuen (oder die Personen, die sie ehren) sind in der Gegenwart nicht das Problem, sondern die marxistische Sekte!

Natürlich wird jeder, der sich den Sektenmitgliedern in ihrem zerstörerischen Verhalten in den Weg stellt, vorhersehbar als jemand gebrandmarkt, der das Leben, die Handlungen oder die Ideologie der Statuenmänner billigt. Netter Versuch, Spinner! Ein typischer, tief verwurzelter Versuch manipulativer Gedankenkontrolltaktiken. Noch einmal: Die Idioten, die die Statuen abreißen, sind selbst nicht in der Lage, über andere zu urteilen! Ich würde sie ganz klar davon abhalten, die Statuen zu stürzen, obwohl ich auch nicht besonders viel Respekt vor denjenigen habe, die die Statuen repräsentieren, und ich bin sicher, viele andere würden genauso denken. Ich würde sie sofort umzingeln und verhaften lassen.

Doppelte Standards

Auch hier zeigt sich wieder die marxistische Doppelmoral: Statuen von Cecil Rhodes oder Winston Churchill werden verunstaltet oder abgerissen, aber Statuen von pro-marxistischen Persönlichkeiten bleiben natürlich unversehrt. Sektenmitglieder würden natürlich nicht die Skulptur des Marxisten Martin Luther King Jr. (1929-1968) in Washington DC oder die Bronzestatue des kommunistischen, anti-weißen A.N.C.-Terroristen Nelson Mandela auf dem Parliament Square in London abreißen. Dies ist ein weiteres Beispiel für den anti-weißen Rassismus und die Doppelmoral des marxistischen Pöbels, verbunden mit ihrer offensichtlichen Neigung, jeden anzugreifen, der nicht Teil ihrer Sekte war/ist.

Wenn wir uns die Mobs ansehen, die diese Denkmäler niederreißen, sollten wir uns daran erinnern, dass diese Menschen in der Vergangenheit existierten; aber diese Marxisten verursachen Zerstörung in der Gegenwart. Sie brauchen nur einen Vorwand; ihr Ego und ihre SJW-Aktivisten-Indoktrination erledigen den Rest. Es mag den Anschein haben, dass sie ein Gewissen und einen Sinn für Gerechtigkeit haben, aber das ist nur die Oberfläche. Dies ist Teil der manipulativen Tugendsignale der Sekte - sie versuchen, dich dazu zu bringen, mit ihnen übereinzustimmen; sie überzeugen dich, dass sie edle Absichten haben. Sie wollen dich dazu bringen, zu sagen: „Oh ja, du hast recht. Rhodes war ein imperialistischer Dreckskerl" oder „Albert Pike war ein sklavenverachtender Freimaurer-Bastard" usw., und oberflächlich betrachtet scheint es vernünftig, ihnen zuzustimmen. Die Wahrheit ist jedoch, dass Sie ihren Appetit auf zerstörerischen „Aktivismus" fördern, der niemals gestillt werden wird.

Wenn sie anfangen, Dinge zu zerstören, mit denen man nicht einverstanden ist, fällt natürlich der Groschen, und dann ist es zu spät - das rote Monster hat bereits Schwung! Wenn sie anfangen, darauf zu bestehen, dass der schwarze Asphalt auf den Straßen rassistisch ist und in den LGBTQ-Regenbogenfarben oder in Kommunistenrot (!) gestrichen werden muss, oder dass die Farbe der Milch rassistisch ist (das habe ich mir nicht ausgedacht), dann wirst du es bereuen, dass du sie nicht schon früher in Frage gestellt hast. Und das ist Ihre eigene Schuld! Gib den Gören nie ihren eigenen Willen!

Wir sollten hier den Wald vor lauter Bäumen nicht übersehen. Wir dürfen uns nicht durch zeitraubende Debatten ablenken lassen, während der Kult weiter voranschreitet. Wenn es um die Zerstörung von Statuen geht, dann geht es um die Statuen toter Menschen, nicht wahr? Ich kümmere mich nicht so sehr um tote Menschen oder darum, was sie getan oder geglaubt haben - ich kümmere mich um die Gegenwart. Die Sekte wird alle möglichen Tugendhaftigkeitsgründe verwenden, um die Zerstörung von Dingen zu rechtfertigen, die sie nicht gutheißt, also dürfen wir uns davon nicht ablenken lassen. Denken Sie daran, dass es hier um die Vorherrschaft der Sekte/Ideologie geht. Ein hervorragendes und eklatantes Beispiel dafür ist in Deutschland geschehen...

Währenddessen ... in Deutschland ...

Im Juni 2020 wurde in der westdeutschen Stadt Gelsenkirchen eine Statue des kommunistischen Großhundes Wladimir Lenin aufgestellt.[74] Verantwortlich für die Gehirnwäsche war die *Marxistisch-Leninistische Partei Deutschlands* (MLPD).[75] Andere Gruppen leisteten Widerstand gegen die Aufstellung. Dies geschah zur Zeit des Statuensturzes, der den Westen erfasste. Ein Zufall, oder? Eine Erklärung der stellvertretenden MLPD-Kommissarin Gabi Fechtner bezog sich darauf: „Die Zeit für Denkmäler für Rassisten, Antisemiten, Faschisten, Antikommunisten und andere Relikte der Vergangenheit ist eindeutig vorbei". Lenin dagegen sei „ein Vordenker von weltgeschichtlicher Bedeutung, ein früher Kämpfer für Freiheit und Demokratie" gewesen. Das sagt doch alles. Willkommen in der Hölle, Leute...

Wie bereits erwähnt, war Lenins Wirken von großer Bedeutung für die Verbreitung und Entwicklung der Ideologie. Wäre er nicht gewesen, bräuchte es dieses Buch vielleicht gar nicht zu geben. Die zerstörerischen Auswirkungen von Lenins Wirken auf die Menschheit sind einfach unermesslich; sein Vermächtnis ist der Inbegriff von Leid, Hunger, Versklavung und Tod. Im Vergleich zu den bereits erwähnten Persönlichkeiten steht er - was die Verbrechen gegen die Menschheit angeht - ganz oben auf der Liste.

---

[74] „Umstrittene Lenin-Statue in Deutschland enthüllt", 20. Juni 2020. https://www.dw.com/en/controversial-lenin-statue-unveiled-in-germanys-gelsenkirchen/a-53880002

[75] https://www.mlpd.de/english

Die Kommentare des obigen Sektenmitglieds sind mehr als lächerlich. Ich bin kein Fan dieser drei, aber man kann nicht behaupten, dass Churchill, Rhodes oder Pike mehr Leid auf diesem Planeten verursacht haben als Lenin (aufgrund des Ausmaßes, der Toxizität und der Zahl der Todesopfer der Sekte/Ideologie)! Unmöglich, selbst wenn wir ihre Zahlen kombinieren! (Anmerkung: Der Autor ist sich der offensichtlichen Verbindungen zwischen Freimaurerlogen, Geheimgesellschaften und allen vier Männern usw. bewusst).

Diese Veranstaltung zur Aufstellung der Kommunisten war eine offensichtliche Erklärung der Sekte, dass sie die Macht übernimmt - sie reißt die Statuen ab, die ihnen nicht gefallen, und stellt andere auf, die ihnen gefallen. Sie markieren ihr Territorium, genau dort, ganz offensichtlich, in aller Öffentlichkeit! Versteckt in aller Öffentlichkeit! Im selben Artikel wurde erwähnt, dass im selben Monat die Hamburger Statue des ersten deutschen Reichskanzlers Otto von Bismarck (1815-1898) mit (kommunistischer) roter Farbe vandalisiert wurde. Die Kryptokommunistin Angela Merkel war zu dieser Zeit Bundeskanzlerin.

Ausgraben von Leichen

Hier sind zwei weitere Beweise dafür, dass es bei dieser Sache mit den Statuen nur um die Vorherrschaft der Sekte geht. Die Verbitterung gegenüber ihren Feinden ist spürbar und zeigt sich in ihren Handlungen. Eine ihrer meistgehassten „faschistischen" Figuren ist Generalissimo Francisco Franco. Franco ließ der Sekte in Spanien bis zu seinem Tod keine Chance und behandelte sie jahrzehntelang so, wie sie es verdienten (nachdem er sie in einem totalen Krieg besiegt hatte). Das ist natürlich der Auslöser für ihre ewige Verbitterung. Seine Statuen wurden im Laufe der Jahrzehnte systematisch entfernt, die letzte in Marokko wurde im Februar 2021 entfernt, zur Freude der dortigen sozialistischen Partei PSOE.[76]

In Spanien wurden seine sterblichen Überreste 2019 aus dem großen Mausoleum im Tal der Gefallenen exhumiert und auf den staatlichen Friedhof in Mingorrubio überführt.[77] Der spanische Premierminister, der Sozialist Pedro Sanchez, war daran beteiligt. Es überrascht nicht, dass Proteste gegen dieses marxistische Manöver von der Regierung nicht zugelassen wurden (sie wurden

---

[76] „Letzte öffentliche Statue des spanischen Diktators Franco wird entfernt", 23. Februar 2021.

https://www.theguardian.com/world/2021/feb/23/last-public-statue-of-spanish-dictator-franco-is-removed

[77] Booker, B, „Spain Moves Dictator Francisco Franco's Remains, After Months Of Legal Battles", 24 October 2019.

https://www.npr.org/2019/10/24/773022042/spain-moves-dictator-francisco-francos-remains-after-months-of-legal-battles?t=1632821666327 als „rechtsextrem" eingestuft, da bin ich mir sicher). Sanchez bezeichnete die Aktion als „einen Tribut an alle Opfer von Hass". Leichen umbetten, weil ihr ursprünglicher Ruheplatz die Sekte beleidigt! Diese 'Leute' sind mehr als erbärmlich! Bezeichnenderweise wurde Sanchez auch mit den Worten zitiert: „Das heutige Spanien ist das komplette Gegenteil von dem, was das Franco-Regime repräsentierte". In der Tat.

Shek in Taiwan

Ein weiteres Beispiel findet sich in Taiwan. Wie im September 2021 berichtet, hatte die linksgerichtete Regierung Pläne, eine Statue des nationalistischen Führers und Diktators Chiang Kai Shek zu entfernen. [78]

Ähnlich wie Franco hielt Shek Taiwan bis zu seinem Tod vom Marxismus frei und unterdrückte die Sekte von 1949 bis 1975. Franco tat dasselbe von 1939 bis zu seinem Tod 1975 (beide führten einen Bürgerkrieg gegen die Sekte, aber Shek verlor den seinen, und die nationalistischen Kräfte flohen 1949 nach Taiwan, als das chinesische Festland dem roten Nebel erlag).

Die Initiative wird von der *Demokratischen Fortschrittspartei* und ihrer Vorsitzenden Tsai Ing-wen getragen, die seit 2016 am Ruder ist. Taiwan braucht heute einen Shek-Charakter, wenn man bedenkt, was die von der KPCh kontrollierte Volksrepublik China heutzutage anstellt!

Das ist nicht einfach nur Kleinlichkeit und Fanatismus, nein. Sie versuchen, die historischen Spuren der antimarxistischen Bewegungen zu begraben, um uns daran zu hindern, uns von ihnen inspirieren zu lassen und so die Vorherrschaft der Sekte in der Zukunft zu sichern. Statuen dienen der Erinnerung, und wenn sie einmal entfernt sind, werden sie (zusammen mit dem, was sie repräsentieren) bald von allen außer den älteren Generationen vergessen - und das ist der Sinn der Sache. Das Ziel ist, dass die jüngeren Generationen nur noch den Marxismus und marxistische Idole kennen. Wenn es erst einmal so weit ist, ist natürlich alle Hoffnung verloren...

Die Zerstörung der traditionellen Familie

> „Der Staat sollte mit Privatpersonen - insbesondere mit den Eltern - konkurrieren, wenn es darum geht, Kindern ein glückliches Zuhause zu bieten, damit jedes Kind einen Zufluchtsort vor der Tyrannei oder Vernachlässigung durch seine natürlichen Vormünder hat.[79]
>
> George Bernard Shaw, *Ein Manifest, Fabian Tracts Nr. 2.*, 1884

---

[78] Hale, E, „Taiwan axes symbols of authoritarian past in push to rebranding", 26. September 2021. https://asia.nikkei.com/Politics/Taiwan-axes-symbols-of-authoritarian-past-in-push-to-rebrand

[79] *Shaw, G.B., „A Manifesto. Fabian Tracts No. 2", 1884.* https://oll.libertyfund.org/page/shaw-s-fabian-manifesto-1884

In einem Artikel der Irish Times vom 5. Dezember 2023 wurde berichtet, dass in Irland weitere marxistische „Volksabstimmungen" bevorstehen, die möglicherweise am 8. März 2024, dem internationalen Frauentag, stattfinden werden.

Das offizielle Ziel dieser Volksabstimmungen ist es, „den verfassungsrechtlichen Hinweis auf die Rolle der Frau im Haushalt zu streichen und den Begriff der Familie in der Verfassung zu erweitern".[80] Offenbar wollen sie auch den Begriff „dauerhafte Beziehungen" einführen (um das Konzept der Familie, die sich um eine Ehe herum aufbaut, weiter auszuhöhlen).

Ich erinnere den Leser daran, dass diese Verrückten diesen Schwachsinn in einem Land betreiben, das von einer Vielzahl anderer, ernsthafter Probleme geplagt wird. (Nebenbei bemerkt, gab es 2012 in Irland ein von Sektenmitgliedern vorangetriebenes Verfassungsreferendum über „Kinderrechte", das im Wesentlichen die Einmischung der Regierung in Familienangelegenheiten verstärkte. Ihr erfolgreiches Manöver wurde durch Tugendhaftigkeit als „Kinderschutz" vermarktet).[81]

Die Zerstörung der traditionellen Kernfamilie hat mehrere positive Auswirkungen auf die Ideologie, u. a:

(a) Kontrolle des Verstandes der Menschen in möglichst jungem Alter. Da die Sekte/Ideologie darauf abzielt, die totale Kontrolle über die Gesellschaft zu erlangen, ist der beste Weg, um dies zu erreichen, die Indoktrinierung der Menschen in möglichst jungem Alter. Es liegt auf der Hand, dass diejenigen, die nur die Ideologie kennen - und von Anfang an vollständig indoktriniert sind - ihr nicht widerstehen können.

Indem man die Eltern aus der Gleichung herausnimmt und sie durch staatlich anerkannte „Erzieher" (Lehrer), Sozialberater, Sozialarbeiter usw. (die selbst indoktriniert sind) ersetzt, werden die Jugendlichen direkt nach dem Bild der Ideologie geformt und können so früh wie möglich in den Dienst der glorreichen Revolution treten. Tragisch.

Dieses Maß an Kontrolle schafft Generationen von Menschen, die dem Staat völlig untergeordnet und von ihm abhängig sind. Dies ist ein Merkmal von Sektenregimen in der Vergangenheit und Gegenwart. Die Bildungssysteme spielen eine zentrale Rolle bei der Schaffung neuer Generationen von

---

[80] Horgan-Jones, J, „Volksabstimmungen über Frauen im Haushalt und das Konzept der Familie im kommenden März", 5. Dezember 2023.
https://www.irishtimes.com/politics/2023/12/05/referendums-on-women-in-the-home-and-the-concept-of-the-family-to-be-held-next-march/

[81] https://en.wikipedia.org/wiki/Thirty-first_Amendment_of_the_Constitution_of_Ireland

gehirngewaschenen Sektenmitgliedern, vom Kindergarten bis zur Universität.

(b) Beseitigung jeglichen psychologischen Schutzes, den Eltern vor räuberischen Initiativen bieten können, die vom System vorangetrieben werden (d.h. jegliche Form von marxistischem Aktivismus). Dies geschieht zusätzlich zum Schutz vor all den verschiedenen toxischen Einflussquellen, die die Ideologie verbreiten (Medien/Unterhaltung, Online-Medien, soziale Medien, Musikindustrie usw.), sowie vor kontaminierten Einzelpersonen (z. B. Prominente, Aktivisten), Gruppen (gemeinnützige Organisationen, Gemeinde- oder politische Gruppen usw.). Die Ideologie versucht auch, die potenziell „störenden" (nicht marxistischen) Ansichten der Eltern durch die der Sektenmitglieder zu ersetzen. Die Sekte/Ideologie selbst wird - über das System und den Staat - zum liebenden, leitenden „Elternteil".

Die Unteragenda der Zerstörung der Familieneinheit verwendet die Formel Unterdrücker gegen Unterdrückte auf die bizarrste und abscheulichste Art und Weise, die in letzter Zeit immer mehr ans Licht kommt. Die Sekte hat - über die Unteragenda Transgenderismus/"nicht-binär" - versucht, die Massen davon zu überzeugen, dass der „barmherzige" Staat besser geeignet ist, Kinder zu erziehen als die Eltern selbst! Zweifellos werden die Kinder von ihren Eltern in Bezug auf ihre sexuelle Identität „unterdrückt", so dass der „heldenhafte" Raubtierstaat eingreifen muss. In einem Artikel des Irish Independent vom 2. Juni 2020 wurde über Pläne berichtet, die es Kindern unter sechzehn Jahren ermöglichen sollen, ihr Geschlecht legal zu ändern".[82] Natürlich war der irische Gender-Bender-in-Chief Leo Varadkar involviert, der Mitglied des LGBTQ-Ausschusses seiner Partei Fine Gael ist.

(c) Verringerung/Beseitigung der Möglichkeit von Strafe und Disziplin im Leben eines jungen Menschen. Solche Dinge sind für die Erziehung von Kindern unerlässlich. Das ist von entscheidender Bedeutung, denn Sektenmitglied zu sein und verwöhnt zu werden, gehört zusammen. Je mehr verwöhnte Bälger wir in der Gesellschaft haben, desto mehr schwachsinnige, egomanische Kontrollfreaks haben wir, und desto stärker wird die Sekte/Ideologie. Ein generelles Fehlen dieser Art von Erziehung bringt Generationen von Menschen hervor, die sich in erster Linie von ihren Wünschen und Gefühlen leiten lassen und die Wutanfälle bekommen, wenn sie ihren Willen nicht bekommen. Kommt Ihnen das Verhalten von Sektenmitgliedern nicht bekannt vor? Dieser Punkt ist mit dem nächsten verknüpft.

(d) Beseitigung des positiven Einflusses eines gesunden, natürlichen

---

[82] „Fine Gael strebt eine Gesetzesänderung an, damit Kinder unter 16 Jahren ihr Geschlecht legal wechseln können", Juni 2020.

https://www.independent.ie/irish-news/fine-gael-seeking-law-change-to-let-under-16s-legally-change-gender/39252644.html männlichen und weiblichen Gleichgewichts, das eine männliche und weibliche elterliche Partnerschaft bieten kann. Die traditionelle Familieneinheit mit einem heterosexuellen Mann und einer heterosexuellen Frau in ihren jeweiligen Rollen bietet potenziell das beste Gleichgewicht in Bezug auf die Kindererziehung. Die Sekte/Ideologie fördert und normalisiert jede Art von Beziehung/Elternschaft/Familienkonstellation außer dieser und bietet falsche/unterlegene Alternativen an, um diese grundlegende Wahrheit zu verbergen (z. B. homosexuelle Eltern, die Kinder adoptieren oder künstliche Formen der Empfängnis oder Leihmutterschaft nutzen; Männer, die „schwanger" sind; polyamore „Paare" mit zusätzlichen Partnern usw.).

(e) Schaffung einer Situation, in der junge Menschen beginnen, die Gesellschaft, die Weltbevölkerung oder die marxistische Sekte als ihre „Familie" zu betrachten. Familien können ein Gefühl der Einheit und der Verbundenheit mit anderen vermitteln, das oft zur Grundlage des Lebens eines Menschen wird; deshalb müssen sie aus der Gleichung entfernt werden. Familien (einschließlich traditioneller Kernfamilien) können per definitionem gleichzeitig kleine Kollektive sein, die sich von anderen Familien bis zu einem gewissen Grad unterscheiden und trennen, abgesehen von Beziehungen (und diese anderen Familien sind selbst ähnliche Kollektive usw.).

Es ist der Teil der „Trennung", der der Ideologie nicht passt; das geht einfach nicht! Das Ziel der Ideologie ist es, die Menschheit zu einem großen Kollektiv zu machen. Es kann kein „anders" und „getrennt" geben, es gibt nur das Ganze, das „Volk", Einheit, Gleichheit, Solidarität usw. Das ist der ganze „Wir sind alle eins!"-Bullshit, der von der New-Age-Bewegung propagiert wird.

(f) Beseitigung heterosexueller Männer als Oberhaupt der traditionellen Familieneinheit aus ihrer Position der Autorität/des Einflusses innerhalb dieser Einheit. Dies trägt dazu bei, jede Art von aggressiver, kämpferischer, widerständiger Energie aus der Gleichung zu entfernen, die sich der Sekte/Ideologie widersetzen könnte (einschließlich jeder „toxischen Männlichkeit"). Darüber hinaus werden die Männer aus ihrer traditionellen Rolle als Beschützer und Ernährer der Familie entfernt. Dies wird durch die (marxistische) feministische Maxime verkörpert, dass Frauen keine Männer brauchen, um erfolgreiche Eltern zu sein.

Wie bereits erwähnt, können Alleinerziehende natürlich einen relativ guten Job machen, und jede Situation ist anders, aber es ist nicht ideal für alle Beteiligten oder die Gesellschaft als Ganzes (abgesehen davon, dass es der Ideologie selbst nützt). Der verstorbene britische Historiker, Journalist und Autor Paul Johnson (1928-2023) sagte einmal: „Die sozial subversivste Institution unserer Zeit ist die Ein-Eltern-Familie".[83] Indem man Männer aus diesen Rollen herausnimmt,

---

[83] Zitiert im Sonntagskorrespondenten vom 24. Dezember 1989.

https://libquotes.com/paul-johnson/quote/lbd3o0d

schafft man natürlich irgendwie „Gleichheit" und bekämpft gleichzeitig den gefürchteten Feind des Feminismus, das „Patriarchat".

(g) Die Abschaffung einer anderen Sache, die traditionell und kulturell ist (und daher mit der Vergangenheit in Verbindung steht). Die Familieneinheit hat ihren Platz im traditionellen Trio der Elemente für eine gesunde, wohlhabende Gesellschaft: Familie, Nation und Religion. Wenn der Kult/die Ideologie die Gesellschaft nach seinem/ihrem Bild umgestalten will, muss er/sie die Verbindungen zu den Gesellschaften der Vergangenheit entfernen. Alles, was traditionell ist, muss verschwinden!

(h) Kontrolle des Sexualverhaltens der Jugendlichen. Die Sekte/Ideologie zielt darauf ab, die Eltern zu ersetzen, wenn es um die Erziehung (Programmierung) der Jugendlichen in Bezug auf Sex, Sexualität und Beziehungen geht (dazu weiter unten mehr).

Andere Teilbereiche, an die es anknüpft

Die Zerstörung der Familieneinheit wird von dem marxistisch durchdrungenen System durch antitraditionalistische Indoktrination (über die „Transmissionsriemen der Kultur" - Bildung, Medien, Unterhaltungsindustrie) gefördert. Das übergeordnete Ziel besteht natürlich darin, die Zahl der stabilen, traditionellen Familien zu minimieren. Es ist mit mehreren anderen Unterthemen und Konzepten verwoben, die von dieser Ideologie ausgehen bzw. von ihr gefördert werden:

Die „egalitäre" Frauen-"Befreiungs"-Bewegung (Feminismus) hat die Frauen einer Gehirnwäsche unterzogen und sie von ihrer traditionellen Rolle als Mütter und Hausfrauen weggebracht und in das proletarische Kollektiv der Arbeiterschaft eingegliedert (und damit dazu gebracht, Steuern zu zahlen). In Verbindung mit den marxistischen Bildungssystemen führt dies zu einer Situation, in der der Staat mehr Kontrolle über die psychologische Entwicklung der Kinder hat. Dies war eine folgenschwere Entwicklung für die Gesellschaft des 20. Jahrhunderts, ja für das Schicksal der Menschheit: Frauen verbringen mehr Zeit mit der Arbeit und weniger Zeit mit ihren Kindern als je zuvor in der Geschichte.

Offensichtlich spielt die Abtreibung eine Schlüsselrolle dabei, Frauen davon abzuhalten, Kinder zu bekommen und überhaupt eine Familie zu gründen, und sie hätte ohne die feministische Bewegung nicht den Status, den sie heute hat (die Abtreibung selbst ist Teil einer anderen Agenda, die darauf abzielt, eine Trennung zwischen Sex/Sexualität und Fortpflanzung zu schaffen; dass Sex nur zum Vergnügen dient (auch bekannt als Hedonismus).

-Die LGBTQ-/Transgender-/nichtbinäre Subagenda versucht, die normale sexuelle Entwicklung (biologisch und psychologisch) junger Menschen zu zerstören und sie daran zu hindern, später im Leben eine Familie zu gründen (aufgrund von psychischen/beziehungsbezogenen/identitätsbezogenen

Problemen oder physiologischen Schäden - einschließlich Sterilität -, die durch geschlechtsangleichende Operationen/Entfernung von Geschlechtsorganen, Hormone, Pubertätsblocker usw. verursacht werden).

-Der Unterpunkt „Antichristentum" hängt damit zusammen, dass das Christentum (insbesondere der römische Katholizismus) traditionell eine Rolle bei der Förderung der Ehe gespielt hat - der Institution, auf der die traditionelle Familieneinheit seit jeher beruht. Die Popularisierung und Normalisierung der Scheidung (zum Teil dank des Feminismus) spielt natürlich auch eine Rolle - sie trägt dazu bei, das Konzept der Ehe zu trivialisieren.

-Die Zerstörung der traditionellen Familie steht in Verbindung mit der Unteragenda der Masseneinwanderung (auch bekannt als die Anti-Weiß- und Rassenfeindlichkeitsagenda), da diese Unteragenden (zusätzlich zu den oben genannten) den hauptsächlich westlichen, meist kaukasischen Ländern aufgezwungen werden. Sie alle zusammen führen dazu, dass die Zahl der Weißen in diesen Ländern sinkt.

Der positive Einfluss eines natürlichen männlichen und weiblichen Gleichgewichts (Fortsetzung)

Die traditionelle Familieneinheit basiert auf der jahrhundertealten, natürlichen Partnerschaft von Mann und Frau als Eltern. Um dies anzugreifen, hat die Sekte/Ideologie versucht, die irrige Vorstellung zu verbreiten, dass alle Formen der Sexualität gleichwertig sind und als solche behandelt werden sollten, auch wenn es um Erziehungsfragen geht. Dazu gehört auch die Vorstellung, dass alle sexuellen Orientierungen für die Gesellschaft gleichwertig sind, was bedeutet, dass die Sexualität eines schwulen Mannes genauso wertvoll ist wie die eines heterosexuellen Mannes; nein, das ist sie nicht! Wenn es darum geht, Kinder zu bekommen, leisten heterosexuelle Männer offensichtlich einen größeren Beitrag; das Gleiche gilt für heterosexuelle Frauen (im Vergleich zu lesbischen Frauen).

In der äußerst wichtigen Frage der Fortpflanzung sind heterosexuelle Beziehungen anderen Beziehungsformen weit überlegen, da sie auf natürliche Weise Kinder hervorbringen können (abgesehen von künstlichen Formen der Fortpflanzung, die für manche teuer sein können). In diesem Bereich gibt es keinen Wettbewerb zwischen heterosexuellen und homosexuellen Beziehungen. Null! Nur in einer so beschissenen Welt ist es nötig, dass jemand auf diese Dinge hinweist! Das ist kein persönlicher Angriff auf irgendjemanden, es ist einfach Biologie. Die Sekte hat Begriffe wie „Heteronormativität" erfunden, um diese Wahrheit zu verschleiern und zu versuchen, alle Sexualitäten/sexuellen Orientierungen als gleichwertig erscheinen zu lassen; der Begriff suggeriert, dass Heterosexualität nur das ist, was wir als normal empfinden. Netter Versuch. Das ist ein weiterer marxscher Taschenspielertrick, der unsere Wahrnehmung der Realität verzerren soll.

Die Unterschiede in der Biologie (und damit in der Psychologie) zwischen heterosexuellen und homosexuellen Eltern sind auch wichtig, wenn es um die eigentliche Elternschaft geht. Natürlich müssten homosexuelle Eltern künstliche Formen der Empfängnis und der Leihmutterschaft nutzen, aber ich konzentriere mich hier auf das, was nach der Geburt des Kindes geschieht. Die ideale Kombination ist ein Mann und eine Frau, so wie es die Natur/Schöpfung vorgesehen hat, wenn man normale, heterosexuelle Kinder haben will.

Ich spreche diesen Punkt noch einmal an, denn wenn zum Beispiel ein schwules männliches Paar ein Mädchen bekommt - was um alles in der Welt würden sie dann über das Frausein wissen?!? Dasselbe gilt, wenn sie einen Jungen haben, der sich nicht als schwul entpuppt - was wissen sie dann darüber, wie es ist, ein heterosexueller Mann zu sein? Dasselbe gilt für lesbische Paare - was wissen sie schon darüber, wie es ist, ein Mann zu sein? Oder eine heterosexuelle Frau? Noch einmal: Wenn sie kein schwules weibliches Kind haben, werden sie dann wirklich in der Lage sein, ihre Kinder richtig zu erziehen und eine Beziehung zu ihrem „Nachwuchs" aufzubauen?

Natürlich könnten sie beschließen, ihr Kind (auf kriminelle Weise) zu ermutigen, schwul zu sein, um eine bessere Beziehung zu ihm aufzubauen. Sie werden ihr Kind sicherlich nicht davon abhalten, homosexuelle Tendenzen zu zeigen (falls das Kind heterosexuell ist und während seiner Entwicklung vielleicht Probleme mit der Geschlechtsidentität hat). Im Internet finden sich zahlreiche Berichte von Menschen, die auf diese Weise „ermutigt" wurden und später im Leben mit nachteiligen Identitätsproblemen konfrontiert waren - in einigen Fällen mit katastrophalen Folgen.

Natürlich sind nicht alle homosexuellen Eltern in allen Situationen schlechte Eltern, und die Vorstellung, dass alle heterosexuellen Eltern automatisch in allen Situationen großartige Eltern sind, ist falsch - wir alle wissen, dass es da draußen schlechte, dumme Eltern gibt!

Ein gutes Elternteil zu sein, hat mit Persönlichkeit/Einstellung, Hingabe, Verantwortung, Geduld, Intelligenz, Liebe, Disziplin usw. zu tun, und diese Eigenschaften kann jeder, unabhängig von seinem Geschlecht/seiner sexuellen Orientierung, aufweisen. Heterosexuelle Eltern sind jedoch insgesamt im Vorteil, da sie eine bessere Beziehung zu ihren Kindern aufbauen können. Und da sie einen Vater und eine Mutter haben, können beide Elternteile (unter normalen Umständen) aus verschiedenen Blickwinkeln auf das Kind einwirken - der männliche und der weibliche; und beide Elternteile unterscheiden sich körperlich voneinander. Das ist bei gleichgeschlechtlichen Paaren nicht der Fall.

Ist es nicht auch ein Faktor, dass homosexuelle Eltern eher Kinder großziehen, die „liberaler" sind (d. h. eher dazu neigen, als Sektenmitglieder aufzuwachsen)? Das heißt, selbst wenn es darum geht, wie wir unsere Kinder erziehen, versucht die Ideologie, ihren Willen durchzusetzen. Unterm Strich sind in diesem Fall nicht alle Arten von Elternpaaren gleich. Die Propaganda der Sekte versucht, uns das Gegenteil einzureden.

Beziehungsverzögerer

Die Ideologie greift die traditionelle Familie nicht nur mit direkten Mitteln an, sondern auch indirekt. Sie unterstützt die Entartung, die ihrerseits zu ihrer Zerstörung beiträgt, insbesondere wenn es um menschliche Beziehungen geht. Sie unterstützt: exzessiven Hedonismus; Promiskuität (die Denkweise „Sex ist zum Vergnügen da, nicht zur Fortpflanzung"); Oberflächlichkeit; egozentrische, unverantwortliche Einstellungen („mein Körper, meine Entscheidung"); Polyamorie und andere seltsame Arten von „Beziehungen"; Androgynie, nicht-binäre Geschlechter und Transgenderismus; die von den sozialen Medien gesteuerte Ego-Kultur (einschließlich der auftretenden Dopamin- und Serotonin-Manipulation/Abhängigkeit) usw. Und wie bereits erwähnt, werden die Jüngsten von der Kindheit bis zur Adoleszenz und darüber hinaus mit diesem Mist durchtränkt, da sie nun zur Zielscheibe werden.

Ein Umfeld, das voll von diesen toxischen Elementen ist, trägt dazu bei, dass Menschen zu Beziehungsgestörten werden - zu Menschen, die nicht in der Lage sind, funktionierende, stabile und sinnvolle Beziehungen zu führen. Je mehr Zeit ein Mensch in degenerierten Denkweisen wie den oben genannten verbringt, desto weniger Zeit verbringt er damit, stabile Beziehungen zu lernen, um die herum eine Familie aufgebaut werden könnte. Dies alles verringert natürlich die Zahl der stabilen Familien in der allgemeinen Bevölkerung, wodurch schwache Gesellschaften/Nationen entstehen, was der Ideologie dient. Der treffende Begriff „zurückgeblieben" bedeutet im Wesentlichen „in der geistigen, körperlichen oder sozialen Entwicklung weniger weit fortgeschritten als altersüblich".

Interessanterweise, wo in unserem Leben können wir lernen, wie man diese Art von Beziehungen führt? Zu Hause. Wir lernen zuerst von unseren eigenen Eltern. Wenn dieses Beispiel nicht vorhanden ist, sollten wir besser irgendwoher einen positiven Einfluss bekommen. Stellen Sie sich also vor, in welchem Zustand künftige Generationen von Jugendlichen sein werden, wenn die traditionelle Familieneinheit noch weiter aus der Gesellschaft entfernt wird, zusätzlich zu dem Aufwachsen in dieser Art von toxischer Umgebung? Vorhersage: Generationen von Beziehungsgestörten. Viele der jungen Generationen des 21. Jahrhunderts - die in immer jüngerem Alter verseucht und beeinflusst werden - werden vielleicht nie lernen, wie man sinnvolle Beziehungen führt.

Familiengründung aus patriotischen, religiösen oder ethnischen Gründen

Die Ideologie neutralisiert jegliches Pflichtgefühl der Bevölkerung, zum Wohle der Nation, der religiösen Gruppe oder der Rasse eine Familie zu gründen, da sie solche Dinge ablehnt oder ganz und gar verneint. Nach ihrem Dogma sollten Länder nicht existieren, Religion ist eine Illusion und Rasse ist ein soziales Konstrukt; daher ist die Idee, aus diesen Gründen Familien zu gründen und Kinder zu bekommen, einfach lächerlich, oder? Die Ideologie/Kult (im Allgemeinen) fördert diese Irrtümer als Teil ihrer Anti-Traditionellen-Familien-Sub-Agenda und ihrer Anti-Nationen-Sub-Agenda (und andere). Dies sind die Arten von subtilen, direkten Angriffen, die der Ideologie helfen, dieses spezielle Teilziel (Zerstörung der traditionellen Familie) zu erreichen.

Der Gedanke, aus den oben genannten Gründen eine Familie zu gründen, mag in modernen, ideologisch verseuchten Gesellschaften wie ein Fremdwort klingen, doch ist dies ein Merkmal unzähliger Kulturen in der Geschichte seit Anbeginn der Menschheit! Natürlich sollten diese Gründe nicht die einzigen Gründe für die Familiengründung sein, aber es ist positiv, wenn sie im Spiel sind; die Indoktrination sorgt dafür, dass sie es nicht sind. Auch dieser Teilbereich betrifft in erster Linie die westlichen Länder, die traditionell überwiegend weiß und christlich geprägt sind. Die Ideologie hat in diesen Ländern den größten Einfluss auf dieses Thema.

Kontrolle von Personen durch sexuelle Programmierung

Ein weiteres großes Thema, das von anderen Forschern und Autoren behandelt wird. Da das ultimative Ziel der Sekte/Ideologie die vollständige Beherrschung und Zerstörung alles Guten ist, sucht sie nach immer effizienteren Wegen, dies zu erreichen. Daher ist es wünschenswert, die Menschen über ihr Sexualverhalten zu kontrollieren. Natürlich liegt es traditionell in der Verantwortung der Eltern, ihre Kinder über Sexualität zu erziehen. Dies ist ein weiterer Grund, warum die Sekte/Ideologie ihren Einfluss zurücknehmen muss.

Diese Initiative ist in den verschiedenen Teilbereichen, die von der Sekte über „das System" (Medien, Unterhaltung, Bildung, Regierung usw.) vorangetrieben werden, weit verbreitet. Das Bildungssystem ist dabei am effektivsten, da die Kinder ihren Indoktrinatoren von Angesicht zu Angesicht gegenüberstehen und sie nicht „ausschalten" können wie einen Fernseher oder ein Telefon, oder entkommen können.

In der Tat findet derzeit in der Welt ein Kampf um Einfluss statt zwischen Sektenmitgliedern, die entschlossen sind, die Jugend durch „Erziehung" zu infizieren, und den Eltern, die versuchen, ihre Kinder vor „Lehrmaterial" zu schützen, von dem sie wissen, dass es unangemessen oder geradezu böse ist. Natürlich gilt das alles nicht, wenn die Eltern dem Marxismus nicht feindlich gegenüberstehen oder - schlimmer noch - selbst Sektenmitglieder sind; in diesem Fall gibt es keinen Kampf (und das Schicksal ihrer Kinder ist oft mehr oder weniger besiegelt).

In unserer Gesellschaft haben wir dank der Infektion Folgendes erlebt: die Überbetonung der Sexualität (auch bekannt als „Hypersexualisierung"), den trans/nicht-binären Unsinn, die Dragqueen-Geschichten in den Schulen, die Aufforderung an Kinder, schwule Liebesbriefe zu schreiben, die „radikale"

Sexualerziehung und die Förderung von Analsex, die Beziehungsprogrammierung, die Normalisierung der Abtreibung, die Förderung des Feminismus, der den Verstand von Frauen und Männern verdreht, und die Normalisierung/Förderung von Homo-/Bi-Sexualität. Alle haben ein sexuelles Element oder sind mit Sex verbunden. Gremien von Sektenmitgliedern („Experten") in jedem infizierten Land werden uns erklären, was Kinder in der Schule lernen sollten.

Die Kontrolle der sexuellen Programmierung/des sexuellen Verhaltens der Jugend trägt dazu bei, Generationen von jungen Menschen zu schaffen, die zu hedonistischen, geistig instabilen, oberflächlichen, beziehungsunfähigen Menschen heranwachsen, die entweder nicht in der Lage oder nicht willens sind, eine Familie zu gründen. Darüber hinaus werden sie nicht den Willen haben, sich der Sekte/Ideologie zu widersetzen, selbst wenn sie irgendwie den Drang dazu hätten. Wenn man die Kontrolle über die sexuelle Programmierung der jungen Menschen übernimmt, kann man all dies erreichen.

Auf nationaler Ebene werden diese verschiedenen Initiativen über die Bildungssysteme vorangetrieben. In Irland berichtete die Irish Times im Juli 2023, dass „Sexualkundeunterricht" für Schüler der Sekundarstufe (High School) zur Pflicht wird. [84] Die Initiative nennt sich „Social Personal and Health Education" (Sozial-, Persönlichkeits- und Gesundheitserziehung), in der die Schüler eine Stunde pro Woche einer Gehirnwäsche unterzogen werden sollen. Das Gegenstück in der Grundschule heißt „Relationships and Sexuality Education (RSE)".

Auf internationaler Ebene spielen die Unterinstitutionen der (marxistischen) Vereinten Nationen (z. B. die UNESCO) eine zentrale Rolle beim Diktieren dieser Initiativen, und die unterwürfigen Regierungen der Mitglieds „staaten" (Länder) sind „verpflichtet", sich daran zu halten. Es wurden globale Vorlagen dafür erstellt, wie Kinder „erzogen" werden sollten, vor allem, wenn es um die „Sexualerziehung" geht. Sehr seltsames, pädo-eskes Zeug...

Aus dem Vorwort des 138-seitigen UNESCO-Dokuments „International Technical Guidance on Sexuality Education" (2018): „Zu viele junge Menschen erleben den Übergang von der Kindheit zum Erwachsenenalter immer noch mit ungenauen, unvollständigen oder urteilsbeladenen Informationen, die ihre körperliche, soziale und emotionale Entwicklung beeinträchtigen... Dies stellt ein Versagen der gesellschaftlichen Verantwortungsträger dar, ihre Verpflichtungen gegenüber einer ganzen

---

[84] O'Brien, C, „Sex education classes to be mandatory for Leaving Cert students", 12. Juli 2023. https://www.irishtimes.com/ireland/education/2023/07/12/sex-education-classes-to-be-mandatory-for-leaving-cert-students/

Generation zu erfüllen."[85] Verstehe, also muss die UNO eingreifen. Aktivismus setzt voraus, dass man ein Problem aus dem Hut zaubert, das „gelöst" werden muss, und genau das hat man hier getan. Man beachte, dass der Begriff „Pflichtenträger" eine schelmische Anspielung auf die Eltern ist.

Auf Seite 71, im Abschnitt „Sexuelles Verhalten und sexuelle Reaktionen", beinhalten die „Lernziele" für 5- bis 8-Jährige, dass sie verstehen, „dass Menschen ihre Liebe und Fürsorge für andere Menschen auf unterschiedliche Weise zeigen, einschließlich Küssen, Umarmen, Berühren und manchmal durch sexuelles Verhalten".[86] Es ist ein Wunder, dass sich die Menschheit ohne den klugen Beitrag der UNO bis zu diesem Punkt fortgepflanzt hat!

Ich muss sagen, es ist eine amüsante und beunruhigende Lektüre, die sich menschlichen Interaktionen, Beziehungen und Sexualität aus einer ultra-analytischen, strukturierten, fast roboterhaften Sichtweise nähert. (Roboterstimme) „In diesem Entwicklungsalter wirst du deine Genitalien berühren"... „In diesem Alter wirst du deinen Standard-Geschlechtsstatus für heute wählen... beep bop boop".

Kinder (laut UNO usw.) „leiden" aufgrund der Unfähigkeit der Eltern, Eltern zu sein. Daher sind in dieser Unteragenda die Kinder die „Unterdrückten", die Eltern sind die „Unterdrücker", und verrückte, pädophile Sektenmitglieder müssen zur Rettung kommen. Kinder der Welt vereinigt euch!

---

[85] „International technical guidance on sexuality education: an evidence-informed approach", UNESCO 2018. https://unesdoc.unesco.org/ark:/48223/pf0000260770

[86] Ebd. P. 71.

Abschnitt V-Verschiedene Gruppen und Inkarnationen

„Es gibt einige unserer eigenen Leute, die immer noch denken, dass die Kommunisten der linke Flügel der sozialistischen Bewegung sind. Das sind sie aber nicht. Die sozialistische Bewegung war eine Bewegung für die Freiheit im weitesten Sinne. Unter dem Gesichtspunkt der Freiheit stehen die Kommunisten auf der extremen Rechten.[1]

Mitglied der Fabian Society und britischer Premierminister
Clement Atlee, Rede in Glasgow, 1949

Einführung

Die Wahrnehmung vieler Menschen wurde dahingehend verzerrt, dass sie den Internationalismus akzeptieren, mit dem letztendlichen Ziel, sie in eine globale totalitäre Versklavung zu treiben. Dies wurde als die Agenda der Eine-Welt-Regierung bezeichnet, mit der der Marxismus untrennbar verbunden ist. Hier geht es um das Streben der Ideologie nach globaler Vorherrschaft.

Es ist wahr, dass der Marxismus ein Leopard ist, der seine Flecken nie wechselt; aber er ist auch eine Schlange ... eine Schlange, die - sobald sie leicht als das erkannt wird, was sie ist - ihre alte, abgenutzte Haut abstreift und sie durch eine neue, schöne, glänzende Schicht ersetzt. Während sie sich unbehelligt durch die Welt schlängelt, vergeht die Zeit; ihr früheres Aussehen gerät in Vergessenheit - ebenso wie ihre räuberische Natur. Dieser Zyklus der ständigen Verjüngung und Neuerfindung ist vielleicht die wichtigste und am häufigsten genutzte Verteidigung dieser hartnäckigen Ideologie, und natürlich kann sie ihre Methoden offen oder verdeckt anwenden. Wir können nicht die ganze Geschichte durchgehen, aber wir müssen einige Punkte ansprechen.

Fabianischer Sozialismus

„Auf den richtigen Moment muss man warten, wie Fabius es geduldig getan hat ... aber wenn die Zeit gekommen ist, muss man hart zuschlagen, sonst ist das Warten vergebens und fruchtlos.2

Fabianisches Pamphlet

---

[1] Clement Attlee, Rede in Glasgow (10. April 1949), zitiert in *The Times* (11. April 1949), S. 4. https://en.wikiquote.org/wiki/Communism

[2] https://fabians.org.uk/about-us/our-history/

„Wir haben die Anleitung eines Experten, George Bernard Shaw von der Fabian Society, der Lenin den „größten Fabianer von allen" nannte. Er formulierte und beschrieb die Fabian-Methodik: Sie benutzte „Methoden der Heimlichkeit, der Intrige, der Subversion und der Täuschung, den Sozialismus niemals beim richtigen Namen zu nennen".3

Stormer, John, Keiner wagt es, es Verrat zu nennen, 1964

„Patriotismus ist im Grunde genommen die Überzeugung, dass ein bestimmtes Land das beste der Welt ist, weil man in ihm geboren wurde.4

G.B. Shaw, Die Welt, 1893

Die *Fabian Society* oder Fabian Socialists (FS) ist ein wichtiges Unterthema für einen Studenten der marxistischen Subversion und der „Neuen Weltordnung". Der Grund dafür ist, dass diese Organisation die Verbindung zwischen quasi-geheimen Gesellschaften, subversivem Sozialismus und der Welt der Politik deutlich aufzeigt. Die FS hat die *britische Labour-Partei* gegründet und anschließend kontrolliert. Darüber hinaus zeigt diese Gruppe eine klare Verbindung zwischen diesen Strukturen und der akademischen Welt - sie gründete eine Universität zur Förderung ihrer Ziele, die *London School of Economics*.5

Die Fabians wollten den Sozialismus mit subversiven Mitteln herbeiführen, und zwar über das demokratische System („demokratischer Sozialismus"), Bildung, Gemeinschaftsgruppen usw.6 Die Konzepte des *Kommunitarismus* (später erweitert) und Aspekte der Politik des „Dritten Weges" (eine „Verschmelzung" von linken und rechten Ideen) können mit dem Fabianismus in Verbindung gebracht werden. Die FS zeigt uns auch deutlich das „champagner-sozialistische" Prinzip in Aktion auf organisatorischer Ebene - eine Gruppe von Eliten, die behaupten, sich für die Armen einzusetzen, während sie (wissentlich oder unwissentlich) der tyrannischen internationalistischen Agenda dienen. Da viele der Fabians selbst „Bourgeoisie" waren, konzentrierten sie sich nicht auf den traditionellen Klassenkampfaspekt der traditionellen marxistischen Theorie (wie die Leninisten); andernfalls hätten sie sich selbst als Feind bezeichnen müssen.

Grundlegende Informationen

Ursprünglich handelte es sich um eine in London ansässige Organisation, die aus einer früheren Organisation namens *The Fellowship of the New Life*

---

3 Stormer, J., *Keiner wagt es, es Verrat zu nennen* (1964), S. 26.

4 Shaw, G.B., *Die Welt* (1893). https://en.wikiquote.org/wiki/George_Bernard_Shaw

5 https://www.britannica.com/topic/Fabian-Society

6 Diniejko, Litt, „The Fabian Society in Late Victorian Britain", 16. September 2013. https://victorianweb.org/history/fabian.html

hervorging. Heute ist sie eine äußerst mächtige internationale Organisation mit einer Präsenz im Vereinigten Königreich, in Kanada (*Douglas-Coldwell Foundation,* dann *League for Social Reconstruction),* Australien (*Australian Fabian Society*) und Neuseeland (*New Zealand Fabian Society)* sowie ausgerechnet in Sizilien, Italien (*Societa Fabiana Siciliana*). Derzeit hat die britische Fabian Society über 7000 Mitglieder.[7]

Die Gesellschaft wurde am 4. Januar 1884 gegründet (fast 10 Monate nach dem Tod von Karl Marx). Die Gründungsmitglieder waren „Radikale" aus der Mittelschicht, die von sozialistischen Ideen angezogen wurden: Frank Podmore, Edward R. Pease, William Clarke, Hubert Bland, Pervical Chubb, Frederick Keddell, H.H. Champion, Edith Nesbit und Rosamund Dale Owen. Hubert Bland warb später George Bernard Shaw (1856-1950) an, der ebenfalls mit ihm befreundet war und als Journalist arbeitete. Alle neuen Mitglieder mussten ein verfassungsähnliches Dokument namens „The Basis" (1887) unterzeichnen. Dieses Programm enthielt Vorschläge wie „die Nutzung der bestehenden Institutionen, der Partei und des parlamentarischen Apparats für die Verwirklichung sozialer Reformen", um „die Abschaffung von Grund und Boden in Privatbesitz und die Einführung von Gemeinschaftseigentum an den Produktionsmitteln" zu erreichen.[6]

Die Fabier

Zu den prominenten Mitgliedern und Leitern der FS gehörten: Der irische Dramatiker, Schriftsteller und Nobelpreisträger G.B. Shaw, das Ehepaar Sidney (1859-1947) und Beatrice Webb (1858-1943), Graham Wallas und Sidney Olivier. Sidney Webb war Wirtschaftswissenschaftler, Politikwissenschaftler und Autor. Er heiratete Beatrice Potter im Jahr 1892 (Potter war die Tochter von Richard Potter, einem wohlhabenden Finanzier der britischen und kanadischen Eisenbahn). Wallas war ein Sozialpsychologe und Erziehungswissenschaftler. Sidney Olivier war ein gut vernetzter Beamter und diente später als Gouverneur von Jamaika und Staatssekretär für Indien.

Andere Mitglieder der Fabian Society waren: der berühmte Schriftsteller Herbert George Wells; der Philosoph und Mathematiker Bertrand Russell; der Wirtschaftswissenschaftler John Maynard Keynes; Eleanor Marx (Tochter von Karlie Karl); der Historiker und Professor Arnold Toynbee; die Theosophin und Frauenrechtlerin Annie Besant; die Frauenrechtlerin und Organisatorin der britischen Suffragetten-Bewegung Emmeline Pankhurst; der Freimaurer und Politiker Clement Atlee; der Herausgeber der Zeitschrift *New Age* und Freimaurer Alfred Richard Orage; und der Autor von *Brave New World* Aldous Huxley (Bruder des bekannten Eugenikers Julian Huxley).

G.B.'s Perlen der Weisheit

---

[7] „Mitgliedschaft„. https://fabians.org.uk/membership/

Der wohl berühmteste Fabian ist George Bernard („G.B.") Shaw. Hier sind einige absolut geniale Zitate von ihm. Das erste stammt aus *The Intelligent Woman's Guide to Socialism and Capitalism* (1928): „Sozialismus bedeutet Einkommensgleichheit oder gar nichts. Im Sozialismus wäre es Ihnen nicht erlaubt, arm zu sein. Man würde zwangsweise ernährt, gekleidet, untergebracht, unterrichtet und beschäftigt werden, ob man will oder nicht. Sollte sich herausstellen, dass Sie nicht genug Charakter und Fleiß haben, um all diese Mühe wert zu sein, könnten Sie möglicherweise auf freundliche Weise hingerichtet werden; aber solange Sie leben dürfen, müssen Sie gut leben. Im ultimativen 'Kindermädchenstaat', in dem es weder einen freien Willen noch das Recht zu wählen gibt, gehört man den Eliten und wird entsorgt, wenn man nicht mehr von Nutzen ist".[8]

Dieser Satz stammt aus einer gefilmten Rede vom 5. März 1931 (verfügbar auf YouTube): „Ich möchte niemanden bestrafen, aber es gibt eine außerordentliche Anzahl von Menschen, die ich töten möchte. Nicht in einem unfreundlichen oder persönlichen Geist, Sie alle müssen mindestens ein halbes Dutzend Leute kennen, die in dieser Welt keinen Nutzen haben, es wäre eine gute Sache, alle vor ein ordentlich ernanntes Gremium zu stellen... und sagen wir alle fünf oder alle sieben Jahre, stellen Sie sie dort hin und sagen: „Sir, oder Madam, wären Sie jetzt so freundlich, Ihre Existenz zu rechtfertigen? Wenn Sie Ihre Existenz nicht rechtfertigen können, wenn Sie Ihren Beitrag zur sozialen Abstimmung nicht leisten, wenn Sie nicht so viel produzieren, wie Sie verbrauchen, oder vielleicht ein bisschen mehr, dann können wir die große Organisation unserer Gesellschaft natürlich nicht dazu benutzen, Sie am Leben zu erhalten, denn Ihr Leben nützt uns nicht und es kann auch Ihnen selbst nicht viel nützen ".[9]

In einer Ausgabe der Dubliner Zeitung *Evening Herald* vom 3. Februar 1948 wurde er mit den folgenden Worten zitiert: „Ich bin ein Kommunist, aber kein Mitglied der Kommunistischen Partei. Stalin ist ein erstklassiger Fabianer. Ich bin einer der Begründer des Fabianismus und als solcher Russland gegenüber sehr freundlich eingestellt".[10]

Die genozidale/demozidale Bilanz der Sektenregime im 20. Jahrhundert erhält

---

[8] Shaw, G.B., *The Intelligent Woman's Guide to Socialism and Capitalism* (1928). https://ia904704.us.archive.org/33/items/in.ernet.dli.2015.276240/2015.276240.The-Intelligent.pdf

[9] „George Bernard Shaw: Es gibt eine außergewöhnliche Anzahl von Menschen, die ich umbringen möchte", 27. Juni 2020. https://www.YouTube.com/watch?v=Ymi3umIo-sM

[10] Shaw, G.B., Evening Herald Zeitungen, 3. Februar 1948.

https://quotepark.com/quotes/2066840-george-bernard-shaw-i-am-a-communist-but-not-a-member-of-the-communis/

eine andere Bedeutung, wenn man die Eugenik (Züchtung auf bestimmte Ergebnisse) betrachtet. Die Tatsache, dass Shaw ein Fan des sowjetischen Regimes und Stalins war, ist nicht überraschend. In einem Vortrag vor der *Eugenics Education Society* im Jahr 1910 erklärte Shaw: „Wir sollten uns dazu verpflichtet sehen, eine große Anzahl von Menschen zu töten, die wir jetzt am Leben lassen... Ein Teil eugenischen Politik würde uns schließlich zu einem ausgedehnten Gebrauch der Todeskammer führen. Sehr viele Menschen müssten aus dem Leben gerissen werden, einfach weil es die Zeit anderer Leute vergeudet, sich um sie zu kümmern ".[11]

Ein Auszug aus None Dare call it Treason von John A. Stormer (1928-2018) (Hervorhebung durch Unterstreichung): „Shaw bezeichnete sich selbst als „Kommunist", war aber anderer Meinung als Marx, wie und von wem die Revolution durchgeführt werden sollte. Diese Differenzen legte er 1901 in seinem Werk *Wer ich bin, was ich denke dar,* als er schrieb: 'Das 'Kapital' von Marx ist keine Abhandlung über den Sozialismus; es ist eine Schmähschrift gegen die Bourgeoisie (Mittelklasse). Es sollte für die Arbeiterklasse geschrieben werden; aber der Arbeiter respektiert die Bourgeoisie und will ein Bourgeois sein; Marx hat ihn nicht einen Moment lang verstanden. Es waren die aufmüpfigen Söhne der Bourgeoisie selbst, wie ich, die die Fahne rot gefärbt haben. Die Mittel- und Oberschichten sind das revolutionäre Element der Gesellschaft: das Proletariat ist das konservative Element". [12]

Interessant und aufschlussreich. Wie bereits erwähnt, stammten Marx und Engels selbst aus privilegierten Verhältnissen.

War of the Wells

> „Diese neue und vollständige Revolution, die wir ins Auge fassen, kann mit wenigen Worten definiert werden. Sie ist ein reiner Weltsozialismus, wissenschaftlich geplant und gelenkt... und ein beharrlicher Ausbau der Bildungsorganisation entsprechend den ständig wachsenden Anforderungen der neuen Ordnung".[13]

H.G. Wells, Neue Weltordnung, 1940

Der weltberühmte englische Schriftsteller H.G. Wells (1866-1946) war von 1903-1908 Mitglied der Fabian Society. Wells war ein Darwinist und lebenslanger Verfechter des Sozialismus und der Eugenik. Er glaubte, dass der Kollektivismus das neue „Opium der Massen", die neue Religion, werden sollte. Einmal versuchte er sogar, mit einigen neueren Mitgliedern die

---

[11] Rose, E. „Eugenics Rises Again", 14. November 2019.

https://medium.com/@finnishrose/eugenik-erhebt-sich-wieder-1f5421aba5ba

[12] Shaw, G.B., „Wer ich bin, und was ich denke", 11. Mai 1901.

[13] Wells, H.G., *Neue Weltordnung* (1940).

Kontrolle über die Führung der Gesellschaft (von Shaw und Webb) zu erlangen.

Zu seinen zahlreichen Werken zählen unter anderem: *Will Socialism Destroy the Home?* (1907), *The War and Socialism* (1915), *The Open Conspiracy* (1928) und *New World Order* (1940).[14] In Neue Weltordnung schrieb er: „Unzählige Menschen, von Maharadschas bis zu Millionären und von Pukkha Sahibs bis zu hübschen Damen, werden die neue Weltordnung hassen ... und aus Protest gegen sie sterben. Wenn wir versuchen, ihre Verheißungen abzuschätzen, müssen wir das Leid einer ganzen Generation von Unzufriedenen bedenken".

Auch: „Die Neuordnung der Welt muss zunächst hauptsächlich das Werk einer „Bewegung" oder einer Partei oder einer Religion oder einer Sekte sein, wie auch immer wir sie nennen wollen. Wir können sie den Neuen Liberalismus oder den Neuen Radikalismus oder was auch immer nennen. Es wird keine engmaschige Organisation sein, die der Parteilinie folgt und so weiter. Sie könnte sehr locker und vielschichtig sein".[15] Ist diese Vision in Anbetracht des Charakters der heutigen Sekte/Ideologie nicht fast prophetisch?

Moderne Mitglieder und Referenten

In der heutigen Zeit gehören zu den berühmten Mitgliedern und Rednern: der ehemalige Vorsitzende der britischen Labour-Partei Jeremy Corbyn, der ehemalige britische Premierminister und Vorsitzende der britischen Labour-Partei Tony Blair, der Abgeordnete der britischen Labour-Partei und Bürgermeister von London Sadiq Khan, der ehemalige britische Premierminister und Vorsitzende der Labour-Partei Gordon Brown sowie der britische Labour-Parteipolitiker und Präsident des *Policy Network* Peter Mandelson. Weitere namhafte FS-Mitglieder, die auch Mitglieder des britischen Parlaments waren, sind Robin Cook, Jack Straw, David Blunkett und Clare Short.[16]

Fabians sind seit Jahrzehnten auch auf den höchsten Ebenen der australischen Politik vertreten. Bis zum Amtsantritt von Julia Gillard im Jahr 2010 waren sieben australische Premierminister in Folge FS-Mitglieder: Gough Whitlam (1972 bis 1975); Robert Hawke (1983 bis 1991); Paul Keating (1991 bis 1996); Kevin Rudd (2007 bis 2010); und dann Gillard selbst (2010 bis 2013). Weitere Fabians, die zu Spitzenpolitikern wurden, sind John Cain, Neville Wran und Jim Cairns sowie die Mitglieder der australischen Labour Party Bob Carr und Kelving Thompson. [17] Interessanterweise war Jim Cairns stark in den

---

[14] https://www.britannica.com/biography/H-G-Wells

[15] Wells, H.G. *Neue Weltordnung* (1940), S.111.
http://www.telelib.com/authors/W/WellsHerbertGeorge/prose/newworldorder/newworldorder008.html

[16] https://en.wikipedia.org/wiki/Category:Members_of_the_Fabian_Society

[17] McGrath, A., *Wolves in Sheep's clothing* (2012), S. 20.

Weltfriedensrat (eine Schöpfung Joseph Stalins) involviert und war außerdem ein bekannter Aktivist gegen den Vietnamkrieg.[18]

Eine fabianische neue Weltordnung

In einer Rede in Washington DC am 21. April 2008 sagte der damalige britische (Fabian) Premierminister Tony Blair: „Die transatlantische Partnerschaft war nie nur das Fundament unserer Sicherheit. Sie war das Fundament unseres Lebensstils. Sie wurde aus den bittersten und schmerzlichsten Erfahrungen geschmiedet. Daraus entstand ein neues Europa, eine neue Weltordnung, ein neuer Konsens darüber, wie das Leben gelebt werden sollte".[19]

Am 2. April 2009 sagte der damalige britische (fabianische) Premierminister Gordon Brown während eines G20-Gipfels in London: „Ich glaube, dass eine neue Weltordnung im Entstehen begriffen ist, und damit die Grundlagen für eine neue und fortschrittliche Ära der internationalen Zusammenarbeit... wir werden gemeinsam den Prozess der Globalisierung steuern, um die Verantwortung aller und die Fairness für alle zu sichern... wir werden eine nachhaltigere, offenere und gerechtere globale Gesellschaft aufbauen". [20] „Fairer" = Gleichmacherei, soziale Gerechtigkeit usw. Auch „Verantwortung von allen und Fairness für alle" ist die fabianische Version von „von jedem nach seinen Fähigkeiten zu jedem nach seinen Bedürfnissen" (danke Karl). Neue Weltordnung, irgendjemand?

Chronologie der FS-Ereignisse und -Erfolge

Im Jahr 2012 veröffentlichte die australische Autorin Dr. Amy McGrath (1921-2019) ein Buch mit dem Titel *Wolves in Sheep's Clothing*. Das Buch ist eine Sammlung von Auszügen aus den Werken anderer Autoren zum Thema Kommunismus usw. Es enthält Beiträge, in denen außerstaatliche Organisationen wie die Vereinten Nationen, der Club of Rome, der Rat für auswärtige Beziehungen, die Bilderberg-Gruppe usw. erwähnt werden. Wie McGrath andeutet, haben diese Organisationen zusammengearbeitet, um die Agenda der Eine-Welt-Regierung voranzutreiben, und zwar über untergeordnete Agenden wie die Agenda 21 und ihre Ziele für „nachhaltige Entwicklung". Bei der Agenda 21 geht es vordergründig darum, wie die Welt und das menschliche Verhalten zum Wohle des Planeten umstrukturiert werden können. In Wirklichkeit geht es um die Kontrolle der Massen (wie und wo sie leben, was sie essen, wie sie reisen, welche und wie viele Besitztümer sie haben

---

[18] https://en.wikipedia.org/wiki/Jim_Cairns

[19] „Tony Blair - Neue Weltordnung", 9. November 2010.
https://www.YouTube.com/watch?v=Jv17gVF9kMA

[20] CNN, „Eine neue Weltordnung entsteht", 2. April 2009.
https://www.YouTube.com/watch?v=ZD5Yy9Iq7lg

dürfen usw.).

Wie in Dr. McGraths Buch aufgelistet, hier ein chronologischer Überblick über einige Errungenschaften der Fabianer seit der Gründung der Gesellschaft am 4. Januar 1884. Sie: gründeten die *Independent Labour Party* (ILP). Sie wurde im Januar 1893 durch den Zusammenschluss von über 70 lokalen Fabian-Gruppen gegründet und von dem Fabianer Kier Hardie geleitet (der zuvor mit Karl Marx' Schriftstellerkollegen und Förderer Friedrich Engels die Zweite Internationale mitbegründet hatte); gründete 1895 die London School of Economics and Political Science; half bei der Gründung des *Labour Representative Committee* im Jahr 1900; setzte sich 1906 für die Einführung eines Mindestlohns ein; gründete 1907 die *Pan-Fabian Organization*; setzte sich 1911 für die Idee eines nationalen Gesundheitsdienstes ein; gründete 1912 *Fabian Research* (später bekannt als *Labour Research Bureau);* gründete 1912 die *University Socialist Federation* (später bekannt als University Labour Clubs); gründeten 1913 die sozialistische Zeitschrift *New Statesman* (die heute noch aktiv ist); unterstützten Lenins bolschewistische Revolution in Russland; waren 1919 an der Gründung des *Royal Institute of International Affairs* beteiligt (eine der „Big 6" Organisationen, die angeblich die Welt „regieren"); waren 1920 an der Gründung des *Völkerbundes beteiligt* (einem Vorläufer der UNO); gründeten 1931 das *New Fabian Research Bureau;* waren an der Gründung der *Vereinten Nationen beteiligt* und gründeten 1945 *den Internationalen Gerichtshof* in Den Haag; und waren 1951 an der Gründung der *Sozialistischen Internationale* beteiligt.[21] [22]

Ein Werk mit dem Titel „International Government" (1916) wurde von dem Fabianer, Mitglied der Labour Party und Journalisten Leonard Woolf (1880-1969) verfasst. Dieses Buch war die Inspiration für die Gründung des *Völkerbundes* einige Jahre später, die durch die Zusammenarbeit der Gesellschaft mit der *Milner-Gruppe* erreicht wurde. Das *Fabian International Bureau beschäftigte sich mit* Forschung und Propaganda in internationalen Angelegenheiten und förderte verschiedene internationalistische Vorhaben wie die Vereinigung des britischen Empire mit Amerika und Russland.

Die Sozialistische Internationale (SI) wurde gegründet, um ein Netzwerk von sozialistischen Organisationen zu kontrollieren. Ihr Ziel war es, den internationalen Sozialismus zu koordinieren und die Agenda der Eine-Welt-Regierung durch diese Gruppen voranzutreiben. Darüber hinaus sollten diese Gruppen dazu beitragen, die Kontrolle über die Vereinten Nationen zu stärken. Im Juni 1962 erklärte die SI auf der *Konferenz des Socialist International Council* in Oslo: „Die Mitgliedschaft in den Vereinten Nationen muss

---

[21] McGrath, A., *Wolves in Sheep's clothing* (2012), S. 20.

[22] https://fabians.org.uk/about-us/our-history/

universell werden".[23]

Warum die „Fabianische Gesellschaft"?

Der Name „Fabian" wurde von einem FS-Gründungsmitglied (wahrscheinlich Frank Podmore) vorgeschlagen. Quintus Fabius Maximus Verrucosus (280-203 v. Chr.) war ein römischer General, der während des *Zweiten Punischen Krieges* (218-201 v. Chr.) Rom gegen den karthagischen General Hannibal (247-181 v. Chr.) verteidigen sollte. Hannibal wurde legendär für seine innovative Taktik, die Römer mit Elefanten über die Alpen anzugreifen! Die Karthager waren den Römern zahlenmäßig weit überlegen, doch Fabius besiegte Hannibal, indem er einen Guerillakrieg führte - er trieb die Karthager in die Flucht, führte keine direkten Kämpfe, zerstörte die Nachschublinien usw. Da er den karthagischen Vormarsch aufhielt, wurde er als Fabius „Cuncatator" (lateinisch für „Verzögerer") bekannt. Seine Bemühungen ermöglichten es Rom, sich neu zu organisieren.[24] Ein wichtiger Punkt für unsere Zwecke: Die Fabier waren bzw. sind in der Masse unterlegen. Wenn man mit einer zahlenmäßigen Überlegenheit konfrontiert ist, ist es besser, mit subversiven, indirekten Mitteln anzugreifen, um den Sieg zu erringen.

Fabianische Symbologie

> „Hütet euch vor den falschen Propheten, die in Schafskleidern zu euch kommen, inwendig aber reißende Wölfe sind" Matthäus 7:15[25]

> „Ich habe mich am Blut der Heiligen satt gegessen, aber ich werde von den Menschen nicht verdächtigt, ihr Feind zu sein, denn mein Fell ist weiß und warm, meine Zähne sind nicht die von einem, der Fleisch zerreißt, meine Augen sind mild, und sie erkennen mich nicht als den Chef der lügnerischen Geister.[26]

Britischer Okkultist Aleister Crowley, *Die Vision und die Stimme*, 1911

Wappen

Die häufig angewandte traditionelle und machiavellistische Marxsche Taktik der Bösartigkeit, getarnt als Wohltätigkeit, wird durch das Fabian-Wappen perfekt symbolisiert - ein Wolf im Schafspelz. Der Wolf ist schwarz, trägt sein weißes Schafsgewand und hält eine (kommunistische) rote Fahne. Können Sie sich ein passenderes Bild vorstellen, um dieses Konzept zu symbolisieren? Er kommt getarnt als einer von euch - einer von euch, als Freund -, aber er will

---

[23] *„Erklärung der Sozialistischen Internationale, Konferenz von Oslo, 2. bis 4. Juni 1962".*

https://www.socialistinternational.org/councils/oslo-1962/

[24] https://fabians.org.uk/about-us/our-history/

[25] Matthäus 7:15; King James Bible. https://biblehub.com/matthew/7-15.htm

[26] Crowley, A., *Die Vision und die Stimme* (1911).

euch und alle eure Artgenossen töten. Ein bösartiges Raubtier, das sich als harmlose Beute tarnt. Kurz gesagt, es handelt sich um einen feindlichen Angriff auf ahnungslose Opfer, der sich der Tarnung bedient. Anscheinend hat G.B. Shaw dieses Wappen entworfen. Später wurde es zurückgezogen, da es als zu krass empfunden wurde (kein Witz?).

Das Fabian-Logo

Die Fabianer verwendeten auch die Schildkröte auf (kommunistischem) rotem Hintergrund, die einen langsamen, schleichenden Prozess darstellt. Der untere Teil dieses Logos enthält den Text ihres Mottos „Ich warte lange, aber wenn ich zuschlage, schlage ich hart zu". Dies symbolisiert den geduldigen, subversiven Stil der Fabians - ein langsamer Prozess der Einführung des Sozialismus, anstatt eines sofortigen, gewaltsamen Umsturzes.

Aus ihrem ersten Pamphlet: „Man muss den richtigen Augenblick abwarten, wie Fabius es geduldig tat, als er gegen Hannibal kämpfte, obwohl viele sein Zögern tadelten; aber wenn die Zeit gekommen ist, muss man hart zuschlagen, wie Fabius es tat, oder das Warten wird vergeblich und fruchtlos sein". Ein großartiges Zitat des amerikanischen Autors Jon Perdue: „Das Logo der Fabian Society, eine Schildkröte, stand für die Vorliebe der Gruppe für einen langsamen, unmerklichen Übergang zum Sozialismus, während ihr Wappen, ein „Wolf im Schafspelz", die bevorzugte Methode zur Erreichung ihres Ziels darstellte".[27]

Ein „religiöses" Fabian-Fenster

Das Fabian Window ist ein Buntglasfenster in der London School of Economics. Es wurde von G. B. Shaw entworfen und 1910 in Auftrag gegeben. Seitdem hat das Fenster mehrmals den Besitzer und den Standort gewechselt, bis es schließlich in der Shaw Library an der LSE seinen Platz fand. Tony Blair enthüllte es dort am 20. April 2006 in einer Feierstunde.[28] Auf dem Fenster sind drei Fabianer - Shaw, Webb und ER Pease - abgebildet, die auf einem Amboss mit (freimaurerischen) Hämmern die Erde „umschmieden". Sie „zerschmettern sie in Stücke", um die Welt so zu gestalten, wie sie es für richtig halten ... um „die neue Welt" zu errichten. Über der Welt sehen wir das Fabianische Wappen.

Diese „Umgestaltung" der Welt entspricht dem traditionellen Marx'schen Konzept der absichtlichen Zerstörung der Gesellschaftsordnung, bevor diese dann als „Utopie" wieder aufgebaut werden kann. Unten sind andere FS-Mitglieder zu sehen, die zu ihren „heiligen Schriften" „beten". Die dargestellte

---

[27] Perdue, J., *The War of All the People: The Nexus of Latin American Radicalism and Middle Eastern Terrorism* (2012).

[28] Donnelly, S., „Hammering out a new world-the Fabian Window at LSE", 13. September 2017.

Szene erinnert an den Begriff der Religiosität und des Gottesdienstes. Die Fabianer wollten ihre internationalistische, kollektivistische totalitäre Ideologie zur neuen „Religion" machen.

Erleben wir diese Anbetung des marxistischen „Wissens"/der marxistischen Schriften heute nicht in sektenähnlicher Weise, insbesondere in akademischen/intellektuellen Kreisen? Dieses Bild und die Absicht der Fabians im Allgemeinen spiegeln eine der Kernaussagen dieses Buches wider - es ist ein subversiver Kult. Das Fenster ist wahrscheinlich das beste physische Artefakt, um dies zu symbolisieren. Der Text oben auf dem Fenster lautet: „Formt es nach dem Wunsch des Herzens um". Dies stammt aus einem Vierzeiler des mittelalterlichen persischen Philosophen und Dichters Omar Khayyam (1048-1131): „O Liebe! Könnten du und ich uns mit dem Schicksal verschwören, um diesen traurigen Plan der Dinge ganz zu erfassen, würden wir ihn nicht in Stücke brechen und ihn dann wieder näher an den Herzenswunsch heranführen![29]

Die Fabian-Strategie

Die Fabianer schlossen sich nicht dem Modus Operandi der Bolschewiki für eine revolutionäre Machtübernahme an. Sie waren nicht so sehr gegen die „Bourgeoisie", da sie selbst Bourgeoisie waren. Sie lehnten die Idee eines gewaltsamen „Klassenkampfes" zur Schaffung einer sozialistischen Gesellschaft ab. Sie waren der Meinung, dass Reformation besser sei als Revolution. Daher wollten die Fabians den Sozialismus durch Evolution und nicht durch Revolution einführen. Dies sollte nicht durch direkte und sofortige politische Aktionen erreicht werden, um sofortige Ergebnisse zu erzielen, sondern durch konsequente, subtile Einflussnahme über einen längeren Zeitraum hinweg. Dies war eine andere, indirekte Methode zur Durchsetzung des Kollektivismus im Vergleich zu anderen Methoden, die auf eine gewaltsame Revolution setzten (z. B. militärischer Umsturz/Putsch durch „Marxisten-Leninisten").

Im Gegensatz zu anderen Auslegungen des Marxismus, bei denen in erster Linie die Arbeiterklasse manipuliert und kontrolliert werden sollte, versuchten die Fabians, auch die anderen Klassen zu kontrollieren. Insbesondere wollten sie die Mittelschichten für ihre Ziele nutzen, nicht das „Proletariat", und es war typisch für den Modus Operandi der Fabians, die „Bourgeoisie"-Typen ins Visier zu nehmen. In Beatrice Webbs Schriften sprach sie davon, die Menschen zu betrügen, „Millionäre zu fangen". Insgesamt wollten sie die Gesellschaft als Ganzes indoktrinieren, um „eine gemeinsame Meinung zugunsten der sozialen Kontrolle zu schaffen... usw.". Mit anderen Worten, sie wollten unsere Länder psychologisch auf die Übernahme durch die marxistische Sekte vorbereiten. In den Anfangsjahren der Gesellschaft hielten die Fabians 700 Vorträge pro Jahr,

---

[29] Khayyam, O., Vierzeiler XCIX https://en.wikiquote.org/wiki/OmarKhayyam

in denen sie ihre „Philosophie" des „Gradualismus" oder der „Durchdringung"
propagierten. [30]

Die Fabianer haben sich darauf spezialisiert, das demokratische System zu
nutzen, um einen totalitären Staat einzuführen. Diese schrittweise Methode ist
im Allgemeinen für die westlichen Länder der „ersten Welt" gut geeignet. Sie
leisteten Pionierarbeit mit dem Konzept des demokratischen Sozialismus - sie
nutzen das demokratische System, um in ihren Zielländern eine pro-
sozialistische Einstellung zu erreichen. Die Infiltration der „Machtzentren" ist
der Schlüssel, einschließlich Gewerkschaften, politischer Parteien, religiöser
Institutionen und Gruppen (einschließlich der New-Age-Bewegung), des
Rechtssystems, der Medienorganisationen, des Bildungssystems, der
zivilgesellschaftlichen und finanziellen Institutionen, der
Industrieunternehmen usw. Zur Bildung im Besonderen sagte Shaw, dass sie
„die Kontrolle über das gesamte Bildungssystem von der Grundschule bis zur
Universität ... und über die gesamte Bildungsausstattung" erlangen müssen.[31]

Kommt Ihnen das alles nicht bekannt vor, wenn wir uns ansehen, wie sich die
westlichen Länder in den letzten Jahrzehnten verändert haben? Haben Sie
bemerkt, wie schnell sich die Dinge in Ihrem Land in letzter Zeit verändert
haben, nicht über Nacht, sondern durch einen allmählichen Prozess fast
ständiger Veränderungen? Das ist der Fabianische Weg. Allmählicher,
konstanter Fortschritt - wie eine laufende Schildkröte.

Permeation

Hier spricht G.B. Shaw darüber, wie die britische Liberale Partei durch
Permeation ins Visier genommen wurde:

„Wir durchdrangen die Parteiorganisationen und zogen alle Drähte, die wir in
die Hände bekamen, mit äußerster Geschicklichkeit und Energie; und es gelang
uns so weit, dass wir 1888 den soliden Vorteil einer fortschrittlichen Mehrheit
erlangten, voll von Ideen, die niemals in ihre Köpfe gekommen wären, wenn
die Fabianer sie nicht dorthin gebracht hätten".[32] Man beachte, dass dies nur
vier Jahre nach der Gründung der Gesellschaft geschah.

Aus *The History of the Fabian Society* (1918) von Edward R. Pease (1857-
1955), der mehrere Jahrzehnte lang als Sekretär fungierte: „... ein
Universitätskomitee, mit Frank Podmore als Sekretär für Oxford und G. W.
Johnson für Cambridge, hatte mit der 'Durchdringung' der Universitäten
begonnen, die immer ein wichtiger Teil der Propaganda der Gesellschaft

---

[30] McGrath, A., *Wölfe im Schafspelz* (2012).

[31] Shaw, G.B., „Bildungsreform", 1889.

[32] Shaw, G.B., Fabian Tract 41 („The Fabian Society: What it has done and how it has
done it"), 1892.

war".[33] (Die Leser mögen die Bedeutung der Erwähnung von Oxford und Cambridge an dieser Stelle verstehen. Sie werden von einigen Forschern der „Neuen Weltordnung" als wichtiger Teil des akademischen Kontrollapparats angesehen).

Die Fabianer gründeten zahlreiche Organisationen, um ihre Reichweite zu vergrößern. Aus *Occult Theocracy* (1933) von Lady Queenborough (1887-1933): „Die Fabianer gründen zahlreiche getrennte Gesellschaften, Komitees, Studienklubs, Vereinigungen, Ligen, Schulen, um die Unterstützung von Nicht-Sozialisten für solche Teile des sozialistischen Programms zu gewinnen, die keine öffentliche Zustimmung finden könnten, wenn die Verbindung mit dem sozialistisch-kommunistischen Weltplan aufgedeckt würde. Auf diese Weise werden die „Saugerlisten" der kapitalistischen Unterstützer des Sozialismus für England verfügbar gemacht. Das System ist das gleiche in Amerika ".[34] (Man denke nur an Beatrice Webbs Aussagen über den Betrug an den bürgerlichen Geschäftsleuten).

Die Arbeiterpartei

> „Die Labour-Partei blieb ihrem langjährigen Glauben an die Schaffung einer Ost-West-Zusammenarbeit als Grundlage für eine gestärkte UNO, die sich zu einer Weltregierung entwickelt, treu. Für uns ist die Weltregierung das Endziel und die Vereinten Nationen das gewählte Instrument.[35]
>
> Wahlmanifest der britischen Labour-Partei („The New Britain"), 1964

> „Die Labour-Partei hasst das Konzept des Englischen... schon seit sehr langer Zeit, kann nicht einmal das Konzept des Patriotismus ertragen. Sie denken, dass die Flagge irgendwie unangenehm, rückwärtsgewandt und böse ist. Leute wie Emily Thornberry hätten lieber diese blaue Flagge mit den 12 Sternen, die aus Brüssel zu uns kommt." - Der britische Politiker Nigel Farage, BBC News Artikel, November 2014[36]

Die britische Labour Party ging aus dem *Labour Representation Committee* (das die Fabians mitbegründet hatten) hervor. Vor ihrer Gründung im Jahr 1900 gab es in der britischen Politik zwei große Parteien - die Konservativen und die Liberalen. Die Labour-Partei wurde von denjenigen gegründet, die zu einer

---

[33] Pease, Edward R., *The History of the Fabian Society* (1918). https://www.voltairenet.org/IMG/pdf/Pease_Edward_R_-_History_Of_The_Fabian_Society.pdf

[34] Miller, E.S. (Lady Queensborough), *Okkulte Theokratie* (1933).

[35] Wahlmanifest der Labour Party von 1964 „Das neue Großbritannien".http://www.labour-party.org.uk/manifestos/1964/1964-labour-manifesto.shtml

[36] „Miliband: Thornberry's 'white van, flag' tweet lacked respect", 21. November 2014. https://www.bbc.com/news/uk-politics-30148768

dritten Kategorie von „Rebellen" und Ausreißern gehörten, die nicht zu den beiden Hauptparteien gehörten (und zu diesem Zeitpunkt in der Geschichte gab es mit Sicherheit viele entschlossene Sektenmitglieder, die sich in der Gegend herumtrieben). Sidney Webb verfasste einen Großteil der Parteisatzung von 1918 sowie das Programm *„Labour and the New Social Order" aus* demselben Jahr.[37]

Aus der Seite „Unsere Geschichte" auf der Website *fabians.org.uk*: „Mit der wachsenden Bedeutung der Labour Party bei den Wahlen in der Zwischenkriegszeit hielt auch der Beitrag der Gesellschaft Schritt. Im Jahr 1923 wurden über zwanzig Fabians ins Parlament gewählt, und fünf Fabians waren im ersten Labour-Kabinett von Ramsay McDonald vertreten. Der spätere Premierminister und Fabianer Clement Attlee erhielt zu dieser Zeit sein erstes Ministeramt". Die Kriegszeit selbst sah „das Aufblühen der lokalen Fabian-Gesellschaften. Im Jahr 1939 gab es nur sechs lokale Gesellschaften, 1945 waren es bereits 120 lokale Gesellschaften im ganzen Land". 1945 übernahm der erste britische Fabian-Premierminister, das prominente Sektenmitglied Clement Attlee, das Amt und löste Winston Churchill ab. Nach Schätzungen von FS-Forschern gab es während Attlees Amtszeit 200 Fabians im britischen Parlament. Unter seiner Führung trat das Vereinigte Königreich in eine Periode des wirtschaftlichen Niedergangs ein, da es mit sozialistischen Maßnahmen experimentierte. Wie bereits erwähnt, drängt die Sekte/Ideologie oft darauf, die Kontrolle über Länder zu übernehmen, wenn sie sich in einem geschwächten Zustand befinden, wie etwa in der Nachkriegszeit.

Die London School of Economics

Die London School of Economics (oder LSE) wurde 1895 von den führenden FS-Mitgliedern Sidney und Beatrice Webb, G.B. Shaw und Graham Wallas gegründet. *Sie beherbergt* das Fabian Window und wurde gegründet, um die Ideologie durch die akademische Welt zu fördern. Der offizielle Name lautet „The London School of Economics and Political Science", und man muss kein Genie sein, um sich vorzustellen, welche ideologische Ausrichtung sie diesen Fächern gibt. Auch der Name ist amüsant, denn eine marxistische Wirtschaftshochschule ist ein Oxymoron. Die LSE ist für ihren Linksradikalismus bekannt und wurde einst als „London School of Extremists" bezeichnet.[38] Zu den namhaften Alumni gehören George Soros und David Rockefeller (1915-2017). Auch der irische Politiker und Geschäftsmann Peter Sutherland (1946-2018) war an der LSE tätig. Als Sonderbeauftragter des Generalsekretärs für internationale Migration (2006-2017) war Sutherland

---

[37] https://fabians.org.uk/about-us/our-history/

[38] Syal und Hasting, „Al-Qaida-Terror-Trio mit Londoner Schule der 'Extremisten' verbunden", 27. Januar 2022. https://www.telegraph.co.uk/news/uknews/1382818/Al-Qaeda-terror-trio-linked-to-London-School-of-Extremists.html

eine zentrale Figur in der Massenmigrationsagenda der UN.[39] In den späten 1920er und 1930er Jahren erhielt die LSE Millionen von Dollar von der Rockefeller- und der Laura-Spellman-Stiftung und wurde als „Rockefellers Baby" bekannt.[40]

Graham Moore

Ein bemerkenswerter Analyst zu den Fabians ist ein in London ansässiger Forscher und englischer Patriot namens Graham Moore. Im Januar 2018 war Moore an einer versuchten Festnahme des fabianischen Bürgermeisters von London, Sadiq Khan, durch die Bürger beteiligt. Die Aktion wurde von einer „rechtsextremen" Gruppe namens *White Pendragons* (deren Anführer Moore ist) versucht, während Khan eine Rede auf einer Konferenz der Fabian Society über die Gleichstellung der Geschlechter hielt (rollt die Augen).

Moore hat mehrere Bereiche abgedeckt, darunter auch einige hervorragende Arbeiten über die Fabians. Zum Zeitpunkt der Erstellung dieses Artikels (Februar 2021) ist sein YouTube-Kanal nicht mehr zu sehen, aber seine Website *daddydragon.co.uk* ist immer noch verfügbar.[41] In mehreren langen, detaillierten Videos machte er einige sehr interessante Beobachtungen über die Fabians. Hier sind einige der wichtigsten Punkte, die er (über Notizen) gesammelt hat, als der Kanal noch aktiv war.

Fabians in der Regierung

1945 wurden 393 Labour-Kandidaten ins Parlament gewählt, von denen 229 FS-Mitglieder waren. Im Jahr 1997 wurden 418 Labour-Kandidaten gewählt, von denen 200 FS-Mitglieder waren. Die Fabians haben eine beständige Präsenz im britischen Parlament beibehalten und sind nicht nur in der Labour Party vertreten. Nach den Zahlen von 2012 gab es etwa 7000 FS-Mitglieder im Vereinigten Königreich.

Von den 7000 waren achtzig Prozent (5600) Mitglieder der Labour Party (was nur etwa drei Prozent der allgemeinen Mitglieder der Labour Party entspricht). Die anderen 20 Prozent der FS-Gesamtmitglieder (1.400) gehören anderen Parteien wie den Liberaldemokraten und der Konservativen Partei an.

In den höheren Führungsetagen der Labour-Partei nimmt der Anteil der Fabianer dramatisch zu, und etwa fünfzig Prozent der Labour-Kandidaten seit den 1940er Jahren waren FS-Mitglieder. In der Führung der Labour-Partei

---

[39] https://en.wikipedia.org/wiki/Peter_Sutherland

[40] Cox, M. „LSE - Rockefeller's baby?", 24. Juni 2015.
https://blogs.lse.ac.uk/lsehistory/2015/06/24/lse-rockefellers-baby/

[41] „Wer sind die White Pendragons?", 22. Januar 2018.
https://medium.com/@RidgewayInfo/who-are-the-white-pendragons-ba75af92d5eb

selbst liegt der Anteil der Fabianer bei nahezu hundert Prozent. Im Jahr 1966 bestand das Labour-Kabinett aus 21 Mitgliedern, von denen 17 FS-Mitglieder waren.

Dieser Anteil ist bis heute konstant geblieben. Nahezu das gesamte Labour-Kabinett im Jahr 1997 (einschließlich Premierminister Tony Blair) setzte sich aus Fabians zusammen. Alle Labour-Regierungen seit 1924 bis 1997-2010 bestanden fast ausschließlich aus FS-Mitgliedern. Fast alle Führer der Labour-Partei waren Fabians. Alle stellvertretenden Vorsitzenden der Labour-Partei waren Fabians.[42]

Aus der Seite „Über uns" auf der Website der britischen Fabian Society: „Jeder Labour-Premierminister war ein Fabianer, und heute sind Hunderte von Labour-Politikern Mitglieder der Gesellschaft, darunter der Labour-Vorsitzende Keir Starmer MP und mehr als die Hälfte seines Schattenkabinetts sowie hochrangige Persönlichkeiten in dezentralen und lokalen Regierungen. Unserem gewählten Exekutivausschuss gehören derzeit fünf Labour-Frontleute an".[43]

Globale Aktivitäten von Fabian

Moore bemerkte auch, dass: Die Fabians spielten eine Rolle bei der Zerschlagung des britischen Empire, indem sie eine Tarnorganisation namens *„Fabian Colonial Bureau" einsetzten,* da das Empire ein Hindernis für den weltweiten Kommunismus darstellte; Shaw und Webb leisteten Pionierarbeit bei der praktischen Anwendung der Hegalischen Dialektik, um die öffentliche Meinung zu manipulieren; das berühmte Buch *1984* von George Orwell (1903-1950) aus dem Jahr 1949 trägt diesen Titel als Hommage an die Gründung der Fabian Society im Jahr 1884; die Fabians waren an der Ausarbeitung der Verfassungen mehrerer Länder beteiligt, darunter Irland (Republik) und Indien.

Moore erklärte, dass die berühmte quasi-messianische Figur Mahatma Gandhi (1869-1948) mit der Fabian Society zu tun hatte und möglicherweise Mitglied war; und dass die Gründer Pakistans - das nach der Teilung Indiens und seiner Unabhängigkeit vom britischen Empire gegründet wurde - Fabians waren.

Der weltberühmte George Orwell (eigentlicher Name Eric Blair) besuchte das Eton College, eine elitäre Privatschule für Teenager in Berkshire, Großbritannien. Während seiner Zeit dort war Blair ein Schüler von Aldous Huxley (1894-1963), dem Autor des dystopischen Romans *Brave New World* von 1932.[44] Mahatma Gandhi, der der Welt als eine weitere messianische Figur

---

[42] Crace, J., „Die Fabian Society: eine kurze Geschichte", 13. August 2001.

https://www.theguardian.com/politics/2001/aug/13/thinktanks.uk

[43] https://fabians.org.uk/about-us/

[44] Heitman, D., „Der talentierte Mr. Huxley", November/Dezember 2015.

der sozialen Gerechtigkeit vorgehalten wurde, mag den Leser an Nelson Mandela erinnern, der auf ähnliche Weise verehrt wurde. Gandhi spielte natürlich eine zentrale Rolle in der indischen „Befreiungs"-Bewegung. G.B. Shaw traf Gandhi 1931 in London, und beide bewunderten die Arbeit des anderen.[45]

Die Frankfurter Schule

> „Obszönität ist ein moralischer Begriff aus dem verbalen Arsenal des Establishments, das diesen Begriff missbraucht, indem es ihn nicht auf Äußerungen seiner eigenen Moral, sondern auf die einer anderen anwendet.[46]

> Herbert Marcuse, „Ein Essay über die Befreiung", 1969

> „Was sich dem Untergang des Westens entgegenstellen kann, ist nicht eine wiederauferstandene Kultur, sondern die Utopie, die im Bild seines Untergangs stillschweigend enthalten ist.[47]

> Theodor Adorno, *Prismen*, 1967

> „Der Sozialismus war nie und nirgends zuerst eine Bewegung der Arbeiterklasse... Er ist eine Konstruktion von Theoretikern, die aus bestimmten Tendenzen des abstrakten Denkens hervorgegangen ist, mit denen lange Zeit nur die Intellektuellen vertraut waren; und es bedurfte langer Anstrengungen der Intellektuellen, bevor die Arbeiterklasse davon überzeugt werden konnte, ihn als ihr Programm anzunehmen.[48]

> Friedrich von Hayek, *Die Intellektuellen und der Sozialismus* (1949)

Eine weitere wichtige Manifestation des subversiven Marxismus ist die berühmt-berüchtigte „Denkfabrik" namens „Frankfurter Schule". Wenn Sie sich jemals gefragt haben, warum die westliche Welt von politischer Korrektheit, „Multikulturalismus", Identitätspolitik und „radikalem" Aktivismus durchsetzt ist; oder warum Konzepte wie Kritische Theorie, Kritische Rassentheorie jetzt populär sind, oder woher *der* „Kulturmarxismus" kommt; warum marxistische „Protestgruppen" nicht sofort vom Staat zerschlagen und inhaftiert werden; und warum die „Bildungssysteme" in all

---

https://www.neh.gov/humanities/2015/novemberdecember/feature/the-talented-mr-huxley

[45] „George Bernard Shaw,". https://www5.open.ac.uk/research-projects/making-britain/content/george-bernard-shaw

[46] Marcuse, H. „Ein Essay über die Befreiung", 1969. P. 12.

https://www.marxists.org/reference/archive/marcuse/works/1969/essay-liberation.pdf

[47] Adorno, T., *Prismen* (1967). P. 72.

[48] Hayek, F., „Die Intellektuellen und der Sozialismus", 1949.

https://cdn.mises.org/Intellectualsand20Socialism_4.pdf

dies stark verwickelt zu sein scheinen; diese Gruppe ist von zentraler Bedeutung. Sie verkörpert die Essenz des marxistischen pseudowissenschaftlichen Giftmülls, an dem die Welt (nicht nur die USA) jetzt unheilbar erkrankt ist. Sie trägt zu Recht den Spitznamen „School of PC".

Die Frankfurter Schule (FS) trug dazu bei, die Infektion vor allem über akademische, literarische Mittel zu verbreiten, insbesondere in der Soziologie, Psychologie und „Philosophie". Die „Intellektualisierung" der Ideologie war ein sehr wirksames Mittel, um sie zu legitimieren. In dieser Hinsicht unterschied sich die FS von anderen marxistischen Gruppen. Wenn man die Verbreitung der Ideologie in den USA historisch betrachtet, spielte sie eine gewisse Rolle. Die Arten von Organisationen, die traditionell von der Sekte genutzt wurden (politische Parteien, Gewerkschaften usw.), waren bereits vor der Gründung der FS aktiv und gewannen an Stärke.

Vor diesem Hintergrund sollten wir uns diese Gruppe einmal genauer ansehen. Obwohl sie noch nicht so lange existierte, hatte sie einen enormen Einfluss, insbesondere durch ein Mitglied. Ihr Vermächtnis ist ein wichtiger Faktor dafür, dass die USA (und der Westen im Allgemeinen) in dieser Zeit so gespalten und instabil wie nie zuvor sind. (Ich verwende für die Frankfurter Schule das gleiche Akronym „FS" wie für die Fabian Society).

Hintergrund

Europa nach dem Ersten Weltkrieg erwies sich als Wendepunkt für den Marxismus. Nach der marxistischen Theorie/Vorhersage würden sich die proletarischen Arbeiterklassen Europas im Falle eines Krieges erheben und den Kapitalismus stürzen; die Proletarier in einem Land würden sich mit ihren Kollegen in anderen Ländern vereinigen usw. Nach dem Ausbruch des Krieges 1914 kam dies jedoch nicht zustande. Obwohl sich die Ideologie zu diesem Zeitpunkt bereits in ganz Europa ausbreitete, trennten sich die Arbeiterklassen in den einzelnen Ländern im Allgemeinen immer noch von den Arbeiterklassen in anderen Ländern, was dazu führte, dass sie sich ihre jeweiligen Uniformen anzogen und sich gegenseitig bekämpften.

In dieser Zeit mussten die marxistischen „Intellektuellen" diese Realität mit ihren Annahmen in Einklang bringen. Ihre Lösung bestand darin, die gescheiterte Theorie (wie üblich) anzupassen, und hier kam der hartnäckige Fanatismus auf besondere Weise zum Tragen. Sie stellten die Theorie auf, dass der Grund, warum die Arbeiter keine guten kleinen revolutionären Proletarier waren - und sich leidenschaftlich für den „Klassenkampf" usw. einsetzten -, der negative Einfluss bzw. die geistige Kontrolle der westlichen Kultur und des Christentums war (ein Konzept, das erstmals von W.I. Lenin in seinem Werk „Was ist zu tun?" von 1904 zum Ausdruck gebracht wurde).

Die Sekte kam zu dem Schluss, dass die Schaffung einer kommunistischen Welt erst dann möglich sei, wenn die Strukturen der westlichen Zivilisation zerstört worden seien. Prominente Verfechter dieser Theorie waren Antonio

Francesco Gramsci und Gyorgy Lukacs.

Im Jahr 1922 nahmen Lukács und Willi Muezenberg (der sowjetische Vordenker der Subversion) an einem Treffen europäischer Kommunisten im Marx-Engels-Institut in Moskau teil, um dieses Thema zu diskutieren.[49] Dieses Treffen war ausschlaggebend für die globalen Initiativen, die die Komintern zur Verbreitung der Ideologie ergreifen sollte. Diese Interpretationen des Marxismus nach dem Ersten Weltkrieg markierten den Beginn dessen, was als westlicher Marxismus bezeichnet wird (dieselbe Ideologie, andere Bezeichnung). In seinen „Gefängnisheften" vertrat Gramsci die Idee des „Langen Marsches durch die Institutionen" (auch wenn er diesen Ausdruck nicht selbst geprägt hat) oder der „Kolonisierung des Überbaus", um die Strukturen der Gesellschaft mit der Sekte/Ideologie zu infiltrieren und zu durchdringen.[50]

Ursprünge

Die Frankfurter Schule entstand 1923 in Deutschland und war mit der Universität Frankfurt verbunden. Der ursprünglich vorgesehene Name für diese Gruppe war „Institut für Marxismus", aber das war nun doch etwas zu offensichtlich, oder? Man entschied sich für den Namen „Institut für Sozialforschung", der etwas netter klingt. Das deutsch-argentinische Sektenmitglied Felix Weil finanzierte seine Gründung. Im Jahr 1922 leitete Gyorgy Lukács ein Treffen von Intellektuellen und Soziologen, die mit der Sache sympathisierten.[51]

Da die Mitglieder der FS sowohl offensichtlich auf der linken Seite des politischen Spektrums standen als auch jüdische Intellektuelle waren, bedeutete der Aufstieg der Nationalsozialisten in Deutschland, dass sie sich schleunigst woanders niederlassen mussten. Die Schule zog von Frankfurt nach Genf um, floh schließlich ganz aus Europa und ließ sich schließlich 1934 in New York City nieder, wo sie sich vor allem an der Universität von Kolumbien niederließ. Sie wurden von John Dewey (1859-1952) begrüßt, der dort zum Lehrkörper gehörte (selbst ein Sektenmitglied, das mit der Fabian Society verbunden war). Diese „Intellektuellen" waren dann in einer

---

[49] Parrhesia Diaries, „Der marxistische „lange Marsch" ins Zeitalter der Identitätspolitik", 1. Februar 2020. https://theparrhesiadiaries.medium.com/the-marxist-long-march-through-the-institutions-and-into-the-age-of-identity-politics-6a7042b235dc

[50] Gramsci, A. *Gefängnis-Notizbücher*, 1950.

https://archive.org/details/AntonioGramsciSelectionsFromThePrisonNotebooks/page/n7/mode/2up

[51] Corradeti, C. „Die Frankfurter Schule und die Kritische Theorie,". https://iep.utm.edu/critical-theory-frankfurt-school/

einflussreichen Position und knüpften Verbindungen zu führenden Colleges und Universitäten im ganzen Land.[52]

Da sie marxistische Intellektuelle waren - wie groß waren die Chancen, dass sie, sobald sie in den USA waren, in der Lage sein würden, die positiven Dinge in diesem neuen, relativ stabilen und wohlhabenden kapitalistischen Land zu sehen, in dem sie sich befanden? Keine Chance! Sie konnten sich nicht einfach daran erfreuen, an einem schönen Ort zu sein, der sie willkommen geheißen hatte, und ein wenig Dankbarkeit zeigen; sie mussten anfangen, alles zu kritisieren und zu dekonstruieren, um es nach ihrem Bild umzugestalten. Sie waren die Nihilisten schlechthin und die Verkörperung des Zynismus. Natürlich waren die USA nicht mit dem relativ armseligen, instabilen Drecksloch zu vergleichen, aus dem sie geflohen waren (Weimarer Deutschland).

Aus Herbert Marcuses Der *eindimensionale Mensch* (1964): „Unter der Herrschaft eines repressiven Ganzen kann die Freiheit zu einem mächtigen Instrument der Herrschaft werden. Die freie Wahl der Herren schafft weder die Herren noch die Sklaven ab. Die freie Wahl zwischen einer Vielzahl von Gütern und Dienstleistungen bedeutet nicht Freiheit, wenn diese Güter und Dienstleistungen die soziale Kontrolle über ein Leben in Arbeit und Angst aufrechterhalten - das heißt, wenn sie die Entfremdung aufrechterhalten. Und die spontane Reproduktion der auferlegten Bedürfnisse durch das Individuum begründet keine Autonomie, sondern zeugt nur von der Wirksamkeit der Kontrollen". [53] Was für ein unsinniges Geschwätz. Man beachte die offensichtlichen Anspielungen auf den Kapitalismus und den Konsumismus, und wie eine solche Gesellschaft „repressiv" ist. (Das Wort „Entfremdung" ist eine Anspielung auf die lächerliche Theorie der „Entfremdung der Arbeit" von Karlie Marx („entfremdete Arbeit"). Im Wesentlichen geht es dabei um die Vorstellung, dass, sobald man etwas produziert (z. B. ein Produkt oder einen Gegenstand in seinem Arbeits-/Beschäftigungsbereich), es von einem getrennt wird; man wird davon „entfremdet". Wirklich geniales Zeug (rollt mit den Augen). Haben Sie jemals von so etwas Dummem gehört?).

Mitglieder

Zu den Mitgliedern der FS gehörten zu verschiedenen Zeiten: Theodor Adorno (1903-1969), Max Horkheimer (1895-1973), Erich Fromm (1900-1980), Henryk Grossman (1881-1950), Otto Kirchheimer (1905-1965), Leo Lowenthal (1900-1993), Herbert Marcuse, Franz Neumann (1900-1954), Friedrich Pollock (1894-1970); außerdem Hannah Arendt (1908-1975) und

---

[52] Ebd.

[53] Marcuse, H., Der *eindimensionale Mensch* (1964), S. 7.
https://libquotes.com/herbert-marcuse

Paul Lazarsfeld (1901-1975).

Was ihre Einflüsse betrifft, so wurden die Ideen der Frankfurter Schule mit den Werken von Karl Marx, Sigmund Freud (1856-1939), G.W.F. Hegel, Antonio Gramsci und Friedrich Nietzsche (1844-1900) verbunden. Sie verschmolzen vor allem die Ideen von Marx, Freud und Gramsci.[54] Vereinfacht ausgedrückt handelte es sich bei dieser Fusion um die Anwendung der Marx'schen Prinzipien auf die Gesellschaft unter Verwendung der psychologischen Techniken von Freud in Kombination mit den taktischen Ideen von Gramsci. Der Einfluss der Gruppe verbreitete sich sehr schnell in den USA, unterstützt von der *New School for Social Research, einer* weiteren marxistischen Müllabfuhr, die 1919 in New York City gegründet wurde (als Teil der *New School*).[55]

Ihr modus operandi

Mit der Gründung der FS würde die Ideologie nun den Übergang von der politisch-soziologisch-ökonomischen Theorie zum „philosophisch"-psychologisch-kulturellen Bereich über die Wissenschaft vollziehen. Um dies zu erreichen, mussten die FS-Intellektuellen die Ideologie auf eine bestimmte Weise anwenden. Sie entfernten sich von den traditionellen Konzepten des „Klassenkampfes" und der gewaltsamen Revolution des Proletariats; ähnlich wie die Fabians. Und wie die Fabians war es sinnlos, für eine gewaltsame Revolution der Arbeiterklasse gegen die Bourgeoisie zu werben, da sie selbst bürgerliche Typen waren (und mit ihnen verkehrten). Eine „revolutionäre" Zutat wäre jedoch weiterhin erforderlich. Um einen Ersatz für diese armen, gottverlassenen Arbeiter des Proletariats zu finden, würden sie versuchen, in der gesamten Gesellschaft „unterdrückte" Klassen zu schaffen, die das aktivistische/revolutionäre Element lieferten, das sie benötigten. Herbert Marcuse schlug in seinem Werk vor, dass dies eine Koalition verschiedener „unterdrückter" Gruppen sein könnte: „das Substrat der Ausgestoßenen und Außenseiter, der Ausgebeuteten und Verfolgten anderer Rassen und anderer Hautfarben, der Arbeitslosen und Arbeitsunfähigen".[56]

Der Einfluss der Frankfurter Schule kam durch die Kritik an den Säulen der westlichen Zivilisation - Kapitalismus, Christentum und Kultur - zustande, die sich dann zerstörerisch auf die amerikanische Gesellschaft auswirken sollte. Die „Arbeit" dieser Sektenmitglieder hat auf subversive Weise selbstzerstörerische Haltungen in die amerikanische Psyche eingefügt. Sie suggerierten die (rassistische!) Idee, dass die Mehrheit relativ keine Rechte hat (z. B. die Weißen in den USA), die Minderheit aber schon.

---

[54] https://www.britannica.com/topic/Frankfurt-School

[55] https://en.wikipedia.org/wiki/The_New_School

[56] Marcuse, H., *Der eindimensionale Mensch* (1964), S. 260.

(Natürlich kann eine Person, selbst wenn sie der weißen Mehrheit angehört, immer noch beschließen, sich der „unterdrückten" Minderheitengruppe ihrer Wahl anzuschließen und dadurch ihren Status zu ändern (z. B. ein weißer Mann oder eine weiße Frau, die homosexuell, bisexuell, transsexuell usw. sind); oder sie könnte ihren Status ändern, indem sie ein Aktivist für die Sekte ist, natürlich). Eine weitere destruktive Idee, die sie vorschlugen (ergänzend zu der obigen Idee), ist, dass weiße Menschen sich nicht darum sorgen sollten, in ihren eigenen Ländern eine Minderheit zu werden.[57]

Konzepte, die er popularisiert hat

Ihre Arbeit ebnete den Weg für destruktive Konzepte wie die Kritische Theorie, die Kritische Rassentheorie und den so genannten „Kulturrelativismus". Diese Begriffe wurden verwendet, um die Kritik (und unvermeidliche Zerstörung) verschiedener Aspekte der Gesellschaft zu popularisieren, die für die Sekte/Ideologie ein Hindernis darstellten: die Säulen der westlichen Zivilisation, zusätzlich zur Familieneinheit und stabilen, monogamen, heterosexuellen Beziehungen usw. Die „kritische Theorie" war eine Waffe, die geschaffen wurde, um „problematische" Aspekte der Kultur ihrer Zielländer anzugreifen. Natürlich kann man die Vorzüge vieler Dinge durch Kritik zerstören. („Postmoderne", im nächsten Abschnitt, ist im Grunde der Angriff auf alles Traditionelle).

Das ist nur marxistischer Hokuspokus, um zu verbergen, was es wirklich ist - Kritik an allem, was die Ideologie als Feind betrachtet. Diese verdrehte neue Form der giftigen Logik würde Teil des Mainstream-Diskurses werden, was sie bereits ist. Dann wäre Jagd auf alles in der amerikanischen Kultur, was dem Land Stärke oder Stabilität verleiht - die Familieneinheit, die Religion, der Patriotismus, die Tradition des Militärdienstes usw.

Diese Normalisierung selbstzerstörerischer Verhaltensweisen ist von zentraler Bedeutung für das Verständnis des heutigen inneren Chaos in den USA. Der brillante amerikanische Autor Michael Walsh hat sich zu diesem Konzept wie folgt geäußert: „Die Kritische Theorie war die von den Kulturmarxisten der Frankfurter Schule verbreitete Vorstellung, dass es nichts gibt - keine Gewohnheit, keine Institution, kein moralisches Gebot -, das man nicht kritisieren und zerstören könnte. Es ist eine Lizenz zum Vandalismus, und die Tatsache, dass sie nach dem Zweiten Weltkrieg so schnell von den amerikanischen Akademikern übernommen wurde, bleibt eine nationale Schande".[58] In der Tat. Mit anderen Worten: Kritische Theorie ist Anti-Patriotismus - sie zerstört eine Nation/Kultur/Volk. Wenn sie von den Bürgern

---

[57] Corradeti, C. „Die Frankfurter Schule und die Kritische Theorie„. https://iep.utm.edu/critical-theory-frankfurt-school/

[58] Walsh, M. *The Devil's Pleasure Palace: the Cult of Critical Theory and the Subversion of the West* (2017).

eines Landes gegenüber ihrem eigenen Land verwendet wird, ist sie eine Form des Verrats; wenn sie von Außenstehenden verwendet wird, ist sie ein Angriff auf die Nation.

Der alte Trick „Wenn du kein Marxist bist, musst du verrückt sein!

Im Wesentlichen war alles, was mit ihrer Agenda übereinstimmte, „logisch", und alles, was ihr zuwiderlief, „unlogisch". Politisch ausgedrückt bedeutete dies: Wenn man Ideen glaubt/unterstützt, die die Zerstörung der westlichen Zivilisation fördern/manifestieren, ist man „logisch", und wenn man versucht, irgendwelche Institutionen oder Traditionen des Westens zu rechtfertigen/verteidigen/unterstützen, ist man „unlogisch". Die Kritische Theorie war im Wesentlichen die Politisierung der Logik. Mit anderen Worten, die Logik selbst wurde pro-marxistisch. In gewissem Sinne war die Ideologie nach der Kritischen Theorie die Logik. Das ist parteiisch bis zum Gehtnichtmehr, aber clever, oder? Ihr Ziel in dieser Hinsicht war, dass jeder, der irgendeinen Aspekt der westlichen Zivilisation verteidigte - Kapitalismus, Religion, Familie, Kultur, Nationalismus, Patriotismus usw. - als unlogischer, nicht entwickelter Mensch betrachtet werden musste. Nicht 'fortschrittlich'. Im Grunde genommen würde also jeder, der an das glaubte, was diese Schlangen sagten, eine verzerrte Wahrnehmung der Realität haben (auch bekannt als verrückt), während er gleichzeitig gesunde, rationale Menschen (z. B. Sie, mich) als verrückt oder „extrem" usw. ansieht! Die Realität wird buchstäblich auf den Kopf gestellt (Inversion)!

Leider hat sich ihr Einfluss weltweit verbreitet, insbesondere über die Bildungssysteme. Es ist kein Zufall, dass die Universitäten heute ein nicht enden wollendes Fließband von psychotischen marxistischen Aktivisten hervorbringen, die sich als Studenten ausgeben und völlig von der Realität abgehoben sind. Dieses Ausmaß an unverhältnismäßiger Psychose bei Personen mit Hochschulbildung ist nicht natürlich. Es ist das Ergebnis der Indoktrination, und daran sind die marxistischen Schlangen schuld.

Herbert Marcuse

> „Man kann mit Recht von einer Kulturrevolution sprechen, denn der Protest richtet sich gegen das gesamte kulturelle Establishment... Die traditionelle Idee der Revolution und die traditionelle Strategie der Revolution sind am Ende. Diese Ideen sind altmodisch... Was wir unternehmen müssen, ist eine Art diffuser und verstreuter Zerfall des Systems.[59]

> Herbert Marcuse, *Der affirmative Charakter der Kultur*, 1937

Das vielleicht einflussreichste Mitglied der FS war Herbert Marcuse, was zum

---

[59] Marcuse, H., *Der affirmative Charakter der Kultur (1937)*.

https://monoskop.org/images/1/11/MARCUSE_Herbert_-_Coll._papers_4_-_Art_and_liberation.pdf

Teil auf die Langlebigkeit seiner Präsenz in den USA zurückzuführen ist. Als die meisten Mitglieder nach Ende des Zweiten Weltkriegs nach Deutschland zurückkehrten (um bei der „Entnazifizierung"/Marxifizierung der deutschen Massen zu helfen), blieb Marcuse. In den folgenden Jahrzehnten wurde er zur akademischen Ikone der „neuen Linken" in den USA und sorgte dafür, dass sich der „kulturmarxistische" Virus tief in das Herz Amerikas eingrub. Marcuse arbeitete für den Vorläufer der CIA, das Office of Strategic Services (OSS), an Anti-Nazi-Projekten. Nach Columbia war er an den Universitäten Yale, Harvard und Brandeis in Massachusetts sowie an der University of California in San Diego tätig. Er verbrachte also einen Großteil der 1950er und 1960er Jahre damit, seinen marxistischen Intellektualismus zu verbreiten und infizierte dabei unzählige Universitätsmitarbeiter und Studenten.[60]

Der berühmte Satz „Make love, not war", der während der (marxistischen) „Anti-Kriegs"-Bewegung in den USA in den 1960er Jahren aufkam, wurde nach Marcuses *Eros und Zivilisation* (1955) populär. Das Buch untersuchte nicht nur die Freudsche Idee der unterdrückten Tendenzen (und deren Auswirkungen auf die Gesellschaft), sondern war auch eine Kritik des Konsumismus und des Kapitalismus selbst. Natürlich wird darin behauptet, dass der Kapitalismus die Gesellschaft unterdrückt.

Dieses Stück entarteter, marxscher, realitätsverzerrender Hokuspokus wurde vom amerikanischen Autor Daniel J. Flynn in seinem 2004 erschienenen Buch *Intellectual Morons* brillant zusammengefasst: „Marx argumentierte gegen die Ausbeutung der Arbeit, Marcuse gegen die Arbeit selbst. Arbeitet nicht, habt Sex. Dies war die einfache Botschaft von Eros and Civilization, das 1955 erschien. Seine Ideen erwiesen sich als außerordentlich populär in der jungen Hippiekultur des folgenden Jahrzehnts. Es lieferte eine Begründung für die Faulheit und verwandelte entwürdigende persönliche Laster in Tugenden".[61]

Ist das nicht eine großartige, kraftvolle Botschaft (arbeitet nicht, habt Sex)? Zwei Fliegen mit einer Klappe schlagen, indem man die Jugend (die Hauptzielgruppe) ermutigt, faul zu sein und sich zu weigern, das böse kapitalistische System zu unterstützen, während man gleichzeitig hedonistisch und egozentrisch ist usw. Genau das, was die Anhänger der „radikalen" drogenkonsumierenden Hippie-Bewegung hören wollten (interessanterweise war das Wort „radikal" in der Hippie-Ära ein beliebter Begriff, der „cool", „toll" usw. bedeutete. „Radikal"?). Die Kultivierung dieser Mentalität der Faulheit, des Hedonismus und der Verantwortungslosigkeit in der Jugend ermutigt sie zur Degeneration und zum Wohlfahrtsstaat.

(Nebenbei bemerkt, ich beziehe mich auf den geschichtlichen Abschnitt von

---

[60] https://www.britannica.com/biography/Herbert-Marcuse

[61] Flynn, Daniel J., *Intellectual Morons: How Ideology Makes Smart People Fall for Stupid Ideas* (2004).

vorhin: Als *Eros* veröffentlicht wurde, standen die Indochina-Kriege kurz vor dem Ausbruch, aus denen bald der Vietnamkrieg werden sollte. Das Timing hätte für die globale Sekte/Ideologie nicht besser sein können, als dass die USA (ihr militärischer Hauptgegner) von einer internen Welle des Antikapitalismus, des Hedonismus (zwischenmenschliche/sexuelle Entartung, Drogenkonsum usw.) und der antiamerikanischen Antikriegspassivität überrollt wurden.)

Befreiende Toleranz

> „Ich glaube immer noch, dass unsere Sache (die nicht nur die unsere ist) besser von den rebellischen Studenten als von der Polizei vertreten wird, und hier in Kalifornien wird mir das fast täglich vor Augen geführt.[62]

> Aus Marcuses Brief von 1969 an Adorno über das Chaos, das sie in der Protestzeit der 60er Jahre mit verursachten

Die Intellektuellenschlange Marcuse ist berühmt für ihr Eintreten für ein einseitiges, pro-marxistisches politisches Umfeld. In seinem Aufsatz „Repressive Toleranz" von 1965 vertrat er die Ansicht, dass in der Gesellschaft ein System der „befreienden Toleranz" notwendig sei. In der Praxis bedeutete dies, dass Nicht-Marxisten nicht das Recht haben sollten, zu protestieren (Teile betonten): „Ich habe in „Repressive Toleranz" die Praxis der diskriminierenden Toleranz in umgekehrter Richtung vorgeschlagen, als ein Mittel zur Verschiebung des Gleichgewichts zwischen Rechts und Links, indem man die Freiheit der Rechten einschränkt....Befreiende Toleranz würde also Intoleranz gegen Bewegungen von rechts und Duldung von Bewegungen von links bedeuten. Dazu gehört auch der Entzug der Rede- und Versammlungsfreiheit gegenüber Gruppen und Bewegungen, die eine aggressive Politik, Aufrüstung, Chauvinismus, Diskriminierung aufgrund von Rasse und Religion befürworten oder sich gegen den Ausbau der öffentlichen Dienste, der sozialen Sicherheit, der medizinischen Versorgung usw. wenden.[63]

Im Wesentlichen würden nur die „Unterdrückten" oder diejenigen, die die Unterdrückten unterstützen (Sektenmitglieder), den Mund aufmachen dürfen! Auf der anderen Seite würden gleichzeitig die Marxschen Anliegen, Reden, Gruppen usw. extrem einseitig gefördert. Das übergeordnete Ziel bestand darin, diese bösen Rechten gar nicht erst zusammenkommen zu lassen, geschweige denn, dass sie an Stärke gewinnen und zu politischen Gegnern werden.

---

[62] Marcuse, H., Brief an Adorno, 1969.

https://cominsitu.wordpress.com/2021/08/17/correspondence-on-the-german-student-movement-adorno-marcuse-1969/

[63] Marcuse, M., *Befreite Toleranz* (1965). P. 14.

https://www.marcuse.org/herbert/publications/1960s/1965-repressive-tolerance-fulltext.html

Marcuse empfahl auch, die Schüler zu indoktrinieren, damit sie das Thema „Redefreiheit" auf diese Weise wahrnehmen. Daher die Mentalität: „Man kann nur dann frei sprechen, wenn man keine hasserfüllten Dinge sagt"; mit anderen Worten, alles zu sagen, was den verzerrten Vorstellungen der Sekte/Ideologie von Ethik widerspricht. Diese Strategie ist das genaue Gegenteil von dem, was dieses Buch befürwortet - die vollständige Unterdrückung der Sekte/Ideologie, indem man ihnen das Recht abspricht, irgendetwas zu tun, einschließlich Protest.

Interview mit Bryan Magee

1977 führte Marcuse in der Reihe „Modern Philosophy" ein Interview mit dem britischen Sektenmitglied und Abgeordneten der Labour Party Bryan Magee; das war zwei Jahre vor Marcuses Tod.[64] An einer Stelle fragt Magee ihn, welche „Mängel" die „neue Linke" seiner Meinung nach entwickelt habe. Marcuses Antwort war zweifach: Erstens hob er die „völlig unrealistische Strategie" einiger hervor und „die Weigerung anzuerkennen, dass wir uns in den fortgeschrittenen Industrieländern (d.h. den westlichen Ländern) nicht in einer revolutionären Situation befinden ... nicht einmal in einer vorrevolutionären Situation ... und dass die Strategie an diese Situation angepasst werden muss".

Zweitens gebe es eine „Weigerung, die Marx'schen Kategorien zu überprüfen und weiterzuentwickeln" und „aus der marxistischen Theorie einen Fetisch zu machen". Außerdem können die Marxschen Konzepte „nicht einfach übertragen werden... (sie) müssen in Übereinstimmung mit den Veränderungen in der Gesellschaft selbst neu untersucht werden". Seine Antwort bringt die sich häutende Schlange, die der Marxismus ist, recht gut auf den Punkt.

Magee stellte auch Marcuses Kritik am Marxismus und an dem, was aus ihm geworden war, in Frage; Marcuse betrachtete ihn als etwas „anti-libertär" und „berücksichtigte das Individuum nicht ausreichend". In seiner Antwort sagte Marcuse, dass sich das Wesen des „Proletariats" und sein Verhältnis zum Kapitalismus (seit der Zeit von Marx) verändert habe; dass das „Proletariat" nicht mehr das sei, was es einmal war. Er skizzierte, dass es jetzt eine „weitreichende Integration einer Mehrheit der Bevölkerung ... in das bestehende kapitalistische System" gebe. In der Tat hat die „Arbeiterklasse nichts mehr zu verlieren als ihre Ketten..., aber viel mehr".

Dies gelte „nicht nur auf materieller, sondern auch auf psychologischer Basis", weshalb die Massen nun in gewisser Weise psychologisch abhängig seien. Im Wesentlichen habe sich das „Bewusstsein der abhängigen Bevölkerung verändert". (Dies erinnert an einen früheren Punkt - so konnten die

---

[64] Manufacturing Intellect, „Herbert Marcuse im Gespräch mit Bryan Magee" (1977).

https://www.YouTube.com/watch?v=0KqC1lTAJx4

„Neo"/"westlichen" Marxisten erklären, warum das Proletariat keine Revolution wollte; es war zu sehr mit dem Kapitalismus verbunden).

Er gab der „herrschenden Machtstruktur" und ihrem negativen Einfluss auf die Massen die Schuld daran, dass sie in der Lage war, „nicht nur das Bewusstsein, sondern auch das Unterbewusstsein und das Unbewusste der Individuen zu manipulieren, zu verwalten und zu kontrollieren". Daher betrachteten er und seine Kollegen von der Frankfurter Schule „die Psychologie ... als einen der wichtigsten Wissenszweige, der in die Marxsche Theorie integriert werden musste". Damit sind wir wieder bei den Sektenmitgliedern, die meinen, sie wüssten, was das Beste für die Massen sei: dass die Revolution notwendig und zwingend sei, auch wenn die Proletarier es nicht wüssten oder danach fragten! Das heißt, Marcuse und seine FS-Kollegen hielten sich für die „proletarische Avantgarde" der „neuen Linken".

Marcuse selbst war aufgrund seines indoktrinierten Geistes ein giftiger, gefährlicher Mann. Genau die Art von akademischer Persönlichkeit, die heute aus dem Bildungssystem ausgemerzt werden muss. Wir können nur spekulieren, wie viele Köpfe er vergiftet hat.

Toxische Intellektuelle

Gruppen wie die Frankfurter Schule machen sich die Naivität mancher Menschen zunutze, die automatisch Respekt vor Akademikern und „Intellektuellen" haben. Menschen, die Wissen im konventionellen Sinne lieben, die es lieben, Informationen aufzunehmen und sich dann auf schwülstige Diskussionen einzulassen, im Grunde genommen. Das ist Pseudo-Intelligenz. Auch dumme Menschen können Wissen aufnehmen und es in der Wohnung vortragen.

Der Schaden, den diese Gruppe der amerikanischen Wissenschaft - und durch Filterung auch der weltweiten Wissenschaft - zugefügt hat, ist fast unermesslich. Sie waren sicherlich nicht die einzige subversive Kraft, die während ihrer Zeit im Land aktiv war, aber eine entscheidende. Wenn der durchschnittliche Durchschnittsamerikaner verstanden hätte, was diese marxistischen Verrückten vorhatten und welche Auswirkungen ihre „Arbeit" letztendlich auf die amerikanische Psyche haben würde, wären sie sicherlich gelyncht worden; oder man hätte ihnen zumindest die Rechte entzogen (um jemanden zu beeinflussen) (die von Marcuse vorgeschlagene Taktik). Hätten die Behörden gewusst, wer oder was dieser Mob war, hätten sie ihm die Einreise in die USA von vornherein verweigert, bevor er seinen Schaden anrichten konnte. Giftige marxistische Einwanderer.

Was können wir aus dieser Episode der marxistischen Geschichte lernen? Sie sollte uns die hypnotische Kraft von „Wissen", Intellektualismus, akademischen Zeugnissen usw. bewusster machen. Die Ideologie bedient sich immer noch gerne dieses speziellen Cocktails; er ist sehr effektiv bei der Gehirnwäsche von Menschen, insbesondere von jungen und beeinflussbaren

Menschen.

Postmoderne

> „(Die Postmoderne) bringt eine Philosophie des Widerstands der Negation hervor. Sie ist kein logisch kohärentes System, sie ist systematisches Misstrauen, organisierte Skepsis, systematischer Argwohn.[65]

Dr. Michael Sugrue, Vortrag über
Postmoderne und Jean-Francois-Lyotard

> „Die Postmodernen lehnen die Struktur der westlichen Zivilisation vollständig ab. Sie glauben nicht an das Individuum, an Logik, an den Dialog. Sie glauben, dass die grundlegende Identität von der Gruppe bestimmt wird. Für die Postmodernen ist die Welt ein Hobbes'sches Schlachtfeld von Identitätsgruppen.[66]

Der kanadische Psychologe Jordan Peterson,
Manning Centre Konferenz, 2017

Ein weiteres verwandtes - und starkes - Element der Ideologie im Zusammenhang mit der akademischen Welt ist die Postmoderne. Sie ist in den üblichen infizierten Fachbereichen, einschließlich der Geistes- und Sozialwissenschaften usw., sehr präsent. Um genauer zu sein, ist sie zum gegenwärtigen Zeitpunkt die treibende Kraft. Wie Jordan Peterson auf derselben Konferenz erklärte: „Die Geisteswissenschaften und ein Großteil der Sozialwissenschaften haben sich in eine postmoderne neomarxistische Spielwiese für Radikale verwandelt".[67]

Natürlich ist „Postmoderne" ein Begriff mit einer breiten Palette von Verwendungsmöglichkeiten, z. B. in der Kunst, der Architektur usw.; hier konzentrieren wir uns auf ihn in einem „philosophischen" Kontext. Auf den ersten Blick scheint es sich um etwas zu handeln, das mit „politischer Korrektheit" verquickt ist; sogar, dass es eine Symbiose zwischen beiden gibt. Man könnte auch sagen, dass das postmoderne Denken zur Norm geworden ist; in gewissem Sinne ist es die politische Korrektheit. Das erklärt auch, warum es in der Sekte viele Menschen gibt, deren Köpfe voller gekreuzter Drähte sind und die nicht in der Lage sind, richtig zu denken und sich der Realität zu stellen. Das ist wichtig, denn (abgesehen von den konventionellen Definitionen) ist die Realitätsferne eines der beiden Hauptmerkmale des Wahnsinns (das andere ist

---

[65] „Jean-Francois Lyotard: Der postmoderne Zustand".

https://www.YouTube.com/watch?v=Xdf41gsESTc

[66] Peterson, J., „2017/02/25: Jordan Peterson: Die Postmoderne: Wie und warum sie bekämpft werden muss", 5. Juni
2017.https://www.YouTube.com/watch?v=Cf2nqmQIfxc

[67] Ibid. „25.02.2017: Jordan Peterson: Die Postmoderne: Wie und warum sie bekämpft werden muss". https://www.YouTube.com/watch?v=Cf2nqmQIfxc

der Mangel an Gewissen, den die Postmoderne fördert; die Unfähigkeit, zwischen richtig und falsch zu unterscheiden).

Wie andere Elemente der Ideologie kann auch die Postmoderne anfangs schwer zu fassen sein, und ihre Botschaft bzw. ihr Zweck kann zunächst recht nebulös und sogar vage erscheinen. Wie üblich ist dies nur ein Versuch, seinen Zweck zu verschleiern. Im Grunde genommen handelt es sich um ein weiteres Knäuel in dem größeren Wirrwarr roter Fäden, das der Marxismus ist. Sektenmitglieder werden vorhersehbar intellektuelle Gymnastik betreiben und versuchen, uns mit „Wissen" zu blenden, indem sie Unmengen von absolutem Müll ausspucken (in der Regel mit einer möglichst extravaganten Sprache), um diese „Philosophie" zu rechtfertigen oder zu legitimieren. Netter Versuch, Zombies. Lassen Sie uns das in einfache Begriffe fassen.

Was ist das?

Sie entstand als eine Form der „Philosophie" in der zweiten Hälfte des 19. Jahrhunderts, um die in den vorangegangenen Jahrhunderten formulierten gemeinsamen philosophischen Perspektiven in den Bereichen Wissenschaft, Identität und Kultur, Linguistik, Geschichte usw. in Frage zu stellen. Dies umfasst die Entwicklungen der *Aufklärung* des 17.th und 18.th Jahrhunderts.

Im Wesentlichen vertritt diese „Philosophie" eine im Wesentlichen widersprüchliche (revolutionäre) Position zu dem, was vorher war. Ihre Hauptmerkmale sind: Subjektivismus, Relativismus, Skepsis, allgemeine Ablehnung von Logik und Vernunft und eine zynische Sicht auf das, was zuvor als wertvoll für den menschlichen Fortschritt angesehen wurde. [68][69] Mit anderen Worten, sie stellt sich gegen das Bestehende/gegenwärtig Bestehende, sie zweifelt, kritisiert und dekonstruiert, sie demontiert oder zerstört. Das postmoderne Denken ist offensichtlich mit der Kritischen Theorie verwandt, die unter anderem von der Frankfurter Schule vertreten wird.

Wichtige Punkte

Einige der gängigen philosophischen Perspektiven, gegen die sich die Postmoderne im Allgemeinen wendet, sind:

Die Vorstellung, dass es so etwas wie eine objektive Realität und Wahrheit gibt, die unabhängig von der persönlichen Meinung eines jeden funktioniert; die Idee, dass Logik und Vernunft existieren (und dass es allgemein anerkannte Standards für diese Dinge gibt); dass es so etwas wie angeborene, natürliche Verhaltensweisen und psychologische Eigenschaften gibt, die der Mensch von

---

[68] „Postmoderne", 2001.
https://www.sciencedirect.com/topics/psychology/postmodernism

[69] https://www.britannica.com/topic/postmodernism-philosophy/Postmodernism-and-relativism

Geburt an hat (auch bekannt als menschliche Natur; oder dass es auf psychologischer Ebene einen Unterschied zwischen Männern und Frauen gibt, der von Geburt an besteht).

Die Postmoderne behauptet, dass das menschliche Verhalten in erster Linie durch soziale Konditionierung programmiert ist, im Gegensatz zur „menschlichen Natur" (z. B. ist das Geschlecht ein soziales Konstrukt). Sie behauptet auch, dass es für Dinge wie Vernunft oder Logik keine allgemeingültigen Standards geben kann, weil die Wahrnehmung dieser Dinge von dem Kontext - oder dem intellektuellen Umfeld - abhängt, in dem sie verwendet werden. Bestimmte Dinge, die als positiv und erhebend für die Menschheit angesehen wurden - wie z. B. technische und wissenschaftliche Fortschritte - werden zynisch betrachtet. Aus Jean-Francois Lyotards *Der postmoderne Zustand* (1979): „Im Diskurs der heutigen Geldgeber der Forschung ist das einzig glaubwürdige Ziel die Macht. Wissenschaftler, Techniker und Instrumente werden nicht gekauft, um die Wahrheit zu finden, sondern um die Macht zu mehren".[70] (Dieser zickige „intellektuelle" Zynismus mag den Leser an Herbert Marcuse erinnern).

Es werden Begriffe wie „Meta-Narrative" oder „große Erzählungen" verwendet, um zuvor vertretene Konzepte zu beschreiben, und Begriffe wie „aufklärerische Rationalität", um den modernen wissenschaftlichen Gebrauch von Vernunft und Logik zu beschreiben (was darauf hindeutet, dass diese Dinge irgendwie nicht „fortschrittlich" sind und in die Vergangenheit gehören). Erfundene Begriffe wie „Hyperrealität", „Spur" und „Einzigartigkeit des Seins" wurden verwendet, um diese zuvor vertretenen Konzepte grundsätzlich zu kritisieren und zu verwerfen (also noch mehr intellektueller Hokuspokus und Begriffserfindungen zur Verzerrung der Realität).

Er argumentiert auch, dass die traditionellen philosophischen Perspektiven vom Establishment stammen und mit Misstrauen betrachtet werden sollten, da sie dazu dienen, dessen Kontrolle aufrechtzuerhalten (diese verdammte, böse Bourgeoisie, die unser Leben über unsere Gedanken kontrolliert! Ich wusste es!). Das erklärt zum Teil, warum sie nicht an einen konstruktiven Dialog mit Andersdenkenden (d. h. Nicht-Kultmitgliedern) glauben. Sie sehen den Rest von uns als gehirngewaschene Sektenmitglieder an, im Grunde! (kichert)

Sie leugnet die wahre Unabhängigkeit des Einzelnen und fördert stattdessen die Idee der Gruppenidentität. Das heißt, wir werden durch unsere Gruppenzugehörigkeit definiert. Ein Beispiel: Ein weißer, heterosexueller Mann kann als Teil einer „unterdrückenden" Klasse identifiziert werden, während eine schwarze Migrantin Teil einer „unterdrückten" Klasse ist. Ein anderes Beispiel: Eine weiße Person hat automatisch ein (weißes) „Privileg", weil sie weiß ist, und eine nicht-weiße Person hat automatisch keins usw. Wie

---

[70] Lyotard, J.F., *Der postmoderne Zustand* (1979), S. 46.

ekelerregend.

Eine vereinfachte Erklärung

Schauen wir uns an, wie sie die Köpfe und die Gesellschaft im Allgemeinen verzerren kann (und das ist alles, was wirklich zählt): Es ist das Konzept, dass alle Meinungen/Ideen/Perspektiven einen Wert haben; es besagt, dass Subjektivität gut ist und alle Meinungen einen gewissen Wert haben oder gleichwertig sind (es sei denn, man hat antimarxistische Ansichten, natürlich); da es so etwas wie eine universelle Wahrheit nicht gibt, kann alles - einschließlich der Realität selbst - auf unendlich viele Arten interpretiert werden; alles ist subjektiv und nicht objektiv.

„Subjektiv": aus dem Inneren des Ichs kommend, im Geist existierend, oder aus der individuellen Perspektive einer Person kommend. Es bedeutet, dass die Wahrnehmungen einer Person „intern" sind - im Gegensatz zu „extern". „Objektiv": außerhalb des Verstandes existierend oder aus einer Quelle außerhalb des Verstandes/der persönlichen Perspektive des Individuums stammend; außerhalb des Individuums liegend. Aus der Sicht der Postmoderne gibt es so etwas wie eine objektive/externe/universelle Wahrheit nicht; so etwas wie eine Wahrheit, die außerhalb des Selbst liegt und nicht von den persönlichen Interpretationen beeinflusst wird.

Warum sollten wir uns also darum kümmern? Was bedeutet das alles in der Praxis? Es bedeutet, dass Sie sich Ihre eigene Version der Realität ausdenken können, im Grunde genommen! Das Endprodukt all dessen ist die Täuschung in den Köpfen derjenigen, die mit postmodernistischem Denken indoktriniert wurden.

Die Vorstellung, dass alle Ideen „gleich" sind, ist nur marxistischer Egalitarismus, der auf die Logik angewandt wird. Wenn wir zwei Menschen vergleichen - einer ist ein sehr ruhiger, sachkundiger, indoktrinierungsfreier, intellektuell versierter Mensch, und der andere ist manisch, unwissend, indoktriniert, intellektuell unauffällig, leichtgläubig -, dann sind beide Meinungen gleichwertig? Das ist - objektiv und intellektuell gesehen - ein Haufen Scheiße. Völliger Blödsinn!

In gewisser Weise haben wir es mit einer dummen, zerstörerischen Idee (Gleichheit) zu tun, die das intellektuelle Denken beeinflusst und zur Schaffung einer anderen (Postmoderne) führt. Wie der Leser inzwischen weiß, ist die Vorstellung dieser „Gleichheit" der verschiedenen Meinungen nicht etwas, was die Sekte/Ideologie tatsächlich will (was sie wirklich will, ist nur das marxistische Denken/die marxistischen Meinungen).

Die Vorstellung von der Gleichheit unterschiedlicher Wahrnehmungen (mit der die Postmoderne hausieren geht) ist nur ein Vorwand, um dummen, verrückten, realitätsverzerrenden und zerstörerischen Ideen Geltung zu verschaffen, die dann in der menschlichen Psyche Fuß fassen können. So kann die Realität auf den Kopf gestellt und von innen nach außen gekehrt werden, was der Ideologie/dem Kult zugute kommt. „Postmodernisieren, destabilisieren, zerstören" - Wladimir Lenin, wahrscheinlich.

Es hilft, die Ideologie zu verbreiten

Die verschiedenen Unterströmungen des Marxismus (die an anderer Stelle untersucht wurden) beruhen auf einer verzerrten Wahrnehmung der Realität und/oder der Geschichte, um zu funktionieren. Natürlich ist „Geschichte" nur die Realität in der Vergangenheit, also ist „eine verzerrte Wahrnehmung der Geschichte" in Wirklichkeit „eine verzerrte Wahrnehmung dessen, was in der Vergangenheit passiert ist"; dessen, was tatsächlich passiert ist. Die von der Sekte geförderten/unterstützten Subagenden halten sich alle an dieses Prinzip.

Darüber hinaus zeigt uns die allgemeine Mentalität der Sekte, dass sie nicht an die Idee der objektiven Moral glauben - dass es ein universelles, bereits existierendes Konzept von richtig und falsch gibt. Sie scheinen jedoch an die Idee der Subjektivität zu glauben - dass es nur auf Ihre persönliche Interpretation dessen ankommt, was Sie für richtig und falsch halten. So hat die Sekte/Ideologie zum Beispiel Millionen von Menschen davon überzeugt, dass Abtreibung nicht falsch ist. (Dieses Konzept des moralischen Relativismus ist eines der Kernkonzepte des Satanismus - was man für „richtig" hält, dreht sich im Wesentlichen um das eigene Ego und Glück).

Ein weiteres Beispiel ist dieser lächerliche Unsinn mit dem nicht-binären Geschlecht. Wenn ein Mann, aus welchem Grund auch immer, das Gefühl hat, nicht männlich zu sein, dann hat das anscheinend seine Berechtigung (Postmoderne), obwohl er eigentlich männlich ist und seine „Gefühle" in dieser Angelegenheit irrelevant sind! Und obwohl er objektiv falsch liegt, müssen wir seine „Meinung" respektieren („politische Korrektheit")! Andernfalls könnten wir als _____ phobe (Kontrolle der Sprache zur Unterdrückung von Widerspruch) gebrandmarkt werden.

Wir können sehen, wie gefährlich diese Kombination aus Postmoderne, politischer Korrektheit und parteipolitischer Unterdrückung ist; sie führt zu offenkundigem Wahnsinn. Die Ideologie bringt den Irrsinn in jede Phase des Prozesses ein. Es überrascht nicht, dass diese Verhaltensmuster/Reaktionen in der Gesellschaft zu einer verzerrten Wahrnehmung von Logik und Moral führen, was schließlich selbst zum Zusammenbruch der Gesellschaft führt.

Wenn Sie sich also als „nicht-binär" identifizieren wollen, was bedeutet, dass Sie keines der beiden Geschlechter sind, von denen wir bisher dachten, dass es sie gibt (Sarkasmus), dann ist das wahr, weil Sie es für wahr halten. Klingt wie geistiger Dünnschiss, oder? Das ist es auch, denn es ist wahr. Aus postmodernistischer Sicht geht es hier nicht um die biologische Tatsache, dass das Geschlecht, das Sie haben, in der DNA im Kern jeder relevanten Zelle Ihres Körpers eingeprägt ist; es geht darum, was Sie für die Wahrheit halten. Denken Sie daran, dass die Postmoderne die Logik (!) ablehnt, ganz zu schweigen von der Wissenschaft.

Eine Person, die denkt, dass sie irgendwie im falschen Geschlechtskörper steckt, braucht zuerst mentale Hilfe; aber das erfordert ein gewisses Eingeständnis der Person, dass sie einige Probleme haben könnte; das erfordert etwas Vernunft, Mut und Selbstliebe. Das postmoderne Denken erlaubt es einem Menschen, diese Herausforderung/den Ärger/die Angst zu vermeiden, und bietet stattdessen eine viel einfachere Option - man ändert einfach die Realität so, wie man sie haben möchte! Ganz einfach und bequem, nicht wahr? Der Preis dafür, dass man den Kopf so tief in den Sand steckt, ist jedoch sehr hoch - Wahnvorstellung/Irrsinn. Kurzfristiger Komfort für langfristige Entartung.

Heteronormativität

Der kürzlich erfundene Begriff „Heteronormativität" ist ein weiterer entarteter postmodernistischer Auswuchs des „intellektuellen" Marxismus; es handelt sich um eine auf Sex und Gender angewandte kritische Theorie (Queer Theory). [71][72] Das Ziel ist es, die sehr gefährliche, pro-eugenische, gesellschaftszerstörende Idee zu unterstellen, dass heterosexuelle Beziehungen nicht „normal" sind - da es so etwas wie „normal" nicht geben kann - und dass andere (nicht-heterosexuelle) Beziehungsformen ihnen gleichgestellt sind. Natürlich ist dies nur ein weiterer realitätsverzerrender, postmoderner Unsinn.

Eine Definition der *Agentur der Europäischen Union für Grundrechte*: „Heteronormativität ist das, was Heterosexualität kohärent, natürlich und privilegiert erscheinen lässt. Sie beinhaltet die Annahme, dass jeder Mensch 'von Natur aus' heterosexuell ist und dass Heterosexualität ein Ideal ist, das der Homosexualität oder Bisexualität überlegen ist". [73] Und weiter aus Wikipedia: „Heteronormativität ist die Überzeugung, dass Heterosexualität, basierend auf dem binären Geschlechtermodell, die Standard-, bevorzugte oder normale Form der sexuellen Orientierung ist. Sie geht davon aus, dass sexuelle und eheliche Beziehungen zwischen Menschen des jeweils anderen Geschlechts am besten geeignet sind. Eine heteronormative Sichtweise beinhaltet daher eine Angleichung des biologischen Geschlechts, der Sexualität, der Geschlechtsidentität und der Geschlechterrollen. Heteronormativität wird oft mit Heterosexismus und Homophobie in Verbindung gebracht".

---

[71] https://en.wikipedia.org/wiki/Heteronormativity

[72] https://en.wikipedia.org/wiki/Queer_theory

[73] „Homophobie und Diskriminierung aus Gründen der sexuellen Orientierung und der Geschlechtsidentität in den EU-Mitgliedstaaten", FRA, (2009). S. 25. http://fra.europa.eu/sites/default/files/fra_uploads/397-FRA_hdgso_report_part2_en.pdf

Früher glaubte man in der Gesellschaft, dass Nicht-Heterosexualität in der Tat „abnormal" sei. Das hat sich seit dem Aufkommen des Marxismus nach und nach geändert, was bedeutet, dass die Ideologie die Dinge wieder einmal auf den Kopf stellt. Der Begriff „Heteronormativität" stellt also diese „große Erzählung" in Frage und ist daher postmodernistisch. Man beachte den amüsanten Begriff „Heterosexismus".

Die wichtigsten Zahlen

Obwohl es sich um eine große Bewegung handelt, sind hier einige der prominentesten Persönlichkeiten der Geschichte aufgeführt. Es handelt sich meist um Akademiker, die in der Regel Philosophie, politische Philosophie, Soziologie, Psychologie usw. studiert haben. Einige große Namen sind Jean Francois Lyotard (1924-1998), Jacques Derrrida (1930-2004) und Michel Foucault (1926-1984).[74]

Jean Francois Lyotard wurde 1924 geboren. Im Jahr 1950 schloss er ein Lehramtsstudium der Philosophie an der Sorbonne in Paris ab. Er begann seine Lehrtätigkeit in Algerien und engagierte sich später in einer sozialistischen Gruppe namens *Sozialismus oder Barbarei* (Socialism ou *Barbarie*). Seine Schriften aus dieser Zeit waren äußerst kritisch gegenüber dem französischen Kolonialismus (welch ein Schock), und als überzeugter Anhänger der algerischen Unabhängigkeit engagierte er sich in mehreren marxistischen Gruppen, darunter der *Nationalen Befreiungsfront*. Später war er an der marxistischen revolutionären Bewegung *vom Mai 1968 beteiligt* (ein Versuch, Frankreich zu übernehmen).

Lyotard setzte seine Karriere 1966 in Frankreich an der Universität von Paris (Nanterre und Vincennes-Saint-Denis) fort und lehrte in den 1980er und 1990er Jahren auch an anderen Universitäten, darunter an der University of California und der Emory University in Atlanta, Georgia. Später schwor er dem revolutionären Aktivismus ab, aber er verbrachte die erste Hälfte seines Lebens sehr engagiert und behielt für den Rest seines Lebens marxistische Einstellungen bei.[75]

Sein bekanntestes Werk ist *The Postmodern Condition: Ein Bericht über das Wissen* (1979). Es wurde im Auftrag des kanadischen *Conseil des Universites* (Hochschulrat) der Regierung von Quebec erstellt. Darin schlug er vor, dass die traditionellen „Metanarrative" (Wahrheit, Vernunft, Logik) zu dominant (fast totalitär) seien und durch kleine Erzählungen („petits récits"), die miteinander konkurrieren würden, in Frage gestellt und ersetzt werden sollten. In der Einleitung erklärt er: „In extremer Vereinfachung definiere ich

---

[74] https://www.britannica.com/topic/postmodernism-philosophy

[75] https://www.britannica.com/biography/Jean-Francois-Lyotard

postmodern als Ungläubigkeit gegenüber Metanarrativen".[76]

Sein Werk enthielt einige der üblichen zynischen Haltungen gegenüber der Moderne und dem Kapitalismus. Auf Seite fünf erklärte er: „Die Wirtschaftsmächte haben den Punkt erreicht, an dem sie die Stabilität des Staates durch neue Formen der Kapitalzirkulation gefährden, die unter dem allgemeinen Namen multinationale Konzerne laufen".[77] Dies erinnert an Marx' Überzeugung, dass der Kapitalismus die Saat seiner Zerstörung in sich trägt.

Michel Foucault

> „Es gibt eine internationale Bürgerschaft, die ihre Rechte und Pflichten hat und die sich verpflichtet, gegen jeden Machtmissbrauch aufzustehen, unabhängig davon, wer der Urheber und wer die Opfer sind. Schließlich werden wir alle regiert, und als solche sind wir solidarisch.[78]

Michel Foucault, Pressekonferenz im Juni 1981

Michel Foucault wurde 1926 in einer wohlhabenden Familie in der französischen Stadt Poitiers geboren. Während seiner Gymnasialzeit am renommierten *Lycee Henri-IV* wurde er von Jean Hyppolite (selbst ein begeisterter Schüler von Marx und Hegel) beeinflusst. 1946 besuchte er die *Ecole Normale Supérieure* (ENS) und die Universität *Sorbonne* in Paris, wo er Psychologie und Philosophie studierte und die Abschlüsse B.A. und M.A. erwarb. Während seines Studiums an der ENS wurde Foucault von seinem Lehrer (und Sektenmitglied) Louis Althusser ermutigt, der *Kommunistischen Partei Frankreichs* beizutreten, und war einige Jahre lang Mitglied.[79] In den späten 1950er Jahren arbeitete er im Ausland in Schweden, Polen und Westdeutschland und lehrte später Psychologie an der Universität von Tunis in Tunesien. Im Jahr 1968 kehrte er nach Frankreich zurück und arbeitete am *Centre Experimental de Vincennes*. Nachdem er 1970 dem *College de France* beigetreten war, reiste er aufgrund seines spärlichen Vorlesungsverzeichnisses bis Mitte der 1980er Jahre international und hielt Vorträge in mehreren Ländern, darunter Brasilien, Kanada, Japan und den USA.

Zu seinen Werken gehören *Madness and Civilisation* (1960) und *The History of Sexuality* (1976). Foucault legte in seinem Werk einen besonderen Schwerpunkt auf die Sexualität. Er vertrat die Idee, dass es dabei um Macht geht. Er gilt auch als einer der Haupteinflüsse auf die spätere „Queer Theory".

---

[76] Lyotard, J.F., *Der postmoderne Zustand* (1979), (Einleitung, xxiv).

[77] Ebd. P. 5.

[78] „Die Rechte und Pflichten der internationalen Staatsbürgerschaft", November 2015.

https://www.opendemocracy.net/en/can-europe-make-it/rights-and-duties-of-international-citizenship/

[79] https://www.britannica.com/biography/Michel-Foucault

Wie zu erwarten, war er auch ein Gegner der Pädophilie und beteiligte sich an Petitionen zur Herabsetzung des Schutzalters in Frankreich. [80]

Die Geschichte der Sexualität ist ein großartiges Stück Marx'scher Propaganda, das versucht, die Wahrnehmung der Menschen von normalem, gesundem Sexualverhalten zu verzerren. Er behauptet, dass sexuelle Verhaltensweisen, die normalerweise als negativ eingestuft werden - die „Welt der Perversion" - nicht nur ungerechtfertigt als solche eingestuft werden, sondern sogar positiv sind, da sie das Streben nach Wahrheit darstellen! Nach dieser Logik möchte ich darauf hinweisen, dass, wenn Sie Sex mit einem Hoftier, einem zerklüfteten Felsbrocken oder vielleicht einem stinkenden Müllsack in einer Mülltonne in einer Gasse haben, dies Teil Ihrer „Wahrheit" wird, nicht wahr? „Diese Kuh zu ficken ist Teil meiner Wahrheit!" oder „Oralsex von diesem Müllsack zu bekommen ist Teil dessen, was ich bin!". Sie können es wahrnehmen und beschreiben, wie Sie wollen, es ändert nichts an der Tatsache, dass Sie ein ekelhafter, degenerierter Irrer sind. Er vertrat auch die Auffassung, dass das System unterdrückerisch und manipulativ sei (gähn) und dass die vom System/von den Behörden verwendeten „wissenschaftlichen Erkenntnisse" in Wirklichkeit eine Form der sozialen Kontrolle seien (typische postmoderne Einstellung).

Marxistischer Aktivismus

Foucault war sein ganzes Leben lang aktiv an den Initiativen der Sekte beteiligt, darunter: Befreiungs- und Antirassismusbewegungen, Studentenproteste gegen den Staat, Proteste gegen die Ermordung von Nichtweißen oder Sektenmitgliedern (sowohl in Frankreich als auch im Ausland), Unterstützung des Islamismus, Proteste gegen die Inhaftierung und Auslieferung von Sektenmitgliedern, Kampagnen für die Gewährung von Asyl für ausländische Sektenmitglieder in Frankreich. Dazu kommt die Förderung von Pädophilie usw. In der Tat war er geradezu fanatisch.[81] Auch das Argument, er habe sich später offiziell vom Kommunismus losgesagt, ist nicht stichhaltig. 1967, während seiner Zeit an der Universität Tunis, unterstützte Foucault während der pro-palästinensischen Unruhen, an denen die Sekte beteiligt war, aktiv die beteiligten Studenten und schützte sie, und später äußerte er seine Bewunderung für ihr Verhalten während des staatlichen Vorgehens. Als Mitglied einer Kommission war er an den Universitätsreformen beteiligt, die der Bildungsminister Christian Fouchet 1967 durchführte.[82]

Im Zuge der Neugestaltung des französischen Bildungssystems im Jahr 1968

---

[80] https://en.wikipedia.org/wiki/French_petition_against_age_of_consent_laws

[81] https://en.wikipedia.org/wiki/Michel_Foucault

[82]

https://en.wikipedia.org/wiki/Michel_Foucault#University_of_Tunis_and_Vincennes:_1966-1970 wurden neue „autonome" Universitäten gegründet („autonom" = mit der ideologischen roten Tendenz). Foucault erhielt eine sehr einflussreiche Position am *Centre Expérimental de Vincennes in* der Nähe von Paris als Leiter des Fachbereichs Philosophie; Foucault stellte dann andere Sektenmitglieder ein, die dort lehrten, wie die offen kommunistischen Fanatiker Judith Miller (1941-2017) und Alain Badiou (1937-). Die Kurse in dieser „radikalen" Philosophieabteilung hatten eine eindeutig marxistisch-leninistische Ausrichtung. Fast unmittelbar nach ihrer Gründung geriet diese rote „Universität" in einen aggressiven Konflikt mit dem Establishment, da sie die fanatischsten Studenten und Mitarbeiter anzog.

Foucault war in mehrere Auseinandersetzungen mit der Polizei verwickelt: 1972 wurde er verhaftet, weil er sich an Protesten gegen die Ermordung eines algerischen Arbeiters durch die Polizei beteiligte (kommt Ihnen das bekannt vor?); 1975 wurde er verhaftet und deportiert, als er gegen die Hinrichtung von Sektenmitgliedern durch die spanische Regierung protestierte; er protestierte gegen die Inhaftierung und Auslieferung des marxistischen ostdeutschen Spions und Terroristen Klaus Croissant (1931-2002) sowie des Sektenmitglieds und Wissenschaftlers Jean-Paul Sartre (1905-1980). Bei einer Auseinandersetzung mit der Polizei wurde er sogar körperlich verletzt. [81]

Tod durch Schwulsein

Foucault war eine gestörte Persönlichkeit (kein Wunder, denn „Fou" bedeutet auf Französisch „verrückt"). Als schwuler Mann hatte er im Laufe seines Lebens viele „Interaktionen", darunter eine Beziehung mit einem Transvestiten während seines Aufenthalts in Hamburg. Mit seinem Geliebten Daniel Defert (1937-2023), der selbst Mitglied einer Sekte und Fan von Mao Zedong war, führte er über weite Strecken seines Lebens eine „offene Beziehung". [79]

In seiner Jugend war Foucault in die Pariser Schwulenszene involviert und verfolgte dieses Thema sein ganzes Leben lang, wobei er ungeschützten Sex mit Fremden hatte. Während seiner Zeit in den USA, als er an der UCLA und in Berkeley in Kalifornien Vorlesungen hielt, zog es ihn in die lebhafte Schwulenszene von San Francisco. Er starb 1984 an den Folgen von AIDS. [79] Der Mann, der sein ganzes Leben lang eine unbekümmerte „Anything goes"-Haltung zu Sex und Sexualität propagiert hatte (die satanische Herangehensweise „Tu, was du willst"), fickte sich buchstäblich zu Tode. Was für ein Vorbild. Er ist ein gefeierter Intellektueller in akademischen Sektenkreisen.

Weitere Persönlichkeiten der Postmoderne-Szene waren Jacques Derrida und Jean-Paul Sartre. Derrida war ein begeistertes Sektenmitglied und engagierte sich für viele „linke" Themen, darunter Anti-Atomkraft und Anti-Apartheid in Südafrika. Derrida unterzeichnete (zusammen mit Foucault) die Petition zur

Entkriminalisierung von Sex mit Minderjährigen in Frankreich.[83]

Der „Widerspruch" der Postmoderne

Wie kommt es, dass die Postmoderne auch marxistisch ist? Da die Postmoderne behauptet, an nichts Konkretes zu glauben, während der Marxismus dies traditionell tut (Gleichheit, Klassenkampf usw.), wie kann dann die Postmoderne vom Marxismus kommen? Denn der Zweck der Postmoderne ist es, das zu dekonstruieren und zu zerstören, was in der Zivilisation bereits etabliert ist, um dann den Marxismus als „Ersatz" ins Spiel zu bringen.

Der Relativismus, die Kritik, der Zynismus, den die Postmoderne propagiert, wird natürlich nicht auf die Ideologie, die Sekte oder die Sektenmitglieder selbst angewendet. Sie können Kritik austeilen, aber nicht einstecken (sehr verwöhnte Gören). Der Sekte zufolge ist ihre Ideologie die Antwort, und sie sind die Erlöser, und jede gegenteilige Wahrnehmung wird nicht toleriert. In diesem Fall gilt keine „Subjektivität".

Nicht Logik, sondern Marxsche „Logik"

Die Postmoderne ist die Perversion und Vermüllung der Logik. Nur eine andere Art der Dekonstruktion des Bestehenden, um es durch marxistisches Denken zu ersetzen, das ist alles. Der Rest ist nur der übliche intellektuelle Kinnhaken-Mist. Es dient dem Zweck, psychotische Individuen zu schaffen, die von der Realität losgelöst sind und kein Gewissen haben - die nicht vernünftig sind und denen man nicht ins Gewissen reden kann. Kreaturen wie diese sind eine Ressource, die die Sekte/Ideologie antreibt, daher ist es in ihrem Interesse, so viele wie möglich von ihnen zu schaffen.

Sie indoktriniert den Einzelnen auch dazu, extrem egozentrisch zu sein. Beachten Sie, wie dies mit einem Hauptmerkmal der Sekte/Ideologie zusammenhängt, das ich immer wieder hervorgehoben habe - dem Faktor der unreifen, verzogenen Göre. Der postmodernistische Denkprozess „Erschaffe deine eigene Realität" ist auf der Wahrnehmungsebene gleichbedeutend mit einem verwöhnten Balg. „Alles, was zählt, ist, wie ich mich fühle, was ich denke, was meine Gefühle sind und was meine Meinungen/Wahrnehmungen sind".

Gören lieben es, ihren eigenen Willen durchzusetzen; ihnen wird gesagt, dass sie großartig sind; sie müssen sich nie sagen lassen, dass sie im Unrecht sind; sie halten sich für extrem intelligent usw. Das postmoderne Denken erlaubt es ihnen, allen möglichen Unsinn zu erfinden und daran zu glauben, ohne dass ihnen jemals gesagt wird, dass sie dumm sind oder dass sie erwachsen werden müssen (und, Gott bewahre, etwas Konstruktives aus ihrem Leben machen sollten). Es erlaubt ihnen auch, alle Arten von Unsinn zu

---

[83] https://en.wikipedia.org/wiki/Jacques_Derrida

glauben/unterstützen/vergöttern, die von anderen (einschließlich anderen Sektenmitgliedern) erfunden wurden. Es erlaubt ihnen, dieses warme, prickelnde, sektiererische Gefühl zu spüren, das sie bekommen, wenn sie ihr wahnhaftes Sektenmitglied-Dasein leben.

Die herausragende Komponente der Postmoderne, die suggeriert, dass alles - einschließlich der Realität selbst - auf unendlich viele Arten interpretiert werden kann, ist ein weiteres Stück Wohlfühl-Unsinn. Sie verzögert die psychologische Entwicklung eines Geistes, da sie die Entwicklung echter Wahrnehmungsfähigkeiten verhindert; zu lernen, die Dinge so zu sehen, wie sie tatsächlich sind. Es belohnt dummes und verrücktes Denken, indem es es mit hervorragendem Denken gleichsetzt. Es ist das ganze „eine Medaille haben wollen, nur weil man im Rennen war", zusammengefasst in einer Denkschule. Das ist eine weitere Sache, die verboten und aus der akademischen Welt und der Literatur usw. entfernt werden muss.

Juri Bezmenow

> „Verstehen Sie, was um Sie herum geschieht - Sie befinden sich im Kriegszustand ... und Sie haben nur wenig Zeit, sich zu retten.[84]
>
> Sowjetischer Überläufer Yuri Bezmenov,
> Interview mit G. Edward Griffin, 1983

Ist Ihr Land ein empfängliches Ziel, wenn es um marxistische Subversion oder „ideologische Subversion" geht? Was ist überhaupt „ideologische Subversion"? Hat Ihr Land im Wesentlichen offene Grenzen, die jeder - auch potenzielle Feinde - überschreiten kann? Hat es ein starkes Gefühl der Unabhängigkeit/Souveränität, das sich von dem anderer Länder unterscheidet? Das Stellen solcher Fragen wurde von einem Mann namens Juri Besmenow (1939-1993) angeregt.

Juri Alexandrowitsch Bezmenow (alias Tomas Schuman) war ein russischer KGB-Agent und Journalist, der hauptsächlich in den 1960er Jahren tätig war. Er wurde 1939 in einem Moskauer Vorort als Sohn einer Militärfamilie geboren. Sein Vater war ein hochrangiger Offizier des Generalstabs der sowjetischen Armee und Inspekteur der Landstreitkräfte überall dort, wo die Sowjets Truppen stationiert hatten (Mongolei, Kuba, Osteuropa usw.).

Als er viele Jahre später über sein früheres Leben sprach, sagte er, dass es im Vergleich zu anderen, die unter dem Sowjetregime lebten, relativ wohlhabend war (weil er in einer Militärfamilie aufwuchs) und dass ihm „die meisten Türen offen standen". Er studierte an der *Staatlichen Universität Moskau* am *Institut für Orientalische Sprachen*, wo er Experte für indische Sprachen (Hindi und Urdu) und Kultur wurde und außerdem Journalismus, Geschichte, Literatur

---

[84] G. Edward Griffin Interview, „Yuri Bezmenov - Deception Was My Job (vollständiges Interview),". https://www.YouTube.com/watch?v=UrS1qDcgdTk

und Musik studierte. Außerdem absolvierte er eine umfassende Ausbildung im Bereich Militär und Zivilschutz: „Jeder Student muss einen Abschluss als Junior Leftenant machen, und in meinem Fall war es der Verwaltungs- und Militärnachrichtendienst".[84][85]

Er trat der *Presseagentur Novesti* bei, die er als „eine Propaganda- und ideologische Subversionsfront des KGB" bezeichnete, bevor er 1963 seinen Abschluss machte (Juri erklärte später, dass 75 % der Mitglieder von Novesti beauftragte Offiziere des KGB waren, während die anderen 25 % Agenten wie er waren, die kooptiert und für bestimmte Operationen eingesetzt wurden). Die Absolventen „wurden später als Diplomaten, ausländische Journalisten oder Spione eingesetzt". Sein erster Auftrag führte ihn nach Indien, wo er als Übersetzer für die sowjetische Wirtschaftshilfegruppe *Soviet Refineries Constructions tätig war*, die in den Bundesstaaten Bihar und Gujarat Raffineriekomplexe baute. Am Ende seines ersten Einsatzes dort wurde er zum Referenten für Öffentlichkeitsarbeit befördert. Zuletzt war er in der sowjetischen Botschaft in Neu-Delhi als Pressereferent tätig.

Yuri lief 1970 in die Vereinigten Staaten über und floh aus Indien, indem er sich der Hippie-Bewegung anschloss. Schließlich ließ er sich in Kanada unter der angenommenen Identität von Tomas Schuman nieder und nahm verschiedene Jobs an, um über die Runden zu kommen. Ein Wendepunkt kam, als er 1973 eine Anstellung bei der *Canadian Broadcasting Corporation* (CBC) in Montreal erhielt, die für ihren russischsprachigen Auslandsdienst zuständig war. Die Sowjets wurden darauf aufmerksam, und der daraufhin ausgeübte Druck - durch den sowjetischen Botschafter Alexander Jakowlew - führte zu seiner Entlassung. Er behauptete, dass der kanadische Premierminister Pierre Trudeau den CBC-Präsidenten angerufen habe, was zu seiner Entlassung führte. Trudeau und Jakowlew waren offenbar befreundet.[86]

Er unterrichtete auch Politikwissenschaft an der *Universität Toronto*, Slawistik an der *McGill-Universität* in Montreal und Journalismus an der *Carleton-Universität* in Ottawa. In einem seiner Vorträge sagte Juri, er sei erstaunt, wie viele marxistische Bücher und andere „linke Propaganda" er in Verbindung mit amerikanischen und kanadischen Universitäten finden könne. Dazu gehörten Werke von Marx und Engels, Lenin, den „Intellektuellen" der Frankfurter Schule, Erich Fromm und Herbert Marcuse, sowie *The Indochina Story* (1970).[85]

Nach seiner Abtrünnigkeit kritisierte er offen den Marxismus der Sowjetunion, verfasste Bücher, gab Interviews und hielt Vorträge. Außerdem war er als

---

[85] „Yuri Bezmenov 1983 Interview und Vortrag (1080p HD),".
https://www.YouTube.com/watch?v=Z0j181tR5WM

[86] Barrera, J., „Chaos-Agent", 5. Februar 2022.
https://www.cbc.ca/newsinteractives/features/yuri-bezmenov-soviet-defector-canada

politischer Analyst für die Wochenzeitung *Panorama* tätig. *Zu* seinen schriftlichen Werken gehören *Love Letter to America* (1984), *Black is Beautiful, Communism is not* (1985), *No „Novosti" is Good News* (1985) und *World Thought Police* (1986). Er starb 1993 im Alter von 54 Jahren in Windsor, Ontario, als relativ unbekannter, isolierter Mann (offenbar aufgrund von Alkohol- und Familienproblemen). [86][87] Sein Überlaufen, sein Leben war im Wesentlichen ein Opfer in unserem Kampf gegen den Marxismus.

Er ist eine sehr bedeutende Persönlichkeit, weil er offen über einige wichtige Konzepte innerhalb der Ideologie sprach. Er war ein großartiger Analytiker und Kommunikator auf diesem Gebiet und ein Experte für sowjetische Propaganda, der Begriffe wie „Ideologische Subversion" populär machte. Im Nachhinein können wir feststellen, dass seine Vorhersagen fast prophetisch waren. Juri spricht sogar aus dem Grab zu uns - er war im Trailer der beliebten Spieleserie *Call of Duty zu* sehen, *die* 2020 unter dem Titel *Call of Duty: Black Ops Cold War erscheint.* Die Tagline des Trailers lautete „Know Your History".[88]

1984 führte Yuri ein langes Interview mit G. Edward Griffin mit dem Titel „Soviet Subversion of the Free-World Press".[84] Außerdem führte er 1983 in Los Angeles ein Interview für das Summit University Forum (SUF), dem er einen ausgezeichneten einstündigen Vortrag über das Thema der ideologischen Subversion folgen ließ. [85] (Diese beiden Videos sind die Hauptquellen für diesen gesamten Abschnitt).

Warum er übergelaufen ist

> „Einer der Gründe, nicht überzulaufen, war, dass ich in relativem Wohlstand lebte. Wer, der bei klarem Verstand ist, würde überlaufen und was tun? Um von den Medien missbraucht zu werden? Um als McCarthyist, Faschist und Paranoiker beschimpft zu werden? oder um in New York City ein Taxi zu fahren. Und wozu? Warum zum Teufel sollte ich überlaufen? Um von den Amerikanern missbraucht und beleidigt zu werden, weil ich mich bemühe, wahrheitsgemäße Informationen über die drohende Gefahr eines Umsturzes zu verbreiten?[84]

In dem Interview von 1984 zählte er Dinge auf, die ihn dazu brachten, den Kommunismus in Frage zu stellen, darunter: der Zwiespalt zwischen der Tatsache, dass die Vereinigten Staaten während des Zweiten Weltkriegs ein Verbündeter der UdSSR waren, und der Darstellung der sowjetischen Propaganda als Feind danach; als die völkermörderischen Verbrechen Stalins dank Chruschtschow ans Licht kamen; und der sowjetische Einmarsch in die

---

[87] „Soviet Defector had passion for homeland", The Windsor Star, Januar 6, 1993, S. 5. https://www.newspapers.com/clip/53029092/yuri/

[88] „Kenne deine Geschichte | Offizieller Trailer zu Call of Duty®: Black Ops Cold War", August 2020.

https://www.YouTube.com/watch?v=zsBRGCabaog

Tschechoslowakei im Jahr 1968 (mit dem ein antikommunistischer Aufstand niedergeschlagen wurde).

Auf die Frage, was er konkret am sowjetischen Regime beanstandete, sprach er von dessen Verhalten: „...millionenfach unterdrückerischer als jede koloniale oder imperialistische Macht in der Geschichte der Menschheit. Mein Land bringt Indien nicht Freiheit, Fortschritt und Völkerfreundschaft, sondern Rassismus, Ausbeutung, Sklaverei und natürlich wirtschaftliche Ineffizienz".

In dem SUF-Interview von 1983 sprach er über seinen Übertritt: „Die Entscheidung war natürlich sehr schmerzhaft und schwierig...aber auf der anderen Seite hatte ich keine Illusionen über das kommunistische oder sozialistische System...als das verkommenste und nicht funktionierende System der Welt...Es spielt keine Rolle, welches Etikett man dem System anheftet. Im Grunde genommen ist es, wenn man ein religiöser Mensch ist, ein teuflisches, satanistisches System, das nur an die primitivste, negative Seite der menschlichen Natur appelliert. Die Grundlage dieses Systems ist die Ablehnung von Privateigentum, Menschenwürde und persönlicher Verantwortung und natürlich jeder religiösen Zugehörigkeit... zu Gott als höchstem Wesen".

In demselben Interview umriss er, als er über die Methoden der Subversion sprach, das Ziel des marxistischen Sowjetsystems (Unterstreichung zur Hervorhebung): „Die grundlegenden Methoden unterscheiden sich nicht so sehr von den Aktivitäten eines Public-Relations-Beauftragten eines jeden großen Unternehmens... aber der eigentliche Zweck ist ein anderer. Der ultimative Zweck des sowjetischen Systems besteht nicht darin, irgendetwas zu verkaufen (schon gar nicht eine Ideologie). Es geht darum, die Zivilisation zu zerstören, auf der der Wohlstand und die Freiheit basieren, und sie durch ein System der totalen Kontrolle über das Leben der Menschen zu ersetzen. Das System der totalen Ausbeutung - das ist das eigentliche Ziel".

Sowjetische Schaffung von „Befreiungs"-Bewegungen auf der ganzen Welt

Die Sowjets hatten in Moskau eine Schule mit dem Namen *„Lumumba Friendship University"*. Sie stand unter der direkten Kontrolle des KGB und des Zentralkomitees. In seinem Interview von 1984 erklärte Juri, dass dort „künftige Führer der so genannten „Nationalen Befreiungsbewegungen" ausgebildet und sorgfältig ausgewählt werden". Sie wurden dann „in ihre Länder zurückgeschickt, um Führer der so genannten „Nationalen Befreiungs"-Bewegungen zu werden, oder um in die normale menschliche Sprache übersetzt zu werden - Führer von internationalen terroristischen Gruppen".

(Anmerkung: Im Abschnitt über die Tabellen haben wir gesehen, dass all diese „Freiheits"-Bewegungen im 20. Jahrhundert überall auf der Welt entstanden sind, insbesondere in Ländern, die (formell) von europäischen

Kolonialmächten kontrolliert wurden. Dabei handelte es sich lediglich um marxistische Gruppen, die sich vordergründig gegen die ausländische/imperiale Kontrolle wandten, in Wirklichkeit aber ihr Land in Richtung einer noch extremeren Form der Kontrolle - des internationalen marxistischen Imperialismus - trieben.) [84]

Zu seinen Aufgaben bei Lumumba sagte Juri: „Sprachunterricht war meine so genannte außerschulische Aktivität", eine Aufgabe, die normalerweise „jungen Kommunisten als unbezahlte Arbeit übertragen wurde, um ihre Loyalität zur Partei zu beweisen". Er erteilte Russischunterricht für Studenten aus Asien, Lateinamerika und Afrika. Anschließend wurden die Schüler zwei bis drei Jahre lang in einem Indoktrinationskurs mit marxistisch-leninistischer Ideologie vertraut gemacht.

Nach einer weiteren Überprüfung würden die Studenten, wenn sie geeignet waren, eine weitere zweijährige Ausbildung durch den KGB erhalten. Dann werden sie in ihre Heimatländer zurückgeschickt, um „Schläfer" zu werden. Sie ruhen sozusagen und gehen in der Regel in der Zwischenzeit ihrer gewohnten Arbeit oder Karriere nach. Während der Phase der „Destabilisierung" ihrer Länder (die weiter unten erläutert wird) werden die Agenten dann aktiv und helfen dem Marxismus bei der Übernahme der Macht.

Yuri erklärt: „So stößt man in einem Land wie Nicaragua plötzlich auf alteingesessene Juristen, die aus irgendeinem seltsamen Grund erbittert gegen den „amerikanischen Imperialismus" und idealistisch für den sowjetischen marxistisch-leninistischen Imperialismus sind".

Marxistische 'Spiritualität'

Hier gibt es eine faszinierende Verbindung zwischen der Welt der „Spiritualität" und dem von der Sekte/Ideologie betriebenen Umsturz. Während seiner Zeit in Indien sagte Yuri, der KGB sei sehr an einem „Guru" namens Maharishi Mahesh Yogi interessiert gewesen. Dieser Guru wurde in den 1960er und 1970er Jahren durch seine Kontakte zu Berühmtheiten bekannt, darunter die Beatles, die Beach Boys und Mitglieder der Rolling Stones, um nur einige zu nennen, aber auch Schauspieler: „Mia Farrow und andere nützliche Idioten aus Hollywood besuchten seine Schule und kehrten völlig zugedröhnt mit Marihuana, Haschisch und verrückten Meditationsideen in die Vereinigten Staaten zurück".

Juri erklärte, dass diese Art von „spirituellem" Training und Meditation etwas war, das die USA in einer Weise beeinflusste, die für die Sowjets wünschenswert war: „Meditieren - mit anderen Worten, sich von den aktuellen sozialen und politischen Problemen des eigenen Landes abzuschotten. Sich in seine eigene Blase zurückzuziehen; die Probleme der Welt zu vergessen... Offensichtlich war der KGB von einer so schönen Schule, einem solchen Gehirnwäschezentrum, sehr fasziniert... Ich wurde vom KGB entsandt, um zu überprüfen, welche Art von prominenten Amerikanern diese Schule besuchen".[84]

Juris Aufgabe war es, „herauszufinden, welche Art von Menschen aus den Vereinigten Staaten diese Schule besuchen, und wir haben herausgefunden, dass es tatsächlich einige einflussreiche Familienmitglieder und Meinungsmacher in den Vereinigten Staaten gibt, die mit verrückten Geschichten über die indische Philosophie zurückkommen. Es liegt auf der Hand, dass ein Prominenter - z. B. die Frau eines Kongressabgeordneten oder eine prominente Hollywood-Persönlichkeit - nach der Ausbildung an dieser Schule den Manipulatoren der öffentlichen Meinung und dem KGB sehr viel leichter in die Hände fällt als ein normaler Mensch, der diese Art von gefälschter religiöser Ausbildung durchläuft". Das lag daran, dass „eine Person, die zu sehr in introspektive Meditation vertieft ist..." (d. h. eine Person, die die Yogi-Schule besucht hat), geistig besser geeignet war, der sowjetischen Sache zu dienen" (indem sie indoktriniert wurde und den Sowjets half, die USA zu unterwandern). Das gilt auch heute noch; Sie können das Wort „sowjetisch" durch „marxistisch" ersetzen.

Er weist darauf hin, dass Maharishi die Menschen - einschließlich seiner naiven amerikanischen Studenten - lehrte, dass „die brennenden Probleme von heute einfach durch Meditation gelöst werden können. Bringen Sie das Boot nicht ins Wanken. Mischen Sie sich nicht ein. Setzt euch einfach hin, schaut auf euren Nabel und meditiert. Und die Dinge (die Probleme) werden sich - aufgrund einer seltsamen Logik, aufgrund einer „kosmischen Schwingung" - von selbst regeln". (Dies erinnert an das Konzept der „Loslösung" in der Welt der Spiritualität, einschließlich des Buddhismus).

Yuri fuhr fort: „Das ist genau das, was der KGB und die marxistisch-leninistische Propaganda von den Amerikanern will - ihre Meinung, ihre Aufmerksamkeit und ihre geistige Energie von den wirklichen Problemen der Vereinigten Staaten auf ein Nicht-Thema, auf eine nicht existierende „Harmonie" zu lenken... Offensichtlich ist es für die sowjetischen Aggressoren vorteilhafter, einen Haufen düpierter Amerikaner zu haben als Amerikaner, die selbstbewusst, gesund, körperlich fit und der Realität gegenüber wachsam sind".

Yuri wies darauf hin, dass Maharishi Mahesh Yogi zwar nicht auf der Gehaltsliste des KGB stehe, sagte aber: „Ob er es weiß oder nicht, er trägt in hohem Maße zur Demoralisierung der amerikanischen Gesellschaft bei, und er ist nicht der Einzige: Es gibt Hunderte dieser Gurus, die in Ihr Land kommen, um aus Naivität und Dummheit Kapital zu schlagen. Es ist eine Mode zu meditieren, es ist eine Mode, sich nicht zu engagieren".

In der Tat hat die „New Age"-Bewegung die Verbreitung der marxistischen Infektion sehr gut unterstützt. Sie ist voll von Individuen, die davon sprechen, „erwacht" (oder „wach") zu sein, die aber keine Ahnung haben, was tatsächlich in/mit der Welt geschieht (zusätzlich dazu, dass sie sich selbst und ihre eigenen

Überzeugungen, Verhaltensweisen usw. nicht verstehen). Wenn es das ist, was „erwacht" ist, dann bemühe ich mich, der am wenigsten erwachte Mensch überhaupt zu sein. Ich wünsche Ihnen dasselbe Maß an „spiritueller Ignoranz"!

Ignorant und moralisch unverantwortlich zu sein ist nicht gleichbedeutend mit wahrem, echtem „Erwachen/höherem Bewusstsein" - es ist das genaue Gegenteil! Darüber hinaus beschleunigt die Art von psychologischer Denkweise, die Pseudo-Spiritualität fördert, die marxistische Indoktrination: übermäßige weibliche/emotionale Wahrnehmung; der Gedanke, dass Wut negativ ist; der Glaube, dass alle Formen von Konflikten/physischer Gewalt/Tötung falsch sind; der Glaube, dass wir alle eins sind (Kollektivismus, Solidarität) und gleich (Gleichheit) usw.

Feinde, Rekruten und Verrat

Juri sprach von der *Geheimen Abteilung für Forschung und Gegenpropaganda*. Diese Gruppe sammelte Informationen über alle, die die öffentliche Meinung beeinflussen konnten - Journalisten, Schauspieler, Pädagogen und Professoren, Parlamentsabgeordnete, Vertreter von Wirtschaftskreisen. Sie wurden in zwei Gruppen eingeteilt: diejenigen, die „im Schlepptau der sowjetischen Außenpolitik stehen, werden durch die Manipulation der Medien und der öffentlichen Meinung in Machtpositionen befördert", und „diejenigen, die den sowjetischen Einfluss in ihrem eigenen Land ablehnen, werden bei einer Revolution durch Rufmord oder physische Hinrichtung getötet".[84]

Juri sprach zum Beispiel von solchen Attentaten während des Vietnamkriegs in der Stadt Hué. Dort konnten die vietnamesischen Kommunisten in nur wenigen Nächten Tausende von Nicht-Marxisten zusammentreiben und hinrichten. Die CIA war verblüfft über die Schnelligkeit, mit der dieses Massaker durchgeführt wurde. Yuri erklärte: „Die Antwort ist sehr einfach - lange bevor die Kommunisten die Stadt besetzten, gab es ein umfangreiches Netz von Informanten, vietnamesischen Bürgern vor Ort", die alles über ihre nicht-marxistischen Landsleute wussten. Dies ist ein wichtiger, immer wiederkehrender Faktor bei der Sekte - sie hetzt Menschen derselben Nationalität/Gruppe gegeneinander auf, und zwar auf die mörderischste Weise. Die Infizierten töten ihre eigenen Landsleute/Frauen bei jeder sich bietenden Gelegenheit.

Eine weitere Gruppe, die von den Sowjets als Zielscheibe genannt wurde, waren „prosowjetische Journalisten, mit denen ich persönlich befreundet war". Diese Typen waren „idealistisch gesinnte Linke, die mehrere Besuche in der UdSSR machten... doch der KGB entschied, dass sie nach der Revolution... gehen müssen...". Auf die Frage, warum, antwortete er: „Weil sie zu viel wissen. Sehen Sie, die nützlichen Idioten, die Linken, die idealistisch an die Schönheit des sowjetischen sozialistischen oder kommunistischen oder wie auch immer gearteten Systems glauben... wenn sie desillusioniert werden, werden sie zu den schlimmsten Feinden...", weshalb sie schließlich ausgeschaltet werden müssen (sonst könnte das, was sie im Umgang mit den Sowjets gelernt haben, später ein Problem darstellen). [84]

Er fuhr fort und erklärte, auf welche Art von Menschen der KGB seine Agenten abzielen lassen wollte: „Deshalb haben meine KGB-Ausbilder ausdrücklich darauf hingewiesen, dass man sich nicht mit Linken abgeben sollte, dass man diese politischen Prostituierten vergessen sollte, sondern dass man höher zielen sollte", so lautete meine Anweisung. „Versucht, in die auflagenstarken, etablierten, konservativen Medien zu gelangen. Erreichen Sie stinkreiche Filmemacher, Intellektuelle, so genannte akademische Kreise; zynische, egozentrische Menschen, die Ihnen mit engelsgleichem Blick in die Augen schauen und Ihnen eine Lüge erzählen können". Das sind die am besten rekrutierbaren Leute". Menschen ohne Gewissen, denen es an moralischen Prinzipien mangelt". Menschen, die „entweder zu gierig sind oder... an Selbstüberschätzung leiden... Das sind die Menschen, die der KGB unbedingt rekrutieren wollte".

Unter Bezugnahme auf die linken Journalisten, die der KGB auf seiner Abschussliste hatte, fragt Herr Griffin: „Aber um die anderen zu eliminieren, um die anderen zu exekutieren... dienen sie nicht einem bestimmten Zweck... wären sie nicht diejenigen, auf die man sich verlassen würde?". Yuri antwortet: „Nein, sie erfüllen ihren Zweck nur in der Phase der Destabilisierung eines Landes. Zum Beispiel eure Linken in den Vereinigten Staaten....Professoren, die sich für die Bürgerrechte einsetzen... Sie sind im Prozess des Umsturzes nur dazu da, eine Nation zu destabilisieren... Wenn ihr Job erledigt ist, werden sie nicht mehr gebraucht, sie wissen zu viel... Einige von ihnen, wenn sie desillusioniert sind, wenn sie sehen, dass die Marxisten-Leninisten an die Macht kommen, sind sie natürlich beleidigt - sie denken, dass sie an die Macht kommen werden". Lächelnd fährt Juri fort: „Das wird natürlich nie passieren, sie werden an die Wand gestellt und erschossen... aber sie können zu den erbittertsten Feinden der Marxisten-Leninisten werden, wenn sie an die Macht kommen".[84]

Wie bereits erwähnt, breitet sich die marxistische Infektion in Wellen aus, was den Grad des Fanatismus der Sektenmitglieder betrifft. Mit anderen Worten, die Marxisten einer Welle werden immer durch fanatischere Marxisten in den nachfolgenden Wellen ersetzt.

Juri zählte Beispiele auf, die dieses Muster verdeutlichen: „In Nicaragua wurden die meisten dieser ehemaligen Marxisten-Leninisten entweder ins Gefängnis gesteckt oder einer von ihnen spaltete sich ab und arbeitet jetzt gegen die Sandanisten. Der Fall von Maurice Bishop in Grenada: „er war bereits ein Marxist, er wurde von einem neuen Marxisten hingerichtet, der marxistischer war als dieser Marxist (bezieht sich auf Bishop). Das gleiche Muster wieder in Afghanistan: „Zuerst war da Taraki, er wurde von Amin getötet, dann wurde Amin von Babrak Karmal mit Hilfe des KGB getötet und in Bangladesch, „als Mujibur Rahman - ein sehr pro-sowjetischer Linker - von

seinen eigenen marxistisch-leninistischen Militärkameraden ermordet wurde...
Es ist überall das gleiche Muster". Laut Juri würden all diese nützlichen Idioten,
sobald sie ihre Rolle gespielt haben, entweder „komplett hingerichtet (alle
idealistisch gesinnten Marxisten) oder ins Exil geschickt oder in Gefängnisse
wie in Kuba gesteckt" (und er fügt hinzu, dass in Kuba viele ehemalige
Marxisten im Gefängnis sitzen). [84]

Die Realität der „Gleichheit

Im weiteren Verlauf des Interviews erkundigt sich Griffin erneut nach der
Ausrottung dieser Art von Menschen, worauf Juri mit einem großartigen
Hinweis darauf antwortet, dass die Utopie der „Gleichheit" nur ein
Hirngespinst ist: „Die meisten von ihnen, ja. Einfach weil der psychologische
Schock, wenn sie in Zukunft sehen werden, was die schöne Gesellschaft der
Gleichheit und sozialen Gerechtigkeit in der Praxis bedeutet, sie natürlich
revoltieren werden. Und das marxistisch-leninistische Regime duldet diese
Leute nicht... (sie) werden einfach zerquetscht wie Kakerlaken. Niemand wird
ihnen etwas für ihre schönen Ideen der Gleichheit zahlen, und das wird
natürlich der größte Schock für sie sein".

In seiner SUF-Präsentation von 1983 erklärte Juri: „Gleichheit kann man nicht
per Gesetz verordnen". Und er fügte hinzu: „Wenn wir den
Gleichheitsgrundsatz zur Grundlage unserer gesellschaftspolitischen Struktur
machen, ist das dasselbe, wie wenn man ein Haus auf Sand baut - früher oder
später wird es einstürzen. Und genau das passiert".

Das Sowjetregime und seine Verbündeten (ähnlich wie China und seine
Verbündeten heute) waren froh, dass die westlichen Länder von der
„Gleichheit" besessen waren und sich dadurch selbst schwächten und instabil
machten, was es der Sekte erleichterte, einzudringen und die Macht zu
übernehmen (in den Worten von Napoleon Bonaparte: „Unterbreche niemals
deinen Feind, wenn er einen Fehler macht"). Juri fügte hinzu: „In der
Sowjetunion herrscht absolute Gleichheit... jeder ist gleich im Dreck".[85]

Ideologischer Umsturz

> „Ein langer Prozess... der manchmal für einen Durchschnittsmenschen
> unmerklich ist... Er ist unmerklich wie die Bewegung eines kleinen Zeigers
> einer Uhr - man weiß, dass er sich bewegt, aber selbst wenn man ihn intensiv
> beobachtet, sieht man die Bewegung nicht.
>
> Yuri Besmenovs SUF-Vortrag 1983 in Los Angeles

Die vielleicht wichtigste Information, die Yuri uns gegeben hat - und die in
Bezug auf die Botschaft dieses Buches am relevantesten ist -, ist etwas, das
ideologische Subversion genannt wird. Wir haben bereits darüber gesprochen,
was Ideologie ist, aber was ist mit „Subversion"?

In seinem Vortrag von 1983 gab Juri uns die sowjetische Definition des
Begriffs „Subversion": Es handelt sich um „eine zerstörerische, aggressive

Aktivität, die darauf abzielt, das Land, die Nation oder das geografische Gebiet des Feindes zu zerstören", und er wies darauf hin, dass die meisten subversiven Aktivitäten „offenkundig, legitim und leicht zu beobachten", aber auch legal sind - „nach dem Gesetz ist es kein Verbrechen!".[85]

Außerdem (Achtung!) ist die Subversion eine Straße mit zwei Seiten: „Man kann keinen Feind umstürzen, der nicht umgestürzt werden will". (d.h. eine Nation). Es muss bis zu einem gewissen Grad Nachgiebigkeit, Gleichgültigkeit oder Duldung herrschen. Der Prozess kann nur erfolgreich sein, wenn es ein „reaktionsfähiges Ziel" gibt (dies ist der Kern des Problems in der heutigen Welt). Interessanterweise erklärte Juri, dass die Grundlagen der Subversion „jedem Schüler der KGB-Schule in der UdSSR und den Offizieren der Militärakademien" beigebracht wurden und dass die „*Kunst des Krieges*" auf der empfohlenen bzw. obligatorischen Leseliste stand (die „Kunst des Krieges" wurde von dem chinesischen Philosophen Sun Tzu im 5th Jahrhundert v. Chr. verfasst).[89]

Subversion ist ein weitaus effizienteres Mittel, um einen Feind zu vernichten: „Die höchste Kunst der Kriegsführung besteht darin, überhaupt nicht zu kämpfen, sondern alles Wertvolle im Land des Feindes zu unterwandern". Letztendlich würde dies dazu führen, dass die Wahrnehmung des Feindes so verzerrt wird, dass „er dich nicht als Feind wahrnimmt".[85] Fasst dies nicht das globale Dilemma zusammen, auf das dieses Buch hinweist, wenn es darum geht, wie Sektenmitglieder von der allgemeinen Bevölkerung wahrgenommen werden? Sind wir nicht auch in unseren eigenen Ländern von Feinden umgeben? (d.h. indoktrinierte Verräter und Eindringlinge)

In seinem Interview von 1984 erklärte Juri die ideologische Subversion als „den Prozess, der legitim, offen und offen ist - man kann ihn mit eigenen Augen sehen... Es gibt kein Geheimnis; es hat nichts mit Spionage zu tun... der Hauptschwerpunkt des KGB liegt überhaupt nicht auf dem Gebiet der Intelligenz. Nach meiner Meinung und der Meinung vieler Überläufer meines Kalibers werden nur etwa 15 % der Zeit, des Geldes und der Arbeitskraft für die Spionage als solche aufgewendet. Die anderen 85% sind ein langsamer Prozess, den wir in der Sprache des KGB entweder „Ideologische Subversion" oder „Aktive Maßnahmen" (активные мероприятия) nennen - oder psychologische Kriegsführung".[84]

Und hier ist der vielleicht tiefgründigste Teil in Bezug auf unseren Kampf gegen die Sekte: „Im Grunde geht es darum, die Wahrnehmung der Realität eines jeden Amerikaners* so zu verändern, dass trotz der Fülle an Informationen niemand in der Lage ist, vernünftige Schlussfolgerungen zu ziehen, um sich selbst, seine Familie, seine Gemeinschaft und sein Land zu verteidigen. Es ist ein großartiger Prozess der Gehirnwäsche, der sehr langsam

---

[89] https://en.wikipedia.org/wiki/The_Art_of_War

abläuft und in vier grundlegende Phasen unterteilt ist". (ersetzen Sie das Wort „Amerikaner" durch Ihre eigene Nationalität).

Stufe 1: Demoralisierung

Juri erläuterte, dass die Ideologie in dieser ersten Phase des Prozesses in die verschiedenen „Anwendungsbereiche der Subversion" wie Religion, Bildung, soziales Leben, Machtstruktur, Arbeits- und Arbeitgeberbeziehungen sowie Recht und Ordnung eingeführt wurde.

Er beschrieb den Prozess dieser Phase: „Es dauert 15 bis 20 Jahre, um eine Nation zu demoralisieren, das ist die Mindestanzahl von Jahren, die erforderlich ist, um eine Generation von Studenten im Land des Feindes zu erziehen, die der Ideologie des Feindes ausgesetzt sind. Mit anderen Worten, die Ideologie des Marxismus-Leninismus wird in mindestens drei Generationen amerikanischer Studenten hineingepumpt, ohne dass sie durch die Grundwerte des amerikanischen Patriotismus in Frage gestellt oder ausgeglichen werden. Amerikanischer Patriotismus... Die meisten der Leute, die in den sechziger Jahren ihren Abschluss gemacht haben - Studienabbrecher oder halbgare Intellektuelle - besetzen jetzt die Machtpositionen in der Regierung, im öffentlichen Dienst, in der Wirtschaft, in den Massenmedien und im Bildungssystem".

Hier beschreibt Juri die Schwere der Indoktrination bei diesen Menschen: „Man steckt mit ihnen fest, man wird sie nicht los, sie sind kontaminiert. Sie sind darauf programmiert, zu denken und auf bestimmte Reize nach einem bestimmten Muster zu reagieren. Man kann sie nicht umstimmen, selbst wenn man sie mit authentischen Informationen konfrontiert... man kann die grundlegende Wahrnehmung und das logische Verhalten nicht ändern. Mit anderen Worten, bei diesen Menschen ist der Prozess der Demoralisierung vollständig und unumkehrbar. Um die Gesellschaft von diesen Menschen zu befreien, braucht man weitere 20 oder 15 Jahre, um eine neue Generation von patriotisch gesinnten Menschen heranzubilden, die im Interesse der Gesellschaft der Vereinigten Staaten handeln." [84]

Juri fährt fort: „Der Demoralisierungsprozess in den Vereinigten Staaten ist im Grunde genommen bereits abgeschlossen, in den letzten fünfundzwanzig Jahren sogar übererfüllt", und erklärt, dass die Demoralisierung Bereiche erreicht hat, von denen der sowjetische Geheimdienst nicht einmal träumte: „Das meiste wird von Amerikanern für Amerikaner getan, dank fehlender moralischer Standards". Dies fasst die derzeitige Situation in den Vereinigten Staaten zusammen.

Stufe 2: Destabilisierung

Die nächste Phase des Prozesses ist die „Destabilisierung", erklärte Juri: „Es dauert nur zwei bis fünf Jahre, um ein Land zu destabilisieren". In dieser Phase werden bestimmte Strukturen innerhalb des Ziellandes ins Visier genommen, darunter die Wirtschaft, die Außenbeziehungen und die Verteidigungssysteme. Interessanterweise sagte Juri schon damals im Jahr 1984 (dem Jahr von George Orwell): „Man sieht es ganz deutlich... in so sensiblen Bereichen wie Verteidigung und Wirtschaft ist der Einfluss marxistisch-leninistischer Ideen in den Vereinigten Staaten absolut fantastisch... Ich konnte mir vor 14 Jahren, als ich in diesem Teil der Welt landete, nicht vorstellen, dass der Prozess so schnell ablaufen würde".

In seiner SUF-Präsentation von 1983 sagte er, das Ziel sei es, „alle Beziehungen, alle akzeptierten Institutionen und Organisationen in einem Land des Feindes zu destabilisieren". Die Anwendungsbereiche für die Destabilisierung sind viel enger gefasst (als bei der Demoralisierung) und konzentrieren sich auf bestimmte Bereiche wie Wirtschaft, Arbeitsbeziehungen, Recht und Ordnung (einschließlich Militär) und Medien (wenn auch anders als in der Demoralisierungsphase).

Konflikte werden zwischen Gruppen erzeugt

In dieser Phase kommt es zu einer „Radikalisierung der menschlichen Beziehungen". Dies geschieht, um Konflikte zwischen verschiedenen Gruppen und Einzelpersonen - auch zwischen Familienmitgliedern, Nachbarn usw. - auszulösen, die „keinen Kompromiss eingehen können, ohne einen Kampf zu beginnen". Es gibt „keinen Kompromiss mehr", sondern nur noch „Kampf, Kampf, Kampf". Kommt Ihnen das alles bekannt vor? Vielleicht haben Sie diese Erfahrung mit engen Familienmitgliedern gemacht, aber auf gesellschaftlicher Ebene sollte dies auf jeden Fall eine Rolle spielen. Im Wesentlichen schafft die Ideologie eine Spaltung, die die zwischenmenschlichen Beziehungen polarisiert.

Juri fuhr fort: „Die normalen, traditionell akzeptierten Beziehungen werden destabilisiert: die Beziehungen zwischen Lehrern und Schülern, in Schulen und Hochschulen; die Beziehungen zwischen Arbeitern und Arbeitgebern werden weiter radikalisiert, die Legitimität der Forderungen der Arbeiter wird nicht mehr akzeptiert". Juri erwähnte die Streiks im *Greyhound* Lines-Busnetz im Jahr 1983.[90] Obwohl diese Streiks zu jener Zeit normal und vernünftig erschienen, erklärte Juri: „Die gewalttätigen Zusammenstöße zwischen Fahrgästen, Streikposten und Streikenden werden als etwas Normales dargestellt. Vor 10, 15, 20 Jahren wären wir wütend gewesen und hätten gesagt: „Warum? Warum so viel Hass? Heute sind wir das nicht mehr, wir sagen: „Nun, das ist ganz normal". Recht und Ordnung radikalisieren sich immer mehr: „Wo die Menschen früher ihre Streitigkeiten friedlich und rechtmäßig beigelegt haben", gibt es jetzt mehr Spannungen und Uneinigkeit. Die Gesellschaft als Ganzes wird immer antagonistischer - zwischen Einzelpersonen, zwischen Gruppen von Einzelpersonen und der Gesellschaft als Ganzes". Er fügte hinzu,

---

[90] https://en.wikipedia.org/wiki/1983_Greyhound_Bus_Lines_strike_in_Seattle

dass sich die Medien im Allgemeinen immer mehr von der Gesellschaft entfremden und in Opposition zu ihr stehen.

Die „Schläfer" wachen auf

Während der Destabilisierung werden die „Schläfer" aktiv. Diese von der Sowjetunion ausgebildeten Rekruten werden in ihren jeweiligen Ländern aktiv, um an deren Destabilisierung mitzuwirken. Sie engagieren sich in der gesamten marxistischen Bewegung, oft offen, als Aktivisten oder Führer von Gruppen, und werden im politischen Prozess aktiv usw. In Juris Zeit waren diese „Schläfer" oft KGB-Agenten (in unserer Zeit können sie Agenten/Infiltratoren aus anderen Quellen sein; oder Verräter in ihren jeweiligen Ländern).

Juri erwähnt die „unterdrückten" Gruppen (z. B. Homosexuelle, Feministinnen). Während sie vorher ruhiger und weniger aktiv waren, werden sie in dieser Phase des Prozesses aktiver, lautstarker und fordernder (dass die Gesellschaft sich in ihrem Sinne ändern muss usw.). Ihr persönliches Leben bzw. ihre Lebensentscheidungen werden nun zu einer „politischen Frage". Sie fordern „Respekt, Anerkennung, Menschenrechte" und erzeugen Unruhe, was unweigerlich zu Konflikten bis hin zu gewalttätigen Auseinandersetzungen mit der Polizei, gegnerischen Gruppen usw. führt. Solche Gruppen (Feminismus, LGBTQ+/'Trans'-Bewegung, Black Lives Matter usw.) schaffen Spannungen und Konflikte und tragen so zur allgemeinen Destabilisierung bei. Alles, was zählt, so Juri, ist, dass es Konflikte und Unruhen zwischen verschiedenen Gruppen gibt. Der Destabilisierungsprozess führt direkt zur „Krise".

Stufe 3: Krise

Die dritte Stufe des Prozesses ist die „Krise", und Juri erklärte, es könne „nur bis zu sechs Wochen dauern, um ein Land an den Rand einer Krise zu bringen", wobei er sich auf die damaligen Geschehnisse in Mittelamerika als Beispiel bezog (d.h. die Sekten, die in dieser Region manövrieren). Dies könnte eine „gewaltsame Veränderung der Machtstruktur und der Wirtschaft" bedeuten (z.B. ein Militärputsch oder eine Invasion).

In der Krisenphase spitzen sich die kumulativen Auswirkungen der Demoralisierungs- und Destabilisierungsphase zu. Die Gesellschaft bricht zusammen. Die künstlichen, bürokratischen Gruppen, die zu einem früheren Zeitpunkt des Prozesses entstanden sind - voll mit Sektenmitgliedern - können nun beginnen, die Macht zu beanspruchen, notfalls mit Gewalt: „Im Fall von Entwicklungsländern beginnt der Prozess, wenn die legitimen Machtorgane, die soziale Struktur zusammenbricht... sie kann nicht mehr funktionieren. Stattdessen werden künstliche Organe in die Gesellschaft eingeschleust, wie nicht gewählte Komitees (z. B. 'revolutionäre' Komitees, Gruppen von Sozialarbeitern oder Regierungsangestellten, NGOs/Non-Profit-Organisationen, Medienorganisationen usw.)".

Aufgrund des Chaos könnte die Bevölkerung in diesem Moment nach einem Retter suchen. Es könnte der Ruf nach einer „stärkeren" oder autoritäreren Regierung laut werden, vielleicht sogar nach einer zentralisierten, „sozialistischen Regierung". Dieser „Retter" kann in Form einer internen, lokalen marxistischen Gruppe kommen, die die Kontrolle übernimmt, oder durch die Invasion des Landes durch eine externe marxistische Kraft. Juri sagte, dies führe entweder zu einem Bürgerkrieg oder zu einer Invasion.

Beim Bürgerkriegsszenario kämpft die Sekte im Grunde genommen gegen gegnerische Gruppen um die Macht. Entweder verhindern die Nicht-Marxisten die Machtübernahme durch die Sekte, oder nicht. Wenn es keine solche interne marxistische Gruppe gibt, die dazu in der Lage ist, dann wird die Kraft von außen kommen. Juri nannte den Libanon als Beispiel für das Szenario eines Bürgerkriegs, der „im Libanon künstlich durch (die) Gewalteinwirkung der PLO herbeigeführt wurde".

Als Beispiele für Invasionen nannte er die sowjetischen Operationen in Afghanistan sowie die verschiedenen Invasionen in osteuropäische Länder. (Die PLO (*Palästinensische Befreiungsorganisation*), die von Moskau unterstützt wurde, war von Ende der 1960er bis Anfang der 1980er Jahre im Libanon aktiv). [91] Der Versuch, den gesamten Prozess der ideologischen Subversion in diesem Stadium umzukehren, ist nur durch eine starke landesweite Unterstützung, die Verhinderung eines Bürgerkriegs/einer Invasion und die Verhinderung des Aufstiegs einer „starken Regierung" möglich. Welchen Weg die Krise auch einschlägt - Bürgerkrieg oder Invasion -, sie führt zur nächsten Phase: Normalisierung.

Stufe 4: Normalisierung

Die vierte Stufe ist die „Normalisierung", die laut Juri unbegrenzt andauern kann. Der Begriff „Normalisierung" ist eine andere Art, „unter marxistischer Kontrolle" zu sagen. Juri erklärte, dass dies ein ironischer Begriff sei, der von den Sowjets nach ihrem Einmarsch in die Tschechoslowakei 1968 verwendet wurde, als der sowjetische Premierminister Leonid Breschnew (1906-1982) sagte, dass die Situation dort „normalisiert" sei.

Dieses Stadium der „Normalisierung" ist im Grunde das Gegenteil des zweiten Stadiums („Destabilisierung"), denn „die selbsternannten Herrscher der Gesellschaft brauchen keine Revolution (und) keinen Radikalismus mehr". Jetzt wollen sie Stabilität, Ruhe. Alles und jeder, der dem nicht entspricht, wird mit extremen Vorurteilen niedergemacht und eliminiert. Das ist im Grunde eine „Stabilisierung des Landes mit Gewalt".

---

[91] Brand, W.E., „Sowjetrussland, der Schöpfer der PLO und das palästinensische Volk".

https://www.readcube.com/articles/10.2139/ssrn.2387087

In der Praxis bedeutet dies, dass „alle „Schläfer" Aktivisten, Sozialarbeiter, Liberale, Homosexuelle, Professoren, Marxisten und Leninisten... eliminiert werden, manchmal auch physisch. Sie haben ihre Arbeit bereits getan, sie werden nicht mehr gebraucht. Die neuen Machthaber brauchen Stabilität, um die Nation auszubeuten, um das Land auszubeuten, um den Sieg auszunutzen".[85] Auch hier übernimmt die Ideologie in immer extremeren Wellen die Oberhand und spült die vorherigen weg. An diesem Punkt erhalten alle Mitglieder der marxistischen Verrätersekte, die zur Destabilisierung oder Unterwanderung ihrer eigenen Heimatländer beigetragen haben, die wohlverdiente Überraschung ihres Lebens.

Lösungen für die verschiedenen Phasen

In diesem sehr späten, kritischen Stadium des gesamten Prozesses, wenn eine Nation so weit fortgeschritten ist (Normalisierung), kann nur noch militärische Gewalt von außen (durch eine nicht-marxistische Kraft) den Prozess umkehren. Die US-Invasion in Grenada 1983 war ein (damals aktuelles) Beispiel dafür: „Um diesen Prozess umzukehren, bedarf es enormer Anstrengungen, als die Vereinigten Staaten heute in Grenada einmarschieren mussten, um den Prozess der Subversion umzukehren". Obwohl viele in den USA dagegen Einspruch erhoben hätten, argumentierte Juri, dass die USA schon früher in den gesamten Prozess hätten eingreifen sollen, während der ersten Phase der „Demoralisierung" (im Gegensatz zum Abwarten, bis die „Normalisierung" erreicht ist).

Die „PC"-Einwände von „Friedensliebhabern" und Sektenmitgliedern in den USA wären dagegen gewesen: „Warum nicht verhindern, dass Maurice Bishop überhaupt an die Macht kommt?...Warum nicht den Prozess stoppen, bevor es zu einer Krise kommt? Oh nein, die Intellektuellen werden das nicht zulassen - das ist eine Einmischung in innere Angelegenheiten. Sie sind sehr darauf bedacht, dass sich die amerikanische Regierung nicht in die inneren Angelegenheiten der lateinamerikanischen Länder einmischt; sie haben nichts dagegen, wenn sich die Sowjetunion in ihre Angelegenheiten einmischt". In der Tat. Parteipolitische Doppelmoral! Jahrelang wurde uns (in infizierten Teilen der Welt) gesagt, dass nur Amerika solche Dinge tut, weil es eine schreckliche, imperialistische Macht ist. Im Nachhinein können wir feststellen, dass es richtig gewesen wäre, wenn Amerika die Entstehung eines weiteren kommunistisch infizierten Landes in der Nähe seiner Grenzen verhindert hätte. Völlig richtig! Als die USA mit der Invasion bis zur letzten Phase warteten, entdeckten sie natürlich, dass Grenada ein Militärstützpunkt der Sowjets war.

Um Juris Aussage noch einmal zu wiederholen: In der Phase der „Normalisierung" „bedarf es ausschließlich und immer militärischer Gewalt. Keine andere Kraft auf der Erde kann diesen Prozess an diesem Punkt umkehren".[85] Dies spiegelt den Ernst der Lage wider - wenn ein Land unter der Kontrolle der marxistischen Sekte steht, ist es eine gefährliche Bedrohung für jedes Land, das noch nicht vollständig infiziert ist.

Juri erklärte, dass es in der „Krisenphase" „keine militärische Invasion der US-Armee (Anmerkung: oder irgendeiner anderen befreienden, nicht-marxistischen Kraft) braucht, sondern eine starke Aktion wie in Chile: eine verdeckte Beteiligung der CIA, um zu verhindern, dass der „Retter" von außen an die Macht kommt, und um das Land zu stabilisieren, bevor es in einen Bürgerkrieg ausbricht... Unterstütze die rechtskonservativen Kräfte mit Geld, durch Gauner oder Liebe - das spielt keine Rolle. Stabilisiert das Land, lasst die Krise nicht zu einem Bürgerkrieg oder einer Invasion ausarten". Er wies auch darauf hin, dass es vorhersehbar einen „politisch korrekten" (marxistischen) Aufschrei von einigen Amerikanern geben würde, die sagten, dass frühe Interventionen illegal seien usw.; aber die Alternative zu solchen frühen Interventionen wäre, zu warten, bis die Dinge viel schlimmer werden, was falsch ist, egal was das Gesetz sagt. (Dies ist eine Anspielung auf die *Operation Condor* in Chile und Augusto Pinochet. Condor war eine von der CIA unterstützte Operation gegen den Kommunismus, die gerechtfertigt und gerechtfertigt war und an der mehrere rechte Regierungen Südamerikas beteiligt waren.)

Hier ist ein Punkt, der für unsere aktuelle Situation sehr nützlich ist: Wie könnten wir den Prozess in einem noch früheren Stadium stoppen? Indem wir die „Revolutionäre" unterdrücken. In der Phase der Destabilisierung, so Juri, sind weder verdeckte Operationen noch militärische Invasionen erforderlich: „Wissen Sie, was hier nötig ist? Die Einschränkung einiger Freiheiten für kleine Gruppen, die selbst ernannte Feinde der Gesellschaft sind. So einfach ist das".[85] Was für eine großartige Idee! Wieder würde der hysterische, irrationale Aufruhr einsetzen, wobei die Verfassung des Landes und die Bürgerrechte dieser Verräter/Kultmitglieder/Kriminellen angeführt würden. Aus einer rationalen Perspektive betrachtet, wenn eine Person aktiv ihre Heimatzivilisation zerstört (weil sie jung/dumm/indoktriniert ist), verzichtet sie auf ihre Rechte auf Freiheit in der Gesellschaft! Zumindest sollten diese Menschen überwacht und als potenzielle Kriminelle betrachtet werden. Wir haben diese Einstellung gegenüber Kriminellen, also sollte sie auch auf marxistische Aktivisten und Sektenmitglieder angewandt werden.

Unsere Maxime sollte hier lauten: Wenn du Teil einer zerstörerischen, menschenfeindlichen Kultbewegung bist, dann winkst du mit deinen Menschenrechten. Auch hier kommt das Marxsche Gespenst der „Gleichheit" auf problematische Weise ins Spiel. In den Augen mancher sollten diese zivilisationszerstörenden marxistischen Pseudorevolutionäre die gleichen Rechte haben wie normale, alltägliche, nicht indoktrinierte, gesetzestreue Bürger. Was für ein Blödsinn! Eine fatale Fehleinschätzung.

Juri fährt fort: „Ok, wenn ihr den Kriminellen die Bürgerrechte zugesteht, dann macht weiter...und bringt das Land in die Krise. Das ist ein unblutiger Weg, das zu tun. Beschneiden Sie die Rechte. Ich meine nicht, sie ins Gefängnis zu stecken... Ich spreche nicht davon, alle Schwulen aus San Francisco in ein

Konzentrationslager zu stecken... Erlaubt ihnen nicht, politische Macht zu erlangen! Wählt sie nicht in die Sitze der Macht!.. Es muss in den Köpfen der amerikanischen Wähler verankert werden, dass eine solche Person an den Schalthebeln der Macht ein Feind ist".

Um eine Demoralisierung im frühesten Stadium des Prozesses zu verhindern, empfahl Juri, von vornherein keine ausländische oder giftige Propaganda in das Land zu lassen: „Wenn die Gesellschaft zu diesem Zeitpunkt stark, mutig und gewissenhaft genug ist, um den Import fremder Ideen zu stoppen, dann könnte die ganze Kette von Ereignissen verhindert werden... Der Prozess der Demoralisierung könnte genau hier gestoppt werden... sowohl als Export als auch als Import". Mit anderen Worten, wie eingangs gesagt: „Nein zum Marxismus. Keine Ausnahmen". Interessanterweise können wir sehen, wie China und Nordkorea strikt verhindern, dass ausländische Ideologie oder Medien ihre Bevölkerung erreichen - und potenziell beeinflussen -, während sie die Ideologie aktiv exportieren (insbesondere China).

Wir alle befinden uns im Kriegszustand

In dem Interview mit G. Edward Griffin von 1984 machte Yuri eine Aussage, die heute leichter zu verstehen sein dürfte als damals (Unterstreichung zur Hervorhebung): „Die meisten amerikanischen Politiker, Medien und das Bildungssystem erziehen eine weitere Generation von Menschen, die denken, dass sie in Friedenszeiten leben. Das ist falsch. Die Vereinigten Staaten befinden sich in einem Kriegszustand, einem unerklärten totalen Krieg gegen die Grundprinzipien und die Fundamente dieses Systems (der marxistischen Ideologie/Kult)". (Dies gilt natürlich für die Zivilisation im Allgemeinen oder überall dort, wo die Ideologie Fuß gefasst hat, nicht nur in den Vereinigten Staaten). Dieses System ist, so lächerlich es auch klingen mag, das „Kommunistische Weltsystem" oder die „Kommunistische Weltverschwörung". Es ist mir egal, ob ich einigen Leuten Angst mache oder nicht, denn wenn Sie jetzt noch keine Angst haben, kann Ihnen nichts mehr Angst machen".[84]

Er sprach über den drohenden Untergang, auf den die USA (und in der Tat auch der Rest der Welt) zusteuerten, und sagte: „Ihr habt buchstäblich noch einige Jahre zu leben... wenn die Vereinigten Staaten nicht aufwachen... die Zeitbombe tickt, mit jeder Sekunde rückt die Katastrophe näher und näher... im Gegensatz zu mir werdet ihr nirgendwo hinüberlaufen können... Das ist es - das ist das letzte Land der Freiheit und der Möglichkeiten".

Auf die Frage von Herrn Griffin, was das amerikanische Volk in dieser Situation tun solle, antwortete er, dass es einige Lösungen gäbe: erstens die Erziehung auf nationaler Ebene im „Geiste des wahren Patriotismus" und zweitens die Information über die Gefahren einer marxistischen Regierung; er fügte hinzu: „Wenn die Menschen die drohende Gefahr nicht begreifen, kann den Vereinigten Staaten nichts mehr helfen. Er fügte hinzu: „Also... bildet euch... versteht, was um euch herum vor sich geht, ihr lebt nicht in einer Zeit des Friedens... ihr befindet euch in einem Kriegszustand und ihr habt nur noch wenig Zeit, um euch zu retten....Wie ich schon sagte, ich bin jetzt in eurem Boot, wenn wir zusammen untergehen, werden wir schön zusammen untergehen. Es gibt keinen anderen Ort auf diesem Planeten, zu dem man überlaufen könnte". Tick Tack, Tick Tack...

Saul Alinsky

> „Die Hölle wäre für mich der Himmel. Mein ganzes Leben lang war ich bei den Habenichtsen. Wenn man hier drüben ein Habenichts ist, fehlt es einem an Geld. Wenn du in der Hölle ein Habenichts bist, fehlt es dir an Tugend. Sobald ich in der Hölle bin, werde ich die Habenichtse dort organisieren.[92]

Saul Alinsky, Interview mit der Zeitschrift Playboy, 1972

Eine weitere bemerkenswerte Figur ist Saul Alinsky - ein prominenter Marxist, der in den Vereinigten Staaten aktiv war. Obwohl wir chronologisch rückwärts gehen (da Alinsky 1972 starb, kurz nachdem Juri in den USA ankam), ist es angemessen, dass wir ihn nach dem Besmenow-Abschnitt einordnen. Das liegt daran, dass Alinsky das subversive Sektenmitglied war, das an der Basis operierte und die Veränderungen umsetzte, von denen Juri während des Prozesses der Ideologischen Subversion sprach. In der Tat kann ich mir keine bessere (oder berüchtigtere) Person vorstellen, wenn es darum geht, die Anwendung marxistischer Taktiken zu untersuchen, insbesondere unter den „unterdrückten" Minderheiten oder „Proletariatsgruppen".

Er war vor allem als „Community Organizer" bekannt, oder, wenn Sie so wollen, als (marxistischer) „Agitator". Die von ihm entwickelten Taktiken inspirierten Generationen von Sektenmitgliedern, darunter die *Occupy-Bewegung* von 2011/12 und die 2018 entstandene *Extinction Rebellion, Black Lives Matter, Insulate Britain, Just Stop Oil* und viele andere.

Wer war Saul Alinsky?

Saul David Alinsky wurde am 30. Januar 1909 in Chicago, Illinois, geboren und war von den 1930er bis in die 1960er Jahre aktiv. Er besuchte die Universität von Chicago, wo er Soziologie und Kriminologie unter der Leitung von Robert Park und Ernest Burgess studierte. Er verbrachte auch einige Zeit in der Gesellschaft der Mafia von Al Capone, insbesondere mit einem von Capones „Vollstreckern" - Frank Nitti. Zu einem bestimmten Zeitpunkt war Alinsky Geldgeber für die von der Komintern kontrollierten *Internationalen Brigaden - eine* marxistische Truppe internationaler Freiwilliger, die im Spanischen Bürgerkrieg (1936-1939) gegen die nationalistischen Kräfte

---

[92] Norden, E., „Saul Alinsky: Playboy-Interview (1972)", 1. Mai 2018.

https://scrapsfromtheloft.com/comedy/saul-alinsky-playboy-interview-1972/

Francisco Francos kämpften.[93]

Alinsky wurde als „Aktivist" bezeichnet und war in erster Linie als „Community Organizer" bekannt, der mit verschiedenen ethnischen Minderheitengruppen, darunter Schwarzen und Mexikanern, in Rochester, New York bzw. Kalifornien zusammenarbeitete. Er sah es als seine Aufgabe an, „die Armen zu organisieren" (was für ein netter Kerl). Er war an der Gründung von Gruppen wie dem *Back of the Yards Council* im Jahr 1939, einem nationalen Netzwerk für Gemeindegruppen namens *Industrial Areas Foundation* (IAF) im Jahr 1940 und einer Sammlung von Gruppen namens *The Woodlawn Organisation* (TWO) beteiligt, die in den 1960er Jahren bekannt wurde.

Diese Gruppen verfolgten im Allgemeinen das Ziel, einkommensschwache und innerstädtische Bewohner anzuziehen, zu „radikalisieren"/manipulieren und zu mobilisieren (die TWO z. B. zielte auf schwarze innerstädtische Gemeinden ab). Er war auch an einer Organisation namens F.I.G.H.T. in Rochester, New York, beteiligt. Alinsky verlangte eine Gebühr für seine „Dienste", um in die Gemeinden zu kommen und zu „helfen", und tat so, als sei er von „den Leuten" eingeladen worden.[93]

Alinskys besondere Methode, die Ideologie voranzutreiben, indem er diese „unterdrückten" Gruppen ausnutzte, führte zur Indoktrination derjenigen, die normalerweise nicht dazugehören würden, und sorgte dafür, dass so viele Menschen wie möglich in das große rote Netz der Gehirnwäsche gerieten. Diese Methode des „Community Targeting" war von großem strategischem Nutzen für die Sekte/Ideologie: Sie dehnte ihren Einfluss auf bestimmte Bereiche aus, die zuvor durch das Bildungssystem, insbesondere auf Universitätsebene, nicht erreicht werden konnten. Aus Alinksys eigenen Worten in *Rules for Radicals* (1971) geht klar hervor, dass die nicht-weißen Demonstranten, die er „ermutigte", durch den von ihm befürworteten Aktivismus indoktriniert wurden. Ergo: „Beschwert euch, und ihr werdet empfangen". Sein anderes bemerkenswertes (ähnliches) Werk war *Reveille for Radicals* (1946).

Alinsky starb 1972 in Kalifornien, aber sein Vermächtnis lebte weiter und inspirierte Leute wie Barrack Obama und Hillary Clinton. Obama, ein bekannter Sozialist, war ein Protegé der Alinsky-Bewegung in Chicago und leistete dort ähnliche „Gemeinwesenarbeit", bevor er schließlich in der Welt aufstieg. Clinton, eine Bewunderin von Alinksy, schrieb während ihres Studiums eine Diplomarbeit über Rules for Radicals (offenbar wollte sie nicht, dass die Arbeit während der Präsidentschaftskampagne von Bill Clinton bekannt wird). Sie war ein großer Fan und hatte mehrere Briefwechsel mit

---

[93] https://www.britannica.com/biography/Saul-Alinsky

ihm.[94]

Was er war

Dieser Typ war eine leicht erkennbare marxistische Schlange und ein Meister der Manipulation. Es hätte offensichtlich sein müssen, dass er nicht einen echten empathischen/sympathischen Knochen in seinem Körper hatte, insbesondere wenn es um das Wohlergehen derjenigen ging, die überhaupt nichts mit ihm gemeinsam hatten (d.h. Schwarze, Mexikaner, irische Katholiken usw.). War es wahrscheinlicher, dass er sich wirklich um diese „unterdrückten" Menschen (die ihm völlig fremd waren) kümmerte? Oder verfolgte er ein bestimmtes Ziel und gab seine Besorgnis nur vor, um dann seine Tugendhaftigkeit zu demonstrieren usw.? Seine Interviews sind aufschlussreich, aber seine Taten und Schriften entlarven ihn wirklich als das, was er war.

Er schrieb Rules for Radicals im Jahr 1971, nicht allzu lange nach der McCarthy-Ära, auf die er zu Beginn des Buches Bezug nimmt. Unter anderem aus diesem Grund bezeichnet er sich selbst nicht offen als „Marxist" oder „Kommunist"; er war Teil der „Nennen Sie sich nicht Kommunist"-Welle. In seinem Buch schreibt er: „Sie sind jetzt die Avantgarde, und sie mussten fast bei Null anfangen. Nur wenige von uns überlebten den Joe-McCarthy-Holocaust der frühen 1950er Jahre, und von denen gab es noch weniger, deren Verständnis und Einsichten sich über den dialektischen Materialismus des orthodoxen Marxismus hinaus entwickelt hatten. Meine radikalen Mitstreiter (Anmerkung: Er nennt sich selbst nicht Marxist!), die die Fackel der Erfahrung und der Erkenntnisse an eine neue Generation weitergeben sollten, waren einfach nicht da".[95] Es ist klar, dass Sektenmitglieder wie Alinsky trotz des Anti-Sekten-Drucks von McCarthy und anderen trotzig blieben.

In einer Rede im Kirby Centre am *Hillsdale College* in Washington D.C. im Juli 2010 sprach David Horowitz über Alinskys Haltung gegenüber der Neuen Linken der 1960er Jahre: „(Alinsky) war kritisch gegenüber der Neuen Linken. Ich war Teil der Neuen Linken... Wir hatten eine rettende Gnade - wir sagten, worum es uns ging. „Wir wollen die Revolution, und zwar jetzt! Wir wollen, dass Amerika in Vietnam verliert", sagten wir diese Dinge. Alinsky hielt uns für verrückt, weil wir das sagten...(er) sagte: „Was ihr tut, wenn ihr diese Dinge sagt, ist, dass ihr den Leuten mitteilt, was ihr tun werdet... und sie werden verstehen, dass ihr eine Bedrohung seid und das ist schlecht".[96]

Ipso facto betrachtete Alinsky sich selbst als eine Bedrohung, und zwar eine

---

[94] https://www.lincolninstitute.org/hillary-clinton-saul-alinsky-and-lucifer/

[95] Alinsky, S., *Regeln für Radikale* (1971) (xiii, Prolog).

[96] „David Horowitz: Was Konservative über Saul Alinsky wissen sollten", Kirby Centre, Hillsdale College, 2010. https://www.YouTube.com/watch?v=GxHrbGPIQ-o

subversive. Er war einfach ein im Verborgenen agierender Akteur. Für diejenigen, die ihre antimarxistische Brille trugen, wäre es ein Leichtes gewesen, ihn zu erkennen; für andere war er ein gütiger Helfer der Armen usw.

Regeln für Radikale

1971 veröffentlichte Alinsky der Welt sein böses Buch Rules for Radicals: Eine pragmatische Fibel für realistische Radikale. Es gibt uns einen guten Einblick in das, was er war - psychotisch, manipulativ und moralisch degeneriert. Es ist leicht zu erkennen, wie dieses Buch zu der fanatischen Psychose beigetragen hat, die Sektenmitglieder heute an den Tag legen. Es war im Grunde eine Gebrauchsanweisung für sie, die auch den Titel How to be a Marxist activist and subverter" hätte tragen können. „Radikal" war offensichtlich eine gute Wahl, anstatt Marxist zu sagen (außerdem würde es jeden ansprechen, der hippieartige Tendenzen hat). Laut dem texanischen Autor Richard Pennington war dieses Buch 1972 Pflichtlektüre an der Universität von Texas im Rahmen des Kurses „Einführung in das politische Verhalten". [97] David Horowitz erwähnte in der gleichen (oben genannten) Vorlesung, dass das Buch an den vielen Universitäten, die er besuchte, sehr präsent war.

Hier ist das Inhaltsverzeichnis nach Kapiteln: „Der Zweck; Von Mitteln und Zielen; Ein Wort über Worte; Die Ausbildung eines Organisators; Kommunikation; Am Anfang; Taktik; Die Genese der taktischen Vollmacht; und Der Weg nach vorn". Ich bin sicher, dass diese Punkte beim Leser auf Resonanz stoßen und seine Neugierde wecken werden (und beachten Sie die offensichtlichen Bezüge zur Bibel).

Im Kapitel „Von Mitteln und Zielen" widmet Alinksy einen Abschnitt, um den Leser davon zu überzeugen, dass er sich keine Gedanken über die Konsequenzen seines Handelns machen sollte, wenn er glaubt, dass seine Ziele edel sind (d.h. marxistische Ziele). Wenn sie sein Buch lesen, glauben sie wahrscheinlich bereits, dass ihre Ziele edel sind. Wenn man also zwischen den Zeilen liest, sagt Alinsky ihnen: „Macht euch keine Sorgen, macht was ihr wollt, denn ihr habt Recht. Ignoriert die dummen Kritiker, die sagen, dass ihr unmoralisch/unethisch seid". Ist diese Einstellung nicht auch bei heutigen Sektenmitgliedern zu beobachten? Auf Seite 126 listet Alinsky seine Regeln auf:

1 „Macht ist nicht nur das, was man hat, sondern auch das, was der Feind glaubt, dass man sie hat".

---

[97] Pennington, R., „Saul Alinskys „Regeln für Radikale" - Pflichtlektüre an der UT im Jahr 1972", 5. April 2019.

https://richardpennington.com/2019/04/saul-alinskys-rules-for-radicals-required-reading-at-ut-in-1972/

2 „Gehe niemals über die Erfahrung deines Volkes hinaus".

3 „Wo immer möglich, gehen Sie aus der Erfahrung des Feindes heraus".

4 „Bringen Sie den Feind dazu, sich an sein eigenes Regelwerk zu halten".

5 „Der Spott ist die stärkste Waffe des Menschen. Es ist fast unmöglich, dem Spott etwas entgegenzusetzen. Außerdem macht er die Gegner wütend, die dann zu deinem Vorteil reagieren".

6 „Eine gute Taktik ist eine, die deinen Leuten Spaß macht".

7 „Eine Taktik, die sich zu lange hinzieht, wird zur Belastung".

8 „Den Druck aufrecht erhalten".

9 „Die Bedrohung ist in der Regel schrecklicher als die Sache selbst".

10 „Die wichtigste Voraussetzung für die Taktik ist die Entwicklung von Operationen, die einen ständigen Druck auf den Gegner aufrechterhalten".

11 „Wenn man ein Negativ hart und tief genug drückt, bricht es zu seiner Gegenseite durch; dies beruht auf dem Prinzip, dass jedes Positive sein Negatives hat".

12 „Die zwölfte Regel: Der Preis für einen erfolgreichen Angriff ist eine konstruktive Alternative.

13 „Wähle das Ziel, friere es ein, personalisiere es und polarisiere es".[98]

Regel eins fasst die Sekte recht gut zusammen: „Fake it till you make it". Im Grunde machen sie viel Lärm und spielen sich groß auf, um die potenzielle Opposition einzuschüchtern und gleichzeitig Vertrauen in die Organisation zu schaffen usw. Das erinnert daran, wie junge Katzen kämpfen: Manchmal rennen sie seitwärts auf einen zu, um größer zu erscheinen, als sie tatsächlich sind. Das ist für den nicht-indoktrinierten Teil der Zivilisation wichtig zu verstehen - wir sind ihnen zahlenmäßig leicht überlegen, und die Sekte ist nicht so groß, wie sie sich gibt, also gibt es nichts, wovor man Angst haben müsste!

Regel fünf fasst ihr Verhalten im öffentlichen Diskurs zusammen, wenn sie sich mit ihren Feinden auseinandersetzen, insbesondere online. Eine weitere Manifestation ist das Verhalten von Sektenmitgliedern in den Medien, die Rufmord betreiben. Regel acht ist ihr Versuch, ihre Zielpersonen psychisch zu brechen. Regel neun ist eher eine Taktik der psychologischen Kriegsführung, die sich darin zeigt, dass Sektenmitglieder ihren Gegnern ständig Drohungen aussprechen, aber in den meisten Fällen nichts Physisches tun. Regel dreizehn ist ein weiteres Beispiel dafür, wie versucht wird, Gegner zu isolieren und zu verleumden.

---

[98] Alinsky, S. *Regeln für Radikale* (1971), S. 126.

Hinterhältige Formulierung

Einer der einfachsten Wege, um zu erkennen, dass Alinsky unter der Maske nur ein Marxist war, waren die Begriffe, die er verwendete. Er bezeichnete die Armen, die Mittelschicht und die Reichen als die „Habenichtse", die „Habenichtse, die mehr wollen" bzw. die „Habenden". Mit den „Besitzenden" meinte er die Reichen/Bourgeoisie (Unterdrücker); mit den „Habenichtsen" meinte er die „unterdrückte" oder proletarische Klasse. Ein unverhohlener - und eindeutig wirksamer - Versuch, das Prinzip Unterdrücker gegen Unterdrückte neu zu beleben. Erbärmlich.

Es gibt einen kleinen Abschnitt mit dem Titel „Klassenunterschiede": Die Dreifaltigkeit: „Der Schauplatz für das Drama des Wandels hat sich nie geändert. Die Menschheit war und ist in drei Teile geteilt: die Habenden, die Habenichtse und die Habenichtse, die mehr wollen".[99] Die Verwendung des Wortes „Dreifaltigkeit" ist nur eine der vielen parteiischen Angriffe auf das Christentum, die in dem Buch enthalten sind, typisch für einen marxistischen Juden wie Alinsky.

Natürlich werden die „Habenichtse" als unterdrückte potenzielle Revolutionäre dargestellt, die nach einer (marxistischen) Revolution schreien, um die Macht der Suggestion zu nutzen: „Ganz unten sind die Habenichtse der Welt. Auf der Weltbühne sind sie bei weitem in der Überzahl. Sie sind durch das gemeinsame Elend von Armut, verkommenen Wohnungen, Krankheit, Unwissenheit, politischer Ohnmacht und Verzweiflung aneinander gekettet; wenn sie Arbeit haben, dann wird sie am schlechtesten bezahlt und sie sind in allen Bereichen, die für das menschliche Wachstum grundlegend sind, benachteiligt. Durch ihre Hautfarbe, physisch oder politisch, werden sie von der Möglichkeit ausgeschlossen, sich selbst in der Politik des Lebens zu vertreten. Die Besitzenden wollen behalten, die Habenichtse wollen bekommen. Sobald das Fieber beginnt, wird die Flamme folgen. Sie können nirgendwo hin, außer nach oben.". Man beachte die Verwendung von „angekettet". Und der letzte Satz ist amüsant - es ist eine halbkryptische Anspielung auf das, was im Kommunistischen Manifest steht: „Proletarier aller Länder vereinigt euch! Ihr habt nichts zu verlieren außer euren Ketten!".[100]

Die Jugend im Visier

Er schrieb in einer Art und Weise, die der naiven Jugend entgegenkam und ihr Ego anheizte, indem er Respekt vortäuschte und sich einer tugendhaften Sprache und Gefühlen bediente: „Ich grüße die heutige Generation. Haltet an einem der wertvollsten Bestandteile eurer Jugend fest, dem Lachen - verliert

---

[99] Ebd. P. 32.

[100] Ebd. P. 33.

es nicht, wie es viele von euch getan zu haben scheinen, ihr braucht es. Gemeinsam können wir etwas von dem finden, wonach wir suchen - Lachen, Schönheit, Liebe und die Chance, etwas zu schaffen.[101] Er schrieb für die „Radikalen von heute" (1971) und sagte: „Ich hoffe, dass diese Seiten zur Erziehung der Radikalen von heute beitragen werden und zur Umwandlung heißer, emotionaler, impulsiver Leidenschaften, die ohnmächtig und frustrierend sind, in Handlungen, die kalkuliert, zielgerichtet und effektiv sind".[102]

Er förderte das respektlose Verhalten, das wir heute bei vielen Jugendlichen gegenüber den älteren Generationen beobachten. Über die Kluft zwischen den Generationen und darüber, wie die älteren Generationen mit den revolutionären Tendenzen der Jugend umgehen könnten: „Unfähig, sich mit der Welt, wie sie ist, auseinanderzusetzen, ziehen sie sich bei jeder Konfrontation mit der jüngeren Generation mit dem ärgerlichen Klischee zurück, „wenn du älter bist, wirst du es verstehen". Man fragt sich, wie sie reagieren würden, wenn ein Jugendlicher antwortet: „Wenn du jünger bist, was nie der Fall sein wird, wirst du es verstehen, also wirst du es natürlich nie verstehen".[103] Wie manipulativ: Es ist äußerst schädlich für einen jungen Menschen, wenn er den Satz „Wenn du älter wirst, wirst du es verstehen" in irgendeiner Weise als negativ empfindet, denn oft ist dieser Satz genau das, was er hören muss; er kann ihm eine gewisse Demut einflößen und sein Ego davon abhalten, sich aufzublähen (und zu glauben, dass er weiß, was das Beste für die Menschheit ist, und dann Aktivist zu werden usw.).

Eine permanente Revolution

Alinsky hat dem Leser geschickt seine Interpretation der „permanenten Revolution" nahegebracht: „Wenn wir uns den Kampf als einen Aufstieg auf einen Berg vorstellen, dann müssen wir uns einen Berg ohne Gipfel vorstellen....Und so geht es weiter, ohne Ende... Es liegt einfach in der Natur des Lebens, dass es ein Aufstieg ist und dass die Lösung jedes Problems wiederum andere Probleme schafft, die aus heute unvorstellbaren Nöten geboren werden. Das Streben nach Glück ist unendlich; das Glück liegt im Streben.". Und: „Die Geschichte ist ein Staffellauf von Revolutionen; die Fackel des Idealismus wird von der revolutionären Gruppe getragen, bis diese Gruppe zum Establishment wird, und dann wird die Fackel stillschweigend niedergelegt, um zu warten, bis eine neue revolutionäre Gruppe sie für die nächste Etappe des Laufs aufnimmt. So geht der revolutionäre Zyklus

---

[101] Ebd. P. 18.

[102] Ebd. P. 21.

[103] Ebd. P. 9.

weiter".[104] Er hat den jungen und naiven Lesern eine Gehirnwäsche verpasst, damit sie ihr ganzes Leben lang eine permanente „Revolution" machen und so zu lästigen Problemen werden, die der Rest von uns lösen muss.

Ausbildung marxistischer Agitatoren

Er verwies auf die Ausbildung von marxistischen Aktivisten: „Der Aufbau vieler Massenorganisationen, die sich zu einer nationalen Volksmacht zusammenschließen (Anm.: kommunistische Bewegung), kann nicht ohne viele Organisatoren erfolgen. Da Organisationen zu einem großen Teil durch den Organisator geschaffen werden, müssen wir herausfinden, was den Organisator schafft. Dies war das Hauptproblem meiner langjährigen Erfahrung im Bereich der Organisation: die Suche nach potenziellen Organisatoren und deren Ausbildung. In den letzten zwei Jahren habe ich eine spezielle Ausbildungsschule für Organisatoren mit einem fünfzehnmonatigen Vollzeitprogramm betrieben".[105]

Darüber, wie der marxistische Agitator kommunizieren und sich in die Zielgruppen einmischen sollte: „Er lernt die lokalen Legenden, Anekdoten, Werte und Redewendungen. Er hört sich den Smalltalk an. Er unterlässt Rhetorik, die der lokalen Kultur fremd ist: Er weiß, dass abgenutzte Wörter wie „weißer Rassist", „Faschistenschwein" und „Wichser" so sehr in Umlauf gebracht wurden, dass ihre Verwendung nun zu den negativen Erfahrungen der Einheimischen gehört und nur dazu dient, den Sprecher als „einen von diesen Spinnern" zu identifizieren und jede weitere Kommunikation zu unterbinden.[106] Das ist ein hinterhältiges, subversives marxistisches Vorgehen - sie verbergen ihre kommunistische Natur vor den Menschen in den Gemeinden, während sie sie manipulieren.

Warum die Sekte viele Themen/Unterthemen haben muss

Er betonte, wie wichtig es für die Sekte ist, sich mit mehreren Themen gleichzeitig zu befassen, damit immer etwas los ist: „Nicht nur, dass eine Ein-Themen- oder sogar Zwei-Themen-Organisation dazu verurteilt, eine kleine Organisation zu sein, es ist auch unumstößlich, dass eine Ein-Themen-Organisation nicht überleben wird. Eine Organisation braucht Aktion, wie ein Mensch Sauerstoff braucht. Bei nur einem oder zwei Themen wird es mit Sicherheit zu einem Stillstand kommen, und dann kommt der Tod. Mehrere Themen bedeuten ständige Aktion und Leben".[107] Dann ist die Sekte wie ein Hai, der ständig schwimmen muss, um an Sauerstoff zu kommen. Stellen Sie

---

[104] Ebd. P. 35.

[105] Ebd. P. 73.

[106] Ebd. P. 80.

[107] Ebd. P. 86.

sich einen roten kommunistischen Hai vor, der ein ständiges revolutionäres Schwimmen hat.

Diese Logik lässt sich auf die marxistische Bewegung als Ganzes anwenden, und zwar weltweit. Ist dies ein weiterer Grund, warum sie so viele verschiedene Themen („Unterthemen") haben und sie unterstützen, damit sie aktiv bleiben können? Sicherlich bedeutet das Vorhandensein so vieler Unterthemen, dass das große rote Netz schön weit ausgeworfen werden kann und viele Anhänger anzieht.

Die Tatsache, dass es viele verschiedene Arten von Themen/Unterthemen gibt, um alle Geschmäcker zu bedienen (wie an anderer Stelle aufgeführt), gewährleistet dies: „Es gibt eine Möglichkeit, die Handlung in Gang zu halten und zu verhindern, dass sie sich in die Länge zieht, aber das bedeutet, dass man ständig neue Hefte einschneidet, während die Handlung weitergeht, so dass in dem Moment, in dem die Begeisterung und die Emotionen für ein Heft abzuflauen beginnen, ein neues Heft auf den Plan tritt, das die Handlung wiederbelebt. Mit der ständigen Einführung neuer Themen wird es immer weitergehen. So bleibt die revolutionäre Energie erhalten".[108] Eine nie endende Revolution? wie reizvoll!

Darstellung der marxistischen Kontrollfreak-Mentalität

Ein weiteres Beispiel für die Marxsche Besessenheit von der „Revolution": „Eines der großen Probleme am Anfang einer Organisation ist oft, dass die Menschen nicht wissen, was sie wollen. Die Entdeckung dieser Tatsache weckt im Organisator jenen inneren Zweifel, den so viele teilen, ob die Masse der Menschen fähig ist, Entscheidungen für eine demokratische Gesellschaft zu treffen. Es ist die Schizophrenie einer freien Gesellschaft, dass wir nach außen hin das Vertrauen in das Volk bekunden, aber innerlich starke Zweifel haben, ob man dem Volk trauen kann. Diese Vorbehalte können die Wirksamkeit des kreativsten und talentiertesten Organisators zunichte machen".[109] Nun, wenn sie tatsächlich etwas bräuchten, wüssten sie es schon! Das ist marxistische Logik: „Sie wissen nicht, was sie wollen, aber sie wollen irgendeine marxistische Revolution... weil sie das Proletariat sind, also müssen sie es einfach!". Die übliche Denkweise „das Proletariat weiß nicht, was gut für sie ist, also sollte man sie zur Revolution drängen".

Aggressiv sein, damit die Leute zuhören

Er warb dafür, aggressiv zu sein und den Leuten zu drohen, sonst würden sie einem nicht zuhören: „Man kommuniziert mit niemandem ausschließlich über die rationalen Fakten oder die ethischen Aspekte einer Angelegenheit. Nur wenn die andere Partei besorgt ist oder sich bedroht fühlt, wird sie zuhören -

---

[108] Ebd. P. 163.

[109] Ebd. P. 111.

in der Arena des Handelns wird eine Bedrohung oder eine Krise fast zu einer Vorbedingung für die Kommunikation.". Kurz gesagt: Schenken Sie mir Aufmerksamkeit, oder ich werde Schaden anrichten. Die Kombination dieser Elemente mit dem Verderbnisfaktor erklärt die Potenz des Fanatismus der Sekte. Regel neun lautet: „Die Bedrohung ist in der Regel erschreckender als die Sache selbst".[110]

Erzeugung von Unzufriedenheit im Proletariat

Der marxistische Agitator muss für die Gemeinschaft Dinge finden, über die sie sich beschweren kann: „Der Organisator, der sich der Veränderung des Lebens einer bestimmten Gemeinschaft verschrieben hat, muss zuerst die Ressentiments der Menschen in der Gemeinschaft aufreiben; die latente Feindseligkeit vieler Menschen bis zum offenen Ausdruck anheizen. Er muss Kontroversen und Probleme suchen, anstatt sie zu vermeiden, denn wenn es keine Kontroversen gibt, sind die Menschen nicht besorgt genug, um zu handeln". Das ist bezeichnend und entspricht der Vorgehensweise der Sekte, Probleme zu schaffen, Spannungen zu erzeugen und Feindseligkeit zu schüren. Sie werden buchstäblich nach Dingen suchen und sie übertreiben, um die Ideologie zu verbreiten. Offensichtlich ist die Förderung der Mentalität der „Unterdrückten" von zentraler Bedeutung für all dies.[111]

Er fügt hinzu: „Ein Organisator muss Unzufriedenheit und Unmut schüren; er muss einen Kanal bereitstellen, in den die Menschen ihre Frustrationen wütend hineinschütten können. Er muss einen Mechanismus schaffen, der die unterschwellige Schuld dafür, dass man die bisherige Situation so lange akzeptiert hat, abbauen kann. Aus diesem Mechanismus heraus entsteht eine neue Gemeinschaftsorganisation. Die Aufgabe besteht dann darin, die Menschen dazu zu bringen, sich zu bewegen, zu handeln, sich zu beteiligen; kurz gesagt, die notwendige Kraft zu entwickeln und zu nutzen, um den vorherrschenden Mustern wirksam zu widersprechen und sie zu verändern (Anmerkung: auch „Revolution" genannt). Wenn diejenigen, die den Status quo vertreten, Sie als „Agitator" bezeichnen, haben sie völlig Recht, denn das ist, mit einem Wort, Ihre Funktion - zu agitieren, bis zum Konflikt".[112]

Der Kult im großen Stil

Über die Taktik marxistischer Gruppen, sich als groß und einschüchternd zu präsentieren: „Um die Taktik zu veranschaulichen, nehmen Sie Teile Ihres Gesichts als Bezugspunkt: Ihre Augen, Ihre Ohren und Ihre Nase. Erstens die Augen: Wenn ihr eine große, massenhafte Volksorganisation organisiert habt, könnt ihr sie dem Feind sichtbar vorführen und eure Macht offen zeigen.

---

[110] Ebd. P. 97.

[111] Ebd. P. 121.

[112] Ebd. P. 122.

Zweitens die Ohren: Wenn Ihre Organisation zahlenmäßig klein ist, dann machen Sie es wie Gideon: Verstecken Sie die Mitglieder im Dunkeln, aber machen Sie einen Lärm und ein Geschrei, das die Zuhörer glauben lässt, dass Ihre Organisation viel größer ist, als sie ist. Drittens, die Nase: Wenn Ihre Organisation selbst für Lärm zu klein ist, dann stinken Sie den Laden voll.[113]

Wie bereits an anderer Stelle erwähnt, erweckt die Sekte durch ihre Tradition regelmäßiger öffentlicher Proteste den Eindruck, dass sie mächtiger und zahlreicher ist als sie tatsächlich ist. Leider reicht das in vielen Fällen schon aus, um nicht-indoktrinierte Durchschnittsmenschen einzuschüchtern, damit sie die Sekte nicht öffentlich herausfordern und überwältigen.

Ein Beispiel dafür war ein großer Protest gegen die Einwanderung in Dublin am Montag, den 5. Februar 2024. Wie üblich veranstalteten die Sektenmitglieder in Irland einen „Gegenprotest" („Anti-Rassismus" usw.) vor dem General Post Office in der O'Connell Street. Tausende von Demonstranten erschienen auf der patriotischen Seite. Die Gruppe der patriotischen Demonstranten übertraf die Gruppe der Sekte bei weitem. Der irische YouTuber Keith Woods übertrug die Veranstaltung per Live-Stream, was dies deutlich zeigte.[114]

Biblische oder okkulte Bezüge

Interessanterweise finden sich in dem Buch viele biblische oder okkulte Bezüge. Schon auf den ersten Seiten findet sich eine Widmung an Luzifer: „Damit wir nicht vergessen, dem allerersten Radikalen zumindest über die Schulter zu schauen: dem ersten Radikalen aus all unseren Legenden, Mythen und der Geschichte (und wer weiß schon, wo die Mythologie aufhört und die Geschichte beginnt - oder was was ist), dem ersten Radikalen, den die Menschheit kennt, der sich gegen das Establishment auflehnte und dies so effektiv tat, dass er zumindest sein eigenes Königreich gewann - Luzifer".[115]

Die Sekte/Ideologie selbst ist nicht nur von diesem berühmten/berühmten Wesen inspiriert, sondern sie repräsentiert es auch. Und was stellt Luzifer/Satan dar? Er steht für die Auflehnung gegen „Gottes Plan" (d.h. die Natur/die natürliche Ordnung der Dinge), was die Sekte/Ideologie ganz sicher ist. Das „Reich" Satans ist nicht irgendeine immaterielle Hölle im Jenseits, sondern die Erde selbst, wenn das Böse (z. B. der Marxismus) siegreich ist. Ein Reich, das sich über Gott/den Schöpfer hinwegsetzt. (Anmerkung: Es gibt einige, die glauben, dass „Luzifer" nicht das „Böse" repräsentiert, dass es sich

---

[113] Ebd. P. 131.

[114] Keith Woods, „National Day of Protest - Irland gehört den Iren", 5. Februar 2024.

https://www.YouTube.com/watch?v=G-LLcv8xW7s

[115] Ebd. vor der Einleitung (Widmungen/Zitate).

um eine von „Satan" getrennte Entität handelt. Dies ist ein uraltes, esoterisches, kolossales Thema, das den Rahmen dieses Buches sprengen würde).

In den Überschriften der Abschnitte finden sich biblische Anspielungen, wie „Am Anfang" und „Die Genese der taktischen Vollmacht", sowie mehrere Verweise auf die Apokalypse. „Denken Sie daran, dass es sich um eine Revolution und nicht um eine Offenbarung handelt; Sie können das Ziel verfehlen, wenn Sie zu hoch oder zu tief schießen" („wie oben, so unten").[116] Das Wort „Apokalypse" (vom lateinischen „apocalypsis") bedeutet im Wesentlichen „Offenbarung". Bezieht er sich ständig auf die Bibel, um auf eine Art Apokalypse anzuspielen, zu deren Herbeiführung die Marxsche „Revolution" beitragen wird? Was wusste Alinsky, was „wir" nicht wissen? Das fühlt sich auf jeden Fall wie eine Apokalypse an, nicht wahr?

Offensichtlich würden diese Verbindungen über die Köpfe der meisten Menschen hinweggehen (sicherlich die Jugend und/oder diejenigen, die kein religiöses, esoterisches oder okkultes Wissen haben), was mich zu der Annahme führt, dass Alinsky ein Satanist war. Wie eingangs erwähnt, ist der Marxismus nicht das ganze Bild oder gar die Spitze des Totempfahls - die Ideologie hat sich aus etwas Größerem und Unheimlicherem entwickelt...

Abschließende Überlegungen

Alinsky war ein wahres Meisterstück - ganz offensichtlich manipulativ, und das auch noch offen und stolz. Wie Juri Besmenow empfahl, besteht die Lösung, um die ideologische Subversion in ihren Bahnen zu stoppen, darin, die Freiheiten bestimmter Arten von Personen einzuschränken. Aktivisten, die aus dem Alinsky-Stoff geschnitten sind, tun oft Dinge, die nicht illegal sind, aber dennoch störend und bedrängend wirken usw. Die Lösung für die Gesellschaft besteht also darin, derartige Handlungen zu verbieten; im Grunde ist es illegal, ein marxistischer Aktivist zu sein. (wie Juri sagte - „die Rechte einschränken").

Warum sollte der Rest von uns leiden, nur weil es organisierte, fehlgeleitete Narren auf der Welt gibt? Bevor dies erreicht werden kann, muss natürlich die breite Öffentlichkeit - in ausreichender Zahl - die Weisheit dieses Vorgehens verstehen. Es wäre voreilig, dieses kollektive Verständnis schon jetzt zu erwarten, bevor die Botschaft dieses Buches alle erreicht, die sie erreichen muss. Lassen Sie uns fortfahren.

Kommunitarismus

Da wir uns gerade mit kommunistischen „Gemeinschaftsorganisatoren" befasst haben, wollen wir das Thema Gemeinschaft fortsetzen und ein anderes trügerisches Konzept betrachten (durch unsere brandneue, magische antimarxistische Brille!). Eine andere Form des verkappten Marxismus ist der

---

[116] Ebd. P. 10.

Kommunitarismus. Genau wie bei „Community Organizer" (Prost Saul) handelt es sich fast um „Kommunist" oder „Kommunismus", mit ein paar zusätzlichen Buchstaben.

Definitionen

Da Wikipedia die gängigste Quelle ist, die immer in das Gesicht der Suchmaschine geschoben wird (und daher einen großen Einfluss auf die Menschen hat), hier der Wortlaut. Ich habe bestimmte Wörter zur Hervorhebung unterstrichen: „Der Kommunitarismus ist eine Philosophie, die die Verbindung zwischen dem Einzelnen und der Gemeinschaft betont. Seine übergeordnete Philosophie beruht auf der Überzeugung, dass die soziale Identität und die Persönlichkeit eines Menschen weitgehend durch die Beziehungen zur Gemeinschaft geprägt werden, während dem Individualismus ein geringerer Stellenwert eingeräumt wird", und „Der Kommunitarismus wendet sich in der Regel gegen einen extremen Individualismus und lehnt eine extreme Politik ab, die die Stabilität der gesamten Gemeinschaft vernachlässigt".[117]

Klingt schön, nicht wahr? Denken Sie daran, dass wir es hier mit einer sich häutenden Schlange zu tun haben. Man beachte die Verwendung des Wortes „Philosophie": eine typische marxistische Taktik, um dem Konzept einen gewissen intellektuellen Wert zu verleihen; dies neigt dazu, Leute anzulocken, die von „intellektuellen" Dingen beeindruckt sind. (Wie wir gesehen haben, bedeutet die Verwendung des Wortes „Philosophie" im Zusammenhang mit etwas „Revolutionärem" (Marxistischem) oft, dass jemand Ideen mit einer eindeutig marxistischen, oft postmodernistischen Ausrichtung ausheckt). Gegen Ende wird auch der Tugendhaftigkeitscharakter deutlich. Das Wort „extrem" suggeriert, dass alles, was dieser „Philosophie" entgegensteht, negativ/unethisch ist (z. B. alles „Rechte"). Dieser letzte Teil unterstellt vorsichtig, dass der Kommunitarismus gutartig und kollektivistisch ist und dass er das Beste für die Gruppe will. „Stabilität" bedeutet: „Die Gemeinschaft ist ideologisch marxistisch, und diese Vorherrschaft darf nicht gefährdet werden" („Stabilität" bedeutet „normalisiert").

Eine weitere Beschreibung von *Brittanica.com:* „Kommunitarismus, soziale und politische Philosophie, die die Bedeutung der Gemeinschaft für das Funktionieren des politischen Lebens, für die Analyse und Bewertung politischer Institutionen und für das Verständnis der menschlichen Identität und des Wohlbefindens hervorhebt. Er entstand in den 1980er Jahren als Kritik an zwei prominenten philosophischen Schulen: dem zeitgenössischen Liberalismus, der versucht, die persönliche Autonomie und die Rechte des Einzelnen zum Teil durch die Tätigkeit der Regierung zu schützen und zu stärken, und dem Libertarismus, einer Form des Liberalismus (manchmal auch

---

[117] https://en.wikipedia.org/wiki/Communitarianism

als „klassischer Liberalismus" bezeichnet), die darauf abzielt, die Rechte des Einzelnen - insbesondere die Rechte auf Freiheit und Eigentum - durch strikte Begrenzung der Regierungsgewalt zu schützen".[118] Es ist also im Grunde ein Anti-Individualismus und ein Pro-Kollektivismus.

Ursprünge des Wortes

Offenbar wurde der Begriff Kommunitarismus erstmals 1841 von John Goodwyn Barmby (1820-1881) geprägt. Er war ein weiterer Teil des utopischen sozialistischen Pöbels in dieser Zeit, und anscheinend (laut Wiki!) behauptete er, „das Wort Kommunist als Übersetzung des französischen Wortes 'communiste' in die englische Sprache eingeführt zu haben". Er machte auch Friedrich Engels mit der französischen „communiste"-Bewegung bekannt, und sie gründeten 1841 zwei Organisationen - die *Universal Communitarian Association* und die *London Communist Propaganda Society* (sieben Jahre später erschien das Kommunistische Manifest).[119]

Es gibt Verbindungen zwischen diesem Konzept des Kommunitarismus und anderen Bereichen, von denen wir wissen, dass sie vom Marxismus durchdrungen sind, wie Soziologie, Sozialdemokratie, Philosophie usw. Amüsanterweise wird in vielen Online-Definitionen erklärt, dass diese Art von kommunitären Ideen schon seit Jahrhunderten existiert und im Alten und Neuen Testament, im Konfuzianismus, im Islam („Schura", d. h. „Beratung") und natürlich im Fabianischen Sozialismus vorkommt (wieder der alte „Seht ihr? Wir waren schon marxistisch und wussten es nicht"-Trick).

Elemente des Kommunitarismus

Einer der modernen Verfechter des Kommunitarismus war der in Deutschland geborene israelische Soziologe Amitai Etzioni (1929-2023; geboren als Werner Falkin). Er war Direktor des *Institute for Communitarian Policy* an der George Washington University in Washington D.C. (es gibt ein ganzes Institut an einer amerikanischen Universität? Beeindruckend). Er ist Autor zahlreicher wissenschaftlicher Arbeiten und Bücher zu diesem Thema, darunter: *The Spirit of Community: Die Neuerfindung der amerikanischen Gesellschaft* (1993), *The New Golden Rule: Communisty and Morality in a Democratic Society* (1998), und *From Empire to Community: Ein neuer Ansatz für internationale Beziehungen* (2004).[120] Wenn man sich diese Titel ansieht, wie viel revolutionäres und tugendhaftes Gedankengut kann man da entdecken? (rollt mit den Augen). Der letzte Titel ist eine Anspielung auf die bereits erwähnte Tatsache, dass der Marxismus eine neue Form des Imperialismus ist, die einfach die traditionelle koloniale Variante ersetzt - „Empire to Community"

---

[118] https://www.britannica.com/topic/communitarianism

[119] https://en.wikipedia.org/wiki/John_Goodwyn_Barmby

[120] https://www.amitaietzioni.org/

könnte auch „Empire to Communism" heißen.

Im Jahr 1993 gründete er eine Organisation namens *Communitarian Network*. Etzioni hatte einen YouTube-Kanal, und in seinem Video *The Five Minute Communitarian* sagte er Folgendes: „Es handelt sich um eine eher ungewöhnliche Art von Sozialphilosophie, denn der Begriff Kommunitarismus ist nicht sehr bekannt... tatsächlich benutzen ihn nur sehr wenige Menschen. Andererseits gibt es eine sehr große Zahl von Menschen, die kommunitaristische Ideen vertreten...". Nachdem er darauf hingewiesen hat, dass es diese Ideen im Laufe der Geschichte immer wieder gegeben hat, fährt er fort, indem er drei wesentliche Elemente erläutert: „Erstens, die Vorstellung, dass wir Mitglieder des anderen sind. (!!)... und das zweite (ist), dass wir eine moralische Infrastruktur brauchen... und drittens, dass Rechte und Pflichten Hand in Hand gehen".[121]

Das erste erklärt er mit dem Schlagwort „Das „Ich" braucht ein „Wir", um zu sein". Weiter führt er aus, dass es eine Fülle von sozialwissenschaftlichen Daten gibt, die in psychologischen Experimenten zu verschiedenen sozialen Situationen (einschließlich Gefängnissen, Hochhäusern usw.) gesammelt wurden und die zeigen, dass Menschen, die isoliert sind, „unter einer Vielzahl von Leiden leiden - viele davon sind psychologisch, einige sogar physiologisch". Bislang nichts Bahnbrechendes.

Er fuhr fort: „Es scheint also, dass das Wesen der menschlichen Natur nicht das freistehende, isolierte Individuum ist - das in der amerikanischen Geschichte und Ideologie oft hochgehalten wird (Anmerkung: Oh, oh... wieder Kritik an Amerika/Amerikanismus...) - sondern jemand, der in der dauerhaften, sinnvollen Beziehung zu anderen gedeiht". Die Lösung lautet: „Wir müssen die Gemeinschaften begünstigen". Dies würde durch die Förderung von mehr sozialer, gemeinschaftlicher Interaktion geschehen, indem wir die Art und Weise, wie wir Strukturen aufbauen, ändern, was die Menschen zwingen würde, mehr zu interagieren (breitere Bürgersteige, mehr vordere und weniger hintere Veranden, mehr Promenaden, lokale Schulen, die für Gemeindeversammlungen geöffnet sind usw.). Er sagte auch: „Wenn Gemeinschaften nicht gepflegt werden, neigen sie dazu, abzusterben, und das lässt uns mit isolierten Individuen zurück. Das ist das erste Element des kommunitären Denkens - wir brauchen dauerhafte Beziehungen, wir brauchen einander".

Das zweite Element, erklärt Amitai, ist die moralische Dimension - die „moralische Infrastruktur". Das bedeutet im Wesentlichen, dass die Gemeinschaft bestimmte Verhaltensweisen bei den Einzelnen innerhalb dieser Gemeinschaft fördert. Er drückt es so aus: „Gemeinschaften haben Normen,

---

[121] Etzioni, A., „The Five Minute Communitarian HD", 16. April 2015.

https://www.YouTube.com/watch?v=gKA4JjkiU4A

keine Gesetze, informelle Absprachen, die durchgesetzt werden, aber nichts Schärferes, als dass die Menschen sich irgendwann gegenseitig den Finger zeigen, oder dass sie es schätzen, wenn die Menschen diese Normen einhalten. Und sie reichen - in einer gut funktionierenden Gemeinschaft - aus, um eine enorme Menge an sozialen Angelegenheiten zu regeln. Deshalb, so Amitai, sind wir viel, viel besser dran, wenn die Gemeinschaft entscheidet, „wie viel Umweltschutz richtig ist; was wir tun sollen, wenn sich die Leute nicht impfen lassen; wie hoch wir die Geschwindigkeitsbegrenzungen setzen sollen; je mehr wir uns auf unser gegenseitiges Verständnis und die informelle Durchsetzung verlassen können, desto besser geht es uns allen" (*sic*). [121]

Das dritte und letzte Element ist „Rechte und Pflichten". Amitai erläuterte, dass es sich dabei um die Vorstellung handelt, dass wir individuelle Rechte haben, dass aber „Rechte mit sozialer Verantwortung einhergehen und wir das eine nicht ohne das andere haben können", womit er erneut auf die Tatsache anspielte, dass Amerika schon immer großen Wert auf individuelle Rechte gelegt hat. Als Beispiel nennt er polarisierende Debatten wie das Recht auf Privatsphäre für den Einzelnen gegenüber dem Recht der Staaten, die Nation vor Terrorismus zu schützen; auch die Pressefreiheit oder Fragen der öffentlichen Gesundheit usw. Er sagt, dass es aus kommunitaristischer Sicht wichtig ist, dass das Gespräch damit beginnt, „nicht davon auszugehen, dass eine Seite automatisch die andere übertrumpft und sich durchsetzt, sondern das Gespräch mit dem Argument zu beginnen, dass wir uns sowohl um die Wahrung unserer Rechte kümmern müssen, als auch darum, der Sicherheit und dem Gemeinwohl zu dienen". All das ist im Grunde nur ein Vorstoß in Richtung Solidarität, und dass es den daraus resultierenden Konsens in sozialen Fragen usw. geben sollte. Damit wird suggeriert, dass die traditionelle amerikanische Vorstellung von individueller Souveränität nicht so sehr Teil der „menschlichen Natur" ist wie die Zugehörigkeit zur Gemeinschaft.

Sollten wir dem vertrauen?

Sicher, es ist nur eine Person, die hier spricht, aber seine Meinung ist beachtenswert - er wurde als eine Art „Guru" des Kommunitarismus angesehen und war sicherlich eine respektierte Stimme. Aber klingt das nicht alles ein bisschen verdächtig? Was sagen diese Verfechter des Kommunitarismus? Dass wir eine Bewegung brauchen, die die Menschen ermutigt, sozialer zu werden? Was für ein Blödsinn.

Nützt all dies dem Marxismus? Versuchen sie, engmaschige Gemeinschaften von gehirngewaschenen marxistischen Ratten zu schaffen, die die Angelegenheiten der anderen kennen? Geht es darum, dass die Schafe sich gegenseitig überwachen können, um sicherzustellen, dass niemand vom Rudel abweicht und jeder in der Gesellschaft auf die gleiche Weise denkt, spricht und handelt? Es geht nicht darum, den isolierten/depressiven/psychisch kranken Menschen zu helfen, sondern darum, sicherzustellen, dass jeder unter Kontrolle bleibt und keine Privatsphäre vor der kollektivistischen sozialen

Psychokultur hat, die der marxistische Kult schafft.

Abschnitt VI - Die marxistische Matrix

„Politik ist der Kultur nachgelagert"[1]

Andrew Breitbart, Gründer von *Breitbart News*,
„Courrielche: Die nächste Grenze der Konservativen"

Einführung

In *The Matrix* (1999) sind Morpheus (Laurence Fishburne) und Neo (Keanu Reeves) im Begriff, eine belebte Straße zu überqueren. Zuerst sehen wir die Fußgängerampel mit dem (kommunistischen) roten Mann. Als die Ampel auf Grün umschaltet und sie sich durch die Menschenmenge bewegen, spricht Morpheus über Indoktrination: „Die Matrix ist ein System, Neo, dieses System ist unser Feind, aber wenn du drinnen bist und dich umsiehst, was siehst du dann? Geschäftsleute, Lehrer, Anwälte, Schreiner; genau die Köpfe der Menschen, die wir zu retten versuchen. Aber solange wir das nicht tun, sind diese Menschen immer noch Teil dieses Systems, und das macht sie zu unserem Feind. Ihr müsst verstehen, dass die meisten dieser Menschen nicht bereit sind, den Stecker zu ziehen; und viele von ihnen sind so abgestumpft, so hoffnungslos abhängig von dem System, dass sie dafür kämpfen werden, es zu schützen. Hast du mir zugehört, Neo, oder hast du auf die Frau im roten Kleid geschaut?".[2]

Die echte Matrix ist jedoch nicht grün wie im Film, sondern rot. Der marxistische Umsturz ist seit jeher ein hoch organisiertes, professionelles System, das sich bewährter Methoden bedient. Hier werfen wir einen Blick auf die „Transmissionsriemen der Kultur", die die Ideologie/der Kult benutzt, um ein Land/eine Gesellschaft zu infizieren.

Clizbe und willige Komplizen

Ein ausgezeichnetes Buch über marxistische Subversion in den USA ist *Willing Accomplices: How KGB Covert Influence Agents Created Political Correctness and Destroyed America* (2011); von Kent Clizbe, einem ehemaligen CIA-Agenten.

Clizbes Arbeit umfasste einige relevante Konzepte, darunter die

---

[1] Breitbart, A., „Courrielche: Conservatives' Next Frontier", *Daily Wire*. https://en.wikiquote.org/wiki/Andrew_Breitbart

[2] „Ein Gang durch die Matrix„. https://www.YouTube.com/watch?v=zDO1Q_ox4vk

„Transmissionsriemen der Kultur", die Verbreiter von Propaganda und Beeinflusser der Massen: Bildung, Medien und Unterhaltung. Obwohl die Sekte/Ideologie in viele Bereiche der Gesellschaft eingedrungen ist, sind diese „Transmissionsriemen" vielleicht am wichtigsten, um die Verbreitung der Ideologie zu erleichtern. (Der Begriff „Transmissionsriemen" wurde bereits von W. Cleon Skousen in seinem 1958 erschienenen Buch *„The Naked Communist" (Der nackte Kommunist)* verwendet; in seinem Buch „Current Communist Goals", Nr. 17).[3]

Clizbes Buch beleuchtet auf brillante Weise die frühe Phase der Rotfäule in den USA und den anschließenden Aufstieg der „politischen Korrektheit". Er erklärt, dass dies kein organischer Prozess war, sondern ein bewusster Subversionsversuch der Sowjets, der nicht erst in den letzten Jahrzehnten oder in den 1960er Jahren begann (wie manche meinen), sondern schon viel früher, wobei die 1920er Jahre eine Schlüsselperiode waren.

Dies entspricht dem chronologischen Muster der Verbreitung des Marxismus, die sich nach den Revolutionen von 1917 in Russland massiv beschleunigte (wie die historischen Tabellen zuvor gezeigt haben). Es liegt auf der Hand, dass die Periode des McCarthyismus als Reaktion auf diesen ideologischen Angriff auf Amerika später folgte.

Die Gründung der Dritten Kommunistischen Internationale/"Komintern" im Jahr 1919 spielte dabei eine zentrale Rolle, und in den 1920er Jahren betrieben sie professionell Subversion.[4] Sie waren im Wesentlichen Experten auf diesem Gebiet, lange bevor das *Office of Strategic Services* (OSS) oder die *Central Intelligence Agency* (CIA) überhaupt gegründet wurden (1942 bzw. 1947).[5] Clizbe führte das Argument an, dass die „pc-progressive" Kultur im heutigen Amerika auf diese absichtliche Subversion zurückzuführen ist und dass die vom sozialistischen Ex-Präsidenten Barrack Obama vorangetriebene „Hass auf Amerika zuerst"-Mentalität Teil ihres Erbes ist. Dies ist die ideologische Subversion, auf die Yuri Besmenov hingewiesen hat. Die Arbeit von Yuri und Clizbe hat uns gezeigt, dass dies schließlich zu einer waffenfähigen Wissenschaft für die Marxisten wurde.

Verdeckte Einflussnahme „Nutzlasten

Clizbes Arbeit zeigt, dass die sowjetischen Operationen zur Infizierung der amerikanischen Köpfe darin bestanden, verdeckte psychologische „Nutzlasten" in die amerikanische Kultur einzuschleusen. Dabei handelte es sich im Wesentlichen um Konzepte, die bestimmte Einstellungen förderten,

---

[3] Clizbe, K., *Willing Accomplices: How KGB Covert Influence Agents Created Political Correctness and Destroyed America* (2011).

[4] https://www.britannica.com/topic/Third-International

[5] https://www.cia.gov/legacy/cia-history/

die für die Integrität der amerikanischen Gesellschaft destruktiv waren (selbstzerstörerisch, wenn sie von Amerikanern übernommen wurden). Einstellungen wie: der Kapitalismus ist unterdrückerisch; das US-Militär ist eine weltumspannende imperiale Macht und die Amerikaner sollten es nicht unterstützen; Amerika wurde auf der Grundlage von Gewalt, Landraub und der Unterdrückung und Ermordung der amerikanischen Ureinwohner gegründet (was Schuldgefühle hervorruft); es gibt einen ungerechtfertigten institutionellen Rassismus, der das Herzstück der amerikanischen Gesellschaft ist, und dass nicht-weiße Amerikaner in der Vergangenheit mehr gelitten haben als Weiße; die Vorstellung, dass die U.Die Vorstellung, dass die USA das großartigste Land der Welt sind, ist schlecht und führt zu Dominanz und Leid außerhalb ihrer Grenzen usw. Kurz gesagt, alle Haltungen, die - wenn sie von den Amerikanern übernommen und in der Gesellschaft verbreitet werden - jeden gesunden Patriotismus und jede Einheit in der Nation zerstören würden.

Clizbe schrieb: „Mit Hilfe erfahrener Agenten und hochgradig abgeschotteter Operationen versuchte der KGB, verdeckte „Nutzlasten" zur Beeinflussung einzubringen, die darauf abzielten, die fundamentalen Grundlagen, auf denen die amerikanische Gesellschaft und Kultur aufgebaut war, in Frage zu stellen. Viele Progressive führten diese verdeckten Operationen eifrig für die Kommunisten durch. Andere, die nicht an den Operationen beteiligt waren, empfingen die verdeckten Botschaften und akzeptierten sie als Evangelium".[6] Sehen wir diese „Nutzlast" nicht überall, wo wir heute hinschauen, im Bildungswesen, in den Mainstream-Medien und in der „Unterhaltung"?

Einflussnehmer und „gegnerische Kultur"

Clizbe schrieb, dass bestimmte Personen von den Sowjets aufgrund ihres „Potenzials als Einflussagenten" ins Visier genommen und „für den Zugang zu einem gewünschten Kommunikationskanal ausgewählt wurden (die Geheimdienstler der Komintern hatten es auf die amerikanischen Medien, die akademische Welt und Hollywood abgesehen)". Diese „Einflussagenten" würden dann von sowjetischen Spionageagenten angesprochen und manipuliert werden, was dazu führt, dass sie für den Einsatz vorbereitet werden (die manipulierten Personen wussten vielleicht, mit wem (und was) sie es zu tun hatten, oder auch nicht). An diesem Punkt kann die subversive „Nutzlast" übergeben werden (Hervorhebung durch Unterstreichung): „Bei der eigentlichen Operation übergibt der Spionageoffizier dem rekrutierten Einflussagenten die Nutzlast. Der Beeinflusser fügt die Nutzlast in seinen Kommunikationskanal ein. Sobald die Nutzlast in Form einer Nachricht, eines Leitartikels, einer Rede, eines Buches, eines Vortrags, eines Films, eines Radioprogramms, eines Liedes, eines Theaterstücks oder einer anderen Form

---

[6] Ibid. vi (Vorwort).

der Kommunikation eingefügt ist, nimmt die Nutzlast ein Eigenleben an".[7]

Dies ist von entscheidender Bedeutung. Diese Nutzlast - die eigentlich nur aus propagandistischen Informationen besteht - kann bei ihrer Verbreitung eine Eigendynamik entwickeln und sich „ausbreiten". Sie entwickeln ein Eigenleben (wie die Ideologie selbst). Diese verdeckten Einfluss-"Nutzlasten" wurden mit einem anderen von Clizbe verwendeten Begriff, der „gegnerischen Kultur", in Verbindung gebracht (der aus einem Werk von Stephen Koch mit dem Titel *Double Lives: Stalin, Willi Münzenberg*, 2004).[8] Dieser Begriff wurde verwendet, um die antipatriotische Mentalität von Intellektuellen zu beschreiben, die ihr eigenes Land/ihre eigene Kultur verabscheuten (klingt das bekannt?). Das bedeutete, dass die sowjetischen Umstürzler in einem Zielland (z. B. den USA) diese Typen identifizieren konnten, die dann zur Beeinflussung der Massen eingesetzt werden konnten. In der Tat wird es in jedem Land immer solche Personen geben, die sich die Sekte/Ideologie zunutze machen kann. Wer wäre besser geeignet, diese Ladungen zu verbreiten als sie?

Münzenberg

Clizbe hob eine Person namens Wilhelm „Willi" Münzenberg (1889-1940) als zentralen Akteur dieser Subversionsoperationen hervor und nannte ihn „den Vater der PC". Als Schlüsselfigur der Komintern nutzte er Tarnorganisationen, Fronten und „unschuldige Vereine", um den marxistischen Unfug zu verbreiten: „Willi Münzenberg, der kommunistische Meister des wohltuenden Amerikahasses, perfektionierte das operative Konzept der „Volksfront". Er und seine Agenten gründeten mehrere Organisationen mit hochtrabenden Namen und Daseinsberechtigungen - zum Beispiel den Internationalen Kongress gegen Faschismus und Krieg und die Hollywood Anti-Nazi-Liga. Diese Fronten gaben Intellektuellen, Journalisten, Künstlern und Pädagogen eine höhere Berufung - und dienten gleichzeitig als Deckmantel, um verdeckte Einflussnahme in die Zielkulturen einzuschleusen. Die vermeintliche moralische Überlegenheit der sowjetischen Botschaften zur verdeckten Beeinflussung bot den Mitgliedern der Volksfront die Möglichkeit zu zeigen, dass man ein anständiger, ja sogar ein besserer Mensch war. Münzenberg verachtete diese Mitglieder der Volksfront und bezeichnete sie als „Unschuldige".[9]

Clizbe wies darauf hin, dass schon damals alle Kritiker der Aktivitäten der Sekte - oder jeder, den sie nicht mochten - öffentlich als Faschisten, Rassisten,

---

[7] Ebd. P. 113.

[8] Koch, S., *Doppelleben: Stalin, Willi Munzenberg und die Verführung der Intellektuellen* (2004).

[9] Ebd. vii (Vorwort).

Fanatiker usw. bezeichnet wurden. Ihr Verhalten in den letzten Jahren ist also nichts Neues (natürlich wurde Mussolini früher bekannt als Hitler und die Nationalsozialisten, so dass „faschistisch" noch vor „Nazi" populär war). Wenn die Sekte vor einem Jahrhundert einen solchen Modus Operandi anwandte, müssen wir akzeptieren, dass er heute zu ihrem Arsenal gehört, ganz allgemein. Die Ideologie entwickelt sich nicht zurück, sie entwickelt sich weiter. Aus diesem Grund sind die unterstrichenen Passagen dem Leser vertraut; dasselbe gilt für den tugendhaften Tonfall. Der Punkt über den Rassismus ist entscheidend und höchst relevant. Heute kann jeder sehen, dass es im öffentlichen Diskurs in den USA eine ekelerregende Besessenheit von Rasse/Rassismus gibt. Das ist weder ein Zufall noch ein natürliches Phänomen, sondern ein Ergebnis der sowjetischen Operationen und der marxistischen Fäulnis im Allgemeinen. Die Sekte ist ein Meister darin, „Schwachstellen" zu finden, die sie ausnutzen kann, und da die USA multiethnisch sind, war „Rassismus" die offensichtliche Wahl.

Zu den allgemeinen Auswirkungen von Willis Bemühungen schrieb Clizbe (Hervorhebung durch Unterstreichung): „Das Ergebnis der Verbreitung der Münzenberger Nutzlast in der amerikanischen Gesellschaft ist nun klar. Eine gesunde, glückliche, produktive Nation von Bürgern, die im großen Schmelztiegel verschmolzen waren, hatte ihre Unterschiede beiseite gelegt, als sie Amerikaner wurden. Nachdem Münzenbergs Einfluss verpufft war, verwandelten sich dieselben Menschen in eine verwirrte Masse von Gruppen mit Eigeninteressen, zerrissen durch PC-Trennungen nach Rasse, Geschlecht, ethnischer Zugehörigkeit, Einkommen, Klasse, Sprache und Sexualität ".[10]

Klingt das alles nicht nach? So zerstört man ein Land wie Amerika, das traditionell einen ausgeprägten Sinn für Patriotismus hat, der in seine Kultur eingewoben ist - man spaltet Untergruppen, indem man sie gegeneinander ausspielt, indem man das Marxsche Prinzip von Unterdrücker gegen Unterdrückte anwendet. Natürlich wird diese Strategie weltweit angewandt. Das ist es, was die Ideologie tut: Sie findet Schwachstellen, die sie ausnutzen kann.

MSM = MarxiStMedia

> „Eine Zeitung ist nicht nur ein kollektiver Propagandist und ein kollektiver Agitator, sondern auch ein kollektiver Organisator.[11]

> W.I. Lenin, *Was ist zu tun?*
> „Der Plan für eine gesamtrussische politische Zeitung", 1901

> „Die Kunst eines jeden Propagandisten und Agitators besteht darin, die besten

---

[10] Ebd. P. 116.

[11] Lenin, W.I., *Was ist zu tun?*, „Der Plan für eine gesamtrussische politische Zeitung", 1901. https://www.marxists.org/archive/lenin/quotes.htm

Mittel zu finden, um ein bestimmtes Publikum zu beeinflussen, indem er eine bestimmte Wahrheit so präsentiert, dass sie am überzeugendsten, am leichtesten zu verdauen, am anschaulichsten und am stärksten beeindruckend ist.[12]

V.I. Lenin, *Die Losungen und die Organisation der Sozialdemokratischen Arbeit*, 1919

„Die Presse muss Tag für Tag wachsen - sie ist die schärfste und stärkste Waffe unserer Partei.

Joseph Stalin, Rede auf dem Zwölften Kongress der R.C.P.(B.), 1923 [13]

Uns allen ist aufgefallen, wie sich die Mainstream-Medien in letzter Zeit verhalten haben - manchmal fördern sie „politische Korrektheit", manchmal Tugendhaftigkeit oder beides. Warum haben wir zahllose hirnlose, talentfreie Sprachrohre auf der ganzen Welt - von Irland bis Australien, von Kanada bis Schweden, vom Vereinigten Königreich bis zu den USA -, die ständig dieses Gesöff ausstoßen? Waren sie schon immer so, oder hat sich dieses wahnsinnige Verhalten sogar noch verstärkt? Warum versuchen sie, so viele marxistische Unterthemen (Ursachen) wie möglich in jedes Gespräch einzubauen? Wenn sie nicht versuchen, den Klimawandel-Betrug zu verstärken, ermutigen sie die Leute, Massenmigration oder Black Lives Matter zu unterstützen. Wenn sie nicht über das geschlechtsspezifische Lohngefälle sprechen, reden sie über die Gefahren rechter Politik und die gefürchtete, allgegenwärtige Bedrohung der Gesellschaft - die „Rechtsextremen" (rollt mit den Augen).

Wann immer die Medien ihre Tugendhaftigkeit in Bezug auf die Themen ihrer Wahl demonstrieren, wird (oft auf subtile Weise) suggeriert, dies geschehe aus humanitären, „mitfühlenden" Gründen usw. In Wirklichkeit geht es dabei um die Förderung der verschiedenen Teilbereiche der Ideologie. Die Medien sind der „Transmissionsriemen der Kultur", der dafür verantwortlich ist, dass Ereignisse in der realen Welt in unser Bewusstsein gelangen, und zwar über die von uns gewählten Medien - Fernsehen, Radio, Printmedien oder Online - natürlich mit einer eindeutig parteiischen Tendenz.

Propaganda-Aufstockung

Zusätzlich zur unabhängigen Förderung der verschiedenen Unterthemen oder der Hauptthemen zu bestimmten Zeiten (z. B. Masseneinwanderung/"Multikulturalismus" in den Jahren vor Covid, dann Wechsel zu Covid) können die Medien die Propaganda zu anderen Themen „aufstocken", um den Grad der Indoktrination zu verstärken. Dies wurde in

---

[12] Lenin, W.I., *Die Losungen und die Organisation der sozialdemokratischen Arbeit*, 1919. https://www.marxists.org/archive/lenin/quotes.htm

[13] Stalin, J., Rede auf dem Zwölften Kongress der R.C.P.(B.), 1923. http://marx2mao.com/Stalin/TC23.html#s2

den irischen Medien während der Covid-Sperren deutlich, als sie die feministische Propaganda aufstockten. Es wurde berichtet, dass die Fälle von „häuslicher Gewalt" (d. h. Männer, die Frauen verprügeln) zunehmen, weil die Menschen in ihren Häusern eingeschlossen sind. Begleitet wurde dies von diesen abstoßenden Fernsehspots über häusliche Gewalt, die im Rahmen der Kampagne „Always here" gegen häusliche Gewalt, die natürlich von Irlands feministischen Sektenmitgliedern unterstützt wird, im Stil einer Nachstellung produziert wurden.[14] Einer zeigte eine Frau, die sich online (über Skype oder Zoom oder so) mit einer Freundin unterhielt, und ihr misshandelnder männlicher „Partner" tauchte aus dem Nichts auf und fragte, mit wem sie denn spreche usw.; es folgten hysterische Tränen. Das Lustigste daran war, dass der Mann unglaublich komisch klang (er war wahrscheinlich ein schwuler Schauspieler). [15]

Diese Propagandaaufschläge wurden während des Covid für das Unterthema Klimawandel verwendet: Im irischen Radio wurde angedeutet, dass die Sperrungen gut für die Umwelt seien, weil es weniger Reisen/Pendeln gäbe und die daraus resultierenden geringeren Fahrzeugemissionen usw.! Ich poliere meine Guillotine...

„Experten" und Schlagworte

> „Wir müssen eine wissenschaftliche Erklärung der Gesellschaft geben und sie den Massen klar erklären. Das ist der Unterschied zwischen Marxismus und Reformismus"[16]

> Leo Trotzki, „Erörterungen über das Übergangsprogramm", 1938

Überall, wo man hinschaut, hinhört oder liest, gibt es „Experten" von Sektenmitgliedern! Wir sehen sie ständig in den MSM (oder Unterhaltungsmedien usw.) als Teil der öffentlichen Gehirnwäsche-Initiative. Sie lügen das Publikum entweder offen an oder geben einen Haufen „politisch korrekten" Blödsinn oder pseudowissenschaftlichen Mist von sich, den sie anderswo aufgesogen haben; noch mehr Propaganda, um die verschiedenen marxistischen Subagenden zu fördern. Denken Sie daran: Wie auch immer diese „Experten" heißen, woher sie auch kommen, welche „Qualifikationen" oder Titel sie auch haben, sie sind nur Sprachrohre für die Ideologie und sollten auch als solche betrachtet werden. Es gab schon immer einen stetigen Strom

---

[14] https://www.alwayshere.ie/awareness-campaign/

[15] Justizministerium Irland, „StillHere Domestic Abuse Awareness Campaign TV Advert".

https://www.YouTube.com/watch?v=VTcVbHpCTVQ

[16] Trotzki, L., „Erörterungen über das Übergangsprogramm", 1938.

https://www.marxists.org/archive/trotsky/1938/tp/tpdiscuss.htm

dieser Typen. Es ist klar, dass einige aufgrund ihres Status auf sie hören werden. Natürlich wirkt das vor allem auf diejenigen, die sich sagen lassen müssen, wie sie die Dinge sehen sollen.

Sektenmitglieder kreierten Begriffe wie „Impffreude". Ich hörte dies zum ersten Mal am 15. Januar 2021 auf RTE Radio 1 in der *Clare Byrne Show*.[17] Sie diskutierten darüber, wie mit den „Fehlinformationen" umzugehen sei, die sich auf Plattformen in den sozialen Medien usw. verbreiteten und von der Inanspruchnahme von Impfungen abhielten. Dies ist ein amüsanter, doppeldeutiger Begriff. Er ist vergleichbar mit „Holocaust-Leugner" oder „Klimawandel-Leugner". Die Sekte erfindet wieder neue Schlagworte! Die Medien haben auch pflichtbewusst die verschiedenen „Varianten" von Covid diskutiert und gefördert: die englische Variante, die südafrikanische Variante, die brasilianische, die multikulturelle, die römische, die geschlechtsneutrale Diana-Ross-Imitatorin, die glorreiche Volksrevolution, der Wuhan-Wutang-Clan, die Xi Jinping-Variante usw.

Anti-RTE-Protest und „Truth Matters"-Video

Die staatliche Rundfunkanstalt in Irland ist RTE (*Radio Telifís Eireann*, d. h. „Radio Television Ireland"). Er hat seit langem jeglichen Respekt der nicht-indoktrinierten Menschen in Irland verloren und ist jetzt ein Fließband für verräterischen Müll, der von verräterischen Huren verbreitet wird (genau wie der Rest der Medien in diesem Land). Die Gebäude des RTE-Hauptquartiers verdienen eine nette Renovierung mit einer Kamikaze-LKW-Ladung von Semtex und roter Farbe.

Einige Monate nach dem Covid-Fiasko wurde aufgrund der zentralen Rolle, die RTE dabei spielte, ein Protestmarsch gegen diese Organisation am 29. August 2020 organisiert. Während sich der Zug durch die Straßen bewegte, riefen die Demonstranten „RTE fake news!" und trugen ein Banner mit der Aufschrift „RTE Is The Virus". Sie erreichten dann ihr Ziel vor den RTE-Studios in Donnybrook, Dublin. Es war offensichtlich, dass eine beträchtliche Anzahl von Iren den Covid-Betrug nicht glauben wollte.[18]

Kurz nach diesem Vorfall zog RTE eine hinterhältige marxistische Masche ab, die in der Öffentlichkeit nicht bekannt war. Es handelte sich um einen kurzen vierzigsekündigen „Werbespot", der im Fernsehen erschien und die moralische Reinheit dieser Organisation mit dem Titel „The Truth Matters" pries.[19] Die

---

[17] https://www.rte.ie/radio/radio1/today-with-claire-byrne/2021/0115/1189998-today-with-claire-byrne-friday-15-january-2021/

[18] „Menschenmenge bei Anti-RTÉ-Protest in Donnybrook", 29. August 2020.

https://www.rte.ie/news/ireland/2020/0829/1162051-rte-protest/

[19] RTE, „RTÉ News | The Truth Matters", 16. September 2020.

gönnerhafte, tugendhafte Botschaft lautete im Wesentlichen, dass die Öffentlichkeit ihre Informationen nicht woanders (insbesondere online) erhalten sollte und dass RTE die einzige vertrauenswürdige Informationsquelle ist! Der marxistische Staatssender, der bis zum Rand mit Sektenmitgliedern vollgestopft ist, ist also der einzige, auf den „das Volk" hören sollte, hmmm. Stellt die sowjetische Nationalhymne an. Die irischen Genossen des Proletariats sollten stolz auf ihre große Hauptkommissariatsabteilung für glorreiche revolutionäre Propaganda in Irland (R.T.E.) sein!

Am dreistesten war die Unterstellung, dass die Öffentlichkeit ihre Informationen vielleicht aus hasserfüllten, trügerischen und ängstlichen (informationsphobischen?) Quellen bezieht. Gleichzeitig wurde den Menschen gesagt, wie sie sich fühlen sollen; sie sollen keine Wut empfinden oder Angst haben. Hmmm, ein Haufen marxistischer Müllsäcke, die versuchen, die Wahrnehmung und die emotionalen Reaktionen der Menschen zu kontrollieren, wie originell! Die eigentliche Botschaft lautete: „Gehorcht dem Staat! Wir sind gute Menschen! Wir sind keine Lügner! Hört nicht auf diese hasserfüllten, verlogenen und _____phobischen anderen!". (Ja, das ist tatsächlich passiert; ich erfinde das nicht!).

Das psychotischste und heuchlerischste daran war die Unterstellung, dass diese anderen Informationsquellen negativ und fast apokalyptisch sind, was bedeutet, dass sie sich selbst als die Überbringer von aufbauenden, wunderbaren, glücklichen Nachrichten betrachten! Und das, nachdem sie der irischen Öffentlichkeit monatelang von dieser pestähnlichen CovAIDS-Krankheit und einer ständig steigenden Zahl von Todesfällen (ohne den geringsten Beweis) vorgeschwärmt haben und unaufhörlich versuchten, Angst zu verbreiten. Das ist ein unglaubliches Maß an Psychose, das hier an den Tag gelegt wird.

Die Produktion des Videos war (für RTE-Verhältnisse) sehr gut. Es zeigt ein Mädchen in einem Café, das auf ihr Telefon schaut und durch Facebook scrollt. Sie sieht einen Beitrag, in dem es heißt: „5G greift unser Immunsystem an", während die ekelerregende Off-Stimme einsetzt und sie vor unseren Augen in eine dunkle, sturmgepeitschte Welt „entführt" wird. Die arme Alice stürzt in den verschwörungstheoriebeladenen Kaninchenbau mit faschistischem Hitler-Bart. Vorhersehbar wurde eine unheilvolle Musik verwendet, und die Bilder enthielten eine Vielzahl von verdächtigen, aggressiven und verstörten Personen, die eine Vielzahl von Waffen tragen und auf sie zu rennen (natürlich einige Skinheads). Keine Spur von Mussolinis schwarzen Hemden, Nazi-Uniformen oder Exemplaren von „Mein Kampf" in Sicht, wahrscheinlich weil das ein bisschen zu direkt und lustig wäre).

Hier ist der Voice-Over-Text: „Bevor du dir eine Meinung bildest... weißt du, woher deine Informationen kommen? Nicht alles in Ihrem Feed ist

---

https://www.YouTube.com/watch?v=gZhghn9HaCc

vertrauenswürdig... Sie müssen die Wut, die Täuschung und die Angst hinter sich lassen und die Wahrheit über die Geschichte herausfinden". Gerade als die Menschenmenge sie erreichen will, klickt sie auf die RTE-App auf ihrem Handy und wird sofort in das friedliche Café zurückgebracht. RTE ist hier also eindeutig ihr Retter, der sie vor all den widerspenstigen Betrügern und Schlägern in den sozialen Medien (einschließlich ihrer Landsleute) rettet! Dann erscheint ein Text auf dem Bildschirm, der diese drei 2-Wort-Botschaften nacheinander anzeigt: „Integrität/Wahrheit/Journalismus ist wichtig". Die Outro-VO-Zeile lautete „RTE News - die Wahrheit zählt". Herablassende, degenerierte, verräterische Abschaum.

Es war insofern ein brillantes Werk, als es zeigte, wie viel Propaganda und Gedankenkontrolle man in einen vierzigsekündigen Videoclip packen kann; eine klassische Gegenmaßnahme, die üblicherweise von der Sekte eingesetzt wird, komplett mit der üblichen Umkehrung der Wahrheit, Tugendhaftigkeit und einer Ladung PC-Ekelhaftigkeit. Es war eine direkte, taktische Antwort auf den bereits erwähnten Protest, in dem RTE als Lügner bezeichnet wurde, was ihr allgemeines verräterisches, guillotinierendes Verhalten während des Covaids 1984 Schwindels hervorhob.

Was ist „irisch"?

Die Sekte ist auch meisterhaft darin, psychologische Operationen durchzuführen, indem sie Propaganda einsetzt, um die Wahrnehmung der Massen von normalerweise nützlichen Konzepten zu verzerren, sogar von solchen, die seit langem gelten und (relativ) einfach in logischer Hinsicht sind, wie Nationalität und Rasse.

Am Beispiel der Subagenda des Multikulturalismus in Irland lässt sich der Einfluss der Postmoderne in dem endlosen Strom von verräterischem, marxistischem, anti-irischem Mist, der aus dem Establishment kommt, deutlich erkennen. Sie werden hören, dass die verschiedenen Propagandastücke ideologische Subversions-'Nutzlasten' enthalten wie: „...aber was ist überhaupt irisch?" oder „Gibt es so etwas wie Iren?" oder „Alle Rassen stammen sowieso aus Afrika, also sind Iren und Afrikaner doch so ziemlich dasselbe, oder?". Dies sind nur einige der psychotischen, relativistischen Unsinnigkeiten, die verbreitet werden.

Diese subversiven Soundbites sollen die Wahrnehmung der Realität in der Zielbevölkerung (in diesem Fall Irland) verzerren. Das Ziel ist es, die Menschen davon zu überzeugen, dass alle Rassen und Kulturen gleich sind (Gleichheit) und dass es keine Rolle spielt, wenn wir alle ethnisch vermischt sind. Diese verzerrte Wahrnehmung trägt dazu bei, diese spezielle Teilagenda (Multikulturalismus) voranzutreiben. Die Marx'schen Konzepte der „kritischen Theorie" und der „kritischen Rassentheorie" sind hier verwandt - sie ermöglichen es der Sekte, die gewünschte Verzerrung der Realität zu erzeugen. Wenn jemand versucht, die Tatsache hervorzuheben, dass Irischsein nicht nur eine Frage der offiziellen Nationalität, der Staatsbürgerschaft und der Pässe ist (sondern eine Frage der Geschichte, der ethnischen Zugehörigkeit und der Kultur), wird natürlich das entsprechende unterdrückende Etikett „rassistisch" verwendet.

Die verräterischen marxistischen Medien in Irland haben das Bewusstsein der breiten Öffentlichkeit ständig mit diesem Mist bombardiert. Afrikaner und Menschen aus dem Nahen Osten wurden gezeigt, wie sie erklärten, Iren zu sein, oder wie sie sich an irischen Dingen beteiligten (Sport, Kunst usw.). Ich habe einmal kurz einen Interviewbeitrag im irischen Staatssender *RTE* gesehen, in dem eine Frau mit eindeutig afrikanischer Herkunft erklärte, wie stolz sie sei, Irin zu sein. Im Juni 2020 wurde auf dem YouTube-Kanal von RTE ein weiterer Beitrag mit dem Titel „Growing up black and Irish" gezeigt.[20] Er zeigte mehrere gemischtrassige und schwarze Frauen, die über ihre Erfahrungen mit Rassismus sprachen. 2017 wurde auf dem YouTube-Kanal der Nachrichten-Website The Journal eine Serie mit dem Titel „Yes, I'm Irish" (Ja, ich bin Ire) veröffentlicht, in der verschiedene gemischtrassige oder schwarze Menschen dasselbe taten.[21]

Im Oktober 2021 wurde in einem RTE-Nachrichtenartikel freudig verkündet, dass Pamela Uba die erste schwarze Frau sei, die zur Miss Irland gewählt wurde. In dem Artikel hieß es, sie sei eine ehemalige Asylbewerberin aus Südafrika, und sie wurde mit den Worten zitiert: „Das ist ein solcher Meilenstein. Ich bin so stolz darauf, dass ich als schwarze Frau den Weg für andere geebnet habe, die nach mir kommen werden".[22]

Für jeden, der bei Verstand ist, ist klar, dass Iren nicht dasselbe sind wie Afrikaner südlich der Sahara oder Menschen aus dem Nahen Osten. Wir sind weder historisch noch rassisch oder kulturell dasselbe. Alles, was wir gemeinsam haben, ist, dass wir Menschen sind; aber das ist das Problem - der Marxismus kennt keine Logik! Im Marxismus gibt es keine Kulturen oder Rassen. Es ist „Eine Rasse, menschliche Rasse!", das ganze Baby. Das ist die Realität, und deshalb ist die Indoktrination notwendig.

Die Tatsache, dass Irischsein eine ethnische und kulturelle Komponente hat, ist etwas, das offensichtlich von der Sekte unterdrückt werden muss. Diese Soundbites zwingen dann unbelastete Menschen dazu, Dinge zu sagen wie

---

[20] RTE News, „Aufwachsen als Schwarzer und Ire", 16. Juni 2020.
https://www.YouTube.com/watch?v=R_uT58C-wHw

[21] The Journal, „Yes, I'm Irish: Meet Áine Mulloy", 6 Aug 2017.
https://www.YouTube.com/watch?v=PzKKCZUV6xM

[22] Okoh, J. „Die geschichtsträchtige Miss Irland ist stolz darauf, den Weg zu ebnen", 14. Oktober 2021.

https://www.rte.ie/news/2021/1014/1253565-history-making-miss-ireland/

„Irisch zu sein bedeutet nicht nur, hier zu leben!" oder „Nur weil man hier geboren wurde, ist man noch lange kein Ire!". Solche Dinge, die offensichtlich sind, aber gesagt werden müssen, da die Logik durch den Einfluss der Sekte/Ideologie immer mehr verängstigt wird. Diese Reaktionen werden dann von der Sekte als Beweis für „Rassismus" angeführt.

Beispiele dafür gibt es in Irland zuhauf. Wir haben diese bizarren, gefälschten, abstoßenden Propagandastücke gesehen, die im Fernsehen ausgestrahlt wurden, um der Öffentlichkeit die Agenda des „Multikulturalismus" aufzudrängen. RTE zeigte einmal einen Beitrag, in dem ein Migrant den gälischen Sport Hurling spielte; anschließend gab er ein Interview, in dem er seine Liebe zur irischen Kultur zum Ausdruck brachte.

Diese kleinen Mini-Betrügereien sollen den Betrachter dazu bringen, sich zu sagen: „Gut, dass er sich in die irische Gesellschaft integriert hat!" und „Er ist jetzt praktisch einer von uns!". Ich bin mir sicher, dass sie folgende Personen gezeigt haben (oder zeigen werden): Irisch tanzende Somalier, Geige spielende Afghanen, kleine indische Männer, die als Kobolde verkleidet sind, normalerweise puritanische tibetische Mönche, die Guinness trinken und Drogen nehmen usw.

In einem Artikel des Irish Independent vom Dezember 2016 wurden die großen Beiträge von Migranten zum gälischen Sport gepriesen. Darin hieß es, dass die Gaelic Athletic Association (GAA) den Veränderungen in der irischen Bevölkerung „unbedingt Rechnung tragen" wolle.[23]

In einem anderen amüsanten Beitrag in den Fake News von RTE (nicht auffindbar) ging es um einen polnischen Migranten, der die irische Sprache lernt. Versuchen Sektenmitglieder in den irischen Medien tatsächlich, uns davon zu überzeugen, dass Migranten nach Irland gehen, um dort Kunsthandwerk zu lernen? Oder um irische Geschichte, Poesie oder die irische Sprache zu studieren? Oder um irischen Sport zu treiben? Glaubt irgendjemand in der Öffentlichkeit daran? Wenn ja, dann ist das lustig. Ich würde sie gerne selbst interviewen!

Bildung"/Indoktrination

> „Bildung ist eine Waffe, deren Wirkung davon abhängt, wer sie in den Händen hält und auf wen sie gerichtet ist".

---

[23] Crowe, D. „From Laois hurler Paddy Ruschitzko to Mayo's Shairoze Akram: How immigrants are playing increasing role in GAA", 18 Dec 2016.

https://www.independent.ie/sport/gaelic-games/gaelic-football/from-laois-hurler-paddy-ruschitzko-to-mayos-shairoze-akram-how-immigrants-are-playing-increasing-role-in-gaa/35302328.html

Joseph Stalin erklärt seinem Fabian-Interviewer H. G. Wells (1934)[24]

„Und eure Erziehung! Ist sie nicht auch sozial und durch die sozialen Bedingungen bestimmt, unter denen ihr erzieht, durch den direkten oder indirekten Eingriff der Gesellschaft, durch die Schulen usw.? Die Kommunisten haben die Einmischung der Gesellschaft in die Erziehung nicht erfunden; sie versuchen nur, den Charakter dieser Einmischung zu ändern und die Erziehung dem Einfluss der herrschenden Klasse zu entziehen.[25]

Marx und Engels, *Das Kommunistische Manifest* (1848)

„Überall im Westen gibt es in den meisten Disziplinen eine große Anzahl von Professoren, die den Marxismus in der einen oder anderen Form lehren. Eine große Zahl von Lehrbüchern, darunter viele, die in Schulen verwendet werden, spiegeln marxistische Konzepte wider. Die Beseitigung dieses Giftes, menschlich und gedruckt, wird viel Zeit in Anspruch nehmen.[26]

Der britische Historiker und Autor Paul Johnson

Viele der Propheten und Führer der Sekte - Marx, Wladimir Lenin, Mao Zedong, Fidel Castro, Ho „Hoe" Chi Minh, Pol Pot und andere Mitglieder der Roten Khmer - wurden in den Bildungssystemen infiziert („radikalisiert"). Diese „revolutionäre" Indoktrination durch Bildung ist seit den frühen 1800er Jahren ein Thema. Es ist also keine Überraschung, dass wir heute das Gleiche erleben - unzählige rotgesinnte Lakaien, die vom Band laufen. Die gleichen Köpfe, mit den gleichen Persönlichkeiten, die alle dem gleichen Schema folgen. Alle sind „gebildete", unoriginelle Verlierer ohne eigene Gedanken, die sich vom marxistischen Dogma unterscheiden. Was für eine traurige Art zu existieren - ein Geist voller gekreuzter Drähte, ohne das Wunder und die Großartigkeit der Schöpfung.

Traditionell waren die Universitäten der wichtigste Ort der Indoktrination der Studenten. Da sich die Infektion in der gesamten Gesellschaft ausbreitet, ermutigt sie die Sekte weiter und ermöglicht es ihnen, die Ideologie (über ihre Untergruppen) in Sekundar-/Hochschulen und Grundschulen zu verbreiten (ich schließe hier die „sozialistischen"/"kommunistischen" Länder nicht mit ein, in denen die Indoktrination von Schülern auf allen Ebenen gängige Praxis war). Die deutsche Nachrichten-Website *jungefreiheit.de* berichtete im Januar 2023, was in einer deutschen Schule gelehrt wurde. Dort hieß es, dass Sechstklässler in Nordrhein-Westfalen „gezwungen werden, sich im Unterricht mit Transsexualität und „Pansexualität" zu befassen", und dass „aggressiv für

---

[24] Stalin, J. „Marxismus gegen Liberalismus Ein Interview mit H.G. Wells", *23. Juli 1934.*

https://www.marxists.org/reference/archive/stalin/works/1934/07/23.htm

[25] Marx und Engels, *Das Kommunistische Manifest* (1848), S. 24.

[26] https://www.quotetab.com/quotes/by-paul-johnson

Geschlechtsumwandlungsoperationen geworben wird".[27]

Auch das irische Bildungssystem stinkt gewaltig nach roter Fäulnis und drängt den Kindern die verschiedenen Teilbereiche auf: Transsexuelle und „nicht-binäre" Geschlechter, Feminismus, Klimawandel usw. Natürlich ist es ein unverzeihliches, kriminelles Verhalten, Kinder zu indoktrinieren, da sie sich vielleicht nie davon erholen; ganz zu schweigen davon, dass es eine Verletzung des Prinzips des freien Willens ist.

Marxismus für Kinder

Am Freitag, den 20. September 2019, fand in der Dubliner Innenstadt ein „Protest" von (angeblich) etwa 10.000 Kindern zum Thema Klimawandel statt. Dies war Teil des *globalen Klimastreiks*, der von zwei von Schülern geleiteten marxistischen Minigruppen - Freitags *für die Zukunft Irlands* und *Schools Climate Action Network* - organisiert wurde.[28]

Tausende von Schülern durften an „Arbeitsniederlegungen" teilnehmen und dem Unterricht fernbleiben (wenn das nicht symbolisch dafür ist, wie die Ideologie die Bildung zerstört und Kinder in hirnlose marxistische Aktivisten verwandelt, weiß ich nicht, was es ist!) Die Proteste wurden als „Streiks" bezeichnet und erinnerten an den traditionellen marxistischen Aktivismus der Gewerkschaftsbewegungen. Die Medien berichteten, dass sie von Greta Thunberg inspiriert wurden (der ich schon vor Jahren vorausgesagt habe, dass sie als eine Art aktivistisches Vorbild für Kinder benutzt werden würde, um die Teilagenda Klimawandel zu fördern).[29]

Denken Sie an all die Schüler, die damit indoktriniert werden, ohne zu wissen, dass es sich lediglich um eine marxistische Subagenda handelt? Welche Auswirkungen hat der Glaube an diesen pseudowissenschaftlichen Müll auf den Verstand/die Wahrnehmung der Jugendlichen auf der ganzen Welt? Wie aufgeblasen werden ihre Egos sein, und wie sehr wird dies ein Problem für die Gesellschaft sein, wenn sie „erwachsen" werden? Aus der Sicht der Sekte/Ideologie ist der Umweltschutz/Klimawandel ein nettes, „weiches" Thema, das ideal ist, um junge Menschen auf den revolutionären Weg zu bringen. Alle „Pädagogen", die sich an diesem Unsinn beteiligen, sollten lebenslanges Lehrverbot erhalten.

---

[27] Kinder in NRW werden zu Geschlechtsumwandlungen gedrängt", 23. Januar 2023. https://jungefreiheit.de/politik/deutschland/2023/cdu-geschlechtsumwandlung/

[28] Halpin, H. „FOTOS: Tausende von Studenten demonstrieren im ganzen Land für Klimastreiks", 20. September 2019. https://www.thejournal.ie/climate-strike-ireland-4817846-Sep2019/

[29] „Klimastreik: Irish students join millions protesting globally", 20. September 2019. https://www.irishtimes.com/news/world/asia-pacific/climate-change-strike-irish-students-join-millions-protesting-globally-1.4024673

Die sechs Portugiesen

Hier ist ein weiterer Fall von Kindesmissbrauch/Verwahrlosung. Im September 2023 berichteten die Medien, dass eine Gruppe von sechs portugiesischen Jugendlichen einen ganzen Kontinent wegen des Klimawandels vor dem *Europäischen Gerichtshof für Menschenrechte* (EGMR) verklagen wollte. Ja, wirklich! Wie Euronews am 27. September berichtete, „ist der historische Prozess das erste Mal, dass sich so viele Länder vor einem Gericht in der Welt verteidigen müssen. Zu den Angeklagten gehören alle 27 Mitgliedstaaten der Europäischen Union, das Vereinigte Königreich, die Türkei, Russland und Norwegen. Die portugiesischen Jugendlichen im Alter von 11 bis 24 Jahren behaupten, dass die Untätigkeit der Regierungen in Bezug auf den Klimawandel gegen ihre Menschenrechte verstößt und junge Menschen diskriminiert". [30] Was für eine absolute Schande. In einer vernünftigen Gesellschaft würden alle schuldigen Eltern oder Lehrer verhaftet, und hoffentlich könnten die Kinder in so jungem Alter einer Gehirnwäsche unterzogen werden. Das würde ein Exempel statuieren für jeden weiteren Irrsinn.

Wenn Henry Thomas liebt

Zurück zu den Schulsachen. Ein weiterer auffälliger Fall von Indoktrination von Kindern wurde Ende 2018 im Vereinigten Königreich gemeldet. Es wurde entdeckt, dass kleine Kinder an der Bewsey Lodge Primary School in Warrington mit der LGBT-Agenda indoktriniert wurden. Ein von BBC Radio Manchester im September veröffentlichtes Video zeigte, wie die Kinder von ihrem „Lehrer" angewiesen wurden, schwule Liebesbriefe zu schreiben.

Die für die Erziehung zuständige Kommissarin („Lehrerin") Sarah Hopson wurde mit den Worten zitiert: „Diese Klasse von Sechsjährigen lernt über die Homo-Ehe. In diesem Märchen will der Prinz seinen Diener heiraten. Und die Kinder schreiben einen Liebesbrief". Der Prinz „Henry" möchte seinen Diener „Thomas" heiraten.[31] Es gab eine gewisse Gegenreaktion seitens des nicht-indoktrinierten Teils der Bevölkerung, aber da die Schule noch funktioniert, hielt sich diese natürlich in Grenzen. Die Schule hat eine LGBT+-Seite und erhielt eine Auszeichnung für ihre Bemühungen um LGBT-Indoktrination. Sie

---

[30] Jones und Da Silva, „Sechs junge Menschen verklagen 32 Staaten wegen Untätigkeit beim Klimaschutz vor dem Europäischen Gerichtshof für Menschenrechte", 27. September 2023.https://www.euronews.com/my-europe/2023/09/27/court-case-over-climate-inaction-against-32-countries-opens-at-the-european-court-of-human

[31] 'Voltaire', „Lehrer weist 6-jährige britische Grundschüler an, 'schwule Liebesbriefe' zu schreiben, um sie dazu zu bringen, Vielfalt zu akzeptieren", 1. Oktober 2018. https://theindependent.sg/teacher-instructs-6-year-old-british-primary-school-students-to-write-gay-love-letters-to-get-them-to-accept-diversity/

hat zwei Zwerge vor dem Haupteingang, die die allgegenwärtige regenbogenfarbene Flagge halten (wahrscheinlich tragen sie jetzt schrittfreie Hosen und Gimp-Masken).

Natürlich kann dies nicht als Einzelfall betrachtet werden; ohne das BBC-Video wäre die Öffentlichkeit möglicherweise nicht darauf aufmerksam gemacht worden. Wenn es bei einem/einigen wenigen passiert, könnte es bei vielen/vielen passieren. Wie können wir alle Vorfälle dieser Art aufdecken, wenn die Kinder ihre Eltern nicht informieren? Wir dürfen nicht vergessen, dass diese fanatischen Sektenmitglieder (die sich als Lehrer ausgeben) eine Hochschulausbildung haben und vom Staat, den Schulbehörden usw. anerkannt sind. In Wirklichkeit sind sie jedoch dank der Indoktrination verseucht und sollten von Kindern ferngehalten werden.

Schule in Birmingham

Anfang 2019 ereignete sich in Birmingham ein weiterer aufsehenerregender (wenn auch kontrastreicher) Vorfall. Wie in der Zeitung Guardian berichtet, gab es monatelang Proteste wegen des LGBT-Indoktrinationsprogramms an der Anderton Park Primary School. Medienberichten zufolge war die überwiegende Mehrheit der Demonstranten muslimisch (was nicht überrascht, da marxistische Entartung im Islam nicht toleriert wird). Die Demonstranten trugen Schilder mit Botschaften wie dem sehr klugen „My Child, My Choice".[32] Ich sage „kontrastierend", weil es dieses Mal echte Proteste gab, und zwar starke.

In dem Artikel des Guardian wurde ein Gespräch zwischen dem Autor und einem der protestierenden Eltern vor der Schule wiedergegeben. Eine Mutter erzählte, dass ihre Tochter einmal von der Schule nach Hause gekommen sei und deutliche Anzeichen einer Gehirnwäsche gezeigt habe: „Wissen Sie, wie schwer es ist, einer Vierjährigen zu erklären, warum sie nicht zwei Väter hat?... Sie drängte immer wieder darauf - 'Ich will zwei Väter' - und fragte mich: 'Warum kann ich nicht?' Das war sehr beunruhigend für mich und mein Kind.". Um fair zu sein, hätte die Antwort lauten müssen: „Weil zwei Männer kein Baby machen können, und wer immer dir das gesagt hat, ist dumm, Schatz".

In dem Artikel wurde erwähnt, dass sich die ganze Kontroverse um die „Altersangemessenheit" des LGBT-Unterrichts drehte. Ich bin sicher, dass viele darauf hereinfallen würden. Einige könnten sagen: „Nun ja... Sechsjährige sind ein bisschen jung... aber vielleicht frühe Teenager?". So manipuliert die Sekte/Ideologie die Zustimmung/Gehorsamkeit; in Wahrheit

---

[32] Ferguson, D. „'Wir dürfen nicht nachgeben': die Schule in Birmingham an der Front der Anti-LGBT-Proteste", 26. Mai 2019.

https://www.theguardian.com/uk-news/2019/may/26/birmingham-anderton-park-primary-muslim-protests-lgbt-teaching-rights sollte Kindern dieser Unsinn in keinem Alter „beigebracht" werden! Wie vorauszusehen war, schritten die Behörden Ende 2019 ein, um Proteste vor der Schule zu verbieten, und es wurde eine Ausschlusszone eingerichtet (ergo, der Staat ist für den Marxismus).[33] Wie üblich kann die Sekte ewig protestieren, aber sie duldet keinen Protest gegen marxistische Unterströmungen. Der Slogan der Schule lautet „Beziehungen, Entschlossenheit, Glanz" (hoffentlich ist das kein Drag Queen-eskes Diana Ross-Glanzstück).[34]

„Guten Tag, Mädchen"

Im April 2023 berichteten mehrere britische Zeitungen über einen weiteren Fall von Ansteckung in einer Bildungseinrichtung. Eine Lehrerin an einer teuren privaten Mädchenschule wurde eines verabscheuungswürdigen Verbrechens gegen die Unterdrückten für schuldig befunden - sie sagte „Guten Tag, Mädchen"! Die Lehrerin wurde daraufhin offenbar von einer Gruppe 11-Jähriger korrigiert, von denen sich einige nicht als weiblich „identifizierten". Einige Schüler protestierten, und einige Lehrkräfte stellten sich auf die Seite der „Protestierenden". Die „unterdrückende" Lehrerin sah sich gezwungen, sich bei den kleinen gehirngewaschenen Bälgern zu entschuldigen.[35]

Wie in einem Artikel der „Daily Mail" vom 15. April berichtet, wurde sie von der Schule auf demütigende Weise behandelt und schließlich „hinausgemanagt", wie sie behauptete. Interessanterweise war es ein Religions- und Philosophielehrer. Wenn die Schule so fanatisch ist, können wir nur spekulieren, zu was für degenerierten Versagern diese jungen Frauen heranwachsen werden. Viele werden zweifellos die Reihen der Sekte verstärken. Man sollte ihnen den Arsch versohlen, bis sie lila sind, hundertmal „Es gibt nur Mann und Frau" schreiben und ihnen Hausarrest geben, bis sie dem marxistischen Aktivismus abschwören, und das gilt auch für das Personal. Ich würde auch jeden Tag „Guten Tag, ihr Fotzen" zu ihnen sagen, bis sie sich selbst entschuldigen.

Vorfälle wie diese - die von den Medien im Nachhinein verbreitet werden - sind kleine Zwangs-"Siege" für die Sekte. Sie dienen als Abschreckung für andere Lehrer, die sich entscheiden müssen, ob sie dem Aktivismus der Sekte

---

[33] „Streit um LGBT-Unterricht: Proteste an Grundschulen in Birmingham dauerhaft verboten", 26. November 2019. https://www.bbc.com/news/uk-england-birmingham-50557227

[34] https://www.andertonparkschool.org/

[35] Manning, S. „Lehrerin an einer Mädchenschule, die jährlich 20.000 Pfund kostet, muss sich bei den Schülerinnen entschuldigen, weil sie 'Guten Tag, Mädchen' gesagt hat", 15. April 2023.

https://www.dailymail.co.uk/news/article-11976891/Female-teacher-forced-apologise-saying-Good-afternoon-girls.html nachgeben oder ein Exempel statuieren wollen, wie es bei diesem Lehrer der Fall war.

Klage gegen die Sekte

Im August 2023 interviewte GB News Dr. Anna Loutfi, eine Anwältin für Gleichberechtigung und Menschenrechte, die für eine Gruppe namens Bad Law Project arbeitet. Loutfi sprach im Namen besorgter Eltern, die eine Sammelklage gegen die britische Regierung und das Bildungsministerium einreichen wollen.[36] Die Diskussion konzentrierte sich auf die Rechtmäßigkeit (oder das Fehlen einer solchen) beim Unterrichten von Schülern in fragwürdigen Fächern (auch bekannt als marxistische Entartung). Sie sprach von „unseriösen Akteuren, die sich als Wohltätigkeitsorganisationen ausgeben" (Anm.: marxistische Aktivistengruppen, NROs/Non-Profit-Organisationen usw.), die daran beteiligt sind und die das Unterrichtsmaterial für die Schulen ohne jegliche Aufsicht erstellen. Erwähnt wurden auch selbst ernannte „Experten", die über die Altersangemessenheit bestimmter Themen entschieden, natürlich ohne Zustimmung der Eltern. (Wieder diese „Experten"...)

Auf das von Aktivisten häufig vorgebrachte Argument, dass einige Kinder, die mit Fragen der geschlechtlichen oder sexuellen Identität „zu kämpfen" haben, Schutz und Inklusivität in den Schulen brauchen, antwortete Loutfi: „Wir haben mit vielen Dingen zu kämpfen, aber wir können als Gesellschaft nicht eine Position einnehmen, in der wir sagen, dass die Gesellschaft deinen Wunsch, etwas anderes zu sein, als du bist, annehmen wird". Sie wies brillant darauf hin, dass die Gesellschaft negative, selbstzerstörerische Verhaltensweisen einer Person, die sich abmüht, nicht bestätigen sollte und fügte hinzu, dass diese Menschen „einen inneren Kampf und eine idealistische Vorstellung von der Flucht aus ihrer Realität zum Ausdruck bringen. Es ist nicht Aufgabe der Schulen, diese Selbstbeschädigung zu unterstützen. Die Tatsache, dass ein Kind Probleme hat, ist keine Rechtfertigung für die gesamte Gesellschaft, einen Weg zur Selbstzerstörung zu fördern. Das Interview machte deutlich, wie tief die Sekte im britischen Establishment verwurzelt ist und wie eng die Regierung, die NRO und der gemeinnützige Sektor sowie das Bildungsministerium zusammenarbeiten.

Die Schule von Palästina protestiert

Manchmal geht das sektenartige Verhalten nicht von der Schule aus, sondern von der Schule selbst. In den letzten Monaten des Jahres 2023 gab es erhebliche sektiererische Aktivitäten an der Barkley Primary School in Leyton, London, Großbritannien. GB News berichtete, dass Kinder mit

---

[36] GB News, „UK Govt to be suited over trans ideology being taught in primary schools | Dr Anna Loutfi", 6. August 2023. https://www.YouTube.com/watch?v=TxDVAkfGAGo

palästinensischen Flaggen an der Kleidung die Schule besuchten. Da diese Schule überparteilich, multikulturell, multiethnisch und „unpolitisch" ist, war sie über all dies nicht glücklich, und die Nachricht erreichte die Eltern über einen Brief, den sie am Freitag, dem 17. November, herausgab. Einige Beteiligte beriefen sich offenbar auf „islamfeindliche" Diskriminierung, und es gab Berichte, dass Mitarbeiter bedroht wurden. Es wurden Proteste vor der Schule organisiert, mit Plakaten usw. Ein bestimmter idiotischer Agitator, der eine palästinensisch gefärbte Maske trug, rief mit einem Megaphon „Bildung ist ein Menschenrecht" in die Menge.[37] Am 21. Dezember berichtete Sky News unter Berufung auf eine Erklärung der Schule, dass die Schule über Weihnachten vorzeitig geschlossen worden sei: „Angesichts eskalierender Drohungen gegen das Personal und die Schule, die auf sachlich unzutreffenden Missverständnissen, Unwahrheiten und böswilligen Erfindungen beruhen", und dass es keine Hinweise auf Mobbing oder Fehlverhalten gebe.[38]

Die Sektenmitglieder stellten die ganze Situation als Mobbing eines 8-jährigen Jungen durch die Schule dar. Laut Sky News begann alles Mitte November, als der Junge mit einer auffälligen palästinensischen Flagge auf seiner Jacke zur Schule kam, um „Solidarität mit der Familie seiner Mutter in Gaza" zu zeigen. Nach Angaben seines Vaters wurde er von den anderen Schülern ausgegrenzt und war in der Schule nicht willkommen. Die Eltern weigerten sich, den Aufnäher zu entfernen (oder ihm einfach eine andere Jacke zu geben!), und so nahm das Drama seinen Lauf.

Selbst wenn dieses ganze Fiasko keine von Anfang an geplante Aktion der Sektenmitglieder war, hatte die Schule Recht! Kein marxistischer Aktivismus jeglicher Art sollte in Schulen erlaubt sein, einschließlich der Rechte der Palästinenser, ob intern oder extern! Null! Das Fiasko war nur ein weiteres Beispiel dafür, dass die Sekte/Ideologie ihren eigenen Willen durchsetzen wollte. Wenn Eltern ihren Kindern erlauben, ihre Kleidung mit einer palästinensischen Flagge zu schmücken, um „solidarisch" zu sein, um ein politisches Statement abzugeben, dann ist das eine Form der Indoktrination. Die Tragödie besteht darin, dass viele Kinder, die mit dieser Situation und den Protesten usw. konfrontiert werden, indoktriniert werden können, weil marxistische Proteste vom Staat erlaubt sind. Dies ist ein weiteres verblüffendes Beispiel dafür, wie die Ideologie eine große Spaltung herbeiführen kann, dieses Mal durch ein paar Zentimeter großes Kleidungsstück, aus dem dann Kapital geschlagen wird.

---

[37] GB News, „Maskierte Palästina-Demonstranten zwingen Grundschule zur SCHLIESSUNG, nachdem Kinder im Unterricht Palästina-Fahnen trugen", 21. Dezember 2023. https://www.YouTube.com/watch?v=CLj9anqykrE

[38] „Londoner Grundschule muss schließen, nachdem ein Junge wegen einer palästinensischen Flagge auf seinem Mantel bestraft worden sein soll", SKY NEWS, 21 Dezember 2023 https://www.YouTube.com/watch?v=VsaSEui-C9Y

Am 22. Dezember brachte GB News ein Interview mit einem Anwohner und zeigte ein Video von maskierten „Demonstranten", die in der Nacht vor den Protesten palästinensische Flaggen an Laternenpfählen in der Nähe der Schule aufhängten. Es ist bezeichnend, dass die Polizei tatsächlich auftauchte, aber nichts unternahm.[39] Auch hier gilt: In einer gesunden Gesellschaft hätten die „Demonstranten" nicht den Mut, so etwas zu tun, aber wenn sie es täten, würden sie sich kopfüber auf dem Rücksitz eines Polizeiwagens wiederfinden, und zwar postwendend.

Ich bin mir sicher, dass die Heuchelei und Doppelmoral all dessen dem Leser nicht entgangen ist, wenn man die vorherigen Artikel über Schulen betrachtet. Die Sekte protestiert offensichtlich nicht gegen die verschiedenen Formen der marxistischen Indoktrination/Kindesmissbrauch, die sich derzeit in den Schulen des Westens als „Bildung" tarnen; aber sie „protestiert" wegen eines farbigen Aufnähers auf der Jacke eines „unterdrückten" Kindes.

ShoutOut

Eine der wachsenden Zahl von LGBTQ-Organisationen in Irland ist Shoutout. Die Landing Page ihrer Website spielt auf die beunruhigende Situation an irischen Schulen an (Unterstreichung zur Hervorhebung): „ShoutOut ist eine eingetragene Wohltätigkeitsorganisation, die sich dafür einsetzt, das Leben von LGBTQ+ Menschen zu verbessern, indem sie persönliche Geschichten teilt und Schüler, Eltern & Erziehungsberechtigte, Lehrer, Jugendarbeiter und Arbeitsplätze über LGBTQ+ Themen aufklärt. Seit 2012 führen wir in weiterführenden Schulen auf der ganzen irischen Insel Workshops zum Thema LGBTQ+-Mobbing durch und haben in den letzten acht Schuljahren über 1.800 Schülerworkshops durchgeführt. Das bedeutet, dass wir direkt mit mehr als 54.000 Schülern gesprochen haben!".[40] Die Schulen bieten also im Wesentlichen das Publikum für diese Art von Aktivistengruppen, um Kinder zu indoktrinieren/kontaminieren. Selbst wenn diese Zahlen übertrieben sind, ist dies eine kritische Situation. Sie zeigt auch deutlich die gleichen Absprachen zwischen verschiedenen Tentakeln des roten Monsters - Schulen und gemeinnützige/NGO/"Wohltätigkeits"-Organisationen.

Enoch Burke

Der irische Lehrer Enoch Burke geriet 2022/2023 in die Schlagzeilen, weil er sich der Geschlechtsumwandlung der Sekte an der Wilson's Hospital School in der Grafschaft Westmeath widersetzte. Burkes Familie ist evangelische Christin und protestiert seit langem gegen die Sekte.

---

[39] GB News YouTube channel, „School closed over Palestine protest - 'It frights my daughter!' | East London mum reacts", 22 Dec 2023.https://www.YouTube.com/watch?v=z7OViaPGexc

[40] https://www.shoutout.ie

Die Irish Times berichtete am 19. Mai 2023, dass die Sekundarschule „im vergangenen Herbst ein Verfahren gegen Herrn Burke eingeleitet hatte, weil er die Schule weiterhin besuchte, nachdem er einem Disziplinarverfahren unterzogen und in bezahlten Verwaltungsurlaub versetzt worden war. Das Disziplinarverfahren, das sich auf einen von der Schulleiterin Niamh McShane erstellten und dem Vorstand vorgelegten Bericht stützt, wurde eingeleitet, weil er auf ihre Aufforderung an das Personal reagierte, einen Schüler mit seinem neuen Vorzugsnamen anzusprechen und die Pronomen Sie/Sie zu verwenden".[41] (Dies erinnert mich an einen Herrn Jordan Peterson und die 2016 in Kanada verabschiedete Gesetzesvorlage C16 zur Änderung der Geschlechterpronomen).

Durch seinen Trotz und seine Weigerung, sich an eine gerichtliche Verfügung zu halten, die ihm den Besuch der Schule untersagte, brachte er sich in noch mehr geschlechtsneutrale Schwierigkeiten. Dem Artikel der Irish Times zufolge wurde er dazu verurteilt, der Schule 15.000 Euro Schadenersatz zu zahlen. Ironischerweise befindet er sich zum Zeitpunkt der Erstellung dieses Artikels in der progressiven Abteilung des Mountjoy-Gefängnisses in Dublin.

Scott Smith

Bei all der Geschlechtsumwandlung, die in den Schulen vorangetrieben wird, war es nur eine Frage der Zeit, bis die Eltern aus Frust ausrasten. Ein solcher Fall ereignete sich in Virginia, USA, bei Vater Scott Smith. Seine Tochter wurde im Mai 2021 in einer Frauentoilette der Stone Bridge High School von einem Jungen sexuell missbraucht. Die Daily Mail berichtet: „Der männliche Schüler, der am Tag des Angriffs einen Rock trug, durfte die Toilette betreten, weil er dem Personal sagte, dass er sich als weiblich identifiziert. Die laxe Politik der Schule erlaubte es ihm, die Toilette zu benutzen".[42]

Im Juni 2021 nahm Smith an einer Sitzung des Schulausschusses von Loudoun County teil. In einem Interview mit Fox News am 11. September 2023 erklärte er, dass er und seine Frau von einem weiblichen „radikalen Protestler"-Elternteil angesprochen und provoziert wurden. Als Smith den Übergriff erwähnte, beschuldigte sie ihn der Lüge, bedrohte dann in typischer Sektenmanier seinen Lebensunterhalt und sagte: „Ich werde dich in den

---

[41] Carolan, M. „Enoch Burke wurde zu Recht von der Schule des Wilson's Hospital suspendiert, Richter entscheidet", 19. Mai 2023.https://www.irishtimes.com/crime-law/courts/2023/05/19/enoch-burke-was-validly-suspended-by-wilsons-hospital-school-judge-rules/

[42] Yeatman, D. „Der Gouverneur von Virginia, Glenn Youngkin, begnadigt Scott Smith, den Vater eines Mädchens, das in der Unisex-Toilette der Stone Bright High School von einem 'Jungen im Rock' vergewaltigt wurde, nachdem er verurteilt wurde, weil er bei einer Vorstandssitzung in Wut über die Vertuschung ausgebrochen war", 11. September 2023.

sozialen Medien ruinieren". In dem Moment, in dem er mit „beleidigenden" Worten antwortete, wurde er von der Polizei festgenommen. In einer normalen Welt hätte man dieses provokante, gestörte Sektenmitglied in den Gulag nach Sibirien verfrachtet und gezwungen, 20 Jahre lang im gleichen Rock Steine zu zertrümmern; das Gleiche gilt für den Studenten, der die Tat begangen hat. Smith wurde angeklagt, erhielt schließlich eine Bewährungsstrafe von einem Tag und wurde nach einem juristischen Kampf im September 2023 vom Gouverneur von Virginia, Glenn Youngkin, begnadigt. [43]

Dies ist eine weitere Art von Vorfall, bei dem an jemandem ein Exempel statuiert wird, weil er sich dem Irrsinn der Sekte widersetzt. Dies hält andere Eltern davon ab, die Schulen wegen ihres irrsinnigen Schwachsinns und ihrer Leugnung jeglicher Probleme im Zusammenhang mit ihrer marxistisch-aktivistischen Politik anzufechten.

Universitäten - alias „sozialistische Indoktrinationsakademien".

„Ohne revolutionäre Theorie kann es keine revolutionäre Bewegung geben"[44]

V.I. Lenin, *Was ist zu tun?*, 1902

Die Universitäten sind ein ernsthaftes Problem für die Gesellschaft, da sie eine Schlüsselkomponente der Indoktrinationsmaschine sind. Dies ist ein kritisches globales Problem. Im Vergleich zu anderen Institutionen innerhalb der Gesellschaft sind sie in der Tat hauptverantwortlich für diese Indoktrination und suchen in dieser Hinsicht ihresgleichen. Sie müssen so schnell wie möglich ein für alle Mal von marxistischen Elementen gesäubert werden. Vielleicht hat der Entgiftungsprozess bereits begonnen. Im August 2023 berichtete NBC News, dass der US-Bundesstaat Florida Psychologiekurse verbietet, die Kursinhalte über sexuelle Orientierung und Geschlechtsidentität enthalten.[45] Das ist eine gute Nachricht, aber es liegt noch eine gigantische Aufgabe vor uns.

Die Colleges und Universitäten ermöglichen die Indoktrination junger Erwachsener und darüber hinaus. Sie erleichtern auch die Rekrutierung von Studenten für aktivistische Gruppen, einschließlich offenkundig „radikalerer" Gruppen wie der Antifa und verwandter Gruppen (oder auch die Bildung neuer Gruppen). Auf diese Weise entstehen viele Sektenmitglieder, die zum ersten Mal in den Genuss des Sektenmilieus kommen.

---

[43] Fox News, „Vater von Youngkin begnadigt: Es geht darum, die Kinder zu schützen", 11. September 2023. https://www.YouTube.com/watch?v=uiM8KEDPj1A

[44] Lenin, W.I., „Was ist zu tun?", 1902, S. 12.https://www.marxists.org/archive/lenin/works/download/what-itd.pdf

[45] NBC News, „Florida verbietet AP-Psychologiekurs wegen seines LGBTQ-Inhalts", 5. August 2023. https://www.YouTube.com/watch?v=Vzg31_jhzV4

Hinzu kommt, dass Studenten akademisch danach beurteilt werden, ob sie bereit sind, sich der ideologischen Voreingenommenheit der Institutionen anzupassen. Mit anderen Worten: Wenn Sie nicht bereit sind, mit dem Standpunkt der Sekte/Ideologie übereinzustimmen, werden Sie nicht zugelassen. Gespräche mit nicht infizierten Universitätsstudenten bestätigen dies. Mit anderen Worten: Es gibt eine Sektenkultur an diesen Universitäten.

Nutzlose Bildung = nutzlose Absolventen

> „Die Menschen werden nicht dumm geboren, sondern durch Bildung dumm gemacht".
>
> Bertrand Russell, „Geschichte der westlichen Philosophie: Collector's Edition"[46]

Die Universitäten (und andere weiterführende Schulen) füllen sich mit offen marxistischen Kursen oder anderen Fächern mit marxistischer Ausrichtung. Das macht das „Bildungssystem" natürlich unbrauchbar und führt darüber hinaus zu einer allmählichen „Radikalisierung" der Bevölkerung (mit allem, was dazu gehört, wie an anderer Stelle dargelegt). Wir sehen das an den immer weiter verbreiteten marxistischen Studiengängen wie „Equality" oder „Diversity" und verschiedenen Kombinationen dieser Begriffe. Wie wäre es mit einem „PHD in Equal Diversity and Transgenderised Multicultural Socialist Studies"? Oder würden Sie es vorziehen, einen MA in „Wie man Nazis davon abhält, andere Menschen einzuschüchtern und ihr Leben zu kontrollieren (indem man versucht, Menschen einzuschüchtern und ihr Leben zu kontrollieren)" zu erwerben? Natürlich sind diese Studiengänge (noch!) nicht so unverschämt benannt, aber sie sind immer noch von der Ideologie durchdrungen.

Dies geschieht schon seit Jahrzehnten, ist aber in letzter Zeit noch offensichtlicher und empörender geworden. Zumindest alles, was psychologische, soziologische oder historische Themen betrifft, ist höchstwahrscheinlich infiziert. Vielleicht sind heutzutage sogar die MINT-Fächer nicht mehr sicher. Wie wäre es mit einem „Phd in Gender-neutral Rainbow-coloured Unisex Dildo Engineering"? Oder einem „Master in technologischen, bionischen, maoistischen, trotzkistischen Studien zur Verhinderung rassistischer, homophober Einstellungen gegenüber schwulen Pädos"? Oder ein Hochschulzertifikat in „Unterrichten anderer Menschen, wie man den 'Würgereflex' verhindert, damit sie anderen besser einen blasen können"? Wir müssen hier alle degenerierten Lücken abdecken (oder sollte ich sagen, „die Öffnungen stopfen").

Zusätzlich zu den offenkundig infizierten Kursen erhalten die Studenten

---

[46] Bertrand Russell (2013). „History of Western Philosophy: Collectors Edition", S.578, Routledge. https://www.azquotes.com/quote/254907

nutzlose „Ausbildungen" in anderen Bereichen, einschließlich derjenigen, die mit den drei Transmissionsriemen der Kultur zu tun haben (viele Formen des Unterrichts, technische/produzierende Medienkurse, Journalismus usw.). Wie sollen sie einen positiven Beitrag zur Gesellschaft leisten, wenn sie nur eine Anstellung im Dienste des marxistischen Establishments finden können? Das gilt auch für die Sozialwissenschaften und die politischen/politisch-wissenschaftlichen Bereiche usw. Natürlich gibt es an allen Universitäten/Hochschulen auch Soziologiekurse. Kurse, die verschiedene Elemente kombinieren, ermöglichen eine Indoktrination auf mehreren Ebenen. Das Trinity College Dublin zum Beispiel bietet einen vierjährigen Bachelor-Studiengang mit der Bezeichnung „Philosophie, Politikwissenschaft, Wirtschaft und Soziologie" an.[47]

Darüber hinaus werden die westlichen Länder in Bezug auf die Wahl der Bildungsgänge - und damit der Rollen, die eine Person in der Gesellschaft ausfüllen kann - immer mehr wie die „kommunistischen" Regime des 20. Darauf läuft es hinaus, wenn nicht sofort etwas gegen die Dominanz der Sekte im Bildungsbereich unternommen wird.

Es würde ewig dauern, alle kontaminierten Kurse/Gesellschaften/Gruppen an den Universitäten aufzulisten, daher hier eine Auswahl von Kursen in Irland, die die rote Fahne schwenken (ich musste gar nicht tief graben, sondern habe einfach die Websites der Universitäten besucht und nach Kursen mit den marxistischen Schlüsselbegriffen (Gleichheit, Vielfalt, Gender, Feminismus, Klima) gesucht - et voila).

Verseuchte Kurse

Das Trinity College Dublin (TCD), die Dublin City University (DCU) und das University College Dublin (UCD) sind die wichtigsten Einrichtungen in Irlands Hauptstadt. Das berühmte Trinity College im Herzen der Stadt bietet folgende Kurse an: ein Postgraduierten-Zertifikat in Diversity and Inclusion in Further Education and Training (Vielfalt und Integration in der Aus- und Weiterbildung), einen zweijährigen Vollzeit-Postgraduierten-Kurs mit dem Titel Gender and Women's Studies (Geschlechter- und Frauenstudien), einen Grundkurs in Gender and Sexuality in Early Modern Europe (Geschlecht und Sexualität im Europa der frühen Neuzeit) und einen Grundkurs in Stalinism and Society in Eastern Europe (Stalinismus und Gesellschaft in Osteuropa).[48] TCD verfügt auch über ein Gleichstellungsbüro und einen Zweig der Arbeiterpartei sowie über Gruppen, die sich für verschiedene marxistische

---

[47] https://www.tcd.ie/courses/undergraduate/az/course.php?id=DUBSP-PPES-2F09

[48] https://www.tcd.ie/courses/

Anliegen einsetzen.[49]

Im Süden der Stadt bietet die UCD folgende Studiengänge an: ein Kursmodul in Feminismus und Geschlechtergerechtigkeit, einen MA in Gender Studies, einen MSc in Equality Studies, einen MSc in Klimawandel und einen vierjährigen BSc-Studiengang in sozialer Gerechtigkeit.[50] Stellen Sie sich vor, Sie würden all das machen! Stellen Sie sich vor, wie viel fortschrittliche, revolutionäre Macht im Bereich der sozialen Gerechtigkeit Sie in den Händen halten! Interessanterweise steht in der Kursbeschreibung für den MA in Gender Studies unter der Überschrift „Karriere und Beschäftigungsfähigkeit" Folgendes: „Absolventen sind zu zentralen Mitgliedern lokaler Gemeinschaften geworden, zu Schlüsselmitgliedern von Nichtregierungsorganisationen, zu Angestellten in Behörden, Bildungs- und Medienorganisationen in Funktionen wie: Sozialforscher, Projektentwicklungsmanager, Dozenten, Journalisten und Beauftragte für Politik und Interessenvertretung. Absolventen arbeiten bei Amnesty International, Immigrant Council of Ireland, Crisis Pregnancy Programme, Médecins Sans Frontières, National Broadcasting Authority, RTE und dem National Women's Council of Ireland".[51] Die meisten von ihnen sind von der Ideologie durchdrungen.

Im Norden bietet die DCU folgende Studiengänge an: einen MA in Sexualstudien; ein Postgraduierten-Zertifikat in Sexualerziehung und sexuellem Wohlbefinden; einen MA in Flüchtlingsintegration; einen Bachelor in Klima- und Umweltnachhaltigkeit; einen Online-Kurs in Gleichstellung, Vielfalt und Integration. Die DCU verfügt auch über ein Exzellenzzentrum für Vielfalt und Eingliederung.[52] Das ist also Dublin, wie es leibt und lebt....

Außerhalb von Dublin

Die NUI Maynooth in der Grafschaft Kildare bietet einen MA in Gender, Diversity und Inclusion sowie ein Zertifikat in Equality Studies an.[53] Die Universität von Limerick bietet ein Zertifikat für Gleichstellung, Vielfalt und Integration an.[54] Die NUI Galway bietet einen BA in Global Women's Studies

---

[49] Grace, A. „Trinity branch of Workers' Party officially recognized", 17. Februar 2018.

https://trinitynews.ie/2018/02/trinity-branch-of-workers-party-officially-recognised/

[50] https://www.myucd.ie/courses/

[51] „MA Gender Studies,".
https://hub.ucd.ie/usis/!W_HU_MENU.P_PUBLISH?p_tag=PROG&MAJR=W383

[52] https://www.dcu.ie/courses

[53] https://www.maynoothuniversity.ie/study-maynooth/find-course

[54] https://www.ul.ie/gps/equality-diversity-and-inclusion-graduate-certificate

und einen MA in Culture and Colonialism an. Aus der Kursbeschreibung des letzteren: „Der MA in Kultur und Kolonialismus erforscht Literatur, Politik und Kultur von Irland bis Indien und von Afrika bis zum Nahen Osten. Es handelt sich um ein multidisziplinäres Master of Arts-Programm, das sich an Absolventen der Kunst-, Geistes- und Sozialwissenschaften richtet. Die Studierenden analysieren den imperialen Aufstieg, Rassen- und Rassentheorien, nationalistische Bewegungen, postkoloniale Erfahrungen, den Aufstieg des neokolonialen Denkens, Multikulturalismus und Interkulturalismus sowie die Auswirkungen von Globalisierung und Entwicklung auf die moderne Welt".[55]

Es liegt auf der Hand, dass dieser Kurs mit den üblichen Marx'schen Perspektiven hausieren geht, indem er antirechtes" Gedankengut, Antikolonialismus, das Narrativ des Antirassismus" usw. sowie Marx'sche Konzepte wie weiße Vorherrschaft" und Privilegien" usw. fördert.

Das St. Angela's College in Sligo ist mit der NUI Galway verbunden. Es bietet einen MA in Religionspädagogik und sozialer Gerechtigkeit an.[56] Anfang 2020 führte das University College Cork einen Kurzkurs zum Thema LGBT+-Geschichte mit dem Titel „From Shame to Pride? Eine kurze Einführung in die irische LGBT+-Geschichte (1970er-2020)".[57]

Die Auswirkungen der beschissenen „Bildung

Welche Auswirkungen hat diese Indoktrination auf eine Gesellschaft? Wenn Generationen von Studenten jetzt darauf programmiert werden, kleine marxistische Revolutionäre zu sein, welchen Wert werden sie dann für die Gesellschaft haben, wenn sie ihren Abschluss machen? Welche Fähigkeiten werden sie haben? Sie werden nichts beitragen, außer der Sekte/Ideologie in ihrem jeweiligen Land zu dienen. Was können sie darüber hinaus tun? Welche anderen Rollen könnten sie ausfüllen?

Dies stärkt nicht nur die Ideologie/den Kult, indem es die Ausbreitung der Infektion fördert, sondern schwächt und zerstört auch die Zivilisation. Es liegt auf der Hand, dass die Zivilisation umso leichter zusammenbricht, je weniger nützliche Fähigkeiten die jüngeren Generationen haben. Die Zivilisation funktioniert nur, weil (einige) Menschen wissen, wie man die Dinge in der realen Welt regelt. Juri Besmenow (der sowjetische Propagandaexperte) wies 1983 in seinem Vortrag „Ideologische Subversion" auf einen wichtigen Punkt

---

[55] http://www.nuigalway.ie/courses/taught-postgraduate-courses/culture-colonialism.html

[56]

http://www.stangelas.nuigalway.ie/Downloads/ProspectiveStudents/Brochures/IET47.pdf

[57] https://libguides.ucc.ie/lgbt/gettingstarted

hin: dass in der (zweiten) Phase der „Destabilisierung" wirklich nützliche Bildungsangebote durch nutzlose „Scheinalternativen" ersetzt werden, die für eine Nation keinen Nutzen haben.

Hinzu kommen die wirtschaftlichen Auswirkungen. Abgesehen von der Tatsache, dass diese Schülergenerationen zum Hass auf Reichtum, Gewinne und Kapitalismus indoktriniert werden, werden sie keine nützlichen, praktischen Fähigkeiten haben. Dies wirkt sich negativ auf die Wirtschaft aus und trägt zum Zusammenbruch bei; der Wohlstand wird beeinträchtigt, und die Schaffung von Wohlstand wird eingeschränkt. Dieser Punkt steht in Verbindung mit dem Problem des „Wohlfahrtsstaates" und der Tatsache, dass die marxistischen Unterorganisationen und der NGO/Non-Profit-Komplex Geld aus der Wirtschaft abziehen. All dies trägt zum Angriff auf den wirtschaftlichen Wohlstand und die Unabhängigkeit einer Nation (und des Kapitalismus im Allgemeinen) bei. Je mehr Zeit, Energie und Ressourcen die Universitäten aufwenden dürfen, um marxistischen Mist zu verbreiten, und je mehr indoktrinierte Studenten aus diesen Einrichtungen hervorgehen, desto mehr werden diese gesellschaftlichen Auswirkungen verstärkt.

Wissen", Ego-Inflation und Heuchelei

Wie bei der Sekte/Ideologie im Allgemeinen ist das Ego ein zentrales Thema. An der Universität indoktrinierte Studenten erhalten ihre „Ausbildung" und verbreiten dann bewusst oder unbewusst die Ideologie in der Gesellschaft, indem sie denken, sie seien gebildet (oder vielleicht sogar „Experten") in ihrem gewählten Studienbereich; in seliger Unkenntnis, dass sie praktisch nichts von Wert wissen. Ihr Wissen ist nicht nur wertlos, sondern sogar giftig und trägt oft dazu bei, das Gegenteil von dem zu bewirken, was die Person zu tun glaubt! Diese Menschen glauben, dass die Förderung von marxscher Gleichheit, Vielfalt, Solidarität, Multikulturalismus, Umweltschutz, Sozialismus usw. ein wohltätiger Akt ist, aber in Wirklichkeit er ist extrem destruktiv und spaltend. Die Ergebnisse sind zerstörerisch und verursachen auf lange Sicht Leid. Ihre „Erziehung" macht sie zu Ultra-Hypokriten im Extrem.

Sektenaktivitäten auf dem Campus

Die Universitäten in Irland sind stark kontaminiert. Es gibt zu viele Sektenaktivitäten, um sie hier aufzuführen, aber dieses Beispiel ist mir aufgefallen. Am 13. September 2020 berichtete die Zeitung Irish Times über die jüngsten Ereignisse an der National University of Ireland Galway (NUIG). Die Universität hatte versucht, die Studenten zu verpflichten, ein „Gemeinschaftsversprechen" zu unterzeichnen. Dabei mussten sich die Studenten an bestimmte (pro-marxistische) Verhaltensrichtlinien halten. Die NUIG änderte schließlich ihren Standpunkt, so dass dies nicht mehr zwingend vorgeschrieben war.[58]

Ein Jurastudent namens Simeon Burke (Bruder des bereits erwähnten trotzigen Lehrers Enoch) war eine prominente Stimme, die auf den Wahnsinn an der Universität hinwies. Zum obligatorischen Gelöbnis wurde Burke in dem Artikel mit den Worten zitiert: „Ich hatte das Gefühl, dass es meine Rechte als Student der NUI Galway untergrub und meine Freiheit, selbst zu denken, bedrohte". Burke beschloss, bei den Wahlen im April 2021 für den Vorsitz der Studentenvereinigung zu kandidieren (wenn auch erfolglos), und zog sich damit unweigerlich den Zorn der Sektenmitglieder zu.

In einem Video auf dem Twitter-Profil „Simeon Burke for President" sprach er darüber, wie ihr Wahlkampfmaterial in den Papierkorb geworfen wurde. Zur Atmosphäre auf dem Campus sagte er: „Studenten, die nicht ganz mit der Linken übereinstimmen und die sich zu Wort melden und sich Gehör verschaffen, werden hier an der NUI Galway fast schon selbstverständlich einer Flut von Einschüchterungen und ernsthaftem Mobbing ausgesetzt. Diese Probleme wurden im Laufe der Jahre immer wieder bei der Universitätsleitung angesprochen... doch nichts hat sich geändert. Die Situation bleibt bestehen, und die Studenten werden weiterhin zum Schweigen gebracht. [59] Vorhersehbarerweise wurde Burke von Sektenmitgliedern, die mit der Universität (und darüber hinaus) verbunden sind, dem üblichen Spott ausgesetzt; sogar zwei Sektenmitglieder, die sich als Politiker ausgeben - Luke Flanagan und Paul Murphy - beteiligten sich an dem Online-Ritual.[60]

Ich bin sicher, dass die Leser zahllose Beispiele für solche Sektenaktivitäten in ihren jeweiligen Ländern kennen. Bemerkenswert ist hier die Tatsache, dass Bildungseinrichtungen Orte sein sollten, an denen unterschiedliche Meinungen, Debatten, die Erforschung verschiedener Denkrichtungen usw. möglich sind. Das Verhalten und die ideologische Voreingenommenheit der Universitäten heutzutage macht dies lächerlich. Die Sekte/Ideologie duldet keinen Dissens, wenn sie selbst am Ruder ist. Verwöhnte Scheiß-Gören.

Unterhaltung'.

---

[58] O' Brien, C., „NUI Galway lässt die Forderung nach 'verantwortungsvollem Verhalten' fallen", September 2020. https://www.irishtimes.com/news/education/nui-galway-drops-behave-responsibly-pledge-requirement-1.4353962

[59] https://twitter.com/voteforsimeon?lang=en

[60] Carolan, M. „Student kritisiert 'beschämende' Entscheidung, TD wegen eines Tweets nicht zu untersuchen", 30. Mai 2022.

https://www.irishtimes.com/crime-law/2022/05/29/student-criticises-shameful-decision-not-to-investigate-td-over-tweet/

„Theatralik und Täuschung - mächtige Mittel für Uneingeweihte"[61]

Bane (Tom Hardy), *The Dark Knight Rises*, 2012.

Jede Form der Unterhaltung wird von Sektenmitgliedern bevölkert und zur weiteren Kontaminierung der Bevölkerung genutzt. Die für die Indoktrination verwendeten Medien können Fernsehen, Filme, „Dokumentarfilme", Musik, Theaterstücke, Live-Performances, die Kunst im Allgemeinen usw. sein. Die Ideologie kontaminiert alles. Diese verseuchte Unterhaltungsindustrie produziert marxistische Propaganda gemischt mit Hedonismus.

Man ist sehr anfällig für die Aufnahme von Ideen, wenn man Vergnügen erlebt, wenn man „unterhalten" wird. Das ist Gehirnwäsche 101 - nimm die Leute, während sie entspannt und frivol sind, während ihre Wachsamkeit (was auch immer sie haben) nachlässt. Ein aktuelles, sehr beliebtes Beispiel ist Netflix, das eine unglaubliche Menge an Propaganda auf hohem Niveau produziert.

Es ist auch ganz normal - bei einer globalen marxistischen Infektion -, dass die Unterhaltung und die Künste den Bach runtergehen, wie wir gerade sehen. Sie werden weiter degenerieren, wenn das kulturelle Umfeld zunehmend infiziert wird. Die Dinge werden politischer, aber natürlich auf eine marxistische Art und Weise. Je nach Medium können sie auch unverhohlener werden. Das kann deutlich werden, wenn wir sehen, wie Prominente PC-Sprüche klopfen und zu Sprachrohren für verschiedene marxistische Anliegen werden.

Cuntry Blues

Irlands Beitrag für den Eurovision Song Contest 2024 ist „Doomsday Blue", von einer 29-jährigen irischen „nicht-binären" Künstlerin namens Bambie Thug (auch bekannt als „Bambie Ray Robinson" oder „Cuntry Ray Robinson").[62] Der Song klingt wie mehrere, die gleichzeitig gespielt werden; drei zum Preis von einem (also wirklich sehr günstig). Es erinnerte an schlechtes Musiktheater, oder sogar an eine Pantomime, die von Marilyn Manson und Lady Gaga beeinflusst ist. Es gab langsame Heavy-Metal-Elemente und Gekreische. Die bizarre Bühneninszenierung der Late Late Show war gotisch und satanisch angehaucht, mit zwei „Dämonen" und einem ständigen visuellen Strom heidnischer und okkulter Symbolik. In einem Video-Interview in der Late Late Show sagte Robinson: „Die Eurovision ist eine riesige Plattform... als nicht-binäre Person repräsentiere ich einen großen Teil unseres Landes, der unterrepräsentiert ist".[63] In einem Interview mit der *Gay*

---

[61] „Batman VS Bane - The Dark Knight Rises Full Fight 1080p HD".https://www.YouTube.com/watch?v=rDuetklFtDQ

[62] https://en.wikipedia.org/wiki/Bambie_Thug

[63] „Bambie Thug - Doomsday Blue | Eurosong | The Late Late Show", Januar 2024.

https://www.YouTube.com/watch?v=eA2fKlT8Khw

Times sagte 'sie': „Ich mag es, Teil einer coolen, aufstrebenden queeren Szene zu sein, mehr queere Stimmen braucht die Welt verdammt nochmal".[64] Eine weitere degenerierte Persönlichkeit. Ein weiteres ruiniertes Leben.

Ein Land, das in Bezug auf künstlerische Exzellenz weit über seinem Gewicht steht - mit einer jahrhundertealten Tradition talentierter Sänger und Musiker - hat also eine relativ talentfreie „nicht-binäre" Person als Vertreterin? Offensichtlich kann der nicht entartete, nicht indoktrinierte Teil der irischen Bevölkerung erkennen, was hier vor sich geht. Dieses Fiasko beinhaltet offensichtlich die Unterkategorien „Trans" und Zerstörung der Kultur.

Der Verlust von Bedeutung

Die wahre Bedeutung der Kunst geht in einer marxistisch durchdrungenen Gesellschaft verloren. Die Infektion wirkt sich in zweierlei Hinsicht aus: Was einst eine Quelle existenzieller Stimulierung und ein Ausdruck großartiger Kreativität war, wird weder das eine noch das andere sein und darüber hinaus zu einem großen Propagandagefäß für die Ideologie. Wahre Brillanz wird beseitigt, da dies dem Marxschen Axiom der Gleichheit widerspricht. Kunst ist nicht mehr von kreativer, kontemplativer Schönheit, sondern von „politisch korrekter" (marxistischer), vorhersehbarer Hässlichkeit. Der relativistische Einfluss der Postmoderne (siehe oben) sorgt dafür, dass es so etwas wie objektive Schönheit nicht mehr gibt - alles wird subjektiv. Deshalb kann man heutzutage diese bedeutungslosen Ausdrücke von „Kunst" sehen, die als „fortschrittlich" usw. hochgehalten werden. Darüber hinaus erlaubt die relativistische Haltung, Kunst und Unterhaltung für Propagandazwecke zu nutzen.

Musik, Gedichte, Dokumentarfilme und Kunst (Bildhauerei, Malerei usw.) werden trashig und bedeutungslos. Schäbigkeit wird zum neuen „tiefgründigen" und „ausgefallenen" Stil. Kunst erfordert plötzlich kein kreatives oder technisches Können und keine Substanz mehr; „Avantgarde" bedeutet jetzt „innovativ auf eine beschissene Weise". Apropos beschissen: 2018 wurden im Museum Boijmans van Beuningen in Rotterdam, Niederlande, riesige Skulpturen aus Scheiße ausgestellt/abgelegt.[65]

Ziel ist es, die Standards für Spitzenleistungen zu senken, Entartung zu fördern und Gleichheit zu erzwingen. Es ist die irrige, relativistische,

---

[64] Raza-Sheikh, Zoya, „Willkommen in Bambie Thug's witchy soundscape", 21. Juni 2023.

https://www.gaytimes.co.uk/music/queer-and-now/queer-now-welcome-to-bambie-thugs-witchy-soundscape/

[65] Tidey, A., „These giant poo sculptures prove 'contemporary art is not s***'," Juni 2018. https://www.euronews.com/2018/06/08/these-giant-poo-sculptures-prove-contemporary-art-is-not-s-

postmodernistische marxistische Verzerrung der Realität, dass alles einen Wert hat und nichts besser ist als etwas anderes. Die Behauptung, dass eine Sache einer anderen überlegen ist, bedeutet, dass es eine Art Hierarchie gibt, und das ist etwas, was die Ideologie/der Kult nicht zulassen kann. Natürlich führen Hierarchien oft dazu, dass sich jemand aufregt (da nicht alle Künstler großartig sein können!), und das können wir nicht zulassen, oder?

In der Kunst sollte es darum gehen, etwas zu präsentieren, damit es ein anderer betrachten kann, dem es freisteht, es zu mögen oder zu verabscheuen. In einer kontaminierten Gesellschaft beginnen alle Bereiche der Kunst, sich mit dem roten Gestank zu sättigen. Jetzt werden einem nicht mehr nur Dinge zur Ansicht vorgelegt, sondern auch gesagt, was man von ihnen halten soll. Kein Platz mehr für den freien Willen - man kann nicht einmal mehr reagieren, wie man will! Eine Sache wie die Kunst wird nur noch ein weiterer Tentakel der Ideologie/Kult. Wie deprimierend!

Natürlich sind die indoktrinierten Typen von all dem absolut begeistert. Sie würden sicherlich zu Tränen gerührt sein, wenn sie ein Gedicht lesen, das mit marxistischem Dogma über die „Unterdrückung" der „Unterdrückten" gespickt ist; oder sie wären beeindruckt von einer „intelligenten" Dokumentation, die die Genialität des Sozialismus untersucht.

Sie würden sich von einem Song inspirieren lassen, der die Tugenden der „Vielfalt" preist, mit einem Video, in dem möglichst viele nicht-weiße, nicht-heterosexuelle Menschen zu sehen sind; oder sie würden in Lachkrämpfe verfallen, wenn sie einer weiblichen Stand-up-Komikerin zusehen, die ein „innovatives" Programm über ihre Vagina, das Herumschlafen und andere trashige Themen aufführt; oder sie würden sich vielleicht von einer großen 10-Fuß-Skulptur anmachen lassen, die die Erotik des Analfistings feiert... „Ich finde es wunderschön!"... „Es ist so vielfältig!"; sie lächeln, weinen ihre mit Soja versetzten Tränen und wischen sich ihre östrogenen (roten) Rotznasen aus der Nase angesichts der wunderbaren Fortschrittlichkeit des Ganzen.

Natürlich würde ein vernünftiger Mensch bei solcher „Kunst" kotzen, sich die Finger in die Ohren stecken, den Sender wechseln oder den Müll in den Müll werfen. Es erinnert mich daran, wie aufregend es für eine Bande satanischer Pädophiler sein muss, wenn die Kinder zu ihrem Treffen kommen. Sie amüsieren sich prächtig, aber wenn ein normaler Mensch das miterleben würde, würde er vor Ekel und Entsetzen kotzen (ich? Ich würde meine Macheten fliegen lassen).

Wenn also jemand vorschlägt: „Was meinst du mit „Schund"?!? Wie kannst du das kritisieren, wenn so viele andere Menschen es genießen?", können wir antworten, dass Hedonismus nicht der richtige Maßstab ist, um Dinge zu beurteilen. Wir können die Pädophilenbanden, die Drogenkultur (einschließlich der Crackhäuser) oder die Sexindustrie anführen - alles Situationen, in denen sich jemand auf die eine oder andere Weise vergnügt, und alles Erscheinungsformen gesellschaftlicher Entartung, die so viel Schaden anrichten. Man könnte auch antworten: „Kitschige Menschen sind gleich kitschige Kunst. Kitschige Kunst gleich kitschige Menschen", denn die Kunst hat großen Einfluss auf die gesellschaftliche Entwicklung und spiegelt gleichzeitig die Gesellschaft selbst wider.

Prominente Champagner-Sozialisten

Heutzutage scheint die Ideologie in der Kunst und der Unterhaltung allgegenwärtig zu sein. Obwohl sie in letzter Zeit eindeutig zugenommen hat, ist sie nichts Neues. Das Lied *Imagine* von John Lennon (1971) ist ein klassisches Beispiel für die Ideologie, die durch ein Lied gefördert wird. Er propagiert Atheismus, Weltregierung/Welt ohne Grenzen, Hedonismus, Anti-Krieg/'Frieden', Solidarität, Revolution, Anti-Privateigentum/Anti-Kapitalismus und kollektives Eigentum, Utopismus. Und das alles in einem dreiminütigen Lied! Vielleicht können wir ihn als Maßstab betrachten?[66] *One Vision* (1985) von der britischen Rockband Queen propagiert ebenfalls einige dieser Themen: „Eine Rasse, eine Hoffnung, eine echte Richtung... Eine Welt, eine Nation. Eine Vision".[67]

In den 1980er Jahren begannen die irischen Sänger, die zu Kultmitgliedern wurden, Bono (alias Paul Hewson) und Bob Geldof, verschiedene marxistische Anliegen zu unterstützen, darunter die Initiative „Rettet Afrika" und die Weltregierung. Geldof war 1984 Mitbegründer von *Bandaid* - einer Zusammenarbeit von prominenten Sängern und Musikern, um auf die Hungersnot in Äthiopien aufmerksam zu machen.[68] (Natürlich wurde die Rolle des Sozialismus dabei nicht erwähnt, ebenso wenig wie der marxistische Stellungskrieg). Bono, eine transparente Unterhaltungsfigur an der Spitze der Weltrevolution, betrachtete den verstorbenen verurteilten marxistischen Terroristen Nelson Mandela als Inspiration für seinen eigenen Aktivismus und sagte einmal: „Ich habe so ziemlich mein ganzes Leben lang für Nelson Mandela gearbeitet".[69] Ein prominenter irischer Aktivist, der für einen schwarzafrikanischen Marxisten „arbeitet"?

1992 zerriss die verstorbene irische Sängerin und lebenslange Sektenmitglied Sinead O' Connor (1966-2023) im amerikanischen Fernsehen bekanntlich ein Bild von Papst Johannes Paul II. Ihr Tod im Juli 2023 wurde mit Tausenden

---

[66] https://genius.com/John-lennon-imagine-lyrics

[67] https://genius.com/Queen-one-vision-lyrics

[68] https://en.wikipedia.org/wiki/Band_Aid_(band)

[69] CBS Mornings, „Bono spricht über Nelson Mandelas Weisheit und Mut", 6. Dezember 2013. https://www.YouTube.com/watch?v=c-lhKwIZYIg

von Trauernden wie der Tod einer progressiven Heiligen gefeiert.[70]

Es gibt inzwischen unzählige Beispiele von Prominenten, die diese Ideologie - wissentlich oder unwissentlich - unterstützen und sich bei jeder Gelegenheit anpreisen. Je höher ihr Bekanntheitsgrad, desto größer ihr Einfluss. Die Marx'schen Unterthemen, die bei Prominenten sehr beliebt sind, sind: Feminismus, alle Themen, die mit Sexualität/Geschlecht zu tun haben, Klimawandel, Veganismus, zusätzlich zur Förderung von Multikulturalismus/Vielfalt/Antirassismus und Marx'schen Konzepten wie Gleichheit und Solidarität usw.

Andere Beispiele sind: Leonardo DiCaprio, der während seiner Oscar-Annahme-Rede über den Klimawandel sprach (andere „grüne" Prominente sind Cate Blanchett, die einmal im australischen Fernsehen auftrat und die Kohlenstoffsteuer unterstützte); William „Caitlyn" Bruce Jenner, der sich als „Trans-Frau" geoutet hat (verstärkt durch den hohen Bekanntheitsgrad der TV-Show *Keeping Up with the Kardashians*); die Schauspielerinnen Emma Watson, Nicole Kidman und Anne Hathaway als Botschafterinnen von UN Women;[71] die Schauspielerinnen Uma Thurman, Alyssa Milano, Ashley Judd, Linsey Godfrey und der ehemalige Fleetwood Mac-Sänger Stevie Knicks, die sich öffentlich für die Abtreibung einsetzen.

Außerdem gab es: Der britische Fernsehmoderator Philip Schofield, der sich in der Sendung „This Morning" als schwul „outete"; die Schauspielerin Ellen „Elliot" Page, die sich als schwul outete und dann beschloss, „trans" zu sein; der Cross-Dressing-Komiker Eddie Izzard, der sich als „transgender" outete (der schockierenderweise in der britischen Labour-Partei aktiv ist); die Schauspielerin Natalie Portman, die Märchen für Kinder umschrieb, um sie „geschlechtsneutraler" zu machen, und die Liste geht noch weiter.[72][73]

---

[70] Carroll, R, 'She blazed a trail': thousands gather for funeral of Sinéad O'Connor in Ireland", 8. August 2023.

https://www.theguardian.com/music/2023/aug/08/thousands-gather-funeral-sinead-oconnor-ireland

[71] https://en.wikipedia.org/wiki/UN_Women_Goodwill_Ambassador

[72] Cho und Sengwe, „Celebrities Who Have Shared Their Abortion Stories to Help Women Feel Less Alone", 17. Oktober 2023. https://people.com/health/celebrity-abortion-stories-busy-philipps-jameela-jamil/?slide=6764577#6764577

[73] Huston, W. „Natalie Portman schreibt klassische Märchen um, um sie 'geschlechtsneutral' zu machen, damit Kinder 'Geschlechterstereotypen überwinden' können", 15. März 2021.

https://www.breitbart.com/entertainment/2021/03/15/natalie-portman-rewrites-classic-fairytales-to-make-them-gender-neutral-so-children-can-defy-gender-stereotypes/

Die Rede des Jokers

Der vernünftige Teil der Welt weiß, dass Hollywood ein endloses Fließband der Entartung ist, daher sollte uns nichts überraschen, was es produziert. Hier ist ein weiteres klares, öffentlichkeitswirksames Beispiel für die Ideologie, die auf der vielleicht größten Bühne, die Tinseltown zu bieten hat, propagiert wird - die Academy Awards. Bei der Verleihung im Jahr 2020 - er hatte den Oscar als bester Schauspieler für den Film *Joker* gewonnen - hielt *Joaquin* Phoenix eine einstudierte Rede, auf die selbst Marx stolz gewesen wäre, und kreuzte dabei eine ganze Reihe von roten Kästchen an. Er sprach davon, dass die Tatsache, ein berühmter Schauspieler zu sein, ihm (und seinen Kollegen) die Möglichkeit gibt, „unsere Stimme für die Stimmlosen" (die Unterdrückten) einzusetzen. In Wirklichkeit bedeutet dies, dass sie in der Lage sind, mit marxistischem Müll hausieren zu gehen, und genau das hat er in dieser Rede pflichtbewusst getan.[74]

In voller Marxscher SJW-Manier sagte Phoenix (Anmerkungen in Klammern): „Ich habe viel über einige der beunruhigenden Probleme nachgedacht, mit denen wir kollektiv konfrontiert sind (Solidarität/Kollektivismus)... und ich denke, manchmal haben wir das Gefühl... dass wir für unterschiedliche Dinge eintreten, aber für mich sehe ich Gemeinsamkeiten (eine Revolution). Ich denke, egal ob wir über die Ungleichheit der Geschlechter (Feminismus) oder Rassismus oder die Rechte von Queers (LGBTQ) oder die Rechte indigener Völker (Agenda der amerikanischen Ureinwohner) oder die Rechte von Tieren (Veganismus) sprechen, wir sprechen über den Kampf gegen Ungerechtigkeit („Unterdrückung"/marxistische Tugendhaftigkeit). Es geht um den Kampf gegen den Glauben, dass eine Nation (Anti-Amerika), ein Volk (verschiedene Sub-Agenden), eine Rasse (Anti-Weiße), ein Geschlecht (Feminismus) oder eine Spezies (Anti-Mensch/Veganismus) das Recht hat, andere ungestraft zu beherrschen, zu kontrollieren und auszubeuten" (Unterdrücker gegen Unterdrückte).

Er sagte, dass wir uns von der Natur abgekoppelt haben und aufgrund unserer egozentrischen Weltsicht „in die natürliche Welt gehen und sie für ihre Ressourcen ausplündern" (Landwirtschaft und Industrie, Klimawandel, Antikapitalismus usw.); er wies auch darauf hin, dass wir Kühe unterdrücken, indem wir sie künstlich befruchten, ihre Babys stehlen und die für sie bestimmte Milch stehlen, indem wir sie „in unseren Kaffee und unser Müsli tun". Nach Joaquins Logik würden die Kühe, wenn sie sprechen könnten, da sie stimmlos sind, von dieser Unterdrückung berichten. Er sagte, wir könnten Systeme des Wandels entwickeln, die „allen fühlenden Wesen und der Umwelt

---

[74] Oscars, „Joaquin Phoenix gewinnt als bester Schauspieler | 92. Oscars (2020)", 11. März 2020.

https://www.YouTube.com/watch?v=qiiWdTz_MNc

zugute kommen" („Nachhaltigkeit"), indem wir „Liebe und Mitgefühl als unsere Leitprinzipien" verwenden (Marxsche moralische „Überlegenheit"); er fügte auch die Worte „Liebe" (wieder) und „Frieden" am Ende ein (alles wirksame Marxsche emotionale Manipulationsschlüsselwörter).

In seiner fast vierminütigen Rede verlor Phoenix kein einziges Wort über den Film selbst und dankte auch niemandem, der an dem Projekt beteiligt war, das ihm seinen ersten Oscar bescherte - dafür war er zu sehr damit beschäftigt, über die Rettung der Welt zu plaudern.

An der Produktion eines Hollywood-Films sind Hunderte von Menschen beteiligt! Blöde Göre. Es ist erwähnenswert, dass die Rede voller überemotionaler, weiblicher Gedanken war, was natürlich typisch für die Ideologie/den Kult im Allgemeinen ist, aber auch typisch für männliche Veganer (was er ist), aufgrund des niedrigen Testosteronspiegels.

Interessanterweise enthielt der Joker-Film selbst viele Marx'sche Themen, darunter psychische Gesundheit/Opferrolle, Antikapitalismus/Rache an der Bourgeoisie und Revolution. Jeder, der mit der Figur vertraut ist, weiß, dass der Joker das Chaos (auch Anarchie genannt, und damit die Revolution) verkörpert. In der Schlussszene tanzt er auf einem Auto vor einer jubelnden Menge, mit einem blutigen dämonischen Lächeln, während die Stadt durch die von ihm ausgelöste Revolution in Flammen steht. Satan lächelt, wenn die Welt in Flammen steht...[75]

Obwohl die Zuschauerzahlen bei der Oscar-Verleihung im Laufe der Jahre massiv zurückgegangen sind (vielleicht wegen der „Wokeness"/marxistischen Fäulnis und Covaids 1984), lagen sie immer noch bei 23,6 Millionen.[76] Das ist eine gewaltige Werbeplattform für die Ideologie, wobei alle Augen auf die Preise für den besten Mann, die beste Frau und den besten Film gerichtet sind. Das Gleiche gilt für DiCaprios Oscar-Rede zum Klimawandel im Jahr 2016.

Filme

Einige Beispiele von Filmen, die in der einen oder anderen Form Marxsche Propaganda, Verhaltensdegeneration oder „Wokeness" fördern:

In dem Film *Pimp* (2018) ist die Hauptfigur eine schwarze lesbische Zuhälterin in der Bronx, deren Degeneriertheit nur noch von der des Films übertroffen

---

[75] Flashback FM, „Anarchy in Gotham (Ending) | Joker [UltraHD, HDR]", 8. Januar 2020.

https://www.YouTube.com/watch?v=NHi_8FGMObQ

[76] Whitten, S. „Die Einschaltquoten bei Preisverleihungen sind stark rückläufig. Diese Grafik zeigt, wie weit die Zuschauerzahlen gesunken sind", 2. Mai 2021.

https://www.cnbc.com/2021/05/02/oscars-2021-nielsen-data-shows-viewers-have-lost-interest-in-award-shows.html wird. Sie verkuppelt hauptsächlich weiße Frauen, von denen eine ihre (Quasi)-Liebe ist; die Beziehung zu ihrer (Beinahe-)Freundin ist offensichtlich gemischtrassig, dennoch ist sie in der dominanten Position (was darauf hindeutet, dass Weiße jetzt die Sklaven der Schwarzen sein sollten). Im weiteren Verlauf des Films sehen wir, wie sich die beiden Möchtegern-Liebhaberinnen des Zuhälters - beides sehr attraktive Frauen - um diese manipulative, degenerierte Person streiten. Offensichtlich wären diese beiden Frauen besser dran, wenn sie ihre Zeit und Sexualität anderswo verbringen würden. Der Film propagiert im Wesentlichen dieses ekelhafte, verschwenderische Verhalten gegenüber Frauen und versucht, es zu normalisieren.[77]

Schwule „Ikonen" und Verhalten

In letzter Zeit haben wir die Vergötterung schwuler „Ikonen" erlebt. *Bohemian Rhapsody* (2018) erzählt die Geschichte des Queen-Frontmanns Freddie Mercury, wenn auch auf eine etwas entschärfte Weise. Mercurys Privatleben war ein einziger Akt der Entartung - Untreue, Promiskuität und Drogenkonsum -, aber das wurde im Film nicht hervorgehoben. Trotz dieser und anderer Ungenauigkeiten war der Film ein großer Erfolg an den Kinokassen (ein Indiz für den Infektionsgrad der Gesellschaft).[78] Im darauffolgenden Jahr kam das Biopic über Elton John namens *Rocketman* (2019) in die Kinos. Auch hier wurde der Film stark entschärft und weigerte sich, die Details zu erläutern. Er enthielt jedoch einige leichte schwule Sexszenen.[79]

Der irisch-britische Film *Rialto* (2019) erzählt die Geschichte von Colm, einem 46-jährigen Durchschnittsmann aus Dublin mit Familie, der durch traumatische Ereignisse (Tod des Vaters, Verlust des Arbeitsplatzes) in eine Midlife-Crisis gerät. Daraufhin lässt er sich emotional und sexuell auf einen 19-jährigen Mann namens Jay ein, nachdem er von ihm überfallen wurde(!). Dies führt dazu, dass Colm in der Folge eine seltsame Art von Verliebtheit in ihn als Opfer des Stockholm-Syndroms entwickelt; seine Gefühle werden nicht erwidert.[80]

Der Film stellt im Wesentlichen die Vorstellung dar, dass heterosexuelle Männer ihr eigenes Leben bzw. das Leben ihrer Familie zerstören können, um sich emotional und sexuell mit anderen Männern einzulassen. Es gelingt ihm auch gut, Sympathie für Colm (Opfer/Unterdrückte) zu wecken, trotz seines verabscheuungswürdigen, unverantwortlichen Verhaltens. Es gelingt ihm sogar, einen Seitenhieb auf den Kapitalismus einzubauen, da einer der Auslöser

---

[77] https://en.wikipedia.org/wiki/Pimp_(2018_film)

[78] https://en.wikipedia.org/wiki/Bohemian_Rhapsody_(Film)

[79] https://en.wikipedia.org/wiki/Rocketman_(Film)

[80] https://en.wikipedia.org/wiki/Rialto_(Film)

für Colms Abwärtsspirale der ungerechte Verlust seines Arbeitsplatzes war (obwohl er viele Jahre lang ein loyaler Mitarbeiter war). Außerdem wird ungewollt gezeigt, dass ein geistiger Zusammenbruch einen Menschen dazu bringen kann, sich auf Entartung einzulassen, was die Ideologie/Kult sehr gut zusammenfasst. Ein ekelhafter Film, der nicht hätte gedreht werden müssen.

Roboterfeminismus, blaue Indianer und Klimawandel

Der Film *Terminator: Dark Fate* (2019) war ein weiterer Teil der kultigen Sci-Fi-Serie, der nicht hätte gedreht werden müssen. Die Besetzung und die Handlung waren weiblich. Regisseur und Drehbuchautor James Cameron hat schon früher feministische Propaganda betrieben: In *Aliens* und *Terminator 2* gab es weibliche „Krieger".[81] Ein weiteres, relativ neues Projekt von ihm war *Avatar* aus dem Jahr 2009, das die Themen Antiamerikanismus/Militarismus und Antikapitalismus sowie die daraus resultierende Unterdrückung einer indigenen Bevölkerung durch diese Invasoren beinhaltete. Eine Art *„Tanz der Wölfe"* und *„Fern Gully"* im Weltraum, mit blauen „Indianern" anstelle von amerikanischen Ureinwohnern. [82]

(*Fern Gully* (1992) war ein Animationsfilm über die Zerstörung des Regenwaldes durch Unternehmen. Anti-Kapitalismus und Klimawandel, der sich an Kinder richtet.[83] *Der mit dem Wolf tanzt* (1990) steht ebenfalls auf der Liste der marxistischen Hollywood-Filme, die Tugendhaftigkeit signalisieren. Der Film, der die „Unterdrückung" der amerikanischen Ureinwohner thematisiert, hat ein offensichtliches antiweißes/antiamerikanisches Thema, ein antimilitärisches Thema und fördert die Agenda der weißen Schuld. Obwohl der Film unterhaltsam war, trug er zum Angriff der Ideologie auf Amerika bei, indem er das Problem der amerikanischen Ureinwohner durch eine marxistische Brille betrachtete[84]).

Ghostbusters (2016) war eine Neuverfilmung des Klassikers von 1984, die lediglich die Gleichstellung der Geschlechter fördern sollte. Im Gegensatz zum Original sind dieses Mal alle Ghostbusters weiblich, aber mit einem männlichen Rezeptionisten, der ein wenig dumm/inkompetent ist, während die Frauen relative Genies sind (Feminismus/Anti-Männer/Männer-Unterwerfungs-Agenda). Der Film richtet sich in erster Linie an ein junges weibliches Publikum sowie an Sektenmitglieder und behandelt auch Themen wie Okkultismus und die Apokalypse.

Der Slogan des Films (wie auch auf dem Filmplakat) lautet „Answer the call"

---

[81] https://en.wikipedia.org/wiki/Terminator:_Dark_Fate

[82] https://en.wikipedia.org/wiki/Avatar_(2009_film)

[83] https://en.wikipedia.org/wiki/FernGully:_The_Last_Rainforest

[84] https://en.wikipedia.org/wiki/Dances_with_Wolves

(ein subtiler Indoktrinationsbegriff, der in den Köpfen des meist jungen weiblichen Publikums Gefühle von revolutionärem Eifer wecken soll).[85] Der Film ist ein weiteres Beispiel für die Ideologie, die die Künste zerstört, und war ein Kassenschlager, und das zu Recht.

Politische „Comedy" und Sektenmitglieder als Idole

Im Jahr 2020 wurde eine marxistische politische „Komödie" mit dem Titel *„Unwiderstehlich"* veröffentlicht. Im Wesentlichen war er eine Verhöhnung aller Rechten, einschließlich der Republikaner und der Anhänger von Donald Trump in anderen Ländern.[86] Er ist ein Beispiel für die von Sektenmitgliedern geschaffene „Kunst", die nur anderen Sektenmitgliedern gefallen würde und über die sie sich krampfhaft amüsieren würden. Regie und Drehbuch stammen vom ehemaligen Daily-Show-Moderator Jon Stewart (Leibowitz).

Ein weiterer „Woke"-Film mit dem Titel *Seberg* wurde 2019 veröffentlicht. Er handelt von der Schauspielerin Jean Seberg, die sich mit einem marxistischen Subkult - den Black Panthers - einließ. Sie spendete auch an die *NAACP* (*National Association for the Advancement of Coloured People*) - eine zentrale marxistische Gruppe, die dazu beitrug, die Bewegung für die Rechte der Schwarzen in den USA ins Rollen zu bringen. Sie war mit dem ehemaligen marxistischen Terroristen Romain Gary verheiratet, der im Zweiten Weltkrieg in Frankreich gegen die Nazis kämpfte, und hatte zahlreiche Affären. Der Werbeslogan für den Film lautete „Schauspielerin. Aktivistin. Widersacherin", was den Film propagandistisch auflädt. Aufgrund ihrer antiamerikanischen Aktivitäten war Seberg das Ziel von Überwachungs- und Demoralisierungsmaßnahmen des FBI im Kampf gegen die Sekte. Seberg ist also nur eine weitere fehlgeleitete linke SJW-Entertainerin, die dem Publikum (insbesondere jungen Frauen) als Vorbild, Rebellin, Heldin usw. vorgeführt wird.[87] (Nebenbei bemerkt enthält der Slogan für *Seberg* einen weiteren Verweis auf den Teufel. Das Wort „Satan" (ausgesprochen „sha-tan") ist das hebräische Wort für „Widersacher").

Im Jahr 2020 kam *The Glorias in* die Kinos: ein Film über das Kultmitglied Gloria Steinem - eine zentrale Figur des „Second-Wave-Feminismus" in der amerikanischen Hippie-Ära.[88] Im selben Jahr wurde der Film *Miss Marx* über Eleanor Marx, die jüngste Tochter von Karlie Karl, veröffentlicht. Liest man die Inhaltsangabe, klingt es, als sei sie eine unterdrückte Heldin, die von allen

---

[85] https://en.wikipedia.org/wiki/Ghostbusters_(2016_film)

[86] https://en.wikipedia.org/wiki/Irresistible_(2020_film)

[87] https://en.wikipedia.org/wiki/The_Glorias

[88] https://en.wikipedia.org/wiki/The_Glorias

Männern in ihrem Leben zurückgehalten wird (rollt mit den Augen).[89] Es wird nicht erwähnt, dass sie das Kind des personifizierten Satans war und das ihr Leben ruiniert hat. Ebenfalls im Jahr 2020 erschien ein feministischer Rachethriller namens *Promising Young Woman*.[90] Und so geht es weiter und weiter...

Superhelden für die Gleichstellung

Das Vorhandensein der Indoktrination in der Gesellschaft bedeutet, dass Künstler/Darsteller nicht mehr für ihre herausragenden Leistungen respektiert werden; sie werden (von den Indoktrinierten) wegen der „unterdrückten" Gruppe, der sie angehören, beklatscht. Und der Rest von uns, der nicht mit der „PC"-Gruppe mitgehen will, neigt dazu, sich zu weigern, denjenigen Respekt zu zollen, die ihn eigentlich verdienen würden. Diese Ideologie bringt die ganze Situation ins Ungleichgewicht. Sie verwandelt nicht nur die Kunst in Scheiße, sondern kann auch die Wahrnehmung von allem Guten, das in ihr enthalten ist, verzerren.

In Filmen werden die indoktrinierten Typen hysterisch, wenn sie jemanden wie die israelische Schauspielerin Gal Gadot in den *Wonder* Woman-Filmen sehen. Jegliche tatsächliche Größe der schauspielerischen Leistung wird durch die tugendhaften Untertöne, die aufgrund der Indoktrination vorhanden sind, verdorben. Allein dadurch, dass sie in dieser Position ist, verdient sie es laut der Sekte/Ideologie, gelobt zu werden. Das ist lächerlich! Das stärkt die Frauen nicht, sondern entmachtet sie. Größe sollte nach Größe beurteilt werden. Wenn wir Dinge hören wie „sie ist so ein großartiges Vorbild für Mädchen/Frauen", dann wird klar, was hier im Gange ist. Hören wir dieselben Dinge, wenn Henry Cavill Superman spielt? Nein.

In dem 2020 gedrehten Film *Wonder Woman 1984* (Verbeugung vor Orwell) gibt es gegen Ende des Films eine Sequenz, in der sie einen eindrucksvollen Monolog direkt in die Kameralinse hält, in dem sie die Zuschauer - darunter Millionen junger, beeinflussbarer Frauen - ermutigt, revolutionäre Retterinnen, Kriegerinnen usw. zu sein. Der Monolog beginnt als Dialog mit dem Antagonisten des Films, dann spricht sie direkt zum Publikum und durchbricht die vierte Wand". Er enthält Sätze wie „Du bist nicht die Einzige, die gelitten hat" und „Du musst der Held sein ... nur du kannst den Tag retten"; er spricht über Angst, Isolation (alles Dinge, die die „Unterdrückten" fühlen müssen, richtig?) und natürlich über Utopie.[91]

---

[89] https://en.wikipedia.org/wiki/Miss_Marx

[90] https://en.wikipedia.org/wiki/Promising_Young_Woman

[91] Movieclips, „Wonder Woman 1984 (2020) - Wonder Woman's Speech Scene (10/10) | Movieclips", 9. März 2022.
https://www.YouTube.com/watch?v=7ofZ_Ij4HaE

Vielleicht sehen wir in der nächsten Fortsetzung Wonder Woman, die feministische Autorinnen wie Emmeline Pankhurst zitiert und die NWO-Bankenelite mit einem Lenin-esken kahlgeschorenen Slaphead und Ziegenbart verfolgt? (Das würde mein Interesse total beenden, denn Gadots körperliche Schönheit war das Beste an diesen Filmen). Ebenfalls erwähnenswert ist die Figur der Captain Marvel im Marvel Cinematic Universe, die von der begeisterten Feministin, Kultmitglied und YouTuberin Brie Larson gespielt wird.

Prinzessinnen und Puppen

Gal Gadot spielt auch die Hauptrolle in einer Neuverfilmung von Walt Disneys Zeichentrickklassiker *Schneewittchen und die sieben Zwerge* (1937) *mit* dem Titel *Schneewittchen* (2024).[92] In diesem Film wird eine Hauptfigur mit mehr Macht auftreten. Laut der Schauspielerin, die sie spielt, Rachel Zegler, in einem Interview mit *Variety, wird* sie „nicht vom Prinzen gerettet werden und sie wird nicht von der wahren Liebe träumen. ...sie träumt davon, die Anführerin zu werden, von der sie weiß, dass sie es sein kann".[93] Popcorn oder Kotzeimer, wer möchte?

Eine der Drehbuchautorinnen von *Schneewittchen* ist Greta Gerwig, die bei *Barbie* (2023) Regie geführt hat - einem Stück ekelhaften, gehässigen feministischen Müll, der sich vor allem an junge Frauen richtet. Das vielleicht Beunruhigendste und Heimtückischste daran war, dass es geschickt als „Familienkomödie" vermarktet wurde. [94]

Der Film basiert auf der berühmten Barbie-Puppe, die 1959 von der Spielzeugfirma Mattel auf den Markt gebracht wurde.[95] Diese „Modepuppe" trug dazu bei, die traditionelle Babypuppe als Mädchenspielzeug abzulösen, und ist ein Symbol für die psychologische Verformung/Konditionierung der modernen Frau durch Oberflächlichkeit/Ego, Hyper-Sexualität usw. Darüber hinaus objektiviert eine „Mode"-Puppe mit einem eindeutig sexuellen Element die Frau im wahrsten Sinne des Wortes. Mattel wurde von dem jüdischen Ehepaar Ruth und Elliot Handler gegründet.

Eine Eröffnungsszene (die auch als Trailer verwendet wird) in *Barbie* ist eine seltsame Hommage an eine ikonische Szene in Stanley Kubricks *2001: Odyssee im Weltraum* (1968). Die Originalszene zeigt eine Gruppe von Urmenschenaffen (Homininen), die sich um einen mysteriösen außerirdischen

---

[92] https://en.wikipedia.org/wiki/Snow_White

[93] Variety, „Rachel Zegler and Gal Gadot on Bringing a New Modern Edge to 'Snow White'", 10 Septermber 2022. https://www.YouTube.com/watch?v=2RVg3yetTE4

[94] https://en.wikipedia.org/wiki/Barbie_(Film)

[95] https://en.wikipedia.org/wiki/Barbie

Monolithen herumtummeln, der sie dazu inspiriert, zu lernen, wie man einen Knochen als Werkzeug oder Waffe benutzt, was auf einen großen Sprung in der Evolution hindeutet.[96] In Barbie entdeckt eine Gruppe junger Mädchen, die Babypuppen in der Hand halten, eine riesige Barbiepuppe. Sie zertrümmern die Babypuppen und schreien „Scheiß auf das Patriarchat! (nein, nicht wirklich), aber sie zertrümmern die Puppen. Das Blut kocht... [97] Das ist menschenfeindlicher Mainstream-Satanismus, der sich an Mädchen richtet.

In dem Film wird Barbies Welt als eine Art feministische Utopie dargestellt, in der Männer („Ken") im Wesentlichen zu Bürgern zweiter Klasse degradiert werden. Die Kens drehen den Spieß um und schaffen es, vorübergehend ein „Patriarchat" für sich selbst zu errichten, bis es zu einer feministischen „Gegenrevolution" durch die Frauen kommt (kichert). Gerwig hat zusammen mit Noah Baumbach das Drehbuch verfasst. Barbie, die einst von einigen Feministinnen als negatives Rollenmodell für Mädchen angesehen wurde (da sie die Schönheitsstandards unrealistisch hoch ansetzte), ist nun eine Schlampe der Ideologie. Ein weiteres Beispiel dafür, wie die Ideologie/der Kult Dinge übernehmen und sie nach ihren Launen formen kann.

Laut Wiki spielte der Film an den Kinokassen knapp 1,5 Milliarden Dollar ein.[98] Stellen Sie sich die Augen von Millionen kleiner Mädchen vor... diese leuchtenden, hellen Farben, die durch all diese Sehnerven fließen... und all diese degenerierte feministische Propaganda, die von ihren Trommelfellen getreu wiedergegeben wird, um in ihren verletzlichen Köpfen entschlüsselt zu werden, was möglicherweise ihren Verstand verzerrt und ihr Leben ruiniert. Das war Kindesmissbrauch, und die Eltern waren mitschuldig daran.

Der gierige Steve Coogan

Ein weiteres Beispiel für die immer dreister werdende Propaganda der Sekte ist der britische Film *Greed* (2019) mit dem Komödiendarsteller Steve Coogan.[99] Es ist nicht schwer zu erraten, welche Marx'sche Subagenda hier propagiert wird. Wenn man nur ein Wort verwenden könnte, um Materialismus und Reichtum zynisch zu beschreiben und ihn gleichzeitig aus einer Position scheinbarer moralischer Überlegenheit heraus zu kritisieren, wäre es dann nicht dieses?

Im Mittelpunkt der Handlung steht ein reicher, weißer Mann mittleren Alters

---

[96] FilmScout, „2001: Space Odyssey Best Scenes - The Bone As A Weapon", 30. November 2014. https://www.YouTube.com/watch?v=T0vkiBPWigg

[97] Warner Bros. Pictures, „Barbie | Teaser Trailer". 16. Dezember 2022.

https://www.YouTube.com/watch?v=8zIf0XvoL9Y

[98] https://en.wikipedia.org/wiki/Barbie_(Film)

[99] https://en.wikipedia.org/wiki/Greed_(2019_film)

(natürlich), gespielt von Coogan, namens McCreadie (mcGreedy), der seinen Reichtum durch die Unterdrückung anderer erlangt hat (gähn). Er wird vorhersehbar als dominanter Drecksack dargestellt, der andere wie Müll behandelt (toxische Männlichkeit) und der mit seiner Ex-Frau Sex haben will, obwohl er verheiratet ist (feministische „Männer sind Bastarde"-Mentalität). Als „Satire" getarnt, werden folgende Themen propagiert: Anti-Bourgeoisie/Anti-Kapitalismus, Anti-Unterdrückung der Unterdrückten (Migranten), Ausbeutung von Arbeitern (klingt vertraut, nicht wahr?). Interessanterweise heißt eine der Figuren in dem Buch Fabian.

McCreadie wird von einem verkoksten Löwen zu Tode gebissen, während er betrunken auf einer Party ist (ja, wirklich). Der Löwe wurde aus seinem Käfig befreit, als die Figur Amanda einen opportunistischen Racheakt beging. Amandas Mutter war eine Arbeiterin, die von McCreadies Unternehmen ausgebeutet und zu Tode geschuftet wurde (ich weiß, das ist lächerlich), also war dies ihr Moment der Vergeltung. Die unoriginelle, traditionelle Botschaft der Kommunisten lautet hier: Tötet die Bourgeoisie, denn sie verdient den Tod, weil sie das arme, unterdrückte Proletariat unterdrückt. Sie besagt auch, dass Männer für die Unterdrückung von Frauen sterben sollten. Der Löwe hat also der großen proletarischen utopischen Revolution einen doppelten Schlag versetzt, als er Mr. McGreedy das Gesicht abgerissen hat! Lenin der Löwe! Eine große Katze, die miau, miau, miau, miau, miau, miau.

Am Ende des Films, wenn der Abspann läuft, erscheinen auf der Leinwand einige Marx'sche „Fakten" - unverhohlene Propaganda, die die „Unterdrückung" in der Modeindustrie hervorhebt. Natürlich wird die Tatsache nicht erwähnt, dass der Großteil der trashigen Modeindustrie selbst nur wegen der Frauen, der weiblichen Oberflächlichkeit/des weiblichen Egos, des Feminismus/der Frauenbewegung und der schwulen Männer existiert. Das Gleiche gilt für die Kosmetikindustrie. Keine Industrie = keine darin enthaltene Unterdrückung. Außerdem wird nicht erwähnt, dass diese Industrien ohne die Verwendung von Tierpelzen für Kleidung, Tierversuche für Make-up usw. (eine Sache, die von der Tierrechts-/Veganismus-Subagenda vertreten wird) kaum funktionieren würden.

„Kniet nieder vor Marx!"

Sport fällt in die Kategorie „Unterhaltung". Haben wir gesehen, dass die Sportwelt von der Sekte/Ideologie als Plattform genutzt wird, um die Mentalität des Kriegers für soziale Gerechtigkeit zu erzeugen? Auf jeden Fall. Insbesondere die „Nein zum Rassismus"-Agenda.

Das marxistische Kultritual des „Auf-die-Knie-Gehens" war in der ganzen Welt zu sehen, in „Solidarität" mit der Anti-Rassismus- oder Black-Lives-Matter-Agenda. Die marxistische geballte Faust, die bei den marxistischen BLM-"Protesten" auf der Straße zum Einsatz kommt, war bei diesem sportlichen „Protest" (meistens) nicht zu sehen. Wenn man jedoch sieht, dass

Sportler auf der ganzen Welt an einem marxistischen Kultritual teilnehmen, ist dies ein weiteres Zeichen dafür, dass die Infektion die gesamte Gesellschaft tief durchdringt.

In den USA haben sich 2016 dumme NFL-Spieler auf das Ritual eingelassen, gegen Rassismus/Rassenungleichheit und „Polizeibrutalität" zu „protestieren", indem sie während des Abspielens der Nationalhymne vor Football-Spielen auf die Knie gingen (was offensichtlich einen antinationalen/antiamerikanischen verräterischen Ton hat).[100]

Die irische Fußballnationalmannschaft traf im Juni 2021 in einem Freundschaftsspiel in Budapest auf Ungarn. Beim Anpfiff ging die irische Mannschaft wie die Idioten auf die Knie, um gegen Rassismus zu protestieren, und wurde daraufhin von den Zuschauern ausgebuht. Es war eine brillante Zurschaustellung von Feindseligkeit gegenüber marxistischem Aktivismus durch die Menge. Der irische Teammanager Stephen Kenny wurde in der Irish Times mit den Worten zitiert: „Die Tatsache, dass es ausgebuht wurde, ist wirklich unverständlich".[101] Richtig - wenn man einer Gehirnwäsche unterzogen wurde, ist das mit Sicherheit der Fall.

Einer der Spieler, Chiedozie Ogbene, der erste Spieler der Republik Irland, der in Nigeria geboren wurde, äußerte sich zu den Buhrufen: „Das ist etwas, wogegen die Schwarzen seit vielen Jahren kämpfen. Diskriminierung und Rassismus haben in keinem Sport und an keinem Ort etwas zu suchen... wir sind stark geblieben. Ich bin so froh, dass wir als Team auf die Knie gegangen sind, um unsere Solidarität zu zeigen. In Irland gibt es Tausende von talentierten jungen Iren, denen immer wieder die Möglichkeit verwehrt wird, das grüne Trikot zu tragen. Vielfalt" und Masseneinwanderung werden eine weitere Beleidigung für sie sein. Dieses Verhalten war auch auf Vereinsebene zu beobachten - in der Saison 20/21 waren die Mannschaften der englischen Premier League verpflichtet, vor den Spielen vor Marx zu knien.[102]

Online und soziale(re) Medien

---

[100] Haislop, T. „Colin Kaepernick kneeling timeline: How protests during the national anthem started a movement in the NFL", 13. September 2020.
https://www.sportingnews.com/us/nfl/news/colin-kaepernick-kneeling-protest-timeline/xktu6ka4diva1s5jxaylrcsse

[101] Cummiskey, G., „Stephen Kenny: 'Die Tatsache, dass er ausgebuht wurde, ist wirklich unverständlich'„, 9. Juni 2021.
https://www.irishtimes.com/sport/soccer/international/stephen-kenny-the-fact-that-it-was-booed-is-incomprehensible-really-1.4587995

[102] „Die Spieler der Premier League werden auch in der Saison 2021/22 auf die Knie gehen", 4. August 2021.
https://www.skysports.com/football/news/11661/12371928/premier-league-players-to-continue-taking-a-knee-in-2021-22-season

Neben den Medien, dem Bildungswesen und der Unterhaltungsindustrie umfassen die „Transmissionsriemen" nun auch das neuere Element der Online- und sozialen Medien usw. Dies ist ein wichtiges virtuelles Schlachtfeld. Dank der Smartphones können wir es fast jeden Moment während unseres Tages betreten. Die sozialistischen Medien erfüllen viele Funktionen, die der Sekte/Ideologie zugute kommen, darunter Indoktrination, Kontrolle des öffentlichen Diskurses, Überwachung und Bewertung von Bedrohungen sowie die Verbreitung von Entartungen, die solche Persönlichkeiten in großem Umfang hervorbringen.

Bevölkerungskontrolle und Zensur

Am offensichtlichsten ist, dass die sozialistischen Medien ein enormes Maß an Kontrolle über den öffentlichen Diskurs ermöglichen. Jeder, der nicht mit dem marxistischen Status quo konform geht, kann profiliert, überwacht und zensiert werden. Diese Andersdenkenden können dann in der realen Welt zur Zielscheibe für Sektenmitglieder werden (Belästigung, Drohungen, Gewalt, Verlust des Arbeitsplatzes usw.). In jüngster Zeit erleben wir, dass alle „rechten", „rechtsextremen" oder „verschwörungstheoretischen" (nicht marxistischen) Stimmen/Profile/Kanäle von Online-/Social-Media-Plattformen entfernt werden. Dies alles ist einfach ein großer Akt der Neutralisierung der politischen/ideologischen Opposition, der es der Sekte/Ideologie ermöglicht, die Landschaft zu dominieren. Die sozialen Medien ermöglichen es den Sektenmitgliedern und Organisationen auch, das Verhalten ihrer Feinde zu studieren, was ihnen hilft, einen taktischen Vorteil zu behalten.

Es ist eine Tradition des kommunistischen Totalitarismus, die Überwachung zu nutzen, um die ideologische Kontrolle des öffentlichen Diskurses aufrechtzuerhalten, als Teil eines Präventivschlags gegen seine Feinde. Da die Sekte wissen muss, wer die Andersdenkenden sind, müssen sie wissen, was man anderen sagt, und die sozialen Medien sind ein ständiger Akt der Meinungsäußerung durch Text, Video, Audio usw. Wenn wir uns auf diese Weise äußern, können sie außerdem herausfinden, was wir denken. Dies ist eine Form der Bedrohungseinschätzung, die es ihnen ermöglicht, Andersdenkende ins Visier zu nehmen, noch bevor sie auf der öffentlichen Bühne den Mund aufmachen. Wenn wir das dürfen, können wir andere beeinflussen, also muss die Sekte uns stoppen, bevor es dazu kommt. Die sozialen Medien helfen dabei, diese Andersdenkenden aufzuspüren oder zu entlarven. Dieser Prozess des Herausspülens hat in den westlichen Ländern bereits begonnen. Wir haben viele Beispiele dafür in Australien, Großbritannien, den USA usw. gesehen, wo die Polizei in den Häusern der Menschen auftaucht, weil sie in den sozialen Medien „nicht-c" gepostet haben. Es gibt inzwischen zu viele Beispiele, um sie aufzuzählen.

In einem Artikel der britischen Zeitung *Independent aus dem* Jahr 2016 war von „Online-Sprachverbrechen" die Rede. Darin hieß es: „Nach Angaben des

Registers wurden in den letzten fünf Jahren insgesamt 2.500 Londoner verhaftet, weil sie angeblich „beleidigende" Nachrichten über soziale Medien verschickt hatten. Im Jahr 2015 wurden 857 Personen festgenommen, ein Anstieg von 37 Prozent seit 2010.". Diese Nachrichten wurden aufgrund des (kommunistischen) Communications Act 2003 als illegal eingestuft. Weiter heißt es: „Das Gesetz wurde genutzt, um Twitter-Nutzer zu verhaften, die für rassistische Hassreden verantwortlich waren. Laut Vocativ wurde kürzlich unter anderem ein schottischer Bürger verhaftet, der auf seiner Facebook-Seite Hassreden über syrische Flüchtlinge gepostet hatte. Eine kürzlich durchgeführte Studie ergab, dass die Wörter 'Schlampe' und 'Hure' von britischen Twitter-Nutzern innerhalb von drei Wochen 10.000 Mal verwendet wurden". [103] Diese drei Themen, auf die hier Bezug genommen wird - Antirassismus, Massenmigration und Feminismus - stammen natürlich alle aus der Ideologie.

Wenn Sie online etwas sagen, das der Sekte missfällt, können sie Sie bei den ebenfalls infizierten Behörden melden. Es handelt sich um eine geheime Absprache zwischen gelegentlichen Sektenmitgliedern in der Öffentlichkeit und denjenigen, die innerhalb des Systems arbeiten (in der Regierung, bei der Polizei, im öffentlichen Dienst, bei gemeinnützigen Organisationen/NGOs usw.). Es geht um die allgemeine Kontrolle über das Geschehen. Ein fortgeschritteneres Stadium desselben Systems/Prozesses gibt es in der glorreichen Volksrepublik China (die von der Kommunistischen Partei Chinas regiert wird), wo soziale Medien (wie sie im Westen existieren) nicht erlaubt sind. Der Grund dafür ist, dass es dort nicht nötig ist, Andersdenkende zu vertreiben oder das ideologische Umfeld zu kontrollieren - die Ideologie ist bereits ausreichend dominant. Das (virtuelle) Verbot ausländischer sozialer Medien trägt auch dazu bei, jegliche nicht-marxistischen Einflüsse aus der Gesellschaft fernzuhalten. Twitter, Facebook und YouTube sind durch Chinas „Great Firewall" blockiert, aber es gibt viele chinesische Plattformen, auf die sich die über eine Milliarde Nutzer stürzen können.[104]

Das Verhalten der Social-Media-Plattformen während der Covid-Pan(lucifer)demik war geradezu kriminell: Sie sperrten diejenigen, die das Narrativ in Frage stellten, weil sie „Impfstoff-Fehlinformationen" verbreiteten. Das ist ein klassisches Marxsches Schlangenmanöver - lügen, während sie andere zensieren und als Lügner abstempeln, um uns alle zu „schützen", angeblich zu unserem eigenen Vorteil.

Außerdem wird dies offiziell damit begründet, dass einige in der Gesellschaft

---

[103] Gale, S. „Arrests for offensive Facebook and Twitter posts soar in London", 4. Juni 2016. https://www.independent.co.uk/news/uk/arrests-for-offensive-facebook-and-twitter-posts-soar-in-london-a7064246.html

[104] Thomala, L. „Soziale Medien in China - Statistiken und Fakten", 20. Dezember 2023. https://www.statista.com/topics/1170/social-networks-in-china/

beeinflussbar sind und leicht auf den falschen Weg geführt werden können (genau der Mechanismus, auf den sich die Ideologie stützt, um sich von Geist zu Geist zu verbreiten!) Psycho-Heuchelei in Reinkultur. Diese kommunistische, rot gefärbte virtuelle Schlampe der Ideologie - YouTube - hat uns sehr deutlich gezeigt, welche Rolle sie während dieser „Pandemie" gespielt hat, indem sie nicht nur alle Inhalte verbannt hat, die der offiziellen Darstellung widersprechen, sondern diese auch aktiv gefördert hat.

Vergnügen/Hedonismus

Alle Social-Media-Plattformen basieren in erster Linie auf Vergnügen - der Nutzer erhält über das Belohnungssystem des Gehirns einen kleinen Dopaminschub. Dies kommt der Ideologie/dem Kult sehr zugute; der Hedonismus bietet eine klare Möglichkeit, Einfluss auf den Geist zu gewinnen.

Die Macher von Facebook sagten, sie seien sich bewusst, was sie tun, wenn sie die Menschen zu Vergnügungs- und Anerkennungsjunkies machen. Der sri-lankische Risikokapitalgeber Chamath Palihapitiya äußerte sich dazu in einem Interview an der Stanford University's Graduate School of Business im November 2017; er erklärte im Wesentlichen, dass soziale Medien für die Gesellschaft destruktiv seien. Palihapitiya war eine frühe Führungskraft und Vizepräsident für Nutzerwachstum bei Facebook. He said: „Die kurzfristigen, dopamingesteuerten Feedbackschleifen, die wir geschaffen haben, zerstören das Funktionieren der Gesellschaft. Kein ziviler Diskurs. Keine Zusammenarbeit. Fehlinformationen. Unwahrheit. Und das ist kein amerikanisches Problem... Das ist ein globales Problem". Er fügte hinzu: „Ich habe enorme Schuldgefühle... Im tiefsten Inneren wussten wir irgendwie, dass etwas Schlimmes passieren könnte".[105]

Wie bereits erwähnt, sind Menschen, die Freude empfinden, weniger wehrhaft und daher leichter zu indoktrinieren (insbesondere die Jugend). Es kann auch sehr schnell Ideen in der Gesellschaft verbreiten, indem es den Nutzern eine sofortige Interaktion mit der Gesellschaft bietet, sie ständig an das Kollektiv bindet und sie ermutigt, sich anzupassen, da es angenehmer ist, dies zu tun. Sie bieten ihnen ein Maß an Kontrolle, Anpassung und Interaktion, das traditionelle Medien nicht haben. Aus diesen Gründen sind die sozialen Medien einzigartig und für die Sekte/Ideologie wohl nützlicher als traditionelle Medienformen.

Entartung des Egos

Die Plattformen der sozialen Medien sind um das Ego herum aufgebaut (das

---

[105] Kovach, S. „Ehemalige Facebook-Führungskraft fühlt 'enorme Schuld' für das, was er mitgestaltet hat", 11. Dezember 2017.
https://www.businessinsider.com/former-facebook-exec-chamath-palihapitiya-social-media-damaging-society-2017-12?r=US&IR=T

selbst die zentrale Quelle des Vergnügens für den Einzelnen sein kann). Facebook, Twitter, Instagram, Snapchat, YouTube - alles, wo man ein Profil hat und „Likes" bekommen kann - tragen alle dazu bei, bestimmte miteinander verbundene Verhaltensweisen in der Masse zu fördern, darunter:

Von anderen gemocht/akzeptiert werden (auch bekannt als Popularität)

Dadurch werden wir darauf konditioniert, Freude zu empfinden, indem wir Teil eines Kollektivs sind und von anderen Anerkennung erhalten. Das kann zu schwachen, abhängigen, oberflächlichen Menschen führen. Es ist nichts falsch daran, von anderen in unserem Leben bewundert zu werden, aber es ist unklug, dies zum Mittelpunkt unserer Existenz (oder unseres Tagesablaufs) zu machen! Wenn das Kollektiv aus einer beträchtlichen Anzahl indoktrinierter Sektenmitglieder besteht, besteht natürlich ein starker Anreiz, sich der Sekte in gewisser Weise „anzuschließen" oder sie zumindest zu befolgen und sich ihr vor allem nicht zu widersetzen. Dies hängt mit der Tatsache zusammen, dass diejenigen, die zur Indoktrination neigen, voller Angst sind, da sie nicht den Mut haben, sich zu weigern, sich anzupassen. Sie haben Angst, isoliert zu werden, oder es fehlt ihnen das Selbstwertgefühl, ein echtes Individuum zu sein, das einigermaßen unabhängig vom Kollektiv ist.

Soziale Medien können einen Menschen dazu verleiten, süchtig nach Konformität zu werden, so dass ihm (fast) keine andere Wahl bleibt. Das heißt, es sei denn, sie wollen sich selbst den Zugang zur Psychodroge der Akzeptanz durch das Kollektiv verwehren und die Schrecken des kalten Entzugs ertragen (der Horror!). Natürlich hat das nicht bei jedem diesen Effekt (z. B. bei Ihnen, mir oder jedem, der nicht schon als Jugendlicher mit der Nutzung sozialer Medien begonnen hat), aber bei vielen in der Gesellschaft ist das sicherlich der Fall. Wir können nur spekulieren, wie viele und in welchem Ausmaß.

Vergöttert werden

Das Gleiche wie das Vorherige, nur erheblich verstärkt (wenn genug Leute Ihnen Aufmerksamkeit schenken). Wenn man vergöttert wird, ist man in einer einflussreichen Position, in der man andere beeinflussen kann, so zu werden wie man selbst, da diese wiederum andere beeinflussen werden, so zu werden wie man selbst, ad infinitum. Die Vergötterung ermöglicht es einer Person, gewissermaßen ihren eigenen kleinen Kult zu haben. Dieser Faktor der Kultanbetung trägt dazu bei, die Verbreitung der Ideologie in der Gesellschaft zu beschleunigen, da die beeinflussbaren Idolisten dem Beispiel ihrer Idole folgen wollen (selbst wenn ihre Idole absolute Idioten oder Huren für marxistische Subagenden sind. Beispiel: indoktrinierte Berühmtheiten). Die sozialen Medien fördern auch die manische Hysterie, die die Sektenverehrung und die Ideologie/Kult im Allgemeinen anheizt. Dies wird deutlich, wenn wir sehen, wie diejenigen, die marxistische Teilkonzepte vertreten, auf der öffentlichen Bühne als „Helden" oder „mutig" oder „stark" usw. hochgehalten werden, was bei den Leichtgläubigen eine Welle der Bewunderung und Emotionen auslöst. Dieser Vergötterungsprozess beinhaltet die Beziehung zwischen Idol und Vergötterer, ähnlich wie die Beziehung zwischen Herr und Sklave (Unterdrücker und Unterdrückte).

Selbstsüchtig und verwöhnt sein

Egozentrik: Sie kann das Gegenteil von Pflichtbewusstsein sein (z. B. die Pflicht gegenüber der eigenen Familie, dem Volk, der Rasse, der Nation usw.). Im Wesentlichen geht es darum, sich selbst, seine Wünsche und Meinungen über alles andere zu stellen. Verwöhnt: Dies ist das Ergebnis von übermäßiger Aufmerksamkeit, Verwöhnung, „netter" / unkritischer sozialer Interaktion, die für den Empfänger angenehm ist. Wie bereits an anderer Stelle erwähnt, stützt sich die Ideologie/der Kult stark auf den Faktor der verwöhnten Gören, um ihre Reihen zu vergrößern.

Es liegt auf der Hand, dass all diese Faktoren miteinander verbunden sind und sich gegenseitig befeuern, wobei das Ego, die Lust, das Selbstwertgefühl, die Angst, das fehlende Gewissen, die Dummheit, die Unreife, das innere Unglück usw. im Mittelpunkt stehen.

Verzögert die normale psychologische Entwicklung

Soziale Medien können die Entwicklung eines Menschen auch in anderen Bereichen bremsen. Sie verleiten die Menschen dazu, unkonzentriert zu sein und sich schlecht zu konzentrieren. Dies kann dazu führen, dass man nichts Wertvolles lernen kann und dazu neigt, gestresst oder überfordert zu sein, wenn man ernsthaft nachdenken muss!

Dazu gehört vor allem die Unfähigkeit, die eigene Persönlichkeit/das eigene Verhalten zu prüfen, sich selbst einzuschätzen und konstruktive Kritik zu üben (Beispiel: „Bin ich in einer Sekte?" oder „Bin ich gehirngewaschen, fanatisch" usw.). Dies kommt der Sekte/Ideologie sehr zugute, denn der Feind der Indoktrination ist eine Person, die den Verstand, den Mut, die Ausdauer und die Geduld hat, sich selbst und ihre Überzeugungen zu hinterfragen.

Wenn eine Person süchtig nach Vergnügen und „schönen", angenehmen Gefühlen ist (einschließlich der Vorstellung, sie sei erstaunlich, makellos usw.), wird es für sie natürlich zu unangenehm - oder sogar schmerzhaft -, sich selbst in irgendeiner sinnvollen oder konstruktiven Weise zu kritisieren. Der Gedanke, dass sie in irgendeiner Weise fehlerhaft sein könnten, ist zu viel für ihren unzulänglichen, innerlich schwachen Verstand, um damit umzugehen. Diese Art von psychologischer Feigheit und Unreife ist der Kern des Problems! Die sozialen Medien begünstigen dies; sie können einen Menschen schwach machen. Außerdem können sie uns mit ihrem virtuellen Kollektivismus ständig ablenken, was jede Art von reflektierendem Verhalten sehr viel unwahrscheinlicher macht (insbesondere die einsame Art).

YouTube

Es ist anzunehmen, dass die Konsolidierung der Macht, die wir jetzt erleben, immer Teil des Plans war. YouTube ist zur größten Videoplattform der Welt geworden und saugt täglich Milliarden von Zuschauern an. Sie ist eindeutig ideologisch voreingenommen gegenüber nicht-marxistischen Sichtweisen, und die Kanalschließungen der letzten Zeit haben dies deutlich gezeigt. Zuvor war er eine unverzichtbare Plattform für alternative Medien. Es scheint, als wäre dies die Zeitlinie von YouTube: die Plattform präsentieren, sie fördern und die Nutzerbasis vergrößern; ihre Position als Nummer eins festigen; die Nutzer ermutigen, ein Einkommen damit zu verdienen und sogar finanziell davon abhängig zu werden; dann beginnen, bestimmten Nutzern den Boden unter den Füßen wegzuziehen und diejenigen zu entfernen, die sich nicht an „Hassreden" und „Gemeinschaftsrichtlinien" (auch bekannt als Marxismus) halten. Et voila - sie hat das Sagen, buchstäblich. Nun gibt es alle möglichen Arten von degeneriertem Müll auf der Plattform, einschließlich derer, die marxistische Propaganda verbreiten, aber sie werden nicht entfernt werden - ihre Abonnentenzahlen und Ansichten werden weiter ansteigen (dazu später mehr).

Die neue Initiative von YouTube, gegen Inhalte vorzugehen, begann offiziell im Jahr 2016. 2017 wurden verbesserte maschinelle Lernverfahren/Algorithmen eingesetzt, um „extremistische" oder „unangemessene" Inhalte zu kennzeichnen. Wer entscheidet, was extrem und unangemessen ist, und was ist seine Ideologie? Aus dem Video von YouTube vom Mai 2019 „Hate Speech Policy: YouTube Community Guidelines" (Unterstreichung zur Hervorhebung): „Hassrede ist auf YouTube nicht erlaubt. Wir entfernen Inhalte, die Gewalt oder Hass gegen Mitglieder geschützter (Anmerkung: 'unterdrückter') Gruppen fördern, einschließlich, aber nicht beschränkt auf Rasse, Geschlecht, sexuelle Orientierung oder religiöse Zugehörigkeit. [106] Kommunistische Gemeinschaftsrichtlinien. Das Wort „geschützt" ist der Schlüssel, und es macht den Unterschied aus, wie der ganze Satz wahrgenommen wird. Geschützt" = „unterdrückt", aber die Verwendung des Wortes „unterdrückt" ist ein bisschen zu offensichtlich. Und welche Gruppen sind „geschützt"? Wer kann schon sagen, wer zu einer „geschützten" Gruppe gehört und wer nicht? Sektenmitglieder, die sind es. YouTube versucht hier, sich als universell und unparteiisch darzustellen, aber wir wissen, dass die Ideologie so nicht funktioniert - sie verleiht nur bestimmten Gruppen den Status „unterdrückt"/„geschützt". Das Wort „Hass" ist auch ein Schlüsselbegriff. Es ist sehr flexibel, da selbst Kritik an einer dieser „geschützten" Gruppen als „Hass" ausgelegt werden kann.

In einem Beitrag vom 12. Dezember 2023 auf *statista.com* heißt es: „Im zweiten Quartal 2023 wurden insgesamt ca. 7,4 Millionen Videos (von YouTube) entfernt. Darin enthalten sind Videos, die automatisch

---

[106] YouTube Creators, „Hate Speech Policy: YouTube Community Guidelines", 24. Mai 2019.

gekennzeichnet wurden, weil sie gegen die Community-Richtlinien der Plattform verstoßen. Im Vergleich dazu wurden nur 507,7 Tausend Videos durch Kennzeichnungen von nicht-automatischen Kennzeichnungssystemen entfernt". Die Grafiken zeigen Zahlen von 2017 bis 2023, mit dem höchsten Wert im Jahr 2020, der zeigt, dass über elf Millionen Videos automatisch entfernt wurden (wahrscheinlich aufgrund von Videos, die gegen die Covid-Richtlinien verstoßen). [107]

Es gibt zu viele Kanäle, die entfernt wurden, um sie hier zu erwähnen, aber ein bemerkenswertes, relativ öffentlichkeitswirksames Opfer war die beliebte und herausragende US-amerikanische alternative Medienplattform *Red Ice TV*, die von Henrik Palmgren und Lana Lokteff betrieben wird. In Irland verloren die prominenten Stimmen Dave Cullen („Computing Forever"), Grand Torino (alias Rowan Croft) und die ehemalige Journalistin Gemma O' Doherty ihre Kanäle, was eine offensichtliche Auslese darstellt. Offensichtlich hat YT keine Videos entfernt, die eine Vielzahl destruktiver, böser Dinge wie Feminismus, Sozialismus, Klimaalarmismus, Veganismus oder Covid-bezogene Panikmache usw. fördern.

Trotz dieser Abschaffung der großen „rechten" Sender reichte dies einigen irischen Marx-Anhängern offensichtlich noch nicht aus. Am 21. Februar 2023 trat das fanatische irische Fotzenmitglied Mark Malone vor dem Gemeinsamen Ausschuss für Kinder, Gleichstellung, Behinderungen, Integration und Jugend des Oireachtas auf. Malone, der mit mehreren Gruppen in Irland, einschließlich der Antifa, eng verbunden ist, sprach bei dieser Gelegenheit als „Forscher" der gutartig klingenden Gruppe „Hope and Courage Collective" (ehemals FRO/"Far Right Observatory"). Im Wesentlichen ging es darum, wie sie unter dem Vorwand der Bekämpfung von „Fehlinformationen" (über Migranten und Flüchtlinge usw.) noch mehr „rechte" Inhalte von Online-Plattformen entfernen könnten. Er schlug vor, diese Fehlinformationen präventiv zu stoppen, bevor sie Wirkung zeigen.[108]

Amüsanterweise vergaß Malone den neuen „netteren" Namen der Gruppe, als er sagte, dass „wir als FRO... Teil des Trusted Flagger-Status auf jeder der wichtigsten Plattformen sind" und dass diese Plattformen „regelmäßig versagt haben, gemeldete Inhalte zu entfernen". Laut der Website *inhope.org* sind Trusted Flaggers „Organisationen, die gemäß dem Digital Services Act (DSA) formell als vertrauenswürdig für die Identifizierung und Meldung illegaler

---

[107] Ceci, L. „Number of videos removed from YouTube worldwide from 4th quarter 2017 to 2nd quarter 2023", Dezember 2023. https://www.statista.com/statistics/1132890/number-removed-YouTube-videos-worldwide/

[108] Hope and Courage Collective, „Mark Malone | Researcher | Hope and Courage Collective Ireland", 7. März 2023. https://www.YouTube.com/watch?v=uQAXrck9ouk

Inhalte anerkannt sind".[109] Ein Haufen marxistischer Aktivisten, die von angeblich kapitalistischen Big-Tech-Plattformen als „Trusted Flaggers" angesehen werden? Das ist geheime Absprache. Malone fügte hinzu, es gebe „die Möglichkeit, dass Organisationen daran arbeiten, Verantwortung zu übernehmen und Maßnahmen zu ergreifen, um das, was passiert, abzumildern, und das sehen wir nicht". Die Sekte wird niemals zufrieden sein, solange nicht alle nicht-marxistischen Inhalte aus dem Internet verschwunden sind.

Die ehemalige Geschäftsführerin von YouTube, Susan Wojcicki, gilt als treibende Kraft für den Niedergang (Marxifizierung) der Plattform. Sie war an der Übernahme der Plattform durch Google im Jahr 2006 beteiligt und wurde 2014 CEO. Wojcicki ist ein eifriges Sektenmitglied und unterstützt die Unteragenden Masseneinwanderung und Feminismus.[110] Ihre Schwester Anne Wojcicki ist Mitbegründerin und CEO des Gentestservice *23andMe* (einer von vielen Konzernen, die die Unteragenda „Rassengleichheit"/"Multikulturalismus" fördern).[111] Ich bin sicher, wenn ich diesen „Service" in Anspruch nehmen würde, wären meine Ergebnisse zu 50 % afrikanisch südlich der Sahara, zu 20 % arabisch, zu 20 % apachisch, zu 5 % lateinamerikanisch, zu 5 % aborigine und dennoch zu 100 % irisch.

Capitol Hill und die Zensur von Trump

Auch auf anderen Plattformen gibt es zahlreiche Beispiele für parteiisches Verhalten. Zu den Nachwirkungen der Präsidentschaftswahlen 2020 in den USA gehörten die gewalttätigen Ereignisse im Kapitol in Washington am 6. Januar 2021 während der offiziellen Auszählung der Stimmen zur Bestätigung des „Sieges" von Joe Biden. Die Patrioten wussten, dass etwas faul war, und gingen in die Offensive, was zweifelsohne durch die Behauptungen des Wahlbetrugs durch Präsident Donald Trump angeheizt wurde.

Die Direktoren der sozialen Medien und Online-Plattformen nutzten diese Gelegenheit, um ihn von mehreren Plattformen zu sperren, unter anderem von *Facebook*, *Instagram* und *Twitter*. Der CEO von Facebook, Mark Zuckerberg, kündigte an, dass sie Trump sperren würden, da seine Beiträge zu weiterer Gewalt anstiften könnten, und nannte die Ereignisse im Kapitol „schockierend".[112]

Am 8. Januar verkündete Twitter in einem gut ausgearbeiteten Stück

---

[109] „Was ist ein vertrauenswürdiger Flaggenleger?", 11. November 2023.https://www.inhope.org/EN/articles/what-is-a-trusted-flagger

[110] https://en.wikipedia.org/wiki/Susan_Wojcicki

[111] https://en.wikipedia.org/wiki/23andMe

[112] Palmer, A. „Facebook wird Trump zumindest für den Rest seiner Amtszeit für Beiträge sperren", 7. Januar 2021. https://www.cnbc.com/2021/01/07/facebook-will-block-trump-from-posting-for-the-remainder-of-his-term.html

marxistischer Propaganda, dass Trumps Konto nun „sofort und dauerhaft" von der Plattform gesperrt sei, offiziell „wegen des Risikos weiterer Aufstachelung zur Gewalt". Dieser kurze, belanglose Beitrag reicht aus, um zu zeigen, dass sie von dieser Ideologie durchdrungen sind. Sie bezeichnete die Ereignisse im Kapitolgebäude als „schrecklich" und „kriminelle Handlungen" und verwies auf die übliche Verletzung der Regeln durch das @realDonaldTrump-Konto. Ihre Urteilsbegründung stützte sich auf einen Tweet von Trump vom selben Tag: „Die 75.000.000 großen amerikanischen Patrioten, die für mich, AMERICA FIRST und MAKE AMERICA GREAT AGAIN gestimmt haben, werden auch in Zukunft eine RIESENSTIMME haben. Sie werden in keiner Weise respektlos oder unfair behandelt werden!!! ". Er tweetete auch: „An alle, die gefragt haben: Ich werde nicht zur Amtseinführung am 20. Januar gehen".[113]

Sie beriefen sich auf ihre fadenscheinige „Gewaltverherrlichungspolitik" (antimarxistische Gewalt). Sie erklärten, dass der zweite Tweet die Idee fördere, „dass die Wahl nicht rechtmäßig war", und dass er „auch als Ermutigung für diejenigen dienen könnte, die möglicherweise Gewalttaten in Erwägung ziehen, dass die Amtseinführung ein „sicheres" Ziel sei, da er nicht daran teilnehmen werde". Laut Twitter wurde der erste Tweet durch die Verwendung des Begriffs „amerikanische Patrioten" als Unterstützung für „diejenigen, die Gewalttaten am US-Kapitol begehen" hervorgehoben (was er zu Recht war). Schließlich hieß es, dass auf der Plattform Pläne für weitere gewalttätige Proteste auftauchten. Das Hauptproblem, das die Sektenmitglieder bei Twitter, Facebook usw. mit Trumps Tweets hatten, bestand offensichtlich darin, dass sie die Geschehnisse im Kapitol nicht verurteilten, und dies wurde als Vorwand benutzt. Ich bin sicher, dass Trumps Abgang sie ermutigt hat, ihn zu zensieren. Ein weiterer Faktor ist die Mentalität der verwöhnten Gören - und was passiert, wenn sie ihren Willen nicht durchsetzen können. Trump hat die Demonstranten nicht verurteilt und nicht so reagiert, wie sie es wollten, also haben sie einen Wutanfall und verbieten ihn. Erbärmlich. Dabei ist zu bedenken, dass die Machtübernahme durch die Biden-Regierung nichts anderes als ein marxistischer Staatsstreich war (der wirklich „entsetzlich", „schockierend" und „kriminell" ist), und diese Online-Plattformen haben eindeutig ihr wahres (rotes) Gesicht gezeigt, indem sie sich an diesem Verrat beteiligt haben.

Wie können Zuckerberg und Co. es wagen, sich so zu verhalten! In einer vernünftigen, gesunden (marxismusfreien) Nation würden Leute wie er sofort wegen Hochverrats verhaftet werden (wenn sie es überhaupt in Machtpositionen geschafft hätten). Es ist „entsetzlich", dass sie damit durchkommen. Diese Online-Plattformen sind ein entscheidender Teil der Operationen der Sekte - sie spielen eine zentrale Rolle bei der Schaffung des

---

[113] X, „Dauerhafte Suspendierung von @realDonaldTrump", 8. Januar 2021.

https://blog.twitter.com/en_us/topics/company/2020/suspension

Chaos, der Spaltung und der Gewalt, die das Land verschlingen - und wenn sich die Konsequenzen in Aktionen gegen sie manifestieren, nehmen sie eine Position der Tugendhaftigkeit und moralischen Überlegenheit ein! Das ist völlig inakzeptabel. Und dann ist da noch die parteipolitische Doppelmoral, wenn es darum geht, wer ihre Plattformen nutzen darf und in welcher Funktion. Es ist offensichtlich, dass unzählige marxistische Stimmen von Anfang an auf diesen Plattformen agieren durften. Können Sie sich vorstellen, dass Sektenmitglieder wie Bernie Sanders, Alexandria Ocasio-Cortez usw. verboten werden, trotz der Menge an antiamerikanischem Gefasel, das sie verbreiten? Unwahrscheinlich! (Zum Zeitpunkt der Abfassung dieses Artikels im Juni 2022 twittert Sanders über die Legalisierung von Marihuana, spricht über die Bourgeoisie, die Rechte der proletarischen Arbeiter, das Großkapital usw.)

Oder was ist mit der Vielzahl fanatischer marxistischer Gruppen, die soziale Medienplattformen nutzen (Antifa, Black Lives Matter, Extinction Rebellion usw.)? Nutzen sie diese nicht, um Gewalt/soziale Unruhen/Unterbrechungen zu erzeugen, zusätzlich zur Überwachung nicht-marxistischer Stimmen, um sie in der realen Welt zu belästigen oder Verbrechen gegen sie zu begehen? Die ideologische Doppelmoral ist offensichtlich - Gewalt und Unruhen sind in Ordnung, wenn sie marxistischen Ursprungs sind, aber wenn sie antimarxistisch sind, sind sie „entsetzlich" und „schockierend". Schockierend" ist auch, dass Zuckerberg und Co. die Kontrolle über drei riesige Social-Media-Plattformen haben - Facebook, Instagram und Whatsapp. Hmmm, wie nennt man das, wenn Dinge zunehmend zentralisiert werden, begleitet von der Unterdrückung der Meinungsfreiheit? Ist das Kapitalismus oder Kommunismus?

Telegramm und Parler

Die Telegram-Plattform erlebte nach dem Verbot von Trump Anfang 2021 einen massiven Anstieg der Nutzerzahlen und zog viele an, die versuchten, den oben erwähnten kontaminierten Plattformen zu entkommen. Sie hatte den Ruf, eine echte Plattform für freie Meinungsäußerung und Datenschutz zu sein, und zog daher unweigerlich viele Rechte an. Tatsächlich wurde sie zur wichtigsten Plattform, sogar im Vergleich zu anderen rechtsfreundlichen Alternativen wie *Parler*. Natürlich wurde dies von der Sekte nicht geduldet, und es wurden weitere Schritte unternommen, um den Feind zu unterdrücken. Eine Lobbygruppe namens *The Coalition for a Safer Web* (CSW) wurde aktiv („sicherer" = lustig). Die sich abzeichnende Strategie bestand darin, sich gegen Unternehmen wie *Apple zu wenden, die die* Betriebssystemsoftware für Smartphones kontrollieren, und nicht nur gegen die Social-Media-Plattformen selbst. Im Mittelpunkt steht dabei die Tatsache, dass die Nutzer sowohl bei Apples iOS als auch bei Googles Android-Systemen das App-Installationsprogramm (*App Store* bzw. *Play Store*) benötigten, um die eigentlichen Apps (z. B. Telegram) herunterzuladen. Die CSW reichte daraufhin eine Klage gegen Apple ein, um Einfluss auf Telegram zu nehmen und es im Wesentlichen zur Einhaltung der Vorschriften zu zwingen.[114]

Der Gründer der CSW, Marc Ginsberg, ist ein jüdischer Anwalt mit jahrzehntelanger Erfahrung im politischen und unternehmerischen Bereich. Bei seinem Angriff auf Apple spielte er die „Antisemitismus"-Karte aus und verwies auf die „religiösen Drohungen" (gegenüber jüdischen Menschen), die von einigen Telegram-Nutzern geäußert wurden. Die Website *coalitionsw.org* ist eine ekelerregende, tugendhafte, marxistische Lektüre, die das übliche Gerede von „rechtsextrem", „Extremismus", weißen Nationalisten, „Rassisten", der Förderung von „Hass" usw. enthält.[115]

Wirtschaftliche Erpressung

Die Kampagne „*Stop Hate for Profit"* wurde von der Sekte nach dem Tod von George Floyd ins Leben gerufen, der für sie von großem Vorteil war. Der Name - Stop Hate for Profit - ist offensichtlich marxistisch: Antikapitalismus und Tugendhaftigkeit in einem. Diese Aktion ermöglichte es der Sekte, ihre Kontrolle über die sozialen Medien mit ihrer antikapitalistischen Sub-Agenda zu verbinden. Sie bezog Unternehmen wie Unilever, Starbucks und Verizon mit ein und nutzte Werbeboykotte, um Facebook zu zwingen, im Wesentlichen marxistischer zu werden. Interessanterweise war das nicht gut genug, egal wie sehr Zuckerbergs Facebook zuvor mit der Ideologie sympathisiert hatte! Daraufhin kündigte der Vorstandsvorsitzende umgehend an, dass das Unternehmen seine Richtlinien ändern werde, um „Hassreden" zu unterbinden.[116] Der Fanatismus der Sekte kommt in Wellen...

Die Rogan-Gate-Affäre

Ein weiteres Beispiel für den Fanatismus der Sekte, diesmal mit dem berühmten Podcast-Moderator, Comedian und UFC-Kommentator Joe Rogan. Es geschah, nachdem er im Mai 2020 einen umfangreichen Exklusivvertrag mit dem Audio-Streaming-Giganten *Spotify* unterzeichnet hatte, um seine Show - *Joe Rogan Experience* - zu präsentieren.

Das schreckliche Verbrechen, das er beging, war ein Interview mit Abigail Shrier, der Autorin eines wichtigen Buches über die Trans-Agenda mit dem Titel *Irreversible Damage: Der Transgender-Wahn, der unsere Töchter*

---

[114] Duden, T., „Lobby Group Sues Apple To Remove Telegram From App Store For Allowing „Hate Speech"„, 19. Januar 2021. https://www.zerohedge.com/technology/lobby-group-sues-apple-remove-telegram-app-store-allowing-hate-speech

[115] https://coalitionsw.org/

[116] Hern, A., „How hate speech campaigners found Facebook's weak spot", 29. Juni 2020. https://www.theguardian.com/technology/2020/jun/29/how-hate-speech-campaigners-found-facebooks-weak-spot

verführt (2020).[117] Shriers edle Arbeit beleuchtet mehrere wichtige Aspekte dieser Subagenda, darunter, dass die Popkultur in hohem Maße dazu beiträgt, dass junge Frauen sich als „trans" identifizieren, und dass anfällige Frauen (z. B. solche mit ängstlichen oder depressiven Tendenzen) anfällig für diesen Wahn sind. Mit anderen Worten, sie erforscht Bereiche, die dem Narrativ der Sekte widersprechen (d. h. dass es bei diesem Thema um „Mitgefühl" für die „Unterdrückten" geht).

Diese unverzeihliche Ungerechtigkeit löste bei den Spotify-Mitarbeitern eine glorreiche innere Revolution aus, da viele von ihnen LGBTQ usw. waren. In einem Artikel vom 8. Oktober 2020 auf *musicnetwork.com* heißt es: „In einer Erklärung erklärte Spotify-CEO Daniel Ek, dass das Unternehmen die Episode geprüft und sich letztendlich dagegen entschieden habe, sie von der Plattform zu entfernen. „Im Fall von Joe Rogan wurden insgesamt 10 Treffen mit verschiedenen Gruppen und Einzelpersonen abgehalten, um ihre jeweiligen Bedenken zu hören", sagte Spotify-CEO Daniel Ek. „Und einige von ihnen wollen, dass Rogan wegen Dingen, die er in der Vergangenheit gesagt hat, entfernt wird."[118] Ich bin überrascht, dass sie nicht gestreikt haben, um ihren eigenen Willen durchzusetzen! Ich hätte sie morgens bei der Arbeit mit einem eiskalten Genitalien-schneidenden Feuerschlauch in den transgenderisierten Schritt begrüßt und sie dazu gebracht, ihre mageren, ethischen, unterdrückungsfreien Vegancino-Latte-Kaffees fallen zu lassen. Idioten.

In einer späteren Folge mit Tim Dillon kommentierte Rogan: „Sie haben mir buchstäblich nichts darüber gesagt. Gibt es jemanden bei Spotify, der sich über die Folge beschwert? Ich bin mir sicher. Ist es eine transphobische Folge? Nein, ist sie nicht. Sie liegen falsch. Das hat nichts damit zu tun. Es hat mit der Tatsache zu tun, dass Menschen tatsächlich formbar sind. Das wissen wir alle. Deshalb gibt es Sekten".[119] In der Tat. Als Rogans Show im September 2020 auf Spotify erschien, haben interessanterweise einige Episoden die Migration von YouTube nicht überlebt. Darin kamen Interviewpartner wie der „rechte" Kommentator Gavin McInnes und Alex Jones zu Wort.

Offensichtlich marxistische Plattformen

Ein Beispiel für eine absolut ekelhafte Müll-Website ist *Rational Wiki*. Die meisten ihrer „Artikel" sind Propagandaseiten, die speziell geschrieben

---

[117] JRE Clips, „Why Abigail Shrier Took on the Transgender Craze Amongst Teenage Girls", 16. Juli2020. https://www.YouTube.com/watch?v=6MYb0rBDYvs

[118] Gray, G. „Joe Rogan hat sich zu Spotify-Mitarbeitern geäußert, die JRE zensieren wollen", 8. Oktober 2020.https://themusicnetwork.com/joe-rogan-spotify-controversy/

[119] Leistungsstarke JRE, „Joe Rogan Experience #1525 - Tim Dillon", 14. August 2020.

https://www.YouTube.com/watch?v=h9XzuUXj6Gc

wurden, um alle nicht-marxistischen Stimmen in der Gesellschaft zu bekämpfen, zu verhöhnen oder abzutun. Der Schreibstil ist vorhersehbar hoch intellektualisiert, mit einer übermäßig extravaganten Sprache, um den Anschein von Intelligenz aufrechtzuerhalten (klassisches Verhalten von Sektenmitgliedern). Zweifelsohne ist es effektiv, Sektenmitglieder aufgrund ihrer zickigen Tendenzen zu unterhalten und den Durchschnittsbürger (ob bereits indoktriniert oder nicht) davon abzuhalten, aufzuwachen und zu erkennen, was die „Linke" ist. Die beteiligten Sektenmitglieder sollten inhaftiert werden, und Seiten dieser Art sollten mit äußerster Härte aus dem Internet entfernt werden.

Aus „Über RationalWiki" auf der Homepage der Seite (formatiert, Anmerkungen in Klammern): „Unser Zweck hier bei RationalWiki umfasst: 1. Analyse und Widerlegung von Pseudowissenschaft und der Anti-Wissenschafts-Bewegung (sie unterstützen den Klimaschwindel, die Evolution usw.); 2. Dokumentation des gesamten Spektrums von Spinner-Ideen (Bekämpfung von 'Verschwörungstheorien', die Bevölkerungsaustausch-Migration, Covid usw. beinhalten); 3. Erforschung von Autoritarismus und Fundamentalismus (anti-'rechter' Flügel); 4. Analyse und Kritik daran, wie diese Themen in den Medien behandelt werden".[120]

Die irische Website *The Beacon* ist ein weiteres Beispiel. Auf der Startseite sehen wir einen rot-schwarzen Leuchtturm auf schwarzem Hintergrund; darunter steht der Slogan „Reporting on the Far Right". Aus der Seite „Über": „The Beacon wurde im August 2019 gegründet und hat sich antirassistischen und antifaschistischen Prinzipien verschrieben. Es berichtet und recherchiert über die extreme Rechte in Irland und darüber hinaus".[121] Es handelt sich um eine einfache, aber gut aufgebaute Website mit vielen Artikeln, die marxistisches Geschwätz verbreiten. Die Texte sind fachlich kompetent, aber man kann deutlich erkennen, dass sie ultra-parteilich sind. Es werden häufig die Begriffe „rechtsextrem" und „Verschwörungstheoretiker" usw. verwendet. Unwissende/beeinflussbare Menschen lassen sich von dieser Propaganda definitiv beeinflussen.

Es gibt unzählige Seiten wie diese. Das Faszinierendste an ihnen (ähnlich wie bei anderen Sekten) ist, wie sie endlose Seiten dieses Mülls schreiben können und nicht merken, dass sie niedere, gehirngewaschene Fanatiker sind, die buchstäblich alles daran setzen, ihre Intelligenz einzusetzen, um die Menschheit zu verraten. Es ist genug Intelligenz vorhanden, um Argumente zu konstruieren und sie zu präsentieren usw., aber nicht genug, um zu erkennen, was sie sind und was sie (sich selbst/uns) antun. Traurige Zombies. Es ist wirklich faszinierend.

---

[120] https://rationalwiki.org/wiki/Main_Page

[121] https://the-beacon.ie/about/

Nichtregierungsorganisationen/Non-Profit-Organisationen

Die so genannten „Nichtregierungsorganisationen" (NRO oder „Non-Profit-Organisationen") gehören zwar nicht unbedingt zu den traditionellen „Transmissionsriemen der Kultur", sind aber ein ebenso wichtiger Bestandteil der großen roten Maschinerie (nicht kontaminierte Gruppen natürlich ausgeschlossen).

Sie spielen eine entscheidende Rolle bei der Verbreitung der ideologischen Infektion in einem Land, indem sie den „normalen" Bürger zu „Helden" im Kampf um die Schaffung einer marxistischen Utopie werden lassen. Aufgrund ihres Charakters als „Non-Profit-Organisationen" sind sie keine Unternehmen, was in den Köpfen der kapitalismusfeindlichen Sektenmitglieder zweifellos etwas Edles ist und sie zu attraktiven, lohnenden Unternehmungen macht. Im Grunde genommen saugen sie also den Reichtum ab - durch Spenden und Finanzierungen -, um die Länder, in denen sie tätig sind, zu zerstören (durch die Förderung/Unterstützung verschiedener marxistischer Subagenden)!

Sie können an einer Vielzahl von Unterthemen beteiligt sein: Bekämpfung von „Rassismus" und „Hassreden" oder „Hassverbrechen"; Förderung von Abtreibung als Gesundheitsfürsorge; Rolle bei der Einfuhr von Einwanderern - legal oder illegal - und Beschleunigung ihrer Aufnahme in die Allgemeinbevölkerung; Förderung von LGBTQ-Themen in Schulen und Gemeinden; Unterstützung des Baus von Moscheen in verschiedenen westlichen Ländern (trotz lokaler Einwände); Förderung der Unteragenda Klimawandel; Förderung und Verstärkung feministischer Propaganda usw. In vielen Fällen kombinieren sie diese Themen und fördern mehrere gleichzeitig. Ungeachtet des Schnickschnacks und der verschiedenen Namen, Logos, Farben usw. dieser Gruppen sind sie alle Teil der einen großen Sektenbewegung.

Einige spielen in verschiedenen Phasen ein und derselben Teilagenda eine Rolle in unterschiedlichen Funktionen. Die israelische NRO *IsraAid* *beispielsweise war* an der Unteragenda Massenmigration beteiligt und half dabei, Migranten aus Afrika über das Mittelmeer nach Europa zu bringen; dasselbe gilt für die deutsche NRO *Sea-Watch*.[122]

Dann gibt es noch das *Europäische Netzwerk gegen Rassismus*, das die Unteragenda auf EU-Ebene über seine zahlreichen Unterorganisationen auf nationaler Ebene vorantreibt. Aus der Seite „Unsere Mitglieder" auf der Website: „ENAR will lokale und nationale antirassistische NRO in ganz Europa miteinander verbinden und ihre Stimme erheben, um einen dauerhaften Wandel auf europäischer und nationaler Ebene herbeizuführen. Wir sind ein starkes und dynamisches Netzwerk von über 150 NRO, die sich für die Bekämpfung von Rassismus in ganz Europa einsetzen. Unsere

---

[122] *https://www.israaid.org/*; https://sea-watch.org/en/

Mitgliedsorganisationen sind unsere Stärke: das Fundament unseres Fachwissens und die Stimme der Opfer von Rassismus und Diskriminierung in ganz Europa".[123] „Antirassistisch", wie? Diese Art von NROs - als Teil eines internationalistischen marxistischen Netzwerks - helfen dabei, Migranten nach Europa zu bringen, dann sicherzustellen, dass sie in ihrem Zielland untergebracht/untergebracht werden und finanzielle Leistungen erhalten, und darüber hinaus jeglichen Widerstand gegen diesen Prozess zu unterdrücken (durch „Antirassismus").

Die von diesen Gruppen verwendeten Begriffe weisen sie als marxistisch aus. Das *Migrant Rights Centre Ireland (MRCI)*, das mehrere Unterorganisationen vereint, erklärt dies auf seiner Homepage: „MRCI ist eine nationale Organisation, die sich für die Rechte von Wanderarbeitern und ihren Familien einsetzt, die von Ausbeutung, sozialer Ausgrenzung und Diskriminierung bedroht sind". Sozialismus/Antikapitalismus, Masseneinwanderung und „Antirassismus" in einem. Ist diese „Ausbeutung" die im Kommunistischen Manifest beschriebene „nackte, schamlose, direkte, brutale" Art? (rollt mit den Augen). Sie arbeitet auch „mit Migranten und ihren Familien in Irland, um Gerechtigkeit, Selbstbestimmung und Gleichheit zu fördern".[124] Gähn.

Beachten Sie, dass die auf den folgenden Seiten erwähnten Organisationen sich nicht als „marxistisch" oder „kommunistisch" bezeichnen (in den meisten Fällen nicht einmal als „sozialistisch")! Eine sich häutende Schlange...

Irische NGO's

Im winzigen Irland gibt es ein großes Netz von N.G.O.'s, ein Netz, das miteinander verbunden ist. Wir werden das nicht weiter vertiefen, aber hier sind einige Leckerbissen:

Das *irische Netzwerk gegen Rassismus* ist ein Zweig von ENAR. Laut der Seite „Unsere Mitglieder" auf ihrer Website hat sie etwa 132 Mitgliedsgruppen in Irland. [125] Mit ihrer #Lovenothate-Kampagne setzen sie sich auch für Rechtsvorschriften gegen „Hassverbrechen" ein. Bezeichnenderweise ermutigt diese Gruppe die Öffentlichkeit, rassistische Vorfälle über das System *iReport.ie* zu melden.

Von der iReport.ie-Seite (aus Platzgründen anders formatiert und zur Hervorhebung unterstrichen):

„iReport.ie - Meldesystem für rassistische Vorfälle: Ermöglicht es Menschen, die Rassismus erleben oder bezeugen, und/oder denjenigen, die sie unterstützen, etwas dagegen zu unternehmen und das Schweigen zu brechen;

---

[123] https://www.enar-eu.org/Members

[124] https://www.mrci.ie/; https://www.mrci.ie/about-us/

[125] https://inar.ie/membership/inar-members/

nationale, vertrauliche und benutzerfreundliche Möglichkeit, Rassismus von jedem Online-Gerät aus zu melden; dient der Überwachung von Rassismus in Irland; liefert Beweise und Daten über Rassismus in Irland; wirkt der Zunahme von Rassismus und der Verhärtung rassistischer Einstellungen entgegen; trägt der Notwendigkeit Rechnung, die Diskussion auf die Suche nach Lösungen für Rassismus zu konzentrieren".[126]

Der Teil über das *Meldesystem für rassistische Vorfälle* klingt noch lustiger, wenn man ihn mit einer Roboterstimme liest (wie ich es getan habe). Da es sich um ein vertrauliches System handelt, bedeutet dies, dass potenziell eine unbegrenzte Anzahl von „Berichten" eingehen könnte (in Irland gibt es viele gehirngewaschene Sektenmitglieder, daher glaube ich nicht, dass „unbegrenzt" eine Übertreibung ist). Dröhnende Roboterstimme: „Berichten Sie über Ihre fel-low ci-ti-zens wie ein guter kleiner marxistischer ro-bot com-rade". Eine Ratte zu sein ist natürlich nobel, wenn man eine marxistische SJW-Ratte ist.

Eine weitere ist der *Immigrantenrat von Irland*. Aus „Unsere Werte" (aus Platzgründen formatiert): „Die Werte, die die Arbeit des Immigrantenrates bestimmen, sind: Wir basieren auf Rechten und setzen uns für Gerechtigkeit und Gleichheit für alle ein; wir respektieren und unterstützen das Empowerment von Migranten und arbeiten solidarisch; wir begrüßen und fördern Vielfalt und Integration; die Gleichstellung der Geschlechter steht im Mittelpunkt unserer Arbeit; wir arbeiten partnerschaftlich und kooperativ, um unsere Ziele zu erreichen".[127] Darin enthalten sind die marxistischen Konzepte bzw. Interpretationen von Gleichheit, Gerechtigkeit, „Empowerment" von Migranten (einschließlich politischer Macht), Solidarität, Vielfalt und Integration sowie Feminismus.

Comhlamh

Cómhlámh ist in erster Linie eine Freiwilligenorganisation, engagiert sich aber auch in anderen Bereichen. Das Wort „Comhlamh" ist ein Wort aus dem Irischen (Gälischen) und bedeutet „gemeinsam" (auch bekannt als Solidarität). Typische Täuschung durch die rote Schlange - Marxismus, getarnt als Patriotismus, alles in einem Wort enthalten! (Irische Leser wissen, dass die Verwendung der irischen Sprache in Irland ein gutes Mittel ist, um Irischsein vorzutäuschen. Dies ist in den westlichen Ländern in gewisser Weise einzigartig, da Irland ein hauptsächlich englischsprachiges Land mit einer eigenen (im Wesentlichen) einheimischen Sprache ist, die von weißen Menschen gesprochen wird. Vielleicht wird die gleiche Taktik auch in Schottland (das seine eigene gälische Sprache hat) und Wales angewandt. Nicht-irische/schottische/walisische Leser haben möglicherweise keine

[126] https://www.ireport.ie/

[127] https://www.immigrantcouncil.ie/vision-mission

Entsprechung dieser Art von Täuschung in ihren eigenen Ländern).

Auf ihrer rot getränkten Website stehen die Slogans „Action for Global Justice" und „In Global Solidarity". Auf der Seite „Über uns" heißt es „Comhlámh ist eine Mitgliedsorganisation, die sich für eine gerechte und nachhaltige Welt einsetzt. Als irische Vereinigung von Entwicklungshelfern und Freiwilligen fördert Comhlámh verantwortungsvolle, reaktionsfähige internationale Freiwilligenarbeit. Wir unterstützen Menschen dabei, sich für soziale Gerechtigkeit einzusetzen. Wir arbeiten mit zurückgekehrten Freiwilligen, Partnerorganisationen und Mitgliedsgruppen zusammen, um durch fortschrittlichen Basisaktivismus in Irland und auf internationaler Ebene gerechte, integrative Gesellschaften zu fördern".[128] Schauen Sie sich all diese offenkundig marxistischen Schlüsselwörter an, aber die Worte „Marxismus", „Sozialismus" oder „Kommunismus" sind nirgends zu finden! Das ist genau die Art von Scheiße, von der ich spreche! Hinterhältige Sektenbastarde. Der Uninformierte hat keine Ahnung, dass diese Organisation Teil des internationalen roten Kults ist.

Das Einführungsvideo (auf derselben Seite) trägt den Titel „40 Jahre Solidarität". Nachdem hervorgehoben wird, dass die meiste Arbeit in der südlichen Hemisphäre stattfindet, heißt es im Voice-Over: „Aber viele der Grundursachen für globale Ungerechtigkeit, Armut und Unterdrückung haben ihren Ursprung genau hier - im industrialisierten Norden... Unsere wirkliche Arbeit beginnt also, wenn wir nach Hause kommen". Oh oh... „echte Arbeit" ist ein Code für „Revolution". Man beachte die übliche Tugendhaftigkeit, mit der auf den Kapitalismus und die westlichen „Unterdrücker"-Länder geschimpft wird. Offensichtlich ist die Tatsache, dass der Sozialismus ein wichtiger Faktor bei der Schaffung des Schlamassels war, in dem sich ein Großteil der Dritten Welt befindet, für diese Leute unverständlich. Diese freiwilligen Idioten werden nach Irland (oder wo auch immer) zurückkehren, fest entschlossen, sich gegen das böse bürgerliche kapitalistische System aufzulehnen, inspiriert durch das Leid und die Unterdrückung, die sie auf ihren Reisen gesehen haben.

Andere Organisationen nach Gruppen

Einige andere marxistische Gruppen im winzig kleinen Irland:

Feministische Gruppen: *Irish Feminist Network*; *National Women's Council of Ireland*; *Women's Aid*; *Actionaid*. Viele dieser Organisationen sind aus früheren Gruppen wie dem *Irish Women's Liberation Movement* hervorgegangen, das 1970 gegründet wurde.[129] (Ein amüsanter Titel - klingt wie die vielen an anderer Stelle erwähnten marxistischen Terrorgruppen, nicht wahr? Er deutet

---

[128] https://comhlamh.org/about-us/

[129] https://en.wikipedia.org/wiki/Irish_Women_Bewegung_der_Befreiung

auf dramatische Weise an, dass Frauen eingesperrt wurden (in Marx' Worten: „Frauen haben nichts zu verlieren als ihre Ketten!"). Die IWLM veröffentlichte ein Manifest mit dem Titel „Ketten oder Wandel", und ihre Mitglieder gründeten später andere Gruppen. Das ist die klassische Marx'sche Anwendung des Prinzips Unterdrücker gegen Unterdrückte).

Gruppen zum Klimawandel: *Stop Climate Chaos*; *Climate Ambassador*; *Friends of the Earth*; *Irish Environmental Network*; *Environmental Protection Agency*; *Environmental Pillar*; *Friends of the Irish Environment* (erschaudern!).

Pro-Abtreibungsgruppen: *Gemeinsam für Ja*; *Rosa (Reproduktionsrechte, gegen Unterdrückung, Sexismus und Austerität)*.

Aus der Seite „Über Rosa" auf der Website mit dem roten Banner *rosa.ie*: „ROSA ist eine sozialistische, feministische und pro-choice Aktivistengruppe. ROSA ist nach Rosa Parks benannt, der inspirierenden schwarzen Aktivistin, die sich bekanntlich weigerte, ihren Sitzplatz für einen weißen Fahrgast freizugeben und damit den Montgomery-Busboykott der Bürgerrechtsbewegung auslöste. Und auch nach Rosa Luxemburg, der herausragenden und führenden sozialistischen Theoretikerin und Aktivistin des frühen 20. Jahrhunderts, die 1919 wegen ihrer revolutionären Politik ermordet wurde".[130]

Das sagt eigentlich schon alles - Sozialismus, Feminismus, Abtreibung und sogar ein paar Minderheitenrechte in den USA, dazu die jüdische Kommunistin und „Märtyrerin" Luxemburg (die Schutzpatronin des „Luxemburgismus"). Die Website dieser Gruppe zeigt uns, wie die Ideologie Menschen dazu bringt, seltsame Dinge zu tun. Im Wesentlichen handelt es sich um einen Haufen „irischer" Menschen, die verrückte marxistische Sektenmitglieder sind, indem sie viele Dinge außerhalb ihres eigenen Landes/ihrer eigenen Kultur verehren! Das ist es, was diese Ideologie mit den Gehirnen der Menschen macht. Was um alles in der Welt haben die Rechte der Schwarzen im Amerika der 1950er Jahre oder die versuchte kommunistische Machtübernahme in Deutschland nach dem Ersten Weltkrieg mit dem heutigen Irland und jungen irischen Frauen zu tun, abgesehen von der marxistischen Indoktrination? Absolut nichts! Verrückte!

LGBT-Organisationen: *LGBT Irland*; *Belongto*; *NXF-National LGBT Federation*; *Outhouse LGBT Community Resource Centre*; *Transgender Equality Network Ireland*.

Viele dieser Gruppen haben Mannschaftsfotos oder Fotos ihrer Mitglieder, auf denen glückliche, lächelnde Gesichter zu sehen sind. Hier können wir das Kultprinzip in Aktion sehen. Die Mitgliedschaft in einer marxistischen

---

[130] http://rosa.ie/about/

Organisation gibt einem Menschen ein Gefühl der Zugehörigkeit, ein Gefühl der Wärme und „Liebe". Genau wie in einer Sekte, wo man von anderen Sektenmitgliedern umgeben ist.

Abschnitt VII - Ausreden (marxistischer) Menschen...

„Die Antifa ist eine Idee, keine Organisation"[1]

Joe „Patriot" Biden bevormundet das amerikanische Volk während einer Präsidentschaftsdebatte, indem er behauptet, die berüchtigte verräterische Kultgruppe existiere nicht, 29. September 2020

Einführung

Nun zu einigen gängigen Ausreden oder Rechtfertigungen, die wir von Sektenmitgliedern hören. Da es viele Aspekte der Ideologie und so viele Sektenmitglieder mit so vielen Interpretationen gibt, würde es ein ganzes Buch brauchen, um alle möglichen Ausreden aufzulisten. Deshalb werden wir uns speziell auf den „Sozialismus"/"Kommunismus" konzentrieren.

Wie inzwischen klar sein sollte, hat es keinen Sinn, sich auf eine Debatte mit gehirngewaschenen Fanatikern einzulassen, aber das überlasse ich dem Urteilsvermögen des Lesers. Nicht jeder Geist ist in gleichem Maße kontaminiert/indoktriniert. Ob eine Person als verlorener Fall zu betrachten ist oder nicht, überlasse ich Ihnen. Dies zu tun, um zu unterdrücken, zu Unterhaltungs- oder Übungszwecken oder um sich lächerlich zu machen, ist eine Sache, aber tatsächlich zu erwarten, dass sie sich ändern, ist eine andere (und meistens vergeblich). Der Zweck dieses Abschnitts (und auch des Buches selbst) ist es, das Verhalten hervorzuheben, das uns helfen kann, zu erkennen, wer indoktriniert ist - und zwar in welchem Maße - und wer nicht. Diese Linie im Sand zu ziehen und mit dem Finger auf den Feind zu zeigen.

Beim Durchgehen der Liste sollten wir das Problem „Theorie gegen Realität" betrachten, wie marxistische/sozialistische/kommunistische Theorien in der realen Welt, in der Realität, nicht die Ergebnisse hervorbringen, die Sektenmitglieder erwarten (ob sie dies akzeptieren können oder nicht, oder ob sie sich dessen bewusst sind oder nicht).

„Der echte Kommunismus/Sozialismus ist noch nicht wirklich erprobt

---

[1] National Review, „Biden Says Antifa Is 'An Idea, Not An Organization' during Presidential Debate", 30. September 2020.
https://www.YouTube.com/watch?v=UaWsYjBOXdg

worden!"

Eine Variante davon ist „Kommunistische Länder haben nie existiert! Also nein, Kommunismus oder Sozialismus sind keine Fehlschläge!". Bei diesem Argument geht es darum, wie sich Karl Marx, Friedrich Engels und andere frühe „Kommunisten" den „Kommunismus" im Allgemeinen vorgestellt haben. Im Allgemeinen stellten sie sich eine egalitäre, klassenlose, geldlose, staatenlose, atheistische, materialistische Gesellschaft vor, in der die Ressourcen, die Industrie und die Produktionsmittel im Besitz und unter der Kontrolle des Proletariats (der Arbeiter) sind; die „Gemeinschaft". Zur Erinnerung: Der Sozialismus ist (nach allgemeiner Auffassung) die Übergangsperiode auf dem Weg zu dieser kommunistischen Utopie. Kurzfristig würden die genannten Dinge in einer sozialistischen Gesellschaft nicht unbedingt (!) erreicht werden.

Marx und Engels waren auch der Meinung, dass der Staat selbst eine Form der Unterdrückung ist. Wenn wir ihnen also Glauben schenken (und sie beim Wort nehmen!), würden sie die verschiedenen „sozialistischen" und „kommunistischen" Regime, die seit ihrer Zeit entstanden sind, (offensichtlich) missbilligen. Dieser spezielle Punkt wird von marxistischen Apologeten oft angeführt, wenn sie versuchen, Kritik am Marxismus zu entkräften, aber er ist im Großen und Ganzen irrelevant, wie ich in den folgenden Abschnitten erklären werde. Alle so genannten „kommunistischen" Regime, die jemals existierten (beginnend mit V.I. Lenins bolschewistischer Sowjetunion), entsprachen offensichtlich nicht der obigen Definition/den obigen Parametern, da sie alle eine funktionierende Führung/einen funktionierenden Staat hatten.

Sie mögen behauptet haben, das Volk zu vertreten, aber sie waren einfach ein Haufen „Männer" (Schläger) an der Spitze des Landes, die dessen Angelegenheiten lenkten, was schließlich einen „Staat" darstellte (natürlich ist es heute allgemein bekannt, dass die Bolschewiki die Kontrolle über Russland dank finanzieller und anderer Hilfe von außen übernommen haben. Die „russische" Revolution hatte nichts Russisches an sich. Die meisten von ihnen waren jüdische Sektenmitglieder und „Revolutionäre" aus dem Ausland).

Auch die Tatsache, dass Lenins „Avantgarde" die Kontrolle ausübte, bedeutet, dass es eine Art Klassensystem gab, ein Machtgefälle zwischen ihm und seinen Kumpanen und der breiten Öffentlichkeit. Und es gab noch viele andere Diskrepanzen. Wir können alle anderen „kommunistischen" und „sozialistischen" Staaten, die seit Lenins Sowjetunion existierten, durch dieselbe Linse betrachten.

Bedeuten diese offensichtlichen Diskrepanzen zwischen dem, was Marx und Engels und andere gesagt haben, und dem, was in diesen Fällen tatsächlich passiert ist, dass diese erste marxistische Ausrede eine gewisse Gültigkeit hat? Nein! Diese Ausrede („der wirkliche Kommunismus/Sozialismus wurde nie ausprobiert") rührt in erster Linie daher, dass man nicht erkennt, dass die Ideen von Marx und Engels nur theoretische Phantasie waren. Der Versuch, eine egalitäre, klassenlose, geldlose, staatenlose, atheistische, materialistische Gesellschaft zu schaffen, in der die Ressourcen, die Industrie und die Produktionsmittel dem Proletariat (den Arbeitern), der „Gemeinschaft", gehören und von ihnen kontrolliert werden, wird nicht funktionieren, weil er von der Realität und der menschlichen Natur losgelöst ist.

Die Menschen sind nicht gleich; es wird immer jemanden geben, der das Sagen hat, da die Natur selbst auf Hierarchien aufgebaut ist; Währung und Handel gibt es (in der einen oder anderen Form) schon seit Jahrtausenden; die Menschen brauchen eine Art von Spiritualität oder Religion; es gibt mehr im Leben als Materialismus, und die Menschen sind keine Roboterwaren oder Arbeitsbienen; die Gemeinschaft kann kein kollektives Eigentum an Dingen haben, denn so funktioniert Eigentum nicht (siehe den früheren Abschnitt über Sozialismus). Offensichtlich können die Menschen, die diese erste Ausrede vorbringen, all das nicht sehen.

Schlüpfriger Abhang und Machtvakuum

Die Vorstellung einer klassen- und staatenlosen Gesellschaft ist ein reines Hirngespinst, denn es wird immer jemanden/eine Gruppe geben, die am Ruder ist. Hierarchien waren von Anfang an ein Merkmal der menschlichen Existenz. Was auch immer die ursprünglichen Absichten all jener Marxisten waren, die im 20. Jahrhundert an all den erfolgreichen „kommunistischen" Revolutionen (und den darauf folgenden Regimen) beteiligt waren, die Realität setzt sich später unweigerlich durch. Revolutionen können ein schlüpfriger Weg sein; eines führt zum anderen. Durch den Sturz des Establishments entsteht ein Machtvakuum, und es spielt keine Rolle, was Sie ursprünglich vorhatten: Wenn Sie das bestehende System stürzen, wird etwas/jemand seinen Platz einnehmen. Am Ende hat man wieder eine Machtstruktur (die Anfänge eines neuen Staates), selbst wenn es sich um eine marxistische „revolutionäre Vorhut" handelt.

Es gibt noch viele andere Gründe, warum die echte, ursprüngliche Idee des Kommunismus mangelhaft ist. Was auch immer Marx oder Engels vorhatten, oder was Lenin von dem hielt, was Marx sagte usw., spielt an diesem Punkt (in der Gegenwart) keine Rolle. Es muss erneut betont werden, dass in allen Fällen, in denen die Theorien von Marx, Engels und den frühen Kommunisten in die Praxis umgesetzt wurden, dies früher oder später in einer Katastrophe und dem Zusammenbruch der Gesellschaft endete. Die zentralen Lehren des „Klassenkampfes", der Kollektivierung und des „Gemeinschaftseigentums", der Gleichmacherei (durch Zwang!), der Abschaffung religiöser Überzeugungen usw. führen alle in dem einen oder anderen Maße zur Zerstörung. Auch die Theorien selbst sind Fehlschläge.

Unterm Strich

Wir gehen hier nicht zu sehr auf die Gegenargumente zu dieser Ausrede ein, da sie nur wiederholen, was bereits an anderer Stelle hervorgehoben wurde (z. B. die Umsetzung des Sozialismus; wie Gleichheit zerstörerisch ist; über Macht und Hierarchien usw.). Dies ist jedoch im Wesentlichen der Hauptpunkt - die Apologeten vergleichen Marx' und Engels' Vision des Kommunismus mit all diesen so genannten sozialistischen oder kommunistischen Regimen und sagen: „Das war kein echter Kommunismus". Verglichen mit dem, was Marx und Engels sich vorstellten, haben sie in gewisser Weise recht; aber wissen Sie was? Es. Tut. Not. Bedeutung! Wen kümmert es, was sie sich vorgestellt haben?!

Die theoretischen Hirngespinste von Marx, Engels, Lenin usw. haben in der Realität keinen Platz. Der allgemeine Punkt ist also, dass selbst ihre Konzepte des Kommunismus oder Sozialismus für die Gesellschaft in jeder praktischen Hinsicht nutzlos sind. Die Marxisten/Apologeten werden darauf bestehen, dass wir an ihnen festhalten, da sie einen gewissen Wert haben. Falsch! Außerdem wird der hypothetische Wert dieser Konzepte (nach Ansicht der Marxisten) durch ihre tatsächlichen zerstörerischen Auswirkungen in der heutigen realen Welt aufgewogen (wie dieses Buch zeigt).

Ein wichtiger Punkt: Natürlich kann kein Regime und keine Form der staatlichen Organisation (die mit dem Etikett „sozialistisch" oder „kommunistisch" oder sonst wie bezeichnet wird) jemals dem entsprechen, was Marx und Engels vorschwebte! Daher kann das, was sie Kommunismus nannten, in der realen Welt niemals verwirklicht werden, und die Sektenmitglieder werden immer wieder darauf beharren, dass es versucht werden muss. Es ist ein zerstörerischer, immerwährender Kreislauf von hypothetischer Theorie, der zur Nicht-Materialisierung führt. Das ist der Grund, warum wir ständig in einer nicht enden wollenden Debatte mit dieser Sekte feststecken (während sie aktiv die Zivilisation zerstört). Dieser Kreislauf muss durchbrochen werden, sonst können wir alle vergessen, dass es überhaupt eine Atempause vom Wahnsinn gibt, geschweige denn eine dauerhafte Freiheit!

Diese erste Ausrede ist eine wichtige, oft genutzte Ausrede. Es ist die universelle „Du-kommst-aus-dem-Gefängnis-frei"-Karte, die ewige Ausrede, die wir immer und immer wieder von ihnen hören; sie wird ständig benutzt, um die Beibehaltung dieser giftigen Ideologie in unseren Gesellschaften zu rechtfertigen. Sie freuen sich, wenn sie auf Millionen von Wegen ausprobiert wird, ohne Rücksicht auf die Zerstörung, die sie verursacht, denn die Utopie ist immer gleich um die Ecke! Und wissen Sie was? Egal, wie oft es scheitert, diese intellektualisierenden Idioten werden immer wieder dieselbe Ausrede verwenden (siehe das Problem „Theorie gegen Realität"). Unaufhörlich.

„Das waren nur Diktatoren. Sie waren keine echten Marxisten/Sozialisten/Kommunisten!"

Dies wird von Sektenmitgliedern (wissentlich oder unwissentlich) benutzt, um sich von den vielen marxistisch inspirierten, schrecklichen, diktatorischen

Regimen des 20. Jahrhunderts zu distanzieren. Es ist PR-Schadensbegrenzung. Selbst wenn diese Ausrede zu 100 % wahr wäre und in allen „sozialistischen" oder „kommunistischen" Regimen nicht zur Debatte stünde, ist sie - wieder einmal - irrelevant!

Der Hauptpunkt ist hier, dass die Ideologie selbst diesen Leuten geholfen hat, an die Macht zu kommen, weil andere fälschlicherweise dachten, sie sei wohlwollend und sie würden einem „Kameraden" helfen, eine Unzahl von wunderbaren Dingen zum Wohle „des Volkes" zu tun. Dann übernehmen diese dominanten Charaktere die Macht, mit einem Anführer, an der Spitze einer Hierarchie. Es spielt keine Rolle, ob sie die Marxschen Theorien genau umgesetzt haben oder nicht (nach den Wünschen von Marx, Engel, Lenin usw.); die Ideologie selbst ist es, die die „Revolution", das Regime und den anschließenden zerstörerischen Prozess in Gang gesetzt und/oder aufrechterhalten hat.

Natürlich fehlt bei Sektenmitgliedern das Verständnis dafür, was marxistisch inspirierte Revolutionen wirklich sind und wozu sie führen. Wenn das von mir beschriebene Machtvakuum durch die „Revolution" entsteht, wird es unweigerlich machthungrige Kontrollfreaks/Psychopathen anziehen. Diese Persönlichkeitstypen können zu den anstiftenden Kräften der Revolution gehört haben, oder sie tauchen zu einem späteren Zeitpunkt auf, um die Zügel in die Hand zu nehmen.

Wenn eine verseuchte Gesellschaft zusammenbricht, kommt es zu Chaos und gewaltsamen Umwälzungen. Die Psychopathen erfreuen sich an diesem Prozess: Ihr Mangel an Empathie für das alltägliche Leid erlaubt es ihnen, bequem und ruhig zu bleiben. Zu einem günstigen Zeitpunkt werden sie die Zügel in die Hand nehmen, und niemand wird sie aufhalten können. Da die „Revolution" vom Marxismus inspiriert ist und von Sektenmitgliedern angezettelt wurde, werden sie, sobald sie die Oberhand gewonnen haben, unweigerlich damit beginnen, marxistische Prinzipien umzusetzen, darunter: erzwungene Gleichmacherei durch Zwang (insbesondere Gewalt), Kollektivismus, Zentralisierung der Macht im Namen des „Volkes", Ausschaltung der politischen Opposition, Inhaftierung oder Liquidierung Andersdenkender usw. Natürlich werden die Sektenmitglieder, die sie umgeben, nicht widersprechen (!).

Sobald diese Zentralisierung der Macht stattfindet, treten die brutaleren und rücksichtsloseren Persönlichkeitstypen in den Vordergrund (z. B. Stalin, Pol Pot usw.), und die extremeren Marxisten werden in Schlüsselpositionen gesetzt, um die zentrale Führung zu ergänzen. Kurz gesagt, ein zentralisiertes System wie dieses ist äußerst riskant, während wir ein wenig diskutiertes und äußerst wichtiges Problem in unserer Welt haben - die Anwesenheit von Psychokontrollfreaks!

Die Apologeten versuchen, sich von all diesen diktatorischen Regimen zu distanzieren, indem sie die gesamte Sektenbewegung in Kategorien einteilen: „Stalinismus", „Maoismus", „Castroismus" usw. Sie können entweder nicht sehen (oder leugnen), dass der ursprüngliche ursächliche Faktor die Ideologie selbst war. Ohne eine Akzeptanz der Ideologie wären diese Diktaturen nicht entstanden. Ein Mann ist nichts, wenn seine Ideen nicht als gut akzeptiert werden oder wenn die Ideen als giftig angesehen werden.

Sicher, viele dieser „Volks"-Revolutionen wurden oft von externen Parteien unterstützt, aber der Punkt bleibt bestehen: Ohne jegliche Unterstützung für die Ideologie (und idealerweise eine Feindseligkeit ihr gegenüber!) wären diese „Revolutionen" nicht in der Lage gewesen, den Schaden anzurichten, den sie angerichtet haben (mit „externen Parteien" beziehe ich mich nicht nur auf die zahlreichen Revolutionen in Afrika und Südamerika, die zum Beispiel von Russland, China, Kuba usw. unterstützt wurden. Ich beziehe mich darauf, dass die bolschewistische Revolution von Lenin und Trotzki möglicherweise von nicht-russischen Parteien, einschließlich der internationalen Bankiers, finanziert wurde. Das Gleiche gilt für Mao.).

Ich denke, wenn Marx selbst die Macht gehabt hätte, seine Theorien zu seinen Lebzeiten umzusetzen, wären viele dieser Debatten erledigt gewesen, bevor sie überhaupt entstehen konnten. Und das gilt auch für die anderen marxistischen Theoretiker. Nach seiner verkommenen, eingebildeten Persönlichkeit zu urteilen, denke ich, dass Marx genauso böse gewesen wäre wie alle anderen Verrückten in der Ruhmeshalle der Kommunisten; vielleicht sogar noch schlimmer.

„Viele Menschen haben sozialistische Werte"

Man könnte es auch so ausdrücken: „Willst du nicht eine gerechtere, humanitärere Gesellschaft und einen besseren Lebensstandard? Was auf „Willst du nicht eine bessere Welt/ein besseres Leben?!?" hinausläuft (man beachte: „Du willst" - zurück zum Ego! Nur weil wir etwas wollen, heißt das nicht, dass wir es haben können - die Welt/das Leben/die Realität dreht sich nicht um unser Ego! Es ist auch ein Zwang zur Tugendhaftigkeit: „Bist du kein guter Mensch? Kümmerst du dich nicht um andere Menschen?!?").

Diese Art von Aussagen entspringen wiederum einer verzerrten Wahrnehmung dessen, was der Marxismus ist. Es ist keine humanitäre Bewegung - es ist eine pseudo-humanitäre Bewegung. Nur weil eine Person (egal welcher Couleur, politisch oder anderweitig) zufällig an bestimmte Prinzipien glaubt oder bestimmte Wünsche für die Gesellschaft hat, bedeutet das nicht, dass Marxismus/Sozialismus gut sind! So funktioniert die Realität nicht.

Es ist klar, dass jeder, der diese Behauptung aufstellt, große Annahmen macht. Sind sie aber richtig? Natürlich wünscht sich jeder vernünftige Mensch eine bessere Lebensqualität für sich und seine Mitmenschen und würde sich freuen, wenn die Dinge in seinem Land effizienter ablaufen würden! Natürlich lieben es die Menschen, wenn man ihnen sagt, dass sie etwas umsonst bekommen können (Reichtum, Dienstleistungen, Eigentum usw.); selbst viele wohlhabende Menschen - denen es vielleicht an nichts Materiellem mangelt - hören das gerne!

Einige der Annahmen könnten aber auch einfach aus der Indoktrination selbst stammen. Sie gehen davon aus, dass jeder so denkt (oder denken sollte) wie sie, da sie offensichtlich Recht haben (abgesehen von den bösen „Rechten", „Rassisten" und „Faschisten" natürlich). Wir wissen zum Beispiel, dass die Sekte im Allgemeinen für eine Welt ohne Grenzen ist. Zu behaupten, dass jeder das will, ist eine gewaltige Unterstellung. Eine andere Annahme ist, dass wir alle glauben, dass wir den Reichen das Geld wegnehmen und den Reichtum gleichmäßiger verteilen sollten. Eine weitere Annahme ist, dass wir alle an die Ideen der „sozialen Gerechtigkeit" glauben - dass es ein ernsthaftes Problem mit „Unterdrückung" in der Welt gibt.

Der Marxismus scheint schön und humanitär zu klingen, für das „größere Wohl" und zum Wohle der Unterdrückten, aber er ist es nicht, und Nicht-Kultmitglieder können das erkennen. Die Indoktrinierten glauben jedoch, dass er wohlwollend ist. Sie glauben - aufgrund von Arroganz und Ignoranz -, dass sie die Lösung haben, und dass alle anderen mitziehen und „mitmachen" und „wach" sein müssen, genau wie sie. So können sie unterstellen, dass „wirklich jeder auf einer gewissen Ebene mit dem Sozialismus einverstanden ist" usw. Ihr Denkprozess geht in etwa so: Marxismus und Sozialismus = gut. Marxsche Konzepte und Perspektiven = humanitär, nett, fortschrittlich, positiv usw. Ergo sollten andere natürlich zustimmen.

Wieder der alte „Siehst du, du bist schon ein Marxist und hast es nicht einmal gemerkt"-Trick. Ich denke, wenn der Durchschnittsmensch auf der Straße voll und ganz verstehen würde, was marxistisch-sozialistische „Werte" in der Praxis bedeuten, würde er zugeben, dass er sich irrt (egal, in welcher Tiefe seines Seins er diese Werte vertritt).

Unterm Strich: Was ist, wenn Menschen Werte vertreten, die als sozialistisch interpretiert werden können? Und wenn schon? Das heißt nicht, dass sie damit richtig liegen; das heißt nicht, dass wir uns jetzt den Sozialismus zu eigen machen sollten! Ein weiterer Punkt ist, dass die Ideologie sehr gut darin ist, echte, ehrliche Beschwerden der Massen aufzugreifen und sie für ihre eigenen Zwecke zu vereinnahmen. Was die Sektenmitglieder damit andeuten (indem sie sagen, dass „jeder tief im Inneren sozialistische Werte hat"), ist, dass die Tatsache, dass diese Missstände einfach nur existieren, die Existenz der Ideologie rechtfertigt, da die Ideologie (natürlich) die Lösungen für diese Missstände liefert. Das ist Unsinn! Wir brauchen den Marxismus nicht als Lösung für irgendetwas!

Darüber hinaus wird es natürlich viele Menschen geben, die in der Gesellschaft mit marxistischen Ideen im Kopf herumlaufen (z. B. Sozialismus), da die marxistische Fäulnis unsere Gesellschaften durchdrungen hat. In der heutigen

Welt ist die Behauptung, dass viele Menschen sozialistische Ideen in ihren Köpfen haben, so, als würde man sagen, dass viele Kühe daran denken, Gras zu fressen.

„Es ist nicht gelungen, weil es zu viel rechtes Gedankengut gab!

Variante 1: „Der Kommunismus/Sozialismus/Marxismus ist gescheitert, weil wir zu viel rechtes Gedankengut hatten". Variante 2: „Der Sozialismus ist gescheitert, weil wir zu viel rechtes Gedankengut hatten, und deshalb haben wir den Kommunismus nie erreichen können! Und wenn wir weiterhin zu viel davon haben, werden wir es wahrscheinlich nie erreichen!". Lassen Sie mich das noch einmal sagen - der Marxismus/Sozialismus hat nie Erfolg gehabt, weil es... warten Sie es ab: zu viel rechtes Denken gab! Ein weiterer Klassiker! Nun, wie verdammt passend! Das ist so, als würde man den anderen Mannschaften die Schuld geben, weil man die Spiele (viele Male hintereinander) verloren hat. Im Laufe der Jahre habe ich persönlich, von Angesicht zu Angesicht, mit etwa 15-20 gehirngewaschenen Universitätsstudenten zu tun gehabt, die mir das eingetrichtert haben.

Auch diese Ausrede entspringt einer verzerrten Wahrnehmung der Wahrheit - dem Glauben, dass der Marxismus/Sozialismus gut ist (und das ist er nicht); dem Standpunkt, dass der Marxismus eine fantastische, gutartige Sache ist und dass seine Misserfolge auf alle möglichen Gründe zurückzuführen sein müssen, außer auf den einzigen, der zählt (d.h. die Ideologie selbst ist giftig und von Natur aus ein Misserfolg). Diese Ausrede ist tief in der Indoktrination verankert.

Diejenigen, die diese Rechtfertigung vorbringen, sind davon überzeugt, dass die Marxschen Prinzipien (einschließlich Sozialismus, Gleichheit, „soziale Gerechtigkeit", „Antirassismus" usw.) der Weg in die Zukunft der Gesellschaft sind. Daher ist es völlig undenkbar, dass die Ideologie nicht beliebter ist, weil diese Grundsätze fehlerhaft sind und/oder die Massen die Ideologie ablehnen, wenn sie sehen, wie giftig sie in der Praxis ist. Es muss also einen anderen Grund geben, warum der Marxismus nicht zu 100 % allgemein akzeptiert wird und die Welt nicht voll von marxistischen Sektenmitgliedern ist (genau wie sie). Das Ergebnis ist, dass der „rechte" Sündenbock aus dem Hut gezaubert wird.

Interessanterweise ist dieses Argument das Gegenteil von dem, was tatsächlich der Fall ist. Es basiert auf der Annahme, dass der Marxismus/Sozialismus/Kommunismus in der Lage ist, die Gesellschaft zu verbessern/zu befreien usw., während gleichzeitig unterstellt wird, dass „rechtes" Denken diesen Prozess aufhält. Das ist verkehrt. Es ist klar, dass es der Marxismus ist, der die Verwirklichung dieser Dinge verhindert, und dass „rechtes" Denken sie verwirklichen kann (auf individueller, sozialer, nationaler und globaler Ebene). Zu dieser Schlussfolgerung kommen wir, wenn wir das Weltgeschehen betrachten und sehen, dass der Marxismus heute die vorherrschende Ideologie in der Welt ist (eine Tatsache, die für die meisten aufgrund der realitätsverzerrenden Auswirkungen der Indoktrination nicht sichtbar ist).

Ich nehme an, wenn man etwas für gut hält und davon absolut überzeugt ist, dann wird man eher alle Arten von mentaler Gymnastik betreiben, als die Möglichkeit in Betracht zu ziehen, dass es einfach ein Fehlschlag an sich ist. Diese Rechtfertigung ist auch typisch für die Funktionsweise dieser Ideologie: Sie nutzt jede Gelegenheit (über den „Verstand" der Sektenmitglieder), um ihren ideologischen Rivalen - das rechte Gedankengut - aufzuspießen, während sie gleichzeitig von der Tatsache ablenkt, dass es sich um einen toxischen Fehlschlag einer Ideologie handelt. Sie ist auch kleinlich, was ein weiteres typisches Merkmal der Sekte ist.

Schließlich ist die Entschuldigung in gewissem Sinne zutreffend - es stimmt, dass der Marxismus sich nicht durchgesetzt hat, d. h. dass er die Welt noch nicht vollständig unter Kontrolle hat, weil es zu viele Menschen mit „rechten" (nicht-marxistischen) Ansichten gibt. Um der Menschheit willen ist das gut. Belassen wir es dabei, ja?

„Antimarxistische/sozialistische Einstellungen rühren von einer faschistischen Mentalität her"

Für diesen Satz brauchen wir keine tiefgreifende Analyse des Verhältnisses von Marxismus und Faschismus vorzunehmen, und er steht im Zusammenhang mit dem vorherigen Punkt. Er kann übersetzt werden mit: „Wenn du nicht mit mir/uns übereinstimmst, liegst du offensichtlich falsch, es muss etwas mit dir nicht stimmen, und du bist wahrscheinlich verrückt und böse"!".

Diese Art der Reaktion ist bekannt, nicht wahr? Sie taucht in der gesamten Geschichte der Sekte auf. Es ist eine sehr faule, unreife Antwort auf Kritik. Wiederum entspringt sie dem irrigen fanatischen Glauben, dass der Marxismus wohlwollend ist, ergo muss jeder Gegner von ihm böse sein.

Wenn sie „faschistisch" sagen, meinen sie autoritär, aggressiv und nicht „das Volk" vertretend (was der Marxismus angeblich ist, nicht wahr?), zusätzlich zu unethisch (fremdenfeindlich, nicht „fortschrittlich", nicht „mitfühlend" usw.), mit rückständigen „rassistischen" nationalistischen Vorstellungen von ethnischer Homogenität usw. Im Grunde genommen ist „faschistisch" = schlecht, und die marxistische Ideologie/Kult = gut.

Es gibt einen viel tieferen, interessanteren Grund, warum wir diese Phrase hören. Im Wesentlichen zeigt uns die Rechtfertigung, dass Faschismus und Marxismus ideologische Gegner sind (darauf wird in einem späteren Abschnitt über „rechts" gegen „links" eingegangen). Diejenigen, die diesen Satz sagen, meinen damit in Wirklichkeit: „Wenn du nicht mit dem Marxismus übereinstimmst, musst du ein schrecklicher, imperialistischer, kriegstreiberischer, fremdenfeindlicher, weißer Supremacist sein, denn das sind Faschisten!

„Einige unserer größten Patrioten waren Sozialisten oder hatten sozialistische Ideen"

Selbst wenn das völlig richtig ist, na und? Ja und? Der Mensch ist fehlbar. Und außerdem, was hat das jetzt damit zu tun? Nur weil sich jemand zu marxistischen sozialistischen Ideen hingezogen fühlt oder sie vertritt, heißt das nicht, dass wir das auch tun sollten. Menschen können sich irren! Das gilt erst recht für diejenigen, die in der Vergangenheit gelebt haben. Und warum? Weil die Ideologie nicht mehr das ist, was sie war, als Marx noch lebte, oder zu Beginn des 20. Sie ist nicht mehr das, was sie vor 100 Jahren war. Sie hat sich in ihren Variationen weiterentwickelt. Sie hat die Gesellschaften der Welt bis ins Mark durchdrungen, da sie tief in die Köpfe der Ahnungslosen eingedrungen ist.

Dieser spezielle Satz wird in Irland häufig in Debatten über die irische Freiheit und die Rolle des Sozialismus verwendet; James Connolly (1868-1916) vertrat ihn im späten 18. und frühen 19. Er war nicht die einzige Stimme, die sich in dieser Zeit für den Sozialismus einsetzte, aber sicherlich eine bedeutende. Er war in der Gewerkschaftsbewegung sehr aktiv und gründete mehrere sozialistische Gruppen/Vorgängergruppen (darunter die Irish Labour Party, die heute noch existiert). Was seinen Bekanntheitsgrad betrifft, so war er als Kommandant der Dubliner Brigade auch am Osteraufstand von 1916 beteiligt und wurde anschließend hingerichtet. Connolly wurde von irischen Eltern in Schottland geboren und aufgezogen, kam aber nach Irland, um den Sozialismus voranzutreiben und die antiimperiale, antibritische Revolution zu unterstützen.[2]

In Anbetracht der Lage, in der sich Irland zu Lebzeiten Connollys befand (es stand unter britischer Herrschaft), war es verständlich, dass diese Ideologie als Alternative ins Spiel kam. Wir können daher jeden verstehen und ihm bis zu einem gewissen Grad verzeihen, der in diese Richtung drängte - wenn er wirklich gute Absichten hatte und nicht einfach ein subversives Sektenmitglied war, das sich als irischer „Patriot" ausgab (Anmerkung: Irland befand sich zu dieser Zeit wie viele andere Länder der Welt unter der Kontrolle einer ausländischen imperialen Macht. In Anbetracht der Tabellen im historischen Teil ist der Osteraufstand von 1916 mit der weltweiten Verbreitung der Ideologie vereinbar).

Vergötterung kann schlecht sein, insbesondere von jemandem, der in einer anderen Zeit (oder einem anderen Zeitalter!) gelebt hat. Eine Person mag in gewisser Weise Recht haben und gute Absichten hegen, aber wir müssen auch bedenken, dass ihre Ansichten vielleicht eher in ihre Zeit passen und nicht in unsere. James Connolly wurde am 12. Mai 1916 erschossen, ein Jahr vor der

---

[2] https://www.britannica.com/biography/James-Connolly

russischen Revolution - ein wichtiger Meilenstein in der Verbreitung der Ideologie. Er war nicht in der Lage zu verstehen, was der Sozialismus wirklich war oder wozu er führen würde!

Im Nachhinein haben wir den Vorteil, dass wir aus mehr als einem Jahrhundert marxistischen Scheiterns gelernt haben, zusätzlich zu dem Zugang zu Informationen, den unsere Technologie bietet, um uns ein besseres Verständnis zu vermitteln. Es muss hinzugefügt werden, dass die Teilnahme an einer Revolution/einem Militäraufstand und die Tatsache, dass man erschossen wird, einen nicht allwissend macht! Wir sollten niemanden vergöttern, der die Ideologie nicht vollständig verstanden hat. Auch hier müssen wir die Meinungen historischer Persönlichkeiten in den richtigen Kontext von Zeit und Ort stellen.

In unserer gegenwärtigen Lage (ein hohes Maß an globaler Infektion) ist es kontraproduktiv, jeden zu vergöttern, der die Verbreitung des Marxismus unterstützt hat, selbst wenn er in einigen Dingen Recht hatte und gute Absichten, gute Intelligenz usw. hatte, da dies nur der Ideologie/dem Kult dient.

Auf globaler Ebene wird die Sekte vorhersehbar solche Charaktere hervorheben und sie nutzen, um sich mit legitimen patriotischen Anliegen zu verbinden (indem sie sagen: „Einige unserer größten Patrioten waren Sozialisten" usw.). Oder, wie im Falle Irlands, brauchen sie das nicht - andere (Nicht-Kultmitglieder) tun dies bereits für sie. Es ist geradezu töricht und selbstmörderisch, ihnen zu helfen! Viele Länder haben ihre Äquivalente zu Connolly, daher würde ich empfehlen, dass Sie ihnen/ihrem Erbe gegenüber eine ähnliche Haltung einnehmen. Sie werden nicht beleidigt sein, keine Sorge - sie sind tot! Unterm Strich ist es egal, ob frühere Persönlichkeiten die Ideologie für wohlwollend hielten. In der Welt, die wir heute haben, ist sie alles andere als das. Daher sind alle historischen Befürwortungen dieser Ideologie irrelevant, unabhängig von ihren Ursprüngen. Diese Ausrede ist ein weiterer Fehlschlag.

„Wer gegen den Sozialismus ist, der unterstützt die kapitalistische Bourgeoisie!"

Was bedeutet das überhaupt? Wer sind diese Bourgeoisie überhaupt? Reiche Leute im Allgemeinen? Die politischen Eliten? Die wohlhabenden Unternehmen, Geschäftsleute und Landbesitzer, über die Sektenmitglieder so gerne schwafeln? Die Definition der kapitalistischen Bourgeoisie kann ziemlich nebulös sein, daher werde ich sie so verstehen, dass sie diejenigen meint, die extrem wohlhabend sind und (offensichtlich) eine enorme Macht in der Gesellschaft ausüben, und die ihre Machtposition und ihren Einfluss missbrauchen.

Das ist ein klassisches marxistisches Comeback. Sie sind darauf programmiert, auf diese Weise zu reagieren. Sie denken so, weil sie glauben, dass sie die Guten sind, die Rebellen, die „Radikalen" usw. Wenn man sich ihnen widersetzt, steht man natürlich auf der falschen Seite, oder? Wenn du den Marxismus kritisierst, musst du natürlich ein kleiner unterwürfiger Lakai für die kapitalistischen Bourgeoisie-Oligarchen sein, oder? Nein, nicht unbedingt. Vielleicht kritisieren wir den Marxismus, weil wir wissen, dass er ein Schritt in die falsche Richtung ist (sie glauben fälschlicherweise das Gegenteil), während wir gleichzeitig gegen die globalistischen „Eliten" sind. Hier gibt es Nuancen. Wir, die wir gegen die Ideologie/den Kult sind, wissen, dass die (tatsächlichen oder vermeintlichen) Probleme in einem kapitalistischen System auch auf andere Weise gelöst werden können, ohne dass wir uns marxistischen Ideen zuwenden müssen. Vielleicht möchten wir den Marxismus (und seine Derivate) auf den Müll werfen, weil er mehr Ärger macht, als er wert ist? (sarkastische, rhetorische Frage).

Das ist die auf den Kopf gestellte (umgekehrte) Logik der Marxisten: Wenn man gegen sie ist, muss man offensichtlich den bürgerlichen globalistischen Eliten dienen, während die Sektenmitglieder in Wirklichkeit ihnen/dem internationalistischen Totalitarismus dienen. Um den Autor als Beispiel zu nehmen - es gibt niemanden auf der Welt, der mehr gegen diese „Eliten" und den internationalistischen Totalitarismus ist, aber ich verstehe, dass die marxistische Sekte/Ideologie auch der Feind ist, da sie dieser Agenda dient, wissentlich oder unwissentlich. Es gibt viele, die genauso denken, also ist dieses Comeback ein Fail mit einem großen F.

„Wir brauchen den Marxismus/Sozialismus, um die unterdrückerischen Übel des Kapitalismus zu stoppen!"

Nein, das tun wir nicht! Auf die wirtschaftlichen/antikapitalistischen Rechtfertigungen für den Marxismus/Sozialismus bin ich in einem anderen Abschnitt eingegangen. Im Moment lautet die kurze Antwort auf diese Frage: Der Marxismus hatte noch nie irgendwelche Vorzüge oder Vorteile in wirtschaftlicher Hinsicht; er ist in vielerlei Hinsicht gescheitert, vor allem aber in wirtschaftlicher Hinsicht; sobald ein Land zulässt, dass marxistische Theorien wirtschaftlich umgesetzt werden, droht eine Katastrophe. Die Vorstellung, dass wir diese Ideologie (über den Sozialismus) irgendwie brauchen, um alternative Ansichten zu wirtschaftlichen Fragen auf nationaler oder internationaler Ebene aufrechtzuerhalten, ist also nur weitere Propaganda.

Noch einmal: Die Lösung für viele (vermeintliche oder tatsächliche) Probleme in unseren Ländern, die mit dem Kapitalismus zu tun haben - Wirtschaft, Beschäftigung, Handel usw. - ist ein marxismusfreier, souveräner, wirklich patriotischer Staat. Der Marxismus ist antipatriotisch, da er dem Wohlstand entgegensteht (die Sekte wird natürlich das Gegenteil propagieren). Wie kann etwas, das den Wohlstand eines Landes zerstört, als patriotisch gelten? Nein, die Ideologie (über den Sozialismus) ist nicht die Antwort, denn sie würde die Dinge nur noch schlimmer machen.

Letzte Worte

Dieser Abschnitt, der einige Ausreden behandelt, ist weder umfassend noch soll er es sein. Ein marxistischer „Intellektueller" von der Stange könnte Sie fast endlos über eines dieser Unterthemen debattieren lassen. Diese Sekte lebt von endlosen Debatten! Verschwenden wir keine Zeit damit, uns mit ihnen auseinanderzusetzen! Dieser Abschnitt soll helfen, die Indoktrination in anderen durch ihr Verhalten/ihre Sprache zu erkennen.

Denken Sie daran, dass wir buchstäblich Bücher voller Ausreden und Rechtfertigungen haben könnten, die sich Sektenmitglieder einfallen lassen, und sie würden sich immer noch mehr einfallen lassen. Solange sie noch Atem in der Lunge oder Finger zum Tippen haben, würden sie sie immer wieder hervorbringen, als ob ihr Leben davon abhinge. Das ist die Existenz eines Sektenmitglieds - die ständige Rechtfertigung seiner Existenz und die beharrliche Förderung und Verteidigung seiner Sekte und Ideologie.

Abschnitt VIII - Die scharlachrote Formel

„Wenn du den Feind kennst und dich selbst kennst, brauchst du das Ergebnis von hundert Schlachten nicht zu fürchten. Wenn du dich selbst kennst, aber nicht den Feind, wirst du für jeden gewonnenen Sieg auch eine Niederlage erleiden. Wenn du weder den Feind noch dich selbst kennst, wirst du in jeder Schlacht untergehen.[1]

Sun Tzu, Die Kunst des Krieges, 5th Jahrhundert v. Chr.

Einführung

Die Sekte bedient sich einer Vielzahl von Taktiken, um ihre zivilisationszerstörende „Revolution" einzuleiten. Einige sind Teil der Ideologie seit ihren früheren Erscheinungsformen, während andere das Werk der Frankfurter Schule, der postmodernen Brigade oder von Agitatoren/Manipulatoren wie Saul Alinsky sind. Dazu gehören: die Kontrolle der Sprache; die Kontrolle/Verfälschung unserer Wahrnehmung von Geschichte, Realität und Moral; der Einsatz von Taktiken zur emotionalen Manipulation; die Einführung wahnwitziger Doppelstandards; die Verwendung der sehr wirksamen Formel Unterdrücker gegen Unterdrückte als Taktik des Teilens und Eroberns; die Förderung von marxistischem Fanatismus; und die Ermutigung zu pro-marxistischem, sektenähnlichem, wahnwitzigem Verhalten innerhalb der Gesellschaft, einschließlich „politischer Korrektheit" (ein alter Favorit), Tugendsignalen und dem extrem gefährlichen pathologischen Altruismus.

Wie man marxistisch spricht

Die Kontrolle der Sprache durch die Sekte/Ideologie ist eine äußerst ernste Angelegenheit, die für ihre Dominanz absolut entscheidend ist. Die folgenden Schlüsselbegriffe sind in Tabellen geordnet. Einige hört man täglich und sie werden von den Sektenmitgliedern oft bis zum Überdruss wiederholt, um die Ideologie zu fördern (z. B. Solidarität, progressiv usw.). Andere sind (taktisch) beleidigende Begriffe, die verwendet werden, um die Feinde der Sekte anzugreifen (z. B. Rechtsextreme, „Faschisten", „Nazis" usw.), um die „Neutralen" in der Gesellschaft zu demoralisieren, zu ächten und zu überzeugen, sie zu meiden.

---

[1] Sun Tzu, *Die Kunst des Krieges*, ca. 5. Jahrhundert v. Chr.
https://www.utoledo.edu/rotc/pdfs/the_art_of_war.pdf

Der Leser sollte auf die Muster achten, damit wir den Wald vor lauter Bäumen nicht übersehen. Es gibt eine Vielzahl von Begriffen, die fast schon ablenkend wirken können, aber wichtig ist das strategische Ziel hinter ihrer Verwendung. Das heißt, was wird mit der Verwendung dieser Begriffe wirklich angedeutet, und was soll damit erreicht werden? Ein einfaches Beispiel: Die Begriffe „homophob", „transphobe" usw. dienen dazu, jeden anzugreifen/zu unterdrücken, der gegen die relevante Marxsche Subagenda in diesem Bereich ist: die Förderung/Normalisierung von LGBTQ- und „nicht-binären" Geschlechterfragen und -verhalten usw. Diese Begriffe unterstellen, dass die Person eine hasserfüllte Person ist oder Angst vor etwas hat. Aus dem Cambridge Online-Wörterbuch: „Phobe - Jemand, der etwas hasst oder fürchtet, insbesondere in einer extremen oder unvernünftigen Weise".[2]

Die Verwendung des Wortes „Phobie" aus dem Griechischen „Phobos" ruft die Vorstellung von Angst hervor (in der griechischen Mythologie war Phobos der Gott dieser Emotion). Es impliziert, dass die Zielperson/Person, die bezeichnet wird, im Grunde ein Feigling ist. Dies ist eine typische marxistische Lächerlichkeits- und Betrugssprache. Sie unterstellen, dass man derjenige ist, der ein Problem hat, wenn man nicht mit ihnen übereinstimmt. In diesem Fall wird unterstellt, dass man entweder bewusst oder unbewusst Angst vor den Angehörigen einer bestimmten Gruppe (LGBTQ-Menschen usw.) hat, und diese Angst äußert sich in ungerechtfertigtem Hass, Urteilen usw.

Die Verwendung von „Phobie" impliziert auch eine Phobie - eine irrationale Angst vor etwas. Oder dass man Angst vor Veränderungen in der Gesellschaft hat (auch vor allem „Fortschrittlichen"). Die Sekte impliziert all das, indem sie einfach diese fünf Buchstaben verwendet und sie an das Ende verschiedener Wörter anhängt! Die neuen Wörter werden dann als Waffe eingesetzt, um alle Andersdenkenden lächerlich zu machen und gleichzeitig die betreffende Sub-Agenda zu fördern (in diesem Beispiel die LGBTQ-Bewegung und nicht-binärer Unsinn).

Bei der Durchsicht der Tabellen fällt auf, dass es für praktisch jede mögliche Form der Bedrohung einen Begriff gibt (d. h. für jeden, der sich gegen eine marxistische Teilagenda oder die Sekte/Ideologie selbst wendet). Im Geiste und in der Tradition der Ideologie decken die Begriffe ein breites Spektrum an Themenbereichen ab, darunter Politik, Sexualität, Religion, Wissenschaft, Rassismus, Sexismus, Antisemitismus, Impfstoffe, Verschwörungen usw.

Wir müssen uns hier an Saul Alinskys fünfte Regel erinnern: „Spott ist die stärkste Waffe des Menschen. Es gibt keine Verteidigung. Es ist fast unmöglich, dem Spott etwas entgegenzusetzen. Außerdem macht er die Opposition wütend, die dann zu Ihrem Vorteil reagiert". Natürlich haben alle abwertenden Begriffe, die die Sekte verwendet, mit Spott zu tun. Man könnte auch sagen, dass einige

---

[2] https://dictionary.cambridge.org/dictionary/english/phobe

von Alinskys anderen Regeln hier ins Spiel kommen, wie zum Beispiel Regel sechs - „Eine gute Taktik ist eine, die deinen Leuten Spaß macht". Die Tatsache, dass die Sektenmitglieder es genießen, in einem Rudel zu sein und diese Art von Begriffen zu verwenden, um ihre Gegner lächerlich zu machen, ist ein Symbol dafür, wie der Marxismus das Schlimmste in der Menschheit hervorbringt: ein Haufen geisteskranker, menschenfeindlicher, untermenschlicher Fanatiker, die ihre Mitmenschen verhöhnen, während sie sie verraten (!).

Dies alles erklärt die ständige Etikettierung und das Gezeter der Sektenmitglieder über diejenigen, die sich ihnen/der Ideologie widersetzen. Sie versuchen, ihre Gegner mit Spott zum Schweigen zu bringen, um die ideologische Vorherrschaft zu erlangen. Die Auswirkung auf die Gesellschaft besteht darin, dass die marxsche Sichtweise der Dinge zur Norm wird, und zwar aufgrund der emotionalen Manipulation, die das Lächerlichmachen ermöglicht. Dies führt dann zu dem, was man „politische Korrektheit" nennt, was eigentlich nur ein Code für „die marxsche Perspektive" ist. Sie zwingt die Massen durch sozialpsychologischen Druck dazu, sich den Launen der Ideologie/des Kults und ihren Subagenden anzupassen. Das Ergebnis ist, dass die Ideologie/der Kult immer dominanter wird. Das ist Einschüchterung; das ist Terrorismus.

Nehmen wir ein nicht-persönliches Thema als Beispiel - das Thema „Klimawandel" - in einer bestimmten Gesellschaft: Wenn jeder, der öffentlich seinen Unglauben an den „Klimawandel" zum Ausdruck bringt (dass menschliches Verhalten das Wetter beeinflusst; dass der Planet aufgrund von Umweltverschmutzung „in Gefahr" ist usw.), von der Mehrheit ständig lächerlich gemacht wird, bis keine derartigen Meinungen mehr geäußert werden, dann wird eine neue marxistische Norm geschaffen, bei der die einzigen Meinungen, die geäußert werden, die des Klimawandels unterstützen.

Es geht um die Durchsetzung von Gleichheit und Uniformität (der Meinungen) mittels emotionaler Manipulation durch Lächerlichmachen. Der Begriff, der verwendet wird, um die „Leugner" lächerlich zu machen, ist der amüsant-einfallslose „Klimawandelleugner". In der Covid-Angelegenheit haben sie die Begriffe „Covidiots" und „Impfverweigerer" für diejenigen erfunden, die sich weigern, sich dieser Sub-Agenda anzuschließen.

Trotz der Tatsache, dass der Versuch, ein derartiges Maß an Kontrolle über eine Bevölkerung zu erlangen, unmöglich und absolut dumm ist, hat dies die Sekte nie davon abgehalten, es zu versuchen! In der Tat haben sie immer einen Weg gefunden, die Illusion dieser Dinge zu schaffen, indem sie diejenigen, die nicht konform sind, neutralisieren/liquidieren. Dadurch wird der Eindruck erweckt, dass alle mit der Sekte übereinstimmen, da alle anderen durch Inhaftierung, Tod, Verbannung usw. zum Schweigen gebracht wurden. Die wenigen, die verschont bleiben, werden durch Einschüchterung zum Schweigen gebracht. Die neue „Norm" ist also, dass jeder mit der wundersamen „Volks"-Revolution einverstanden ist! Wir sehen dies heute in Nordkorea und China.

Andere Begriffe werden verwendet, um Wohlwollen vorzutäuschen, was Teil des Prinzips des Roten Trojanischen Pferdes ist, das für die Sekte unerlässlich ist, um den scheinbar positiven Anschein von „Fortschrittlichkeit" zu wahren. Ein Beispiel dafür ist, wenn sie sagen, dass Abtreibung „Mitgefühl" für Frauen bedeutet, oder wenn sie Abtreibungsdienste als „Betreuung" oder „Gesundheitsversorgung" bezeichnen.

Kommunistische Stöcke und Steine: Marxistische „Beleidigungen" und andere Begriffe

Die Beleidigung	Marxistische Bedeutung	Tatsächliche Bedeutung	Beabsichtigte Wirkung
Rechtsextremistisch/ Nazi/Faschist	Person, die fremdenfeindlich/rassistisch, hasserfüllt, autoritär, mitleidslos, böse usw. ist.	Jemand, der nicht marxistisch ist oder sich gegen marxistische Subagenden ausspricht, insbesondere Nationalisten/Rechte/ echte Patrioten.	Sie werden als Störenfriede betrachtet, die gemieden, misshandelt und ihrer Rechte beraubt werden sollten, einschließlich der Redefreiheit.
Reaktionär	Eine Person, die nicht fortschrittlich ist oder die sich gegen den Progressivismus stellt. Ihre Überzeugungen sind veraltet und haben keinen Platz in der modernen Welt.	Jemand, der sich gegen die Sekte/Ideologie stellt, mit Überzeugungen, die in der Regel traditionalistisch, konservativ, rechtsorientiert usw. sind.	Sie bzw. ihre Ansichten werden ignoriert, als rückständig und veraltet behandelt, mit unterdrückerischen, „primitiven" Konzepten wie Religion in Verbindung gebracht usw.
Rassistisch	Person, die andere Rassen fürchtet/hasst; die nicht glaubt, dass alle Rassen gleich sind; die vielleicht glaubt, dass ihre Rasse anderen Rassen überlegen ist.	Einer, der mit den Unterthemen „Vielfalt"/"Multikulturalismus"/Massenmigration nicht einverstanden ist.	Sie werden als engstirnige, rückständige, kompromisslose und unmoralische Fanatiker angesehen.
Weißer	Ein Rassist, der glaubt, dass weiße	Jemand, der glaubt, dass weiße	Sie werden als böse, rassistische,

Suprematist	Menschen/Gruppen anderen Rassen (z. B. Schwarzen, amerikanischen Ureinwohnern, Aborigines usw.) rassisch überlegen sind. Sie glauben nicht an die Idee der „Rassengleichheit".	Menschen/Kulturen gefeiert und bewahrt werden sollten (genauso wie andere Rassen); der vielleicht glaubt, dass Weiße mehr zur Entwicklung der Zivilisation beigetragen haben.	unterdrückerische, möglicherweise imperialistische Typen angesehen, die glauben, dass die weiße Rasse andere Rassen unterdrücken sollte (wie die Nazis, die europäischen Imperien usw.).
Misogyne	Ein Mann, der Frauen hasst/unterdrückt und nicht an die Gleichstellung der Geschlechter glaubt; jemand, der wissentlich/unwissentlich Teil des „Patriarchats" ist.	Männer, die mit dem Feminismus nicht einverstanden sind oder die Frauen (insbesondere indoktrinierte Frauen) kritisieren.	Diese Männer werden von der Gesellschaft im Allgemeinen und von den Frauen im Besonderen ausgegrenzt. Kritik am Feminismus wird ignoriert werden.
Islamophobe	Personen, die den Islam/Muslime aufgrund von Rassismus oder religiöser Bigotterie fürchten/hassen (in der Regel Christen mit bigotten, religiös-vorherrschaftlichen Ansichten). Ihre Einstellung ist mit Rassismus verbunden.	Jemand, der den Islam/die Muslime kritisiert, der mit der „Islamisierung" westlicher, nicht-islamischer Länder oder deren Förderung auf Kosten der eigenen Religion nicht einverstanden ist.	Kritik am Islam/Muslime wird ignoriert. Die antichristliche/pro-islamische Agenda in den westlichen Ländern wird ignoriert. Die Unteragenda der Masseneinwanderung wird begünstigt.
Homophobie	Eine rückständige Person, die Schwule/Lesben fürchtet/hasst, vielleicht aufgrund von unterdrückten schwulen Gefühlen, religiöser Indoktrination oder Unwissenheit usw.	Jemand, der Homosexuelle/Homosexualität kritisiert oder sich gegen die Förderung/Normalisierung von Homosexualität wendet (vor allem, wenn es sich um Jugendliche handelt).	Jegliche Kritik an Schwulen/Homosexualität oder an der Förderung von Teilaspekten dieser Gesellschaft wird ignoriert. Auch geschlechtsunabhängiger Unsinn bleibt unwidersprochen.
Transphobe	Person, die Transmenschen fürchtet/hasst	Jemand, der „Trans"-Personen/ die Trans-Bewegung kritisiert	Jede Kritik an der „Trans"-Bewegung/an

401 |

	und/oder glaubt, dass es nur zwei Geschlechter gibt. In der Regel eine Person mit dogmatischen religiösen Ansichten.	oder sich gegen die Förderung/Normalisierung von Transgenderismus (insbesondere bei jungen Menschen) wendet.	„Trans"-Personen wird ignoriert. Der geschlechtsneutrale Unsinn profitiert und wird unwidersprochen fortgesetzt.
Fremdenfeindlich	Person, die jeden fürchtet/hasst, der anders ist als sie.	Jemand, der Einwände gegen alle Unterpunkte hat, die mit ethnischer Herkunft, Nationalität, Glauben, Kultur usw. zu tun haben.	Dieser Begriff deckt den Rest der Grundlagen ab. Wird verwendet, wenn andere Begriffe die Aufgabe nicht erfüllen.
Verschwörungstheoretiker	Ein leichtgläubiger, paranoider Idiot mit Blechmütze, der an dumme Dinge glaubt, die er im Internet gelesen oder gesehen hat (z. B. „Klimawandelleugner", Holocaustleugner, „Covidiots" usw.).	Jemand, der die offiziellen Erklärungen für Dinge anzweifelt; der skeptisch gegenüber den offiziellen Erzählungen ist, die von den Behörden/Regierungen verbreitet werden; der nicht an die „pc"-marxistische Erzählung glaubt.	Sie werden ignoriert und als leichtgläubige Narren betrachtet. Hält andere davon ab, die offiziellen, staatlich genehmigten Erzählungen anzuzweifeln. Ermutigt die Menschen, einfach zu glauben, was ihnen (von der Sekte) gesagt wird.
Leugner des Klimawandels (Klimaleugner)	Ein idiotischer Verschwörungstheoretiker, der nicht glaubt, dass menschliches Verhalten den Klimawandel verursacht; der meint, er wisse es besser als die Klimaexperten; jemand, dem der Planet egal ist und der gegen „grüne" Energie ist usw.	Jemand, der die offizielle Darstellung zu diesem Thema (einschließlich der „Meinungen" von „Experten") anzweifelt; der nicht glaubt, dass menschliches Verhalten den Klimawandel verursacht.	Alle Zweifler und Ungläubigen des „Klimawandels" werden ignoriert und als unwissende, unwissenschaftliche Idioten verspottet. Dies trägt dazu bei, eine Gesellschaft zu schaffen, in der es die Norm ist, den Betrügern zu glauben.
Anti-Vaxxer	Eine andere Art von unverantwortlichen,	Jemand, der die „Impfstoff"-	Diese Ansichten werden als

paranoiden Verschwörungstheoretikern, die glauben, Bill Gates wolle ihnen einen Peilsender einpflanzen; jemand, der jahrhundertealte wissenschaftliche Erkenntnisse in den Wind schlägt usw. Teilagenda nicht unterstützt; der sich nicht den Behörden unterwerfen will, während er sich durch diese unnötigen „Impfstoffe" vergiftet. „gefährlich" angesehen und müssen unterdrückt, ignoriert, lächerlich gemacht werden usw.; sie werden auch (potenziell) aus gesundheitlichen Gründen geächtet.

Emotionale Erpressung

Auf einer tieferen Ebene sind diese Ausdrücke des Spottes eine Form der emotionalen Erpressung, und zwar auf die heimtückischste Art und Weise. In der Tat ist es eine Drohung. Wir alle als menschliche Wesen (sofern wir nicht irgendwie psychologisch geschädigt sind) genießen oder sehnen uns zumindest einen Teil unseres Lebens nach Respekt, Bewunderung, Akzeptanz, Zuneigung, Liebe usw.. Das Gegenteil davon ist Hass, Respektlosigkeit, Abscheu, Ausgrenzung oder Isolation usw.; Dinge, die niemand, der bei Verstand ist, von anderen oder für sich selbst begehrt.

Aus diesem Grund sind abwertende Begriffe (Rassist, Faschist, Verschwörungstheoretiker usw.) sehr wirksame Waffen, die von der Sekte innerhalb des marxistisch geprägten Systems eingesetzt werden. Die Botschaft für Personen, die als solche bezeichnet werden, lautet: „Wenn du das System verstehst und versuchst, dein Verständnis mit anderen zu teilen, wirst du keine Bewunderung, keinen Respekt und keine Liebe von anderen Menschen bekommen und du wirst leiden". Oder „wenn du die Sekte/Ideologie/das System weiter kritisierst, wirst du leiden". Der Begriff „Verschwörungstheoretiker" zum Beispiel ist eine sehr bösartige Manipulation der oben genannten universellen Tendenz, die wir als Menschen haben, und der Realität der menschlichen Existenz. Kurz gesagt, die Drohung ist, dass man vom Kollektiv nicht akzeptiert wird, wenn man bestimmte nicht-marxistische Meinungen äußert oder bestimmte Verhaltensweisen an den Tag legt.

Leugner des Klimawandels (oder Klimaleugner)

Dieser Begriff ist wahrscheinlich der kindischste auf der Liste. Er basiert auf dem alten Klassiker „Holocaust-Leugner". Wenn Sie die offizielle, von der Regierung genehmigte Erklärung für etwas anzweifeln - wenn Sie also glauben, dass über ein bestimmtes Thema Lügen verbreitet werden - wird dieser Begriff verwendet, um Ihr Argument zu entkräften. Er wird verwendet, um jeden Zweifel zum Schweigen zu bringen, um weitere Untersuchungen zu verhindern und um Dinge zu vertuschen.

Wenn Sie also nicht an den „Klimawandel" glauben (d. h. daran, dass menschliches Verhalten, Umweltverschmutzung, CO2-Werte usw. das Wettergeschehen beeinflussen oder die globalen Temperaturen erheblich ansteigen lassen), dann unterstellt dieser Begriff, dass Sie diese unbestreitbare, (scheinbar) allgemein akzeptierte Wahrheit leugnen. Nicht nur das, sondern Sie sind auch verrückt, weil Sie das tun (der alte „Wenn Sie nicht mit uns übereinstimmen, sind Sie verrückt!"-Trick), was wir an der Verwendung von „Leugner"/"Denial" sehen können. Es unterstellt Ihnen, dass Sie von der Realität abgehoben und daher verrückt sind.

Es ist auch ein inverser Begriff, da er andeutet, dass diese Person sich nicht um den Planeten kümmert, was das Gegenteil der Wahrheit ist - jeder, der sich dem Marxismus/marxistischen Subagenden widersetzt, tut dies eindeutig (während Sektenmitglieder wissentlich/unwissentlich aktiv den Planeten und die Menschheit zerstören). Darüber hinaus ist die Unterstellung, dass Sie - die Zielperson (des Begriffs) - verrückt sind, wenn Sie eigentlich der Gesunde sind, ebenfalls inversiv.

Beabsichtigte Wirkung: ein neues „revolutionäres" Klassensystem

Die Spalte „Beabsichtigte Wirkung" in der Tabelle zeigt, wie die Sekte ironischerweise eine neue Art von Klassensystem schafft. Personen, die in diese Spalte eingestuft werden, sollen gemieden, geächtet, vernichtet, eingekerkert, ausgerottet usw. werden. Natürlich verdient diese Klasse von Menschen diese Art von Behandlung, weil sie sowieso böse sind, oder? Sie sollen als Bürger zweiter Klasse behandelt werden (wenn sie Glück haben). Ironischerweise werden sie die neue (wirklich) unterdrückte Klasse sein, was wiederum eine Art Umkehrung (und Heuchelei!) darstellt.

Es geht darum, die überlegenen Köpfe/Persönlichkeiten in der Gesellschaft in eine minderwertige Position zu bringen, ohne Grundrechte, geschweige denn Macht/Einfluss jeglicher Art (was zur Dominanz der Ideologie und zum Zusammenbruch der Zivilisation führt). Die Sekte hat in ihrer Geschichte immer die „Intelligenz" eliminiert.

Die Ideologie redet ihren Anhängern ein, dass es ein edles Unterfangen sei, eine Revolution zu schaffen, bei der unter anderem die traditionellen Klassensysteme abgeschafft werden. Das ist nicht nur irrational und destruktiv, sondern auch heuchlerisch (auf diese einzigartige, marxistische Art und Weise). Die Sekte/Ideologie hat schon immer versucht, ein neues Klassensystem zu schaffen, in dem sie selbst die dominierende Rolle spielt, wobei sie alle ihr zur Verfügung stehenden Waffen einsetzt. Seit Jahrzehnten sind sie bestrebt, jeden, der nicht den Plänen der Globalisten entspricht, zu einem Bürger zweiter Klasse zu machen. Das ist keine Gleichheit! Erinnern Sie sich an die Reiseverbote für diejenigen, die sich nicht „impfen" ließen, und an diejenigen, deren Lebensgrundlage durch den Verlust des Arbeitsplatzes zerstört wurde usw.

Nazis, Faschisten und „Rechtsextremisten

Die Verwendung von Begriffen wie „Nazi", „faschistisch" oder „rechtsextrem" ist absolut notwendig, um jede Opposition gegen den Marxismus in dem Moment auszulöschen, in dem sie in der Gesellschaft auftaucht. Sie verteilen diese Etiketten, als ob ihr Leben davon abhinge. Die Sekte wendet diese Taktik seit der Geburt des Faschismus in der Zeit nach dem 1. Weltkrieg an (Anmerkung: Dies mag einige verwirren, die glauben, dass Faschismus und Nazismus („Nationalsozialismus") Formen des Marxismus sind, aber dies ist eine weit verbreitete falsche, verzerrte Wahrnehmung, die der Sekte/Ideologie zugute kommt. Sie sind nicht dasselbe (dazu später mehr).

„Nazi"

Das Wort „Nazi" stammt natürlich von der nationalsozialistischen Bewegung in Deutschland in den 1920er Jahren bis zum Ende des Zweiten Weltkriegs. Die Partei, die von Adolf Hitler angeführt wurde, war die *Nationalsozialistische Deutsche Arbeiterpartei* (NSDAP) oder *Nationalsozialistische Deutsche Arbeiterpartei.* [3] Der Begriff „Nazi" entwickelte sich als abwertende Bezeichnung für diese Bewegung. Vor einiger Zeit bedeutete „Nazi" noch „Kontrollfreak" und verglich eine kontrollierende Person mit den Nazis in Deutschland während der Hitlerzeit. Jetzt steht „Nazi" für jeden, der konservativ, nationalistisch, patriotisch usw. ist; im Grunde für jeden, der nicht mit der Sekte/Ideologie/ihren Unterströmungen übereinstimmt oder sie ablehnt. Es ist, als hätte jemand einen (roten) Schalter umgelegt, und die Bedeutung dieses Wortes hat sich geändert. Jetzt sind die Marxisten eindeutig die Kontrollfreaks, und dennoch bezeichnen sie alle anderen als Nazis; das ist schon komisch. Das Wort „Nazi", das früher „Kontrollfreak" bedeutete, kommt jetzt also von den Kontrollfreaks und wird als Mittel zur Kontrolle jeglichen Widerstands gegen die wahren Kontrollfreaks, die Marxisten, verwendet. Was ist das für eine verrückte Scheiße? Das ist noch mehr Heuchelei/Doppelmoral.

Im Wesentlichen bedeutete „Nazi" also früher „Kontrollfreak", aber jetzt bedeutet es (wenn wir uns diejenigen ansehen, denen die Marxisten diese Bezeichnung geben) „jemand, der nicht von Marxisten kontrolliert werden will". In diesem Zusammenhang ist es eigentlich ein großes Kompliment, aber die Sektenmitglieder sind natürlich zu dumm/gehirngewaschen, um das zu begreifen. Allen anderen lassen wir es durchgehen, da diese Wahrheit noch nicht allgemein verstanden wird.

„Faschist"

Ein sehr wichtiger und aufschlussreicher Begriff, der für die Sekte sehr wertvoll ist, deshalb werden wir ihm etwas Zeit widmen. Die große Mehrheit der Menschen (es könnten achtzig oder sogar neunzig Prozent sein), die dieses Wort jeden Tag in der ganzen Welt benutzen, haben keine Ahnung, was es

---

[3] https://www.britannica.com/topic/Nazi-Party

wirklich bedeutet oder woher es kommt. Sie verstehen auch nicht die wahre Bedeutung dieses Wortes für den Kampf gegen die Sekte/Ideologie. Die zunehmende Dominanz der Sekte/Ideologie in der westlichen Zivilisation seit dem 19. Jahrhundert hat die Massen darauf konditioniert, dieses Wort auf eine bestimmte Weise wahrzunehmen. Jahrhundert hat die Massen dazu gebracht, dieses Wort auf eine bestimmte Art und Weise wahrzunehmen. Es weckt im Allgemeinen Gedanken an gefährlichen Ultranationalismus, Kriegstreiberei, bürgerlichen Autoritarismus, Rassismus/Fremdenfeindlichkeit, brutale Unterdrückung bestimmter Gruppen usw.

Vor allem in den letzten Jahrzehnten (da die Sekte jetzt zahlreich/stark genug ist, um offener und lauter zu sein) wurde dieses Wort immer häufiger als Teil der Lächerlichkeitstaktik verwendet. Es wird verwendet, um ideologische Opposition zu unterdrücken, bevor sie eine Chance hat, sich zu bilden. Es hat auch mit dem heuchlerischen Aspekt der Sekte zu tun: Sie bezeichnen ihre Feinde als „Faschisten", weil das Wort eine böse Konnotation hat, und sie wollen als die gutartigen, tugendhaften Retter erscheinen. Wenn sie Leute als „Faschisten" bezeichnen, sagen sie in Wirklichkeit: „Hört nicht auf sie, sie sind böse; hört auf uns, wir sind gut". Juvenil.

Die Schlechtigkeit von „Nazi" und „Faschist"

Die böse Konnotation dieser Begriffe ergibt sich aus der Assoziation mit dem Glauben/der Ideologie und den Handlungen bestimmter Individuen/Regime/Gruppen in der Vergangenheit: vor allem mit dem Aufstieg des Faschismus in Italien unter Benito Mussolini und dem Aufstieg des Nationalsozialismus in Deutschland unter Adolf Hitler (beide in der Zwischenkriegszeit). Andere bemerkenswerte historische Persönlichkeiten, die von der Sekte als „Faschisten" bezeichnet werden, waren Generalissimo Francisco Franco in Spanien nach dem Spanischen Bürgerkrieg, Augusto Pinochet in Chile in den 1970er und 1980er Jahren und Antonio Salazar in Portugal von den 1930er bis in die späten 1960er Jahre. Wir werden ständig daran erinnert, dass diese Männer böse Diktatoren waren, vielleicht die bösartigsten. Daher ist die Assoziation mit diesen Führern und ihren Bewegungen eine Assoziation mit dem Bösen selbst, was den Begriff „faschistisch" so wirksam gemacht hat. Interessanterweise werden marxistische Diktatoren im 20. Jahrhundert trotz ihrer Zahl und ihres Einflusses nicht in dieselbe Kategorie wie die so genannten faschistischen Führer eingeordnet.

Etymologie von „Faschist"

Der englische Begriff „fascist" stammt aus dem Italienischen „fascismo", was wiederum von „fascio" („Bund") oder „fasces" kommt, was so viel wie „Ruten- oder Stockbündel" bedeutet. Dieser Begriff geht auf den „Fascio Littorio" aus der Zeit des Römischen Reiches zurück (lateinisch: „Fascis" und

„Fascia"), der als Waffe und Symbol der Autorität diente.[4] Benito Mussolinis erste „faschistische" Bewegung wählte diese Faszien als Symbol für Stärke und Autorität. Dieses Symbol veranlasste ihn 1919 zur Gründung einer Organisation namens *Fasci Italiani di Combattimento* (*Italienische Kampffaszien*). Diese wurde von der *Partito Nationale Fascista* (*Nationale Faschistische Partei*) abgelöst (die bis zum Zusammenbruch der faschistischen Regierung 1943 regierte). [5] Das Wort „faschistisch" an sich oder seine Ursprünge sind also nicht böse, wohl aber die Konnotationen, die es hervorruft, und die Assoziationen, die mit diesen Figuren in der Vergangenheit verbunden sind. Natürlich kommt die Sichtweise, dass dieses Wort böse ist, weitgehend aus einer marxistisch geprägten parteipolitischen Perspektive.

Nicht-Kultmitglieder, die es benutzen

Der Einfluss der Ideologie kann sich sogar auf die Art und Weise auswirken, wie Nicht-Kultmitglieder sprechen. Selbst wenn eine Person im Allgemeinen ein echter Patriot oder Nationalist (wählen Sie Ihre Bezeichnung) ist, kann sie dennoch wie ein Sektenmitglied reden und einige ihrer Begriffe verwenden. Dies ist nur eines der zahllosen Anzeichen dafür, wie tief die marxistische Indoktrination verwurzelt ist. Zum Beispiel wird das Wort „faschistisch" oft verwendet, um totalitäres Verhalten zu beschreiben, einschließlich „polizeistaatlichen" Verhaltens (zusammengefasst in „faschistischer Polizeistaat"). Das verabscheuungswürdige, verräterische, den Covid Lockdown verstärkende Verhalten verschiedener Polizeikräfte zur Unterdrückung von Protesten wurde auf diese Weise beschrieben. In den letzten Jahren wird der Begriff auch verwendet, um das Verhalten der Antifa und anderer marxistischer Laichorganisationen zu beschreiben („sie sind die wahren Faschisten/Nazis!" usw.).

Es wird also überall mehr oder weniger gleich verwendet, und alle, die es verwenden, verstehen nicht, was es wirklich bedeutet (nicht nur etymologisch, sondern auch symbolisch, wie wir später sehen werden).

Warum hören wir nicht die Begriffe „marxistischer Polizeistaat" oder „sozialistischer Polizeistaat" oder „kommunistischer Polizeistaat"? Wenn wir uns das Ausmaß (und den Fanatismus!) des autoritären Verhaltens marxistisch inspirierter Regime allein im 20th Jahrhundert („sozialistisch"/"kommunistisch") im Vergleich zu den so genannten „faschistischen" Regimen ansehen, gibt es einfach keinen Wettbewerb zwischen ihnen in Bezug auf autoritäres „Polizeistaat"-Verhalten (abgesehen von der marxistischen Propaganda), in Bezug auf die Anzahl der davon betroffenen Menschen und Länder. Dennoch werden Autoritarismus, Diktaturen und militaristische Staatskontrolle von Menschen aus dem

---

[4] Cartwright, M., „Fasces", 8. Mai 2016. https://www.worldhistory.org/Fasces/

[5] https://www.britannica.com/biography/Benito-Mussolini

gesamten politischen Spektrum mit dem Wort „faschistisch" in Verbindung gebracht.

Warum diese einseitige/unausgewogene Etikettierung? Das liegt an dem Einfluss des Marxismus auf unsere Sprache und damit auf unsere Wahrnehmung der Welt um uns herum (auch bekannt als Realität). Es zeigt auch, dass selbst rationale, ethische, gutmütige Menschen leicht mit dem Marxismus infiziert sein können, auch wenn sie sich dessen nicht bewusst sind. Nochmals, dies ist keine persönliche Beleidigung für irgendjemanden; es ist nur repräsentativ dafür, wie tief diese Ideologie in unserer Kultur verwurzelt ist. (siehe Abschnitt „Rechts gegen Links" weiter unten).

Antifaschistisch

Der Begriff „Antifaschist" ist ein weiterer trügerischer, traditionell verwendeter marxistischer Begriff. Wenn sie sich selbst als „Antifaschisten" bezeichnen, ist dies ein weiterer Taschenspielertrick, um die Aufmerksamkeit von dem abzulenken, was sie sind. Es bringt die Unwissenden sofort dazu, sich auf ihre Feinde zu konzentrieren, da es impliziert „Wir sind gegen diese bösen Menschen, aber wir sind gut". Wie der nicht indoktrinierte Teil der Welt herausfindet, sind diese „Antifaschisten" die wahren Unruhestifter in unseren Gesellschaften (eine Tatsache, die die Prämisse dieses Buches unterstützt). Dieser Begriff bedeutet eigentlich „Gruppe, die gegen diejenigen ist, die sich dem Marxismus widersetzen", oder „Anti-Anti-Marxisten". Das ist alles, was er bedeutet. Dank dieser verbrennungsfähigen marxistischen Zombies, *der Antifa*, ist der Begriff nie weit weg vom öffentlichen Diskurs.

Weißer Suprematist

Die Bezeichnung „White Supremacist" ist eine weitere anti-weiße Beleidigung für Weiße, die wissen, dass „Vielfalt" und „Multikulturalismus" anti-weiß sind. Das ständige „Rassismus!"-Gerede der Sektenmitglieder (der wahren Rassisten) verschleiert geschickt den anti-weißen Rassismus des Marxismus! Das ist ein typisches marxistisches Ablenkungsmanöver - sie greifen zuerst an, um dich in die Enge zu treiben. Dabei sind sie die wahren Rassisten.

Verschwörungstheoretiker

Dies ist sicherlich einer der mächtigsten und wichtigsten Begriffe, die heute verwendet werden (um die Massen in Schach zu halten). Ein sehr mächtiger Spottbegriff. Erinnert an „Abrahadabra!" - eine Art Zauberspruch, um den Verstand einer Person auszuschalten und in ihren zombieartigen Schlummer zurückzufallen. Es heißt „Hier gibt es nichts zu sehen, Leute!" und „Halt die Klappe! Tut, was der Staat/das System euch sagt!" oder „Glaubt, was die Regierung und die Medien euch sagen!".

Dieser Begriff kann die Menschen nicht nur davon abhalten zu verstehen, wie das Kontrollsystem in einem größeren Zusammenhang funktioniert, sondern er hindert sie auch daran, den konspirativen Charakter des Marxismus zu verstehen, der für jede Gesellschaft, die diese Ideologie stoppen will, von wesentlicher Bedeutung ist. Sie haben sich schon immer mit Verschwörungen beschäftigt, um Nationen/ das Establishment zu zerstören und ihren Willen durchzusetzen. Kurz gesagt, es ist im Interesse der Sekte, Menschen als „Verschwörungstheoretiker" zu bezeichnen und sie zu ächten. Das hilft, den Rest von uns davon abzuhalten, ihre Handlungen aufzudecken und Gegenmaßnahmen gegen sie zu ergreifen.

Es ist schon komisch, dass man in einer marxistisch geprägten Gesellschaft ausgelacht wird, wenn man über Dinge spricht, die als „Verschwörungstheorie" gelten, weil man offensichtlich ein realitätsferner Spinner ist, oder? Wenn man jedoch eine der zahllosen verrückten Dinge sagt, die von der Sekte gebilligt werden, kann man gelobt, respektiert und sogar vergöttert werden.

Wenn Sie zum Beispiel behaupten, dass der Covid-Betrug ein kommunistischer Angriff auf den westlichen Kapitalismus und ein Trick war, um die Menschen mit „Impfstoffen" zu versorgen, oder dass die Masseneinwanderung gegen die weiße Bevölkerung gerichtet ist, wird die Sekte versuchen, Sie zum Schweigen zu bringen; aber wenn Sie ein Mann sind, der sich (nach jahrelangem Leugnen, wie es scheint) als Frau „outet", werden sie die Mikrofone und Kameras nicht schnell genug vor Ihr frisch manikürtes Gesicht und Ihre frisch gezeichneten Titten bekommen können! Das Gleiche gilt, wenn Sie über den Klimawandel, das Patriarchat, die Vergewaltigungskultur oder eine andere marxistische Fantasie/Verschwörungstheorie/Wirklichkeitsverzerrung plappern.

Verschwörungstheorien gehören ebenso zum marxistischen Erbe wie der Klassenkampf, der Glaube an eine egalitäre Utopie oder der Hass auf das Christentum und den Kapitalismus. Deshalb wollen sie natürlich nicht, dass jemand denkt, sie würden sich verschwören oder sich an ideologischer Subversion beteiligen. Kein Wunder, dass sie es lieben, Menschen als „Verschwörungstheoretiker" zu bezeichnen und uns lächerlich zu machen, wenn wir versuchen, diese verräterischen Störenfriede in unseren Ländern zu entlarven, indem wir ihre subversiven Aktivitäten aufzeigen!

Die Tatsache, dass der Marxismus die Strukturen der Gesellschaft infiziert hat - Politik, Medien, Bildung, Nichtregierungsorganisationen, Polizei, Religion, internationale Organisationen usw. - und dass es zwischen ihnen trügerische, verdeckte Absprachen gibt, ist ein Paradebeispiel dafür, dass Verschwörungen existieren. Das ist die Definition einer Verschwörung. Daher ist der Begriff „Verschwörungstheoretiker" ein wesentliches Instrument für die Sekte.

Klassische marxistische Begriffe

Hier sind einige der klassischen Begriffe der Sekte, die auf den Hund gekommen sind. Sie sind die allgegenwärtigen Visitenkarten der Sektenmitglieder auf der ganzen Welt (ein Wecksignal für „Radikale"), eine

Art ideologisches Branding. Sie enthalten auch ein Element der Tugendhaftigkeit, das suggeriert, dass diejenigen, die sie verwenden, überzeugt sind, dass sie wissen, was das Beste für die Gesellschaft ist, da sie die wunderbaren revolutionären Retter sind, die sie sind.

Wenn sie gesprochen werden, kann man buchstäblich das Ego und die Annahmen in ihren (großäugigen, oft lächelnden) Gesichtern sehen und in ihren Stimmen hören, fast so, als wären sie Verkündigungen der Tugend selbst! Es ist ein manisches, kultisches Verhalten, das in vollem Umfang zu sehen ist - Gedanken, Worte, Handlungen, alles in schöner Synchronizität. Außerdem ist das Element des Trojanischen Pferdes in jedes Wort eingewoben, was ziemlich faszinierend ist. Es versteht sich von selbst, dass Sie, wenn Sie diese Begriffe in Ihrem Land ständig hören, eine ernsthafte marxistische Infektion haben.

Begriff	Bedeutung	Bedeutung/Wirkung
Progressiv	Gut, das macht die Dinge noch besser (viel besser als in der beschissenen, traditionalistischen Vergangenheit). Alles, was fortschrittlich ist, dient der Verbesserung der Gesellschaft, insbesondere der „Unterdrückten". Es bedeutet, auf eine bessere, ethischere Welt hinzuarbeiten (gemäß der Sekte/Ideologie).	Es wird der falsche Eindruck erweckt, dass die Gesellschaft auf positive Weise verändert wird. Außerdem konditioniert sie die Menschen dazu, ständige Veränderungen, ständige Revolutionen (durch „Fortschritt") und die Beseitigung/Ersetzung traditioneller (nicht marxistischer) Dinge zu akzeptieren.
Vielfalt	In den westlichen Gesellschaften sollte es so viele unterschiedliche Menschen wie möglich geben, was Geschlecht, sexuelle Orientierung, Religion, ethnische Zugehörigkeit usw. angeht. Alle Gruppen sind gleichberechtigt. Eine „vielfältige" Gesellschaft ist eine ethischere, unterdrückungsfreiere Gesellschaft.	Wird in westlichen Bevölkerungen verwendet, um zu suggerieren, dass es zu viele Weiße (insbesondere heterosexuelle Männer) in einem bestimmten sozialen Umfeld gibt; zwingt diese Bevölkerungen dazu, Masseneinwanderung zu akzeptieren; erleichtert den „Antirassismus"/"Multikulturalismus". Führt zu monokulturellen Marxschen

Gesellschaften.

Gleichstellung	Gleichheit ist gleichbedeutend mit Moral und Gerechtigkeit. Wir sind alle gleich. Es sollte keine Hierarchien geben, denn das führt zu Unterdrückung.	Alle werden gleich unauffällig, dröhnend, dem Staat/den Behörden unterworfen usw. (auch bekannt als Uniformität).
Solidarität	Lasst uns in einem großen Kollektiv vereinigt sein, je größer, desto besser, und miteinander übereinstimmen.	Wir müssen alle gleich denken, sprechen und handeln, als eine Einheit. Jeder, der nicht mit uns übereinstimmt, ist ein Gegner/Feind.
Soziale Gerechtigkeit	Manche Menschen sollten in der Gesellschaft besser behandelt werden. Es sollte mehr Gleichheit, Mitgefühl, Solidarität, Vielfalt und Fortschrittlichkeit für alle geben!	Die Gesellschaft passt sich den marxistischen Vorstellungen von Recht und Unrecht an. Mit anderen Worten, sie wird zu einem wahnsinnigen Drecksloch. Es führt zur Durchsetzung von „Gleichheit"/Uniformität mittels Zwang.

Feministische und marxistische rassistische Begriffe

Wir könnten diese Begriffe auch als marxistische Verschwörungstheorien bezeichnen, da sie fast in diese Richtung gehen. Eine Verschwörungstheorie ist in diesem Zusammenhang etwas, das eine erfundene Idee ist, bei der es um irgendeine Art von Übel oder Ungerechtigkeit geht, die - oft heimlich - von einer Gruppe gegen eine andere Gruppe begangen wird, ohne dass es dafür konkrete Beweise gibt (es sei denn, marxistische Propaganda in Form von „Forschung" oder „Studien" oder marxistisch geprägter „Wissenschaft" zählt als Beweis). Die ersten beiden - „Vergewaltigungskultur" und „Patriarchat" - stammen aus der feministischen Bewegung, und der Begriff „weißes Privileg" ist marxistischer Rassismus gegen Weiße.

Begriff	Marxistische Bedeutung	Beabsichtigte Wirkung	Zielgruppe
Vergewaltigungskultur	Männer sind kulturell indoktriniert, Frauen zu vergewaltigen. Alle Männer sind	Männer müssen durch das „Bildungssystem" dazu „erzogen" werden, keine Vergewaltiger zu	Männer jeden Alters (insbesondere einheimische/weiße Männer. Keine männlichen

	potenzielle Vergewaltiger!	sein. Es dämonisiert die Männer, zerstört die Männlichkeit und schwächt die Gesellschaft.	Migranten/Nicht-Weißen, da dies „rassistisch" ist).
Patriarchat	In der Vergangenheit haben die Männer die Frauen durch diese gesellschaftsweite Unterdrückungsstruktur dominiert.	Im Namen der „Gleichberechtigung" müssen Frauen nun in möglichst vielen Bereichen der Gesellschaft gegenüber Männern bevorzugt werden. #	Männer jeden Alters (insbesondere einheimische/weiße Männer. Keine männlichen Migranten/Nicht-Weißen, da dies „rassistisch" ist). **
Weißes Privileg	Im Allgemeinen waren/sind Weiße privilegiert, und Nicht-Weiße waren/sind es nicht.	Erzeugt rassistische Feindseligkeit/Bitterkeit bei Nicht-Weißen gegenüber Weißen.	Weiße Menschen, unabhängig von Alter, Geschlecht, sexueller Orientierung, Nationalität, Vermögen usw. (es sei denn, sie sind Sektenmitglieder).

Männer werden zu Bürgern zweiter Klasse gemacht, indem Frauen zunächst in die Kategorie der „Unterdrückten" und Männer in die Kategorie der „Unterdrücker" eingeordnet werden; um die Gesellschaft zu verweiblichen usw.

** Diese bösen „Patriarchate" sind die Schöpfung weißer heterosexueller Männer, so die Sekte

Auch hier sind die einzigen Personen, die in die Zielgruppe aller drei Begriffe passen, heterosexuelle, weiße Männer. Im Falle des „weißen Privilegs" kann dies auch auf weiße Frauen zutreffen (aber natürlich nicht auf diejenigen, die Teil der Sekte sind, da sie diesem Angriff ausweichen können, indem sie behaupten, sie seien „solidarisch" usw.). Im Wesentlichen sind dies alles Propagandabegriffe, die sich an weiße Menschen und insbesondere an weiße heterosexuelle Männer richten, aber sie gelten nicht für Sektenmitglieder beiderlei Geschlechts (oder für die Vielzahl anderer „Geschlechter" wie z.B. Kommunisten-Transe, nicht-binäre Einhorn-Feen usw.).

Wenn man die Formel Unterdrücker gegen Unterdrückte anwendet, kann man zu dem Schluss kommen, dass die „unterdrückende" Klasse in den ersten beiden Initiativen weiße, heterosexuelle Männer sind, während in der dritten Initiative weiße Frauen hinzukommen. Natürlich sind die „unterdrückte" Klasse in den ersten beiden Initiativen Frauen, in der dritten Initiative Nicht-Weiße.

Weißes Privileg

Ein weiterer marxistischer Begriff, der auf einer verzerrten Wahrnehmung von Geschichte und Realität beruht. Dieser Begriff ergänzt den Slogan „Black Lives Matter", da beide dazu dienen, Konflikte zwischen diesen Rassen zu schüren. Das Konzept des „Weißen Privilegs" ist rassistische Propaganda gegenüber Weißen. Millionen von Idioten sind darauf hereingefallen und haben es wiederholt, insbesondere in den USA, wo es entfesselt wurde, um Chaos zu stiften. Die Verwendung des Begriffs im pejorativen Sinne ist schlichtweg ein krimineller Akt. Es ist eine Aufwiegelung zum Rassenhass.

Das „weiße Privileg" ist ein Zusatz zur Formel „Unterdrücker gegen Unterdrückte", wie sie in Black Lives Matter zum Ausdruck kommt, denn es erzeugt zusätzlichen Hass auf Weiße/den „Unterdrücker" seitens nicht-weißer Menschen/der „Unterdrückten". Ich sage „zusätzlich", weil die Formel „Unterdrücker gegen Unterdrückte" ohnehin schon Hass auf den Unterdrücker enthält!

Das „weiße Privileg" ist ein sehr gefährlicher, rassistischer Begriff, da er es Nicht-Weißen erlaubt, sich selbst in die Kategorie der „Unterdrückten" einzuordnen, während er gleichzeitig einen „gerechtfertigten" Hass auf Weiße erzeugt. Außerdem ermutigt er zu Gewalt, Vergewaltigung, Mord und Völkermord an weißen Menschen. Wir können dies in der BLM-Bewegung und auch in Südafrika sehen.

Es ist gefährlich, weil es Nicht-Weißen vermittelt, dass sie von vornherein Opfer sind und dass sie einen gemeinsamen, rassistischen Feind haben. Das löst in der „unterdrückten" Gruppe jegliche „Wir-gegen-die"-Tendenzen aus und wird auch das soziopathische Element innerhalb dieser Gemeinschaft auslösen (das gibt es in allen Gruppen in dem einen oder anderen Maße).

Natürlich basiert der Begriff auf einer verzerrten Wahrnehmung der Geschichte und der Realität (die später im Abschnitt über BLM behandelt wird). Es gibt in den USA (und anderswo) viele verbitterte, nachtragende, geschädigte Menschen afrikanischer Herkunft, und marxistische Schlagworte wie „weißes Privileg" sind das perfekte Werkzeug für diese Menschen, das es ihnen ermöglicht, etwas außerhalb ihrer selbst für ihre eigenen Unzulänglichkeiten verantwortlich zu machen.

Auch hier bringt die Ideologie das Schlimmste im Menschen zum Vorschein. Natürlich gibt es auf der ganzen Welt unzählige verbitterte, nachtragende, geschädigte Menschen, die weiß sind, aber für sie gibt es diese Art von rassistischer Entschuldigung nicht. Es gibt kein solches Ventil für ihre

Probleme.

Andere Begriffe

Begriff	Marxistische Bedeutung	Bedeutung/Zweck
Nicht-binäres Geschlecht (oder „Nicht-is"-Geschlecht). *	Person, die glaubt, weder männlich noch weiblich zu sein, und die sich nun als ein anderes „Geschlecht" ihrer Wahl identifizieren kann.	Eine Person, die anders ist als ein typischer Mann oder eine typische Frau (aufgrund von genetischen, epigenetischen oder umweltbedingten Faktoren) und/oder die psychologische Probleme hat, die ihre Wahrnehmung ihrer sexuellen Identität verzerrt haben.
Geschlecht fließend	Das Konzept des Geschlechts gilt für diese Person nicht. Sie kann ihr Geschlecht nach Belieben ändern. #	Wie oben, wenn es von jemandem geäußert wird, auf den das zutrifft.
Hasserfüllte	Diese Meinung/Person ist schlecht, potenziell böse. Sie sind auch irrational und unfähig, ihre negativen Emotionen zu kontrollieren. Sie haben keine Liebe in sich! Sie schaffen Spaltung, nicht Einheit (aka Solidarität)!	Diese Meinung/Person entspricht nicht den marxistischen Vorstellungen von Ethik. Sie empfinden nicht die sektenartige marxistische „Liebe". Sie sind nicht für Gleichheit/Einheit, also muss ihre Meinung unterdrückt werden, da sie bestimmten marxistischen Teilbereichen kritisch gegenüberstehen.
Opferbeschuldigung	Jede Untersuchung, Analyse oder Kritik am Verhalten von Frauen, die sexuell missbraucht/vergewaltigt wurden, ist immer falsch.	Sie dürfen nicht andeuten, dass jeder Angehörige einer „unterdrückten" Gruppe sein Verhalten ändern oder aufhören

		muss, sich selbst zu gefährden (in Situationen, in denen dies zutrifft).
Schlampenschande	Jegliche Kritik am Sexualverhalten von Frauen - insbesondere an promiskuitivem, exhibitionistischem oder „kitschigem" Verhalten - ist falsch.	Der Marxismus (über den Feminismus) ermutigt Frauen zu degeneriertem Verhalten, so dass dieser Begriff dazu dient, Kritik an Frauen zu verhindern, die ein solches Verhalten an den Tag legen.
Mansplaining	Ein Mann, der einer Frau etwas auf herablassende Weise erklärt. Dieses Verhalten ist mit dem Patriarchat verbunden. Es unterdrückt Frauen (anstatt sie zu stärken) und entspricht nicht der Gleichberechtigung.	Ein Mann darf sich gegenüber einer Frau nicht überlegen verhalten. Da Frauen einer „unterdrückten" Klasse angehören, dürfen sie nicht als minderwertig behandelt, kritisiert oder gar von Männern aufgeklärt werden. Dies steht im Zusammenhang mit der Verwöhnung der „unterdrückten" Gruppen, der Aufblähung des Egos usw.
Diskriminierung (verbunden mit Ausgrenzung)	Eine Person wird aufgrund ihrer Gruppenzugehörigkeit (Geschlecht, sexuelle Ausrichtung, Rasse, Religion usw.) ungerecht behandelt.	Eine Person wird misshandelt, weil sie zu einer vom Marxismus anerkannten „unterdrückten" Gruppe gehört.

* Es gibt viele Bezeichnungen für diese Marxsche Gender-Bending-Subagenda. Man beachte die zunehmende Verwendung von Begriffen wie „Non-Cis-Gender", „Gender-Queer" usw. in den letzten Jahren, zusätzlich zu dem Beharren darauf, dass wir Menschen mit ihren gewählten Pronomen

ansprechen müssen.

\# Ist das eine Art von Superkraft?

„Hasserfüllte" und schizophrene Heuchelei

Das ist eines der lächerlichsten Dinge, mit denen sie herauskommen, und es wird oft hervorgeholt. Jede nicht-marxistische Person/Gruppe, die irgendetwas kritisiert, wird als „hasserfüllt" abgestempelt (vor allem, wenn diese Kritik gegen die Aktivitäten der Sekte gerichtet ist). Wer also gegen die Masseneinwanderung, den Feminismus, die große Revolution im Allgemeinen oder die Sekte/Ideologie selbst ist, muss „hasserfüllt" sein. Das impliziert, dass die Sekte nicht „hasserfüllt" ist, sondern eine gutartige, positive, fortschrittliche humanitäre Bewegung der „Liebe" (angeblich das polare Gegenteil von Hass). Wenn man sich ihnen also widersetzt - und sie repräsentieren das Gute -, muss man das Gegenteil (das Böse) sein. Marxismus ist Liebe, richtig?

Der Begriff „hasserfüllt" ist auch mit dem Prinzip „Unterdrücker gegen Unterdrückte" verknüpft, denn wenn man nicht damit einverstanden ist, bestimmten Gruppen den Status der Unterdrückung zuzuerkennen, dann muss man sie doch hassen, oder? (Ihnen fehlt es an „Mitgefühl" und „Liebe" usw.). Dies gilt für alle Unterthemen, die Menschen/Gruppen direkt betreffen (Feminismus, LGBTQ, Massenmigration usw.) oder Tiere (Vegetarismus und Veganismus).

Es überrascht nicht, dass der Begriff „hasserfüllt" auch ein schizophrenes, heuchlerisches Element enthält; er ist typisch für die Persona der Sekte und eine weitere Umkehrung der Realität. Die Indoktrinierten glauben, dass das, was sie antreibt, Liebe, Einheit, Tugend, Ethik, Mitgefühl, Harmonie, Edelmut, Pflichtbewusstsein, Altruismus usw. ist (ihre Interpretation). Nichts von alledem ist der primäre Antrieb dieser Ideologie. Das ist der übliche Egoismus und die Naivität, die wir von ihnen erwarten können - alles an ihnen (einschließlich ihrer Überzeugungen) läuft darauf hinaus, dass sie wunderbar sind und die Dinge „positiv" und „schön" sind. Das ist ein völliger Irrtum! Der Hass ist der Kern des Marxismus. Er ist die Vorstufe zu seiner Zerstörungskraft. Es ist nicht nur der Hass auf Dinge, die nicht marxistisch sind, sondern der Hass auf die Menschheit und das Leben selbst.

Ist die Sekte/Ideologie nicht „hasserfüllt"? Sind Sektenmitglieder (bewusst oder unbewusst) nicht hasserfüllt gegenüber ihrer eigenen Identität, ihren Nationen, Kulturen, ihrem Erbe und ihren Völkern (da sie diese zerstören)? Sind sie nicht voller Hass auf diejenigen, die nicht mit ihnen übereinstimmen (insbesondere Antimarxisten/echte Patrioten!)? Da sie indoktriniert sind, werden sie Hass auf diejenigen von uns verbreiten, die gegen die „Globalisten" sind, während sie gleichzeitig denselben elitären Globalisten dienen (die uns alle hassen). Ist das nicht hasserfüllt? Stell dir vor, du hasst andere Sklaven mehr als deinen Sklavenhalter? Das ist schlimmer als Hass!

Wir würden nicht in dieser beschissenen, vom Marxismus infizierten Welt leben, wenn es ihren Hass und ihre hasserfüllte Ideologie nicht gäbe, also ist die Verwendung des Begriffs „hasserfüllt" die ultimative Ablenkung/ Ablenkung. Diejenigen von uns, die die hasserfüllte marxistische Sekte/Ideologie nicht anheizen, hätten keinen Grund, ihr (und ihren hasserfüllten Auswirkungen) gegenüber Hass zu empfinden, wenn es sie nicht gäbe! Ohne den Kult/die Ideologie und seine/ihre ständigen, manipulativen, kontrollierenden, scheiße-aufwirbelnden, spaltenden Tendenzen gäbe es zur Zeit sehr wenig Grund für Hass auf dem Planeten, besonders im Westen!

Umgekehrt sind Patriotismus/Patrioten (ob sie sich nun als nationalistisch bezeichnen oder nicht) ein echter Ausdruck der Liebe zu ihren eigenen Völkern, Kulturen, Ländern usw., da sie versuchen, diese Dinge zu bewahren, indem sie sie vor den lieblosen, mitleidslosen, hasserfüllten Angriffen der Ideologie schützen.

Die Verwendung von „hasserfüllt" ist auch die typische arrogante Tugendhaftigkeit, die wir von ihnen erwarten können; sie sagt: „Wir sind die Schiedsrichter für richtige und falsche Einstellungen oder Verhaltensweisen, und diese hasserfüllte Meinung/Person ist uns unterlegen. Sie sind keine Menschen, und sie verdienen es, verurteilt zu werden". Es ist ein weiterer dummer, kindischer Begriff, der von indoktrinierten Menschen verwendet wird, um jede Opposition gegen die wirklich hasserfüllten Ziele der Sekte/Ideologie zum Schweigen zu bringen.

„Hassgefüllt" als Gedankenkontrolle

Wer seine Wut über die Folgen einer marxistischen Infektion in der Gesellschaft zum Ausdruck bringt, kann dieses Etikett erhalten, auch wenn die Person die Sekte/Ideologie oder ihre Untergruppen nicht aktiv kritisiert. Zum Beispiel könnte eine gesunde Person ihre Wut über die scheinbar nicht enden wollende Parade von psychotischen Dingen ausdrücken, die Sektenmitglieder sagen oder tun. Und es ist absolut ihr Recht, das zu tun! Es ist richtig, dass sie das tun! Aber diese Art von Reaktion kann nicht zugelassen werden (vom Standpunkt der Sekte/Ideologie aus). Der Begriff „hasserfüllt" soll die angegriffene Person so erscheinen lassen, als sei sie das Problem, vor allem in den Augen der anderen. Es ist eine Form der subtilen, psychologischen Einschüchterung, um sicherzustellen, dass andere das Verhalten nicht nachahmen.

Die Sekte/Ideologie will, dass wir lächelnde, fügsame Idioten sind und „positiv" und „mitfühlend" usw. sind; dass wir die Zerstörung, die sie uns und der Gesellschaft auferlegt, einfach akzeptieren. Jede Art von Hass auf diesen Wahnsinn ist als negatives psychologisches Problem der Person zu betrachten, die diese sehr natürliche, rationale und konstruktive emotionale Reaktion zum Ausdruck bringt! Wenn man im richtigen Kontext wütend ist, geht es um Ethik, Gerechtigkeit und intellektuelles Bewusstsein. Wenn Sie auf eine

Person/Gruppe wütend sind, weil sie das Gute zerstört hat, und wenn Sie diese Wut vor anderen zum Ausdruck bringen - und ihnen damit ein Beispiel geben -, dann sind Sie rechtschaffen. Wenn andere zu dumm, zu feige oder zu weit weg sind, um das zu erkennen, dann können sie uns mal!

Der Begriff „Mansplaining"

Obwohl der Feminismus einen eigenen Abschnitt hat, verdient es dieser dumme, spaltende Begriff, hier aufgenommen zu werden. Aus *merrian-webster.com*: „Mansplaining ist... das, was passiert, wenn ein Mann herablassend mit jemandem (insbesondere einer Frau) über etwas spricht, von dem er nur unvollständiges Wissen hat, in der irrigen Annahme, dass er mehr darüber weiß als die Person, mit der er spricht".[6] Dies ist nur ein weiterer erfundener Begriff - ein Stück kindischer männerfeindlicher Propaganda aus der feministischen Bewegung. Ein einziges „Wort", um Konflikte zwischen den Geschlechtern zu schüren, indem Männer als unterdrückerische Zielgruppe bezeichnet werden; insbesondere kenntnisreiche, selbstbewusste, selbstsichere männliche Männer. Der Begriff ist sehr destruktiv und ein Zusatz zur marxistischen feministischen Programmatik. Er ist im Grunde ein Zusatz zur Indoktrination und eine weitere Ebene des Schwachsinns, mit dem wir umgehen müssen. Er erzeugt in den Köpfen der Frauen Feindseligkeit und Misstrauen gegenüber den Männern.

Der Begriff versucht auch, eine Wahrheit zu verbergen, die Sektenmitglieder im Allgemeinen, Feministinnen und andere nicht akzeptieren wollen/können - Männer sind Frauen gegenüber im Allgemeinen im Vorteil, wenn es darum geht, größere Zusammenhänge und technische und mechanische Dinge klar zu erkennen (tatsächlich ist die Realität selbst technisch und mechanisch. Selbst „übergeordnete" Themen wie Geschichte, Wissenschaft und Geopolitik haben technische und mechanische Elemente). Gleichzeitig neigen Männer im Allgemeinen dazu, sich im Laufe ihres Lebens mehr für diese Dinge zu interessieren, und sie sammeln deshalb mehr Wissen an, was ihnen einen massiven Vorteil gegenüber Frauen verschafft.

Mehr Wissen ist gleichbedeutend mit mehr Fähigkeit, Dinge zu lehren/zu erklären, insbesondere für jemanden, der weniger weiß! Deshalb erklären Männer diese Art von Dingen oft den Frauen (und nicht andersherum). Das sollte offensichtlich sein! Es ist einer der grundlegenden Unterschiede zwischen den Geschlechtern, den der Kult/die Ideologie zu verschleiern versucht. Natürlich kann diese Dynamik auch zwischen Männern bestehen, aber Männer dürfen nicht „Unterdrückung" schreien, wenn ihnen ein anderer, besser informierter und erfahrener Mann die Dinge erklärt! Nochmals, es gibt keinen Grund für irgendjemanden, den Weg des Schwächlings (Verleugnung) zu wählen und sich dadurch „beleidigt" zu fühlen, denn es ist einfach die

---

[6] https://www.merriam-webster.com/wordplay/mansplaining-definition-history

Wahrheit. Männer und Frauen sind nicht dasselbe. Der Begriff „Mansplaining"
ist nur eine weitere Möglichkeit, die Wahrheit zu verschleiern und das falsche
und schädliche Konzept der Gleichheit durch eine propagandistische Sprache
zu propagieren. Außerdem wird damit versucht, die Existenz von Hierarchien
(von Wissen/Fähigkeiten) zu leugnen, auf denen die Zivilisation aufgebaut ist.
Es handelt sich also um einen Angriff auf die Zivilisation selbst.

Mansplaining und Kritik

„Mansplaining" ermutigt Frauen, nicht auf Männer zu hören, und unterstellt
ihnen, dass sie dadurch irgendwie „stärker" werden (was das Gegenteil der
Wahrheit ist). Insbesondere sollten sie keine Kritik von Männern annehmen,
selbst wenn sie es verdienen, kritisiert zu werden! Können Sie sich vorstellen,
dass diese Mentalität zu einem echten Problem wird, wenn ein nicht
indoktrinierter Mann mit einer indoktrinierten Frau interagiert?

Der Begriff trägt dazu bei, jegliche Kritik an Frauen zu verhindern, die
aufgrund der marxistischen feministischen Indoktrination ein degeneriertes
Verhalten an den Tag legen, insbesondere, wenn diese Kritik von Männern
kommt (die ohnehin eher versuchen, sie „aus der Reserve zu locken"). Darüber
hinaus trägt der Begriff dazu bei, dass diese Frauen so bleiben (da sie sich für
den Weg des Schwächlings entscheiden und die Männer ignorieren), indem sie
stur sind und sich auf die Fersen heften.

In einer gesunden, ausgewogenen, nicht kontaminierten Gesellschaft können
sich Männer und Frauen gegenseitig ergänzen und ausgleichen, was manchmal
auch konstruktive Kritik einschließt. Das Männliche und das Weibliche sorgen
in einer symbiotischen Beziehung füreinander für ein Gleichgewicht (ergo:
Männer und Frauen sollen sich gegenseitig ergänzen, nicht gleichgestellt sein).
Unabhängig davon, ob ein Mann oder eine Frau diese Art von Kritik äußert,
handelt es sich um einen primär „männlichen" Akt. Das ist natürlich; der
Marxismus ist antinatürlich.

Das hängt auch mit einem anderen Punkt zusammen, nämlich dass Kritik an
jeder Gruppe mit „unterdrücktem" Status (in diesem Fall Frauen) nicht erlaubt
ist. In diesem Fall wird es auf ein psychotisches Extrem getrieben, bei dem
sogar jede Andeutung einer Andeutung, dass die Unterdrückten in irgendeiner
Weise dem Unterdrücker (Männer) unterlegen sind, ein kriegerischer Akt ist!
Ein Akt der Unterdrückung gegen die Unterdrückten, der vom Patriarchat
selbst ausgeht! Es beweist meinen Standpunkt, dass das Ziel, einer Gruppe den
Status „unterdrückt" zu geben, nicht darin besteht, ihr zu helfen, sondern ihr
Ego aufzublähen, bis sie verwöhnt und unausstehlich wird und jede Andeutung,
dass sie unvollkommen ist, unerträglich ist.

Mansplaining" ist ein ekelhafter, verhätschelnder Begriff und ein gutes
Beispiel für den Unsinn, der als „Sprache" erscheint, wenn der Marxismus Fuß
fasst. Es ist ein Begriff, der besagt: „Wie könnt ihr es wagen, Frauen nicht als
allwissende, perfekte Göttinnen zu behandeln!". (Wie bereits erwähnt, gilt

dieser Verwöhnfaktor auch für andere unterdrückte Gruppen, nicht nur für Frauen; er ist höchst problematisch).

Opferbeschuldigung

Ein sehr gefährlicher, frauenfeindlicher Marxscher Begriff, der von Sektenmitgliedern innerhalb und außerhalb des Feminismus verwendet wird. Er steht auch im Zusammenhang mit den oben genannten Punkten und damit, wie jede Kritik - oder jeder Versuch, das Verhalten von Frauen zu kontrollieren - von der ewig tugendhaften Sekte mit einem anderen einprägsamen Schlagwort gekontert werden kann. Dieser Begriff erhöht das Risiko für Mädchen/Frauen, sexuell missbraucht oder vergewaltigt zu werden, denn er vermittelt die falsche Botschaft, dass Frauen nicht auf ihr Verhalten achten müssen, auch nicht auf das, das sie in Gefahr bringen könnte (z. B. junge Frauen, die sich aufreizend kleiden, in die Öffentlichkeit gehen und sich mit Alkohol betrinken, was sie zu einem leichten Ziel für Sexualstraftäter in der Gesellschaft macht). Sie steht auch im Zusammenhang mit der „Liberalisierung" der Frauen bzw. der weiblichen Sexualität, einer offensichtlichen „Errungenschaft" des Feminismus.

Marxistische „Stolz"-Begriffe

> „Bis zu meinem Todestag werde ich mit Stolz darauf zurückblicken, dass ich den Mut gefunden habe, mich dem Gespenst zu stellen, das seit jeher Gift in mich und in Menschen meiner Art injiziert. In der Tat bin ich stolz darauf, dass ich den Mut gefunden habe, der Hydra der öffentlichen Verachtung den ersten Schlag zu versetzen.[7]
>
> Karl Heinrich Ulrichs, 19th Jahrhundert Deutschland Proto-Schwulenrechtsaktivist

Es gibt keine Sekte, in der sich die Mitglieder nicht gegenseitig zu ihrer Brillanz als menschliche Wesen beglückwünschen oder sich gegenseitig auf die Schulter klopfen, weil sie nichts getan haben (oder im Fall dieser Sekte die Erde zerstört haben)! Versuchen wir, diese Begriffe zu analysieren, ohne über die übertriebene dramatische Lächerlichkeit zu kichern. Sie werden hören, wie sie denjenigen aufgetischt werden, die an marxistischen Initiativen teilnehmen oder diese fördern. Man hört sie vielleicht, wenn sich jemand als schwul oder „trans" oder „nicht-binär" „outet" oder eine „Transition" vollzogen hat, meist natürlich auf einer öffentlichen Plattform. Ein Beispiel dafür wäre William Bruce „Caitlyn" Jenner - eine üppige, sinnliche Schönheit mit einem kräftigen Kiefer, einer rauen Stimme, kräftigen, ausladenden Händen, einem Adamsapfel und Schultern.

---

[7] Zitiert in: Keith Stern, K., *Queers in History: The Comprehensive Encyclopedia of Historical Gays, Lesbians and Bisexuals* (2013). S. 460.
https://en.wikiquote.org/wiki/Karl_Heinrich_Ulrichs

Auch wenn es nie einfacher war, all diese Dinge zu tun (aufgrund des Niedergangs der Zivilisation hin zu völliger Entartung, dank des Marxismus), müssen diese Personen für ihre übermenschlichen Anstrengungen beglückwünscht werden! Natürlich lässt der Mythos, dass diese Gruppen (Schwule, Transsexuelle) „unterdrückt" werden, (für manche) den Anschein erwecken, dass diese Taten eine solche Bewunderung verdienen.

Begriff	Marxistische Bedeutung	Tatsächliche Bedeutung	Beabsichtigte Wirkung
Mutig	Sie haben Mut bewiesen, denn was Sie getan haben, ist beängstigend. Sie waren mutig, weil Sie die Unterdrückung so lange allein und ohne Unterstützung ertragen haben!	Sie haben etwas gesagt/getan, das eine marxistische Sub-Agenda fördert/unterstützt. Das war sehr einfach und erforderte keinerlei Mut oder Anstrengung, da es im Einklang mit der marxistischen Kultur steht.	Es zeigt anderen, dass sie mit Respekt/Bewunderung/"Liebe" usw. (von indoktrinierten Menschen/der Sekte) überschüttet werden, wenn sie sich so verhalten. Es fördert mehr von demselben kultischen Verhalten, indem es andere dazu ermutigt.
Stark	Wie oben, und Sie haben mentale Stärke bewiesen!	Wie oben, aber fügen Sie dem Kompliment „mentale Stärke" hinzu.	Wie oben.

Wenn eine Bevölkerung davon überzeugt ist, dass Dinge wie ein „Coming-out" oder eine „Transition" eine Person mutig und stark machen, dann wird dies Teil der Wahrnehmung der Bevölkerung, was Mut und Stärke ist. Es wird eine neue Norm geschaffen, nach der man „mutig" und „stark" ist, wenn man sich auf Verhaltensweisen einlässt, die von der Allgemeinheit akzeptiert werden. Man wird belohnt, wenn man ein „Opfer" zu Ehren der Sekte bringt. Das „Coming-out" ist ein Kultritual.

Zentrale Elemente

Einige Kernelemente der Ideologie:

Unterdrücker gegen Unterdrückte - ein Hauptbestandteil

Da dies ein zentraler Punkt der Ideologie/Indoktrination ist, muss er genauer untersucht werden. Das Prinzip Unterdrücker gegen Unterdrückte ist ein Hauptbestandteil, der immer wieder verwendet wird, und wir können es in allen Unteragenden der Sekte sehen. Es wirkt sich vor allem in zweierlei Hinsicht aus: Es ruft bei den Betroffenen starke emotionale Reaktionen hervor und schafft Spaltungen. Kombiniert führen diese beiden Elemente zu absolutem Chaos. Das Chaos, das wir heute in der Welt sehen, würde ohne diese Dynamik nicht existieren.

Dieser Grundsatz war von Anfang an ein Eckpfeiler der Ideologie, auch wenn sich seine Anwendung im Laufe der Zeit geändert hat (über den Marxismus-Leninismus, die Frankfurter Schule und die Postmoderne usw.). Wir sollten bewundern, wie die Sekte es immer wieder geschafft hat, dieses Prinzip für ihre teuflischen Ziele zu recyceln/wiederzuverwenden. „Wenn es nicht kaputt ist, repariere es nicht!", richtig? Was sich jedoch nicht geändert hat, ist die Art und Weise, wie die Sekte arbeitet: Sie nutzt emotionale Manipulation, um starke psychologische Reaktionen zu erzeugen, mit katastrophalen Folgen für die Gesellschaft. Darüber hinaus unterstützt sie soziopathisches, sektenartiges Verhalten.

Erstens schafft sie eine klare Trennung zwischen zwei verschiedenen Parteien, die sie an entgegengesetzten Enden eines Spektrums ansiedelt. Sie bezeichnet die eine als „Unterdrücker/Dominator/Kontrolleur/Täter" und die andere als „Unterdrückte/Dominierte/Kontrollierte/Opfer". Dann fördert es übermäßige kämpferische „männliche" Emotionen gegenüber der Partei, die als „Unterdrücker" bezeichnet wird (Negativität, Hass, Verurteilung, Misstrauen usw.), während es übermäßige „weibliche" Emotionen gegenüber der Partei fördert, die als „Unterdrückte" bezeichnet wird (Positivität, Wärme, Empathie, Sympathie und Mitgefühl, Vertrauen usw.). Mit anderen Worten, es löst standardmäßig bestimmte Wahrnehmungen aus, die zu einer Doppelmoral führen. Dies kann zum Zusammenbruch der wahren Gerechtigkeit/Ethik/Moral in der Gesellschaft führen. Teile und herrsche auf ganzer Linie, Baby.

Dies ist wohl der wichtigste Aspekt der Ideologie, denn er erklärt ihre Giftigkeit. Ohne diese emotionale Dichotomie wäre sie überhaupt nicht wirksam. Sie ist sozusagen Teil ihrer „DNA".

Tugendhaftes Verhalten beim Urteilen?

Amüsanterweise und in gewisser Weise typisch (aufgrund der Neigung der Ideologie zur Umkehrung) ist das Prinzip „Unterdrücker gegen Unterdrückte" mit einer weiteren Doppelmoral behaftet.

Es ist amüsant, weil die Tugendhaftigkeit einen großen Teil der Ideologie ausmacht; sie behauptet, es ginge um Gerechtigkeit, Ethik usw. Sie sagt, dass jede Form der Kritik oder des Missbrauchs einer „unterdrückten" Gruppe falsch, böse, diskriminierend, frauenfeindlich, rassistisch oder fremdenfeindlich usw. ist. Wenn Sie nicht direkt von ihnen wegen dieser Kritik/Beschimpfung niedergeschrien werden, wird Ihr Verhalten zumindest missbilligt werden. Möglicherweise werden Sie mit der Meinung konfrontiert, dass Urteile falsch sind: „Du solltest nicht urteilen!" oder „Du solltest mehr Mitgefühl haben" usw.

Diese Antwort erhalten wir in der Regel von denjenigen, die indoktriniert sind, ohne dass sie (oder vielleicht sogar Sie) sich dessen bewusst sind. Doch das Prinzip Unterdrücker gegen Unterdrückte beruht darauf, dass Sie die Person/Gruppe in der Klasse der „Unterdrücker" verurteilen! Ohne Beurteilung würde es nicht funktionieren! Wenn also das Prinzip Unterdrücker gegen Unterdrückte entscheidend für das Funktionieren der Ideologie ist, dann ist das Urteil ein entscheidender Teil der Ideologie; es ermöglicht dem Kult zu funktionieren und sich zu verbreiten. In gewissem Sinne ist der Marxismus das Urteilsvermögen.

Ist das nicht witzig, wenn man bedenkt, was für ein Unsinn mit den Tugenden gemacht wird? Natürlich würden sie antworten, dass einige es verdienen, verurteilt zu werden, und andere nicht. Und hier zeigt sich, was die Sekte/Ideologie wirklich vorhat: bestimmte Gruppen anzugreifen, die sie als problematisch bezeichnet. Noch mehr Heuchelei. Sie versucht, die Schiedsrichterin für richtiges und falsches Verhalten/Einstellungen zu sein. Und natürlich versucht sie, eine neue Norm zu schaffen, in der die Marxsche Ethik die einzige ist: Man muss über die Gruppe urteilen, die die Sekte als „Unterdrücker" bezeichnet, und man darf nicht über die Gruppe urteilen, die sie als „Unterdrückte" bezeichnet.

Es ist richtig, dass einige in der Gesellschaft es verdienen, von dieser Gesellschaft beurteilt zu werden, aber eine destruktive Sekte/Ideologie ist nicht in der Lage, diese Rolle zu übernehmen! Dies alles dient als weitere Erinnerung daran, dass die Sekte/Ideologie gut darin ist, die Tendenzen der Gesellschaft anzusprechen (Urteile zu fällen) und sie zu befriedigen. Sie bietet falsche/unterlegene Alternativen zu etwas, das gut ist - das Urteil über bestimmte Personen oder Gruppen innerhalb der Gesellschaft zum Nutzen dieser Gesellschaft/Nation (Beispiel: Verräter oder Subversive, Verfechter der Entartung, gehirngewaschene destruktive Typen).

Emotionale Manipulation

Hier ist ein entscheidender Punkt, um zu erklären, wie die Marxsche Indoktrination funktioniert. Der emotionale Manipulationseffekt, der dem Prinzip Unterdrücker gegen Unterdrückte zugrunde liegt („Unterdrücker"=Negativität/Hass/Verurteilung; „Unterdrückte"=Positivität/Sympathie/Empathie), erzeugt Konflikte in der Gesellschaft, indem die Betroffenen emotional aufgeladen werden. Genauer gesagt, entsteht der Konflikt durch die fehlgeleiteten emotionalen Reaktionen der Sektenmitglieder.

Der Gesamteffekt ist, dass die betroffene (oder infizierte) Person das Gefühl hat, dass von einer Gruppe/Individuum gegenüber einer anderen Gruppe/Individuum Unrecht begangen wird, und deshalb will sie sich an dem „Unterdrücker" rächen (im Namen der „Unterdrückten"); im Wesentlichen fühlt sie sich den „Unterdrückten" gegenüber verpflichtet. Dann heißt es: „Ich/wir zur Rettung!", das Ego übernimmt die Kontrolle, und der Aktivismus beginnt...

In der Psyche einer Person, die Probleme/Gesellschaft durch die Linse des Gegners gegen den Gegner wahrnimmt, empfindet sie gleichzeitig zwei polar entgegengesetzte Arten von Emotionen gegenüber diesen beiden verschiedenen Gruppen: Negativität/Hass/Verurteilung gegenüber der Gruppe der „Unterdrücker" und Positivität, Sympathie/Empathie, „Liebe"/"Mitgefühl" usw. gegenüber der Gruppe der „Unterdrückten". Es entsteht eine Art skizophrene Spaltung des Geistes. Mit anderen Worten, das Prinzip „oppr. vs. oppr." löst eine „grrrrr"-Mentalität gegenüber dem „Unterdrücker" und eine „nawwwwwww"-Mentalität gegenüber den „Unterdrückten" aus. „Naawwwww" oder „aawwwwww" ist das Geräusch, das jemand beim Anblick eines niedlichen Babys oder eines wunderschönen Welpen machen könnte. Es ist der Mutterinstinkt auf Crack, aber verzerrt. Es ist extrem gefährlich für die Gesellschaft und steht natürlich im Zusammenhang mit der Zerstörung der Männlichkeit und den Feminisierungsbemühungen der Sekte.

Ein deutliches Beispiel für diesen verzerrten Mutterinstinkt findet sich in der Subagenda der Masseneinwanderung (oder „Multikulturalismus"/"Vielfalt"), als indoktrinierte Menschen in Europa Gefühle der Wärme und eine Fürsorgepflicht gegenüber Migranten zum Ausdruck brachten, die sie noch nie getroffen haben! Dies hängt mit dem Problem des pathologischen Altruismus in den verseuchten Gesellschaften zusammen: der Versuch, die Welt auf eigene Kosten und die des eigenen Landes, der eigenen ethnischen Gruppe usw. zu „retten" (dies ist nur ein Beispiel - der verzerrte Mutterinstinkt/die „Mitleids"-Mentalität ist auch in anderen Unterbereichen der Schuldige). Natürlich existiert der pathologische Altruismus nur aufgrund des Prinzips „Gegner gegen Gegner".

Zurück zu den dualen emotionalen Reaktionen von oppr. und oppr.: Das sind zwei hochgradig aufgeladene und sehr gegensätzliche Emotionen, die man gleichzeitig empfindet, wenn man über ein bestimmtes Thema/eine marxistische Teilagenda nachdenkt (z.B. Feminismus, Massenmigration, Rassismus usw.). Um richtig zu argumentieren, muss eine Person ruhig sein und darf nicht zulassen, dass Emotionen die Grundlage ihrer Argumentation bilden, aber wenn eine Person durch diese beiden grundlegenden Arten von Emotionen „getriggert" wird, verringert sich ihre Fähigkeit, zu argumentieren und die Realität so zu sehen, wie sie tatsächlich ist (d. h. die Wahrheit der Sache). Ihr Verstand ist dank dieser sehr starken und gegensätzlichen Emotionen auf eine niedrigere Funktions-/Bewusstseinsstufe gezwungen worden.

Da ihr Verstand nun auf dieser niedrigeren Ebene funktioniert, sind sie nun leichter zu kontrollieren und ihr Verhalten ist vorhersehbar. Die Indoktrination hat sie erfasst! Sie sind nun auf bestimmte Verhaltensmuster festgelegt und darauf programmiert, auf bestimmte Reize in einer bestimmten Weise zu reagieren (wie Juri Besmenow erklärte). Diese Punkte sind entscheidend, um das Wesen der Indoktrination zu verstehen, warum dieser Kult so intensiv und fanatisch ist und warum es für viele kein Zurück mehr gibt...

Diese Faktoren treffen natürlich nicht auf intelligente, reife, selbstbewusste Menschen zu, die es verstehen, ruhig zu bleiben und sich ihre eigene klare, genaue Meinung zu einem bestimmten Thema zu bilden. Nun, das sind die Typen, die nicht der marxistischen Indoktrination auf den Leim gehen! Bei denen, die es tun, ist die Unfähigkeit, ihre Emotionen zu kontrollieren, und ein Mangel an Intelligenz ein wichtiger Faktor, der dazu beiträgt, dass sie auf die Indoktrination hereinfallen.

Verzerrte Wahrnehmung durch Umkehrung

Die Formel oppr. gegen oppr. verzerrt die Wahrnehmung der Realität in noch stärkerem Maße. Dies kann bis zu einem solchen Grad geschehen, dass die Dinge völlig auf den Kopf gestellt werden. Daher der Begriff „Inversion".

Dies gilt für alle Unterthemen, bei denen es eine „unterdrückte" Klasse gibt. Der Feminismus zum Beispiel wirbt damit, für Frauen zu sein. Er ist jedoch frauenfeindlich. Das Gleiche gilt für die Abtreibung als eine Erweiterung des Feminismus. Sie wird als frauenfreundliches „Mitgefühl" oder „Gesundheitsfürsorge" vermarktet, ist aber in Wirklichkeit frauenfeindlich (ein Angriff auf ihren Körper/Leben/Geist). Die Zahl der Frauen, die aufgrund von Feminismus und Abtreibung ein einsames, zerrüttetes, leeres Leben führen, wird vielleicht nie ehrlich ausgewertet und zusammengetragen werden; vor allem nicht, solange unsere Gesellschaften noch stark marxistisch geprägt sind. Wenn eine Frau merkt, dass die Abtreibung, die sie hatte, keine „Gesundheitsfürsorge" oder „Mitgefühl" war, kann es schon zu spät sein (deshalb ist Täuschung/Verleugnung eine viel einfachere Option).

Das Gleiche gilt für Black Lives Matter. Es ermächtigt die Schwarzen nicht, sondern entmachtet sie nur. Die Opfermentalität und das Gefühl des Anspruchs, das diese Sub-Agenda mit sich bringt, führt niemals zu irgendeiner Art von „Ermächtigung", sondern nur zu weiterer Verantwortungslosigkeit, Opferrolle, Verwöhnung und Unreife/Verkommenheit. Darüber hinaus vermarktet sie sich selbst als antirassistisch, aber wie wir eindeutig gesehen haben, erzeugt sie rassistische Spannungen und fördert den Rassismus gegenüber den „unterdrückenden" Weißen. Sie erzeugt auch Rassismus gegenüber Schwarzen

- wenn ein großer Teil von ihnen anfängt, die zivilisationszerstörende Marxsche B.L.M.-Subagenda zu befürworten oder zu unterstützen, oder anfängt, „gegen das Establishment", gegen die Polizei usw. zu sein.

Was das Thema Masseneinwanderung/Multikulturalismus betrifft, so wird es für Afrika oder den Nahen Osten nicht von Vorteil sein, sondern eher von Nachteil (ich spreche hier natürlich vom Zustrom europäischer Migranten, aber das gleiche Prinzip gilt auch für das Thema Masseneinwanderung in anderen Teilen der Welt). Ehrliche, intelligente Analysten sagen oft und zu Recht, dass das Beste für die Verbesserung dieser Völker/Länder darin besteht, dass sie sich in ihren eigenen Ländern selbst helfen (oder sich helfen lassen), und nicht darin, dass ihre jüngsten und fittesten Männer einfach in andere Länder verpflanzt werden, was weder für ihre Heimatländer noch für das gewählte Zielland von Vorteil ist.

Das sind die Ergebnisse, wenn man das natürliche Gleichgewicht der Dinge stört, indem man versucht, künstliche „Gleichheit" (rassisch oder anderweitig) durchzusetzen. Natürlich ist dieses Argument für diejenigen gedacht, die glauben, dass es bei der geförderten Masseneinwanderung in Wirklichkeit um Humanität geht (was nicht der Fall ist). Worauf wir uns hier jedoch konzentrieren, ist die Umkehrung der Wahrheit; wie Viktimisierung (ein „unterdrückter" Status) nur zu Entmachtung und nicht zu Ermächtigung führt.

Dieser extreme Umkehreffekt der Ideologie ist ein weiterer Aspekt, der die Indoktrination so stark macht: Wenn jemand indoktriniert wird und seine Wahrnehmung von etwas so völlig verkehrt/umgekehrt ist (und über einen längeren Zeitraum so bleibt), kann es für ihn buchstäblich unmöglich sein, die Wahrheit zu begreifen. Ihnen ist nicht mehr zu helfen; es ist zu spät für sie.

Der 'Unterdrückte' wird zum 'Unterdrücker'

Das Prinzip Unterdrücker gegen Unterdrückte kehrt die Dinge ebenfalls um, indem es die „unterdrückte" Klasse zum Unterdrücker und die „unterdrückende" Klasse zu den Unterdrückten macht.

Wir können dies an dem europaweiten Zustrom von Migranten sehen. Viele der Migranten haben sich dem Marxschen Narrativ verschrieben, dass sie in der Vergangenheit gelitten haben. Wenn sie also ihre „Unterdrücker" (die weißen Europäer) leiden lassen, wird das irgendwie fair und gleichberechtigt sein. Die Ergebnisse sind deutlich zu sehen - Überfälle, Vergewaltigungen und Morde an Europäern durch Migranten. Das (marxistische) Narrativ besteht darauf, dass die einheimischen Europäer diese Behandlung durch diese „unterdrückten" Migranten irgendwie verdient haben! Seit Beginn der Migrationswellen haben wir erlebt, wie viele dieser Gruppe dank dieser Eigenschaft, dass der Unterdrückte zum Unterdrücker wird, buchstäblich mit Mord davongekommen sind. Ein weiteres Beispiel ist die Unteragenda des Feminismus und die offene Feindseligkeit (Misandrie), die von diesen „unterdrückten" Frauen gegenüber ihren „Unterdrückern" (weißen heterosexuellen Männern) und dem „Patriarchat" ausgeht.

Diese Eigenschaft (der Unterdrückte wird zum Unterdrücker) ist mit dem Gefühl des Anspruchs (auch bekannt als Verwöhntheit) verbunden, das die Angehörigen der „unterdrückten" Klasse oft empfinden. Das Gefühl, Anspruch zu haben/verwöhnt zu sein, und Aggressivität gehen Hand in Hand, auch weil verwöhnte Menschen in der Regel unglücklich werden, was oft zu Wut führen kann. Das liegt daran, dass sie im Kreislauf des ständigen Verwöhnens mit kurzfristigen Vergnügungen gefangen sind (in dem Irrglauben, dass weiteres Verwöhnen sie glücklich machen wird), was ihr langfristiges Elend nur noch vergrößert, und sie können aufgrund der Frustration dummerweise ausrasten. Dies geschieht, weil sie entweder zu dumm oder zu feige sind, um zu erkennen, dass sie selbst das Problem sind und nicht die Menschen um sie herum. Vielleicht sind sie sich in gewisser Weise bewusst, wie schwach und verdorben sie im Innern sind, was die Frustration noch verstärkt, aber ihr Verstand ist so verdrahtet, dass sie der verwöhnten Mentalität verfallen sind und nichts dagegen tun können. Gewohnheiten sind ein Miststück.

Verwöhnung führt im Wesentlichen dazu, dass eine Person aus dem Gleichgewicht gerät, weil sie in dieser Abwärtsspirale feststeckt. Deshalb können sie schließlich unausstehlich und verrückt werden (kein Einfühlungsvermögen und losgelöst von der Realität).

Ein aufgeblasenes Ego ist natürlich ein weiteres Nebenprodukt der Verwöhnung, und mangelnde Demut führt in der Regel zu degeneriertem Sozialverhalten in der einen oder anderen Form (z. B. mangelnder Respekt vor anderen). Darüber hinaus haben sie keinen Anreiz, andere mit Respekt zu behandeln, weil es für sie praktisch keine Konsequenzen hat, wenn sie es nicht tun (aufgrund ihres „unterdrückten" Status). Dies ist eine weitere toxische, zivilisationszerstörende Auswirkung des Prinzips „Gegner gegen Gegner". Verwöhnte Bälger müssen leiden, ob es ihnen nun gut tut oder nicht! Das ist soziale Gerechtigkeit.

Verzerrt die Wahrnehmung von Geschichte und Realität

Natürlich basieren viele der Unterströmungen - Feminismus, „Antirassismus" und BLM, Multikulturalismus/Vielfalt, LGBTQ-Rechte - auf der Vorstellung, dass die Angehörigen der „unterdrückten" Gruppe diesen Status aufgrund der offensichtlichen Misshandlung dieser Gruppen in der Vergangenheit verdient haben. Mit anderen Worten (nach der Sekte/Ideologie) haben Frauen, Nicht-Weiße und LGBTQ-Typen in der Vergangenheit mehr gelitten als diejenigen, die nicht zu diesen Gruppen gehören (z. B. Männer, Weiße, Heterosexuelle, heterosexuelle weiße Männer); und dementsprechend leiden sie auch in der Gegenwart mehr als die Angehörigen anderer Gruppen (so die Sekte). Ein entscheidender Punkt ist wiederum, dass dieses Leiden offenbar von den betroffenen „Unterdrückergruppen" verursacht wird. Wegen dieses scheinbar unerträglichen, ungleichen Anteils an Leid (!) muss die Gesellschaft also durch eine „Revolution" oder Reformation usw. umgestaltet werden, um die Dinge „gerecht" zu machen.

Nun, jeder, der eine nicht-indoktrinierte, rationale Perspektive hat, kann sehen, dass Menschen in allen Gruppen in der Vergangenheit gelitten haben und immer noch leiden! (In der Tat, das Leben ist Leiden, und das war schon immer so! Jeder leidet!). Damit dieser Prozess funktioniert, muss der Marxismus also eine verzerrte Wahrnehmung der Geschichte und der Gegenwart schaffen, damit sie mit seiner falschen Darstellung übereinstimmt. In der Tat ist die Schaffung einer verzerrten Wahrnehmung des Ersteren entscheidend für die Schaffung einer des Letzteren. Diese Verzerrung ist notwendig, um die scheinbar ungleiche Verteilung des Leidens in der Vergangenheit/Gegenwart zu zeigen, die das Leiden nur bestimmter Gruppen in einer Weise hervorhebt, die der Sekte/Ideologie zugute kommt. Propaganda.

Der Feminismus beispielsweise stützt sich auf eine verzerrte Wahrnehmung der Geschichte, um die Menschen davon zu überzeugen, dass Frauen traditionell mehr gelitten haben als Männer, weil sie von ihnen „unterdrückt" wurden usw. Es gibt zum Beispiel in Irland einige Menschen, die das tatsächlich glauben. Aber jeder, der sich auch nur fünf Minuten lang mit der irischen Geschichte beschäftigt, wird feststellen, dass es viel Leid gab, aber nicht entlang der Geschlechtertrennung! Die Behauptung, dass Frauen in diesem Land mehr gelitten haben, ist absolut lächerlich! Wenn eine indoktrinierte Person in diesem Land tatsächlich die Marxsche Lüge glaubt, die das Gegenteil behauptet, wird sie geneigt sein, die Vorzüge des Feminismus zu sehen; sie wird das Gefühl haben, dass die Frauen jetzt eine bevorzugte Behandlung verdienen.

Und das ist eine der Fronten, an denen die Ideologie ihren Schaden anrichtet, denn nun sollen die Männer vernachlässigt werden, um die Frauen zu bevorzugen, da dies irgendwie „fair" und „gleich" ist usw. Das ist destabilisierend und schädlich für die Gesellschaft. Was die Auswirkungen des Feminismus betrifft, so ist das Ergebnis eine zerstörerische Spaltung, die Spannungen hervorruft und versucht, die Gesellschaft quer durch die Geschlechter zu spalten (die universellste Spaltung der Welt), und das alles auf der Grundlage einer verzerrten, pro-marxistischen Sicht der Geschichte.

Vorzugsbehandlung

Unabhängig davon, welcher Gruppe der Status „unterdrückt" zugewiesen wird, gibt es bestimmte Konsequenzen, aber die folgenden Auswirkungen scheinen am stärksten zu sein, wenn es sich um Frauen, Nicht-Weiße oder Migranten handelt (wie im Feminismus, Rassismus/BLM oder Multikulturalismus/Massenmigration):

Die „unterdrückte" Gruppe wird nicht nur unausgewogen/geschädigt/verschmutzt und damit zu einem Problem für die Gesellschaft (da sie nun eine Vorzugsbehandlung erfährt), sondern auch die

„unterdrückende" Gruppe wird unausgewogen/geschädigt/vernachlässigt und kann daher nicht so viel zur Gesellschaft beitragen, wie sie es könnte. Die Vernachlässigung kann auch zu weiteren destruktiven Auswirkungen auf diese Gruppe führen (körperliche und psychische Gesundheitsprobleme, Selbstmord usw.). Beispiel: Jungen werden aufgrund feministischer Initiativen in Schulen vernachlässigt.

Darüber hinaus entsteht in der „unterdrückten" Gruppe ein Gefühl der Entrechtung, und im Allgemeinen entwickelt sich das Gefühl, dass ihnen etwas geschuldet wird, wodurch die Vorzugsbehandlung aufrechterhalten wird. Außerdem werden sie davon abhängig und haben keinen Anreiz, sich selbst zu versorgen (was ironischerweise eine echte „Ermächtigung" wäre). Weitere Beispiele für Vorzugsbehandlung: Frauen werden aufgrund von Geschlechterquoten und nicht aufgrund ihrer Verdienste in einflussreiche Positionen in der Gesellschaft befördert; Migranten werden besser behandelt als die einheimische Bevölkerung, die sich in einer ähnlichen Notlage befindet (wie in Irland); nicht-weiße Studenten erhalten zusätzliche Noten/Credits, damit sie an US-Colleges zugelassen werden können, einfach aufgrund ihrer Rasse usw. (ein Verweis auf *Affirmative Action* in den USA - ein Versuch der Sekte, künstliche Rassengleichheit bei der Zulassung zu Universitäten durchzusetzen). Beachten Sie, dass diejenigen, die nicht zu den privilegierten „unterdrückten" Gruppen gehören, in jedem Fall demoralisiert, vernachlässigt oder anderweitig beeinträchtigt werden. Die Grundsätze der „Gleichheit" und der Kombination von „Gegner" und „Unterdrückten" sind in diesen Szenarien im Spiel.

Wutentladung

Hinzu kommt, dass die „unterdrückte" Gruppe nun jemanden/eine Gruppe hat, gegen die sie ihre aufgestaute Feindseligkeit richten kann. Das Prinzip „Gegner gegen Gegner" bietet ihnen aufgrund ihrer Klassenzugehörigkeit eine eingebaute Entschuldigung, und jede Art von Angriffen auf die „Unterdrückerklasse" wird als gerechtfertigt angesehen. Das ist wichtig, weil es unethisches, destruktives und sogar kriminelles Verhalten zulässt, das von der Gesellschaft nicht angemessen verurteilt wird, weil es so ist. Dies ist eine der Methoden, mit denen die Sekte/Ideologie die Zivilisation direkt angreift. Es ist der Zusammenbruch von Recht und Ordnung und von normalem, zivilisiertem Verhalten. Dieses unzivilisierte Verhalten würde normalerweise eine Reaktion der allgemeinen Verurteilung hervorrufen, aber die Sekte/Ideologie lässt das nicht zu.

Natürlich wird der nicht-indoktrinierte Teil der Bevölkerung die Dinge beim Namen nennen und dieses räuberische Verhalten als kriminell verurteilen; die Sektenmitglieder werden sich weigern, dies zu tun. Es liegt auf der Hand, dass solche Unruhen umso weniger verurteilt werden, je dominanter die Sekte in einer Region ist. So funktioniert es im Großen und Ganzen, und das ist genau das, was passiert ist.

Das Beispiel Anti-Rassismus und BLM

„Schwarze wurden nicht versklavt, weil sie schwarz waren, sondern weil sie verfügbar waren. Sklaverei gibt es schon seit Tausenden von Jahren auf der Welt. Weiße versklavten in Europa jahrhundertelang andere Weiße, bevor der erste Schwarze in die westliche Hemisphäre gebracht wurde. Asiaten versklavten Europäer. Asiaten versklavten andere Asiaten. Afrikaner versklavten andere Afrikaner, und auch heute noch versklaven in Nordafrika Schwarze andere Schwarze.[8]

Der schwarze amerikanische Autor, Wirtschaftswissenschaftler und Akademiker Thomas Sowell

Die Anti-Rassismus-Teilagenda und die Black-Lives-Matter-Bewegung stützen sich auf ein verzerrtes Geschichtsbild, das die Menschen davon überzeugt, dass Nicht-Weiße (insbesondere solche mit afrikanischen Genen) in der Vergangenheit mehr gelitten haben als Weiße. Das ist völlig falsch, und eine ehrliche, unvoreingenommene Bewertung der Geschichte bestätigt dies. Es ist eine spaltende, rassistische Lüge!

Sektenmitglieder führen Dinge wie den historischen Rassismus und die Sklaverei der Schwarzen durch die Weißen an, während sie völlig außer Acht lassen, dass alle anderen Rassen ebenfalls Rassismus und Sklaverei betrieben haben (und sogar die Sklaverei ihrer eigenen Rasse!). Rassismus und Sklaverei hat es zwischen den Rassen immer bis zu einem gewissen Grad gegeben und tut es immer noch. Das marxistische Argument ist, dass die Weißen sich mehr als andere daran beteiligt haben, was einfach nur voreingenommener, rassistischer Unsinn ist.

Die Sumerer (5.-2. Jh. v. Chr.), die Babylonier (2. Jh. v. Chr. - 1. Jh. n. Chr.) und die Assyrer (3. Jh. v. Chr. - 1. Jh. n. Chr.) hatten alle zu verschiedenen Zeiten Sklaven. Im alten Ägypten (4. Jahrhundert bis 1. Jahrhundert v. Chr.) gab es Sklaven. Beispiele für Sklaverei in China (von Chinesen) reichen bis ins 5. Jahrhundert v. Chr. zurück. Die alten Griechen (12. Jahrhundert v. Chr. bis 1. Jahrhundert n. Chr.) und die Römer (1. Jahrhundert v. Chr. bis 1. Jahrhundert n. Chr.) hatten Sklaven. [9]

Die islamische Sklaverei geht auf die Zeit Mohammeds (6. Jahrhundert n. Chr.) zurück, bis hin zum Barbary-Sklavenhandel (16.-19. Jahrhundert): „Europäische Sklaven wurden von muslimischen Barbary-Piraten bei

---

[8] . Sowell, *Barbarians Inside the Gates - and Other Controversial Essays* (1999), S. 164.

https://libquotes.com/thomas-sowell/quote/lbg2t4v

[9] „Sklaverei in der Geschichte„. https://www.thehistorypress.co.uk/articles/slavery-in-history/

Sklavenüberfällen auf Schiffe und bei Überfällen auf Küstenstädte von Italien über die Niederlande, Irland und den Südwesten Großbritanniens bis nach Island und in das östliche Mittelmeer erworben".[10]

In Südamerika hatten die Maya (ca. 1500 v. Chr. bis Ende des 1. Jahrhunderts) und die Azteken (14th -16th Jahrhundert) Sklaven. In Europa nahmen die marodierenden Wikinger auf ihren Streifzügen nach Nordwesteuropa zwischen dem 8th -11th Jahrhundert weiße Sklaven mit. Die indigenen Stämme Nordamerikas versklavten sich im Laufe der Geschichte gegenseitig, darunter die Pawnee, Comanche, Klamath, Haida, Yurok und Tinglit (und ich bin sicher, auch andere). Afrikanische Stämme beteiligten sich vor und während des transatlantischen Sklavenhandels am Handel mit Afrikanern als Sklaven.[11] Diese Beispiele sind nicht schwer zu finden, trotz der Menge an marxistischer Gegenpropaganda, durch die man sich zu diesem Thema wühlen muss (die offensichtlich versucht, diese Fälle vergleichsweise zu minimieren oder zu trivialisieren).

Die weiße Rasse der Europäer als Hauptschuldigen herauszustellen, ist wiederum einfach einseitige historische Rosinenpickerei und eine Verzerrung der Vergangenheit/Gegenwart. Darüber hinaus erlaubt es der Kult, der sich nur auf die Sklaverei zwischen Weißen und Schwarzen aus Profitgründen konzentriert, zwei seiner alten Feinde zu kritisieren - den europäischen Kolonialimperialismus und den Kapitalismus. Es ist vorhersehbar, dass eine marxistische, „politisch korrekte", parteipolitische „Bildung" der Geschichte nur eine voreingenommene Perspektive bieten wird. In der Tat gibt es eine ganze Menge Geschichte, die all dies bestätigt, aber man wird sie nicht an einer marxistisch geprägten Universität lernen! Wir haben bereits auf die Wertlosigkeit der marxistischen „Bildung" hingewiesen.

Diese verzerrte Wahrnehmung der Geschichte (durch die Formel „Gegner gegen Gegner") führt zu einer zerstörerischen Kluft, die Spannungen erzeugt und die Gesellschaft entlang der Rassengrenzen spaltet. Diese Teilagenda („Antirassismus" und BLM) wird natürlich in Ländern, die multiethnisch genug sind, um zu funktionieren, und in denen es eine ausreichende Anzahl von Nicht-Weißen gibt (z. B. die USA), eine massive Wirkung haben. Umgekehrt wäre diese Art von Teilagenda in einem Land, das ethnisch homogener ist, wie z. B. Irland, nicht so wirksam, da es in Irland historisch gesehen einfach nicht genug Nicht-Weiße gibt (zugegebenermaßen ändert sich dies rasch).

---

[10] https://www.britannica.com/topic/Barbary-pirate

[11] „Sklaverei vor dem transatlantischen Handel".

https://ldhi.library.cofc.edu/exhibits/show/africanpassageslowcountryadapt/introductio natlanticworld/slaverybeforetrade

Nutzt den Verteidigungs-/Vergeltungsmechanismus der Gruppe

In einer kontaminierten Gesellschaft wird die Kritik an einer einzelnen Person in einer „unterdrückten" Gruppe als Angriff auf die gesamte Gruppe angesehen, die kollektivistische Denkweise. Es liegt im Interesse der Ideologie, dass jede Kritik an einer Person aus einer „unterdrückten" Gruppe abgewehrt wird, damit die Ideologie ihren Schaden ungehindert anrichten kann. Der Feminismus ist ein klassisches Beispiel dafür. Da ein großer Teil der Frauen auf diese Ideologie hereingefallen ist, muss das gesagt werden. Wie bereits erwähnt, argumentiert man, wenn man den Feminismus kritisiert, eigentlich zum Wohle der Frauen (und der Gesellschaft als Ganzes usw.), aber natürlich wird man dafür von den Gehirngewaschenen kritisiert. Da die Umkehrung besteht, dass der Feminismus nicht zum Vorteil der Frauen, sondern zu ihrem Nachteil ist (das Gegenteil von dem, was ein indoktrinierter Geist denkt), werden Sie kritisiert, wenn Sie darauf hinweisen. Daran ist nichts Erstaunliches, es ist nur die Gehirnwäsche, die ihr Werk tut. Wenn man den Feminismus/die Feministen in einer Gesellschaft angreift/kritisiert und die marxistische Gehirnwäsche stark genug ist, wird dies als Angriff auf alle Frauen gewertet. Die Indoktrination und der Aspekt der Gruppenverteidigung sorgen dafür, dass Ihre Kritik unterdrückt wird.

Natürlich greifen Sie nicht alle Frauen an, wenn Sie den Feminismus/die Feministinnen kritisieren, denn es gibt viele Frauen, die klug genug sind, den Feminismus abzulehnen! Die indoktrinierten Typen gehen natürlich davon aus, dass alle Frauen (die es betrifft) Feministinnen sind. Ich bin sicher, Sie haben das bemerkt.

Die Ideologie/der Kult braucht Frauen, die so indoktriniert werden, dass der Feminismus nicht nur als frauenfreundlich, sondern auch als weiblich angesehen wird! Synonym ist nicht das richtige Wort. Das Ziel der Ideologie besteht darin, dass jede Kritik an Frauen/Feminismus als Beleidigung/Bedrohung für jede Frau empfunden wird und dass sie darauf mit Beleidigung, Schock, Empörung usw. reagieren (was zu einer Reaktion der gesamten Gruppe führt).

Dieser Gruppengegenangriff ist ein cleverer Trick und kein Zufall - er ist als Verteidigungsmechanismus in die Formel „Gegner gegen Gegner" eingebaut. Raffiniert, nicht wahr? Jede Kritik an einem Mitglied der unterdrückten Gruppe muss mit einem Gegenangriff der gesamten Gruppe beantwortet werden. Der Zweck ist wiederum, jegliche Kritik an dieser Gruppe zu verhindern. Dieser Mangel an Kritik (wenn sie verdient/berechtigt ist) führt zu der bereits erwähnten unvermeidlichen Abwärtsspirale dieser Gruppe: Vorzugsbehandlung, Verwöhnung, Entartung, Wahnsinn usw.

Diese Gruppenverteidigungstaktik wird in verschiedenen anderen Unterbereichen angewandt, darunter alles, was mit Rasse, Sozialismus, der politischen „Linken" usw. zu tun hat. Jede öffentliche Kritik an der Gewalt von

Schwarzen gegen Schwarze und/oder von Gangs in den USA (die von Nicht-Schwarzen geäußert wird), wird von den Sektenmitgliedern in der Öffentlichkeit und in den MarxiStMedia als „rassistisch" bezeichnet. Auch hier besteht der Zweck darin, alle Schwarzen dazu zu bringen, als Kollektiv Anstoß zu nehmen und den marxistischen Weg einzuschlagen (und zu ködern!) - die Kritik zu unterdrücken und zu kontern und so der Ideologie zu helfen, das Narrativ zu dominieren. Dasselbe geschieht in ganz Europa, wenn die Kriminalität von Migranten thematisiert wird oder Kritik am Islam oder an Muslimen in Europa geäußert wird. Es ist eine Manipulation der Stammestendenzen, die wir als menschliche Wesen haben können.

Die Ideologie/der Kult braucht Menschen, die sich massenhaft „beleidigt" fühlen, um sich zu vermehren. Auf Gruppenebene: gleiche Gefühle, gleiche Gedanken, gleiche Worte, gleiche Handlungen und gleiche Reaktionen. Auf individueller Ebene: Wenn eine Person beleidigt ist, wird sie emotional aufgeladen und neigt eher dazu, sich zu revanchieren. Das macht sie zu potenziellen „Revolutionären". Wenn Sie zu einer „unterdrückten" Personenkategorie gehören, erklären Sie anderen das oben Gesagte; sagen Sie ihnen, dass sie nicht auf die Täuschung hereinfallen und den Köder schlucken sollen!

Wie das Prinzip mit Propaganda/Indoktrination funktioniert

Das Prinzip Unterdrücker gegen Unterdrückte ist also eine Taktik des Teilens und Eroberns und kann dazu verwendet werden, beide Gruppen aus dem Gleichgewicht zu bringen/zu zerstören, insbesondere diejenigen, die sich in gewisser Weise ergänzen/symbiotisch sind (d.h. heterosexuelle Männer und Frauen); aber natürlich wird es insbesondere dazu verwendet, diejenigen aus der Klasse der „Unterdrücker" zu zerstören. Um für einen Moment herauszuzoomen: Aus Sicht der Ideologie werden sowohl der „Unterdrücker" als auch die „Unterdrückten" zerstört: Die „Unterdrückten" zerstören die „Unterdrücker" durch psychischen/physischen Missbrauch/Angriff, während sie sich gleichzeitig selbst durch Degeneration zerstören.

Propaganda und Indoktrination können eingesetzt werden, um eine unterschiedliche öffentliche Wahrnehmung der „Unterdrückergruppe" und der „unterdrückten" Gruppe zu erzeugen. Natürlich besteht das Ziel darin, eine negative Wahrnehmung der „Unterdrückergruppe" (Hass, Verurteilung, Misstrauen usw.) und eine positive Wahrnehmung der „unterdrückten" Gruppe (Empathie, Sympathie, „Mitgefühl", „Liebe" usw.) zu schaffen bzw. zu verstärken, wie bereits erwähnt.

Den schlimmsten Aspekt des „Unterdrückers" ins Visier nehmen

Die Subagenda des Feminismus konzentriert sich auf die schlimmsten Eigenschaften/Verhaltensweisen der „unterdrückenden" Klasse und übertreibt sie. Alle Arten von Eigenschaften/Verhaltensweisen sind geeignet, aber solche, die die unterdrückte Klasse besonders negativ betreffen, sind ideal (z. B.

Vergewaltigung). Das ist klassisches marxistisches Propagandamaterial - man muss jede potenzielle Schwäche des Feindes ausnutzen! Die ständige Wiederholung dieses Narrativs und die Schaffung einprägsamer Schlagworte (z. B. „Vergewaltigungskultur'') werden verwendet, um die Botschaft zu verstärken und die Aufmerksamkeit auf das negative Verhalten (d. h. Vergewaltigung) zu lenken. Schließlich kommt es zu einem Punkt (wenn die Ideologie in der Gesellschaft ausreichend dominant ist), an dem dieses negative Verhalten zum Synonym für die Zielgruppe wird. Das Ergebnis ist, dass Männer als Kollektiv als Vergewaltiger/potenzielle Vergewaltiger angesehen werden! Haben Sie das in den westlichen Ländern nicht auch schon erlebt?

Vergewaltigung ist für diesen Zweck ideal, weil sie unter anderem durch das Ausnutzen der Ängste von Frauen Misstrauen gegenüber der „unterdrückenden'' Klasse erzeugt. Außerdem ist es etwas (anatomisch gesehen), das nur Männer tun können, Frauen aber nicht, so dass es sofort einseitig und nur in eine Richtung geht, was ideal für Propagandazwecke ist. (Ja, Lesben und Schwule können sexuelle Übergriffe begehen, aber darum geht es hier nicht - wir sprechen über die Dynamik zwischen heterosexuellen Männern und Frauen und den Feminismus. Diese Gruppen anzugreifen ist nicht Teil der marxistischen Agenda, aber heterosexuelle Männer anzugreifen schon, also werden diese Themen von der Sekte/Ideologie nicht betont und sind hier irrelevant. Offensichtlich können sie von der Sekte/Ideologie nicht hervorgehoben werden, weil sie das Konzept der Vergewaltigung nur mit heterosexuellen Männern in Verbindung bringen muss).

Vergewaltigungen eignen sich auch deshalb so gut für Propagandazwecke, weil es in manchen Fällen aus rechtlicher Sicht schwierig ist, festzustellen, ob es sich um eine echte Vergewaltigung handelt oder nicht. Natürlich ist ein nackter Psychopath im Gebüsch, der darauf wartet, sich am helllichten Tag auf eine ahnungslose Frau zu stürzen, ein klarer Fall, aber es gibt auch andere Varianten von Szenarien, die nicht so eindeutig sind.

Es gibt eindeutig Fälle von echter Vergewaltigung/sexueller Nötigung, aber auch falsche Vergewaltigungsvorwürfe, die beide gleich schwerwiegende Verbrechen sind, aber die Sekte wird diese Tatsache nicht betonen. Eine Vergewaltigung kann das Leben einer Frau ruinieren (und das hat sie auch), genauso wie falsche Vergewaltigungsvorwürfe das Leben eines Mannes ruinieren können (und das haben sie auch). Beide Täter sollten meiner Meinung nach den Strick bekommen, aber in unseren derzeitigen marxistisch geprägten Gesellschaften ist es weder möglich noch klug, dies durchzusetzen. Es überrascht nicht, dass die steigende Zahl falscher Vergewaltigungsvorwürfe in den letzten Jahrzehnten auf die Auswirkungen bzw. die Dominanz der Ideologie des Feminismus zurückzuführen ist - das Gefühl der Berechtigung/des weiblichen Privilegs, bis zum Punkt der Psychose verwöhnt zu werden (und das daraus resultierende Fehlen von Konsequenzen für negatives Verhalten), zusätzlich zu dem misandristischen, sexistischen Hass auf Männer.

Die Ideologie profitiert in hohem Maße davon, dieses oft komplexe Thema (der Vergewaltigung) zu nutzen, da es schwierig ist, die tatsächliche Wahrheit und die tatsächlichen Zahlen zu ermitteln, woher diese Zahlen kommen und ob man ihnen trauen kann. In diesem Umfeld kann sich die Ideologie auszeichnen, indem sie die Menschen dazu ermutigt, das zu glauben, was sie über das Thema glauben wollen (postmoderner Einfluss). Der Vorwurf der Vergewaltigung oder der sexuellen Nötigung ist ebenfalls eine nützliche Waffe für die Sekte, insbesondere gegen Männer, die die Sekte als Feinde betrachtet (d. h. „rechtsgerichtete" Männer).

Außerdem kann die Sekte so versuchen, Vergewaltigung mit Männlichkeit gleichzusetzen. Vergewaltigung hat nichts mit Männlichkeit zu tun! Im Gegenteil, sie ist das Gegenteil von Männlichkeit. Wahre Männlichkeit hat mit echter Stärke und Macht zu tun, während Vergewaltigung ein Zeichen von Schwäche ist und eher einer unethischen Form von Dominanz entspricht. Ein Mann, der eine Frau vergewaltigt, ist kein „echter Mann". Es handelt sich um eine gewalttätige, soziopathische Handlung, die als solche behandelt werden sollte.

Das Einzige, was ein Vergewaltiger mit einem „echten", gewöhnlichen, normalen Mann gemeinsam hat, ist, dass sie beide männlich sind! Alle Männer als potenzielle Vergewaltiger zu behandeln, nur weil ein paar verzweifelte, minderbemittelte Männer handeln, ist ebenso dumm wie destruktiv. Es zeigt ein grundlegendes Missverständnis darüber, was Vergewaltigung ist (von denen, die behaupten, Feministinnen und Verfechterinnen der Frauenrechte zu sein!) und wie man Probleme in der Gesellschaft lösen kann. Es ist auch extrem sexistisch. Tatsächlich ist es die Definition von Sexismus - eine Person aufgrund ihrer Gruppenzugehörigkeit zu misshandeln (indem man ihr unterstellt, dass ihre Standardnatur schädlich sein könnte und geändert werden muss).

Natürlich spielen die drei Transmissionsriemen der Kultur - Medien, Wissenschaft und Unterhaltungsindustrie - bei all dem eine wichtige Rolle, ebenso wie die verschiedenen marxistischen feministischen NGOs/Non-Profits. Sie alle lenken die Aufmerksamkeit ständig auf diese negative Sicht der „Unterdrückerklasse" (in diesem Fall der Männer). Die Propaganda erzeugt so viel Hass und Misstrauen gegenüber der Unterdrückerklasse wie möglich, während sie den Opferstatus der unterdrückten Klasse wiederholt (und nur Empathie/Sympathie für diese Gruppe erzeugt). Gleichzeitig müssen alle positiven Aspekte der Unterdrückerklasse (Männer) heruntergespielt, ignoriert oder versteckt werden, um die Illusion zu erzeugen, dass die Unterdrückergruppe insgesamt schlecht ist. Und schon haben wir Männer als Kollektiv, die als Problem für die Gesellschaft angesehen werden - potenziell autoritäre Persönlichkeiten mit „toxischer Männlichkeit", aggressive

Unruhestifter, potenzielle Vergewaltiger usw. Selbst wenn wir den Sektenmitgliedern beweisen könnten, dass sie genau das tun, würden viele diese Misshandlung von Männern als „fair" empfinden, wenn man bedenkt, dass Frauen in der Vergangenheit offensichtlich sexistisch misshandelt wurden.

Dieser Taschenspielertrick führt zu den idiotischen Initiativen des so genannten „Bildungssystems" im gesamten Westen („Mündigkeitserziehung"), das Jungen nun als potenzielle Vergewaltiger behandelt. Dies führt zu einer Situation, in der Männer allein aufgrund ihres Geschlechts (es sei denn, sie sind homosexuell oder „nicht-binär") misshandelt (auch unterdrückt!) werden, was (Trommelwirbel) Sexismus ist! Interessanterweise wird diese Misshandlung/Unterdrückung aufhören, wenn Jungen sich entscheiden, sich dem Kult/der Ideologie anzupassen und sich entscheiden, dass sie schwul oder „nicht-binär" oder trans sind... Wie praktisch, oder? Dieser in erster Linie psychologische Angriff auf die Klasse der „Unterdrücker" ist nun im Gange und wird beginnen, das Vertrauen, die Gesundheit und das Wohlbefinden der Angehörigen dieser Klasse zu zerstören, es sei denn, sie sind bereit, sich dem Kult/der Ideologie zu fügen und ihr Verhalten/ihre Persönlichkeit entsprechend zu ändern. Das ist ideologischer Zwang.

Zusammenfassend lässt sich aus taktischer Sicht Folgendes sagen: Die Ideologie identifiziert eine Schwäche in der „Unterdrücker"-Zielgruppe (Männer) in Form eines schweren, negativen, kriminellen Verhaltens gegenüber der „unterdrückten" Gruppe (z. B. Vergewaltigung); die Indoktrination (über die Feminismus-Subagenda) überzeugt eine ausreichende Anzahl von Menschen über das vom Marxismus infizierte System, dass es in den westlichen Ländern eine Vergewaltigungsepidemie gibt; die Sektenmitglieder bestehen dann darauf, dass die Lösung darin besteht, Männer und Männlichkeit zu unterdrücken, sie als potenzielle Vergewaltiger zu behandeln, stattdessen Frauen zu bevorzugen usw. Obwohl dies im Namen der Humanität, der Gleichheit, des „Mitgefühls" usw. geschieht, handelt es sich um einen psychologischen Angriff auf die Klasse der „Unterdrücker" (in diesem Fall der Männer).

Die Sekte hat es also geschafft, die „Unterdrückergruppe" mit Hilfe von Propaganda anzugreifen, basierend auf der Idee, dass es ein Problem gibt, das eine Reaktion hervorruft, die dann genutzt wird, wenn die Sekte ihre „Lösung" präsentiert. „Problem. Reaktion. Lösung" (Hegelsche dialektische Mechanik). Die Erfindung eines „Problems", dann das Hervorrufen von Emotionen (die die Reaktion hervorrufen), gefolgt von der Ausnutzung dieser Reaktion.

Der Irrtum der „Gleichheit

> „Eine Gesellschaft auf Gleichheit aufzubauen ist wie ein Haus auf Sand zu bauen - früher oder später wird es einstürzen.
>
> Yuri Besmenov, Universität Summit

Forumsvortrag in Los Angeles, 1983[12]

„Möge es sehr gerecht sein, dass die Welt voll wird von den Stürmen unserer Rache" - so sprechen sie zueinander... „Rache wollen wir üben und beleidigen gegen alle, die nicht sind wie wir" - so schwören sich die Tarantula-Herzen... „Und 'Wille zur Gleichheit' - das selbst soll fortan der Name der Tugend sein; und gegen alles, was Macht hat, wollen wir einen Aufschrei erheben! „. Ihr Prediger der Gleichheit, der Tyrannenwahn der Ohnmacht schreit so in euch nach „Gleichheit": eure geheimsten Tyrannengelüste verkleiden sich so in Tugendworte!"13

Friedrich Nietzsche, „Die Taranteln",
Also sprach Zarathustra (1880er Jahre)

Die Gleichheit schafft keine „Vielfalt" (ironischerweise), sondern Uniformität. Sie trägt dazu bei, eine Gesellschaft von unscheinbaren Genossen zu schaffen, die dasselbe glauben und dieselben Ansichten haben. Es ist kein Zufall, dass dies dem Stereotyp der verschiedenen marxistischen Regime in der Geschichte entspricht. Keine Freiheit zu denken, zu sprechen oder zu handeln, wie man will - man ist gezwungen, sich dem Kollektiv anzupassen. Diese Realität einer langweiligen, unnatürlichen Existenz ist nicht nur Teil des Lebens in einem historischen, weit entfernten kommunistischen Regime - wir können diesen Prozess in der heutigen Gesellschaft beobachten. Sind Sie frei, so zu denken/sprechen/handeln, wie Sie wollen, oder haben Sie andere Ansichten als alle anderen? Oder sind Sie sich des gesellschaftlichen Drucks bewusst, sich anzupassen? Dies beweist die allgemeine Prämisse dieses Buches. Es spielt keine Rolle, welches Etikett Sie Ihrer Gesellschaft aufdrücken - wenn Sie diese Freiheit nicht haben, ist die Gesellschaft mit dem Marxismus infiziert. Gleichheit" ist gleichbedeutend mit Konformität und führt letztendlich zu einer 100%igen totalitären Kontrolle über Sie und Ihre Gesellschaft. Was auch immer jemand denkt oder „fühlt", dass Gleichheit ist, ist irrelevant.

Gleichheit wird ständig als etwas Gutartiges, Tugendhaftes propagiert, wobei das Prinzip des Roten Trojanischen Pferdes - das Böse getarnt als das Gute - zum Tragen kommt. Neben der Uniformität führt sie unweigerlich zu einem Massenkonsens, einem Mangel an Individualität/individuellen Freiheiten, der Unterdrückung echter individueller Spitzenleistungen und der Unterdrückung wahrer Führer in der Gesellschaft. Die Gleichheit führt zum Zusammenbruch der Gesellschaft, und das ist der Hauptgrund, warum die Ideologie so viel Wert auf sie legt. Sobald das Prinzip über einen längeren Zeitraum in der gesamten Gesellschaft angewandt wird (über die verschiedenen Untergruppen), wird

---

[12] Absolut Subversiv, „Yuri Bezmenov 1983 Interview und Vortrag (1080p HD)", 8. August 2022. https://www.YouTube.com/watch?v=Z0j181tR5WM

[13] Nietzsche, F., „Die Taranteln", *Also sprach Zarathustra* (1880er Jahre).

http://4umi.com/nietzsche/zarathustra/29

diese wunderbare „Gleichheit" verwirklicht, was zum Zusammenbruch der Gesellschaft führt.

Gleichheit ist nicht natürlich

Gleichheit ist keine natürliche Erscheinung. Sie ist menschen- und naturfeindlich. Sie ist nicht humanitär, sie ist pseudo-humanitär. Um sie zu erreichen, muss sie daher auf die eine oder andere Weise durch Zwang durchgesetzt werden (was die schreckliche Geschichte des Kults bestätigt). Der Versuch, Gleichheit zu erzwingen, da sie nicht natürlich ist, führt nur zur Zerstörung des Lebens (im biologischen, existentiellen Sinne), da sie nicht den natürlich vorkommenden Prinzipien des Lebens entspricht. Die „Gleichheit" ist in diesem Fall der eckige Pflock, der von der Sekte in das runde Loch der Realität gesteckt wird.

Die Natur, von der der Mensch ein Teil ist, kümmert sich nicht um von Menschen gemachte theoretische Ideen wie „Gleichheit". In gewissem Sinne kümmert es sie überhaupt nicht, was die Menschen tun, ob sie nun gehirngewaschene Marxisten sind oder nicht. Die Natur ist einfach da, genau wie die Schwerkraft. Wie der berühmte italienische Astronom Galileo Galilei einmal sagte: „Die Natur ist unerbittlich und unveränderlich; sie übertritt niemals die ihr auferlegten Gesetze und kümmert sich keinen Deut darum, ob ihre abstrusen Gründe und Arbeitsmethoden für die Menschen verständlich sind".[14] Die Durchsetzung der Gleichheit bringt die Zerstörung der Zivilisation und des Lebens im Allgemeinen mit sich. Auch wenn man sagen könnte, dass die vom Menschen geschaffene Zivilisation nicht Teil der Natur im biologischen Sinne ist, so ist sie doch insofern natürlich, als der Mensch - durch den Menschen, der ein Teil der Natur ist - die Zivilisation schafft; die Zivilisation ist also eine Erweiterung der Natur.

Es ist ein ganz natürlicher Teil des Lebens, dass Männer die Strukturen, die die Gesellschaft bilden, entwerfen und errichten (das ist schon seit Jahrtausenden der Fall). Männer haben auch die Verantwortung, für den Schutz dieser Zivilisationen und ihrer Bewohner zu kämpfen. Ohne Männer - männliche Männer -, die diese Aufgaben erfüllen, bricht die Zivilisation zusammen. Es ist also interessant, dass der Marxismus ein großes Interesse an der Zerstörung der Männer gezeigt hat, indem er seine Waffen der feministischen „Gleichheit" und des Angriffs auf die Männlichkeit einsetzte. Ist das ein Zufall? Hinzu kommt, dass Männer diese Rollen in der Regel in ungleichen Hierarchien ausüben, die eine Art von Befehlskette beinhalten (eine weitere Sache, die der Kult/die Ideologie angeblich bekämpft).

Der Marxismus zielt auch auf Frauen ab, um die Zivilisation und das Leben zu zerstören. Er drückt die Geburtenrate nach unten, indem er sie indoktriniert

---

[14] Galilei, G. „Brief an die Großherzogin Christina von Toskana", 1615. https://sourcebooks.fordham.edu/mod/galileo-tuscany.asp

(über Hedonismus, Feminismus, Abtreibung, Lesbianismus, die Gender-Bending-Bewegung, Popkultur, Pornografie usw.), im Namen von „Gleichheit" und „Empowerment" keine Familien zu gründen (oder zu warten, bis es zu spät ist).

Frauen, die keine Kinder bekommen - oder einen verminderten Mutterinstinkt haben oder nicht bereit sind, Kinder zu bekommen -, sind ebenfalls ziemlich abnormal/unnatürlich (natürlich keine Beleidigung für Frauen, die physisch keine Kinder bekommen können; das liegt außerhalb ihrer Kontrolle). Mit anderen Worten, die Ideologie fördert die Indoktrination/Erzeugung von Frauen, die sich unnatürlich verhalten (natürlich gibt es viele der oben genannten Dinge schon länger als die Ideologie, aber ihre Präsenz verschärft dieses Problem). Frauen, die mit Männern konkurrieren und versuchen, ihnen „gleichgestellt" zu sein, sind ebenfalls ein unnatürliches Verhalten, das aufgrund des Marxismus (über den Feminismus) existiert.

Ein beliebtes Konzept zu diesem Thema ist „Chancengleichheit vs. Ergebnisgleichheit". Wir, die wir nicht indoktriniert sind, befürworten im Allgemeinen Ersteres, während die Sekte/Ideologie im Allgemeinen auf Letzteres drängt. Der Teil „Gleichheit des Ergebnisses" ist, mit einem Wort, Uniformität. Es bedeutet, dass eine Person unabhängig von ihren Handlungen oder ihrem Beitrag zur Gesellschaft (oder auch nicht) die gleiche Behandlung erfährt wie alle anderen.

Wir können uns vorstellen, wie schädlich dies für eine Gesellschaft wäre, weil Einzelpersonen/Gruppen nicht nach ihren Verdiensten/Wirkungen beurteilt würden. Es würde zum Zusammenbruch der Zivilisation führen, einschließlich des normalen sozialen Verhaltens, der Gerechtigkeit, der Beziehungen usw. Es ist offensichtlich, dass die „Gleichheit der Ergebnisse" im Kontext des Sozialismus problematisch ist - sie führt zur Zerstörung/Beeinträchtigung des wirtschaftlichen Wohlstands.

Gleichheit" ist schlecht für den Geist

> „Die Lehre von der Gleichheit! Aber es gibt kein giftigeres Gift: denn sie *scheint* von der Gerechtigkeit selbst gepredigt zu werden, während sie in Wirklichkeit das Ende der Gerechtigkeit ist. „Gleiches für Gleiche, Ungleiches für Ungleiche" - das wäre die wahre Stimme der Gerechtigkeit. Und ihre Konsequenz: „Niemals Ungleiches gleich machen". Die Tatsache, dass diese Gleichheitslehre von solchen Schrecken und Blut umgeben war, hat dieser „modernen Idee" schlechthin eine Art Ruhm und Glanz verliehen, so dass die Revolution als Spektakel selbst die edelsten Geister verführt hat.[15]

---

[15] Nietzsche, F. Götterdämmerung (1889), S. 49.

https://www.faculty.umb.edu/gary_zabel/Phil_100/Nietzsche_files/Friedrich-Nietzsche-Twilight-of-the-Idols-or-How-to-Philosophize-With-the-Hammer-Translated-by-Richard-Polt.pdf

Friedrich Nietzsche, *Götterdämmerung*, 1889

Diese Idee der Gleichheit ist sehr giftig für den Verstand. Sie macht die Menschen gleich - und zwar gleich vorhersehbar und banal. Sicher, wenn man über Gleichheit in Bezug auf Rechte in der Gesellschaft (die wir bereits in ausreichendem Maße haben!) und „Chancengleichheit" spricht, klingt das einigermaßen vernünftig, oder? Wenn es aber darum geht, was der Mensch eigentlich ist, dann wird es sehr schnell lächerlich. Lassen wir einmal die soziologischen und wirtschaftlichen Konzepte beiseite. Es gibt viele Adjektive, die wir auf Menschen anwenden können, aber dieses ist das lächerlichste und ungenaueste, wenn wir es untersuchen.

Wenn eine Person in dieser Gleichheitsmentalität indoktriniert wird und sie dieses Konzept immer wieder in ihrem Kopf wiederholt, ist das sehr schädlich für die Psyche. Die Realität ist nicht „gleich" und einheitlich, und die Menschen sind es auch nicht, auch wenn sie manchmal so erscheinen mögen (abgesehen von vielen Sektenmitgliedern). Auch Verhaltensweisen und ihr Niveau (ethisch gesehen) sind nicht gleich. Die Realität ist nuanciert und vielfältig, also sollten auch die Denkweisen und Wahrnehmungen der Menschen so sein.

Wenn es um die persönliche Entwicklung geht, ist es lächerlich, dieses Konzept der „Gleichheit" zum Eckpfeiler des ethischen Rahmens einer Person zu machen. Es ist ein ideologischer Propagandabegriff, der dazu dient, eine Agenda durchzusetzen, und sollte auch so behandelt werden. Gleichheit" stellt die Dinge gleich, macht sie gewissermaßen identisch und erkennt nicht an, ob die Dinge (objektiv) positiv oder negativ sind. Dies ist für den Einzelnen nicht von Nutzen. Die Betrachtung der Realität durch die „Gleichheits"-Linse macht einen Menschen blind für die Nuancen in der Realität, insbesondere wenn es darum geht, was objektiv wahr ist und was nicht und was objektiv richtig/ethisch ist und was nicht.

All dies vermindert die Fähigkeit einer Person, zwischen einer Meinung und einer anderen, einer Wahrnehmung und einer anderen, einer Gruppe und einer anderen usw. zu unterscheiden. Das Ergebnis ist, dass diese Person nicht unabhängig denken, geschweige denn richtig urteilen kann. Wie kann sie dann die sie umgebende Realität richtig verarbeiten? Sie können es nicht, und nun haben sie eine Lücke in ihrer Persönlichkeit. Die Ideologie - mit ihren vorgefertigten „Werten" und „Ethik" - kann diese Lücke füllen. Die Last des Denkens ist überflüssig, da es für sie erledigt ist!

Die Person kann sich dann eine Meinung über jede beliebige Sache bilden, die darauf beruht, ob sie von einem Sektenmitglied in einer Autoritätsposition kommt oder wie gut sie sich damit fühlt (wenn die Meinung für ihre Programmierung akzeptabel ist). Kurz gesagt, das Denken mit „Gleichheit" im Gehirn macht die Menschen dumm, leichtgläubig und leicht zu manipulieren.

Gleichheit" oder Fairness?

Wir sollten nicht für „Gleichheit" sein, sondern für „Fairness" (auch bekannt als Gerechtigkeit). Das ist ein Unterschied. Fairness ist in Wirklichkeit das, was einige (indoktrinierte Menschen) für Gleichheit halten, weshalb sie diese „Gleichheit" wollen. Sie wollen dies, weil sie sich um andere kümmern und wollen, dass sie fair behandelt werden. Großartig - wir wollen mehr Fairness! Wir sollten jedoch die Idee der „Gleichheit" nicht unterstützen, weil sie zur Zerstörung führt. Offensichtlich können die Indoktrinierten das nicht verstehen - die Indoktrination sagt ihnen, dass Gleichheit gleich Fairness ist. In gewissem Sinne ist die Gleichheit laut Indoktrination der Inbegriff der Ethik selbst. Für diese Menschen ist ihre falsche Vorstellung das eigentliche Problem, aber wir werden die psychologischen Faktoren an anderer Stelle behandeln. **Die Fähigkeit, zu entscheiden, was fair/gerecht ist und was nicht, hängt davon ab, wie entwickelt unser Gewissenssinn ist - etwas, das bei indoktrinierten Menschen im Wesentlichen verzögert oder amputiert ist.**

Gleichheit" trägt nicht dazu bei, Fairness zu schaffen; sie schafft vielmehr Ungerechtigkeit. Diese Fehleinschätzung ist eine der Hauptursachen für das Chaos, in dem sich die Gesellschaft derzeit befindet. Es ist die Umkehrung dessen, was richtig/ethisch ist und was falsch/unethisch ist.

Gleichheit der Kritik: eine schlechte Angewohnheit

Die Gleichstellungsmentalität fördert schlechte Gewohnheiten. Der Feminismus kann Frauen dazu indoktrinieren, ein Problem für die Gesellschaft zu werden, und sie fangen an, sich ihr gegenüber destruktiv zu verhalten (wissentlich oder unwissentlich). Wann immer sie für ihr Verhalten kritisiert werden (und das zu Recht), nehmen andere indoktrinierte Typen sie in Schutz. Dadurch wird verhindert, dass die berechtigte Kritik Wirkung zeigt und möglicherweise weiteres destruktives Verhalten verhindert. Diese Kritik ist besonders wichtig, wenn es sich um junge Frauen handelt, denn sie kann ihr Verhalten im Zaum halten, wenn sie stark und allgemein genug ist.

Ein Beispiel dafür wäre die Promiskuität. Wann immer dies als im Wesentlichen degeneriertes, schmutziges Verhalten hervorgehoben wird, versuchen die Rechtfertiger, die Dinge „auszugleichen" und erwidern, dass Männer dies schon seit Ewigkeiten tun, warum also können es Frauen nicht auch jetzt tun? Im Grunde geht es darum, beide als „gleich" erscheinen zu lassen. Ich bin mir sicher, dass der Leser dieser frustrierenden und unkonstruktiven Denkweise schon begegnet ist!

Hier setzt sich die Ideologie selbst fort - sie schafft das Problem überhaupt erst (negatives, verrücktes, zerstörerisches Verhalten bei Frauen) und erlaubt uns als Gesellschaft dann nicht, diese schädlichen Auswirkungen zu verhindern. Es ist ein sich selbst aufrechterhaltendes System. Wann immer wir versuchen, ein Problem zu lösen, das seinen Ursprung in der Ideologie hat, werden wir mit dieser bizarren Haltung konfrontiert, die uns daran hindert, das Problem bzw. die Probleme zu lösen. Das Gleiche gilt für jede andere indoktrinierte

„unterdrückte" Gruppe, deren Verhalten außer Kontrolle gerät. Die Sekte lässt keine Kritik an den Mitgliedern dieser Gruppe zu. Es spielt keine Rolle, was die Person getan hat, die Gruppe, der sie angehört, spricht sie frei, und jede Kritik an dieser Gruppe muss mit Gegenkritik an der gegnerischen Gruppe beantwortet werden, da dies irgendwie „fair" ist (da „Gleichheit" als „Fairness" angesehen wird). Das Problem der Masseneinwanderung in Irland zeigt dies: Wann immer ein Migrant ein Gewaltverbrechen begeht, erinnert uns der Kult daran, dass Iren diese Verbrechen gegen andere Iren begangen haben bzw. begehen.

Dies ist eine üble psychologische Angewohnheit, die verhindert, dass sich wahre Gerechtigkeit und Ordnung durchsetzen. Selbst Menschen, die nur leicht indoktriniert sind, machen sich dieser Angewohnheit schuldig. Oft hält sich der Betreffende für intelligent und tugendhaft, was völlig verkehrt ist. Es ist unglaublich dumm! Die Ideologie/Indoktrination verhindert, dass Menschen verurteilt und bestraft werden, was ungerecht ist.

Gleichheit und Bewusstheit

Gleichheit ist eine unsinnige, irrationale Idee, wenn es um das wichtigste Barometer geht, mit dem man eine Person messen/beurteilen kann - das Bewusstsein. Wir sind nicht alle gleich, was das Bewusstsein betrifft. Lassen Sie uns zunächst definieren, was dies bedeutet, und es wäre hilfreich, wenn der Leser alle vorgefassten Meinungen beiseite lassen würde (insbesondere diejenigen, die eine verzerrte Wahrnehmung von „Spiritualität" haben, die gewöhnlich aus der „New Age"-Bewegung stammt). Bewusstsein bedeutet ganz einfach, wie wirklich bewusst, wach, klar und wahrnehmungsfähig eine Person ist - wie intelligent sie wirklich ist. Erstens geht es darum, wie gut eine Person die Realität verarbeiten kann (die Realität ist die tatsächliche Wahrheit über uns selbst, andere, unsere Umwelt, wie die Welt funktioniert usw.). Die zweite Komponente des Bewusstseins - die untrennbar damit verbunden ist - ist das Gewissen/die Moral, was man auch als ein hohes Maß an Ethik bezeichnen könnte. Ein Gefühl für richtig und falsch. Nicht nach dem, was wir als richtig und falsch empfinden, sondern nach dem, was tatsächlich richtig und falsch ist, in einem objektiven Sinne.

Bewusstsein ist wahre, echte Intelligenz, aber wir sollten das Wort „Intelligenz" nicht verwenden, weil es falsch interpretiert werden kann. In der Tat, wenn man das Wort „Intelligenz" ausspricht, kann es oft falsche, sogar ablenkende Wahrnehmungen auslösen (viele kommen aus dem vom Marxismus infizierten System selbst!), was Intelligenz ist - wie das Bildungsniveau einer Person, ihr IQ-Wert, ob sie in *Mensa* ist oder nicht usw. Natürlich gibt es zahllose Menschen auf der Welt, die „gebildet", „reich", „mächtig" usw. sind, die aber absolute Idioten sind. Im Großen und Ganzen bedeuten diese Bezeichnungen nichts - sie sind vielleicht weder gebildet noch reich oder mächtig im eigentlichen Sinne. Umgekehrt gibt es Menschen ohne diese Eigenschaften, die ein hohes Maß an Bewusstsein haben können.

Ungleiche Lebenszeichen bei den „Lebenden

Bewusstsein" bedeutet auch, wie wirklich lebendig jemand ist; oder wie wirklich „bei der Sache" jemand ist. So schockierend dieses Konzept für einige auf den ersten Blick auch sein mag, es ist äußerst nützlich für diejenigen, die versuchen, dem Wahnsinn um sie herum einen Sinn zu geben; es sollte einen tiefen Eindruck hinterlassen. Dazu ist ein gewisses Maß an emotionaler Kontrolle erforderlich, und es wird empfohlen, vorübergehend alle Gefühle der „Sympathie" abzuschalten.

Es ist wahr, dass wir alle in gewissem Sinne lebendig sind, wir alle haben einen Herzschlag, wir können essen, sprechen, gehen, uns fortpflanzen usw. (die meisten von uns können das). Aber es ist auch klar, dass wir in der Welt ein ernsthaftes Problem mit zombieartigen Individuen haben, die nicht wirklich hier sind; sie sind nicht wirklich in dieser Welt präsent und daher nicht voll lebendig. Sie sind keine voll funktionsfähigen menschlichen Wesen. Diese Erkenntnis ist von größter Bedeutung, wird aber nicht oft in diesem Sinne diskutiert. Giftige Ideologien spielen hier eine Rolle, denn sie können den Menschen in diese ungegenwärtigen/untoten Zombies verwandeln.

Das Konzept der „Gleichheit" ist eine Beleidigung für diejenigen von uns, die nicht in diese Zombie-Kategorie passen. Das vom Marxismus beherrschte System hat uns diese Wahrheit durch dieses Konzept vernebelt. Wenn wir uns die wahre Natur des Menschen ansehen, ist „Gleichheit" einer der lächerlichsten falschen Begriffe, die wir verwenden können. Die marxistische Sekte zeigt uns ganz klar, dass wir nicht alle gleich sind! Sie sind der Beweis dafür, dass es Gleichheit nicht gibt und nicht geben kann, und zwar in Bezug auf den wichtigsten Maßstab, an dem man einen Menschen messen kann - das Bewusstsein.

Gleichzeitig (und interessanterweise unbeabsichtigt) schafft die Ideologie/der Kult eine neue Art von Klassensystem, in dem diejenigen von uns, die nicht indoktriniert sind, die überlegene Klasse sind; eine Tatsache, die den Kultmitgliedern völlig unbekannt ist. Vom Marxismus infizierte Menschen sind keine wirklich gegenwärtigen, lebendigen, gesunden Individuen; die Ideologie macht einen Menschen in dem einen oder anderen Maße wahnsinnig.

Umgekehrt sind diejenigen, die völlig klar sind und gegen den globalistischen Totalitarismus sind, den wir über die Welt fegen sehen - diese Menschen sind auf einer anderen Ebene. Diese Menschen sind wirklich lebendig! Sie verfügen im Allgemeinen über Intelligenz, Bewusstsein (höhere Wahrnehmung und Gewissen) und Liebe. Es ist nicht fair, diese Gruppen zu vergleichen. Die eine Gruppe ist ein echter, relativ voll funktionsfähiger, gesunder Mensch, die andere Gruppe nicht. Auf der anderen Seite ist es interessant festzustellen, dass Sektenmitglieder seit Jahrzehnten versuchen, ihre Feinde als geisteskrank zu erklären! Sie gehen mit der Vorstellung hausieren, dass die Äußerung von „Rassismus", nationalistischen oder konservativen oder „rechten" Ansichten gleichbedeutend mit Geisteskrankheit ist usw. („Wenn du nicht mit mir/uns übereinstimmst, musst du verrückt sein!"). Die Kontrolle der Ideologie/Sekte über das Bildungs- und Gesundheitssystem hat es ihr ermöglicht, zu entscheiden, was geistige Gesundheit ist. Der Versuch, jeden, der nicht mit dem Marxismus übereinstimmt, als „geisteskrank" abzustempeln, wird in Zukunft an der Tagesordnung sein. Und, was noch extremer ist, sie werden sich darum bemühen, dass diese Feinde als Untermenschen behandelt werden (was sie selbst sind). Wieder eine Umkehrung.

Andere Elemente

Einige andere allgemeine Beobachtungen darüber, wie die Sekte/Ideologie/Indoktrination funktioniert:

Die rote Flamme aufdrehen...

„Boil a Frog" ist eine alte Metapher, die verwendet wird, um einen Prozess einer sich langsam aufbauenden Bedrohung zu beschreiben. Die Geschichte besagt, dass ein Frosch, wenn er in kochendes Wasser geworfen wird, natürlich so schnell wie möglich wieder herausspringt. Die meisten Lebewesen haben diese eingebaute Sicherheitsreaktion („Reflex Action") in irgendeiner Form, oder? Wenn man den Frosch jedoch in kühleres Wasser setzt und dann langsam die Hitze erhöht, bis das Wasser kocht, merkt er das offenbar nicht und wird gekocht (so die Metapher/Geschichte). Mit anderen Worten: Der Frosch hat die Bedrohung nicht wahrgenommen, weil sich die Dinge langsam verändert haben, oder genauer gesagt, weil sich die Umgebung langsam verändert hat. Dies ist eine Taktik im Stil von Fabian, symbolisiert durch das Logo der Schildkröte, die einen „langsamen, (fast) unmerklichen Übergang zum Sozialismus" symbolisiert.

Er ist auch ein Faktor bei den verschiedenen anderen Erscheinungsformen des Marxismus, die wir bereits betrachtet haben: der „Kulturmarxismus", die Postmoderne und die „ideologische Subversion". Alle diese Erscheinungsformen wirken sich schrittweise über einen bestimmten Zeitraum auf die Zielgesellschaft aus. Einen Frosch kochen" bedeutet, dass ein Land/eine Bevölkerung nicht plötzlich angegriffen wird. Es handelt sich um einen allmählichen, schrittweisen Prozess, der nicht als Bedrohung empfunden wird. Dieses strategische Tempo ermöglicht es auch, dass neuere Generationen eines Volkes von klein auf zu Sektenmitgliedern indoktriniert werden und die älteren, möglicherweise widerstandsfähigen Generationen ersetzen.

Dies fasst die Strategie der Masseneinwanderungs-Teilagenda in Europa perfekt zusammen. Es handelt sich nicht um eine (relativ) massive Einwanderung innerhalb eines sehr kurzen Zeitraums, sondern um eine Verteilung der Zahlen. Ich sage „relativ", wenn man die Bevölkerungen der afrikanischen Länder und der Länder des Nahen Ostens betrachtet! Zum Zeitpunkt der Erstellung dieses Berichts beträgt die Bevölkerung (der Insel) Irland über 6,5 Millionen, während die Gesamtbevölkerung der Länder südlich der Sahara in die Hunderte von Millionen geht: Nigeria hat 206 Millionen Einwohner, Äthiopien 114 Millionen usw. Ein Beispiel für den Nahen Osten ist Afghanistan mit 38 Millionen. Hinzu kommen natürlich die ukrainischen Flüchtlinge, deren Bevölkerung fast 37,5 Millionen beträgt.[16] Wenn man die einheimische Bevölkerung in Europa mit diesem Unterthema langsam anheizt, schafft man auch eine Situation, in der sich Migranten in die Politik einmischen können, was den Prozess nur beschleunigt (natürlich können sie auch selbst Sektenmitglieder sein/werden).

In dem ethnisch immer noch relativ homogenen Irland wurden Migranten in verschiedene Städte und Orte im ganzen Land verfrachtet und dort angesiedelt. Für den schläfrigen Teil der irischen Öffentlichkeit, der die Masseneinwanderung immer noch nicht als existenzielle Bedrohung ansieht, hält diese Streuung der Unterbringung der Migranten viele in ihrem Schlummer. Sie sind der Frosch, der im Topf sitzt... und nicht merkt, dass die Heizung aufgedreht wird... Wenn jedoch große Mengen von Migranten nur an einen Ort (Dublin oder Cork) verfrachtet würden, würden selbst diese schläfrigen Iren dies viel leichter bemerken. Das Wasser steigt den Einheimischen, ethnisch gesehen, allmählich bis zum Hals, und es ist ein relativ langsames Schleichen.

Alltägliche Fanatiker, die ihre Sekte/Ideologie verteidigen

Durch die Indoktrination werden ganz normale Menschen zu oft aggressiven Fanatikern, die darauf programmiert sind, auf bestimmte Reize zu reagieren. In gewisser Weise werden sie wie Roboter. (Roboterstimme) „Ich bin... o-ffended!!". Wie bereits erwähnt, können die Infizierten jede Form von Aggression oder Kritik gegenüber einer Person aus einer „Opfergruppe" als „Unterdrückung" empfinden. Sie glauben nicht nur, dass diese Aggression/Kritik falsch ist, sondern sie versuchen auch aktiv, sie zu unterdrücken, unabhängig davon, warum die Aggression oder Kritik auftritt. Ich bin sicher, dass Sie das auch schon einmal erlebt haben. Beispiel: Wenn Sie Kritik an jemandem aus einer „unterdrückten" Gruppe äußern, wird die indoktrinierte Person Sie „korrigieren". Diese Reaktion kann unabhängig davon erfolgen, ob Sie mit Ihrer Kritik tatsächlich Recht haben oder nicht. Das kann sogar passieren, wenn die Person, die Sie kritisieren, gar nicht im Raum ist! Es könnte ein völlig Fremder sein, jemand aus dem Fernsehen, aus dem Internet usw. Mit anderen Worten: Sie haben keinen wirklichen Schaden angerichtet, aber Sie werden „korrigiert", weil Sie die indoktrinierte Person (die offensichtlich denkt, dass Sie etwas falsch machen) ausgelöst haben. Das ist die ideologische Kontrolle der Sekte an der Basis. In diesem Fall ist die indoktrinierte Person der kleine Kommissar des Regimes und wird die anderen Schafe pflichtbewusst überwachen. Wenn Sie feststellen, dass Sie auf diese Weise „korrigiert" werden, haben Sie es wahrscheinlich mit einem

---

[16] https://www.worldometers.info/world-population/population-by-country/

Sektenmitglied zu tun (ob es Ihnen/ihm nun bewusst ist oder nicht).

Die Heuchelei der Sekte ist hier präsent: Sie denken, dass du etwas falsch machst, und sie werden versuchen, dich zu „korrigieren" bzw. dein Verhalten zu kontrollieren (das in Wirklichkeit falsch ist). Das hängt natürlich auch mit dem Faktor der verzogenen Gören zusammen, denn Gören lieben es, ihre Umgebung (einschließlich anderer Menschen) zu kontrollieren! Es kann auch mit der guten alten Nörgelei zu tun haben, die ebenfalls mit Verwöhntheit/Unreife zu tun hat. Wenn Sie das Pech haben, mit jemandem zusammen zu sein, der verwöhnt ist, gerne nörgelt und die marxistische Infektion hat, haben Sie mein Mitgefühl.

Pathologischer Altruismus

Wenn eine Gesellschaft über einen längeren Zeitraum mit dem Marxismus infiziert ist, kann sie etwas entwickeln, das als pathologischer Altruismus bezeichnet wird - das verrückte Kind des Prinzips „Unterdrücker gegen Unterdrückte". Die ständige Betonung der „unterdrückten" Gruppen in der Gesellschaft (dank der Indoktrination) führt zu dieser psychotischen Überbetonung weiblicher Gefühle. Das Ergebnis ist ein übermäßiges Maß an Empathie/Sympathie für die Gruppe, die von der Sekte als „Opfer"/Unterdrückte eingestuft wird. Dies wiederum führt zu den bereits erwähnten verzerrten Wahrnehmungen dieser Gruppen, einschließlich ihres Verhaltens. Diese unausgewogene Sichtweise prägt sich in den Köpfen vieler Menschen ein. Es ist diese durchgedrehte „Naaaaaaaaw"-Haltung, die in dem von der Sekte gewählten Wort „Mitleid" zum Ausdruck kommt. Sie äußert sich in der Unfähigkeit, Emotionen zu kontrollieren und einen rationalen Zugang zu Problemen zu finden. Auf den Punkt gebracht bedeutet pathologischer Altruismus, dass eine Person/Gruppe/Nation anderen hilft (oder versucht zu helfen), selbst wenn dies ihre eigene Zerstörung bedeutet.

„Pathologisch" kommt vom griechischen „Pathos" und bedeutet Leiden, Erfahrung oder Gefühl. Es ist mit Pathologie oder Krankheit verwandt. Wenn wir diese Denkweise auf eine Nation anwenden, bedeutet dies die Manifestation selbstzerstörerischer Tendenzen dieser Nation, insbesondere im Hinblick auf ihre internationalistischen „humanitären" Bemühungen (d. h. Einwanderungspolitik, NRO/gemeinnützige Initiativen usw.). Dieses Element arbeitet mit dem äußerst wichtigen Prinzip des Gegeneinanders, indem es der emotionale Treibstoff ist, der das Funktionieren dieses Prinzips ermöglicht (und somit Chaos, Zerstörung, Ungleichgewicht usw. verursacht).

„Altruismus" bedeutet im Wesentlichen, Handlungen zum Nutzen anderer vorzunehmen. Aus dem *Oxford English Dictionary*: „Uneigennützige oder selbstlose Sorge um das Wohlergehen anderer, vor allem als Handlungsprinzip. Im Gegensatz zu Selbstsucht, Egoismus oder (im frühen Gebrauch)

Egoismus".[17] Von einem rein weiblichen emotionalen Standpunkt aus mag dies sehr edel erscheinen; aber ist es edel, wenn diese altruistische Handlung nicht nur die Person, die sie ausführt, sondern auch ihr Volk, ihre Gesellschaft, ihr Erbe zerstört? Nein! Mit anderen Worten, das Wohlergehen einer Gruppe (Ihrer eigenen!) für eine andere zu opfern? Nein, das ist nicht nobel; das ist heuchlerisch! Entweder man respektiert das Leben/die Menschen/die Rassen/die Kulturen oder man respektiert es nicht! Es ist klar, dass wir uns hier auf die Masseneinwanderung beziehen, die vielleicht die schlimmste Manifestation dieser masochistischen, psychopathischen Mentalität ist. Natürlich will niemand behaupten, dass es so etwas wie die richtige Anwendung von Altruismus nicht gibt, aber es gibt eine Zeit und einen Ort.

Es stimmt auch, dass wir nicht das Recht haben, diesen vermeintlichen Altruismus in großem Stil (wie bei der Masseneinwanderung) zum Nachteil unserer eigenen Nationen, Menschen usw. zu praktizieren. Niemand hat dieses Recht, schon gar nicht irgendein gewissenloser Politiker, NGO-Chef oder marxistischer Aktivist!

Pathologischer Altruismus lässt sich auch auf die anderen marxistischen Unterströmungen anwenden: Männer, die den Feminismus unterstützen, beteiligen sich an etwas, das gegen Männer gerichtet ist, und tragen dazu bei, Männer (einschließlich ihrer selbst) zu Bürgern zweiter Klasse zu machen; beim Veganismus beteiligen sich die Menschen an der Zerstörung ihrer eigenen Körper, ihres Geistes, ihrer Rasse und ihrer Nation zum angeblichen Nutzen von Nutztieren, die nicht einmal wissen, dass die Veganer existieren (geschweige denn, dass sie sich um sie kümmern); beim Klimawandel-Schwindel werden die Länder, indem sie sich selbst zwingen, ihre CO_2-Emissionen auf wahnsinnig niedrige Werte zu reduzieren, nur ihre Industrien schädigen und sich selbst finanziell verkrüppeln, um den Planeten zu „retten". Das ist tatsächliche Selbstzerstörung, weil man „nett" ist.

Mitgefühl

Im Zusammenhang mit dem letzten Punkt ist hier ein gängiger Tugendbegriff zu nennen, mit dem die Indoktrinierten oft um sich werfen: Mitgefühl. Ein weiteres marxistisches Marketing-Schwindelwort, das zur emotionalen Manipulation verwendet wird.

Das hängt mit dem Prinzip „Gegner gegen Gegner" zusammen, denn auch hier muss die Sekte/Ideologie die Massen überemotionalisieren, wenn es um jemanden aus den „unterdrückten" Klassen geht (um sie zu manipulieren). Natürlich wird auch das Prinzip des Roten Trojanischen Pferdes angewandt, weil es so wohlwollend und humanitär erscheint, der „sozialen Gerechtigkeit" entspricht usw. Es trägt auch dazu bei, dass diejenigen, die zu den

---

[17] Oxford English Dictionary - „Altruismus,".
https://www.oed.com/search/dictionary/?scope=Entries&q=altruism

„unterdrückten" Klassen gehören, gegenüber denjenigen, die nicht dazu gehören, bevorzugt werden, was wiederum zur Durchsetzung einer künstlichen, destabilisierenden und zerstörerischen Gleichheit beiträgt. Darüber hinaus hat das Konzept des „Mitgefühls", wie es von der Sekte verwendet wird, die Aufgabe, ihre „revolutionären" Aktionen zu rechtfertigen, zusätzlich zur Ermutigung zu mehr von diesem wunderbaren „Aktivismus". Es ist ein äußerst effektives Mehrzweckwort, das sich perfekt für die ständige Tugendhaftigkeit der Sekte eignet, weshalb es häufig verwendet wird.

Im Jahr 2018 gab es in Irland ein Verfassungsreferendum zur Aufhebung der (1983) 8. Änderung der Verfassung (die Abtreibung außer unter bestimmten Umständen illegal machte), wodurch Abtreibung allgemein verfügbar und gesellschaftlich akzeptabel wurde. Offensichtlich haben die Sektenmitglieder in Irland im Allgemeinen, nicht nur die Feministinnen, diese Änderung herbeigeführt.

Nach dem Referendum benutzte der nicht gewählte „Führer" Irlands - der lebende Abt Leo Varadkar - das Wort dreimal in einer kurzen, typisch ekelerregenden Rede: „Wir haben dafür gestimmt, Mitgefühl zu zeigen, wo es früher eine kalte Schulter gab, und medizinische Versorgung anzubieten, wo wir früher ein Auge zugedrückt haben." Und: „Als ich mir in den letzten Wochen die Argumente beider Seiten anhörte, fiel mir auf, dass wir mehr Gemeinsamkeiten haben als Trennendes ('Solidarität'). Beide Seiten äußerten den Wunsch, sich um Frauen in einer Krise zu kümmern, beide Seiten wollten Mitgefühl, beide Seiten wollten sich für das Leben entscheiden." Und: „Jeder verdient eine zweite Chance. Dies ist die zweite Chance Irlands, alle Menschen gleich und mit Mitgefühl und Respekt zu behandeln".[18] Natürlich „verdient jeder eine zweite Chance", während der ungeborene Fötus nicht einmal eine Chance oder auch nur eine Unze „Mitgefühl" erhält. Man kann sich vorstellen, wie die lächelnden, emotional degenerierten Menschen mit tränenden Augen auf seine Rede reagieren und sich dabei wohlig-warm fühlen.

Interessanterweise begann Varadkars Rede mit der Zeile „Heute ist ein historischer Tag für Irland. Es hat eine stille Revolution stattgefunden und ein großer Akt der Demokratie". Dies fasst die Fabian-Strategie einer verdeckten marxistischen Machtübernahme zusammen und verdeutlicht, wie die Sekte die „Demokratie" nutzt, um die Kontrolle zu übernehmen. Sie lassen es so aussehen, als ob es die Wünsche „des Volkes" sind, aber das ist es nicht - es sind die Wünsche der Sekte. In einem marxistisch geprägten Land wie Irland waren zu diesem Zeitpunkt nur die Sektenmitglieder motiviert, massenhaft zur

---

[18] „Rede von An Taoiseach, Leo Varadkar nach der Erklärung zum Referendum über den achten Verfassungszusatz", Sun 27 May 2018. https://merrionstreet.ie/en/news-room/speeches/speech_by_an_taoiseach_leo_varadkar_following_the_declaration_on _the_referendum_on_the_eighth_amendment.html

Wahl zu gehen, so dass nicht gerade gleiche Bedingungen herrschen.

Das Wort „Mitgefühl" unterstellt, dass man sich nicht um andere Menschen oder deren Leiden kümmert, wenn man nicht den verschiedenen marxistischen Unterprogrammen folgt; dass man ein minderwertiger Mensch ist. „Wenn du kein Mitgefühl für (X) hast, bist du ein schlechter Mensch!". Sie sagen damit: „Ich bin ein besserer Mensch als du. Wir sind besser als du, weil wir das unterstützen". Es gibt eine einfache Möglichkeit, all dem zu begegnen: Marxistische Sektenmitglieder sind nicht in der Lage, jemanden über Ethik/Moral zu belehren! Machen Sie sich also keine Sorgen über Sektenmitglieder, die uns auf diese Weise beschuldigen. Sie sind Heuchler der höchsten Stufe. Was sie wirklich sagen (mit dem Wort „Mitgefühl") ist: „Wenn du nicht mit dieser marxistischen Subagenda übereinstimmst, bist du ein schlechter Mensch", was übersetzt bedeutet: „Der Marxismus ist die Ethik selbst". Kultisches Gerede.

Wenn Sie dagegen sind, dass Ihr kleiner Junge oder Ihr kleines Mädchen in der Schule über Homosexualität unterrichtet wird (von ihrem infizierten marxistischen „Lehrer"), dann könnte man Ihnen vorwerfen, dass Sie kein Mitgefühl für Homosexuelle haben. Wenn Sie etwas dagegen haben, dass Drag Queens Geschichten erzählen, fehlt Ihnen das Mitgefühl für Drag Queens; wenn Sie etwas dagegen haben, dass „der Planet gerettet wird", fehlt Ihnen das Mitgefühl für den Planeten (schon wieder Kichern); wenn Sie etwas gegen Veganismus haben, fehlt Ihnen das Mitgefühl für die Kühe, Hühner usw.; wenn Sie etwas gegen BLM haben, fehlt Ihnen das Mitgefühl für schwarze/nicht-weiße Menschen; wenn Sie etwas gegen Sozialismus haben, fehlt Ihnen das Mitgefühl für „arme" Menschen usw. Und so geht es weiter und weiter...

Auch dieses „Mitgefühl" ist sehr selektiv und wird nur auf bestimmte, vom Marxismus anerkannte Gruppen/Individuen angewandt. Offensichtlich ist eine „arme" Person, die gegen den Sozialismus ist, ein Faschist, Nazi, Rassist usw. (oder ein „selbsthassender Proletarier"?).

Auch hier gibt es fast ein pseudo-spirituelles Element. Das heißt, wenn man dieses marxistische „Mitgefühl" nicht hat, dann fehlt einem etwas auf einer tieferen Ebene. Man ist nicht nur ein schlechter Mensch, dem es an Gewissen mangelt, sondern man ist auch kein voll entwickelter, fortschrittlicher Mensch. Tatsächlich gehören Sie nicht in diese neue, überlegene Klasse von Menschen, die die marxistische Kultur schafft.

Schließlich ist dieser Begriff mit der Taktik verbunden, die Gesellschaft mit Weiblichkeit zu überfrachten. Es ist nur ein weiterer Jargon, um die Menschen über ihre Gefühle und ihr Ego zu täuschen, und viele sind darauf hereingefallen. Das Ganze ist wirklich zum Niederknien, erbärmlich und jugendlich.

Soziale(re) Gerechtigkeit

Ein weiterer Begriff, der Tugendhaftigkeit signalisiert, ist „soziale

Gerechtigkeit". Sagen Sie es einfach mal laut... flüstern Sie es sogar mit geschlossenen Augen, können Sie das spüren? Spüren Sie die revolutionäre Kraft in Ihrer Seele, tief in Ihren Lenden? (rollt mit den Augen, verdammt noch mal). Natürlich bedeutet „soziale" Gerechtigkeit in Wirklichkeit marxistische „Gerechtigkeit": eine Gesellschaft, die nach einer verdrehten marxistischen „Ethik" und Prinzipien strukturiert ist (permanente Revolution, Gleichheit, Solidarität, Vielfalt, „Mitgefühl" usw.).

Hier ein weiteres Beispiel für die heuchlerische Doppelmoral: Wenn Sie über Dinge wie Recht und Unrecht und Moral sprechen, wird Ihnen vorgeworfen, Sie seien fehlgeleitet - dass Ihre Ideen aus veralteten, nicht progressiven Vorstellungen wie Religion usw. stammen. Man kann Dinge hören wie „...aber was meinst du mit „richtig" und was meinst du mit „falsch"?", und wird in subjektive, relativistische Debatten mit ihnen hineingezogen (a lá Postmoderne).

Im Grunde kritisieren sie Ihre Vorstellungen von Recht und Unrecht und sagen, dass Sie diese Überzeugungen nicht haben können, und dann kommen die kategorisierenden Beleidigungen (rechtsextrem, Nazi, Faschist usw.). Im Moment hat man den Eindruck, dass es in der Sekte kein ethisches System gibt, dass sogar die Idee der Ethik selbst keine Bedeutung für sie hat.

Dann dreht sich die Situation um, wenn man hört, wie sie Tugendbegriffe wie „soziale Gerechtigkeit" verwenden; ein Begriff, der impliziert, dass sie ein ethisches System haben. Und nicht nur das, sie sind sich der Rechtschaffenheit ihres Systems so sicher, dass sie glauben, sie hätten das Recht, ihre Überzeugungen der gesamten Gesellschaft (!) aufzuzwingen. Sie behaupten, ihre Ethik stamme aus der (Marx'schen) „Wissenschaft" (einschließlich der Sozialwissenschaften und aller anderen Kanäle, die die Ideologie nutzen kann), und nicht aus relativ „dummen" Ideen wie Traditionalismus, Konservatismus, Religion usw. Das macht ihr ethisches System anscheinend überlegen. „Soziale Gerechtigkeit" ist nur eine weitere verbale Manifestation dieser Psychose der verwöhnten Gören: „Wir haben Recht, und ihr habt Unrecht! Wir sind die Besten, wir sind etwas Besonderes! Es geht nur darum, dass wir unseren Willen durchsetzen!" usw. Das Gerede der Sektenmitglieder.

Tugend-Signalisierung

Virtue-Signalling bedeutet, dass jemand etwas tut (d. h. eine Aussage macht), um andere Menschen davon zu überzeugen, dass er oder sie wunderbar ist: „Seht mich an! Ich sage/tue das, weil ich ein guter Mensch bin, und wenn du ein guter Mensch sein willst, solltest du das auch sagen/tun!". Ist es das, worum es beim Tugendhaftigkeitssignal geht? Unreife? Narzissmus? Kleinliche Selbstverherrlichung? Oder gibt es eine tiefere Bedeutung in Bezug auf die Ideologie selbst? All das, aber auch das Letztere, das noch viel heimtückischer ist. Die bereits erwähnte Rede von Leo Varadkar (nach dem Sieg der Sekte beim Abtreibungsreferendum) war ein gutes Beispiel für die Tugendhaftigkeit einer öffentlichen Person. Ein Politiker, der Worte wie „Fürsorge" und „Mitgefühl" usw. verwendet. Ich bin mir sicher, dass diese Person einige Probleme mit Unreife, Narzissmus und Selbstverherrlichung hat, aber das sind nicht die einzigen Gründe, warum wir eine solche „Person" auf diese Weise sprechen hören.

Dieses Verhalten kommt aus dem marxistisch geprägten System, um zu versuchen, die Gedanken/Worte/Handlungen der Massen zu kontrollieren. Es ist kein Zufall, dass so ziemlich jede Person des öffentlichen Lebens dies tut, und zwar mehr oder weniger gleichzeitig, überall auf der Welt! Von Politikern, Schauspielern, Journalisten, Autoren bis hin zu Talkshow-Moderatoren usw. Wir sehen derzeit so viel davon, weil es sich um Werbung und suggestive Programme handelt.

Es ist eine Art, den Menschen durch Demonstration zu zeigen, was sie fühlen und wie sie sich verhalten sollen. Sie stützt sich auf den schafähnlichen Aspekt des menschlichen Verhaltens, den Affen zu sehen und zu tun. Sie zeigt denjenigen, die Zeuge des Tugendsignals sind: „Siehst du? Wenn du (marxistische) Fürsorge und Mitgefühl für diejenigen zeigst, die es verdienen (vor allem öffentlich!), werden dir andere (andere Sektenmitglieder) Bewunderung, Respekt usw. entgegenbringen". (Nun, im Fall von Varadkar trifft das wahrscheinlich nicht zu; niemand mag ihn).

Tugendsignale sind sehr wirksam bei der Konditionierung des beeinflussbaren Teils der Öffentlichkeit durch ihre Emotionen und ihr Ego, und sie funktionieren auf zwei Ebenen:

Erstens wird das Publikum mit dem Programm selbst programmiert - in diesem Fall (in Varadkars „Mitgefühls"-Rede) ist das Programm, dass Abtreibung Gesundheitsfürsorge für Frauen bedeutet, oder was auch immer das Programm ist, die Sub-Agenda, die gefördert wird (z. B. Multikulturalismus und Vielfalt = positiv, fortschrittlich usw.). Es geht um die Förderung einer bestimmten marxistischen Sub-Agenda.

Sie fördert nicht nur die marxistische Teilagenda (in diesem Fall die Abtreibung), sondern bringt das Publikum auch dazu, zu glauben, dass die Unterstützung der Teilagenda das moralisch/ethisch Richtige ist. Dies dient dazu, jegliche Zweifel des Publikums daran zu zerstreuen, dass das Richtige getan wurde (in diesem Beispiel: dass das Gesetz so geändert wird, dass es für Frauen in Irland viel einfacher wird, abzutreiben). Werbung, dann Rückversicherung/Verstärkung. Diese Werbekomponente verstärkt natürlich auch die marxistisch-feministische Gehirnwäsche, dass eine Abtreibung eine normale, rationale, gesellschaftlich akzeptable Sache für eine Frau ist. Kurz gesagt, die Rede ermutigt Frauen, Abtreibungen vorzunehmen, indem sie sie ihnen suggeriert.

Zweitens wird das Publikum dazu programmiert, sich selbst als Tugendwächter zu betätigen, da es von anderen Idioten Anerkennung, Respekt usw. zu gewinnen gibt. Allein die Tatsache, dass eine Person des öffentlichen Lebens dies tut, aktiviert den „Affe-sehen, Affe-tun"-Mechanismus. Das ist die marxistische Ideologie, die sich die oberflächliche Promikultur zu Nutze macht. Ich weiß, dass viele Menschen eine Figur wie Leo Varadkar hassen und ihn auch nach einer solchen Rede beschimpfen würden (unabhängig von ihrer ideologischen Ausrichtung), aber es gibt auch andere, die ihn danach anhimmeln und umschwärmen würden.

Das sind die Typen, von denen ich spreche, egal ob sie ihm nahe stehen oder im Publikum sitzen. Ich weise darauf hin, weil diese zweite Ebene (auf der das virtue-signalling funktioniert) offensichtlich für niemanden gilt, der der Person, die das tut, nicht vertraut oder respektiert.

Es gibt auch einen (progressiven roten) Schneeballeffekt beim Tugendwahn, denn je mehr Menschen in den Kult hineingesogen werden (wissentlich oder unwissentlich), desto mehr sympathische, vergötternde, kriecherische Zuhörer gibt es für diejenigen, die sich öffentlich mit dem Tugendwahn beschäftigen. Auch hier geht es wieder um das Ego und die Emotionen, das Verlangen nach Liebe/Bewunderung/Respekt usw.: „Ich möchte, dass die Leute sehen, wie toll und besonders ich bin! Wie mitfühlend, fürsorglich, mutig, stark ich sein kann!". Das ist vergleichbar mit der Art und Weise, wie Sektenmitglieder sich gegenseitig Respekt, Bewunderung und Liebe entgegenbringen: Je größer die Sekte, desto mehr von diesen Dingen kann man bekommen! Daher liegt es im Eigeninteresse und im kollektiven Interesse aller Sektenmitglieder, Tugendsignale zu geben, da sie davon profitieren. Es ist ihr Nektar. Betrachten Sie sie als Süchtige.

Ein wirklich „progressives" System

Die Sekte kann mit einer Sache beginnen und im Rahmen ihres revolutionären Masterplans für die Gesellschaft während des Destabilisierungsprozesses zu extremeren Dingen übergehen (danke Juri). In Irland gab es 2015 ein Referendum über die Homo-Ehe und 2018 ein Referendum über die Abtreibungsbefürwortung. [19] Wenn jeder (nicht indoktrinierte) Mensch in Irland wüsste, wie ernst das scheinbar frivole Thema der Homo-Ehe ist, hätte er es vielleicht abgelehnt.

Da sich ein Großteil der Öffentlichkeit der Bedeutung dieses Meilensteins nicht bewusst war, brauchten die Internationalisten nichts zu erzwingen - die Bevölkerung stimmte in ausreichender Zahl zu. Das positive Ergebnis des Referendums zeigte den Internationalisten auch, dass die Indoktrination funktionierte und dass Irland nun „fortschrittlich" genug war, um drastischere Veränderungen (z. B. Abtreibung) zu akzeptieren.

---

[19] https://en.wikipedia.org/wiki/Thirty-fourth_Amendment_of_the_Constitution_of_Ireland

Dann kommt es schließlich zur Förderung/Normalisierung von noch bizarreren und degenerierten Verhaltensweisen wie der Hyper-Sexualisierung von Kindern und Drag-Queen-Geschichten, die den Weg für die Normalisierung von Pädophilie usw. ebnen. Wenn Sie schon ein paar Jahrzehnte auf dem Buckel haben, ist Ihnen sicher aufgefallen, wie sich diese „fortschrittlichen" Veränderungen in den letzten Jahren im Westen, vor allem im letzten Jahrzehnt, immer mehr verstärkt haben. Ein schlüpfriger Abhang der Entartung...

Es ist, als würde die Bevölkerung auf eine gewisse Art und Weise getestet; wenn sie leichtgläubig genug ist, um auf einen Betrug hereinzufallen, zeigt das, dass sie möglicherweise bereit ist, auf einen anderen hereinzufallen. In Irland fand das Referendum über die Homo-Ehe vor dem Abtreibungsreferendum statt. Die Reaktion der Öffentlichkeit auf das erste Referendum hatte einen Einfluss auf das zweite Referendum. Vielleicht hätte sich der marxistisch geprägte Staat nicht die Mühe gemacht, die Abtreibung zu versuchen, wenn die Reaktion der Öffentlichkeit auf den „Progressivismus" bis zu diesem Zeitpunkt viel weniger positiv ausgefallen wäre.

Heuchelei und Doppelmoral, wenn man gegen die Sekte ist

Auch wenn die inhärente Heuchelei wie ein Makel der Sekte erscheint, ist sie in gewisser Weise eine Stärke (aus ihrer Sicht), weil sie einen extremen, wahnsinnigen Fanatismus hervorruft, der die Bewegung noch mächtiger macht. Dies wiederum beschleunigt die zerstörerischen Auswirkungen der Ideologie auf die Zivilisation auf lange Sicht. Wir können diese Widersprüche im Verhalten der Sekte/Ideologie im Allgemeinen und in den bereits erwähnten Fällen sehen.

Ein weiteres Beispiel: Wenn eine Frau öffentlich patriotische, konservative oder „rechte" Ansichten äußert, wird sie dafür von Sektenmitgliedern angegriffen. Warum wird sie angegriffen, wenn sie zu einer „unterdrückten" Gruppe gehört? Dies kann sogar dann der Fall sein, wenn eine nicht-marxistische Frau sich gegen einen marxistischen/pro-marxistischen Mann verteidigt (der sie psychologisch/verbal usw. missbraucht).

Bizarrerweise würden die Angriffe auch jene Marxisten einschließen, die sich selbst als Feministen bezeichnen. Die Tatsache, dass sie eine Frau ist, ist irrelevant, wenn sie eine gefährliche Faschistin mit rechten Ansichten ist. Die Tatsache, dass sie keine Marxistin ist, ist das eigentliche Problem, das von der Sekte angesprochen und bekämpft werden muss. Die Tatsache, dass man zu einer Gruppe mit „unterdrücktem" Status gehört, ändert nichts an der Tatsache, dass man eine Bedrohung für die Ideologie darstellt. Indoktrinierte Frauen würden Sie sogar als „Verräterin" an den Frauen sehen! Lana Lokteff von Red Ice TV zum Beispiel wurde regelmäßig von weiblichen Sektenmitgliedern kritisiert, als ihr YouTube-Kanal auf dem Höhepunkt seiner Popularität war.

Das Gleiche würde für eine Person gelten, die einer anderen als „unterdrückt" bezeichneten Gruppe angehört - Migranten, Homosexuelle usw. - und

Ansichten vertritt, die den marxistischen Ansichten widersprechen. In dem Moment, in dem die Sekte/Ideologie kritisiert wird, ist der Status des „Unterdrückten", der dieser Person normalerweise zustehen würde, hinfällig. In dem Moment, in dem man den Marxismus/die PC-Kultur usw. angreift, wird man sofort von dieser „unterdrückten" Gruppe in eine neue (schlechte!) Gruppe „verschoben", je nachdem, was man gesagt/getan hat. Im Grunde kann man nun von den marxistischen Lakaien „angegriffen" werden, ohne dass sie sich ihrer eigenen Heuchelei stellen müssen (da man nun technisch gesehen nicht mehr „unterdrückt" ist; man ist nun der „Unterdrücker"). Wenn Sie kein Marxist und/oder gegen den Marxismus sind, werden sie Sie verhöhnen, Ihre Meinung unterdrücken, versuchen, Ihnen zu schaden usw. (in einem Ausmaß, das dem Grad der Bedrohung entspricht, die Sie darstellen). Ein Beispiel dafür wäre der britische Autor Douglas Murray, der auch schwul ist - seine Ansichten zu vielen Themen, einschließlich Homosexualität, haben das Feuer von Sektenmitgliedern der LGBTQ-Bewegung auf sich gezogen.

Vielleicht gehören Sie sogar zu einer „unterdrückten" Gruppe und haben die Sekte/Ideologie unterstützt, aber Sie sind einfach nicht „revolutionär" genug. Nehmen wir den Fall der äußerst erfolgreichen und berühmten britischen Autorin J.K. Rowling, die die Harry-Potter-Reihe geschrieben hat. Im Laufe der Jahre hat Rowling viele Dinge unterstützt, die der Sekte/Ideologie zugute kommen, darunter die Gründung von frauenorientierten Nichtregierungsorganisationen/Non-Profit-Organisationen, Spenden an die britische Labour-Partei und die Ablehnung der Brexit-Kampagne.[20] Sie war jedoch nicht bereit, die extremeren Initiativen der Sekte zur Geschlechtsumwandlung zu unterstützen und zog sich damit deren Zorn zu.[21] Im Grunde war sie nicht damit einverstanden, dass „Transfrauen" tatsächlich Frauen sind, und unterstützte die verstorbene Magdalen Berns (1983-2019) - ein weiteres Sektenmitglied, das mit den Transen-Extremisten in Konflikt geriet. Berns wandte sich unter anderem gegen die Idee, dass Lesben, die keinen Sex mit „Transfrauen" (Männern mit Penis) haben wollten, transphob seien usw. (queue gender-queer circus music).[22] Ich hebe jetzt das Massengrab aus, Benzinkanister bereithalten.

Der Fall Rowling erinnert daran, dass hier verschiedene Ebenen des Fanatismus am Werk sind. Er zeigt, dass man, wenn man nicht extrem genug ist und eine andere Meinung vertritt, unabhängig von Reichtum oder Berühmtheit, gezwungen wird, sich anzupassen, oder man wird angegriffen. Und auch etikettiert - sie wurde jetzt von extremeren Sektenmitgliedern in die

---

[20] https://www.britannica.com/biography/J-K-Rowling

[21] Rowling, J. „J.K. Rowling schreibt über ihre Gründe, sich zu Sex- und Genderfragen zu äußern", Juni 2020. https://www.jkrowling.com/opinions/j-k-rowling-writes-about-her-reasons-for-speaking-out-on-sex-and-gender-issues/

[22] https://en.wikipedia.org/wiki/Magdalen_Berns

Kategorie *TERF* (trans-exklusive radikale Feministinnen) eingeordnet. [23]
Verrückt. Die Ideologie schleicht in immer höheren Wellen das Ufer hinauf...

---

[23] https://en.wikipedia.org/wiki/TERF

Abschnitt IX - Die von ihm unterstützten Unteragenden

„Die Geschichte ist ein Staffellauf von Revolutionen; die Fackel des Idealismus wird von der revolutionären Gruppe getragen, bis diese Gruppe zum Establishment wird, und dann wird die Fackel stillschweigend niedergelegt, um zu warten, bis eine neue revolutionäre Gruppe sie für die nächste Etappe des Laufs aufnimmt. So geht der revolutionäre Zyklus weiter.[1]

Saul Alinsky, *Regeln für Radikale*, 1971

Einführung

In diesem Abschnitt werden die verschiedenen zerstörerischen Untergruppen aufgeführt, die in unserer heutigen Welt aktiv sind und von der Sekte/Ideologie unterstützt werden; die verschiedenen Komponenten innerhalb einer integrierten Maschine - dem internationalistischen, globalistischen, marxistischen System. Sie alle dienen der ultimativen Agenda der Ideologie, nämlich der Weltherrschaft.

Es ist wichtig, sich daran zu erinnern, dass diese (Unter-)Themen zwar alle scheinbar disparat sind (und von der großen Mehrheit auch als solche angesehen werden), dass sie aber in Wirklichkeit alle auf einer ideologischen Ebene durch den Marxismus verbunden sind; sie scheinen nur an der Oberfläche disparat zu sein. Dies ist ein entscheidender Punkt, der von den bisher uninformierten Massen verstanden werden muss. Darüber hinaus sind die Teilbereiche alle ganz offensichtlich Formen der „Revolution", da sie wohl der sichtbarste Teil des marxistischen Systems sind, selbst für den Laien. Die internationale marxistische Bewegung hat diese Sub-Agenden entweder geschaffen oder unterstützt sie. Wenn wir die Ideologie plötzlich aus der Welt schaffen würden, wäre es in der Tat schwer zu erkennen, wie diese Unterströmungen irgendeine Art von echter Zugkraft erlangen oder auch nur irgendeine Auswirkung haben könnten, ganz zu schweigen davon, dass sie im öffentlichen Bewusstsein so weit verbreitet sind wie bisher. Darüber hinaus muss darauf hingewiesen werden, dass es diese Untergruppen sind, die der Zivilisation in der realen Welt mehr Schaden zufügen als die Ideologie selbst. Der Schaden, den die Teilagenden anrichten, ist das Endprodukt, das die Ideologie hervorbringt. Dieser Schaden ist es, der die Menschen zu dieser

---

[1] Alinsky, S., *Regeln für Radikale* (1971), S. 35.

verrückten revolutionären Aktivität „aufrüttelt".

Einige Dinge, die vom Marxismus unterstützt werden, wie z. B. die Masseneinwanderung (und das damit verbundene Konzept der Eine-Welt-Regierung), sind viel größer und älter als die Ideologie, wenn man die Dinge im größeren Rahmen betrachtet. Andere, wie die „Islamisierung" der westlichen Länder, sind offensichtlich die Kreuzung zwischen zwei Ideologien: Marxismus und Islam. Da der Islam wesentlich älter ist als der Marxismus, kann man natürlich nicht sagen, dass der Marxismus ihn geschaffen hat (etwa zwölf Jahrhunderte früher, wenn man vom Tod Mohammeds bis zur Abfassung des Kommunistischen Manifests rechnet). In diesem Abschnitt soll jedoch hervorgehoben werden, dass die Ideologie eine zentrale Rolle bei der Umgestaltung der Welt und insbesondere der westlichen Zivilisation durch die verschiedenen Unterströmungen spielt. Die Frage, ob der Marxismus historisch gesehen die betreffende Unteragenda tatsächlich geschaffen hat oder nicht, ist hier nicht das Hauptthema - wir müssen uns auf die zerstörerische, ermöglichende, zentrale Rolle der Ideologie in der Gegenwart konzentrieren.

(Nebenbei bemerkt steht dies im Zusammenhang mit dem „Islamo-Sozialismus" - der Zusammenarbeit zwischen bestimmten Elementen des Islam und denen der Sekte. Da diese Elemente ähnliche Ambitionen zur Weltherrschaft haben und antiwestliche, antichristliche Gefühle hegen, ist es nur natürlich, dass sie sich verbünden. [2] Dies erklärt auch, warum Sektenmitglieder Muslime/Islam nicht so kritisieren und angreifen, wie sie es mit Christen/Christentum tun würden. Und natürlich ist es ein weiterer Grund, warum die Sekte seit Jahrzehnten pro-palästinensisch/anti-israelisch ist).

Alle Untergruppen basieren in dem einen oder anderen Maße auf dem ursprünglichen Prinzip Unterdrücker gegen Unterdrückte, wie es im Kommunistischen Manifest beschrieben wird. Sie sind einfach Variationen desselben ursprünglichen „Klassenkampfes" zwischen der reichen/Bourgeoisie/Unterdrückergruppe und der armen/Proletariat/unterdrückten Gruppe. Und genau wie im Original sind in der Regel zwei Gruppen beteiligt, die in eine der beiden Rollen schlüpfen.

Im Rahmen der Indoktrinationskomponente erzeugen die Untergruppen mehr oder weniger die gleichen emotionalen Reaktionen und Ergebnisse (wie oben beschrieben). In Verbindung mit anderen Faktoren (z. B. der „revolutionären" Denkweise, die der marxistische Aktivismus fördert) führen diese emotionalen Reaktionen zu Aufrufen zu (pro-marxistischem) Handeln, was dann den Teilagenden in unseren Gesellschaften Zugkraft verleiht. Natürlich kann es ohne Aktionen keine Wirkung geben. Wenn die Ideologie lediglich in intellektuellen, philosophischen oder akademischen Sphären verbleiben würde

---

[2] https://www.encyclopedia.com/social-sciences/applied-and-social-sciences-magazines/socialism-islamic

und sich niemals in konkreten Handlungen manifestieren würde (was zu den unvermeidlichen Konsequenzen führen würde), wäre dieses Buch nicht erforderlich. Die Ideologie/Indoktrination verlangt „revolutionäres"/"progressives" Handeln.

Rote Boxen der Kommunisten....

In diesem Abschnitt werden wir die verschiedenen Elemente des Marxismus im Auge behalten, die wir bisher betrachtet haben. Sie sind alle miteinander verbunden und es gibt einige Überschneidungen zwischen ihnen. Im Grunde genommen schauen wir uns an, wie viele rote Kästchen die einzelnen Unterthemen ankreuzen. Auf einer übergeordneten Ebene ist diese Herangehensweise der Schlüssel, um die Präsenz der Sekte/Ideologie in unserer Welt aufzuspüren.

Hier sind die Elemente, auf die wir achten, wenn wir jede Unteragenda prüfen; wir müssen uns fragen:

Wird das Prinzip „Unterdrücker gegen Unterdrückte" bzw. „Teile und herrsche" angewandt?

Zeigt sie zwei Gruppen, wobei die eine als Unterdrücker/Dominator/Kontrolleur/Nutzer/Bösewicht und die andere als unterdrücktes/beherrschtes/kontrolliertes/benutztes/unschuldiges Opfer dargestellt wird? Schafft sie dadurch Spannungen, Konflikte und Spaltungen? Richtet sie sich gezielt gegen bestimmte Gruppen innerhalb der Gesellschaft, indem sie sie in die Gruppe der „Unterdrücker" einordnet? Wird diesen „unterdrückten" Gruppen ein Sonderstatus eingeräumt, der ihnen eine Vorzugsbehandlung sichert? Führt sie zu einer Gehirnwäsche, indem sie die beiden wichtigsten emotionalen Reaktionen gegenüber den beiden Gruppen auslöst? (Negativität, Verurteilung, Hass, Verachtung für den „Unterdrücker"; Positivität, Sympathie, Empathie, „Liebe", „Mitgefühl" für die „Unterdrückten").

Schafft sie ein neues Klassensystem und enthält Doppelmoral/Heuchelei?

Wird mit der Teilagenda versucht, eine neue Kategorie von Menschen zu schaffen, die im Wesentlichen als Bürger zweiter Klasse behandelt werden? Gelten Verhaltensnormen, die für die Gruppe der „Unterdrücker" gelten, nicht für die Gruppe der „Unterdrückten"? Wird eine Gruppe (die „Unterdrückten") bevorzugt behandelt, was dem Wohlergehen der Gruppe der „Unterdrücker" schadet? Wird die Vorzugsbehandlung der „unterdrückten" Gruppe so extrem, dass die „unterdrückende" Gruppe völlig vernachlässigt oder misshandelt wird und möglicherweise eine Tendenz zur Selbstzerstörung entwickelt?

Verwendet sie das Prinzip des Trojanischen Pferdes?

Verkörpert die Teilagenda Negativität, die jedoch als Positivität getarnt ist; Bösartigkeit, die als Wohlwollen getarnt ist? Gibt es irgendetwas in der Art und

Weise, wie die Teilagenda benannt wird, oder in den damit verbundenen Worten, das diesen falschen Eindruck erweckt? Wird ihr zerstörerischer Charakter erst später deutlich, nachdem bereits erheblicher Schaden angerichtet wurde?

Beruht sie auf einer verzerrten Wahrnehmung der Geschichte und/oder der Realität in der Gegenwart?

Beruht sie auf der Unkenntnis der Geschichte (der Realität in der Vergangenheit), um ein neues falsches Narrativ zu schaffen, das dem Marxismus dazu dient, eine neue (Realität in der) Gegenwart zu „schaffen"? Verzerrt er die Natur der Dinge in der modernen Geschichte oder in der jüngsten Zeit aus demselben Grund?

Wird sie vom System gefördert/unterstützt?

Fördern oder unterstützen die Regierung, die kulturellen Übertragungswege (Bildung, Medien, Unterhaltungsindustrie), Nichtregierungsorganisationen/Non-Profit-Organisationen oder andere Einrichtungen/Organisationen diese Entwicklung? Oder, und das ist am aufschlussreichsten, fördern/unterstützen sie alle gleichzeitig und koordiniert, sogar auf internationaler Ebene? (Dies ist ein Schlüsselfaktor, der die Internationalität und den konspirativen Charakter der Sekte/Ideologie sowie ihre Dominanz zeigt).

Greift sie die Pfeiler der westlichen Zivilisation an: Kapitalismus, Christentum, Kultur?

Trägt die betreffende Unteragenda in irgendeiner Weise zur Zerstörung dieser Dinge bei, und sei es nur in Bezug auf ihren Ruf? Natürlich kann etwas so Nebulöses wie der Kapitalismus nicht zerstört werden, aber die Sekte wird ihn offen kritisieren, wo sie nur kann, und den Sozialismus als Alternative propagieren.

Wenn die Unteragenda also den Sozialismus fördert, kann sie als Angriff auf den Kapitalismus gewertet werden. Das Gleiche gilt, wenn die Unteragenda Propaganda gegen das Christentum oder Christen betreibt oder bewusst Dinge fördert, die gegen echte christliche Werte verstoßen (z. B. Abtreibung, Polyamorie, Homo-Ehe usw.)

Versucht die Teilagenda, die Kultur eines bestimmten Landes anzugreifen? Wird der Traditionalismus, das nationale Erbe in irgendeiner Weise heruntergespielt? Werden Aspekte der Geschichte eines Landes kritisiert, „dekonstruiert" oder ersetzt, in der Regel, um sie durch marxistische Interpretationen zu ersetzen? Versucht sie, eine Realität zu schaffen, in der die tatsächlichen einzigartigen Eigenschaften verschiedener Gruppen - ob rassisch, kulturell, national oder religiös - entweder ignoriert oder unterdrückt werden, indem sie durch einen marxistischen, roten, politisch korrekten Anstrich überdeckt werden?

Versucht sie, die „Gleichheit" durchzusetzen?

Versucht die Teilagenda, das künstliche und hypothetische marxistische Konzept der „Gleichheit" durchzusetzen, insbesondere zwischen verschiedenen Gruppen? Versucht sie, Uniformität zwischen ihnen zu schaffen? Versucht sie, jede Art von echter, herausragender, ungleicher Brillanz oder Stärke in der Gesellschaft zu zerstören, indem sie sie unterdrückt (da dies im Gegensatz zu dem irrigen Konzept steht, dass wir alle gleich sind)?

Handelt es sich um ein Tugendhaftigkeitssignal?

Sehen wir, dass Tugendhaftigkeit eingesetzt wird, um diese spezielle Teilagenda voranzutreiben? Gibt es eine emotionale Manipulation? Sagt uns die Propaganda, dass diese Teilagenda für bestimmte Gruppen, unsere Gesellschaften/Nationen und sogar die Menschheit als Ganzes von Nutzen sein wird?

Die Teilagenden und das Prinzip Unterdrücker gegen Unterdrückte

Eine Tabelle, die einige der Teilbereiche nach dem Prinzip „Unterdrücker gegen Unterdrückte" aufzeigt:

Tagesordnung	Unterdrücker	Unterdrückt
Abtreibung	Ungeborenes Kind/Patriarchat/Männchen *	Frauen.
Antikapitalismus	Kapitalismus/Kapitalisten/Reiche (die Bourgeoisie) *	Nicht-Reiche/Arbeiterklasse/Proletariat und Sozialisten #
Anti-Christentum	Christen, Römisch-katholische Kirche	Nicht-Christen, Katholiken ^ #
Schwarze Leben Zählen	Weiße *	Schwarze/Nicht-Weiße im Allgemeinen #
Klimawandel	Menschen *	Erde (wieder kichernd).
Feminismus	Heterosexuelle Männer */Das Patriarchat	Females #
LGBTQ	Alle, die nicht zu diesen Kategorien gehören *	Diejenigen in diesen Kategorien

		#
Multikulturalismus/Masseneinwanderung/Anti-Rassismus	Weiße/Kapitalisten/Imperialisten **	Nicht-Weiße aus Afrika, dem Nahen Osten, dem Fernen Osten und Lateinamerika.
Pädophilie	Nicht-Pädophile *	Pädophile
Palästinensische Rechte	Israelis/Israel-Sympathisanten/U.S. *	Palästinenser.
Veganismus	Erzeuger/Verbraucher tierischer Erzeugnisse	Tiere

* Sektenmitglieder sind natürlich ausgenommen, da sie ihre „Solidarität" mit diesen „unterdrückten" Gruppen bekunden und „Mitleid" mit ihnen haben werden.

** Die weißen Europäer im Besonderen, denn sie sind diejenigen, die all die unterdrückerischen, bösen Reiche geschaffen haben, richtig?

Es sei denn, es handelt sich um „böse rechtsfaschistische Nazis" (d. h. Nicht-Kult-Mitglieder), dann werden sie stattdessen als „Unterdrücker" eingestuft.

Ich erwähne hier „Katholiken", weil die Sekte das Problem der Pädophilie in der katholischen Kirche hervorheben wird und weil die Opfer Katholiken/ehemalige Katholiken sind. Auch ihnen wird der Status „unterdrückt" nicht zugestanden, wenn sie antimarxistisch sind (was viele Christen sind). Den Katholiken wird in diesem Fall lediglich ein symbolischer „Unterdrückten"-Status zuerkannt, da die Ideologie sich natürlich nicht um Katholiken/Christen kümmert (!), sondern dies nur vortäuscht, um die Kirche zu zerstören. Eine umfassendere Aufschlüsselung (einiger) der Unterkategorien in allgemeiner Form findet sich weiter unten in diesem Abschnitt.

Bestandteile der Mischung

Keiner der aufgelisteten Teilbereiche ist schwerwiegender als die anderen, daher sind sie nicht in einer bestimmten Reihenfolge aufgelistet. Sie sind jedoch in einigen Fällen nach Art gruppiert. Sie wirken alle zusammen, wie Teile in einer kommunistischen Maschine oder Zutaten in einem kommunistischen Eintopf. Man könnte argumentieren, dass z. B. die Masseneinwanderung eine sehr ernste, existenzielle Bedrohung für die Integrität der Zivilisation ist; das ist sie in der Tat.

Dieser Teilbereich existiert jedoch nicht allein; er wurde auch nicht allein initiiert oder aufrechterhalten; und trotz seiner offensichtlichen katastrophalen

Folgen können wir nicht hoffen, ihn zu stoppen, während wir alle anderen Teilbereiche (!) ignorieren.

Da ein Hauptziel des Marxismus darin besteht, die Zivilisation zu zerstören (und sie als kommunistische „Utopie" wiederaufzubauen), tragen logischerweise alle folgenden Unterthemen auf unterschiedliche Weise oder in unterschiedlichem Umfang zu diesem Prozess bei; und/oder in verschiedenen Phasen des Gesamtprozesses. In ähnlicher Weise tragen alle diese Teilbereiche zum Superziel der Eine-Welt-Regierung bei, mit dem die Ideologie verknüpft ist.

Beim Marxismus haben wir es mit einem organischen, psychologischen, ideologischen Monster zu tun, das rudimentär und vorhersehbar, gleichzeitig aber auch komplex und vielschichtig sein kann; und jedes Teilthema kann auf unterschiedliche Weise mit anderen verbunden sein. Manchmal sind sie synchronisiert, manchmal nicht. Manchmal schlummern einige (scheinbar), während die anderen voll aktiv sind.

Die verschiedenen Teilagenden unterstützen sich gegenseitig und bauen aufeinander auf

Die verschiedenen Untergruppen stehen in einer fast symbiotischen Beziehung zueinander. Sie unterstützen sich gegenseitig in einer Weise, dass der Erfolg/die Dominanz des Einzelnen durch den Erfolg/die Dominanz der anderen Teilagenden und damit auch durch den Erfolg/die Dominanz aller Teilagenden zusammen stark gefördert wird. Eine schnelle Mischung von Beispielen:

Feminismus, LGBTQ und der Angriff auf das Christentum tragen alle zur Zerstörung der Ehe und **der** traditionellen Kernfamilie bei. Dies trägt zur Verringerung der Bevölkerung in den betroffenen/infizierten Ländern bei, bei denen es sich normalerweise um weiße, westliche Länder handelt (Anti-Weiß-Agenda). Der Feminismus erhöht auch die Abtreibungsrate in den infizierten Ländern (aufgrund der Normalisierung/Popularisierung) und ermutigt/beeinflusst die Frauen, mit dem Kinderkriegen bis ins hohe Alter zu warten. Dies trägt ebenfalls zur Verringerung der Geburtenrate in der Bevölkerung bei. Die Zerstörung der Familie gibt dem marxistischen System auch mehr Kontrolle über den Verstand der jungen Menschen (da die Eltern immer mehr aus der Gleichung entfernt werden), was allen Untergruppen zugute kommt, da die jungen Menschen dazu indoktriniert werden, sie zu unterstützen.

Feminismus und Veganismus tragen zusammen dazu bei, den Testosteronspiegel zu senken, was zu einem Ungleichgewicht zwischen Männlichkeit und Weiblichkeit in der Gesellschaft führt. Dieser feminisierende Effekt führt zur Dominanz weiblicher Einstellungen gegenüber Themen/Menschen/Gesellschaft, die „unterdrückte" Gruppen (Migranten, LGBTQ, nicht-binäre Geschlechter usw.) betreffen, worauf das Prinzip

„Unterdrücker gegen Unterdrückte" beruht.

Veganismus trägt dazu bei, den Testosteronspiegel in der Gesellschaft (ernährungsbedingt) zu senken, da es sich um eine cholesterinarme und fettarme Ernährung handelt (die sich unter anderem negativ auf das menschliche Hormonsystem auswirkt, das für die Bildung von Hormonen verantwortlich ist). Diejenigen, die einer Gehirnwäsche unterzogen wurden, mögen das toll finden, da es angeblich dazu beiträgt, die „toxische Männlichkeit" bei Männern zu reduzieren. Der schwindende Testosteronspiegel verschärft das Problem der männlichen Selbstmorde (aufgrund der Depressionen, die der Mangel verursacht), was in Verbindung mit der Unterdrückung/Vernachlässigung von Männern (dank des Feminismus) die künstliche, ungleiche gesellschaftliche Priorisierung/Dominanz von Frauen unterstützt, was den Kult/die Ideologie stärkt. Eine körperlich und geistig schwache Gesellschaft mit Testosteronmangel ist natürlich auch viel leichter zu erobern/zerstören und zu beherrschen/kontrollieren.

Veganismus erhöht massiv die Unfruchtbarkeit in der Zielbevölkerung (aufgrund der Schädigung der Hormonproduktion) und unterstützt damit die Anti-Weiß-Agenda. Er trägt auch zur Zerstörung der westlichen Zivilisation aus infrastruktureller/organisatorischer Sicht bei, denn Männlichkeit (und wie sie sich in den Handlungen der Männer jeden Tag manifestiert) ist für das Funktionieren der Zivilisation erforderlich.

Männlichkeit ist erforderlich, damit sich eine Gesellschaft gegen Angriffe verteidigen kann. Die Auswirkungen der Ideologie (und ihrer verschiedenen Untergruppen) gelten in erster Linie für westliche, überwiegend weiße und traditionell christliche Länder. Da die Ideologie keine abschwächenden Auswirkungen auf die Migrantenbevölkerung hat, entsteht ein Gefälle in allen Bereichen, die von den verschiedenen Teilaspekten betroffen sind. Mit anderen Worten: Die Migrantenbevölkerung wird die zerstörerischen Auswirkungen von Feminismus, Abtreibung, Multikulturalismus, Veganismus usw. nicht erleben. Sie werden keine Fruchtbarkeitsprobleme und sinkende Geburtenraten, die Dominanz femininer/überemotionaler Einstellungen, die Unterdrückung/Feminisierung ihrer Männer usw. erleben! Tatsächlich haben westliche Frauen im Vergleich zu muslimischen Frauen eine viel niedrigere Geburtenrate, was es den Muslimen ermöglicht, westliche Frauen zu überflügeln. Die „Islamisierung des Westens" wird natürlich durch die Masseneinwanderung, den Feminismus, die LGBTQ-Bewegung usw. stark gefördert.

Die Anti-Christen-Agenda wird durch die Islamifizierungs-Agenda unterstützt. Der Islam/die Muslime werden in traditionell christlichen Ländern dominieren, indem sie das Christentum/die Christen einfach durch eine höhere Fortpflanzungsrate demografisch verdrängen (eine Situation, die durch die anderen Antireproduktionsunterprogramme der Ideologie unterstützt wird). Auf religiöser Ebene erfüllt die Islamisierung ein Hauptziel der Ideologie, nämlich die Zerstörung eines Pfeilers der westlichen Zivilisation: Das Christentum. Die Unteragenda der Islamisierung unterstützt auch die anti-weiße **Unteragenda**. Nicht-weiße männliche Migranten - ob muslimisch oder nicht - haben keine Probleme mit einem verminderten Testosteronspiegel (und sie leben auch nicht vegan!), was bedeutet, dass die westlichen Nationen, in denen sie leben, für die Vorherrschaft der männlichen Migranten weit offen sind. Dieses Männlichkeitsgefälle in Verbindung mit der Multikulturalismus-/Diversitäts-Subagenda schafft auch eine Situation, in der (einige) indoktrinierte weiße Frauen sich eher für männliche Migranten entscheiden als für ihre weißen einheimischen Gegenstücke, was zu einer weit verbreiteten Rassenvermischung oder Rassenmischung führt (was die Ideologie fördert/unterstützt, da sie gegen weiße Menschen gerichtet ist).

Veganismus trägt auch dazu bei, den Hormonhaushalt junger Menschen zu zerstören, was der geschlechtsspezifischen Transgender-Subagenda zugute kommt und mehr Kinder mit psychologischen Problemen der sexuellen Identität hervorbringt (was der Sekte/Ideologie sehr zugute kommt). Veganismus führt in jedem Alter (irgendwann) zur Degeneration des Gehirngewebes und den damit verbundenen Problemen: Unfähigkeit, Emotionen und Ängste zu kontrollieren, Probleme mit der geistigen Gesundheit/Gehirngesundheit (einschließlich Parkinson und Alzheimer im Frühstadium), die bereits erwähnte Hormonstörung, ein geschwächtes Immunsystem und eine geringere Lebenserwartung. Diese Auswirkungen tragen zu einer insgesamt geschwächten Gesellschaft, zu Psychosen und zur Verdrängung der Bevölkerung bei. Je mehr emotional instabile und geisteskranke Individuen es in der Gesellschaft gibt, desto besser für die Sekte/Ideologie; Veganismus trägt dazu bei, dies auf der Ebene der Ernährung zu erreichen, da die oben genannten Effekte mit einer unnatürlichen Ernährung mit einem Mangel an tierischen Fetten und hochwertigem tierischem Eiweiß mit einem vollständigen Aminosäureprofil übereinstimmen.

Veganismus wird auch in Verbindung mit dem Klimawandelschwindel verwendet. Vegan zu leben gilt als besser für den Planeten, als „nachhaltiger" (Anti-Kapitalismus) usw. Auf diese Weise kann die Sekte/Ideologie die eine Teilagenda nutzen, um die andere zu fördern und andersherum. Vegane Aktivisten verweisen oft auf „Landwirtschaft für Profit" und die „Unterdrückung und Ausbeutung" von Tieren (Antikapitalismus).

Die Unteragenda der Palästinenserrechte, die traditionell von Marxisten vertreten wird, hilft auch den Unteragenden der Masseneinwanderung und der Islamisierung. Sie ermöglicht es dem Kult, nicht-weiße Muslime (als Kollektiv) in die Kategorie der „Unterdrückten" einzuordnen.

Sie kann dies auch mit ihrer traditionellen Anti-Amerika-Agenda in Verbindung bringen, da die scheinbare Vertreibung von „Flüchtlingen" aus „kriegsgebeutelten" Gebieten im Nahen Osten (angeblich aufgrund des rassistischen, bürgerlich-kapitalistischen „amerikanischen Imperialismus")

Teil der offiziellen Darstellung der Ursache der Massenmigration ist. Da die USA Israel unterstützen, unterstützt die Sekte stellvertretend die palästinensische „Sache", und natürlich würde die weltweite Sekte/Ideologie sehr von der Vernichtung eines westlichen militärischen Verbündeten und einer „Demokratie" im Nahen Osten profitieren. Nochmals, der Marxismus kümmert sich nicht um die Menschen (z.B. Palästinenser, Muslime, Afghanen usw.), er kümmert sich nur darum, sich selbst zu erhalten.

Die Black-Lives-Matter-Bewegung führte während der Unruhen symbolisch zu eklatanten Angriffen auf Unternehmen und Geschäftsinhaber (Antikapitalismus) sowie zu Diebstahl oder Zerstörung von Privateigentum. Sie hat auch zu Angriffen auf die Polizei geführt, was ein Angriff auf den Staat ist („Revolution" und „Anarchie"). Dies unterstützt offensichtlich die gegen Weiße gerichtete Agenda, indem es sie in die Kategorie der Unterdrücker stellt.

Die LGBTQ-"Pride"-Bewegung fördert ungewöhnliches, unkonventionelles, nicht-traditionelles heterosexuelles Verhalten, das den Weg für noch ungewöhnlichere und unheilvollere Dinge wie die Hypersexualisierung von Kindern und die Normalisierung von Pädophilie ebnet. Mit anderen Worten: Sie zerstört die Vorstellung von dem, was normal oder üblich ist (daher das Wort „queer"). Diese Bewegung trägt auch dazu bei, das äußerst zentrale, giftige, „fortschrittliche" Konzept zu fördern, dass es beim Sex um Hedonismus und nicht um Fortpflanzung geht; dadurch wird die allgemeine Bevölkerung, insbesondere die Jugend, in ihrer Einstellung zu Sex/Sexualität stark beeinflusst. Die Botschaft lautet, dass jede Art von sexuellem Verhalten gut ist, vorausgesetzt, es macht jemandem Spaß, was es dann (einigen) ermöglicht, zu argumentieren, dass Pädophilie in Ordnung ist. Aus diesem Grund tauchen in letzter Zeit in der Gesellschaft diese degenerierten Abschaumvorstellungen auf, dass Kinder sexuelle Erfahrungen mit Erwachsenen genießen können usw. Wenn dies als vernünftig akzeptiert wird, dann genießen beide beteiligten Parteien den Akt und legitimieren damit Pädophilie. Die LGBTQ- und „nicht-binären" Untergruppen versuchen, Gleichheit in Bezug auf Sex, Sexualität, sexuelle Vorlieben und Geschlecht durchzusetzen.

Die „Transgender"-Agenda zielt auf junge (oft vorpubertäre) Männer und Frauen ab, die psychische Probleme haben („Geschlechtsdysphorie" usw.), was dazu führt, dass sie hormonell behandelt und „geschlechtsangleichend" operiert werden. Dies führt dazu, dass ihr Fortpflanzungssystem zerstört wird und sie unfruchtbar werden, was wiederum dazu beiträgt, die Geburtenrate zu senken (Bevölkerungskontrolle/Reduzierung). Die Trans-Sub-Agenda zielt darauf ab, die biologischen Unterschiede zwischen Männern und Frauen zu zerstören, was die Durchsetzung der Gleichheit auf biologischer Ebene bedeutet. Schließlich hat die Sekte/Ideologie die LGBTQ-Subagenda geschaffen/unterstützt sie, weil die offensichtliche „Unterdrückung" dieser Gruppen vom „Cis"-Männer-dominierten patriarchalischen bürgerlich-kapitalistischen System ausgeht.

Die Unteragenda zum Klimawandel hat völkermörderische, menschenfeindliche Untertöne, die uns sagen, dass die Menschen zu zahlreich auf der Erde sind. Es wird behauptet, dass wir unseren „Kohlenstoff-Fußabdruck" verringern müssen und dass eine geringere Bevölkerungszahl konstruktiv wäre, was sich in der Vorstellung niederschlägt, dass es irgendwie verantwortungsvoll ist, kleinere Familien zu haben (da ist wieder diese Umkehrung). Offensichtlich und bezeichnenderweise gilt dies nicht für nicht-weiße Migranten, die aus Afrika und dem Nahen Osten in die westlichen Länder kommen - sie werden nicht ermutigt, weniger Kinder zu haben (eine rassistische Doppelmoral)! Darüber hinaus werden die marxistischen Wassermelonen-'Grünen' (innen rot, außen grün) darauf bestehen, dass westliche Länder Millionen von Migranten aufnehmen, was insgesamt einen kolossalen Transportaufwand erfordert, zusätzlich zum Bau von Wohnungen usw., was nicht umweltfreundlich oder 'nachhaltig' ist! (Anmerkung: Zugegebenermaßen sind nicht alle Melonen innen rot, wie etwa die Felsenmelone (Cantaloupe). Lassen wir uns nicht auf fruchtbezogene Stereotypen ein).

Dies ist nur eine Überlegung; die Verbindungen sind endlos. Man könnte die Augen verdrehen, wenn man sie vollständig analysieren würde (das würde eine aufwendige grafische Darstellung erfordern). Wie gesagt, es ist ein organisches, vielschichtiges Monster. Wir werden im weiteren Verlauf sehen, wie die Sekte in die einzelnen Unterpunkte involviert war.

Masseneinwanderung

> „Die Migration sollte nicht von einem internationalen Gremium geregelt werden, das unseren eigenen Bürgern gegenüber nicht rechenschaftspflichtig ist. Letztlich besteht die einzige langfristige Lösung für die Migrationskrise darin, den Menschen zu helfen, sich in ihren Heimatländern eine hoffnungsvollere Zukunft aufzubauen.[3]

> Die Rede von Präsident Donald Trump vor der UN-Generalversammlung, September 2018

> Journalist: „Was ist die Lösung für das Problem der Migration?"

> Orban: „Lasst sie nicht rein, und die, die drin sind, schickt nach Hause"[4]

> Der ungarische Ministerpräsident Viktor Orbán antwortet einem Journalisten

---

[3] C-SPAN, „President Trump addresses U.N. General Assembly - FULL SPEECH (C-SPAN)", 25. September 2018. https://www.YouTube.com/watch?v=KfVdIKaQzW8

[4] Viktor Orban: „Lösung für das Migrationsproblem: Lasst sie nicht rein, und die, die drin sind, schickt sie heim", 19. September 2020. https://www.bitchute.com/video/3gSDzk1SYrr8/

„Anstatt Frieden und Harmonie zu bringen, wird die EU zu Aufruhr und Gewalt führen.[5]

Der britische Politiker Nigel Farage über die
Die Europäische Union erhält den Friedensnobelpreis 2012

Die Sekte/Ideologie unterstützt offensichtlich die äußerst destruktive, kritische Teilagenda der Migration auf Bevölkerungsersatzniveau und treibt gleichzeitig die verschiedenen Teilbewegungen an, die sie unterstützen. Dieses Teilziel versucht, durch die Beseitigung ethnischer und kultureller Unterschiede eine länderübergreifende marxistische Gleichheit und Einheitlichkeit zu erreichen und eine grenzenlose sozialistische Welt-"Föderation" (auch bekannt als Weltregierung) zu schaffen. Bezeichnenderweise zielt diese Unteragenda in erster Linie auf historisch/traditionell weiße christliche westliche Länder ab.

Fürs Protokoll: Ich behaupte nicht, dass Marxisten/Marxismus allein für die Masseneinwanderung verantwortlich sind, die derzeit die westlichen Länder betrifft (es gibt ethnische, „religiöse" Untertöne in dieser Frage, um es milde auszudrücken). Die Sekte und die Ideologie sind die Hauptverantwortlichen für diese Entwicklung in diesen Ländern. Ohne den Kult und die Indoktrination würden die Völker der westlichen Länder die Masseneinwanderung völlig ablehnen und die Internationalisten, die dahinter stehen, wären machtlos. Die Sub-Agenda würde keinen Fortschritt machen, keinen, weil eine gesunde nationalistische Mentalität in jedem westlichen Land dafür sorgen würde.

Viele sind aufgewacht und haben erkannt, dass es sich hier um eine orchestrierte, globale Agenda handelt und nicht um eine unglückliche, zufällige „humanitäre Krise" (nun ja, in gewissem Sinne ist es eine humanitäre Krise, aber nicht aus den Gründen, die man uns erzählt). Viele sehen, dass die größten Organisationen der Welt diese Sub-Agenda unterstützen, darunter die UN und die Europäische Union (beide marxistisch). Darüber hinaus (und das ist entscheidend) verstehen einige, dass diese „Krise" nicht nur absichtlich inszeniert wurde, sondern dass sie auch forciert wird, um bestimmte demographische Ergebnisse zu erzielen.

Sektenmitglieder bezeichnen diese Leute - getreu ihrem Ruf als ewige Verräter - gerne als „Verschwörungstheoretiker". Doch große Organisationen wie die Vereinten Nationen machen kaum einen Hehl daraus. Sie haben mehrere Dokumente erstellt, in denen sie ihre Absichten darlegen, darunter das inzwischen berüchtigte „Replacement Migration: Is it a Solution to Declining and Ageing Populations?" aus dem Jahr 2001.[6]

---

[5] BBC, „Friedensnobelpreis für die Europäische Union", 12. Oktober 2012.

https://www.bbc.com/news/world-europe-19921072

[6] UN, „Replacement Migration: Is it a Solution to Declining and Ageing Populations?" (2001), 21. März 2000.

Kommunistische Checkliste

Diese Unteragenda bedient sich des Prinzips des Gegners gegen den Gegner, das entscheidend ist, um den pathologischen Altruismus zu kultivieren, der (in den westlichen Ländern) notwendig ist, um den Massenzustrom von Migranten zu ermöglichen. In der Tat ist die Unterstützung der Masseneinwanderung in ein bestimmtes Land das Ergebnis einer lang anhaltenden marxistischen Infektion. Die emotionale Indoktrination, die den Kern des Prinzips „Gegner gegen Gegner" ausmacht (wie oben beschrieben), ist für diese Teilagenda ebenso zentral wie für andere; ohne sie würde sie nicht funktionieren.

Interessanterweise zwingt die Masseneinwanderung die Völker buchstäblich zusammen, schafft aber gleichzeitig so viel Spaltung und Destabilisierung. Nach dem offiziellen (marxistischen) Narrativ handelt es sich bei den Migranten um „unterdrückte" Flüchtlinge, die aus Kriegsgebieten kommen (was bequemerweise der militärischen Ausbeutung/dem „Imperialismus" der USA angelastet wird) und nicht einfach um Wirtschaftsmigranten, die in westliche Länder kommen, um eine höhere Lebensqualität zu erreichen.

Sie besagt auch, dass wir nicht nur aus allgemeinen humanitären Gründen verpflichtet sind, sie aufzunehmen, sondern auch, weil die westlichen Länder in der Vergangenheit die „Unterdrücker" waren, die für die Situation in diesen Ländern verantwortlich waren. Im Grunde schulden wir Westler ihnen etwas, also müssen wir es einfach tun. Die Weigerung, dem nachzukommen, beruht natürlich auf einer mitleidslosen, rassistischen, rechten Mentalität. Die Tugendhaftigkeit wird auf die Spitze getrieben, da die Sekte darauf besteht, dass die Unterstützung der Massenmigration der Gipfel der Tugend ist.

Diese Teilagenda trägt in mehrfacher Hinsicht zur Schaffung eines neuen Klassensystems bei: Erstens werden die einheimischen Gruppen schließlich zu ethnischen Minderheiten in ihren eigenen Ländern. Sie werden nicht nur zahlenmäßig unterlegen sein, sondern auch immer weniger politische Macht haben, je weiter die Teilagenda voranschreitet, und die Migrantengruppen werden im Allgemeinen nur Vertreter ihrer eigenen ethnischen Gruppen unterstützen.

Zweitens trennt sie die Befürworter der Masseneinwanderung von denen, die dagegen sind: die politisch korrekten, vom Marxismus infizierten „Humanisten" von den politisch unkorrekten, nicht infizierten „Rassisten". Je mehr Migranten im Lande sind, desto schwieriger ist es für jemanden, offen zu sagen, dass er gegen diese Teilagenda ist. Sie würden sich damit buchstäblich in die Position eines Bürgers zweiter Klasse (Rassist, Faschist usw.) versetzen. Letztendlich würden solchen Menschen Beschäftigung, Bildung und

---

https://www.un.org/development/desa/pd/sites/www.un.org.development.desa.pd/files
/unpd-egm_200010_un_2001_replacementmigration.pdf

Dienstleistungen verweigert werden, wobei Migranten bevorzugt werden usw.

Diese Unteragenda beinhaltet Doppelmoral/Heuchelei, denn sie führt zur Zerstörung der einheimischen ethnischen Gruppen/Kulturen in den Ländern, die die Migranten aufnehmen. Ein Land (und ein Volk), das dies zulässt, ist an einem Verbrechen gegen die Menschlichkeit beteiligt. Die Tugendhaftigkeit und der pathologische Altruismus der Sekte beruhen auf der Vorstellung, dass ein Volk nicht leiden, sterben oder ethnisch gesäubert werden sollte usw. Daher ist die Doppelmoral/Hypokrisie hier unübersehbar.

Ein Beispiel: Sektenmitglieder in Irland haben wahrscheinlich Tränen in den Augen, wenn sie daran denken, dass eine afrikanische, nahöstliche oder südamerikanische ethnische Gruppe in ihrem eigenen Land ausgelöscht wird, können aber nicht sehen, wollen es nicht wahrhaben oder es ist ihnen einfach egal, dass die Masseneinwanderung die irische ethnische Gruppe in Irland zerstören wird (und das gilt auch für einheimische Europäer in anderen europäischen Ländern). Ist das nicht waycist?

Das Prinzip des Roten Trojanischen Pferdes wird auf verschiedene Weise angewandt: Man sagt uns, dass die Masseneinwanderung notwendig ist, um das Problem der sinkenden Geburtenrate zu lösen, dass sie für die wirtschaftliche Gesundheit und den Wohlstand notwendig ist, dass sie zu einer besseren, „vielfältigeren" und glücklicheren Gesellschaft führen wird usw.

Diese Teilagenda beruht auf einer verzerrten Wahrnehmung der Realität/Geschichte in mehrfacher Hinsicht: dass Nicht-Weiße aufgrund der Weißen in der Vergangenheit mehr gelitten haben als Weiße und dass Weiße verpflichtet sind, sich selbst/ihre Länder zu opfern, um sie zu „retten" (Geschichtsverzerrung); dass der Sozialismus der wahre Grund für die heutige schlimme Lage Afrikas ist und nicht der Imperialismus der Vergangenheit (Geschichts- und Realitätsverzerrung); dass europäische/westliche Länder massenhaft Migranten unterschiedlicher ethnischer und kultureller Herkunft aufnehmen können und dass alles gut gehen wird (Realitätsverzerrung) usw.

Diese Sub-Agenda wird ganz klar von allen Facetten des marxistischen Systems unterstützt: auf nationaler Ebene von Regierungen, den Transmissionsriemen der Kultur (Bildung, Medien, Unterhaltung), NGOs/Non-Profits usw. Im Falle Europas wird es auch auf kontinentaler Ebene von der marxistischen Europäischen Union unterstützt, und international wird es von den marxistischen Vereinten Nationen unterstützt.

Natürlich ist es eine gigantische Untertreibung zu sagen, dass die EU die Massenmigration einfach „unterstützt". Das ist einer der Hauptgründe, warum sie überhaupt gegründet wurde. Der andere Grund ist, dass die Bildung dieser paneuropäischen Einheit ein wichtiger Schritt in Richtung Weltregierung ist (der Leser möge sich mit Graf Richard Nicholas Eriju Von Coudenhove Kalergi (1894-1972) und seiner paneuropäischen Bewegung der 1920er Jahre beschäftigen. [7]

Kalergi gilt als der „Pate" der Europäischen Union, aber man kann ihn auch als Frontmann betrachten. Er war besessen von der Idee eines „multikulturellen" Europas, was vielleicht darauf zurückzuführen ist, dass er selbst gemischtrassig war. Sein 1925 erschienenes Buch *Praktischer Idealismus"* bestätigt, dass er von dieser Ideologie infiziert war.[8] Es war sein Vorschlag, Beethovens „Ode an die Freude" als „Nationalhymne" der EU zu verwenden; dasselbe gilt für das Design der EU-Flagge[9]).

Im Jahr 2015 erklärte die damalige deutsche Bundeskanzlerin und Chefkommunistin Angela Merkel „Wir schaffen das", um diese „Krise" zu verschärfen, und kündigte Deutschlands Politik der offenen Tür an; Deutschland nahm über 1 Million Migranten auf. [10] („Wir schaffen das" erinnert an den berühmten Slogan eines Saul-Alinksy-Fans und den Slogan des ehemaligen US-Präsidenten Barack Obama „Yes we can").[11]

Die Massenmigration greift die Pfeiler der westlichen Zivilisation in mehrfacher Hinsicht an:

Kapitalismus

Sie zerstört die relative wirtschaftliche Stabilität, den Wohlstand und die Lebensqualität, indem sie massenhaft Wirtschaftsmigranten ins Land holt, die nicht in der Lage sind, sich in die Gesellschaft zu integrieren, geschweige denn einen finanziellen Beitrag zu leisten. Dies führt zu einer Überlastung des Wohlfahrtssystems, was wiederum die westlichen Länder fiskalisch weiter schädigt. Im Großen und Ganzen werden Millionen von Menschen aus den weniger wohlhabenden Teilen der Welt dazu ermutigt, in die wohlhabenderen Teile der Welt zu ziehen, wodurch versucht wird, finanzielle Gleichheit zu erzwingen, indem der Wohlstand in den westlichen Ländern verringert wird. Natürlich wird jede finanzielle Belastung oder jeder Verlust an Lebensqualität, den die Menschen im wohlhabenderen Westen (aufgrund der

---

[7] „Pan-Europa„. https://www.europarl.europa.eu/100books/en/detail/18/pan-europe?edition=fr&info=en

[8] Kalergi, R., *Praktischer Idealismus* (1925).

https://archive.org/details/Coudenhove-Kalergi-Praktischer_Idealismus-1925

[9] https://en.wikipedia.org/wiki/Anthem_of_Europe

[10] „Angela Merkel sagt „Wir schaffen das" zur Aufnahme von Flüchtlingen", 6. Juni 2023.

https://www.history.com/this-day-in-history/angela-merkel-says-wir-schaffen-das-on-accepting-refugees

[11] https://en.wikipedia.org/wiki/Barack_Obama_2008_presidential_campaign#Slogan

Masseneinwanderung) erleiden, in den Augen der Sekte als völlig fair und gerechtfertigt angesehen.

Der Zustrom von Migranten stellt eine enorme Belastung für die Dienstleistungen in den westlichen Ländern dar, einschließlich Wohnraum, medizinische Versorgung, Kriminalität usw. Wenn man bedenkt, dass die Sekte nicht nur darauf besteht, dass die westlichen Länder Millionen von Migranten aufnehmen, sondern auch darauf, dass ihnen Wohnraum, medizinische Versorgung und Sozialleistungen kostenlos zur Verfügung gestellt werden, ist dies ein weiterer Angriff auf das kapitalistische System durch Überlastung. Wenn man die Wirtschaft der westlichen Länder zum Einsturz bringen wollte, ist die Masseneinwanderung dann nicht ein großartiges Mittel dazu?

Christentum

Obwohl die jahrzehntelange marxistische Indoktrination, Propaganda und Subversion das Christentum in den westlichen Ländern weitgehend zerstört haben, wird die Masseneinwanderung aufgrund der demografischen Entwicklung den letzten Nagel in den Sarg schlagen. Vor allem in Europa ist ein großer Teil der Zuwanderer muslimisch. Dieser Prozess beschleunigt die Zerstörung des Christentums/Christen.

Kultur

Die Masseneinwanderung wird auch der Sargnagel für die einheimische Kultur sein, wiederum aufgrund der demografischen Entwicklung. Die wunderbaren, einzigartigen Aspekte des kulturellen Erbes eines jeden europäischen Landes werden kontinuierlich durch den marxistischen Unsinn der „Vielfalt" überlagert und nach und nach durch die Kultur der Migrantengruppen ersetzt.

Als letzter Punkt auf unserer Checkliste versucht dieser Unterpunkt, Gleichheit durchzusetzen, indem er so tut, als gäbe es keine Unterschiede zwischen verschiedenen ethnischen, religiösen und kulturellen Gruppen. Sie basiert auf der irrigen Vorstellung, dass sehr unterschiedliche Gruppen dieser Art nicht nur „gleichberechtigt" in denselben Gebieten koexistieren können, ohne Destabilisierung und/oder ernsthafte Probleme zu verursachen, sondern dass es sogar „fortschrittlich" und wünschenswert ist, dass sie dies tun.

Rassenmischung

Im Zusammenhang mit Kultur und „Gleichheit" steht die ethnische Zusammensetzung eines Landes. Das soll niemanden persönlich beleidigen, aber es ist ein wichtiges, sensibles Thema, das verstanden werden muss. Rassenmischung bedeutet, dass zwei Menschen verschiedener Rassen Kinder zeugen. Ich persönlich behandle eine Person nicht schlechter, weil sie gemischtgeschlechtlich ist, natürlich nicht; ich beurteile eine Person nach ihrem Bewusstseinsstand. Wir müssen jedoch misstrauisch sein, wenn jemand die Rassenmischung fördert, vor allem wenn es sich um ganze Rassen handelt, denn das hat Auswirkungen auf die Länder! Wenn irgendwelche verrückten internationalistischen Kontrollfreaks anfangen, dies in einem massenhaften, noch nie dagewesenen Ausmaß zu fördern, dann hat das keine wohlwollenden Gründe! Das sollte offensichtlich sein!

Wenn wir das anti-weiße Element der Sekte/Ideologie anerkennen, kombiniert mit der Tatsache, dass sie der Hauptverursacher der nicht-weißen Massenmigration in die traditionell weißen, christlichen Länder des Westens ist, ist es offensichtlich, dass hier etwas im Gange ist. Das Konzept des „Multikulturalismus" wird häufig verwendet, um Rassenmischung zu fördern. Im Wesentlichen steckt also die Sekte/Ideologie hinter der Masseneinwanderung in westliche Länder, während gleichzeitig die einheimische Bevölkerung mit dem Programm des „Multikulturalismus" indoktriniert wird. Die Tatsache, dass beides gleichzeitig und koordiniert geschieht, zeigt uns, dass dieselbe Ideologie hinter beidem steht (das gilt auch für die anderen Unterströmungen, die die Geburtenraten in hauptsächlich weißen Bevölkerungen beeinflussen: Feminismus, Abtreibung, Veganismus, LGBTQ/Gender Non-Binary usw.).

Das eigentliche Problem ist die strukturelle, demografische Integrität bestimmter ethnischer Gruppen auf der ganzen Welt. Diese erzwungene, unnatürliche, künstlich herbeigeführte Masseneinwanderung führt zu einem effektiven Völkermord an den einheimischen Völkern, insbesondere an denen europäischer Herkunft. Aus globaler Sicht können wir dieses eindeutig anti-weiße Muster erkennen, da es nur in den westlichen Ländern auftritt. Daher ist die organisierte, politische, globalistische Rassenmischung gleichbedeutend mit Rassismus gegen indigene weiße Völker. Auch hier ist die Züchtung auf bestimmte Ergebnisse eine Form der Eugenik, und das Ergebnis in diesem Fall sind weniger weiße Menschen und keine überwiegend weißen Länder.

Eine vorhersehbare Antwort : „Aber die Iren sind auch ausgewandert!"

Die Ausreden, die Sektenmitglieder benutzen, um eine wahnsinnige, zerstörerische Subagenda wie die Masseneinwanderung zu rechtfertigen, geben uns einen Einblick in die zerstörerische Wirkung des Sektenkonzepts der „Gleichheit".

In Irland (und sicher auch anderswo) bestehen „antirassistische" Sektenmitglieder darauf, dass die Iren/Einheimischen die Masseneinwanderung akzeptieren sollten, weil sie selbst in der Vergangenheit eingewandert sind. Sie sagen Dinge wie: „Sind wir nicht in andere Länder ausgewandert?!? Wie würde es euch gefallen, wenn sie euch nicht reinlassen würden?!". Wie pubertär. Das ist es also?!? Das ist die Rechtfertigung für die Unterstützung massiver Menschenbewegungen rund um den Globus und die Aufnahme von zig Millionen Migranten in westlichen Ländern?

Diese marxistische Täuschung wurde in Irland bis zum Überdruss wiederholt, und man wird als heuchlerisch angesehen, wenn man mit dieser Sub-Agenda nicht übereinstimmt. In gewisser Weise wird man beschuldigt, nicht wirklich irisch zu sein oder die irische Geschichte nicht zu verstehen! Das ist genau die Art von verkorkster Wahrnehmungsgymnastik, auf die sich die Sekte/Ideologie stützt, um ahnungslose Völker zu zerstören! Diese verzerrte Wahrnehmung der Realität entsteht durch das Konzept der „Gleichheit". Wenn wir dies mit der Tatsache kombinieren, dass die Ideologie keine (konstruktive) praktische Arbeit leistet, verstehen wir, warum das marxistische Denken zu Chaos und Zerstörung führt. Im Mittelpunkt steht dabei das Konzept der „Gleichheit", das auf verschiedene Kulturen, Rassen usw. angewandt wird; dass sie alle gleich sind. Das ist falsch. Es ist „politisch korrekter" marxistischer Wohlfühl-Hokuspokus, etwas anderes zu behaupten.

Sie behaupten, dass eine historische Situation mit der gegenwärtigen Situation identisch ist, aber das stimmt natürlich nicht. Irische Migranten (oder andere europäische Migranten), die Europa verlassen haben, um sich in anderen Ländern niederzulassen, sind nicht vergleichbar mit afrikanischen und nahöstlichen Migranten, die heute nach Europa kommen (oder mit anderen Migranten, die von der Sekte/Ideologie gefördert werden). Es ist etwas völlig anderes, und zwar aus ethnischen, religiösen, kulturellen, politischen und finanziellen Gründen. Dies ist einer der blinden Flecken der marxistischen Indoktrination: Sie lässt Rasse, Kultur und Religion (und Wirtschaft!) außer Acht. Sie sieht nur, ob jemand ein „Unterdrücker" oder ein „Unterdrückter" ist, ob er der Bourgeoisie oder dem Proletariat angehört. Die Indoktrination in dieser Frage erklärt, warum Marxisten in ganz Europa nicht akzeptieren können, dass die Massenmigration eine die Nation zerstörende Instabilität und eine für die Europäer schädliche Kriminalitätswelle mit sich bringt. Sie führt zu einem ethnischen und kulturellen Zusammenstoß, aber der Marxismus kennt keine Ethnizität oder Kultur.

Die Indoktrination besteht darauf, dass die irische Einwanderung in die USA in den 1840er Jahren genauso ist wie die Einwanderungswellen der letzten Jahre. Blödsinn! Die eine Situation hat nichts mit der anderen zu tun! Erstens sind die Iren, anders als die heutigen Migranten in den westlichen Ländern, nicht mit Hilfe marxistischer Sektenmitglieder und Organisationen in die USA ausgewandert, während man ihnen sagte, dass sie Opfer von Unterdrückung seien und ihnen nun etwas schuldig seien (wobei einige Migranten sich an den amerikanischen Ureinwohnern für die Unterdrückung Irlands rächen wollten!) Das Gleiche gilt für andere historische Migrationen dieser Art (z. B. anderer europäischer Gruppen nach Amerika).

Zweitens: Die Iren, die in die USA auswanderten, waren keine Muslime! Viele der Migranten, die jetzt nach Europa kommen, stammen hauptsächlich aus muslimischen Ländern. Wir haben es hier also mit zwei Ideologien zu tun, die für weiße Europäer eine schlechte Nachricht sind. Drittens ist es inzwischen (fast!) allgemein bekannt, dass die meisten Migranten, die nach Europa kommen, nicht aus Kriegsgebieten fliehen. Sie sind Wirtschaftsmigranten, die einen „besseren Lebensstandard" anstreben, was bedeutet, dass sie das

Wohlfahrtssystem nutzen (ein System, das die Sekte/Ideologie überhaupt erst geschaffen hat), sowie die Dienstleistungen und Annehmlichkeiten, die das Leben in einem westlichen Land bieten kann.

Irische Migranten in der Mitte des 19.th Jahrhunderts hatten keine derart attraktiven Anreize - die meisten ließen sich in den nordöstlichen Bundesstaaten Amerikas und in Kanada nieder. Sie wurden nicht in irischen Hotels untergebracht, erhielten keine Sozialhilfe oder die zahllosen anderen Unterstützungen, die heutige Migranten erhalten. Und schließlich erhielten sie diese Dinge nicht auf Kosten von Amerikanern, die dieselben Dinge brauchten!

Selbst wenn man nur diese wenigen Bereiche untersucht, wird die marxistische Täuschung offensichtlich. Und das ist nur ein Kratzen an der Oberfläche. Wie bereits erwähnt, ist dies der Grund, warum die Gleichheits-Gehirnwäsche die Menschen dumm macht - sie sind nicht in der Lage, zwischen einer Sache und einer anderen zu unterscheiden. Wenn eine Person ihr ganzes Leben damit verbringt, Individuen/Rassen/Kulturen durch die Linse der „Gleichheit" zu betrachten, dann wird sie nie in der Lage sein, die Unterschiede zwischen ihnen voll zu würdigen; alle Nuancen, ob gut oder schlecht.

Der irische Premierminister Leo Varadkar hat die oben genannte Technik/Rechtfertigung (für Masseneinwanderung) in einer Rede in Dublin nach einem Treffen mit der Präsidentin des Europäischen Parlaments Roberta Metsola verwendet. Anfang 2023 kam es in Irland zu einigen Unruhen. Dabei kam es zu mehreren migrationsfeindlichen Protesten gegen den Zustrom von Ukrainern, vor allem an der East Wall in Dublin. Zu diesen Ereignissen erklärte Varadkar: „Ich bin sehr besorgt über das Erstarken der Rechtsextremen und den zunehmenden Rassismus in Irland" und fügte hinzu: „Flüchtlinge sind hier willkommen". Er fuhr fort, dass es „nicht die irische Art" sei, gegen den Zustrom von Migranten zu sein, und verwies auf die irische Diaspora und die Migrationen der Vergangenheit. [12] Gutes globalistisches Hündchen. Man beachte „Flüchtlinge", um das offizielle Narrativ zu stützen; die meisten wissen, dass die Mehrheit Wirtschaftsmigranten sind.

Feminisierung unserer Nationen und weiblicher Aktivismus

Wir haben die übermäßig feminisierende Wirkung der Ideologie auf eine Gesellschaft festgestellt, wenn es darum geht, wie verschiedene Themen wahrgenommen werden. Sie arbeitet mit dem Prinzip Unterdrücker gegen Unterdrückte und führt schließlich zu pathologischem Altruismus: die Selbstzerstörung eines Volkes/einer Nation durch fehlgeleitete Versuche, anderen Gruppen/Ländern/Kontinenten zu „helfen". Eine allzu feminine Haltung gegenüber besonders schwerwiegenden Problemen (wie der

---

[12] EU Debates, „'Not the Irish way' Taoiseach Leo Varadkar concerned about the rise of the far right in Ireland", 4. Februar 23.
https://www.YouTube.com/watch?v=RpGCob69n4c

Masseneinwanderung) ist für eine Nation und ihre einheimische Bevölkerung tödlich. Aus nationalistischer Sicht ist es sogar selbstmörderisch.

Sehen Sie sich an, was aus dem vom Marxismus verwüsteten Schweden geworden ist. Der Einfluss indoktrinierter Frauen auf schwedische Angelegenheiten wurde während des Zustroms von Migranten deutlich. Die Migranten wurden an den Flughäfen von diesen Gruppen tugendhafter, lächelnder, gehirngewaschener Idioten begrüßt, die „Welcome Refugees!"- Karten hochhielten. Umarmungen und Küsse für völlig Fremde... wie verrückt und naiv! Das ist das Äquivalent dazu, dass man sich als Nation vor einem Raubtier auf den Bauch stellt. Kurzsichtiger, Nation tötender, überemotionaler Blödsinn. Ihr bettelt förmlich darum, von äußeren Kräften überrannt und erobert zu werden. Im Jahr 2014, als die (fabrizierte) Migranten-"Krise" in vollem Gange war, ermutigte der damalige schwedische Premierminister Fredrik Reinfeldt die Schweden, „ihre Herzen" für sie zu öffnen.[13] Marxismus = Liebe.

Solche Dinge haben in Ländern wie Norwegen, Deutschland und Schweden zu den Epidemien von Übergriffen und sexuellen Übergriffen beigetragen. Erstaunlich, dass Frauen in diesen Ländern - insbesondere Feministinnen - immer noch die Masseneinwanderung unterstützen, aber das ist Indoktrination für Sie. Frauenfeindliche Feministinnen. Die Statistiken über diese Vorfälle in Norwegen in den letzten Jahrzehnten zeigen, dass die überwiegende Mehrheit der Vergewaltigungen von „nichteuropäischen" Männern (d. h. Afrikanern oder Menschen aus dem Nahen Osten) an einheimischen Frauen begangen wird.[14] Ähnlich ist die Situation in Schweden.[15] Es ist vorhersehbar, dass diese frauenfeindlichen Verbrechen entweder von den marxistischen Verrätern in den Regierungen und den Medien aktiv vertuscht werden, oder sie werden versuchen, daraus ein feministisches Thema zu machen (d. h. dass es nichts mit der Einwanderung zu tun hat).

Darüber hinaus sind die meisten Migranten junge Männer im kampffähigen Alter. Viele von ihnen kommen aus muslimischen Kulturen, die diese nicht- muslimischen Frauen - die sie willkommen heißen - als Fleischstücke

---

[13] Lokales Schweden, „Reinfeldt ruft zu Toleranz gegenüber Flüchtlingen auf", 2014.

https://www.thelocal.se/20140816/reinfeldt-calls-for-tolerance-to-refugees

[14] Reijden, J., „Norwegen: 95% der gewalttätigen Straßenvergewaltigungen seit Anfang der 2000er Jahre von Afrikanern und Muslimen verübt und von den Behörden vertuscht", 4. September 2017. https://isgp-studies.com/immigration-the-rape-of-norway

[15] „Vergewaltigung in Schweden: Most convicted attackers foreign-born, says TV", 22. August 2018.

https://www.bbc.com/news/world-europe-45269764

betrachten, die sie sich nehmen können. Und sie haben sie sich genommen. Diese tugendhaften „Refugees Welcome"-Schilderträger nahmen fälschlicherweise an, sie würden als „gute Menschen" angesehen. Das ist eine schreckliche Annahme. Viele dieser Migranten haben uns inzwischen gezeigt, dass sie diese „Gastfreundschaft" nicht so zu schätzen wussten, wie die Naiven dachten.

Unabhängig davon, wie viele Frauen in diesen Ländern von Migranten angegriffen werden, werden uns die Sektenmitglieder weiterhin als Rassisten und Islamophobe bezeichnen, während sie die Migranten mit Transparenten oder Schildern und offenen Armen willkommen heißen. Dummes Verhalten, Beihilfe und Anstiftung. Selbst wenn diese Tugendwächter selbst (oder ihnen nahestehende Personen) Opfer dieser Verbrechen werden, werden sie aufgrund der Indoktrination nicht in der Lage sein, der Wahrheit ins Auge zu sehen. Einige dieser „Feministinnen" werden vielleicht schon bald nach ihrer Rückkehr vom Flughafen (wenn der Dopamin-Kick ihrer „guten Tat" nachlässt) ihre Diskussionen über die „Vergewaltigungskultur" und das „Patriarchat" fortsetzen, das ihnen von den bösen unterdrückerischen einheimischen Männern aufgezwungen wird; Männer, die im Allgemeinen derselben Rasse angehören wie sie!

Im Jahr 2018 sorgte die 22-jährige schwedische Studentin Elin Ersson in einem Flugzeug für Aufregung, weil ein verurteilter Krimineller afghanischer Herkunft abgeschoben werden sollte - ein weiteres Beispiel für indoktrinierten weiblichen Aktivismus. Sie hatte (offenbar) die Absicht, gegen die Abschiebung eines anderen Migranten zu protestieren, der jedoch in einem anderen Flugzeug saß. [16] Ein verblüffendes Beispiel dafür, wie die Gehirnwäsche Menschen zu Verrätern gegen ihr eigenes Land macht und die Abschiebung von Kriminellen verhindert!

Diese dumme Göre Ersson hätte physisch aus dem Flugzeug entfernt werden und lebenslanges Flughafenverbot erhalten müssen (es sei denn, sie würde öffentlich darauf verzichten, eine „Aktivistin" zu sein). Besser noch, man hätte sie betäuben und nach Afghanistan verbannen sollen, mit ihrem neuen kriminellen Freund als Gastgeber. Ersson, die einen sozialistischen Hintergrund hat, studierte zum Zeitpunkt ihrer glorreichen revolutionären Aktion Sozialarbeiterin.

Ablenkung von der eigenen Schuld

Obwohl die Sekte maßgeblich an der Entstehung und Aufrechterhaltung dieser „humanitären Krise" der Massenmigration beteiligt war und versucht hat, jegliche patriotische/nationalistische Gegenwehr zu unterdrücken, ist sie oft

---

[16] Crouch, D., „Swedish student fined for anti-deportation protest that went viral", Feb 2019. https://www.theguardian.com/world/2019/feb/18/swedish-student-elin-ersson-fined-after-broadcasting-plane-protest-against-asylum-seeker-deportation

mit dem Narrativ hausieren gegangen, dass es sich bei den Migranten hauptsächlich um „Flüchtlinge" aus Kriegsgebieten handelt (wobei sie oft der US-Außenpolitik die Schuld gibt). Im Grunde hat die Sekte/Ideologie die Situation, in der wir uns befinden, selbst geschaffen, versucht uns daran zu hindern, etwas dagegen zu tun, und schiebt dann die Schuld auf andere. Ich schärfe mein Schwert... Wir wissen jetzt, dass die überwiegende Mehrheit der Menschen Wirtschaftsmigranten sind und nicht Flüchtlinge, die vor einem Krieg fliehen. Und selbst wenn es stimmt, dass Millionen von Menschen aus Kriegsgebieten nach Europa fliehen, liegt es an den Ländern selbst, sie aufzunehmen. Es liegt auf der Hand, dass die EU-Mitgliedschaft es den Ländern praktisch unmöglich macht, ihre Grenzen zu schließen oder ein strenges Einreise-/Visasystem einzuführen.

Natürlich würde der Beitritt zu einem Gebilde wie der EU nicht nur nicht ohne eine marxistische Infektion erfolgen, sondern die EU würde gar nicht erst existieren! Außerdem hat die Außenpolitik der USA überhaupt nichts damit zu tun, dass die europäischen Länder ihre Grenzen selbst verwalten! Sie ist ein Sündenbock. Anders Borg, Mitglied der Sekte, war von 2006 bis 2014 schwedischer Finanzminister. Er sprach 2013 vor dem *Peterson Institute for International Economics* (PIIE) in Washington D.C. und sagte Folgendes über den Migrationszustrom: „Im Grunde genommen stellen die USA diese Ströme für uns bereit - Sie machen Krieg und wir bekommen die Flüchtlinge"; und fügte hinzu „und wir denken, dass dies im Grunde genommen ein Gewinn für die schwedische Gesellschaft ist".[17] Propagandatricks wie dieser sind sehr bedeutsam. Die wahrgenommenen Gründe für die Massenmigration sind von entscheidender Bedeutung für die Wahrnehmung in der Öffentlichkeit (in einem bestimmten westlichen Land). Wenn der wahrgenommene Grund falsch ist, bleibt die Wahrheit verborgen; und in diesem Szenario entzieht sich die Sekte/Ideologie der Hauptlast der Schuld.

Kritisch anzumerken ist, dass der Kult, der die Massenmigration auf das Schreckgespenst „US-Imperialismus" schiebt, dazu beiträgt, (einen Teil) der Öffentlichkeit davon zu überzeugen, dass sie keine Kontrolle über die Situation hat; dass es sich um eine externe Kraft oder einen externen Faktor handelt, was in diesem Fall einfach nicht stimmt! Es ist eine Form der Demoralisierung. Es ist nur ein weiteres marxistisches Ablenkungsmanöver, um die Tatsache zu verbergen, dass die Sekte/Ideologie hier der wahre Schuldige ist. Sie zerstört Europa, und zwar durch die gehirngewaschenen Sektenmitglieder, die ihr auf dem ganzen Kontinent dienen. Der Schlüssel zur Eindämmung jeglicher destruktiver Einwanderung ist natürlich die Kontrolle der Grenzen eines Landes. Wie bereits erwähnt, hängt es vom Grad der ideologischen

---

[17] „Schwedischer Minister in den USA: „Ihr macht Krieg, wir kriegen die Flüchtlinge!" - It's a Win-Win", 12. November 2013.
https://www.YouTube.com/watch?v=zU0_6yPVCPQ

Verseuchung des Landes ab, ob diese Maßnahme ergriffen wird oder nicht. Und das ist etwas, das kontrolliert werden kann.

Irische Proteste gegen Einwanderung

In den Jahren 2022/23 gab es mehrere Proteste gegen Masseneinwanderung in Migrantenzentren in ganz Irland. Am 18. Februar 2023 veranstalteten Sektenmitglieder in Dublin eine Gegenkundgebung unter dem Motto „Irland für alle". Die Demonstranten trugen rote Schilder mit den Aufschriften „Smash Racism" und „Everyone is welcome".

In einem Artikel auf der Website von *Common Dreams* heißt es: „Die Kundgebung wurde von der Rechtskoalition Le Cheile organisiert, zusammen mit Gruppen wie United Against Racism, National Women's Council of Ireland, dem Irish Congress of Trade Unions und der Union of Students Ireland".[18]

Im irischen Gälisch bedeutet „Le Cheile" „zusammen" (auch Solidarität); ein weiteres Beispiel für die Sekte/Ideologie, die Respekt vor der irischen Kultur vortäuscht. Beachten Sie auch die verschiedenen infizierten Gruppen - eine „Anti-Rassismus"-Gruppe, eine feministische Gruppe, eine Gewerkschaftsgruppe und die größte Studentengewerkschaftsorganisation des Landes.

Das prominente irische Sektenmitglied und *People Before Profit-Solidarity* TD Paul Murphy twitterte über den Marsch: „Was für eine kraftvolle Antwort auf die Versuche, Spaltung und Hass zu verbreiten. Es gibt genug Ressourcen in diesem Land, damit jeder ein anständiges Zuhause, Arbeit und Dienstleistungen haben kann und Flüchtlinge willkommen sind. Wir müssen uns gegen diejenigen zusammentun, die diesen Reichtum horten". Das soll die Lösung sein? Warum haben Sie das nicht gleich gesagt?! Es ist an der Zeit, sich gegen die Bourgeoisie aufzulehnen! Nehmt alle Hämmer und Sicheln, die ihr finden könnt!

Im selben Monat führte die *Irish Times* eine Meinungsumfrage durch, bei der (anscheinend) 1.200 Erwachsene über einen Zeitraum von zwei Tagen befragt wurden. In dem zusammenfassenden Artikel hieß es, die Umfrage zeige „ein starkes Interesse daran, Flüchtlingen und Asylbewerbern zu helfen und sie zu schützen, aber auch die Besorgnis darüber, ob Irland in der Lage ist, die große Zahl der in den letzten zwölf Monaten angekommenen Menschen zu bewältigen. Neben mehr als 70.000 Flüchtlingen aus dem Krieg in der Ukraine kamen im letzten Jahr über 13.000 Menschen aus anderen Ländern, die hier

---

[18] Conley, J. „'Irland für alle': Zehntausende marschieren in Dublin zur Unterstützung von Flüchtlingen", 18. Februar 2023. https://www.commondreams.org/news/ireland-refugees-march

nach internationalem Recht Asyl beantragen, an".[19]

Gäbe es die Sekte und das von ihr geschaffene Klima der sozialen Angst nicht, würden sich mehr normale Iren öffentlich gegen die Masseneinwanderung aussprechen.

Beihilfe, Anstiftung, Masseneinwanderung und Straftaten von Migranten

Natürlich ist die Gewalt von Migranten gegen (hauptsächlich weiße) Menschen aus dem Westen für die Sekte/Ideologie von großem Nutzen - sie demoralisiert, destabilisiert, erzeugt ständige Konflikte und schürt darüber hinaus rassistische Spannungen, was der Sekte/Ideologie weiter in die Hände spielt. In ihrem edlen Bestreben, das schrecklichste, kriminelle Verhalten des Rassismus um jeden Preis zu stoppen (Sarkasmus), hat die Sekte eine unerbittliche Entschlossenheit gezeigt, von Migranten begangene Verbrechen zu unterdrücken. Obwohl es sich um ein globales Problem handelt, hier einige eurozentrische Beispiele:

Irland

In der Nacht zum Samstag, dem 6. Juni 2020, kam es in Carrigaline, Grafschaft Cork, zu einem brutalen Überfall. Ein 17-jähriger Ire wurde von einer Bande schwarzer Jugendlicher angegriffen und erstochen, als er auf dem Boden lag. Der Vorfall wurde von diesen Tieren gefilmt und gelangte über Snapchat in die sozialen Medien. In dem verstörenden Video kann man deutlich die psychotische Einstellung der Täter hören, die vom Anblick des Blutes fasziniert zu sein scheinen. Sie genossen, was sie taten.

Detective Garda Healy, der mit dem Fall befasst war, sagte, das Opfer sei „von einem Jugendlichen um 2 € für einen Bus gebeten worden. Als er sich weigerte, wurde er zu Boden gestoßen und getreten. Der Angeklagte sprach dann mit dem ersten Jugendlichen, der an dem Übergriff beteiligt war. Er ging zu dem am Boden liegenden Geschädigten hinüber und schlug ihm eine 70-cl-Wodkaflasche auf den Kopf. Anschließend hob er den abgebrochenen Flaschenhals auf und stach sechsmal auf ihn ein".[20]

Vorhersehbarerweise versuchten die Sektenmitglieder in Irland - einschließlich eines örtlichen TD der Sinn-Fein-Partei und ihrer Verbündeten in den verräterischen irischen Medien -, jede weitere Empörung zu unterdrücken. Diese Typen behaupteten, dass die Veröffentlichung des Videos von dem

---

[19] Leahy, P., „Umfrage der Irish Times: Mehrheit der Wähler unterstützt Verbot von Protesten in Flüchtlingszentren", 23. Februar 2023. https://www.irishtimes.com/ireland/social-affairs/2023/02/23/irish-times-poll-majority-of-voters-support-ban-on-protests-at-refugee-centres/

[20] „Video: Irish Teenager stabbed over Two Euro Bus Fare by Gang of Teens", 8. Juni 2020. https://nationalfile.com/video-irish-teenager-stabbed-over-two-euro-bus-fare-by-gang-of-teens/

Überfall das Opfer und seine Familie weiter verärgern würde. Verrückter Verräterabschaum. Als eine GoFundMe-Seite eingerichtet wurde, um Geld für den Teenager zu sammeln, gelang es den Sektenmitgliedern, Druck auf das Unternehmen auszuüben, damit es die Seite schließt.

PJ Coogan von Cork's *96FM* erklärte: „Und auch gestern wurde eine Gofundme-Aktion gestartet, die angeblich für das Opfer eingerichtet wurde. In Wirklichkeit hatte das nichts mit dem Opfer zu tun. Sie wurde von einer rechtsextremen Gruppe als Tarnung eingerichtet, und nach einer kleinen Untersuchung wurde sie wieder entfernt. Am 21. Dezember desselben Jahres berichtete der Irish Examiner, dass einer der beteiligten Jugendlichen zu 18 Monaten Gefängnis verurteilt wurde (zwei Jahre und sechs Monate Haft, davon ein Jahr auf Bewährung).[21] Ein erbärmliches Urteil. Die Strafe für einen Soziopathen - egal welchen Alters -, der versucht, jemanden für mehr als zwei Euro zu töten, sollte eine öffentliche Hinrichtung mit anschließender Einäscherung sein.

Messerstechereien und Unruhen

Im September 2023 wurde berichtet, dass ein Angolaner am Flughafen Dublin wahllos einen anderen Mann angegriffen hat. Kasonga Mbuyi, 51, stach mit einem Taschenmesser auf einen deutschen Touristen ein, der allein vor der Abflughalle eine Zigarette rauchte. Gript-Medien berichteten, dass der Migrant möglicherweise wütend über die Höhe seiner Sozialleistungen war.[22] Einem Gericht zufolge war der Angriff „ein Schrei nach Hilfe". Die Irish Times berichtete, dass er seit 2014 die irische Staatsbürgerschaft besaß.[23]

Am 23. November 2023 kam es am helllichten Tag zu einem gewalttätigen Zwischenfall vor einer Grundschule im Stadtzentrum von Dublin. Drei Kinder und ein Erwachsener wurden niedergestochen und verletzt, wobei sich ein Fünfjähriger in einem kritischen Zustand befand. Bei dem Angreifer handelte es sich um einen erwachsenen Mann algerischer Abstammung, der dann überwältigt und entwaffnet wurde.

Am selben Abend kam es in Dublin zu Ausschreitungen mit zahlreichen Sachbeschädigungen und Angriffen auf die Polizei. Die Medien und der Staat

---

[21] Heylin, L., „Video 'added another layer of hurt' - Teenager für Messerstecherei in Carrigaline im Gefängnis", Dec 2020.
https://www.irishexaminer.com/news/courtandcrime/arid-40194798.html

[22] De Barra, M., „Messerstecherei am Flughafen Dublin: Verdächtiger afrikanischer Migrant war möglicherweise wütend über Streit um Sozialleistungen". 18. September 2023. https://gript.ie/dublin-airport-stabbing-african-migrant-suspect-may-have-been-angry-over-welfare-dispute/

[23] Tuite, T., „Random knife attack at Dublin Airport was 'cry for help', court told", 23. September 2023. https://www.irishtimes.com/crime-law/courts/2023/09/23/random-knife-attack-at-dublin-airport-was-cry-for-help-court-told/

schalteten sich ein und machten die „Rechtsextremen" für die Unruhen verantwortlich.[24] In einer Erklärung vor dem Hauptquartier der Garda (Polizei) erklärte der Garda Commissioner Drew Harris: „Wir haben es mit einer völlig verrückten Hooligan-Gruppierung zu tun, die von einer rechtsextremen Ideologie angetrieben wird und schwere Gewalttaten verübt".[25]

Sie haben auch etwas Schadensbegrenzung betrieben. Die verräterischen irischen Medien feierten einen brasilianischen Migranten, der dabei half, den Angreifer außer Gefecht zu setzen, als Helden, was ziemlich erbärmlich ist. Sie suggerierten damit: „Seht ihr, auch Migranten können gute Menschen sein". Gäbe es den Kult/die Ideologie nicht, würden solche Vorfälle gar nicht erst passieren.

In einer Erklärung am Freitag, den 24. November, spielte Genosse Leo Varadkar auf neue Gesetze gegen „Hassreden" an: „Ich denke, es ist jetzt für jeden offensichtlich... dass unsere Gesetzgebung zur Aufstachelung zum Hass einfach nicht auf dem neuesten Stand ist... für das Zeitalter der sozialen Medien, und wir brauchen diese Gesetzgebung... in wenigen Wochen, denn es sind nicht nur die Plattformen, die hier eine Verantwortung haben, sondern auch die Individuen, die Nachrichten und Bilder online stellen, die Hass und Gewalt schüren. Wir müssen in der Lage sein, mit Hilfe von Gesetzen auch gegen diese Personen vorzugehen".[26]

Bei dem Gesetz, das im November 2022 eingeführt wird, handelt es sich um den Criminal Justice (Incitement to Violence or Hatred and Hate Offences) Bill 2022. Nach diesem Gesetz ist es strafbar, Material zu teilen oder zu speichern, das vom Staat als „Hass" oder Anstiftung zur Gewalt angesehen wird. Es erlaubt der Polizei auch, Wohnungen zu durchsuchen und Gegenstände zu beschlagnahmen, auf denen solches Material gespeichert sein könnte, und zwingt diese „Kriminellen", Passwörter für sie anzugeben usw.[27] Verräterischer Abschaum. Zum Zeitpunkt der Redaktion (Dezember 2023) ist das Gesetz fast durch das irische Parlament gegangen.

---

[24] Fletcher, L., „Gardaí bei gewalttätigen Unruhen nach Messerstecherei angegriffen", 24. November 2023.
https://www.rte.ie/news/dublin/2023/1123/1418216-protests/

[25] GB News, „'Es gibt hier kein Versagen': Garda Commissioner, Drew Harris, spricht über die Unruhen in Dublin", 24. November 2023.
https://www.YouTube.com/watch?v=rFlNHcweOOs

[26] Sky News, „Dublin stabbings 'horrifying act of violence', says Taoiseach Leo Varadkar", 24. November 2023. https://www.YouTube.com/watch?v=5Be6DoUL0y8

[27] Gesetzentwurf zur Strafjustiz (Aufstachelung zu Gewalt oder Hass und Hassdelikte) 2022.
https://data.oireachtas.ie/ie/oireachtas/bill/2022/105/eng/ver_b/b105b22d.pdf

Einige meinten, dass die ganze Situation geplant war. Ob die Unruhen vom Staat gefördert oder irgendwie inszeniert wurden (das Gleiche gilt für die Messerstecherei), oder ob sie eine echte Reaktion auf die jüngsten Verbrechen von Migranten waren, ist nebensächlich - beides würde ohne die Sekte/Ideologie, die die Angelegenheiten des Landes lenkt, nicht stattfinden. Ein ideologisch verseuchtes Land bedeutet einen Staat, der sich aus gehirngewaschenen Sprachrohren zusammensetzt, die das Chaos, das sie anrichten, entweder gar nicht wahrnehmen oder denen es gleichgültig ist.

Die irische Unzufriedenheit über den Zustrom von Migranten

Die Wahrheit, die unter der Oberfläche brodelt, ist natürlich, dass die irische Öffentlichkeit beginnt, sich gegen die Massenmigrations-Subagenda der irischen Regierung (und damit der Europäischen Union) zu wehren. In einem Interview mit *GB News* am 3. Dezember 2023 kommentierte der irische Journalist David Quinn die Ereignisse in Dublin und gab eine faire Analyse.[28]

Der Moderator Andrew Doyle fragte ihn, ob es in der irischen Öffentlichkeit Unzufriedenheit mit diesem Thema gebe. Quinn wies darauf hin, dass das Bevölkerungswachstum in Irland (aufgrund der Einwanderung) fast das höchste in Europa sei, und sagte: „Das ist ein noch nie dagewesenes Ausmaß an Veränderung in einem kleinen Land in kurzer Zeit". Er fügte hinzu, dass dies tendenziell Druck auf den Staat ausübe (Mangel an Dienstleistungen, Wohnraum usw.), und dass Menschen in „benachteiligten Gebieten" diese Auswirkungen stärker zu spüren bekämen: „Für jemanden wie mich aus einer Mittelklassegegend ist es leicht, die Menschen in benachteiligten Gebieten über ihre Einstellung zur Einwanderung zu belehren, aber ich lebe nicht mit Multikulturalismus, ich lebe nicht mit Multiethnizität, ich lebe nicht mit einem hohen Maß an Einwanderung, aber die Menschen in diesen anderen benachteiligten Gebieten tun das in der Regel... und im Grunde ist es ihnen nicht erlaubt, eine Meinung dazu zu haben... denn wenn man irgendeine Besorgnis äußert, wird man des Hasses beschuldigt... und des Rassismus, und das frustriert die Menschen".

Der Tod von Ashling Murphy

Am 12. Januar 2022 wurde die 23-jährige Irin Ashling Murphy neben dem Grand Canal in Tullamore, Grafschaft Offaly, ermordet. Der Mörder (der im November 2023 zu lebenslanger Haft verurteilt wurde) war der damals 31-jährige Jozef Puska, ein Slowake mit rumänischer Herkunft. Der Mord wurde zu einem internationalen Ereignis der Trauer, und es schien, als würden alle, einschließlich des irischen Premierministers und des irischen Präsidenten, Erklärungen dazu abgeben. Überall auf der Welt wurden Mahnwachen

---

[28] GB News, „David Quinn spricht über die Unruhen in Dublin und die Schuldzuweisung der politischen Klasse Irlands an Conor McGregor", 3. Dezember 2023. https://www.YouTube.com/watch?v=MSjUwfRG4fc

abgehalten.[29]

Sektenmitglieder in Irland nutzten Murphys Tod für ihre eigenen ruchlosen Zwecke und versuchten, den Vorfall zu einem feministischen Thema zu machen. Im Wesentlichen wurde der Mord kaltschnäuzig dazu benutzt, die Schuld von dem durch die Sekte und die Regierungspolitik verursachten Zustrom von Migranten abzulenken. Die bizarren internationalen Mahnwachen erinnerten an die Taktik der Sekte nach dem Tod von George Floyd; sie fanden in Großbritannien, Australien, Kanada und den USA statt. Es wurde zu einem Floyd-ähnlichen Ereignis, nur mit dem Unterschied, dass es dazu benutzt wurde, die immer beliebter werdende feministische Subagenda zu fördern und nicht die BLM.

In einer Erklärung vom 13. Januar 2022 sagte der damalige Taoiseach und passionierte Superverräter Michael Martin: „In unserer Gesellschaft gibt es keinen Platz für Gewalt, insbesondere nicht für Gewalt gegen Frauen. Sie kann und wird nicht toleriert werden... Die Sicherheit und der Schutz von Frauen ist der Kern der Werte unserer Gesellschaft.[30] Verlogener Schlangenbastard.

Am 14. Januar, nur zwei Tage nach dem Vorfall, trat er im irischen Fernsehen in der *Late Late Show auf*: „... Männer wollen Teil der Lösung sein... Männer müssen den Frauen mehr zuhören... Ich denke, Männer wollen sich hier engagieren und sicherstellen, dass wir eine andere Art von Gesellschaft schaffen können... in der sich die Menschen sicher fühlen, in der wir die Kultur verändern können, die schlechtes Verhalten und Gewalt gegen Frauen begünstigt".[31] Was für ein völliger Unsinn! Ihr Tod hat nicht das Geringste mit dem durchschnittlichen, alltäglichen irischen Mann oder der irischen Kultur zu tun! Verabscheuungswürdig!

Der irische Präsident Michael „Last of the Leprachauns" D. Higgins ist ein weiteres prominentes irisches Sektenmitglied und Fan des verstorbenen kubanischen Kommunisten-Diktators Fidel Castro. In einer Erklärung am Freitag, den 14. Januar 2022, sagte er, es sei von „entscheidender Bedeutung, dass wir diese Gelegenheit nutzen, um darüber nachzudenken, was getan

---

[29] Moloney und Feehan, „Gedenken an Ashling Murphy: Einzelheiten zu Schweigeminuten und Mahnwachen in ganz Australien", 14. Januar 2022. https://www.independent.ie/irish-news/remembering-ashling-murphy-details-of-minutes-silence-and-vigils-nationwide-as-events-take-place-as-far-away-as-australia/41239338.html

[30] „Erklärung von Taoiseach Micheál Martin zum Tod von Ashling Murphy", Januar 2022. https://www.gov.ie/en/press-release/8979d-statement-by-taoiseach-micheal-martin-on-the-death-of-ashling-murphy/

[31] The Late Late Show, „An Taoiseach Micheál Martin on the murder of Ashling Murphy | The Late Late Show | RTÉ One", 15. Januar 2022. https://www.YouTube.com/watch?v=SA3W3wrQKl0

werden muss, um Gewalt gegen Frauen in all ihren Aspekten aus unserer Gesellschaft zu eliminieren, und wie diese Arbeit weder aufgeschoben noch zu früh begonnen werden kann... Lassen Sie uns auf diesen Moment von Ashlings Tod reagieren, indem wir uns verpflichten, eine gütigere, mitfühlendere und empathischere Gesellschaft für alle zu schaffen, eine Gesellschaft, die danach strebt, alle Bedrohungen von Gewalt gegen irgendeinen unserer Bürger zu beseitigen, und die sich insbesondere dazu verpflichtet, der Gewalt gegen Frauen in all ihren Formen im In- und Ausland ein Ende zu setzen".[32] Mehr Indoktrination und Schwachsinn.

Die Genossin Michelle O' Neill, stellvertretende Vorsitzende der ultra-marxistischen pseudopatriotischen Sinn Fein Partei, sprach auf einer Mahnwache für Murphy vor dem Parlamentsgebäude in Stormont, Belfast.

Sie erklärte: „Häusliche, sexuelle und geschlechtsspezifische Gewalt ist eine Epidemie", und „wir müssen einen durchsetzbaren Null-Toleranz-Ansatz gegenüber Frauenfeindlichkeit und Sexismus entwickeln".[33] Ein absolut ekelhafter Opportunismus, der aus dem Tod einer jungen Frau ideologisch Kapital schlägt! Ein „durchsetzbarer Null-Toleranz-Ansatz gegenüber Frauenfeindlichkeit und Sexismus"? Sie können sich vorstellen, wie schlimm es in Irland werden würde, wenn diese durchgeknallten Fanatiker an der Macht wären.

Ein weiteres irisches Kultmitglied ist die Medienpersönlichkeit Muireann O' Connell. In der Fernsehsendung *Ireland AM* sagte sie am Tag nach dem Mord: „Gewalt gegen Frauen durch Männer ist eine Pandemie..." und fügte hinzu: „Wir müssen etwas tun, um die Jungen und Männer in unserer Gesellschaft zu unterrichten".[34] Amüsant. Kein Kommentar nötig.

Sie tun es auch jetzt noch, fast zwei Jahre später. Ein „Nachrichten"-Beitrag von RTE News im November 2023 berichtete erneut über den Mord, als feministische Propagandaaufstockung.[35] Indem sie den Vorfall zu einem feministischen Thema machten, schufen die Sektenmitglieder Misstrauen (und

---

[32] „Erklärung von Präsident Michael D. Higgins zum Tod von Ashling Murphy", 14. Januar 2022.https://president.ie/en/media-library/news-releases/statement-by-president-michael-d-higgins-on-the-death-of-ashling-murphy

[33] „ 'Ein Angriff auf alle Frauen': Politiker aus dem Norden halten Mahnwache für Ashling Murphy", 17. Januar 2022. https://www.irishtimes.com/news/crime-and-law/an-attack-on-all-women-north-s-politicians-hold-vigil-for-ashling-murphy-1.4778873

[34] Virgin Media Television, „'Gewalt gegen Frauen, die von Männern verübt wird, ist eine Pandemie' - Muireann O'Connell", 13. Januar 2022. https://www.YouTube.com/watch?v=nG8n3fe0ynM

[35] RTE News, „Freund Ryan Casey erinnert sich an 'lebhafte, intelligente' Ashling Murphy", 10. November 2023. https://www.YouTube.com/watch?v=WSZpPsXsLjQ

Hass) gegenüber Männern als Kollektiv in Irland (in den Köpfen der Menschen, die den Vorfall nicht als das sahen, was er wirklich war - ein Migrationsproblem).

Ryans Aussage über die Auswirkungen auf das Opfer

Ryan Casey, der Freund von Ashling Murphy, gab vor der Verurteilung des Mörders vor dem Central Criminal Court in Dublin eine Erklärung zu den Auswirkungen auf das Opfer ab. [36] Er sprach viel über seine wunderbare Beziehung zu Aishling, aber als er die Fäuste fliegen ließ, sprach er davon, dass Puska eine „Last für die Gesellschaft" sei, „das Niedrigste vom Niedrigen". Er sprach auch über den (roten) Elefanten im Raum: „Es kotzt mich einfach an, dass jemand in dieses Land kommen kann, der seit über 10 Jahren volle Unterstützung in Form von Sozialwohnungen, Sozialhilfe und kostenloser medizinischer Versorgung erhält... nie einen legalen Job hat und nie in irgendeiner Form einen Beitrag zur Gesellschaft geleistet hat [und] eine so schreckliche, böse Tat von unbegreiflicher Gewalt begehen kann".

Er fügte hinzu: „Ich habe das Gefühl, dass dieses Land nicht mehr das Land ist, in dem Ashling und ich aufgewachsen sind, und dass es offiziell seine Unschuld verloren hat, wenn ein Verbrechen dieses Ausmaßes am helllichten Tag verübt werden kann. Dieses Land muss aufwachen; dieses Mal müssen sich die Dinge ändern, dieses Land ist einfach nicht mehr sicher. Wenn sich dieses Mal nichts ändert, wenn die Sicherheit der Menschen in diesem Land weiterhin ignoriert wird, dann fürchte ich, dass unser Land einen sehr gefährlichen Weg einschlägt, und Sie können sicher sein, dass wir nicht die letzte Familie sein werden, die sich in dieser Lage befindet". Er zollte ihr auf die beste Art und Weise Tribut, indem er die Wahrheit sagte.

Seine antimarxistischen Äußerungen wurden von den irischen Sektenmitgliedern als beleidigend empfunden und von den Medien nicht gerade hervorgehoben. Offensichtlich spielte er auf den Zustrom von Migranten und den Wohlfahrtsstaat an - zwei Dinge, die oft zusammengehören und im Mittelpunkt der Pläne der Sekte zur Umgestaltung der europäischen Länder stehen. Am Donnerstag, den 30. November 2023, trat das Sektenmitglied und Irish Times-Journalistin Kitty Holland in der Sendung *The View* (BBC TV, UK) auf.

Sie erklärte, Caseys Erklärung enthalte „Aufstachelung zum Hass", und versuchte, die Zensur durch die MSM zu rechtfertigen, bevor sie hinzufügte:

---

[36] „Mord an Ashling Murphy: Boyfriend Ryan Casey's Victim Impact Statement in Full", Nov 2023. https://www.newstalk.com/news/ashling-murphy-murder-boyfriend-ryan-caseys-victim-impact-statement-in-full-1615521

„Die Rasse und Nationalität des Mannes (Puska)... ist irrelevant".[37] Dies ist nicht korrekt. Außerdem würde nur ein Sektenmitglied, das glaubt, dass alle Menschen (oder Männer) gleich sind, unabhängig von diesen Faktoren, so etwas sagen.

Diese ganze Situation ist ein weiteres Beispiel dafür, dass die Sekte/Ideologie wirklich kein echtes „Mitgefühl" hat (nicht einmal für eine ermordete Frau oder ihren Freund), da das Wichtigste in diesem Fall ist, dass die Ideologie (und ihre Unteragenda der Masseneinwanderung) nicht öffentlich kritisiert wird. Im Wesentlichen muss die Wahrheit unterdrückt werden, wenn sie sich dem Marxismus widersetzt bzw. ihn entlarvt; deshalb haben die oben genannten Mitglieder der Verrätersekte versucht, den Mord als ein feministisches Problem darzustellen. Ein Artikel vom 11. November 2023 auf der Website *Extra.ie* mit dem Titel „Puska war ein verurteilter Sexualstraftäter und 'Person von Interesse' bei zwei anderen Übergriffen auf Frauen" lenkte die Aufmerksamkeit auf Puskas Vergangenheit, bevor er nach Irland kam.[38]

Lösung

Die unmittelbare Lösung für Migranten, die Einheimische in ihren Gastländern angreifen oder ermorden, ist die sofortige dauerhafte Verbannung oder die Verhängung der Todesstrafe. Wenn man es mit gewalttätigem, degeneriertem Abschaum wie den oben genannten zu tun hat, muss man eine deutliche Botschaft aussenden. Das würde diese Angriffe zumindest so lange eindämmen, bis die Masseneinwanderung gestoppt ist und Abschiebungen stattfinden. Viel Glück bei dem Versuch, eine solch rasche Justiz durchzusetzen, solange die Sekte den Staat noch im Griff hat!

Jedes Opfer der Ideologie - einschließlich der Masseneinwanderung - wird von der Sekte als eine Art Märtyrer betrachtet. Ich bin sicher, dass viele von ihnen tief im Inneren den „Trauerprozess" um den Tod von Aishling Murphy (und George Floyd usw.) genossen haben. Da der Zweck die Mittel heiligt, ist jeder Tod ein weiterer Schritt in Richtung Utopie. Je weiter die Sekte ungehindert voranschreitet, desto häufiger und grausamer werden Angriffe und Morde wie die oben genannten.

Im Jahr 2022 berichteten die irischen Medien über einen Amoklauf, diesmal in der nordwestlichen Grafschaft Sligo. Ein irakischer muslimischer Migrant namens Yousef Palani ermordete zwei irische Männer und griff einen dritten an. Er „machte die Männer über eine LGBT-Dating-App ausfindig, bevor er

---

[37] Gript Media, „Kitty Holland: Ashling Murphy's boyfriend expressed „incitement to hatred", 30 November 2023 (aus BBC's the View am 30/11/2023). https://www.YouTube.com/watch?v=PnucUQTy-SA

[38] MacNamee, G., „Puska war ein verurteilter Sexualstraftäter und 'Person von Interesse' bei zwei weiteren Übergriffen auf Frauen", 11. November 2023. https://extra.ie/2023/11/11/news/puska-record

sie in ihren Wohnungen erstach und ihre Körper verstümmelte". Einem seiner Opfer schlug er den Kopf ab und ließ ihn auf dem Bett liegen. Palani bekannte sich des zweifachen Mordes schuldig und wurde zu einer „lebenslangen Haftstrafe" verurteilt. [39]

Auch hier versuchten die verräterischen irischen Medien, den Vorfall lediglich als „homophobes" Problem darzustellen und nicht als Problem der Masseneinwanderung und des Islams (das Gericht hörte, dass Palani der Polizei sagte, der Islam verbiete Homosexualität). Wo sind all die LGBTQ-Märsche und -Organisationen, die Maßnahmen in Bezug auf die Einwanderung fordern, damit sich so etwas nicht wiederholen kann?

Schweden

Das tragische Schweden hat aufgrund einer hohen Infektionsrate einen Zusammenbruch von Recht und Ordnung erlebt. Das Land hat einen massiven Anstieg der Gewaltkriminalität und der sozialen Unruhen im Allgemeinen zu verzeichnen, und es gibt mehrere polizeiliche Sperrzonen.

Schon viel früher wurden diese glorreichen revolutionären Veränderungen von einem leitenden Polizeibeamten im Frühjahr 2017 hervorgehoben. Peter Springare, ein 47-jähriger Veteran, beschrieb in einem Facebook-Post die Polizeiaktivitäten einer Woche in der kleinen Stadt Orebro: „Hier ist, was ich diese Woche von Montag bis Freitag bearbeitet habe: Vergewaltigung, Vergewaltigung, Raub, schwere Körperverletzung, Vergewaltigung - Körperverletzung und Vergewaltigung, Erpressung, Erpressung, Körperverletzung, Gewalt gegen die Polizei, Drohungen gegen die Polizei, Drogenkriminalität, Drogen, Verbrechen, Verbrechen, versuchter Mord, wieder Vergewaltigung, wieder Erpressung und Misshandlung „. Er fügte hinzu, dass es sich bei fast allen Verdächtigen um afrikanische und nahöstliche Migranten handelt: „Die mutmaßlichen Täter; Ali Mohammed, Mahmod, Mohammed, Mohammed Ali, wieder, wieder, wieder, Christopher... Mohammed, Mahmod Ali, wieder und wieder" (Christopher war der einzige Schwede). Er zählte die vertretenen Länder auf: „Irak, Irak, Türkei, Syrien, Afghanistan, Somalia, Somalia, wieder Syrien, Somalia, unbekannt, unbekanntes Land, Schweden. Bei der Hälfte der Verdächtigen können wir uns nicht sicher sein, weil sie keine gültigen Papiere haben. Was an sich schon bedeutet, dass sie in Bezug auf ihre Nationalität und Identität lügen".[40] Orebro

---

[39] Galagher und O' Riordan, „Yousef Palani für Mord an Aidan Moffitt und Michael Snee in Sligo zu lebenslanger Haft verurteilt", 23. Oktober 2023.

https://www.irishtimes.com/crime-law/courts/2023/10/23/double-murderer-yousef-palani-jailed-for-life-for-attacks-on-gay-men-spurred-by-hostility-and-prejudice/

[40] Newman, A., „Swedish Police: Government Covering Up Huge Migrant Crime Spree", 22 Feb 2017. https://thenewamerican.com/swedish-police-government-covering-up-huge-migrant-crime-spree/ ; https://en.wikipedia.org/wiki/Orebro

war einst eine relativ ruhige schwedische Stadt mit etwa 129.000 Einwohnern.

Die Stadt Malmö, gleich gegenüber von Kopenhagen, Dänemark, ist heute ein berüchtigtes multikulturelles Drecksloch. Im Januar 2017 veröffentlichte der Polizeichef Stefan Sinteus einen offenen Brief, in dem er um Hilfe bei der Bewältigung der Kriminalitätswelle bat: „Ich kann Ihnen versichern, dass die Polizei in Malmö alles tut, was wir können, um mutmaßliche Täter zur Rechenschaft zu ziehen. Aber wir können das nicht allein tun. Wir sind auf Sie und Ihre Zeugenaussagen angewiesen, um diese Gewaltverbrechen aufzuklären. Deshalb appelliere ich jetzt an Sie: Helfen Sie uns". Er fügte hinzu: „Die Polizei in Malmö ermittelt derzeit in 11 Mordfällen und 80 Mordversuchen. Hinzu kommen weitere Gewaltverbrechen, Schläge, Vergewaltigungen, Diebstähle und Betrügereien". Im Jahr 2016 wurden offenbar auch 52 Granatenanschläge gemeldet. Die Einwohnerzahl von Malmö betrug im Jahr 2022 etwa 357.377.[41]

Im August 2018 berichtete die Daily Mail über Zahlen, die in einer Dokumentation des öffentlich-rechtlichen schwedischen Senders *SVT* gezeigt wurden: „Mehr als die Hälfte der Personen, die im vergangenen Jahr in Schweden wegen Vergewaltigung oder versuchter Vergewaltigung verurteilt wurden, wurden in einem anderen Land geboren, wie neue Statistiken zeigen. In Fällen von Vergewaltigung, in denen das Opfer angegriffen wurde und seinen Angreifer oder seine Angreifer nicht kannte, steigt die Zahl auf 85 Prozent an. Vier von zehn waren seit weniger als einem Jahr in Schweden"; und: „Die Ergebnisse zeigten, dass in den Fällen, in denen das Opfer den Täter nicht kannte, 97 von 129 Verurteilten außerhalb Europas geboren waren. Die zusammengetragenen Zahlen, die sich auf den Zeitraum 2013-2018 beziehen, basieren auf Verurteilungen wegen Vergewaltigung und versuchter Vergewaltigung durch die Bezirksgerichte in ganz Schweden.[42]

Im Oktober 2016 ereignete sich ein bemerkenswerter Vorfall in der Stadt Visby auf Gotland, einer Insel südöstlich von Stockholm in der Ostsee. Eine behinderte Frau wurde von Migranten gruppenvergewaltigt, was die Einheimischen erzürnte. Nachdem die Verdächtigen freigelassen worden waren, „griffen" Demonstranten ein Flüchtlingszentrum an. Weitere Proteste veranlassten die Behörden, zusätzliche Polizeikräfte in die Stadt zu entsenden. Die Schwedendemokraten, *eine* einwanderungsfeindliche Partei,

---

[41] „Schwedische Polizei von muslimischer Gewalt überwältigt", 28. Januar 2017.

https://www.eutimes.net/2017/01/swedish-police-overwhelmed-by-muslim-violence/

[42] Thompson, P., „Eight out of 10 'stranger' rapes in Sweden are carried out by migrants, with more than half of all rape convictions to foreigners, study reveals", 24 August 2018.

https://www.dailymail.co.uk/news/article-6095121/Eight-10-stranger-rapes-Sweden-carried-migrants-study-reveals.html veranstalteten kurz darauf eine Demonstration in Visby. Daraufhin veranstalteten Sektenmitglieder der *Feministischen Initiative* einen Gegenprotest. [43] Eine feministische Gruppe, die im Wesentlichen gegen diejenigen protestiert, die gegen eine Vergewaltigung protestieren! Dem Feminismus geht es nicht um das Wohl der Frauen.

Ein ehrlicher schwedischer Journalist

Am 28. September 2023 sprach der schwedische Journalist Lars Aberg auf einer Konferenz mit dem Titel „The Diversity Obsession: Kann Europa den Multikulturalismus überleben?" in Brüssel, Belgien. [44] Aberg skizzierte die extremen Veränderungen in Schweden und zeichnete ein ehrliches und düsteres Bild. Er hob hervor, dass Milliarden für die Integration von Migranten ausgegeben wurden, und nannte es „Multikulturalismus mit einem freundlichen Geldbeutel". Die Migration hat das Wesen Schwedens verändert", und die Situation wäre vielleicht anders, wenn die Schweden „eine weniger idealistische Sicht der Welt und Schwedens Platz in ihr" gehabt hätten. Mit einigen brillanten Beobachtungen fügte er hinzu: „... wir hätten Begriffe wie Integration viel klarer definieren können... wir hätten den Menschen sagen können, dass sie Schwedisch lernen und sich einen Job suchen sollen... wir hätten es vermeiden können, Menschen aus fernen Ländern als exotische Opfer zu betrachten... aber eine Kombination aus ziemlich offenen Grenzen, einem großzügigen Wohlfahrtssystem und keinen ernsthaften Anforderungen an Neuankömmlinge, Teil der Gesellschaft zu werden, war eine Einladung zu Problemen für uns alle". [45] In der Tat.

Emily Jones

Die Masseneinwanderung führt auch zur Einfuhr gefährlicher Soziopathen und Psychotiker. Am 22. März 2020 (Muttertag) wurde in Bolton, Großbritannien, ein siebenjähriges Mädchen namens Emily Jones am helllichten Tag vor den Augen ihrer Eltern beim Spielen in einem Park getötet. Ihre Kehle wurde mit einem Schnitzmesser aufgeschlitzt. Der Mörder war Eltiona Skana (30), ein albanischer Migrant mit schweren psychischen Problemen, der im August 2014 in das Vereinigte Königreich kam. Die paranoide Schizophrene

---

[43] „Polizei schickt Verstärkung nach Gotland, nachdem eine gemeldete Vergewaltigung Wut ausgelöst hat", 7. Oktober 2016.

https://www.thelocal.se/20161007/police-send-backup-to-gotland-after-reported-rape-sweden

[44] „Die Obsession der Vielfalt: Kann Europa den Multikulturalismus überleben".

https://brussels.mcc.hu/event/can-multiculturalism-survive-21st-century-europe

[45] MCC Brüssel, „Was ist mit unserem Land passiert? Schweden hat sich durch den Multikulturalismus verändert - Lars Åberg", 26. Oktober 2023.
https://www.YouTube.com/watch?v=MhZ3QdJ1xe0

behauptete, sie sei ein Opfer des Menschenhandels (auch bekannt als „unterdrückt").[46]

Emilys Vater Mark wies die Schuld dem Greater Manchester Mental Health NHS Trust zu, der über Skana Bescheid wusste, sie aber frei herumlaufen ließ und so dieses schreckliche Verbrechen beging. Sektenmitglieder im gesamten Vereinigten Königreich - im Staat, in den psychiatrischen Diensten und in der Öffentlichkeit - tragen die Schuld an solchen Dingen. Im Dezember desselben Jahres wurde Skana zu lebenslanger Haft verurteilt, wird aber möglicherweise nur eine lange Strafe absitzen. Im Mai 2021 berichtete die Daily Mail, dass Skana fast 70.000 Pfund Prozesskostenhilfe (!) erhalten hat.[47] Ich kann mir eine einfache Möglichkeit vorstellen, hier Geld zu sparen, Sie auch? (eine Hexenverbrennung mitten in Manchester würde deutlich weniger kosten als 70.000).

Offensichtlich erhalten Kindermörder aufgrund des Einflusses und des „Mitgefühls" der Sekte von den Steuerzahlern finanzierte Rechtshilfe. Da bekomme ich Lust, ein paar Kehlen aufzuschlitzen. Die unschuldige kleine Emily starb zwei Monate vor George Floyd, aber die meisten von Ihnen haben wahrscheinlich noch nie von ihr gehört. Es gab keine marxistischen Demonstrationen oder Mahnwachen ihr zu Ehren in der ganzen Welt.

Die Opfer von Migrantenkriminalität im Westen sind zu zahlreich, und es ist nicht möglich, sie alle zu ehren. Wir müssen weitermachen. Offensichtlich gibt es in den Aufnahmeländern viel mörderische Wut auf weiße Menschen... Ich frage mich, woher das kommt...

LGBTQ, trans/'nicht-binär', Sexualität usw.

„Ich komme raus... ich will, dass die Welt es weiß... ich muss es zeigen"[48]

Diana Ross, „Ich komme raus", 1980

Kommunistische Checkliste

Offensichtlich nutzt diese Unteragenda das Prinzip „Unterdrücker gegen Unterdrückte", indem sie versucht, uns alle davon zu überzeugen, dass LGBTQ-Personen in irgendeiner Weise ungerechtfertigt misshandelt (auch als

---

[46] „7-jähriges Mädchen am Muttertag in einem britischen Park von einer Frau erstochen", 5. April 2020. https://nationalfile.com/report-7-year-old-girl-stabbed-to-death-by-somali-migrant-in-uk-park-on-mothers-day/

[47] „Der Mörder, der der siebenjährigen Emily Jones am Muttertag die Kehle aufgeschlitzt hat, erhielt fast 70.000 Pfund an vom Steuerzahler finanzierter Rechtshilfe", 20. Mai 2021. https://www.dailymail.co.uk/news/1article-9600547/Emily-Jones-Killer-awarded-nearly-70-000-taxpayer-funded-legal-aid.html

[48] „Diana Ross-Im Coming Out (Lyrics)„. https://www.YouTube.com/watch?v=ZuvGXxf7oNI

„unterdrückt" bezeichnet) wurden und immer noch werden und daher jetzt eine bevorzugte Behandlung verdienen. Es wird ein neues Klassensystem geschaffen, indem jeder, der nicht zu dieser „unterdrückten" Gruppe gehört (insbesondere jeder, der gegen diese Sub-Agenda ist), in die Kategorie „Unterdrücker" eingeordnet wird (es sei denn, er ist Mitglied einer Sekte oder hält sich zumindest daran).

Das Prinzip des trojanischen Pferdes ist offensichtlich, da die Förderung von LGBTQ als etwas Nützliches für die Gesellschaft angesehen wird, obwohl die Auswirkungen verheerend sind. Die Unteragenda ist als „Mitgefühl" getarnt, so dass es angeblich darum geht, sich um Menschen mit Geschlechts-/Sexualitätsproblemen zu kümmern (dies ist der Aspekt der Tugendhaftigkeit). Auch wenn die Zahl derer, die sich als zu diesen Gruppen gehörig bezeichnen, in der heutigen Zeit zunimmt, stellen sie immer noch eine kleine Minderheit in der Gesellschaft dar (im Falle von „trans" und „nicht-binär" fast vernachlässigbar).

Im Grunde trägt diese Teilagenda also zu einer großen existenziellen Krise bei, die sich auf die gesamte Gesellschaft auswirken wird (niedrige Geburtenraten, Unfruchtbarkeit, Zunahme psychischer Probleme usw.), und das nur wegen der vermeintlichen „Unterdrückung" einer Handvoll Menschen! Darüber hinaus zerstört die Lüge, dass Menschen ihr biologisch festgelegtes Geschlecht ändern können, unzählige Leben (wiederum vor allem von jungen/naiven Menschen). Es wird ihnen nicht helfen, es wird sie ruinieren. Im Grunde genommen gewinnt niemand. In ihrer destruktiven Form zerstört die Ideologie hier die Körper der Menschen (wenn auch durch Indoktrination, Hormone und Operationen und nicht durch direkte Angriffe oder Mord). Ergo, es ist ein Trojanisches Pferd.

Sie beruht auf einer verzerrten Wahrnehmung der Realität, weil sie die Vorstellung fördert, dass es mehr als zwei Geschlechter gibt, dass dies (mit den oben genannten Mitteln) geändert werden kann und, was am heimtückischsten ist, dass diese Person nach Abschluss des Prozesses glücklicher sein wird - eine absolut schreckliche, kriminelle Lüge. Trans"-Personen haben ein unverhältnismäßig hohes Maß an psychischen Problemen und eine höhere Selbstmordrate. Natürlich werden Sektenmitglieder entgegnen, dass dies auf die Identitäts-/Geschlechtskrise (z. B. Geschlechtsdysphorie) zurückzuführen ist, die sie in erster Linie durchmachen. Das ist nicht wahr, und der Beweis dafür ist der psychische Zustand derjenigen, die den „Übergangsprozess" vorher und nachher durchlaufen haben: Sie sind nie geheilt, und der „Übergang" war ein Fehler.

Wenn Pubertätsblocker, hormonelle „Behandlungen" und chirurgische Eingriffe durchgeführt wurden, kann es natürlich kein Zurück mehr geben. Sterilität ist weit verbreitet. Viele, die diesen Prozess durchlaufen haben, verschwinden einfach aus der Öffentlichkeit. Es gab jedoch auch einige edle, mutige Persönlichkeiten, die sich geoutet haben. Ich denke dabei an Walt Heyer.

Walt war schon als Junge darauf fixiert, weiblich zu sein. Als er 4 Jahre alt war, zog mich seine weise Großmutter „über mehrere Jahre hinweg immer wieder in einem langen lila Kleid an, das sie speziell für mich genäht hatte, und sagte mir, wie hübsch ich als Mädchen sei. Dies legte den Grundstein für meine Geschlechtsverwirrung und führte dazu, dass ich mich im Alter von 42 Jahren in eine weibliche Transgender-Person verwandelte".[49]

(Man denke nur an all die gehirngewaschenen, degenerierten Eltern/Erziehungsberechtigten in der heutigen Welt, die dieses Verhalten bei ihren Kindern fördern, die sie offenbar „lieben"). Heyer „verwandelte" sich in eine Frau, lebte als solche, verwandelte sich aber schließlich zurück. Er hat Jahre damit verbracht, sich zu diesem Thema zu äußern.[50]

Eine andere ist Katie Lennon Anderson - eine biologisch weibliche Amerikanerin, die versuchte, sich in einen Mann „umzuwandeln", indem sie sich einer Hysterektomie und einer doppelten Mastektomie unterzog (was sie als „verstümmelte und missbrauchte Version" ihres alten Selbst zurückließ). Heute bezeichnet sie sich selbst als „De-Transitioner".[51] Sie ist eine wirklich „mutige" und ehrenwerte Person und spricht nun auch öffentlich über dieses Thema. Fälle wie diese sind leider sehr häufig, und ihre Häufigkeit wird aufgrund der Dominanz der Sekte/Ideologie dramatisch zunehmen. Diese Unteragenda versucht auch, das Narrativ zu verbreiten, dass „Transgender"-Personen in der Geschichte „unterdrückt" worden seien, so dass auch hier die verzerrte Wahrnehmung der Geschichte zum Tragen kommt. Dieses Narrativ wird oft mit dem anderen Geschwätz der Sekte vermischt, einschließlich der Unterdrückung von Homosexuellen usw. Die Vorstellung, dass „Trans"-Personen historisch unterdrückt wurden, ist nur eine weitere eklatante Verzerrung der Vergangenheit, von der die Sekte profitiert.

Es liegt auf der Hand, dass diese Sub-Agenda vom System gefördert und unterstützt wird. Wenn man den schwulen Justin Trudeau als Premierminister Kanadas im gleichen Zeitraum hat wie Irland den schwulen Leo Varadkar als Taoiseach (Premierminister) und eine Reihe anderer schwuler/lesbischer Persönlichkeiten in einflussreichen Positionen in der ganzen Welt, ist das offensichtlich. Natürlich sind sie in diesen Positionen, um die Sub-Agenda zu fördern; sie passen in die Zeit. Und je mehr LGBTQ-Personen in

---

[49] Heyer, W., „Hormone, Operation, Bedauern: Ich war 8 Jahre lang eine Transgender-Frau - Zeit, die ich nicht zurückbekommen kann,". https://eu.usatoday.com/story/opinion/voices/2019/02/11/transgender-debate-transitioning-sex-gender-column/1894076002/

[50] https://waltheyer.com/

[51] „Detrans Katie Lennon spricht zur Unterstützung der NH Parental Rights Bill", 20. April 2023.

https://www.YouTube.com/watch?v=cK_WeOe7OVI

Machtpositionen sind, desto mehr werden sie dazu beitragen, die Agenda voranzutreiben. Sie werden andere „unterdrückte" Typen wie sie „ermächtigen", sich an der Durchsetzung der Ideologie zu beteiligen. Innerhalb der großen Sekte ist es eine bizarre Form von sektenähnlichem Stammesdenken - sie werden den „ihren" helfen. Darüber hinaus wird die Sub-Agenda in den Bildungssystemen, im NGO/Non-Profit-Komplex und in der Medien- und Unterhaltungsindustrie gefördert. Wir können es alle sehen, wir brauchen keine Beispiele.

Greift diese Sub-Agenda die Säulen der westlichen Zivilisation an? Sie trägt sicherlich dazu bei, den Traditionalismus und jede Art von religiöser Programmierung zu zerstören, die in einer Gesellschaft vorhanden sein kann, insbesondere in den Bereichen Sexualität, Beziehungen, Liebe, Monogamie, Ehe usw. Es ist offensichtlich ein großes (schwules) „Fuck-you" für das Christentum, typisch für den Marxismus.

Sie versucht, Gleichheit zu erzwingen, indem sie die Lüge verbreitet, dass alle sexuellen Orientierungen für die Gesellschaft gleichwertig sind und dass es für jemanden genauso positiv ist, sein Leben in gleichgeschlechtlichen Beziehungen/Ehen zu verbringen wie in heterosexuellen. Auch dies ist ein Angriff auf die beste Art von Beziehungen für eine gesunde, ausgewogene, starke Gesellschaft - heterosexuelle Beziehungen, in denen Kinder geboren werden.

Selbst wenn es mit dieser Unteragenda gelingt, die Zahl der traditionellen Beziehungen zu verringern, ist dies ein Sieg für die Sekte/Ideologie.

Schließlich sind „trans" und „nicht-binäres Geschlecht" eine Form der Eugenik, da sie die Sterilität erhöhen und die Geburtenrate in hauptsächlich weißen Bevölkerungsgruppen senken. Sie sind daher anti-weiß.

Marxistische Geschichte von LGBTQ

Diese Unteragenda würde nicht existieren, wenn nicht zuerst der marxistische Kult gegründet worden wäre. Eine Untersuchung der Entstehung der miteinander verbundenen Feminismus-, Schwulenrechts- und LGBTQ-Bewegungen zeigt den gemeinsamen roten Faden: Menschen, die sich selbst als Marxisten, Sozialisten oder Kommunisten bezeichnen und diese Bewegungen schaffen und/oder unterstützen. Einige sind lediglich in der Aktivistenbewegung der Sekte, in der Welt der marxistischen Akademiker oder in beiden. (Natürlich gibt es beträchtliche Überschneidungen zwischen den LGBTQ- und Feminismus-Subagenden, aber der Feminismus hat seinen eigenen Abschnitt). Insgesamt können wir sagen, dass die Schwulenrechts- und die feministische Bewegung getrennt und bereits etabliert waren, bevor das modernere „Trans"-Phänomen in den Vordergrund trat. Daher kann man sagen, dass diese Bewegungen den Weg für die „Transgender"-Bewegung geebnet haben. Im 20. Jahrhundert wurden zahlreiche Bücher von marxistischen Sektenmitgliedern produziert, die diese Bewegungen propagierten. Es würde ewig dauern, all diese Figuren und die Verbindungen zwischen ihnen aufzulisten (die Geschichte reicht bis ins 19.th Jahrhundert und darüber hinaus zurück), aber hier sind einige Ereignisse, Gruppen und Namen:

Edward Carpenter war ein Fabianischer Sozialist und LGBT-Aktivist. Er war Autor von *The Intermediate Sex: A Study of Some Transitional Types of Men and Women* (1908);[52] Lily Braun leitete eine deutsche Organisation namens *Verband Fortschrittlicher Frauenvereine,* die sich für die Rechte von Homosexuellen einsetzte (Ende des 19. Jahrhunderts/Anfang des 20. Jahrhunderts);[53] Die 1950 in den USA gegründete *Mattachine Society* war eine Organisation für die Rechte von Homosexuellen, die von dem Sektenmitglied und Gewerkschafter Harry Hay gegründet wurde. Strukturell war sie ähnlich organisiert wie die Kommunistische Partei selbst;[54] Bayard Rustin war ein Sozialist, Bürgerrechtler und LGBTQ-Aktivist. Er war ein Weggefährte der schwarzen amerikanischen Kultfigur Martin Luther King;[55] Herbert Marcuses *Eros and Civilisation: A Philosophical Inquiry into Freud* (1956) sollte hier erwähnt werden, da es den „sexuellen Liberalismus" vorantrieb.

Im Rahmen der „Gay Liberation"-Bewegung entstanden Gruppen wie die *Gay Liberation Front* (ein sehr marxistisch klingender Name für eine militante Quasi-Terroristengruppe!) und die *Gay Marxist Group.* Die *Gay Left* war von 1975 bis 1980 in London, Großbritannien, aktiv.[56] Eine weitere Gruppe war die französische „*Homosexuelle Front für revolutionäre Aktionen*" (*Front homosexuel d'action revolutionnaire,* auch hier muss man kichern). Sie war von 1971-1974 aktiv.[57] *Towards a Gay Communism* ist ein Buch des italienischen Autors Mario Mieli von 1977. Darin unterstellt er unter anderem, dass der Kapitalismus schwule Männer unterdrückt (rollt mit den Augen);[58] weirdo David Fernbach schrieb das amüsant betitelte *The Spiral Path: A Gay Contribution to Human Survival* (1981). Er hat an der London School of Economics studiert und ist Maoist.[59][60]

---

[52] Carpenter, E., *The Intermediate Sex: A Study of Some Transitional Types of Men and Women* (1912). https://archive.org/details/intermediatesex00carpgoog

[53] https://de.wikipedia.org/wiki/Verband_Fortschrittlicher_Frauenvereine

[54] https://en.wikipedia.org/wiki/Mattachine_Society

[55] https://www.britannica.com/biography/Bayard-Rustin

[56] https://en.wikipedia.org/wiki/Gay_Liberation_Front; https://en.wikipedia.org/wiki/Gay_Left

[57] https://en.wikipedia.org/wiki/Front_homosexuel_d'action_revolutionnaire

[58] https://www.plutobooks.com/9780745399515/towards-a-gay-communism/

[59] https://archive.org/details/spiralpathgaycon00fern

[60] https://www.haymarketbooks.org/authors/41-david-fernbach

Leslie Feinberg war eine jüdisch-amerikanische lesbische und transsexuelle Aktivistin, die seit den 1960er Jahren aktiv war. Als Mitglied der *Workers World Party, einer* marxistisch-leninistischen Gruppe, bekannte sie sich offen zur Sekte. Zu ihren „Schriften" gehören *Transgender Liberation: A Movement Whose Time Has Come* (1992); *Transgender Warriors: Making History from Joan of Arc to Dennis Rodman* (1996); und *Rainbow Solidarity in Defence of Cuba* (2009).[61]

Homosexualität in „kommunistischen" Ländern

Die Bolschewiki in Russland haben im Dezember 1917 die Homosexualität entkriminalisiert. Bizarr, wenn man bedenkt, dass sie sicherlich Wichtigeres zu tun hatten (z. B. zu lernen, wie man ein Land regiert, ohne alle zu ermorden). Unter Stalin wurde sie 1933 wieder unter Strafe gestellt.[62] Dies markierte eine neue Phase, in der die kommunistischen Staaten schwulenfeindlich waren, und dies ist gut dokumentiert (sogar von einigen, die ideologisch marxistische Sektenmitglieder sind). Alle „Unerwünschten" wurden vom Staat als solche behandelt.

Juri Besmenow erwähnte, dass Schwulsein usw. nur in der Phase der Destabilisierung (des ideologischen Umsturzprozesses) benötigt wurde. Da es in kommunistischen Staaten darum ging, nationale Stärke zu schaffen, haben sie sicherlich erkannt, dass die Förderung des Schwulseins bei Männern nicht in diesem Interesse lag (weniger Geburten, weniger Männlichkeit usw.). In einem „sozialistischen"/"kommunistischen" Staat sind sie also im Grunde hart zu Schwulen, weil die Scharade, dass der Marxismus sich um Minderheiten kümmert, vorbei ist.

Der kubanische Autor und Journalist Reinaldo Arenas hat in seinem Werk auf diesen Prozess hingewiesen. Er sprach darüber, wie Homosexuelle wie er vom Castro-Regime inhaftiert wurden. Er wurde einmal inhaftiert, weil er nicht auf der ideologischen Linie der Regierungspartei (der *Partido Comunista de Cuba) lag*. Später gelang es ihm, dem Regime zu entkommen, und er war weiterhin ein lautstarker Kritiker. Er gilt als Pro-LGBT-Held. [63]

Nebenbei bemerkt - wie bereits erwähnt, dürfen wir uns hier nicht in Etiketten verfangen, wie ein Staat, ein Land oder ein Regime beschrieben wird; wir müssen uns auf die Ideologie konzentrieren, die unter der Oberfläche wirkt. Der Gedanke, dass Castros Kuba (oder ein anderer roter Staat) hart gegen LGBTQ-Personen vorgegangen ist, widerspricht also nicht der Botschaft

---

[61] https://en.wikipedia.org/wiki/Leslie_Feinberg

[62] Englestein, L., „Die sowjetische Politik gegenüber männlicher Homosexualität: ihre Ursprünge und historischen Wurzeln", 1995.
https://pubmed.ncbi.nlm.nih.gov/8666753/

[63] https://www.britannica.com/biography/Reinaldo-Arenas

dieses Buches, dass die LGBTQ-Bewegung eine Teilbewegung des Marxismus ist. Wir können Castros Kuba in dieser Hinsicht nicht mit einem westlichen Land von heute vergleichen: Das war eine Zeit und ein Ort, an dem die Ideologie eine bestimmte Form annahm und bestimmte Auswirkungen hatte. Gegenwärtig wird die LGBTQ-Sub-Agenda von der Ideologie als Teil des Destabilisierungsprozesses in den westlichen Ländern genutzt.

Nicht alle über einen Kamm scheren

Bei dieser Art von Themen sollten wir die Menschen als Individuen auf der Grundlage ihres Bewusstseinsstandes beurteilen und danach, ob sie indoktriniert sind oder nicht (und in welchem Ausmaß). Sicherlich gibt es viele schwule und lesbische Menschen, die diese derzeitige extreme „LGBTQ"/trans/"nicht-binäre" Bewegung nicht unterstützen, daher wäre es unfair, alle, die nicht heterosexuell sind, für das Geschehen verantwortlich zu machen, als ob sie alle gleich wären! Sie unterstützen vielleicht nicht die „radikaleren" Aspekte dieser Unteragenda, wie etwa das Aufzwingen von Homosexualität bei Kindern in der Schule, die Drag-Queen-Geschichten oder die Ermutigung von Kindern zur „Transition" usw.) Nun, diese Menschen sind hier nicht das Problem; sie haben vielleicht die Einstellung „leben und leben lassen" und sind nicht daran interessiert, ihr Verhalten irgendjemandem aufzuzwingen. Es sind die kontrollierenden, fanatischen Menschen, über die wir uns jetzt Sorgen machen müssen.

Einige Analysten haben festgestellt, dass sich das „T" für „trans" quasi huckepack an die Lesben-, Schwulen- und Bisexuellenbewegung angehängt hat, was sich deutlich an der oben erwähnten Meinungsverschiedenheit zeigt. Tatsache ist jedoch, dass die „Schwulenrechtsbewegung" im 20. Jahrhundert den Grundstein für diese „nicht-binäre" sexuelle Höllenlandschaft gelegt hat, in der wir uns heute befinden, und die an dieser Bewegung Beteiligten tragen eine gewisse Verantwortung. Auch hier gilt: Die „Revolution" schreitet in Wellen voran.

Wenn es also stimmt, dass es so etwas wie „normal" gibt (in Bezug auf Gesundheit, sexuelles Verhalten und sexuelle Identität usw.) und dass die LGBTQ-Kategorien in der Tat nicht „normal" sind, dann sollten wir die Gesellschaft nicht umstrukturieren, um uns an sie anzupassen oder die Jugend nach ihrem Bild zu formen. Das wird katastrophale Auswirkungen haben, und genau das passiert jetzt. Wo ist die Rationalität bei einer solch abwegigen Behauptung, wie sich einige fragen könnten? Nun, wenn es in einer bestimmten Nation/Gesellschaft/ethnischen Gruppe zu viele Menschen gibt, die gleichgeschlechtliche, kinderlose Beziehungen (sexuell oder anderweitig) eingehen, würde das zum Aussterben dieser Gruppe führen. Wenn ein existenzieller Grund nicht ausreicht, um dieser Bewegung Einhalt zu gebieten, was dann?

Die Meinung des Autors zu LGBTQ

Sicherlich sind Homosexualität und Bisexualität nicht erst mit dem Marxismus auf den Planeten gekommen, sondern es gibt sie schon seit Äonen. Es ist zwar schwer zu quantifizieren, aber vielleicht hat es in jüngster Zeit eine Zunahme gegeben. Und dann gibt es noch das viel neuere Phänomen von Menschen, die sich über ihr „Geschlecht" im Unklaren sind, was etwas anderes zu sein scheint. Vielleicht gab es in den letzten Jahrzehnten einen massiven Anstieg von Geschlechtsdysphorie, „Trans" und anderen Arten von sexuellen Anomalien aufgrund eines toxischen Hormon-Cocktails von Faktoren, insbesondere in den höher entwickelten Ländern. Diese Faktoren haben unter anderem das genetische Material beider Geschlechter (Chromosomen) beeinflusst und sich auf gebärfähige Frauen und ihre Kinder ausgewirkt.

Auf physiologischer Ebene gehören dazu: genetische und epigenetische Faktoren; die moderne fettarme, kohlenhydratreiche Ernährung mit GVO und verarbeiteten Lebensmitteln, einschließlich der phytoöstrogenen, testosteronabbauenden veganen Ernährung, der weit verbreitete Einsatz von Herbiziden (z. B. Glyphosat) und der Verzehr von nicht biologischen Milchprodukten/Fleisch (mit Hormonen, Schmerzmitteln, Zusatzstoffen usw.); Alkohol, Rauchen und Drogen (legal und illegal); die östrogene Antibabypille (d. h. Progesteron); Verunreinigungen - einschließlich Fluorid, Hormone und Arzneimittel - in der Wasserversorgung; der moderne Lebensstil - ein potenziell höheres Stressniveau, zu wenig körperliche Aktivität, ein relativ schwaches Immunsystem, eine geringere Sonneneinstrahlung (und der daraus resultierende Vitamin-D-Mangel, der sich auf das hormonproduzierende endokrine System auswirkt); die Belastung durch verschiedene Vibrationen/Strahlung, die von der modernen Technologie erzeugt werden (Mobiltelefone, Wifi, Fernsehen, Mikrowellen usw.). Zusammengenommen tragen diese Faktoren dazu bei, den gesunden Hormonspiegel zu senken und die DNA in einer Gesellschaft zu beeinträchtigen, und zwar generell in der gesamten Gesellschaft, in der diese Faktoren vorhanden sind. Das betroffene genetische Material in der Bevölkerung trägt dann zur Sexualität derjenigen bei, die in ihr geboren werden. Man beachte auch, dass diese Faktoren in der Neuzeit fast gleichzeitig auftraten.

Auf psychologischer Ebene, in Kombination mit den oben genannten Faktoren, ist die Gesellschaft von den unausgewogenen Auswirkungen der Ideologie betroffen. Die Verteufelung der Männlichkeit und des Testosterons sowie die damit einhergehende Zunahme der Überweiblichkeit (beides wird durch verschiedene marxistische Subagenden und die Konditionierung Unterdrücker gegen Unterdrückte gefördert) wurden bereits erwähnt.

Darüber hinaus zeigt uns die aufkommende Wissenschaft, dass wir unsere Genetik durch unsere Gedanken/Glauben/Mentalität beeinflussen können, indem wir bestimmte Gene unter bestimmten Bedingungen an- oder abschalten

(„Genexpression").[64] Vielleicht trägt die Denkweise der indoktrinierten Frauen - vor und während der Schwangerschaft - zu diesem Problem bei, indem sie die Sexualität ihrer Nachkommen beeinflusst. Wenn wir eine Gesellschaft haben, die Männlichkeit verteufelt, dann werden die Individuen, aus denen sich die Gesellschaft zusammensetzt, dieses kulturelle Klima zunehmend auf physiologischer Ebene widerspiegeln.

Dies alles kommt zu der allgemeinen Förderung der Entartung hinzu, die eine Infektion mit dem Marxismus mit sich bringt, wenn es um eine natürliche, gesunde Einstellung zu Beziehungen und Sexualität geht. Zusammenfassend lässt sich sagen, dass die Sekte/Ideologie die unausgewogenen, unnatürlichen Bedingungen herbeiführt und verstärkt, unter denen mehr nicht-heterosexuelle Menschen/Verhaltensweisen auftauchen, und dann sagt: „Seht euch all diese unterdrückten Menschen an! Dann schlägt sie vor: „Wir müssen die Gesellschaft umgestalten - durch eine progressive sexuelle Revolution -, um ihnen entgegenzukommen! In der Tat, lasst uns mehr Schwulsein und schwule Menschen haben, um zu zeigen, wie sehr wir gegen Homophobie und Transphobie sind! Hetero-Menschen sollten so oft wie möglich auch schwul sein, damit wir solidarisch sind" usw.

Black Lives Matter und „Antirassismus

> „Der weiße Liberale unterscheidet sich vom weißen Konservativen nur in einem Punkt: Er ist hinterlistiger, heuchlerischer als der Konservative ... er ist derjenige, der die Kunst perfektioniert hat, sich als Freund und Wohltäter des Negers auszugeben. Der weiße Liberale ist in der Lage, den Neger als Spielfigur oder Waffe zu benutzen.[65]

> Aktivist für die Rechte der Schwarzen Malcolm „X" Little, 1963

> „Als ich auf der Straße war... wann immer ich mit Schwarzen sprach... hatten nur wenige Menschen Vorbehalte gegen den Kommunismus.[66]

> Angela Davis, begeistertes Sektenmitglied und feministische Aktivistin, 1972

> „Afroamerikaner wurden einer Gehirnwäsche unterzogen, damit sie nicht aufgeschlossen sind und einen konservativen Standpunkt nicht einmal in Betracht ziehen. Ich habe einige der gleichen Anfeindungen erhalten, nur weil ich als Konservativer für die republikanische Kandidatur kandidiere. Es handelt sich also um eine Gehirnwäsche und um Menschen, die nicht aufgeschlossen

---

[64] Mukherji, S., „Denkweise und Genexpression", 15. Februar 2020.

https://www.psychologs.com/mindset-and-gene-expression/

[65] „Malcolm X: Weiße Liberale und Konservative,,.
https://www.YouTube.com/watch?v=T3PaqxblOx0

[66] Angela Davis - Warum ich Kommunistin bin (Interview von 1972).

https://www.YouTube.com/watch?v=cGQCzP-dBvg

sind, schlicht und einfach.[67]

Schwarzer amerikanischer Geschäftsmann Herman Cain,
CNN-Interview, Oktober 2011

Diese Teilagenda nutzt das Prinzip Unterdrücker gegen Unterdrückte, indem sie die Weißen als Unterdrücker und die Nicht-Weißen als Unterdrückte darstellt. Dies führt offensichtlich zu aufrührerischen Rassenunterschieden, sei es in Ländern mit historischen Rassenunterschieden (z. B. in den USA, Frankreich, Großbritannien usw.) oder in Ländern mit relativ neuen, durch „Vielfalt" entstandenen Unterschieden (z. B. Irland). Außerdem wird der Staat - über die Polizei - ausdrücklich als faschistischer, rassistischer, autoritärer „Unterdrücker" bezeichnet.

Diese Teilagenda enthält Tugendsignale und war vor allem für die Schwarzen in den USA ein trojanisches Pferd, da sie angeblich zu ihrem Vorteil war, obwohl sie ihnen letztlich nur schaden und sie zurückhalten würde.

Dazu gehört auch eine verzerrte Wahrnehmung der Geschichte/Wirklichkeit, die auf der falschen Vorstellung beruht, dass das US-amerikanische Establishment - insbesondere die Polizei - von Natur aus rassistisch gegenüber Schwarzen ist. Es wird auch versucht, die Tatsache zu verbergen, dass die schwarze Rasse im Vergleich zu anderen Gruppen in diesem Land unverhältnismäßig viele Verbrechen begeht (was zum Teil auf den Einfluss der Ideologie in den schwarzen Gemeinden zurückzuführen ist). Darüber hinaus fördert sie den Rassismus gegen Weiße und die rassistische Vorstellung, dass Weiße im Namen der „sozialen Gerechtigkeit" (eines neuen Klassensystems) nun den Schwarzen untergeordnet werden sollten.

Sie wurde vom System auf die übliche Weise unterstützt und war ein Angriff auf den Kapitalismus und die Kultur - während der „Proteste", die dieses Unterthema auslöste, da Geschäfte und Wahrzeichen angegriffen wurden.

Der Aufstieg der BLM

George Floyd starb am 25. Mai 2020 und wurde zum Märtyrer und Katalysator für die Sekte/Ideologie. Die Bewegung „Black Lives Matter" (BLM), die natürlich schon vorher entstanden war, erlangte daraufhin große Bekanntheit. Floyds Tod löste eine Kaskade glorreicher revolutionärer Aktionen in fast 60 Ländern der Welt aus, die meisten davon in den USA und Europa. Viele von ihnen wurden gewalttätig, man denke nur an die Proteste in London und Paris. Die Londoner „Proteste", die viele Wochen andauerten, wurden vor allem dann gewalttätig, als sich rechtsgerichtete Gruppen einschalteten, nachdem

---

[67] Martin, R., „Herman Cain leugnet die furchtbare Geschichte der GOP mit Schwarzen", 3. Oktober 2011.

https://edition.cnn.com/2011/10/01/opinion/martin-cain-brainwashed/index.html

Sektenmitglieder begonnen hatten, Wahrzeichen anzugreifen.[68][69]

In Irland wurde ein Protest von mehreren Sektengruppen, darunter *Black Pride Ireland*, organisiert. *Auf ihrer* Website *blackprideireland.ie heißt* es: „Wir sind ... eine LGBTQIA-Organisation von schwarzen queeren Menschen für schwarze queere Menschen in Irland".[70] Von Menschen aus aller Welt wurde erwartet, dass sie aus Solidarität auf die Knie gehen". Einige nicht-weiße Sektenmitglieder filmten sich sogar dabei, wie sie auf Weiße zugingen und von ihnen verlangten, sich vor ihnen zu verbeugen und sich für ihr „weißes Privileg" zu entschuldigen (ein Akt, der symbolisch dafür steht, dass die Klasse der „Unterdrücker" zu den unterwürfigen „Unterdrückten" wird).[71]

Aufgrund der bereits erwähnten Unwissenheit der Öffentlichkeit machten offensichtlich zu wenige den Marxismus für diesen Irrsinn verantwortlich. Erst später fiel bei vielen der Groschen. Kultmitglied und BLM-Mitbegründerin Patrisse Khan-Cullors gab 2015 ein Interview im *Real News Network*, das dann während der Unruhen wieder auftauchte und in dem sie sagte: „... wir haben tatsächlich ein Problem: „...wir haben tatsächlich einen ideologischen Rahmen...ich und vor allem Alicia sind ausgebildete Organisatoren, wir sind ausgebildete Marxisten, wir sind super-versiert in ideologischen Theorien. Und ich denke, dass wir wirklich versucht haben, eine Bewegung aufzubauen, die von vielen, vielen Schwarzen genutzt werden kann".[72] (mit anderen Worten: „Wir sind gehirngewaschen, wir haben eine Menge marxistischer Theorien gelesen, und wir wollen viele andere Schwarze einer Gehirnwäsche unterziehen").

Das Black Lives Matter Network (offiziell) wurde 2013 von Cullors, Alicia

---

[68] BBC, „Zusammenstoß zwischen französischer Polizei und Anti-Rassismus-Aktivisten in Paris", 13. Juni 2020.

https://www.bbc.com/news/world-europe-53036388

[69] BBC, „Londoner Proteste: Mehr als 100 Festnahmen nach gewaltsamen Zusammenstößen mit der Polizei", Juni 2020.https://www.bbc.com/news/uk-53037767

[70] The Irish Times, „Black Lives Matter protest takes place in Dublin", 6. Juni 2020 (Video). https://www.irishtimes.com/news/black-lives-matter-protest-takes-place-in-dublin-1.4272820

[71] „BLM YouTuber zwang weiße Mädchen auf die Knie, um sich für 'weißes Privileg' zu entschuldigen". 3. Juni 2020. https://www.YouTube.com/watch?v=RKF5LsTe6KM

[72] Real News Network, „Eine kurze Geschichte von Black Lives Matter", 23. Juli 2015.

https://www.YouTube.com/watch?v=Zp-RswgpjD8

Garza und Opal Tometi gegründet. [73] Diese gehirngewaschenen Irren verkörpern das Erbe von Saul Alinksy - schwarze Community-"Organisatoren". Die „Über"-Seite der Website *blacklivesmatter.com* verwendet eine aufschlussreiche Terminologie. Die Gruppe, deren „ganze Mission darin besteht, die weiße Vorherrschaft zu beseitigen", beschreibt sich selbst als „Kollektiv von Befreiern" (was natürlich darauf hindeutet, dass Schwarze versklavt/unterdrückt werden). Sie behaupten, „wir müssen den engstirnigen Nationalismus überwinden, der in schwarzen Gemeinschaften nur allzu verbreitet ist", und bekräftigen ihre „Widerstandsfähigkeit im Angesicht tödlicher Unterdrückung" (mit anderen Worten: „Für unseren Geschmack gibt es zu viel amerikanischen Patriotismus").[74] Im Text „Take Action" heißt es: „Schließen Sie sich der Bewegung an, um für Freiheit, Befreiung und Gerechtigkeit zu kämpfen". Wir brauchen hier nicht das marxistische Wörterbuch zu zücken.

Black Lives Matter Inc.

Ein weiterer typisch marxistischer Aspekt der BLM war die offensichtliche Kriminalität - Raub, Diebstahl, Körperverletzung, Sachbeschädigung und Betrug. Die Organisation hat im Jahr 2020 schätzungsweise 90 Millionen Dollar an Spenden eingenommen, je nach Quelle.[75] 90 Millionen Dollar für einen Haufen anti-amerikanischer, anti-weißer Sektenmitglieder! Wohlhabender Verrat!

Cullors wurde als Heuchlerin und Profiteurin entlarvt. Es wurde berichtet, dass sie ein 1,4 Millionen Dollar teures Anwesen in Los Angeles gekauft hat. Das Haus liegt in Topanga Canyon, einer reichen, überwiegend weißen Gegend, nur eine kurze Fahrt von den Stränden in Malibu entfernt.[76] Wenn das nicht ein Schlag ins Gesicht der Bourgeoisie ist, dann weiß ich nicht, was es ist! Verbrechen zahlt sich anscheinend doch aus. Die New York Post berichtet, dass Khan-Cullors auch Häuser in Inglewood, Los Angeles, und ein weiteres in der Stadt gekauft hat, so dass sich der Gesamtbetrag auf 3,2 Millionen Dollar

---

[73] „Black Lives Matter-Bewegung„.
https://library.law.howard.edu/civilrightshistory/BLM

[74] https://blacklivesmatter.com/about/

[75] Morrison, A., „Neue Steuerdokumente von Black Lives Matter zeigen, dass die Stiftung ihren Gürtel enger schnallt und ein Vermögen von 30 Millionen Dollar hat", 27. Mai 2023. https://apnews.com/article/black-lives-matter-donations-george-floyd-protests-ddcf0d21d130a5d46256aa6c5d145ea7

[76] „Marxistischer BLM-Anführer kauft 1,4-Dollar-Haus in überwiegend weißer Nachbarschaft", 10. April 2021. https://www.lawofficer.com/marxist-blm-leader-buys-1-4-home-in-predominantly-white-neighborhood/

beläuft.[77] Was ist aus „Nimm von den Reichen und gib den Armen" geworden? Oder, um den großen Marx selbst zu zitieren, was ist aus „von jedem nach seinen/ihren Fähigkeiten, zu jedem nach seinen/ihren Bedürfnissen" geworden? Sind Gewinne nicht etwas Böses? Ich nehme an, „Spenden" sind etwas anderes, oder?

In einem Artikel auf Breitbart.com vom 24. Juni 2020 wurde der Hintergrund von Cullors näher beleuchtet. Darin heißt es, dass sie „über ein Jahrzehnt lang der Schützling eines kommunistisch unterstützten einheimischen Terroristen war, der jahrelang in der politischen Organisation ausgebildet wurde und die radikale marxistisch-leninistische Ideologie verinnerlichte, die ihre Weltanschauung prägte". Bei dem fraglichen Sektenmitglied handelte es sich um Eric Mann, der „Cullors über ein Jahrzehnt lang in der Gemeindeorganisation betreute und Mitglied militanter linksradikaler Gruppen war: Students for a Democratic Society und Weather Underground, die in den 1960er und 1970er Jahren Regierungsgebäude und Polizeistationen bombardierten.[78]

Eine der Organisationen, die hinter der BLM stehen, heißt *Thousand Currents*. Susan Rosenberg ist die stellvertretende Vorsitzende des Vorstands. Rosenberg war ein hochaktives jüdisches Sektenmitglied und eine antiamerikanische Terroristin, die den größten Teil ihres Lebens mit „revolutionären" Aktivitäten verbrachte.

Dazu gehörten Bombenanschläge und Schießereien sowie die Erschießung eines Wachmanns und von Polizeibeamten bei einem Überfall auf die Firma Brinks im Jahr 1981. Sie war aktives Mitglied der *Kommunistischen Organisation des 19. Mai*, die eine inländische Terrorkampagne gegen den amerikanischen Staat führte. Diese eindeutig feministische Gruppe unterstützte marxistische Black-Power-Gruppen wie die *Black Liberation Army*. Rosenberg sollte immer noch im Gefängnis sitzen, wurde aber von Bill Clinton an seinem letzten Tag im Amt begnadigt.[7980]

Der Tod von Floyd und die Betonung der BLM waren ein massiver PR-Schub

---

[77] „BLM-Mitbegründer gab in den letzten Jahren 3,2 Millionen Dollar für den Bau von Häusern aus", 11. April 2021.

https://www.lawofficer.com/blm-co-founder-spent-3-2m-accruing-homes-in-past-few-years/

[78] Klein, J., „Black Lives Matter Founder Mentored by Ex-Domestic Terrorist Who Worked with Bill Ayers", 24. Juni 2020.
https://www.breitbart.com/politics/2020/06/24/black-lives-matter-founder-mentored-by-ex-domestic-terrorist-who-worked-with-bill-ayers/

[79] https://thousandcurrents.org/

[80] https://en.wikipedia.org/wiki/Susan_Rosenberg

für die Sekte. Ein Artikel auf *uk.pcmag.com* vom 20. Juli 2020: „Der Hashtag #BlackLivesMatter wurde vom 26. Mai bis zum 7. Juni 2020 47,8 Millionen Mal auf Twitter verwendet. Das sind knapp 3,7 Millionen Mal pro Tag!".[81] Außerdem posteten laut Forbes am 2. Juni 2020 schätzungsweise 28 Millionen Instagram-Nutzer ein schlichtes schwarzes Quadrat zusammen mit dem Hashtag #blackouttuesday. Ein anderer war #TheShowMustBePaused, der von einer Vielzahl von Idioten in der Musikindustrie verwendet wurde.[82]

Candace's „Größte Lüge" Doku

Im Oktober 2022 hatte Candace Owens einen Auftritt bei *Tucker Carlson Tonight*. Owens ist ein großartiges Beispiel für eine fantastische schwarze Amerikanerin, die nicht nur nicht indoktriniert ist, sondern auch eine talentierte, produktive Gegnerin der Sekte/Ideologie ist. In dem Interview sprach sie über BLM und eine von ihr produzierte Dokumentation mit dem Titel „The Greatest Lie Ever Sold". Sie trug ein amüsantes T-Shirt mit der marxistischen geballten Faust, in der ein hübsches Bündel Geld steckt. Zur Frage der kolossalen Finanzmittel, die die BLM erhalten hat, sagte sie: „... sie haben die Amerikaner beraubt, die Emotionen der Amerikaner geraubt, Emotionen herausgezogen, sie haben den schwarzen Schmerz benutzt, um Verwirrung zu stiften und den Menschen zig Millionen Dollar abzunehmen".[83] Sie erklärte auch, dass ein großer Teil der Gelder tatsächlich an die LGBTQ-Bewegung ging (ein weiterer Beweis dafür, dass es sich um eine einzige große Sekte handelt).

Auf die Frage von Carlson, ob Schwarze im Alltag von der BLM profitiert hätten, antwortete sie, dass sie nicht nur niemandem geholfen, sondern den schwarzen Gemeinden sogar geschadet habe: Nach den Ausschreitungen hätten viele Unternehmen diese Gebiete verlassen (ein Angriff auf den Kapitalismus), und es habe polizeiliche Sperrzonen gegeben. Interessanterweise erwähnte sie, dass kurz nach der Veröffentlichung des Trailers für den Dokumentarfilm das IRS (Inland Revenue Service) ihrer Wohltätigkeitsorganisation - Blexit - mit einer Untersuchung drohte. Kommunistische Doppelmoral, oder was?

---

[81] Cohen, J., „#BlackLivesMatter Hashtag Averages 3.7 Million Tweets Per Day During Unrest", 20. Juli 2020. https://uk.pcmag.com/why-axis/127817/blacklivesmatter-hashtag-averages-37-million-tweets-per-day-during-unrest

[82] Monckton, P., „This Is Why Millions Of People Are Posting Black Squares On Instagram", 2. Juni 2020. https://www.forbes.com/sites/paulmonckton/2020/06/02/blackout-tuesday-instagram-black-squares-blackouttuesday-theshowmustbepaused/

[83] Fox News, „Owens details shocking documentary exposing Black Lives Matter funding", 13. Oktober 2022. https://www.YouTube.com/watch?v=5JfMiXbVH4U

Die Zeugenaussage eines schwarzen Polizisten

Am 10. Juli 2020 erschien auf dem YouTube-Kanal von *KGW News* ein Videointerview mit Officer Jakhary Jackson vom Portland Police Bureau, in dem er aus erster Hand über die BLM-Unruhen berichtete. Sein professioneller Bericht als Augenzeuge war aufschlussreich.[84]

Bei seinen Versuchen, mit schwarzen Demonstranten zu sprechen, wurde er immer wieder von weißen Sektenmitgliedern unterbrochen, die ihnen mitteilten, dass sie nicht mit Polizeibeamten wie ihm sprechen sollten (dies geschah, weil schwarze Polizeibeamte offensichtlich diejenigen sind, die die schwarzen Demonstranten am ehesten zur Vernunft bringen könnten). Jackson studierte an der Portland State University Geschichte und stellte fest, dass die Demonstranten, mit denen er zu tun hatte, keine Ahnung von Geschichte hatten (mit anderen Worten, sie brabbelten fehlerhafte marxistische Rhetorik, auch Propaganda genannt).

Er nannte Beispiele für weiße „Demonstranten", die bei angeblich antirassistischen „Protesten" schwarze Polizisten rassistisch beschimpften. Er merkte auch an, dass Schwarze diese Proteste verließen, weil sie sich bewusst waren, dass die Unruhen von etwas anderem als den Rechten der Schwarzen angetrieben wurden. In der Tat etwas anderes... „Es sagt etwas aus, wenn man bei einer Black Lives Matter-Demonstration mehr Minderheiten auf der Seite der Polizei hat als in einer gewalttätigen Menge", sagte er. Er sprach auch darüber, dass er von weißen Sektenmitgliedern bevormundet wurde - dass ihm gesagt wurde, er solle seinen Job aufgeben, dass er seiner Gemeinschaft schade usw.; und über die Heuchelei einer „privilegierten weißen Person, die einem Farbigen sagt, was er mit seinem Leben anfangen soll" (bei einer Demonstration, bei der es angeblich um die Gleichberechtigung der Schwarzen, ihre Rechte, ihr Empowerment usw. geht).

Dies ist ein Beispiel dafür, dass die (tugendhafte) Maske der Ideologie verrutscht. Noch einmal: Die Sekte/Ideologie schert sich nicht um die Menschen, ob schwarz oder nicht. Wenn du nicht Teil der großen Revolution bist, egal welcher Rasse, bist du der Feind. Floyds Tod war für die Sektenmitglieder nur ein Vorwand, um das zu tun, was sie tun - zerstören. Was mit Portland passiert ist, ist eine absolute Schande! Ein atemberaubendes, wütendes Beispiel dafür, was passiert, wenn man marxistische Unruhen nicht sofort und mit äußerster Gewalt unterdrückt. Eine Brutstätte des Marxismus im modernen Amerika!

Amerikanischer George und Irischer George

George Floyd war kaum ein vorbildlicher Mensch. Vielmehr war er ein

---

[84] KGW News, „KGW: What it's like to be a Black officer policing Portland protests | Raw interview", 10. Juli 2020. https://www.YouTube.com/watch?v=ha-7SETmJD4

degenerierter Krimineller und Junkie. An jenem schicksalhaften Tag war er völlig zugedröhnt und wurde von der Polizei angesprochen, weil er einen gefälschten 20-Dollar-Schein bei sich hatte. Obwohl Officer Derek Chauvin unglaublich dumm war, sich so auf ihn zu knien, starb Floyd, weil er grundlegende Anweisungen der Polizei nicht befolgen konnte. Die Bodycam-Aufnahmen seiner Verhaftung beweisen dies und zeigen einige der frustrierendsten und erbärmlichsten Verhaltensweisen, die man je von einem Menschen gesehen hat. Das Filmmaterial (verfügbar auf dem YouTube-Kanal *Police Activity*) verdeutlicht die unglaublich schwierige Arbeit, die die Polizei in diesem Land tagtäglich leisten muss. [85] (Der YT-Kanal *Police Activity* dokumentiert polizeiliche Vorfälle und Verhaftungen in den gesamten USA und vermittelt dem Zuschauer eine klare Vorstellung davon, mit wem und womit die Polizei ständig zu tun hat. Amüsanterweise plädieren viele schwarze Festgenommene bei ihrer Verhaftung auf „I can't breathe" - ein Trend, der seit George Floyd besteht).

Sollten wir uns darüber aufregen, wenn jemand wie er stirbt? Sicherlich ist es lächerlich, dies als den Tod eines Heiligen zu betrachten. Überall auf der Welt sterben ständig Menschen, aber das marxistische Programm verlangt natürlich, dass die ganze Welt um diesen Menschen trauern soll. Wenn es sich um einen Weißen gehandelt hätte, hätte die Sekte natürlich nicht reagiert, weil das nicht von Vorteil ist. Auch wenn eine weiße Person, sagen wir, von einem schwarzen Migranten getötet wird, würden sie alles tun, um es zu unterdrücken; sie würden alle Hebel in Bewegung setzen, um zu verhindern, dass es ins öffentliche Bewusstsein gelangt, oder sie würden es so drehen, dass es der Sekte/Ideologie zugute kommt, indem sie eine Art PR-Schadensbegrenzung betreiben. In Floyds Fall ergriff die Sekte die Gelegenheit.

Sektenmitglieder in Irland haben dieselbe Taktik angewandt, indem sie aus dem Tod einer nicht-weißen Person Kapital schlugen. George Nkencho wurde am 30. Dezember 2020 vor seinem Haus in der Nähe von Clonee an der Grenze zwischen Dublin und Meath von Gardai (Polizei) erschossen. Der 27-Jährige hatte im Hartstown Shopping Centre einen Manager angegriffen und das Personal mit einem Messer bedroht. Er bedrohte Passanten und die Polizei, die am Tatort eintraf. Er wurde dann von den regulären, unbewaffneten Gardai nach Hause verfolgt, die ihn aufforderten, die Waffe fallen zu lassen.[86]

Die ASU (bewaffnete Unterstützungseinheit) war vor Ort, und nachdem Versuche, nicht-tödliche Gewalt anzuwenden, fehlgeschlagen waren, wurde

---

[85] PoliceActivity, „Full Bodycam Footage of George Floyd Arrest", 10. August 2020.

https://www.YouTube.com/watch?v=XkEGGLu_fNU

[86] Hussey, S., „Mann stirbt nach Schussabgabe durch Gardaí in West Dublin", 30. Dezember 2020.

https://www.rte.ie/news/crime/2020/1230/1186988-shooting/

Nkencho erschossen, als er sich mit einer großen Klinge auf sie stürzte (ein Video des Vorfalls bestätigt dies). Der Vorfall verlief nach dem üblichen Muster (das in den USA besonders auffällig ist, wie der YT-Kanal Police Activity zeigt): Ein junger Schwarzer, der eine Straftat begeht oder jemanden angreift, schwingt eine tödliche Waffe, weigert sich, die Waffe auf Aufforderung der bewaffneten Polizei niederzulegen, und geht im Kugelhagel zu Boden.

Bezeichnenderweise veranstalteten die Sektenmitglieder in Irland gleich am nächsten Tag einen Protest vor der Blanchardstown Garda (Polizei) Station! Nun, was für ein verdammter Schocker, nicht wahr? Man kann sich vorstellen, dass diese Idioten nur darauf warten, dass ein solches Ereignis stattfindet, damit sie ihre Anti-Establishment-Plakate herausholen können! Ein Bild des „Protests", das am 3. Januar in der Zeitung *Sunday World* veröffentlicht wurde, zeigt die geballte Faust der Kommunisten.[87]

In typischer Weise betonten die Sektenmitglieder - vor allem in den Medien - immer wieder, dass Nkencho „psychische Probleme" habe, und versuchten, ihn als Opfer (unterdrückt) darzustellen. Wenn dies wahr wäre, welchen Unterschied würde das machen? Es gibt buchstäblich Hunderte von Millionen Menschen auf der ganzen Welt, die unter „psychischen Problemen" leiden, und die meisten von ihnen begehen keine Gewaltverbrechen; sie lassen sich jedenfalls nicht erschießen, während sie aggressiv ein Messer schwingen und bewaffnete Polizisten angreifen! Dasselbe gilt für Irland selbst - dort gibt es große Probleme mit Depressionen/psychischer Gesundheit, insbesondere bei jungen Männern - und trotzdem verhalten sie sich nicht so. Das muss der institutionelle autoritäre faschistische Rassismus gegenüber Schwarzen sein, oder? Und was ist mit der psychischen Gesundheit - und den unausgesprochenen lebenslangen psychischen Narben - der Menschen, die an diesem Tag von Nkencho terrorisiert und angegriffen wurden?

Hochrangige irische Politiker und Sektenmitglieder drückten der Familie ihr Beileid aus, und alle Beteiligten betonten, dass Nkencho nicht vorbestraft war, sondern diese verflixten „psychischen Probleme" hatte. Offensichtlich dominierten diese Gefühle die offizielle Darstellung, und die bewaffnete Polizei wurde nicht offiziell öffentlich dazu beglückwünscht, dass sie ihre Arbeit in irgendeiner sinnvollen Weise erledigt hat. In den sozialen Medien gab es jedoch große Unterstützung für das Vorgehen der Beamten an diesem Tag.

In einer gesunden Gesellschaft sollte der Staat nach einem solchen Vorfall eine

---

[87] O' Connell und Foy, „Falsche Behauptungen: Familie von George Nkencho unternimmt rechtliche Schritte wegen 'rachsüchtiger Behauptungen', die im Internet kursieren", 3. Januar 2021.

https://www.sundayworld.com/news/irish-news/family-of-george-nkencho-pursuing-legal-action-over-vindictive-assertions-circulating-online-39925190.html öffentliche Warnung (und Garantie) aussprechen, dass solche kriminellen Handlungen in Zukunft mit der gleichen Konsequenz geahndet werden. Dumme Spiele spielen, dumme Preise gewinnen.

Das unverhältnismäßige antisoziale Verhalten der Schwarzen

In den USA versucht die Sekte/Ideologie die Tatsache zu verbergen, dass Schwarze (im Vergleich zu Weißen) tendenziell mehr Verbrechen begehen, häufiger verhaftet werden und mehr asoziales Verhalten an den Tag legen (einschließlich Mord, Drogenkriminalität usw.). Darüber hinaus gibt es mehr Verbrechen und Morde zwischen Schwarzen und Weißen als umgekehrt. Die Sekte/Ideologie versucht, diese Realität zu verzerren und umzukehren. Deshalb müssen sie sich auf jeden Mord an einem Schwarzen durch Weiße stürzen, um ein Bild zu zeichnen, das das Gegenteil der Wahrheit ist. Es muss auch unmissverständlich festgestellt werden, dass die marxistische „Opfer"-Programmierung ein wichtiger kausaler Faktor für all dies ist.

Diese Wahrheit wurde durch die brillante Arbeit des verstorbenen irisch-amerikanischen Autors und ehemaligen Journalisten Colin Flaherty (1955-2022) hervorgehoben. Zu seinen Werken gehören *White Girl Bleed a Lot: The Return of Racial Violence to America and How the Media Ignore it* (2012) und *Don't Make the Black Kids Angry: The Hoax of lack victimisation and those who enable it* (2015).[88] Natürlich wurde seine Arbeit immer wieder von der Sekte unter Beschuss genommen. Es hat aber auch Unterstützung von vielen Seiten erhalten. Thomas Sowell - der legendäre, herausragende, brillante schwarze Intellektuelle - lobte Flahertys Arbeit.[89]

Laut Flaherty reagiert die Sekte auf verschiedene Weise, wenn es zu Gewalt zwischen Schwarzen und Weißen kommt: Sie leugnet, dass es dazu kommt; sie behauptet, dass auch Weiße solche Gewalt ausüben; oder sie behauptet, dass Weiße sie irgendwie verdienen (die schlimmste der drei Möglichkeiten). Natürlich stinken alle diese Behauptungen nach marxscher „Logik" (Psychose), und keine von ihnen enthält auch nur ein Quäntchen Verurteilung für die Täter/Taten (und das alles, während sie glauben, dass sie die Schiedsrichter der gesellschaftlichen Ethik sein sollten!) Seine Arbeit hat auch gezeigt, wie die Marx'sche Sichtweise seit Jahrzehnten behauptet, dass es einen institutionellen Rassismus und eine Feindseligkeit der weißen Bevölkerung gegenüber Schwarzen gibt. Man würde also erwarten, dass es viel Gewalt von Weißen gegen Schwarze gibt, aber in Wirklichkeit sieht man genau das Gegenteil. [90] Das einzige, was hier systematisch und „institutionell" ist, ist der Hass auf Weiße. Noch mehr Umkehrung.

---

[88] https://www.thriftbooks.com/a/colin-flaherty/1019415/

[89] https://en.wikipedia.org/wiki/White_Girl_Bleed_a_Lot

[90] Notizen aus seinen Online-Videos und Interviews.

Auch hier steht das Prinzip Unterdrücker gegen Unterdrückte im Mittelpunkt: Durch die Indoktrination werden die Angehörigen der „unterdrückten" Gruppe davon überzeugt, dass sie Opfer sind, was degenerierte Verhaltensweisen innerhalb dieser Gruppe fördert (vor allem, wenn diese Indoktrination bereits seit Jahrzehnten besteht). Wenn dieses Verhalten auftritt und die Angehörigen dieser Gruppe nicht korrigiert oder zumindest von der Gesellschaft verurteilt werden, wird es sich verschlimmern und schließlich die Gesellschaft mit in den Abgrund reißen (wie auch in anderen Untergruppen). Außerdem haben sie das Gefühl, dass die Gesellschaft ihnen etwas schuldig ist. Das degenerierte, störende Verhalten bringt viele auf Kollisionskurs mit den Behörden, einschließlich der Polizei (den „faschistischen Unterdrückern"). Die Konsequenzen ihres Handelns (d. h. Bestrafung, Verhaftung, Inhaftierung usw.) lassen sie erneut nach Unterdrückung schreien. Und der Kreislauf geht weiter...

Der Einfluss der Ideologie bringt das Schlimmste im Menschen hervor, in jeder Gruppe. Die marxistische Infektion der schwarzen Gemeinschaften schafft diesen Kreislauf; die BLM setzt ihn fort. Die BLM ist antischwarz, denn sie versklavt viele Schwarze in diesem Kreislauf der Opferrolle. Dinge wie „Affirmative Action" und Reparationen sind nur dazu da, die marxistische Sache voranzutreiben, indem sie die „Unterdrücker"-Gruppen (Weiße) dämonisieren, was zur Indoktrination der Massen im Allgemeinen beiträgt; außerdem geben sie denjenigen in der „unterdrückten" Gruppe (Schwarzen) eine Vorzugsbehandlung, was zu all den bereits aufgeführten Problemen führt.

Im Wesentlichen dient diese Vorzugsbehandlung der „unterdrückten" Gruppe, indem sie die durch die marxistische Indoktrination hervorgerufene geistige Entartung noch verstärkt. Natürlich kommt es der Ideologie/dem Kult zugute, eine „weiße Schuld" zu erzeugen, da dies das Narrativ stärkt.

(Nebenbei bemerkt, ein weiteres Beispiel für Schuldzuweisungen ist der *Sorry Day* in Australien. Dieses jährliche Kalenderereignis legt nahe, dass sich die Europäer/Kaukasier für die Misshandlung der Aborigines in der Vergangenheit entschuldigen sollten. Ein weiteres fabianisch-marxistisches Manöver der Verräter in diesem Land, um der Bevölkerung weiße Schuldgefühle einzureden. Es dient keinem anderen Zweck! Den indigenen Aborigines den Status „unterdrückt" zu geben, hilft ihnen nicht. Der fabianische Premierminister Kevin Rudd entschuldigte sich 2008 im Namen der australischen Regierung).[91]

Ein weiterer wichtiger Faktor, der zu schwarzer Degeneration und schwarzer Kriminalität (einschließlich Verbrechen von Schwarzen gegen Schwarze) beiträgt, ist die schwachsinnige schwarze Bandenkultur, die vor allem von Schwarzen vorangetrieben wird. Und die schwarzen Drogenbanden schädigen vor allem schwarze Gemeinschaften. Einige schwarze Kriminelle werden sogar als eine Art „Rebellen" verehrt oder hochgehalten, weil sie Verbrechen

---

[91] https://en.wikipedia.org/wiki/National_Sorry_Day

begehen und die Aufmerksamkeit der Strafverfolgungsbehörden auf sich ziehen. Nun, wie verdammt nobel! Ein degenerierter Schläger und Krimineller zu sein, ist „cool", oder? Ist es nicht amüsant zu sehen, wie Leute behaupten, sie hätten keine Wahl und seien im Grunde gezwungen, sich für ein Leben in der Kriminalität, im Drogenhandel usw. zu entscheiden? Kriminelle Bandenmitglieder und Drogendealer (aller Rassen), ihr habt eine Wahl: Tut der Welt einen Gefallen und tötet euch selbst! Das wäre nobler, als eure Gemeinschaften zu zerstören und das Leben der Menschen zu ruinieren. Wenn das zu extrem ist, wie wäre es, wenn ihr euch einen (richtigen) Job suchen würdet?

Rassistische" Polizeiarbeit

Als Teil ihrer Bemühungen, diese Wahrheit vor den Massen zu verbergen (die überproportional hohe Kriminalitätsrate der Schwarzen), muss die Sekte die Polizeikräfte kontrollieren. Dies geschieht gerade überall im Westen: Die Polizei wird indoktriniert, dass sie von Natur aus gegen nicht-weiße Menschen voreingenommen ist und zu viele von ihnen verhaftet usw.! Die Ursache ist natürlich der institutionelle weiße Rassismus, nicht wahr? Dass schwarze Verdächtige verhaftet werden, hat natürlich nichts mit dem Verhalten der betreffenden Personen zu tun (und dies zu unterstellen, wäre „rassistisch"). Im Vereinigten Königreich wurde im März 2023 ein „Bericht" des Sektenmitglieds Dame Louise Casey veröffentlicht. Darin wurde im Wesentlichen festgestellt, dass der Metropolitan Police Service (MPS, oder „Met") von London institutionell rassistisch, frauenfeindlich und homophob ist. Vorhersehbarerweise befasste sich der Bericht mit der Tatsache, dass die „Stop and Search"-Initiative der Met nicht rassisch gleich ist, da Schwarze mehr von der Polizei angehalten werden. [92]

Ein Artikel des Guardian vom 21. März enthielt die Antwort des sozialdemokratischen Bürgermeisters von London, Sadiq Khan, der sagte: „Die Beweise sind vernichtend. Baroness Casey hat institutionellen Rassismus, Frauenfeindlichkeit und Homophobie festgestellt, was ich akzeptiere. Ich bin fest entschlossen, den neuen Polizeipräsidenten zu unterstützen und zur Rechenschaft zu ziehen, während er daran arbeitet, die Polizei zu reformieren".[93] Oh oh... eine neue kommunistische Polizeitruppe? Wie dem

---

[92] Baroness Casey of Blackstock, „An independent review into the standards of behaviour and internal culture of the Metropolitan Police Service", März 2023.

https://www.met.police.uk/SysSiteAssets/media/downloads/met/about-us/baroness-casey- review/update-march-2023/baroness-casey-review-march-2023a.pdf

[93] Dodd, V. „Met police found to be institutionally racist, misogynistic and homophobic", 21. März 2023. https://www.theguardian.com/uk-news/2023/mar/21/metropolitan-police-institutionally-racist-misogynistic-homophobic-louise-casey-report

auch sei, alles, was hier geschah, war, dass ein Sektenmitglied Propaganda machte und ein anderes zustimmte, indem es dem ersten Sektenmitglied unterstellte, eine Art „Experte" zu sein.

Jede rassische Gruppe (in diesem Fall Schwarze in Großbritannien) sollte im Durchschnitt häufiger verhaftet werden als andere rassische Gruppen, wenn sie häufiger antisoziales Verhalten an den Tag legen. Wir sollten uns darüber freuen, dass jeder verhaftet und bestraft wird, der Straftaten begeht, insbesondere schwere Straftaten, unabhängig von seiner Rasse. Sektenmitglieder tun das offensichtlich nicht.

Zusammenfassend lässt sich sagen, dass dies alles nur ein Teil der verrückten, zivilisationszerstörenden Wirkung der Durchsetzung künstlicher Gleichheit ist, zusätzlich zu dem Zusammenbruch von Recht und Ordnung, den diese Ideologie verursacht.

Die im Oktober 2023 auf der Website *gov.co.uk* veröffentlichten Zahlen für „Verhaftungen" zeigen, dass „die Verhaftungsrate für Schwarze 2,4-mal höher war als für Weiße - es gab 21,2 Verhaftungen pro 1.000 Schwarze und 9,0 Verhaftungen pro 1.000 Weiße" (Zeitraum April 2020-März 2022). Die Rubrik „Nach ethnischer Zugehörigkeit" zeigt die „Verhaftungsrate" (Anzahl der Verhaftungen pro 1.000 Personen) nach ethnischer Zugehörigkeit" (für den Zeitraum April 2021-März 2022): an erster Stelle steht „Jeder andere schwarze Hintergrund" mit 53,5, dann „Schwarz-Karibik" mit 24,4, dann „Schwarz" mit 21,2 und an vierter Stelle „Gemischt weiß und schwarz-karibisch" mit 17,5.[94]

Chicagoer Unruhen 2023

Im April 2023 randalierten Banden überwiegend nicht-weißer Jugendlicher in der hochgradig kontaminierten Stadt Chicago, Illinois. In der Innenstadt und am Seeufer kam es zu Übergriffen, Sachbeschädigungen, Sprüngen auf Fahrzeuge und allgemeinem verkommenen Verhalten. Ein Teenager wurde in den Oberschenkel geschossen.[95] Es ist offensichtlich, dass dies das Ergebnis der Präsenz der Ideologie ist.

Der schwarze Bürgermeister von Chicago ist das Sektenmitglied und der Demokrat Brandon Johnson, der sich in der Vergangenheit für „progressive" Anliegen und Gruppen eingesetzt hat.[96] Nach den Unruhen weigerte er sich, die Kriminalität rundherum zu verurteilen und zeigte damit die typischen

---

[94] „Verhaftungen", 24. Oktober 2023. https://www.ethnicity-facts-figures.service.gov.uk/crime-justice-and-the-law/policing/number-of-arrests/latest/

[95] Nguyen und Stefanski, „Chicago Police Respond to Large Groups of Teenagers Downtown for 2nd Night in a Row", 15. April 2023. https://www.nbcchicago.com/news/local/chicago-police-millennium-park-crowds-31st-street-beach/3119992/

[96] https://en.wikipedia.org/wiki/Brandon_Johnson

Symptome marxistischer Indoktrination. Er war in Springfield, um vor der Generalversammlung von Illinois zu sprechen, und sprach draußen zu den Medien: „Kinder zu verteufeln ist falsch... wir müssen auch für ihre Sicherheit sorgen... sie sind jung... manchmal treffen sie dumme Entscheidungen", und schlug vor, dass die Lösung darin besteht, in junge Menschen zu investieren (!).[97]

Was für eine seltsame Antwort! Er hat hier wirklich sein Fachwissen unter Beweis gestellt, da er eine marxistische „Ausbildung" in „Jugendentwicklung" an der Aurora University, Illinois, erhalten hat. Wenigstens hat er nicht gesagt, dass sie irgendwie unterdrückte Opfer sind, wenn sie auf die Dächer der Autos anderer Leute springen.

Seine Befürwortung der „Fürsorge" für „die Gemeinschaft" usw. ist Teil des Erbes des marxistischen Agitators Saul Alinsky. Während der BLM-Unruhen verfasste Johnson die Resolution „Gerechtigkeit für das Leben der Schwarzen", die im Juli 2022 verabschiedet wurde. Darin schlug er vor, dass der Bezirk „die Mittel von der Polizeiarbeit und der Inhaftierung auf öffentliche Dienste umleiten sollte, die nicht von der Strafverfolgung verwaltet werden". [98] Offensichtlich handelt es sich bei den „öffentlichen Diensten" um vom Marxismus infizierte „Dienste". Ich frage mich, ob eine solche Umschichtung von Finanzmitteln erklärt, warum die Polizei während der Unruhen im April 2023 anscheinend keine Schutzausrüstung hatte?

In einer Pressekonferenz im August 2023 sprach er davon, dass seine Verwaltung auf „Sorgfalt" basiere und dass in der Stadt bestimmte „Trends" zu beobachten seien. Als ein Reporter ihn bat, Beispiele für einige dieser Trends zu nennen, bezeichnete er die Unruhen als „große Versammlungen". Auf die Frage eines anderen Reporters, ob er sich auf die „Mob-Aktionen" beziehe, antwortete er: „Nein, das ist nicht angemessen, wir sprechen nicht über Mob-Aktionen...". Er brachte die Reporter mehrmals zum Schweigen, bezeichnete sie erneut als „große Versammlungen" und fuhr fort: „Es ist wichtig, dass wir über diese Dynamiken in angemessener Weise sprechen... Damit soll nicht verschleiert werden, was vor sich geht, aber wir müssen sehr vorsichtig sein, wenn wir die Sprache verwenden, um bestimmte

---

[97] Fox 32 Chicago, „Chicago mayor-elect says 'demonizing children is wrong' after downtown chaos", 19. April 2023.
https://www.YouTube.com/watch?v=TBOL1Au4tQ8

[98] Yin, A., „Brandon Johnson sagte einmal, es sei ein 'politisches Ziel', die Polizei zu entlasten. Als Bürgermeisterkandidat war er weniger präzise", 23. Februar 2023.
https://www.chicagotribune.com/politics/elections/ct-brandon-johnson-defund-police-justice-for-black-lives-20230223-lrapyjp5xzcilfmvkys3bajcki-story.html

Verhaltensweisen zu beschreiben".⁹⁹ Was für eine dreiste Haltung! Für wen hält sich dieser Kerl?! Eine Beleidigung für Chicago!

Offensichtlich ist der Begriff „große Versammlung" ein „netter", nicht wertender Begriff (im Vergleich zu „Mob", „Gang" usw.). Eine Verurteilung dieser armen, „unterdrückten" Minderheiten-Jugendlichen ist offensichtlich nicht erlaubt, oder? Der unterstrichene Satz ist ein Beispiel für das Beharren der Sekte auf der Kontrolle der Sprache - und damit der Erzählung - wie an anderer Stelle beschrieben. Darüber hinaus ist die Erwähnung von Verschleierung bei gleichzeitiger Verschleierung auch eine typische marxistische Betrugssprache. Heimtückisches, hinterhältiges Verhalten.

Zweifellos wären vernünftige Chicagoer über die Krawalle empört gewesen und haben das Recht, die Täter zu beschreiben, wie sie wollen! Selbst die schlimmsten Beschimpfungen sind zu gut für sie, und jeder vernünftige Mensch würde zustimmen, dass sie schnell bestraft hätten werden müssen. Nach der Aufforderung, sich zu entfernen, hätten alle Jugendlichen, die sich nicht daran gehalten haben, sofort eingekesselt, zusammengedrückt, zusammengeschlagen und dann in Polizeiwagen abtransportiert werden müssen, um die Nacht eingesperrt zu verbringen. Dies setzt ein Zeichen und schreckt von weiterem Verhalten in der Zukunft ab; eine schwache Reaktion der Behörden ermutigt nur zu weiteren derartigen Vorfällen. Andernfalls kann man sich ausmalen, was für abgefuckte „Erwachsene" diese verwöhnten Gören einmal werden.

Ein junges gemischtrassiges Paar wurde von dem jugendlichen Mob angegriffen, wobei es sich nach eigenen Angaben um einen zufälligen, unprovozierten Angriff handelte. Ein weiteres Mitglied der Sekte, Senator Robert Peters, wurde mit den Worten zitiert: „Ich würde das Verhalten der jungen Leute als politischen Akt und als politisches Statement betrachten. Es ist ein Massenprotest gegen Armut und Segregation".¹⁰⁰ Keine Verurteilung und der Versuch, dieses kriminelle Verhalten zu rechtfertigen, entlarven ihn als Marxisten. Was er wirklich sagen wollte, war „Unterdrückung und Apartheid, Segregation des Proletariats".

Am Freitag, dem 4. August 2023, kam es im Union Square Park in New York City zu Ausschreitungen mit den üblichen Sachbeschädigungen, dem Werfen von Raketen auf die Polizei, Verkehrsbehinderungen, dem Erklimmen von

---

⁹⁹ NBC Chicago, „Chicago Mayor Brandon Johnson's full remark on teen violence on Wednesday's press conference", 3 Aug 2023. https://www.YouTube.com/watch?v=aYILmiuH_BE

¹⁰⁰ Potter, W. „Sie sagten, sie würden versuchen, uns zu töten! Chicago couple who were battered by violent mob say it was a 'completely random' attack", 19. April 2023. https://www.dailymail.co.uk/news/article-11988761/Chicago-couple-battered-violent-mob-condemn-random-attack-state-senator-DEFENDS-rioters.html

Bauwerken wie Affen und dem Terrorisieren von Anwohnern. Der gute Samariter und Social-Media-Star Kai Cenat hatte die geniale Idee, eine Verlosung von Gaming-Artikeln zu organisieren und kündigte diese über einen Live-Stream an. [101] Die Videoaufnahmen zeigen überwiegend nicht-weiße Teilnehmer. [102] Cenat wurde wegen Anstiftung zum Aufruhr angeklagt. Natürlich sind Cenat und die Playstations hier irrelevant; er war nur ein lautes, dummes Kind. Was von Bedeutung ist, ist die unter der Oberfläche brodelnde Anti-Establishment-Mentalität der Nicht-Weißen und ihre Bereitschaft, sich an der Zerstörung der Zivilisation zu beteiligen, wenn nur ein Hut (oder eine Playstation) fällt. Diese Mentalität ist vor allem auf die marxistische Gehirnwäsche zurückzuführen.

Feminismus

> „Wir können die Stimme in den Frauen nicht länger ignorieren, die sagt: 'Ich will mehr als meinen Mann, meine Kinder und mein Zuhause. [103]

Betty Friedan, Die weibliche Mystik, 1963

> „Wir dürfen nicht wie manche Christen sein, die sechs Tage sündigen und am siebten Tag in die Kirche gehen, sondern wir müssen täglich für die Sache sprechen und die Männer und vor allem die Frauen, die wir treffen, dazu bringen, sich uns anzuschließen. [104]

Eleanor Marx, Rede zum ersten Maitag, 1890

> „Aus Sicht der Radikalfeministinnen ist der neue Feminismus nicht nur die Wiederbelebung einer ernsthaften politischen Bewegung für soziale Gleichheit. Er ist die zweite Welle der wichtigsten Revolution der Geschichte. Ihr Ziel ist der Umsturz des ältesten und starrsten Klassen-/Kastensystems, das es gibt, des auf dem Geschlecht basierenden Klassensystems - ein System, das sich über Tausende von Jahren verfestigt hat... (es ist) der Beginn eines langen Kampfes, um sich von den unterdrückerischen Machtstrukturen zu befreien, die von der Natur geschaffen und vom Menschen verstärkt wurden". [105]

Shulamith „Firestone" Feuerstein, Die Dialektik des Geschlechts, 1970

---

[101] https://en.wikipedia.org/wiki/Kai_Cenat_Union_Square_giveaway

[102] Eyewitness News, „LIVE | Twitch streamer's giveaway sparks mayhem in Union Square", 4. August 2023. https://www.YouTube.com/watch?v=b9Hvl7k2SRk

[103] Friedan, B., *The Feminine Mystique* (1963). https://libquotes.com/betty-friedan/quote/lbo3h2k

[104] Marx, E., Rede zum ersten Mai, 1890. https://www.marxists.org/archive/eleanor-marx/works/mayday.htm

[105] Feuerstein, S., *Die Dialektik des Geschlechts* (1970), S. 15.

https://teoriaevolutiva.files.wordpress.com/2013/10/firestone-shulamith-dialectic-sex-case-feminist-revolution.pdf

Kommunistische Checkliste

Diese Sub-Agenda/Sub-Kult ist vielleicht die problematischste von allen. Sie nutzt das Prinzip des Gegensatzes auf die übliche teuflische Weise und treibt einen Keil zwischen heterosexuelle Männer und Frauen. Es ist wohl der Schlüssel zum globalen Einfluss der Sekte/Ideologie zu dieser Zeit.

Wenn man ein Volk/eine Nation angreift, um es/sie zu schwächen, ist das die ultimative Taktik zur Spaltung und Eroberung, da es keine universellere soziale Kluft gibt als die zwischen Mann und Frau. Natürlich wurde diese Möglichkeit der Spaltung von der Sekte/Ideologie nicht übersehen.

Diese Unteragenda ist ein Angriff auf mehrere Schlüsselelemente, die einer Nation Stärke, Einheit und Verteidigung verleihen, einschließlich der Familieneinheit und der Rolle der Männer als Erbauer und Verteidiger der Zivilisationen (und der damit verbundenen Männlichkeit). Sie trägt dazu bei, Männer in ihrer traditionellen, Jahrtausende alten Rolle als Beschützer einer Gesellschaft zu neutralisieren, indem sie als „Unterdrücker" dargestellt werden (wieder eine Umkehrung). Sie ermutigt Frauen, eine negative, zynische/verdächtige, verzerrte Haltung gegenüber Männern einzunehmen, was wiederum die Männer kollektiv schwächt (und damit ihre Fähigkeit, Beschützer zu sein). Sie hat Propagandabegriffe wie „Toxic Masculinity" und „Rape Culture" hervorgebracht.

Auf gesellschaftlicher Ebene fördert es nicht nur einen Mangel an Wertschätzung für Männer (und die unersetzlichen Beiträge, die sie jeden Tag leisten), sondern auch eine spürbare Verachtung für sie. Auf persönlicher Ebene verzerrt es oft die Wahrnehmung der Frauen von den Männern, mit denen sie zu tun haben, insbesondere von Männern, die wirklich charakterstark („dominant") sind. Eine starke, gesunde Gesellschaft/Nation ist eine, in der Männer und Frauen sich gegenseitig ergänzen und unterstützen; sie werden als komplementär und nicht als „gleich" angesehen. In einer marxistisch verseuchten Gesellschaft ist dies zum Nachteil aller nicht mehr möglich. Die Popularisierung des Begriffs der „Gleichheit" der Geschlechter selbst ist eine Folge der Infektion.

Das neue Klassensystem, die Doppelmoral/Hypokrisie zeigen sich darin, dass heterosexuelle Männer systematisch vernachlässigt, an den Rand gedrängt oder diskriminiert werden (im Bildungswesen, bei Scheidungsgerichten, in Führungspositionen usw.). Die Ideologie stellt Frauen in den Vordergrund und versucht, sie in die (ehemals „unterdrückte", jetzt) überlegene Klasse zu stellen, wodurch sich das weibliche Privileg auf gesellschaftlicher Ebene und die daraus resultierende Aufblähung des Egos auf individueller Ebene manifestieren. Die Ergebnisse dieser Aufblähung des Egos bei indoktrinierten Frauen sind unübersehbar und für die Gesellschaft katastrophal.

Sie ist ein Trojanisches Pferd, weil sie als etwas vermarktet wird, das für eine gerechte, florierende Gesellschaft von Vorteil ist - sogar eine Voraussetzung.

Sie beginnt scheinbar wohlwollend, indem sie sich für bestimmte, scheinbar harmlose Anliegen einsetzt, wie das Recht der Frau auf Arbeit oder das Wahlrecht usw.; dann, innerhalb weniger Generationen, gehen sie auf die Straße und protestieren dagegen, dass Abtreibung nicht weit genug verbreitet ist (und beteiligen sich am Völkermord an ihrem eigenen Volk). Das ist ein gutes Beispiel dafür, wie das Prinzip des trojanischen Pferdes funktioniert. Die verschiedenen so genannten „Wellen" oder Interpretationen des Feminismus waren lediglich Etappen.

Der Feminismus beruht auf einer verzerrten Marx'schen Geschichtsauffassung, wonach Frauen aufgrund der Unterdrückung durch Männer bzw. das Patriarchat in der Vergangenheit mehr gelitten haben als Männer und nun bevorzugt behandelt werden müssen (auch als Privileg bezeichnet). Diese Verzerrung wird auch auf die Gegenwart angewandt, indem unterstellt wird, dass Frauen immer noch mehr leiden als Männer (eine weitere Umkehrung, da Frauen jetzt gegenüber Männern bevorzugt werden). Der Feminismus wird auch eindeutig durch das „progressive" System gefördert/unterstützt.

Greift er die Säulen der westlichen Zivilisation an? Da das Christentum (insbesondere die katholische Kirche) im Allgemeinen ein Gegner der Sekte/Ideologie war, überrascht es nicht, dass der Feminismus mit ihr in Konflikt geraten ist und dazu beigetragen hat, ihren Einfluss in Fragen wie Abtreibung, Verhütung, Ehe usw. zu untergraben. Es handelt sich eindeutig um einen Angriff auf die traditionelle heterosexuelle Kernfamilie, indem viele Frauen erfolgreich von der Mutterschaft weg indoktriniert werden. Und schließlich versucht diese Unteragenda ganz offensichtlich, „Gleichheit" durchzusetzen und bedient sich der Tugendhaftigkeit.

Darüber hinaus unterstützt der Feminismus auch die anti-weiße Teilagenda der Ideologie, da sie sich vor allem in den westlichen Ländern verbreitet hat. Der Feminismus in Verbindung mit dem Produkt der Abtreibung trägt zur anti-weißen Eugenik wohl mehr bei als die anderen Teilagenden.

Seine Auswirkungen und was es wirklich ist

Der Feminismus hat folgende Auswirkungen, von denen einige weiter unten erläutert werden: Er trägt dazu bei, dass die Gesellschaft in Bezug auf die Yin-Yang-Dynamik (männlich/weiblich) aus dem Gleichgewicht gerät; er steigert psychotisches Verhalten bei Frauen auf psychologischer Ebene durch egozentrische, hedonistische Indoktrination und auf chemischer Ebene durch die Antibabypille (Progesteron); er demoralisiert die Kriegerklasse (d.h. Männer); er verringert die Geburtenrate in der betroffenen Bevölkerung (Verringerung der Lebensschöpfung) und steigert und normalisiert die Abtreibung (lebensfeindlich); er bringt immer mehr Frauen und schwule Männer in Führungspositionen. demoralisiert die Kriegerklasse (d. h. die Männer); verringert die Geburtenrate in der betroffenen Bevölkerung (Verringerung der Lebensschöpfung) und erhöht und normalisiert die

Abtreibung (lebensfeindlich); bringt immer mehr Frauen und schwule Männer in Führungspositionen oder in einflussreiche Positionen (im Namen von „Vielfalt" und „Gleichheit"), was der Ideologie durch die Feminisierung von Gesellschaft und Politik zu weiterer Verbreitung verhilft.

Manche mögen argumentieren, dass es einige Frauen offenbar glücklich macht, oder dass Frauen sich gerne als feministisch bezeichnen, oder dass sie den Feminismus mögen usw. Diese Dinge bedeuten nichts. Nur weil jemand etwas mag, heißt das noch lange nicht, dass es gut ist. Ein Vergewaltiger genießt den Akt der Vergewaltigung, da bin ich mir sicher. Jeder, der es genießt, Feminist zu sein, nimmt an einem Verbrechen teil, das schlimmer ist als die Vergewaltigung einer einzelnen Frau - die marxistische Vergewaltigung der weiblichen Psyche, der wahren Weiblichkeit und der Integrität der Frauen als Kollektiv (ganz zu schweigen von der marxistischen Vergewaltigung der Zivilisation).

Und wie sieht es auf lange Sicht aus? Es ist leicht für eine Frau im Teenageralter oder in den Zwanzigern zu sagen, dass sie den Feminismus mag, aber wie sieht es später im Leben aus? Wird sie ihre Überzeugungen verteidigen, wenn es zu spät ist, sinnvolle Beziehungen zu führen und eine Familie zu gründen, nachdem ihr klar geworden ist, dass sie ihre Chance verpasst hat? Ich bezweifle, dass es da draußen viele gibt, die den Mut haben zuzugeben, dass sie die ganze Zeit die falsche Einstellung hatten... ein Leben lang Wahnvorstellungen und das Verstecken vor „negativen" Gefühlen werden dafür sorgen; aber es gibt einige Ausnahmen.

Im Dezember 2023 berichtete Fox News über eine 38-jährige Frau, die in einem tränenreichen Video zeigte, dass sie endlich aus der Indoktrination „aufgewacht" war.[106] Melissa Persling hatte zuvor einen Artikel für Business Insider geschrieben, in dem sie ihre Befürchtung zum Ausdruck brachte, dass sie „die Chance verpasst" habe, eine Familie zu gründen usw. Sie sagte: „Die Kultur ist derzeit so sehr auf mich fokussiert... und ich glaube, dass einige von uns etwas verpassen", und fügte hinzu: „Ich fühle mich vom Feminismus unglaublich betrogen". Über ihre Erziehung sagte sie: „Mir wurde ständig diese Idee vermittelt, dass... „Frauen können alles, wir brauchen keine Männer" (aber) Frauen können nicht alles". Obwohl Persling nach der Veröffentlichung des Artikels offenbar einige Beschimpfungen von der Öffentlichkeit erhielt (weil sie sich das im Grunde selbst zuzuschreiben hat), hat sie etwas Positives getan, ähnlich wie bei dem Video. Sie sollte gelobt und

---

[106] Grossman, H., „Frau in den 30ern weint und beschreibt, dass sie endlich Kinder will, nachdem sie der Ehe abgeschworen hat: 'Vom Feminismus verraten',", 11. Dezember 2023.

https://www.foxnews.com/media/woman-30s-cries-describing-finally-wanting-kids-after-swearing-off-marriage-betrayed-feminism nicht beschimpft werden.

Auch hier verwendet die marxistische Gehirnwäsche den Hedonismus als Zuckerbrot - er verschafft kurzfristiges Vergnügen im Austausch für langfristige Unerfüllung, Wahnvorstellungen usw. Viele Frauen sind aufgrund ihrer Naivität und Leichtgläubigkeit in diese Falle getappt, was nicht verwunderlich ist. Leider beschränken sich die Folgen ihrer Fehlentscheidungen nicht nur auf ihr Leben, denn die Entscheidung von Frauen, die traditionelle Verantwortung, Kinder zu bekommen, abzulehnen (oder auf ein späteres Leben zu verschieben), hat Auswirkungen auf die gesamte Gesellschaft. In der Zeit vor dem Marxismus/Vorfeminismus war es für Frauen nicht sozial akzeptabel, diese Verantwortung abzulehnen. Im neuen Zeitalter des Post-Feminismus ist es mehr als akzeptabel, und zu viele Frauen treffen dank der Indoktrination schlechte Entscheidungen.

Feminismus ist nicht für Frauen, sondern für den Marxismus. Die Unterstützung dieser Unteragenda bedeutet, dass Sie die Degeneration und Zerstörung von Frauen unterstützen, anstatt humanitär, „mitfühlend" usw. zu sein. Feministin zu sein bedeutet, dass Sie die zivilisationszerstörende Ideologie des Marxismus (über eine seiner Unteragenden) unterstützen - genau die gleiche Zivilisation, zu der Sie gehören, die Sie geschaffen hat, die es Ihnen ermöglicht, zu leben, Glück zu erfahren usw. Im Grunde genommen bedeutet das, dass Sie gegen die Zivilisation und gegen den Menschen sind. Umgekehrt hat es keinen gesellschaftlichen Nutzen, den Feminismus zu unterstützen, weder für die Frauen noch für die Gesellschaft im Allgemeinen. Er wird nur noch gefördert, weil er ein Teilbereich der Ideologie ist, die darauf abzielt, eine unnatürliche, realitätsverzerrende Gleichheit zu schaffen, was nicht gut ist. Nochmals: Der Marxismus kümmert sich nicht um Menschen oder Gruppen, er benutzt sie nur, um sich selbst voranzubringen. Die Ideologie ist gut darin, verärgerte Menschen/Gruppen ausfindig zu machen und ihre Beschwerden zu ihrem eigenen Vorteil zu nutzen. Im Wesentlichen ermutigt sie sie, sich gegen ihre „Unterdrücker" aufzulehnen.

Feministische Kommunisten

Die Verbindungen zwischen dem Feminismus und der übergeordneten Sekte/Ideologie sind endlos, und in den letzten paar Jahrhunderten waren mehrere hundert Schlüsselfiguren daran beteiligt. Es gibt verschiedene Arten von Feministinnen, von denen viele glauben, dass der Kapitalismus gestürzt werden muss, um die „Unterdrückung" der Frauen zu beenden, da die „Klassenspaltung" einer kapitalistischen Gesellschaft inhärent ist. Einige Beispiele für feministische Kommunisten sind:

Die Feministinnen Betty Millard (1911-2010),[107] Mary Inman (1894-1985),[108] und Eleanor Flexner (1908-1995) [109] waren alle Mitglieder der Kommunistischen Partei der USA (CPUSA). In den 1940er Jahren schrieb Millard für ein marxistisches Blatt namens *New Masses* und verfasste unter anderem „Woman Against Myth", *einen* vierundzwanzigseitigen feministischen Text über die männliche Vorherrschaft.

In ihrem 1940 erschienenen Buch *In Woman's Defense* schrieb Inman über die Ungleichheit zwischen den Geschlechtern und die Unterdrückung der Frauen. Flexner schrieb *Century of Struggle: The Women's Rights Movement in the United States* (1959). Erst in späteren Jahren, nachdem sie sich jahrzehntelang für diese Ideologie eingesetzt hatte, gab sie öffentlich zu, Parteimitglied zu sein.

Die Feministin Elizabeth Gurley Flynn (1890-1964) war von 1961 bis 1964 Vorsitzende des Nationalen Ausschusses der CPUSA. Sie war an verschiedenen Sektenaktivitäten beteiligt und machte sich Anfang des 20. Jahrhunderts einen Namen als Organisatorin für die *Industrial Workers of the World* (IWW). Flynn wurde als Teenager von ihren Eltern kontaminiert, die offenbar selbst Sektenmitglieder waren. Als lebenslange Verräterin an Amerika wurde sie 1964 in Moskau mit einem Staatsbegräbnis bedacht.[110]

Angela Davis ist eine schwarze amerikanische feministische Aktivistin und ehemaliges Mitglied der Kommunistischen Partei der USA. Sie stand einst auf der Liste der zehn meistgesuchten Flüchtigen des FBI wegen ihrer Beteiligung am Tod des Richters Harold Hely im Jahr 1970. Davis war bis zu ihrer Pensionierung auch Direktorin der Abteilung für feministische Studien an der University of California, Santa Cruz.[111]

1970 schrieb Shulamith (Feuerstein) Firestone (1945-2012) *The Dialectic of Sex: The Case for Feminist Revolution"*, in dem sie feststellte: „Feministinnen müssen nicht nur die gesamte westliche Kultur in Frage stellen, sondern auch die Organisation der Kultur selbst und darüber hinaus sogar die Organisation der Natur". [112]

---

[107] https://en.wikipedia.org/wiki/Betty_Millard

[108] https://en.wikipedia.org/wiki/Mary_Inman

[109] https://en.wikipedia.org/wiki/Eleanor_Flexner

[110] https://www.britannica.com/biography/Elizabeth-Gurley-Flynn

[111] https://www.britannica.com/biography/Angela-Davis

[112] Feuerstein, S., *Die Dialektik des Geschlechts: Ein Fall für die feministische Revolution* (1970).

https://teoriaevolutiva.files.wordpress.com/2013/10/firestone-shulamith-dialectic-sex-case-feminist-revolution.pdf

Firestone gilt als „radikale Feministin" - eine Auffassung, die die Abschaffung des gefürchteten, sexistischen, unterdrückerischen Patriarchats fordert. In ihrem Buch vertrat sie die Ansicht, dass das Ziel der feministischen Revolution die Abschaffung „des Geschlechtsunterschieds an sich" sei und nicht nur das männliche Privileg (dies dürfte angesichts der Transengesellschaft, in der wir heute leben, aufhorchen lassen). Offenbar war es das übermäßig kontrollierende Verhalten ihres orthodoxen jüdischen Vaters, das sie zu ihrem Aktivismus inspirierte. [113] Feuerstein war an der Gründung mehrerer feministischer Gruppen beteiligt, darunter die *Redstockings* im Jahr 1969.[114] Feuerstein, die viele Jahre lang an Schizophrenie litt, starb 2012 im Alter von 67 Jahren als soziale Einsiedlerin. Ein weiteres verschwendetes Leben.

Im selben Jahr wurde ein weiteres Stück klassischen marxistischen Feminismus mit dem Titel *The Myth of the Vaginal Orgasm* verfasst.[115] Die Autorin war Anne Koedt, die an der Gründung mehrerer feministischer Aktivistengruppen beteiligt war.[116]

Die marxistische Mystik

Betty Friedan (1921-2006; geboren als Bettye Goldstein) war ein weiteres Kultmitglied, das im 20. Sie gilt als feministische Ikone und als Schlüsselfigur bei der Entstehung des so genannten „Second-Wave"-Feminismus. Sie verfasste ein viel beachtetes Buch mit dem Titel *The Feminine Mystique* (1963) (ein ironischer Titel, da Weiblichkeit und Feminismus normalerweise nicht zusammenpassen).[117]

Friedan vermittelte den Eindruck, dass sie eine unterdrückte Hausfrau war, die aus dieser schrecklichen Realität, in der sie lebte, „aufwachte" und dann beschloss, ein Buch darüber zu schreiben. In Wahrheit aber war das alles ein großer marxistischer Schwindel: Friedan war als Aktivistin und Propagandistin viele Jahre lang mit der kommunistischen Bewegung in den USA verbunden. [118] Leider fiel die Öffentlichkeit in den USA (und in anderen Ländern, die später durch den Feminismus geschädigt wurden) auf diesen

---

[113] https://en.wikipedia.org/wiki/Shulamith_Firestone#Early_life

[114] https://en.wikipedia.org/wiki/Redstockings

[115] Koedt, A., „Der Mythos des vaginalen Orgasmus", 1970.

https://web.archive.org/web/20130106211856/http://www.uic.edu/orgs/cwluherstory/CWLUArchive/vaginalmyth.html ; https://en.wikipedia.org/wiki/Anne_Koedt

[116] https://en.wikipedia.org/wiki/Anne_Koedt

[117] https://www.britannica.com/biography/Betty-Friedan

[118] Horowitz, D., „Betty Friedan's secret Communist past", 18. Januar 1999.

http://www.writing.upenn.edu/~afilreis/50s/friedan-per-horowitz.html

Schwindel herein, und zwar mit Haut und Haaren. Das Buch verkaufte sich millionenfach. Und genau wegen so einer Scheiße...

In dem Buch beschrieb sie ihr Familienleben in der Vorstadt in dramatischen Worten und bezeichnete den Haushalt als „ein komfortables Konzentrationslager" (schon wieder die Nazis!). Laut ihrem Ehemann Carl stellte sich heraus, dass sie ein Vollzeit-Hausmädchen hatten und Betty zu sehr damit beschäftigt war, außerhalb des Hauses eine Aktivistin zu sein, um eine funktionierende Ehefrau und Mutter zu sein! Das Blut kocht... Sie war der Inbegriff dessen, was „revolutionäre" Indoktrination mit dem Geist einer Frau anstellen kann - sie war zu sehr damit beschäftigt, die Welt zu „retten", als dass sie den Menschen in ihrer Umgebung gerecht werden konnte. Friedans kommunistische Vergangenheit wurde in *Betty Friedan and the Making of the Feminine Mystique"* hervorgehoben: *The American Left, the Cold War and Modern Feminism* (1999), von Professor David Horowitz.[119]

Die feministische Professorin Alison Jagger bezeichnete die Kernfamilie einmal als „einen Eckpfeiler der Frauenunterdrückung: Sie erzwingt die Abhängigkeit der Frauen von den Männern, sie erzwingt Heterosexualität und sie zwingt der nächsten Generation die vorherrschenden männlichen und weiblichen Charakterstrukturen auf". [120] Jaggers gesamter Beitrag zur Verbreitung der Ideologie bestand darin, den Feminismus mit philosophischen Studien zu verschmelzen. Sie war an Universitäten in den USA, in Neuseeland und Norwegen tätig.[121]

Die oben aufgeführten Bücher und Texte, die von Sektenmitgliedern geschrieben wurden, sind in gewisser Weise Beispiele für die ideologischen „Nutzlasten", von denen Kent Clizbe in seinem bereits erwähnten Buch *Willing Accomplices spricht*. Zum Beispiel die Vorstellung, dass eine Frau, die eine traditionelle Hausfrau ist, eine Form der „Unterdrückung" ist und sie unglücklich machen wird.

Feministische Gruppen

In Irland ist die bekannteste feministische Gruppe der *National Women's*

---

[119] Horowitz, D. *Betty Friedan and the Making of „The Feminine Mystique": The American Left, the Cold War, and Modern Feminism* (1999).

https://www.umasspress.com/9781558492769/betty-friedan-and-the-making-of-the-feminine-mystique/

[120] Jaggar, A., *Feministische Politik und menschliche Natur* (1983).

https://archive.org/details/FeministPoliticsAndHumanNature/page/n23/mode/2up?view=theater

[121] Jaggar, A., „Enzyklopädie, Wissenschaftsnachrichten und Forschungsberichte".

https://academic-accelerator.com/encyclopedia/alison-jaggar

Council. Aus der Seite „Über uns": „Unser Ziel ist es, durch Mobilisierung, Beeinflussung und Aufbau von Solidarität eine führende Rolle bei der Verwirklichung der Gleichstellung von Frauen und Mädchen zu spielen", und „Feminismus ist ein zentraler und wesentlicher Wert unserer Organisation. Das bedeutet, dass wir uns konsequent für die tatsächliche Gleichstellung aller Frauen und Mädchen einsetzen".[122]

Ein anderer ist *Radicailín*. Dieser Name ist ein weiteres marxistisches Portmanteau, das „radikal" mit „cailín" (das gälische irische Wort für „Mädchen") kombiniert; ein weiterer typischer Versuch, Irischkeit vorzutäuschen. Von der Homepage ihrer Website (Unterstreichung zur Hervorhebung): „Wir sind eine Frauenbefreiungsgruppe, die sich aus irischen Frauen und Migrantinnen zusammensetzt, die erkennen, dass die Unterdrückung von Frauen auf der materiellen Realität unseres biologischen Geschlechts beruht. Diese Gruppe wurde gegründet, um den frauenfeindlichen Erzählungen und Praktiken in unserer Kultur entgegenzuwirken. Wir sind säkular und vertreten eine abolitionistische Position zu allen Formen von Gewalt gegen Frauen und Mädchen. Unsere Gruppe bietet Frauen, die sich für die Befreiung von Frauen einsetzen wollen, Fürsprache und Gemeinschaft".[123] Befreit die versklavten Frauen, mo chailiní! („meine Mädchen!")

Im Vereinigten Königreich gibt es die *Fawcett Society*, benannt nach der Suffragetten-Aktivistin des 19. Jahrhunderts, Millicent Fawcett (1847-1929). Aus der Seite „Unsere Geschichte" (zur Hervorhebung unterstrichen): „Wir kämpfen seit über 150 Jahren für die Gleichstellung der Geschlechter und tun dies auch jetzt, im Jahr 2022, noch. Wir arbeiten daran, das geschlechtsspezifische Lohngefälle zu beseitigen und mehr Frauen in politische Führungspositionen zu bringen. Zurzeit setzen wir uns dafür ein, dass Frauenfeindlichkeit als Hassverbrechen eingestuft wird, damit Frauen, die zur Zielscheibe werden, den gleichen Schutz erhalten wie andere Gruppen.[124] Zum Thema Frauen in politischen Ämtern heißt es im Abschnitt „Wer wir sind", dass sich die Organisation für „gleichberechtigte Macht" einsetzt und erklärt: „Nur 34 % der Parlamentsabgeordneten und 35 % der Ratsmitglieder sind Frauen. Wir setzen uns dafür ein, dass mehr Frauen in all unserer Vielfalt auf allen Ebenen in die Politik kommen.[125] Wie bereits erwähnt, wird die Einführung von mehr „mächtigen" Frauen in der Politik nur den Niedergang der Zivilisation beschleunigen. Es ist die Ideologie, die gehirngewaschene Frauen benutzt, um sich über ihre Egos weiter zu vermehren. Was die „Frauenfeindlichkeit" betrifft, so werden, wenn es nach den Sektenmitgliedern

---

[122] https://www.nwci.ie/discover/about_us

[123] https://radicailin.com/

[124] https://www.fawcettsociety.org.uk/our-history

[125] https://www.fawcettsociety.org.uk/about

geht, männliche Nicht-Sektenmitglieder (einschließlich meiner Wenigkeit) als Kriminelle behandelt, wenn sie ein degeneriertes, indoktriniertes Verhalten bei Frauen aufzeigen.

In Australien gibt es das *One Woman Project* (OWP) - ein großartiges Beispiel dafür, wie viel Marxismus eine einzige Gruppe von sich geben kann. Auf der Seite „Werte und Überzeugungen" ihrer Website heißt es zum Thema „Antikolonialismus", dass das OWP „auf gestohlenem indigenem Land basiert und alle feministische Arbeit von diesem Ort aus gegen die anhaltenden Strukturen des Siedlerkolonialismus vorgehen muss. Weltweit muss die feministische Bewegung antikolonialistisch sein und darf sich nicht an weißem Rettertum beteiligen oder dieses fördern".[126] Damit gibt sie zu, dass sie im Wesentlichen eine anti-australische australische Organisation ist, in Australien.

Über Antirassismus: „Der Feminismus muss antirassistisch sein und aktiv gegen die weiße Vorherrschaft kämpfen. Er muss immer die Stimmen und Bedürfnisse von Frauen und farbigen Menschen, insbesondere der First Nations, in den Vordergrund stellen, die den Feminismus begründet haben und weiterhin führend in unserer Bewegung sind". Eine Gruppe für die Rechte der Frauen? Nein, wir können sehen, wie diese Maske verrutscht. Sie setzt sich auch für den Klimawandel, LGBTQ, Abtreibung und die Entkriminalisierung von „Sexarbeit" (auch bekannt als Förderung der Entartung) ein.

Wie Feminismus den Geist beeinflussen kann

Diese Unteragenda - und die verschiedenen Interpretationen, die sie hervorruft - sind Gift für die Psyche von Frauen, insbesondere von jungen Frauen, die offensichtlich die weibliche Bevölkerung der Zukunft ausmachen werden. Hier sind einige der möglichen Auswirkungen auf ihre Psyche:

Entmündigt, statt zu befähigen

Das feministische Dogma setzt in den Köpfen der Frauen die giftige Vorstellung fest, dass sie zu dieser besonderen, geschützten Gruppe gehören - der Unterdrückten/Opfer-Mentalität. Diese verzerrte Sichtweise ermutigt Frauen nur dazu, externe Quellen/Menschen für Schwierigkeiten oder Misserfolge im Leben verantwortlich zu machen (z. B. das „Patriarchat", Männer usw.). Das hat eine schlimme Wirkung auf den Geist! Es schwächt eine Person und gibt ihr ein bequemes Ventil für ihre negativen Gefühle, wenn sie in ihrem Leben mit Widrigkeiten konfrontiert ist. Statt „übernimm selbst die Verantwortung für deine Erfolge oder Misserfolge" heißt es dann „du armes Ding, weil du ein Mädchen/eine Frau bist!".

Stattdessen sollte man den Frauen sagen: „Lebe einfach dein Leben. Seid ein echtes Individuum, nicht nur das Mitglied einer Gruppe (einschließlich eines marxistischen Sektenmitglieds). Niemand wird dich ungerechterweise

---

[126] https://www.onewomanproject.org/about-us

zurückhalten. Benutze dein Geschlecht nicht als Ausrede dafür, dass du nichts aus deinem Leben machst. Du kannst entweder ein Opfer oder ein Sieger sein; entweder das eine oder das andere". Eine Person kann nicht gleichzeitig 'unterdrückt' (schwach) und 'ermächtigt' (stark) sein!

Nur willensschwache, nicht-ermächtigte Frauen „brauchen" Feminismus; wirklich ermächtigte Frauen brauchen ihn nicht. Wahre Ermächtigung kommt von innen, zu sich selbst und von sich selbst. Sicherlich hat eine Person - ob Frau oder nicht - nicht das Recht, eine zerstörerische Ideologie (oder eine ihrer Tentakel, wie den Feminismus) zu unterstützen, weil sie Probleme mit ihrem Selbstwertgefühl hat! Im Grunde kann das Streben nach „Empowerment" von Frauen nicht länger als Entschuldigung für die Unterstützung des Feminismus dienen.

Mein Rat an alle Frauen, die starke, vollständige Persönlichkeiten sein wollen, ist, sich so weit wie möglich vom feministischen Denken fernzuhalten. Feminismus und Feministinnen sind der Feind. Wenn Sie sich „ermächtigt" fühlen wollen (was auch immer das für Sie bedeutet) und ein großartiges, lohnendes, erfolgreiches und bedeutungsvolles Leben führen wollen, dann tun Sie es, vorausgesetzt, Sie erfüllen weiterhin Ihre Verantwortung gegenüber der Gesellschaft und Ihrer Nation. Nichts und niemand hält Sie zurück, außer Sie selbst.

Denken Sie daran, dass nichts - keine Karriere, keine flüchtigen Vergnügungen, keine Frivolitäten, keine Reisen - Ihnen mehr Befriedigung verschaffen wird, als eine eigene große Familie zu haben. Das wird Ihre größte und wichtigste Errungenschaft sein. Alles, was das Gegenteil suggeriert, stammt aus der feministischen Propaganda. Denken Sie daran, dass der schlimmste Feind der Frauen nicht die Männer oder das Patriarchat sind, sondern die indoktrinierten Frauen, die Sie gerne mit sich in den Abgrund ziehen (aus „Solidarität").

Und wenn Sie wirklich Ihr Metall und Ihre Weisheit als Frau unter Beweis stellen wollen, wie wäre es dann, eine weibliche Anti-Feministin zu sein, wie es andere Frauen getan haben? Damit würdest du ironischerweise den Frauen einen großen Dienst erweisen - du würdest buchstäblich das Leben der Frauen retten! Eine antimarxistische „Feministin".

Über der Kritik stehen = Aufblasen des Egos

Die Präsenz des Feminismus kann dazu führen, dass Frauen sich über Kritik erhaben fühlen, da es scheinbar unmoralisch ist, eine bereits „unterdrückte" Gruppe weiter zu „unterdrücken". Sie können auch das Gefühl haben - bewusst oder unbewusst - dass sie es verdienen, auf Kosten der Männer bevorzugt zu werden. Abgesehen davon, dass dies sexistisch (und damit heuchlerisch) ist, ist es auch schlecht, weil sich das Ego aufbläht und es an Demut mangelt.

Der Feminismus in Verbindung mit der derzeitigen medien-, ego- und popularitätsgesteuerten Kultur ist eine sehr giftige Mischung für den Verstand junger Frauen. Das liegt daran, dass diese Kombination die Aufblähung des Egos noch verstärkt. Das Ergebnis dieser Ego-Inflation in so großem Umfang ist eine Epidemie unerträglicher Gören! Stellen Sie sich vor, man würde der Hälfte der Bevölkerung die Botschaft vermitteln, dass sie perfekt sind, so wie sie sind, und dass sie niemals Kritik annehmen sollten?!

Das sind die Auswirkungen, die der Feminismus haben kann, wenn er unkontrolliert bleibt. Das Ergebnis ist, um es unverblümt auszudrücken, dass sie dazu indoktriniert werden, selbstbezogene Schlampen zu werden, insbesondere wenn es um den Unterdrücker - weiße heterosexuelle Männer - geht (was sexistisch ist). Auch dies ist destruktiv für alle Beteiligten, einschließlich der Gesellschaft selbst (Anmerkung: Es ist nicht „PC", eine Frau als „Schlampe" zu bezeichnen, vor allem nicht öffentlich, oder? Ich frage mich, woher das kommt...?).

Unterdrückt oder verwöhnt?

In der heutigen Welt können junge Frauen, die ausreichend indoktriniert sind, herumlaufen und sich darüber beschweren, dass sie in einem unterdrückerischen Patriarchat leben (kichert), während bei diesen Frauen eher das genaue Gegenteil der Fall ist - sie werden im Verhältnis zu ihrem Verhalten zu gut behandelt (siehe „verwöhnt")! Es handelt sich um eine Umkehrung, denn ihre Einstellung spiegelt nicht nur nicht ihre Realität wider, sondern kann sogar das genaue Gegenteil bedeuten. Denn in Anbetracht der marxistischen Kultur, in der sie aufwachsen, und der Auswirkungen der Indoktrination auf sie/ihre Umgebung (Feminismus oder anderes) sind sie eher narzisstisch, oberflächlich und verwöhnt, nicht „unterdrückt"! Außerdem verdient das Verbreiten von sexistischer, böser marxistischer, feministischer Propaganda an und für sich schon eine gewisse Züchtigung. Naivität macht es nicht weniger böse. Ironischerweise macht eine solche Geisteshaltung und Verwöhntheit jemanden unglücklich, da er sich in einem degenerierten Geisteszustand befindet. In diesem Fall hat eine Frau in diesem Geisteszustand ein bequemes Ventil für ihr Elend - den Feminismus -, das es ihr erlaubt, ihr Elend in Form dieses „intellektuellen" dogmatischen Mülls auszudrücken. Im Grunde genommen ist es nicht edel und keine Art zu leben, wenn man degeneriert ist, und genau darum geht es hier.

Überkompensieren, weil sie indoktriniert sind

Diese Gruppenopfermentalität erzeugt Schwäche, nicht Stärke. Manche Frauen überkompensieren das, indem sie dominant und aggressiv werden. In ihrer Leichtgläubigkeit glauben sie die feministische Propaganda und denken: „Also mir wird das nicht passieren! Ich bin kein Opfer!", und dann werden sie selbst zum Unterdrücker/Dominator, was eine Form von ironischer Heuchelei ist, nicht wahr? Die „Ich werde sie angreifen, bevor sie mich angreifen können!"-Mentalität, obwohl sie in Wirklichkeit gar nicht angegriffen werden wollen. Das Ergebnis sind aggressive, schwache, abstoßende/unattraktive, stark unausgewogene Gemüter/Persönlichkeiten. Interessanterweise werden Frauen durch die feministische Indoktrination so weit verändert, dass jeglicher Anschein von Weiblichkeit aus ihrer Persönlichkeit amputiert wird. Die Indoktrination überzeugt sie davon, dass Weiblichkeit das Gegenteil von „Empowerment" ist und daher Schwäche bedeutet, so dass sie sie unterdrücken sollten. Sie sind davon überzeugt, dass dieses ehemals heilige, positive Element, das dem Leben ein Gleichgewicht verleihen kann und Teil ihrer Identität sein sollte - ihre Weiblichkeit - um jeden Preis verleugnet und unterdrückt werden muss. Das Ergebnis ist, dass der Feminismus gegen die Weiblichkeit gerichtet ist, und diese indoktrinierten Frauen sind keine vollwertigen Frauen. Das ist traurig. Weibliche Weiblichkeit ist etwas Schönes, Heiliges, das es nur bei (authentischen) Frauen gibt. Die Menschheit wäre ein düsteres Kollektiv, wenn sie völlig verschwinden würde.

Schlampen-Kultur" und Misandrie

Eine weitere Folge des Feminismus ist die „Bitch Culture" ™— , eine Gesellschaft, in der es für Frauen gesellschaftlich akzeptabel ist, sich wie Schlampen zu verhalten. Da sie einer „unterdrückten" Klasse angehören, müssen sie sich jetzt nicht mehr wie anständige Menschen verhalten und können nun selbst „unterdrückerisches", negatives Verhalten an den Tag legen (da dies irgendwie fair und vertretbar ist). Sie haben einen Freibrief, sich in diesem Umfeld so zu verhalten, wie sie wollen, einschließlich marxistischer Aktivisten, ohne für ihre Handlungen zur Rechenschaft gezogen zu werden.

Misandrie - Männerfeindlichkeit - ist das Gegenteil von Misogynie. Sie werden feststellen, dass sich dieses Verhalten hauptsächlich gegen heterosexuelle weiße Männer richtet, was anscheinend völlig akzeptabel ist (da diese die schlimmsten Unterdrücker sind, richtig?). Es ist eine Mentalität, die sich nicht so oft gegen Männer aus „unterdrückten" Gruppen richtet (z. B. schwule Männer oder Männer mit Migrationshintergrund). Sie werden jedoch feststellen, dass Frauen, die zu zickigem Verhalten neigen, sich jedem gegenüber so verhalten, unabhängig davon, ob er oder sie zu einer bestimmten Unterdrückergruppe gehört oder nicht. Der Unterschied besteht darin, dass die Zickigkeit, die sich gegen weiße Männer richtet, als gerechtfertigt, edel und sogar revolutionär(!) angesehen wird.

In diesem Fall gibt ihnen das ganze „Männer sind die Unterdrücker "-Konzept nur einen Vorwand, um zu zicken. Sie kümmern sich nicht wirklich um „Frauenrechte" oder irgendetwas „Edles", oder irgendetwas anderes als sich selbst. Der Kult/die Ideologie bietet Platz für alle Arten von degeneriertem Verhalten und Persönlichkeiten. Es stimmt also, dass die Ideologie die Frauen ermächtigt, sich wie degenerierte, sozial-parasitäre Schlampen zu verhalten.

Beta"-Männchen

> „Harte Zeiten schaffen starke Männer. Starke Männer schaffen gute Zeiten. Gute Zeiten schaffen schwache Männer. Und schwache Männer schaffen harte

Zeiten.[127]

G. Michael Hopf, *Those Who Remain*, 2016

Ein „Beta-Mann" ist im Wesentlichen ein Mann ohne Männlichkeit. Es nützt der Ideologie/dem Kult sehr, dass der Feminismus dazu beiträgt, mehr solcher Männer in der Gesellschaft zu schaffen. Er weiß um die Macht, die junge Frauen über junge Männer haben können. Die Männer wollen die Frauen beeindrucken, die wollen, dass sie sich zu ihnen hingezogen fühlen, mit ihnen Sex haben usw. - was nur natürlich ist und ein beständiges Merkmal der Menschheit war!

Wenn die feministische Indoktrination ins Spiel kommt, kippt sie uns alle in die falsche Richtung und zieht die schlimmsten Eigenschaften der Frauen hervor. Wir können die Auswirkungen davon sehen, wenn wir uns ansehen, wie Kollektive von (etwas indoktrinierten) Frauen Männer behandeln, die nicht ihrer Einstellung entsprechen. Die Männer sind dann gezwungen, sich entweder dem indoktrinierten Verhalten zu unterwerfen, oder sie werden geächtet. Dies ist eine sehr mächtige Form der psychologischen Erpressung, die Frauen auf Männer ausüben können und die es praktisch nicht gibt, wenn wir die Geschlechter umkehren.

Die Männer sind dann gezwungen, entweder ihre Männlichkeit zu bewahren und sich von den kontaminierten Frauen fernzuhalten oder zu kapitulieren und mit ihnen zu interagieren, obwohl sie das sehr belastet. Für die jungen Männer von heute (die wahrscheinlich nicht verstehen, was hier geschieht) ist die Entscheidung für Ersteres natürlich zu schwierig. Wenn sie sich für Letzteres entscheiden, folgen sie ihrem Wunsch, akzeptiert zu werden, und ihren biologischen Trieben; aber sie zahlen einen hohen Preis... Dies geschieht gerade jetzt mit jungen Männern auf der ganzen Welt, die darauf konditioniert werden, sich diesen Bälgern zu fügen.

Das Verrückte daran ist, dass die indoktrinierten Frauen sich dann über den Mangel an (oberflächlicher) Männlichkeit bei den Männern beschweren können! Dies kann offen zum Ausdruck gebracht werden, oder es kann Teil ihrer verächtlichen Haltung gegenüber Männern im Unterbewusstsein sein. Die indoktrinierten Frauen, die ratlos sind, werden diese Einstellung haben, während sie sich der maskulinitätsmindernden Auswirkungen der Indoktrination, die von ihnen selbst ausgeht, nicht bewusst sind!

Interessanterweise kann all dies den gegenteiligen Effekt des „Überlebens des Stärkeren" bewirken (wieder Eugenik). Die hochintelligenten/hochintegrierten Männchen werden es schwer haben, Beziehungen zu den indoktrinierten Weibchen aufzubauen. Die schwächeren, gefügigen, minderwertigen Männer werden insgesamt viel besser abschneiden. Die Auswirkungen auf die

---

[127] Hopf, G., *Those Who Remain* (2016).

Gesellschaft sind offensichtlich degenerativ, und der negative Einfluss der Ideologie (über den Feminismus) wird dafür sorgen, dass diese Situation bestehen bleibt. Dies wird dazu führen, dass neuere Generationen von Männern nicht mit positiven männlichen Vorbildern aufwachsen (d. h. Männer ohne Eier) und selbst Probleme haben, Männlichkeit zu entwickeln; und so geht die Abwärtsspirale immer weiter...

Wie bereits erwähnt, kann sich eine Gesellschaft voller Männer weder gegen ideologische Unterwanderung noch gegen direkte Eroberung wehren. Sie kann sich auch nicht mit dem Problem auseinandersetzen, wie man diese indoktrinierten Frauen (!) in den Griff bekommt, die die Gesellschaft ständig mit in den Abgrund reißen werden. Da sie praktisch frei von Männlichkeit ist, hat eine solche Gesellschaft buchstäblich nicht den Mumm, das zu tun, was erforderlich ist... Zusammenfassend lässt sich sagen, dass der Feminismus sowohl die Weiblichkeit als auch die Männlichkeit zerstört.

Die Vergewaltigungspandemie '

Vergewaltigung ist nicht so ein großes Problem, wie Feministinnen uns glauben machen wollen. Da Täuschung ein zentraler Bestandteil des marxistischen Spielbuchs ist, sollte es uns nicht überraschen, dass die Häufigkeit von Vergewaltigungen stark übertrieben wurde. Davon abgesehen biete ich die folgende Analyse an, die auf tatsächlichen Vergewaltigungsfällen beruht. Die feministische Bewegung wird nicht verhindern, dass Frauen vergewaltigt werden! Die Tatsache, dass die Mitglieder der feministischen Sekte glauben, ihre Bemühungen würden dies erreichen, zeigt uns, dass sie nicht verstehen, was Vergewaltigung ist.

Vergewaltigung ist ein Missbrauch von Macht. Es geht um jemanden, der seine eigenen Wünsche über das Wohlergehen einer anderen Person stellt. Das ist psychopathisches/soziopathisches Verhalten, und die Art von Person, die dieses Verhalten an den Tag legt, wird sich von nichts, was die feministische Bewegung tut, beeindrucken lassen; all diese Nichtregierungsorganisationen/Non-Profit-Organisationen/Wohltätigkeitsorganisationen, Märsche, Initiativen, Schlagworte, Bücher, Fernsehsendungen und Artikel bedeuten einem solchen Raubtier nichts. Sie erreichen nichts und dienen keinem anderen Zweck als der Förderung feministischer Propaganda. Ist irgendjemand dumm genug, etwas anderes zu glauben?

Das Tragische an der ganzen Sache ist, dass ständig unschuldige Männer ins Fadenkreuz geraten, auch kleine Jungen. Die einfältige „Logik" der Indoktrination bedeutet, dass ihre Lösungen immer auf der Bestrafung des gesamten männlichen Kollektivs beruhen werden (da der Marxismus sich nicht mit Individuen oder Ethik beschäftigt, sondern mit Gruppen). Die Handlungen eines Mannes, der vergewaltigt, werden dann so erklärt - er ist ein Mann, und das ist es, was Männer tun. Die Wahrheit ist, dass das Einzige, was ein

Vergewaltiger mit einem echten Mann gemeinsam hat, ist, dass sie beide männlich sind, und das ist alles. Davon abgesehen sind sie völlig verschieden.

In der Zeitung Irish Independent wurde im Dezember 2021 berichtet, dass in der schulischen Sexualerziehung der Schwerpunkt auf „Einwilligung" gelegt werden soll.[128] Glaubt irgendjemand wirklich, dass sich dies nicht in erster Linie an junge Männer richten wird? Die Schüler im ganzen Land werden also früher oder später mit einem „Lehrer" konfrontiert, der ihnen die Kunst eines guten Blowjobs erklärt und ihnen vormacht, wie man sich einen Dildo in den Arsch schiebt, während er gleichzeitig über die Objektivierung von Frauen und die „Einwilligung" spricht (und das sind nur die männlichen Lehrer). Vieles von diesem Scheiß kommt von den Vereinten Nationen (und wird auch anderswo verbreitet).

Im Vereinigten Königreich war die Einwilligung Teil der „Relationships and Sex Education" (Beziehungs- und Sexualerziehung), die 2020 an englischen Schulen unterrichtet werden soll. [129] Im April 2022 berichteten die australischen Medien, dass die Aufklärung über das Thema Einwilligung in den Schulen des Landes verpflichtend werden soll.[130]

Abtreibung

> „Keiner Frau sollte gesagt werden, dass sie nicht über ihren eigenen Körper entscheiden darf. Wenn die Rechte der Frauen angegriffen werden, schlagen wir zurück.[131]
>
> Tweet von Sektenmitglied und erster weiblicher U.S. Vizepräsidentin Kamala Harris, Februar 2017

> „Die Geburt eines menschlichen Kindes ist ein Akt, der die Frau in einen fast leblosen, blutbefleckten Fleischhaufen verwandelt, der gequält, gepeinigt und

---

[128] Gataveckaite, G., „Einverständnis soll in Schulen als Teil der neuen Beziehungs- und Sexualerziehung unterrichtet werden", 31. Dezember 2021. https://www.independent.ie/irish-news/education/consent-to-be-taught-in-schools-as-part-of-new-relationship-and-sexuality-education-41196300.html

[129] Long, R., „Relationships and Sex Education in Schools (England)", 22. Dezember 2023.

https://commonslibrary.parliament.uk/research-briefings/sn06103/

[130] Meacham, S., „What mandatory consent education will look like in Australian schools", 16. April 2022. https://www.9news.com.au/national/mandatory-consent-education-rolled-out-in-all-australian-schools-history-of-sex-education-explainer/6655e9d2-3dd5-400d-9b6a-67b89debb853

[131] Harris, K., Twitter, Februar 2017. https://twitter.com/kamalaharris/status/831613559297736705?lang=en

vom Schmerz verzweifelt wird.[132]

Wladimir „Feminist" Lenin, „Prophetische Worte", 1918

Die Abtreibung, so wie sie heute in der Welt existiert, ist eine Ausweitung des Feminismus; ohne ihn würde sie nicht in einem solchen Ausmaß existieren. Sie würde sicherlich nicht als „Gesundheitsfürsorge" bezeichnet oder als gesellschaftlich akzeptiertes Verhalten in dem Maße angesehen werden, wie es jetzt der Fall ist. Die Gehirnwäsche hat es tatsächlich geschafft, viele davon zu überzeugen, dass eine schwangere Frau durch ihre Schwangerschaft in irgendeiner Weise „unterdrückt" wird; sie unterwirft sich dem Patriarchat, indem sie sich im Grunde so verhält! Das ist böser, degenerierter, menschenfeindlicher Unsinn!

Natürlich steht dieses Teilziel auch im Zusammenhang mit der Eugenik, die vom System vorangetrieben wird. Sie unterstützt in hohem Maße die von der UNO und anderen marxistisch geprägten Organisationen propagierte „Ersatzmigration", deren Ziel es ist, die Zahl der „Einheimischen" in einem Zielland zu verringern. Die Formel für die Geburtenrate ist sehr einfach: Erhöhen Sie die Zahl der Migranten/Geburten von Migranten und reduzieren Sie die Zahl der Geburten von Einheimischen. Auf diese Weise wird sich die Zahl der Einheimischen verringern (natürlich gibt es noch viele andere Elemente, die damit zusammenhängen, wie z. B. demografiespezifische „Impfstoffe", Ernährung, die „nicht-binäre" Unteragenda für Transsexuelle/Geschlechter usw.).

Die feministischen Bewegungen haben entscheidend dazu beigetragen, dass die Zahl der Abtreibungen in der Welt, in ihren jeweiligen Ländern, durch Normalisierung usw. gestiegen ist. Die jüngsten Verfassungsänderungen in Irland zur Abtreibung wären ohne die Aktivitäten der Sekte nicht zustande gekommen. Diese Änderungen, die von den dort ansässigen Sektenmitgliedern lange im Voraus geplant wurden, waren aufgrund des Infektionsgrades im Lande leider unvermeidlich.

Es war fast schon amüsant, die Fassungslosigkeit der (beiläufig) „Abtreibungsbefürworter" zu sehen, als sie mit der Vorstellung konfrontiert wurden, dass diese Verfassungsänderungen die Abtreibungsrate in Irland erhöhen würden. Wenn man die Abtreibung bequemer, völlig legal und gesellschaftlich akzeptabler macht (indem man systematisch jedes Stigma beseitigt, das mit diesem Akt verbunden ist), wird die Zahl der abgetriebenen irischen Babys steigen. Um das herauszufinden, braucht man kein schwachsinniges Marx'sches Soziologiestudium!

Die Verwirrung wurde auch deutlich, als der Begriff „pro-choice" für sie

---

[132] Lenin, W.I., „Prophetische Worte", 2. Juli 1918.
https://www.marxists.org/archive/lenin/works/1918/jun/29b.htm

aufgeschlüsselt wurde - wenn man „pro-choice" ist, ist man pro-Abtreibung; der Begriff wurde sorgfältig konstruiert, um die Person von jeder Art von moralischem Bewusstsein bei ihrer Unterstützung dieser bösen Tat freizusprechen. Im Fall der Abtreibung kann man sich nicht von jeglicher Verantwortung freisprechen, nur weil eine andere Person die Tat tatsächlich begeht.

Zahlen zum Schwangerschaftsabbruch

Abort73.com ist eine amerikanische Website. Aus ihrer Homepage: „Abtreibung ist ein Akt der Gewalt, der ein unschuldiges menschliches Wesen tötet" und „die kleinsten und schwächsten Mitglieder der Gemeinschaft tötet". Die Seite „U.S. Abtreibungsstatistiken" enthält Schätzungen und zitiert zwei Quellen: „privat vom *Guttmacher Institute* (AGI) und öffentlich von den *Centers for Disease Control* (CDC)".

Darin heißt es, dass auf der Grundlage von Daten aus den einzelnen Bundesstaaten „im Jahr 2021 etwa 961.000 Abtreibungen in den Vereinigten Staaten vorgenommen wurden". Die verwendeten Zahlen des Guttmacher-Instituts, die einige Jahrzehnte zurückreichen, zeigen, dass die jährlichen Zahlen von 1,3 Millionen im Jahr 2000 bis 930.000 im Jahr 2020 reichen. Seit 1973 gab es schätzungsweise 60 Millionen Abtreibungen, was einen Zusammenhang mit dem zunehmenden Einfluss des Feminismus (und damit der feministischen Gehirnwäsche) zeigt.[133]

Die Website enthält auch Schätzungen nach Ländern, einschließlich der Republik Irland. Die Wahl zur Verfassungsänderung im Jahr 2018 markierte einen Wendepunkt in Bezug auf die Zugänglichkeit und soziale Akzeptanz von Abtreibungen. Bis zu diesem Zeitpunkt war die Abtreibung in der Republik nur unter bestimmten Umständen erlaubt (z. B. bei medizinischer Gefährdung der schwangeren Mutter), weshalb Frauen häufig ins Vereinigte Königreich reisten, um den Eingriff vornehmen zu lassen.

(Nebenbei bemerkt - im Vorfeld des Abtreibungsreferendums sahen wir wieder einmal das marxsche kultische Verhalten in Aktion. Die Menschen kehrten nach Irland zurück, um an der Abstimmung teilzunehmen, insbesondere irische Frauen, was ein bizarres und ärgerliches Beispiel für verräterisches Verhalten war.[134] Diese idiotischen Frauen taten buchstäblich alles, um ihr eigenes Heimatland zu zerstören, und verpissten sich dann dorthin zurück, wo sie herkamen, zweifellos zufrieden und ohne zu wissen, dass sie an einem

---

[133] „U.S. Abtreibungsstatistik„.
https://abort73.com/abortion_facts/us_abortion_statistics/

[134] Amnesty International, „Why Ireland's emigrants are coming home to fight for safe abortion", 21. Mai 2018. https://www.amnesty.org/en/latest/news/2018/05/irish-expats-come-home-to-vote-for-abortion/

entsetzlichen Kultritual teilgenommen hatten!

Der Autor war bei den Feierlichkeiten zum Wahlergebnis im Dubliner Schloss anwesend und wurde Zeuge von einigen hundert ekstatischen, jubelnden und singenden Sektenmitgliedern).

Der Artikel von Abort73 stützt sich auf Informationen des irischen Gesundheitsministeriums und der britischen Website *www.gov.uk* (Unterstreichung zur Hervorhebung): „Im Jahr 2019 fanden in der Republik Irland 6.666 Abtreibungen statt.". Es heißt, dass in diesem Jahr 59.796 Geburten verzeichnet wurden und dass ein fast vernachlässigbarer Prozentsatz dieser Abtreibungen aus gesundheitlichen Gründen oder wegen fötaler Anomalien vorgenommen wurde (0,5 % bzw. 2 %). Die Zahlen für 2018 zeigen, dass im Vereinigten Königreich 2.879 Schwangerschaftsabbrüche durchgeführt wurden.

Seitdem Irlands neue Abtreibungsgesetze am 1. Januar 2019 in Kraft getreten sind, zeigen diese Zahlen das Offensichtliche - der „demokratische" Sieg der Sekte beim Referendum führte zu einem Anstieg der Zahl der abgetriebenen irischen Babys. Dies wurde durch das aktivierte Netzwerk von Hausarztpraxen, „Familienplanungs"-Kliniken und beteiligten Krankenhäusern im ganzen Land ermöglicht. (Ich bin sicher, der Leser hat die Zahl der Bestie bemerkt... Interessanterweise gewann die Sekte das Referendum mit etwas mehr als 66,4 % der Stimmen, wobei 33,6 % dagegen waren (der 33rd Grad ist der offiziell höchste Grad in der Freimaurerei des Schottischen Ritus).[135]

Das Unterstrichene hebt das Offensichtliche hervor - die meisten Abtreibungen erfolgten aus „sozialen" Gründen (d. h. die Frauen wollten das Kind einfach nicht). Eine der feministischen Propaganda, die vor dem Referendum in Irland kursierte und von vielen verbreitet wurde, war, dass eine Gesetzesänderung Abtreibungen aus gesundheitlichen Gründen (einschließlich tödlicher fötaler Anomalien) und natürlich bei Vergewaltigung erlauben würde. Wie an anderer Stelle beschrieben, ist diese Taktik typisch für die Sekte - man sucht sich etwas, das nur in relativ wenigen Fällen vorkommt, übertreibt es als Problem und benutzt es als Propagandawerkzeug, um die gesamte Umgestaltung der Gesellschaft zu rechtfertigen! Unzählige Idioten in Irland sind darauf hereingefallen und haben diese Propaganda wie Papageien wiederholt.

Die Sekte will mehr Blut von Babys...

Nach dem Referendum, am 20. Dezember 2018, unterzeichnete der irische Präsident und Sektenmitglied Michael D. Higgins das Gesetz „Health (Regulation of Termination of Pregnancy) Act 2018". Auf der Website *ifpa.ie* heißt es, dass dies im Wesentlichen bedeutet, dass: „Solange eine 3-tägige

---

[135] https://en.wikipedia.org/wiki/Thirty-sixth_Amendment_of_the_Constitution_of_Ireland

Wartezeit verstrichen ist, ist eine Abtreibung auf Antrag bis zur 12. Schwangerschaftswoche rechtmäßig. Ein Schwangerschaftsabbruch ist auch dann rechtmäßig, wenn das Leben der Frau gefährdet oder ihre Gesundheit ernsthaft geschädigt ist, sowie bei tödlichen Anomalien des Fötus. In allen anderen Fällen bleibt der Schwangerschaftsabbruch strafbar".[136]

Offensichtlich reicht das den irischen Sektenmitgliedern nicht aus, die behaupten, das Gesetz sei in seiner jetzigen Form zu restriktiv (!). Für diese Degenerierten finden Abtreibungen im ganzen Land einfach nicht häufig genug statt, und es ist im Grunde zu mühsam, eine zu bekommen. Natürlich wollen sie, dass Abtreibungen nach der 12. Woche möglich sind, dass die dreitägige Wartezeit abgeschafft wird und dass es keine Kriminalisierung mehr gibt (das kann man sich denken, das ist in anderen westlichen Ländern auch so). Aufgrund dieser restriktiven Faktoren reisen Frauen in Irland nach Angaben feministischer Gruppen immer noch ins Ausland, um eine Abtreibung vornehmen zu lassen. Sie wollen es den Frauen so leicht wie möglich machen, sich diese „patriarchale Unterdrückung" aus dem Leib reißen zu lassen.

Im Januar 2022 berichtete *Irish Legal*, dass Barrister Marie O'Shea „die zweite Phase der unabhängigen Überprüfung der irischen Abtreibungsgesetze leiten wird" und dass „Abschnitt 7 des Health (Regulation of Termination of Pregnancy) Act 2018 eine Überprüfung der Gesetzgebung innerhalb von drei Jahren vorsieht".[137] Natürlich wusste die Sekte, dass sich diese Gelegenheit für „Fortschritte" ergeben würde, denn sie war von Anfang an geplant.

Im April 2022 erklärte die feministische Kulturgruppe *National Women's Council of Ireland* (NWCI) auf ihrer Website, dass sie „die Überprüfung des Abtreibungssystems durch Marie O'Shea wärmstens begrüße" und „insbesondere die Empfehlungen zur Ausweitung der geografischen Abdeckung, zur fakultativen Einführung der dreitägigen Wartezeit, zur Entkriminalisierung und zur Überprüfung der willkürlichen Beschränkungen der Betreuung bei tödlichen fötalen Anomalien". Im April 2023 veröffentlichte der irische Gesundheitsminister Stephen Donnelly den Bericht.[138]

Interessanterweise wird in einem Beitrag vom 22. November 2023 auf der

---

[136] „Geschichte des Schwangerschaftsabbruchs in Irland,,.
https://www.ifpa.ie/advocacy/abortion-in-ireland-legal-timeline/

[137] NWC-Arbeitsgruppe „Abtreibung", 26. Januar 2022.

https://www.irishlegal.com/articles/marie-oshea-to-lead-second-phase-of-abortion-law-review

[138] „O'Shea Abortion Review muss Katalysator für Systemwechsel sein: NWC", 26. April 2023.

https://www.nwci.ie/learn/article/oshea_abortion_review_must_be_catalyst_for_system_change_nwc

NWCI-Website sehr kultisch auf die Vereinten Nationen verwiesen, wo es heißt: „Seit der Abstimmung 2018 hat die Weltgesundheitsorganisation ihre Richtlinien für die Abtreibungsversorgung veröffentlicht, mit der ausdrücklichen Vorgabe, dass alle Hindernisse für die Versorgung, wie obligatorische Wartezeiten, Grenzen für das Schwangerschaftsalter und Kriminalisierung, beseitigt werden sollten".[139]

Nun, in diesem Fall ist es wohl das Richtige zu tun, wenn die UN es sagt. Das ist im Grunde eine Sektengruppe, die sich auf eine andere bezieht, das ist alles. „Barrieren für die Pflege", mein Gott, sind diese „Leute" nicht verdammt verachtenswert?

Ihr Körper, Ihre Wahl?!

Wie kommt es, dass die Sektenmitglieder, wenn es um die Abtreibung geht, auf dem Mantra „Mein Körper, meine Entscheidung" beharren, aber wenn es um Covid geht, heißt es „Tu mit deinem Körper, was man dir sagt". Die Erwiderung lautet: „Das ist nicht dasselbe! Covid ist gefährlich und tötet andere Menschen, es betrifft uns alle!". Selbst wenn es sich bei Covid um eine tödliche, der Spanischen Grippe ähnliche Pandemie handeln würde, sollten wir ihre Logik überprüfen:

„Covid ist gefährlich...": Abtreibung ist auch gefährlich. Gefährlich für eine Gesellschaft. Gefährlich für die psychische Gesundheit der Frauen. Gefährlich für ihre Zukunftschancen bei der Fortpflanzung.

„...und tötet andere Menschen!". Töten ist (natürlich) lebensfeindlich, und Abtreibung ist dasselbe. Dabei spielt es keine Rolle, ob es sich um einen tödlichen Krankheitserreger handelt, der tötet, oder um eine Frau, die beschließt, den Fötus in sich töten zu lassen. Beides ist lebensfeindlich.

„Es betrifft uns alle!". Und die Abtreibung nicht?! Es geht nicht nur darum, was eine Frau will! Das Gebären (von Leben) ist eine sehr ernste Verantwortung (und ein Privileg!), die Frauen haben, die Männer nicht haben. Wenn zu viele Frauen in einem bestimmten Land/einer bestimmten ethnischen Gruppe beschließen, dass sie keine Kinder haben wollen (oder es bis zu einem sehr späten Zeitpunkt im Leben aufschieben!), besteht die Gefahr, dass diese Gruppe verschwindet. Es besteht auch die Möglichkeit, dass diese Gruppe aus ihrem eigenen Land ausbricht, was insbesondere dann gilt, wenn dieses Land große Mengen an Migranten importiert. Diese Dinge sind wichtiger als die persönlichen Gefühle und Wünsche der einzelnen Frauen! Offensichtlich ist dieses Maß an Selbstprüfung und Selbstlosigkeit für die Sektenmitglieder

---

[139]

https://www.nwci.ie/learn/article/nwc_strongly_welcomes_oireachtas_committee_pro posals_to_change_abortion_law unbegreiflich.

Zusammenfassend lässt sich sagen, dass Frauen nicht das Recht haben, ihre eigenen (oft irrelevanten, egoistischen oder frivolen) Wünsche über das Überleben ihrer eigenen ethnischen Gruppen zu stellen! Dies gilt ungeachtet der Tatsache, dass die Geburtenrate in den westlichen Ländern in den letzten Jahrzehnten unter das Ersatzniveau gesunken ist. Die unverantwortliche, egozentrische und kurzsichtige Haltung bestimmter Frauen trägt massiv dazu bei. Wenn sich der Spieß umdreht, werden wir damit beginnen, die heutigen Generationen feministisch verseuchter Frauen durch traditionellere Frauen zu ersetzen, indem wir die Gesellschaft schrittweise vom Feminismus entgiften. Dies muss zumindest aus existenziellen Gründen geschehen.

Die Pornoindustrie: Ihr Körper, ihre Wahl

Eine weitere Ungeheuerlichkeit im Zusammenhang mit der „Frauenbefreiung" ist die Pornoindustrie. Ohne den Feminismus und die programmierte Verbindung zwischen Sex und Hedonismus würde es sie nicht geben. Das ist ein großes Thema für sich, aber es verdient, hier erwähnt zu werden. Natürlich sind auch Männer für die Verbreitung der Pornoindustrie verantwortlich, aber in einer traditionelleren Gesellschaft ohne Feminismus gäbe es praktisch keine teilnehmenden Frauen! Keine Frauen, die bereit sind, sich zu objektivieren, bedeutet keine Pornoindustrie. Das liegt daran, dass (abgesehen von der feministischen Propaganda) in der überwältigenden Mehrheit der Fälle auf der Welt Frauen darüber entscheiden, was sie mit ihrem Körper und ihrer Sexualität tun, insbesondere in den westlichen Ländern.

Die entartete Pornoindustrie trägt dazu bei, die normalen Beziehungen zwischen Männern und Frauen zu zerstören, verzerrt die Wahrnehmung des menschlichen Körpers, von Sex und Beziehungen und ist äußerst schädlich für das Dopamin- und Serotonin-Belohnungssystem im Gehirn von Männern (psychologische/emotionale Degeneration). In den Anfängen der Pornoindustrie drehte sich alles um Filme, die Ära der „Erwachsenenfilme".

Heutzutage hat sie sich mit der Technologie zu einem Online-Porno entwickelt. Im Zuge dessen verschwimmen die Grenzen zwischen „Pornostar" und Durchschnittsfrau, denn Websites wie *Onlyfans.com* und *Sex.com* usw. ermöglichen so ziemlich jeder Frau mit Internetanschluss die Teilnahme an dieser Entartung. Diese Dinge haben eine eugenische Wirkung auf die Gesellschaft und tragen dazu bei, die Sexualität weiter von der Fortpflanzung zu entkoppeln, indem sie in den virtuellen Bereich verlagert werden (niemand wird über das Internet schwanger werden!). Natürlich sind es die Frauen, die sich auf diese Weise online prostituieren, und sie sind nun leuchtende Beispiele für die weibliche Selbstobjektivierung. Es handelt sich in der Tat um virtuelle Prostitution - Frauen, die sich dafür entscheiden, sexuelle Handlungen gegen Geld vorzunehmen, während sie dabei gefilmt werden, so dass die ganze Welt sie sehen kann. Das ist der Inbegriff von Talentlosigkeit. Eine noch beunruhigendere Entwicklung ist der Einsatz von künstlicher Intelligenz und „Deep Fakes" in Online-Pornos, um die Realitätswahrnehmung der Nutzer weiter zu verzerren. Der Marxismus ist wirklich der schlüpfrige Abhang der Entartung.

Klimawandel

> „Die grüne Bewegung hat etwas mit der Umwelt und unserem Planeten zu tun, aber sie hat dieses hässliche rote Innere, das sich immer wieder als Wunsch nach einem besseren Verhältnis zwischen uns und unserer Umwelt und dem Ende des Kapitalismus entpuppt.[140]

> Der britische Autor und Journalist Douglas Murray, Mai 2022

> „Vieles davon ist ein Schwindel, es ist ein Schwindel, es ist eine geldbringende Industrie".[141]

> Präsident Donald Trump zum Klimawandel, Juni 2017

Kommunistische Checkliste

In dieser Unteragenda sind die Menschen nach dem Prinzip „gegeneinander" die Unterdrücker und der Planet ist das unterdrückte Opfer (naaaawww, der arme Planet!). Dies hängt auch mit der kaum versteckten, menschenfeindlichen Vorstellung zusammen, die in die Ideologie eingewoben ist, dass Menschen einfach böse sind und es in ihrer Natur liegt, zerstörerisch/selbstzerstörerisch zu sein... Das ist in diesem Zusammenhang natürlich der größte Schwachsinn.

Es schafft ein neues Klassensystem zwischen denjenigen, die die „grüne" Bewegung unterstützen und „grün" werden, und denjenigen, die das nicht tun (Einzelpersonen und Nationen). Diejenigen, die das nicht tun, sind „Klimaskeptiker" oder „Klimawandelleugner". Es wird auch versucht, ein neues Klassensystem in der Wirtschaft im Sinne der (Marx'schen) „Ethik" zu schaffen, da Unternehmen und Industrien, die sich nicht „grün" verhalten, als ethisch minderwertig behandelt werden. Dies ermöglicht die Diskriminierung dieser Unternehmen durch die Mitglieder der Sekte. Diese Unteragenda bedient sich auch des Prinzips des Trojanischen Pferdes, da die Umstellung auf umweltfreundliche Technologien als vorteilhaft für Nationen, Individuen, Volkswirtschaften, die Landwirtschaft und die Natur angepriesen wird, in Wirklichkeit aber nachteilig für sie ist.

---

[140] John Anderson, „Douglas Murray | 'Die Inkohärenz von LGBTQI+',", 24. Mai 2022.

https://www.YouTube.com/watch?v=ntX0xWvjGrI

[141] MSNBC YouTube, „Donald Trump glaubt, dass der Klimawandel ein Schwindel ist", 3. Juni 2017.

https://www.YouTube.com/watch?v=yqgMECkW3Ak

Sie basiert auf einer verzerrten Wahrnehmung der Geschichte und der Gegenwart. Es handelt sich um eine Pseudowissenschaft, die auf einer wissenschaftlichen Theorie beruht, die angeblich durch die gesamte aufgezeichnete Geschichte und das heutige Klima gestützt wird. Die Klimaaufzeichnungen reichen jedoch nicht so weit in die Geschichte zurück, und schlüssige Beweise dafür, dass menschliche Aktivitäten das Klima „verändern", wurden nicht erbracht (wir hatten erst im späten 19.th Jahrhundert die Möglichkeit, die globalen Temperaturen genau zu messen).

Natürlich haben sich in der Geschichte viele große Geister mit Klimafragen befasst, und andere haben nützliche wissenschaftliche Erfindungen beigesteuert: Der große griechische Gelehrte Aristoteles beispielsweise schrieb um 340 v. Chr. die *Meteorologica,* eine philosophische Abhandlung zum Thema atmosphärische Phänomene. [142] Ein anderer herausragender Intellektueller, Galileo Galilei, erfand 1592 das Thermometer. [143] Aber im Laufe der Geschichte gab es nicht die Technologie, um die Klimaaktivität genau zu messen und zuverlässige Daten zu sammeln. Die Sekte hat jedoch wie üblich Wege gefunden, sich Informationen aus der Vergangenheit herauszupicken, um sie in ihr Narrativ einzupassen. Ein Beispiel dafür ist die Verwendung von Eiskerndaten - Daten, die Schwankungen des atmosphärischen Kohlendioxidgehalts und der Temperaturen über Jahrtausende hinweg zeigen. [144]

Diese Teilagenda wird von dem System auf der globalen Bühne massiv unterstützt. Die meisten der großen Organisationen der Welt treiben dies voran, einschließlich der Vereinten Nationen (UN) und des *Club of Rome* (COR). Bezeichnenderweise ist die *World Meterological Organisation* (WMO) ein Tentakel der marxistischen UN. Der Generalsekretär der letzten Zeit war Jukka Petteri Taalas. Taalas wurde vom UN-Chefkommunisten und portugiesischen Sektenmitglied Antonio Guterres ernannt.[145] (Auf die UN und den AdR gehen wir später ein).

Sie greift die Säulen der westlichen Zivilisation an. Sie greift den Kapitalismus an, indem sie die Landwirtschaft und die Industrie durch staatliche Beschränkungen, Besteuerung usw. beeinflusst und diese Sektoren zwingt, „grün" zu werden, selbst wenn dies negative Auswirkungen hat - oder sie zerstört. Die „grüne" Bewegung ermöglicht es der Sekte außerdem, die Kontrolle über die Ressourcenverwaltung einer Nation zu erlangen, die eine

---

[142] https://www.britannica.com/biography/Aristotle

[143] https://www.britannica.com/biography/Galileo-Galilei

[144] Bauska, T., „Eisbohrkerne und Klimawandel", 3. Juni 2022.

https://www.bas.ac.uk/data/our-data/publication/ice-cores-and-climate-change/

[145] https://en.wikipedia.org/wiki/World_Meteorological_Organization

zentrale Rolle dabei spielt, die Kontrolle über die Wirtschaft dieser Nation zu erlangen (was wiederum ein Schritt zur Einführung eines sozialistischen Systems ist).

Die Sekte liebt es einfach, jedes Problem/jede Situation dem Kapitalismus in die Schuhe zu schieben, indem sie alle ihr zur Verfügung stehenden Mittel einsetzt - einschließlich der Verdrehung etablierter Fakten oder der Erfindung völlig neuer Konzepte. Ihr pseudowissenschaftlicher Klimaschwindel ist ein Paradebeispiel dafür. Alle Probleme mit der Umweltverschmutzung, die mit der Wirtschaft oder der Industrie in irgendeiner Form zusammenhängen, werden dem Kapitalismus angelastet - dem unethischen Profitstreben, der bürgerlichen Unterdrückung der Arbeiter usw.! Sie werden jede Art von Umweltproblemen dem Kapitalismus zuschreiben, da sie damit zwei Fliegen mit einer Klappe schlagen: Sie fördern die Unteragenda des Klimaschwindels (und alle darin enthaltenen Vorteile für die Ideologie) und greifen ihren alten Feind an.

Schauen Sie sich umgekehrt das Verhalten (in Bezug auf die Umwelt) eines Landes an, das vollständig von Sektenmitgliedern kontrolliert wird - die „Volksrepublik" China. Sie hat sich immer gegen alle multinationalen Versuche gewehrt, ihr Verhalten in dieser Frage zu kontrollieren. Mit anderen Worten: Während der Rest der Welt sich über die „Rettung des Planeten" aufregt, wird China tun, was es will, denn die Unteragenda der Klimatäuschung muss in diesem Land nicht angewendet werden (da der Marxismus bereits ausreichend am Ruder ist). Bei dieser Klima-Subagenda geht es darum, den Planeten marxistischer zu machen, nicht darum, sich um ihn zu kümmern oder ihn zu „retten".

Es wird versucht, Gleichheit zwischen (ausgewählten) Ländern in Bezug auf die Effizienz der Energieproduktion zu erzwingen (d.h. sie haben nur begrenzte Möglichkeiten, Energie zu produzieren, da sie gezwungen sind, „grün" zu werden). Es erzwingt die Einhaltung internationalistischer Klimainitiativen und schafft so Gleichheit auf internationaler Ebene (auch bekannt als Uniformität).

Schließlich gibt es vielleicht keinen größeren Ausdruck marxistischer Tugendhaftigkeit als die Aussage, dass man einen ganzen Planeten retten wird! Sehr witzig. Gigantische Egos.

Der Marxismus hat mit Wirtschaft nichts am Hut; sie sind überhaupt nicht kompatibel. Wie bereits erwähnt, sind die Volkswirtschaften überall dort, wo „sozialistische" Regime Fuß gefasst haben, in den Ruin getrieben worden. Es ist also nicht verwunderlich, dass viele Sektenmitglieder bei der „grünen" Bewegung mitmachen, da sie sich der wirtschaftszerstörenden Auswirkungen nicht bewusst sind (die fanatischeren Typen sind sich dessen vielleicht bewusst).

Interessant ist auch, dass die „Rettung des Planeten"-Agenda zu einer

Entweihung der natürlichen Landschaft führt. Diese unnatürlich aussehenden, ineffizienten Windparks und Solarpaneele tauchen jetzt überall auf, wo sie untergebracht werden können, da offensichtlich große Mengen benötigt werden. Um das Platzproblem zu umgehen, werden die Windkraftanlagen auf See aufgestellt, was noch teurer ist. Wo auch immer sie platziert werden, sie werden viel Platz benötigen und dabei die Umwelt zerstören. Die Agenda „Rettet den Planeten" zerstört in Wirklichkeit den Planeten (wieder eine Umkehrung), während Zeit, Geld und natürliche Ressourcen verschwendet werden. All das macht diese Teilagenda zur Anti-Natur-Agenda.

Natürlich ist die Klima-Subagenda Teil der Ambitionen der Sekte nach globaler Kontrolle, die sie über internationalistische Organisationen wie die UNO erreichen kann.

Klima-'Wandel' oder Umweltverschmutzung?

Warum treiben Sektenmitglieder den Klimawandel-Betrug auf die Tagesordnung? Warum sehen wir all diese marxistischen „Wassermelonen" (rot auf der Innenseite) „grünen" Aktivistengruppen, die uns erzählen, dass es einen Klimanotstand gibt? Warum der Klima-'Alarmismus'?

Früher nannte man es „globale Erwärmung", aber dann wurde es in „Klimawandel" umbenannt, weil die Gesamtschwankung der globalen Temperaturen im Laufe der Zeit die ursprüngliche Bezeichnung nicht rechtfertigte. Um das Offensichtliche klarzustellen, bevor wir fortfahren: Es gibt hier kein großes Problem, das gelöst werden muss, und der Planet muss nicht gerettet werden (noch wird er „unterdrückt")! Das Klima verändert sich - so ist das nun einmal! Es verändert sich, durchläuft verschiedene Phasen, vor allem aufgrund der Sonnenaktivität - der Beziehung der Erde zur Sonne - und das ist seit Jahrtausenden so. Das hat nichts mit dem menschlichen Verhalten oder den Kohlendioxidemissionen zu tun. Es handelt sich um ein alarmistisches Narrativ, das von „Wissenschaft" und „Experten" gestützt wird und das genauso emotional manipulativ ist wie die anderen marxistischen Subagenden.

Die Umweltverschmutzung hingegen ist ein separates Thema, das sich gerne in diesem Mix verheddert, aber sie führt nicht zu Veränderungen im Klima! Sie kann die Qualität der Luft, des Bodens oder des Wassers beeinträchtigen (neben anderen Dingen), und sicherlich könnten wir in diesen Bereichen Verbesserungen erzielen, aber das rechtfertigt immer noch nicht die Existenz der marxistischen „grünen" Bewegung! Nochmals, die Ideologie ist hier nicht nötig. Auch Recycling ist eine positive Sache: Ressourcen zu sparen ist effizient, was immer gut ist, aber wiederverwertbare Blechdosen, Pappe und Plastik haben einen Scheißdreck mit dem Wettergeschehen zu tun und retten ganz sicher keinen Planeten!

Bei dieser Teilagenda geht es nicht um „den Planeten", sondern um Kontrolle. Es geht um: die Unterstützung der Zerstörung des kapitalistischen Systems (in den entwickelten Ländern) und den Versuch, seine Entwicklung (in den unterentwickelten Ländern) zu verhindern; Diebstahl (Kohlenstoffsteuer); die Kontrolle über Land und Ressourcen; den Versuch, „Gleichheit" in der Geschäftswelt durchzusetzen; und die Schaffung einer marxistischen Eine-Welt-Regierung. In der Praxis haben wir bei den „kommunistischen" Regimen des 20. Jahrhunderts gesehen, dass sozialistische Systeme/Initiativen der Umwelt überhaupt nicht zugute kommen (die Länder, die wirtschaftlich am Boden liegen, sind in der Regel schlecht organisiert, korrupt, ineffizient und oft nachlässig, schmutzig, verschmutzend usw.).

Denken Sie daran, dass der Erfolg der großen „Revolution" der Ideologie/Sekte davon abhängt, dass sie das öffentliche Narrativ kontrollieren. Die „Experten", die mit der Klimawandeltheorie hausieren gehen, agieren innerhalb desselben Systems wie andere „Experten", die das Covid-Fiasko, den „Multikulturalismus", den Sozialismus, den nicht-binären Gender-Mist usw. vorantrieben. Die Glaubwürdigkeit des Systems sollte in diesem Stadium des Spiels eine wohlverdiente Null sein.

Erneuerbare Energien" oder Kernenergie

Sogenannte „erneuerbare" Energiequellen - wie Wind, Sonne, Wasserkraft usw. - sind ineffizient und unzureichend für unseren Energiebedarf und werden es vielleicht nie sein. Wenn wir ihre Nutzung jetzt erzwingen, verschwenden wir nur Zeit, Geld und Ressourcen. Außerdem ist die Kernkraft bei weitem die bessere und sauberere Wahl, da neuere Reaktoren abgebrannte Brennelemente aus älteren Reaktoren verwenden können. Kernspaltungsreaktoren erzeugen im Vergleich zu Solar- und Windkraftanlagen riesige Mengen an Strom, brauchen viel weniger Platz, sind viel zuverlässiger (sie können rund um die Uhr und das ganze Jahr über betrieben werden, egal bei welchem Wetter) und produzieren auch sehr wenig CO_2 (nicht, dass dies wirklich wichtig wäre).[146] Natürlich haben Sie viel Glück, wenn Sie Ihr durchschnittliches „Umweltschützer"-Sektenmitglied von all dem überzeugen können! Sie werden die rein zufälligen Vorfälle von Three-Mile Island (1979; einige glauben, dass es sich um Sabotage handelte), Tschernobyl (1986) und Fukishima (2011) anführen. Das Internet ist überschwemmt mit sektenartigen Gegenpropagandaartikeln, die versuchen, die Kernenergie zugunsten der erneuerbaren Energien zu minimieren und die oben genannten Vorteile zu verwerfen.

Frankreich versorgt etwa siebzig Prozent seines Netzes mit Atomstrom. Darüber hinaus ist es „aufgrund seiner sehr niedrigen Erzeugungskosten der weltweit größte Nettoexporteur von Strom und nimmt dadurch jährlich über 3

---

[146] „5 schnelle Fakten über abgebrannte Kernbrennstoffe", 3. Oktober 2022.

https://www.energy.gov/ne/articles/5-fast-facts-about-spent-nuclear-fuel

Mrd. EUR ein".[147] In einem Artikel auf *energydigital.com* vom Februar 2023 wurden die „Top 10 der Kernenergie produzierenden Länder" aufgelistet. Die USA, Frankreich und China belegen die ersten drei Plätze mit 93, 56 bzw. 51 Reaktoren. Während Frankreich und die USA keine enthusiastischen Pläne zum Ausbau ihres Netzes zu haben scheinen, plant China den Ausbau seines Stromnetzes mit 18 Reaktoren, die bald in Betrieb gehen sollen. Insgesamt würde dies 17,2 GW für Chinas Stromnetze erzeugen. Das Land plant außerdem den Bau von 39 weiteren Kernreaktoren mit einer Bruttokapazität von insgesamt 43 GW".[148] Dies deckt sich mit der derzeitigen Strategie Chinas (unter Führung der Kommunistischen Partei Chinas) an allen anderen Fronten - expandieren, expandieren, expandieren.

Auffallend ist, dass Deutschland in dieser Liste nicht auftaucht, obwohl das Land traditionell eine herausragende Stellung in der Technik hat. Es überrascht nicht, dass unter der kommunistischen Ex-Kanzlerin Angela Merkel die Kernkraftinfrastruktur zunehmend abgebaut und durch „erneuerbare Energien" ersetzt wurde. Der Fukushima-Zwischenfall in Japan im Jahr 2011 bot den deutschen Sektenmitgliedern eine großartige Gelegenheit, diese Sub-Agenda voranzutreiben, indem sie massive, koordinierte Anti-Atomkraft-Demonstrationen aus Sorge um die Sicherheit abhielten;[149] trotz der Tatsache, dass ein Unterwasser-Erdbeben - und der darauf folgende 15-Fuß-Tsunami - den Fukushima-Zwischenfall verursacht hat.[150] Ich kann mich nicht erinnern, wann es in Deutschland das letzte Mal ein Erdbeben der Stärke 9,0 mit einem anschließenden Tsunami gab, Sie etwa? Ein weiteres Beispiel dafür, dass die Sekte aus etwas Kapital schlägt und Alarmismus erzeugt, um die Revolution voranzutreiben.

Marxistische Gruppen wie *Friends of the Earth* und *Greenpeace sind seit langem* gegen Atomkraft und damit auch gegen Atomwaffen. Die meisten dieser „edlen" Proteste wurden in den Jahren des Kalten Krieges vor allem in westlichen (nicht-kommunistischen) Ländern durchgeführt. Kein Kommentar

---

[147] „Kernenergie in Frankreich", August 2023.

https://world-nuclear.org/information-library/country-profiles/countries-a-f/france.aspx

[148] Ahmad, M., „Top 10: Atomenergie produzierende Länder", 8. Februar 2023.

https://energydigital.com/top10/top-10-nuclear-energy-producing-countries

[149] Appunn, K., „Die Geschichte des deutschen Atomausstiegs", 9. März 2021.

https://www.cleanenergywire.org/factsheets/history-behind-germanys-nuclear-phase-out

[150] „Unfall in Fukushima Daiichi", August 2023.

https://world-nuclear.org/information-library/safety-and-security/safety-of-plants/fukushima-daiichi-accident.aspx nötig.

Ökologisierung bremst Wirtschaftswachstum

Die marxistischen „grünen" Bewegungen in den westlichen Ländern setzen die Regierungen ständig unter Druck, Geld in erneuerbare Technologien und Infrastruktur zu investieren. Die Dritte Welt und die Entwicklungsländer werden gezwungen sein, sich dieser Sub-Agenda anzuschließen, wenn die Klimabewegung ungehindert weitergeht. Da sie von der internationalen Sekte (über die UNO und eine Vielzahl von Aktivistenorganisationen) unter Druck gesetzt werden, „grün" zu werden, werden diese Länder keine konventionellen fossilen Brennstoffe zur Energiegewinnung verwenden. Das bedeutet, dass sie keinen Zugang zu billiger Energie haben werden, die ihren Volkswirtschaften ein Wachstum ermöglichen könnte. Stattdessen werden sie „ermutigt" (gezwungen), teure „grüne" erneuerbare Energiequellen zu nutzen, während sie sich noch entwickeln. Dies bremst ihr wirtschaftliches Wachstum (Angriff auf den Kapitalismus). Da der Marxismus in den Ländern der Dritten Welt ohnehin schon immer recht leicht Fuß gefasst hat, könnte dies ein weiterer Weg sein, um sicherzustellen, dass diese Länder weiterhin den Marxismus als (zum Scheitern verurteilten) „Ausweg" aus ihrer Situation wählen. Der von den großen Organisationen ausgeübte Druck, „grün" zu werden, sorgt dafür, dass ihnen die Option, sich mit Begeisterung für den Kapitalismus zu entscheiden, nicht offen steht.

Und dann ist da noch der berüchtigte Betrug mit der Kohlenstoffsteuer. Wenn Unternehmen (oder sogar Länder) zur Zahlung dieser Steuer gezwungen werden, werden sie im Wesentlichen für ihre industrielle Produktion bestraft. Je mehr sie produzieren, desto mehr werden sie dafür besteuert (Angriff auf den Kapitalismus). Daher ist diese Steuer auch ein finanzieller Betrug. Diejenigen, die daran beteiligt sind, können sich stinkreich machen. Es ist eine Form des Diebstahls (gemäß Punkt zwei des Kommunistischen Manifests). Die Sekte/Ideologie wird jede Gelegenheit nutzen, um das kapitalistische System - einschließlich der privaten, nicht staatlich kontrollierten Industrie - durch Besteuerung zu zerstören. Mit der Kohlendioxidsteuer haben sie einen Weg gefunden, die Menschen buchstäblich umsonst zu besteuern (d. h. ihnen ihre Gewinne zu stehlen). Darüber hinaus lässt diese Besteuerung die „erneuerbaren Energien" in Bezug auf die Kosten wettbewerbsfähiger erscheinen. Der frühere US-Vizepräsident Al Gore, vielleicht die prominenteste politische Stimme der Klimaalarmisten, hat auf seinem noblen Weg, uns alle zu retten, viel Geld eingenommen. In einem Artikel der Daily Mail vom Januar 2023 heißt es: „Der ehemalige Vizepräsident steht an der Spitze der Investitionen in grüne Technologien, die sein Vermögen auf schätzungsweise 330 Millionen Dollar anschwellen ließen. Weiter heißt es, dass er bei Generation Investment Management ein monatliches Gehalt von 2 Millionen Dollar bezieht. Er verbrachte auch Jahre damit, in CO2-produzierenden Flugzeugen herumzufliegen und besitzt mehrere

Immobilien.[151] Er ist der Inbegriff eines heuchlerischen Sektenmitglieds.

Wassermelonen-Gruppen

Just Stop Oil begann im Jahr 2022 mit der Rettung der Menschheit. Aus der Startseite ihrer Website: „Just Stop Oil ist eine gewaltfreie zivile Widerstandsgruppe, die die britische Regierung auffordert, keine neuen Öl-, Gas- und Kohleprojekte mehr zu genehmigen". Amüsanterweise ist die von ihnen gewählte Markenfarbe Orange (Website, T-Shirts usw.), was in aller Fairness ein anständiger Versuch der Originalität ist (auch hier wäre Kommunistenrot zu offensichtlich). Ihr Logo ist sehr interessant und hat mehrere Bedeutungen - es ist ein menschlicher Schädel in Form einer Glühbirne, enthält aber auch eine traurige Person und hat einen Öltropfen als Träne.[152] Ich stimme zu: Marxistischer revolutionärer Aktivismus ist eine miserable Idee, die zum Aussterben der Menschheit führt.

Diese Gruppe hat in den Medien und im Internet Aufmerksamkeit für ihre glorreichen revolutionären Aktionen erhalten. Im Jahr 2023 wurden Demonstranten dabei beobachtet, wie sie überall orangefarbenes Pulver warfen, unter anderem bei hochkarätigen Sportereignissen im April und Juli - der Snooker-Weltmeisterschaft in Sheffield und dem British Open Golfturnier in Liverpool. In der Formel 1 störten sie auch den Großen Preis von Großbritannien 2022, indem sie sich auf die Strecke setzten. Wenn ich um die Kurve käme und diese Idioten auf der Strecke sähe, würde ich die Scheibenwischer einschalten, hupen, einen Gang höher schalten und Gas geben...

Eine weitere Taktik ist die Störung des Verkehrs (durch Amateurfahrer), insbesondere im Zentrum Londons, UK.[153] Diese Idioten saßen auf der Straße und ärgerten die Londoner Bürger, die oft gezwungen waren, in den Fahrzeugen zu sitzen, während die „Polizei" zusah. Einige brillante Bürger zerrissen ihre Transparente, zogen sie von der Straße und schikanierten sie auf andere Weise, aber da die Polizei damit drohte, sie zu verhaften und nicht die Demonstranten(!), gingen die Proteste natürlich weiter. Oft krochen die Demonstranten, nachdem sie von der Straße gezerrt worden waren,

---

[151] Farrell, P., „Wie Al Gore mit Klimaalarmismus 330 Millionen Dollar verdient hat: Der ehemalige Vizepräsident machte ein Vermögen, nachdem er gegen George W. verloren hatte, als er eine grüne Investmentfirma gründete, die jetzt 36 Milliarden Dollar wert ist und ihm 2 Millionen Dollar pro Monat zahlt... während er vor 'Regenbomben' und 'kochenden Ozeanen' warnt", 19. Januar 2023. https://www.dailymail.co.uk/news/article-11653723/How-Al-Gore-300m-climate-alarmism-Former-VP-fortune-losing-George-W.html

[152] https://juststopoil.org/

[153] „Just Stop Oil: Was ist das und was sind seine Ziele?", 8. November 2023. https://www.bbc.com/news/uk-63543307

ärgerlicherweise wieder auf die Straße zurück. Einige Leute versuchten, die Aktivisten zu belehren, eine völlige Zeitverschwendung - der Versuch, mit gehirngewaschenen Sektenmitgliedern zu reden. Vergessen Sie nicht, dass es sich hier um große revolutionäre Helden der Menschheit handelt, die über dem Rest von uns, die wir es besser wissen, schweben.[154]

Es ist absolut lächerlich, dass dies geschehen konnte! Das britische Establishment ist voll von Sektenmitgliedern, so dass es vorerst keine Hoffnung gibt, marxistische Proteste zu verbieten. In einer vernünftigeren Gesellschaft würden sie in Polizeiwagen verfrachtet und gezwungen werden, für den Rest ihres Lebens in einer Kohlemine oder auf einer Ölplattform zu arbeiten. Als ideale Lösung für Demonstranten, die auf der Straße sitzen, sei hier ein Wort des verstorbenen amerikanischen Komikers Bill Hicks (1961-1994) zitiert, der zu den Unruhen in L.A. 1992 sagte: „Gib Gas, Mann! Sie sind zu Fuß, du bist in einem Truck... Ich glaube, ich sehe einen Ausweg...".[155]

In vielen Online-Kommentaren wurde darauf hingewiesen, dass es sich bei diesen Aktivisten meist um Studenten oder Rentner handelt, die möglicherweise arbeitslos sind (und daher derzeit keinen Beitrag zur Wirtschaft leisten), während sie gleichzeitig Arbeitnehmer/Pendler daran hindern, dasselbe zu tun. Während dies anerkannt und verstanden wurde, ist es weniger offensichtlich, dass ihre Aktion, den Verkehr anzuhalten, symbolisch für die antikapitalistische und zivilisationsfeindliche Haltung der Ideologie ist.

Interessanterweise gehörten zu den alltäglichen Arbeitern, die die Aktivisten belästigten, auch die „proletarische" Arbeiterklasse, ganz zu schweigen davon, dass je länger man jemanden im Verkehr aufhält und seine Fahrzeit verlängert, desto mehr Kraftstoff verbraucht wird und desto mehr Verschmutzung das Fahrzeug insgesamt über seine Auspuffrohre produziert. Noch offenkundigere antikapitalistische Aktionen gab es im April 2022, als sie versuchten, mehrere Öleinrichtungen, Infrastrukturen und Terminals zu blockieren.[156]

Eine weitere verbundene britische Vorgängergruppe, wenn auch auf einer höheren Ebene der Kamikaze-ähnlichen Verrücktheit, ist *Insulate Britain*. Von der Homepage ihrer Website *insulatebritain.com* (Unterstreichung zur Hervorhebung): „Wir brauchen die Regierung, um Großbritanniens Häuser zu isolieren, um Tausende von Leben zu retten und den wirtschaftlichen und sozialen Zusammenbruch zu verhindern. Jedes Jahr sind im Vereinigten Königreich Hunderttausende von Familien gezwungen, sich zwischen Heizung

---

[154] „Just Stop Oil"-Demonstranten werden niedergeschlagen", 3. Juli 2023. https://www.YouTube.com/watch?v=s7XPNM_Om9Q

[155] „Bill Hicks: Revelations (1992/ 93)„. https://www.YouTube.com/watch?v=6wG0wZD3Kh8

[156] „Just Stop Oil: Was ist das und was sind seine Ziele?", 8. November 2023.https://www.bbc.com/news/uk-63543307

oder Essen, kalten oder hungrigen Kindern zu entscheiden, und viele Tausende sterben, weil sie zu kalt sind. Die Dämmung der britischen Häuser wird Leben retten und für warme Wohnungen sorgen, während sie gleichzeitig den wirksamsten Beitrag zur Verringerung des Kohlenstoffausstoßes und zur Schaffung sinnvoller Arbeitsplätze leistet".[157]

Gott sei Dank haben wir diese wunderbaren Menschen, die uns vor dem Zusammenbruch bewahren, während sie die armen Proletarier retten. Diese Verrückten wurden Ende 2021 gesehen, wie sie den Verkehr an mehreren Kreuzungen der Autobahn M25 in der Nähe von London behinderten.[158]

Eine verwandte Kultgruppe ist *Extinction Rebellion* (ER. Dieser Name ist ein weiterer Anwärter auf den Titel „Wie man so viel Marxismus wie möglich in einen Titel packen kann"). In der Tat sind Just Stop Oil und Insulate Britain Ableger, da ER in der internationalen Struktur der Sekte etwas höher angesiedelt ist. Aus dem Abschnitt „Warum rebellieren?" auf ihrer Website, unter „Gewaltloser ziviler Ungehorsam": „Wir treten in die Fußstapfen von vielen, die vor uns gekommen sind. Von der indischen Unabhängigkeitsbewegung bis zum Frauenwahlrecht, von der Bürgerrechtsbewegung bis zum Arabischen Frühling - die Geschichte hat uns immer wieder gezeigt, dass gewaltloser Protest ein wirksames Mittel ist, um Veränderungen herbeizuführen. Und doch gibt es keine Garantien. Als Rebellen wissen wir, dass die Realität von morgen die Sorge von heute ist".[159] In der Tat in die Fußstapfen treten.

Letzte Generation ist eine deutsche Gruppe, die auch in Italien und Österreich aktiv ist. Ihr Logo ist ein Herz, umgeben von einem rötlichen Kreis (Marxismus = Liebe!). Sie sind für ähnliche Taktiken bekannt - sie übergießen öffentliche Denkmäler mit Farbe, kleben sich selbst auf die Straße und verwenden Feuerlöscher, um Ladenfronten und Restaurants mit orangefarbener Farbe zu besprühen. Einmal haben sie sogar ein Gemälde von Claude Monet mit Kartoffelpüree verunstaltet, und ein Van-Gogh-Gemälde wurde mit Suppe behandelt.[160] Verrückte. Aus der „Wer wir sind"-Seite ihrer Website (Unterstreichung zur Hervorhebung): „Wir sind die letzte Generation, die den Zusammenbruch unserer Gesellschaft aufhalten kann. Angesichts dieser Realität nehmen wir furchtlos hohe Gebühren, Strafanzeigen und Haftstrafen in Kauf".[161]

---

[157] https://insulatebritain.com/

[158] https://en.wikipedia.org/wiki/Insulate_Britain_protests

[159] https://rebellion.global/why-rebel/

[160] https://en.wikipedia.org/wiki/Last_Generation_(klimabewegung)

[161] https://letztegeneration.org/en/wer-wir-sind/

Auch hier wird wieder deutlich, dass es sich um Fanatiker handelt, die sich durch keinerlei Zwang oder Bestrafung abschrecken lassen. Die einzige Möglichkeit, mit fundamentalistischen Ideologen umzugehen, ist physische Gewalt. Amüsanterweise wurden zwei der Mitglieder im Februar 2023 in den Medien beschimpft, weil sie in den Urlaub nach Asien geflogen sind und dabei jede Menge CO2 ausgestoßen haben.[162] Auch hier gilt: In einer gesunden Gesellschaft dürfen identifizierte Sektenmitglieder ein Land nicht nach Belieben verlassen oder betreten. Wenn alles gut geht und nach Plan verläuft, wird dies die „letzte Generation" der marxistischen Sektenmitglieder sein.

Man beachte auch, wie diese Gruppen über diesen unvermeidlichen gesellschaftlichen Zusammenbruch sprechen. Dies geht auf die Annahme von Karl Marx zurück, dass der Kapitalismus die Saat seiner eigenen Zerstörung in sich trägt. Die Sekte nutzt dieses Instrument häufig, um ein emotionales Gefühl der Dringlichkeit zu erzeugen, das eine für die Sekte/Ideologie günstige Reaktion hervorrufen kann.

Eine andere ist die australische Aktivistengruppe *Stop Fossil Fuel Subsidies* (SFFS, oder „Stop for fuck's sake!"; was super australisch ist). Auf ihrer Homepage, auf der wieder die Farbe Rot zu sehen ist, heißt es, sie seien „eine neue, politisch nicht gebundene Gruppe von Bürgern, die Maßnahmen ergreifen, um Regierungen zu zwingen, ihre Unterstützung für die fossile Brennstoffindustrie einzustellen".[163] Unparteiische Sektenmitglieder? Erzählen Sie mir mehr! Außerdem „sind wir gezwungen, einen Weg des gewaltlosen zivilen Widerstands einzuschlagen, um diese Obszönität zu stoppen". Nein, niemand zwingt Sie, irgendetwas zu tun.

Weiter heißt es: „Jahrzehnte gefährlicher, von Gier getriebener Untätigkeit haben die vom Menschen verursachte globale Erwärmung so weit beschleunigt, dass die Zivilisation nicht mehr lebensfähig sein wird, wenn nicht dringend Maßnahmen zur raschen Reduzierung der Treibhausgasemissionen ergriffen werden. Jetzt ist es an der Zeit für stärkere Forderungen und zivilen Widerstand, der der existenziellen Bedrohung, der wir alle ausgesetzt sind, angemessen ist". Diese beiden Sätze beinhalten (in dieser Reihenfolge): Antikapitalismus/Antiprofit, Pseudowissenschaft, Alarmismus, Revolution, mehr Alarmismus.

David und Joanne

Dr. David Evans und seine Frau Joanne Nova sind zwei namhafte

---

[162] Scally, D., „Deutsche Klimaaktivisten tauschen Gerichtstermin gegen Bali-Urlaub", 3. Februar 2023.

https://www.irishtimes.com/world/europe/2023/02/03/german-climate-activists-swap-court-date-for-bali-holiday/

[163] https://www.stopffs.org/about

„Klimaskeptiker" in Australien. Sie haben sich beide seit vielen Jahren zu diesem Thema geäußert. Sehr interessante Persönlichkeiten, da beide in ihrer früheren Laufbahn als Befürworter dieser Teilagenda tätig waren.

Der Ingenieur und Mathematiker Evans hat nicht weniger als sechs Universitätsabschlüsse, darunter einen Doktortitel in Elektrotechnik, den er an der Stanford University in Kalifornien erworben hat. Von 1999 bis 2005 und von 2008 bis 2010 arbeitete er als Berater für das australische Greenhouse Office, das in „Department of climate change" umbenannt wurde. Er war an der Entwicklung der Fullcam beteiligt, einem System zur Messung des Kohlenstoffgehalts in der Umwelt.[164] [165] Evans wurde so etwas wie ein Paria, als er begann, das Narrativ in Frage zu stellen und die Eiskerndaten als wichtigen Wendepunkt für ihn persönlich anführte. Er war ein großer Mann, der das Gewissen und den Mut hatte, seine Meinung zu sagen.

Am 23. März 2011 hielt er eine Rede bei einer „No Carbon Tax"-Demonstration auf den Stufen des Parlaments von Westaustralien (die vollständige Rede ist auf seiner Website *www.sciencespeak.com* verfügbar).[166] Er begann: „Die Debatte über die globale Erwärmung hat lächerliche Ausmaße angenommen. Sie ist voll von hauchdünnen Halbwahrheiten, Missverständnissen und Übertreibungen. Ich bin ein Wissenschaftler. Ich war auf der Kohlenstoff-Soße, ich verstehe die Beweise, ich war einmal ein Alarmist, aber jetzt bin ich ein Skeptiker".

Evans fuhr fort: „Die Vorstellung, dass Kohlendioxid die Hauptursache für die jüngste globale Erwärmung ist, basiert auf einer Vermutung, die in den 1990er Jahren durch empirische Beweise widerlegt wurde. Aber der Profit war zu groß, zu viele Arbeitsplätze, Industrien, Handelsgewinne, politische Karrieren und die Möglichkeit einer Weltregierung und der totalen Kontrolle hingen von dem Ergebnis ab. Anstatt also zuzugeben, dass sie sich geirrt haben, halten die Regierungen und ihre Klimawissenschaftler nun unverschämterweise an der Fiktion fest, dass Kohlendioxid ein gefährlicher Schadstoff ist.".

Er erklärte auch, dass CO2 zur Erwärmung des Planeten beiträgt, dass aber „die Klimamodelle grundlegend fehlerhaft sind" und dass sie „den durch Kohlendioxid verursachten Temperaturanstieg stark überschätzen". Er verwies auf Beweise, die der offiziellen Darstellung widersprechen, wie z. B. Wetterballondaten, und dass diese im Wesentlichen ignoriert werden.

Andere „alternative" Wissensquellen in der Welt besagen, dass die Erde, wie unser Stern - die Sonne - in gewissem Sinne ein Organismus ist, der schwankt und verschiedene Entwicklungsstadien durchläuft; sie kann auch auf

---

[164] https://sciencespeak.com/about.html

[165] https://en.wikipedia.org/wiki/David_Evans_(Mathematiker_und_Ingenieur)

[166] https://sciencespeak.com/rally.pdf

Veränderungen in ihrer Umgebung/ihren Bedingungen reagieren (wie es Lebewesen zu tun pflegen) und kann sich auch auf ihre Umgebung auswirken. Evans spielte in seiner Rede auf dieses Konzept an, und zwar aus wissenschaftlicher Sicht: „Es gibt inzwischen mehrere unabhängige Belege dafür, dass die Erde auf die Erwärmung durch zusätzliches Kohlendioxid reagiert, indem sie diese Erwärmung dämpft. Jedes langlebige natürliche System verhält sich auf diese Weise und wirkt jeder Störung entgegen, da das System sonst instabil wäre. Das Klimasystem bildet da keine Ausnahme, und das können wir jetzt beweisen.".

Die Klima-"Alarmisten" (Sektenmitglieder) behaupten fälschlicherweise, dass der Planet nicht mit dem umgehen kann, was die Menschen tun (in Bezug auf unsere Emissionen usw.), und dass dies zu verschiedenen ökologischen Ungleichgewichten führt, aber Evans hat richtig festgestellt, dass der Planet sich anpassen kann - und dies auch tut. Das gegenteilige Argument der Sekte, das für ihre Bewegung von zentraler Bedeutung ist, ist falsch.

Die Behauptung, der Klima-Subkult übertreibe und verzerre Informationen in einseitiger Weise, ist eine Untertreibung; es ist Propaganda. Die Verwendung von Thermometern und deren Platzierung ist offensichtlich von zentraler Bedeutung für die Behauptung, dass sich der Planet erwärmt. Evans erklärt: „Die globale Erwärmung wird in Zehntelgraden gemessen, daher ist jeder zusätzliche Erwärmungsschub wichtig. In den Vereinigten Staaten verstoßen bei einer Befragung von Freiwilligen fast 90 % der offiziellen Thermometer gegen die offizielle Vorschrift, dass sie nicht zu nahe an einer künstlichen Heizquelle angebracht werden dürfen". Er fügte hinzu: „Die Täuschung besteht darin, dass sie ausgewählte Thermometer an künstlich erwärmten Orten verwenden und die Ergebnisse als „globale" Erwärmung bezeichnen."

Satelliten liefern eine genaue, globale Messung der Temperaturen, betonte Evans, und zwar auf unvoreingenommene Weise. Ihre Daten zeigen, dass „das wärmste Jahr 1998 war und dass sich die globale Temperatur seit 2001 abgeflacht hat", und fügte hinzu: „Warum präsentiert das westliche Klima-Establishment nur die Ergebnisse der Oberflächenthermometer und erwähnt nicht die Satellitenergebnisse?".

Dies sind typische Beispiele dafür, dass die Sekte/Ideologie Informationen auswählt, um ein bestimmtes Narrativ zu fördern, indem sie die Realität verzerrt. Er schloss seine Rede mit den Worten: „Ja, Kohlendioxid ist eine Ursache für die globale Erwärmung, aber sie ist so gering, dass es sich nicht lohnt, viel dagegen zu tun. Bei einer anderen Gelegenheit bezeichnete Evans die Sonnenaktivität als Haupteinfluss auf das Klima der Erde.

Joanne

Davids Frau Joanne Nova, die ebenfalls einen wissenschaftlichen Hintergrund hat, ist eine angesehene Stimme für die Klimawahrheit. Ihre ausgezeichnete Website *joannenova.com.au* ist eine der größten Klimaskeptiker-Seiten der

Welt. In ihrem Blog behandelt sie mehrere verwandte Themen, und sie schreibt mit großer Einsicht und Haltung. Außerdem veröffentlichte sie 2009 „The Skeptic's Handbook". In ihrer Arbeit hat sie unter anderem die extreme Energieineffizienz, die hohen Kosten und die generelle Undurchführbarkeit von „erneuerbaren" Energiequellen im Vergleich zu konventionellen Quellen aufgezeigt.[167][168]

Im Juli 2023 gab Nova ein YouTube-Interview mit dem Moderator Topher Field auf *The Aussie Wire*. Sie sprach über „grüne Energie"-Produkte und darüber, dass für ihre Herstellung im Wesentlichen Sklavenarbeit eingesetzt wird. Das Gespräch verdeutlichte die Heuchelei der „grünen" Bewegung, die sich angeblich für Menschenrechte einsetzt.[169]

Eine Organisation, die auf dieses Problem aufmerksam macht, ist *Walk* Free, *eine* „internationale Menschenrechtsgruppe mit Sitz in Perth, die sich für die Abschaffung der modernen Sklaverei in all ihren Formen zu unseren Lebzeiten einsetzt". Interessanterweise hat ihre Website - walkfree.*org* - einen eindeutig marxistischen Ton (da die Sekte uns oft daran erinnert, dass Sklaverei eine Form der Unterdrückung ist), und doch haben sie unbeabsichtigt auf die marxistische Sklaverei aufmerksam gemacht.[170]

Uiguren können nicht „frei" gehen

Am Mittwoch, den 24. Mai 2023, hieß es in einem Artikel auf der Website *abc.net.au*: „Xinjiang, eine Provinz im Nordwesten Chinas, ist die Heimat ethnischer Gruppen, darunter die Uiguren, die Berichten zufolge von den Behörden in Peking verfolgt werden. Es gibt auch Berichte über den weit verbreiteten Einsatz uigurischer Zwangsarbeiter in Lagern zur Herstellung von Polysilizium, dem Hauptbestandteil von Solarzellen".[171]

Die Gründungsdirektorin von Walk Free, Grace Forrest, wurde mit den Worten zitiert: „Das Risiko bei Solarmodulen ist, wie bei vielen anderen Bereichen der grünen Wirtschaft, die Tatsache, dass es sich um transnationale Lieferketten handelt, denen es an Transparenz und Verantwortlichkeit mangelt. Tatsache ist, dass eine grüne Wirtschaft standardmäßig auf moderner Sklaverei aufgebaut ist. Und wir haben die Möglichkeit und die große Verantwortung zu sagen, dass

---

[167] https://en.wikipedia.org/wiki/Joanne_Nova

[168] https://joannenova.com.au/

[169] The Aussie Wire, „The Truth About Coal and Power in Australia: Joanne Nova Explains", 26. Juli 2023. https://www.YouTube.com/watch?v=GwFDlsTSwNI

[170] https://www.walkfree.org/

[171] Mercer und Dole, „Forrest group Walk Free warns of slavery threat in Australia's solar panel supply chains", 24. Mai 2023. https://www.abc.net.au/news/2023-05-24/forrest-group-walk-free-warns-slavery-threat-solar-panels/102383470

man Menschen nicht im Namen der Rettung des Planeten schaden kann. In dem Artikel heißt es weiter: „Fast 90 Prozent des weltweiten Angebots an Polysilizium kommt aus China, wobei Walk Free feststellt, dass etwa die Hälfte davon aus Xinjiang stammt.

Wie gesagt, die Ideologie kümmert sich nicht um die Menschen, sie tut nur so, um sich zu vermehren. Da der Fanatismus der Sekte in immer größeren Wellen fortschreitet, wird das, selbst wenn die meisten Sektenmitglieder in der Welt gegen diese Form der Sklaverei sind, wie Juri Besmenow uns gelehrt hat, die chinesischen Kommunisten nicht aufhalten (die gerne auch sie versklaven würden, weil sie gegen die „Revolution" sind).

Die Internierungslager in Xinjiang werden von der regierenden Kommunistischen Partei Chinas (KPCh) in typischer Sektenmanier offiziell als „Berufsbildungs- und Ausbildungszentren" bezeichnet.[172] Als Inbegriff von Rassismus und Unterdrückung sind diese Lager die regionale Inkarnation des landesweiten Laogai-Gefängnisnetzes. Insbesondere die Lager in Xinjiang wurden eingerichtet, um ethnische und religiöse Minderheiten - einschließlich der Uiguren, die Muslime sind - zu unterdrücken bzw. zu eliminieren und gleichzeitig eine echte Trennung von China zu verhindern.

Cobalt Commie Cars

In einem Blogbeitrag vom Dienstag, den 8. August 2023, wies Nova darauf hin, dass die Chinesen inzwischen die größten Exporteure von Elektrofahrzeugen sind: „Solange der Westen seiner eigenen Bevölkerung Elektroautos aufzwingt und sie dann besteuert, um alle Ladestationen und die zusätzliche Stromerzeugung zu subventionieren, werden die gedemütigten und leidenden Kunden das billigste Auto wählen, das sie finden können. Und wie könnte die westliche Autoindustrie ohne billigen Kohlestrom oder Sklavenarbeit in den Fabriken jemals konkurrieren?".[173] In Anbetracht des Modus Operandi und der Ambitionen der KPCh muss diese Situation sicherlich beabsichtigt sein! Nova wies auch auf die potenziellen Bedrohungen hin, die chinesische Elektroautos für westliche Länder darstellen (Überwachung usw.).

Die wichtigste Zutat für die Herstellung von EV-Batterien ist das elementare Metall Kobalt. Am 15. März 2022 erschien auf der Website von *E&E News* ein

---

[172] Maizland, L., „Chinas Unterdrückung der Uiguren in Xinjiang", 22. September 2022.

https://www.cfr.org/backgrounder/china-xinjiang-uyghurs-muslims-repression-genocide-human-rights

[173] Nova, J., „Wie man eine Stadt mit einem einfachen EV-"Update" lahmlegt", 8. August 2023.

https://joannenova.com.au/2023/08/how-to-paralyze-a-city-with-one-easy-ev-update/

Artikel mit dem Titel „Cobalt poses human rights test for Biden on clean energy".[174]

Darin heißt es, dass die Demokratische Republik Kongo (DRK) eine wichtige Quelle für dieses Metall ist: „Die DRK, die manchmal als „das Saudi-Arabien des Elektrofahrzeugzeitalters" bezeichnet wird, produziert etwa 70 Prozent des weltweiten Kobalts. Etwa 80 Prozent des Kobalts wird in China verarbeitet, bevor es in Lithium-Ionen-Batterien eingesetzt wird".

Sie fügte hinzu: „Vorwürfe über Zwangsarbeit in chinesischen Polysiliziumfabriken veranlassten den Kongress im vergangenen Jahr, ein generelles Verbot von Solarimporten aus einer bestimmten Region des Landes zu erlassen. Zollbeamte beschlagnahmten große Lieferungen von mindestens drei Unternehmen und setzten einen großen chinesischen Lieferanten auf die schwarze Liste. Polysilizium ist ein wichtiger Rohstoff für die meisten Arten von Solarmodulen. Produkte, für die kongolesisches Kobalt verwendet wird, wie Lithium-Ionen-Batterien, die in Elektrofahrzeugen und Energiespeichern zum Einsatz kommen, sind von dieser Art von Durchsetzungsmaßnahmen verschont geblieben".

Ökonomische Kriegsführung

Sieht man einmal von der Unteragenda des Klimawandels ab, so sind diese Fragen im Hinblick auf die globale Präsenz der Ideologie von großer Bedeutung. Es scheint, dass die Chinesen, die offensichtlich nicht mit der „grünen Agenda" mitspielen, im Grunde Sklavenarbeit einsetzen, um diese ineffizienten, nutzlosen Produkte herzustellen und zu verkaufen. Für sie ist das ein Gewinn, denn wenn sie ihre wirtschaftliche Infrastruktur mit Hilfe von Kohle- und Kernkraftwerken weiter ausbauen, werden sie schließlich die westlichen Länder überflügeln, die damit beschäftigt sind, sich selbst zu verkrüppeln, indem sie „grün" werden. Während China mehr konventionelle Kraftwerke hochzieht, werden die westlichen Länder mehr Windparks errichten. Wenn die Weltwirtschaft ein Wettrennen ist, dann drücken die Chinesen auf das Gaspedal (Wortspiel), und der Westen geht vom Gas. Außerdem trägt die Kohlenstoffsteuer dazu bei, dass die chinesische Industrie ihre westlichen Konkurrenten leicht ausstechen kann, da sie diese Steuern nicht zahlen müssen.

All dies hängt mit der *Belt and Road Initiative* (BRI) der KPCh zusammen, die die Wirtschaft nutzt, um ihr globales Imperium mit verschiedenen Mitteln aufzubauen, einschließlich des Erwerbs von Territorien und Ressourcen, und

---

[174] Holzman, J., „Cobalt poses human rights test for Biden on clean energy", 15. März 2022. https://www.eenews.net/articles/cobalt-poses-human-rights-test-for-biden-on-clean-energy/

damit den internationalen Marxismus fördert[175] (ein wichtiges Thema, das von anderen Autoren ausreichend behandelt wird). Der Name „Belt and Road" lautete früher „One Belt, One Road". KPCh-Premier Xi Jinping schlug den Namen offenbar vor, und er ist eine Anspielung auf Chinas Pläne für Handels- und Schifffahrtsrouten über Land (ein wirtschaftlicher „Gürtel") und zur See („Straße").[176]

In Anbetracht der Tatsache, dass Xi von einigen als der neue Mao angesehen wird, kam diesem Autor der Gedanke, dass „Ein Gürtel, eine Straße" eine tiefere Bedeutung hat: Es könnte sich um eine Anspielung auf ein historisches militärisches Souvenir aus dem *Langen Marsch* von 1934 handeln (eine zweijährige Phase des Rückzugs der kommunistischen Streitkräfte vor ihren nationalistischen Feinden). Das Souvenir war ein halber Gürtel - ein Symbol für den Kampf ums Überleben, obwohl nichts mehr übrig war. Bei einem Museumsbesuch im Januar 2016, bei dem er das Artefakt sah, sagte Xi, es repräsentiere „die Kraft des Glaubens". Es wurde 1975 dem Chinesischen Nationalmuseum gestiftet.[177]).

Im November 2018 hielt Joanne Nova einen Vortrag auf der zwölften *EIKE-Klima- und Energiekonferenz* in München, Deutschland. Dieser ausgezeichnete und umfassende Vortrag trug den Titel „How to destroy a power grid in three simple steps".[178]

Nova wies darauf hin, dass Australien über die viertgrößten Kohlevorkommen der Welt verfüge, der größte Exporteur der Welt sei und genug Kohle habe, um „300 Jahre zu überleben, wenn wir sie als Hauptstromquelle nutzen". Sie wies auch darauf hin, dass das Land über die größten Uranreserven der Welt verfügt (zweitgrößter Produzent) und dass „es weltweit 450 Kernreaktoren gibt und wir in Australien keinen einzigen davon haben".[179] Diese Dinge zeugen davon, wie sehr die Sekte den Fortschritt in diesem Land behindert.

---

[175] Jie und Wallace, „What is China's Belt and Road Initiative (BRI)?", 13. September 2021.https://www.chathamhouse.org/2021/09/what-chinas-belt-and-road-initiative-bri

[176] Kuo und Kommenda, „Was ist Chinas *Gürtel- und* Straßeninitiative?".

https://web.archive.org/web/20180905062336/https://www.theguardian.com/cities/ng-interactive/2018/jul/30/what-china-belt-road-initiative-silk-road-explainer

[177] „Xi teilt Parteigeschichte: Ein halber Gürtel erinnert die Menschen an die Kraft des Glaubens", 23. April 2021. http://en.moj.gov.cn/2021-04/23/c_613668.htm

[178] EIKE, „Joanne Nova - Wie man ein Stromnetz in drei einfachen Schritten zerstört", 18. Februar 2022.

[179] „Uranproduktion nach Ländern".

https://wisevoter.com/country-rankings/uranium-production-by-country/#uranium-production-by-country

Cov(a)id(s) 19(84)-der „Volks"-Virus

> „Macht kommt nicht von einem Abzeichen oder einer Waffe, Macht kommt von Lügen, großen Lügen und davon, die ganze verdammte Welt dazu zu bringen, mit dir zu spielen. Wenn du erst einmal alle dazu gebracht hast, dem zuzustimmen, von dem sie in ihrem Herzen wissen, dass es nicht wahr ist, hast du sie an den Eiern.[180]
>
> Senator Ethan Roark (Powers Booth), *Sin City*, 2005

> „Was von allem, was es gibt, könnte in einem einzigen Jahr einen Überschuss von zehn Millionen Todesfällen verursachen? Natürlich könnte es ein großer Krieg sein, und eine Pandemie - natürlich oder durch Bioterror verursacht.[181]
>
> Ein reicher Computerfreak, der von Pandemien, Impfstoffen, Bevölkerungszahlen und Bioterror besessen ist, namens William Gates, April 2018

Kommunistische Checkliste

Das ganze Covid-Fiasko trug die Fingerabdrücke der Sekte auf sich. Diese Nebenagenda schuf eine Spaltung zwischen denen, die zu dumm waren, um zu erkennen, was geschah, und denen, die es nicht waren. Sie schuf eine gehorsame Klasse und eine nicht gehorsame Klasse, während sie gleichzeitig die Misshandlung der nicht Gehorsamen förderte. Die „Opfer" von Covid wurden in die Klasse der „Unterdrückten" eingeteilt, und denjenigen, die die Impfung verweigerten, wurde unterstellt, dass sie im Grunde genommen die „Unterdrücker" seien - eine Art emotionale Erpressung, um die Menschen zum Gehorsam zu zwingen. Sie schuf ein neues Klassensystem, indem sie diejenigen, die sich nicht impfen ließen, als Bürger zweiter Klasse behandelte, indem sie ihnen bestimmte „Rechte" verweigerte oder zu verweigern versuchte (Reisen, Zugang zu Einrichtungen, Recht auf Arbeit usw.). Offensichtlich sind „Nicht-Impfer" dumm und eine Gefahr für die Gesellschaft, oder? Für einfältige Menschen sollten sie daher als solche behandelt werden.

Die Plandemie von Covid 19(84) war eindeutig ein Versuch der Globalisten, ihre Kontrolle über die Massen zu festigen. Es überrascht nicht, dass die marxistischen Elemente im gesamten Westen diese totalitäre Agenda unterstützten. Wie vorauszusehen war, führten sie ein System ein, mit dem sie die „Geimpften" und die „Ungeimpften" verfolgen konnten. Die Sektenmitglieder unterstellten, dass diejenigen, die die Injektionen verweigerten, praktisch wie Bürger zweiter Klasse behandelt werden sollten, da sie sich nicht an das System hielten. Im Wesentlichen bedeutete dies, dass

---

[180] „Sin City - Senator Roark's Speech (hardsub)", 14. März 2012.

https://www.YouTube.com/watch?v=Os9TU3e0kMo

[181] Bill Gates: 'Was könnte in einem einzigen Jahr mehr als 10 Millionen Todesfälle verursachen?', 30. April 2018. https://www.YouTube.com/watch?v=5ToWY_BYb00

ihnen Rechte verweigert würden, was die eigentliche Definition einer Bürgerschaft zweiter Klasse ist: keine Rechte auf freies Reisen und soziale Kontakte usw.

Die Einnahme eines mysteriösen „Impfstoffs" (oder von Impfstoffen), die man einfach nicht braucht, ist das perfekte Symbol für das Prinzip des trojanischen Pferdes. Wenn die Menschen erst einmal diesen Weg eingeschlagen haben, sind sie bereit, sich alle möglichen Injektionen geben zu lassen. Auch diese Teilagenda beruht auf einer verzerrten Wahrnehmung der Realität, da es sich nicht um eine echte Pandemie handelt. Natürlich ist es eine Untertreibung, wenn man sagt, dass Covid vom System nachdrücklich unterstützt wurde.

Am bezeichnendsten ist, dass die Plandemie auch einen eklatanten Angriff auf den Kapitalismus darstellte. Während der von der Regierung erzwungenen Schließungen kam die Gesellschaft - und damit auch die Wirtschaft - im Wesentlichen zum Stillstand (wenn auch in einigen Sektoren nur vorübergehend). Viele Kleinunternehmer waren gezwungen, monatelang zu warten und sich Sorgen um ihre Wiedereröffnung zu machen, während viele andere gezwungen waren, ganz aufzugeben. Ein entsetzliches Verbrechen der Regierung an den Unternehmern!

Es war wütend, Zeuge dieses Wahnsinns und der verachtenswerten, verräterischen Polizeikräfte zu sein, die ihn durchsetzten! In einem Artikel der Irish Times vom November 2022 wurde auf die Ergebnisse des Statistischen Zentralamts verwiesen, wonach „etwa 24 Prozent der Unternehmen, die im April und Mai 2020 an den Erhebungen teilnahmen, ihre Geschäftätigkeit vorübergehend oder endgültig einstellen" (obwohl die tatsächlichen Zahlen wahrscheinlich viel höher waren).[182]

In vielen Ländern wurden während dieser Zeit Covid-Zahlungen von Sektenmitgliedern in der Regierung an diejenigen ausgegeben, die nicht in der Lage waren, in ihrem Beruf zu arbeiten, um sie für eine Situation zu „entschädigen", die sie geschaffen hatten! Im Wesentlichen haben also die konspirierenden Sektenmitglieder weltweit die Covid-Situation erst verursacht (kommunistisches China, unsere verseuchten Regierungen, offene Grenzen, Sektenmitglieder in den MSM auf der ganzen Welt etc.) und fangen dann an, Dinge zu tun wie: den Menschen das Recht zu verweigern, zu arbeiten und Geld zu verdienen, indem man ihnen die Fahrt zur/von der Arbeit verweigert, es sei denn, sie sind „unverzichtbare" Arbeitskräfte; ihnen das Recht zu verweigern, ihre Geschäfte zu eröffnen, was zu ihrem Bankrott führt; sie zu zwingen, die staatlichen Covid-Zahlungen zu akzeptieren, um zu überleben;

---

[182] Slattery, L. „'Dramatische Auswirkungen' der Pandemie auf irische Unternehmen sind immer noch zu spüren", 2. November 2022.
https://www.irishtimes.com/business/2022/11/02/dramatic-effect-of-pandemic-on-irish-businesses-still-being-felt/

diejenigen, die sich dem Druck der Regierung widersetzen, Impfstoffe zu bekommen, als „Verschwörungstheoretiker" zu bezeichnen; zu sagen, dass alle Proteste/Aufstände gegen all dies von fehlgeleiteten „rechtsextrem" denkenden Personen angeheizt werden usw. Diese Provokation sollte die Menschen wütend machen!

Was für eine dreiste „Wohltätigkeit", diese Covid-Zahlungen zu leisten! Ein weiteres Beispiel dafür, dass die Sekte kostenloses Geld verteilt, das der Wirtschaft die Mittel entzieht (Antikapitalismus). Die Schließungen zwangen viele dazu, ihre Arbeit und ihren Lebensunterhalt zu verlieren, und brachten sie außerdem in die Abhängigkeit von Sozialhilfe und Sozialversicherung. Dem Proletariat die finanzielle Unabhängigkeit zu nehmen, ist einfach typisch für die Sekte. Es ist klar, dass sie sich einen Dreck um wohlhabende „bürgerliche" Unternehmer scheren, die davon betroffen sind.

Den Menschen das Recht zu verweigern, arbeiten zu gehen oder ein eigenes Unternehmen zu führen, oder sie zu Covid-Zahlungen zu zwingen, sind alles Angriffe auf den Kapitalismus und auf die finanzielle Unabhängigkeit des Einzelnen vom Staat.

Es war die Durchsetzung von Gleichheit, da jeder durch Propaganda und kollektiven sozialen Druck gezwungen wurde, dem Staat zu gehorchen und sich impfen zu lassen; Gleichheit der Konformität. Sie beinhaltete Tugendhaftigkeit, indem sie die Impfung als moralisch verantwortungsvoll darstellte, für die „Sicherheit" der anderen, für das Wohl des „Kollektivs".

Die Einstellung von Sektenmitgliedern und die Förderung von Impfstoffen

Es ist sehr aufschlussreich, dass die Sekte im Allgemeinen die Menschen dazu ermutigt, dem Staat/System um jeden Preis zu gehorchen. Sollen sie nicht „Rebellen" sein? Das ist eines der Symptome einer hochgradig infizierten Gesellschaft - es gibt nicht genug Skepsis, zu viel Gehorsam gegenüber der staatlichen Kontrolle. Vielleicht wären die Massen nicht so bereit, den Covid-Betrug mitzumachen, wenn unsere Länder nicht zuvor mit dem Marxismus infiziert worden wären. Viele Sektenmitglieder hatten nichts dagegen, als der hochkapitalistische Bill Gates und Big Pharma einsprangen, um ihre Impfstoff-"Heilmittel" anzubieten.

Und dann war da noch die Werbung für Impfstoffe. Wie in den Medien zu lesen war, sollten diejenigen, die sich weigerten, nach Ansicht der Sektenmitglieder dafür bestraft werden, dass sie nicht mitmachten. Die Tugendhaften befürworteten diese Maßnahmen in Scharen, natürlich zum Wohle der Gesellschaft. Der australische Labour-Senator Raff Ciccone äußerte sich am 16. Juni 2020 in der Zeitung *The Age* zu den „Anti-Vaxxern" wie folgt: „Unsere Toleranz für Ihre vorsätzliche Ignoranz ist vorbei. Wir können es uns weder moralisch noch wirtschaftlich leisten, denen, die sich nicht impfen lassen wollen, Nachsicht zu gewähren... Ich bin nicht dafür, dass wir Menschen gegen ihren Willen impfen. Das wäre falsch. Wir müssen sicherstellen, dass die Sicherheit unserer Gemeinschaft an erster Stelle steht. Das bedeutet, dass die Teilnahme am täglichen Leben andere nicht gefährden darf. Wer sich nicht gegen COVID-19 impfen lassen will, sollte die Konsequenzen dieser Entscheidung tragen".[183]

Er setzt den Artikel fort, indem er dieses neue Klassensystem befürwortet, indem er den Impfgegnern Beschäftigung, Kinderbetreuung und Zutritt zu Gebäuden verweigert und sie als „Verschwörungstheoretiker" bezeichnet. Nur ein weiteres Sektenmitglied, das den Totalitarismus vorantreibt, während es versucht, uns durch Tugendhaftigkeit zu überzeugen, dass es wohlwollend ist.

Der ehemalige britische Premierminister, Labour-Parteichef und Fabian Tony Blair war während der Pandemie ein eifriger Befürworter von Covid-Pässen, ebenso wie das *Tony Blair Institute for Global Change*. Sie sprachen sich für einen „robusten Covid-Pass" im Vereinigten Königreich aus, der denjenigen, die vollständig geimpft sind, im Wesentlichen mehr Freiheiten einräumen würde.[184] In einem Artikel auf der Website von Sky News vom 6. Juni 2021 wurde er mit den Worten zitiert: „Es ist an der Zeit, zwischen geimpften und ungeimpften Personen zu unterscheiden, sowohl für Bürger, die sich zu inländischen Zwecken im Vereinigten Königreich aufhalten, als auch für unsere Bürger und Bürger aus anderen Ländern, wenn sie auf der Grundlage der Tatsache reisen, dass geimpfte Personen das Risiko erheblich verringern.[185]

Im November 2020 forderte die britische Labour-Partei im Rahmen der verzweifelten Bemühungen um eine präventive Kontrolle des Narrativs die rasche Unterdrückung aller online verbreiteten „Anti-Impf-Inhalte". Sie „forderte die Regierung auf, dringend eine Gesetzgebung vorzulegen, die finanzielle und strafrechtliche Sanktionen für Unternehmen vorsieht, die es versäumen, gefährliche Anti-Impf-Inhalte zu unterbinden".[186]

---

[183] Ciccone, R., „Neue COVID-19-Beschränkungen werden für Anti-Vaxxer erforderlich sein", Juni 2020.

https://www.theage.com.au/national/victoria/new-covid-19-restrictions-will-be-needed-for-anti-vaxxers-20200616-p55330.html

[184] Beacon und Innis, „Covid-Pässe: Evidence and Models for Future Use", 6. April 2022.

https://institute.global/policy/covid-passes-evidence-and-models-future-use

[185] Sephton, C., „COVID-19: 'Time to distinguish' between those who have and have not had a vaccine, Tony Blair says", 6. Juni 2021.

https://news.sky.com/story/covid-19-time-to-distinguish-between-those-who-have-and-have-not-had-a-vaccine-tony-blair-says-12325869

[186] „Labour fordert eine Notstandsgesetzgebung, um „gefährliche Anti-Vax-Inhalte auszumerzen", 14. November 2020.

Im Februar 2022, als die irische Regierung kurz vor der Aufhebung der Maskenpflicht stand, war ein weiteres prominentes Sektenmitglied in der Opposition. In einem Interview mit dem Radiosender Newstalk erklärte Paul Murphy, TD von People Before Profit: „Ich halte es für einen Fehler, das Maskenmandat zum jetzigen Zeitpunkt aufzugeben".[187] Er äußerte sich besorgt über das Wohlergehen der Arbeiter (rollt mit den Augen) und der Schwachen (aka der Unterdrückten), aber natürlich nicht der Bourgeoisie(!), und fügte hinzu: „Einige Menschen werden als Folge dieser Entscheidung ihr Leben verlieren". Außerdem warb er auf seiner Facebook-Seite für Covid-Injektionskliniken und verkündete stolz seine erste Impfung in einem Beitrag vom 12. Juli 2021 mit dem Titel „First vaccine working its way in to my system now!#vaccinationdone".[188] Dummer, unverantwortlicher Mistkerl.

Murphy wollte nicht nur Irland impfen, sondern auch die ganze Welt, und zwar so schnell wie möglich. Hier ein Beitrag auf seiner Facebook-Seite vom 7. Dezember 2021: „Die Gier der großen Pharmaunternehmen verzögert die weltweite Einführung von Impfstoffen, insbesondere in Afrika und anderen Ländern des globalen Südens. Diese großen Pharmaunternehmen schränken das Angebot an Impfstoffen künstlich ein und treiben die Preise in die Höhe, indem sie sogenanntes „geistiges Eigentum" und Patente durchsetzen. Wir können Covid nicht nur in der EU bekämpfen - es muss weltweit besiegt werden, um neue Varianten zu verhindern. Das bedeutet, dass wir die Patente von Big Pharma abschaffen und die Impfstoffrezepte und -technologien gemeinsam nutzen müssen, damit die Länder Impfstoffe vor Ort herstellen und die Einführung von Impfungen beschleunigen können.

Bezeichnenderweise schlug er eine rassistische, kapitalistische Diskriminierung von Ländern der Dritten Welt vor (seufz). Wenn man dies in den Kontext stellt, handelt es sich um ein marxistisches Sektenmitglied, das inmitten einer fabrizierten marxistischen „Pandemie" versucht, die Verachtung auf den ewigen Unterdrücker der Menschheit - den Kapitalismus - zu lenken. Bei einer anderen Gelegenheit äußerte er im Dail (irisches Parlament) in einer Rede den Wunsch, dass „die ganze Welt so bald wie möglich geimpft werden

---

https://www.laboureast.org.uk/news/2020/11/14/labour-calls-for-emergency-legislation-to-stamp-out-dangerous-anti-vax-content/

[187] McNeice, S., „Ich halte es für einen Fehler, das Maskenmandat zu diesem Zeitpunkt aufzugeben" - Murphy", 17. Februar 2022. https://www.newstalk.com/news/paul-murphy-i-think-its-a-mistake-to-abandon-the-mask-mandate-at-this-point-1312908

[188] Paul Murphy TD, „Der erste Impfstoff wird jetzt in mein System eingeführt! #vaccinationdone", 12. Juli 2021. https://www.facebook.com/719890584766018/posts/4194734213948287/?paipv=0&e av=AfYIU7NhUi45-lTfq6BSSUj7A2mIEsyWpASXzBbouG3reNn_ynery5G-pwuJFkUkiXY&_rdr

kann".[189] Es sollte sich von selbst verstehen, dass nichts von diesem Scheiß rebellisch oder „radikal" ist!

Der „chinesische Virus"

Da das Biowaffenvirus seinen Ursprung in Wuhan, China, hat, nannte Präsident Trump es den „chinesischen Virus". Offensichtlich weiß Trump, was es mit Präsident Xi Jinping und der Kommunistischen Partei Chinas (KPCh) auf sich hat, und er machte deren „Regierung" für die Situation verantwortlich, indem er ihr mehrfach die Schuld zuschob. Er hatte zu hundert Prozent Recht. Weijia Jiang ist eine chinesisch-amerikanische Reporterin und leitende Korrespondentin für das Weiße Haus bei CBS News. Sie ist ein Beispiel für ein Mitglied der chinesischen Diaspora, das in den westlichen Medien wissentlich oder unwissentlich den Interessen der KPCh dient, indem es die Aufmerksamkeit von deren Aktivitäten ablenkt. Während des Covid hatte sie mehrere öffentlichkeitswirksame Auseinandersetzungen mit dem US-Präsidenten. Während einer Pressekonferenz im März 2020 fragte sie ihn einmal: „Warum nennen Sie das Virus immer wieder „das chinesische Virus"?" und unterstellte ihm Rassismus, indem sie ihm vorwarf, sich nicht um „chinesische Amerikaner in diesem Land" zu kümmern. Trump antwortete: „Es ist überhaupt nicht rassistisch, nein, überhaupt nicht, es kommt aus China, deshalb. Ich möchte genau sein".[190]

Bei einer weiteren Gelegenheit im April 2020 beschuldigte diese respektlose Göre Trump für eine unzureichende Reaktion auf die Pandemie und warf ihm erneut eine ungerechtfertigte Diskriminierung „chinesischer Staatsangehöriger" vor.[191]

Bei einer weiteren Pressekonferenz, diesmal auf dem Rasen des Weißen Hauses, bezog sich Jiang auf Trumps frühere Äußerungen, als er behauptete, Amerikas Covid-Testrate sei besser als die anderer Länder. Sie fragte ihn: „Warum ist das für Sie ein globaler Wettbewerb, wenn jeden Tag immer noch Amerikaner ihr Leben verlieren?", und warf ihm im Grunde vor, sein Ego über das Wohlergehen dieser Menschen zu stellen. (Denken Sie daran, dass sie ihm im obigen Beispiel vorwarf, nicht schnell oder angemessen genug zu reagieren, und in diesem Beispiel warf sie ihm im Wesentlichen vor, zu energisch (!) zu reagieren. Offensichtlich waren die anklagenden „Fragen" zu dumm, um

---

[189] Paul Murphy TD, „Roll out vaccines worldwide - scrap Big Pharma's patents" (Video), 7. Dezember 2021. https://www.facebook.com/watch/?v=6441599159243350

[190] CNBC, „Präsident Donald Trump: Den 'chinesischen Virus' zu nennen ist überhaupt nicht rassistisch, er kommt aus China", 18. März 2020. https://www.YouTube.com/watch?v=dl78PQGJpiI

[191] Guardian News, „'Keep your voice down': Trump beschimpft Reporterin bei Befragung über Covid-19-Antwort", 20. April 2020. https://www.YouTube.com/watch?v=5c3wWNsmLA0

beantwortet werden zu können, also antwortete Trump: „Nun, sie verlieren ihr Leben überall auf der Welt, und vielleicht ist das eine Frage, die Sie China stellen sollten... Fragen Sie nicht mich, stellen Sie China diese Frage, ok?". Und wieder einmal versuchte Jiang, daraus eine Rassenfrage zu machen: „Sir, warum sagen Sie das ausgerechnet zu mir?".[192] Ich will nicht behaupten, dass Jiang direkt für die KPCh arbeitet, aber das ist ein störendes, ablenkendes Verhalten wie aus dem Lehrbuch, typisch für marxistische Subversion. Wie dem auch sei, solchen „Journalisten" sollte der Umgang mit legitimen Staatsoberhäuptern untersagt werden. Stellen Sie sich vor, Sie versuchen, ein Land zu regieren und müssen sich mit solchen unprofessionellen Zeitfressern herumschlagen.

Wuhan

Covid hätte in der Tat allgemein als das chinesische Virus bezeichnet werden müssen, da das Wuhan Institute of Virology (WIV) allgemein als Quelle des Ausbruchs genannt wurde. Das bedeutet im Umkehrschluss, dass auch die totalitäre KPCh involviert war; nichts geschieht in China, was sie nicht kontrolliert. Es war traurig zu sehen, dass so viele, die klug genug waren, um zu erkennen, dass das Covid-Drama eine fabrizierte Situation war, die Schuld den „Eliten", der „neuen Weltordnung" und der Pharmaindustrie usw. gaben. Angesichts des Ursprungs hätte es offensichtlich sein müssen, wer dahinter steckt. Wir hätten es stattdessen auch „Volksvirus" nennen können. Covid hat das Ausmaß der Unwissenheit über den internationalen Marxismus und seinen manipulativen, verschwörerischen Charakter hervorgehoben.

Am 15. Januar 2021 erschien auf der Website des US-Außenministeriums ein Informationsblatt mit dem Titel „Activity at the Wuhan Institute of Virology".[193] Es begann mit den Worten: „Seit mehr als einem Jahr hat die Kommunistische Partei Chinas (KPCh) systematisch eine transparente und gründliche Untersuchung des Ursprungs der COVID-19-Pandemie verhindert und stattdessen enorme Ressourcen für Täuschung und Desinformation aufgewendet". Die US-Regierung wisse nicht genau, wie und wo die Pandemie entstanden sei, und konzentriere sich auf das Verhalten der chinesischen Regierung in dieser Angelegenheit, wobei sie davon ausgehe, dass unsachgemäße Praktiken bei der WIV „das Risiko einer versehentlichen und möglicherweise unwissentlichen Aufdeckung" erhöhten. Die Webseite verwies auch auf die „tödliche Besessenheit der KPCh von Geheimhaltung und Kontrolle" und hob die Erkrankungen des Personals vor der Pandemie in der

---

[192] CBS News, „Trump sagt CBS News-Reporterin, sie solle China nach den Todesfällen fragen" und beendet abrupt das Briefing", 11. Mai 2020. https://www.YouTube.com/watch?v=hF_LvrUvozQ

[193] U.S. Dept. of State, „Fact Sheet: Activity at the Wuhan Institute of Virology", 15. Januar 2021. https://2017-2021.state.gov/fact-sheet-activity-at-the-wuhan-institute-of-virology/

WIV hervor sowie die dortige Forschung und „geheime militärische Aktivität", die sich auf Chinas „frühere Arbeit mit biologischen Waffen" bezog. Die KPCh verhinderte, dass irgendjemand - auch Journalisten und Gesundheitsbehörden - das erkrankte WIV-Personal vor dem Ausbruch der Pandemie befragen konnte. Obwohl die WIV offiziell eine „zivile Einrichtung" ist, heißt es in dem Artikel, dass sie „seit mindestens 2017 im Auftrag des chinesischen Militärs geheime Forschungsarbeiten, einschließlich Labortierversuchen, durchführt".

Im Juni 2020 wurde ein Dokumentarfilm mit dem Titel *The Cover-up of the Century* veröffentlicht. Er wurde von der chinesisch-amerikanischen Enthüllungsjournalistin Simone Gao moderiert und bietet einen umfassenden Einblick in die Umstände des Ausbruchs der Krankheit.[194] Sie enthüllte, wie ein Arzt am Zentralkrankenhaus von Wuhan namens Dr. Li Wienlang, der seine Kollegen vor Covid warnte, von seinem Arbeitgeber kurz und bündig gemaßregelt und von den Medien öffentlich beschämt wurde. Der staatliche Fernsehsender CCTV (China Central Television) untersteht direkt der Propagandaabteilung der KPCh, hat 50 Kanäle und sendet an über eine Milliarde Zuschauer in sechs Sprachen. Es wurde von Mao Zedong ins Leben gerufen und ging erstmals 1958 auf Sendung.[195] In dem Dokumentarfilm heißt es: „Ab dem zweiten Januar (2020) strahlte das Sprachrohr der Partei, CCTV, kontinuierlich eine Reihe von Sendungen aus, in denen so genannte „Gerüchteköche" verurteilt wurden" (ein weiterer kommunistischer Propagandabegriff, wie „Verschwörungstheoretiker"). Weiter hieß es: „Jeder, der Informationen über das Virus weitergegeben hatte, fiel in diese Kategorie, einschließlich Dr. Li". Wenn man bedenkt, wie das chinesische Establishment funktioniert, kam der Befehl für die harte Behandlung von Li offensichtlich von ganz oben, um ein Exempel an ihm zu statuieren und weitere Diskussionen zu unterdrücken. Kommunistischer Polizeistaat eben.

In der Dokumentation wurde auch hervorgehoben, dass das chinesische Militär laut internen Dokumenten bereits im Dezember 2019 wusste, wie ansteckend das Virus war: „Die KPCh hat die 1,4 Milliarden Menschen in China mindestens 20 Tage lang über die Gefahr des Virus im Unklaren gelassen". Bezeichnenderweise zeigte der Dokumentarfilm, dass die WHO (Weltgesundheitsorganisation) Mitte Januar 2020 die Übertragbarkeit herunterspielte und im Wesentlichen die Propaganda der KPCh wiederholte. Die KPCh handelte nicht, um den Ausbruch einzudämmen, sondern um seine Ausbreitung zu erleichtern. Sie ließ zu, dass Millionen von Menschen in dieser

---

[194] Zooming in with Simone Gao, „(中文字幕）The Coverup of the Century | Zooming In's one-hour documentary movie | zooming in special", 29. Juni 2020. https://www.YouTube.com/watch?v=MZ74NhEUY-w

[195] CCTV, „ÜBER CCTV„.
https://www.cctv.com/special/guanyunew/gongsijianjie/index.shtml?spm=C96370.PP DB2vhvSivD.E0NoLLx8hyIZ.3#cctvpage1

Zeit mit internationalen Flügen abreisen konnten. Sie wussten, was vor sich ging, und taten nichts. Wenn wir dies mit den globalen Ambitionen Chinas und seinen Subversions- und Infiltrationstaktiken verbinden, ist es wahrscheinlich, dass dieses ganze Covid-Fiasko eine konstruierte „Krise" war; ein biologischer, wirtschaftlicher Angriff auf den Westen.

Veganismus: die pflanzlich geprägte Revolution

> „Veganismus ist nicht nur eine Diät. Es ist nicht nur ein „Lebensstil". Es ist ein gewaltloser Akt des Trotzes. Es ist eine Weigerung, sich an der Unterdrückung der Unschuldigen und Schwachen zu beteiligen. Schließen Sie sich der Revolution des Herzens an. Werden Sie Veganer."[196]
>
> Veganer-Aktivist Gary L. Francione, Facebook, Mai 2013

2019 wurde berichtet, dass der fabianisch-sozialistische Bürgermeister von London, Sadiq Khan, für die Planetary Health Diet wirbt. Ziel ist es, dass sich die fast neun Millionen Einwohner der Stadt bis 2030 „umweltfreundlich" ernähren. Auf der Website *dailyskeptic.org heißt es,* dass diese Diät „eine der ersten war, die vorschlug, den individuellen Kalorienverbrauch auf das Niveau des Zweiten Weltkriegs zu senken und Fleisch auf nur 44 Gramm pro Tag zu rationieren".[197] (Da haben wir es wieder... Kommunismus ist historisch gesehen gleichbedeutend mit Rationierung und Verhungern...).

Eine Organisation, die diese Planetary-Health-Diät fördert, ist die *Lancet-Gruppe* und ihre „EAT-Lancet Commission on Food, Planet, Health". Zu den weiteren „Experten"- und „wissenschaftlichen" Empfehlungen gehört die drastische Reduzierung oder der Verzicht auf gesättigte und tierische Fette (auf deren Bedeutung weiter unten eingegangen wird).[198]

Es gibt eindeutig eine historische Verbindung zwischen Veganismus und der Sekte/Ideologie, da es sich um eine Form der „Revolution" handelt. Wir können bis ins 19. Jahrhundert zurückgehen, um sozialistische Persönlichkeiten zu finden, die eine tiergerechte Ernährung befürworten, wie James Pierrepont Greaves (1777-1842) und Amon Bronson Alcott (1799-

---

[196] Francione, G., Facebook, 20. Mai 2013.https://www.facebook.com/abolitionistapproach/posts/veganism-is-not-just-a-diet-it-is-not-just-a-lifestyle-it-is-a-nonviolent-act-of/598432076843217/

[197] Morrison, C., „Sadiq Khan verpflichtet die Londoner zur 'Planetary Health Diet' bis 2030 mit einer Reduzierung des Fleischkonsums auf das Niveau des Zweiten Weltkriegs von 44 g pro Tag", 17. Oktober 2023. https://dailysceptic.org/2023/10/17/sadiq-khan-signs-up-londoners-for-the-planetary-health-diet-by-2030-with-meat-cut-to-ww2-levels-of-44g-a-day/

[198] „Die EAT-Lancet-Kommission für Ernährung, Umwelt und Gesundheit,". https://eatforum.org/eat-lancet-commission/

1888).[199][200] Natürlich hätte der Veganismus nicht die Popularität, die er heute hat, wenn es den Kult/die Ideologie nicht gäbe.

Jetzt glauben die Menschen, dass sie durch ihre Lebensmittelauswahl zu Revolutionären werden, die dazu bestimmt sind, alles Leben auf der Erde zu retten! Heldenhaftes Essen! Wahnsinn! Wenn man früher ein Stück Gurke aß, aß man einfach nur Gurke; wenn man heute Gurke isst, rettet man buchstäblich die Menschheit vor sich selbst, natürlich zusätzlich zur Rettung der armen unterdrückten Tiere. Halten wir uns nicht damit auf, dass Veganismus ein heuchlerischer, mitleidsloser, rassistischer und artenfeindlicher Mord an unschuldigen, wehrlosen Pflanzen ist...

Interessanterweise werden viele „linke" Veganer hysterisch, wenn es um Tiere geht, und halten es für falsch, sie zu töten und zu essen, unterstützen aber auch gerne die Abtreibung! Abtreibung ist Rassismus gegen die menschliche Rasse. Im Grunde genommen darf also das Leben von Tieren nicht getötet werden, das Leben von Menschen aber schon? Keine Gleichheit! Vielleicht empfinden sie so, weil ihr „moralischer" Standpunkt auf dem basiert, was ihnen Vergnügen bereitet: Tiere bereiten ihnen Vergnügen, während menschliche Babys - und die Verantwortung, Eltern zu sein - dies nicht tun (womit wir wieder beim Hedonismus und dem Ego wären).

Hinter dieser Sub-Agenda steckt mehr als nur „Nachhaltigkeit" und die Förderung des marxistischen „Umweltschutzes". Der Veganismus ist eine Form der popularisierten Mangelernährung, die viele Ziele der Sekte/Ideologie unterstützt. Wenn diese degenerierte, unnatürliche Ernährung[201] - der es an „tierischen Fetten", Cholesterin, gesättigten Fettsäuren und vollständigen bioverfügbaren Proteinen fehlt - von einer Bevölkerung massenhaft angenommen wird, führt dies zu mehreren schweren degenerativen Folgen. Der Veganismus schädigt den menschlichen Organismus vor allem auf drei Ebenen, die allesamt der Sekte/Ideologie und der Agenda der Internationalisten dienen: Er beschleunigt den Alterungsprozess (Cholesterin ist ein entscheidender Bestandteil der meisten Körperzellen; ausreichendes, bioverfügbares (verwertbares), hochwertiges Protein ist ebenfalls ein Thema); er entzieht dem endokrinen System die Rohstoffe (Cholesterin) zur Herstellung von Hormonen und trägt so dazu bei, die Grenzen zwischen männlich und weiblich zu verwischen; und er entzieht dem Gehirn Rohstoffe (Cholesterin und gesättigte Fette), was dazu beiträgt, verrückte, emotional instabile

---

[199] https://en.wikipedia.org/wiki/James_Pierrepont_Greaves

[200] https://en.wikipedia.org/wiki/Amos_Bronson_Alcott

[201] Bramante, S., „Was würde in einer veganen Welt passieren?", 23. Mai 2023.

https://www.carnisostenibili.it/en/what-would-happen-if-the-world-went-completely-vegan/

Individuen zu erzeugen, was die marxistische Indoktrination gut ergänzt.[202][203] [204] In der Tat ist Veganismus Marxismus - es ist antihumane Tugendhaftigkeit und pathologischer Altruismus in Form von Diät.

Natürlich schwächt die Diät eine Gesellschaft durch die Zerstörung der Männlichkeit über die Senkung des Testosteronspiegels (Testosteron besteht zu 95% aus Cholesterin, und eine vegane Ernährung ist praktisch cholesterinfrei). Eine der Folgen davon ist der Zusammenbruch normaler Beziehungen zwischen Mann und Frau, die Verringerung der Geburtenrate, die zunehmende Demoralisierung der Männer und die Unfähigkeit, sich gegen die Übernahme durch die Sekte zu wehren, weil es keinen Widerstand gibt. Natürlich führt der Veganismus allein nicht zu all dem, aber er ist ein wichtiger Faktor, der dazu beiträgt; er arbeitet mit den anderen marxistischen Unterströmungen zusammen, um diese Effekte zu erzeugen.

Kommunistische Checkliste

Sie verwendet das Prinzip „Gegner gegen Gegner", weil sie den Menschen - der tierische Produkte produziert/konsumiert - als den Unterdrücker und die Tiere als die unterdrückten Opfer bezeichnet. Dies hängt mit der bereits erwähnten „Menschen sind böse"-Mentalität zusammen, die von der Sekte/Ideologie über mehrere Unterkategorien gefördert wird.

Es entsteht ein neues Klassensystem, eine Spaltung zwischen denen, die sich an dieser großen, den Planeten rettenden Revolution beteiligen, und denen, die es nicht tun. Diejenigen, die nicht mitmachen, gehören offensichtlich zur Klasse der Unterdrücker und sind somit die unmoralische, mitleidlose Klasse. Das ist heuchlerisch und wahnsinnig, denn es stellt das Wohlergehen der praktisch geistlosen, seelenlosen landwirtschaftlichen Tiere über das Wohlergehen der Menschen (denn Veganismus führt aufgrund von Unterernährung zur Degeneration der Menschen). Die von Veganern ausgehende Verurteilung dieser rückständigen, neandertalerischen „Unterdrücker" führt zu einem erheblichen sozialen Druck, sich diesem Subkult anzuschließen.

Der Veganismus ist eine typische Anwendung des Prinzips des trojanischen Pferdes. Angeblich ist er gut für Menschen, Tiere und den Planeten selbst, führt

---

[202] Ede. G, „Das Gehirn braucht tierisches Fett", 31. März 2019. https://www.psychologytoday.com/us/blog/diagnosis-diet/201903/the-brain-needs-animal-fat

[203] MacAuliffe, L., „Ist tierisches Fett gut für Sie? The Science on Why it's The Optimal Food for Humans", 18. Dezember 2023. https://www.doctorkiltz.com/is-animal-fat-good-for-you/

[204] National Library of Medicine (mehrere Autoren), „Biochemie, Cholesterin", 8. August 2023. https://www.ncbi.nlm.nih.gov/books/NBK513326/

aber auf lange Sicht zur Zerstörung/Schädigung aller drei. Es trägt zur Entartung der Menschheit bei, was sich nur negativ auf die anderen Beteiligten auswirken kann. Wenn die Menschen durch Degeneration zerstört werden, wird auch alles andere zerstört. Im Grunde genommen bricht alles zusammen, wenn man mit der natürlichen Ordnung der Dinge herumspielt (wie es die Sekte/Ideologie zu tun pflegt).

Sie basiert auf einer verzerrten Wahrnehmung der Geschichte/Wirklichkeit, weil sie suggeriert, dass Menschen nicht das Recht haben, Tiere zur Ernährung zu nutzen (eine grandiose Behauptung); sie suggeriert auch, dass Menschen (körperlich und geistig) gesund sein können, ohne tierische Produkte zu konsumieren, was eine Verzerrung der Realität ist. Die Sektenpropaganda hat suggeriert, dass Veganismus in der Vergangenheit ohne katastrophale Auswirkungen existiert hat (dazu später mehr), was eine Verzerrung der Geschichte ist (siehe den Dokumentarfilm *„Game Changers"* weiter unten; darin wird davon gesprochen, dass römische Gladiatoren vegan lebten).

Sie wird vom System stark gefördert und eindeutig von den vielen marxistisch geprägten Facetten des Systems - den „Transmissionsriemen der Kultur", den Online- und sozialen Medien - unterstützt, zusätzlich zu den Regierungen, den Vereinten Nationen, dem NGO/Non-Profit-Komplex usw. Sie steht im Zusammenhang mit der Klimawandel-Teilagenda und der „Nachhaltigkeit" usw., da die Einführung dieser Ernährungsweise „den Planeten retten" wird usw.

Ein Beispiel dafür ist eine Netflix-"Dokumentation" aus dem Jahr 2018 mit dem Titel „The *Game Changers"*, an der einige große Hollywood-Größen beteiligt waren, darunter James Cameron, Arnold Schwarzenegger und Jackie Chan. Dieses Stück marxistischer Müllpropaganda ging mit dem Veganismus bei leichtgläubigen Sportlern und der breiten Öffentlichkeit hausieren. Ohne die tierischen Produkte (und Steroide usw.) würden wir heute nicht über Arnie sprechen. Salat, Tofu und Bohnen waren nie der bevorzugte Snack des Terminators.[205]

Eine weitere Netflix-"Dokumentation" namens *Cowspiracy: The Sustainability Secret* wurde 2014 veröffentlicht. Der Slogan lautete: „Erfahren Sie, wie die Massentierhaltung die natürlichen Ressourcen des Planeten dezimiert - und warum diese Krise von den großen Umweltgruppen weitgehend ignoriert wurde".[206] Unter dem amüsanten Titel verknüpfte dieses Propagandastück den Veganismus mit der Unteragenda des Klimawandels und behauptete, dass die Agrarindustrie in gefährlicher Weise zum globalen CO_2-Gehalt beiträgt. Ganz zu schweigen von den bösen Methan-'Emissionen'

---

[205] https://gamechangersmovie.com/

[206] https://en.wikipedia.org/wiki/Cowspiracy

dieser armen unterdrückten Kühe...

Die hier zum Ausdruck kommende Mentalität ist der Grund dafür, dass die traditionelle landwirtschaftliche Infrastruktur in den westlichen Ländern - einschließlich der Lebensgrundlage so vieler Viehzüchter - jetzt von der Sekte angegriffen wird. In Irland gab es in den letzten Jahren mehrere öffentlichkeitswirksame Proteste von Landwirten zu ähnlichen Themen.

Im Juli 2023 protestierten sie gegen die Pläne der Regierung, die Methanemissionen durch eine Massenkeulung des Rinderbestands zu verringern.[207] Die Sekte will also töten, um die Dinge zu verbessern, oder? Typisch.

Im Januar 2024 trat der berühmte und beliebte Tech-Milliardär Elon Musk in der irischen Nicht-MSM-Sendung *Gript auf*. Der Moderator Ben Scanlon sprach Musk auf dieses Thema an, der sagte: „Es gibt absolut keinen Grund, irgendetwas an der Landwirtschaft zu ändern... eine Änderung wird keine Auswirkungen auf die Umwelt haben... hören Sie auf, die Bauern anzugreifen". Er fügte hinzu, dass die geplante Keulung keinerlei positive Auswirkungen haben würde. [208] Musk setzt sich für erneuerbare Energiequellen ein, unterstützt aber nicht alles, was mit der „grünen" Bewegung in Verbindung gebracht wird. (Zum Zeitpunkt des Redaktionsschlusses, Januar 2024, gibt es in Frankreich und Deutschland groß angelegte Proteste von Landwirten gegen die Regierung wegen ähnlicher Probleme).[209]

Es ist ein Angriff auf die westliche Zivilisation, da sie versucht, Ernährungsgewohnheiten zu ändern; Gewohnheiten, die Teil der westlichen Kultur sind und die zur Entstehung der westlichen Zivilisation selbst geführt haben (sie wurde nicht von Männern aufgebaut, die Soja- oder Hafermilch trinken oder Avocado, Salat usw. essen, das kann ich Ihnen garantieren). Es ist ein Angriff auf die Agrarindustrie, die selbst ein Teil dessen ist, was das Funktionieren kapitalistischer Volkswirtschaften ermöglicht. Es ist ein Angriff auf die natürliche Ordnung und die Religion, denn es widerspricht dem, was manche als „Gottes Plan" bezeichnen - der Idee, dass die Menschen die Herrschaft über das Tierreich haben sollen, und dass wir sie für landwirtschaftliche Zwecke nutzen sollen. In diesem Sinne ist es richtig, dass wir uns bemühen sollten, unnötiges Leid in unserer Landwirtschaft zu

---

[207] Barker, E., „Irische Landwirte protestieren gegen Pläne, 200.000 Kühe zu töten, Elon Musk mischt sich ein", 21. Juli 2023. https://www.beefcentral.com/news/irish-farmers-protest-plans-to-cull-200000-cows-elon-musk-weighs-in/

[208] Gript Media, „Elon Musk stößt sich an Irlands Klimaplan, 200k Rinder zu töten", 25. Januar 2024. https://www.YouTube.com/watch?v=9cwNFpmu7B0

[209] Tanno und Liakos, „Die Proteste der Landwirte sind in ganz Europa ausgebrochen. Here's why", 10. Februar 2024. https://edition.cnn.com/2024/02/03/europe/europe-farmers-protests-explainer-intl/index.html

minimieren/abzuschaffen.

Der Veganismus versucht auch, Gleichheit/Uniformität durchzusetzen, indem er die allgemeine Bevölkerung (insbesondere Männer) auf überemotionale, geistig labile Schwächlinge reduziert, die eher die verschiedenen Untergruppen der Sekte/Ideologie unterstützen. Es ermutigt die allgemeine Bevölkerung als Kollektiv, auf die gleiche Art und Weise zu essen, als ob sie selbst landwirtschaftliche Tiere wären (wieder das ganze anti-menschliche Thema - dass wir, die niederen Massen, so niedrig sind wie Tiere). Es wäre insofern gleichberechtigt, als die Allgemeinheit eine degenerierte, nährstoffarme Kost zu sich nehmen würde, während die „Champagner-Sozialisten" (Eliten) ganz normal essen würden.

Damit wir es nicht vergessen: Die Geschichte des Marxismus ist geprägt von der Besessenheit, die Landwirtschaft zu kontrollieren, um die Nahrungsmittelversorgung zu steuern, was in der Regel zum Verhungern führt (auch bekannt als Unterernährung, was Veganismus im Grunde genommen ist). In diesem Zusammenhang werden dem Leser Begriffe wie Knappheit und Rationierung vertraut sein. Natürlich geht es hier nicht um das Wohlergehen der Tiere, sondern um die Kontrolle des menschlichen Verhaltens.

Die persönlichen Wünsche, Beweggründe und Rechtfertigungen von Sektenmitgliedern, die den Veganismus unterstützen, sind irrelevant - sobald die Sekte/Ideologie das Sagen hat und die Lebensmittelversorgung kontrolliert, führt dies unweigerlich zu den gleichen Ergebnissen: Hunger, Krankheit und Tod auf breiter Front.

Veganismus und Sozialismus

Hier ist ein Auszug aus der marxistischen Website *morningstaronline.co.uk* (dieser Titel ist ein weiterer Verweis auf Luzifer, den Lichtbringer, den „Morgenstern").[210] Der Text trägt den Titel „Veganismus und Sozialismus gehen Hand in Hand" (zur Hervorhebung unterstrichen):

„Vegane Aktivisten decken unermüdlich die inneren Mängel auf, für die der Kapitalismus bekannt ist. Die Bewegung ist durchaus mit den Grundsätzen des Sozialismus vereinbar und in der Tat von ihm geprägt. Der Kampf gegen eine korrupte Industrie, die den Profit über das Leben der Menschen stellt, ist ein grundlegendes Ethos". Und „indem er die integrierte Gewohnheit, dass einige Leben wichtiger sind als andere, direkt in Frage stellt, reiht sich der Veganismus in die radikalen Kampagnen der Geschichte ein. Der bekannteste Aspekt des Veganismus ist die Ablehnung von Fleisch und anderen tierischen Produkten. Dies ist an sich schon ein revolutionärer Akt, und zwar in

---

[210] Swanson, D., „Veganismus und Sozialismus gehen Hand in Hand", 1. November 2018.

https://morningstaronline.co.uk/article/veganism-and-socialism-go-hand-hand

mehrfacher Hinsicht, als es oft wahrgenommen wird. Am offensichtlichsten ist die Tatsache, dass Tiere als Ware behandelt werden, die für Geld gezüchtet und geschlachtet wird". Kapitalismus, Profite sind böse, ok, verstanden.

Weiter heißt es: „Kurz gesagt, Veganismus ist nicht nur mit der Linken vereinbar, sondern auch fest in sozialistischen Prinzipien verwurzelt", und „weit entfernt von einer Kampagne privilegierter Ideologen, schlägt diese radikale, immer schneller werdende Bewegung kontinuierlich auf das Herz des Kapitalismus. Die Emanzipation der Menschheit und der Kampf für den Sozialismus sind noch nicht abgeschlossen, aber die radikale Linke kann in der veganen Gemeinschaft einen treuen Verbündeten und Gefährten finden.". Da haben wir's - Unterdrückung, Kapitalismus, Revolution, Rettung der Menschheit usw. usw. Offensichtlich verwendet der Autor, der selbst Mitglied einer Sekte ist, die falschen Begriffe „kompatibel" und „Verbündeter", als ob es sich nicht im Wesentlichen um eine einzige Ideologie, den Marxismus, handeln würde. (Wir haben diese problematische Aufteilung schon früh erkannt).

Sie schließt mit den Worten: „Durch Bildung, Agitation und Organisation können wir eine bessere Welt schaffen, in der jeder, ob Mensch oder nicht, die gleichen Chancen hat, sich zu entfalten". Kühe, Schweine, Hühner und Schafe können „gedeihen", oder? Karrieremäßig? Oder würden sie, wenn sie die Freiheit hätten, zu tun, was sie wollen, vielleicht lieber nicht arbeiten und „Freigeister" sein - Yoga machen, Wohltätigkeitsarbeit im Ausland leisten, sich um andere Tiere kümmern usw.? Oder noch besser, sie könnten marxistische Aktivisten werden, oder? „Kühe gegen Rassismus" oder „Gender non-binary Tranny Chickens?". Wie herrlich! Jetzt habe ich es verstanden!

Ganz im Ernst: Kühe/Schafe/Hühner haben keinen anderen Zweck auf dieser Welt, als von Menschen als Nutztiere verwendet zu werden, wie es seit Anbeginn der Menschheit der Fall ist. Ende der verdammten Diskussion.

Ich hatte einmal ein sehr angeregtes „Gespräch" mit einer gehirngewaschenen, übergewichtigen Universitätsstudentin, die kürzlich Veganerin geworden war. Sie sprach von der Unterdrückung der Hühner und dass wir ihnen die Eier ohne ihre „Zustimmung" wegnehmen (ein beliebtes Marxsches Schlagwort, um die „Unterdrücker" anzugreifen). Was für eine Beleidigung für die Tierwelt - eine verrückte marxistische Denkweise auf sie zu projizieren. Sie deutete an, dass die Hühner, wenn sie merken, dass die Eier weg sind, dies als „brutale, schamlose, nackte Ausbeutung unserer gefiederten proletarischen Kameraden" empfinden. Hühner der Welt, vereinigt euch!".

Antiamerikanismus

„Amerika wird sich immer für Unabhängigkeit und Zusammenarbeit entscheiden und nicht für Weltordnungspolitik, Kontrolle und Vorherrschaft... Wir lehnen die Ideologie des Globalismus ab. Und wir umarmen die Doktrin des Patriotismus.211

Die hervorragende Rede von Präsident Donald Trump
Rede vor der UN-Generalversammlung, September 2018

„Die Vereinigten Staaten werden schließlich die kommunistische rote Fahne hissen... das amerikanische Volk wird sie selbst hissen.212

Der sowjetische Ministerpräsident Nikita Chruschtschow, Bukarest, Juni 1962

„Die Bedrohung durch den Kommunismus in diesem Land wird so lange eine Bedrohung bleiben, bis das amerikanische Volk sich der Techniken des Kommunismus bewußt wird... der Einzelne wird dadurch behindert, daß er mit einer so monströsen Verschwörung konfrontiert wird, daß er nicht glauben kann, daß sie existiert. Der amerikanische Verstand ist einfach noch nicht in der Lage, das Böse zu erkennen, das in unsere Mitte eingedrungen ist. Er lehnt sogar die Annahme ab, dass menschliche Kreaturen eine Philosophie vertreten könnten, die letztlich alles Gute und Anständige zerstören muss.

J. Edgar Hoover, *The Elks Magazine* (August 1956)213

Ein weiteres Anzeichen für eine Ansteckung in Ihrer Gesellschaft ist, wenn antiamerikanische Gefühle zum Ausdruck gebracht werden. Die Sekte/Ideologie hat traditionell die Wahrnehmung gefördert, dass die USA die mächtigste, bösartigste und dominanteste militaristische Kraft in der Welt sind; dass sie eine Art Quasi-Imperium haben. Auf geopolitischer Ebene hat ihre Propaganda viele von den imperialistischen Tendenzen eines solchen kapitalistischen Molochs überzeugt. Es geht um die militärische, wirtschaftliche, unternehmerische und mediale Vorherrschaft der USA in der Welt, nicht wahr? Außerdem haben sie versucht, diesen „Imperialismus" mit amerikanischem Patriotismus gleichzusetzen, was ein weiterer Marxscher Trick ist. Aber ist das wirklich wahr? Auch wenn es einigen so vorkommen mag, als seien die USA in gewisser Weise eine weltumspannende, herrschende Macht, müssen wir uns fragen: Woher kommt diese Wahrnehmung? Und wer oder was fördert sie? Es überrascht nicht, dass viele indoktrinierte Universitätsstudenten mit solchen Ideen gefüttert werden (und sie verbreiten!). Es ist vorhersehbar, dass die Sekte/Ideologie uns gerne glauben lässt, dass es zum Amerikaner-Sein gehört, ein Kriegstreiber zu sein, und dass wir von diesem „amerikanischen Imperium" usw. sprechen, während ihre eigene Beteiligung absichtlich ignoriert/unterdrückt wird.

Es gibt einen weiteren großen Vorteil für die Sekte, wenn die Menschen diese

---

211 C-SPAN, „President Trump addresses U.N. General Assembly - FULL SPEECH (C-SPAN)", 25. September 2018. https://www.YouTube.com/watch?v=KfVdIKaQzW8

212 Stormer, John A., *Niemand wagt es, es Verrat zu nennen* (1964), S. 9.

213 Hoover, J., *The Elks Magazine, August 1956*. https://libquotes.com/j-edgar-hoover/quote/lbj3c3u

Propaganda glauben, dass die USA ein unterdrückerisches, imperialistisches Monster sind - sie können dies nutzen, um die Zerstörung Amerikas zu rechtfertigen. Zum Beispiel bei der Masseneinwanderung: Da „Kriegstreiber" wie die USA angeblich für all diese „Flüchtlinge" verantwortlich sind, „schulden" sie nun dem Rest der Welt etwas. Das ist die gleiche Formel, die auf europäische Länder mit kolonialer Vergangenheit angewandt wird. Darüber hinaus wird die „Außenpolitik" der USA manchmal mit der Vorstellung erklärt, dass die Amerikaner von Natur aus gewalttätig und dominant sind; dass diese Dinge quasi zum amerikanischen Erbe gehören. Wir hören Dinge wie: „Seht nur, was sie den amerikanischen Ureinwohnern angetan haben!", dass sie schießwütige Fanatiker sind, oder dass militanter Imperialismus nur eine natürliche Folge eines großen, bösen, kapitalistischen, konsumorientierten Landes ist (danke, V.I. Lenin)!

Macht doch Sinn, oder? (rollt mit den Augen). Interessant ist, dass einige argumentieren könnten, dass die „US-Dominanz" außerhalb ihrer Grenzen nicht nur geopolitisch und militärisch ist, sondern auch „kulturell" - was den Einfluss der amerikanischen Medien, Unterhaltung, Hollywood, Musikindustrie usw. einschließt.

Sie werden feststellen, dass sich die Verachtung für die USA in Ihrer Gesellschaft nicht nur auf die Außenpolitik/den militärischen „Interventionismus" der USA bezieht, sondern auf die Amerikaner/amerikanische Kultur im Allgemeinen. Nicht-Amerikaner kennen vielleicht die negativen Stereotypen, dass die Menschen in diesem Land verrückt, dumm, arrogant, unausstehlich, bewaffnet, kulturlos, Kriegstreiber usw. sind. Vor allem der letzte Satz - „Kriegstreiber" - ist sehr interessant und eine klassische marxistische Diffamierung, die zudem leicht zu widerlegen ist. Kriegstreiber im Vergleich zu wem/was? Natürlich ist jede antikommunistische Militäraktion der US-Streitkräfte nach Ansicht der Sektenmitglieder „falsch"; daher muss ein solches Verhalten als „Kriegstreiber" bezeichnet werden. Interessant ist, dass die meisten Militäraktionen der US-Streitkräfte im 20th Jahrhundert nach dem Zweiten Weltkrieg (offen oder verdeckt) den Umgang mit den Kräften des Kommunismus betrafen: Südamerika, Grenada, Kuba, Korea, Vietnam, und natürlich der Kalte Krieg, einschließlich Afghanistan. (Die Aktionen seither - der Golfkrieg (1991), der Irakkrieg (2003-2011) und die Invasion und Besetzung Afghanistans (2001-2021) - wurden aus anderen Gründen durchgeführt, aber dennoch sollte das amerikanische Volk nicht aufgrund der Entscheidungsträger in diesen Fällen stereotypisiert werden).

Lassen wir die „Kriegstreiber" für einen Moment beiseite - Menschen mit den oben genannten negativen Eigenschaften gibt es überall auf der Welt, warum also sollten die USA als besonders schlecht angesehen werden? Und was genau meinen wir mit „den USA" überhaupt? Reden wir von ein paar Amerikanern? Oder ein paar Hundert, Tausend oder Millionen? Die USA sind ein großes

Land! Bei einer Bevölkerung von über 334 Millionen ist es einfach nur dumm, verrückt, arrogant usw., das ganze Land negativ zu bezeichnen. Darüber hinaus gibt es überall auf der Welt degenerierte, gehirngewaschene Sektenmitglieder, so dass die Nationalität einer Person keine Rolle spielt. Die überwiegende Mehrheit der Nationalitäten auf der Welt hat nicht den Luxus, in dieser Frage mit dem Finger zu zeigen! Es gibt viele fantastische Menschen in den USA, große Patrioten und Denker aller Art. Trotz aller antiamerikanischen Voreingenommenheit sollten wir in der Lage sein, das zu erkennen. Wir sollten die Patrioten in Irland oder im Vereinigten Königreich oder in Deutschland oder in Italien oder anderswo nicht als den amerikanischen Patrioten überlegen ansehen; ein Patriot ist ein Patriot - entweder ist man für die Freiheit, gegen den Internationalismus oder gegen den Marxismus oder nicht.

Recht der USA auf Selbstverteidigung

> „Die kommunistische Bewegung in den Vereinigten Staaten begann sich 1919 zu manifestieren. Seitdem hat sie ihren Namen und ihre Parteilinie geändert, wann immer es zweckmäßig und taktisch war... sie steht für die Zerstörung unserer amerikanischen Regierungsform; sie steht für die Zerstörung der amerikanischen Demokratie; sie steht für die Zerstörung des freien Unternehmertums; und sie steht für die Schaffung eines 'Sowjets der Vereinigten Staaten' und die endgültige Weltrevolution".[214]
>
> FBI-Direktor J. Edgar Hoover, Hausausschuss
> Rede vor dem Ausschuss für unamerikanische Umtriebe, 1947

Es ist Teil der marxistischen DNA, Amerika zu hassen, und sie haben in der Vergangenheit versucht, es zu zerstören, nicht in erster Linie durch direkte militärische Eroberung, sondern durch Subversion, Propaganda usw. Die USA sind ein Beispiel für ein allgemein wohlhabendes, wirtschaftlich starkes Land (aufgrund einer kapitalistischen Wirtschaft). Aus diesem Grund betrachteten zahllose Sektenmitglieder seit Lenins Zeiten die USA als ein vorrangiges Ziel. Darüber hinaus war das US-amerikanische Establishment in der postkolonialen Zeit überwiegend weiß und christlich.

Als die patriotischen Amerikaner von den Angriffsabsichten der Sekte auf die USA erfuhren, gaben sie ihnen die Erlaubnis, sich zu verteidigen. Dies ist der erste Punkt, der das Vorgehen der USA gegen die Sekte rechtfertigt - Selbstverteidigung. Zweitens: Da die Sekte weltweit agiert, wird der Umgang mit ihr zu einer internationalen Angelegenheit; um sich zu verteidigen, muss man in diesem Fall im Ausland zum Angriff übergehen. Die Maßnahmen der USA, um das Erstarken der marxistischen Fäulnis in der Nähe ihrer Grenzen in Lateinamerika zu verhindern, waren völlig gerechtfertigt.

Die Vorstellung, die USA könnten sich einfach zurücklehnen und der Fäulnis

---

[214] FBI-Direktor J. Edgar Hoover, Rede vor dem House Committee On Un-American Activities, 26. März 1947.

erlauben, Südamerika, den Rest der Karibik und die mittelamerikanischen Länder vollständig einzunehmen, ist lächerlich; ein solches Denken ist das Ergebnis des Nichtverstehens des aggressiven Fanatismus der Sekte! Denken Sie daran, dass der Marxismus eine Form des internationalistischen Imperialismus ist - er wird immer weiter darauf drängen, mehr Gebiete zu kontrollieren. Ohne den militärischen Widerstand, den die USA ihm in der Vergangenheit entgegengesetzt haben, hätte die Sekte/Ideologie vielleicht schon die vollständige Vorherrschaft erlangt... Kurz gesagt: Die Ideologie vergisst nie und bleibt bitter.

Globaler Widerstand gegen den Kult

Es muss auch angemerkt werden, dass die USA trotz ihrer offensichtlichen Bemühungen, den Kult weltweit direkt zu bekämpfen, in einigen wichtigen Einsätzen (wie oben aufgeführt) kaum Erfolg hatten - sie mussten sich aus Vietnam zurückziehen, taten nicht genug, um Kambodscha zu helfen, und konnten den Verlust von Nordkorea nicht verhindern. Auch die Einnahme Kubas bei der unglückseligen Invasion in der Schweinebucht ist ihnen nicht gelungen (was wiederum daran lag, dass sie sich nur halbherzig engagierten). Sie waren jedoch erfolgreich bei der Einnahme des kleinen Grenada.

Das waren direkte Auseinandersetzungen mit der Sekte, aber es gab auch Stellvertreterkriege während des Kalten Krieges, wie den sowjetischen Afghanistankrieg, als die USA die Mudschaheddin gegen die von der Sowjetunion unterstützte marxistische Regierung der „Demokratischen" Republik Afghanistan unterstützten, oder die von den USA unterstützten Contras, die gegen die marxistischen Sandinisten in Nicaragua aktiv waren.

Und dann gibt es noch einen weiteren Bereich der Opposition gegen die Sekte - das ideologische Schlachtfeld, das hauptsächlich auf amerikanischem Boden von Sektenmitgliedern (amerikanische Verräter oder ausländische marxistische Agenten) gegen die USA geführt wurde.

Natürlich sind die Dinge nicht immer schwarz-weiß, und es scheint, dass die US-Regierung (oder zumindest einige Teile von ihr) nicht immer eindeutig gegen die Ausbreitung des Kommunismus war (z.B. ihre Verurteilung und ihre Wirtschaftssanktionen gegen die weiße, antikommunistische südafrikanische Minderheitsregierung in den Jahren der Apartheid).[215] Ungeachtet solcher Widersprüche waren die USA in der zweiten Hälfte des 20. Jahrhunderts im Allgemeinen ein militärischer Gegner des Kommunismus.

Eine Frage der Verantwortung

Und das führt uns zum nächsten Punkt. Die Sekte argumentiert gerne, dass die USA eine imperiale Macht sind und sich deshalb an militärischen Aktionen in

---

[215] „Das Ende der Apartheid", 20. Januar 2001. https://2001-2009.state.gov/r/pa/ho/time/pcw/98678.htm

Vietnam, Korea usw. beteiligt haben (die im Wesentlichen antimarxistische Militäraktionen waren). Das Vorgehen der USA im Nahen Osten in den letzten Jahrzehnten wird von der Sekte ebenfalls als imperialistisch angesehen, denn wenn die USA dort ein Gebiet kontrollieren, kann die Sekte das nicht (d.h. die Ambitionen Russlands und Chinas).

Was dabei übersehen wird, ist, dass die Streitkräfte in aller Welt die Verantwortung haben, sich militärischen Aktionen der Sekte entgegenzustellen, sei es durch Abschreckung oder durch direkten Widerstand! Dies gilt insbesondere für hochleistungsfähige Nationen und Streitkräfte wie die der Vereinigten Staaten. Aktuelle Beispiele für diesen Prozess sind die Haltung von Präsident Trump gegenüber den Atomwaffenbestrebungen Nordkoreas und den territorialen Ambitionen Chinas.

Als Beweis dafür, dass die USA imperial sind, hat die Sekte oft den Punkt angeführt, dass es überall auf der Welt US-Basen gibt. Diese Stützpunkte existierten, um die Ausbreitung des Kommunismus zu verhindern, und wir sollten dies unterstützen. Militärische Aktionen gegen die Sekte dienen nicht nur dem Zweck, die politische oder geografische Kontrolle zu behalten, um die Interessen in einer bestimmten Region zu wahren (wie im Fall der USA), sondern zum Wohle der Menschheit. Der Einsatz militärischer Gewalt irgendwo auf der Welt, um die Ausbreitung des „Kommunismus" zu stoppen, ist eine noble Tat. Wenn man die Macht hat, dies zu tun, hat man auch die Verantwortung, dies zu tun. Außerdem ist, wie Juri Besmenow sagte, an einem bestimmten Punkt der Infektion eine militärische Intervention die einzige verfügbare Option; daher ist sie manchmal unvermeidlich.

Seit 2002 nutzt das US-Militär zur Vorbereitung seiner Operationen im Nahen Osten den Flughafen Shannon in der irischen Grafschaft Clare als Zwischenstopp. Verschiedene marxistische politische Gruppen, darunter eine Aktivistengruppe namens *Shannonwatch*, haben gegen diese Nutzung des Flughafens protestiert.

In einem Artikel der Irish Times vom Sonntag, 19. November 2023, wurde das Thema im Zusammenhang mit dem aktuellen israelisch-palästinensischen Konflikt erneut aufgegriffen.[216] Er erwähnt einen „Antrag von People Before Profit (PBP), der fordert, dass Irland einseitig Sanktionen gegen israelische Politiker wegen der Bombardierung des Gazastreifens verhängen und den Flughafen Shannon für das US-Militär schließen soll". PBP ist eine der offen marxistischen Gruppen in Irland. Die Sektenmitglieder vermuteten in diesem Antrag, dass der Flughafen für den Transport von Waffen nach Israel genutzt

---

[216] McQuinn, C., „Der Flughafen Shannon wird von den USA nicht für die Lieferung von militärischem Gerät an Israel genutzt - Varadkar", 19. November 2023. https://www.irishtimes.com/politics/2023/11/19/shannon-airport-not-being-used-by-us-to-supply-military-equipment-to-israel-varadkar/

wird. Shannonwatch hielt dort am Sonntag, dem 12. November, eine „Friedens"-Mahnwache ab und blockierte symbolisch die Zufahrtsstraße. Sie verlasen auch die Namen von Kindern, die in dem Konflikt getötet wurden.[217]

Wie üblich hat dies nichts mit Humanität zu tun, was auch immer die beteiligten Sektenmitglieder (Aktivisten, Politiker oder Journalisten) denken; die Gehirnwäsche zwingt sie zu diesen Haltungen, so einfach ist das. Es geht um ihre tief verwurzelte ideologische Opposition gegen die internationalen Operationen der USA, da sie traditionell die Verbreitung der Ideologie behindert haben. Darüber hinaus wird jede wahrgenommene pro-israelische Aktivität der USA von den Sektenmitgliedern stellvertretend abgelehnt, da sie für Palästina sind.

Fähige Nationen sind das Immunsystem

Sich der Sekte zu widersetzen - militärisch oder anderweitig - ist ein schmutziger Job, aber jemand muss ihn machen. Es ist ein Akt der Säuberung. Um auf das Thema zurückzukommen, dass der Marxismus eine ideologische Pandemie ist: Länder, die sich dem marxistischen Expansionismus widersetzen, stellen das Immunsystem der Menschheit dar, das den Erreger angreift, wo immer er gefunden wird. Einige werden entgegnen: „Nun, warum ist es notwendig, dass die USA oder irgendjemand anderes eine globale militärische Präsenz aufrechterhält?". Weil, um die Analogie fortzusetzen, ein wirksames Immunsystem im gesamten Organismus immer auf der Hut sein muss, so sollte es funktionieren. Das ist kein Kampf, den man einmal führt und der dann vorbei ist; man muss sich verpflichten, so oft wie nötig zu kämpfen, um die Infektion zu unterdrücken, falls sie wieder auftauchen sollte. Ewige militärische Wachsamkeit ist unerlässlich.

Manche mögen sich mit diesem Konzept (einer aggressiven, unterdrückerischen Haltung) schwer tun, aber in diesem Fall ist es notwendig; die Geschichte des Kampfes gegen die Ideologie zeigt, dass sie immer wieder auftauchen wird und vielleicht immer auftauchen wird. Die Frage ist nur, ob es uns gelingt, sie wenigstens ausreichend zu unterdrücken. Es gibt auch die naive Auffassung, dass „warum sollten die USA oder eine andere Gruppe dominieren, und die 'kommunistischen' Länder dürfen das nicht... warum ist es nicht gleichberechtigter?". Diese Wahrnehmung kommt von der Ideologie! „Naawww, schaut euch die armen kommunistischen Regime an, die unterdrückt und vernichtet werden!". I-n-s-a-n-e. Kommunistische Länder sind wichtig? Nein, Länder, die von der Ideologie beherrscht werden, verdienen es nicht, mit denen gleichgestellt zu werden, die es nicht sind! Die Geschichte beweist, dass infizierte Nationen - obwohl sie nicht in der Lage

---

[217] Shannonwatch, „Shannon Peace Rally Remembers those Killed in Gaza and Other Wars", 12. November 2023. https://www.shannonwatch.org/content/shannon-peace-rally-remembers-those-killed-gaza-and-other-wars

sind, ihre eigenen Länder effizient zu verwalten - immer mehr damit beschäftigt sind, andere Länder zu zwingen, so zu sein wie sie selbst (anstatt sich darauf zu konzentrieren, ihre eigenen Angelegenheiten effizient zu verwalten). Natürlich sollten wir nicht anstreben, dass ein einzelnes Land die globale Kontrolle ausübt, aber wenn wir die Wahl haben zwischen einem hochgradig infizierten Land und einem viel weniger infizierten Land, das die Angelegenheiten dominiert, sollten wir Letzteres wählen.

Zusammenfassung

Die marxistische Propaganda, die den „US-Imperialismus" hervorhebt, lenkt von der globalen Bedrohung ab, die von der Sekte/Ideologie ausgeht (und wirkt sich darüber hinaus destabilisierend auf die USA selbst aus). Handelt es sich bei der Anti-US-Propaganda der Sekte einfach darum, dass sie ihr Spielzeug aus dem Kinderwagen wirft? Ist es nicht interessant, dass die sowjetische Gegenpropaganda ihrer Zeit (einige) Menschen tatsächlich davon überzeugt hat, dass die USA die kommunistische Bedrohung in Vietnam als eine Täuschung geschaffen haben, um ihren Imperialismus zu rechtfertigen? Ich bin sicher, dass die zig Millionen unglücklichen Seelen/Skelette unter der Erde in Asien die Idee, dass die Ausbreitung des Kommunismus einfach nur US-Propaganda war, in Frage stellen würden.

Natürlich entschuldigt der Autor keine tatsächlichen Verbrechen, die von den US-Streitkräften in irgendeinem Konflikt begangen wurden, sondern weist lediglich darauf hin, dass die Vorstellung, die US-Streitkräfte seien die Hauptkriegsparteien des 20. Jahrhunderts gewesen, eine massive Verzerrung der Tatsachen darstellt. Wir müssen auch den Nahen Osten mit neuen Augen sehen. Nicht jede Intervention in diesen Regionen ist einfach ein Fall von „imperialistischem" Handeln der USA (wie uns der Kult glauben machen will). Wir müssen immer zuerst nach Anzeichen einer marxistischen Infektion in den Ländern suchen, bevor wir entscheiden, ob eine militärische Aktion gerechtfertigt ist.

Als letzten Punkt müssen wir die Heuchelei betrachten, die hier zur Schau gestellt wird: Wenn es um Verbrechen gegen die Menschlichkeit, Totalitarismus und imperiale Ambitionen geht, gibt es keinen Wettbewerb, wenn es um die Zahl der Opfer und die Anzahl der (zivilen oder anderen) Opfer geht, wenn wir die Aktivitäten der USA und die Aktionen der Sekte vergleichen.

Zum Zeitpunkt der Redaktion versuchen US-Patrioten, den marxistischen Präsidenten Joe Biden wegen seiner entschieden antiamerikanischen Aktivitäten anzuklagen; Sektenmitglieder versuchen verzweifelt, ihn zu schützen, indem sie seine verräterischen Auslandsgeschäfte unter Verschluss halten. Im Kongress haben sie sich vorhersehbarerweise mit der

„Verschwörungstheorie" verteidigt. [218] Die Sekte kämpft auch verzweifelt darum, den Zustrom illegaler Einwanderer aufrechtzuerhalten, um nur einige Beispiele zu nennen. Der Kampf um die Kontrolle über Amerika geht weiter...

Darüber hinaus gibt es zu diesem Zeitpunkt (Februar 2024) starke Anzeichen dafür, dass die entschieden nicht-westliche Allianz aus China, Nordkorea, Russland (und ihren Verbündeten) sich auf einen groß angelegten Konflikt vorbereitet. Wenn ein kommunistisches Bündnis Ambitionen hat, den derzeit geschwächten Westen anzugreifen, dann wählen sie einen guten Zeitpunkt...

[218] Yerushalmy, J., „Biden impeachment inquiry explained: what is happening and could the president be convicted?", 14 Dec 2023. https://www.theguardian.com/us-news/2023/dec/14/biden-impeachment-inquiry-explained-what-is-happening-and-could-the-president-be-convicted

Abschnitt X-Andere Anzeichen und Symptome

„Die Revolution wird weitergehen, bis sie sich vollständig konsolidiert hat. Die Zeit, in der es eine Periode relativer Ruhe geben kann, ist noch weit entfernt. Und das Leben ist immer Revolution"[1]

Antonio Gramsci, *Die russischen Maximalisten* (1916)

Einführung

In welchem Maße ist Ihr Land infiziert? Wie können wir dies „testen"? Gibt es visuelle Zeichen, die wir sehen können, wie Symbole, Logos usw.? Gibt es Dinge, die wir in den Medien oder in der Art, wie die Menschen sprechen, hören können? Wie sieht es in der Politik oder im Bildungswesen aus? Sexualität? Beziehungen? Religion und Spiritualität? Sollten wir auf subtile Haltungen, leicht zu erkennende Schlagworte oder beides achten? Wie können wir diese (kommunistischen) roten Fahnen erkennen, wenn sie sich zeigen? Hier sind einige weitere Anzeichen und Symptome für eine Ansteckung innerhalb einer Gesellschaft:

Marxisten/Marxismus selbst

Hier sind einige Anzeichen, die in direktem Zusammenhang mit der Ideologie/dem Kult stehen:

Offensichtlich marxistische Gruppen wie die Antifa dürfen in der Öffentlichkeit agieren und machen Recht und Ordnung lächerlich. Es kann auch zu Absprachen zwischen ihnen und der Polizei/dem Staat kommen (auf offizieller oder inoffizieller Ebene).

Einzelne werden beleidigt, wenn man den Marxismus/Sozialismus/Kommunismus, Sektenmitglieder oder jeden, der diese Ideen unterstützt, kritisiert, und verteidigen ihn/sie sofort. Jede öffentliche Kritik an der Sekte/Ideologie oder an marxistischen Gruppen/Initiativen wird mit kollektivistischen, pöbelhaften Angriffen auf jeden, der sie äußert, beantwortet.

Es besteht der Eindruck, dass die Ideologie/der Kult eine echte, konstruktive

---

[1] Gramsci, A., „Die russischen Maximalisten", 1916.
https://www.marxists.org/subject/quotes/miscellaneous.htm

Rebellion/Revolution darstellt. Obwohl sie indoktriniert bzw. infiziert sind, halten sich viele für „Rebellen", die sich gegen den Totalitarismus auflehnen; sie unterstellen auch, dass sie gegen jegliche ideologische Indoktrination durch das System immun sind(!). Sie hören vielleicht: „Wie können Sie über die globalistischen Eliten und die Neue Weltordnung sprechen und gleichzeitig den Sozialismus kritisieren?! Merkst du denn nicht, dass wir alle im selben Team sind?!?"

Es besteht ein spürbarer sozialer Druck, Mitglied einer Sekte zu werden und sich der Ideologie anzupassen. Wenn nicht, muss man ein unethischer Extremist (Nazi, Faschist usw.) sein. Es ist nicht erlaubt, einfach mit ihrer Ideologie nicht übereinzustimmen, schon gar nicht ohne Konsequenzen.

Die Menschen scheinen von vornherein leicht mit dem Marxismus infiziert zu sein. Natürlich kann man nicht sicher sein, bis jemand ein klares Zeichen gibt - etwa wenn er seine „Meinung" äußert -, aber diese Typen können überall in der Gesellschaft zu finden sein (ich sage „Meinung", weil sie nur marxistische Rhetorik wiederholen). Eine Person kann bereits darauf vorbereitet sein, politisch, psychologisch und soziologisch auf die Ideologie ausgerichtet zu sein, ohne vollständig indoktriniert zu sein. Die betreffende Person denkt vielleicht nicht einmal, dass sie eine politische Meinung/einen politischen Sachverhalt im Kopf hat, doch wenn sie eine äußert, handelt es sich zweifellos um marxistische Positionen.

Das kann etwas so Einfaches sein wie: Links" oder „progressiv" ist gut und „rechts" ist schlecht; oder die Idee, dass „Länder nicht existieren sollten", da dies „eine alte, uncoole Idee" ist usw.; oder dass es „kein geschlechtsspezifisches Lohngefälle" am Arbeitsplatz geben sollte.

Selbst wenn es sich nur um eine beiläufige, pro-marxistische Voreingenommenheit handelt, ist dies ein langer Weg. Wenn man dem Marxismus einen Zoll gibt, wird er eine Meile nehmen. Jeder einzelne pro-marxistische Gedanke in der Bevölkerung summiert sich, er erzeugt einen Quanteneffekt.

Eine kultische „Protestkultur

> „Unsere Aufgabe ist es, jede Äußerung der Unzufriedenheit zu nutzen und jeden noch so kleinen Protest zu sammeln und zum Besten zu machen.[2]

> W.I. Lenin, „Was ist zu tun?", 1902

Ein weiteres Zeichen ist, dass es ständig Proteste gibt, die das Protestumfeld so sehr übersättigen und dominieren, dass sie sowohl unbemerkt als auch unwirksam sind. Dies verhindert jede Art von echten, konstruktiven,

---

[2] Lenin, W.I., „Was ist zu tun?", 1902, S. 54.

https://www.marxists.org/archive/lenin/works/1901/witbd/

wirkungsvollen (d.h. nicht-marxistischen) Inkarnationen.

Da die Protestkultur ein sehr bedeutendes traditionelles Element der Sekte/Ideologie ist, bringt sie diese Möchtegern-"Revolutionäre" dazu, auf die Straße zu gehen und ihr Revier zu markieren. Sie gibt ihnen Selbstvertrauen, gibt ihnen das Gefühl, dass sie die Dinge verändern können, dass sie etwas Besonderes sind (und nicht nur Huren der Ideologie). In allen wichtigen Fragen dienen sie dem internationalistischen Totalitarismus, indem sie seine Befehle ausführen, während sie gleichzeitig die Illusion vermitteln, dass die Demokratie in gewisser Weise funktioniert und die „Volksmacht" real ist.

Strategisch gesehen ist die marxistische Protestkultur für das System wichtig, da sie eine Armee von Aktivisten schafft, die auf Kommando eingesetzt werden können, um die Vorgaben des Systems zu erfüllen - etwa wenn sie sich auf Schritt und Tritt nationalistischen oder „rechten" Bestrebungen widersetzen oder die verschiedenen marxistischen Teilstrategien vorantreiben usw.

Die Protestkultur verschafft den Beteiligten auch ein kollektivistisches Hochgefühl. Sie ist Teil ihres sozialen Lebens und gibt ihrem Leben einen Sinn. In ihrer Naivität haben sie das Gefühl, etwas Gutes zu tun, und sie haben Spaß, wenn sie von Menschen umgeben sind, die sie ermutigen und ihnen zustimmen. Wie schön! Das ist die psychologische Falle des Marxismus in Aktion. Das ist der rote Nektar. Daran sind vor allem die marxistisch durchdrungenen Universitäten schuld, die diese Protestkultur fördern.

Man könnte solche Gesänge hören wie: „Eine Rasse, menschliche Rasse!" (suggeriert „Gleichheit" und Einheitlichkeit zwischen den Rassengruppen) oder „Alle Macht dem Volke!" (sollte eigentlich „Macht dem Proletariat" heißen) oder das sehr phantasievolle „Nazi-Abschaum raus aus unseren Straßen". Ein weiteres Beispiel ist „Keine Gerechtigkeit, kein Frieden" - eine weitere Anspielung auf die „Kontinuierliche Revolution", in Form von Sprechchören. Gerechtigkeit" ist für sie eine kommunistische Utopie. Solange das nicht erreicht ist, werden sie weiterhin Lärm machen (es sei denn, sie werden daran gehindert, natürlich).

Interessanterweise ist dieser Gesang das, was uns die Ideologie/Sekte über die nützlichen Idioten mitteilt. Es sagt uns, dass es keine Gerechtigkeit oder keinen Frieden geben wird, solange die Ideologie/Sekte präsent ist. Offensichtlich entgeht den nützlichen Idioten, die das skandieren, die Ironie.

Symbole und Bilder

Wir können klassische marxistische Symbole wie Hammer und Sichel der Kommunisten oder den Roten Stern in der Öffentlichkeit sehen (z. B. auf Transparenten bei Protesten), oder marxistische Ikonographie auf Kleidung. Zum Beispiel: Che-Guevara-T-Shirts (ein Lieblingsstück der Studenten) oder andere Artikel mit Bildern von Marx, Lenin, Mao oder Castro. Vielleicht sehen wir einige dieser Propheten sogar auf Briefmarken! Im Jahr 2017 wurde eine rote irische Briefmarke herausgegeben, um den 50. Todestag des marxistischen Terroristen Che Guevara zu feiern.[3] Jahrestag des Todes des marxistischen Terroristen Che Guevara feierte. Das wäre selbst für jemanden, der diese Sekte/Ideologie nicht kennt, merkwürdig (auch wenn Guevara irische Vorfahren hatte)! Eine weitere eklatante Beleidigung des Irentums und ein Beispiel dafür, wie die Sekte ihr Territorium markiert.

Die erhobene Faust des Marxismus

> „Sozialisten schreien 'Macht dem Volk!' und heben dabei die geballte Faust. Wir alle wissen, was sie wirklich meinen: Macht über das Volk, Macht für den Staat.[4]

> Die „Eiserne Lady" Margaret Thatcher über den Sozialismus

Ein weiteres Anzeichen für eine Ansteckung ist, dass die geballte Faust oder Variationen davon überall in der Gesellschaft zu sehen sind; sie können mit verschiedenen Aktivistengruppen, Nichtregierungsorganisationen/Non-Profit-Organisationen und sogar Regierungsorganisationen usw. verbunden sein. Beispiele: eine rosafarbene geballte Faust für den Feminismus; eine schwarze für Black Lives Matter oder andere „Black Power"-Gruppen; eine mehrfarbige für eine LGBTQ-"Pride"-Veranstaltung; eine grüne für den Klimawandel-Betrug; eine mit einer medizinischen Spritze in der Hand, um für Impfungen zu werben; eine, die einen Fötus zerquetscht, um für Abtreibung zu werben; eine, die einer Nonne ins Gesicht schlägt (weil sie Christin ist); und eine, die ein (kommunistisches) rotes Arschloch mit den Fäusten schlägt (denn dafür sind sie ja da, oder?). Die geballte Faust steht für Stärke, Solidarität, Kampfgeist und Rebellion. Es bringt die Situation in der Welt auf den Punkt, dass viele Menschen beim Anblick des faschistischen römischen Grußes entsetzt zurückschrecken, aber nicht die gleiche Reaktion zeigen, wenn sie die geballte Faust des Marxismus sehen.

Die Farbe Rot

Obwohl sie keine Erfindung der Sekte ist, ist sie ihre Lieblingsfarbe. Wenn wir anfangen, überall in der Gesellschaft zu viel davon zu sehen, ist das ein weiteres Zeichen für eine Infektion. Wir können sehen, dass sie in Werbematerialien, Websites, Zeitschriften, Logos,

---

[3] Fox News, „Che-Guevara-Briefmarke in Irland empört Kubanisch-Amerikaner", 10. Oktober 2017.

https://www.foxnews.com/world/che-guevara-stamp-in-ireland-outrages-cuban-americans

[4] Thatcher, M., Rede vor dem Zentralrat der Konservativen, 15. März 1986 (zweite Amtszeit als Premierministerin). https://libquotes.com/margaret-thatcher/quote/lbr1a0w

architektonischem/interiorem Design, Unternehmen usw. dominiert. Besonders auffällig ist er in Bereichen, die mit Politik, Nichtregierungsorganisationen (NROs), gemeinnützigen Organisationen oder öffentlichen/sozialen Gruppen zu tun haben, die offen „links" sein können oder auch nicht. Obwohl ihre Verwendung nicht unbedingt subversiver Natur ist, wird die Farbe aufgrund der Präsenz der Ideologie in der Gesellschaft und des hohen Grades an Indoktrination als Farbe der Revolution, des Fortschritts, der Evolution usw. angesehen. Aus marketingpsychologischer Sicht suggeriert Rot Aktion, Leidenschaft usw.

Einige sagen, dass die Farbe Rot ihren Ursprung in der Französischen Revolution hat, dass sie das Blut der unterdrückten Arbeiterklasse symbolisiert, die ihr Leben unter dem Joch des Kapitalismus geopfert hat, oder das Blut der Märtyrer für die Sache in vergangenen Zeiten.

The Red Flag ist die Hymne mehrerer Labour-Parteien in Irland und im Vereinigten Königreich. Die erste Strophe lautet: „The People's flag is deepest red, It shrouded often our martyred dead, And ere their limbs grew stiff and cold, Their hearts' blood dyed its ev'ry fold".[5]

Die LGBTQ-Flagge in den Regenbogenfarben

Wir alle haben es bemerkt, weil es uns das ganze Jahr über ins Gesicht gedrückt wird. Es ist zwar nicht Teil des traditionellen Marxismus (offenkundig), aber wenn man es überall in seinem Land sieht, ist das ein weiteres deutliches Zeichen für eine Ansteckung. Es wurde im Juni 2019 anlässlich des Pride-Monats über dem irischen Regierungsgebäude Leinster House geflogen.[6]

Obwohl diese symbolischen „Regenbogen"-Farben in der Regel mit den LGBTQ-Pride-Märschen, -Organisationen, -Initiativen usw. in Verbindung gebracht werden, haben sie eine viel tiefere Bedeutung. Obwohl dies nicht in den unmittelbaren Rahmen dieses Buches fällt, kann der Leser zur Verdeutlichung die *Gesetze Noah* nachschlagen (es ist auch die Flagge der Jüdischen Autonomen Region nahe der russisch-chinesischen Grenze).[7][8] Die Verwendung dieser Flagge ist eine okkulte psychologische Manipulation („Offenbarung der Methode"), da sie eine auf Eugenik basierende völkermörderische Absicht suggeriert, die von der durchschnittlichen

---

[5] Connell, J., „Die rote Flagge", 1889.
https://www.marxists.org/subject/art/music/lyrics/en/red-flag.htm

[6] „Regenbogenflagge weht am Leinster House anlässlich der Pride", 29. Juni 2019.

https://www.irishtimes.com/news/politics/rainbow-flag-flying-at-leinster-house-to-mark-pride-1.3941776

[7] https://en.wikipedia.org/wiki/Noahidism

[8] https://www.britannica.com/place/Jewish-Autonomous-Region

symbologieunkundigen Person nicht verstanden wird. Diese Flagge bedeutet im Wesentlichen, dass eine anti-weiße eugenische Operation im Gange ist, der die LGBTQ-Bewegung (und der Marxismus im Allgemeinen) dient. Der Gedanke an die gehirngewaschenen Sektenmitglieder mit geringer Intelligenz, die versuchen, dies zu begreifen, ist amüsant - für sie ist es nur eine hübsche Fahne mit regenbogenfarbenem Schwulsein - „vielleicht steht jede Farbe für ein anderes Geschlecht" usw.

Gesellschaft im Allgemeinen

Hier sind einige Anzeichen, die nicht oft mit dem Vorhandensein der Ideologie in Verbindung gebracht werden, die aber entweder mit ihr zusammenhängen oder durch sie verursacht werden. Sie können anfangs auch schwieriger zu erkennen sein.

Es gibt eine allgemeine Zunahme von Verrückten/Anzeichen von Geisteskrankheiten: Wenn ich von „Geisteskrankheit" spreche, meine ich natürlich nicht die technische, staatlich anerkannte, von der Wissenschaft bestätigte Definition. Ich spreche von alltäglichem verrücktem Verhalten.

Die Menschen werden stumpfer und berechenbarer: Wenn jeder nach der marxistischen Formel programmiert ist, wird sein Verhalten berechenbar. Außerdem bedeutet ihr negativer Einfluss auf den Rest von uns (die wir gesund sind), dass wir unter Druck gesetzt werden, genauso stumpfsinnig und „PC" zu sein wie sie; entweder das, oder wir werden geächtet, sobald sie merken, dass wir nicht wie sie sind (der Horror!). Natürlich haben wir auch die Möglichkeit, uns selbst zu ächten und ihnen aus dem Weg zu gehen. Wenn „Vielfalt die Würze des Lebens ist, die ihm seinen Geschmack verleiht" (Zitat von William Cowper), dann ist Uniformität der Gestank, der dem Leben anhaftet und ihm seinen Gestank verleiht.

Jeder muss manisch „positiv" und „nett" sein: Dies hängt mit dem vorherigen Punkt zusammen. Für die Sekte/Ideologie ist es wichtig, ein einheitlich dummes, manisch „positives" Umfeld in der Gesellschaft zu schaffen. Es ist nämlich einfacher, eine „verrückte" Person wie dich und mich auf eine Meile Entfernung zu erkennen, wenn wir anfangen, andere „negative" Gemütszustände (Frustration, Wut usw.) zu äußern. Ein glückliches, „positives", gleichförmiges, sektenähnliches Umfeld ist für die Verbreitung der Ideologie vorteilhafter; es entmutigt die Opposition in der Gesellschaft bereits im Vorfeld. Dies hängt natürlich auch mit Entartung, Hedonismus und Fügsamkeit zusammen, worauf an anderer Stelle eingegangen wird.

Es findet eine allgemeine Feminisierung der Gesellschaft statt (wurde bereits kurz angesprochen): Sie können eine übermäßige Menge an übermäßig weiblichen Einstellungen zu Dingen feststellen. Sie sind nicht nur auffälliger, sondern beginnen sogar zu dominieren. Dies ist ein Aspekt der „Feminisierung"/Zerstörung des Männlichen (Entmannung), um eine Gesellschaft zu schwächen. Ein Beispiel: Man hört immer mehr Menschen, die zu allem „naaaaw" sagen, als wäre es ein süßes Hündchen oder ein Baby. Ich nehme an, man könnte dies als Verwöhnung, Babysitting oder Weichei bezeichnen. Dieses unangenehme „Naaaawww" wird in Gesprächen von „Erwachsenen" gegenüber anderen Erwachsenen (!) verwendet.

Vor allem Frauen und schwule Männer sind hier die Hauptschuldigen, aber auch weniger maskuline heterosexuelle Männer werden sich daran beteiligen. Von allen Arten von Personen, die davon betroffen sein könnten, ist es bei männlichen Personen am potentiell destruktivsten/schädlichsten. Im Grunde genommen ist es entmündigend und demoralisierend, da es zu Sensibilität und Schwäche ermutigt, wo keine vorhanden ist. Diese Idiotie scheint etwas ziemlich Triviales zu sein, aber sie ist in Wirklichkeit sehr ernst; sie ist ein Symptom für eine übermäßige Mitgefühls-/übermäßig weibliche Mentalität, die eine Form der Degeneration ist, die sich in die Subagenden der Sekte einspeist. Auch dies trägt dazu bei, ein psychologisches Umfeld zu schaffen, das für die Sekte/Ideologie von Vorteil ist.

Die Vorstellung, dass es schlecht ist, weiß zu sein: Man hört vielleicht entsprechende Äußerungen oder Sätze wie „Weißsein ist eine Krankheit". Da die Weißen die „Unterdrückerrasse" sind (nach der marxistischen Version der Geschichte), verdienen sie es, als Unterdrückerklasse in der Gegenwart behandelt zu werden, als Geißel der Menschheit.

Tatsächliche Dinge werden zu erfundenen Dingen und umgekehrt: Durch die Einflüsse der Marxschen Postmoderne hört man Konzepte, die versuchen, die Wahrnehmung der Realität zu verzerren. Einige neue Begriffe/Konzepte werden geschaffen, andere werden verworfen oder „dekonstruiert". Dinge, die zuvor als real galten, werden nun als nicht existent betrachtet. Daher hört man Dinge wie „Geschlecht ist ein soziales Konstrukt!" oder „Rasse ist ein soziales Konstrukt!". Umgekehrt werden (von der Sekte) erfundene Begriffe/Konzepte wie „Heteronormativität" und „Nicht-Geschlecht" zu realen Dingen. Der Marxismus hat mit Natur und Wissenschaft nichts am Hut.

In Politik und Geopolitik

Es gibt keine legitime Opposition gegen die Regierung oder den Internationalismus: Die Parteien nennen sich „Mitte-Rechts" oder „Mitte-Links" usw., aber das ist alles irreführender Unsinn. Sie alle sind im Grunde genommen in dem einen oder anderen Maße marxistisch. Wenn es um übergeordnete Fragen geht, sind sie alle generell für den Internationalismus/Globalismus.

Es gibt kein „rechts", nur „rechtsextrem": Sie werden nicht den Begriff „rechts" hören, sondern „rechtsextrem". Das wird so gemacht, weil es jeden, der den Internationalismus nicht unterstützt, sofort als extremistisch, gefährlich usw. abstempelt. Das ist dramatisch und abwertend. Die Sekte/Ideologie kann nicht zulassen, dass der Begriff „rechts" zu oft verwendet wird (wenn es darum geht, jemanden mit einer nationalistischen Einstellung zu beschreiben), weil dies einer nicht-marxistischen gegnerischen Gruppe erlauben würde, zu existieren, ohne ausreichend missbraucht zu werden. Im Grunde genommen können sie es sich nicht leisten, dass jemand „rechte" Politik beschreibt, ohne sie mit Extremismus in Verbindung zu bringen.

Internationalismus = gut, Nationalismus = schlecht

Es gibt die Vorstellung, dass wir eine „Welt ohne Grenzen" haben sollten, und dass Grenzen unmoralisch oder geradezu böse sind; sogar, dass Nationen überhaupt nicht existieren sollten (da die Welt „solidarisch" sein sollte). Jede Art von wirklich patriotischem oder nationalistischem Gedankengut wird als nazistisch/faschistisch/rechtsextremistisch und als alt, rückständig, uncool, nicht in Kontakt mit der modernen Welt stehend usw. angesehen.

Der Sekte zufolge will jeder, der glaubt, dass diese Art von Dingen wohlwollend ist, natürlich, dass sein Land das beste/beherrschende ist und die Welt erobert usw. (was auf die Zeit des Zweiten Weltkriegs und die verzerrte Wahrnehmung der Ereignisse und der beteiligten Gruppen verweist).

Sie werden von Politikern hören, dass das Land stärker in die internationale Gemeinschaft integriert werden muss, dass wir „offener" denken müssen, dass das Land „Teil einer globalen Gemeinschaft" ist ... dass es im Grunde kein unabhängiges, souveränes Land mehr ist; dass es ein „Mitgliedsstaat" der Welt ist. Es wird vielleicht suggeriert, dass Ihr Land „global" sein muss, sonst wird es nicht überleben („Kommunismus oder Tod"). Sie propagieren also im Grunde den marxschen Internationalismus (eine Welt ohne Grenzen), sagen, dass dies „unvermeidlich" ist (um die Nationalisten zu demoralisieren) und dass nationale Souveränität schlecht, böse usw. ist.

Im Mai 2017 hielt der irische Politiker und Parteivorsitzende der Fianna Fáil, Micheal Martin, während einer Sitzung des Dáil und des Seanad eine Rede zum Brexit-Referendum: „Es soll kein Zweifel daran bestehen, wo Irland steht. Wir wollen nichts mit einer rückwärtsgewandten Idee von Souveränität zu tun haben. Wir bleiben den Idealen der Europäischen Union absolut verpflichtet. Wir sehen die Union als das, was sie ist - die erfolgreichste internationale Organisation der Weltgeschichte".[9] Wo er „Irland" sagt, spricht er natürlich nur im Namen anderer verräterischer indoktrinierter Sektenmitglieder, die genauso denken wie er. In der Tat ist die EU eine erfolgreiche marxistische internationale Organisation, ebenso wie die UNO („erfolgreich" für die Ideologie). Es wäre amüsant, die EU zum jetzigen Zeitpunkt (Dezember 2023) als „erfolgreich" zu bezeichnen, denn sie beginnt zu kollabieren, was zum Teil Leuten wie Martin zu verdanken ist.

---

[9] The National Party, „Micheál Martin lehnt eine „rückwärtsgewandte Idee von Souveränität" ab, um überhaupt keine Souveränität zu haben", 18. Mai 2017. https://www.YouTube.com/watch?v=akkPu-FJyiA

Martin fuhr fort: „Wir haben keine Sehnsucht nach einem verlorenen Imperium und keinen Wunsch, uns über andere zu erheben. Wir haben nie versucht, uns von der Welt abzugrenzen und eifersüchtig das Recht zu bewahren, zu allem Nein zu sagen.". Das ist Marxsche Hochstapelei auf hohem Niveau. Die Sprache der roten Schlange. Wie immer ist die Verwendung des Wortes „Imperium" durch Sektenmitglieder amüsant, eine klassische Ablenkung. Das „Überlegenheit über andere behaupten" ist eine offensichtliche Anspielung auf Unterdrückung und verweist auf den (an anderer Stelle gemachten) Punkt, dass Sektenmitglieder fälschlicherweise glauben, Nationalismus sei gleichbedeutend mit dominanten, imperialistischen Tendenzen einer Nation gegenüber anderen Ländern (siehe 2. Weltkrieg). Das ist einfach Marx'sche Tugendhaftigkeit, da es bei der Sekte/Ideologie um Dominanz über andere geht.

Es überrascht nicht, dass Ihre Politiker pflichtbewusst darauf bestehen, dass Sie Teil der internationalistischen Organisationen (d. h. der EU) bleiben. Sie bestehen darauf, dass Ihr Land dies tut, sogar zu seinem eigenen Nachteil (was sie natürlich nicht betonen werden). Anfang 2019, während der Brexit-Diskussionen, erklärte der irische Premierminister Leo Varadkar in einem Interview: „Ich bin die Europäische Union, wenn es um diese Fragen geht. Die irische Regierung und die Europäische Union sind eins, wenn es um den Brexit geht... Wenn sie (die Menschen) das in den letzten zwei Jahren nicht erkannt haben, dann werden sie es jetzt erkennen".[10] Alle eins? Oh oh... Solidarität...

Andere „irische" Sektenmitglieder wollen nicht einmal, dass die Grenze zwischen der Republik Irland und Nordirland existiert. In der Tat ist es in der irisch-republikanischen Bewegung eine lange Tradition, ein „vereinigtes Irland" zu fordern - eine sozialistische Republik mit zweiunddreißig Grafschaften. Die pseudo-nationalistische marxistische Partei Sinn Fein will aus diesem Grund ein vereinigtes Irland.

Sogar noch mehr „Randgruppen"-Sektenmitglieder tun dies, wie z. B. People Before Profit-Chefkommissar Richard Boyd Barrett. In einem RTE-News-Artikel vom März 2021 wird er mit den Worten zitiert, dass seine Partei das Ende der Teilung anstrebe und dass „die Vereinigung der Menschen für eine andere Art von Irland im Norden und Süden ernsthaft auf der Tagesordnung steht".[11] (Eine Anmerkung zu diesem Punkt, für meine irischen Mitpatrioten - vergesst ein vereinigtes Irland! Lasst uns nicht wie Sektenmitglieder reden und ihnen dann in die Hände spielen, indem wir ihnen helfen, weitere Grenzen aufzulösen! Außerdem haben wir im Moment dringendere Sorgen, finden Sie nicht auch?).

---

[10] Irish News, „„I Am The European Union" Says Arrogant Puffed Up EU Rent Boy, Leo Varadkar", 10. Februar 2019. https://www.YouTube.com/watch?v=9bbT_A5T6qg

[11] Meskill, T., „Dublin South-West TD Paul Murphy tritt People Before Profit bei", 1. März 2021. https://www.rte.ie/news/politics/2021/0301/1200161-paul-murphy-pbp/

Eine Zunahme der staatlichen Macht und Regulierung: Ein Zeichen dafür, dass die Sekte/Ideologie die Kontrolle über ein Land festigt, ist, wenn die Regierung auf immer mehr Vorschriften drängt (Zentralisierung der Macht). Dies kann sich auf alle Bereiche erstrecken, ist aber in wirtschaftlichen Fragen besonders deutlich. Die Größe der Regierung und der Regierungsabteilungen, einschließlich der mit der Regierung verbundenen oder von ihr beauftragten Abteilungen, Organisationen und Angestellten, nimmt zu (was die öffentlichen Finanzen massiv belastet, aber keinen nützlichen Zweck erfüllt).

Die Zahl der öffentlichen Vertreter aus „unterdrückten" Gruppen nimmt zu: Sie sehen, dass Politiker/Behördenvertreter zunehmend nicht aufgrund ihrer Verdienste, sondern aufgrund ihrer Gruppe (Geschlecht, Rasse, sexuelle Orientierung, Religion usw. oder Kombinationen davon) ernannt werden. Je „vielfältiger" sie sind, desto besser. Im Jahr 2007 wurde der nigerianische Einwanderer Rotimi Adebari Bürgermeister von Portlaoise in der Grafschaft Laois und damit der erste schwarze Bürgermeister Irlands. Der Guardian berichtete, dass er „vor kurzem einen Master-Abschluss in interkulturellen Studien an der Dublin City University erworben hat (und) jetzt für den Bezirksrat an einem Integrationsprojekt für neue Einwanderer arbeitet".[12] Im Jahr 2020 wurde Hazel Chu zur Oberbürgermeisterin von Dublin ernannt und ist damit „die erste Person chinesischer Abstammung, die Bürgermeisterin einer europäischen Hauptstadt ist".[13] Im Juni 2023 wurde Abul Kalam Azad Talukder, ein Stadtrat der Fianna Fáil, zum Vorsitzenden des Metropolitan District in Limerick gewählt.[14] Talukder ist ein Muslim aus Bangladesch. Nach den bereits erwähnten Dubliner Unruhen vom 23. November 2023, bei denen Kinder vor einer Schule in Dublin erstochen wurden, äußerte sich Talukder über die Randalierer: „Ich würde sie gerne in den Kopf schießen sehen".[15]

Diversität, Mode und die Medien

Sie werden immer mehr Fernsehsendungen, Filme usw. mit einer „vielfältigen" Besetzung von Schauspielern/Moderatoren/Gästen usw. sehen. Dasselbe gilt

---

[12] Bowcott, O., „Vom Asylbewerber zum ersten schwarzen Bürgermeister Irlands in sieben Jahren", 29. Juni 2007.
https://www.theguardian.com/world/2007/jun/29/ireland

[13] https://en.wikipedia.org/wiki/Lord_Mayor_of_Dublin

[14] Jacques, A., „Historischer Moment: Cllr Talukder wird zum ersten muslimischen Metropolitan Cathaoirleach von Limerick gewählt", 20. Juni 2023.
https://www.limerickpost.ie/2023/06/20/historic-moment-as-cllr-talukder-voted-limericks-first-muslim-metropolitan-cathaoirleach/

[15] Jacques, A., „ 'I'd like to see them shot in the head': Die harte Linie des Stadtrats zu den Unruhen in Dublin", 29. November 2023.
https://www.limerickpost.ie/2023/11/29/id-like-to-see-them-shot-in-the-head-councillors-hard-line-on-dublin-riots/

für die Printmedien, Zeitschriften, Schaufenster usw. In Irland hat die Einzelhandelskette *Life Style Sports* ihre Läden auf amüsante Weise mit Bildern geschmückt, auf denen mehrere gemischtrassige Gesichter zu sehen sind (selbst in Städten, in denen die Bevölkerung zu 90-95 % aus weißen Iren besteht). Wann immer Sie eine Familie im Fernsehen (d. h. in der Werbung) sehen, werden Sie kein weißes Paar mit Kindern sehen. Mindestens einer von ihnen ist ein Mischling. Oder wir sehen ungewöhnliche Kombinationen von Menschen, die uns in Fernsehsendungen als Paare präsentiert werden, z. B. eine kleine schwarze Frau mit Downsyndrom in einer Beziehung mit einem großen, aber an den Rollstuhl gefesselten weißen Albino mit Ziegenbart. Dies alles geschieht im Namen der „Gleichberechtigung" und zur Bekämpfung des Übels der „Heteronormativität".

Hässlich" ist schön

Dank der fröhlichen Förderung von „Vielfalt" und Entartung durch die Sekte/Ideologie und ihrer Tendenz, die Dinge auf den Kopf zu stellen, wird uns heute im Wesentlichen gesagt, dass das Hässliche das neue Schöne ist.

Wir sehen dies in der Werbung, wenn zum Beispiel eine stark übergewichtige Frau als schön dargestellt wird. Dies ist ein schrecklicher Einfluss auf Frauen im Allgemeinen und ist sogar gefährlich für jemanden, der sich bereits in einem solchen Zustand befindet. Eine unverantwortliche Gesellschaft ist eine Gesellschaft, in der jedem, der extrem ungesund ist und um seiner selbst willen eine Veränderung braucht (und meist auch will!), gesagt wird, dass er perfekt ist, so wie er ist. Ein berühmtes amerikanisches „Plus-Size"-Model ist Tess Holliday, die auch als „Body-Positive-Aktivistin" bekannt ist.[16] Der Begriff „Body Positivity" in diesem Zusammenhang überzeugt Frauen davon, dass es in Ordnung ist, körperlich degeneriert zu sein.

Positiv" zu sein bedeutet in diesem Zusammenhang, sich vor unangenehmen Gefühlen zu verstecken, die bei der Selbstkritik auftreten können, und sich der Wahrheit über sich selbst zu stellen (auch bekannt als Wahnvorstellung). Bizarrerweise werden solche übergewichtigen Models von einigen als Symbole für weibliche „Ermächtigung" usw. hochgehalten, obwohl sie einen negativen, entmachtenden Einfluss auf Frauen haben. Wenn man nicht einmal seine Essensgelüste kontrollieren kann, ist man nicht „selbstbestimmt".

Andere Beispiele sind entstellte oder behinderte Menschen. Das britische Ex-Model Katie Piper - die 2008 einen Schwefelsäureanschlag im Gesicht erlitt - wurde 2010 in einer Werbung für Pantene-Shampoo gezeigt (obwohl sie bei dem Anschlag einen Großteil ihrer Haare verlor).[17] Sofia Jirau, ein

---

[16] https://en.wikipedia.org/wiki/Tess_Holliday

[17] Pearson-Jones, B., „Katie Piper zeigt sich überrascht, dass sie ein Jahrzehnt nach dem Verlust ihrer Locken als Model für eine Haarpflegemarke angefragt wurde - und gibt zu, dass ihre Locken ihr Selbstvertrauen geben", 5. Januar 2020.

puertoricanisches Model mit Down-Syndrom, wurde 2022 von Victoria's Secret eingestellt.[18] Natürlich geht es hier nicht um diese Frauen, sondern um das tugendhafte, degenerative Prinzip, das hinter der Fassade steckt, die Ideologie, die die „Vielfalt" solcher Dinge fördert. Es stimmt, dass sich nicht alle Anziehungskraft auf oberflächliche Schönheit und konventionelle Wahrnehmungen derselben konzentriert, aber das ist hier nicht das Thema.

Es gibt hier babylonische Untertöne - die Ideologie ebnet den Weg für eine Art Höllenwelt, in der alle Arten von Perversionen der ästhetischen Schönheit, der Sexualität und des Verhaltens normalisiert werden; genau wie in der unglückseligen „vielfältigen" alten mesopotamischen Stadt.[19] Die obigen Beispiele (in Kombination mit der sexuellen Perversion/Geschlechterperversion, die der Kult/die Ideologie anderswo fördert) sind nur der Anfang dessen, was kommen wird... Es sei denn, der Kult wird gestoppt.

Tugendhaftigkeit signalisierende Gesichter

In diesen Branchen werden Tugenden von allen, die eine öffentliche Plattform haben, weit verbreitet sein. Achten Sie auf den dummen Tugendhaftigkeitsausdruck in den Gesichtern von Medienpersönlichkeiten und Prominenten auf der ganzen Welt! Es ist ein „Ich bin traurig"-Gesicht, das normalerweise gezogen wird, wenn man jemandem (z. B. einem Gast/Interviewpartner) zuhört, der erklärt, wie „unterdrückt" er ist. Es ist ein Gesicht, das uns sagt: „Das ist traurig, und du solltest darüber traurig sein". Talkshow-Moderatoren, zum Beispiel. Der jetzt beschämte ehemalige irische Late Late Show-Moderator Ryan Tubridy war ein Meister dieses Ausdrucks.

Auch die Politiker, und zwar über die Medien. Nach der Schießerei in der neuseeländischen Christchurch-Moschee im März 2019 legte die damalige Premierministerin Jacinda Arden aus (marxistischer) Solidarität mit den Opfern einen Hijab an. Sie hatte einen erbärmlich aussehenden Tugendhaftigkeitsausdruck im Gesicht, als ob sie eine schreckliche OTT-Pantomime spielen würde. Amüsanterweise wurde sie von anderen Sektenmitgliedern weltweit dafür gelobt, so viel „Solidarität" und „Mitgefühl" zu zeigen.[20] Als engagiertes Sektenmitglied, das sich vieler Verbrechen gegen

https://www.dailymail.co.uk/femail/article-7525749/Katie-Piper-reveals-joy-asked-model-hair-care-brand-10-years-losing-locks.html

[18] Blance, E., „Wer ist Sofia Jirau, das erste Model mit Down-Syndrom, das für Victoria's Secret posiert?", 23. Februar 2022. https://www.vogue.fr/fashion/article/sofia-jirau-model

[19] https://www.britannica.com/place/Babylon-ancient-city-Mesopotamia-Asia

[20] McConnell, G., „Gesicht der Empathie: Jacinda Ardern photo resonates worldwide after attack", 18. März 2019. https://www.smh.com.au/world/oceania/face-of-

ihr Land schuldig gemacht hat, war Arden Vorsitzende der neuseeländischen Labour-Partei und Premierministerin von 2017 bis 2023.

Polizeiarbeit, Sicherheit und Kriegsführung

> „Das Wort „Frieden", wie es von den Kommunisten verwendet wird, bedeutet den Sieg des Sozialismus".21
>
> Kommunistische Whistleblowerin Bella Dodd,
> Vortrag an der Fordham University, 1953

Gegenwärtig ist vielleicht die Einstellung, dass wir „Frieden" um jeden Preis brauchen, dass Kriege, Gewalt und Armeen schlecht sind. Sie kann sich sogar in der Vorstellung manifestieren, dass jeglicher gewaltsamer Widerstand schlecht ist (es sei denn, er ist „revolutionär", natürlich). Dies ist ein weiterer heuchlerischer, tugendhafter Gedanke, der aufgrund der Infektion in der Gesellschaft verbreitet ist. Was die Ideologie wirklich suggeriert, ist, dass jeder gewaltsame Widerstand gegen die Sekte/Ideologie (und den Globalismus/Internationalismus) schlecht ist; insbesondere die stärkste Art - groß angelegter militärischer Widerstand und totale Kriegsführung.

Diese Art von naiver, hippiesker, „positiver" Denkweise ist genau die Einstellung, die Ihr Feind von Ihnen erwartet, damit Sie unvorsichtig werden. Wenn eine feindliche Macht/Ideologie plant, Ihre Nation zu zerstören, wollen sie, dass Sie diese Mentalität haben, weil sie es nicht schaffen werden. Es besteht ein großer Unterschied zwischen dem Einsatz physischer Gewalt, um eine andere Gruppe/ein anderes Land aus ungerechtfertigten Gründen anzugreifen (Eroberung, Unterdrückung, Gebiets- oder Ressourcenerwerb usw.), und defensiver Gewalt (d. h. dem Einsatz von Gewalt, um Ihr Land von der Sekte/Ideologie zu säubern). Letzteres ist absolut vertretbar! Natürlich wollen deine Feinde nicht, dass du diese Unterscheidung triffst - sie wollen, dass du denkst, dass jede Anwendung von Gewalt schlecht ist. Diese „Wir müssen friedlich sein!"-Haltung ist natürlich eine weitere Form der Tugendhaftigkeit.

Soldaten und Armeen sind schlecht

Viele (indoktrinierte) Menschen betrachten Soldaten und Armeen als etwas von Natur aus Schlechtes; dass sie alle Mörder sind, als ob alle Soldaten/Krieger in der Geschichte der Menschheit gleich gewesen wären. Was für ein Schwachsinn! Es ist amüsant, die hirnlosen, tugendhaften

---

empathy-jacinda-ardern-photo-resonates-worldwide-after-attack-20190318-p5152g.html

[21] *„Bella Dodd erklärt die kommunistischen Enten", Vortrag an der Fordham University, 1953.*

https://www.YouTube.com/watch?v=VLHNz2YMnRY

Meinungen von jemandem in unserer relativ bequemen, modernen Gesellschaft zu hören, der fast schon standardmäßig wenig oder gar keinen Respekt vor einem Soldaten hat; vor allem, wenn er nicht einmal mit ein wenig Stress, Unbehagen oder Kritik umgehen kann (ganz zu schweigen von einem physischen Konflikt oder einem Kampf auf Leben und Tod).

Dies ist das Ergebnis jahrelanger „PC"-Gehirnwäsche, die aus einer Vielzahl von Quellen stammen kann (Erziehung, Unterhaltung, „New Age"-Glauben, Drogenkonsum und/oder Hippie-Dasein usw.). Wenn diese Meinung von einer marxistisch indoktrinierten Person stammt, gilt diese Verurteilung von Soldaten/Gewalt natürlich nicht für all die wunderbaren marxistischen „Revolutionäre" wie Trotzki, Che Guevera, Castro, die vielen afrikanischen Marxisten, sektenartige Terrorgruppen usw.

Sie gilt jedoch für jede Art von bewaffneter Kraft, die ein Gegner des Marxismus war/ist, oder für eine imperiale Streitkraft: US-Streitkräfte, französische und britische imperiale Streitkräfte, die nationalsozialistische Armee Deutschlands im Zweiten Weltkrieg, Francos nationalistische Armee im Spanischen Bürgerkrieg, die Armeen der weißen Buren in Südafrika oder Rhodesien usw. Das sind alles faschistische, kapitalistische, rassistische, böse Unterdrückersoldaten. Ich billige keine Verbrechen, die von irgendeiner bewaffneten Kraft in der Welt begangen wurden, weder in der Vergangenheit noch in der Gegenwart, aber das Schlüsselwort hier ist „Verbrechen". Zweifellos haben viele Soldaten/bewaffnete Kräfte Verbrechen begangen, aber das macht sie nicht alle gleichermaßen ethisch oder unethisch.

Was wir hier betonen, ist die Wirkung der „Friedens"-Programmierung auf die Massen. Wenn sie uns darauf programmieren, Militarismus oder jede Art von physischer Stärke zu hassen, dann natürlich nur, um uns weich und wehrlos zu machen; sie fördern diese Ideen nicht aus wohlwollenden Gründen! Wie wir gerade in der Welt feststellen - ohne die Möglichkeit, physische Gewalt anzuwenden, um sich selbst, sein Land oder sein Volk zu verteidigen (oder wenn man sich weigert, Gewalt anzuwenden), wird früher oder später Gewalt gegen einen angewendet.

Zum Zeitpunkt der Redaktion (Januar 2024) wird im Vereinigten Königreich von einem Krieg mit Russland gesprochen. Viele Kommentatoren haben festgestellt, dass der Wille, für das Vereinigte Königreich zu kämpfen, nicht mehr das ist, was er in der Vergangenheit war (dies ist auf die Erosion des britischen Patriotismus durch die Sekte/Ideologie zurückzuführen). Am 12. Februar 2024 erschien ein Video auf dem YouTube-Kanal des ehemaligen britischen Brexit-Politikers und GB News-Moderators Nigel Farage. Das Thema war der Zustand der britischen Streitkräfte vor dem Hintergrund eines möglichen globalen Konflikts. Er sprach von „woke diversity targets", dem jüngsten Trend zur rückwirkenden Strafverfolgung ehemaliger Soldaten und gelockerten Sicherheitsüberprüfungen für die Aufnahme in die britischen Streitkräfte. Diese Lockerung der Sicherheitsüberprüfung ermöglicht es den

Feinden des Westens, sich einzuschleichen, einschließlich islamischer Extremisten oder marxistischer Elemente.

All dies hat zur Folge, dass die britische Armee „nicht in der Lage wäre, das Land zu verteidigen, falls wir tatsächlich in einen globalen Konflikt geraten sollten".[22] Sicherlich verschärfen diese Faktoren das Problem der niedrigen Rekrutierungszahlen der letzten Zeit. Wokeness" ist der Tod einer Nation.

Ein GB-Nachrichtenvideo vom 12. Februar 2024 zeigte die neue „wache" Rekrutierungswerbung der britischen Armee. Es zeigte einen muslimischen Soldaten, der mitten auf dem Schlachtfeld vor den Augen seiner nicht-muslimischen Kameraden betete. Der Slogan lautete „Meinen Glauben bewahren".[23] Farage wies darauf hin, dass es aus einigen Kreisen Vorschläge gebe, das Christentum aus dem jährlichen Gedenkgottesdienst der Streitkräfte zu entfernen.

Im Dezember 2023 wurde in den USA berichtet, dass sich der demokratische Senator Dick Durbin zu ähnlichen Fragen im Zusammenhang mit dem US-Militär äußerte. Er schlug vor, dass Migranten im Austausch gegen die amerikanische Staatsbürgerschaft für die Streitkräfte rekrutiert werden könnten, und sprach von einem neuen Gesetzentwurf zu diesem Zweck. In seiner Rede vor dem US-Senat erwähnte er die Probleme bei der Rekrutierung von Soldaten und dass die Streitkräfte ihre Quoten nicht erreichen. In Bezug auf die Zulassung von Migranten sagte er: „Sollten wir ihnen die Chance geben? Ich denke, wir sollten". [24] Ähnliche Ideen hat er im Mai/Juni 2023 vorgebracht.[25]

Dies ist eine höchst unverantwortliche, an Verrat grenzende Rhetorik. Ungeschickt ist sie auf jeden Fall. Erstens brauchen Migranten aus aller Welt keine weitere Ermutigung, in westliche Länder einzureisen. Zweitens wird dadurch wiederum die Infiltration durch Amerikas Feinde gefördert. Die Auswirkungen der Sekte/Ideologie auf Amerika und den amerikanischen Patriotismus haben über die Jahrzehnte hinweg in erster Linie dazu beigetragen, dass die Rekrutierungszahlen zurückgegangen sind. Jetzt gibt es Vorschläge,

---

[22] Nigel Farage, „Die britische Armee wird vernichtet", 12. Februar 2024.
https://www.YouTube.com/watch?v=qPN2ahYC6W4

[23] GB News, „'Britische Soldaten beten zu Allah': Nigel Farage wütet über die Verbannung des Christentums aus der Armee", 12. Februar 2024.
https://www.YouTube.com/watch?v=T5U3XbMvau4

[24] „Durbin schlägt US-Staatsbürgerschaft für illegale Einwanderer durch Militärdienst vor,". https://www.YouTube.com/watch?v=B-XmAs5xGTs

[25] Forbes Breaking News, „Dick Durbin Pushes For 'Pathway To Citizenship' For DACA Recipients Who Serve", 3. Juni 2023.
https://www.YouTube.com/watch?v=N8PBmVyBPoE

die Anwerbung von antiamerikanischen Sektenmitgliedern aus dem Ausland zu riskieren!

Hier ist ein weiteres zusammenhängendes, beunruhigendes Element. Am 2. Februar 2024 wurde auf dem YouTube-Kanal von *Tucker Carlson* ein Interview mit dem Biologen Bert Weinstein ausgestrahlt. Weinstein war kürzlich Zeuge von Vorkommnissen am Darien-Gap in Panama, Mittelamerika - einem Brennpunkt für Migranten, die aus Südamerika in die USA reisen. Weinstein sprach von einer zunehmenden Zahl chinesischer Migranten - vor allem Männer im militärischen Alter -, die sich über die Gründe ihrer Migration etwas bedeckt hielten...[26] In Verbindung mit den oben genannten Faktoren und den historischen militärischen Auseinandersetzungen der Sekte mit den USA sollte klar sein, was hier im Gange ist...

„Waffen sind schlecht und die Allgemeinheit sollte sie nicht haben"

In einer Gesellschaft, die vollständig von der Sekte/Ideologie kontrolliert wird, sollte nur der Staat Waffen besitzen. Die Sekte wird immer auf die Entwaffnung der allgemeinen Öffentlichkeit im Namen des „Friedens" und der Tugend usw. drängen. Wir haben dies in den USA ständig beobachten können, wo Sektenmitglieder aller Couleur und auf allen Ebenen diese Idee gefördert haben. Der sozialistische Oberbefehlshaber Barack Obama hat während seiner Amtszeit ständig versucht, die Waffenkultur zu ändern, und wurde dabei von Sektenmitgliedern unterstützt, die in den Medien im ganzen Westen tätig sind.

Die Vorstellung, dass die Amerikaner bewaffnete Verrückte sind, ist Teil des Antiamerikanismus, der von der Sekte verbreitet wird, und steht offensichtlich im Zusammenhang mit ihren Versuchen, die amerikanische Öffentlichkeit zu entwaffnen. Der Besitz von Waffen in einer relativ zivilisierten Gesellschaft ist eine gute Sache, denn er ermöglicht es den Bürgern, sich selbst zu schützen. Nicht nur vor Kriminellen, sondern auch vor tyrannischen Regierungen, insbesondere wenn diese Regierungen von Sektenmitgliedern geführt werden. Viele glauben, dass die verräterischen (marxistischen) Elemente im Establishment ohne den zweiten Zusatzartikel der US-Verfassung und den Zugang der Öffentlichkeit zu Waffen bereits eine militaristische Kontrolle auf amerikanischem Boden eingeführt hätten. Ich würde auch hinzufügen, dass eine gut bewaffnete Öffentlichkeit eine weitere Abschreckung für Amerikas ausländische Feinde darstellt.

Eine „Cops and Soldiers"-Schwulendisko

Ein weiteres Anzeichen für eine Ansteckung ist, wenn Angehörige der Polizei und der Streitkräfte - die eigentlich Symbole für Stärke, Männlichkeit und Landesverteidigung sein sollten - auf der Straße tanzen oder sexuell

---

[26] Tucker Carlson, „How China and the UN are Fueling the Invasion of America", 2. Februar 2024. https://www.YouTube.com/watch?v=wOxksFHAHRU

anzügliches Verhalten an den Tag legen (insbesondere die homoerotische Variante) oder ihre Fahrzeuge mit LGBTQ-Farben verkleidet haben usw. Und das nicht an ihrem freien Abend oder auf einem Privatgrundstück oder auf dem Parkplatz hinter der Polizeiwache, sondern in der Öffentlichkeit, unter den Augen unzähliger verwirrter Augen und geschulter Smartphones. In Irland nahmen die irischen Streitkräfte im Juni 2018 an einem LGBTQ-Pride-Marsch durch die Stadt Dublin teil, an dem auch einige der höchsten Offiziere teilnahmen. [27]

Ende 2021 tanzte die irische Polizei mit Covid-Masken in einem selbst produzierten und choreografierten Video zu dem Lied „Jersusalema" wie Idioten.[28] Auch in Schweden, dem Vereinigten Königreich und anderswo sah man seit 2015 Polizisten bei Pride-Veranstaltungen tanzen.[29] [30] (Dem Autor kam in den Sinn, dass in einigen Fällen Schauspieler eingesetzt wurden (insbesondere solche mit Covid-Masken), um die Polizeikräfte öffentlich zu demoralisieren. Doch selbst die Nachahmung sollte nicht erlaubt sein; sie ist kriminell). Im Juni 2023 enthüllte die Garda Siochana (irische Polizei) im Südwesten Irlands einen neuen Streifenwagen in den „Regenbogenfarben" - aus „Solidarität" mit den LGBTQ-Pride-Märschen und -Gruppen in der Region (es gab noch weitere Beispiele in anderen Regionen).[31]

Schauen Sie sich dagegen die öffentlichen Militärparaden in Nordkorea und China an und wie sie ihre männlichen Muskeln spielen lassen. Panzer, Raketenwerfer, Kampffahrzeuge, Artilleriegeschütze und Tausende von Infanteristen. Schauen Sie in die Augen der Soldaten - sie wollen sich unbedingt vor der Partei beweisen! Verzweifelt wollen sie zeigen, dass sie bereit sind, für die große globale Revolution zu töten! Nirgendwo ein Hinweis auf Tanzen, Beckenstoßen, Schwulsein, Geschlechtsdysphorie,

---

[27] Murtage, P., „Head of Defence Forces to walk in Dublin Pride Parade", 30. Juni 2018. https://www.irishtimes.com/news/ireland/irish-news/head-of-defence-forces-to-walk-in-dublin-pride-parade-1.3548434

[28] All things Ireland, „Gardaí Irish Police In Ireland Dancing on the Jerusalema Song", 14. Dezember 2021. https://www.YouTube.com/watch?v=NGkzgqisiBU

[29] Haigh, E., „Wut auf die 'aufgeweckte' Polizei von Lincoln, nachdem Beamte beim Tanzen des Macarena auf dem Pride-Festival gefilmt wurden, während die Zahl der ungelösten Verbrechen im gesamten Vereinigten Königreich hoch bleibt", 21. August 2022. https://www.dailymail.co.uk/news/article-11132029/Fury-woke-Lincoln-Police-officers-filmed-dancing-Macarena-Pride-festival.html

[30] „Schwedische Polizei tanzt für Pride", Mai 2020. https://www.YouTube.com/watch?v=apE9vH-pcow

[31] O'Shea, J., „Gardai unveil new rainbow 'Pride' patrol car for West Cork in shout out to LGBTQ community", 30. Juni 2023. https://www.corkbeo.ie/news/local-news/gardai-unveil-new-rainbow-pride-27229628

Krüppelmasken oder arschlose Hosen.

Hochstapler und Unterwanderer

Ein weiteres offensichtliches Anzeichen für eine Ansteckung ist das Vorhandensein von Betrügern, Infiltratoren und Pseudopatrioten. In der Geschichte der marxistischen Subversion und Propaganda hat es bereits viele Formen von Agenten/Täuschern/Apologeten gegeben, entweder wissentlich oder unwissentlich. Der Marxismus hat eine Geschichte der Unterwanderung nationalistischer Bewegungen, und zwar auf immer kreativere Weise. Die Sekte hat in der Vergangenheit die Taktik des „Entryism" angewandt - die Unterwanderung gegnerischer Gruppen und der Aufstieg in deren Reihen -, um sie im Wesentlichen zu entgleisen, insbesondere im politischen Bereich.

In der heutigen Internet-Ära sehen wir eine ähnliche Kontamination durch Sektenmitglieder, insbesondere auf YouTube. Ihre Rolle kann darin bestehen, die Menschen zu verwirren oder sie von nationalistischen oder patriotischen Standpunkten abzubringen und sie davon zu überzeugen, dass sie keine Souveränität wollen oder brauchen. Sie können auch dazu beitragen, die „Antiglobalisten"-Bewegung zu entgleisen, indem sie von den Bedenken gegen den Marxismus ablenken (oder sie schlichtweg abtun). Wir müssen auch auf jeden achten, der offen oder subtil marxistische Konzepte vertritt, als Apologet oder Befürworter. Dies kann manchmal schwer zu erkennen sein. Die Tatsache, dass viele immer noch nicht wissen, was der Marxismus ist (und welche Bedrohung er darstellt), macht diesen Prozess umso schwieriger.

Red-tubers

Sektenmitglieder locken und betrügen die Massen auf unterschiedliche Weise. Sie können in Form von „Philosophen", politischen Analysten, Online-Medienpersönlichkeiten, falschen Christen usw. auftreten. Einige geben sich als Nationalisten oder Patrioten (oder zumindest als Sympathisanten) aus, um diese Bewegung zu verunsichern. Andere sind „spirituelle" Gurus, Analysten, Redner, Autoren usw. Diese Typen gibt es in allen Formen und Größen.

Sie können diejenigen, die ihnen zuhören, davon überzeugen, dass „Aggression falsch ist" oder „Wir sind alle eins, also sollten wir keine Länder haben..." oder „Alle Religionen sind gleich und primitiv... das Christentum ist genauso schlecht wie der Talmudismus oder der Islam..."; oder diejenigen, die irgendeine Art von pro-marxistischer Entartung, Postmodernismus, „Spiritualität", irgendeine Art von schädlichem Kopf-in-den-Wolken-Zeug fördern.

Stellen Sie sich eine Art Russell Brand vor. Ein Komiker, Schauspieler, Radiomoderator, Autor, Schauspieler, und jetzt ein YouTuber und eine „spirituelle" Stimme mit einer riesigen Fangemeinde. Ich habe gehört, wie er pseudo-spirituellen Mist auskotzt, aber das Wichtigste ist seine offen marxistische Ausrichtung. Er war einst an The New *Statesman* beteiligt, einer berühmten sozialistischen Zeitschrift, die von der Fabian Society gegründet wurde. Er ist auch ganz klar ein „linker" Aktivist. Bezeichnenderweise hat er ein Buch mit dem Titel *Revolution* (2014) veröffentlicht, auf *dessen Einband* die Buchstaben e,v,o,l in marxistischem Rot eingefärbt sind; er versucht, die Ideologie/marxistische Revolution mit Liebe gleichzusetzen.[32] Manchmal hat er sich selbst als eher „neutral" dargestellt, hat aber eine eindeutig marxistische Einstellung zum Weltgeschehen. Er zitiert auch aus Quellen wie der *World Socialist Web Site* (WSWS).[33][34] Brand eröffnet seine Videos mit „Hallo, ihr erwachenden Wunder! Danke, dass ihr uns auf unserer gemeinsamen Reise zur Wahrheit und Freiheit begleitet".[35] „Erwachen" im marxistischen Sinne? In einem „wachen" Sinne?

Ein weiteres Beispiel ist der britische YouTuber Tom Nicholas. Sein Kanal hat derzeit fast 500.000 Abonnenten. Eines seiner Videos trägt den Titel „How to spot a (potential) Fascist".[36] Wir könnten hier einfach aufhören.

Ein anderer ist der eindeutig benannte Sender „Marxism Today".[37] Er wird von dem irischen Sektenmitglied Paul Connolly moderiert, der die Zuschauer über die Vorzüge von Sozialismus und Kommunismus „aufklärt", indem er sie mit parteiischen Informationen blendet. Der stromlinienförmige Stil der Videoproduktion zeigt, wie die Sekte stets versucht, den Marxismus als cool und wohlwollend zu verpacken, um vor allem die Jugend anzulocken. Die rote Schlange häutet sich wieder.

In seinem Video „Why Communism? Sozialismus 101"-Video erklärt Connolly mit einem stolzen Lächeln: „Willkommen bei Sozialismus 101 - einer Serie, die dazu dienen soll, Menschen ohne Vorkenntnisse die Grundlagen des Sozialismus und des Kommunismus aus einer ausdrücklich marxistisch-leninistischen und marxistisch-leninistisch-maoistischen Perspektive mit kurzen und leicht verdaulichen Videos zu vermitteln".[38] Igitt. Ich würde lieber eine riesige Wand streichen, dann einen Hocker heranziehen

---

[32] https://en.wikipedia.org/wiki/Revolution_(Buch)

[33] Russel Brand, „Es ist Krieg im großen Stil!" - No One Is Ready For What's Coming!", 18. Januar 2024. https://www.YouTube.com/watch?v=_w8psH6NKNw

[34] https://www.wsws.org/en

[35] https://www.YouTube.com/@RussellBrand

[36] Tom Nicholas, „How to Spot a (Potential) Fascist", 19. Juli 2020. https://www.YouTube.com/watch?v=vymeTZkiKD0

[37] https://www.YouTube.com/@Marxismus_heute

[38] Marxismus heute, „Warum Kommunismus? | Sozialismus 101", 2. April 2021.

https://www.YouTube.com/watch?v=N52bJRe0Gg8&list=PL0J754r0IteXABJntjBg1YuNsn6jItWXQ

und meine Fernsehbrille aufsetzen. Stellen Sie sich vor, Sie unterstützen drei der schlimmsten Menschen aller Zeiten mit einem Lächeln im Gesicht, das die ganze Welt sehen kann. Mit 71.000 Abonnenten zum Zeitpunkt der Bearbeitung ist der Film voll mit Bildern kommunistischer Idole und der Farbe Rot.

Ein anderer ist der britische YouTuber Harris „hbomberguy" Brewis mit 1,6 Millionen Abonnenten zum Zeitpunkt der Bearbeitung. Eine weitere lächelnde, gehirngewaschene, gestörte, manipulative rote Schlange, die verschiedene Unterthemen wie Klimawandel, Massenimpfungen und Feminismus fördert/verteidigt, während sie gleichzeitig leugnet, dass die Unterthemen Anti-Christentum oder „Kulturmarxismus" existieren.

Ein Video trägt den Titel „Climate Denial: Eine angemessene Antwort". Die Videos sind eine Mischung aus PC-(marxistischer) „Comedy" und dem üblichen Spott/der üblichen Zickerei gegenüber jedem, der nicht mit der Sekte/Ideologie übereinstimmt. In einigen von ihnen kommentiert er Videos, die von nicht-marxistischen Stimmen („Nazis" und „Rassisten") gemacht wurden, was es ihm ermöglicht, diese gegnerischen Ansichten zu „entlarven". [39] Ich bin sicher, dass er auf andere Sektenmitglieder als wortgewandt, geistreich, scharfsinnig, charmant usw. wirkt. Interessanterweise verwendet er den Begriff „wahre Gläubige" in Bezug auf nationalistische/nicht-marxistische Stimmen oder deren Anhänger und deutet damit fast an, dass diese Menschen Teil einer Sekte sind. Wieder eine Umkehrung.

Brewis „identifiziert" sich als bisexuell und beschrieb sich selbst einmal als „ein sehr linker sozialistischer Typ mit einer Verehrung für die eigentlichen Philosophen der kommunistischen Bewegung und ihre Schriften". Unter all den albernen Gesichtern und vorhersehbaren „Gags" ist er also nur ein weiterer Fanatiker, der online mit seiner Ideologie hausieren geht.[40]

Dies sind nur einige der zahlreichen Beispiele. YouTube wird diese Kanäle natürlich unterstützen, damit sie existieren und wachsen können. Umgekehrt und gleichzeitig werden Kanäle, die nicht mit dem Marxismus konform gehen, unterdrückt. Jegliche ernsthafte Kritik an der Sekte/Ideologie, die erklärt, dass es sich um eine massive, verrückte, globale Sekte handelt, wird nicht erlaubt sein. Es wird jedoch erlaubt sein, die glorreiche Revolution zu verbreiten oder die Gegner der Sekte zu kritisieren, so viel man will.

Die oben genannte Propaganda muss aus dem Netz entfernt und die Beteiligten müssen unter Kontrolle gebracht werden. Indoktrinierten Menschen darf nicht

---

[39] Hbomberguy YouTube-Kanal.
https://www.YouTube.com/channel/UClt01z1wHHT7c5lKcU8pxRQ

[40] https://rationalwiki.org/wiki/Hbomberguy

erlaubt werden, andere anzustecken, schon gar nicht in einem solchen Ausmaß. Vielleicht sollten wir Gesetze zur „Marxschen Rede" erfinden und umsetzen?

Abschnitt XI - Die geteilten Nationen

> „Es gibt keine andere Rettung für die Zivilisation oder gar für die menschliche Rasse als die Schaffung einer Weltregierung.[1]

Berühmter „genialer" Wissenschaftler und Sektenmitglied Albert Einstein

> „Die Menschheit leidet... Die Menschheit ist am stärksten, wenn wir zusammenstehen"[2]

UN-Generalsekretär António Guterres,
Dez 2023 Neujahrsbotschaft

Einführung

Sind die Vereinten Nationen eine marxistische Organisation? Fördern und unterstützen sie diese Ideologie in irgendeiner Weise? Handelt es sich um eine internationalistische Organisation, die die Macht auf Kosten der Souveränität der Mitgliedsländer zentralisiert? Die UNO ist ein faszinierendes und umfangreiches Gebilde, das ein eigenes Buch verdient, aber hier sind einige wichtige Informationen:

Übersicht

Der Hauptsitz der UNO befindet sich in New York City, auf internationalem Gebiet. Als globale, zwischenstaatliche Organisation hat sie Hauptbüros in Nairobi, Wien und Genf und verfügt über sechs Amtssprachen. Die 1945 gegründete Organisation, der derzeit 193 Mitgliedstaaten angehören, verfolgt vordergründig die Ziele „Frieden" und „Sicherheit". Neben der Wahrung des Völkerrechts nimmt sie humanitäre und friedenserhaltende Aufgaben sowie eine Vielzahl scheinbar wohltätiger Funktionen wahr.[3]

Die Struktur der UN oder des Systems der Vereinten Nationen umfasst sechs Gruppen: die Generalversammlung, den Sicherheitsrat, den Wirtschafts- und Sozialrat, den Treuhandrat, den Internationalen Gerichtshof und das UN-

---

[1] Albert Einstein, zitiert von Charles Kegley, *Weltpolitik: Trend und Wandel* (2008), S. 537. https://en.wikiquote.org/wiki/World_government

[2] Vereinte Nationen, „UN Chief's 2024 New Year's Message | United Nations", 28. Dezember 2023.

https://www.YouTube.com/watch?v=cxFvUbhVz50

[3] https://www.britannica.com/topic/United-Nations

Sekretariat. Zu den weiteren wichtigen Unterorganisationen der UNO gehören: ILO (Internationale Arbeitsorganisation), WTO (Welthandelsorganisation), WHO (Weltgesundheitsorganisation), UNESCO (Organisation der Vereinten Nationen für Erziehung, Wissenschaft und Kultur) und der IWF (Internationaler Währungsfonds). (Hinzu kommt die bereits erwähnte WMO (Weltorganisation für Meteorologie)).[4]

Einige andere bemerkenswerte Einrichtungen sind aus der UNO hervorgegangen: UNHCR (Hoher Flüchtlingskommissar der Vereinten Nationen); UNIFEM (Entwicklungsfonds der Vereinten Nationen für Frauen) und UN WOMEN (Organisation der Vereinten Nationen für die Gleichstellung der Geschlechter und die Stärkung der Rolle der Frau), die beide 2011 zu UN WOMEN zusammengelegt wurden; UNRWA (Hilfswerk der Vereinten Nationen für Palästinaflüchtlinge im Nahen Osten).

Es handelt sich dabei eindeutig um eine Untergruppe von Organisationen, die die marxistischen Unterthemen Massenmigration, Feminismus und Palästinenserrechte der Sekte/Ideologie unterstützen.

Auf der Seite „UN-System" der Website *un.org* sind einige andere „Fonds und Programme" aufgeführt, darunter: UNICEF (Kinderhilfswerk der Vereinten Nationen), das sich dafür einsetzt, „das Leben von Kindern zu retten, ihre Rechte zu verteidigen und ihnen zu helfen, ihr Potenzial auszuschöpfen, von der frühen Kindheit bis ins Jugendalter". Damit sind natürlich elternlose Kinder oder eindeutig untaugliche Eltern gemeint, nicht wahr? Das Entwicklungsprogramm der Vereinten Nationen (UNDP) trägt dazu bei, „die Armut zu beseitigen und Ungleichheiten zu verringern". Der UNFPA (Bevölkerungsfonds der Vereinten Nationen) will „eine Welt schaffen, in der jede Schwangerschaft gewollt, jede Geburt sicher und das Potenzial jedes jungen Menschen ausgeschöpft ist"; das klingt nach Eugenik und bedeutet, dass sie Abtreibung befürworten.[5]

Gründung

Die UNO wurde angeblich gegründet, um die Rolle zu spielen, die der Völkerbund für den „Weltfrieden" spielen sollte, aber in einer Welt nach dem Zweiten Weltkrieg, um „nachfolgende Generationen vor der Geißel des Krieges zu bewahren, die zweimal zu unseren Lebzeiten unsagbares Leid über die Menschheit gebracht hat"; zusätzlich zur Förderung des „sozialen Fortschritts".[6] Bei der Gründung der UNO war der amtierende Generalsekretär Alger Hiss, ein kommunistischer Spion, der in den USA aktiv war. Hiss war

---

[4] https://en.wikipedia.org/wiki/United_Nations_System#United_Nations

[5] „UN-System,". https://www.un.org/en/about-us/un-system

[6] „Charter Of The United Nations And Statute Of The International Court Of Justice", 1945, S. 2. https://treaties.un.org/doc/publication/ctc/uncharter.pdf

1945 Generalsekretär der *Konferenz der Vereinten Nationen für internationale Organisation*. Diese Gruppe war für die Ausarbeitung der UN-Charta verantwortlich, wobei Hiss eine zentrale Rolle spielte. (Später wurde er 1950 wegen zweifachen Meineids verurteilt, nachdem er von mehreren übergelaufenen Sektenmitgliedern enttarnt worden war). [7]

Interessanterweise wurde die berüchtigte KomIntern (Kommunistische Internationale oder Dritte Internationale) im Mai 1943 aufgelöst, zur gleichen Zeit, als die UNO gegründet wurde. Das UN-Abzeichen auf der hellblauen Flagge der Vereinten Nationen - die Erde, flankiert von zwei Olivenblättern - ist dem Emblem der Sowjetunion sehr ähnlich. Ich glaube, die Farbe Blau verwirrt Sie ein wenig...[8][9][10]

Frühere und heutige Führungskräfte

In der frühen Führung dieser neuen internationalen „Friedens"-Organisation gab es eine unbestreitbare marxistische Präsenz. Der erste offizielle Generalsekretär der UNO (1946-1952) war Trygve Lie (1896-1968); ein sehr passender Nachname. [11] Lie war ein hochrangiges Mitglied der sozialdemokratischen Partei Norwegens. Der zweite (1953-1961) war ein schwedischer Sozialist namens Dag Hammarskjold (1905-1961), der offen die „kommunistische" Politik der Sekte vertrat.[12] Der dritte (1961-1971) war U Thant (1909-1974), ein burmesischer Marxist.[13] Ich erkenne hier ein Muster...

Annan

Kofi Annan (1938-2018) war der siebte Generalsekretär (1997-2006). Er studierte Wirtschaftswissenschaften an der *Kwame Nkrumah University of Science and Technology in Ghana* und am *Macalester College* in Minnesota in den USA. [14]

(Ersterer ist nach dem bereits erwähnten begeisterten panafrikanistischen Sektenmitglied im Afrika-Abschnitt benannt, und letzterer ist offen für

---

[7] Federal Bureau of Investigation, „Alger Hiss".https://www.fbi.gov/history/famous-cases/alger-hiss

[8] https://en.wikipedia.org/wiki/Communist_International

[9] https://www.britannica.com/topic/flag-of-the-United-Nations

[10] https://en.wikipedia.org/wiki/State_Emblem_of_the_Soviet_Union

[11] https://www.britannica.com/biography/Trygve-Lie

[12] https://www.britannica.com/biography/Dag-Hammarskjold

[13] https://www.britannica.com/biography/U-Thant

[14] https://www.britannica.com/biography/Kofi-Annan

Internationalismus und Multikulturalismus).[15][16] Hier sind einige seiner Zitate:

Dieser erste Satz fasst die UNO gut zusammen. In seiner Botschaft zum Internationalen Tag des Friedens 2004 erklärte er: „Nichts kann für unsere Bemühungen um Frieden und Entwicklung gefährlicher sein als eine Welt, die entlang religiöser, ethnischer oder kultureller Grenzen gespalten ist. In jeder Nation und unter allen Nationen müssen wir daran arbeiten, die Einheit auf der Grundlage unserer gemeinsamen Menschlichkeit zu fördern". [17] Da die Menschen von Natur aus dazu neigen, sich entlang dieser Linien zu spalten, bedeutet dies, dass die UNO die Art und Weise, wie die Welt von Natur aus funktioniert, ändern muss - sie muss versuchen, Religion, Rasse und Kultur aus dem Bewusstsein der Menschen zu entfernen (was genau das ist, was sie bisher getan hat). Andernfalls werden sie nicht in der Lage sein, „Frieden" zu erreichen.

Im September 2002 sprach er auf dem Weltgipfel für nachhaltige Entwicklung in Johannesburg über den Klimawandel und erklärte: „Aber wir sollten uns nicht täuschen lassen, wenn wir in einen strahlend blauen Himmel schauen und denken, dass alles gut ist. Es ist nicht alles gut. Die Wissenschaft sagt uns, dass der Klimawandel, wenn wir jetzt nicht die richtigen Maßnahmen ergreifen, noch zu unseren Lebzeiten verheerende Folgen haben wird".[18] Trauen Sie also grundsätzlich nicht Ihren eigenen Sinnen; das Ende der Welt ist nahe (rollt mit den Augen).

Im Juni 2000 erklärte er in seiner Erklärung auf der Sondersitzung der Generalversammlung „Frauen 2000: Gender Equality, Development and Peace for the Twenty-first Century" (Gleichstellung der Geschlechter, Entwicklung und Frieden für das einundzwanzigste Jahrhundert) erklärte er: „Es gibt keine Entwicklungsstrategie, die für die Gesellschaft als Ganzes - Frauen und Männer gleichermaßen - vorteilhafter ist als diejenige, die Frauen als zentrale Akteure einbezieht".[19] Wie bereits an anderer Stelle erwähnt, liegt es im Interesse der Sekte/Ideologie, Frauen in dieser Zeit verstärkt in Führungspositionen zu bringen, da dies ihren Einfluss stärkt. Zum Thema Rassismus erklärte er im September 2016: „Wir mögen verschiedene

---

[15] https://www.knust.edu.gh

[16] „Eine Kraft für positive Veränderungen„. https://www.macalester.edu/about/

[17] „Kofi Annan Zitate„. https://www.kofiannanfoundation.org/kofi-annan/kofi-annan-quotes/

[18] „Kofi Annan Zitate„. https://www.kofiannanfoundation.org/kofi-annan/kofi-annan-quotes/

[19] UN-Pressemitteilung, „Secretary-General, In Address To Women 2000 Special Session, Says Future Of Planet Depends On Women", 5. Juni 2000. https://press.un.org/en/2000/20000605.sgsm7430.doc.html

Religionen, verschiedene Sprachen und verschiedene Hautfarben haben, aber wir gehören alle zu einer menschlichen Rasse".[20]

Am Internationalen Frauentag im März 1999 erklärte er: „Gewalt gegen Frauen ist vielleicht die schändlichste Menschenrechtsverletzung, und sie ist vielleicht die am weitesten verbreitete. Sie kennt keine Grenzen der Geographie, der Kultur oder des Wohlstands. Solange sie andauert, können wir nicht behaupten, wirkliche Fortschritte in Richtung Gleichberechtigung, Entwicklung und Frieden zu machen".[21] Was für ein tugendhaftes Geschwätz! Abtreibung ist die schändlichste Menschenrechtsverletzung! Interessanterweise war Annan auch an einer Gruppe von Verrückten der Neuen Weltordnung namens The Elders beteiligt.

Mond

Das fanatische Sektenmitglied Ban Ki Moon war der achte südkoreanische Generalsekretär der UNO (2007-2016). Im Januar 2011 wurde Moon in Davos, Schweiz, in einer Rede auf dem Weltwirtschaftsforum (WEF) ganz zum Marxisten: „Uns läuft die Zeit davon. Zeit, den Klimawandel zu bekämpfen. Zeit, um ein nachhaltiges, klimaresistentes grünes Wachstum zu gewährleisten. Es ist an der Zeit, eine saubere Energierevolution herbeizuführen", und behauptete, das derzeitige Wirtschaftsmodell sei im Grunde genommen ein „Selbstmordpakt".

Er fügte hinzu: „Hier in Davos, bei diesem Treffen der Mächtigen und Mächtigen, vertreten durch einige Schlüsselländer, mag es seltsam klingen, von einer Revolution zu sprechen, aber das ist es, was wir in dieser Zeit brauchen. Wir brauchen eine Revolution. Revolutionäres Denken. Revolutionäres Handeln".[22]

Im Februar 2014 erklärte er anlässlich des Welttages der sozialen Gerechtigkeit, dass dieser Tag „begangen wird, um die Kraft der globalen Solidarität hervorzuheben, um Chancen für alle zu fördern", und „Wir müssen mehr tun, um den Einzelnen durch menschenwürdige Arbeit zu befähigen, die Menschen durch sozialen Schutz zu unterstützen und sicherzustellen, dass die Stimmen der Armen und Ausgegrenzten gehört werden ... lassen Sie uns die soziale Gerechtigkeit in den Mittelpunkt stellen, um ein gerechtes und nachhaltiges

---

[20] https://www.kofiannanfoundation.org/kofi-annan/kofi-annan-quotes/

[21] UN-Pressemitteilung, „Violence Against Women 'MOST Shameful', Pervasive Human Rights Violation, Says Secretary-General In Remarks On International Women's Day", 8. März 1999. https://press.un.org/en/1999/19990308.sgsm6919.html

[22] UN-Pressemitteilung, „Ban warnt vor 'globalem Selbstmord' und ruft zur Revolution auf, um nachhaltige Entwicklung zu gewährleisten", Januar 2011. https://news.un.org/en/story/2011/01/365432

Wachstum für alle zu erreichen".[23] Beeindruckend! Dieser Mann beherrscht den Marxismus fließend.

Auf der COP22-Veranstaltung im November 2016 sagte er: „Ich werde auch nach meinem Rücktritt nie aufhören, mit den Vereinten Nationen, meinen Kollegen und den Staats- und Regierungschefs der Welt zusammenzuarbeiten, um sicherzustellen, dass dieses Klimaschutzabkommen vollständig umgesetzt wird.[24] Drama gefällig? Moon war auch ein wichtiger Akteur bei der Agenda 2030 der Vereinten Nationen und den darin enthaltenen Zielen für nachhaltige Entwicklung.

Moon war nicht nur ein Retter des Planeten, sondern hat sich auch zu mehreren anderen Themen geäußert. Zum Tag der Gleichberechtigung der Frau im August 2016 sagte er: „Länder mit mehr Geschlechtergleichstellung haben ein besseres Wirtschaftswachstum. Unternehmen mit mehr weiblichen Führungskräften erzielen bessere Ergebnisse ... Die Beweise sind eindeutig: Gleichstellung von Frauen bedeutet Fortschritt für alle".[25] (ähnlich wie bei Kofi Annan, siehe oben).

Er verteidigte die LGBTQ-Subagenda, als er in seiner Rede „The Time Has Come" im März 2012 sagte: „Es ist ein Skandal, dass in unserer modernen Welt so viele Länder weiterhin Menschen kriminalisieren, nur weil sie einen anderen Menschen des gleichen Geschlechts lieben".[26] Es ist sehr klug, das Wort „lieben" zu verwenden (im Gegensatz zu „sich zu ihnen hingezogen fühlen"), um von der Vorstellung einer (potenziell) oberflächlichen Anziehung abzulenken und auf potenziell zufällige oder bedeutungslose Beziehungen hinzuweisen.

Guterres

Der derzeitige und neunte Generalsekretär ist Antonio Guterres, der eine Zeit lang Premierminister von Portugal war und der Sozialistischen Partei Portugals

---

[23] Ki-Moon, B., „Welttag der sozialen Gerechtigkeit", 20. Februar 2014.

https://www.cepal.org/en/articles/2014-world-day-social-justice

[24] COP 22, „Bemerkungen des Generalsekretärs vor der Presse bei COP2", 15. November 2016.

https://www.un.org/sustainabledevelopment/blog/2016/11/secretary-generals-remarks-to-the-press-at-cop22/

[25] Tavares, C., „This #WomensEqualityDay, Remember What Your Vote Means", 26. August 2016. https://www.huffpost.com/entry/this-womensequalityday-re_b_11705836

[26] UN-Menschenrechte, „Botschaft des UN-Generalsekretärs an den Menschenrechtsrat", 7. März 2012.
https://www.YouTube.com/watch?v=qtxU9iOx348

angehört. Bezeichnenderweise war er von 1999 bis 2005 Präsident der Sozialistischen Internationale. [27] Im September 2018 äußerte er sich zum Klimawandel und bezeichnete ihn als „die entscheidende Frage unserer Zeit, und wir befinden uns in einem entscheidenden Moment. Wir stehen vor einer direkten existenziellen Bedrohung". Er erklärte: „Wir müssen uns von unserer Abhängigkeit von fossilen Brennstoffen lösen und sie durch saubere Energie aus Wasser, Wind und Sonne ersetzen... Wir müssen die Art und Weise ändern, wie wir wirtschaften.". Er gab auch antikapitalistischen Schwachsinn von sich: „Die reichsten Nationen der Welt sind am meisten für die Klimakrise verantwortlich, doch die Auswirkungen bekommen die ärmsten Nationen und die am meisten gefährdeten Völker und Gemeinschaften zuerst zu spüren".[28] Wieder diese verdammte reiche Bourgeoisie, die die schwachen Proletarier unterdrückt...

Einige weitere Perlen von Guterres. Ein Tweet am 25. März 2020: „Der transatlantische Sklavenhandel ist eines der größten Verbrechen in der Geschichte der Menschheit. Und wir leben weiterhin in seinem Schatten. Wir können nur vorankommen, wenn wir uns gemeinsam mit dem rassistischen Erbe der Sklaverei auseinandersetzen". [29] Der Chef der UNO - einer Weltregierung, die Massenmigration befürwortet - betreibt anti-weiße europäische, rassistische, weiße Schuldzuweisungen.

Eine weitere im April 2020, die das Covid-Narrativ der UNO propagiert: „Während die Welt gegen #COVID19 kämpft, bekämpfen wir auch eine Epidemie von schädlichen Unwahrheiten und Lügen. Ich kündige eine neue @UN-Kommunikationsinitiative an, um Fakten und Wissenschaft zu verbreiten und die Geißel der Fehlinformation zu bekämpfen - ein Gift, das immer mehr Menschenleben gefährdet".[29] Vielen Dank, Genosse Guterres!

In einem Tweet vom Juli 2020 vertritt er mehrere Marx'sche Teilaspekte gleichzeitig: „@COVID19 hat bestehende Ungleichheiten und Verwundbarkeiten für Frauen und Mädchen vertieft. Am #WorldPopulationDay am Samstag und jeden Tag müssen wir die Rechte von Frauen und Mädchen schützen, geschlechtsspezifische Gewalt beenden und die sexuelle und reproduktive Gesundheitsversorgung sicherstellen".[29] Das ist amüsant - von sozialer Ungleichheit („Klassenkampf") über Eugenik und Feminismus bis hin zu Frauenvergewaltigung und Verhütung/Eugenik, alles in einem Tweet!

---

[27] „Generalsekretär, Biographie,". https://www.un.org/sg/en/content/sg/biography

[28] New Yorker Rede, „Bemerkungen des Generalsekretärs zum Klimawandel [wie vorgetragen]", 10. September 2018. https://www.un.org/sg/en/content/sg/statement/2018-09-10/secretary-generals-remarks-climate-change-delivered

[29] https://en.wikiquote.org/wiki/Antonio_Guterres

Denken wir daran, dass diese Männer, obwohl sie an der Spitze der wohl größten und mächtigsten zwischenstaatlichen Organisation der Welt stehen, eine ähnliche Einstellung haben wie die durchschnittlichen, alltäglichen marxistischen Sektenmitglieder. Dieselben Gedanken und Worte. Dieselbe Ideologie.

Die WHO?

Die 1948 gegründete Weltgesundheitsorganisation (WHO) ist der „medizinische" Arm (oder Tentakel) der UNO. Sie ist eine Organisation, die „Nationen, Partner und Menschen zusammenbringt, um die Gesundheit zu fördern, die Welt sicher zu halten und den Schwachen zu helfen - damit jeder und überall das höchste Maß an Gesundheit erreichen kann".[30] Das klingt sehr schön. „Die Welt sicher zu halten" ist Tugendhaftigkeit auf Chef-Ebene. „Verletzlich" ist gleichbedeutend mit „unterdrückt".

Diese Unterorganisation war zusammen mit dem Club of Rome maßgeblich an der Erstellung und Umsetzung der Covid 19-Agenda beteiligt. Die UNO war über die WHO der Schlüssel zur Sicherstellung der globalen Abschottung. Diese Organisation wurde nach dem fabianischen Prinzip gegründet, jede verfügbare Möglichkeit zu nutzen, um die marxistische Agenda einer Weltregierung ohne Grenzen voranzutreiben, einschließlich „medizinischer" Möglichkeiten. Offensichtlich wurde diese Welt-"Gesundheits"-Organisation nicht geschaffen, um die Gesundheit von irgendjemandem zu fördern! Sie wurde geschaffen, um die Eine-Welt-Agenda über eine andere Struktur voranzutreiben.

Erweitern wir also unsere Definition der WHO - sie ist der medizinische Arm einer globalen marxistischen Organisation. Der derzeitige Generaldirektor der WHO ist Tedros Ghebreyesus - ein somalisches Sektenmitglied und ein angebliches ehemaliges Mitglied der Tigray People's Liberation Front (einer weiteren marxistischen Terrorgruppe).[31]

Der erste Generaldirektor der WHO war ein kanadischer Psychiater, Veteran des Ersten Weltkriegs und fanatisches Sektenmitglied mit dem Namen George Brock Chisholm. [32] Er war ein Verfechter der marxschen „geistigen Gesundheit" und versuchte, mit psychiatrischen Mitteln die traditionellen moralischen Werte zu zerstören.

Auf Seite fünf von *The Psychiatry of Enduring Peace and Social Progress*

---

[30] „Über die WHO,". https://www.who.int/about

[31] Reuters, „Ethiopia says WHO chief has links to rebellious Tigrayan forces", 15. Januar 2022. https://www.reuters.com/world/africa/ethiopia-accuses-who-chief-links-rebellious-tigrayan-forces-2022-01-14/

[32] https://www.britannica.com/topic/World-Health-Organization

(1946) sagte er: „Die Umdeutung und schließlich die Abschaffung des Konzepts von richtig und falsch, das die Grundlage der Kindererziehung war, die Ersetzung des Glaubens an die Gewissheiten der alten Menschen durch intelligentes und rationales Denken, das sind die verspäteten Ziele praktisch aller wirksamen Psychotherapie".[33] Hmm, eine „Therapie" zur Veränderung der Moralvorstellungen einer Person?

Er wünschte sich angeblich eine Welt des „Friedens" und war der Ansicht, dass das menschliche Verhalten „sehr umfassend geändert" werden müsse, um dies zu erreichen. Er war der Meinung, dass Psychologen, Psychiater, Soziologen und Politiker dafür verantwortlich sein müssten, „die notwendigen Veränderungen zu entwerfen".[34]

Er macht auch kaum einen Hehl aus seinem Hass auf jede Vorstellung von religiöser Moral, die er als „das Konzept von richtig und falsch, das Gift, das vor langer Zeit als 'die Frucht des Baumes der Erkenntnis von Gut und Böse' beschrieben und vor dem gewarnt wurde" bezeichnet.[35] Er machte viele Aussagen wie diese, die seine moralische relativistische (satanische) Mentalität offenbaren - die Idee, dass wir unsere Vorstellung von „richtig und falsch" erfinden können. Wir können ihn als den psychotischen psychiatrischen Paten des „Gewissens" der UN betrachten. Beachten Sie den Verweis auf den Garten Eden (und damit wieder auf Luzifer/Satan).

Bezeichnenderweise war Chisholm auch Mitbegründer der *World Federation of Mental Health* (WFMH) im Jahr 1948 in London. Ich bin mir sicher, dass westliche Leser das ganze Gerede über „psychische Gesundheit" in den letzten Jahrzehnten mitbekommen haben. Auf der Website der WFMH heißt es, Chisholm habe die WFMH als internationales, nichtstaatliches Gremium geplant, das eine Verbindung zu den Organisationen für psychische Gesundheit an der Basis und den Organisationen der Vereinten Nationen herstellen sollte.[36] Hm? Die geistige Gesundheit der Menschen mit einer marxistischen, internationalistischen Eine-Welt-Regierungsorganisation zu verbinden?

Es wurde bereits erwähnt, dass viele der Mitarbeiter, die heute in den psychiatrischen Diensten arbeiten, durch das vom Marxismus durchdrungene Bildungssystem gegangen sind und daher zumindest mit der Sekte/Ideologie

---

[33] Chisholm, G., „Die Psychiatrie des dauerhaften Friedens und des sozialen Fortschritts", 1946, S. 5.

https://mikemcclaughry.files.wordpress.com/2012/12/psychiatry-of-enduring-peace-and-social-progress-chisholm-and-sullivan-1946.pdf

[34] Ebd. P. 7.

[35] Ebd. P. 9.

[36] „Wer wir sind - Geschichte„. https://wfmh.global/who-we-are/history

sympathisieren, ohne sich der Ironie ihrer Lage bewusst zu sein.

Erdgipfel und Agenden 21 und 30

> „Die Vereinten Nationen sind nichts anderes als eine Falltür zum riesigen Konzentrationslager der Roten Welt. Wir kontrollieren die U.N. so ziemlich".[37]

> Harold Rosenthal, „Die verborgene Tyrannei", 1978

Die marxistische Ein-Welt-Regierungs-Monstrosität (die UN) hat viele Manöver durchgeführt, um die Klimaschutz-Teilagenda voranzutreiben. Es gab das „Rahmenübereinkommen über Klimaänderungen" (UNFCCC) auf dem Erdgipfel in Rio de Janeiro im Juni 1992, dann das Kyoto-Protokoll 1997 und die Vereinbarung von Kopenhagen, gefolgt vom Pariser Abkommen 2016. Diese mündeten in die „Agenda für Umwelt und Entwicklung" oder Agenda 21.

Im September 2015 wurde auf dem UN-Gipfel für nachhaltige Entwicklung die Agenda 2030 ins Leben gerufen. [38] [39] [40]

Ein allgegenwärtiges Propagandawort ist hier „Nachhaltigkeit" - es stammt aus den Köpfen der Sektenmitglieder, die davon ausgehen, dass kapitalistische Gesellschaften zum Scheitern verurteilt sind (wie die marxistischen Propheten vorausgesagt haben). Es suggeriert, dass die Zivilisation nicht überleben kann, wenn wir keinen globalen Kommunismus haben. Natürlich hat das Dokument der Agenda 2030 den üblichen tugendhaften, marxistischen Ton.

Nach Absatz 59 auf Seite 18 der Agenda 2030 (insgesamt 91 Absätze) sind 17 Ziele für nachhaltige Entwicklung aufgeführt (Anmerkungen in Klammern): „Beendigung der Armut in all ihren Formen überall (sozialistische Fantasie); Beendigung des Hungers, Erreichung von Ernährungssicherheit und verbesserter Ernährung und Förderung einer nachhaltigen Landwirtschaft (keine Tierhaltung mehr); Sicherstellung eines gesunden Lebens und Förderung des Wohlbefindens für alle in jedem Alter (Anmerkung: kein freier Wille, etwas anderes zu tun?); Sicherstellung einer inklusiven und gerechten Qualitätsbildung und Förderung von Möglichkeiten des lebenslangen Lernens

---

[37] Rosenthal, H., „Die verborgene Tyrannei", 1978.
https://ia803207.us.archive.org/9/items/rosenthal-document-hidden-tyranny-1983/Rosenthal%20Document-HiddenTyranny%281983%29.pdf

[38] Vereinte Nationen, „Rahmenübereinkommen der Vereinten Nationen über Klimaänderungen", 1992.

https://unfccc.int/files/essential_background/background_publications_htmlpdf/applic ation/pdf/conveng.pdf

[39] „Was ist das Kyoto-Protokoll?,,. https://unfccc.int/kyoto_protocol

[40] Vereinte Nationen, „Kopenhagener Vereinbarung", 18. Dezember 2009.
https://unfccc.int/resource/docs/2009/cop15/eng/l07.pdf

für alle (mehr Kontrolle über die Bildungssysteme); Erreichung der Gleichstellung der Geschlechter und Stärkung aller Frauen und Mädchen (Anmerkung: wie kindisch klingt das? Ganz zu schweigen von sexistisch); die Verfügbarkeit und nachhaltige Bewirtschaftung von Wasser und sanitären Anlagen für alle sicherstellen (einschließlich der Kontrolle der Trinkwasserversorgung); den Zugang zu erschwinglicher, zuverlässiger, nachhaltiger und moderner Energie für alle sicherstellen (die ganze Welt auf „grün" umstellen); ein nachhaltiges, integratives und nachhaltiges Wirtschaftswachstum, produktive Vollbeschäftigung und menschenwürdige Arbeit für alle fördern (die Arbeitnehmer retten); eine widerstandsfähige Infrastruktur aufbauen, eine integrative und nachhaltige Industrialisierung fördern und Innovationen unterstützen; die Ungleichheit innerhalb und zwischen den Ländern verringern (Gleichheit innerhalb der Länder und zwischen den Ländern durchsetzen! Unterdrückung des nationalen Wohlstands); Städte und menschliche Siedlungen inklusiv, sicher, widerstandsfähig und nachhaltig machen (also viel Vielfalt, Einhaltung der „Pandemie"-Vorschriften und kein gefährliches „rechtsextremes" Denken usw.); nachhaltige Konsum- und Produktionsmuster sicherstellen (z. B. kontrollieren, wie die Menschen essen, wie sie leben usw.); dringende Maßnahmen zur Bekämpfung des Klimawandels und seiner Auswirkungen (seufz); Erhaltung und nachhaltige Nutzung der Ozeane, Meere und Meeresressourcen für eine nachhaltige Entwicklung (weitere Angriffe auf die Fischereiindustrie der Nationen); Schutz, Wiederherstellung und Förderung der nachhaltigen Nutzung von Landökosystemen, nachhaltige Bewirtschaftung der Wälder, Bekämpfung der Wüstenbildung und Eindämmung und Umkehrung der Landverödung sowie Eindämmung des Verlusts der biologischen Vielfalt; Förderung friedlicher und inklusiver Gesellschaften für eine nachhaltige Entwicklung, Zugang zur Justiz für alle und Aufbau wirksamer, rechenschaftspflichtiger und inklusiver Institutionen auf allen Ebenen (die Länder sollen dazu gebracht werden, sich ganz dem Marxismus zu verschreiben); Stärkung der Mittel zur Umsetzung und Neubelebung der globalen Partnerschaft für nachhaltige Entwicklung (die UNO wird die Welt zur Einhaltung zwingen)".[41]

Der Club of Rome

Eine weitere Gruppe von Kontrollfreaks, die eng mit der UNO verbunden ist, ist der Club of Rome (COR).[42] Einige haben angemerkt, dass der COR eine

---

[41] Vereinte Nationen, „Transforming our world: the 2030 Agenda for Sustainable Development", S. 18.
https://sustainabledevelopment.un.org/content/documents/21252030AgendaforSustain ableDevelopmentweb.pdf

[42] „Organisation:Club of Rome,,.
https://handwiki.org/wiki/Organization:Club_of_Rome

„Denkfabrik" mit der UNO ist; dass er Dinge „vorschlägt", die die UNO dann weltweit in die Praxis umsetzt (ich stimme dieser Einschätzung zu). Der 1968 gegründete Club of Rome wird von vielen als eine der „Big 6" Round-Table-"Weltregierungs"-Gruppen angesehen, die offensichtlich eine große Kontrolle über das Weltgeschehen ausüben.

(Die anderen fünf sind: Royal Institute of International Affairs (gegründet 1920); Council on Foreign Relations (1921); Vereinte Nationen (1945); Bilderberg-Gruppe (1954); Trilaterale Kommission (1973). Man beachte, dass sie in der Zeit nach der Russischen Revolution von 1917 entstanden sind, als die Ideologie anfing, weltweit an Bedeutung zu gewinnen).

Die „Über uns"-Seite der COR-Website und ihre Info-PDF-Seite enthalten die übliche Marxsche Rhetorik: „Jahrzehnte exponentiellen Verbrauchs und Bevölkerungswachstums haben dazu geführt, dass das Klima und die lebenserhaltenden Systeme der Erde gefährdet sind, während gleichzeitig soziale und wirtschaftliche Ungleichheiten verstärkt werden und Milliarden von Menschen weltweit verarmen". Offensichtlich seien „die Grenzen der Biosphäre der Erde" erreicht, was „die Grundlagen des Lebens, wie wir es kennen, destabilisiert". Der AdR fordert, dass wir jetzt handeln müssen, um die Erde zu retten, und dass wir „zu gerechteren Wirtschafts-, Finanz- und sozialpolitischen Modellen übergehen müssen" (was so viel heißt wie „lasst uns einen sozialistischen Planeten haben"). [43] [44] Um seine Rolle zu vereinfachen, ist der AdR eine wissenschaftliche, biologische, ökologische und technologische Abteilung des internationalistischen „globalistischen" Systems. Wenn Sie hören, dass Initiativen in Bezug auf Impfstoffe/Krankheiten, Klima, Tracking-Technologien und genetisch veränderte Organismen von diesem System vorangetrieben werden, wissen Sie, dass diese Gruppe beteiligt ist. Kurz gesagt, sie ist gegen die Natur/Gott und die menschliche Freiheit. Der COR repräsentiert einen modernen Ansatz zur Erreichung der Eine-Welt-Regierung - die Schaffung vermeintlicher Krisen und (von ihnen vorgeschlagener) Lösungen, die ihrer Gesamtagenda zugute kommen (Hegelsche Dynamik). Er wird von einem Exekutivkomitee geleitet, aber zu seinen Sponsoren gehören viele Machteliten - Könige, Politiker, Geschäftsleute usw.

Grenzen oder Revolution

Zu den mit dem COR verbundenen Veröffentlichungen gehören das antikapitalistische Werk *Grenzen des Wachstums* (1972) und die stärker

---

[43] „Über uns,,. https://www.clubofrome.org/about-us/

[44] „Der Club of Rome".https://www.clubofrome.org/wp-content/uploads/2023/11/CoR_Flyer_A4_Oct2023-digital.pdf

marxistisch geprägte Publikation *Die erste globale Revolution* (1991). [45][46]
Diese Werke und andere vom COR unterstützte Materialien beinhalten
Themen wie: die Vorstellung von Überbevölkerung und dass der Mensch ein
Problem für die Welt darstellt; die Idee, dass wir es übertrieben haben, in
kapitalistischen Gesellschaften zu leben (Antikapitalismus); die Idee, dass wir
eine internationale „Revolution" brauchen (trotzkistische Rhetorik), dass alle
Länder sich zusammenschließen sollten (Solidarität), um diese
offensichtlichen ökologischen/biologischen/demografischen Probleme zu
bewältigen (die Agenda der Eine-Welt-Regierung).

Die Grenzen des Wachstums ist ein Stück marxistischer Propaganda, das
seinen Ursprung in einer Studie des Massachusetts Institute of Technology
(MIT) aus dem Jahr 1970 hat. Der Schwerpunkt der Studie lag auf „den
Auswirkungen eines anhaltenden weltweiten Wachstums". Sie wurde von
einem internationalen Forscherteam durchgeführt, das „die fünf
grundlegenden Faktoren untersuchte, die das Wachstum auf diesem Planeten
bestimmen und in ihrer Wechselwirkung letztlich begrenzen -
Bevölkerungswachstum, landwirtschaftliche Produktion, Erschöpfung nicht
erneuerbarer Ressourcen, Industrieproduktion und Erzeugung von
Umweltverschmutzung. Das MIT-Team speiste Daten zu diesen fünf Faktoren
in ein globales Computermodell ein und testete dann das Verhalten des Modells
unter verschiedenen Annahmen, um alternative Muster für die Zukunft der
Menschheit zu ermitteln. Die Grenzen des Wachstums ist der nichttechnische
Bericht über ihre Ergebnisse. [45]

Wow! Die Zukunft der Menschheit mit Computermodellen abbilden?!? Das
hat Star Trek Niveau! Das grenzt schon an Zauberei! Denken wir daran - selbst
die Supercomputer von 1970 waren ungefähr so leistungsfähig wie der
populäre Commodore Amiga 500 Home PC, der 1987 auf den Markt kam. [47]
Ich könnte wahrscheinlich einen aus den Teilen, die ich hier in meinen
Schreibtischschubladen habe, bauen...

Das Cover des Buches The First Global Revolution zeigt den Globus mit allen
Ländern in (kommunistischer) roter Farbe. In Anbetracht der Tatsache, dass
das Buch kurz nach dem Zusammenbruch der UdSSR veröffentlicht wurde, ist
dies geradezu unverhohlen. Außerdem findet sich auf den ersten Seiten
derselbe Vierzeiler von Omar Khayyam, der bereits im Abschnitt über die
Fabian Society erwähnt wurde und der im Fabian-Fenster der London School
of Economics verewigt ist: „... würden wir sie nicht in Stücke zerschlagen und

---

[45] Mehrere Autoren, *Die Grenzen des Wachstums* (1972).
https://www.clubofrome.org/publication/the-limits-to-growth/

[46] King und Schneider, *Die erste globale Revolution* (1991).

https://www.clubofrome.org/publication/the-first-global-revolution-1991/

[47] https://en.wikipedia.org/wiki/Amiga_500

sie dann wieder so formen, wie es das Herz begehrt." (der Plan, die Welt zu zerstören/neu zu errichten).[48]

Dieses Buch legt nahe, dass die Menschheit selbst das Problem auf der Erde ist (Anti-Menschlichkeit/Anti-Gott-Botschaft). Auf Seite 115 gibt es eine Unterüberschrift „Der gemeinsame Feind der Menschheit ist der Mensch", in der es heißt: „Auf der Suche nach einem neuen Feind, der uns vereinen könnte, kamen wir auf die Idee, dass die Umweltverschmutzung, die drohende globale Erwärmung, Wasserknappheit, Hungersnöte und dergleichen eine gemeinsame Bedrohung darstellen, die die Solidarität aller Völker erfordert... Alle diese Gefahren sind durch menschliches Handeln verursacht und können nur durch veränderte Einstellungen und Verhaltensweisen überwunden werden. Der wahre Feind ist also die Menschheit selbst".[49] Oh, ich verstehe, die Menschheit ist das Problem. Der Teufel lächelt. In einer gesunden Welt würde jeder, der beim Schreiben oder Aussprechen dieses aufrührerischen Unsinns erwischt würde, sofort verhaftet und zu einer psychologischen Untersuchung eingeliefert werden. Noch mehr Verrat an der Menschheit.

Auf der Website des AdR heißt es in einem „Artikel" aus dem Jahr 2020 mit dem Titel „Ein grüner Neustart nach der Pandemie": „Die Coronavirus-Pandemie ist ein Weckruf, die Grenzen des Planeten nicht weiter zu überschreiten. Denn Abholzung, Verlust der biologischen Vielfalt und Klimawandel machen Pandemien wahrscheinlicher. Durch die Entwaldung rücken Wildtiere näher an die menschliche Bevölkerung heran, was die Wahrscheinlichkeit erhöht, dass Zoonoseviren wie SARS-CoV-2 den Sprung über die Grenzen der Arten hinweg schaffen. Auch der Zwischenstaatliche Ausschuss für Klimaänderungen warnt, dass die globale Erwärmung das Auftreten neuer Viren wahrscheinlich beschleunigen wird.[50] Was für ein Blödsinn! Das klingt, als hätte es ein gehirngewaschener Student geschrieben, der als Zeitarbeiter für die Kommunistische Partei Chinas arbeitet! Das sollte einem das Blut in den Adern gefrieren lassen - diese Spinner schaffen diese Situationen und schieben sie dann auf den Kapitalismus! Es könnte den Titel „Ein marxistischer Neustart nach der Pandemie" tragen.

---

[48] Khayyam, O., „[73] O Liebe! Könnten du und ich uns mit dem Schicksal verschwören?", 11. Jahrhundert.

https://www.poetry-chaikhana.com/Poets/K/KhayyamOmar/73AhLovecoul/index.html

[49] King und Schneider, *Die erste globale Revolution* (1991). P. 115.

https://www.clubofrome.org/publication/the-first-global-revolution-1991/

[50] COR, „Ein grüner Neustart nach der Pandemie" (2020).

https://www.clubofrome.org/impact-hubs/climate-emergency/a-green-reboot-after-the-pandemic/

Der Artikel hatte Recht: Die Pandemie war ein Weckruf - ein Weckruf, dass die Erde von gehirngewaschenen, aktivistischen Kontrollfreaks befallen ist.

Abschnitt XII - Marxismus und Freiheit

„Die Freiheit ist nie mehr als eine Generation vom Aussterben entfernt. Wir haben sie nicht mit dem Blut an unsere Kinder weitergegeben. Sie muss erkämpft, geschützt und weitergegeben werden, damit sie das Gleiche tun können.[1]

U.S.-Präsident Ronald Reagan

„Der Konflikt zwischen Kommunismus und Freiheit ist das Problem unserer Zeit. Er überlagert alle anderen Probleme. Dieser Konflikt spiegelt unser Zeitalter, seine Mühen, seine Spannungen, seine Schwierigkeiten und seine Aufgaben wider. Vom Ausgang dieses Konflikts hängt die Zukunft der gesamten Menschheit ab.[2]

Prominenter amerikanischer Gewerkschaftsführer und AFL-CIO-Präsident George Meany (1894-1980)

Einführung

Wir alle wissen, dass jedes Mal, wenn wir irgendeine Art von patriotischer, nationalistischer oder Anti-"PC"-Meinung äußern oder dem Internationalismus/Globalismus kritisch gegenüberstehen, Sie sicher sein können, dass früher oder später ein Marxist (oder drei) auftauchen wird, um abzulenken, zu diskutieren, zu verspotten, zu verleumden oder zu drohen. Ja, das ist auf ekelhafte Weise vorhersehbar (und oft amüsant), und wir wissen, dass sie darauf programmiert sind. Der marxistische Heilige Lew Bronstein (auch bekannt als Leo Trotzki) schrieb einmal in „Ihre Moral und unsere" (1938) „Wer das Opfer verleumdet, hilft dem Henker"[3] (wir könnten „Henker" durch „Unterdrücker" ersetzen; im modernen Sprachgebrauch heißt das „Victim-Blaming"). Ist es nicht bezeichnend, dass Sektenmitglieder - vor allem die fanatischeren - diejenigen von uns aggressiv „angreifen", die sich am Ende dieser internationalistischen Tyrannei befinden? In dieser Gleichung stellt sich

---

[1] Reagan, R., „A Time for Choosing: Die Reden von Ronald Reagan, 1961-1982" (1983).

https://www.azquotes.com/quote/241175

[2] Skousen, W., Der nackte Kommunist (1958), Vorwort.

https://ia601509.us.archive.org/13/items/B-001-002-046/B-001-002-046.pdf

[3] Trotzki, L., „Ihre Moral und unsere", 1938.
https://www.marxists.org/archive/trotsky/1938/morals/morals.htm

die Sekte auf die Seite des „Unterdrückers", indem sie wie oben beschrieben handelt.

So ärgerlich und frustrierend dieses Verhalten auch sein mag, wir müssen die Situation nicht als negativ betrachten. Im Gegenteil, es ist ein Beweis dafür, dass wir die richtigen Einstellungen an den Tag legen (die die internationalistischen „Eliten" nicht von uns haben wollen). Wie groß der Wunsch nach Freiheit in einer Gesellschaft ist, lässt sich schnell daran ablesen, wie stark die marxistische Unterdrückung ist. Das liegt daran, dass es eine sehr klare Korrelation zwischen der Intensität der verräterischen (globalistischen/internationalistischen) marxistischen Aktivitäten in einer Gesellschaft und dem Ausmaß der antiglobalistischen/internationalistischen Stimmung in dieser Gesellschaft gibt.

Wann immer jemand anfängt, gegensätzliche Ideen/Ideologien zu äußern (einschließlich der Ablehnung von Globalismus/Internationalismus), wird es eine sofortige Reaktion der Sekte geben, sobald diese Gefühle entdeckt werden. Die Reaktion steht im Verhältnis zum Grad der Verbreitung und Häufigkeit dieser Ideen, die im Diskurs einer Gesellschaft auftauchen.

Das ganze Gift, das die Sektenmitglieder versprühen, ist ein Maß dafür, wie sehr sie diese „gefährlichen, rechtsextremen" Ideen als Bedrohung empfinden. Daher der viel zitierte Satz: „Wenn du nicht unter Beschuss gerätst, bist du nicht über das Ziel hinausgeschossen". Daher ist das Ausmaß der antipatriotischen Hetze, die von der verräterischen Sekte in einem bestimmten Land ausgeht, ein Indikator dafür, wie sehr eine Gesellschaft gegenüber den Plänen der internationalistischen Globalisten aufwacht; wie sehr sie sich weigert, sich zu fügen.

Anders ausgedrückt: Wenn ein ganzes Land voller zombifizierter, pro-internationaler, gehirngewaschener Menschen ohne einen Hauch von „böser" rechter Gesinnung oder Liebe für ihr Land ist, würde man kein einziges zickiges Bellen von den marxistischen Hunden hören. Das ganze Land wäre voll von abgefuckten Degenerierten wie ihnen - jeder wäre Teil der großen Sekte - und die Gören hätten niemanden, der ihnen widerspricht. Es gäbe keinen Widerstand gegen die globalistische Strömung - alle würden dem Licht der totalitären Eine-Welt-Regierung mit soja-induzierten Emotionen, regenbogenfarbenen Tränen und manischem, breitäugigem Lächeln entgegenschwimmen und sagen (Roboterstimme) „Wir sind eins".

Eine weitere treffende Redewendung lautet: „Vor der Dämmerung ist es immer am dunkelsten": Das System - und die marxistische Sekte, die ihm dient - wird sich mit immer größerer Intensität beschweren, wenn eine Gesellschaft aufwacht, sich weigert, sich zu fügen, und mit ihm in Konflikt gerät. Die Dinge werden unweigerlich unangenehm werden, und während das Zeitalter des Marxismus seinen Todeskampf durchläuft, erwartet uns ein Vergeltungswutanfall gigantischen Ausmaßes (z. B. der Dritte Weltkrieg). In der Zwischenzeit sollten wir all die Giftwut und die Aktionen der Sekte als Kompliment auffassen - sie zeigen, dass wir als Bedrohung wahrgenommen werden. Hoffen wir sogar auf mehr! Für sie ist es gleichbedeutend mit dem Schaufeln des eigenen Grabes aus Berufung. Alle ihre kriminellen Handlungen werden von uns gebührend zur Kenntnis genommen, und jeder von ihnen wird verurteilt werden und den Preis für seinen Verrat zahlen.

Das AIDS der Nationen

> „Der Kommunismus ist wie eine Autoimmunerkrankung: Er tötet nicht selbst, aber er schwächt das System so sehr, dass das Opfer hilflos zurückbleibt und sich gegen nichts mehr wehren kann.[4]

Schachlegende und politischer Aktivist
Garri Kasparow, Der *Winter kommt*, 2015

Der Marxismus macht mit den Nationen das, was der HIV-Virus mit dem menschlichen Körper macht. Es ist nicht das Virus selbst, das einen Menschen tötet. Es kann jedoch das Immunsystem neutralisieren, so dass es unwirksam wird. Wenn dieser geschwächte Immunstatus erreicht ist, kann bei einer HIV-positiven Person das erworbene Immundefizienzsyndrom (AIDS) diagnostiziert werden. Eine Person kann dann an mehreren Ursachen sterben, die unter normalen Umständen vom Immunsystem bewältigt würden. Im Wesentlichen führt ein ineffektives Immunsystem zu einem geschwächten, verletzlichen Organismus.[5] Wenn ein Land ein Organismus ist, dann ist sein Immunsystem sein Sinn für Einzigartigkeit, Traditionen, Patriotismus, Religiosität, Kultur usw. Wie wir gesehen haben, untergräbt der Kult/die Ideologie diese Aspekte und neutralisiert sie schließlich. Sobald dieses Immunsystem aus der Gleichung entfernt ist, ist der Organismus/die Nation für Angriffe weit offen. Der Marxismus reißt nicht nur die Mauer ein, die die Nation schützt, er lädt auch gefährliche Krankheitserreger ein - die verschiedenen marxistischen Unterströmungen (Feminismus, Masseneinwanderung, LGBTQ, wirtschaftszerstörerischer Klimawandelaktivismus usw.) und ihre Auswirkungen. Ihre Besessenheit von der Zerstörung der Nationen zeigt sich in ihren eigenen Positionen zu diesen Themen. Die Sekte/Ideologie ist in gewissem Sinne eine kranke Abrissbirne für die Umfassungsmauer einer Nation (sowohl symbolisch als auch buchstäblich, wenn wir die internationale Grenze eines Landes einbeziehen).

Der Versuch, eine patriotische, antiinternationale/globalistische Bewegung in einem Land in Gang zu bringen, in dem es zu viel Marxismus gibt, wäre so,

---

[4] Kasparov, G., *Winter is Coming* (2015), S. 33.

[5] Scaccia, A., „Fakten über HIV: Lebenserwartung und langfristige Aussichten", 23. Januar 2023.

https://www.healthline.com/health/hiv-aids/life-expectancy

als würde man versuchen, eine Badewanne mit Wasser zu füllen, während der Stöpsel im Sinkloch fehlt. Es gibt ein Problem unter der Oberfläche, mit dem man sich zuerst befassen muss. Sie fragen sich vielleicht: „Warum füllt sich die Badewanne nicht? Die Wasserhähne sind doch voll aufgedreht!".

Vielleicht können Sie den Stecker nicht sehen, weil Ihre Sicht durch all die progressiven LGBTQIXY+-Regenbogenblasen mit Mao-Geschmack verdeckt ist? Die Seifenblasen stehen symbolisch für die zahllosen Ablenkungen, die eine vom Marxismus infizierte Kultur ständig auf uns wirft. Lassen wir uns nicht ablenken. Kümmern wir uns um das Problem, das uns am meisten zurückhält. Stopfen wir das Leck mit einem großen, maskulinen, patriotisch gefärbten, antimarxistischen, wütend wie Hitler-Dildo.

Der Marxismus sabotiert den Patriotismus

Der Marxismus ist gewissermaßen der Ort, an dem die globalistische Struktur auf die Massen trifft. Die Ideologie ermöglicht es dem globalistischen System, einen beträchtlichen Teil der Bevölkerung in jedem Land psychologisch zu kontrollieren, um die Bevölkerung so zu spalten, dass sie nicht in der Lage ist, Widerstand zu leisten. Dieses marxistische Element dient dem globalistischen System durch die Unterdrückung des patriotischen/pro-freiheitlichen/nicht-marxistischen Teils der Bevölkerung. Im Grunde sabotiert der Marxismus den Nationalismus an der Basis, das ist seine Aufgabe. In dem Moment, in dem der patriotische Nationalismus auftaucht, sind sie zur Stelle, um ihn zu entgleisen.

Der Marxismus macht die Menschen nicht nur zu Verrätern, sondern amputiert ihnen auch ihre Nationalität im Vergleich zu denjenigen, die nicht infiziert sind. Zum Beispiel ist eine irische Person nicht vollständig irisch, wenn sie infiziert ist. Er mag irisch aussehen, irisch klingen, irisch wirken und ethnisch irisch sein, aber sein Geist, sein Herz und seine Seele sind es nicht. Auf einer ideologischen Ebene sind sie anti-irisch. Das ist die brutale Realität der Situation, in der wir uns befinden (und das gilt auch für andere Nationalitäten). Sobald eine Person indoktriniert ist, wendet sie sich gegen ihre eigene Nationalität/ethnische Gruppe, bewusst oder unbewusst. Wenn sie Teil einer Nation sind, werden sie zum Feind dieser Nation, oft während sie sich in ihr befinden.

Das, was man „Nationalismus" nennt, ist eine rationale Antwort auf das Monster des internationalistischen Totalitarismus. Die Rolle der Sekte/Ideologie besteht darin, diese Energie abzulenken oder zu zerstreuen, die Flamme zu ersticken, die Schreie zu übertönen, das Licht zu blockieren (z. B. das Licht, das von dieser „Nazi"-Glühbirne ausgeht).

Diese weltweite, natürliche Bewegung in Richtung Freiheit (die von dem nicht infizierten Teil der Bevölkerung in jedem Land ausgeht) könnte wachsen und an Dynamik gewinnen und würde schließlich das ganze Schiff umdrehen. In der Tat haben wir alle gesehen, wie sich diese Bewegung in jüngster Zeit als eine echte Reaktion auf den „Globalismus" entwickelt hat. Das Hindernis, das im Weg steht, ist die Sekte/Ideologie. Sie ist die Last, die uns nach unten zieht. Deshalb muss die direkte Auseinandersetzung mit ihr oberste Priorität haben. Wenn Sie einen sehr steilen und langen Berg hinauflaufen müssten, oder sogar einen Berg zu erklimmen hätten, und dann feststellen würden, dass Sie einen schweren Sack Steine auf dem Rücken haben, wäre es dann nicht klug, diesen zuerst abzulegen? Versuchen Sie es trotzdem, aber wundern Sie sich nicht, wenn Ihnen links, rechts und in der Mitte die Bandscheiben platzen und die Bänder reißen, weil Sie unweigerlich immer wieder scheitern (und fallen).

Häftlinge beschuldigen die Gefängnisbeamten

In Anbetracht der gegenwärtigen globalen Lage müssen wir Unwissenheit als Verbrechen betrachten. Unwissenheit über das globalistische Monster und seine ideologischen Kontrollmethoden ist ein Verbrechen. Es ist ein Verbrechen, das der Marxismus gerne ausnutzt. Es ist ein Verbrechen, für das wir alle kollektiv genug Zeit abgesessen haben. Ich spreche diesen Punkt an, weil man auch heute noch oft hört, dass Leute die Schuld auf die politische(n) Partei(en) schieben, die gerade an der Macht ist/sind. Oder sie beschuldigen einen politischen Frontmann/eine politische Frontfrau. Das kann Leo Varadkar als Taoiseach (Premierminister) von Irland sein, oder US-Präsident Joe Biden, oder Sadiq Khan als Bürgermeister von London, oder Justin Trudeau als Premierminister in Kanada, oder Emmanuel „Micro" Macron in Frankreich, oder der britische Premierminister Rishi Sunak usw.

Was den Grad der marxistischen Infektion in unseren Ländern - und das freiheitsfeindliche internationalistische Chaos, das sie mit sich bringt - angeht, muss die Verantwortung dafür bei der Bevölkerung selbst liegen. Es ist so einfach, die Schuld auf eine bestimmte Person, Gruppe usw. zu schieben. Leider ist das überhaupt nicht konstruktiv und bietet lediglich ein emotionales Ziel für unsere Frustrationen; sie sind ein unerreichbarer politischer Sandsack, dem wir einen verbalen Schlag versetzen können. Dies ist eine schlechte Angewohnheit, die echten Fortschritt und Verständnis verhindert.

Es ist auch unglaublich kindisch. Als ob eine einzelne politische Figur (wie die aufgeführten) diese massive, komplexe, koordinierte weltweite Agenda kontrollieren oder die Ideologie/den Kult in ihrer Stadt vorantreiben würde? Es wird noch unzählige weitere geben, wo sie herkommen! Für mich sind sie bedeutungslose Nichtigkeiten. Sie sind lediglich Sprachrohre, deren Geräusche wir studieren können, um herauszufinden, was uns als Nächstes erwartet... Die Einstellung, dass diese Typen tatsächlich das Sagen haben oder die großen Entscheidungen treffen, zeigt nur die Naivität gegenüber dem Gesamtbild, dass wir von einer „globalistischen" marxistischen Maschine kontrolliert werden und die Ideologie/der Kult ihr das Funktionieren ermöglicht. Das Gleiche gilt auch für politische Parteien im Allgemeinen. Ihre ideologische Ausrichtung ist oft ein Spiegelbild der ideologischen Ausrichtung der Öffentlichkeit (oder zumindest eines großen Teils davon).

Es ist auch sehr marxistisch, wenn ein Volk sich als Opfer bezeichnet und behauptet, unterdrückt zu werden! Es gibt immer jemanden außerhalb von sich selbst, der schuld ist! Nationale Ermächtigung oder Freiheit in irgendeinem anderen Sinne kann auf diese Weise niemals erreicht werden! Die (nicht indoktrinierte) Öffentlichkeit in den betroffenen Ländern muss die Verantwortung dafür übernehmen, dass sie die marxistische Infektion nicht früher erkannt (und in einigen Fällen unwissentlich unterstützt) hat. Wenn wir die Vergangenheit hinter uns lassen (und damit auch unsere Ausreden), können wir jetzt selbst die Verantwortung übernehmen und beginnen, das Blatt in unseren Gesellschaften ideologisch zu wenden, indem wir uns für einen patriotischen Nationalismus entscheiden.

Anstatt politische Frontmänner/Frontfrauen zu beschuldigen, können wir unsere Energie darauf konzentrieren, dieses große Problem um uns herum zu lösen. Wir haben mehr Macht als diese Führer, denn wenn wir uns weigern, weiter zu dulden und uns aktiv gegen die internationalistische Kontrolle/Ideologie wehren, dann ist es egal, wer die offiziellen Führer sind. Alle internationalistischen „Führer" wie Biden, Trudeau, Varadkar, Macron usw. sind nicht das Problem - sie sind Symptome des Problems.

Die Gesunden werden mit dem Alter weniger „fortschrittlich

Ist Ihnen aufgefallen, dass viele von „progressiv"/"PC", als sie jünger waren, zu „konservativ"/"nicht-PC" wechseln, wenn sie älter sind, aber nicht umgekehrt? (Sie könnten einige offensichtliche Beispiele für Letzteres finden, aber ich würde diese auf ihre Aufrichtigkeit überprüfen; wahrscheinlich sind sie marxistische Betrüger). Warum ist das so? Ich spreche von dem Unterschied zwischen jemandem, der jünger ist (späte Teenager und 20er, bei manchen sogar 30er), und jemandem, der reifer ist. Warum dieser allgemeine Trend?

Das liegt daran, dass die Menschen nicht dümmer/unwissender werden, wenn sie älter werden, sondern dass Dummheit/Unwissenheit aufgrund von Unreife nicht nur üblich ist, sondern zur Normalität gehört. Das trifft auf jeden einzelnen Menschen zu, in dem einen oder anderen Ausmaß. Menschen entwickeln sich im Laufe der Zeit nicht zurück!

Es kann jedoch sein, dass sie im Laufe der Zeit „aufwachen" und Dinge erkennen. Ich sage „vielleicht", weil es natürlich viele gibt, die nie aufwachen. Manche Menschen schaffen es, ihr ganzes Leben lang von der Realität abgekoppelt zu bleiben! Freuen Sie sich, dass Sie nicht zu diesen Menschen gehören (es sei denn, ein Sektenmitglied liest diese Zeilen mit diesem hirntoten, selbstgefälligen Gesichtsausdruck).

Diejenigen von uns, die über mehr Potenzial verfügen, neigen dazu, sich im Laufe der Zeit weiterzuentwickeln. Dies kann nur leicht oder stärker ausgeprägt sein, je nach unserer emotionalen Verfassung (Ego/Angst/Selbstwertgefühl), unserer Einstellung zum Lernen/Verbessern, unseren Fähigkeiten, unserer Neugier/Enthusiasmus, unserem psychologischen/physiologischen Gesundheitszustand und unserer Willensstärke usw.

Einige von uns können ihre Glaubenssysteme im Laufe der Zeit bewerten und neu bewerten. Das gibt uns die Möglichkeit, unsere Einstellungen sozusagen „aufzurüsten". Es gibt uns eine größere Chance zu erkennen, dass wir vielleicht einige Ideen aus der Indoktrination übernommen haben (z. B. die marxistische „progressive" Programmierung). Sobald wir dies erkennen, können wir uns dafür entscheiden, diese älteren, minderwertigen Sichtweisen aufzugeben, sie im Wesentlichen zu entgiften, und neue, bessere zu wählen.

Im Wesentlichen bedeutet der Übergang von „progressiven" Überzeugungen/Perspektiven zu nicht-progressiven, dass Sie ein Gewissen entwickeln - Sie verstehen jetzt den Unterschied zwischen richtig und falsch. Ein wahres Gewissen! Sie können dieses wahre Gewissen in dem Maße entwickeln, wie Sie im Laufe Ihres Lebens Fortschritte machen. Es ist nicht möglich, jemanden zu finden, der von einem intelligenten Menschen mit einem gut entwickelten Gewissen in seinen 20ern zu einem moralisch degenerierten Menschen ohne Gewissen in seinen 30ern geworden ist (es sei denn, es gab extreme Hirnschäden/Traumata, den Konsum von Psychopharmaka und eine Gehirnwäsche, die ihn im Wesentlichen verändert hat usw.). Dieser Prozess sollte den Kindern von den Eltern erklärt und ihnen eingeimpft werden.

Natürlich haben diejenigen, die zur Kategorie der „Progressiven" gehören, ein begrenzteres Bewusstseinsniveau. Das ist der Kern der Sache. Sie sind nicht in der Lage, die Punkte zu verbinden, ihnen fehlen einige Schrauben (einschließlich Wissen) und sie besitzen ein minderwertiges Gewissen. Diejenigen mit einem höheren Bewusstseinsniveau werden (früher oder später im Leben) eher traditionalistisch/"konservativ" und anti-globalistisch/internationalistisch sein, da sie erkennen, dass dies die richtige Einstellung ist.

Der linke und der rechte Flügel eines Vogels

„In der heutigen Welt ist man bereits ein Feind, wenn man neutral ist".[6]

Sowjetischer Überläufer Yuri Besmenov, Summit
University Forum Interview in Los Angeles, 1983

Sind „links" und „rechts" auf einer übergeordneten Ebene wirklich dasselbe? Sind sie beide nur die beiden Flügel eines großen internationalistischen, globalistischen Vogels der „Neuen Weltordnung"? Manche Leute halten diese Debatte für unsinnig, da beide Flügel offensichtlich von schattenhaften,

---

[6] Yuri Bezmenov 1983 Interview und Vortrag (1080p HD).

https://youtu.be/Z0j181tR5WM?feature=shared&t=6231

illuminatenähnlichen globalistischen „Eliten" (den sprichwörtlichen ruchlosen Männern hinter dem Vorhang) kontrolliert werden. In manchen Kreisen ist dieser Glaube schon fast zur Mode geworden, in anderen ist er ein Axiom. Aber ist die Debatte dumm? Ist dieser Glaube richtig?

Wenn es wahr ist, dass wir ein „globalistisches" Kontrollsystem haben, das das Weltgeschehen lenkt (und viele glauben, dass dies der Fall ist), bedeutet dies dann nicht, dass wir, die niederen wählenden Massen, und die Regierung/Politik, die Demokratie und das Wählen usw., alle irrelevant sind und die ganze Links/Rechts-Dichotomie nur eine große Ablenkung ist? Ist das alles nur eine große Zirkusvorstellung, um uns von der Wahrheit abzulenken, dass wir keine Macht haben? Es gibt viele, die das so sehen. Darüber hinaus sind viele dieser Menschen der Meinung, dass jeder, der anders denkt (d.h. jemand, der an die Politik von links oder rechts „glaubt"), unintelligent, uninformiert oder eine Person mit „niedrigem Bewusstsein" ist usw.

Wir sehen diese Wahrnehmung deutlich in der so genannten New-Age-Bewegung und in dem, was wir die Kultur der „Verschwörungstheorien" nennen können. Natürlich ist eine zynische, hoffnungslose Haltung gegenüber der Politik verständlich, und so gibt es sie auch anderswo in der Gesellschaft.

Dies ist jedoch eine ärgerliche, inakzeptable Situation! Die Auffassung, dass linke und rechte Politik alle gleich und bedeutungslos sind, ist äußerst wenig hilfreich, unverantwortlich und entkräftend für die Sache der echten Freiheit! Außerdem stärkt sie den internationalistischen Totalitarismus (der der Marxismus ist und dient). Es ist eine verzerrte Wahrnehmung dessen, wie die Welt tatsächlich funktioniert und was mit ihr im Moment geschieht. Es ist also ein widersprüchliches Verhalten, das von denen an den Tag gelegt wird, die davon ausgehen, dass sie schon alles verstanden haben! Seien wir ehrlich: Entweder sind Sie für den internationalen Totalitarismus oder Sie sind dagegen, in dem einen oder anderen Maße. Wenn Ihnen die Vorstellung nicht gefällt, dass Ihre Mitmenschen als unterwürfige, elende Sklaven in einer zukünftigen dystopischen, degenerierten Höllenwelt leben, sollten wir uns kollektiv (und mit Begeisterung!) für die letztere Option entscheiden.

Im Moment „richtig" zu sein, ist richtig

> „Das Herz des Weisen neigt sich zur Rechten, aber das Herz des Toren zur Linken"[7]

Neue Internationale Bibel, Prediger 10:2

Angesichts des derzeitigen Zustands der Welt und der Umstände, in denen wir uns befinden, ist es klar, dass es klug ist, eine „nationalistische" Haltung einzunehmen. (Fühlen Sie sich mit dieser Bezeichnung nicht unwohl, aber wenn Sie darauf bestehen, dann wählen Sie eine andere, die das Gleiche

---

[7] Neue Internationale Bibel, Prediger 10:2. https://biblehub.com/ecclesiastes/10-2.htm

bedeutet). Wenn „nationalistisch" bedeutet, ein separates, souveränes Land zu haben, dann erlaubt dies logischerweise eine gewisse Trennung von der internationalistischen, globalistischen Kontrollstruktur. Das ist eigentlich eine gute Idee (!). Wenn man bedenkt, dass die Zivilisation um uns herum aufgrund des Internationalismus buchstäblich zusammenbricht, ist das wahrscheinlich die beste Idee, die die Menschheit je hatte.

Wenn dies alles in die Kategorie „rechts" fällt und „links" nicht (und sogar das Gegenteil bewirkt), dann ist die Wahl doch klar, oder? In dieser Gleichung ist „rechts" zu sein objektiv besser als „links" zu sein, da Ersteres potenziell zur Freiheit des betreffenden Landes führt, während Letzteres das Gegenteil bewirkt (keine echte Souveränität, Zerstörung unserer Länder, Völker, Kulturen, ultra-degenerierte Gesellschaften usw.).

Das, was als „links" oder „links" bezeichnet wird, oder alles, was mit dem Marxismus in Verbindung gebracht wird - unabhängig davon, wie es anfing, was die „Linke" heute ist oder nicht ist, was sie ursprünglich sein „sollte", ob sie als „liberal" bezeichnet wird oder nicht usw. - ist im Allgemeinen das Problem. Daher ist alles, was dem generell entgegengesetzt ist, Teil der Lösung. Wir können dies nicht genug betonen! Dies ist eine der großen, grundlegenden und unausgesprochenen Wahrheiten über das Leben in dieser Welt in den letzten paar Jahrhunderten, insbesondere seit dem Beginn des 20. Jahrhunderts. Dies sollte ein taktisches Axiom für die patriotische Weltbewegung sein.

Die Vorstellung, dass „links" und „rechts" in Bezug auf den Wert für die Menschheit in unserer gegenwärtigen Situation gleichwertig sind, ist falsch. Es ist eine Verzerrung der Tatsachen. Die Behauptung dieser „New-Age-/Spiritualtypen" oder derjenigen, die in erster Linie eine verschwörerische Weltanschauung haben, zeigt uns nur, wie weit jemand von der Realität entfernt sein kann. Allein die Tatsache, dass sich ein normaler Mensch peinlich berührt, ängstlich oder paranoid fühlen könnte, wenn er sich mit etwas „Rechtem" in Verbindung bringt, ist ein klarer Indikator dafür, welches Ende des politischen Spektrums den größten Einfluss auf die Gesellschaft hat.

Die Vorstellung, dass „rechts" und „links" nur Scheinalternativen sind, die von einer schattenhaften bürgerlichen Elite kontrolliert werden, und dass es keinen Unterschied zwischen ihnen gibt, hat eine demoralisierende Wirkung. Sie führt dazu, dass viele glauben, dass wir keine Kontrolle über die Situation haben - dass der globalistische Internationalismus unvermeidlich ist - und hindert die Nationen daran, den befreienden „richtigen" Weg zu wählen.

Unabhängig von der Bezeichnung, die wir verwenden wollen, gibt es für all dies eine „politische" Lösung, und es ist äußerst unklug, die Politik gänzlich abzulehnen. Außerdem wäre es äußerst hilfreich, wenn sich mehr von uns energisch in der politischen Sphäre engagieren würden, vorausgesetzt, es geschieht auf die richtige Weise.

Links V Rechts = Unterdrückte V Unterdrücker

Die Dichotomie links/rechts enthält auch die Formel Unterdrücker/Unterdrückte, mit der üblichen Umkehrung/Verdrehung der Wahrheit. Das Marxsche Narrativ besagt: links = gut und rechts = schlecht. Es besagt, dass die Rechten auf der Seite der Unterdrücker stehen (kapitalistische, bürgerliche, imperialistische Oligarchen usw.), während die Linken auf der Seite der „Unterdrückten" stehen (Minderheiten, Nicht-Reiche/Proletariat usw.).

In Wirklichkeit unterstützen die „Linken" im Allgemeinen die oben erwähnten marxschen Subagenden, die vorgeben, den „Unterdrückten" zu helfen, aber auch diesen bürgerlichen totalitären Globalisten dienen (die die wahren Unterdrücker sind!). Auch hier wird also wieder die rote Formel auf die grundlegendsten Beschreibungen des politischen Spektrums angewandt und dabei die Realität auf den Kopf gestellt.

Diese Verzerrung der Realität, diese Umkehrung (dass diejenigen auf der „Rechten" mit den Unterdrückern verbündet sind) wird ständig betont, um die Gehirnwäsche zu verstärken und jede Opposition gegen die internationalistische marxistische globalistische Agenda zu unterbinden. Daher die klar ersichtliche und bizarre, auf den Kopf gestellte Mentalität, die von Sektenmitgliedern in der heutigen Zeit ausgeht, die besagt: Wenn du wirklich gegen das Kontrollsystem bist (wie es die „Rechten"/Nationalisten sind), unterstützt du sicherlich das böse, unterdrückende, kapitalistische, bürgerliche System! Das ist rückwärtsgewandt!

In dieser jüngsten, stark vom Marxismus infizierten Ära der Weltgeschichte werden die Begriffe „rechts" und „links" verwendet, um die Meinungen der Menschen zu spalten und sie danach zu kategorisieren, ob sie sich der Herrschaft eines „globalistischen" Ein-Welt-Regierungssystems unterwerfen wollen oder nicht. Sie werden auch verwendet, um zu bezeichnen, wer gegen die Sekte/Ideologie ist.

Wie bereits erwähnt, werden „rechts" und „faschistisch" als abwertende/unterdrückende Begriffe verwendet, während umgekehrt Begriffe wie „fortschrittlich" als schmeichelhafte/empfehlende Begriffe verwendet werden, was ständig betont wird. Es handelt sich um eine wirksame Taktik der Gehirnwäsche, die die Schafe dazu ermutigt, andere Schafe zu überwachen.

Die Art und Weise, wie ein modernes Sektenmitglied diese Begriffe verwendet, hängt mit den Ereignissen während des Ersten und Zweiten Weltkriegs zusammen. Obwohl der verräterische Aktivismus und der Umsturz von Sektenmitgliedern viel älter ist, ist er von zentraler Bedeutung für ihr heutiges Verhalten. Sektenmitglieder auf der ganzen Welt - die die internationalistische globalistische Agenda unterstützen - sind Verräter, die ihre Landsleute als „Faschisten" usw. bezeichnen, um zu versuchen, ihre Handlungen in der Gegenwart mit bösen Taten gleichzusetzen, die in der Vergangenheit von anderen Gruppen begangen worden sein sollen. Ich beziehe mich natürlich auf

Taten, die von den verschiedenen nicht-marxistischen/"faschistischen" Regimen im 20. Jahrhundert begangen wurden - wie z.B. imperiale Ambitionen zu haben und die Welt erobern zu wollen; autoritär und gewalttätig zu sein; die (marxistische) Redefreiheit zu unterdrücken usw.

Faschismus vs. Marxismus

Hier ist ein monumentales Stück Wahrheit, das der relativ vernünftige, nicht indoktrinierte Teil der Weltbevölkerung vollständig verstehen muss. Die Sekte/Ideologie und das, was man allgemein als „Faschismus" bezeichnet, sind Todfeinde, weil sie ideologische Gegner/Rivalen sind. In Anbetracht der vorhersehbaren Tendenz der Sekte, alles zu verleumden, was sich ihr widersetzt, bedeutet dies außerdem, dass der Faschismus in einer Gesellschaft, die ausreichend vom Marxismus verseucht ist, ständig als Inbegriff von Ungerechtigkeit und Bösem hochgehalten wird. Die Sekte tut dies natürlich, während sie heuchlerisch alles zerstört und behauptet, sie selbst sei der Inbegriff von Gerechtigkeit, Wohlwollen, „Fortschrittlichkeit" usw. Hoffentlich fallen für den Leser in diesem Abschnitt ein paar Groschen...

Nach dem Ersten Weltkrieg gewann die Ideologie in ganz Europa rasch an Popularität, und es gab zahlreiche marxistische Übernahmeversuche, die mehr oder weniger erfolgreich waren. Inspiriert von den mörderischen Bolschewiken in Russland, machten sich verschiedene Sektengruppen auf den Weg. Es ist wichtig, die allgemeine historische Bedeutung der Ereignisse auf den ideologischen Schlachtfeldern Italiens, Deutschlands und Spaniens zu verstehen und zu wissen, wie mit der Sekte in diesen Fällen umgegangen wurde. Der Hass der Sekte auf alles, was sie als „faschistisch" ansieht, rührt von diesen historischen Konflikten her, insbesondere von denen, in denen sie von ihren ideologischen Gegnern niedergeschlagen oder völlig besiegt wurde. Deshalb hasst die Sekte die Faschisten! Todfeinde! Die „Faschisten" in Deutschland und Italien in der Zwischenkriegszeit behandelten die Sektenmitglieder als solche. Zunächst gingen Benito Mussolini (1883-1945) und seine faschistischen „Schwarzhemden" in Italien mit ihnen um und schufen damit einen Präzedenzfall für den Kampf, den andere Patrioten in ihren jeweiligen Ländern führen würden.

Bevor wir fortfahren, müssen wir eine wichtige Frage ansprechen, da sie oft Verwirrung stiftet; diese Verwirrung kann unser Verständnis des Hasses der Sekte gegen den Faschismus einschränken (und wir müssen die Sekte vollständig verstehen). Manche meinen, der Faschismus sei nur eine andere Form des Marxismus. Obwohl es sich hier um ein komplexes und umfangreiches Thema handelt, lautet die kurze Antwort: Nein - sie sind nicht dasselbe (wir werden dies nach der Betrachtung einiger historischer Ereignisse näher erläutern).

Die Geburt des Faschismus

„Wir erklären dem Sozialismus den Krieg, nicht weil er Sozialismus ist, sondern weil er sich dem Nationalismus widersetzt hat.[8]

Benito Mussolini, Rede in Mailand, 23. März 1919

„Wir haben kein Mitleid und wir verlangen kein Mitleid von euch. Wenn wir an der Reihe sind, werden wir keine Entschuldigungen für den Terror finden.[9]

Karl Marx, *Unterdrückung der Neuen Rheinischen Zeitung* (1849)

Der ideologische Kampf um die Kontrolle über das (damalige) Königreich Italien dauerte von der Endphase des Ersten Weltkriegs bis etwa 1926, als die Sekte relativ neutralisiert wurde. Die Sekte bediente sich in dieser Zeit typischer Taktiken, um die Kontrolle zu erlangen: Arbeiterstreiks, Besetzungen von Fabriken und Grundstücken, Gewalt, Attentate usw.

Da die Sekte, die von der *Partito Socialista Italiano* (*Sozialistische* Partei Italiens) angeführt wurde, versuchte, sich gegen die Grundbesitzer und Unternehmer aufzulehnen, hatten diese natürlich einen Verbündeten in Mussolinis Faschisten, die keine Marxisten waren (dies war einer der vielen Gründe, warum Mussolini die Unterstützung der Bevölkerung gewann - er versuchte nicht, die Nation entlang von Klassen- und Wirtschaftslinien zu spalten, wie es die Sekte tat). Es war diese Unterstützung, die es den antimarxistischen Faschisten ermöglichte, am Ende die Oberhand zu gewinnen, zusammen mit der Unterstützung der königlichen italienischen Armee.[10]

Mussolinis Marsch auf Rom im Oktober 1922 war der Beginn der faschistischen Herrschaft, als König Viktor Emanuel III (1869-1947) ihn zum Ministerpräsidenten ernannte.[11] Was zu dieser Situation führte - und das ist das Entscheidende - war die Anwendung brutaler Gewalt durch Mussolinis Anhänger und Verbündete gegen die Sekte. Es war ein Hin und Her, mit Attentaten auf beiden Seiten, später sogar mit Anschlägen auf den Duce (Führer) selbst. Seine „Schwarzhemden" überfielen und eliminierten Sektenmitglieder und unterdrückten die Sekte im Wesentlichen für die Dauer seiner Herrschaft (etwa zwei Jahrzehnte). Unter den Opfern befand sich auch ein marxistischer Prophet - Antonio Gramsci.[12] Offensichtlich betrachten die Sektenmitglieder dies damals wie heute als „Unterdrückung" und „Autoritarismus". Zwei Jahrzehnte sind eine lange Zeit für eine Gruppe

---

[8] Pugliese, S., *Faschismus, Antifaschismus und der Widerstand in Italien: 1919 bis heute*, (2004) S. 43. (Mussolinis Rede in Mailand, 23. März 1919). https://libquotes.com/benito-mussolini/quote/lbw9x1q

[9] Marx, K., „Unterdrückung der *Neuen Rheinischen Zeitung*", 1849. https://www.marxists.org/archive/marx/works/1849/05/19c.htm

[10] https://www.britannica.com/biography/Benito-Mussolini

[11] https://www.britannica.com/event/March-on-Rome

[12] https://military-history.fandom.com/wiki/Italian_Civil_War

verrückter Gören, die ihren Willen nicht durchsetzen können! Am Ende des Zweiten Weltkriegs würden sie sich an Mussolini rächen.

Mussolini war einst Sozialist und hat sich auch als solcher zu erkennen gegeben, aber er schuf eine neue Art von nationalistischer Ideologie, die sich vom Marx'schen Sozialismus abgrenzte, als Gegenpol zu diesem. Er und seine faschistische Partei brachten Italien wieder auf Kurs, und nicht nur das, es war auch ein stabileres, wohlhabenderes und (relativ) marxismus- und mafiafreies Italien. Im Grunde genommen war die Zwischenkriegszeit in Italien der erste große Konflikt, den die Sekte verloren hat, und die Sekte vergisst das nie. Bitterer Antifaschismus ist in der DNA der Indoktrination verankert, und Mussolini war der Hauptverantwortliche.

Die deutsche Revolution

In Deutschland wurde die Weimarer Republik (1919-1933) unter der pro-marxistischen *Sozialdemokratischen Partei* gegründet. In dieser Zeit befand sich Deutschland in einer schwierigen Lage.[13] Im Januar 1919 führte der *Spartakusbund* Aufstände in ganz Deutschland an.

Diese Gruppe wurde unter anderem von Rosa Luxemburg und Karl Liebknecht (1871-1919) gegründet und war ein Vorläufer der *Kommunistischen Partei Deutschlands* (KPD).[14] In Leipzig, Bayern (auch Münchner Räterepublik genannt), Hamburg und Bremen entstanden Sowjetrepubliken. Auf den Straßen kam es zu offenen Kämpfen zwischen diesen Sektengruppen und den staatlichen Kräften.

Wie in Italien wurde auch diese Bewegung gewaltsam unterdrückt, wenn auch nicht so schnell und so konsequent (im Laufe der Jahre). Da die deutsche Armee zu diesem Zeitpunkt in Auflösung begriffen war, heuerte die Regierung zur Unterstützung der Truppen eine aus dem Ersten Weltkrieg stammende Söldnertruppe namens *Freikorps Oberland an*.[15] Natürlich war es verständlich, dass die Veteranen die Übernahme dieser antideutschen, von den Bolschewiken unterstützten Bewegung nicht begrüßten, insbesondere so kurz nach ihren Opfern im Ersten Weltkrieg.

Schließlich wurden Luxemburg und Liebknecht erneut gefangen genommen, aber diesmal hingerichtet, wobei Luxemburgs Leiche kurzerhand in den

---

[13] „Die Weimarer Republik (1918 - 1933)".

https://www.bundestag.de/en/parliament/history/parliamentarism/weimar/weimar-200326

[14] Cavendish, R., „Der Spartakistenaufstand in Berlin", 1. Januar 2009.

https://www.historytoday.com/archive/spartacist-uprising-berlin

[15] „Freikorps".https://www.studysmarter.co.uk/explanations/history/democracy-and-dictatorship-in-germany/freikorps/

Landwehrkanal geworfen wurde. Zu ihrem Leichenzug kamen Tausende auf die Straße (zweifellos viele bewusste und unbewusste Sektenmitglieder).[16] Vor allem die überfanatische Luxemburg gilt als marxistische Prophetin, die bis zuletzt revolutionäre Galle spuckte.

Am 14. Januar 1919, am Abend ihrer Hinrichtung, schreibt sie: „Aus dieser „Niederlage" werden künftige Siege erwachsen. „In Berlin herrscht Ordnung!" Ihr törichten Lakaien! Eure „Ordnung" ist auf Sand gebaut. Morgen wird sich die Revolution „mit klirrenden Waffen erheben" und zu eurem Entsetzen mit schmetternden Trompeten verkünden: „Ich war, ich bin, ich werde sein!".[17] Die Verrückte hatte Recht - der Kult/die Ideologie ist leider nicht mit ihr gestorben. Wie bereits erwähnt, gibt es selbst im Tod keinen Schritt zurück und keine Erkenntnis darüber, was sie sind.

Was Liebknecht betrifft, so waren Marx und Engels seine Paten, was alles ist, was wir über ihn wissen müssen (ich frage mich, wer von ihnen den Transenrock trug?).[18] Ihrer „Ermordung" wird immer noch gedacht, und im Januar 2019 begingen die Sektenmitglieder in Deutschland den hundertsten Jahrestag.[19] Bei dieser Gelegenheit haben also gehirngewaschene antideutsche Sektenmitglieder im heutigen Deutschland antideutsche Sektenmitglieder geehrt, die vor einem Jahrhundert erschossen wurden, weil sie Sektenmitglieder waren. Verrückt! Es ist inakzeptabel, dass dies erlaubt ist.

Trotz der Bemühungen der Freikorps setzte sich die marxistische Infektion schließlich in Deutschland durch und trug dazu bei, ein geteiltes, chaotisches Land zu schaffen. Diese Situation herrschte, bis dieser Typ namens „Adolf Hitler" und die NSDAP-Partei die Kontrolle über das Land übernahmen, die (trotz gegenteiliger Argumente) standhaft und brutal antimarxistisch waren.

Auch sie setzten organisierte Gruppen und gewaltsame Unterdrückung ein, um der Sekte die Macht zu nehmen, und fügten ihr damit die zweite große Niederlage in dieser Zeit zu. Wie in Italien wurden sie von einer rivalisierenden Gruppe daran gehindert, die Kontrolle über ein Land zu übernehmen.

Der „spanische" Bürgerkrieg

„Ich bin mir sicher, und das kann ich wahrheitsgemäß sagen, dass es, wo immer

---

[16] https://www.britannica.com/biography/Rosa-Luxemburg

[17] Luxemburg, R. „In Berlin herrscht Ordnung", Januar 1919. https://www.marxists.org/archive/luxemburg/1919/01/14.htm

[18] https://www.britannica.com/biography/Karl-Liebknecht

[19] Connolly und LeBlond, „Deutschland gedenkt Rosa Luxemburg 100 Jahre nach ihrer Ermordung", 15. Januar 2019. https://www.theguardian.com/world/2019/jan/15/germans-take-to-the-streets-to-celebrate-rosa-luxemburg-karl-liebknecht-berlin

ich bin, keinen Kommunismus geben wird, was auch immer hier geschehen mag.[20]

Generalissimo Francisco Franco, im Gespräch
mit Niceto Alcalá-Zamora (1938)

Hier ist eine sehr wichtige Lektion zum Thema der nationalen Ansteckung, die ein frühes und dramatisches Beispiel liefert. Im Gegensatz zu den Infektionen in Italien und Deutschland zeigt uns das, was in Spanien passiert ist, die katastrophalen Folgen, wenn man zulässt, dass die Sekte im politischen Establishment bequem Fuß fassen kann. Aus diesem Grund muss man sich frühzeitig mit ihnen befassen, sonst graben sie sich ein, und man wird sie nicht ohne einen blutigen Kampf wieder herausbekommen.

Die Sekte erhielt politischen Auftrieb durch die neu geschaffene demokratische Situation während der Jahre der Instabilität in den 1920er Jahren, die ihren Höhepunkt in der Gründung der Zweiten Spanischen Republik im Jahr 1931 fand. Diese Periode war im Wesentlichen ein Kampf zwischen Nationalismus und Marxismus, in dem die Sekte Verbrechen gegen ihre „faschistischen" Feinde (einschließlich des Klerus und der nicht-marxistischen Proletarier) beging; außerdem versuchten sie vorhersehbar, das Land auf jede erdenkliche Weise zu ruinieren, wenn sie nicht die Kontrolle hatten (Proteste, Streiks usw.). Offensichtlich wollten die nationalistischen, religiösen, nicht indoktrinierten Spanier sie loswerden. Mit weiteren Wahlen und dem darauf folgenden nationalistischen Gegenschlag führten die folgenden Ereignisse zu einem schrecklichen Konflikt.[21] [22]

Diese Ereignisse gipfelten natürlich in dem brutalen, blutigen Spanischen Bürgerkrieg (1936-1939). Sektenmitglieder („Freiwillige") kamen aus der ganzen Welt, um der „Revolution" zu helfen, mit maßgeblicher Unterstützung von Stalins Regime in Russland. In diesem Krieg wurden Tausende von katholischen Priestern und Nonnen ermordet, die gezwungen wurden, zu den Waffen zu greifen. Mit dem Sieg des nationalistischen Spaniens am Ende des Konflikts (auch dank der logistischen Unterstützung durch Hitlerdeutschland) wurde General Francisco Franco (1892-1975) zum Diktator ernannt.[23]

Ich bezeichne dies gerne als den „spanischen" Bürgerkrieg, denn die

---

[20] Franco, F., Im Gespräch mit Niceto Alcalá-Zamora, zitiert in Francisco Franco: The Times and the Man (1938) von Joaquin Arraras, S. 159. https://libquotes.com/francisco-franco/quote/lbi7y5y

[21] https://www.britannica.com/place/Spain/Primo-de-Rivera-1923-30-and-the-Second-Republic-1931-36

[22] „Roter Terror Spanien„. https://academic-accelerator.com/encyclopedia/red-terror-spain

[23] https://www.britannica.com/event/Spanish-Civil-War

Bezeichnung „Spanischer Bürgerkrieg" ist eine Verzerrung der Wahrheit. Es war ein Konflikt zwischen dem gesunden spanischen Volk und wahnsinnigen/gehirngewaschenen marxistischen Verrätern und Invasoren. Nur eine Seite in diesem Konflikt war wirklich spanisch, also war es kein Bürgerkrieg. Das liegt in der Natur aller Konflikte dieser Art - sie spalten die Bevölkerung infizierter Länder zwischen denen, die indoktriniert sind, und denen, die es nicht sind.

General Franco machte den Kommunismus und die Freimaurerei für die Geschehnisse in Spanien verantwortlich (und beide sind, wie erwähnt, miteinander verbunden). In einem Artikel in *Arriba* vom Dezember 1946 schrieb er: „ Das ganze Geheimnis der gegen Spanien entfesselten Kampagnen lässt sich mit zwei Worten erklären: Freimaurerei und Kommunismus... wir müssen diese beiden Übel aus unserem Land ausrotten".[24]

Im September 1945 sagte er in einer Rede vor einer Falangistengruppe in Madrid: „Wir haben den marxistischen Materialismus zerrissen und die Freimaurerei desorientiert. Wir haben die satanischen Machenschaften des geheimen freimaurerischen Superstaates vereitelt. Trotz seiner Kontrolle über die Weltpresse und zahlreiche internationale Politiker. Spaniens Kampf ist ein Kreuzzug; als Soldaten Gottes tragen wir die Evangelisation der Welt mit uns!".[25] Sollen wir ihn „General 'Verschwörungstheoretiker' Franco" nennen? Oder „Franky Verschwörungstheorie"?

Francos Spanien war streng antikommunistisch, und er ließ bis zu seinem Tod 1975 kein Pardon mit der Sekte walten und unterdrückte sie durch Verhaftungen, Verhöre, Folter und Hinrichtungen. Wir können sehen, wie solche Regime den ewigen Zorn der Sekte auf sich ziehen. Der Generalissimo bescherte ihnen die dritte große Niederlage dieser Ära, diesmal auf der Weltbühne, obwohl er sich dem Gewicht der internationalistischen marxistischen Gemeinschaft gegenübersah. Im Jahr 1977, zwei Jahre nach Francos Tod, wurde das Verbot der Kommunistischen Partei Spaniens aufgehoben.

Faschismus" als eine andere Form des Marxismus

Um auf das vorhin Gesagte zurückzukommen - nein, der so genannte „Faschismus" (und die verschiedenen Regime, denen dieser Name gegeben wurde), waren keine Varianten des Marxismus. Im Allgemeinen waren die „faschistischen" Regime natürlich kollektivistisch, aber nicht dasselbe wie die

---

[24] Franco, F., schreibt unter dem Pseudonym Jakin Boor in der Zeitschrift *Arriba* in einem Artikel „Freimaurerei und Kommunismus" (14. Dezember 1946), zitiert in *Franco: Eine Biografie* von Juan Pablo Fusi Aizpurú?, S. 71. https://libquotes.com/francisco-franco/quote/lbs2d0t

[25] Franco, F., Rede vor der Frauensektion der Falange in Madrid (11. September 1945). https://libquotes.com/francisco-franco/quote/lbp4a9v

Sekte auf ideologischer Ebene. Außerdem gab es mehrere Varianten der so genannten „faschistischen" Bewegungen, und die Regime von Mussolini, Hitler, Franco, Salazar (Portugal), Pinochet (Chile) usw. unterschieden sich von einander.

In der Tat ist die Bezeichnung „faschistisch" in allen Fällen eher unzutreffend. Alle waren mit der römisch-katholischen Kirche verbündet - dem Hauptfeind der Sekte im Laufe der Geschichte - und sie waren überwiegend christlich. Sie waren alle darauf bedacht, ihre Länder intakt zu halten und nicht Teil eines internationalistischen Kollektivs zu sein, das die nationale Identität untergräbt (wie es die Sekte ist). Und vor allem waren sie alle antimarxistisch eingestellt.

Italien

Der faschistischen Bewegung in Italien ging es um die Erhebung der gesamten Nation und nicht nur speziell der Arbeiterklasse/des Proletariats (wie im Marxschen Sozialismus). Im Gegensatz zur Sekte war sie nicht antikapitalistisch, sondern versuchte, sie im Dienste der Nation unter Kontrolle zu bringen. Arbeiterstreiks wurden vom Regime nicht zugelassen (da diese als eine Form der antikapitalistischen wirtschaftlichen Erpressung eingesetzt werden). Wir haben bereits untersucht, wie dumm es ist, den Reichtum bzw. die Reichen zu verteufeln und anzugreifen, wie es die Sekte tut, so dass diese Haltungen viel rationaler waren und keine Klassenspaltung verursachten.

Mussolini gab die endgültige Definition des Faschismus in *Die Lehre des Faschismus* (1932). Er lehnte den klassischen Liberalismus ab, der mehr Wert auf das Individuum legte: „Die faschistische Lebensauffassung ist anti-individualistisch, betont die Bedeutung des Staates und akzeptiert das Individuum nur insoweit, als seine Interessen mit denen des Staates übereinstimmen. Sie steht im Gegensatz zum klassischen Liberalismus... Der Liberalismus leugnete den Staat im Namen des Individuums; der Faschismus setzt ihn wieder ein".

Dies wäre natürlich nur dann sinnvoll, wenn der Staat ethisch wäre, was für uns in der modernen westlichen Gesellschaft schwer vorstellbar ist.[26] Der Faschismus war als Kompromiss zwischen starker staatlicher Macht und individueller Souveränität gedacht, um die Dinge im Wesentlichen wieder ins Gleichgewicht zu bringen, da der klassische Liberalismus offensichtlich nichts tat/ tut, um den Marxismus aufzuhalten (im Gegensatz zum Faschismus, der geschaffen wurde, um ihn aufzuhalten).

Wie Mussolini schrieb, sieht der Faschismus „nicht nur das Individuum, sondern die Nation und das Land; Individuen und Generationen, die durch ein

---

[26] Mussolini, B., Die Doktrin des Faschismus Benito Mussolini (1932), S. 3.

https://ia600800.us.archive.org/14/items/TheDoctrineOfFascismByBenitoMussolini/T he Die Lehre des Faschismus von Benito Mussolini.pdf moralisches Gesetz miteinander verbunden sind".[27] Er bekannte sich auch zum oberflächlichen Hedonismus und sprach von der „Unterdrückung des Instinkts für ein Leben, das in einem kurzen Kreis des Vergnügens geschlossen ist".[28]

Er wandte sich gegen „alle jakobinischen Utopien und Neuerungen ... er lehnt daher die Vorstellung ab, dass die Menschheitsfamilie irgendwann in der Zukunft eine endgültige Lösung für alle ihre Schwierigkeiten finden wird".[29] Der Faschismus glaubte nicht an die Marx'sche Utopie, in der wir uns alle an den Händen halten und weltweit solidarisch „Kumbaya" singen, was ein weiterer ziemlich großer Unterschied ist.

Sie war auch nicht mit dem Sozialismus einverstanden (Unterstreichung zur Hervorhebung): „Außerhalb des Staates (existieren) keine Individuen oder Gruppen (politische Parteien, kulturelle Vereinigungen, wirtschaftliche Verbände, soziale Klassen). Der Faschismus ist daher ein Gegner des Sozialismus, dem die Einheit im Staat (der die Klassen zu einer einzigen wirtschaftlichen und ethischen Realität verschmilzt) unbekannt ist und der in der Geschichte nichts anderes als den Klassenkampf sieht. Der Faschismus ist auch ein Gegner der Gewerkschaften als Klassenwaffe. Im Rahmen des Staates erkennt der Faschismus jedoch die wirklichen Bedürfnisse an, die den Sozialismus und die Gewerkschaften hervorgebracht haben, indem er ihnen im Zunft- oder Korporationswesen, in dem die unterschiedlichen Interessen in der Einheit des Staates koordiniert und harmonisiert werden, das ihnen gebührende Gewicht verleiht".[30]

Der Faschismus unterscheidet sich also nicht nur von der Sekte/Ideologie, sondern wollte sie auch in ihrem eigenen Spiel der Verbesserung der Gesellschaft schlagen (was die Mitglieder der Sekte fälschlicherweise für ihre raison d'etre halten). Dies ist ein weiterer wichtiger Grund, warum die Sekte/Ideologie historisch gesehen dem Faschismus gegenüber feindlich eingestellt ist und ihn als erbitterten Rivalen betrachtet.

Ein letzter Punkt zum italienischen Faschismus: Selbst jetzt ist es leicht zu erkennen, woher der Hass der Sekte/Ideologie auf ihren Rivalen kommt, da der Faschismus den Marxismus entweder bekämpfte oder in den Schatten stellte. Und Gören mögen es nicht, wenn sie ihren Willen nicht durchsetzen können (oder nicht die Aufmerksamkeit bekommen, nach der sie sich sehnen).

Deutschland

„Kommunismus ist nicht Sozialismus. Marxismus ist nicht Sozialismus. Die

---

[27] Ebd. P. 2.

[28] Ebd. P. 2.

[29] Ebd. P. 3.

[30] Ebd. P. 3.

Marxisten haben den Begriff gestohlen und seine Bedeutung verwirrt. Ich werde den Sozialismus den Sozialisten wegnehmen. Der Marxismus hat kein Recht, sich als Sozialismus zu tarnen. Im Gegensatz zum Marxismus beinhaltet er keine Verneinung der Persönlichkeit, und im Gegensatz zum Marxismus ist er patriotisch. Wir haben uns entschieden, uns Nationale Sozialisten zu nennen. Wir sind keine Internationalisten. Unser Sozialismus ist national.[31]

Adolf Hitler, Interview mit George Sylvester Viereck, München, 1923

Natürlich sind einige auch der Meinung, dass der deutsche Nationalsozialismus nur eine andere Form des Marxismus war; zweifellos auch wegen des Wortes „sozialistisch" in ihrem gewählten Namen.

Hitlers Deutschland - das „Dritte Reich" - war natürlich ein autoritärer Staat. Ja, die Produktionsmittel wurden in vielen Fällen in der Industrie praktisch vom Staat kontrolliert (mit einer starken Aufsicht in anderen Bereichen), aber die Methode, mit der dies geschah, war äußerst erfolgreich (im Gegensatz zur Sekte); Deutschland entwickelte sich zu einem wirtschaftlichen Kraftzentrum. Es stimmt, dass das Regime in seiner Rhetorik vielleicht das antikapitalistischste war (im Vergleich zu anderen „faschistischen" Regimen), aber nicht so wie die marxistische Sekte; das lag zum Teil daran, dass das internationalistische „kapitalistische" System ihnen nicht wohlgesonnen war (z. B. ihre national verkrüppelnden Schulden aus dem Ersten Weltkrieg, die durch den Vertrag von Versailles 1919 auferlegt wurden).[32] Im Grunde genommen waren sie nicht dumm genug, ihr eigenes wirtschaftliches Potenzial/ihre eigene Macht zu zerstören (wie es die Sekte mit ihrem Sozialismus tut), zumal Deutschland nach dem Ersten Weltkrieg bankrott war. Da sie großen Wert darauf legten, dass Deutschland ethnisch deutsch ist, wurden sie als „Ultranationalisten" bezeichnet - ein weiterer Unterschied zwischen ihnen und der Sekte. (Wenn man bedenkt, wie fanatisch die Sekte heutzutage für offene Grenzen und Masseneinwanderung eintritt, macht es Sinn, dass sie sie als rassistische Ultranationalisten, weiße Vorherrscher usw. betrachten).

Darüber hinaus war das nationalsozialistische Regime auch ein überzeugter Förderer und Verteidiger der deutschen Kultur, gewissermaßen als Vergeltung für die Verunreinigung/Schändung dieser Kultur durch den Kult während der Weimarer Republik (der „vornazistischen" Jahre). Die Liste (der Unterschiede) geht weiter...

Herr Hitler

---

[31] Hitler, A., Interview von George Sylvester Viereck *The American Monthly* (1923).

https://famous-trials.com/hitler/2529-1923-interview-with-adolf-hitler

[32] „Vertrag von Versailles,". https://www.britannica.com/event/Treaty-of-Versailles-1919

Lassen Sie uns zur Klärung dieser Fragen einige Worte aus dem Mund des Pferdes hören. Vielleicht haben Sie schon von diesem Mann gehört? Adolf Hitler (1889-1945), der vor allem von Sektenmitgliedern als der böseste Mann der Geschichte angesehen wird, war von 1933 bis zu seinem Tod am Ende des Zweiten Weltkriegs der Führer des nationalsozialistischen Deutschlands. [33] Hier ist ein Auszug aus dem ausgezeichneten Buch des amerikanischen Autors Benton L. Bradberry mit dem Titel *The Myth of Germany Villany* (2008):

„Hitler sagte Folgendes über die Bedeutung des „Sozialismus" für Deutschland, wie in einem Artikel im britischen „Guardian, Sunday Express" vom 28. Dezember 1938 zu lesen war: „'Sozialist' definiere ich aus dem Wort 'sozial', was in der Hauptsache 'soziale Gerechtigkeit' bedeutet. Ein Sozialist ist jemand, der dem Gemeinwohl dient, ohne seine Individualität oder Persönlichkeit oder das Produkt seiner persönlichen Leistungsfähigkeit aufzugeben. Der von uns verwendete Begriff „Sozialist" hat nichts mit dem Marxschen Sozialismus zu tun. Der Marxismus ist eigentumsfeindlich, der wahre Sozialismus ist es nicht. Der Marxismus legt keinen Wert auf das Individuum, auf individuelle Anstrengung oder Effizienz; der wahre Sozialismus schätzt das Individuum und ermutigt es zu individueller Effizienz, wobei er gleichzeitig behauptet, dass seine Interessen als Individuum im Einklang mit denen der Gemeinschaft stehen müssen... Man wirft mir vor, dass ich gegen das Eigentum bin, dass ich ein Atheist bin. Beide Anschuldigungen sind falsch". [34] Ich bin sicher, dass der Leser die Ähnlichkeiten mit dem faschistischen Regime in Italien erkennen kann. Hitler hat sich in der Tat von den Erfolgen Mussolinis inspirieren lassen.

„... die marxistische Weltpest..."

Hier sind Hitlers prophetische Worte über Demokratie und Marxismus aus seinem Buch *Mein Kampf* von 1925: „Die Demokratie, wie sie heute in Westeuropa praktiziert wird, ist die Vorläuferin des Marxismus. In der Tat wäre der letztere ohne den ersteren nicht denkbar. Die Demokratie ist der Nährboden, auf dem die Bazillen der marxistischen Weltpest wachsen und sich ausbreiten können". [35] (Eine schnelle Wortsuche in einem PDF-Reader bestätigt, dass das Buch voller Bosheit gegenüber der Sekte/Ideologie war; eine wichtige Wahrheit, die in den offiziellen, politisch korrekten/marxistischen Darstellungen nicht betont wird).

Wenn Sie sich jemals gefragt haben, warum einige Völker in der Geschichte „verrückt" genug waren, um nationalistische Diktatoren zu unterstützen, dann

---

[33] „Adolf Hitler - Diktator von Deutschland,,.
https://www.britannica.com/biography/Adolf-Hitler/Rise-to-power

[34] Bradberry. B., *The Myth of Germany Villainy* (2008), S. 148.

[35] Hitler, A., *Mein Kampf* (1925), S. 71.

ist dies der Grund - ein demokratisches System ermöglicht es der Sekte, politische Macht zu erlangen. Natürlich spricht die Sekte nur dann von „Demokratie", wenn sie nicht am Ruder ist, dann ist es totalitärer Marxismus auf der ganzen Linie (was nicht-indoktrinierte Menschen im Westen derzeit herausfinden).

Am 10. Februar 1933 erklärte Hitler in seiner ersten Rede als Reichskanzler im Berliner Sportpalast: „Damals wurde der Kampf gegen den Marxismus zum ersten Mal zum Kampfziel erklärt. Damals habe ich zum ersten Mal als Unbekannter das Gelübde abgelegt, diesen Krieg zu beginnen und nicht eher zu ruhen, bis diese Erscheinung endgültig aus dem deutschen Leben getilgt ist".[36] Bezeichnenderweise hingen auf dieser Veranstaltung Nazi-Transparente mit der Aufschrift „Mach deutschland uom marxismus frei" und „Der marxismus mub sterben domit die nation wieder oufer".[37] Die Rede ist auf Bitchute verfügbar („Adolf Hitler's First Speech"), und Auszüge daraus wurden in mehreren Netflix-Dokumentationen gezeigt.

Aus Seite 149 von The Myth of German Villainy (leicht bearbeitet): „In einem Artikel in der Nazizeitung „Volkischer Beobachter" vom 11. Mai 1933 - kurz nachdem er Kanzler geworden war - schrieb Hitler: „Seit vierzehn oder fünfzehn Jahren habe ich dem deutschen Volke unablässig verkündet, daß ich es als meine Aufgabe vor der Nachwelt betrachte, den Marxismus zu vernichten, und das ist ein feierlicher Schwur, dem ich folgen werde, solange ich lebe... Wir sehen im Marxismus den Feind unseres Volkes, den wir ohne Gnade ausrotten und vernichten werden... Der Kommunismus ist der Vorbote des Todes, der nationalen Zerstörung und der Ausrottung. Wir haben den Kampf mit ihm aufgenommen und werden ihn bis zum Tod bekämpfen".[38] Hitler löste sein Versprechen im Juni 1941 ein, als das deutsche Militär die Operation Barbarossa durchführte - den gescheiterten Versuch, die Sowjetunion zu vernichten.[39] Dieser Versuch, die Heimat des internationalen Kommunismus zu zerstören, sollte der Anfang vom Ende für das Dritte Reich sein, da es im Zweiten Weltkrieg nie wieder die Oberhand gewinnen konnte. Das Ergebnis war leider, dass die Sowjetunion als Hauptansteckungspunkt für die Sekte/Ideologie in der Welt überleben würde (eine weitere wichtige Tatsache, die nicht weithin verstanden wird).

---

[36] Hitler, A., „Proklamation an das deutsche Volk", Sportpalast, Berlin, 10. Februar 1933.

http://www.emersonkent.com/speeches/proclamation_to_the_german_nation.htm

[37] „Adolf Hitlers erste Rede als Reichskanzler,,.
https://www.bitchute.com/video/IKpfU2NBnoWc/

[38] Bradberry. B., The Myth of Germany Villainy (2008), S. 149.

[39] https://www.britannica.com/event/Operation-Barbarossa

Die Erfolge, die Italien und Deutschland unter diesen „faschistischen" Regimen hatten, und die Tatsache, dass die Führer beider Länder vor dem Zweiten Weltkrieg hoch angesehen waren (in Verbindung mit ihrer brutalen Unterdrückung von Sektenmitgliedern), waren sicherlich wichtige Faktoren, die den ewigen Hass der Sekte hervorriefen. Die berühmten Konzentrationslager des Zweiten Weltkriegs waren voll von Sektenmitgliedern, was oft übersehen wird. Aus diesem Grund wurden sie ursprünglich errichtet, um vermeintliche Staatsfeinde unterzubringen.

Der Hass, den diese „faschistischen" Regime auf die Sekte/Ideologie hatten, hilft uns auch, das Ausmaß des Problems zu verstehen, mit dem wir es heute zu tun haben, denn er zeigt uns, wie lästig und ärgerlich es schon damals war. Die Welt hat mit diesen Störenfrieden größtenteils seit dem Ende des Ersten Weltkriegs zu tun, doch heute - ein Viertel des 21. Jahrhunderts - sind sich viele des Problems nicht einmal bewusst, geschweige denn verstehen sie seine Bedeutung! Das ist mehr als beunruhigend!!

Darüber hinaus haben die wirren Meinungen, die die „faschistischen" Regime mit der Sekte in einen Topf werfen, dazu beigetragen, die Tatsache zu verbergen, dass sie erbitterte Feinde waren, dass die Sekte/Ideologie auch damals schon problematisch und verhasst war und dass dieser Konflikt mit dem Marxismus seit der Russischen Revolution von 1917 immer wieder aufflammte.

Pinochet

Augusto Pinochet (1915-2006), ein bekannter Antimarxist in Südamerika, war ein Militär, der die Kontrolle über Chile übernahm, nachdem das Land schwer infiziert war. Seine Herrschaft begann mit einem Militärputsch gegen das marxistische Establishment im Jahr 1973. In einer Pressekonferenz am 11. September desselben Jahres erklärte er: „Die Streitkräfte haben heute ausschließlich aus patriotischer Überzeugung gehandelt, um das Land aus dem schrecklichen Chaos zu retten, in das es durch die marxistische Regierung von Salvador Allende gestürzt wurde".[40]

Seine siebzehnjährige Herrschaft war besonders brutal und erinnerte an Francos Spanien. Er verübte in großem Umfang systematische Gewalt, Folter und Hinrichtung von Sektenmitgliedern. Einmal, während der bereits erwähnten Operation Condor (die von der CIA unterstützte grenzüberschreitende Säuberung von Sektenmitgliedern), setzten Pinochet und „rechte" Verbündete „Todesflüge" ein: Sektenmitglieder wurden in Flugzeuge verfrachtet und - in einigen Fällen noch lebend - in einem Gewässer oder über

---

[40] Pinochet, A., Pressekonferenz (11. September 1973, YouTube.com).

https://libquotes.com/augusto-pinochet/quote/lbs2j2o

den Anden abgeworfen.[41]

Er gab mehrere Erklärungen zur Säuberung ab, darunter „Wir haben diese Nation praktisch von Marxisten gesäubert" und „Rom hat den Christen die Köpfe abgeschlagen, und sie sind auf die eine oder andere Weise wieder aufgetaucht. Etwas Ähnliches geschieht mit Marxisten".[42] [43] In einer Erklärung vom 8. November 1998 sagte er: „Ich bin mir darüber im klaren, daß die Rückkehr zur wahren Demokratie in Chile und damit zur wahren Freiheit, auf die alle Menschen ein Anrecht haben, ohne die Beseitigung der marxistischen Regierung nicht möglich gewesen wäre".[44]

Es ist klar, dass die Sekte während und nach seiner Herrschaft die Vorstellung kultiviert hat, Pinochet sei ein Monster gewesen.[45] Dies geschieht für das Überleben der Sekte selbst. Sie müssen ständig ihren Hass auf ihre historischen Feinde schüren, um zu verhindern, dass der Rest von uns jemals ähnlich brutal gegen sie vorgehen wird.

Wann immer sie also von „Unterdrückung der Meinungsfreiheit", „Menschenrechten", „Faschismus", „Autoritarismus", „Diktaturen" usw. sprechen, tun sie dies (bewusst oder unbewusst) für ihr eigenes Überleben. Sie wollen weiterhin wahnsinnige Sektenmitglieder sein und deshalb die Menschheit unwidersprochen zerstören, ohne irgendeine Strafe zu erhalten.

Die Weltkriege als Propagandainstrument

Die Zeit des 2. Weltkriegs wurde zu einem höchst effektiven Propagandawerkzeug gemacht, das der Sekte/Ideologie sehr hilft. Die ständige Betonung dieser Zeit - und insbesondere Hitlers Deutschland - dient mehreren Zwecken: Sie verdeckt die Verbrechen der Sekte während des gesamten 20.th Jahrhunderts, indem sie die Aufmerksamkeit davon ablenkt, und sie trägt dazu bei, jegliche Ideen von echter nationaler Souveränität, Nationalismus oder Patriotismus mit bösen Taten in Verbindung zu bringen. Es verstärkt die Idee, dass „wenn du nicht Marxist bist, bist du böse" (daher auch die Bezeichnung von globalisierungskritischen Nationalisten als „Nazi-Abschaum").

Ist es möglich, dass die globalistischen Internationalisten nicht wollen, dass die Öffentlichkeit die verborgene antimarxistische Wahrheit über die

---

[41] „Todesflüge„. https://academic-accelerator.com/encyclopedia/death-flights

[42] Pinochet, A., Rede (23. Februar 1988), zitiert in „Las frases para el bronce de Pinochet". https://libquotes.com/augusto-pinochet/quote/lbu2d0v

[43] Pinochet, A., Rede (10. November 1995), zitiert in „Las frases para el bronce de Pinochet". https://libquotes.com/augusto-pinochet/quote/lbg5e9a

[44] Pinochet, A., Erklärung, 08. November 1998. https://www.azquotes.com/quote/1096354

[45] https://en.wikipedia.org/wiki/Augusto_Pinochet

„faschistischen" Regime des 20. Jahrhunderts erfährt, weil sie für nationalistische Patrioten auf der ganzen Welt heute einen enormen moralischen Schub bedeuten könnte?

Außerdem würde es eine enorme Wut auf die Lügner und Pseudo-Intellektuellen hervorrufen, die die Öffentlichkeit nicht über diese Wahrheit informiert haben, sei es aus Unwissenheit, Engstirnigkeit, Indoktrination oder offener Täuschung.

Abschnitt XIII-Epilog: Eine Zombie-Apokalypse

„Zombies der Welt vereinigt euch! Wir haben nichts zu essen außer euren Gehirnen!"

Marl Karx

„Du hast Rot an dir"[1]

Shaun of the Dead, 2004

Ein roter Zombie-Weltkrieg

Zombiefilme sind eine großartige Analogie für unsere derzeitige globale Lage, und davon gab es im Laufe der Jahrzehnte viele. Ich sehe sie als prophetische, apokalyptische Vorahnung. In unserer heutigen Welt gibt es einige, die infiziert sind, und andere, die es nicht sind, genau wie in diesen Filmen. Zombies sind nicht wirklich lebendig, aber sie sind irgendwie lebendig - es gibt Anzeichen von Leben - genau wie Sektenmitglieder. In Bezug auf das Bewusstsein sind sie natürlich nicht mit den nicht Infizierten gleichzusetzen (wie oben beschrieben; wie wirklich präsent/bewusst/intelligent jemand ist). Zombies können andere infizieren, indem sie sie bei Kontakt „verwandeln" (durch Berührung, Biss usw., je nach Film); ähnlich wie die gehirngewaschenen „infizierten" Sektenmitglieder ihre „Opfer" - die naiven und noch nicht infizierten - beeinflussen/kontaminieren. Sie können Gewalt gegen ihre Feinde anwenden oder andere zur Gewalt anstiften, aber meistens ist es nicht psychologisch. Sie versuchen, Ihre geistige Energie, Ihren Enthusiasmus und Ihre Moral zu zerstören. Sie zehren im Wesentlichen an Ihrem Verstand.

Wir alle befinden uns in einem ideologischen, psychologischen und spirituellen Weltkrieg gegen eine globale Armee von zombieartigen, gehirngewaschenen „Menschen". Das Bild der Infizierten, die die Gehirne der Nicht-Infizierten essen, ist symbolisch - es ist das „Verschlingen" des menschlichen Bewusstseins durch zombieartiges Verhalten. Wenn man die Welt unter dem Aspekt der Indoktrination und des fehlenden Bewusstseins betrachtet, bekommen diese Filme eine ganz neue Bedeutung. Zombies sind dumm und ihnen fehlt im Grunde etwas, deshalb essen sie Gehirne - sie

---

[1] „Du hast Rot an Dir", *Shaun of the Dead* (2004)

https://www.YouTube.com/watch?v=T1GYsCMCLpo

brauchen deines, weil sie keines haben.

Nennen Sie sie marxistische Sektenmitglieder

Es ist an der Zeit, dass wir alle die Wahrheit anerkennen und aussprechen, und zwar massenhaft. Im Allgemeinen sind wir als Gesellschaft nicht ehrlich und direkt genug mit ihnen über ihre Sektenmitgliedschaft. Dies ist ein Thema, das wir alle persönlich in unserem Leben ansprechen müssen, wenn wir die Verfassung dazu haben. Wir müssen vielleicht direkt, sogar brutal ehrlich sein. Dies ist nicht der richtige Zeitpunkt, um „höflich" zu sein und die Gefühle der Menschen zu schonen! Es ist nichts Nobles daran, „nett" zu sein, wenn dies den Zusammenbruch der Welt um einen herum beschleunigt; man hat kein Recht, in diesem Fall einen solchen Status zu beanspruchen.

Wir alle müssen anfangen, die Indoktrinierten frontal zu konfrontieren und ihnen zu sagen, dass das, was sie tun, falsch ist und warum sie es tun. Man muss ihnen auch sagen, dass sie Heuchler sind, da sie oft den Rest von uns „unterdrücken", während sie glorreiche Revolutionäre sind (während sie annehmen, dass sie in einer Antiunterdrückungsweise handeln). In vielen Fällen sollten wir das nicht tun und dann positive Ergebnisse bei der Person erwarten, mit der wir es zu tun haben. Nicht unbedingt, um zu überzeugen oder eine „Gehirnwäsche" vorzunehmen, nein, denn das ist in vielen Fällen zwecklos.

Vielmehr sollten wir einfach aus Prinzip konfrontieren. Diejenigen, die in der Lage sind, „auszusteigen", werden es tun; diejenigen, die es nicht können, zeigen uns, dass sie jenseits der Erlösung sind, was uns hilft, diese Linie im Sand zu ziehen (es stößt sie auch oft zu Ihrem Vorteil von Ihnen ab). Wir werden es auch tun, um sozialen Druck zu erzeugen, um zu unterdrücken und zu demütigen, und um es sozial unangenehm zu machen, offen ein Sektenmitglied zu sein, um der Bewegung ihren sektenartigen sozialen Sauerstoff zu entziehen. Dies wird die große Herausforderung des modernen Zeitalters sein; nein, die größte Herausforderung, der sich die Menschheit jemals gestellt hat...

Ratschläge für Eltern: Kinder immun halten

> „Wenn dein Herz rein bleibt und rein menschlich schlägt und kein dämonischer Geist imstande ist, dein Herz von feineren Gefühlen zu entfremden - nur dann würde ich das Glück finden, von dem ich seit vielen Jahren träume, es durch dich zu finden; andernfalls würde ich das schönste Ziel meines Lebens in Trümmern sehen."[2]

> Ein Brief von Heinrich Marx aus dem Jahr 1837 an seinen von Dämonen

---

[2] Marxists.org, „Brief von Heinrich Marx an Sohn Karl", 1837

https://marxists.architexturez.net/archive/marx/letters/papa/1837-fl2.htm

besessenen Sohn, der bereits zu weit gegangen war...

Dieser Rat gilt natürlich nur für Eltern, die nicht selbst kontaminiert sind. Hüten Sie sich vor allen, die mit dem Staat oder im Namen des Staates arbeiten! Hüten Sie sich besonders vor denen, die in einer „erzieherischen" oder einflussreichen Funktion tätig sind. Die Wahrscheinlichkeit ist groß, dass sie eine kontaminierte marxistische Erziehung genossen haben und diese an Ihre Kinder weitergeben werden. Eltern müssen leider auch ein Auge auf alle anderen haben, die ihr Kind beeinflussen könnten. Dies kann von Freunden, Verwandten, Arbeitskollegen, Mannschaftskameraden beim Sport usw. kommen, und vergessen wir nicht die Einflüsse der Medien, der Unterhaltung und der sozialen Medien! Sie haben viel Arbeit vor sich...

Es ist eine Tragödie, wenn ein Elternteil sein Kind an die marxistische Gehirnwäsche verliert (es sei denn, sie sind selbst bereits indoktriniert). Die schäbige Ideologie führt sogar zur Spaltung der Familien. Eltern müssen also wachsam sein und ihre Kinder vor der Sekte/Ideologie schützen, zusätzlich zu all den üblichen, grundlegenden Pflichten der Elternschaft wie: für Nahrung, Unterkunft, Kleidung, Schutz sorgen und die anderen Pflichten (die in vielen Fällen nicht erfüllt werden), wie ihnen Liebe, Gesundheit, Disziplin, Vertrauen, Geduld, Demut usw. beizubringen. Das ist wirklich ein beschissenes Umfeld, um ein Kind aufzuziehen, und zwar aus so vielen Gründen, aber trotzdem müssen wir wachsam sein und diese Dinge tun. Die Landschaft ist viel giftiger und wohl auch komplexer als je zuvor, aber die Kinder immun zu halten ist unerlässlich, sonst ist die Zukunft verloren...

Alle vernünftigen, zurechnungsfähigen Eltern würden ihre Kinder vor einem Angreifer, einem Pädophilen oder jemandem, der ihnen Schaden zufügen würde, schützen. Verantwortungsbewusste Eltern müssen nun anfangen, marxistische Sektenmitglieder auf diese Weise zu betrachten, oder jeden, den sie verdächtigen, einer zu sein, einschließlich: Lehrer und Professoren auf allen Ebenen; Regierungsangestellte; Gemeindeorganisatoren; Sozialarbeiter usw. Ein Verdacht ist in diesem Fall sehr nützlich. Jeder muss auf marxistische Indoktrination überprüft werden, bevor er mit jungen Menschen in Kontakt kommen darf.

Wie bereits erwähnt, muss eine Person (Elternteil oder nicht) die Ideologie/Sekte ausreichend verstehen, um zu erkennen, wer ein Sektenmitglied ist und wer nicht! Zusätzlich zu all den anderen oben erwähnten Verantwortlichkeiten der Eltern müssen sie also etwas Zeit aufwenden, um dieses Thema zu studieren und zu verstehen.

Ein Buch wie dieses ist ein idealer Ausgangspunkt. Ich wünsche mir, dass Eltern sich mit diesem Wissen wappnen, damit sie gut entscheiden können, mit wem ihre Kinder zu tun haben und welchen Informationen sie ausgesetzt sind. Betrachten Sie dieses Wissen bzw. diese Schulung als eine kluge Investition; eine „Aufwertung" Ihrer Persönlichkeit zum Wohle unserer Kinder.

In einem alten Dokumentarfilm (den Namen weiß ich nicht mehr) über die Geschehnisse in Kambodscha mit Pol Pot und seinen Mitstreitern der Roten Khmer sagte eine Frau, dass sie ihren Sohn gut erzogen habe, er aber trotzdem für Pol Pot gearbeitet habe; es sei ihnen trotzdem gelungen, ihn zu indoktrinieren. Das wirft ein Problem auf: Viele Eltern waren nicht in der Lage, sich darauf vorzubereiten, da sie sich der marxistischen Bedrohung nicht bewusst waren. Natürlich gibt es viele Eltern, die ihre Kinder „gut" erzogen haben, aber ohne sich der Ideologie und der Gefahr der Indoktrination bewusst zu sein, können ihre Kinder ihr trotzdem zum Opfer fallen. Das ist die Tragik der Situation, leider. Deshalb können wir nicht wachsam genug sein.

Es gibt ein Raubtier da draußen in der Welt - ein verstecktes, komplexes, psychologisches Raubtier, das sich an jedem vergreifen kann, aber die Jugendlichen sind besonders gefährdet. Wir müssen den wohlmeinenden Eltern der Vergangenheit verzeihen, dass sie nicht in der Lage waren, diese Entwicklung zu erkennen. Für den Normalbürger ist es schwer zu erkennen, dass dieses Monster in unserer Welt existiert, geschweige denn, dass er seine Kinder dagegen aufbringen kann. Dennoch ist es wichtig, dass diese Botschaft so viele Eltern wie möglich erreicht, damit niemand behaupten kann, er sei einfach nicht informiert worden. Wir alle müssen dafür sorgen, dass dies keine akzeptable Ausrede ist.

Die Zombie-Rezensionen

Natürlich werden einige den Wert dieser Arbeit anerkennen. Viele werden es entweder nicht anerkennen oder sogar aktiv versuchen, es zu verunglimpfen, um die Sekte/Ideologie (wissentlich oder unwissentlich) zu schützen. Auf diese Weise kann die Wirkung des Buches unterdrückt werden. Je heftiger die erwartete Wirkung ist, desto größer ist der Unterdrückungsangriff der Sektenmitglieder. Natürlich werden sie die übliche zickige Kritik üben, und es wird vorhersehbare Rezensionen auf verschiedenen marxistischen Plattformen (Websites, Zeitungen, Shows, Podcasts usw.) geben. Sie werden jede Art von vermeintlichen Schwächen hervorheben und übertreiben, und darüber hinaus kleinlich sein, indem sie irgendwelche Fehler/ vermeintliche Fehler finden oder sich allgemein über sie lustig machen. Sie werden vergeblich versuchen, alles, was sie über den Autor verwenden können, zu erfinden, auszugraben, zu übertreiben und zu wiederholen.

Wenn dieses Buch in bestimmten Medien diskutiert wird (oder wo auch immer Sie eine kollektive Reaktion sehen können), werden Sie die folgenden Kommentare bemerken, die die üblichen „Kritiken" der beleidigten Zombies sind; einige sind offenkundig marxistisch und einige scheinbar „neutral": „Das ist nicht das, was Marxismus ist! Er weiß nicht einmal, was es bedeutet!"; „Nun, ich stimme ihm in einigen Punkten zu, aber nicht in anderen"; „Er schiebt alles auf den Marxismus!"; „Er verwechselt Marxismus/Sozialismus mit Kommunismus/Stalinismus/Marxismus-Leninismus!"; „Geschrieben wie ein echter Faschist. 2 Sterne"; „Er wiederholt Dinge!"; „Hat er eigentlich Marx und Engels gelesen?!?"; Worte wie „Viele Experten sind mit (diesem oder jenem Punkt) nicht einverstanden, wie kann man also dieses Buch ernst nehmen"; das Buch ist „hyperbolisch" oder „verschwörungstheoretischer Unsinn!", oder „Ich habe nach Seite (X) aufgehört zu lesen, weil ich einen Fehler bei (Y) gemacht habe" usw. usw.

Sie tun dies alles, weil sie tief im Inneren verärgert sind. Sie sind verärgert darüber, dass sie - und ihre (irrige) Weltanschauung - kritisiert werden. Diese Art von kleinlichem Gift kann nur von jemandem ausgehen, der im tiefsten Inneren nicht einmal den Anschein eines Rückgrats hat. Das kindische Element ist eine Mischung aus Verärgerung, Arroganz, Pseudo-Intellektualismus usw. Wir erleben, wie sich dies in der Giftwut manifestiert - es gibt keine Fähigkeit, die Emotionen zu kontrollieren. Diese Art von Reaktionen auf das Buch beweist, dass es richtig ist, aber auch, dass es wichtig und notwendig ist.

Wenn diese Art von Reaktionen Versuche sind, das Buch zu unterdrücken, dann könnten sie nicht selbstsabotierender sein. Jedes Mal, wenn die indoktrinierten Typen dies versuchen, entlarven sie sich nur noch mehr als das, was sie sind. Und sie ermutigen Leute wie uns, sie noch mehr zu entlarven. Auf dem Grab von Karl Marx steht der grandiose Satz: „Die Philosophen haben die Welt nur interpretiert, auf verschiedene Weise; die Hauptsache aber ist, sie zu verändern".[3] Sicher, aber nur, wenn man dies auf positive Weise tun kann. In dieser Hinsicht sind Marx und die marxistische Sekte die ewigen Versager.

Diejenigen, die nicht unbedingt indoktriniert sind, aber die Wirkung des Buches behindern, sind ebenfalls ein Problem. Es fehlt in der Gesellschaft an der Fähigkeit, die Wahrheit anzuerkennen. Oft stehen Ego und/oder übermäßiger Intellektualismus im Weg, da eine Person ihre eigene persönliche Befriedigung über das stellt, was für die Gruppe am besten ist. Dies ist eine Tendenz, die sich die Sekte/Ideologie zunutze machen kann, da sie diese Reaktion von/auf ihre Feinde wünscht. Sie liebt die Vorstellung, dass die Reaktionen auf dieses Buch unterschiedlich ausfallen könnten; je unterschiedlicher sie sind, desto weniger sind die Ideen des Buches eine Bedrohung für die Sekte/Ideologie.

Sagen wir es so: Wenn wir in einer Gesellschaft leben, in der das, was wahr und nützlich ist, mit kollektiver Anerkennung/Unterstützung behandelt wird und den Respekt erhält, den es verdient, dann leben wir in einer Gesellschaft, in der wir positive Veränderungen erleben werden. Es liegt wirklich an den Menschen, die sich am öffentlichen Diskurs zu diesem Thema beteiligen, die nötige Reife, Intelligenz und den Mut aufzubringen, um sich in den Dienst der Wahrheit zu stellen. Sie müssen alles andere beiseite lassen - auch egoistische Intellektualismen - und die Botschaft dieses Buches auf jede erdenkliche Weise

---

[3] https://en.wikipedia.org/wiki/Tomb_of_Karl_Marx

vorantreiben, zum Wohle aller .

Andere Titel

OMNIA VERITAS
OMNIA VERITAS LTD PRÄSENTIERT:
DIE WALL$TREET TRILOGIE
VON ANTONY SUTTON
"Professor Sutton wird für seine Trilogie in Erinnerung bleiben: Wall St. und die bolschewistische Revolution, Wall St. und FDR und Wall St. und der Aufstieg Hitlers."
ANTONY SUTTON
DIE WALL $TREET TRILOGIE
Diese Trilogie beschreibt den Einfluss der Finanzmacht bei drei Schlüsselereignissen der jüngeren Geschichte

OMNIA VERITAS
EUSTACE MULLINS
DER FLUCH VON KANAAN
Eine Dämonologie der Geschichte
EUSTACE MULLINS
DER FLUCH VON KANAAN
Eine Dämonologie der Geschichte
Die große Bewegung der modernen Geschichte bestand darin, die Anwesenheit des Bösen auf der Erde zu verbergen

OMNIA VERITAS
Omnia Veritas Ltd präsentiert:
Hier sind die einfachen Fakten des großen Verrats...
DIE GEHEIMNISSE DER FEDERAL RESERVE
von
EUSTACE MULLINS
EUSTACE MULLINS
DIE GEHEIMNISSE DER FEDERAL RESERVE
Werden wir weiterhin durch das babylonische Schuldgeldsystem versklavt werden?

OMNIA VERITAS
Omnia Veritas Ltd präsentiert:
EUSTACE MULLINS
DIE WELTORDNUNG
UNSERE GEHEIMEN HERRSCHER
Eine Studie über die Hegemonie des Parasitismus
DIE AGENDA DER WELTORDNUNG: TEILEN UND HERRSCHEN

OMNIA VERITAS
Omnia Veritas Ltd präsentiert:
EUSTACE MULLINS
INJEKTIONSMORD
EUSTACE MULLINS
INJEKTIONSMORD
GESCHICHTE DER MEDIZINISCHEN VERSCHWÖRUNG GEGEN AMERIKA
GEHEIMES NETZWERK DES MEDIZINKARTELLS ENTHÜLLT

OMNIA VERITAS
OMNIA VERITAS LTD PRÄSENTIERT:
EUSTACE MULLINS
NEUE GESCHICHTE DER JUDEN
Durch die gesamte Geschichte der Zivilisation hindurch hat sich ein bestimmtes Problem für die Menschheit als konstant erwiesen
NEUE GESCHICHTE DER JUDEN
VON
EUSTACE MULLINS
Ein einziges Volk irritierte die Nationen, die es in allen Teilen der zivilisierten Welt willkommen geheißen hatten

OMNIA VERITAS
LICHTTRÄGER DER FINSTERNIS
Dieses Buch ist ein Versuch, durch dokumentarische Beweise zu zeigen, dass die gegenwärtigen Weltverhältnisse unter dem Einfluss von mystischen und geheimen Gesellschaften stehen, durch die das Unsichtbare Zentrum versucht, die Nationen und die Welt zu lenken und zu beherrschen.
LICHTTRÄGER DER FINSTERNIS

OMNIA VERITAS
DIE SPUR DER SCHLANGE
Ein Versuch, die Verehrung der alten Schlange, des schöpferischen Prinzips, des Gottes aller Eingeweihten der Gnostiker und Kabbalisten, die von den hellenisierten Juden in Alexandria ausging, nachzuzeichnen.
DIE SPUR DER SCHLANGE